James A. Tompkins, Dale Harmelink (Hrsg.)
Das große Handbuch
Distribution

James A. Tompkins, Dale Harmelink (Hrsg.)

Das große Handbuch Distribution

Deutsche Übersetzung
Dr. Walter Kugler
Marina Trost
Stjepan Pantelitsch

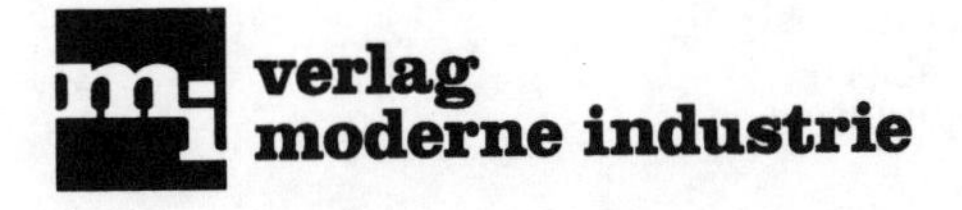

Die Deutsche Bibliothek – CIP-Einheitsaufnahme

Das **große Handbuch Distribution** / James A. Tompkins ; Dale Harmelink (Hrsg.).
Dt. Übers. Walter Kugler ... - Landsberg/Lech : mi, Verl. Moderne Industrie, 1998
Einheitssacht.: The distribution management handbook <dt.>
ISBN 3-478-91650-X

Umschlaggestaltung: Felix Weinold, Schwabmünchen
Satz: Fotosatz Amann, Aichstetten
Druck: Druckerei Himmer, Augsburg
Bindearbeiten: Thomas, Augsburg
Printed in Germany 910650 / 019801
ISBN 3-478-91650-X

Inhaltsverzeichnis

Vorwort

Das große Handbuch Distribution wurde als Referenzquelle aus praxisnahen Informationen entwickelt. Es ist für Manager gedacht, die sich zum Ziel gesetzt haben, ihre Kosten zu senken, Ergebnisse zu erzielen, Kundendienstleistungen zu verbessern, Leistungen zu steigern und eine Distribution auf Weltklasseniveau zu erreichen. Die Bedeutung der Distribution nimmt ständig zu und Gleiches gilt für die zugehörigen Technologien. Deshalb war es notwendig, für den Distributionspraktiker eine Informationsquelle zu schaffen, die ihm einen tiefen Einblick und umfassende Informationen in bzw. über alle Themenbereiche bietet, die mit Distribution in Beziehung stehen, und mit deren Hilfe er den Stand der Technik auf dem Distributionssektor kennen- und verstehen lernt. Das vorliegende Handbuch ist diese Informationsquelle. Sein Inhalt kann auf alle Distributionskanäle – Hersteller, Großhändler und Einzelhändler – angewendet werden, und der mit diesem Buch ausgerüstete Leser wird sein Wissen über Distribution weiter vertiefen.

Das Buch ist in vier Teile gegliedert. Der erste Teil (Kapitel 1 bis 9) gibt einen Überblick über das Management der Distribution. Er erklärt die Rolle, die die Distribution im Geschäftsleben spielt und diskutiert wichtige grundsätzliche Überlegungen. Der zweite und der dritte Teil (Kapitel 10 bis 12 bzw. Kapitel 13 bis 19) befassen sich mit den zwei wichtigsten Komponenten der Distribution: Transport und Lagerhaltung. Der vierte Teil (Kapitel 20 bis 26) erklärt das „Wie" des Distributionsmanagements im heutigen Geschäftsumfeld.

Die Autoren dieses Buchs sind die derzeit führenden Experten auf dem Gebiet der Distribution. Die Herausgeber stehen tief in ihrer Schuld für all das Wissen, die Zeit und die Energie, die sie auf ihre Kapitel verwendet haben, um dieses Buch zu dem zu machen, was es ist: ein Nachschlagewerk von höchstem Wert.

Besonderer Dank geht an die Belegschaft von Tompkins Associates Inc. und hier insbesondere an Rhonda Smith, Jeff Lammert, Mike Halsey und David Lane. Nicht zuletzt möchten die Herausgeber auch ihren Familien danken für die Unterstützung, das Verständnis und die Liebe, die sie während dieses Projekts erfahren haben.

James A. Tompkins, Ph.D.
Dale A. Harmelink

Teil 1
Übersicht über das Management

1 Distribution: Gestern, heute und morgen

JAMES A. TOMPKINS
Präsident, Tompkins Associates, Inc.

Wir leben in einem globalen Wirtschaftssystem, das sich mit einer unglaublichen Geschwindigkeit verändert und es dadurch immer schwieriger macht, die Ansprüche von Kunden zu erfüllen. Der Kunde von heute ist nicht mehr mit qualitativ hochwertigen Produkten alleine zufriedenzustellen. Er verlangt vielmehr Qualitätsprodukte, Qualitätsdienstleistung mit einem immer höheren Wert. Dabei bedeutet Distribution das Management des Lagerbestandes mit dem Ziel, bei den Kunden ein hohes Maß an Zufriedenheit zu erreichen. Es ist deshalb auch nicht überraschend, daß die Distribution im Zentrum der Aufmerksamkeit steht. Viele Unternehmen entdecken heute, daß Distribution nicht das notwendige Übel ist, als das es häufig angesehen wurde, sondern vielmehr ein wichtiges Werkzeug, sowohl zur Verbesserung der Kundendienstleistungen als auch zur Kostensenkung.

Leider sind in vielen Unternehmen die Distributionsspezialisten weder darauf vorbereitet, die dringenden Bedürfnisse ihrer Kunden zu erfüllen, noch mit den raschen Veränderungen auf diesem Gebiet Schritt zu halten oder die Distribution wirklich zu integrieren. Im typischen Fall hat „er" oder „sie" keine spezielle Ausbildung auf diesem Gebiet und auch nicht die Erfahrungsbreite, um dem weit gefächerten Spektrum der Distributionsaufgaben gerecht zu werden.

Die Herausforderung, mit der viele Unternehmen heute konfrontiert werden, läßt sich deshalb folgendermaßen formulieren: Sie wollen eine größere Kundenzufriedenheit, verfügen aber nicht über entsprechend sachkundiges Personal, um dieses Ziel zu erreichen. Dieses Buch hat zum Ziel, sowohl Antworten auf diese Herausforderung als auch auf die immer weiter fortschreitende Entwicklung der Distribution zu geben und den Distributionsberuf zu definieren. Ziel des Herausgebers ist, durch die Verbesserung der Distributionsleistung mit der praktischen Anwendung dieses Handbuchs auch ein verstärktes Bewußtsein für die Distribution als eigenständigen Beruf zu schaffen.

Der Aufbau dieses Handbuchs spiegelt das Ziel des Herausgebers und sein Verständnis von Distribution wider. Mit diesem Buch soll das Erfahrungsniveau im Distributionsmanagement angehoben werden. Distribution wird dabei (wie bereits erwähnt) als *das Management des Lagerbestandes mit dem Ziel, Kundenzufriedenheit zu erreichen*, definiert. Dieses Lagermanagement erstreckt sich sowohl über den Lagerbestand im Lager als auch über die Anteile, die sich gerade auf dem Transport befinden. Das Management des ersten ist Aufgabe der Lagerhaltung, das des zweiten Aufgabe der Transportabteilung. *Das große Handbuch Distribution* ist in vier Teile untergliedert:

Teil 1 gibt einen Überblick über das Distributionsmanagement selbst. Er behandelt die Rolle der Distribution im Geschäftsablauf und wichtige übergeordnete Betrachtungen zum Thema Distribution.

Teil 2 und Teil 3 befassen sich mit zwei wichtigen Komponenten der Distribution: Transport und Lagerhaltung.

Teil 4 zeigt, wie Distribution unter den heutigen Herausforderungen gemanagt werden kann.

1.1 Die Geschichte der Distribution

Distribution ist so alt wie die geschichtlichen Aufzeichnungen. Aus frühesten Schriftstücken geht hervor, daß Menschen auf Reisen in Booten gingen, die aus Baumstämmen gefertigt waren und nach der Ernte Nahrungsmittel für lange Winterzeiten lagerten. Vor über 5.000 Jahren bauten die Ägypter große Schiffe aus Papyrus, und vor mehr als 4.000 Jahren wurde das Rad erfunden. Mit der Entwicklung der Zivilisation wurden dann lokale Lagerhäuser eingeführt und dort Handelsgüter gelagert, um den Transport, die Lagerung und die Herstellung dieser Güter zu vereinfachen. Als sich dann die Beförderung über größere Distanzen entwickelte, bekamen auch Lagerhäuser eine stärkere Bedeutung, die über die eines Warenlagers für den lokalen Bedarf hinausging.

Im Mittelalter, als sich wichtige Handelsstützpunkte entwickelten, wurden Lagerhäuser gebaut, um die transportierten Güter verwalten zu können. Der erste bedeutende Umschlagplatz und das erste kommerzielle Lagerhaus befanden sich in Venedig, einem der Knotenpunkte wichtiger Handelswege. Als sich die Handelsaktivitäten über den Mittelmeerraum hinaus ausdehnten, errichteten alle Hafenstädte eigene Lagerhäuser. Durch diese Lagerung von Gütern in Hafenstädten wurde die Liegezeit von Schiffen in den Häfen verkürzt und dadurch die Transportproduktivität verbessert. In der Tat wurde so Distribution als Beruf geboren.

Im ausgehenden 17. Jahrhundert erschienen die ersten Dampfschiffe und dann, im folgenden 18. Jahrhundert, mit Dampfkraft betriebene Eisenbahnen. Fahrrad, Flugzeug und Automobil wurden erfunden. Im späten 18. Jahrhundert wurde in den USA die Eisenbahn auf dem Transportsektor führend, da sie die Hafenstädte mit dem Inland verband. Frachtwaggons wurden zu Lagerhäusern auf Rädern, insbesondere während der Zeit der Getreideernte. In diesen Spitzenzeiten standen aber nicht genügend Waggons zur Verfügung. Das führte zu einer Trennung von Transport- und Lagerfunktionen bei den Eisenbahnunternehmen. Da diese nun ein Monopol sowohl auf dem Transport- als auch auf dem Lagersektor hatten, konnten sie anderen großen Unternehmen sehr günstige Geschäftsbedingungen bieten, wie etwa kostenlose Benutzung der Lagereinrichtungen verbunden mit dem Transport der Güter.

1891 schlossen sich die Lagerhäuser in der American Warehouseman's Association (AWA) zusammen. Eine der ersten Aktivitäten der Organisation bestand darin, bei Transporteinrichtungen, mit besonderer Blickrichtung auf die Eisenbahnen, darauf zu dringen, der kostenlosen Benutzung von Lagerhäusern ein Ende zu machen. 1906 setzte die AWA erfolgreich ein Gesetz (Hepburn Act) durch, das die Verwendung von Lagerhäusern als Frachtdepots durch die Eisenbahngesellschaften unterband. Durch dieses Gesetz wurde „Lagerung und Handling von Transportgütern" zum Bestandteil des Gütertransports auf Schienen. Folglich mußten dafür Tarife festgelegt und veröffentlicht werden, wie für alle Leistungen der Eisenbahngesellschaft auch. Das Hepburn-Gesetz brachte die Eisenbahn unter staatliche Kontrolle und trug so dazu bei, daß die Entwicklung und das rapide Wachstum auf dem Transportsektor in eine neue Richtung gelenkt wurde.

Im Zuge der industriellen Revolution wurden einzelne Handwerksbetriebe zu Fabriken zusammengeschlossen. Das führte zur Massenproduktion. Im Zuge dieser Entwicklung entstanden dann die notwendigen Einrichtungen für diese Produktion, von der Materialbeschaffung bis zum Versand der fertigen Produkte. Die Massenproduktion brachte wiederum neue Aspekte der Lagerhaltung zutage. Zu Beginn war die Produktion direkt an den erwarteten Absatz angepaßt. Das Rohmaterial dafür und die fertigen Produkte wurden gewöhnlich im betriebseigenen Lagerhaus zwischengelagert. Als dann der Distributionsgedanke mehr ins Spiel kam, verlegten die Unternehmen ihre Lager näher an die Zielmärkte. Durch die Benutzung von privaten und öffentlichen Lagerhäusern, die den Vorteil der Fabriknähe und der Nähe zum Markt hatten, wurde auch das Dienstleistungsniveau besser.

In den frühen Stadien wurde die Lagerung von Gütern als eine Art Hilfsdienstleistung zur Unterstützung des Gütertransports angeboten. Dabei wurden die Güter in den Güterabfertigungsterminals gelagert. Der Begriff *Terminal* zeigt an, daß die Lagerhäuser in den Stadtzentren errichtet wurden, normalerweise in der Nähe von Eisenbahndepots und Großhändlern. Durch den steigenden Lagerflächenbedarf und die immer höheren Grundstückspreise wurden bald mehrstöckige Gebäude errichtet, die eine größere Lagerfläche bei gleichbleibender Grundfläche boten.

Vor dem Ende des ersten Weltkriegs wurden für den Transport innerhalb des Lagerhauses hauptsächlich handgezogene Transportkarren verwendet. Das Lagergut wurde per Hand gestapelt, wobei in den meisten Gebäuden die Stapelhöhe im Bereich von 2,4–3,6 Meter lag. Während des zweiten Weltkriegs kamen dann Gabelstapler und Holzpaletten auf. Der Gabelstapler fand bald allgemeine Verbreitung, und die Stapelhöhe stieg auf 10 Meter an, was eine Zunahme von ca. 300 Prozent bedeutete. Hinzu kam, daß die Güter schneller innerhalb des Lagerhauses bewegt werden konnten.

Da die Vorteile, die eine größere Stapelhöhe bot, in mehrgeschossigen Gebäuden nicht zum tragen kamen, wurden die mehrstöckigen Gebäude bald wieder durch einstöckige verdrängt. Dabei wurden die Bauten in die Stadtrandgebiete verlegt, da der erforderliche Platz im Stadtzentrum nicht mehr zur Verfügung stand.

An diesem Punkt mußte häufig die Entscheidung getroffen werden, ob der Transport weiterhin per Schiene oder mit teureren, aber flexibleren und zuverlässigeren Lastkraftwagen durchgeführt werden sollte. Diese Entscheidungen, nämlich mehrstöckiges Lagerhaus statt einstöckiges, Straße statt Schiene, Kundennähe in Verbindung mit höheren Transportkosten, waren die Triebkräfte für die Verfeinerung und Entwicklung der Distribution.

Diese Entwicklung ist noch nicht zu Ende. Sie setzt sich fort bis in unsere Tage. Heute, mit Blick auf einen immer umfangreicheren Lagerbestand und dem Ziel, die Kundenzufriedenheit weiter zu steigern, geht der Trend deutlich hin zu Transport anstelle von Lagerhaltung.

1.2 Herausforderungen an die Distribution heute

Die Herausforderung, Kundenzufriedenheit durch eine verbesserte Distribution zu steigern, setzt einen voll integrierten Distributionsansatz voraus. In vielen Unternehmen ist Distribution heute noch eine eigene, abgetrennte Funktion. Auftragseingangsmanager, Lagerhausmanager, Transportmanager, Datenverarbeitungsmanager usw. arbeiten alle unabhängig voneinander. Es ist verständlich, daß dies zu keinen optimalen Ergebnissen führen kann. Alle Funktionen mit irgendeiner Verbindung zur Distribution müssen als eine Einheit betrachtet werden und jeder einzelne Mitarbeiter, der in den Distributionsprozeß integriert ist, muß sich die Zusammenhänge der Distributionsfunktionen stärker bewußt machen. *Der einzig mögliche Weg zu einer höheren Kundenzufriedenheit liegt deshalb im Vorantreiben der Integration der Distribution.*

Das ist unter den heutigen Operationsanforderungen keine einfache Aufgabe. Anforderungen, die sich auf die Fähigkeit einer integrierten Distribution, die Kundenzufriedenheit zu steigern, am stärksten auswirken, kommen von der Geschäfts-, Kunden- und der Distributionsseite selbst. Die Geschäftsanforderungen spiegeln wechselnde Rahmenbedingungen für die Distribution wider, die sie einhalten und dabei funktionieren muß. Geschäftsbedingungen, wie etwa der globale Markt, die staatliche Einflußnahme, Umweltproblematik und die Energiefrage müssen als Kontext zu einer funktionierenden Distribution gesehen werden. Die Anforderungen von Kundenseite, nämlich schnellere Dienstleistungen, breiteres Angebot, bessere Anpassung bei gleichzeitig niedrigeren Kosten, müssen dabei als Basis für die Kundenzufriedenheit betrachtet werden. Natürlich üben diese Faktoren einen internen Druck auf die Distributionsanforderungen aus in Richtung Zentralisierung, Verwendung von Drittfirmen, Verbesserung von Informationssystemen, Steigerung der Produktivität und Optimierung des Personaleinsatzes. Einen Überblick über diese Herausforderungen an die Distribution ist in Abbildung 1.1 dargestellt. Im verbleibenden Teil dieses Kapitels sollen nun die Anforderungen diskutiert werden, die einen Einfluß auf die heutigen Herausforderungen an die Distribution haben.

1.2.1 Der globale Markt

Manche Führungskräfte und Manager aus der Geschäftswelt sehen den globalen Markt als wirtschaftliches, staatliches oder politisches Problem. In

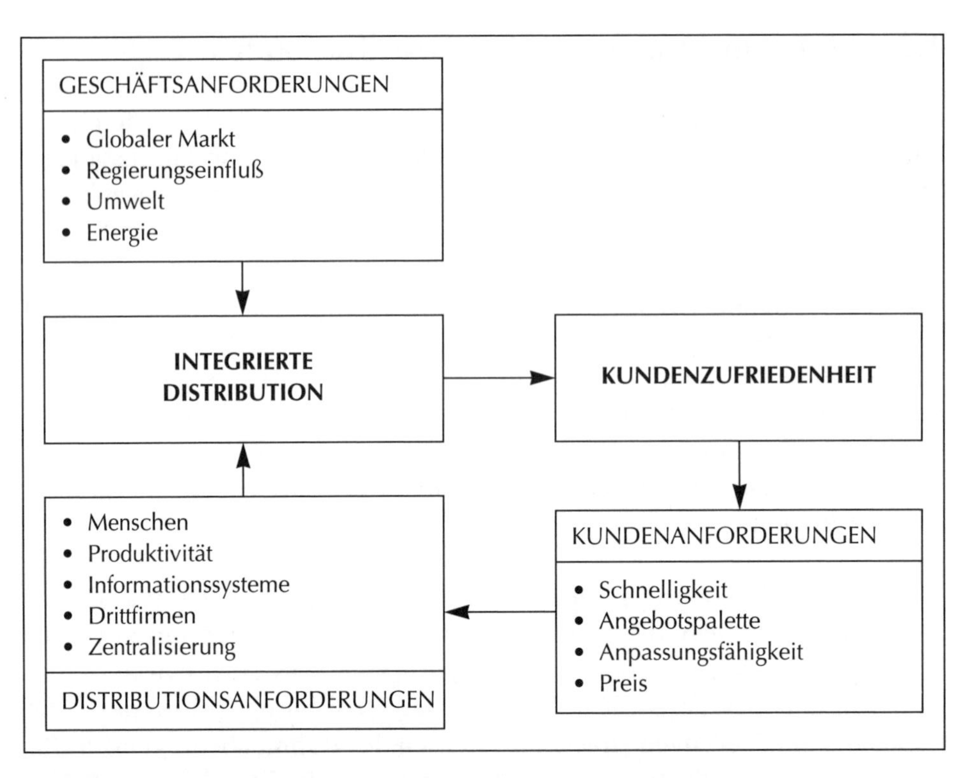

Abbildung 1.1: Überblick über die Herausforderungen an die Distribution

Wirklichkeit ist diesere Markt aber ein Distributionsproblem. In der Tat läßt uns unsere Welt keine Wahl: Wir müssen die globalstrategischen Auswirkungen aller Distributionsentscheidungen verstehen! Änderungen im Ablauf des Welthandels bestimmen die Anforderungen an die Distribution, ändern die Standorte und die Anzahl der Lagerhäuser, erhöhen die Gütermenge in der Pipeline und bringen neue Transportmöglichkeiten und -probleme hervor.

Seit Anfang der siebziger Jahre ist das Handelsvolumen der freien Welt jährlich doppelt so schnell gewachsen wie das Bruttosozialprodukt der USA. Von 1970 bis Anfang der neunziger Jahre hat sich dieses Volumen verzehnfacht und von 1980 bis Anfang 1990 verdoppelt. Das enorme Wachstum ist auf die Beteiligung der meisten Unternehmen am globalen Markt zurückzuführen. Diese Beteiligung kann sein:

1. Export von Produkten
2. Import von Material oder Komponenten

3. Geschäftspartner oder Niederlassungen im Ausland
4. Konkurrenz durch ausländische Unternehmen

Wie auch immer Ihre Beteiligung heute aussieht, sie wird in Zukunft größer werden und ist weder das Ergebnis des engeren Zusammenwachsens der Welt (Kommunikation über Satelliten und weltweite Reisemöglichkeiten), noch der stärkeren Integration von politischen und Wirtschaftssystemen. Natürlich erleichtern diese Möglichkeiten einem Unternehmen die Teilnahme am Weltmarkt, sie sind aber kein Stimulans, das dazu motivieren würde. Tatsache ist ganz einfach, daß den Unternehmen keine Wahl gelassen wird. Um heute auf einem beliebigen Markt bestehen zu können, muß ein Unternehmen beste Qualität zu günstigsten Preisen bieten – nicht bezogen auf die eigene Region oder das eigene Land, sondern weltweit! Die Triebkraft hin zu einer globalen Wirtschaft lautet deshalb ganz einfach: Überleben.

Globale Distribution unterscheidet sich nicht von inländischer Distribution. Sie ist nur komplexer. Diese Komplexität schließt unter anderem ein:

1. Unterschiedliche Zeitzonen
2. Verschiedene Sprachen
3. Internationale Finanztransfers und Währungstransaktionen
4. Kunden und Kundenagenturen
5. Staatliche Agenturen
6. Tarife und Handelsbeschränkungen
7. Dokumentation und Berichtserstellung
8. Verpackung
9. Speditionen
10. Kulturelle Besonderheiten

Der größere Umfang und die höhere Komplexität sind aber keinesfalls eine Rechtfertigung für eine ineffiziente Distribution. Leider wurde die globale Distribution zu diesem Zweck mißbraucht, wie folgende beispielhaften Äußerungen zeigen:

1. „Wir sind auf eine umfangreiche Lagerhaltung angewiesen, weil die globalen Transportzeiten unvorhersagbar sind."
2. „Es liegt wenig Sinn darin, zu versuchen, den Informationsstand von globalen Zulieferern ständig zu aktualisieren, da diese unsere Anforderungen überhaupt nicht verstehen."

3. „Frachtladungen werden erst in Paletteneinheiten aufgeteilt, nachdem sie bei uns eingetroffen sind, da unsere globalen Lieferanten nicht in entsprechenden Einheiten liefern."
4. „Wir wissen nie im voraus, welche Warenmengen bei uns wirklich eintreffen, bevor wir den Container nicht entladen haben, da die Unterlagen immer erst Wochen später eintreffen."

Diese Darstellungen können natürlich nicht so stehenbleiben. Die einzig akzeptable globale Distribution ist eine Distribution, bei der die Kundenzufriedenheit maximiert und die Kosten minimiert werden. Der Weg dazu ist, zuerst die Komplexität der globalen Distribution zu verstehen und dann einen Plan dafür zu erstellen, der das Distributionsnetz unter Inlands- oder globalen Bedingungen transparent macht. Nur dann schlägt der Handel auf dem Weltmarkt für ein Unternehmens positiv zu Buche und bietet der Tendenz zu einer ineffizienten globalen Distribution Paroli.

1.2.2 Staatliche Einflußnahme

Es würde den Rahmen dieses Buches überschreiten, die Auswirkungen staatlicher Einflußnahme auf die Distribution im Detail einzugehen. Sie verändern sich viel zu sehr, von Monat zu Monat und von Jahr zu Jahr; sind aber von höchster Wichtigkeit. Niemand sollte deshalb die enormen Auswirkungen auf die Distribution unterschätzen.

Weltweit neigen Regierungen dazu, für viele Aktivitäten bürokratische Barrieren aufzubauen. Das ist besonders deutlich auf dem Transportsektor zu erkennen. Die USA waren das erste Land, das sich dieses Problems annahm und die Hemmnisse auf dem Transportsektor zumindest teilweise beseitigte. Einschneidende Vorschriften und Regulationen bestehen aber weiterhin; sie nehmen sogar auf Gebieten wie Führerschein für Berufskraftfahrer, Sicherheitsinspektionen oder Drogentest wieder zu. Hinzu kommt, daß der Gütertransport auf der Straße nach wie vor durch 42 Staaten auf die eine oder andere Weise reguliert wird. Fragen wie den Einsatz längerer Lastzüge werden weiter heiß diskutiert.

In Europa und den USA gibt es eine sehr starke Transportlobby, deren Rolle hinsichtlich der Auswirkungen, welche die staatliche Einflußnahme auf die Distribution hat, nicht unterschätzt werden sollte. Deshalb ist es wichtig für Vertriebsfachleute zu verstehen, daß in gleicher Weise wie der Staat Einfluß auf die Distribution nimmt, die Distribution bestrebt ist, Einfluß auf die Regierungen zu nehmen.

1.2.3 Umwelt

Eng mit der staatlichen Einflußnahme verbunden ist die reverse Distribution. Reverse Distribution ist die Aufgabe, Verpackungs- und Transportmaterial wiederzugewinnen und an einer zentralen Sammelstelle für das Recycling zu sammeln. In Deutschland besteht dafür bereits eine gesetzliche Regelung, die besagt, daß der Hersteller eines Produkts zur Rücknahme von Paletten, Kartonagen, Schrumpffolien, Schnüren, Bändern, Umwickelungen usw., die zum Schutz der verpackten Ware während des Transports dienen, verpflichtet ist. Der Einzelhändler muß wiederum die gesamte Produktverpackung vom Kunden zurücknehmen. In den USA gibt es in den meisten Staaten bereits ein Gesetz für Autobatterien und Getränkeflaschen. Massachusetts war 1992 kurz davor, ein Gesetz zu erlassen, das zum Recycling jeglicher Verpackung verpflichtet hätte. In den USA geraten die Mülldeponien immer mehr an ihre Kapazitätsgrenzen, und deshalb wird Recycling künftig in immer stärkerem Umfang gesetzlich durch den United States Congress geregelt werden.

Die Beherrschung der Mechanismen der reversen Distribution stellt an die Distributionsspezialisten große Anforderungen. Nicht nur, daß sie die unterschiedliche Gesetzeslage auf Bundes- und Landesebene kennen müssen, sie müssen sich auch mit dem Rücktransport, der Lagerung des Verpackungsabfalls in den eigenen Lagern befassen und darauf achten, daß der Kunde mit dem Recyclingverfahren zufrieden ist.

Ein weiterer Punkt, der Distribution und Umwelt betrifft, ist in den USA das Bestreben der Umweltschutzbehörde (Environmental Protection Agency), für Fahrzeuge, die nicht im öffentlichen Straßenverkehrs zugelassen sind, eigene gesetzliche Regelungen zu erstellen. Diese Vorschriften würden sich auch auf Gabelstapler beziehen und auf die Betreiber von Lagereinrichtungen Druck ausüben, von Verbrennungsmotoren auf Elektromotoren überzugehen. Gabelstapler mit Verbrennungsmotoren werden in Zukunft wesentlich strengere Emissionsnormen einhalten müssen. In vielen Bereichen werden sie aber durch elektrisch betriebene Fahrzeuge ersetzt. Ein großes Problem sind dabei die bereits vorhandenen betriebseigenen Gabelstaplerflotten und die Notwendigkeit, diese durch Fahrzeuge zu ersetzen, die den neuen Vorschriften entsprechen.

1.2.4 Energie

Ein weiterer Punkt, der bisher – ebenso wie die Umweltfrage – bei den Überlegungen von Distributionsfachleuten keine allzu große Rolle spielte, ist die Energiefrage. Energiekosten sind aber für Transportunternehmen von großer Bedeutung. In den USA werden 60 Prozent der gesamten Energie für den Transport aufgewendet.

Obwohl diese Kosten im allgemeinen in den Gesamtkosten für den Transport untergehen, könnte eine signifikante Erhöhung spürbare Auswirkungen auf die Transportkosten und damit auf die Distribution haben. Es ist deshalb wichtig, daß die Energiekosten bei allen Entscheidungen, die mit Distribution in Zusammenhang stehen, zumindest als sensibler Einflußfaktor im Auge behalten werden.

1.2.5 Geschwindigkeit

Die Geschwindigkeit der Änderungen, die auf menschliches Handeln zurückzuführen sind, nimmt in allen Bereichen – sozialen, politischen, wirtschaftlichen, technischen, ökologischen und psychologischen – zu. Es ist deshalb nicht ungewöhnlich, daß sich auch die Distribution durch ständig kürzere Entwicklungszeiten, kürzere Produktlebensdauer und größeren Lagerdurchsatz immer schneller verändert. Sie ist gezwungen, ihre Reaktionsfähigkeit und Flexibilität an die Forderungen, die von der Kundenseite gestellt werden, anzupassen.

Der Lagerbestand muß schneller und flexibler gehandhabt werden, nicht nur, da er aufgrund der hohen Investitionen, des Platzes und des Handlings sehr teuer ist, sondern in zunehmendem Maße, weil Teile davon schnell veralten. Technologische Entwicklungen laufen mit geradezu explosionsartiger Geschwindigkeit ab. Die Produktlebensdauer wird dadurch kürzer und kürzer. Lagersysteme und -betrieb müssen sich auf ein umfangreicheres Crossdocking einstellen, um Lieferketten optimal managen zu können und eine Distribution mit einem kontinuierlichen Produktfluß zu ermöglichen.

Bei allem steht das Ziel für die Distribution insgesamt, flexibel und schnell zu reagieren, um mit der stetig größeren Änderungsgeschwindigkeit Schritt halten zu können und nicht härter, sondern intelligenter zu arbeiten.

1.2.6 Vielfältigkeit

Die Distributionsaufgaben werden in ihrer Art und Zahl auch weiterhin zunehmen. Spezielle oder individuelle Verpackungen, Liefereinheiten, Kosten, Auszeichnungen und spezielle Lieferbedingungen werden in Zukunft die Regel sein. Die Distribution wird gezwungen, Aufgaben zu übernehmen, die traditionell von der Produktion durchgeführt wurden. Es werden Systeme und Verfahren zur Informationsverarbeitung kommen, die auf die Wünsche und Forderungen des Kunden abgestimmt sind. Was immer auch der Kunde fordert, Vertriebsfachleute werden es erfüllen können. Parallel dazu wird der Kunde lernen, sich an diese neue Situation anzupassen und aus diesem Blickwinkel auch seine Forderungen stellen.

1.2.7 Anpassungsfähigkeit

Die Steigerung der Geschwindigkeit, die immer größere Vielfältigkeit und die Tatsache, daß Kundenzufriedenheit ein nie endender Prozeß mit immer neuen oder veränderten Kundenforderungen ist, hat zur Folge, daß auch die Distribution ihre Anpassungsfähigkeit immer weiter verbessern muß. Überraschend in diesem Zusammenhang ist, welche Verwirrungen der Versuch stiftet beim Definieren, was unter „anpassungsfähiger Distribution" zu verstehen ist. Dieser Begriff wird nicht nur von verschiedenen Unternehmen unterschiedlich interpretiert, auch verschiedene Mitarbeiter ein und derselben Firma legen ihr eine unterschiedliche Bedeutung bei.

Die verbreitetste Definition für *anpassungsfähig* lautet „die Fähigkeit, für einen neuen Anwendungszweck geeignet zu werden". Bezogen auf Distribution bedeutet *anpassungsfähig* die *Fähigkeit, auf unterschiedliche Distributionsanforderungen reagieren zu können.* Das macht die Verwirrung deutlich, die in den beiden unterschiedlichen Betrachtungsweisen des Wortes *anpassungsfähig* liegt.

Die Anforderungen an die Distribution können sich verändern, indem sich die Aufgabenstellung oder der Aufgabenumfang ändert. Für Änderungen in der Aufgabenstellung ist eine *flexible Distribution* erforderlich, jedoch im Aufgabenumfang eine *modulare Distribution.* Obwohl sowohl Flexibilität als auch Modularität Formen der Anpassungsfähigkeit sind, unterscheiden sie sich grundsätzlich voneinander.

Die drei wichtigsten Aspekte für eine flexible Distribution sind:

1. Vielseitige Ausrüstung
2. Vielseitige Systeme
3. Vielseitig einsetzbares Personal

Voraussetzung für eine flexible Distribution ist die Entwicklung, Spezifizierung und Implementierung von vielseitiger Ausrüstung. Die Ausrüstung für die Lagerung in Lagerhäusern sowie deren Handling und Transport sollte ausreichend vielseitige Verwendungsmöglichkeiten bieten, um sowohl den heutigen als auch eventuellen zukünftigen Anforderungen zu entsprechen. Eine ähnliche Wirkung haben vielseitige Systeme, mit denen die kundenspezifische Warenkennzeichnung, die automatische Identifizierung, die Kommunikation und Dokumentation besser angepaßt werden können. Wir sollten unter allen Umständen Situationen vermeiden, in denen wir einem Kunden sagen müssen „es tut uns leid, aber unser System läßt es nicht zu, daß wir Ihrem Wunsch entsprechen können".

Für eine flexible Distribution benötigen wir nicht zuletzt auch noch ein vielseitig einsetzbares Personal. Restriktive Arbeitsvorschriften, exzessive Arbeitsplatzbeschreibungen und -abstufungen, sowie unzureichende Schulung führen in der Distribution nicht selten zu einer ungenügenden Flexibilität. Eine vielseitige Schulung, die zu breitbandigen Fähigkeiten und Fertigkeiten führt, reißt die Barrieren, die zwischen den einzelnen Aufgaben und Vorgängen bestehen, nieder, und Mitarbeiter verstehen die Auswirkungen ihrer eigenen Arbeit auf die Gesamtleistung besser. Quer durch alle Vertriebsorganisationen besteht heute die Notwendigkeit, die traditionellen Barrieren zwischen unterschiedlichen Aufgaben einzureißen und durch eine größere Klarheit und ein besseres Verständnis die Distributionsleistungen zu steigern.

Die drei wichtigsten Aspekte der modularen Distribution sind:

1. Modulare Distributionswerkzeuge
2. Modulare Arbeitseinteilung
3. Modulare Zeiteinteilung

Zwischen modularen Distributionswerkzeugen und der Zu- und Abnahme von Lagerfläche und Transportausrüstung besteht eine enge Verbindung. Bei der Planung von Lagereinrichtungen sollte immer mit überlegt werden, wie die Lagerfläche vergrößert oder verkleinert werden kann, um sie an die jeweiligen Bedürfnisse anzupassen. Kurzfristig könnte sich die Verwendung externer Lagerhäuser lohnen, längerfristig dagegen die Erweiterung der eigenen Lager. Ähnliche Überlegungen sollten für die Transportausrüstung angestellt werden. Die Vorteile von Kauf und Leasing sollten gegeneinander abgewogen und Vertragsbedingungen genau untersucht werden, unter Berücksichtigung von kurz- und langfristigen Verkehrsfluktuationen.

Die Problematik der modularen Arbeitseinteilung liegt im Ausgleich des unterschiedlichen Arbeitsumfangs, der täglich in einem Lager anfällt. Dazu sind vielseitig geschulte Mitarbeiter nötig. Mitarbeiter, die in dieser Weise qualifiziert sind, müssen dann auch so eingeteilt werden, daß für die Distribution ein kontinuierlicher Güterdurchsatz in der Distribution möglich ist. Da die Menge der Einzelkartons, Lagen und ganzen Paletten, die bewegt werden, täglich und saisonal wechselt, muß auch die Aufgabenverteilung so gestaltet werden, daß ein kontinuierlicher Arbeitsfluß erreicht wird.

Mit einer modularen Distribution zu arbeiten, bedeutet auch, eine modulare Zeiteinteilung zu verwenden. Kreativität bei den Arbeitszeitplänen kann nicht unerhebliche Auswirkungen auf den gesamten Betriebsdurchsatz haben. Überlegenswerte Punkte sind unter anderem Zeit des Arbeitsbeginns, 8-, 10- oder 12-Stunden-Tag, Teilzeitkräfte, Pausen, Mittagszeit, Urlaub usw. Viele Distributionsaufgaben lassen sich um einiges verbessern, indem diese Zeitpläne so gestaltet werden, daß für die anfallenden Aufgaben auch immer genügend Personal zur Verfügung steht. Wird die modulare Zeiteinteilung vernachlässigt oder überhaupt nicht berücksichtigt, dann ist die Folge davon häufig eine niedrige Produktivität im Distributionsbereich.

1.2.8 Preisgestaltung

Eine Grundvoraussetzung für den Erfolg eines freien Unternehmens ist, die Distribution effizient, effektiv und kostengünstig zu gestalten. Ein entscheidendes Element für den Erfolg auf den globalen Märkten ist eine Distribution, die diesen Kriterien entspricht. Eine aus Kundensicht kostengünstige Distribution wirkt sich direkt auf den Preis aus, den der Kunde zu bezahlen hat. Daß sich dieser Preis aus einer Reihe von Einzelkomponenten zusammensetzt, spielt für den Kunden keine Rolle. Er ist ausschließlich daran interessiert, die Endsumme, die er dann wirklich zu bezahlen hat, zu senken. Obwohl deshalb der Kostenanteil für die Distribution an den Gesamtkosten weniger als 10 Prozent beträgt, ist es für den Kunden von allergrößter Bedeutung, daß gerade diese Kosten gesenkt werden. Auch aus diesem Grund ist es wichtig, die Distributionskosten zu senken.

Es gibt eine Reihe von Kriterien, mit denen evaluiert werden kann, welche Kosten für die Distribution veranschlagt werden müssen: Distributionskosten

- als prozentualer Anteil am Umsatz
- pro Gewichtseinheit
- prozentualer Anteil am Bruttosozialprodukt und -inlandsprodukt

Welches Kriterium auch verwendet wird, die Schlüsse, die daraus gezogen werden können, sind immer dieselben:

1. Unabhängig davon, daß die Gesamtkosten der Distribution unterschiedlich aufgegliedert werden können, enthalten sie grundsätzlich folgende Komponenten:
   - Transport: 40 bis 60 Prozent der Gesamtkosten
   - Lagerung: 20 bis 40 Prozent der Gesamtkosten
   - Lagergutbewegungen: 15 bis 25 Prozent der Gesamtkosten
2. Durch den Abbau von Vorschriften und Beschränkungen und Produktivitätssteigerungen wurden in den achtziger und zu Beginn der neunziger Jahre die Transportkosten beträchtlich reduziert. Dieser Trend wird sich gerade jetzt umkehren und der Kostenanteil für den Transport wird dementsprechend steigen.
3. Durch Stabilität auf dem Lohnsektor, niedrigere Kosten für Lagerflächen und eine größere Nähe der Lagerhäuser zu den Zentren fielen in den USA die Lagerkosten in den achtziger Jahren. Anfang der neunziger Jahre stiegen die Lohnkosten wieder an und, da diese über 50 Prozent der gesamten Lagerkosten repräsentieren, in der Folge auch letztere. Dieser Trend ist bis heute unverändert.
4. Die Kosten für die Lagerhaltung fielen um 1980 in den USA. Gründe dafür waren ein niedriges Zinsniveau und ein besseres Lagermanagement. Bis Anfang der neunziger Jahre gab es keine großen Bewegungen. Es ist aber später ein leichter Anstieg zu verzeichnen.
5. Die Kosten der Distribution wurden in den USA von 1980 bis ca. 1993 ständig weiter gesenkt. Umsatzbezogen fielen sie von anfänglich 10 Prozent auf etwa acht Prozent im Jahr 1992. Gewichtsbezogen fielen sie von über 45 Dollar pro „Hundredweight“ (ca. 51 kg) auf etwa 43 Dollar. Bezogen auf das Bruttosozialprodukt sanken sie von annähernd 15 Prozent

auf 11 Prozent und bezogen auf das Bruttoinlandsprodukt von fast 18 Prozent auf unter 12 Prozent. Seit Mitte der neunziger Jahre steigen die Distributionskosten wieder an. Es ist zu hoffen, daß es gelingt, diesen Anstieg durch eine intensivere Hinwendung zur integrierten Distribution in Grenzen zu halten.

Bei den Distributionskosten, die der Kunde heute oder in Zukunft zu bezahlen hat, ist nicht der wichtigste Gesichtspunkt, wie sich diese im Vergleich zur Vergangenheit entwickelt haben, sondern wie sie im Verhältnis zu einer optimalen Gesamtleistung eines Unternehmens liegen. Weil sich in der Distribution Änderungen von Handelsbedingungen, Kundenforderungen und Realbedingungen auf die Gesamtkosten auswirken, muß das Ziel immer eine fortwährende und kontinuierliche Verbesserung sein. Wir müssen die Kundenzufriedenheit immer weiter steigern und unbedingt die Kosten weiterhin senken. Voraussetzung dafür ist die Konzentration auf eine vollständig integrierte Distribution und der Wille, die Beziehung zum Kunden als Partnerschaft zu gestalten.

1.2.9 Zentralisierung

Nahezu alles in diesem Kapitel Angesprochene wird ermöglicht durch einen Trend, der Anfang der achtziger Jahre begann und sich in den neunziger Jahren verstärkt fortsetzt: die Zentralisierung. Die Zahl der Lager wird in Zukunft abnehmen, die verbleibenden werden aber größer sein und zentraler liegen. Sie werden die vielen, kleineren, dezentral angesiedelten Lager der Vergangenheit ablösen. Die Distribution wird weniger Verwaltungspersonal und Manager benötigen, da sie integriert und das Personal zentral zusammengefaßt sein wird. Parallel zu dieser Zentralisierung der Lager und des Personals wird eine Zentralisierung der Auftragserfassung, Kundendienstleistungen und der Datenverarbeitung stattfinden. In der Vergangenheit wechselten sich Zentralisierung und Dezentralisierung zyklisch ab. Das wird in Zukunft anders sein: letzteres wird nicht mehr stattfinden. Punkte wie stärkere Reaktions- und Anpassungsfähigkeit des Transports zu niedrigeren Kosten, Konzentration auf die Gesamtkosten der Distribution, tatsächliche Kundenzufriedenheit, Geschwindigkeit, Breitbandigkeit und Anpassungsfähigkeit weisen alle in Richtung Zentralisierung. Der Trend hin zu einer zentralisierten Distribution wird auch zu einem schnelleren Ersatz der verwendeten Ausrüstung führen, wodurch sich dann Chancen und Möglichkeiten für eine Automation und für den Einsatz von neuen, verbesserten Informationssysteme ergeben. Wenn diese Vorteile erst erkannt sind, wird die Tendenz zur Zentralisierung noch weiter zunehmen.

In diesem Zusammenhang ist besonders wichtig, daß in der Führungsebene der Distribution diese Entwicklung akzeptiert und unterstützt wird und das Management frühzeitig beginnt, die integrierte, zentralisierte Distribution im voraus zu planen. Das steht im Widerspruch zum traditionellen Ansatz, bei dem das Distributionsmanagement nur auf externe Einflußfaktoren reagiert. Unter den heute gegebenen Bedingungen muß das obere Distributionsmanagement die Zentralisierung strategisch planen, um sie für das Unternehmen zu einem Werkzeug zu machen, mit dem ein hohes Maß an Kundenzufriedenheit erreicht werden kann.

1.2.10 Distribution mit Fremdfirmen

Distribution mit Fremdfirmen bedeutet, daß einige oder alle Distributionsfunktionen, die bisher intern durchgeführt wurden, an ein externes Unternehmen delegiert werden. Wenn in den Unternehmen die integrierte Distribution besser verstanden wird und das Distributionsmanagement die Distributionskosten besser versteht, wird sich der Trend zur Übertragung eines Teils der Distributionsfunktionen auf Fremdfirmen verstärken. Faktoren, die diesen Trend unterstützen, sind:

1. Eine zunehmende Anzahl von professionellen Distributionsunternehmen offerieren sowohl Inlands- als auch weltweite Dienstleistungen:
   Einforderung der Frachtkosten
   Zollabfertigung
   Auswahl des Transportmediums
   Preisverhandlungen
   Fahrzeugleasing
   Abwicklung von Ansprüchen
   Beförderung gefährlicher Materialien
   Fracht-Tracking
   Management der Fahrzeugflotten
   Fahrzeuginstandhaltung
   Leasing von Kraftfahrern
   Versicherungen
   Multimodale Koordination
   Finanzierung
   Lager
   Rücklieferungen
   Ausstellungsräume
   Frachtzusammenstellung
   Verpackung
   Kits
   Kennzeichnung
   Auftragsabwicklung
   Kundendienst
   Elektronischer Datenaustausch
   Informationssysteme
   Datenverarbeitung
   Lagerbestandskontrolle
   Dokumentation

2. Die Unternehmensleitung ist bestrebt, die nicht essentiellen „Overheads“ abzubauen und sich auf die Kernelemente des Unternehmensgeschäfts zu konzentrieren.
3. Die hohe Zahl von Firmenzusammenschlüssen und -käufen, die eine Evaluierung und Restrukturierung der gesamten geschäftlichen Aktivitäten erzwingt.
4. Der Wunsch vieler Unternehmen, den Anteil an Fremdkapital zu verringern und ein niedrigeres „Breakeven“ zu erreichen durch eine operationelle Neustrukturierung und den Verkauf von Teilen, die nicht unbedingt benötigt werden.
5. Wenn Unternehmen auf die globalen Märkte expandieren, dann besteht häufig ein Mangel an Erfahrungen auf dem Gebiet der globalen Distribution. Anstatt zu versuchen, dieses neue Gebiet zu erschließen, ist es einfacher, die Distribution einer Fremdfirma zu übertragen.
6. Die Unternehmen sind sich dessen bewußt, daß es äußerst schwierig ist, Spitzen zu bewältigen und abgelegene Standorte zu bedienen bei gleichzeitig hoher Kundenzufriedenheit. Es kann deshalb besser sein, eine Fremdfirma einzuschalten, um sowohl die Dienstleistungen als auch die Distributionskosten zu optimieren.

Insgesamt werden die oben angeführten Faktoren zu einer sehr starken Zunahme der Distribution durch Drittfirmen bewirken. Für das Jahr 1990 hatte das Distributionsgeschäft durch Drittfirmen in den USA ein Volumen von 6 Milliarden Dollar. Bis 1995 ist es auf über 25 Milliarden Dollar angestiegen und bis zum Jahr 2000 wird es bei über 50 Milliarden Dollar liegen. Es versteht sich deshalb von selbst, daß bei jeder Planung von Distribution auch immer die Alternative einer Distribution durch eine Fremdfirma mit überlegt werden muß.

1.2.11 Informationssysteme

Der Einfluß der Informationstechnologie ist überall zu erkennen, vom Geschäftsleben über die Ausbildung bis hin zur Unterhaltung. Es ist deshalb nicht überraschend, daß sie auch enorme Auswirkungen auf die Distribution hat und in Zukunft haben wird. Viele Unternehmen setzen bereits automatische Identifizierung (auto ID) und elektronischen Datenaustausch (EDI, Electronic Data Interchange) als Möglichkeit zur Reduzierung der Kosten, zur Erhöhung der Genauigkeit und zur Verbesserung der Kundendienstleistungen ein. Andere Unternehmen verwenden automatische Identifizierung und elektronischen Datenaustausch, weil ihre Kunden dies als eine Voraussetzung für die Fortsetzung der Geschäftsbeziehungen fordern. Es ist heute eine Tatsache, daß die gesamte Dokumentation für die Distribution elektronisch erstellt und nicht per Post, sondern elektronisch versandt werden muß. Die herkömmliche Dokumentation auf Papier muß genau auf ihre Notwendigkeit überprüft und wo immer möglich vermieden werden. Es ist wichtig, für das Distributionsmanagement, daß Papierunterlagen gleich zusetzen sind mit Verzögerung, Fehlern und zusätzlicher Arbeit und deshalb eine Zeit- und Geldverschwendung bedeuten. Distributionsinformationssysteme müssen Echtzeitsysteme sein, auf elektronischer Basis ohne Papier arbeiten und innerhalb der gesamten Distributionskette standardisiert sein.

Derartige Systeme sollen dem Management ermöglichen, die Leistung des Distributionssystems besser steuern, überwachen, kontrollieren, messen und darüber berichten zu können. In den nächsten 10 Jahren wird im diesem Bereich mehr investiert und die Produktivität stärker gesteigert werden als in irgend einem anderen Bereich der Distribution. Planung und Einsatz von Distributionsinformationssystemen müssen alle Ebenen der Distribution einschließen, vom Auftragseingang bis hin zu zufriedenen Kunden. Managementsysteme für Lagerung und Transport werden dabei in das Gesamt-Distributionsinformationssystem integriert sein und Distribution zu einer Einrichtung machen, die allein zufriedene Kunden zum Ziel hat.

1.3 Produktivität

Die Verantwortung für die Leistungen der Distribution muß gesteigert werden. Das Distributionsmanagement muß Normen einrichten, Verbesserungsmöglichkeiten finden, Leistung messen und dafür sorgen, daß die Intensivierung der Distribution insgesamt kontinuierlich vorangetrieben wird. Innerhalb der Distribution soll auch das Bewußtsein dafür geweckt werden, daß diese Leistungssteigerung notwendig ist. Die Option, lediglich den Status quo aufrecht zu erhalten, ist völlig inakzeptabel. Die Steigerung der Distributionsleistung schließt zwar die Arbeitsleistung mit ein, läuft aber auf die Arbeitsproduktivität hinaus. Beispielsweise ist für den Lagerbetrieb von entscheidender Bedeutung, welche Ausrüstung für die Auftragsbearbeitung, welche Verfahren und Platzaufteilungen verwendet werden, um die Arbeitsleistung zu erhöhen. Es ist aber genauso wichtig, darauf zu achten, wie die Lagerfläche und die Ausrüstung verwendet werden, wie genau der Lagerbestand aktualisiert wird, welche Lagerschäden auftreten usw., da diese Faktoren einen großen Einfluß auf die Betriebsproduktivität haben.

In ähnlicher Weise sollte für den Transport eine sehr weit gefaßte Definition für die Produktivität verwendet werden, die ebenfalls über die Arbeitsproduktivität hinausgeht. Das ist erforderlich, um eine bessere Kontrolle über den eigenen Bereich zu erreichen und Unsicherheiten auf ein Mindestmaß einzuschränken. Das Distributionsmanagement muß im voraus festlegen, was in der Distribution geschehen soll und nicht erst auf Ereignisse reagieren, die bereits eingetreten sind. Nur wenn in der gesamten Distribution dieses weit gefaßte Verständnis für die Produktivität angenommen wird und kontinuierlich Verbesserungen angestrebt werden, ist eine hervorragende Distribution erreichbar, die diesen Namen auch verdient.

1.3.1 Menschen

Die Triebkraft der Distribution geht zwar von den Kunden aus, die Leistung hängt aber von den Mitarbeitern in der Distribution ab. Wie zufrieden Kunden sind, ist abhängig von ihren Kontakten zu diesen Mitarbeitern. Dieser menschliche Faktor ist deshalb ein sehr wichtiger Punkt bei der Distribution. In der Vergangenheit waren Distributionsleute auf einen engen Bereich beschränkt, hatten nur spezielle Fertigkeiten oder einen begrenzten technischen Hintergrund. Diese Mitarbeiter können die heutigen Anforderungen an die Distribution nicht mehr erfüllen. Distributionsleute, die heute gebraucht werden, müssen eine breit angelegte Auffassung von Distribution, ein Integrationsverständnis für ihren Arbeitsbereich haben, teamorientiert sein, zur Unternehmenskultur beitragen und sich aktiv und mit Überzeugung für die Zufriedenheit der Kunden einsetzen. Das Distributionsmanagement muß verstehen, daß der einzige Weg zu zufriedenen Kunden über autorisierte Teams aus motivierten und überzeugten Mitarbeitern führt. Diese Teams sollten wiederum partnerschaftlich mit allen anderen Organisationseinheiten, Kunden und eingeschalteten Drittfirmen zusammenarbeiten.

Die Herausforderung für das Distributionsmanagement von heute ist, Teams dieser Art, kurz gesagt, eine Umgebung zu schaffen, in der Menschen glücklich sind, die sie motiviert und in der dieser Prozeß der fortwährenden Verbesserung von erfolgreichen Teams vorangetrieben wird. Für eine solche Umgebung gibt es folgende Voraussetzungen:

1. Entwicklung der Mitarbeiter
2. Vertrauen

Die Entwicklung der Mitarbeiter erfordert:

1. *Visionäre Entwicklung:* Das Verständnis und die Einstellung der Mitarbeiter für bzw. zu Unternehmenszielen, den Weg, um diese Ziele zu erreichen und die Wissenschaft der Distribution.
2. *Allgemeine Entwicklung:* Das allgemeine Wissen und die allgemeinen Fertigkeiten, um zum Unternehmenserfolg beitragen zu können. Ersteres umfaßt Kunden, die Konkurrenzsituation sowie Stärken und Schwächen der eigenen Firma, Möglichkeiten und Herausforderungen usw. Die allgemeinen Fertigkeiten beinhalten Lösung von Problemen, Computerkenntnisse, Planung, Kommunikation etc.
3. *Spezifische Entwicklung:* Kenntnisse in der Distributionswissenschaft und die spezifischen Methoden, Verfahren und Systeme der eigenen Firma, mit der die Zufriedenheit der Kunden erreicht werden soll.

Vertrauen ist wichtig, da es den Grundstein für erfolgreiche, verantwortungsvolle Teams bildet. Das Distributionsmanagement muß verstehen, daß nur durch Vertrauen Respekt erreicht wird und dieser die Grundlage für gegenseitiges Zuhören ist. Dadurch entsteht Verständnis, das wiederum dazu führt, daß sich einer für den anderen verantwortlich fühlt. Die Folge ist dann eine aktive Beteiligung und weiter eine erfolgreiche Teamarbeit, die zu stärkerem Vertrauen führt. Ohne dem kann es keine erfolgreichen, verantwortungsvollen Teams geben.

Wenn Mitarbeiter einmal motiviert und an ihrem Arbeitsplatz glücklich sind, sollten Sie folgende Schritte zur Umsetzung einer teamorientierten, kontinuierlichen Verbesserung durchführen:

1. Bestimmen Sie einen Teamleiter.
2. Stellen Sie das Team zusammen.
3. Legen Sie den Zweck des Teams fest.
4. Bilden Sie das Team aus.
5. Beurteilen Sie den gegenwärtigen Status.
6. Definieren Sie Ziele.
7. Legen Sie die Prioritäten der einzelnen Möglichkeiten fest.
8. Führen Sie für die Alternativen ein Brainstorming durch.
9. Finden Sie Pläne für die Verbesserungen.

10. Evaluieren Sie diese Pläne.
11. Legen Sie Verbesserungspläne fest.
12. Suchen Sie Unterstützung für diese Pläne.
13. Setzen Sie diese Pläne um.
14. Führen Sie ein Ergebnisaudit durch.
15. Schenken Sie Erfolgen die notwendige Beachtung und teilen Sie sie mit anderen.
16. Beginnen Sie wieder bei Schritt 5.

Wenn Sie dieses schrittweise Verfahren mit motivierten und glücklichen Mitarbeitern einsetzen, dann werden Ihre Mitarbeiter zufriedene Kunden schaffen.

1.4 Schlußfolgerungen

Distribution ist das Management von Lagerbestand mit dem Ziel, Kundenzufriedenheit zu erreichen. Heute haben viele Unternehmen erkannt, daß Distribution zu den wichtigsten Fronten gehört, an denen für die Verbesserungen der Kundendienstleistungen bei gleichzeitiger Senkung der Kosten gekämpft wird. Dieses Kapitel hat viele der heutigen Herausforderungen an die Distribution untersucht. Der verbleibende Teil dieses Handbuchs wird einen detaillierten Einblick in diese Herausforderungen und Ihnen die Grundlagen für eine ausgezeichnete Distribution geben.

2 Marketing und Logistik

DONALD J. BOWERSOX
The John H. McConnell-Professor
Michigan State University
DAVID J. FRAYER
Michigan State University

Die Beziehung zwischen Marketing und Logistik hat sich in den letzten Jahrzehnten immer stärker herauskristallisiert. In der Anfangsphase waren Unternehmen vor allem damit beschäftigt, ihre einzelnen Funktionsbereiche getrennt zu managen. Das verhinderte, daß sie erkannten, welche Vorteile eine Integration von Marketing und Logistik boten. Die wichtigste Aufgabe des Marketings war (und ist), den Verkauf durch Produktkoordination, Preisgestaltung und Werbung zu stimulieren. Die Logistik war traditionellerweise für die Einhaltung von Terminen für Produkte und Dienstleistungen zuständig. Mit zunehmenden Konkurrenzdruck begannen aber Spitzenunternehmen damit, Marketing und Logistik zu integrieren, um auf diesem Weg die Leistungsfähigkeit der eingegliederten Bereiche, die Kundenzufriedenheit, die Kundendienstleistungen und den Erfolg beim Kunden zu steigern.

Hersteller wie Motorola, Procter & Gamble, Kimberley-Clark und Nabisco Foods haben ihre Wettbewerbsstellung beträchtlich verbessert, indem sie Marketing und Logistik weitestgehend koordinierten. Auf ähnliche Weise haben Großhandelsfirmen wie Bergen-Brunswig, McKeason, Spartan Stores, Ace Hardware und Baxter Healthcare Marketingprogramme entwikkelt, die auf Logistik aufgebaut sind, um einmal erreichte Wettbewerbsvorteile auch dauerhaft zu sichern. Unter den Einzelhandelsfirmen sind Wal-Mart, Target, Kmart und JCPenney Beispiele für Unternehmen mit einem Markterfolg auf einer soliden Basis, der mit Strategien erreicht wurde, die teilweise auf den Einsatz von logistischem Fachwissen beruht.

Dieses Kapitel beschreibt ausführlich die zunehmende Verflechtung von Marketing und Logistik in einer Geschäftsumgebung, die von der Technik dominiert wird. Als erstes wird ein „Lehrbuch"-Modell für das Marketing als eine Art unternehmerischer Leitfaden entwickelt, in dem die Logistik eine wichtige Komponente für die gesamtstrategischen Unternehmensinitiativen darstellt. Noch bis vor kurzem wurde Logistik als eine Art passiver Dienstleistungsanbieter innerhalb des Marketinggeschehens betrachtet. Eine etwas fortschrittlichere Beurteilung des Beitrags, den sie auf dem Weg zu einer Wettbewerbsüberlegenheit leisten kann, wurde erreicht, nachdem die Herausforderungen an das Logistikmanagement im Zusammenhang mit der Produktlebensdauer gesehen wurden. Diese neue Sichtweise reicht als Anleitung für einen umfassenden logistischen Einsatz nicht aus. Sie erweist sich aber als sehr hilfreich, um die dynamische Natur eines proaktiven Logistikeinsatzes zu veranschaulichen.

Um zu zeigen, welche Bedeutung Logistik als mächtiges Werkzeug bei der Erringung von entscheidenden Wettbewerbsvorteilen hat, werden nun in den folgenden Abschnitten die differenzierte Segmentierung, das Lieferkettenverfahren, das kundenorientierte Marketing und Kundenerfolgsstrategien besprochen. Schließlich wird in Form eines Beispiels ein Modell angeboten, das strategisches Marketing und Anwendung von logistischen Ressourcen verbindet und dabei die Vorteile dieser Integration hervorhebt.

2.1 Das Marketingkonzept

Unternehmen, die „Marketingphilosophie" als ihren Geschäftsansatz betrachten, sehen in Kundenbedürfnissen die treibende Kraft hinter allen Geschäftsvorgängen. Die marktorientierte Einstellung dient dazu, Initiativen zur Qualitätsverbesserung zu betonen und gleichzeitig einen angemessenen Gewinn zu erzielen[1]. Diese Philosophie zur Führung eines Unternehmens wurde in der Zeit nach dem zweiten Weltkrieg entwickelt und ist unter dem Begriff *Marketingkonzept* bekannt.

Ein wesentlicher Aspekt des Marketingkonzepts ist die Idee einer kombinierten Marketingstrategie (siehe Abbildung 2.1). Das Marketing-Mix ist als eine Verbindung von Aktivitäten zusehen, deren Zusammensetzung dazu geeignet ist, Kundenforderungen zu erfüllen und dabei gleichzeitig die Unternehmensziele zu erreichen. Die grundlegenden Aktivitäten, welche das Marketing-Mix bilden, sind die Managementkomponenten von Produkt / Dienstleistungs-, Werbungs-, Logistik- und Preisentscheidungen. Der Schlüssel zur Formulierung dieser Mix-Strategie liegt darin, die Ressourcen, die für diese Aktivitäten zur Verfügung stehen, in einem ausgewogenen Verhältnis so miteinander zu verbinden, daß sich daraus eine maximale

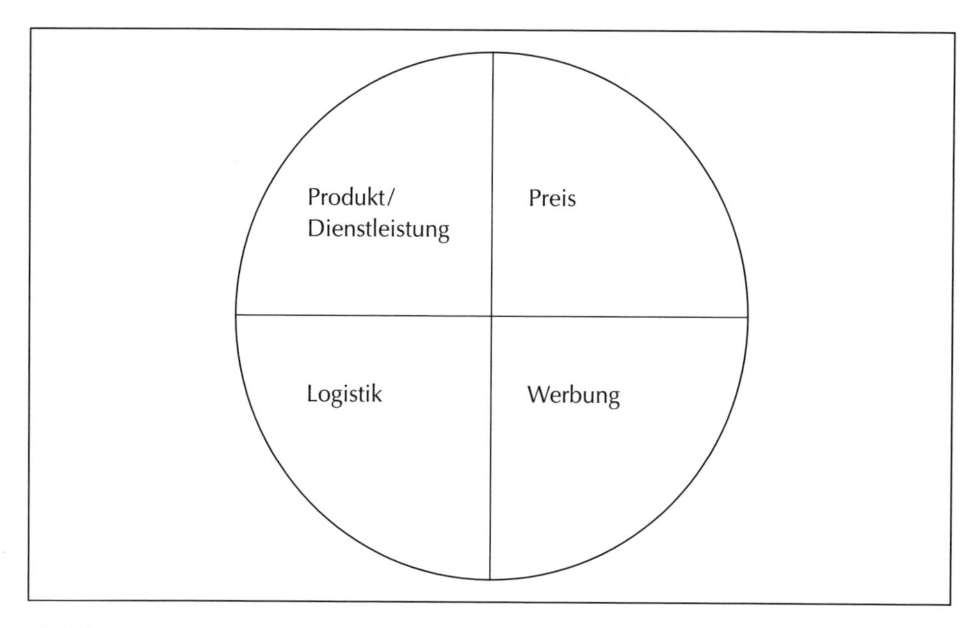

Abbildung 2.1: Das Marketing-Mix

Kundenwirkung ergibt. Ein konventioneller Ansatz, um zu bestimmen, welchen Platz die Logistik im Marketing-Mix einnimmt, ist, den Managementprozeß zu untersuchen, welche der Marketinggeschäftsphilosophie zugrunde liegt.

2.1.1 Der Managementprozeß für das Marketing

Der Managementprozeß für das Marketing (siehe Abbildung 2.2) umfaßt neun zusammenhängende Schritte[2]:

1. Marktforschung
2. Motivation des Kaufverhaltens
3. Abstimmung von Produkt und Dienstleistung
4. Entwicklung der Distributionswege
5. Logistik
6. Kommunikation
7. Preisgestaltung
8. Organisation
9. Verwaltung

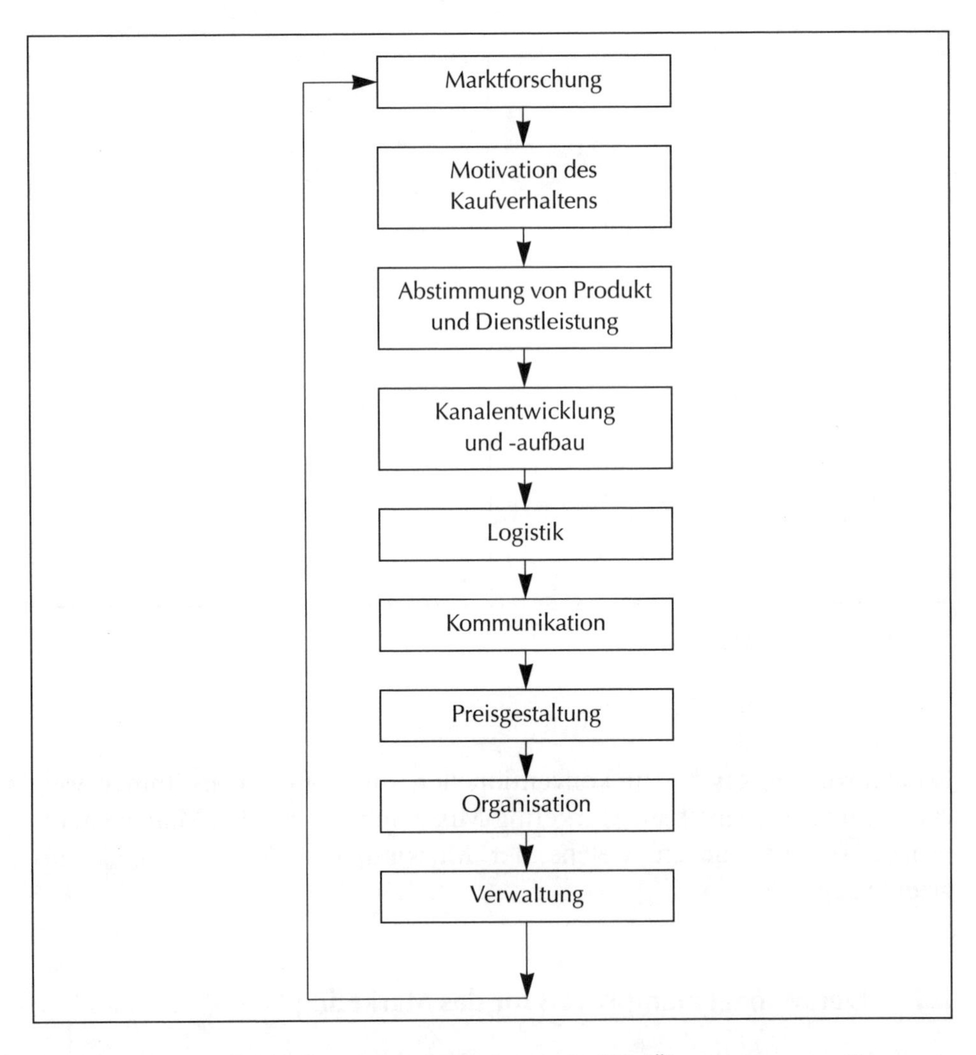

Abbildung 2.2: Der Managementprozeß für das Marketing (Übernommen von Thomas A. Staudt, Donald A. Taylor und Donald J. Bowersox, A Managerial Introduction to Marketing, 3. Auflage, Englewood Cliffs, NJ: Prentice-Hall, Inc.)

Bei der Erforschung eines Markts liegt der Schwerpunkt auf der Identifizierung und Einstufung von potentiellen Kunden und der Spezifizierung ihrer jeweiligen Anforderungen.

Um das Kaufverhalten von Kunden positiv zu beeinflussen, müssen diejenigen Faktoren beurteilt und bewertet werden, die dessen zeitliches und taktisches Verhalten bestimmen. Bei Initiativen zur Bearbeitung von Marktnischen ist die Abstimmung von Produkten auf Dienstleistungen und umgekehrt von Bedeutung. Die Entwicklung von Distributionskanälen umfaßt die Auswahl und Koordination von Unternehmen, mit denen Produkt- oder Dienstleistungssortimente zur richtigen Zeit an den richtigen Ort gebracht werden können, um so den Übergang der Eigentumsrechte an den Produkten zu ermöglichen und zu erleichtern. Die Logistik schließt dabei alle Informationen und Aktivitäten ein, die erforderlich sind, um Waren vom Verkäufer zum Käufer zu bringen.

Um beim Kunden eine positive Kaufeinstellung zu erzeugen, ist eine gute Kommunikation unbedingte Voraussetzung. Sie umfaßt Reklame, Werbung und den gegenseitigen Austausch von Informationen zwischen Verkäufern und Käufern. Für das Marketingmanagementverfahren sind die Festsetzung und Administration von Preisen mit akzeptablen Gewinnspannen bei guten Absätzen von enormer Bedeutung. Organisation ist wichtig, um die begrenzten finanziellen und menschlichen Ressourcen effizient einzusetzen.

Die Administration schließlich dient dazu, betriebliche Verfahren und Vorgehensweisen zu erarbeiten und Meßverfahren für die Leistungsmessung einzurichten, um kontinuierlich Verbesserungen zu ermöglichen.

Es ist wichtig, zu erkennen, daß die tatsächliche Arbeit für die Entwicklung eines Managementprozesses für das Marketing nicht von einer Gruppe von Managern innerhalb einer komplexen Geschäftsorganisation alleine durchgeführt wird noch jemals wurde. Dieser Prozeß umfaßt wesentlich mehr als die Arbeit, die normalerweise als „Marketing“ bezeichnet wird. Zum Beispiel liegt die Kommunikation, obwohl sie ein Bestandteil der Werbung und des Verkaufs ist, normalerweise in den Händen einer übergeordneten Marketingorganisation.

Die Logistik wird häufig von einer eigenen Organisation innerhalb des Unternehmens durchgeführt, die auch für interne Beschaffungs- und Produktionsfragen verantwortlich ist. Im Normalfall ist für die Produkteinführung und für Preisentscheidungen ein breites Spektrum an Inputs durch das Management notwendig, und es müssen so unterschiedliche Bereiche wie Produktentwicklung, Produktion, Buchhaltung, Finanzabteilung, Verkauf, Marketing und Geschäftsleitung einbezogen werden. Die Erkenntnis, daß der gesamte Prozeß des Marketingmanagements nicht der traditionellen funktionellen Arbeitsaufteilung entspricht, ist eine Grundvoraussetzung, um die Integration des Prozesses voranzutreiben.

2.2 Logistik in der Marketingstrategie

Die obigen Ausführungen zeigen, welche zentrale Stellung der Logistik innerhalb der gesamten Marketingstrategie zukommt. Aus Sicht der Logistik konzentriert das Marketingkonzept, um das erwünschte Kaufverhalten zu induzieren, die Managementanstrengungen auf das zur Verfügung stehende Dienstleistungsangebot. Die Logistik sollte aber nicht nur passiv auf den Kunden einwirken. Es gibt alternative Verfahren für Lieferung und Lagerung, mit denen eine abgestufte zeitliche Verfügbarkeit der Produkte am gewünschten Ort durch Marketingkanäle erreicht werden kann. In diesem Zusammenhang ist es zwar wichtig, aber nicht weit genug gefaßt, in der Logistik einen Kostenfaktor zu sehen, der für die Leistungsfähigkeit von Bedeutung ist. Logistik sollte als ein Hebel zur Beeinflussung der Gesamtleistung und zum Erzielen von Wettbewerbsvorteilen gesehen werden. Das Engagement im Dienstleistungsbereich und die Leistungen, die sich daraus ergeben, sind beides Grundvoraussetzungen für die Schaffung einer Wettbewerbsumgebung, die eine positive Kaufeinstellung erzeugt. Eine Leistung, die für den Kunden entweder zu aufdringlich ist, oder durch die er sich vernachlässigt fühlt, führt in den meisten Fällen nicht zu dem gewünschten Erfolg.

2.2.1 Vielen Herren dienen – Anforderungen an Lieferketten

Eine Grundvoraussetzung, damit die Logistik „vielen Herren dienen" kann, ist eine einheitliche Sichtweise. Während beim Marketing im Mittelpunkt steht, Transaktionen zum Kunden zu erleichtern, befaßt sich die Fertigung vor allem mit der Umwandlung von Rohmaterialien in Fertigprodukte und Dienstleistungen. In beiden Bereichen ist eine logistische Unterstützung notwendig, um die jeweilige Aufgabe innerhalb des gesamten Wertsteigerungsprozesses erfüllen zu können. Die logistischen Dienstleistungen, die für die Leistungsfähigkeit der Produktion wichtig sind, unterscheiden sich in Art und Umfang wesentlich von denen, die für die Marketingunterstützung benötigt werden.

Für die Fertigung ist eine konsistente und wirksame Logistikleistung entscheidend. Die herkömmliche Praxis, die auf Unsicherheit beruht und deshalb vorausplanend einen Lagerbestand aufbaut, kann nicht länger akzeptiert werden. Entsprechend ist der Versand großer Materialmengen aufgrund günstiger Versandkonditionen an Standorte, in denen dieses Material dann gehortet wird, um eine reibungslose Produktion zu unterstützen, von Natur aus riskant. Die hohen Kosten, die ein Produktionsstillstand aufgrund von Materialengpässen zur Folge hat, erzwingen, daß die Logistikmanager einen ausreichenden Nachschub entweder durch Vorratshaltung oder eine konstante Lieferleistung gewährleisten. Deshalb ist eine produktionsorientierte Logistik ein ausgleichender Faktor. Ihr Ziel ist, überflüssige Lagerhaltung zu reduzieren, indem eine Just-in-time-Unterstützung für die Produktion entwickelt wird, bei der aber das Risiko von kostspieligen Unterbrechungen vermieden wird. Die Tatsache, daß diese Art von zweckorientierter Logistik weltweit und in allen Bereichen zunimmt, zeigt deren vorrangige Bedeutung für das Erreichen von Leistungszielen.

Andrerseits schließen die Anforderungen an die Logistik von seiten des Marketings typischerweise einmalige Arrangements ein, mit denen jeweils ein bestimmter Kunde zufriedengestellt werden soll. Innovative logistische Arrangements, die Crossdocking, sequenzielles Laden, Stop-offs, Einzelrechnungserstellung, Verpackung, Beschriftung, Frachtbrieferstellung und beschleunigten Versand umfassen, wurden alle zu dem einen Zweck entwikkelt, leichter zum Erfolg beim Kunden zu kommen. In Verbindung mit dem Marketing macht die Logistik Wettbewerbsvorteile möglich, indem sie maßgeschneiderte Dienstleistungen für Kundenzielgruppen zur Verfügung stellt. Zusammenfassend kann gesagt werden, daß die interne Logistik in der Produktion vor allem der Absicherung der Konsistenz und des Leistungsvermögens dient. Die externe Logistik dient zur Unterstützung des Marketings. Sie muß so flexibel sein, daß auch spezifische, einmalige Kundenanforderungen erfüllt werden können.

Beim Management von Lieferketten werden die Planung und Durchführung von internen und externen Logistikaktivitäten als ein einheitlicher Prozeß behandelt, der aber über die Beschaffung, die Herstellung und den Vertrieb von Fertigprodukten hinausgeht. Im Mittelpunkt steht dabei der Erfolg beim Kunden. Es ist ein umfassendes logistisches Konzept, das die Ziele der funktionalen Integration und der strategischen Umsetzung in einem einzigen Managementverfahren zusammenfaßt[3]. Die Lieferkette verbindet Lieferanten und Kunden durch das Management von Warenflüssen, wobei die Waren einen Wertzuwachs erfahren. In ähnlicher Weise werden Informationen zwischen allen Beteiligten ausgetauscht. Die Lieferkette strebt deshalb vor allem eine vollständige Integration des Austauschprozesses mit dem Ziel an, eine maximale Leistungsfähigkeit und Wirksamkeit bei allen Operationen zu erreichen. Dies geschieht durch die Entwicklung eines Prozeßmanagements und genau abgegrenzte Verantwortungsbereiche innerhalb des Marketing-Logistik-Kanals.

Der Grund für die Entwicklung der Lieferketten-Integration ist sehr einfach. Eine Produktion und ein Marketing, die vollkommen getrennt voneinander durchgeführt werden, kann keine Transaktionen vollständig abschließen. Aus der Perspektive der Lieferkette (Abbildung 2.3) sind dagegen alle Verbindungen zu erkennen, die für ein erfolgreiches Marketing notwendig sind. Logistikaktivitäten führen durch den Transport und die Lagerung von Gütern und Dienstleistungen zu kurzen Entfernungen und Zeiten. Ohne, daß ein Rohstoff oder Fertigprodukt am rechten Ort zur rechten Zeit unter den richtigen Bedingungen zur Verfügung steht, gibt es keinen Eigentumsübergang. Die einfache, aber grundlegende Tatsache, daß Transaktionen abhängig sind von einer räumlich-zeitlichen Nähe, unterstreichen die entscheidende Rolle, welche die Logistik für die Führung eines finanziell erfolgreichen Unternehmens spielt.

Der folgende Abschnitt beschreibt, weshalb die Integration von Marketing und Logistik aus strategischen Gründen zwingend erforderlich ist, und zeigt die potentiellen Vorteile, die sich aus der Anerkennung dieser Abhängigkeit ergeben.

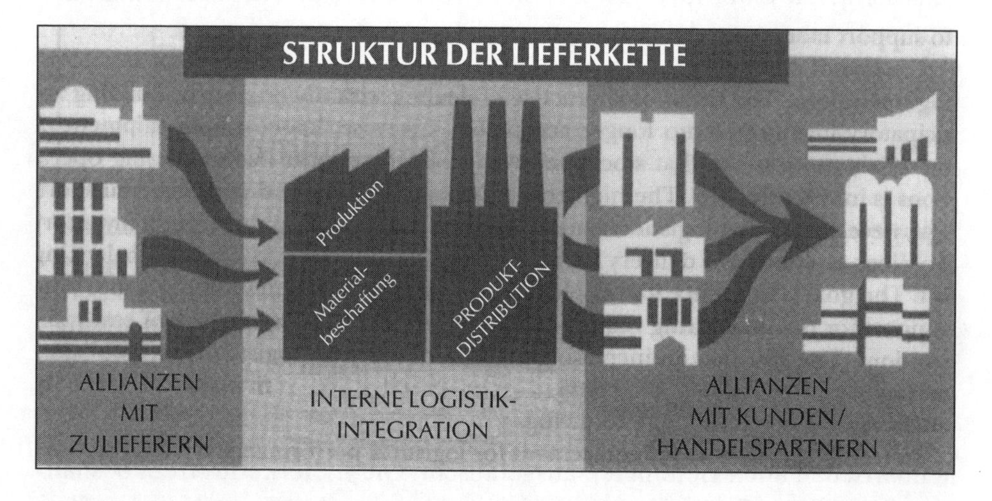

Abbildung 2.3: Der Lieferketten-Managementprozeß. (Von Donald J. Bowersex, „Clearing Roadblocks to Supply-Chain Management", United Parcel Service Update, Spring 1992, S.4.)

2.2.2 Der Zwang zur Integration

Die Fähigkeit, in einem Spitzenunternehmen von heute Spezialfunktionen erfolgreich zu managen, setzt ein tiefes Verständnis der Triebkräfte von integrierten Leistungen voraus. Betrachtet man die Integration von Marketing und Logistik, dann muß zunächst darauf geachtet werden, welche Anforderungen für die Integration innerhalb der Logistik als Voraussetzung der Integration über die Logistik hinaus bestehen. Die Eingliederung von logistikinternen Funktionen wurde zunächst versucht, indem aus Managern Teams gebildet wurden, die dann für bestimmte Akivitäten zuständig waren, wie etwa den Transportsektor oder die Lagerung, wobei die „command and control"-Organisationsstruktur gleich blieb. Die Idee, die Funktionen stärker zu betonen, entstand aus der Notwendigkeit, die Ausgaben für die jeweiligen Aufgaben in vernünftigen Grenzen zu halten. Eine Organisation nach dem „command and control"-Prinzip war dafür ein gutes System mit Kontrollen und Korrekturen, die das ermöglichten. Ein etwas neuerer Ansatz für Manager ist, in der Logistik eine funktionsübergreifende Prozeßintegration anzustreben, indem Informationen von allen Beteiligten gemeinsam genutzt werden[4]. Diese Ausrichtung auf ein verbessertes Informationsnetzwerk bietet ein großes Potential für weitere Integrationsschritte. Durch die Konzentration auf die Integration des Gesamtprozesses war die Qualitätssteigerung von Einzelfunktionen zur Beeinflussung der Gesamtleistung nur noch von sekundärer Bedeutung. Mit anderen Worten ist eine hervorragende Qualität von Einzelfunktionen nur im Kontext zum Erreichen eines Gesamtziels zu sehen.

Eine ähnliche Logik wie bei der internen logistischen Integration gilt für die Koordination von Logistik und Marketing. Während bei ersterem das Leistungsvermögen im Vordergrund steht, geht es bei der Integration mit dem Marketing vor allem um Wettbewerbsvorteile. Hauptziel ist dabei der Erfolg beim Kunden. Eine wirkliche Integration der beiden Bereiche ergibt ein hohes Potential für eine Reihe von Vorteilen. Die wichtigsten dabei sind die vereinfachte Einführung von zeitbezogenen Wettbewerbsstrategien, Qualitätsverbesserungen, der strategische Einsatz von Logistik, multinationale Abkommen mit Bezugsquellen und Leistungsmessung[5].

Zeitbezogene Strategien wie Just-in-time, Quick Response und kontinuierlicher Nachschub fördern die logistische Leistungsfähigkeit, weil durch sie die Einrichtungen innerhalb des Vertriebskanals reduziert werden. Beim Marketing spielen dabei Flexibilität, höhere Durchlaufgeschwindigkeit (Waren und Güter) sowie Aufgeschlossenheit gegenüber Kundenwünschen und -anforderungen eine zentrale Rolle. Natürlich kann es zwischen diesen Triebkräften zu Konflikten kommen. In der Vergangenheit wurde nur wenig, wenn überhaupt darauf geachtet, die Möglichkeiten, die in einer fortschrittlichen Dienstleistung stecken, mit kundenseitigen Anforderungen zu verknüpfen. Moderne Entwicklungen auf diesem Gebiet zeigen, daß zukünftig zeitbezogene Strategien das Potential für immense Fortschritte haben[6].

Die Verpflichtung zu höchster Qualität hat insbesondere auf dem Sektor Produktionsmanagement die logistischen Anstrengungen stark auf die produktionsinterne Leistungsfähigkeit verlagert. Wenn hier ein hohes Niveau erreicht ist, dann müssen sich die Anstrengungen auf die Aspekte konzentrieren, die für den Kunden von Bedeutung sind. Deshalb könnte dieser Bereich der Logistik auch neue Dienstleistungen wie Inspektion, Reihenfolgeplanung oder Modifizierung beinhalten. Diese Leistungenerweiterungen stellen für den Kunden einen zusätzlichen Wert dar. Leistungsfähigkeit auf dem falschen Gebiet ist für die Lieferkette als Ganzes kaum von Wert.

Der strategische Einsatz von Logistik stellt für die Integration von Marketing und Produktion eine interessante Herausforderung dar. Das Bestreben, die Leistungsfähigkeit durch eine Zentralisierung der Logistik zu steigern, führt dazu, daß an vorderster Front die Möglichkeiten zur Lenkung und Beeinflussung des Markts abnehmen. Andererseits hat es sich gezeigt, daß Bemühungen, die Flexibilität durch Dezentralisierung der logistischen Verantwortung zu erreichen, sich häufig negativ auf die Leistungsfähigkeit auswirken. Nötig ist eine Synthese aus beidem: Eine zentralisierte Logistik und Strategie, die durch dezentrale oder delegierte Entscheidungsverantwortung an vorderster Front unterstützt wird[7].

Wenn das Vertrauen in eine multinationale Akquisition zunimmt, dann ist es von grundlegender Bedeutung, daß Beschaffung und Produktion durch eine gut eingepaßte Logistik unterstützt werden. Diese Verpflichtung in Verbindung mit dem Aufbau der erforderlichen Infrastruktur kann ein Hindernis oder eine Barriere für die weitere Integration von logistischen Leistungen und Marketinganforderungen sein. Erschwerend kommt hinzu, daß einige Firmen Logistik, Beschaffung und Produktion integriert auf globaler Basis managen, das Marketing aber auf Landesebene.

Die Bewertung der Wechselbeziehung von logistischer Leistung und Marketingergebnissen stand schon oft im Mittelpunkt[5]. Keine der beiden Seiten kann dabei für sich in Anspruch nehmen, für eine gute Gesamtleistung alleine verantwortlich zu sein. Eine unumgängliche Voraussetzung für den Einsatz von Logistik als strategische Waffe ist, Marketing und Logistik intensiver miteinander zu verzahnen und diese Wechselbeziehung richtig zu bewerten.

2.2.3 Entwicklung einer strategischen Sicht

Der Schlüssel, um aus der Logistik in bezug auf das gesamte Marketing den größten Gewinn zu ziehen, liegt in der Entwicklung einer strategischen Sicht. Wenn die Logistik nur verwendet wird, um Kosten zu minimieren, dann verliert sie ihre Hebelfunktion. Wird sie ausschließlich unter einem solchen betriebswirtschaftlichen Gesichtspunkt betrachtet, dann sind logistische Aktivitäten auf taktische Anwendungen beschränkt. Solange es nur darum geht, die Kosten auf einem Minimum zu halten, können Synergieeffekte durch einen strategischen Einsatz nicht zum Tragen kommen.

Das strategische Potential der Logistik liegt in der Möglichkeit, bestimmten Kunden erweiterte und auf sie zugeschnittene Dienstleistungen anzubieten, die über den allgemeinen Dienstleistungsstandard, der für alle Kunden des Unternehmens gilt, hinausgehen. Da Unternehmen aufgrund von gemeinsam genutzten Informationsbasen und gleichartigen Technologien auch ähnliche Fähigkeiten entwickeln, können sie solche einmaligen und erweiterten Leistungen nicht so ohne weiteres kopieren.

Das kann wiederum einen strategischen Vorteil bedeuten. Ein Beispiel dafür ist United Parcel Service, die ihre Kompetenz im Transportwesen genutzt hat, um einen strategischen Vorteil zu gewinnen, indem sie ihren Kunden eine termingerechte Lieferung garantiert. Obwohl ständig mehr Firmen ihre Logistik einsetzen, um Wettbewerbsvorteile zu erreichen, kann keiner dieser Einsatzfälle mit einem anderen verglichen werden, sondern bleibt jeweils einzigartig[8].

Die internen Charakteristiken dieser Unternehmen und die strategischen Anforderungen von seiten ihrer Kunden bilden zusammen unverwechselbare Kompetenzen, die zur Sicherung von Marktvorteilen eingesetzt werden können. Im folgenden Abschnitt wird ein Spektrum von strategischen Initiativen untersucht, wobei Logistik im Kontext zu Produktlebenszyklen betrachtet wird.

2.3 Einsatz von Logistik in Verbindung mit Produktlebenszyklen

Aus den bisherigen Ausführungen geht hervor, daß mit Logistik wesentlich mehr als nur eine reaktive oder passive Marketingunterstützung erreicht werden kann. Über die Steigerung der innerbetrieblichen Leistungsfähigkeit hinaus, die von grundlegender Bedeutung ist, hat die Logistik das Potential, die Reaktionsfähigkeit und -geschwindigkeit gegenüber Kundenforderungen zu steuern und zu erhöhen. Die Dynamik der Märkte und des Wettbewerbs bilden gemeinsam die Basis für einmalige Möglichkeiten zum Einsatz von Logistik, um zusätzliche höherwertige Dienstleistungen aufzubauen. Eine interessante, wenn auch nicht umfassende Möglichkeit, den dynamischen Einsatz von logistischer Kompetenz zu veranschaulichen, ist der Produktzyklus, der häufig in der Marketingliteratur diskutiert wird.

2.3.1 Anpassungen in den Zyklusstadien

Das Modell eines Produktzyklus (Abbildung 2.4) wurde von Marketingplanern entwickelt, um die während der Produktlaufzeit zu erwartenden Wett-

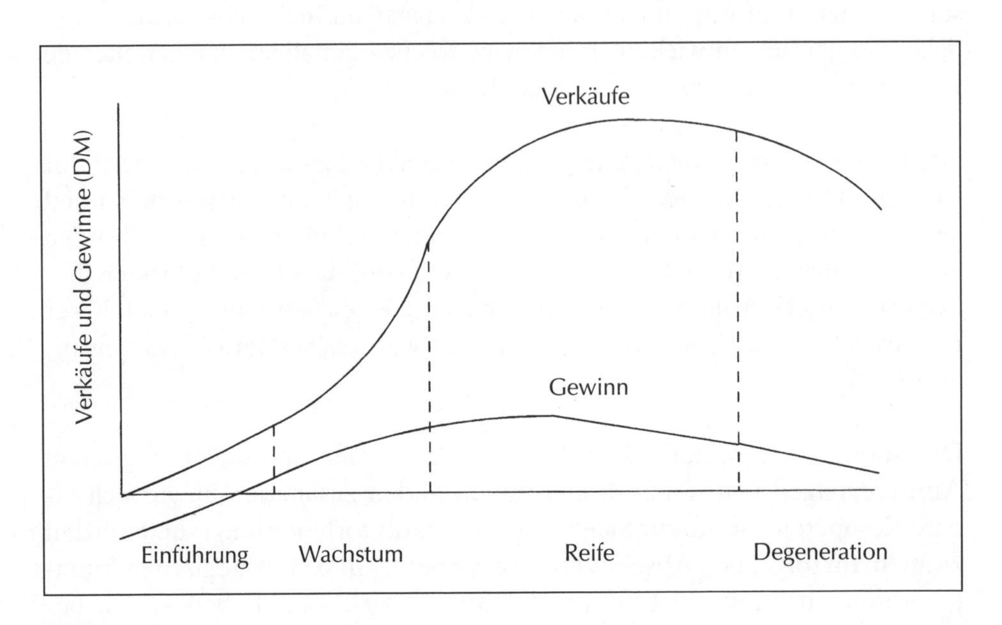

Abbildung 2.4: Der Produktzyklus

bewerbsbedingungen vorauszusagen[9]. Obwohl es eine Reihe von unterschiedlichen Modellen gibt, enthalten die meisten davon die folgenden vier Stadien:

1. Einführung
2. Wachstum
3. Reife
4. Degeneration

Jedes Stadium kann dabei andere logistische Leistungen erfordern.

Während der Einführungsphase ist eine umfangreiche allgemeine Logistik wünschenswert. Da das Hauptziel die Eroberung einer Marktposition beinhaltet, ist es vor allem wichtig, daß die Produkte ab Lager verfügbar sind und der Nachschub über die Lieferkanäle reibungslos funktioniert. Produktengpässe in der Einführungsphase könnten die Marketingstrategie für die Produkteinführung in ihrer Wirkung und damit auch den Erfolg gefährden. Im schlimmsten Fall könnte es zu einem Fehlschlag bei der Produktakzeptanz kommen. Beispielsweise versuchte Gillette, einen neuen Rasierapparat gleichzeitig weltweit in den Markt einzuführen. Eine solche globale Strategie schien gerechtfertigt, da kein Zweifel daran bestand, daß Gillette in der Lage war, die erforderliche allgemeine logistische Unterstützung zu bewältigen. Der Verkauf ging aber in seinen Absatzerwartungen noch über die optimistischsten Prognosen hinaus, wodurch es zu ernsthaften Produktengpässen und unvorhergesehenen Verzögerungen kam, die einige Aspekte des gesamten Unternehmens in Frage stellten. In der Regenerationsphase erhielt Gillette eine lehrreiche Lektion, welche Schlüsselrolle die Logistik bei der Einführung eines neuen Produkts spielt[10]. Vereinfacht ausgedrückt: Man kann keinen neuen Markt mit einem leeren Warenkorb erobern. In der Zeit der Produkteinführung tendieren Lieferkapazitäten dahin, zu klein zu sein und die Auftragszahlen, alle Grenzen zu überschreiten. Fehler in der Logistik können deshalb sehr negative Auswirkungen haben.

In der Wachstumsphase verlagern sich im Idealfall die logistischen Anstrengungen von der fast ausschließlichen Ausrichtung auf den Kunden auf bestimmte Bereiche, oder sie sind dann breiter gefächert. Die Entscheidung, welchem Kunden welche Leistung angeboten werden soll, wird im Idealfall durch das zur Verfügung stehende Potential und die Kosten bestimmt. Kennzeichen der Wachstumsphase sind eine breitere Abdeckung des Markts und eine höhere Rentabilität. Deshalb ist dies die richtige Zeit, um in die logistische Infrastruktur zu investieren. Die logistische Kompetenz sollte dann dazu benutzt werden, um den Marktanteil und die Loyalität der Kunden zu erhöhen.

Die Reifephase ist durch einen intensiven Wettbewerb gekennzeichnet. Mit zunehmenden Konkurrenzprodukten/Dienstleistungen wird der Preiskampf härter. Unternehmen, die ihren Marktanteil zurückgehen sehen, versuchen, ihre Kunden durch spezielle Preisgestaltung und -nachlässe zu halten. Firmen, die langfristig die Marktführer waren, sehen in Kooperationsvereinbarungen einen Weg, um ihre Hauptkunden weiterhin optimal zu betreuen. Um die Wettbewerbsposition auf den wichtigsten Märkten zu halten, stellen Unternehmen häufig zusätzliche Ressourcen zur Verfügung, so daß die Leistungsfähigkeit ihrer Logistik erhalten bleibt. Diese Ressourcen sind vor allem auf Schlüsselkunden ausgerichtet.

Im letzten Stadium des Produktlebenszyklus, der Degenerationsphase, geht der Absatz wieder zurück. Das Management soll die Entscheidung treffen, ob das Produkt auf einer eingeschränkten Basis weiter vertrieben oder vollständig zurückgezogen werden kann. Das Logistiksystem muß die entsprechende Strategie für den Weitervertrieb oder den Rückzug unterstützen, ohne dabei die Ressourcen übermäßig zu beanspruchen. Die Risikovermeidung könnte dabei als Strategie im Vordergrund stehen. Ausgelaufene, schadhafte oder beschädigte Ware muß in bestimmten Fällen vom Markt genommen werden. Ein Musterbeispiel für eine Aufräumlogistik war die dritte Phase des Golfkriegs (Desert Farewell), in der unbenutzte militärische Ausrüstung im Wert von vielen Millionen Dollar neu klassifiziert und logistisch eingeteilt wurde, um zukünftigen Anforderungen zu entsprechen[11].

Der Produktlebenszyklus zeigt, obwohl er verschiedene Schwächen aufweist und kaum eine umfassende theoretische Grundlage für die Entscheidungsfindung bietet, in welcher Weise der Einsatz von Logistik angepaßt werden muß, um die Marketingstrategie eines Unternehmens zu unterstützen. Wenn die Anpassung an eine bestimmte Marktsituation einmal erfolgte, dann ist der wichtigste Punkt, die Flexibilität aufrechtzuerhalten. Bei Unternehmen mit einem breiten Produktspektrum befinden sich die einzelnen Erzeugnisse in unterschiedlichen Phasen des Produktlebenszyklus. Das bedeutet eine enorme Komplexität. In entsprechender Weise kann auch die Zeitdauer, für die sich ein Produkt in einer bestimmten Phase befindet, sehr unterschiedlich sein. Schließlich kaufen wichtige Kunden im typischen Fall Produkte aus allen „theoretischen“ Stadien des Produktlebenszyklus. Unter diesen komplexen Bedingungen wird Flexibilität zum Schlüssel für eine hervorragende Logistik[6].

Im folgenden Abschnitt wird nun untersucht, wie eine logistische Untergliederung, ein kundenorientiertes Marketing und der Einsatz von ausgewählten logistischen Dienstleistungen zu einer größeren Flexibilität in der Logistik führen.

2.4 Wettbewerbsdifferenzierung auf der Basis von logistischer Kompetenz

Das Ringen, mit Profit in einer Umgebung zu arbeiten, die gekennzeichnet ist durch schrumpfende Märkte und starke internationale Konkurrenz, zwingt die Unternehmen dazu, einmalige, nicht nachahmbare Angebote zu finden und Gewinn daraus zu ziehen. Die Unternehmen müssen ihren Vorteil darin suchen, daß sie ihr Produkt- oder Dienstleistungsangebot von dem ihrer Konkurrenten abheben. Die traditionelle Grundlage für diese Unterscheidung ist u. a. das Produkt selbst, die Leistung, der Preis, das Image, der Vertriebskanal und das Dienstleistungsniveau[1]. Obwohl alle diese Alternativen Optionen sind, die ihren Wert haben, versuchen immer mehr Unternehmen sich durch ihre logistische Kompetenz von anderen abzuheben. Firmen, die einen logistischen Wettbewerbsvorsprung erreicht haben, sind auch zu unkonventionellen Vorgehensweisen nach dem Motto „catch us if you can" in der Lage. Eine solche außergewöhnliche Leistungsfähigkeit setzt eine Umgestaltung des eigenen Dienstleistungsangebots voraus, um die Kundenerwartungen zu erfüllen.

Traditionell messen Unternehmen ihre logistischen Leistungen am Durchschnitt und machen die Gesamtleistung zum Maßstab dafür, wie gut die Dinge laufen. Diese auf das Gesamte ausgerichteten Beurteilungsmethoden versagen jedoch auf der individuellen Ebene, da sich die logistischen Anforderungen an die Dienstleistungen von Kunde zu Kunde unterscheiden. Beispielsweise steht im Transportwesen die Frage, ob schnelle oder kontinuierliche Lieferung. Manche Kunden wünschen oder bevorzugen eine kontinuierliche Lieferung im Rahmen einer längeren Laufzeit des Gesamtauftrags. Andere Kunden wünschen die Anlieferung am nächsten oder noch am selben Tag und sind bereit, für diesen Service eine Extragebühr zu bezahlen. Ein Management, das nur den Durchschnitt zum Maßstab nimmt, in einem Umfeld mit spezifischen und unterschiedlichen Kundenanforderungen, wird seine Marktorientierung verlieren. Eine solche Einstellung erinnert in vieler Hinsicht an Henry Ford, der die Auffassung vertrat, daß „ein Kunde für seinen Wagen jede Farbe haben kann, solange sie schwarz ist."

2.4.1 Planung von Anforderungen im Kontext mit Dienstleistungen

Für die Logistik gibt es zwei grundlegende Arten von Dienstleistungsanforderungen:

1. Die grundlegenden Dienstleistungsanforderungen
2. Spezielle Dienstleistungsanforderungen

Ersteres dient dazu, die besonderen Wünsche des Kunden zu erfüllen. Sie hängen ab vom jeweiligen Produkt und Kunden. Die speziellen Dienstleistungsanforderungen sind das Ergebnis der Pläne, Vorstellungen und der Politik eines Unternehmens. Sie stehen für den Einsatz von Ressourcen mit dem Ziel, die Loyalität von bestimmten Kunden zu gewinnen.

Beispiele für die grundlegenden Dienstleistungen sind:

- Produktverfügbarkeit
- Regelmäßigkeit von Lieferungen
- Flexibilität bei Beschleunigung von Aufträgen und Bearbeitung einmaliger Lieferaufträge
- einfaches Ausweichen auf andere Produkte
- fehlerfreie Administration
- Support nach Lieferung

Es gibt viele Geschäftssituationen, für die sich die tatsächlichen Spezifikationen der Basisdienstleistungen unterscheiden. Generell ist für Endverbraucher die Leistungsfähigkeit dabei von geringerer Bedeutung als für gewerbliche Kunden. Nachdem der Umfang an Basisdienstleistungen für einen Kunden bestimmt ist, kann das Unternehmen daran gehen, Wege zu finden, um diese Anforderungen zu erfüllen. Als allgemeine Regel gilt: Wenn ein Kundengeschäft erst einmal akzeptiert oder gefördert wird, verdient der Kunde Basisdienstleistungen von guter Qualität.

Zusätzlich zur Identifizierung und Betreuung dieser Grundforderungen ergibt sich oft die Möglichkeit, spezielle Dienstleistungen einzurichten oder zu erweitern. Die speziellen Anforderungen hierbei gehen auf individuell kundenorientierte Strategien zurück und schließen das Ziel, Wettbewerbsvorteile zu erreichen, mit ein. Ein Programm oder ein Plan, ausgewählten Kunden ein erweitertes, hochwertigeres Dienstleistungsspektrum anzubieten oder die Basisdienstleistungen zu steuern, ist das Element, das zu einem Wettbewerbsvorteil führt. Geschäftliche Allianzen auf der Grundlage von gemeinsam entwickelter überbetrieblicher, logistischer Kompetenz vergrößert noch das Potential für die Erringung solcher Vorteile.

Wenn Firmen erkennen, daß die Loyalität von Kunden auf der Erfüllung dieser kundenspezifischen Anforderungen beruht, dann wird die Differenzierung auf der Grundlage logistischer Kompetenz möglich. Ein Unternehmen kann Zuverlässigkeit und Reaktionsfähigkeit in einem bestimmten Umfang anbieten und dieses Angebot verstärken durch spezielle logistische Dienstleistungen, wie Versandüberwachung, Crossdocking, imulitmodalen Transport, Produktrekonfiguration oder innovative Dienstleistungen für die Lagerung, wenn und wo sie angebracht sind. Diese und andere logistische Dienstleistungen bilden die Basis für eine Differenzierung. Dabei ist eine wichtige Voraussetzung, daß sich das Management über die Bedürfnisse und Anforderungen der einzelnen Kunden vollkommen im klaren ist.

2.4.2 Praxis der logistischen Segmentierung

Die Segmentierung baut auf der einfachen Tatsache auf, daß Kunden individuelle Bedürfnisse haben und unterschiedliche Dienstleistungen wünschen. Indem der Gesamtmarkt, der häufig zu groß und inhomogen ist, um als Ganzes effektiv betreut werden zu können, auf der Basis von gemeinsamen Eigenschaften in einzelne Segmente aufgeteilt wird, können Unternehmen Dienstleistungsspektren anbieten, die auf den jeweiligen Teil zugeschnitten sind.

Dieses Konzept von Marktsegmenten für die Betrachtung und Aufgliederung von Märkten ist die Grundlage für den Marketing-Mangementprozeß. Jedes Unternehmen gestaltet die Segmentierung anders, aber die treibende Kraft dahinter ist immer Steigerung von Kundenzufriedenheit sowie Rentabilität durch den Ausschluß von unwirtschaftlichen oder fehlgeleiteten Marketing-Anstrengungen.

Für Logistikmanager geht die Segmentierung sogar noch weiter als typischerweise in anderen Bereichen des Marketings. Mit der Größe eines Kunden oder der Rentabilität als Kriterium kann das entsprechende logistische Segment aus einem einzigen Kunden oder sehr kleinen Gruppen von Kunden bestehen. Eine solche Einteilung bedeutet, daß Kombinationen aus grundlegenden und speziellen Dienstleistungen gebildet werden müssen, um jeden Kunden und jede Kundengruppe zufriedenzustellen. Die Gesamtarchitektur eines Unternehmens, das Logistik vorausschauend einsetzt, kann aus einer Reihe von Einzelstrategien für spezifische Zielmärkte bestehen. Der Ausgangspunkt dabei ist, wie oben erwähnt, daß alle Kunden, mit denen ein Unternehmen Geschäftsbeziehungen hat oder aufnehmen will, exzellente Basisdienstleistungen verdient. Die Einzelstrategien durch die Segmentierung werden dann von den vormaligen kundenspezifischen Dienstleistungen bestimmt.

Die Segmentierung ist auch ein mögliches Konzept für das Marketing von Dienstleistungen. Beispielsweise könnte eine Lieferkette mehrere Zielsegmente für Transportdienstleistungen enthalten. Transportfirmen könnten sich dabei aufgrund der Kundenstruktur oder Unternehmensziele auf den firmeninternen und -externen Sektor oder auf die Auslieferung an den Kunden spezialisieren. Diese Spezialisierung bedeutet einen Wettbewerbsvorteil, da mit ihr eine größere Kompetenz, Verfügbarkeit von Spezialausrüstung oder angepaßte Informationstechnologie-Lösungen verbunden sind. Entsprechende Möglichkeiten gibt es für Dienstleistungsanbieter auf dem Logistiksektor, indem diese einzelnen Kunden ein individuelles Angebot offerieren. Daß die logistische Kompetenz bei der Segmentierung von Märkten eine zunehmend größere Rolle spielt, um die Rentabilität zu verbessern und eine höhere Kundenzufriedenheit zu erreichen, ist ganz offensichtlich.

2.4.3 Kundenzufriedenheit und mehr

Einer Logistik, bei der der Kunde im Mittelpunkt steht, liegt dieselbe Logik zugrunde wie dem Marketingkonzept der fünfziger Jahre. Kernpunkt sind die Wünsche und Bedürfnisse des Kunden. Betriebliche Effizienz wird dabei nur unzureichend beachtet. Die Möglichkeit, einmalige Dienstleistungsangebote machen zu können, überdeckt sehr leicht die Kosten und den Absatz von anderen Dienstleistungen. Diese divergierenden Richtungen können durch eine logistische Differenzierung wieder in Einklang gebracht werden. Für Unternehmen ist es möglich, einen Wettbewerbsvorteil zu erringen, indem sie betriebliche Effizienz und sorgfältige Auswahl von Kundenzielsegmenten aufeinander abstimmen. Diese Harmonisierung manifestiert sich in dem Wechsel der Zielrichtung von Kundendienstleistung auf Kundenzufriedenheit und -erfolg.

Logistik wurde ursprünglich auf der Ebene der Kundendienstleistungen durchgeführt. Dabei ging man davon aus, daß Kunden eine konsistente Leistung erwarten, unabhängig von den spezifischen Eigenschaften der einzelnen Märkte. Logistikmanager beschäftigten sich fast nur noch mit der Steigerung der internen Leistungsfähigkeit, wie etwa Füllrate, Lagerort und Lieferleistung. Diese einseitige Konzentration führte dazu, daß der Zusammenhang zwischen innerbetrieblichen Überlegungen sowie Wünschen und Bedürfnissen der Kunden vollkommen übersehen wurden. In der Folge stellten die Unternehmen dann aber die Zufriedenheit der Kunden als oberstes Leistungsprinzip immer mehr in den Mittelpunkt ihrer Bemühungen. Kundenzufriedenheit geht über das Basisleistungsangebot hinaus und stellt sicher, daß ein Kunde auch die erhofften Vorteile aus der logistischen Arbeit zieht. Diese Ausrichtung auf Zufriedenheit ist zwar besser, sie birgt aber die Gefahr, daß die Oberziele vernachlässigt werden.

Gegenwärtig läuft bei den logistischen Dienstleistungen eine Entwicklung ab, bei der Kundenerfolg immer mehr zum Hauptziel wird. Dabei spielen das Basis-Dienstleistungsangebot und die Kundenzufriedenheit auch weiterhin eine Rolle. Indem das Unternehmen Dienstleistungen anbietet, mit denen seine Kunden erfolgreicher werden, trägt es dazu bei, daß die gesamte Lieferkette langfristig überlebt und rentabel bleibt. Es soll aber auch erwähnt werden, daß der Erfolg des Kunden keine allgemeine Strategie ist, die für alle Kunden verfügbar gemacht werden sollte oder könnte. Sie zielt auf ausgewählte Kunden ab, mit denen ein Unternehmen gemeinsame strategische und betriebliche Stärken durch intensivere Geschäftsbeziehungen nutzen kann. Der Kundenerfolg ist nur ein Bestandteil in einem kompletten Logistik-Dienstleistungspaket.

2.5 Die Integration von Marketing und Logistik: ein Erfolgsbeispiel

Die bisherigen Ausführungen haben deutlich gemacht, welch wichtige Rolle die Logistik bei der Erarbeitung und Umsetzung eines strategischen Marketingprogramms spielen kann. Die Integration von Marketing und Logistik ist aus strategischer Sicht eine Wettbewerbsforderung des einundzwanzigsten Jahrhunderts. Das folgende Beispiel zeigt, wie ein Unternehmen den Übergang von der Ausrichtung auf Dienstleistung hin zu einer Erfolgsorientierung sehr gut bewältigt hat.

Bergen Brunswig, einer der führenden Pharmagroßhändler in den USA entwickelte ein langfristig angelegtes Verfahren, bei dem die Umsetzung von strategischem Marketing mit dem Einsatz von logistischen Ressourcen verbunden wurde. Das folgende Modell (Abbildung 2.5) entspricht dem Kundenerfolgsprogramm, das zusammen mit den Einzelhandelskunden des Unternehmens umgesetzt wurde. In jeder der vier Stufen gibt es dabei bestimmte Voraussetzungen für die Integration von Marketing- und Logistikaktivitäten.

2.5.1 Rentabilität

Die erste Stufe unter der Überschrift „Erreichen der Rentabilitätsgrenze" besteht in der Entwicklung des Verfahrens und der zugehörigen Kontrollmechanismen, um sicherzustellen, daß die logistischen Basisdienstleistungen rentabel durchgeführt werden können[13]. In diesem Stadium werden effiziente Logistikoperationen als Ausgangsbasis für die Möglichkeiten, die in einem Markt stecken, entwickelt. Nur, wenn ein Unternehmen preisgünstige Qualitätsdienstleistungen versprechen kann, lohnt sich die intensivere Suche nach Marketingmöglichkeiten.

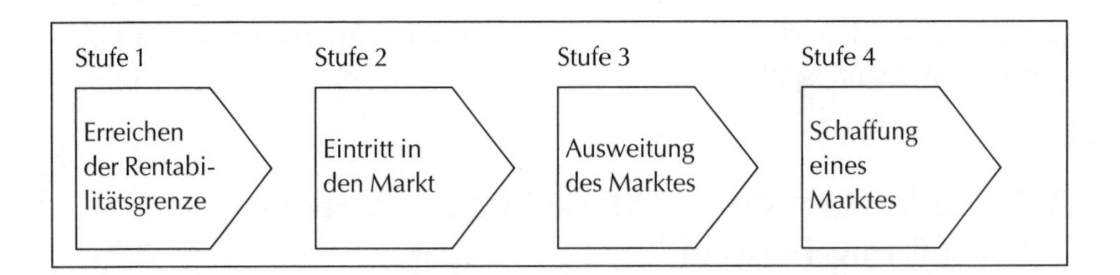

Abbildung 2.5: Das Marketing-Logistik-Integrationsmodell. (Von Donald J. Bowersox, Patricia J. Daugherty und Maurice P. Lundrigan, „Competitive Advantage through Electronic Information Linkage", unveröffentlichtes Manuskript.)

2.5.2 Zugriff auf den Markt

Diese Phase besteht aus einer Pauschalverpflichtung zu dem Basis-Dienstleistungsangebot allen Kunden gegenüber[13]. In diesem Stadium wird kein Kunde bevorzugt. Allen Kunden, denen gegenüber Verpflichtungen bestehen oder eingegangen werden, können davon ausgehen, daß sie logistische Leistungen in einem angemessenen Umfang erhalten. Das ergibt eine breite Ausgangsbasis von Kundenbeziehungen, wobei weitere marketingbasierte Vereinbarungen ausgehandelt werden können.

2.5.3 Ausweitung des Marktes

Nachdem mit allen Kunden diese Ausgangsbasis geschaffen ist, zielt die folgende Ausweitung des Marktes darauf ab, die Geschäftsbeziehungen mit bestimmten Kunden zu intensivieren. Es können zusätzliche Dienstleistungen angeboten werden, mit denen die Beziehung stabilisiert und erweitert wird, weil die Zufriedenheit des Kunden steigt. Innovationen, wie eine exzellente Barkodekennzeichnung, Computerterminals für Kunden, schnelle Administration von Preisänderungen, Rentabilitätsberichte usw. sind Beispiele dafür, wie Bergen Brunswig das Leistungsniveau seiner Kunden anhob und seine allgemeine Wettbewerbsfähigkeit steigerte. In diesem Stadium änderte sich die Logistik, wurde vorausschauend, kundenbezogen und durch die Beachtung von individuellen Kundenwünschen und -bedürfnissen zu einem zentralen Bestandteil der Marketingstrategie. Die Ausweitung des Markts verbindet das strategische Marketing mit der Anwendung von logistischen Ressourcen.

2.5.4 Schaffung eines Marktes

Die letzte Stufe, die Schaffung eines Marktes, ist vollständig auf den Erfolg des Kunden ausgerichtet. Während die einzelnen Stufen eine kumulative Wirkung haben, überschreiten die Initiativen zur Schaffung eines Marktes den Rahmen des typischen kundenbezogenen Marketings. Beziehungsallianzen, die über die einfachen Käufer-Verkäufer-Transaktionen hinausgehen, dienen dazu, Geschäftsbeziehungen zu festen Einrichtungen zu machen. Die Schaffung eines Markts schließt das gegenseitige Verständnis von Geschäftszielen und -anforderungen ein und baut auf einer gemeinsamen Erforschung und Entwicklung von innovativen Methoden auf, um aus diesen

Beziehungen finanziellen Gewinn zu ziehen. Die elektronische Kommunikation spielt bei der Integration von Verfahren und Methoden eine besonders große Rolle, da sie Interaktionen in beiden Richtungen eine bessere Überwachung der Beziehung ermöglicht. Während die Ausweitung des Marktes die Verbindung zwischen Marketingstrategie und Anwendung logistischer Ressourcen schafft, wird diese bei der Schaffung eines Marktes zur Erringung von Wettbewerbsvorteilen für das Unternehmen genutzt.

Dieser gesamte Prozeß, die notwendigen Änderungen durchzuführen und zu managen, benötigt sehr viel Zeit und Arbeit. Viele Unternehmen sind dazu aufgrund der realen Gegebenheiten nicht in der Lage. Die Konzentration auf die Lösung kurzfristiger Probleme zu Lasten einer langfristigen Wettbewerbsstrategie kann sich jedoch als ein fataler Fehler erweisen.

Das vorgestellte Modell stellt keinesfalls die einzige Möglichkeit dar, um eine stärkere Integration von Marketing und Logistik zu erreichen. Es zeigt aber die wichtigsten Punkte, die dabei eine Rolle spielen. Marketing- und Logistikaktivitäten müssen koordiniert sein, nicht nur innerhalb eines Unternehmens, sondern auch über den gesamten Kanal hinweg. Diese einfache Tatsache wird mit dem Eintritt der Firmen in das einundzwanzigste Jahrhundert immer offensichtlicher.

2.6 Schlußfolgerung

Die Schnittstelle zwischen Marketing und Logistik verdient unzweifelhaft dieselbe Aufmerksamkeit wie sie traditionellerweise jeder einzelnen dieser Disziplinen von den jeweiligen Managern geschenkt wurde. Dieses Kapitel hat verdeutlicht, welche Rolle die Logistik für eine Marketingstrategie spielen kann. Insbesondere wurde auf die Art des Wettbewerbsvorteils eingegangen, der durch ein überlegenes logistisches Leistungsvermögen zu erreichen ist.

Eine Reihe von Experten haben darüber spekuliert, welche Richtung das Logistik-Management in Zukunft nehmen wird[14]. Ihre Überlegungen können in folgenden drei grundsätzlichen Punkten zusammengefaßt werden:

1. Der Grundbedarf an logistischer Dienstleistung nimmt weiter zu, da logistische Kompetenz als wichtigste Quelle für strategische Vorteile angesehen wird.

2. Mitarbeiter zu verstehen und ihnen Kompetenzen zu übertragen, um Kundenforderungen und -wünsche durch kundenorientierte Aktivitäten zu erfüllen, führt zu einer größeren Bereitschaft, Verantwortung für den Gesamtprozeß zu übernehmen.
3. Die Technik wird auch weiterhin Logistikprozesse und -kanäle umformen, zum Vorteil des einzelnen Unternehmens und der Gesellschaft insgesamt.

Diese drei Aussagen unterstreichen, wie notwendig es ist, die Leistungen von Marketing und Logistik zu integrieren, um eine größere Effizienz und höhere Kundenzufriedenheit zu erreichen. Indem alte Paradigmen, wie Logistik und Marketing zu integrieren seien, zurückgedrängt oder aufgegeben werden, kann ein Unternehmen eine überlegene Leistungsfähigkeit erreichen. Diese Integration ist keinesfalls ein organisatorisches Muß. Die Einführung einer modernen, hochentwickelten Informationstechnologie öffnet die Tür zu einer gemeinsamen Planung und Umsetzung. Der Schlüssel zur Einführung von integriertem Marketing und integrierter Logistik ist eine sorgfältig ausgearbeitete Segmentierung. Die Integration kann das erforderliche Leistungsniveau sicherstellen, um in den Märkten der Zukunft, die durch einen harten Wettbewerb gekennzeichnet sein werden, Kunden zu gewinnen und zu behalten.

2.7 Literaturhinweise

[1] E. Jerome McCarthy und William D. Perreault, Basic Marketing: A Managerial Approach, 10th ed., Richard D. Irwin, Inc., Homewood, IL, 1990

[2] Thoman A. Staudt, Donald A. Taylor und Donald J. Bowersox, A Managerial Introduction to Marketing, 3rd ed., Prentice-Hall, Inc., Englewood Cliffs, NJ, 1976

[3] Donald J. Bowersox, „Clearing Roadblocks to Supply Chain Management", United Parcel Service International Update, Spring, S. 4, 1992

[4] Charles M. Savage, Fifth Generation Management: Integrating Enterprises Through Human Net-working, Digital Press, Bedford, MA, 1990

[5] Donald J. Bowersox, John T. Mentzer und Thomas W. Speh, The Marketing-Logistics Strategic Imperative, unveröffentlichtes Manuskript, 1992

[6] Frank D. Davis Jr. und Karl B. Manrodt, Principles of Service Response Logistics, Proceedings of the Council of Logistics Management, S. 339–55, 1991

[7] Donald J. Bowersox, Patricia J. Daugherty, Cornelia L. Dröge, Richard N. Germain und Dale S. Rogers, Logistical Excellence: It's Not Business As Usual, Digital Press, Bedford, MA, 1992

[8] George Stalk, Philip Evans und Lawrence E. Shulman, Competing on Compabili-

ties: The New Rules of Corporate Strategy, Harvard Business Review, 70: 2, 57–69, 1992

[9] Theodore Levitt, Exploit the Product Life Cycle, Harvard Business Reward, 43: 6, 81–94, 1965

[10] „How a $ 4.00 Razor Ends Up Costing $ 300 Million", Business Week, S. 62–63, 29. Januar 1990

[11] Lt. William G. (Gus) Pagonis zusammen mit Jeffrey L. Cruikshank, Moving Mountains: Lessons in Leadership and Logistics from the Gulf, Harvard Business School Press, Boston, MA, 1992

[12] Donald J. Bowersox, The Strategic Benefits of Logistic Alliances, Harvard Business Review, 68: 4, 58–64, 1990

[13] Donald J. Bowersox, Patricis J. Daugherty und Maurice P. Lundrigan, Competitive Advantage Through Electronic Information Linkage, unveröffentlichtes Manuskript, 1992

[14] Bowersox et al. (siehe 1) und Bernard J. LaLonde, Three Challenges to Customer Driven Marketing, unveröffentlichtes Manuskript, 1992.

3 Kundendienstleistung*

DOUGLAS M. LAMBERT
Prime F. Osborn III Scholar Chair in Transportation,
University of North Florida
JAY U. STERLING
Associate Professor of Marketing
University of Alabama

Die Kundendienstleistung ist beim Marketing-Mix ein Output des Logistiksystems in Verbindung mit der Standortkomponente. Sie ist ein Maßstab für die Leistungsfähigkeit des Logistik-Systems, das heißt, wie gut es gelingt, für die Vermarktung eines Produkts die zeitlichen und örtlichen Voraussetzungen zu schaffen. Ihre Qualität ist nicht nur entscheidend dafür, ob die bestehenden Kunden bleiben, sondern auch, wie viele der potentiellen Kunden neu gewonnen werden können. Deshalb wirkt sich die Kundendienstleistung eines Unternehmens direkt auf die Zufriedenheit der Kunden, den Marktanteil des Unternehmens[1], die Gesamtkosten der Logistik und damit insgesamt auf die Rentabilität aus. Die Kundendienstleistung muß deshalb die Basis und die treibende Kraft bei der Entwicklung und Verwendung eines Logistiksystems sein.

3.1 Was bedeutet Kundendienstleistung?

Der Begriff Kundendienstleistung wird von Unternehmen zu Unternehmen anders interpretiert. Auch die Ansichten von Verkäufern und Käufern darüber unterscheiden sich sehr. Allgemein gilt aber, daß sie als Maßstab für die Leistungsfähigkeit eines Logistiksystems bei der Schaffung von zeitlichen und örtlichen Voraussetzungen für die Vermarktung eines Produkts, wie etwa die Lieferung des richtigen Produkts an den richtigen Ort zum richtigen Termin, betrachtet werden kann.

Kundendienstleistung wird allgemein als eine Möglichkeit angesehen, durch die ein Unternehmen versucht, sein Produkt von anderen abzuheben, die

* Dieses Kapitel ist identisch mit Kapitel 2 aus *Logistics Management*, Douglas M. Lambert, James R. Stock und Jay U. Sterling, 1994, Herausgeber Richard D. Irwin Inc., Homewood III, USA. Es wurden auch Inhalte der Kapitel 4, 6 und 18 aus *Strategic Logistics Management*, 3. Ausgabe, Richard D. Irwin Inc., 1993 verwendet: Verwendet mit Genehmigung der Autoren, alle Rechte vorbehalten.

Loyalität seiner Kunden aufrechtzuerhalten, den Absatz zu steigern und den Gewinn zu erhöhen. Der Schlüssel dazu ist sowohl den Kunden selbst als auch seine Wünsche und Erwartungen zu verstehen. Es spielt keine dabei Rolle, was eine Firma tatsächlich anbietet, sondern vielmehr, was der Kunde über diese Dienstleistungen *denkt.* Kundendienstleistungen können qualitativ und quantitativ gemessen werden. Die qualitative Messung schließt ein, daß der Kunde befragt wird, welche Meinung er über die Leistungen hat.[2]

Die Kundendienstleistung sollte als essentieller Bestandteil einer Marketingstrategie angesehen werden, da durch sie der Marktanteil und die Rentabilität erhöht werden können. Leider wurde der Kunde dazu erzogen, „günstige", das heißt niedrige Preise zu erwarten, was die Markentreue unterminiert. Für Unternehmen, die diese Gleichung beherrschen, kann Preismarketing ein Weg sein, ihrem Produkt ein bestimmtes Image zu geben. Paradoxerweise bedeutet dies, daß Preismarketing ein Ausweg aus der Discountfalle sein kann. Wenn eine Marke bekannt und gut ist, dann rechtfertigt das einen Spitzenpreis.[3] Beispielsweise kann sich ein Produkt durch eine kürzere Lieferzeit und bessere Verfügbarkeit von anderen abheben. Das kann die Marktposition verbessern oder den Preis beeinflussen, wenn der Kunde gewillt ist, für eine bessere Dienstleistung mehr zu bezahlen.

In einer Definition aus jüngster Zeit wird Kundendienstleistung beschrieben

... als ein Prozeß, der zwischen Käufern, Verkäufern und anderen Beteiligten abläuft. Dieser Prozeß hat eine Wertsteigerung des Produkts oder der Dienstleistung zum Ergebnis. Der Wertzuwachs kann dadurch kurzfristig sein, wie bei einer einmaligen Transaktion, oder längerfristig, wie bei einer vertraglichen Geschäftsbeziehung. Die Wertsteigerung gilt für beide Seiten, da jede der beteiligten Parteien aus der Transaktion oder dem Abkommen Vorteile zieht. Wenn man Kundendienstleistung als Prozeß betrachtet, dann bringt dies der Lieferkette in rentabler Weise signifikante Vorteile durch die Wertsteigerung.[4]

Die erfolgreiche Umsetzung eines Marketingkonzepts setzt voraus, Kunden zu gewinnen und diese auch zu behalten und gleichzeitig die langfristig angestrebten Ziele für Gewinn und Return on Investment (ROI) zu erreichen. Die Erzeugung von Nachfrage nach einem Produkt sowie die Gewinnung von Kunden wird häufig ausschließlich unter dem Gesichtspunkt von Werbung, Verkauf, Produkt, Produktpromotion und Preis gesehen. Eine gute

Kundendienstleistung kann aber die Nachfrage erheblich beeinflussen.[5] Von ihr hängt auch ab, ob Kunden langfristig erhalten bleiben.

Management-Guru Tom Peters unterstreicht dieses Umdenken hin zu einer Dienstleistungsorientierung, indem er meint, daß wir uns an den Satz halten sollten:

„Herkömmliche Produktionsweise – Auf Wiedersehen. Alle Unternehmen sind Dienstleistungsunternehmen. Über 90 Prozent der Belegschaft von IBM übt beispielsweise Dienstleistungstätigkeiten aus. Der Konkurrenzkrieg wird mit Hilfe von zusätzlichen Dienstleistungen und mit nichts anderem ausgetragen.“[6]

Abbildung 3.1 zeigt einige Beispiele für „preisunabhängige“ Dienstleistungen, die von IBM und anderen Herstellern eingesetzt werden, um Wettbewerbsvorteile zu erringen. Darin sind die Service-Leistungen aufgelistet, die von Kunden am häufigsten als Grund dafür angegeben werden, weshalb Hersteller, Großhändler und Einzelhändler einen Lieferanten auswählen oder fallen lassen. Der größte Teil dieses Marketing-Mix gehört dabei in den Logistik-/Kundendienstleistungsbereich.

- Technische Supportdienstleistungen
- Termingerechte Lieferung/schnelle Lagerauffüllung
- Fehlerfreie Produkte (hohe Qualität)
- Breite/Tiefe der Produktlinie
- Wissen/Unterstützung des Verkaufspersonals
- Kurze Vorlaufzeiten (Lager- und Auftragsprodukte)
- Installations-/Schulungsdienstleistungen
- Auftrags-/Nachbestellungsunterstützung
- Rückgabe- und Umtauschkulanz
- Frühzeitige Benachrichtigung bei Lieferverzögerungen
- Fähigkeit, dringende Aufträge zu beschleunigen oder abzuwickeln
- Fähigkeit, Liefertermine nach vorn oder hinten zu verlegen
- Rechtzeitige, exakte Information über den Auftrag und den Inhalt der Lieferung
- Aktualisierte, gültige Unterlagen über Preis, Werbematerialien und Proben
- Kontinuität und Nichtveralten der Produkte
- Schnelle Beantwortung von Anfragen
- Minimaler Anteil von Rückstellungen und geteilten Lieferungen
- Bejahung der TQM-Philosophie (Total Quality Management)
- Ehrlichkeit der Verkaufsbelegschaft (auf die Informationen ist Verlaß)

Abbildung 3.1: Beispiele für Konkurrenz mit preisunabhängigen Mitteln

Das Konzept der Kundendienstleistung kann nicht nur auf Hersteller, Groß- und Einzelhändler von materiellen Produkten angewendet werden. Es gilt vielmehr auch für Dienstleister wie Krankenhäuser, Versicherungsunternehmen, Anwaltskanzleien, Reinigungs- und Transportunternehmen, die ausschließlich immaterielle Leistungen verkaufen.

3.1.1 Elemente der Kundendienstleistung

Es gibt eine Reihe von Elementen, die gewöhnlich mit Kundendienstleistung verbunden werden, obwohl die Bedeutung jedes einzelnen von Unternehmen zu Unternehmen verschieden ist, da sie von den Bedürfnissen des jeweiligen Kunden abhängt. Bernard J. LaLonde und Paul Zinser haben diese Elemente in drei Gruppen geteilt – Prätransaktion, Transaktion und Posttransaktion.[7] In Abbildung 3.2 sind die von LaLonde und Zinser gefundenen Elemente der Kundendienstleistung zusammengestellt.

Prätransaktionselemente

Die Prätransaktionselemente der Kundendienstleistung sind normalerweise Nichtroutine-Elemente, die von der Unternehmenspolitik ab hängen und Input von seiten des Managements erfordern. Sie haben erhebliche Auswirkungen auf den Produktverkauf.

1. *Ein schriftliches Statement über die Politik für die Kundendienstleistung:* Dieses Statement sollte auf Kundenwünsche und -forderungen aufbauen, die Standards für Dienstleistungen festlegen, bestimmen, wer wem und in welchen Abständen über die erreichten Leistungen berichtet, und sich für die Praxis eignen.
2. *Kunden ein schriftliches Statement über die Dienstleistungspolitik zur Verfügung stellen:* Es ergibt wenig Sinn, wenn Dienstleistungen entwickelt werden, um den Markt besser zu durchdringen, und dann der Kunde nicht informiert wird. Eine schriftliche Erklärung verkleinert die Gefahr, daß der Kunde unrealistische Erwartungen entwickelt und gibt ihm die Möglichkeit, mit der Firma Kontakt aufzunehmen, wenn bestimmte Leistungen, die er gerne hätte, nicht enthalten sind.
3. *Organisationsstruktur:* Die schließlich gewählte Struktur sollte eine einfache Kommunikation und Kooperation zwischen und unter den einzelnen Bereichen, die an der Umsetzung der Kundendienstleistungspolitik beteiligt sind, ermöglichen. Darüber hinaus sollte der Kunde Namen und Tele-

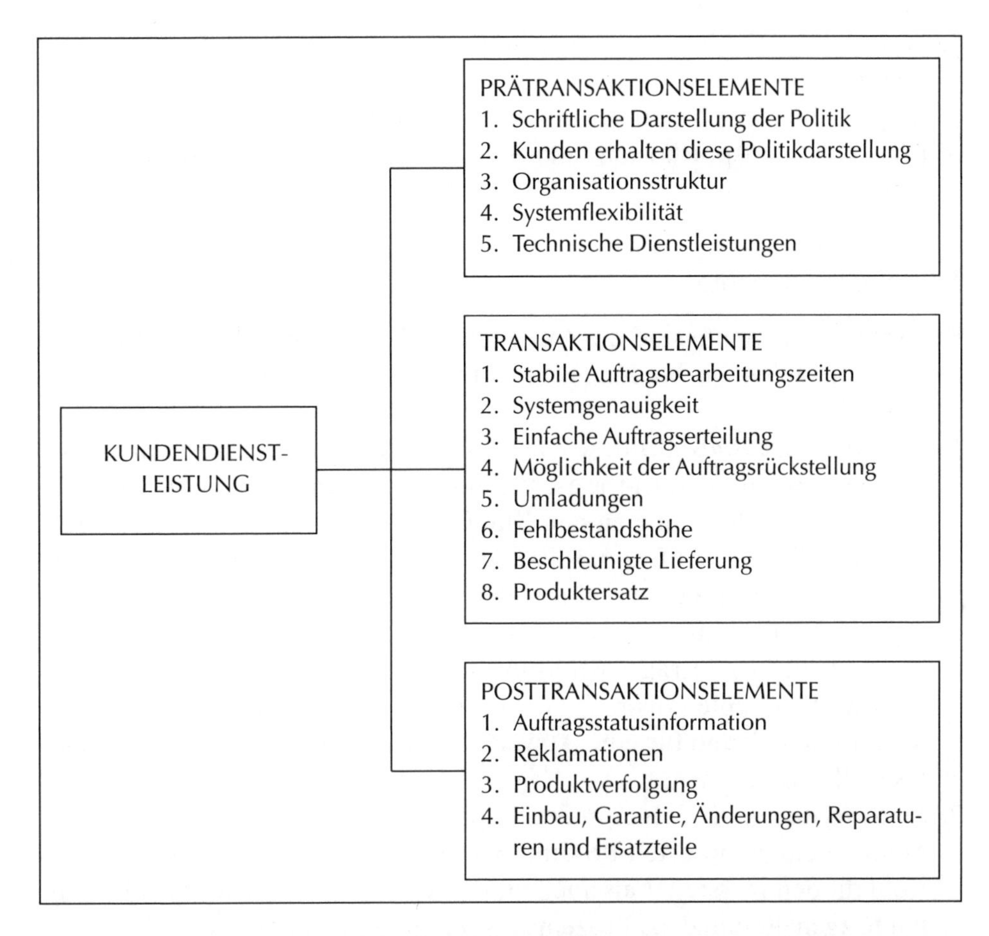

Abbildung 3.2: Elemente der Kundendienstleistung. (Übernommen von Seite 281 aus Customer Service: Meaning and Measurement, Bernard J. Lalonde und Paul H. Zinser)

fonnummer eines Mitarbeiters als Ansprechpartner für Fragen und Informationen erhalten. Die Mitarbeiter, die für die einzelnen Komponenten der Kundendienstleistung zuständig sind, müssen mit der entsprechenden Autorität ausgestattet werden. Sie sollen auch in einer Weise be- oder entlohnt werden, die sie ermutigt, über ihren eigenen Arbeitsbereich hinaus mit anderen Bereichen und Einrichtungen des Unternehmens zusammenzuarbeiten.

4. *Systemflexibilität:* Das gesamte System muß sehr flexibel sein, um rasch auf unvorhersehbare Ereignisse wie Schneestürme, Rohmaterial- oder Energieengpässen, Streiks oder Notfälle bei Kunden reagieren zu können.

5. *Technische Dienstleistungen:* Schulungshandbücher und Seminare zur Unterstützung des Kunden bei der Verbesserung seiner Auftragsbearbeitungstechnik, der Verringerung von Lagerbeständen oder der Minimierung von Transportkosten sind einige Elemente der Kundendienstleistung.

Transaktionselemente

Transaktionselemente sind die Aktivitäten, die am häufigsten mit Kundendienstleistungen in Verbindung gebracht werden, und zwar:

1. *Stabile Auftragsausführungszeiten:* Die Auftragsausführungszeit ist die Zeit von Beginn der Auftragserteilung durch den Kunden bis zum Abschluß der Auslieferung an den Kunden. Einzelkomponenten sind dabei Kommunikation, Auftragserfassung und Auftragsbearbeitung, Halten von Aufträgen, bis das zurückgestellte Produkt verfügbar ist, Zusammenstellung, Verpackung und Lieferung. Da sich Kunden vor allem um stabile und verläßliche Auftragsausführungszeiten sorgen, ist es wichtig, jede einzelne Komponente davon zu verfolgen und zu überwachen, um gegebenenfalls den Grund für eine Abweichung vom veröffentlichten Standard feststellen zu können.
2. *Systemgenauigkeit:* Fehler in der Systemgenauigkeit – bei der georderten Menge, beim georderten Produkt oder der Rechnungsstellung – sind sowohl für den Hersteller als auch für den Kunden teuer. Diese Fehler sollten festgehalten und als Prozentsatz der Gesamtzahl der mit Hilfe dieses Systems abgewickelten Aufträge dokumentiert werden.
3. *Einfache Auftragserteilung:* Die Erteilung eines Auftrags soll für den Kunden so einfach wie möglich sein. Probleme könnten sich ergeben aus komplizierten Bestellformularen, ineffizienten Datenverarbeitungssystemen, welche die Auftragsannahme verweigern, solange der Kunde telefonisch verbunden ist oder eine dem Kunden fremde Terminologie verwenden. Diese drei Schwächen können zu Fehlern führen und die Beziehungen zum Kunden verschlechtern. Ein geeignetes Meßkriterium für die Leistung ist die prozentuale Anzahl von Fehlern im Verhältnis zur Gesamtzahl an Aufträgen. Diese Probleme können erkannt, gemindert oder vermieden werden, indem der Kunde vor Ort dazu befragt wird.
4. *Möglichkeit der Auftragsrückstellung:* Kein Unternehmen kann jedes Produkt zu jeder Zeit vorrätig halten (das würde eine 100prozentige Auffüllung des Lagerbestands bedeuten). Ein Kunde muß deshalb auch ein Produkt ordern können, das momentan nicht vorrätig ist und geliefert

wird, sobald es verfügbar ist. Wenn das Auftragsbearbeitungssystem des Unternehmens diese Möglichkeit nicht bietet, dann könnten die Folgen davon verlorene Aufträge sein und / oder der Kunde könnte sich gezwungen sehen, ein oder mehrere Produkte zu bestellen, die er überhaupt nicht möchte, um eine Mindestbestellmenge oder eine volle Lastwagenladung zu erreichen.

5. *Umladungen:* Umladung bedeutet, daß Produkte zwischen verschiedenen Stellen befördert werden, um Fehlbestände zu vermeiden. Sie werden häufig benutzt, um die Produkte für Aufträge von Schlüsselkunden immer verfügbar zu haben.
6. *Fehlbestandshöhe:* Die Fehlbestandshöhe ist ein Maß für die Verfügbarkeit eines Produkts. Fehlbestände sollten nach Produkten und Kunden aufgezeichnet werden, um festzustellen, wo das Problem liegt. Wenn es zu einem Fehlbestand kommt, dann kann eine Verärgerung des Kunden vermieden werden, indem ein geeignetes Ersatzprodukt beschafft wird und / oder die Lieferung beschleunigt durchgeführt wird, sobald das Produkt wieder verfügbar ist.
7. *Beschleunigte Lieferung:* Das sind Lieferungen, die speziell bearbeitet werden müssen, um die normale Auftragsausführungszeit zu verkürzen. Wenn die Kosten dafür auch beträchtlich höher sein können als für das Standardverfahren, so könnte doch ein verlorener Kunde einen weit größeren Verlust bedeuten. Deshalb ist es wichtig, daß das Management festlegt, für welche Kunden beschleunigte Lieferungen durchgeführt werden sollen und für welche nicht.
8. *Produktersatz:* Produktersatz bedeutet, daß ein geordertes Produkt durch ein gleiches mit anderer Größe oder ein anderes mit gleichen oder besseren Eigenschaften ersetzt wird. Beispielsweise könnte ein Kunde einen Karton Shampoo für normales Haar in 250-ml-Flaschen bestellt haben. Ist das Produkt für eine begrenzte Zeit nicht verfügbar, dann könnte er auch bereit sein, 125-ml- oder 500-ml-Flaschen zu akzeptieren und der Hersteller könnte seine Kundendienstleistung in diesem Punkt verbessern.

Abbildung 3.3 zeigt, wie ein Hersteller mit Hilfe von zwei Ersatzprodukten seine prozentuale Lagerfüllung von 70 auf 97 Prozent steigern kann, ohne seine Lagerzusammensetzung zu verändern. (Die Wahrscheinlichkeit, daß jedes Produkt, das ersetzt werden soll, vorrätig ist, beträgt 70 Prozent. Diese 70 Prozent multipliziert mit dem Fehlbestand von 30 Prozent ergibt einen Anstieg um 21 Prozent auf 91 Prozent bei einer Ersatzmöglichkeit und 97 Prozent bei zwei Ersatzmöglichkeiten.) Wenn das Dienstleistungsniveau zu

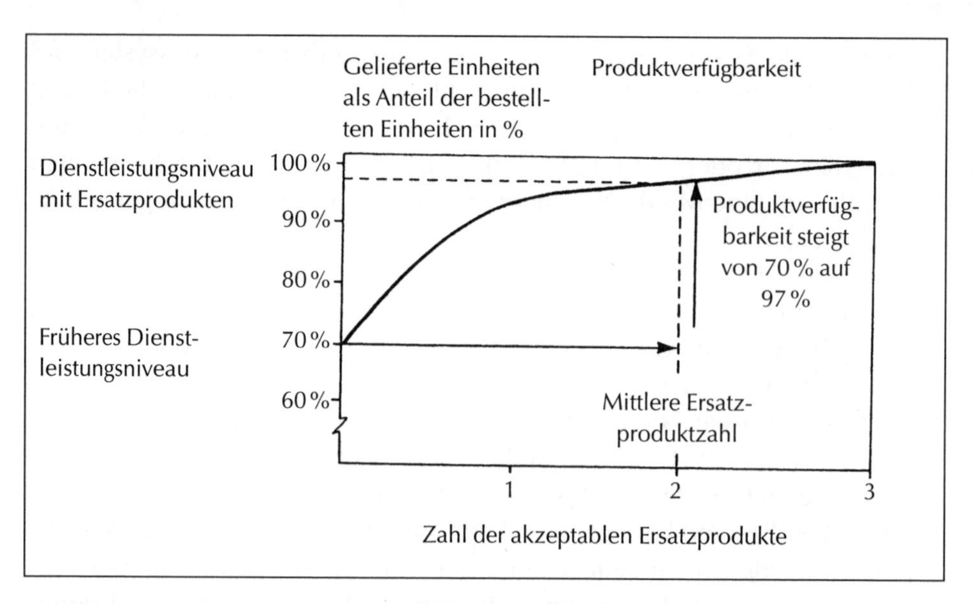

Abbildung 3.3: Wirkung von Produktersatz auf das Dienstleistungsniveau

dieser Zeit bei 90 Prozent liegt, dann bedeutet es, zwei Ersatzprodukte für einen Auftrag zu haben, daß die Lagerfüllung auf nahezu 100 Prozent steigt.

Bei der Entwicklung einer geeigneten Produktersatzpolitik sollte der Hersteller eng mit seinen Kunden zusammenarbeiten, um deren Zustimmung dafür zu gewinnen. Deshalb ist die Voraussetzung für ein erfolgreiches Produktersatzprogramm eine häufige und offene Kommunikation zwischen Hersteller und Abnehmer.

Posttransaktionselemente

Posttransaktionselemente dienen zur Produktunterstützung nach dem Verkauf. Es handelt sich um folgende Aktivitäten:

1. *Auftragsstatusinformation:* Mit der Auftragsinformation werden Kunden schnell und genau über die Verfügbarkeit eines Produkts ab Lager, den Status eines Auftrags, geplante Versand- und Liefertermine und den Status von Rückstellungen informiert. Die Zahl der Rückstellungen sollte getrennt nach Kunden und Produkten festgehalten werden, um Schwachstellen im System erkennen und beheben zu können.
2. *Reklamationen, Beschwerden und Rücklieferungen:* Normalerweise sind Logistiksysteme für den Transport von Gütern für nur eine Richtung ent-

wickelt – vom Hersteller oder Lieferanten zum Kunden. Aber nahezu jeder Hersteller bekommt Produkte zurückgesandt. Dieser nicht routinemäßige Vorgang ist teuer. Wie Kundenansprüche, Beschwerden und Rücklieferungen zu behandeln sind, sollte in der Unternehmenspolitik festgelegt sein. Diese Vorgänge müssen aufgezeichnet werden, um so wertvolle Kundeninformationen für Forschung und Entwicklung, Fertigung, Technik, Marketing und Logistik zu erhalten.

3. *Produkttracking:* Die Verfolgung eines Produkts ist eine weitere notwendige Komponente der Kundendienstleistung. Um rechtliche Auseinandersetzungen zu vermeiden, muß ein Unternehmen möglicherweise potentiell gefährliche Produkte zurück rufen, sobald deren Gefährlichkeit erkannt ist.
4. *Einbau, Garantie, Änderungen, Reparaturen und Ersatzteile:* Sie sind mitentscheidend bei der Frage, ob ein Produkt, für das diese Leistungen in der Folgezeit erbracht werden müssen, überhaupt verkauft werden soll, wie etwa Produktionsanlagen, die an einen Hersteller verkauft werden. Für diese Leistungen ist folgendes erforderlich:
   a) Unterstützung des Kunden oder Endverbrauchers in der Anfangsphase bis das Produkt wie vorgesehen funktioniert
   b) Verfügbarkeit von Ersatzteilen und / oder Reparaturkräften
   c) Unterstützung des Außendienstes durch Dokumentationen
   d) eine Stelle zur Prüfung von Garantieansprüchen.[8]

3.2 Verfahren bei der Entwicklung einer Strategie für Kundendienstleistungen

Alle Marketinganstrengungen eines Unternehmens können durch eine schlechte Kundendienstleistungspolitik zunichte gemacht werden. Ungeachtet dieser Tatsache ist Kundenservice eine Komponente, die bei einem Marketing-Mix häufig vergessen wird. Das Niveau von Kundendienstleistungen hängt dann oft von Industrienormen, der Einschätzung des Managements oder von überkommenen Praktiken ab – und nicht davon, was der Kunde wünscht oder die Rentabilität des Unternehmens maximieren würde.[9] Welchen Sinn macht es, ein gut entwickeltes Produkt, wofür es einen Bedarf gibt und das optimal durch Werbung unterstützt wird, zu einem guten Preis anzubieten, wenn der Endkunde es dann in den Verkaufsregalen seines Händlers nicht finden kann? Andererseits bedeutet aber eine *zu umfangreiche* Kundendienstleistung eine unnötige Senkung des Unternehmensgewinns. Es ist deshalb unumgänglich, daß die Politik Kundendienstleistungen auf die Bedürfnisse des Kunden aufbaut und zur gesamten Marketingstrategie sowie den langfristigen Rentabilitätszielen des Unternehmens paßt.

Es gibt eine Reihe Verfahren, um eine profitable Strategie für Kundendienstleistungen zu entwickeln. Am besten haben sich aber die folgenden vier bewährt:

1. Festlegung von Dienstleistungsstufen innerhalb des Distributionskanals entsprechend der Reaktionen von Kunden auf Engpässe
2. Ausgleich von Aufwand und Ertrag
3. ABC-Analyse der Kundendienstleistungen
4. Das Kundendienstleistungsaudit

3.2.1 Kundenreaktionen auf Engpässe

Innerhalb der Konsumgüterindustrie wird die Dienstleistungsqualität im allgemeinen auf den Zwischenstufen zwischen Hersteller und nachfolgenden Stellen, beispielsweise Hersteller – Großhändler und Großhändler – Einzelhändler, beurteilt. Der Endverbraucher, d.h. die Person, welche am Ende dieser Handelskette steht und das Produkt schließlich kauft, ist bei dieser Bewertung nicht einbezogen. Ein Engpaß auf der Stufe Hersteller – Großhändler bedeutet dabei nicht zwangsläufig, daß der Einzelhandel in Mitleidenschaft gezogen wird.

Eine Möglichkeit, die auf der Großhändler-Einzelhändler-Stufe nötige Dienstleistungsqualität zu erreichen, besteht darin, herauszufinden, wie der Kunde voraussichtlich bei Lieferschwierigkeiten reagiert. Diese möglichen Reaktionen sind in Abbildung 3.4 dargestellt. Beispielsweise könnte ein Kunde ein bestimmtes Shampoo in einer 250-ml-Flasche kaufen wollen. Wenn er das Produkt in diesem Geschäft nicht findet, dann könnte er versuchen, es in einem anderen Geschäft zu bekommen. Vielleicht beschließt er auch, daß sich diese Mühe wegen einer Flasche Shampoo nicht lohnt. Es gibt aber zahlreiche andere Produkte, bei denen der Kunde sehr wohl gewillt ist, das Geschäft zu wechseln und anderswo zu kaufen.[10]

Die meisten Hersteller von Babynahrung konzentrieren ihre Werbung auf Krankenhäuser und Kinderärzte, indem sie diesen ihre Produkte kostenlos

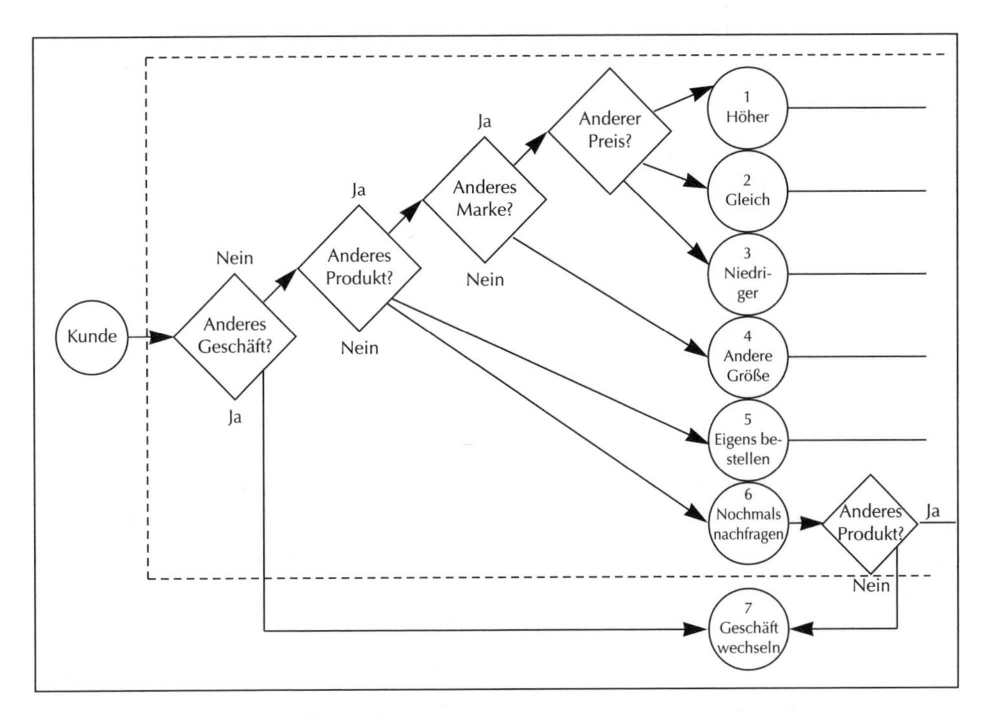

Abbildung 3.4: Modell von Kundenreaktionen auf wiederholte Engpässe (Aus Clyde K. Walter, An Empirical Analysis of Two Stockour Models, unveröffentlichte Dissertation, The Ohio State University, 1971)

zur Verfügung stellen. Die Mütter erhalten sie dann nach der Entbindung in Form kostenloser Proben. Weil sie die Marke nun kennen und bei der Ernährung ihres Kindes kein Risiko eingehen wollen, werden sie diese nach dem Krankenhausaufenthalt weiter verwenden.[11] Auch wenn sich bei zwei Herstellern die Zusammensetzung in nichts unterscheidet, so würde in diesem Fall der Verbraucher eher das Geschäft als das gewohnte Markenprodukt wechseln. Dieses Wissen ist wichtig, wenn eine Strategie für die Kundendienstleistungen ausgearbeitet werden soll. Während im Einzelhandel nur geringe Einbußen zu verzeichnen sind, wenn das Produkt kurzfristig nicht erhältlich ist, so würde ein Engpaß auf der Praxis- oder Krankenhausebene den Arzt vielleicht dazu veranlassen, zu einer anderen Marke zu wechseln. Es ist schwierig, den exakten Verlust durch einen solchen Wechsel zu beziffern. Welche Konsequenzen sich daraus für die Dienstleistungsstrategie ergeben, ist dagegen offensichtlich: Für Krankenhäuser und Ärzte muß das Dienstleistungsniveau wesentlich höher sein als für den Einzelhandel, wie etwa maximal 48 Stunden Lieferzeit und 99 Prozent Verfügbarkeit ab Lager.

Der Verlust des Einzelhändlers beschränkt sich dagegen auf das einmalig entgangene Geschäft. Für ihn ist wichtig, wie häufig der Kunde toleriert, einen bestimmten Artikel nicht zu erhalten, ohne das Geschäft zu wechseln.[12] Zu häufige Engpässe könnten diesen dazu veranlassen, seine Einkaufsgewohnheiten zu ändern und das Geschäft auf Dauer zu wechseln. Aufgrund dieser Information könnte der Hersteller beschließen, die Auftragsausführungszeiten zu verlängern, gleichzeitig aber die Vorlaufzeiten in der Produktion zu verkürzen, um so eine höhere Verfügbarkeit ab Lager zu erreichen. Auf diese Weise könnte er die Anforderungen der Kundenseite erfüllen, ohne dabei exzessive Lagerkapazitäten aufbauen und betreiben zu müssen.

Ist ein Artikel nicht verfügbar, dann nimmt ein Kunde in den meisten Fällen nicht die Mühe auf sich und sucht einen anderen Händler. Das verdeutlicht die zweite Entscheidungsstufe in Abbildung 3.4. In diesem Stadium muß der Kunde entscheiden, ob er bereit ist, ein Ersatzprodukt zu akzeptieren. Im obigen Beispiel könnte er auch beschließen, den Kauf des Shampoos noch etwas zu verschieben, da die Flasche zuhause noch nicht vollständig aufgebraucht ist. Im anderen Fall könnte er ein anderes Shampoo kaufen. Es ist nicht sehr wahrscheinlich, daß er einen Artikel wie ein Shampoo eigens bestellen würde.

Bei anderen Produkten ist die Mehrheit der Kunden dagegen bereit und erwartet möglicherweise sogar, diese erst bestellen zu müssen. Eine Studie, die Anfang der siebziger Jahre in den USA von *Whirlpool and Sears* durchgeführt wurde, hat ergeben, daß die Mehrheit der Verbraucher eine Lieferzeit von drei bis fünf Tagen in Kauf nehmen. Diese Studie hatte auf das Logistiksystem des Unternehmens signifikante Auswirkungen. Erstens benötigte der Einzelhandel nur noch Vorführgeräte, und zweitens konnten die Absatzszentren des Unternehmens ihren Lagerbestand drastisch reduzieren.

Mit dem neuen System wurden alle Produkte erst nach Eingang des entsprechenden Einzelhandelsauftrags beim Hersteller an Sears ausgeliefert. Das Produkt wurde vom Fabriklager des Hersteller an die Absatzzentren von Sears geliefert (diese hatten die Funktion von Großhandelslagern im Vertriebsnetz) und von dort zum Kunden. Für den gesamten Vorgang wurden zwischen drei und fünf Tagen benötigt. Der Schlüssel für die Umsetzung dieses Programms lag in der Fähigkeit, den Informationsfluß und den Transport des Produkts voneinander zu trennen, mit anderen Worten, eine *Kanaltrennung* vorzunehmen, wie sie in Abbildung 3.5 dargestellt ist. In herkömmli-

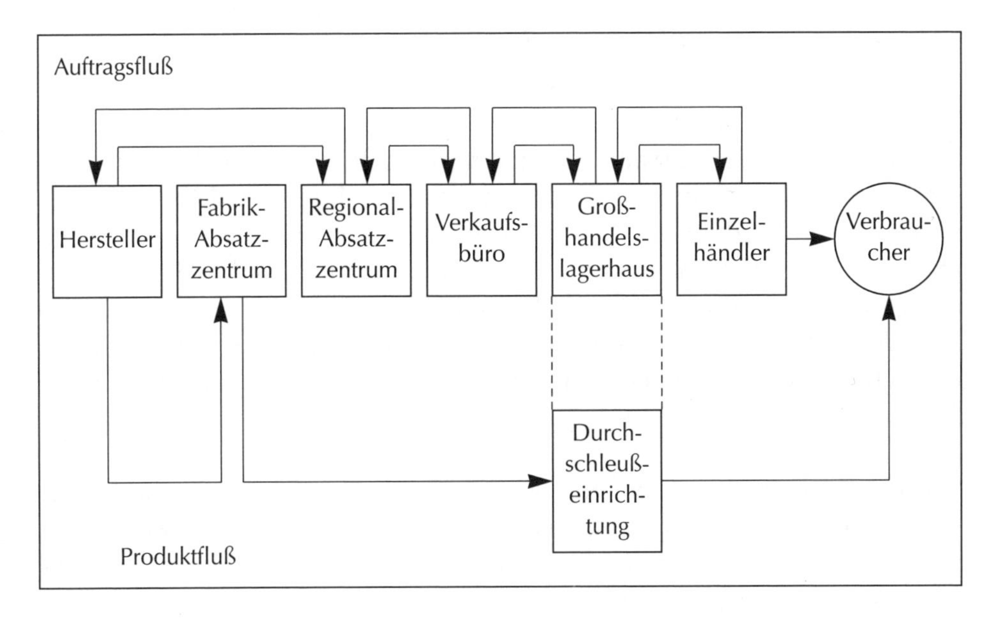

Abbildung 3.5: Kanaltrennung

chen Kanalnetzen führt jede Netzebene die Lagerung und Distribution der Produkte selbst durch und bearbeitet die Aufträge, die sie von der nächst unteren Ebene erhält. Diese Aufträge werden im typischen Fall nach oben weitergegeben, bis schließlich die Fabrik, in der das Produkt hergestellt wird, darauf reagiert und seine Lager (Absatzzentren der Fabrik) auffüllt. Es ist offensichtlich, daß ein solches System hohe Lagerbestände und Betriebskosten zur Folge hat. Durch die Umstellung von einem Großhandelslager auf das direkte Weiterleiten von Aufträgen und Lieferungen wurden die Kundendienstleistungen wesentlich verbessert und die Kosten drastisch gesenkt.

Durch die Einführung dieses Systems wurden die Lagerbestände auf allen Ebenen wesentlich verringert und dabei die Kundendienstleistungen noch verbessert. Beispielsweise stieg der Durchsatz des Lagerbestands in den Absatzzentren von Sears von acht- auf 65mal und die Verfügbarkeit ab Lager von 10 Prozent auf weit über 90 Prozent als Folge der Zusammenfassung der vormals 60 Lager in ein zentrales Lager. Ein durchschnittliches Absatzzentrum von Sears sparte dadurch pro Vorgang 3,50 $ an Kosten für Lagerung und Bewegung von Lagergut. Das Unternehmen war nicht mehr gezwungen, die vom Kunden gewünschten Farben, Größen und Eigenschaften vorauszusehen und die Produkte entsprechend in den Lagern vorzuhalten.

Bis 1984 wurde das System mehrmals verbessert. Auf wichtigen US-Märkten verkürzte Sears die Lieferzeit auf 36 bis 72 Stunden für *Kenmore*-Produkte. Die Kundenbestellungen wurden durch Eingabe über ein Tastentelefon direkt an das Auftragsannahmesystem des Herstellers weitergeleitet und die gesammelten Informationen wiederum direkt an die Herstellerfabriken als Input für die Produktionsplanung gegeben. Zusätzlich führte *Sears* noch ähnliche Programme mit anderen Firmen für andere Produkte durch. Wenn dieses System auch nicht für alle Konsumgüter einsetzbar ist, so macht es doch deutlich, wie eine Verbraucherforschung dazu verwendet werden kann, eine differenzierte Kundendienstleistungsstrategie zu entwickeln und einzuführen.

Normalerweise wechselt ein Kunde den Händler, wenn ein Produkt einer Marke, die er stark bevorzugt, nicht verfügbar ist. Bei anderen Produkten wird er sich eher für eine andere Größe oder Marke entscheiden. In Abbildung 3.3 wurde gezeigt, wie das Kundendienstleistungsniveau ohne eine gleichzeitige Erhöhung des Lagerbestands von 70 Prozent auf 97 Prozent verbessert werden kann, wenn der Kunde bereit ist, zwei Ersatzprodukte zu akzeptieren. In einem solchen Fall sollte das Leistungsniveau nicht an jedem einzelnen Produkt im Lager gemessen werden (wie etwa an der 250-ml-Einheit des Shampoos), sondern vielmehr am gesamten Spektrum eines Produkts (an allen Größen des Shampoos für normales Haar).[13]

Als letzte Alternative kann der Kunde, wenn ein gewünschtes Produkt nicht erhältlich ist, die Marke wechseln. Abhängig davon, welche Strategie er für das Wechseln zu Ersatzprodukten hat, wird es für den Händler weder negative Folgen für den Absatz noch den Gewinn haben. Der Kunde könnte beispielsweise anstelle des ursprünglich gewünschten Artikels einen teureren oder ein Markenprodukt anstatt eines No-name-Produkts kaufen. Wenn der Hersteller weiß, daß der Kunde nicht auf ein bestimmte Größe fixiert ist, dann wird er auch versuchen, Groß- und Einzelhändler zu überzeugen, Ersatzgrößen zu akzeptieren.[14]

Wenn der Kunde aber zu einer anderen Marke wechselt, bedeutet das für den Hersteller, daß er zumindest den Gewinn aus diesem einen Geschäft verliert. Indem er diese Engpässe zuläßt und dem Kunden einen Wechsel ermöglicht, gibt er ihm auch die Möglichkeit, Konkurrenzprodukte auszuprobieren und, was noch schlimmer ist, der Konkurrent bekommt dafür auch noch den Gewinn! Das Konkurrenzprodukt könnte darüber hinaus für den Kunden in Zukunft das Produkt seiner Wahl sein. Wenn das geschieht, dann verliert der Hersteller auch noch den gesamten zukünftigen Gewinn, den er erzielt hätte, wenn der Kunde die Marke nicht gewechselt hätte. Dieser Verlust ist nur sehr schwer, wenn überhaupt, zu bestimmen.[15]

3.2.2 Ausgleich von Aufwand und Ertrag

Die Gesamtsumme der Ausgaben für die logistischen Aktivitäten eines Unternehmens kann als Ausgabe für die Kundendienstleistungen betrachtet werden. Abbildung 3.6 zeigt die Kostenkompensation, die erforderlich ist,

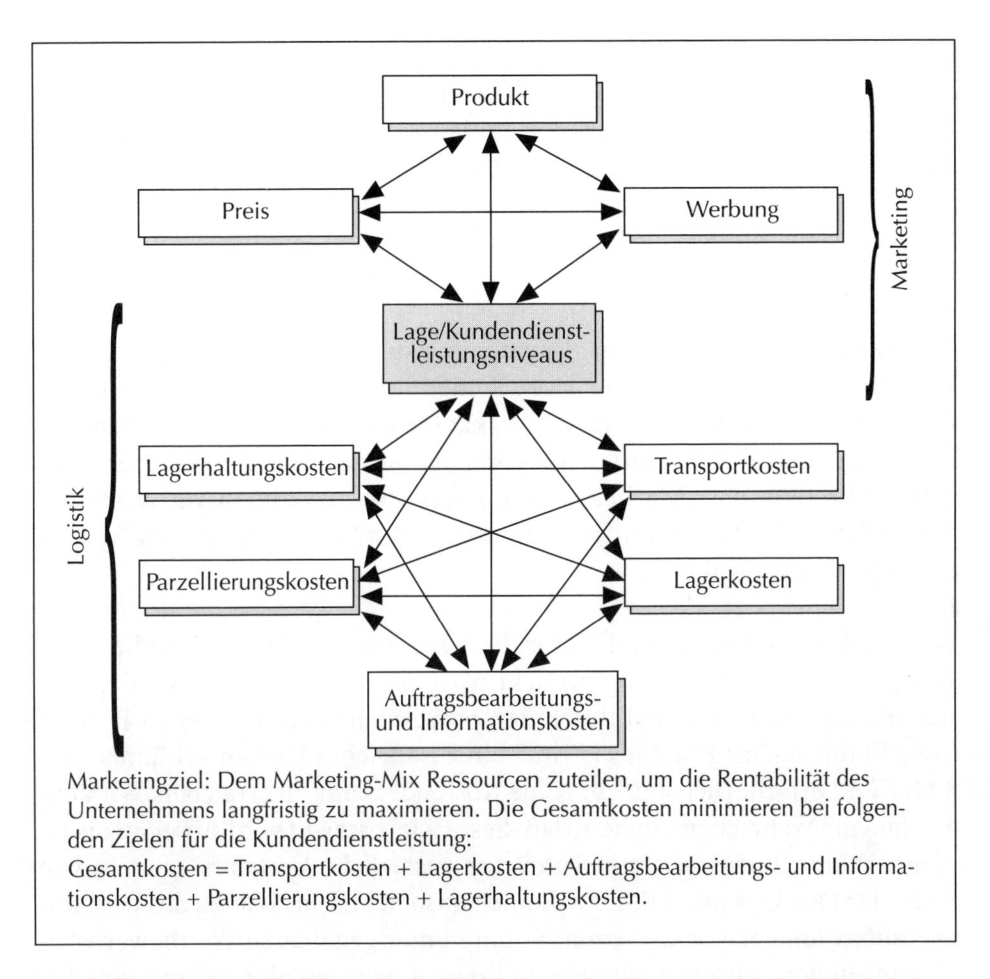

Marketingziel: Dem Marketing-Mix Ressourcen zuteilen, um die Rentabilität des Unternehmens langfristig zu maximieren. Die Gesamtkosten minimieren bei folgenden Zielen für die Kundendienstleistung:
Gesamtkosten = Transportkosten + Lagerkosten + Auftragsbearbeitungs- und Informationskosten + Parzellierungskosten + Lagerhaltungskosten.

Abbildung 3.6: Kostenkompensationen, die für ein Logistiksystem erforderlich sind. (Aus Douglas M. Lambert, The Development of an Inventory Costing Methodology: A Study of the Costs Associated with Holding Inventory, National Council of Physical Distribution Management; 1976, S.7.)

um ein integriertes Logistik-Management-Konzept einzuführen. Um das Ziel einer preiswerten Logistik zu erreichen, muß das Management für ein vorgegebenes Kundendienstleistungsniveau die Gesamtkosten für die Logistik auf ein Minimum senken. Nur zu häufig versuchen Unternehmen, dieses Problem von der falschen Seite her anzugehen, indem sie Kosten drücken, ohne darauf zu achten, welche Auswirkungen ihr Vorgehen auf das Niveau der Kundendienstleistungen hat. Folglich können Kosten in Zusammenhang mit der Verbesserung von Leistungsniveaus mit zusätzlichen Verkäufen gleichgesetzt werden, die notwendig sind, um die zusätzlichen Kosten abzudecken.

Beispielsweise könnte das Leistungsniveau eines Unternehmens im Kundendienstbereich bei 95 Prozent – nach eigener Einschätzung – liegen und die Gesamtkosten dabei sehr niedrig sein. Wenn das Verkaufsmanagement dann darauf besteht, daß das Niveau auf 98 Prozent angehoben werden muß, um einen angestrebten Marktanteil zu erreichen, dann können die Kosten für das wirkungsvollste logistische Verfahren zur Erreichung dieses Ziels geschätzt und mit den aktuellen Beträgen verglichen werden.

Angenommen, die Kosten für das neue logistische Verfahren lägen 2 Mio. DM über denen für das aktuell verwendete logistische System: Wenn nun aufjede Mark aus den zusätzlichen Verkäufen ein Anteil von 25 Prozent auf Festkosten und Gewinn entfielen – das bedeutet, daß 75 Prozent der Einnahmen auf Produktions-, Marketing- und Logistikkosten kämen, wie groß wäre dann das zusätzliche Verkaufsvolumen, das erforderlich ist, um den Anstieg der Logistikkosten abzudecken?

Wir können den Punkt, an dem für die Verbesserung der Kundendienstleistungen eine Kostendeckung erreicht wird, berechnen, indem wir den Kostenanstieg von 2 Mio. DM durch den prozentualen Anteil von 25 Prozent (= 0,25) teilen. Das Ergebnis ist, daß ein zusätzliches Verkaufsvolumen von 8 Mio. DM erforderlich wird, um eine Kostendeckung zu erreichen. Wir können nun die Wahrscheinlichkeit, daß dieses Ziel erreicht wird, abschätzen, indem wir berechnen, welchen Anteil das zusätzliche Verkaufsvolumen von 8 Mio. DM am Gesamtverkaufsvolumen ausmacht. Ein Anstieg des Gesamtverkaufsvolumens von 2 Prozent könnte unter gegebenen Wettbewerbsbedingungen noch als machbar, von 20 Prozent dagegen als unwahrscheinlich angesehen werden.

3.2.3 Die ABC-Analyse

Die ABC-Analyse für die Verbesserung der Effizienz der Kundendienstleistungen ist ähnlich aufgebaut wie die ABC-Analyse für die Planung des Lagerbestands.[16] Die Logik hinter diesem Ansatz besagt, daß manche Kunden und Produkte profitabler sind als andere. Aus diesem Grund sollte ein Unternehmen für die profitabelsten Kunden-Produkt-Kombinationen ein besseres Dienstleistungsangebot bereitstellen. Die Rentabilität sollte dabei auf einer Beitragsbasis gemessen werden, wobei Gemeinkosten und anteilige Fixkosten nicht berücksichtigt werden.[17] Auch der jeweilige Trend der Rentabilität sollte gemessen oder geschätzt werden, um auch ein potentielles Wachstum berücksichtigen zu können.

Tabelle 3.1 zeigt eine Matrix für die Beiträge von Kunden-Produkt-Kombinationen. Sie kann zur Klassifizierung von Kunden und Produkten verwendet werden entsprechend dem jeweiligen Einfluß auf die Gewinnstruktur des Herstellers. Sie wird wie folgt interpretiert:

1. Die Produkte der Kategorie A sind die profitabelsten Produkte des Unternehmens, gefolgt von Kategorie B und der Kategorie C. Die Produkte der Kategorie machen nur einen kleinen Prozentsatz der gesamten Produktlinie aus (gewöhnlich 5–10 Prozent).
2. Die Produkte der Kategorie C sind die am wenigsten profitabelsten Produkte des Unternehmens. Unter diese Kategorie fallen normalerweise 80 Prozent aller Erzeugnisse der Produktlinie.
3. Die Kunden in Klasse I sind für den Hersteller am profitabelsten und machen nicht mehr als 5 oder 10 Prozent aus.
4. Die Kunden in Klasse V sind am wenigsten profitabel, da sie in kleinen Mengen kaufen oder nur ein geringes Jahresverkaufsvolumen erreichen. Durch Zugeständnisse bei Preisen und Dienstleistungen könnte ihr Beitrag leicht negativ werden. Diese Klasse enthält normalerweise den Großteil der Kunden.
5. Die profitabelste Kunden-Produkt-Kombination ergibt sich, wenn Produkte der Kategorie A an Kunden der Klasse I verkauft werden (Rang 1). An zweiter Stelle folgt die Kombination aus Produkten der Kategorie B und Kunden der Klasse I, an dritter Stelle aus Produkten der Kategorie A und Kunden der Klasse II usw. An letzter Stelle steht dann die am wenigsten profitable Kombination aus Produkten der Kategorie C und Kunden der Klasse V (Rang 15).

Kundenklasse	Produkt A	B	C		
I	1	2	6	➔	Intensivere Zusammenarbeit mit den besten Kunden Niedrigere Logistikkosten Höherer Lagerdurchsatz Weniger Schnellieferungen
II	3	4	7		
III	5	8	11		
IV	9	12	13		
V	10	14	15		

Quelle: Übernommen aus Bernard J. LaLonde und Paul H. Zinser, Customer Service: Managing and Measurement, (National Council of Physical Distribution Management, 1976, Chicago, S. 181).

Tabelle 3.1: Beiträge von Kunden-Produkt-Kombinationen

Diese Matrix kann, ähnlich wie in Tabelle 3.2 dargestellt, eingesetzt werden. Dabei wurden die Kunden in drei Kategorien eingeteilt:

- sehr profitable Kunden mit großem Verkaufsvolumen
- profitable Kunden mit kleinem Verkaufsvolumen
- wenig profitable Einzelverkäufe

Die erste Kundenkategorie hat als Standard für A-Produkte eine Lagerfüllhöhe von 99 Prozent und für Aufträge in der Größenordnung von Wagenladungen eine Lieferzeit von fünf Arbeitstagen; für Kleinaufträge (weniger als eine Wagenladung) drei Arbeitstage. Die Lagerfüllhöhen für Produkte der Kategorien B und C liegen, ebenfalls für die wichtigsten Kunden, bei 97 Prozent bzw. 95 Prozent.

Die Kundenkategorie mit dem niedrigsten Rang (wenig profitable Einzelverkäufe) hat nur für Aufträge in der Größenordnung von Wagenladungen eine Vorlaufzeit von 15 Tagen. Das bedeutet, daß bei diesen Kunden Kleinaufträge oder Notfallaufträge nicht angenommen werden können, um die sehr hohen Lagerfüllhöhen, die wichtigeren Kunden garantiert wurden, sicherzustellen. Aus dem selben Grund liegt die Lagerfüllhöhe ebenfalls niedriger als bei den anderen Kundenkategorien. Aufträge für Produkte der Kategorie C werden deshalb auch nur angenommen, wenn diese Produkte vorrätig sind.

Dieser differenzierte Service basiert auf der Notwendigkeit, die besten Geschäftsbeziehungen mit den besten Kunden aufzubauen, um Folgeaufträge nicht zu gefährden. Kein Unternehmen möchte, daß seine profitabelsten

Dienstleistungs-komponente	Großes Verkaufs-volumen, sehr profitable Kunden	Niedriges Verkaufs-volumen, profitable Kunden	Wenig profitable Einzelverkäufe
Auftragsausführungszeit			
• Wagenladung	1 Woche	2 Wochen	3 Wochen
• Unter einer Wagen-ladung	1–2mal pro Woche*	1–2mal pro Woche*	–
• Dringender Auftrag	Möglich	Möglich	–
Lagerfüllhöhen			
• A-Produkte	99%	99%	99%
• B-Produkte	95%	90%	85%
• C-Produkte	90%	85%	Wenn lieferbar
Preisgestaltung/ Werbung	• Auf den gesamten Markt abgestimmt (100%)	• Auf den Markt-bereich abgestimmt (50%)	Keine
Bearbeitung von Reklama-tionen	7 Tage	15 Tage	30 Tage

* Durch regelmäßige, vorgeplante Lieferungen in bestimmte Gebiete an einem oder mehreren Tagen pro Woche.

Tabelle 3.2: Beispiel für differenzierte Dienstleistungen

Kunden seine gewinnbringendsten Produkte nicht kaufen können, weil diese nicht lieferbar sind. Weniger rentable Geschäfte können etwas gewinnbringender gestaltet werden, indem die Kosten für zugehörige Dienstleistungen gesenkt werden. Eine Möglichkeit besteht zum Beispiel darin, Zeiten für die Auftragsannahme einzuschränken und Produkte nur in bestimmten Intervallen auszuliefern. Für kleine Kunden in abgelegenen Gebieten könnte dafür ein vierzehntägiger Bestell- und Lieferrhythmus eingeführt werden mit Bestellung am Montag und Auslieferung am folgenden Freitag. Durch Vereinfachung der Auftragsbearbeitung und Senkung der Transportkosten könnte das Unternehmen die Rentabilität solcher Kleinaufträge verbessern. Vorteile für die Kunden wären gleichbleibende Auftragslaufzeiten und eine höhere Lieferbarkeit ab Lager.

3.2.4 Das Kundendienstleistungsaudit[18]

Es sollte routinemäßig ein Auditprogramm durchgeführt werden. Dabei können die zeitlichen Abstände zwischen den einzelnen Audits von Firma zu

Firma unterschiedlich sein. Ein Logistikaudit sollte folgende Ziele verfolgen:

- Feststellung der Kosten für die Logistik.
- Bestimmung der aktuellen Leistungsniveaus und/oder -mängel des Logistiksystems.
- Erstellung von Datenmaterial für Entwicklung oder Umgestaltung der Logistikstrategie des Unternehmens.
- Bestimmung der Betriebssysteme oder Verfahren, die den größten Beitrag zu finanziellen Zielen des Unternehmens leisten.
- Feststellung von Liefersituation für Kunden und Marktprofilen, plus Faktoren, welche auf Schlüsselentscheidungen für Produktion, Marketing und Logistik einen Einfluß haben.
- Ermittlung der Kapitalkosten, die mit Logistik in Zusammenhang stehen.
- Bestimmung der Kompensationsmöglichkeiten und Vorteilen von vorgeschlagenen Systemänderungen.

Diese Zielsetzung erfordert die Bestimmung, Sammlung und Analyse von Daten, welche die aktuelle Kostensituation und Kundendienstleistungsniveaus am besten beschreiben. Die einzelnen Schritte in Abbildung 3.7 zeigen, wie das Management ein Logistikaudit durchführen sollte.

In Abbildung 3.8 sind diese Schritte nochmals zusammengefaßt. In den nun folgenden Abschnitten wird das Verfahren beschrieben.

3.2.5 Die Logistiksonderkommission

Es sollte eine Sonderkommission eingesetzt werden, da die Mitglieder dieser Kommission zum einen direkt am Entscheidungsprozeß beteiligt sind und zum anderen wissen, daß sie auch für die Umsetzung ihrer Empfehlungen verantwortlich sind. Sonderkommissionen bewirken ein starkes Engagement, das nicht möglich wäre, wenn die Strategieempfehlungen und Systemänderungsvorschläge von einer Fremdfirma ausgearbeitet würden oder einer Einzelperson, die in den Alltagsbetrieb der entsprechenden Bereiche nicht involviert ist.

In diese Kommissionen sollten Mitarbeiter aus zwei Bereichen aufgenommen werden: Arbeitnehmer, die mit dem Management von Logistikaktivitäten wie Verkehr, Lagerhaltung, Fuhrpark, Kundendienstleistungen und Aus-

1. Einrichtung einer „Logistik-Sonderkommission“ zur Unterstützung des Überprüfungsverfahrens.
2. Bestimmung der Unternehmensstrategien und -ziele, die sich auf die Logistik auswirken oder von dieser berührt werden könnten.
3. Formulierung von Schlüsselfragen durch die Kommission als Grundlage für interne und externe Befragungen, Identifizierung von Schwachstellen im aktuellen System und zur Ausarbeitung von Verbesserungsvorschlägen.
4. Durchführung eines *externen Audits* aus umfassenden Kundenbefragungen, um die Leistung, Wettbewerbspraktiken und -fähigkeit des eigenen Unternehmens sowie die Wünsche und Erwartungen der Kunden hinsichtlich der Kundendienstleistungen zu bestimmen.
5. Durchführung eines *internen Audits* zur Bestimmung der aktuellen Leistungsfähigkeit der Logistik. Dieses Audit besteht aus zwei Teilen:
   a. Einzelbefragung von Repräsentanten aus den verschiedenen Bereichen des Unternehmens.
   b. Zusammenstellung von Unternehmens- und Transaktionsdaten, um das bestehende Betriebssystem statistisch analysieren und dessen Leistungsfähigkeit genau beschreiben zu können.
6. Bestimmung und Analyse von Alternativen für die Kompensation von Kosten und Dienstleistungen.
7. Ausarbeitung von Verbesserungs- und Änderungsvorschlägen mit Hilfe der Antworten aus Schritt 3 und Vorlage dieser Empfehlungen dem Management.
8. Beschreibung des zukünftigen Systems mit den vorgeschlagenen Änderungen und Vorausschätzung der zu erwartenden Leistungsfähigkeit.

Abbildung 3.7: Ablauf der Logistikprüfung/des Logistikaudits (Aus Jay U. Sterling und Douglas M. Lambert, „A Methodology for Assessing Logistics Operating Systems“, International Journal of Physical Distribution and Material Management, Vol. 15, N. 6, 1985)

rüstungsmanagement befaßt sind, und Repräsentanten von Unternehmensbereichen, die regelmäßig mit der Logistik zusammenarbeiten, wie zum Beispiel Marketing, Verkauf, Produktion und Management-Informationssysteme (MIS). Die Beteiligung dieser Gruppen hat verschiedene Vorteile:

- Datenmaterial und Informationen aus dem gesamten Unternehmensbereich werden verfügbar,
- die Zusammenarbeit über Organisationsgrenzen hinweg wird erleichtert,
- es entsteht eine weitere Sicht der Dinge,
- die abschließenden Empfehlungen sind praxisorientierter und leichter umzusetzen.

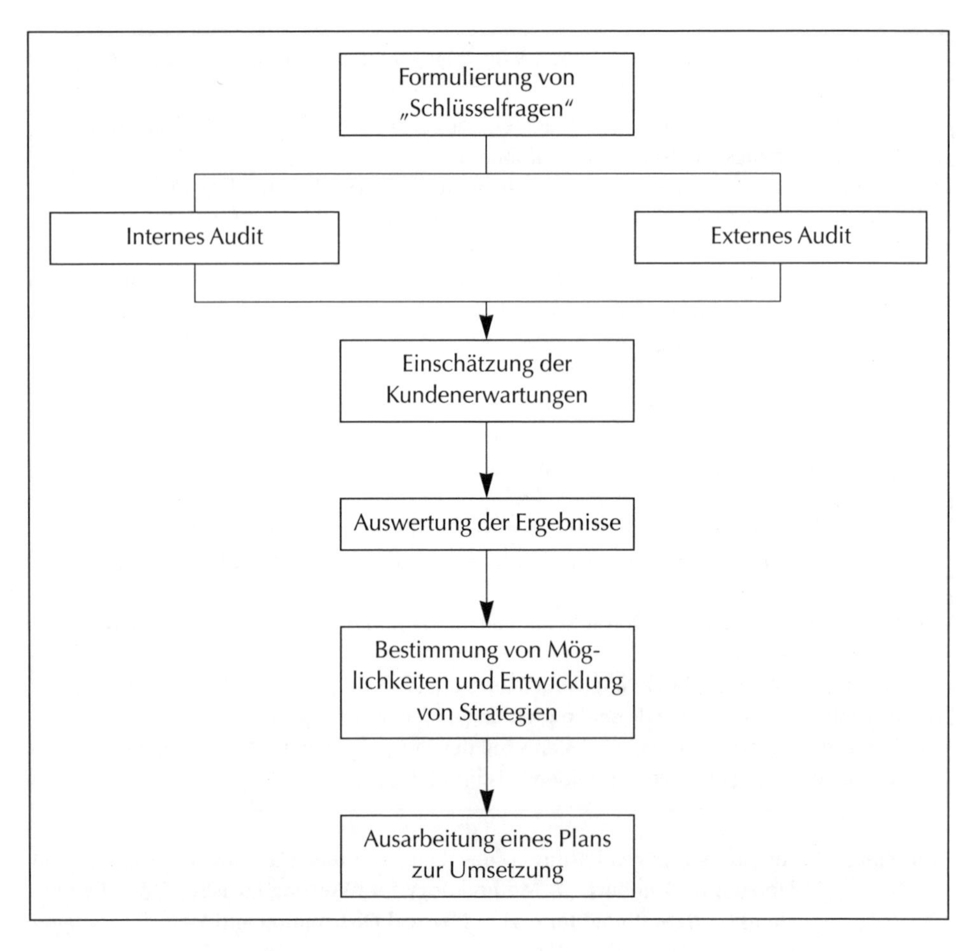

Abbildung 3.8: Methodik des Logistikaudits (Übernommen aus Jay U. Sterling und Douglas M. Lambert, „Establishing Customer Service Strategies within the Marketing Mix“, Journal of Business Logistics, Vol. 8, N. 1, S. 10, 1987)

3.2.6 Überprüfung der Unternehmensstrategien

Nur allzu häufig entwickelt eine Gruppe allein Ziele, Strategien und Betriebssysteme; sie achtet dabei nicht darauf, welche Auswirkungen diese auf die übergeordneten Ziele und Pläne des Unternehmens haben. Beispielsweise könnte eine Firma eine 15prozentige jährliche Zuwachsrate, einen Gewinn vor Steuern von 10 Prozent, einen ROI von 25 Prozent nach Steuern und die Einführung von mindestens fünf neuen Produkten pro Jahr anstreben. Diese Zielsetzung wirkt sich auf alle Aktivitäten und Outputs aus, die durch die Logistik gesteuert werden. Es wäre in diesem Fall sinnlos, das vorhandene Lagernetz zu erweitern, wenn der geplante ROI nur bei 10 Prozent liegen würde oder die Erweiterung der Lagerkapazität den Gesamtgewinn unter das angestrebte Niveau senken würde.

3.2.7 Formulierung von Schlüsselfragen

Bevor damit begonnen wird, Kunden und die eigene Belegschaft zu befragen und das aktuelle Leistungsvermögen der Logistik festzustellen, sollte die Sonderkommission eine Liste mit Fragen vorbereiten, die das Unternehmen in die Lage versetzt, auf den eigenen Märkten einen klaren Wettbewerbsvorteil zu gewinnen. Diese Fragen sollten möglichst weit gefaßt sein, damit die Kommission durch umfassende Informationen eine möglichst breite Entscheidungsgrundlage hat. Darin müssen sowohl die Unternehmensziele und der Unternehmensauftrag als auch individuelle Ansichten und Einstellungen des Topmanagements berücksichtigt werden. In Abbildung 3.9 ist ein Beispiel mit „Schlüsselfragen" dargestellt, die für ein Logistikaudit eines Herstellers von elektronischen Steuerungen entwickelt wurden.

3.2.8 Internes Audit: Befragung der Belegschaft

Neben einem externen Audit sollte auch Information durch eine umfassende Befragung des Topmanagements gewonnen werden. Für diese Interviews sollten eigene Unterlagen, getrennt für die folgenden Managementbereiche, vorbereitet werden: Unternehmensleitung, Marketing/Verkauf, Finanzabteilung, Kundendienst/Auftragsabwicklung, interner und externer Transport, Lagerhaltung, Produktionsplanung und Produktionsterminplanung, Produktmanagement und -vorplanung, Einkauf/Beschaffung und EDV.

Beispiele für diese Interviewunterlagen sind in Anhang A dieses Kapitels enthalten. Darin sind die wichtigsten Fragen für ein internes Audit aufgeführt.

3.2.9 Internes Audit: Unternehmensaufzeichnungen

Als Grundlage für die quantitative Phase des Logistikaudits können eine Reihe von Quellendokumenten verwendet werden. Sie können entweder mit Hilfe verschiedener Sample-Techniken gewonnen werden oder durch Modifizierung und Extraktion der Daten aus den vorhandenen Betriebssystemdateien. In Abbildung 3.10 sind die Quellendokumente zusammengestellt, die in Verbindung mit einem computergestützten Statistikpaket eine effiziente und umfassende Analyse ermöglichen.

1. Welche Veränderungen ergeben sich voraussichtlich in der Struktur der einzelnen Marktsegmente, und welchen Einfluß werden diese auf die relative Bedeutung der einzelnen Segmente haben?
2. Welche Logistiksysteme werden zum aktuellen Zeitpunkt von den Konkurrenzunternehmen verwendet, und wo könnte das Unternehmen Vorteile durch eine Differenzierung erreichen?
3. Wie sollte das Unternehmen vorausschauend reagieren auf den Wunsch von Kunden, Just-in-time-Programme für vorrätig gehaltene Produkte oder andere kostensenkende Maßnahmen einzuführen?
4. Wird das Unternehmen mit den aktuellen *Normen* für die Auftragsausführungszeiten und die Lagerfüllhöhen zu den Marktführern in seinem Markt gehören?
5. Welche Strategien für die Kundendienstleistungen sollten entwickelt werden, und wie werden sich diese für die einzelnen Kundenmarktsegmente unterscheiden?
6. Welche Anforderungen für ein Auftragsbearbeitungssystem müssen erfüllt werden, um das Unternehmen durch seine Kundendienstleistungspolitiken zum Spitzenreiter in der Industrie zu machen?
7. Sollte das Unternehmen ein zentrales oder dezentrales/regionales Lagernetz verwenden?
8. Wie kann die Produktivität der Absatzzentren des Unternehmens verbessert werden, und welche Maßnahmen sind dafür erforderlich?
9. Wie können die Transportkosten ohne negative Auswirkungen auf die Kundendienstleistungen verringert werden?
10. Soll das Unternehmen die Verwendung externer Transportunternehmen erweitern, einschränken oder unverändert lassen?
11. Wie kann die Logistikorganisation des Unternehmens am besten mit der Fertigungs-, der Marketing- und Finanzorganisation zusammenarbeiten?
12. Wie sollte das Unternehmen vorausschauend auf den Kundenwunsch, die Lagerhaltung oder andere Kosten zu reduzieren, reagieren?
13. Sind Kleinaufträge ein Problem? Wie werden sie sich in Zukunft entwickeln, und welche Strategien sollte das Management einsetzen, um damit verbundene Kosten zu minimieren?
14. Welche der Möglichkeiten zur Senkung der Kosten der logistischen Aktivitäten des Unternehmens sind am besten geeignet?

Abbildung 3.9: Beispiel für die „Schlüsselfragen" für ein Logistikaudit

1. Vorhandene Systemdateien modifizieren/extrahieren
   - Frühere Aufträge und/oder aktuelle Dateien
   - Versandunterlagen und/oder Datendateien der Ladeverzeichnisse ausgelieferter Sendungen
   - Bezahlte Transportrechnungen
   - Fahrtenbücher des eigenen Fuhrparks
   - Unterlagen über die Arbeitszeit/Löhne und Gehälter im Lagerbereich
2. Bearbeitung von Originaldokumenten
   - Inhalt der Ladungen aller ein- und ausgehenden Sendungen über einen bestimmten Zeitraum, wie Postleitzahl des Ausgangs- und des Zielorts, Inhalt, Gewicht der Ladung und Füllungsgrad des Lastwagens und/oder Anhängers sowie Ladungszustand nach Ankunft
   - Lagerarbeitsstunden, aufgeschlüsselt nach Funktionsart wie Annahme, Verbringen von Lagergut
   - Fuhrparkunterlagen über Routen, Transportkilometer, Leerkilometer, Nutzung der Ladekapazitäten, Ladungsgewichte, feste und variable Kosten

Abbildung 3.10: Quellen für das Logistikaudit

3.2.10 Datenauswertung

Nach Abschluß des internen Audits müssen für einen genauen Bericht über die Wirksamkeit des logistischen Systems Möglichkeiten zur Änderung von Kosten und Dienstleistungen gesucht, die Antworten auf die „Schlüsselfragen" ausgewertet und die empfohlene Strategie einschließlich der erforderlichen Änderungen beschrieben werden.

3.2.11 Externes Audit

Ein externes Audit kann, wie in Abbildung 3.11 dargestellt, in Form einer umfassenden schriftlichen Erhebung oder intensiven Befragung von Kunden, die für die einzelnen Marktsegmente repräsentativ sind, durchgeführt werden. Diese Vorgehensweise ermöglicht es dem Unternehmen, alle Segmente und Untersegmente systematisch zu erfassen, wie etwa die Einzelhändler der untersten Tabellenzeile der Abbildung. Eines der wichtigsten Ziele ist dabei, ein genaues Bild über die geschäftlichen Aktivitäten und Produkte der eigenen Firma zu gewinnen. Dazu werden spezifische Informationen über Zusammenarbeit und gegenseitige Beeinflussung der eigenen und der Kundenlogistiksysteme gesammelt, die Leistungsfähigkeit von Logistik und Kunden-

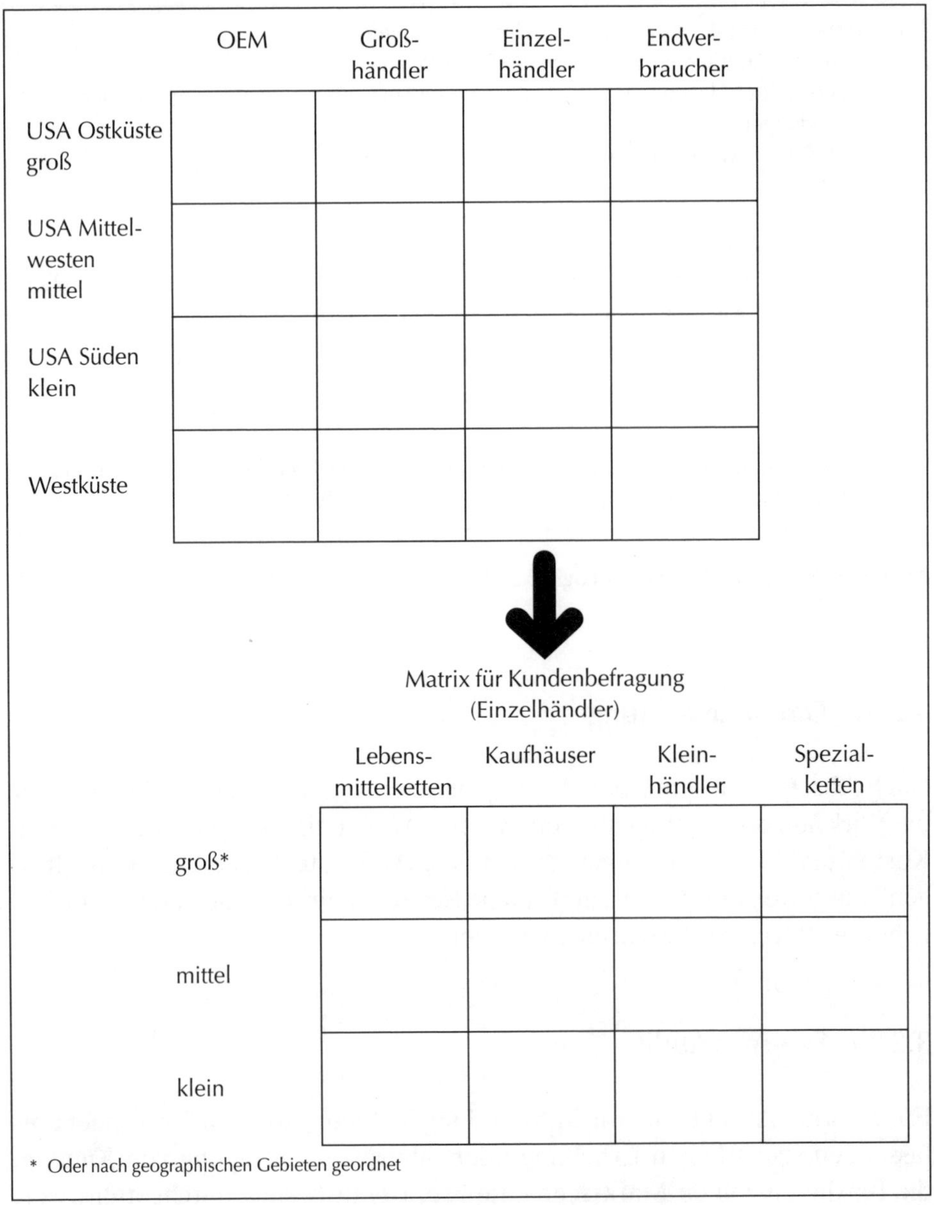

	OEM	Groß-händler	Einzel-händler	Endver-braucher
USA Ostküste groß				
USA Mittel-westen mittel				
USA Süden klein				
Westküste				

Matrix für Kundenbefragung (Einzelhändler)

	Lebens-mittelketten	Kaufhäuser	Klein-händler	Spezial-ketten
groß*				
mittel				
klein				

* Oder nach geographischen Gebieten geordnet

Abbildung 3.11: Datenerhebung durch eine umfassende Kundenbefragung

dienstleistungen der Hauptkonkurrenten untersucht und bestimmt. Diese Befragungen sollten sowohl die *aktuelle* als auch die *zukünftige* Wettbewerbssituation und Anforderungen an die Kundendienstleistungen umfassen. Das Logistikaudit enthält neben einer Reihe von grundsätzlichen Fragen auch ganz gezielte, branchen- oder situationsspezifische Fragen. Eine Sammlung der grundsätzlichen Problemstellungen, die ein einer umfassenden Analyse enthalten sein müssen, ist in Anhang B dieses Kapitels zu finden.

Viele der Fragen aus Anhang B können weiter aufgegliedert werden nach Kundensegment, Auftragsprodukten, vs. Lagerprodukten, Kanalsegmenten oder Produktlinien/Produktgruppen. Im Idealfall sollte die Identität des Unternehmens während der Befragung nicht bekannt sein, um objektive Daten erheben zu können. Aus diesem Grund ist es oft günstig, für das Logistikaudit eine Universität oder eine Consultingfirma einzuschalten. Die Ergebnisse können bereits ausreichend Datenmaterial ergeben, um eine Logistikstrategie zu entwickeln. Andernfalls sind sie eine gute Grundlage für eine umfassende briefliche Datenerhebung, wie im folgenden Abschnitt beschrieben.

Die Interviews des Managements eines Unternehmens bringen oft die folgenden Probleme zutage:

1. Versagen/Mängel bei der Überwachung des Lagerguts, der Vorhersage, Planung und Terminierung der Produktion und Produktionsbetriebssysteme, Last-minute-Änderungen der Produktionspläne, wenig effiziente Kapazitätsplanung, zu lange Anlauf- und Standzeiten, nicht effiziente Abstimmung von Produktionslinien und Fehler beim Abgleich von tatsächlichen Ergebnissen und Vorhersagen.
2. Schwächen/Fehler bei der Auftragsannahme/-bearbeitung wie: komplizierte Eingabemasken bei den Terminals, Fehler bei der Abstimmung von Lagerbestand und Aufträgen, Unfähigkeit, mehrere Aufträge desselben Kunden zu kombinieren; komplizierte Verfahren für den Abgleich von Aufträgen, falsche Differenzierung von Dienstleistungen nach Produkt-/Marktsegmenten, Verzögerungen durch die Überprüfung der Kreditwürdigkeit, übermäßige Eingriffe per Hand.
3. Lager-/Versandprobleme wie: übermäßig viele oder umfangreiche dringende Aufträge, „Rufe-zurück"-Verzögerungen, wenig effiziente Verfahren für die Zusammenstellung der Lieferung, schlechte Platzaufteilung im Lagerhaus, verpaßte Chancen für eine Zusammenlegung, zu viele/ungenaue Unterlagen, wenig effiziente Systeme zur Festlegung/Auffindung des Lagerorts und zu viele Überstunden.

Durch die Analyse von eigenen Datendateien können Auftragsausführungszeiten, Schwankungen, termingerechte oder verspätete Lieferungen, prozentuale Lagerfüllhöhen und Prozentsatz abgeschlossener Aufträge nach Kunden, Versandort, Produkt oder Produktgruppe, aktuelle vs. zukünftige Aufträge und Lieferung ab Lager oder als Auftragsprodukt (nach Fertigung) gemessen oder beurteilt werden. Anhand dieser Kriterien können Gründe für verspätete Lieferung, zuviel oder zuwenig Dienstleistung für Kunden, Verfahrensschwächen in der Auftrags-/Lieferungsabwicklung, zu viele aufgeteilte Lieferungen bzw. Rückstellungen, stornierte Aufträge, Probleme bei Kleinaufträgen und uneinheitliche Auftragsausführungszeiten erfaßt werden.

Die Analyse der eigenen Systemdateien kann auch Schwächen und Chancen aufdecken. Beispiele dafür sind Auswirkungen von lang lagernden und obsoletem Lagergut auf den Durchsatz des Lagers, Investitionen in Lagerbestand und Rentabilität, Transportprobleme durch dezentrales Netz von Lagern, Märkte, die durch ihre geographische Lage eine Zusammenfassung von Lieferungen ermöglichen, Programme für die Lieferung zu bestimmten Terminen, Möglichkeiten für preisgünstigere Transportarten und -mittel, Vorteile und Chancen der ABC-Analyse von Produkten und Kunden sowie Rentabilität/Beitrag von Produkten, Produktlinien, Kunden, Kundengruppen und Geschäftszweigen.

3.3 Erhebung über die Kundendienstleistungen

Anbieter sollten sowohl den Dienstleistungsbedarf der Kunden als auch die Kosten dafür bedenken. Manager sollten Kunden mit ähnlichem Bedarf in Gruppen zusammenfassen und für jede Gruppe ein eigenes Dienstleistungsangebot ausarbeiten. Das Management muß knappe Ressourcen so verteilen, daß Effizienz (niedrige Kosten und qualitativ hochwertige Produkte) und Wirkung (Marktanteil und höherwertige Produkte) des Marketings insgesamt maximiert werden. Es muß auch festgestellt werden, ob durch eine Leistungssteigerung im Marketingbereich der Marktanteil vergrößert oder für die Produkte bessere Preise erzielt werden können und welche Komponenten des Marketing-Mix für die Kundenzufriedenheit die größte Rolle spielen.

Beispielsweise können die folgenden Komponenten der Kundendienstleistung einen Wettbewerbsvorteil bedeuten:

- Lieferzeit
- Lieferzuverlässigkeit

- Produktverfügbarkeit
- Möglichkeit von beschleunigten Aufträgen
- Verfügbare Ersatzprodukte
- Einfache Bestellung und Information über den Auftrag
- Produktsupport nach Lieferung
- Behandlung von Kundenklagen / Rücklieferungen

Der erste Schritt bei einem externen Audit ist, diejenigen Dienstleistungskomponenten zu bestimmen, die den Kunden am wichtigsten sind. Solche Komponenten, die in die Befragungsunterlagen aufgenommen werden, sollten vorher mit Kunden diskutiert worden sein. Ausgangspunkt für diese Diskussionen könnte beispielsweise die Liste aus Abbildung 3.1 sein oder eine durch das Management erstellte Liste. Leitende Angestellte aus dem Marketingbereich sollten hinzugezogen werden, um andere Komponenten des Marketing-Mix wie: Produktqualität, Preis, Handelsbedingungen, Mengenrabatte, gemeinsame Werbung mit anderen Produkten und landesweite Werbung für das Produkt in die Liste aufnehmen zu können.

Eine Beteiligung des Marketings hat drei Vorteile:

1. Die Einbeziehung des Marketings erleichtert die Umsetzung von Austauschgeschäften innerhalb des Marketing-Mix.
2. Das Marketing hat oft beträchtliche Erfahrung im Erstellen von Fragebögen.
3. Die Einbeziehung des Marketings gibt den anderen Untersuchungen zusätzliches Gewicht und macht sie glaubwürdiger. Dadurch steigt die Akzeptanz, und die erfolgreiche Umsetzung wird erleichtert.

Für diese Untersuchungen können auch noch verschiedene andere Quellen benutzt werden: Marktforschungsinstitute, eine Universität, wobei die Untersuchungen von Studenten und/oder einem Professor durchgeführt werden können oder ein Consulting-Unternehmen mit Fachkenntnissen und Erfahrung auf dem gewünschten Gebiet.

Die Vorteile dieser Alternativen sind einmal, daß der Auftraggeber dabei im Hintergrund bleibt und für die Erstellung der Befragungsunterlagen professionelle Hilfe zur Verfügung steht. Wenn der Auftraggeber bekannt ist, dann kann das die Objektivität der Antworten beeinträchtigen. Beispielsweise könnten Kunden versuchen, ihren Lieferanten in einem besseren Licht erscheinen zu lassen, in der Hoffnung, daß sie als Gegenleistung bei Lieferungpässen bevorzugt behandelt werden. Andere könnten ihn dagegen sehr negativ darstellen, um ihm gleichsam einen Schock zu versetzen und zu besseren Leistungen anzuspornen. Auch über Konkurrenzprodukte und -firmen objektive Daten zu bekommen, ist sehr schwierig, wenn der Auftraggeber bekannt oder selbst an den Umfragen beteiligt ist.

Bei einer brieflichen Umfrage ist besonders darauf zu achten, daß Fragen und Inhalte exakt auf die zu untersuchende Branche abgestimmt sind. Sie müssen hinsichtlich Art und Anzahl genau ausgearbeitet und ausgewählt werden und können nicht einfach aus früheren Untersuchungen übernommen werden. Ein möglicher Ansatz dafür ist, die Qualität der Dienstleistungen des Unternehmens zu messen.

3.4 Was ist Dienstleistungsqualität?

Dienstleistungsqualität bedeutet einen Vergleich von erwarteten und tatsächlichen Leistungen oder in welchem Umfang die tatsächlichen Dienstleistungen den Erwartungen der Kunden entsprechen. Kunden vergleichen Dienstleistungen, die sie erwarten mit den tatsächlich erhaltenen und beurteilen danach die Dienstleistungsqualität. Deshalb schließt die Beurteilung der Service-Qualität den Vergleich von Erwartungen und tatsächlichen Leistungen mit ein.

Die Zufriedenheit mit einem Produkt oder einer Dienstleistung insgesamt beruht auf der *Nichtübereinstimmungstheorie*. Nach dieser Theorie ist die Zufriedenheit insgesamt eine Folge der Übereinstimmung oder Nichtübereinstimmung mit Erwartungen, wobei diese mit der Art und Weise der Erfahrungen, die ein Kunde in Bezug auf die Erfüllung seiner ursprünglichen Erwartungen macht, verbunden ist.[19] Die erhaltene Dienstleistungsqualität wird vom Kunden allgemein beurteilt. Zufriedenheit ist dagegen immer mit ganz bestimmten Transaktionen verbunden. Zwischen beidem besteht aber eine Beziehung, da Vorkommnisse, bei denen der Kunde unzufrieden ist, im Lauf der Zeit als mangelnde Dienstleistungsqualität gesehen werden und eine geringere Zufriedenheit schnell die allgemeine Bereitschaft, Produkte zu kaufen, senkt.[20]

Parasuraman, Zeithaml und Berry[21] wiesen darauf hin, daß eine erfolgreiche Umsetzung eines Marketingkonzepts häufig durch starke Barrieren verhindert wird, insbesondere durch Diskrepanzen (oder Lücken) bei Käufer und

Verkäufer in der Sicht der Dienstleistungsqualitätsniveaus und Erwartungen. Die Hauptthese ihres „SERVQUAL"-Modells ist, daß die Art und Weise, wie der Kunde die Dienstleistungsqualität wahrnimmt, durch eine Reihe von Lücken auf der Seite der Anbieter beeinflußt wird. Sie setzten ihr SERVQUAL-Modell in die Praxis um, indem sie Art und Ausmaß der Diskrepanzen zwischen den subjektiv wahrgenommenen Leistungen und den Erwartungen anhand einer Sieben-Punkte-Skala bewerteten. Parasuraman et al. fanden dabei heraus, daß positive Gaps eine deutlichere Wahrnehmung der allgemeinen Dienstleistungsqualität bei den Konkurrenzunternehmen anzeigen.[22] *Lambert, Stock und Sterling*[23] erweiterten dieses Konzept und den Einsatz der Gap-Analyse, indem sie das Modell auf Produktionsunternehmen anwandten, indem sie das Konzept auf die Dienstleistungsqualität ausdehnten, um alle Komponenten des Marketing-Mix einzuschließen und mehrere zusätzliche Lücken fanden.

Nachdem Lücken gefunden sind, müssen Pläne entwickelt werden, um die Vorteile bzw. positiven Seiten der Schlüsselaktivitäten in dem Marketing-Mix hervorzuheben und negative Gaps zu minimieren oder zu eliminieren. Diese Lücken können entweder im Zusammenhang mit Stärken oder Möglichkeiten gefunden werden (positive Gaps) oder mit Schwächen und Bedrohungen (negative Gaps). Deshalb kann die Gap-Analyse bei logistischen Strategieplanungen verwendet werden, um Wettbewerbsvorteile im Markt zu gewinnen. Dabei werden Erwartungen und Beurteilungen von Kunden über die verschiedenen Dienstleistungen ihrer wichtigsten Lieferanten mit den Beurteilungen der Lieferanten über die Erwartungen der Kunden und ihre eigene Leistung miteinander verglichen. Daneben muß der aktuelle Leistungsstand, wie er sich in den Unterlagen des Unternehmens darstellt, mit den Anforderungen der Kunden verglichen werden. Bei diesen Vergleichen können sechs Gaps durch folgende sechs Fragen gefunden werden:

1. Welche Unternehmen erfüllen oder übertreffen die Erwartungen ihrer Kunden?
2. Wie stellt sich unsere eigene Leistung (als Anbieter) dar im Vergleich zu unseren Konkurrenten?
3. Trifft die Beurteilung unserer Leistungen (als Anbieter) durch unsere Kunden zu?
4. Wissen wir, was für unsere Kunden wichtig ist?
5. Liegt unsere Leistung über oder unter den Erwartungen unserer Kunden?
6. Stimmt unsere Einschätzung der Wichtigkeit von Erwartungen und Leistungen, die der Kunde erhält, überein?

Diese sechs Lücken sind in Abbildung 3.12 als Bestandteil eines Netzplans zur Gewinnung von Vorteilen durch Unterscheidung enthalten. Später in diesem Kapitel werden wir erklären, wie Gaps genutzt werden können, um die Leistungen eines Unternehmens bei wichtigen Dienstleistungen mit den Erwartungen von Kunden und deren Beurteilung des Leistungsniveaus von Konkurrenzunternehmen zu vergleichen.

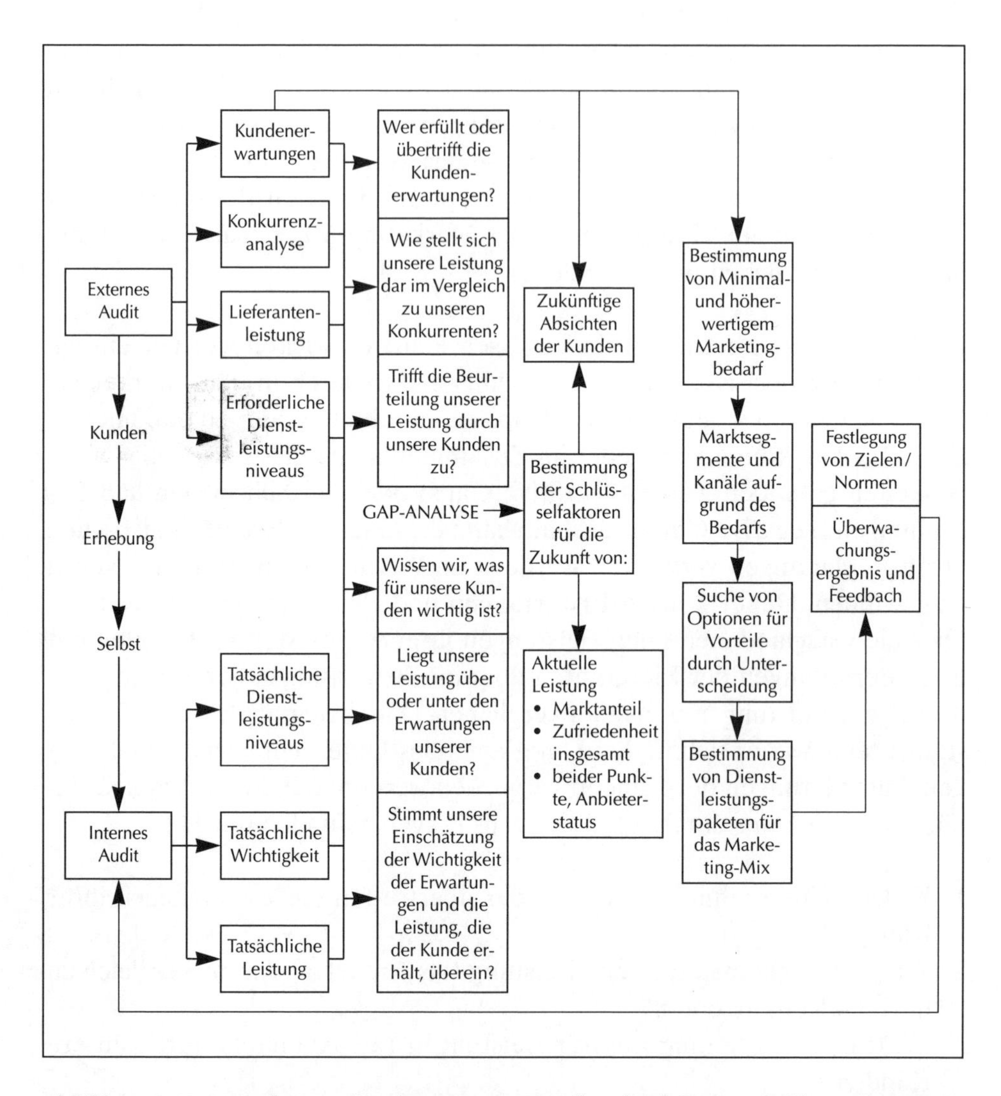

Abbildung 3.12: Netzplan zur Gewinnung von Vorteilen durch Unterscheidung (Aus Jay U. Sterling, Robert A. Robicheaux und Carl E. Ferguson, „Identifying Differential Competitive Advantages Using an Extended GAP Analysis Model", 1992 American Marketing Association Summer Educators' Conference, AMA, Chicago)

Zur Bewertung der „Erwartungen“ von Kunden werden wir die „Wichtigkeit“ jeder Marketing-Dienstleistungskomponente verwenden.[24] Wichtigkeit und Erwartung stehen in einer so engen Beziehung zueinander, daß es keine signifikanten Unterschiede zwischen beiden gibt. Gefühlsmäßig erwarten Kunden, daß sie hinsichtlich der Komponenten, die ihnen wichtig erscheinen, zufriedengestellt werden. Deshalb ist es wahrscheinlich, daß Bestandteile, die auf der Wichtigkeitsskala im unteren Bereich liegen, nur geringe oder ambivalente Erwartungen hervorrufen im Gegensatz zu denen, die sehr hoch eingeschätzt werden. Aus diesem Grund ist zwischen Wichtigkeit und Erwartung eine starke Korrelation zu verzeichnen. Magere Werte für die „Wichtigkeit“ können deshalb als Richtungsindikatoren für Erwartungen interpretiert und für die Beurteilung der Ausmaße von Lücken verwendet werden. Bei der Umsetzung des Modells aus Abbildung 3.12 sollten für diejenigen Variablen (Dienstleistungen), welche von den Befragten einfach zu quantifizieren sind, die zu erwartenden Dienstleistungsniveaus zusammen mit einer Einstufung der Wichtigkeit des Service, angegeben werden. Beispiele dafür wären die Anzahl Kontakte mit der Verkaufsabteilung eines Anbieters pro Jahr oder die erwünschte Vorlaufzeit.

Nachdem diese sechs Gaps für jede Marketingleistung, die ein Anbieter für seine Kunden bereitstellt, bestimmt sind, können mit ihnen die wichtigsten Bewertungskriterien für die Gesamtleistung des Unternehmens bestimmt und/oder vorhergesagt werden wie etwa

1. der aktuelle Marktanteil jedes Anbieters
2. zukünftige Absichten von Kunden (bevorzugter, idealer Marktanteil)
3. Bewertung der Zufriedenheit insgesamt durch Kunden
4. Unterschiede zwischen „A“-Anbietern (Erstlieferanten) und „B“-Anbietern (Zweitlieferanten).

Die Lücken daraus, die sich als Vorhersagekriterien oder bestimmende Faktoren für diese Gesamtbewertungen erweisen, können dann als Grundlage für

1. die Einteilung des Markts in einzelne Segmente
2. die Entwicklung von kanalspezifischen Marketingprogrammen
3. das Erkennen von Optionen, um durch Unterscheidung Vorteile gegenüber Konkurrenten zu erreichen
4. die Entwicklung von spezifischen Aktionsprogrammen für alle Komponenten des Marketing-Mix

verwendet werden.

Anhang C am Ende dieses Kapitels enthält das Beispiel eines Fragebogens, der in den USA für eine Befragung von Kunden der Firma LTL verwendet wurde. Fragebögen für Umfragen sollten Punkte einschließen, die eine Bewertung der Gaps nach Abbildung 3.11 möglich machen. Die Befragten sollten gebeten werden, die Wichtigkeit jedes einzelnen Elements des Marketing-Mix zu bewerten, das sie bei der *Auswahl* eines anderen Anbieters oder der *Beurteilung* ihres gegenwärtigen Anbieters in Betracht ziehen würden. Die siebenstufigen Skalen reichen von Extrem zu Extrem wie folgt:

Die Befragten sollten Faktoren, die nicht verwendet werden oder nur geringe Bedeutung für das Bewertungsverfahren haben, die Rangstufe 1 (unwichtig) zuweisen. Die Rangstufe 7 (sehr wichtig) sollten diejenigen Faktoren enthalten, die den Kunden veranlassen könnten, den Geschäftsumfang mit einem Lieferanten zu überdenken oder den Lieferanten bei negativen Vorkommnissen zu wechseln. Die Befragungsteilnehmer werden auch gebeten, eine Bewertung von zwei oder drei ihrer Erstlieferanten anhand einer Sieben-Punkte-Skala mit 1 für *sehr schlecht* bis 7 für *ausgezeichnet/einzigartig* zu erstellen. Mehr als zwei oder drei Bewertungen von Erstlieferanten sind nicht notwendig, da diese in den meisten Fällen den Großteil des Einkaufsvolumens für eine bestimmte Produktkategorie abdecken. Entscheidend ist, sowohl die Wichtigkeit als auch die Leistung beurteilen zu lassen, wenn diejenigen Marketingdienstleistungen, die eine Schlüsselfunktion haben, bestimmt werden sollen. Variablen, die ein Kunde für sich am höchsten einschätzt, müssen nicht mit dem Geschäftsvolumen des entsprechenden Lieferanten übereinstimmen, weil

1. alle wichtigen Anbieter das gleiche oder das mindestens dafür notwendige Dienstleistungsniveau erreichen,
2. Variable mit starken Leistungsschwankungen eine stärkere „Vorhersagekraft“ haben könnten,
3. kein Anbieter ein zufriedenstellendes Dienstleistungsniveau bei wichtigen Variablen erreicht,
4. Kunden die Vorteile einer hochwertigeren Dienstleistung bei relativ „unwichtigen“ Variablen nicht erkennen, wenn kein anderer Anbieter diese Dienstleistung ebenfalls anbietet.

Der Fragebogen sollte Kriterien enthalten, womit die Befragten bewerten müssen, wie zufrieden sie mit den einzelnen Anbietern insgesamt sind und wie groß das Geschäftsvolumen mit diesen Anbieter-Firmen ist (Teil B des Fragebogens). In Teil C wird dann genauer nach den erwarteten Leistungsniveaus für die Schlüsselvariablen gefragt. Schließlich sollten noch demographische Informationen enthalten sein, die Aufschluß über die Befragten selbst geben, soweit es den Inhalt der Umfrage betrifft.

Bevor die Befragungsunterlagen verschickt werden, sollte mit einer kleinen Gruppe von Kunden getestet werden, ob sie verständlich sind und keine wichtigen Punkte übersehen wurden. Die Adressenliste kann aus Listen von Kundenkonten, aus der Verkaufs-/Marketingabteilung, Vertragslisten, Projektlisten, verlorenen Angeboten oder inaktiven Kundenkonten zusammengestellt werden. Kundenkontenlisten ermöglichen eine Einteilung in große, mittlere und kleine Kunden. Wenn das Management auch inaktive Konten oder verlorene Projekte untersucht haben möchte, dann können farbkodierte Fragebögen zur Identifizierung verwendet werden.

Durch die Auswertung der Befragung kann das Management Probleme, Möglichkeiten und Chancen erkennen. Tabelle 3.3 zeigt, welche Art von Informationen dabei gewonnen werden kann. Die Erhebung umfaßte dabei Dienstleistungen und andere Variablen des Marketing-Mix. Aus den beiden linken Spalten geht hervor, daß die Einstufung der Variablen nicht von der Reihenfolge, in der die Fragen gestellt worden waren, beeinflußt wurde. In diesem Beispiel waren 7 der 13 Variablen mit dem höchsten Mittelwert ihrer Wichtigkeit für die Kunden Dienstleistungsvariablen. Das unterstreicht die Bedeutung, die Dienstleistungen in einem Marketing-Mix haben. Eine kleine Standardabweichung bei der Wichtigkeit bedeutet, daß sich die Bewertungen der einzelnen Befragten hinsichtlich der Wichtigkeit einer Variablen nur geringfügig unterschieden. Bei Variablen mit großen Standardabweichungen ist es dagegen bedeutend, auf die demographischen Informationen zurückzugreifen, um herauszufinden, welcher Kunde welche Dienstleistung wünscht (siehe Teil B des Fragebogens in Anhang C). Gleiches gilt für die letzte Variable „Unterstützung bei der Planung der Platzaufteilung durch den Hersteller“. Bewerten beispielsweise umsatzstarke, schnell wachsende Kunden diesen Punkt höher als Kleinkunden?

Um herauszufinden, welche Variablen die besten Möglichkeiten für eine Erweiterung des Geschäftsvolumens und/oder der Gewinnspanne zeigen, ist es notwendig, beides, Wichtigkeit und Leistungen zu bewerten. Aus diesem Grund ist in Tabelle 3.3 auch die Bewertung der Dienstleistungen enthalten, die der Kunde vom Auftraggeber der Befragung selbst und seinen vier wich-

Rang-stufe	Frage Nr.	Variablenbeschreibung	Wichtigkeit insgesamt – alle Händler		Bewertung der Hersteller durch Händler									
					Hersteller 1		Hersteller 2		Hersteller 3		Hersteller 4		Hersteller 5	
			Mittel	Std. abw.	Mittel	Std. abw.	Mittel	Std. abw.	Mittel	Std. abw.	Mittel	Std. abw.	Mittel	Std. abw.
1	9	Fähigkeit des Herstellers, zugesagte Liefertermine einzuhalten (termingerechte Lieferung)	6,4	0,8	5,9	1,0	4,1	1,6	4,7	1,6	6,6	0,6	3,3	1,6
2	39	Genauigkeit bei der Auftragszusammenstellung (Lieferung der richtigen Produkte)	6,4	0,8	5,6	1,1	4,7	1,4	5,0	1,3	5,8	1,1	4,4	1,5
3	90	Wettbewerbsfähigkeit des Preises	6,3	1,0	5,1	1,2	4,9	1,4	4,5	1,5	5,4	1,3	3,6	1,8
4	40	Vorausmitteilung bei Lieferungsverzögerungen	6,1	0,9	4,6	1,9	3,0	1,6	3,7	1,7	5,1	1,7	3,1	1,7
5	94	Spezielle Preisnachlässe bei Kostenvoranschlägen für Verträge/ Projekte möglich	6,1	1,1	5,4	1,3	4,0	1,7	4,1	1,6	6,0	1,2	4,5	1,8
6	3	Produktqualität (Herstellung und Konstruktion) im Verhältnis zur zugehörigen Preisspanne	6,0	0,9	6,0	1,0	5,3	1,3	5,1	1,2	6,5	0,8	4,8	1,5
7	16	Bereitstellung von aktualisierten und gültigen Preislisten, Spezifikationen und Werbematerialien durch den Hersteller	6,0	0,9	5,7	1,3	4,1	1,5	4,8	1,4	6,3	0,9	4,3	1,9
8	47	Umgehende Reaktion auf den Wunsch nach Unterstützung durch den Verkaufsrepräsentanten des Herstellers	6,0	0,9	5,2	1,7	4,6	1,6	4,4	1,6	5,4	1,6	4,3	1,7

Tabelle 3.3: Wichtigkeit verglichen mit ausgewählten Leistungen von größeren Herstellern, bewertet durch Händler

Rang-stufe	Frage Nr.	Variablenbeschreibung	Wichtigkeit insgesamt – alle Händler		Bewertung der Hersteller durch Händler									
					Hersteller 1		Hersteller 2		Hersteller 3		Hersteller 4		Hersteller 5	
			Mittel	Std. abw.	Mittel	Std. abw.	Mittel	Std. abw.	Mittel	Std. abw.	Mittel	Std. abw.	Mittel	Std. abw.
9	14	Beständige Auftragsausführungszeiten (kleine Abweichungen von zugesagten und tatsächlichen Lieferdaten, z. B. Anbieter hält veranschlagte Termine immer ein)	6,0	0,9	5,8	1,0	4,1	1,5	4,8	1,4	6,3	0,9	4,4	1,7
10	4b	Dauer der zugesagten Auftragsausführungszeiten (Vorlaufzeiten, von Bestellung bis Lieferung) für Grund-/lagernde Produkte (schneller Versand)	6,0	1,0	6,1	1,1	4,5	1,4	4,9	1,5	6,2	1,1	3,7	2,0
11	54	Genauigkeit des Herstellers in der Vorhersage und Einhaltung von geschätzten Lieferterminen bei einzelnen oder Projektaufträgen	6,0	1,0	5,5	1,2	4,0	1,6	4,3	1,4	6,3	1,1	3,5	1,6
12	49a	Auftragsvollständigkeit (Prozentsatz der ohne fehlende Teile ausgelieferten Aufträge) – Auftragsprodukte (Einzelaufträge)	6,0	1,0	5,5	1,2	4,3	1,2	4,7	1,3	6,0	1,1	4,0	1,6
43	45	Gebührenfreie telefonische Auftragsannahme	5,3	1,5	3,6	2,5	3,8	2,0	3,4	2,6	3,5	2,6	3,6	1,8
101	77	Unterstützung bei der Planung der Platzaufteilung durch den Hersteller	2,9	1,6	4,2	1,7	3,0	1,5	3,4	1,6	4,7	1,6	3,4	1,2

Quelle: Jay U. Sterling und Douglas M. Lambert, „Customer Service Research: Past, Present and Future" (International Journal of Physical Distribution and Materials Management, Vol. 19, Nr. 1, 1989, S. 19).

tigsten Konkurrenten erhalten hat. Das verleiht dem Management eine gewisse Einsicht in die Wettbewerbsposition der einzelnen Anbieter, wie sich diese aus Sicht der Kunden darstellt. Für das Management ist wichtig, herauszufinden, was der aus Kundensicht beste Anbieter hervorbringt, um eine solche Beurteilung auch für das eigene Unternehmen zu erreichen. Daneben muß es überlegen, was getan werden könnte, um die Bewertung der eigenen Dienstleistungen zu verbessern.

Das Unternehmen muß auch die Bewertung der Dienstleistungen durch die Kunden mit eigenen, internen Leistungsbewertungen vergleichen, wie das im vorangegangenen Abschnitt dieses Kapitels beschrieben wurde. Dadurch wird angedeutet, daß sich der Kunde über die Leistungen, die er tatsächlich erhält, nicht im klaren ist, oder das Management die eigene Leistungsfähigkeit auf dem Dienstleistungssektor falsch bewertet.

Tabelle 3.4 enthält beispielsweise einen Vergleich der Kundenbewertungen und Ergebnisse des internen Audits für den Hersteller Nr. 1 aus Tabelle 3.3. Grundsätzlich stimmt die Bewertung der Anbieterleistungen durch den Kunden mit den tatsächlichen Leistungen überein. In den Fällen, in denen der Anbieter die Standards / Erwartungen des Kunden erfüllt oder übertrifft, liegt die Bewertung relativ hoch. Ein Beispiel dafür ist Frage 4a (Vorlaufzeit bei Einzelauftragsprodukten) die ergab, daß Kunden eine Vorlaufzeit von 8,7 Wochen wollten, die Lieferung aber bereits nach 6,1 Wochen erfolgte. Deshalb wurde die Leistung des Herstellers in diesem Punkt sehr hoch eingestuft. Dort, wo der Hersteller Nr. 1 die Kundenforderungen nicht erfüllte, wie in Frage 4b (Vorlaufzeit für Produkte ab Lager) fiel die Bewertung entsprechend niedriger aus.

In einigen Fällen empfanden die Kunden die Leistungen des Anbieters wesentlich schlechter, als die Bewertung durch ein internes Audit ergab. Ein Beispiel dafür ist Frage 49a (Auftragsvollständigkeit in Prozent – Einzelauftragsprodukte). Obwohl das Unternehmen die Erwartungen der Kunden weitestgehend erfüllte (97 Prozent), erhielt es eine relativ schlechte Bewertung (4,5 auf der 7stufigen Skala). In diesem Fall *empfinden* die Kunden die Leistung nur als zu schlecht, und es liegt kein echter Mangel vor. Hersteller 1 sollte deshalb nicht versuchen, seine Leistungen zu verbessern, sondern vielmehr, die Einstellung seiner Kunden zu ändern, indem er diese regelmäßig über den aktuellen Stand informiert, ihnen die Funktionsweise des gesamten Systems erklärt oder ihnen mitteilt, wie und welche Information bei Bedarf erhältlich ist.

Frage Nr.	Teil A: Fragebogen Beschreibung der Produktvariablen	Beurteilung des Händlers*	Ergebnisse des internen Audits	Erwartete Leistung**
9	Termingerechte Lieferungen in % (Einzelaufträge)	5,9	92,6	86,9
39	Richtig gepackte Lieferungen in %	6,6	95,8	95,0
40	Vorausmitteilung erwünscht vor Lieferung			
	a. Einzelaufträge	6,1	Nur bei Verzögerungen	8,6 Tage
	b. Standardaufträge, Aufträge ab Lager	3,4	Keine Benachrichtigung	2,8 Tage
16	Vorabinformationen bei Preisänderung erforderlich	4,5	3 Wochen	6,0 Wochen
14	Gleichmäßige Auftragsausführungszeiten (Dauer)			
	a. Einzelaufträge (Wochen)	6,1	2,7 Wochen	4,6 Wochen
	b. Standardaufträge, Aufträge ab Lager (Tage)	4,7	10,5 Tage	8,5 Tage
4a	Vorlaufzeit – Einzelauftragsprodukt	6,4	6,1 Wochen	8,7 Wochen
4b	Vorlaufzeit – Standardprodukt ab Lager	4,9	14 Tage	11,1 Tage
49a	Auftragsvollständigkeit in % – Einzelauftragsprodukte	4,5	97	96,9
49b	Auftragsvollständigkeit in % – Standardprodukt ab Lager	4,5	80,8	90,0

* Bewertung nach einer 7-Punkte-Skala, wobei 1 eine unzureichende Leistung und 7 eine herausragende Leistung bedeutet

** Von den Teilnehmern der Befragung gewünschtes Leistungsniveau (Durchschnitt).

Tabelle 3.4: Tatsächliche Leistung aus Sicht der Kunden von Hersteller 1 im Vergleich zum geforderten Leistungsniveau der Befragten

3.4.1 Suche nach Lösungsmöglichkeiten

Das externe Audit ermöglicht es dem Management, Probleme im Dienstleistungsbereich und in Marketingstrategien zu erkennen. In Verbindung mit dem internen Audit können dann diese Strategien korrigiert und auf die einzelnen Segmente abgestimmt werden, um eine Rentabilitätssteigerung zu erreichen. Wenn das Management diese Information aber benutzen will, um Kundendienstleistungen und Marketingstrategien zur Gewinnoptimierung zu entwickeln, dann müssen diese Daten der Maßstab für den Vergleich mit allen Konkurrenten sein.

Am aussagekräftigsten ist dieser Vergleich, wenn die von den Kunden abgegebenen Leistungsbewertungen der Konkurrenzunternehmen miteinander verglichen werden und mit den Kundenbewertungen hinsichtlich Wichtigkeit der einzelnen Komponenten.[25] Nachdem das Management mit Hilfe einer solchen Analyse die Möglichkeiten herausgefunden hat, mit denen es Vorteile im Wettbewerb erreichen kann, sollten alle Anstrengungen unternommen werden, die beste, bereits realisierte Umsetzung dieser Möglichkeiten zu finden, d. h. den rentabelsten Einsatz von Technologie und Systemen, unabhängig von der Branche, in welcher diese erfolgreich eingesetzt wurden. Unternehmen, die nicht in Konkurrenz mit dem eigenen stehen, sind eher bereit, Auskünfte zu erteilen und Informationen weiterzugeben. Dabei kommen unter Umständen auch noch andere Alternativen hinzu, um wesentliche Wettbewerbsvorteile gegenüber einem Branchenrivalen zu gewinnen.

Wie dieser Konkurrenzvergleich durchgeführt werden kann, wird mit Hilfe von Tabelle 3.3 demonstriert. Diese Untersuchung enthält unter anderem einen Leistungsvergleich für die Hauptanbieter der Branche, wofür die Erhebung durchgeführt wurde.

Der erste Schritt ist, eine Tabelle zu erstellen, in der die Wichtigkeit der einzelnen Variablen, die Leistungen des eigenen Unternehmens und der wichtigsten Konkurrenten bewertet werden.

Der zweite Schritt ist dann, die Werte jeder einzelnen Dienstleistungskomponente mit der Bewertung der Kunden über die Leistungen der einzelnen Anbieter (Hersteller) zu vergleichen. Aus Tabelle 3.3 geht hervor, daß die wichtigste Variable (Einhaltung von zugesagten Lieferterminen) für die Wichtigkeit insgesamt einen Wert von 6,4 erhalten hat. Die Beurteilung des Herstellers 1 liegt mit 5,9 deutlich unter dem Mittelwert von 6,4 und dem Wert 6,6 von Hersteller 4. Deshalb muß Hersteller 1 seine Leistungen verbessern, um die Erwartungen der Kunden zu erfüllen und mit seinen Konkurrenten gleichzuziehen.

Variable Nr. 40 (Vorausmitteilung bei Lieferungsverzögerungen), die bei der Wichtigkeit insgesamt an die vierte Stelle gesetzt wurde, ergibt ein anderes Bild. In den Augen der Kunden hat kein Anbieter ihre Erwartungen erfüllt

(6.1). Wenn deshalb Hersteller 1 auf diesem Sektor sein Leistungsangebot verbessern würde, dann könnte er durch diesen Unterschied zu seinen Konkurrenten Wettbewerbsvorteile erreichen. Variable Nr. 45 (gebührenfreie telefonische Auftragsannahme) erreichte dagegen nur den 43. Platz in der Gesamtleistung. Keiner der Anbieter erhielt eine gute Bewertung für diese Dienstleistung. Das zeigt, daß für die Kunden die Vorteile nicht ersichtlich waren, weil diese Leistung zum Zeitpunkt der Befragung von keinem der Hersteller angeboten wurde.

Wenn ein Wettbewerbspartner nun sein Auftragsannahmeverfahren würde und seinen Kunden anbieten würde, Aufträge kostenlos per Telefon zu erteilen, dann könnten zwei Dinge geschehen:

1. Die Kunden würden aller Wahrscheinlichkeit nach ihre Meinung über die Vorteile dieser Möglichkeit ändern und die Wichtigkeit dieser kostenlosen Dienstleistung höher bewerten.
2. Der Anbieter, der diese Leistung als erster eingeführt hätte, hätte dann möglicherweise auf lange Zeit einen Wettbewerbsvorteil.

Genau das trat in der Praxis auch ein: Im Anschluß an diese Erhebung führte einer der größeren Anbieter ein interaktives telefonisches Bestellsystem ein, das für den Kunden kostenlos war. Innerhalb von drei Jahren wurde es zum Standard für alle größeren Anbieter in dieser Branche. Das zeigt, wenn nach Möglichkeiten zur Verbesserung der Kundendienstleistungen Ausschau gehalten wird, daß neben den wichtigen auch immer die relativ unwichtigen Dienstleistungen untersucht werden müssen.

3.5 Entwicklung und Überwachung der Leistungsfähigkeit von Dienstleistungen

Nachdem das Management festgelegt hat, welche Elemente der Kundendienstleistungen am wichtigsten sind, welche auf dem momentanen Niveau gehalten werden müssen und welche verbesserungswürdig sind, müssen als nächstes Leistungsnormen entwickelt werden. Mitarbeiter sollten ausgewählt und beauftragt werden, dem Management in regelmäßigem Abstand die Fortschritte zu berichten. *William Hutchinson* und *John Stolle* schlagen die folgenden vier Schritte für die Bewertung und Überwachung der Leistungsfähigkeit im Dienstleistungsbereich vor:

1. Erstellung von quantitativen Leistungsnormen für jedes Dienstleistungselement
2. Bewertung der aktuellen Leistungsfähigkeit jedes Dienstleistungselementes
3. Untersuchung von Abweichungen der aktuellen Dienstleistungen von der Norm
4. Bei Bedarf Durchführung von Korrekturmaßnahmen, um die aktuellen Dienstleistungen an die Norm anzupassen[26]

Diese Empfehlungen sind in Abbildung 3.13 dargestellt.

Wenn Informationen über Geschwindigkeit, Zuverlässigkeit der Lieferung und Zustand des gelieferten Produkts benötigt werden, dann ist eine Zusammenarbeit mit den Kunden unumgänglich. Um gute Ergebnissen zu bekommen, müssen diese überzeugt werden, daß die Bewertung / Überwachung der

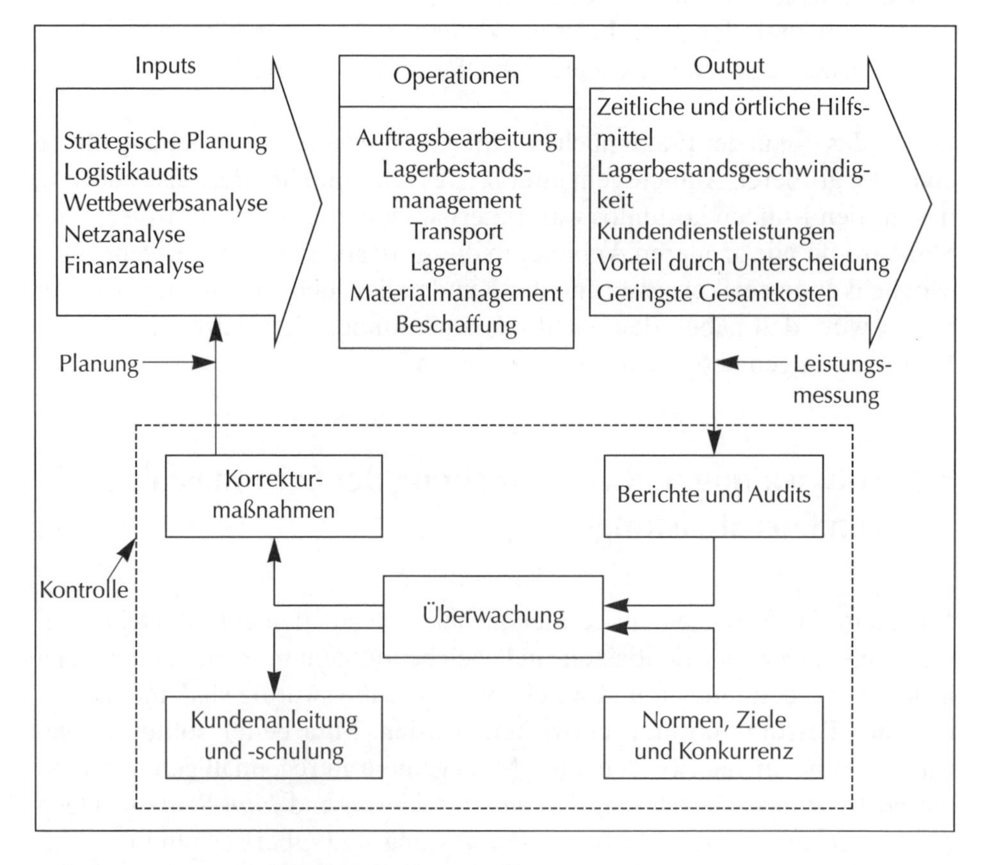

Abbildung 3.13: Kontrolle des Logistik-Feedbacks

Dienstleistungen dazu dient, den Service in Zukunft weiter zu verbessern. In Abbildung 3.14 ist eine Anzahl möglicher Bewertungskriterien aufgeführt. Welches Gewicht ein Hersteller den einzelnen Elementen gibt, hängt davon ab, welche Dienstleistungen und Dienstleistungselemente seine Kunden als wichtig ansehen. Elemente wie Verfügbarkeit ab Lager, Einhaltung von zugesagten Lieferterminen, Auftragsstatus-Information, Auftragsverfolgung und Information über den Stand von Rückstellungen erfordern eine gute Kommunikation zwischen Hersteller und Kunde. Viele Unternehmen sind bei Auftragsbearbeitungen hinter den technologischen Entwicklungen zurückgeblieben. Deshalb besteht gerade auf diesem Gebiet ein großes Potential zur Verbesserung der Kundendienstleistungen. Man muß nur die Möglichkeiten bedenken, die sich zur Verbesserung der Kommunikation ergeben, wenn Kunden ihre Aufträge direkt per Telefon oder über ein Terminal erteilen können. Der Kunde erhält sofort Auskunft, ob das Produkt ab Lager verfügbar ist, und, wenn es ausgelaufen ist, auf welches Ersatzprodukt er eventuell ausweichen kann. Auch die Liefertermine können angegeben werden.

Für jedes der Bewertungskriterien aus Abbildung 3.14 sollten Normen festgelegt werden. Grundlage dafür soll sein, was der Kunde benötigt und nicht, vor allem was das Management darüber denkt. Mitarbeiter sollten beauftragt werden, diese Leistungen zu bewerten, mit den Normen vergleichen und die Ergebnisse an das Management rechtzeitig und in regelmäßigem Abstand weiterzuleiten. Ein Großteil der Informationen, die erforderlich sind, um eine Matrix über die Beiträge von Kunden und Produkten zu entwickeln und aussagekräftige Berichte über das Management der Dienstleistungen zu erstellen, können aus den Auftragsbearbeitungs- und Buchhaltungssystemen bezogen werden.

3.6 Verbesserung von Kundendienstleistungen

Das Dienstleistungsniveau eines Unternehmens kann durch folgende Maßnahmen angehoben werden:

1. Sorgfältige Untersuchungen des Bedarf der Kunden
2. Einstellen des Dienstleistungsniveaus auf ein Maß, das einen vernünftigen Kompromiß zwischen Einkommen und Ausgaben darstellt
3. Einsatz der neuesten Technologie bei den Auftragsbearbeitungssystemen
4. Bewertung und Beurteilung der Leistung von einzelnen logistischen Aktivitäten

Abbildung 3.14: Bewertungskriterien für die Leistungsfähigkeit von Dienstleistungen

Eine wirkungsvolle Strategie für die Kundendienstleistungen *muß* auf dem Wissen und Verständnis aufbauen, wie der Kunde *Dienstleistung* definiert. Aus diesem Grund sind Audits über Kundendienstleistungen und Befragungen von Kunden ein absolutes Muß:

Aus vielen Erhebungen über Kundendienstleistungen geht hervor, daß Kunden und Anbieter unterschiedliche Ansichten über Dienstleistungen haben und, daß Kunden dem momentan angebotenen ein niedrigeres, dafür aber verläßliches Dienstleistungsniveau vorziehen würden. Unter solchen Bedingungen gibt es keinen Grund, weshalb ein Unternehmen nicht sein Serviceangebot nach den Wünschen seiner Kunden ausrichten und gleichzeitig Kosten sparen könnte und sollte. Dienstleistungen auf der Grundlage dieser sehr praxisbezogenen Norm zu verbessern ist häufig wesentlich billiger als auf der Grundlage von willkürlich aufgestellten eigenen Normen.[27]

Nachdem sich das Management darüber im klaren ist, welche Meinung Kunden über die Dienstleistungen haben, muß es als nächstes eine Strategie entwickeln, welche die langfristigen Ziele für Gewinn und ROI unterstützt. *Sabath* meinte dazu: „Es sollte klar sein, daß ein optimales Dienstleistungsniveau nicht immer gleichzeitig das niedrigste Kostenniveau bedeutet. Das optimale Niveau ist, bei dem mit geringstmöglichen Kosten die Kunden bleiben und Wachstumsziele des Unternehmens erreicht werden. So definiert könnte ein optimales Dienstleistungsniveau erreicht werden, indem einige (logistische) Kosteneinsparungen aufgegeben werden und an deren Stelle gewinnbringendere Markt- oder Produktionsvorteile treten. Das Entscheidende dabei ist, daß mit objektiven, von Kunden definierten Dienstleistungsniveaus und gut kontrollierten Kosten alle Beteiligten genau wissen, was sie einbringen und dafür erhalten.“

Das optimale Dienstleistungsniveau ist dasjenige, bei dem die „richtigen“ oder „erwünschten“ Kunden bleiben. Deshalb ist Voraussetzung für die Entwicklung eines wirkungsvollen Dienstleistungsprogramms die Erstellung von Dienstleistungsnormen, welche folgende Bedingungen erfüllen:

1. Sie spiegeln die Sichtweise der Kunden wider.
2. Drei Normen bieten anwendbare und objektive Bewertungskriterien für die Leistungsfähigkeit der Dienstleistungen.
3. Sie ergeben Anhaltspunkte für das Management zu Korrekturmaßnahmen.

3.7 Zusammenfassung

Am Anfang dieses Kapitels stand die Diskussion darüber, wie der Begriff „Kundendienstleistung" definiert werden kann. Die einzelnen Elemente unterscheiden sich dabei in ihrer Wichtigkeit zwischen einzelnen Unternehmen. Es wurden aber die Elemente besprochen, die für die meisten Unternehmen gleich sind. Wir erkannten auch die Notwendigkeit von Dienstleistungsstrategien, die die Marketing- und Unternehmensstrategien unterstützen und ergänzen. Wir sahen weiter, wie das Management umfangreichere Kenntnisse über Aufwand und Ertrag für unterschiedliche Dienstleistungsniveaus erhalten und ein vernünftiger Kompromiß zwischen Kosten und Dienstleistungen erreicht werden kann.

Die Befragung von Kunden über Dienstleistungen ist eine Methode, mit der die aktuellen Dienstleistungsniveaus bestimmt werden können und festgelegt wird, wie die Leistungen bewertet und berichtet werden sollen sowie Auswirkungen von Änderungen der Dienstleistungspolitik bewertet werden können. Persönliche Interviews und Befragung per Post mittels Fragebögen sind Wege, um herauszufinden, was das Management und die Kunden als wichtige Aspekte bei den Dienstleistungen betrachten.

Obwohl diese Dienstleistungen die besten Chancen eröffnen, dauerhafte Wettbewerbsvorteile zu erreichen, verwenden viele Unternehmen Dienstleistungsstrategien, die nichts anderes als Kopien ihrer stärksten Konkurrenten sind. Die in diesem Kapitel vorgestellten Rahmen für interne und externe Audits können vom Management verwendet werden, um Informationen über Kunden und Konkurrenzunternehmen zu sammeln und zu analysieren. Daneben haben wir auch noch einige Möglichkeiten kennengelernt, wie die Leistungsfähigkeit von Dienstleistungen verbessert werden kann.

Anhang A
Internes Managementaudit: Interviewanleitung

Geschäftsleitung

1. Beschreiben Sie die Gesamtwettbewerbssituation in den einzelnen Geschäftsbereichen des Unternehmens.
2. Erläutern Sie Ihre Gesamtmarketingstrategie.
3. Wer sind Ihre wichtigsten Konkurrenten? Beschreiben Sie deren Produkte und Märkte.
4. Wie vertreiben Ihre wichtigsten Konkurrenten eigene Produkte?
5. Aus welchen Gründen könnten Kunden bei Ihren Konkurrenten kaufen?
6. Welchen Marktanteil hat Ihr Unternehmen in den einzelnen Geschäftsbereichen?
7. Beschreiben Sie die Marketingkanäle in diesen Geschäftsbereichen.
8. Wie sind Ihre Logistikfunktionen organisiert? Erklären Sie die Organisation der einzelnen Funktionen.
9. Gibt es Normen für die einzelnen Logistikfunktionen? Wenn ja, nennen Sie diese.
10. Für welche Logistigtransaktionen gibt es automatisierte Computerdateien?
11. Welche Leistungsberichte, die mit Logistik in Zusammenhang stehen, werden bisher erstellt?
12. Welche Art von Berichten würden Sie gerne erhalten?
13. Welche Probleme sehen Sie in bezug auf Marketing/Produktion/Logistik?
14. Welche Schritte werden gegenwärtig unternommen, um diese Probleme zu beheben?

Marketing / Verkauf

1. Erläutern Sie die Organisation von Marketing/Verkauf (innerbetrieblich und im Außendienst).
2. Beschreiben Sie die Aktivitäten der Außendienstmitarbeiter im Verkauf.
3. Erklären Sie die langfristige strategische Marketingplanung des Unternehmens.

4. Welche Änderungen erwarten Sie in Ihrer Branche in den nächsten drei bis fünf Jahren?
5. Wie ist die Situation in den einzelnen Marktsektoren jetzt und voraussichtlich in den kommenden fünf Jahren?
6. Welche Dienstleistungsanforderungen bestehen in den einzelnen Marktsegmenten?
7. Welche Stärken und Schwächen hat das eigene Unternehmen in den einzelnen Marktsegmenten?
8. Welche Rolle spielt das Marketing bei der Vorplanung, Produktionsplanung und Terminplanung?
9. Welche Stärken und Schwächen haben Konkurrenten in den einzelnen Marktsegmenten?
10. Gibt es spezielle Marketingprogramme, die Sie gern testen oder versuchen würden?

Logistische Finanzkontrolle

1. Durchschnittlicher Umsatz der einzelnen Produktkategorien (über welche Zeiträume)
2. Berechnungsgrundlage (Einheiten oder DM)
3. Durchschnittswert des Lagerbestands in DM
4. Welche Rendite erreicht/erwartet das Unternehmen mindestens/durchschnittlich bei Neuinvestitionen?
5. Wie werden die Kosten verrechnet für
   a) übrige Transporte
   b) Lagerung
   c) Fertigprodukte
   d) Transport von Lagergut
6. Verfolgt das Unternehmen die Rentabilität der einzelnen Kunden/Produkte (oder wie hoch ist ihr Anteil)? Wenn ja, auf welche Weise geschieht das, und welche Kosten sind damit verbunden?

Kundendienstleistungen / Auftragsverwaltung

1. Gibt es eine schriftlich niedergelegte Politik der Dienstleistungen für den Kunden?
2. Sind diese Dienstleistungen abgestuft nach Kunden oder Produkten?
3. Beschreiben Sie die Dienstleistungsorganisation (innerbetrieblich, Außendienst).

4. Stellen Sie dar, ob oder welche Komponenten der Auftragsausführungszeit gemessen werden.
5. Wie groß ist das tägliche / wöchentliche Auftragsvolumen?
6. Beschreiben Sie einen typischen Auftrag (Wert, Wege; wie gelangt er in das Unternehmen?).
7. Wieviele Stellen für die Auftragsannahme gibt es? Welche Art von Aufträgen und welches Auftragsvolumen wird dort jeweils bearbeitet?
8. Beschreiben Sie genau den Ablauf der Auftragsannahme und die weitere Verarbeitung des Datenmaterials.
9. Erklären Sie, ob oder welche Dateien automatisch erstellt werden.
10. Wie werden die Aufträge an die Auslieferungsstellen übermittelt?
11. Wie sieht die automatisierte Kommunikation mit den Kunden aus, und welchen Umfang hat sie?
12. Beschreiben Sie die prozentualen Lagerfüllhöhen.

Transport (Anlieferungen und Auslieferungen)

1. Bestimmen Sie jährliches Transportvolumen und jährlichen Etat (An- und Auslieferungen)
2. Beschreiben Sie die Frachtkonditionen für Anlieferungen von Lieferanten.
3. Wie werden Frachten an Kunden verrechnet?
4. Beschreiben Sie die Kanäle (und den prozentualen Anteil am gesamten Verkaufsvolumen), die in den einzelnen Kundensegmenten benutzt werden.
5. Erläutern Sie das Verfahren, nach dem Transportmittel, -bedingungen und -routen bestimmt werden.
6. Wie, und von wem wird die Leistung der einzelnen Transportmittel überwacht?
7. Auf welcher Grundlage werden bevorzugte Transportmittel ausgewählt?
8. Wie wirken sich beschleunigte Aufträge / Eilaufträge auf den allgemeinen Transportbetrieb aus?
9. Wer überwacht die Auswahl der Transportmittel / Geschäftskonditionen für Anlieferungen?
10. Werden Beschaffungsaufträge des eigenen Unternehmens zusammengelegt und gemeinsam angeliefert?
11. Wie werden die Verhandlungen über Frachtraten für Auslieferungen geführt?
12. Wie viele Wagen (Transportmittel) werden für Aus- und Anlieferungen eingesetzt?

13. Welche Unterlagen (Rechnungen, Frachtbriefe) werden automatisch erstellt?
14. Fordern Kunden bestimmte Transportmittel / Transportbedingungen?

Lager

1. Beschreiben Sie die einzelnen Lager und wie diese miteinander verbunden sind (auf dem Fabrikgelände und außerhalb).
2. Erklären Sie die Besitzverhältnisse für die einzelnen Lagerstellen (privaten und öffentlichen Besitz).
3. Nach welchen Kriterien werden Lager und Standorte ausgewählt?
4. Beschreiben Sie die Politiken / Verfahren für die Lagerverwaltung.
5. Wie und welche Kosten sind in den Ausgaben für die Lagerung enthalten?
6. Wie wird die Leistung der Lager gemessen?
7. Welches System wird für das Management des Lagerbetriebs verwendet (manuell, automatisiert)?
8. Wie hoch sind die jährlichen Lagerkosten (fabrikintern, extern)?
9. Wie werden öffentliche Lagerhäuser verwaltet und bezahlt?
10. Wie hoch ist der Transportanteil der LTL-Spedition bei den Aus- und Anlieferungen?
11. Sind Schäden ein Problem? Wenn ja, geben Sie eine Beschreibung.
12. Wie wird das Lagerinventar überwacht, und welche Unterlagen werden für die Auftragszusammenstellung verwendet?

Produktions- / Lagerbestandsmanagement

1. Nennen Sie die Anzahl der Anbieter, die zurückgekauftes Rohmaterial verwenden.
2. Bestimmen Sie Häufigkeit und Vorlaufzeiten von größeren Rohstoffkäufen.
3. Wird ein Produktionsplanungssystem (MRP) verwendet? Wenn ja, beschreiben Sie es.
4. Welche Angaben für den Transport sind in Produktaufträgen enthalten?
5. Beschreiben Sie das Terminplanungsverfahren für die Produktion.
6. Nennen Sie Zuständigkeit und Verantwortung der einzelnen Dienststellen bei diesem Planungsverfahren.

7. Gibt es Engpässe im Vorplanungs-/Planungs-/Terminplanungsverfahren?
8. Gibt es Probleme mit Standzeiten? Welcher Art sind sie? Wie hoch ist der Prozentsatz?
9. Wie lange dauert eine typische Produktion, und welchen Umfang hat sie?
10. Wird die angestrebte Lagerauslastung/Lagerfüllhöhe berechnet? Wie berechnen Sie vor?
11. Wie lang sind die normalen Produktionsvorlaufzeiten für die einzelnen Produkte?
12. Wie kurzfristig kann ein Produktionstermin noch geändert werden?
13. Wie häufig werden Produktionstermine noch während der Vorlaufzeiten verändert?
14. Wer ist für die Vorplanung verantwortlich – auf welcher Stufe des Produkts?
15. Wie wird bestimmt, was in den einzelnen Absatzzentren gelagert wird? Wie oft?
16. Wie werden die Lager aufgefüllt? Wie häufig?
17. Wie lange sind die durchschnittlichen Intervallen für die Auffüllung?
18. Welche Art von Berichten werden an das für die Lagerung zuständige Management gegeben?

Beschaffung

1. Wie viele Anbieter werden für die Beschaffung benutzt?
2. Nach welchen Kriterien werden diese ausgewählt und beurteilt?
3. Welche Vorlaufzeiten sind gefordert/gegeben?
4. Wie haben die Anbieter ihre Dienstleistungen in den letzten 12 bis 18 Monaten verbessert?
5. Welche Dienstleistung hätten Sie gern in Zukunft von den Anbietern?
6. Gibt es Überlegungen, das Auftragsverfahren zu ändern?
7. Existieren Vorstellungen, das Übermittlungsverfahren für die Aufträge zum Anbieter zu ändern?
8. Wie hoch ist der Prozentsatz an Lieferungen, die termingerecht eintreffen?
9. Was geschieht, wenn der Anbieter den gewünschten Liefertermin nicht einhalten kann?
10. Zu wieviel Prozent werden Produktaufträge termingerecht geliefert?
11. Wie hoch ist der Prozentsatz an dringenden und Blitzaufträgen?

12. Wie groß ist die Prozentzahl an Produktaufträgen mit Mengen, die für den Transport durch die LTL-Spedition ausreichen?
13. Erhalten Sie von wichtigen Lieferanten regelmäßige Berichte?
14. Wie erfolgt die Lieferung des gekauften Materials?
15. Beziehen Sie Material von Lieferanten mit festen Lieferterminen oder verwenden Sie selbst feste Liefertermine?
16. Wie bestimmen Sie den Reservelagerbestand für Rohmaterial?
17. Wie hoch ist der Lagerdurchsatz bei Rohstoffen?
18. Berechnen Sie die genauen Kosten von Terminkäufen?

Anhang B
Externes Audit: Beispiele für Fragen

1. Wie häufig beziehen Sie Produkte von Ihren größeren Lieferanten?
2. Welchen Umfang haben diese Aufträge im Normalfall?
3. Wie lange sind im Normalfall die Vorlaufzeiten bei Ihren größeren Lieferanten, wenn Sie Ihr Lager auffüllen möchten?
4. Zu wieviel Prozent wird das bestellte Produkt normalerweise zum geforderten Termin geliefert?
5. Welche Vorlaufzeiten würden Sie bevorzugen?
6. Wie hoch beläuft sich der Anteil bei Ihren Bestellungen, der zu unbestimmten Zeitpunkten geliefert wird, und wie lange dauert es im Normalfall, bis die gesamte Bestellung eingetroffen ist?
7. Wie beurteilen Sie den gegenwärtigen Leistungsstand Ihrer größeren Lieferanten in bezug auf Vorlaufzeiten, Auftragsausführungszeiten und Produktverfügbarkeit?
8. Wenn ein Anbieter die Lieferung zum „gewünschten Liefertermin" nicht einhalten kann, zu welchem Prozentsatz
   a) Stornieren Sie den Auftrag?
   b) Stellen Sie den Auftrag zurück?
   c) Wechseln Sie zu einem Ersatzprodukt?
   d) Stellen Sie den Auftrag zurück, und sehen sich nach einer zweiten Bezugsquelle um?
9. Zu wieviel Prozent verwenden Sie die folgenden Techniken, um einen Auftrag an einen Ihrer größeren Anbieter weiterzuleiten?
   i) Online-Terminal
   j) Gebührenfreie telefonische Auftragsannahme

k) Nicht gebührenfreie telefonische Auftragserteilung
l) Brief
m) Fax
n) Direktauftrag an einen Außendienstmitarbeiter

10. Verwendet einer Ihrer Lieferanten einen Lieferturnus mit festen Lieferterminen?
11. Wieviel Prozent Ihrer Aufträge sind nach Ihrer Einschätzung „Blitzaufträge“ (Lieferung zum frühestmöglichen Termin)?
12. Von welchem Ihrer größeren Anbieter erhalten Sie regelmäßig folgende schriftliche Informationen / Berichte?
    j) Bestätigung des Auftragseingangs
    k) Bericht über den Auftragsstatus
    l) Daten über die Produktverfügbarkeit/Lagermenge
    m) Vorabinformation über die Lieferung
13. Erhalten Sie von Ihren Lieferanten Sonderkonditionen wie frachtfreie Lieferung, Mengenrabatt, Schadensregulierung oder Sonderzahlungskonditionen bei Großaufträgen?
14. Welche Einkaufskonditionen bieten Ihre größeren Anbieter an? Welche Konditionen würden Sie bevorzugen?
15. Wieviele Bezugsquellen verwenden Sie normalerweise für wichtige Komponenten / Produkte?
16. Nach welchen Kriterien suchen Sie Ihre Anbieter aus?
17. Wie hat sich die Zahl der Anbieter, mit denen Sie in den letzten drei Jahren in regelmäßigen Geschäftsbeziehungen gestanden sind, verändert?
18. Wie wird sich diese Zahl Ihrer Einschätzung nach in den kommenden Jahren verändern?
19. Durch welche Angebote, Eigenschaften oder Dienstleistungen unterscheiden sich diejenigen Anbieter, von denen Sie zuverlässig von Ihnen gewünschte / zufriedenstellende Dienstleistungen erhalten, von anderen, die das nicht bieten?
20. Wie haben Ihre größeren Anbieter ihre Dienstleistungen, Lieferungen und Informationen, was Ihre Aufträge betrifft, in den letzten 12 bis 18 Monaten verbessert?
21. Welches Dienstleistungsangebot würden Sie sich von Ihren Anbietern, (Logistik und speziell Dienstleistungen) wünschen, die bisher noch nicht angeboten werden?
22. Welche Vorlaufzeiten nennen Sie Ihren Kunden, und wie lange sind diese normalerweise?
23. Wie erhalten Sie Aufträge von Ihren Kunden (welche Verfahren verwenden diese)?

24. Haben sich die Auftragsgewohnheiten Ihrer Kunden geändert oder ändern sie sich gegenwärtig?
25. Haben Sie ein computergestütztes System für die Verwaltung von Lagerinventar und Kundenauftragsstatus?
26. Wie groß ist Ihr jährlicher Lagerumschlag nach Produkten und Produktlinien?
27. Verwenden Sie bereits oder planen Sie möglicherweise in Zukunft ein „Just-in-time / Zero-inventory"-Konzept für die Lagerung oder Beschaffung von Ihren größeren Lieferanten?
28. Erstellen Sie wirtschaftliche Analysen über den Gewinn durch Mengenrabatte und Terminkäufe im Vergleich zu den höheren Kosten für einen höheren Lagerbestand?
29. Versuchen Sie, unterschiedliche Reserve-Lagermengen für Produkte mit hohem Durchsatz und welche mit geringem Durchsatz zu erreichen?
30. Wie groß war Ihre durchschnittliche jährliche Zuwachsrate in den letzten fünf Jahren? Wie groß wird sie Ihrer Meinung nach in den nächsten fünf Jahren sein?
31. Haben Sie in den letzten 12 bis 18 Monaten irgend etwas an Ihrem Verfahren, wie Sie bei Ihren größeren Anbietern bestellen, geändert?

Anhang C
Beispielfragebogen für die Dienstleistungsqualität im Transportbereich

Erhebung über die Kriterien, nach denen Unternehmen LTL-SPEDITIONEN auswählen und bewerten

Department of Management, Marketing and Logistics, University of North Carolina, Jacksonville

Teil A: Kriterien für die Auswahl und Bewertung von LTL-Speditionen

ANWEISUNG: Auf den folgenden Seiten finden Sie Kriterien, die LTL häufig seinen Kunden nennt. Dieser Abschnitt besteht aus zwei Aufgaben, die nachfolgend erklärt werden. Schließen Sie bitte kleine Paketdienstleistungen vergleichbar mit UPS oder RPS von der Bewertung aus.

Als erste Aufgabe bewerten Sie bitte die Kriterien, die entweder für Ihr Unternehmen von Bedeutung sind, wenn eine neue LTL-Niederlassung ausgewählt werden soll, oder wenn Sie die Leistung einer der Niederlassungen, mit der Sie momentan zusammenarbeiten, beurteilen möchten. Markieren Sie dazu diejenige Zahl auf der Skala von 1 bis 7 mit einem Kreis, die der Wichtigkeit des Kriteriums für Ihr Unternehmen am besten entspricht. Wenn Sie ein Kriterium in Ihrem Unternehmen nicht verwenden oder es für Sie unwichtig ist, dann markieren Sie bitte die Zahl 1 (unwichtig). Wenn ein Kriterium zum gegenwärtigen Zeitpunkt für die Beurteilung einer Spedition unwichtig ist oder nicht zutrifft, dann bewerten Sie es so, als würde es wichtig sein oder zutreffen. Ein Kriterium sollte nur dann mit 7 (sehr wichtig) bewertet werden, wenn es so wichtig ist, daß die Leistung der Spedition neu eingestuft oder die Spedition wegen schlechter Leistung gewechselt werden müßte.

Als zweite Aufgabe bewerten Sie bitte drei der LTL-Niederlassungen, mit denen Sie gegenwärtig zusammenarbeiten. Tragen Sie bitte in die Zeilen „SPEDITION A“, „SPEDITION B“ und „SPEDITION C“ Ihre drei am häufigsten eingesetzten LTL-Speditionen ein. (Wenn Sie nur eine oder zwei LTL-Speditionen einsetzen, bewerten Sie bitte nur diese.) Anschließend tragen Sie bitte in die Spalte BEOBACHTETE LEISTUNG entsprechend der Bewertungsskala eine Zahl zwischen 1 und 7 ein, die Ihrer Meinung nach der tatsächlich beobachteten Leistung am besten entspricht. Wenn Sie der Meinung sind, daß die Leistung einer Spedition schlecht ist, dann tragen Sie bitte eine 1 ein. Eine 7 sollten Sie nur für eine hervorragende Leistung vergeben. Wenn eine der aufgeführten Leistungen auf eine Spedition nicht zutrifft, dann tragen Sie bitte „unzutreffend“ ein.

EINGESETZTE LTL-SPEDITION:

SPEDITION A (mit der höchsten Transportleistung) = ____________
SPEDITION B (mit der zweithöchsten Transportleistung) = ____________
SPEDITION C (mit der dritthöchsten Transportleistung) = ____________

Beispiel	Wichtigkeit							Beobachtete Leistung der Speditionen (1 . . . 7)		
	unwichtig				sehr wichtig					
Kriterien	1	2	3	4	5	6	7	A	B	C
• Kodierung von Sendungen mit Strichcode	1	2	3	4	5	6	7	_	_	_
• Zuverlässigkeit der Transportzeiten	1	2	3	4	5	6	7	_	_	_

	Wichtigkeit							Beobachtete Leistung der Speditionen (1 . . . 7)		
	unwichtig				sehr wichtig					
Kriterien	1	2	3	4	5	6	7	A	B	C
1. Transportschäden/-verluste	1	2	3	4	5	6	7	_	_	_
2. Rechtzeitige Benachrichtigung bei Änderung der Frachtraten	1	2	3	4	5	6	7	_	_	_
3. Lieferung am gleichen Tag	1	2	3	4	5	6	7	_	_	_
4. Termingerechte Lieferung	1	2	3	4	5	6	7	_	_	_
5. Schnelle Reaktion auf Klagen	1	2	3	4	5	6	7	_	_	_
6. Qualität des Auslieferungspersonals										
• Kenntnis der Transportmöglichkeiten der Fahrzeuge	1	2	3	4	5	6	7	_	_	_
• sofortige Benachrichtigung bei Terminänderungen	1	2	3	4	5	6	7	_	_	_
• Ehrlichkeit	1	2	3	4	5	6	7	_	_	_
• kennt meine Transportprobleme	1	2	3	4	5	6	7	_	_	_
• Verantwortungsbewußtsein/Einfühlungsvermögen	1	2	3	4	5	6	7	_	_	_
• Freundlichkeit	1	2	3	4	5	6	7	_	_	_
7. Verkaufsabteilung bietet Unterstützung/Beratung an für										
• Transportlösungen	1	2	3	4	5	6	7	_	_	_
• Management des Lagerinventars	1	2	3	4	5	6	7	_	_	_
• Kundenberichte	1	2	3	4	5	6	7	_	_	_
• Just-in-time-Systeme für Anlieferungen	1	2	3	4	5	6	7	_	_	_
• Frachtraten und Tarife	1	2	3	4	5	6	7	_	_	_
• Dienstleistungsprobleme	1	2	3	4	5	6	7	_	_	_
• EDV-Systeme und -Anwendung	1	2	3	4	5	6	7	_	_	_
• Verpackungsprobleme, um Schäden zu reduzieren	1	2	3	4	5	6	7	_	_	_
8. Günstige Frachtraten	1	2	3	4	5	6	7	_	_	_
9. Frachtraten auf Diskette	1	2	3	4	5	6	7	_	_	_
10. Direkter Ansprechpartner bei Problemen	1	2	3	4	5	6	7	_	_	_

Kriterien	Wichtigkeit unwichtig 1	2	3	4	5	6	sehr wichtig 7	Beobachtete Leistung der Speditionen (1 ... 7) A	B	C
11. Transportkostenstruktur einfach und gut verständlich	1	2	3	4	5	6	7	_	_	_
12. Elektronische Verbindung (Terminal) für:										
• Verladung	1	2	3	4	5	6	7	_	_	_
• Rechnungserstellung	1	2	3	4	5	6	7	_	_	_
• Frachtverfolgung	1	2	3	4	5	6	7	_	_	_
13. Häufigkeit der Kontakte, die ein Vertreter der Spedition mit Ihnen aufnimmt?	1	2	3	4	5	6	7	_	_	_
14. Günstigste Tarife	1	2	3	4	5	6	7	_	_	_
15. Nachlässe bei sofortiger Bezahlung oder Vorauszahlung	1	2	3	4	5	6	7	_	_	_
16. Spedition hat gute Verbindungen für Anschlußtransporte	1	2	3	4	5	6	7	_	_	_
17. Unterlagen/Information von der Spedition verfügbar für:										
• Transportrouten	1	2	3	4	5	6	7	_	_	_
• Preisberechnung	1	2	3	4	5	6	7	_	_	_
18. Sonderkonditionen	1	2	3	4	5	6	7	_	_	_
19. Unterstützung durch die Spedition bei Verlust- oder Schadensforderungen	1	2	3	4	5	6	7	_	_	_
20. Vorläufige Frachtnummer bei der Verladung zugeteilt	1	2	3	4	5	6	7	_	_	_
21. Qualität des Rechnungspersonals										
• Kenntnis des Frachtberechnungsverfahrens	1	2	3	4	5	6	7	_	_	_
• schnelle Erstellung	1	2	3	4	5	6	7	_	_	_
• Ehrlichkeit	1	2	3	4	5	6	7	_	_	_
• kennt meine Transportprobleme	1	2	3	4	5	6	7	_	_	_
• Verantwortungsbewußtsein/Einfühlungsvermögen	1	2	3	4	5	6	7	_	_	_
22. Direkte Lieferung ohne Umladung	1	2	3	4	5	6	7	_	_	_
23. Informationen bei Erteilung des Verladungsauftrags:										
• voraussichtliche Ladezeit	1	2	3	4	5	6	7	_	_	_
• voraussichtliche Lieferzeit	1	2	3	4	5	6	7	_	_	_
• Frachtkosten	1	2	3	4	5	6	7	_	_	_
24. Pünktliche Verladung	1	2	3	4	5	6	7	_	_	_
25. Strichkodierung zur leichteren Frachtverfolgung	1	2	3	4	5	6	7	_	_	_

Kriterien	Wichtigkeit unwichtig 1	2	3	4	5	6	sehr wichtig 7	Beobachtete Leistung der Speditionen (1 ... 7) A	B	C
26. Vollständige, verständliche, lesbare Frachtrechnung	1	2	3	4	5	6	7	_	_	_
27. Grundsätzliches Verhalten der Spedition bei Problemen/Klagen	1	2	3	4	5	6	7	_	_	_
28. Vorsorgemaßnahmen der Spedition, um Regreßansprüchen vorzubeugen (z. B. Fahrzeugalarm, Überwachungsausrüstung, Statistische Prozeßkontrolle – SPC)	1	2	3	4	5	6	7	_	_	_
29. Schnelle Reaktion auf Schadensersatzforderungen	1	2	3	4	5	6	7	_	_	_
30. Schnelle und genaue Frachtkostenauskunft	1	2	3	4	5	6	7	_	_	_
31. Werbegeschenke (Kaffeetassen, Golfbälle, Kalender)	1	2	3	4	5	6	7	_	_	_
32. Vertreter der Spedition steht zur Behebung von Problemen zur Verfügung	1	2	3	4	5	6	7	_	_	_
33. Bereitschaft, über Frachtraten erneut zu verhandeln	1	2	3	4	5	6	7	_	_	_
34. Dauer der zugesagten Transportzeiten (ab Verladung bis Anlieferung)	1	2	3	4	5	6	7	_	_	_
35. Wenn möglich Vorabmitteilung bei Lieferverzögerungen (z. B. Wetter, Fahrzeugdefekt usw.)	1	2	3	4	5	6	7	_	_	_
36. In der Frachtrechnung ist die Frachtbriefnummer oder Kontrollnummer aufgeführt	1	2	3	4	5	6	7	_	_	_
37. Fahrer fragt regelmäßig/in bestimmten Abständen nach, ob Fracht abzuholen ist	1	2	3	4	5	6	7	_	_	_
38. Direkter Ansprechpartner in der Spedition bei Rechnungsproblemen	1	2	3	4	5	6	7	_	_	_
39. Sicherheit der Ladung	1	2	3	4	5	6	7	_	_	_
40. Versorgungsfrequenz von wichtigen Orten	1	2	3	4	5	6	7	_	_	_
41. Vollständige/verständliche/leserliche Frachtrechnungen	1	2	3	4	5	6	7	_	_	_
42. Qualität der Fahrer • Kenntnis des Speditionsleistungsangebots	1	2	3	4	5	6	7	_	_	_

Kriterien	Wichtigkeit unwichtig 1	2	3	4	5	6	sehr wichtig 7	Beobachtete Leistung der Speditionen (1 ... 7) A	B	C
• Fähigkeit zur Problemlösung	1	2	3	4	5	6	7	_	_	_
• Verantwortung	1	2	3	4	5	6	7	_	_	_
• Aufgeschlossenheit bei An-/Nachfragen	1	2	3	4	5	6	7	_	_	_
• Hilfsbereitschaft	1	2	3	4	5	6	7	_	_	_
• Freundlichkeit/Benehmen	1	2	3	4	5	6	7	_	_	_
• Bereitschaft, ins Haus zu liefern	1	2	3	4	5	6	7	_	_	_
• Auftreten	1	2	3	4	5	6	7	_	_	_
• Uniformen	1	2	3	4	5	6	7	_	_	_
43. Sofortige Verfügbarkeit von Statusinformation über:										
• Frachtverfolgung	1	2	3	4	5	6	7	_	_	_
• Lieferung	1	2	3	4	5	6	7	_	_	_
• Nachnahmefracht	1	2	3	4	5	6	7	_	_	_
44. Hebebühne für eigene Firma und Kunden verfügbar	1	2	3	4	5	6	7	_	_	_
45. Aktualisierung der Unterlagen über Frachtpreise und Preisnachlässe in angemessenen Intervallen	1	2	3	4	5	6	7	_	_	_
46. Frachtabholung: vor 12.00 Uhr	1	2	3	4	5	6	7	_	_	_
nach 17.00 Uhr	1	2	3	4	5	6	7	_	_	_
47. Mengensonderkonditionen basieren auf:										
• Einzelauftragsvolumen	1	2	3	4	5	6	7	_	_	_
• jährliches Auftragsvolumen	1	2	3	4	5	6	7	_	_	_
48. Qualität der Speditionsvertreter:										
• Kenntnis des Speditionsleistungsangebots	1	2	3	4	5	6	7	_	_	_
• schnelle Erstellung	1	2	3	4	5	6	7	_	_	_
• Ehrlichkeit	1	2	3	4	5	6	7	_	_	_
• Verantwortungsbewußtsein/Einfühlungsvermögen	1	2	3	4	5	6	7	_	_	_
• Freundlichkeit	1	2	3	4	5	6	7	_	_	_
• kennt meine Transportprobleme	1	2	3	4	5	6	7	_	_	_
• versteht die Transportprobleme meiner Kunden	1	2	3	4	5	6	7	_	_	_
49. Schnelle Reaktion durch Speditionsvertreter auf Hilfeersuchen	1	2	3	4	5	6	7	_	_	_
50. Angemessene flächendeckende Präsenz										

Kriterien	Wichtigkeit unwichtig						sehr wichtig	Beobachtete Leistung der Speditionen (1 ... 7)		
	1	2	3	4	5	6	7	A	B	C
• wichtige Transportausgangs-/Endpunkte der eigenen Firma	1	2	3	4	5	6	7	_	_	_
• entlegene Gebiete	1	2	3	4	5	6	7	_	_	_
51. Schnelle und umfassende Reaktion auf Konkurrenzangebote (z. B. Preisnachlässe auf Verträge)	1	2	3	4	5	6	7	_	_	_
52. Genauigkeit der Antwort auf Anfragen, wo sich die Fracht momentan befindet	1	2	3	4	5	6	7	_	_	_
53. Sauberkeit der Speditionsausrüstung	1	2	3	4	5	6	7	_	_	_
54. Ruf der Spedition	1	2	3	4	5	6	7	_	_	_
55. Finanzlage der Spedition	1	2	3	4	5	6	7	_	_	_
56. Auslieferung durch die Spedition auch:										
vor 12.00 Uhr	1	2	3	4	5	6	7	_	_	_
nach 17.00 Uhr	1	2	3	4	5	6	7	_	_	_
57. Fähigkeit der Spedition, ihre Dienstleistungen auf den Kunden abzustimmen										
• sehr dringende Aufträge	1	2	3	4	5	6	7	_	_	_
• Gefahrgut	1	2	3	4	5	6	7	_	_	_
• Einhaltung spezieller Transportvorschriften	1	2	3	4	5	6	7	_	_	_
• Nachnahmefracht	1	2	3	4	5	6	7	_	_	_
• Änderung von Routen/Terminen	1	2	3	4	5	6	7	_	_	_
• Lieferung ins Haus	1	2	3	4	5	6	7	_	_	_
58. Spedition ist ausreichend versichert	1	2	3	4	5	6	7	_	_	_
59. Freundschaftliche Beziehungen zum Speditionspersonal				1					2	
3				4					5	
6				7					_	
_				_						
60. Spedition ist in der Lage, die Fracht ohne Beschädigung zu liefern	1	2	3	4	5	6	7	_	_	_
61. Genaue Rechnungen	1	2	3	4	5	6	7	_	_	_
62. Nur wenige aufgeteilte Lieferungen für einen Auftrag	1	2	3	4	5	6	7	_	_	_
63. Liefernachweis zusammen mit Transportrechnung	1	2	3	4	5	6	7	_	_	_
64. Sofortige Benachrichtigung bei Verladungsverzögerung	1	2	3	4	5	6	7	_	_	_
65. Politik der Spedition hinsichtlich										

Kriterien	Wichtigkeit unwichtig 1	2	3	4	5	6	sehr wichtig 7	Beobachtete Leistung der Speditionen (1 ... 7) A	B	C
Nachnahmefracht/Annahmeverweigerung herrenloser Fracht	1	2	3	4	5	6	7	_	_	_
66. Gleichbleibende (zuverlässige) Transportzeiten	1	2	3	4	5	6	7	_	_	_
67. Reaktion der Spedition auf alle Kundenan-/nachfragen:										
• direkter Ansprechpartner	1	2	3	4	5	6	7	_	_	_
• schnelle Beantwortung	1	2	3	4	5	6	7	_	_	_
68. Fähigkeit, Terminvereinbarungen für die Lieferung zu vereinbaren und zu halten	1	2	3	4	5	6	7	_	_	_
69. Genaue Frachtkostenberechnung	1	2	3	4	5	6	7	_	_	_
70. Fähigkeit, Anfragen vor der Lieferung zu bearbeiten	1	2	3	4	5	6	7	_	_	_
71. Einschätzung der Sicherheit	1	2	3	4	5	6	7	_	_	_
72. Speditionsvertreter ist befugt, Frachtraten auszuhandeln	1	2	3	4	5	6	7	_	_	_
73. Spedition kann Berichte anbieten über:										
• Rechnungsgenauigkeit	1	2	3	4	5	6	7	_	_	_
• Erfahrungen mit Regreßansprüchen	1	2	3	4	5	6	7	_	_	_
• Einhaltung von Lieferterminen	1	2	3	4	5	6	7	_	_	_
• Einhaltung von Ladeterminen	1	2	3	4	5	6	7	_	_	_
• Transportzeiten	1	2	3	4	5	6	7	_	_	_

TEIL B: BEWERTUNG DER GESAMTLEISTUNG

1. Tragen Sie bitte ein, welchen Anteil am jährlichen Transportvolumen die einzelnen Speditionen haben, mit denen Ihr Unternehmen zusammenarbeitet, und welchen Anteil Sie unter idealen Bedingungen bevorzügen würden. (Die Anteile sollten insgesamt 100 % ergeben)

	Momentan %	Ideal (bevorzugt) %
SPEDITION A (mit der höchsten Transportleistung)	____________ %	____________ %
SPEDITION B (mit der zweithöchsten Transportleistung)	____________ %	____________ %
SPEDITION C (mit der dritthöchsten Transportleistung)	____________ %	____________ %
Andere	100 %	100 %

2. Kreuzen Sie bitte die Stelle auf der Skala an, die Ihrer Zufriedenheit mit den obigen Speditionen entspricht. Wenn Sie sehr unzufrieden sind, plazieren Sie das Kreuz ganz nach links („schlecht"). Wenn Sie sehr zufrieden sind, setzen Sie es ganz nach rechts („ausgezeichnet") und wenn sie zufrieden sind, tragen Sie es in der Mitte ein („zufriedenstellend").

	Gesamtleistung der Spedition		
	Schlecht	Zufriedenstellend	Ausgezeichnet
SPEDITION A	├	┼	┤
SPEDITION B	├	┼	┤
SPEDITION C	├	┼	┤

3. Würden Sie die Spedition weiterempfehlen?

SPEDITION A	SPEDITION B	SPEDITION C
______ Ja	______ Ja	______ Ja
______ Nein	______ Nein	______ Nein

4. Hat es schon einmal Probleme mit den Leistungen der Spedition gegeben?

SPEDITION A	SPEDITION B	SPEDITION C
______ Ja	______ Ja	______ Ja
______ Nein	______ Nein	______ Nein

5. In welchem Umfang halten die obigen LTL-Speditionen die Termine in einem Durchschnittsmonat ein?

SPEDITION A	Verladung ______%	Lieferung ______%
SPEDITION B	Verladung ______%	Lieferung ______%
SPEDITION C	Verladung ______%	Lieferung ______%

6. Tragen Sie bitte für die obige Spedition die Frachtpreise in % ein. Tragen Sie 0 % für den niedrigsten Preis ein und in die anderen beiden Zeilen die Preisdifferenz in %.

SPEDITION A	______%
SPEDITION B	______%
SPEDITION C	______%

TEIL C: LEISTUNGSERWARTUNGEN FÜR LTL-SPEDITION

Beantworten Sie die folgenden Fragen entsprechend ihrer Erwartungen an das Leistungsniveau von LTL-Speditionen.

1. Wie oft nimmt in einem durchschnittlichen Monat ein Speditionsmitarbeiter mit Ihrer Abteilung Kontakt auf?
   _____ persönlicher Kontakte _____ Telefonanrufe
2. Wie viele Kontakte hätte Ihre Abteilung gerne?
   _____ persönlicher Kontakte _____ Telefonanrufe
3. Welches Minimum an Kontakten würde Ihre Abteilung noch akzeptieren?
   _____ persönlicher Kontakte _____ Telefonanrufe
4. Welche Zeit würden Sie erwarten, bis ein Mitarbeiter der Spedition antwortet in/im
   a) Notfallsituationen _____ Minuten b) Normalfall _____ Stunden

5. Wie lange vorher benötigen Sie Mitteilungen über Preisänderungen?
   _____ Tage
6. Wie schnell erwarten Sie, daß Ihre Fracht verladen wird, nachdem Sie die Spedition benachrichtigt haben?
   _____ Stunden?
7. Wieviele Stunden Verspätung zum vereinbarten Liefertermin würden Sie als noch tolerierbar ansehen?
   _____ Stunden?
8. Welche Zahlungsbedingungen bieten Ihnen die LTL-Speditionen an?
   _____ % bei sofortiger Bezahlung
   _____ % sonst
9. Wie hoch ist der Lieferanteil, der termingerecht geliefert wird?
   _____ %
10. Wie hoch ist der Anteil, zu dem Lieferungen unbeschädigt ankommen?
    _____ %
11. Welchen Anteil an unbeschädigten Lieferungen erwarten Sie?
    _____ %
12. Bewerten Sie Speditionen, die a. oder b. verwenden? (Wählen Sie bitte eine Möglichkeit aus)
    a. ein festes System/Verfahren _____ b. kein festes Verfahren/System _____
13. Wie häufig beurteilen Sie die Leistung von Speditionen? (Wählen Sie bitte eine Möglichkeit aus)
    ständig _____ wöchentlich _____ monatlich _____
    vierteljährlich _____ jährlich _____ nie _____
14. Rechtzeitige Lieferung bedeutet für Sie plus/minus
    _____ Minuten _____ Stunden _____ Tage
15. Welchen Anteil rechtzeitiger Lieferungen erwarten Sie von Ihrem größten LTL-Partner in einem Durchschnittsmonat?
    Abholung _____ % Lieferung _____ %
16. Welchen Anteil würden Sie noch für akzeptabel halten?
    Abholung _____ % Lieferung _____ %
17. Um wieviel Prozent dürften die Frachtkosten höher liegen, wenn Ihre Wünsche und Erwartungen erfüllt würden?
    _____ %

	Stimme keinesfalls zu						Stimme vollkommen zu
	1	2	3	4	5	6	7
18. In den kommenden fünf Jahren wird für mich die Frachtkodierung mit Strichkode ein wichtiges Kriterium für die Entscheidung zugunsten von LTL	1	2	3	4	5	6	7
19. Ich benötige schriftlich gefaßte Dienstleistungsstandards von meiner Spedition/meinen Speditionen	1	2	3	4	5	6	7

	Stimme keinesfalls zu						Stimme vollkommen zu
	1	2	3	4	5	6	7
20. In den kommenden drei Jahren werde ich keine Geschäftsbeziehung mit Speditionen aufnehmen, die nicht Statistische Prozeßkontrolle (SPS) verwenden und mir keine Leistungsberichte anbieten	1	2	3	4	5	6	7

TEIL D: DEMOGRAPHISCHE DATEN

Diese Information wird zur Bestimmung großer Marktsegmente und zu einer fundierten Analyse der obigen Abschnitte benötigt. Wenn Sie nicht über genaue Daten verfügen, dann setzen Sie bitte Näherungswerte ein.

1. Wie groß ist das ungefähr das jährliche Verkaufsvolumen Ihres Unternehmens?
   ______$
2. Wie lange ist Ihr Unternehmen (Ihre Abteilung) schon auf diesem Gebiet tätig? (Wenn Ihre Antwort 4 Jahre oder weniger ist, überspringen Sie bitte die folgende Frage 3)
   ______Jahre
3. Wie hoch war die Wachstumsrate des Verkaufsvolumens in den vergangenen fünf Jahren durchschnittlich?
   ______%
4. Wie hoch sind ungefähr Ihre durchschnittlichen jährlichen Frachtkosten?
   Unternehmen______$ Standort______$
5. Wie viele Produktionsstandorte hat Ihr Unternehmen?
   ______
6. Wieviel % der Zulieferungen werden von Speditionen durchgeführt?
   ______%
7. Wieviel % der Auslieferungen werden von Speditionen durchgeführt?
   ______%
8. Tragen Sie bitte den Anteil ein, zu dem Produkte/Rohmaterial Ihres Unternehmens durch LTL befördert werden

	Anlieferung % der Gesamtmenge heute	Anlieferung % der Gesamtmenge 1995	Auslieferung % der Gesamtmenge heute	Auslieferung % der Gesamtmenge 1995
LTL-Speditionen	______	______	______	______

9. Wieviele Transporte werden für Sie durchschnittlich pro Monat von LTL durchgeführt?
   ______Anlieferungen ______Auslieferungen
10. Welcher Anteil Ihrer LTL-Lieferungen sind „Notfälle", die beschleunigt bearbeitet werden müssen?
   ______% ______%
11. Welches Gewicht hat Ihre LTL-Fracht durchschnittlich?
   ______kg
12. Welchen Wert hat Ihre LTL-Fracht durchschnittlich?
   ______$
13. Wie würden Sie die nachfolgenden Speditionen insgesamt bewerten?

Speditionen:	Unzureichende Information für eine Bewertung	Nicht empfehlenswert 1	2	3	4	5	6	Sehr empfehlenswert 7
AAA Cooper	_____	1	2	3	4	5	6	7
Benton Bros.	_____	1	2	3	4	5	6	7
Carolina	_____	1	2	3	4	5	6	7
Consolidated	_____	1	2	3	4	5	6	7
Estes	_____	1	2	3	4	5	6	7
Gator	_____	1	2	3	4	5	6	7
Old Dominion	_____	1	2	3	4	5	6	7
Overnite	_____	1	2	3	4	5	6	7
Roadway	_____	1	2	3	4	5	6	7
Smailey	_____	1	2	3	4	5	6	7
Southeastern	_____	1	2	3	4	5	6	7
Southern Freight	_____	1	2	3	4	5	6	7
Super Transport	_____	1	2	3	4	5	6	7
Transus	_____	1	2	3	4	5	6	7
Watkins	_____	1	2	3	4	5	6	7
Yellow	_____	1	2	3	4	5	6	7
Andere (Name)	_____	1	2	3	4	5	6	7

14. Auf welchen Sektoren ist Ihr Unternehmen tätig? (Tragen Sie die entsprechenden prozentualen Anteile ein.)

Automation	____%	Militärische Ausrüstung	____%
Chemikalien / Kunststoffe	____%	Papierprodukte	____%
Computer	____%	Ölindustrie	____%
Bau	____%	Pharmazeutische Industrie	____%
Konsumgüter	____%	Einzelhandel	____%
Bildungswesen / Universitäten	____%	Telekommunikation	____%
Nahrungsmittel	____%	–	____%
Industrieausrüstung	____%		100%
Medizinische Ausrüstung	____%		

15. Welche(n) Position oder Titel haben Sie? _______________

16. Markieren Sie bitte alle Ihre Aufgabenbereiche

___Buchhaltung	___Internationaler Verkehr	___Beschaffung
___Dienstleistung	___Inventarüberwachung	___Versand – Frachteingang
___Distribution	___Materialmanagement	___Verkehr
___Wahl von Speditionen für Anlieferung	___Wahl von Speditionen für Auslieferung	___Lager

17. Tragen Sie bitte die ersten drei Ziffern Ihrer Postleitzahl ein

____

Wir bedanken uns für Ihre Teilnahme und Mitarbeit an dieser Erhebung. Bitte legen Sie den Fragebogen in den beiliegenden Umschlag und schicken ihn an:

Douglas M. Lambert, Ph. D. und James R. Stock, Ph. D. Department of Management, Marketing and Logistics · College of Business Administration, University of North Florida · 4567 St. Johns Bluff Road, South, Jacksonville, Florida 32216-6699

Literaturhinweise

1 Jay U. Sterling, Integrating Customer Service and Marketing Strategies in a Channel of Distribution: An Empirical Study, unveröffentlichte Ph.D. Dissertation, Michigan State University, 1985

2 Francis G. Tucker, Customer Service in a Channel of Distribution: The Case of the Manufaturer-Wholesaler-Chain Drug Retailer Channel in the Prescription Drug Industry, unveröffentlichte Ph.D. Dissertation, The Ohio State University, 1980

3 Edward T. Fogarty, Colgate, U.S., Business week, November 11, 1991

4 Bernard J. LaLonde, Martha C. Cooper, Thomas G. Noordewier, Customer Service: A Management Perspective, Council of Logistics Management, Chicago, S. 5, 1988

5 Jay U. Sterling, Douglas M. Lambert, Establishing Customer Service Strategies Within the Marketing Mix, Journal of Business Logistics, Vol. 8, N. 1, S. 1–30, 1987

6 Tom Peters, Are You Ready for Business in the 1990s?, Marriott's Portfolio, S. 12, Juli / August 1989

7 Bernard J. LaLonde, Paul H. Zinszer, Customer Service: Meaning and Measurement, National Council os Physical Distribution Management, S. 272–82, 1976

8 Ib., S. 278.

9 Harvey M. Shycon, Christopher R. Sprague, Put a Price Tag on Your Customer Service Levels, Harvard Business Review, Vol. 53, N. 4, S. 71–78, Juli / August 1975

10 „Kunden könnten bereitsein, den Laden für ein Shampoo mit speziellen Eigenschaften zu wechseln. Zum Beispiel, wenn es das einzige Shampoo ist, das ihre Schuppenprobleme löst oder starken Haarausfall verhindert."

11 „Tatsächlich wird die Wahrscheinlichkeit des Produktwechsels durch viele Ärzte eingeschränkt, die den Müttern raten, nicht die Marke zu wechseln."

12 Eine Studie an 7.189 Kunden hat ergeben, daß ausverkaufte Produkte zu einem Imageverlust des Geschäfts und einem Absinken der Kundenzufriedenheit und des Kaufinteresses führten. Siehe Paul H. Zinszer, Jack A. Lesser, An Empirical Evaluation of the Role of Stockout on Shopper Patronage Process, 1980 Educators' Conference Proceedings, American Marketing Association, Chicago, S. 221–24, 1980

[13] Das Spektrum eines Produkts im Lager umfaßt die einzelnen Produktformen, die sich in Form, Größe, Farbe oder anderen Merkmalen unterscheiden.

[14] W. E. Miklas, Measuring Customer Response in Stockouts, International Journal of Physical Distribution and Materials Managenment, Vol. 9, Nr. 5, S. 213–42, 1979

[15] Larry W. Emmelhainz, James R. Stock, Margaret A. Emmelhainz, Retail Stockouts: Now What?, Annual Conference Proceedings, Council of Logistics Management, Oak Brook, S. 71–79, 1989

[16] Douglas M. Lambert, James R. Stock, Strategic Logistics Management, Kapitel 5, 3. Auflage, Richard D. Irwin, Inc., Homewood, 1993

[17] Douglas M. Lambert, James R. Stock, Strategic Logistics Management, Kapitel 3, 3. Auflage, Richard D. Irwin, Inc., Homewood, 1993

[18] Jay U. Sterling, Douglas M. Lambert, A Methodology for Assessing Logistics Operating Systems, International Journal of Physical Distribution and Materials Management, Vol. 15, Nr. 6, S. 1–44, 1985

[19] Gilbert A. Churchill, Jr., Carol Suprenaut, An Investigation into the Determinants of Customer Satisfaction, Journal of Marketing Researh, Vol. 19, S. 491–504, November 1982

[20] Richard Oliver, Measurement and Evaluation of Satisfaction Process in Retail settings, Journal of Retailing, Vol. 57, Nr. 3, S. 25–48, 1981

[21] A. Parasuraman, Valarie A. Zeithaml, Leonard L. Berry, a Conceptual Model of Service Quality and Its Implications for Future Research, Journal of Marketing, Vol. 49, S. 41–50, Herbst 1985

[22] A. Parasuraman, Valarie A. Zeithaml, Leonard L. Berry, SERVQUAL: A Multiple-Item Scale for Measuring Consumer Perceptions of Service Quality, Journal of Retailing, Vol. 64, Nr. 1, S. 12–40, 1988

[23] Douglas M. Lambert, James R. Stock, Jay U. Sterling, A Gap Anasysis of Buyer and Seller Perseptions of the Importance of Marketing Mix Attributes, 1990 AMA Educators´ Proceedings, American Marketing Association, Chicago, S. 208, 1990

[24] Douglas M. Lambert, M. Christine Lewis, A Comparison of Attribute Importance and Expectation Scales for Measuring Service Quality, in: Enhancing Knowledge Development in Marketing, William Bearden et al., Hrsg., American Marketing Association, Chicago, S. 291, 1990

[25] Douglas M. Lambert, Arun Sharma, A Customer-Based Competitive Analysis for Logistic Decisions, International Journal of Physical Distribution and Logistic Management, Vol. 20, Nr. 1, S. 17–24, 1990

[26] William H. Hutchinson, Jr., John F. Stolle, How to Manage Customer Service, Harvard Business Review, Vil. 46, Nr. 6, S. 85–96, November / Dezember 1968

[27] Robert E. Sabath, How Much Service Do Customers Really Want?, Business Horizons, S. 26, April 1978

4 Distributionsnetze: Planung, Entwicklung und Standortwahl

DALE A. HARMELINK
Engineering Manager,
Tompkins Associates, Inc.

Es gibt viele Begriffe, die die verschiedenen Stadien des Prozesses beschreiben, den ein Produkt vom Rohmaterial bis zum Kunden durchläuft. Begriffe wie *Logistik, Materialmanagement und Distribution* werden häufig bedeutungsgleich benutzt. Das kann sehr verwirrend sein. Es gilt aber folgende Terminologie:

Der Begriff *Logistik* beschreibt den gesamten Prozeß der Materialbeschaffung von den Zuliefermärkten über die Umwandlung des Materials in ein Produkt durch die Produktion bis hin zum Vertrieb des fertigen Erzeugnisses auf den Verbrauchermärkten.

Materialmanagement beschreibt den Transport von Material oder Komponenten in die Fabrik, mit anderen Worten von den Zuliefermärkten zur Produktion.

Die *Distribution* hat zum Ziel, Güter vom Ort ihrer Herstellung zum Ort des Verbrauchs zu bringen.

Abbildung 4.1 zeigt, welchen Platz die einzelnen Begriffe im gesamten Geschäftsablauf einnehmen. Die Logistik ist dabei die Schnittstelle zwischen den Liefer- und Bedarfspunkten. Das gesamte System ist so aufgebaut, entsprechend den Aufträgen aus den einzelnen Bereichen zu reagieren. Muß die Bedarfsebene mit Produkten aufgefüllt werden, dann löst das einen Auftrag an Distributionseinrichtungen, Produktion oder Lieferstellen aus. Die Produkte werden dann zu den Orten, an denen der Bedarf besteht, transportiert. Auf der Distributionsebene kann dadurch der Lagerbestand so weit abnehmen, daß von dort wiederum ein Auftrag an den Lieferanten oder die Fabrik ergeht. Diese reguliert ihren Lagerbestand normalerweise entsprechend ihrer Produktionsvorplanung, die wiederum auf dem erwarteten Absatz des Produkts beruht. Sie bezieht diese Güter von ihren Zulieferern. Deshalb kann das logistische System eines Unterneh-

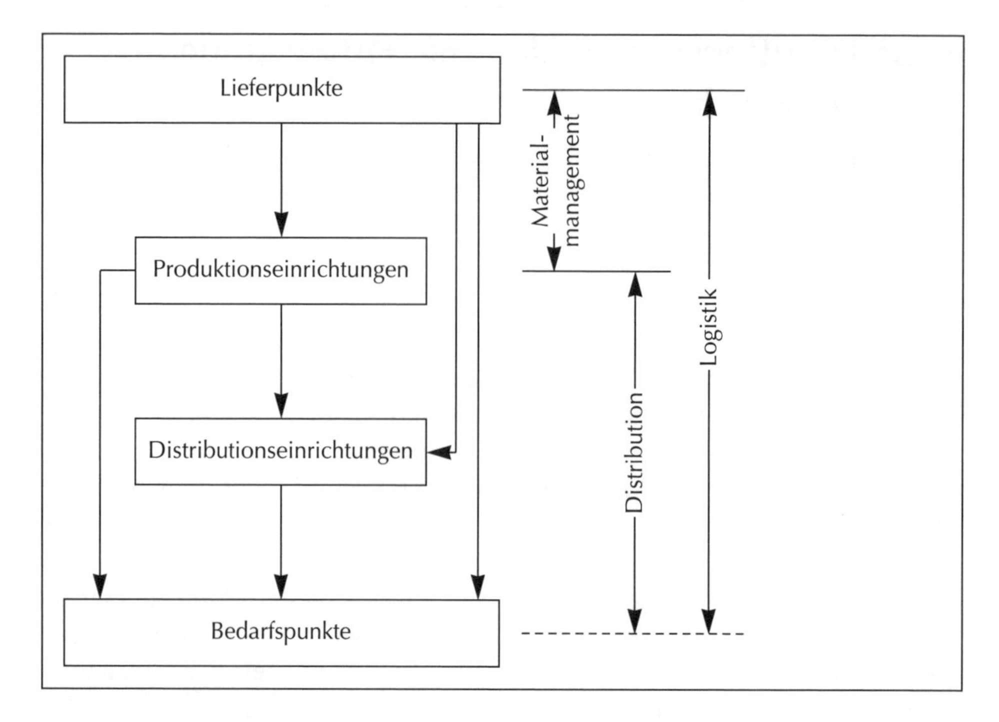

Abbildung 4.1: Der logistische Prozeß

mens als die Verbindung zwischen Liefer- und Bedarfspunkten betrachtet werden.

Der erste Abschnitt des logistischen Systems, Material von der Zulieferung zur Produktion zu befördern, ist das Materialmanagement. Es stellt sicher, daß die Rohmaterialien, Teile oder Komponenten, die für die Produktion benötigt werden, um die Produktionspläne und -termine einzuhalten, rechtzeitig zur Verfügung stehen.

Aufgabe der Distribution ist es, als Verbindung zwischen Produktion und Bedarfspunkten zu fungieren, wobei folgende Ziele erreicht werden sollen:

- Lieferung der richtigen Güter zur rechten Zeit in der richtigen Menge an den richtigen Ort
- Angleichung des Produktionsausstoßes an den Bedarf durch Lagerhaltung, wenn diese erforderlich ist, um
  - den laufenden Bedarf durch den Produktabsatz erfüllen zu können,
  - die Produktion zu unterstützen und die normale und Reservelagerkapazität vorrätig zu halten.

Das vorliegende Kapitel befaßt sich nun mit den Distributionsaspekten der Logistik. Dabei werden insbesondere

- der Aufbau des Distributionsnetzes,
- die verschiedenen Möglichkeiten der Planung im Distributionsbereich
- und die Anwendung einer strategischen Planung für die Entwicklung eines Distributionsnetzes
- sowie die Auswahl von Standorten behandelt.

4.1 Die Komponenten eines Distributionssystems

Ein Distributionssystem besteht aus mehreren Elementen. In seiner einfachsten Form kann es als ein System beschrieben werden, das aus Knotenpunkten besteht, die miteinander verbunden sind (im typischen Fall sind dies die Lagerorte). Um Material zwischen diesen Punkten bewegen zu können, gibt es in jedem Distributionsnetz die Elemente: Lagerorte, Transport, Management des Lagerbestands, Kundenservice und Management-Informationssysteme.

Lagerorte können sein: Absatzzentren, Sammelpunkte, Terminals, Häfen, Rücklaufzentren oder Stellen, die entweder Güter von Fabriken oder Lieferfirmen erhalten oder an die Bedarfspunkte schicken. Sie haben die Aufgabe, Produkte anzunehmen, zu lagern, zu verladen und zu versenden. Grundsätzlich ist jede Stelle, die ein Produkt auf dem Weg zum Kunden durchläuft, ein Lagerort.

Transport bedeutet nicht nur, Transportgut von der Fabrik in ein Lager und von einem Lager in ein anderes zu befördern. Auch die Auslieferung vom Lager an den Kunden gehört dazu.

Lagerbestandsmanagement ist die Beschaffung und die Kontrolle der Produkte auf der Grundlage der Absatzerwartungen. Der Lagerbestand ist normalerweise ein Puffer zwischen Produktion / Händler und Kunde, um auf unerwartete Bedarfs- oder Produktionsschwankungen wirkungsvoll reagieren zu können. Es besteht grundsätzlich aus den Elementen Vorausplanung, Auftragsbeschaffung und Verwaltung des vorhandenen Lagerbestands.

Die *Kundendienstleistung* befaßt sich mit den Schlüsselschnittstellen zwischen dem Unternehmen und seinen Kunden. Sie umfaßt Kundenanfragen, Auftragsänderungen und den Umgang mit Situationen, wie sie in einer normalen Anbieter-/Kundenbeziehung auftreten. Auch die Auftragserstellung kann eine Kundendienstleistung sein. Darüber hinaus zählt auch die Überwachung der Zielvorgaben, die das Management für jedes Produkt oder Marktsegment erstellt hat, beispielsweise der Lieferzeitpunkt, zu den Dienstleistungsaufgaben für den Kunden. Das Ziel ist dabei, die Leistungskriterien zu erreichen, die durch den gesamten Prozeß der Bedarfserfüllung vorgegeben werden.

Management-Informationssysteme sind alle Kommunikations- und/oder Kontroll-/Überwachungssysteme, die zur Unterstützung der Distribution dienen. Sie reichen von der Annahme der Lieferaufträge bis hin zum Fuhrparkmanagement.

Folgende Systemarten werden für die meisten Distributionsaufgaben verwendet:

1. *Vorausplanung* – Umsetzen der Absatzerwartungen in Versandanforderungen, einschließlich der Mengen, die täglich oder wöchentlich von den einzelnen Stellen versandt werden müssen. Es ist normalerweise ein DRP-Computersystem (Distribution Requirements Planning System).
2. *Etatplanung* – erfolgt für das kommende Jahr, setzt die taktischen und die Operationsplanungen um in Ziele für den Finanzmittelfluß und die Finanzmittelausgaben.
3. *Lagerbestandsmanagement* – Unterlagen über den Lagerbestand, Kalkulation der Lagerreserven, Auffüllung des Lagerbestands, bisherige Lagerbestandsbewegungen und Lagerstand für die Nachbestellung.
4. *Auftragsbearbeitung und Rechnungserstellung* – Quittungen, Auftragsbestätigung, Auftragsstatus und Rechnungen
5. *Kundendienstleistungen* – Informationen über die Kundendienstleistungen wie Kostenvoranschläge, Auftragsbedingungen und Produktinformationen.
6. *Lagermanagement* – Unterstützung des Lagerbetriebs durch Erstellung von Lager- und Ladelisten oder Funk, Suchen von Lagerware über den Lagerort, Erfassung des Lagerdurchsatzes und Gesamtleistung des Lagers.
7. *Transportmanagement* – Unterstützung von Transportaufgaben durch Erstellung von Ladelisten und anderen Versandunterlagen, Verwaltung des Unternehmensfuhrparks, Erstellung von Transportrouten und -terminen, Information über die Fuhrparkinstandhaltung und Frachtrechnungsprüfung

Insgesamt sind Managementinformationssysteme also Datenverarbeitungssysteme zur Unterstützung von Lager, Transport, Lagerbestandsmanagement und Dienstleistungsfunktionen für den Kunden.

4.2 Organisationsstrukturen

Die Organisationsstruktur verbindet Lager, Transportwesen, Lagerbestandsmanagement, Dienstleistungen und Informationssysteme. Sie enthält die Grundbausteine, die erforderlich sind, um die Unternehmensziele zu erreichen. So viele Möglichkeiten es für die Strukturierung der Komponenten eines Netzes gibt, so vielfältig kann auch eine Unternehmensstruktur aufgebaut sein. Im folgenden werden nun einige grundsätzliche Überlegungen und Prinzipien zum Aufbau einer Organisation dargestellt.

1. *Klare Entscheidungsstruktur:* Sie betrifft die Entscheidungshierarchie. Es wird empfohlen, daß niemand mehr als einen direkten Vorgesetzten hat, dem er verantwortlich ist.
2. *Zuständigkeitsbereich:* Um eine Organisation effizient zu managen, muß die Zahl der Mitarbeiter, die einem Vorgesetzen unterstellt sind, begrenzt werden. Grundlage für diese Beschränkung ist die Aufgabe selbst, die durchzuführen ist, die Art der Mitarbeiter, die geführt werden sollen und die Art und Weise der Führung. Als Faustregel gilt, daß ein Manager nicht mehr als fünf bis sieben Untergebene führen sollte.
3. *Verantwortung und Entscheidungsgewalt:* Verantwortung bedeutet, daß ein Vorgesetzter für die Handlungen seiner Untergebenen verantwortlich ist. Entscheidungsgewalt bedeutet, daß ein Vorgesetzter das Recht hat, seine Untergebenen anzuweisen oder ihnen Verantwortung zu übertragen. Eine häufig diskutierte Frage ist, ob Vorgesetzte ebensoviel Verantwortung wie Entscheidungsgewalt haben sollten. Über seine Entscheidungsgewalt sollte sich jeder Vorgesetzte im klaren sein, damit er auch die Grenzen seiner Position kennt.
4. *Linien oder Personal:* Linienfunktionen betreffen normalerweise Aktivitäten, die das Personal einer Absatzzentrums im Rahmen seiner normalen alltäglichen Aufgaben durchführt. Die Pflichten des Personals bestehen aus Aktivitäten, welche zur Unterstützung der Funktionen des gesamten Unternehmens oder einer seiner Abteilungen dienen.
5. *Zentralisierung oder Dezentralisierung:* Bei einer zentralen Organisationsstruktur wären beispielsweise der gesamte Dienstleistungssektor zu einer Einheit zusammengefaßt, die einem verantwortlichen Leiter unter-

stehen würde. Bei einer dezentralen Organisationsstruktur hätte jedes Absatzzentrum eine eigene Belegschaft, die dem Distributionsleiter des Bezirks unterstellt wäre.

Eine effiziente Organisationsstruktur ist für ein Unternehmen eine große Hilfe. Sie ist aber keineswegs eine Garantie für erfolgreiche und motivierte Mitarbeiter. Dieses Ziel wird nur durch eine positive, ansprechende Unternehmenskultur erreicht. Eine Kultur mit einer solchen Ausstrahlung hat allergrößte Bedeutung. Viele Unternehmen verwenden dazu ein Verfahren, das auf Arbeitsteams aufgebaut ist und zum Ziel hat, kontinuierlich Verbesserungen zu erreichen. Es ist eine Tatsache, daß der einzige Weg zum Erfolg über starke, motivierte Teams führt.

4.3 Planungsarten

Es gibt eine Reihe von Möglichkeiten, um ein Programm zu entwerfen oder zu planen, das einem Unternehmen als Richtschnur dienen und es im Markt richtig positionieren kann. Diese Planung kann dabei für vorhersehbare oder unvorhersehbare Bedingungen durchgeführt werden. Ohne Planung läuft das Unternehmen Gefahr, Probleme nicht rechtzeitig und nicht richtig zu erkennen und damit Maßnahmen zu ihrer Lösung nicht mehr frühzeitig genug einleiten zu können. Durch Planung ergreift ein Unternehmen die Initiative und reagiert nicht nur auf Veränderungen. Der Rahmen für diese Planung beruht auf den Planungsarten, die in Tabelle 4.1 dargestellt sind.

Als erstes muß ein Unternehmen einen *strategischen* Plan entwerfen, in dem die Unternehmensziele festgelegt werden. Dabei sollte die Frage „Was ist unser Geschäft?" gestellt werden. Die Antwort darauf ergibt dann die Gesamtziele und den Gesamtansatz des Unternehmens, noch bevor andere Pläne in Angriff genommen werden. Als nächstes werden durch eine *taktische* Planung die Ressourcen bestimmt, mit denen die Ziele erreicht werden sollen. Durch eine *Operationsplanung* wird dann sichergestellt, daß die einzelnen Aufgaben in der richtigen Weise durchgeführt werden.

Strategie-, Taktik- und Operationsplanung sind offensive Planungsmethoden. Dagegen ist die *Alternativplanung* ein passives Verfahren, das eingesetzt wird, um gegen unvorhersehbare Ereignisse gewappnet zu sein. Alle vier Planungsmethoden ergänzen sich gegenseitig.

Planungsart	Grund	Anwendung
Strategieplanung	Bestimmung der Gesamtziele und des Bedarfs an Ressourcen	Firmenpolitik
Taktikplanung	Übertragung des strategischen Ziels des Distributionssystems in einen Aktionsplan	Langfristig
Operationsplanung	Prozeß, durch den sichergestellt wird, daß die einzelnen Aufgaben in den Alltagsbetrieb integriert werden	Kurzfristig
Alternativplanung	Ausnahmen oder Reaktion auf Notfälle	Für alle Fälle

Tabelle 4.1: Planungsarten

4.3.1 Strategieplanung

Strategieplanung ist ein Prozeß, bei dem über die Unternehmensziele, Änderungen dieser Ziele, Ressourcen zum Erreichen der Ziele und die Politik für die Beschaffung, Verwendung und Disposition von Ressourcen entschieden wird. Ziel einer strategischen Planung ist, einen Gesamtansatz für Lager, Transport, Management des Lagerguts, Kundendienstleistungen und Informationssysteme sowie die Verknüpfungen der einzelnen Bereiche zu erstellen, mit dem Ziel, den ROI (Return on Investment) zu maximieren.

Die Strategieplanung ist ein offensives Werkzeug, das entwickelt wurde, um einen Schutz gegen vorhersehbare Änderungen der Anforderungen oder des Bedarfs zu bieten, deren zeitliche Verläufe bekannt sind. Sie ist ausgerichtet auf eine so frühzeitige Vorhersage zukünftiger Anforderungen oder zukünftigen Bedarfs, daß die Vorlaufzeit ausreicht, um auf die Veränderungen erfolgreich reagieren zu können. Zugegeben, Prognosen mit einem langen Planungshorizont sind ein riskantes Geschäft und Distributionspläne, die darauf aufbauen, erweisen sich oft als undurchführbar. Trotzdem sind diese Prognosen die beste Informationsquelle, die dem Unternehmen für die Zukunftsplanung zur Verfügung steht, und es wäre deshalb töricht, diese Informationen nicht zu nutzen. Tatsächlich besteht der einzige Weg, um in einem sich rasant ändernden Distributionsumfeld zu überleben, darin, gute strategische Pläne zu entwickeln, welche die zukünftigen Anforderungen an die Distribution berücksichtigen: Strategieplanung befaßt sich mit Punkten wie

- Organisationsstrukturen,
- Kapazitätsanpassungen,
- Netzplanungen und
- Umweltauswirkungen.

4.3.2 Taktikplanung

Der zeitliche Rahmen für die taktische Planung beträgt ein bis zwei Jahre. Der Hauptzweck dabei ist, Politiken und Programme schon im Vorfeld zu planen und Ziele festzulegen. Dabei werden die Maßnahmen und das Timing bestimmt, wodurch ein Unternehmen in die Lage versetzt wird, seine langfristigen strategischen Ziele zu erreichen. Die taktische Planung muß das Arbeitsvolumen der Absatzzentren im voraus bestimmen, um eine Überlastung der wichtigsten Ressource, der Belegschaft, in den Spitzenzeiten zu vermeiden. Die Maßnahmen der taktischen Planung bestehen aus dem Einsatz dieser Ressourcen zum Erreichen der strategischen Planungsziele. Wenn ein Unternehmen beispielsweise in seiner Strategieplanung beschließt, daß ein neuer Lagerstandort erforderlich ist, um das Dienstleistungsangebot weiter zu verbessern und auszubauen, dann werden mit der taktischen Planung die notwendigen Ressourcen dafür bereitgestellt und das Timing für deren Einsatz festgelegt oder die erforderlichen Entscheidungen für eine erfolgreiche Durchführung des Plans getroffen. Im folgenden sind einige der Schritte aufgeführt, die bei der Bestimmung eines neuen Standorts für ein Lager notwendig sind:

- Suche nach einem entsprechendem Gebäude
- Abschluß eines Mietvertrags
- Planung des Gebäudes
- Durchführung von baulichen Änderungen entsprechend der Planung
- Einstellung von neuen Mitarbeitern
- Schulung der Mitarbeiter
- Materialtransport von Lieferanten und Fabriken an den neuen Standort
- Aufnahmen der Auslieferung vom neuen Standort aus

Mit der taktischen Planung muß als *erstes* ein Zeitplan für die einzelnen Schritte erstellt werden.

Als *zweites* sind wichtige Punkte wie Spezialkenntnisse und -fertigkeiten zu überlegen, die erforderlich sind, um die einzelnen Schritte im vorgesehenen Umfang und der ensprechenden Zeit durchführen zu können.

Als *drittes* muß der Finanzbedarf für jeden Schritt bestimmt werden.

Eine *vierte* Komponente sind häufig externe Dienstleistungen. Im vorliegenden Beispiel könnte das von der Beauftragung eines Consultant-Unternehmens bis hin zu einem Bauunternehmen für notwendige Umbauten reichen. Manch andere Planungsarten für die taktische Planung schließen auch Politiken für Lagergut, Verhandlungen über Frachtraten, Senkung von Kosten, Produktivitätssteigerungen und Verbesserung von Informationssystemen mit ein.

4.3.3 Operationsplanung

Die Zeitspanne für die Operationsplanung kann von täglich über wöchentlich bis monatlich reichen. Sie dient zur Umsetzung der beschlossenen taktischen Politiken, Pläne und Programme im Rahmen des Distributionssystems, um die strategischen Ziele des Unternehmens zu erreichen.

Die wichtigsten Komponenten der Operationsplanung sind das Ressourcenmanagement, beispielsweise von Arbeit und Kapital, und die Messung der Leistungen, um die aktuellen Operationen zu unterstützen und zukünftige Operationsbedingungen vorauszusehen.

Der Operationsplan unterscheidet sich vom täglichen Betriebsablauf. Er integriert die Philosophien des strategischen Plans über die grundsätzliche zeitliche Planung von Ereignissen, die im taktischen Plan enthalten sind, in den täglichen Betriebsablauf. Ein Operationsplan ist, bildlich gesprochen, die Kontaktstelle des Reifens mit der Straße. Er ist die typische Stelle, an dem ein Planungsprozeß fehlschlägt, da der Großteil der täglichen Arbeiten Routine sind. Deshalb wird dann der Umsetzung der geplanten Aktivitäten kein hoher Stellenwert beigemessen, und es geschieht leicht, daß die geplanten Ziele aus den Augen verloren gehen. Die Operationsplanung kann Aufgaben umfassen wie

- Planung des Arbeitsvolumens für die Absatzzentren,
- Terminplanung für den Fuhrpark,
- Planung von Frachtzusammenlegung,
- Umsetzung von Produktivitätssteigerungen / Kostensenkungen und
- Finanzplanung für die Operationskosten.

4.3.4 Alternativplanung

Eines der am häufigsten übersehenen Managementwerkzeuge mit besonderer Bedeutung für ein intaktes Distributionsmanagement ist die Alternativplanung. Es ist ein passives Werkzeug, das eingesetzt wird, um gegen zukünftige unvorhersehbare Änderungen der Distributionsanforderungen zu schützen. Die typische Fragestellung für die Alternativplanung lautet „Was, wenn ...?“, beispielsweise „Was, wenn die Belegschaft eines unserer wichtigen Lieferanten streikt?“ oder „Was, wenn wir eine Rückrufaktion durchführen müssen?“. Der vorbereitete Manager wird versuchen, mit Hilfe der Alternativplanung den Auswirkungen vieler Notfälle, welche die Distribution in direkter Weise mit betreffen und die möglicherweise katastrophal sein können, zu begegnen. Er wird schon im Vorfeld bestimmen, welche Maßnahmen ergriffen werden müssen, wenn unerwartete Umstände oder Veränderungen der Distributionsanforderungen eintreten. Die Alternativplanung ist nicht identisch dem gebräuchlichen Ansatz der Nichtplanung oder des Krisenmanagements, da in beiden Fällen erst Pläne erstellt werden, *nachdem* das Ereignis eingetreten ist. Die Vorstellung bei der Alternativplanung ist, die Zeit zwischen dem Eintritt des Ereignisses und der Umsetzung des Plans signifikant zu verkürzen. Man wartet schließlich nicht auf den Ausbruch eines Feuers, um in einem Lagergebäude eine Sprinkleranlage zu installieren. Die Anlage wird installiert, lange bevor möglicherweise ein Brand ausbricht. Im folgenden werden einige der Ereignisse, die ein Distributionssystem beeinträchtigen könnten, beschrieben.

Energieengpässe können sowohl Auswirkungen auf den Lager- als auch auf den Transportbetrieb haben. Der Transport ist dabei der augenfälligere Distributionsbereich, da er für Energieengpässe sehr anfällig ist. Aber auch der Lagerbetrieb kann davon betroffen sein. Wie sollen bei Energieproblemen im Transportbereich Dienstleistungen aufrecht erhalten, wie Sendungen zusammengestellt werden, um Ladekapazitäten optimal zu nutzen, usw.? Energieengpässe im Lagerbereich beeinträchtigen nicht nur Licht und Heizung, sondern möglicherweise auch die Ausrüstung für das Handling des Lagerguts.

Streiks können innerhalb des eigenen Unternehmens auftreten oder bei wichtigen Zulieferern oder Dienstleistern. Deshalb müssen die Ziele für einen Plan im Falle eines Streiks bestimmt werden. Wichtige Punkte dabei sind der Schutz von Belegschaft und Einrichtungen, die Aufrechterhaltung des guten Verhältnisses zu den Kunden, der Öffentlichkeit und den Mitarbeitern und die Suche nach Lösungsmöglichkeiten, um die Situation innerhalb kürzester Zeit zu bereinigen. Es muß entschieden werden über

- das Aufstocken der Lager
- Verlagerung der Arbeit in andere Fabriken
- Vergabe von Aufträgen nach außen
- Weiterarbeit nicht streikender Mitarbeiter
- vorübergehende Einstellung von Aushilfskräften usw.

Naturkatastrophen wie Waldbrände, Überschwemmungen oder Stürme können zu Problemen durch Aufräumarbeiten, Wiederaufnahme des Betriebs, Wiederherstellung von Aufträgen, Umgang mit den Mitarbeitern während der Katastrophe (Bezahlung und Zeit) und Computerbackups führen.

Rückrufaktionen können zeitaufwendig und teuer sein. Es ist deshalb wichtig, gut darauf vorbereitet zu sein, um sowohl die entstehenden Kosten als auch den Imageverlust zu minimieren.

Wichtige Punkte wie Identifizierung von bereits ausgelieferten Produktchargen, Aussonderung der betroffenen Chargen, Rücknahmeverfahren, juristische Ansprüche, Produktionsalternativen und Öffentlichkeitsarbeit sollten dabei bedacht werden.

4.4 Strategische Planung des Distributionsnetzes

Die Distributionsnetzplanung ist eines der Hauptgebiete, für das die strategische Planung eingesetzt wird. Ein strategischer Plan für das Distributionsnetz wird entwickelt, um bestimmte Anforderungen innerhalb eines vorgegebenen Planungshorizonts zu erfüllen. Ein guter Plan ergibt ein optimales Netz, über das die Kunden mit der richtigen Ware in der richtigen Menge zur richtigen Zeit und am richtigen Ort versorgt werden können, und er senkt gleichzeitig die Kosten für die Distribution auf ein Minimum. Die größere Anzahl an Lagern führt einer Senkung der Versandkosten und zu einer Erhöhung der Lagerkosten. Abbildung 4.2 zeigt prinzipiell diesen Sachverhalt. Dieser Zusammenhang gilt auch in der anderen Richtung: Wenn die Zahl der Lager abnimmt, dann nehmen die Versandkosten zu. Um deshalb die Gesamtkosten für die Distribution auf ein Minimum abzusenken, ist es wichtig, einen optimalen Kompromiß zwischen Lager- und Transportkosten zu finden.

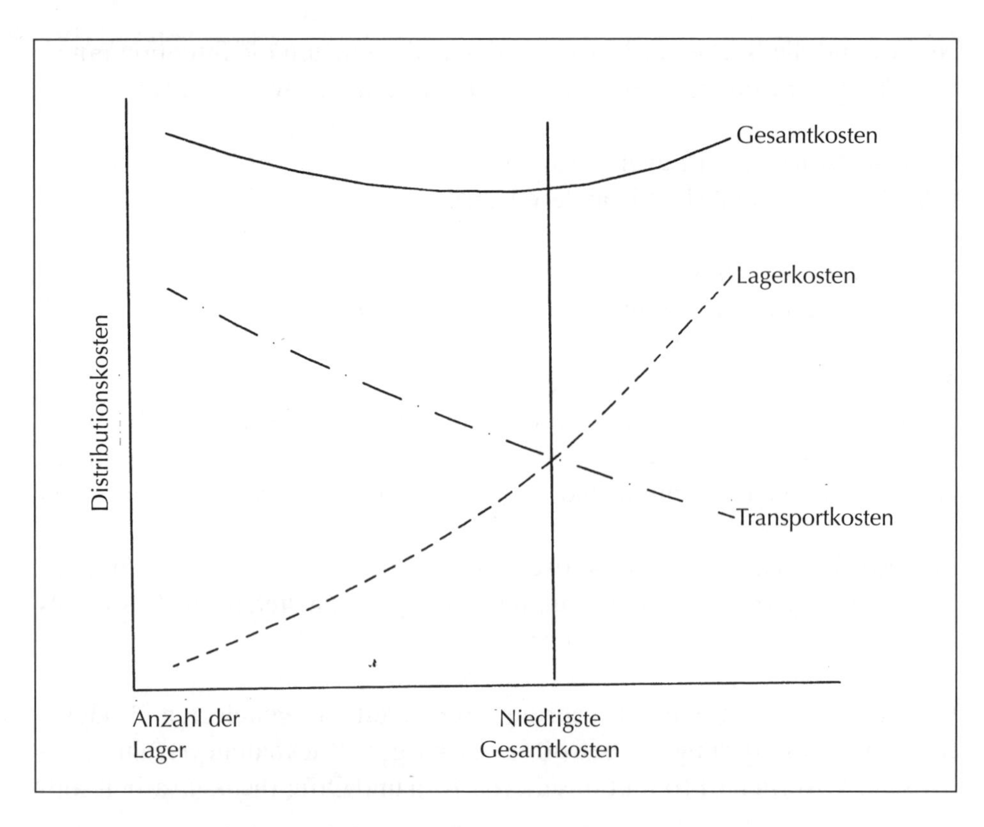

Abbildung 4.2: Einfaches Modell für Distributionskosten

Das Ziel dieser Planung ist, am Ende über einen Plan zu verfügen, der den wirtschaftlichsten Weg für den Versand und die Annahme von Produkten zeigt, wobei das Dienstleistungsniveau für den Kunden gehalten oder sogar verbessert wird. Es ist, einfach formuliert, ein Plan zur Gewinnmaximierung und Dienstleistungsoptimierung. Folgende Fragen sind dabei von Bedeutung:

1. Wie viele Absatzzentren soll es geben?
2. Wo werden diese Zentren (oder das Zentrum) sein?
3. Wie hoch soll der Lagerbestand in den einzelnen Zentren sein?
4. Welche Kunden müssen in den einzelnen Zentren betreut werden?
5. Wie sollen Kunden Produkte bei den Absatzzentren bestellen?
6. Wie bestellen die Zentren Produkte bei Lieferanten?
7. Wie häufig sollen die einzelnen Kunden beliefert werden?
8. Welches Dienstleistungsniveau wird angestrebt?
9. Welche Transportverfahren sollten eingesetzt werden?

4.5 Gründe für die strategische Planung des Distributionsnetzes

Grundsätzlich ist ein Distributionsnetz aus einer Reihe von Knoten und Transportverbindungen aufgebaut. Distributionsnetze reichen vom Versand ab Anbieter bis hin zu komplexen Netzen mit vielen Standorten.

Der Aufbau hängt dabei von Faktoren wie Produktart/-palette, dem Produktvolumen, der Gebietsgröße, des erforderlichen Dienstleistungsniveaus und der Zahl und Art der Kunden ab. Da das Umfeld für die Distribution äußerst dynamisch ist, spielen auch Faktoren eine Rolle wie

1. Verlegung von Produktionsstandorten und Verbrauchsorten sowie Ab-/Zuwanderung der Bevölkerung
2. Marktsegmentierung, neue Märkte und neue Dienstleistungsanforderungen
3. Anstieg der Kosten für Energie, Arbeit und Instandhaltung der Produktionsstätten und der Ausrüstung
4. Verschärfung oder Aufhebung von Vorschriften und Gesetzen
5. Produkterweiterungen und -laufzeit
6. Wettbewerbssituation
7. Wirtschaftsfragen

Auch interne Organisationseinheiten wie Marketing, Produktion und Finanzen beeinflussen die Struktur des Distributionsnetzes. Um diesen Einfluß zu verstehen, ist es notwendig, die Ziele dieser Organisationseinheiten zu verstehen.

Ziel des Marketings ist, möglichst hohe Verkaufszahlen durch Kundennähe und umfangreiche Lagerhaltung zu erreichen. Die Produktion möchte die Kosten minimieren, indem große Produktchargen produziert und fertige Produkte möglichst sofort ausgeliefert werden. Deshalb fordern beide, die Lagerquantitäten und die -anzahl zu erhöhen.

Die Finanzabteilung möchte dagegen die Kosten möglichst weit senken und deshalb die Lagerbestände und die Lageranzahl verringern. Unter diesen gegensätzlichen Bedingungen ist es Aufgabe des Planers eines Distributionsnetzes, einen Kompromiß zu finden, der möglichst niedrige Distributionskosten mit einem ausreichenden Dienstleistungsniveau verbindet.

4.6 Das Planungsverfahren

Nachfolgend sind die einzelnen Schritte für die Entwicklung eines Distributionsnetzes aufgeführt. Die Planung selbst ist ein sequentieller Vorgang, der eine ständige Aktualisierung erfordert. Der Fallstrick für manche Unternehmen ist dabei, daß sie die Schritte 3 bis 6 durchführen, noch bevor sie die weit wichtigeren ersten beiden fertig (und verstanden) haben. Das Planungsergebnis kann aber nur so gut sein wie das Datenmaterial, das für die Analyse verwendet wird. Die Schritte sind:

1. Dokumentation des Distributionsnetzes
2. Bestimmung der Versandanforderungen
3. Einrichtung einer Datenbank
4. Entwicklung von alternativen Netzen
5. Aufstellung der jährlichen Betriebskosten
6. Evaluierung der Alternativen
7. Detaillierte Ausarbeitung des Plans

4.6.1 Dokumentation des Distributionsnetzes

Die ersten drei oben angeführten Schritte können gleichzeitig durchgeführt werden. Das Hauptziel dabei ist, das aktuell verwendete System vollkommen zu verstehen und die Anforderungen an das zukünftige System zu bestimmen. Um das vorhandene System dokumentieren zu können, müssen Informationen von den Absatzzentren und den Transporteinrichtungen eingeholt werden. Es ist wichtig, daß dabei *alle* Absatzzentren erfaßt werden, da die Untersuchung zu dem Schluß kommen könnte, daß eine Schließung, Verlegung oder Vergrößerung dieser Einrichtungen empfehlenswert wäre. Für jeden Standort werden folgende Informationen benötigt:

1. *Nutzung der Lagerflächen:* Bestimmen Sie die Nutzung des Absatzzentrums. So können Sie die erforderliche Lagerfläche berechnen, die benötigt würde, wenn der Standort nach Abschluß der Analyse geschlossen werden sollte.
2. *Raumaufteilung und Ausrüstung:* Machen Sie eine Aufstellung der Ausrüstung und der Raumaufteilung für jeden Standort. Mit dieser Ausrüstungsaufstellung ist es einfacher, den Investitionsbedarf für einen neuen Standort oder eine Standorterweiterung zu bestimmen.
3. *Lagerbetrieb:* Lernen Sie die Verfahren für die Verladung und den Ver-

sand von Aufträgen verstehen. Wenn zwei Produktlinien an einem Standort vorhanden sind, werden sie zusammen verladen und versandt? Lernen Sie die Unterschiede in der Arbeitsweise der einzelnen Standorte verstehen. Das erklärt möglicherweise, warum an einem Standort die Arbeitsleistung pro Mitarbeiter höher liegt als an einem anderen. Lernen Sie verstehen, wie Aufträge für die Lagerauffüllung bearbeitet werden.

4. *Personalstruktur:* Beschreiben Sie die einzelnen Positionen in der Hierarchie. Versuchen Sie, herauszufinden, welche Stellen zusammengelegt werden könnten. Stellen Sie Löhne und Gehälter einschließlich zusätzlicher Leistungen nach Positionen zusammen.
5. *Anlieferungs- und Auslieferungsvolumen:* Machen Sie sich ein Bild über die Anzahl der ankommenden und abfahrenden Lastzüge und die Zahl der zugehörigen Laderampen. Diese Zahlen sind wichtig, wenn der Durchsatz erhöht werden muß.
6. *Gebäude:* Machen Sie eine Aufstellung der Flächen in Quadratmeter, der nutzbaren Raum- und Durchgangshöhen, der Beleuchtungshöhen usw. Die Gründe dafür sind dieselben wie für die Raumaufteilung. Denken Sie aber daran, die Möglichkeiten für eine Erweiterung zu überprüfen.
7. *Verkehrsanbindung:* Überprüfen Sie die Zufahrtsstraßen zu wichtigen Autobahnen und Bundesstraßen. Bestimmen Sie, ob sich das auf die Frachtkosten auswirkt.
8. *Jährliche Betriebskosten:* Machen Sie eine Aufstellung der Steuern, der Miet-, Versicherungs-, Instandhaltungs-, Energie- und weiteren Standortkosten.
9. *Lagerbestände:* Stellen Sie Informationen zusammen über Durchsatz, Lagervolumen, Lagerfüllhöhen, Reservebestände und ABC-Analyse. Mit diesen Daten sind Sie in der Lage, die Einsparungen zu berechnen, die durch eine Zusammenlegung von Standorten zu erzielen wären. Informieren Sie sich auch über Lagerbestände mit geringem Durchsatz oder saisonaler Nachfrage, um zu entscheiden, ob diese Bestände besser zentral gelagert werden sollten. Stellen Sie die zukünftigen Ziele für die Lagerhaltung auf.
10. *Leistungsberichte:* Machen Sie sich ein Bild über die Leistungsmeßkriterien für Dienstleistungsanforderungen, vollständige Auftragsausführung, Versandgenauigkeit usw.

Für die Transporteinrichtungen sollten die folgenden Informationen zusammengestellt werden:

1. *Frachtklassen und Sonderkonditionen:* Stellen Sie die aktuell verwendeten Frachtklassen und Frachtraten zusammen. Fügen Sie Sonderkonditionen für bestimmte Transportmittel oder Standorte hinzu. Dabei ist auch wichtig, zu wissen, wann diese gewährt werden (unter welchen Bedingungen, wie auf bestimmten Routen oder ab einem Mindestgewicht).
2. *Transport:* Informieren Sie sich, wie entschieden wird, welche Transportart verwendet wird und wie das Transportmittel dafür ausgewählt wird.
3. *Lieferbedingungen:* Wie sehen die Lieferbedingungen für den Kunden aus (Liefertermine)? Wie wird die Leistung des Transportmittels gemessen? Wird die Vollständigkeit der Auftragsabwicklung in die Beurteilung mit einbezogen?
4. *Ladevermögen nach Volumen/Gewicht:* Ab welchem Gewicht wird das Ladevermögen aufgrund des zu hohen Volumens überschritten? Holen Sie diese Informationen von jeder Verladestelle und lassen Sie sich Gewicht und Volumen einer typischen, durchschnittlichen Ladung geben.

Nach Abschluß der Standortbesichtigungen sollte ein Meeting mit dem Projektteam abgehalten werden, in dem das gesammelte Datenmaterial zusammengefaßt und jeder Standort beurteilt wird. Durch diese Beurteilung gewinnen die Teammitglieder einen tieferen Einblick in ihre Tätigkeit und mit großer Wahrscheinlichkeit stoßen sie dabei auf Informationen, die dem Management nicht bekannt sind und die für die Entwicklung von Alternativen nützlich sind.

Um die Anforderungen an ein zukünftiges Distributionsnetz erstellen zu können, müssen zuerst die Marketingstrategien und die Absatzprognosen verstanden werden. Die folgenden Fragen sollten von Marketing und Verkauf beantwortet werden.

- Kommen demnächst neue Produkte heraus? Von welcher Stelle können sie bezogen werden? In welchem (geographischen) Gebiet liegt der Zielmarkt?
- Welche Parameter gibt es zur Zeit für Aufträge? Beispielsweise, wie groß ist das Auftragsminimum? Gibt es Sonderkonditionen (z. B. Aufschlag für beschleunigte Lieferung)?
- In welche Richtung entwickelt sich der Markt?
- Wie hoch ist die Absatzsteigerung pro Jahr?
- Sind bei den Kunden Veränderungen zu beobachten? Setzen etwa weniger Kunden größere Auftragsvolumina um?

- Gibt es gebietsbezogene Veränderungen? Gibt es gebietsbezogene Steigerungen des Absatzes?

4.6.2 Bestimmung der Versandanforderungen

Eine der wichtigsten Voraussetzungen für die Analyse eines Distributionsnetzes sind Daten über die Versandbedingungen, mit anderen Worten, Daten über die Zeit von der Abgabe des Auftrags bis zur Annahme der Lieferung. Steht dafür kein Datenmaterial zur Verfügung, dann muß eine Dienstleistungs-Gap-Analyse durchgeführt werden. Diese Analyse besteht aus einer Reihe von Fragen an Belegschaft und Kunden. Auf diese Weise sollen Diskrepanzen zwischen dem Eindruck, den Kunden von den Dienstleistungen haben und dem tatsächlichen Dienstleistungsangebot aufgedeckt werden.

Allgemein ist eine Gap-Analyse, wie sie in Abbildung 4.3 dargestellt ist, ein Ansatz, mit dem ein optimaler Kompromiß zwischen dem Dienstleistungsangebot für den Kunden und dem dafür erforderlichen finanziellen Aufwand gefunden werden soll. Was ist wichtiger: niedrige Frachtkosten oder schnelle Lieferung?

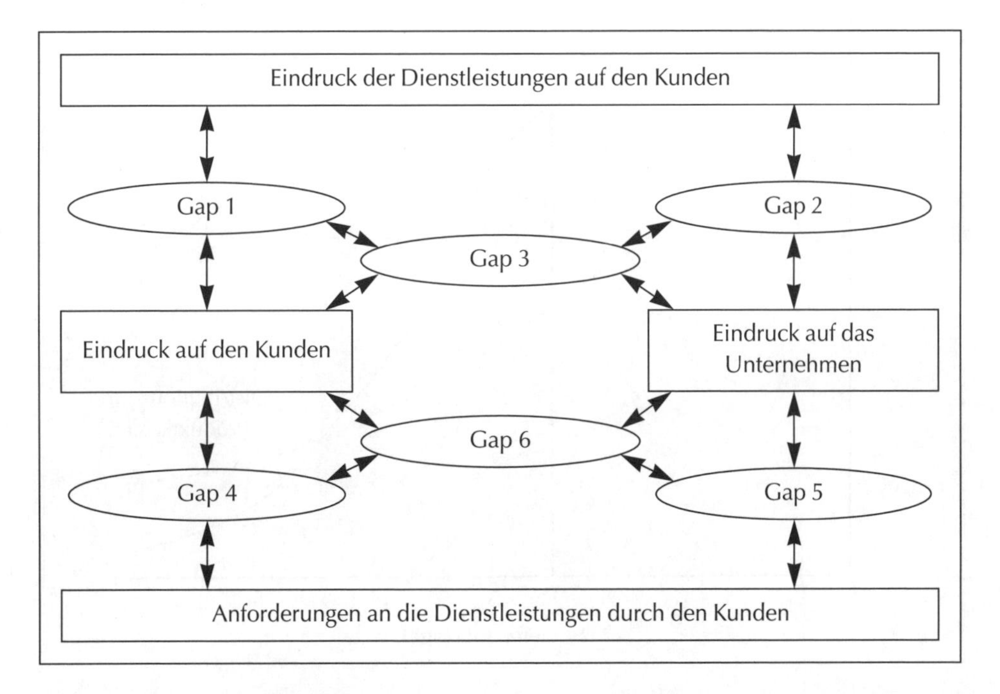

Abbildung 4.3: Die Gap-Analyse

Abbildung 4.4 zeigt die Distributionskosten in Abhängigkeit von der Lieferzeit in Tagen und welche Auswirkungen diese Relation auf den Gewinn hat. Es ist deutlich zu erkennen, daß, wenn die Versandbedingungen immer weiter abgesenkt werden, d.h. die Lieferzeit verlängert wird, es einen Punkt gibt, ab dem die Kosten für das Produkt und dessen Distribution die Einnahmen durch den Verkauf des Produkts übersteigen. Weiter zeigt das Diagramm eine positive Korrelation zwischen Lieferzeit und Gewinn, d.h. je länger die Lieferzeit ist, desto höhere Gewinne werden erzielt. Ab einem bestimmten Punkt gehen aber die Verkaufszahlen stark zurück, da die Konkurrenz sowohl bessere Produktpreise als auch kürzere Lieferzeiten bietet (gleiche Produktqualität vorausgesetzt). Deshalb muß das Optimum gefunden werden, bei dem der Kunde das bestmögliche Dienstleistungsangebot erhält, und zwar bei höchstmöglichem Gewinn.

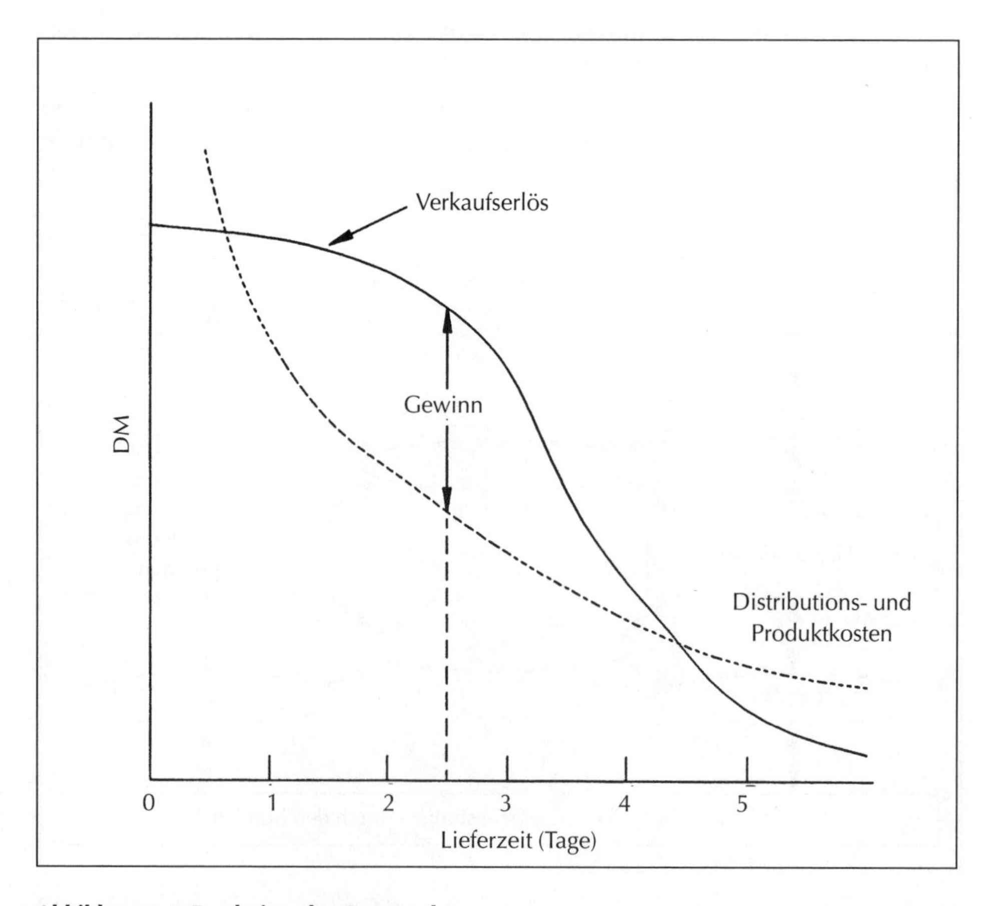

Abbildung 4.4: Ergebnisse der Gap-Analyse

4.6.3 Einrichtung einer Datenbank

Eine Datenbank für Aufträge kann simultan mit der Erstellung der Dokumentation für das vorhandene Netzes eingerichtet werden. In die Datensätze sollten der Zustellungsort, das Frachtgewicht, die georderten Produkte und Mengen aufgenommen werden. Nach der Dateneingabe sollte eine Datenvalidierung durchgeführt werden. Um sicherzustellen, daß alle Informationen richtig übertragen wurden, sollten einige Lieferscheine ausgedruckt werden und mit den Originalen verglichen werden. Als Garantie, daß alle Daten erfaßt sind, sollte auch ein Gesamtbericht (Summe Verkäufe, Summe Frachtgewicht usw.) erstellt werden. Nachdem die Validierung abgeschlossen ist, müssen verschiedene Analysen durchgeführt werden, wie standortbezogene ABC-Analysen (nach geographischen Regionen) und Analysen des Volumens und des Produktvolumens nach Gebieten. Diese Berichte sind dann bei der Entwicklung von Alternativen nützlich.

4.6.4 Entwicklung von Alternativen

Der nächste Schritt, nachdem die Datenerfassung abgeschlossen ist, besteht in der Entwicklung von Alternativen für Standorte und Betriebsverfahren. Die Inputs dafür sind Standortbesichtigungen, zukünftige Anforderungen, Datenbankanalysen und Erhebungen über die Kundendienstleistungen. Die Verfahren für die Auswahl der einzelnen Standorte werden dabei unterschiedlich sein. In Tabelle 4.2 sind die wichtigsten Faktoren, die einen Einfluß auf den Standort haben, aufgeführt.

Grundlage	Gründe
Lieferanten und Märkte	Wie schnell beliefern Sie Ihre Lieferanten und wie schnell beliefern Sie die Märkte (Liefertage)
Transport	Zugang zu wichtigen Straßenverbindungen, Zugang zur Bahn und Schiffswegen, Wettereinflüsse, Verkehrsstaus und -hindernisse
Staatliche Einflüsse	Steuern, Subventionsprogramme, Planung, Energiekosten
Arbeit	Feiertage, Gewerkschaften, Arbeitsrecht, Löhne und Gehälter, verfügbare Kenntnisse und Fertigkeiten

Tabelle 4.2: Grundlagen für Standortentscheidungen

Normalerweise bilden diese Faktoren die Grundlage für die Auswahl eines Standorts, und es gibt Verfahren für die Bestimmung von Alternativstandorten auf der Grundlage von Auftragsvolumina und der Entfernungen zu den Kunden. Diese Verfahren reichen von eigener Erfahrung über die Messung der Gesamtstrecken bis hin zu einer Schwerpunktanalyse. Letztere gewichtet die Zentren der Kundennachfrage mit Hilfe von Koordinaten und Kundenauftragsvolumina. Es war eines der ersten Verfahren, um einen Standort festzulegen, kommt aber insgesamt nicht mehr an die heute verwendeten Techniken heran. Sie geht davon aus, daß die Transportkosten proportional zur Entfernung sind, daß die Luftlinie zwischen zwei Punkten repräsentativ für die tatsächliche Entfernung ist und, daß es eine einheitliche Frachtgröße von bzw. zu jedem Standort gibt. Sie berücksichtigt keine Kapazitätsbeschränkungen, Dienstleistungsanforderungen und standortbezogene, unterschiedliche Produktionskosten. Sie kann aber nützlich sein für erste Entwürfe von Alternativen, die später dann angepaßt werden. Sie wird durchgeführt wie folgt:

1. Nehmen Sie eine Karte des betreffenden Gebiets und legen eine karierte Klarsichtfolie darüber.
2. Tragen Sie horizontal (x-Achse) und vertikal (y-Achse) den gleichen Maßstab auf.
3. Markieren Sie die Standorte aller Kunden auf der Karte und übertragen die x- und y-Koordinaten in die Spalten eines Arbeitsblattes (x-Werte in die erste, y-Werte in die zweite Spalte).
4. Tragen Sie in die dritte Spalte (Gewicht) das Gewicht des jährlichen Transportvolumens aller Kunden ein, das Sie für den neuen Standort erwarten.
5. Multiplizieren Sie für jeden Kunden das Gewicht mit den x- und y-Koordinaten und tragen das Ergebnis jeweils in die Spalten vier (x/Gewicht) und fünf (y/Gewicht) ein.
6. Berechnen Sie die Gesamtsumme der Spalten x/Gewicht, y/Gewicht und Gewicht insgesamt. Um nun die Schwerpunktkoordinaten zu erhalten, teilen Sie die Gesamtsummen für x/Gewicht, y/Gewicht durch die Gesamtsumme des Gewichts. Übertragen Sie die so gewonnenen Koordinaten des neuen Schwerpunktstandortes auf die Karte.

Bei der Betrachtung von Alternativen sind die Standorte nicht die einzige Option. Auch die Betriebsverfahren und Kriterien wie die Zusammenlegung von Transporten, Konzentration von Produkten mit geringen Umsatz an einem Standort und Direktversand ab Anbieter sollen in die Überlegungen mit einbezogen werden. Nachdem die Alternativstandorte bestimmt sind, müssen für diese Daten über Frachtraten, Lager- und Arbeitskosten gesammelt werden.

4.6.5 Aufstellung der jährlichen Betriebskosten

Der Einsatz von Software zu diesem Zweck ist in diesem Fall nicht unbedingt die richtige Antwort. Sie sollte nur als Werkzeug betrachtet werden, das in dem gesamten Entscheidungsprozeß hilfreich mitwirkt. In manchen Fällen sollte nach einer Interpretation gesucht werden. Von wirklichem Wert für die Distributionsplanung ist dagegen die Erfahrung, die durch das Verständnis der Arbeitsweise des Distributionssystems eines Unternehmens gewonnen wurde. Wichtig sind dabei Kenntnisse über die Distributionsplanung und die Einstellung, die Software so einzusetzen, daß sie wirklich für das Distributionsnetz von Nutzen ist. Die Alternativen können für mehrere Standorte annähernd gleiche Kosten ergeben, sich dabei aber wesentlich unterscheiden. Deshalb ist es wichtig, bei der Beurteilung der einzelnen Durchläufe für die Ausarbeitung der Betriebskosten auch noch andere Kriterien zur Verfügung zu haben, wie beispielsweise

1. *Zentrale Verwaltungs- und Auftragsbearbeitungskosten:* Normalerweise steigen diese Kosten mit zunehmender Zahl an Lagern an. Der Grund dafür ist, daß Koordination und Management eines umfangreicheren Netzes aufwendiger sind.
2. *Zyklus- und Reservelagerhaltungskosten:* Mehr Lager ist gleichbedeutend mit mehr Lagerbestand insgesamt. Die Theorie für den Lagerbestand besagt, daß Lagerreserven mit der Zahl der Einrichtungen zunehmen.
3. *Auswirkungen der Größen von Kundenaufträgen:* Kunden mit geringer Entfernung zum Lager neigen dazu, häufiger und in kleineren Mengen zu bestellen als weiter entfernte Kunden. Daraus folgt, daß die Lieferkosten pro Gewichtseinheit mit zunehmender Zahl von Lagerstandorten ebenfalls ansteigen.
4. *Transferkosten für Transporte von Lager zu Lager:* Je mehr Lagerstandorte es gibt, desto größer werden die Koordinationsprobleme und desto wahrscheinlicher wird es, daß Produkte zwischen den einzelnen Lagern transportiert werden müssen, um diese an den betroffenen Standorten schnell verfügbar zu machen.
5. *Verhandlungen zur Senkung von Lager- und Lieferkosten:* Je weniger Lagereinrichtungen es gibt, desto größer sind zwangsläufig die verbleiben-

den. Damit ergeben sich günstigere Ausgangsbedingungen für Verhandlungen über Lager- und Lieferdienstleistungen.

Sinn und Absicht dieses Kapitels ist, einen Gesamtansatz für eine Distributionsplanung vorzustellen. Die verschiedenen Techniken, die es für die Ausarbeitung der jährlichen Betriebskosten gibt, zu erörtern, würde den Rahmen dieses Buchs sprengen. Aber ganz unabhängig von der verwendeten Technik sollte der Gesamtansatz etwa folgende Schritte enthalten:

1. *Validierung des vorhandenen Netzes:* Simulieren Sie mit einem Computermodell die Kosten. Vergleichen Sie das Ergebnis mit den tatsächlichen Kosten.
2. *Simulieren Sie Netzalternativen:* Nachdem die Gültigkeit des Computermodells sicher ist, sollten Netzalternativen mit den aktuellen und prognostizierten Volumina getestet werden.
3. *Auswertung der einzelnen Varianten und Aufstellung einer Rangliste:* Erstellen Sie eine Tabelle zur Berechnung der Gesamtkosten der einzelnen Alternativen. Diese Tabelle sollte die Kosten der Absatzzentren getrennt ausweisen.
4. *Auswertung der jährlichen Kosten und Dienstleistungsfaktoren:* Erstellen Sie eine Tabelle, die, gegliedert nach Alternativen, alle Kosten und Dienstleistungsfaktoren ausweist.
5. *Durchführung einer Sensitivitätsanalyse:* Die Sensitivitätsanalyse geht von der Vorstellung aus, mehrere Programmläufe durchzuführen, bei denen jeweils Parameter verändert werden. Diese Parameter könnten beispielsweise Kosten sein, die nicht sicher bestimmt werden können oder bei denen die Möglichkeit besteht, daß sie sich ändern. So wird ersichtlich, welche Auswirkungen die Änderung auf das Gesamtergebnis hat.
6. *Bestimmung aller Investitionen für die einzelnen Alternativen:* Beispiele sind: Kosten für neue Ausrüstung für die Lager, um Platz zu sparen, oder Neubau- und Umbaukosten.

4.6.6 Beurteilung von Alternativen

Bei der Wirtschaftlichkeitsanalyse wird untersucht, welche Kosten mit der Umsetzung der einzelnen Vorschläge verbunden wären. Dafür müssen alle Investitionen und Einsparungen für die einzelnen Alternativen bestimmt werden. Auch die Kosten neuer Ausrüstungen für die Lagerstandorte, Neubau- und alle Umbaukosten sollten aufgenommen werden.

Zusätzlich werden noch folgende Informationen benötigt: Notwendige Versetzungen von Personal, Abfindungen, Verlegung von Lagergut und Computerausrüstung, Steuern und Abgaben, Verlegung von Ausrüstung und der Verkauf von Gebäuden und Grundstücken.

Das Ergebnis dieser Analyse ist der ROI (Return on Investment) einzelner Varianten im Vergleich zum Ausgangswert. Anschließend sollte eine Sensitivitätsanalyse durchgeführt werden, bei der Kosten- und Einsparungswerte variieren, um zu sehen, welche der Alternativen sich am stabilsten erweist. Um die Gesamtanalyse abzurunden, sollte eine quantitative Analyse folgen, bei der Faktoren wie Kundendienstleistungen und Einfachheit der Umsetzung untersucht werden. Nachdem die Entscheidung für eine der Alternativen gefallen ist, muß ein Plan für die Umsetzung mit zeitlichem Ablauf der einzelnen Phasen erstellt werden, in dem alle wichtigen Schritte für die Umstrukturierung des vorhandenen Systems in das neue enthalten sind.

4.6.7 Ausarbeitung des Plans

Der letzte Schritt bei diesem Planungsverfahren ist, die Ergebnisse der Geschäftsleitung vorzustellen. Dies muß in einer Weise erfolgen, daß die Auswirkungen der neuen Strategie auf das Gesamtgeschäft für das Management verständlich werden. Es sollten nicht nur die finanziellen Aspekte des Transports und der Lagerung, sondern auch die des Gesamtverkaufsvolumens und der Kundendienstleistungen dargestellt werden.

Um diese Informationen der Geschäftsleitung zu vermitteln, sollten Unterlagen und Präsentationen vorbereitet werden. Folgende Informationen sind darin enthalten:

1. *Ziele:* Normalerweise werden die Ziele im Einführungsteil des Berichts dargestellt.
2. *Empfehlungen:* Die Empfehlungen sind in einem Plan mit den zeitlichen Phasen der einzelnen Schritte für die Umsetzung zusammengefaßt. Auch die notwendigen Gesamteinsparungen und -investitionen werden hier angeführt. Es sollte auch eine Karte für das betreffende Gebiet enthalten sein.
3. *Verfahren:* Hier werden die Methodik, die Annahmen und das Datenmaterial beschrieben, die für die Studie verwendet wurden.

4. *Vorhandenes Netz:* Es wird das vorhandene Netz erklärt, wie es funktioniert, Probleme und Einschränkungen auf das Gesamtsystem.
5. *Untersuchte Alternativen:* Hier sollten die Auswahlkriterien (Städte oder Betriebsverfahren) für die Alternativen enthalten sein, ebenso alle realisierbaren Alternativen identifiziert und beschrieben werden. Eine Erklärung, weshalb einige Alternativen schnell verworfen und nicht weiter verfolgt wurden, ist dabei wichtig.
6. *Ergebnisse der Netzmodellierung:* Als erstes sollten hier die verwendeten Analyseverfahren dargestellt werden, um die beste Netzvariante zu finden. Anschließend folgen dazu Diskussionen über die zwei oder drei besten Alternativen.
7. *Zusammenfassung der Evaluierung von Alternativen:* Nachdem die besten Alternativen bestimmt wurden, muß bewertet werden, ob es in ökonomischer und qualitativer Hinsicht vertretbar ist, Zeit und Geld in eine Verlegung zu investieren.
   Dieser Abschnitt enthält eine Zusammenfassung der Investitionen, des jährlichen Cash-flows und zeigt, wie günstig die einzelnen Alternativen im Vergleich zum aktuellen Stand sind. Auch die qualitativen Aspekte jeder Alternative sollten hier aufgeführt sein. Erklären Sie, welche Strategie die beste ist und weshalb.
8. *Weiteres Datenmaterial:* Hierunter fallen unter anderem unterstützende Daten und Berechnungen. Sie sollten in den Anhang des Berichts aufgenommen werden.

4.7 Auswahl des Standorts

Nachdem beschlossen ist, in welchem Gebiet der neue Standort errichtet werden soll, und das Management den strategischen Plan für das Distributionsnetz genehmigt hat, ist die nächste Aufgabe, die Stadt oder Gemeinde, das Gelände und die Immobilie zu finden, die für den neuen Standort am besten geeignet sind. Dies ist der komplizierteste und zeitaufwendigste Schritt des gesamten Verfahrens. Zu viele Orte könnten zunächst in Frage kommen. Ein häufig gemachter Fehler ist, daß in diesem Stadium bereits mit den Besichtigungen begonnen wird, ohne vorher in einem Gesamtansatz die Kriterien dafür festzulegen. Es ist notwendig, daß das Team für die Standortwahl zunächst selbst Erkundigungen einzieht oder externe Hilfe dafür in Anspruch nimmt, um die Zahl der Orte einzugrenzen. Das ist vor allem deshalb notwendig, weil dort eine detaillierte Suche nach einem möglichen Standort jeweils Stunden oder sogar Tage in Anspruch nehmen kann.

Für diese Eingrenzung gibt es verschiedene Möglichkeiten, wie zum Beispiel

- *Maklerfirmen* haben Unterlagen über in Frage kommende Immobilien in dem betreffenden Gebiet. Bedenken Sie, daß die Maklerprovision ein Erfolgshonorar ist. Das kann sich positiv oder negativ auf die Suche auswirken.
- *Kommunale Einrichtungen:* Städte und Gemeinden sind ebenfalls gute und verläßliche Informationsquellen, die detaillierte Auskunft über mögliche Standorte geben können. Da diese sehr daran interessiert sind, neue Industrien und Gewerbe anzusiedeln, sollten Sie sicher sein, wirklich dorthin zu wollen, bevor Sie sich auf diese Informationsquelle verlassen.
- *Consulting-Unternehmen* sind unvoreingenommene Informationsquellen und sparen Ihnen viel Zeit. Wichtig für die Auswahl ist, sicher zu gehen, daß sie wirklich unabhängig und objektiv sind.

Der beste Weg, eine engere Wahl für die Kommunen zu treffen, ist eine Checkliste mit den wichtigsten Voraussetzungen für den neuen Standort. Wenn eine Kommune diese Voraussetzungen nicht erfüllt, dann sollte sie nicht weiter verfolgt werden. Einige Kriterien für eine solche Checkliste sind in Tabelle 4.3 aufgeführt.

Nachdem die engere Auswahl getroffen ist, sollten Standortbesichtigungen durchgeführt werden, um in Frage kommende Mietobjekte oder zum Verkauf stehende Grundstücke oder Gebäude anzusehen. Vorher sollten Sie aber eine weitere Checkliste erstellen. Diese umfaßt

- Lage
- Topographie
- Anforderungen an die Umgebung
- Verkehrsanbindung
- Zufahrtsmöglichkeiten
- Schutz vor Hochwasser
- Verlademöglichkeiten
- Beleuchtungshöhe
- nutzbare Höhe
- vorhandene Einrichtungen

Dann sollten diese Punkte ihrer Wichtigkeit nach geordnet werden. Mit Hilfe dieser Liste kann jeder Standort bewertet werden. Teilweise sind umfangreiche Untersuchungen erforderlich, wie etwa bei dem Preis für die vorhandenen Einrichtungen, bevor eine abschließende Beurteilung möglich ist.

Arbeitsfragen	Gewerkschaften (ja / nein), Verfügbarkeit von qualifiziertem Personal, Lohn- / Gehaltsniveaus, Unfallstatistik für dieses Gebiet, öffentliche Bildungseinrichtungen, Arbeitsvorschriften, Arbeitsgesetze, lokale Kosten für Sicherheits- und Gesundheitsvorsorge, Verfügbarkeit von Managementpersonal
Zusatzfragen	Bisherige Frachtraten, Preise außerhalb der Spitzenzeiten, Nachlässe und Konventionalstrafen, Preise für ortsansässige Kunden, Wasserkosten und -qualität, Wasseranalysen, Müllgebühren und Häufigkeit sowie Verfahren für die Müll- und Abfallbeseitigung
Infrastruktur	Einkaufsmöglichkeiten, Wohnmöglichkeiten und Mietkosten, öffentliche Verkehrsmittel, Zeitungen und Medien, Verkehrsdichte, Brief- und Paketdienste, Ärzte und Krankenhäuser, Polizei, Feuerwehr, Schulen, Universitäten, Freizeiteinrichtungen, religiöse Aktivitäten, kulturelle Einrichtungen
Industrie, Gewerbe	Im Gebiet vertretene Branchen, potentielle Anbieter und Kunden, Gewerkschaftseinfluß, Umweltbedingungen, kommunale Unterstützung, Zu- und Abgänge von Betrieben in den letzten fünf Jahren
Gemeindeverwaltung, Regierung	Wahlergebnisse, Amtsinhaber in der Vergangenheit, Jahresfinanzhaushalt, Quellen der öffentlichen Einnahmen, Verhalten bei Streiks, Steuern, finanzielle Situation
Verschiedenes	Wetterbedingungen (Temperatur, Regen, Schnee, Feuchtigkeit, Zahl der Sonnentage), bisherige Planung und Entwicklung, kommerzielle Dienstleister im Gebiet (Banken, Distributoren, Büroeinrichter, Reparaturbetriebe)
Transport per Bahn	Vereinbarungen über Zwischenhalt zum Ver- und Entladen, Standgebühren für Waggons, Abhol- und Lieferdienste, Frachttermine
Transport per Lastwagen	Zulässige Brückenbelastungen, Ausbau von Autobahnen und Bundesstraßen, Verkehrsdichten
Andere Transportmittel	Flugzeug: Nähe zum Flughafen, Flugplan der einzelnen Fluggesellschaften Schiff: Breite und Tiefe der Wasserstraßen, Terminals, jahreszeitliche Beschränkungen Andere: Busse, Taxis, Schnelldienste, Autoverleihe

Tabelle 4.3: Überlegungen der Kommunen

4.8 Zusammenfassung

Es ist wichtig für Sie in diesem Kapitel, daß ein guter strategischer Plan für ein Distributionsnetz von gründlich und optimal definierten Forderungen und Voraussetzungen abhängt. Er sollte nicht aus irgendwelchen Ideen, Vorstellungen, Annahmen oder Möglichkeiten zusammengebaut werden, bei denen nicht untersucht wurde, ob sie tatsächlich zutreffen und gültig sind.

Mögliche Anforderungen werden definiert, analysiert und evaluiert. Das Ergebnis sollte ein ganz spezifischer Satz von strategischen Anforderungen sein. Normalerweise liegt der Planungshorizont im Bereich von Jahren. Typisch dafür sind Fünfjahrespläne. Ein guter Plan für ein Distributionsnetz orientiert sich an den beteiligten Aktionen und ist zeitlich abgestimmt. Wann immer möglich sollte der Plan detailliert die Aktionen beschreiben, die erforderlich sind, um die einzelnen Anforderungen zu erfüllen und nicht nur die Alternativmöglichkeiten angeben, mit denen diese Ziele ebenfalls erreicht werden können.

Ein Plan für ein Distributionsnetz beruht auf einer Reihe von Voraussetzungen für zukünftige Verkaufsvolumina, Höhe des Lagerbestands, Transport- und Lagerkosten. Am wichtigsten, um die notwendige Akzeptanz zu erreichen, ist schließlich, daß eine schriftliche Dokumentation mit Karten erstellt wird, die ausführlich beschreibt und zeigt, wie das Distributionsnetz aufgebaut und betrieben werden soll.

Zusammenfassung

5 Distributionsinformationssysteme

CRAIG M. GUSTIN
Vorstand, CGR Management Consultants

„Ich bin der Überzeugung, daß die effektivere Ausnutzung von Information möglicherweise die einzige bedeutende Quelle für moderne Unternehmen ist, um Wettbewerbsvorteile zu erringen."
John A. Joung, Präsident und Chief Executive Officer of Hewlett-Packard
Vortrag bei Grocery Manufacturers of America (7. April 1988), „Using Information for a Competitive Advantage."

Distribution oder Logistik ist für die Wirtschaft von Industrienationen von allergrößter Bedeutung. In den USA hatten 1992 alle mit Logistik verbundenen Aktivitäten ein Gesamtvolumen von über 600 Milliarden Dollar oder annähernd 11 Prozent des Bruttosozialprodukts. Der Anteil der Gesamtausgaben für Logistik an den jährlichen Einnahmen liegt bei amerikanischen Unternehmen durchschnittlich im Bereich von acht Prozent, wobei sie im Einzelfall von zwei Prozent bis über 20 Prozent schwanken können, abhängig von der Branche, in der das Unternehmen tätig ist, von seiner geographischen Verbreitung und Aktivität sowie anderen Faktoren. Ein anderes Kriterium, an dem bei amerikanischen Unternehmen die Auswirkungen der Distribution abzulesen sind, ist die Tatsache, daß die Gesamtausgaben für die Distribution im Bereich von 10 bis 35 Prozent liegen, abhängig vom Geschäft und dem geographischen Gebiet in dem das Unternehmen tätig ist sowie dem Gewicht / Wert-Verhältnis von fertigen Produkten und den Rohmaterialien dafür. In den USA wurde für die Distribution eine Kostenreduktion von 10 Prozent als ein erreichbares Ziel vorgeschlagen. Legt man die oben genannten Zahlen zugrunde, dann wären die Einsparungen, wenn dieses Ziel erreicht würde, jährlich 60 Milliarden Dollar.

5.1 Herausforderungen für erfolgreiche Distributionssysteme

Die oben genannten Zahlen zeigen deutlich, daß durch verbesserte Distribution erhebliche Einsparungen möglich sind. Beispielsweise wird der Standpunkt vertreten: Ein Hardware-Informationssystem für Distributionsmanagement ist notwendig, um

- die erforderliche Wissenbasis zum Erschließen neuer Märkte für das Management verfügbar zu machen
- innovative Transportsysteme nutzen zu können
- die Art der Verpackung ändern zu können
- entscheiden zu können, ob öffentliche Transportmittel oder ein eigener Fuhrpark verwendet werden sollen
- entscheiden zu können, ob die Lagerbestände erhöht oder verringert werden sollen
- die Rentabilität von Kunden zu bestimmen
- rentable Dienstleistungsangebote zu erstellen
- die Zahl der Lager für das Distributionsnetz festzulegen
- zu bestimmen, in welchem Umfang die Auftragsbearbeitung automatisiert werden soll

Obwohl bei einer verbesserten Logistik eigentlich unternehmensweite Einsparungen zu erwarten wären, bleiben diese häufig aus. Der Grund dafür liegt nicht selten darin, daß US-Unternehmen nicht in der Lage sind, ihre logistischen Aktivitäten und die damit verbundenen Kosten im nötigen Umfang zu bewerten und zu kontrollieren. Das ist vor allem darauf zurückzuführen, daß logistische Aktivitäten von Natur aus nicht konzentriert an einem Ort, sondern weit verteilt ablaufen und es keine übergeordneten Gesamtansatz für das Management dieser Aktivitäten gibt. Ein anderer wesentlicher Grund ist, daß häufig geeignete Informationssysteme dafür fehlen.

Aber was sind die tieferen Ursachen, die verhindern, daß notwendige Verbesserungen vorgenommen werden, um die genannten Einsparungen zu erreichen? In den meisten Unternehmen sind für die Distributionsaktivitäten eine unternehmensweite Koordination und Integration mit anderen Aktivitäten erforderlich. Aus zwei Gründen erreichen diese in der Distribution nicht die Effizienz, die möglich wäre:

1. Distribution wird in den einzelnen Abteilungen getrennt durchgeführt (beispielsweise Marketing, Produktion, Buchhaltung usw.)
2. Es gibt keine distributionsorientierten Datenbanken als Grundlage für Entscheidungen.

Der erste Punkt betrifft vor allem ein organisatorisches Problem, das nicht durch die Distribution selbst gelöst werden kann. Obwohl aus neueren Studien und Veröffentlichungen hervorgeht, daß dort die Distributionsfunktion immer mehr ins Blickfeld rückt und ihr Status zunimmt, zeigt doch die Realität, daß in den meisten Unternehmen die Abteilungsleiter der anderen wichtigen Abteilungen – Finanzen, Marketing und Produktion – die höheren und einflußreicheren Positionen innehaben im Vergleich zu ihren Kollegen, die für die Distribution verantwortlich sind. Deshalb ist es schwierig, Fortschritte als Ergebnis dieser Entwicklung festzustellen, obwohl die Distribution immer stärkere Beachtung findet.

Der zweite Punkt scheint dagegen direktere und meßbare Erfolge zu ermöglichen, da er mehr unter der Kontrolle der Distributionsverantwortlichen ist. Aber bei der Einrichtung einer distributionsorientierten Datenbank tritt die Distributionsabteilung in Konkurrenz mit anderen Abteilungen, wenn es darum geht, die Genehmigung für die Entwicklung der erforderlichen Software zu erhalten.

Da Distributionsanwendungen häufig komplizierter als andere Anwendungen (beispielsweise Buchhaltung) sind und mehr Ressourcen (Mitarbeiter und EDV-Ausrüstung) für die Entwicklung und Umsetzung benötigen, werden sie häufig abgelehnt oder verschoben. In Verbindung mit den oben angeführten hierarchischen Problemen und der getrennten Durchführung der Distribution kann das Ergebnis sein, daß für die Entscheidungsfindung keine integrierten Systeme zur Verfügung stehen. Die Folge ist ein „Distributionsdilemma“, bei dem wegen der untergeordneten hierarchischen Stellung der Distribution das System nur begrenzte Fähigkeiten erreichen kann und Verbesserungsmöglichkeiten und -gelegenheiten nicht erkannt werden.

Mit diesem offensichtlichen, begrenzten Potential für Einsparungen und Kostensenkungen gibt es weder eine Veranlassung noch eine Rechtfertigung, die Stellung des Distributionsmanagements zu stärken oder die Systemfähigkeiten zu erweitern. Abbildung 5.1 zeigt dieses „Distributionsdilemma“.

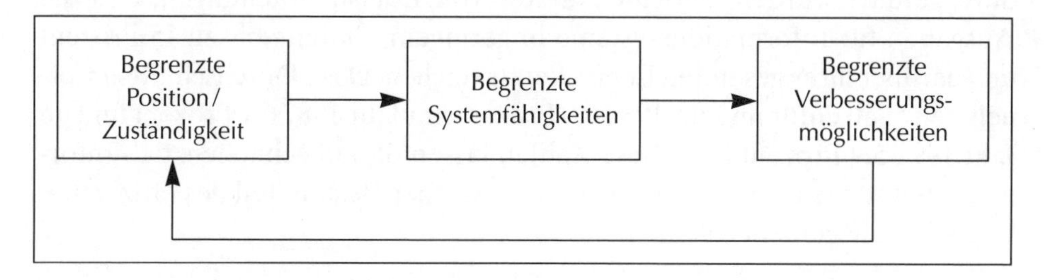

Abbildung 5.1: Das Distributionsdilemma

Es ist ein Teufelskreis, der mit den Worten beschrieben werden kann: „Sie bekommen das System nicht, bevor sie nicht die Zahlen liefern, die eine Anschaffung rechtfertigen, aber die Zahlen für die Rechtfertigung des Systems sind nicht ohne das System zu bekommen."

5.2 Ausgaben für ein Informationssystem

Obwohl die erforderlichen Investitionen, die für ein Informationssystem nicht unerheblich sind, ist es nicht leicht, ihre Größe zu bestimmen. Für das Jahr 1990 wurden dafür weltweit 50 Milliarden Dollar veranschlagt, und für das Jahr 2000 wurden damals mehr als 75 Milliarden Dollar prognostiziert. Eine neuere Schätzung kommt dagegen für das Jahr 2000 auf 215 Milliarden Dollar – weltweit. Dieser Wert ist nahezu das Dreifache der ersten Schätzung. Geht man davon aus, daß das Bruttoinlandsprodukt der USA etwa ein Drittel des globalen Gesamtwertes beträgt und die anteiligen Ausgaben für Informationssysteme konstant bleiben, dann werden sie in den USA zum Ende dieses Jahrzehnts eine Größenordnung von 25 Milliarden Dollar erreichen.

In den USA sind „... die Kosten für den Aufbau und die Instandhaltung einer komplexen Infrastruktur von Systemen, Anwendungen, und Netzen auf 15 Prozent der Betriebskosten gestiegen und verschlingen in manchen Industrien oder Branchen bis zu 70 Prozent des Gewinns." Ungeachtet dieser immensen Ausgaben gibt es traditionell in den meisten Unternehmen ein Investitionsdefizit für die Entwicklung von Systemen zur Unterstützung der Distribution. Zum Beispiel wurden „... unabhängig vom Auftragsvolumen in den letzten 10 Jahren weniger als 15 Prozent der Systeminvestitionen in Logistiksysteme investiert."

Nach Forschungsarbeiten, die in den USA in den Jahren 1982, 1987 und 1992 durchgeführt wurden, berichten Leiter von Logistikabteilungen, daß die Ausgaben für Informationssysteme in geringem Umfang bis zu 15 Prozent und darüber ihres gesamten Logistiketats reichen. Das „Durchschnittsunternehmen" gab dafür im Jahr 1982 6,0 Prozent, im Jahr 1987 6,1 Prozent und im Jahr 1992 5,9 Prozent aus. Diese Zahlen lassen darauf schließen, daß Informationssysteme auch weiterhin ein wesentlicher Bestandteil des effizienten Logistikmanagements bleiben.

Der zentrale Punkt eines Distributionsinformationssystems ist klar: Wenn es realisiert wird, „... benötigt die Logistik 35–60 Prozent des Systementwicklungs- und -betriebsetats. Im Gegenzug kommen aber in vielen Unternehmen über 75 Prozent der Erträge daraus von Logistiksystemen.“

5.3 Distributionsinformationssystem: Definition

Distribution oder Logistik wurde in sehr vielfacher Weise definiert. Die vielleicht beste Definition wurde 1985 vom Council of Logistics Management übernommen:

- Prozeß der Planung, Umsetzung und Kontrolle von effizientem(r), rentablem(r) Fluß und Lagerung von Rohmaterial, Produktionsmaterialvorräten, Produkten und zugehöriger Information über Herkunfts- und Verbrauchsort mit dem Ziel, Kundenanforderungen zu erfüllen.

Für die Begriffe *Information* und *System* gibt es ebenfalls zahlreiche Definitionen, wie zum Beispiel

Information: Die Kommunikation oder der Empfang von Wissen oder Nachrichten; Neuigkeiten; Fakten; Daten. *(Webster's New Collegiate Dictionary, 1989, S. 620)*

System: Eine Gruppe aus Einheiten oder Objekten oder eine Organisation, die ein Netz bilden, insbesondere zu Distributionszwecken oder zu allgemeinen Zwecken. *(Webster's New Collegiate Dictionary, 1989, S. 1199)*

Würde man alle drei Begriffe verbinden, dann ergäbe das eine sehr umfassende, aber möglicherweise auch sehr unpraktische Definition. Die vielleicht sinnvollste und praktikabelste Definition wurde bereits vor mehr als 20 Jahren formuliert:

- Logistikinformationssystem: kontrolliert den Fluß von Gütern von der Beschaffung von Rohmaterial bis zur Distribution der fertigen Produkte.

5.3.1 Material- und Informationsfluß

Nachdem die Arbeitsdefinition für das Distributionsinformationssystem festgelegt ist, muß es genauer beschrieben werden. Ein solches System soll die zentralen Punkte des eigentlichen Distributionsprozesses erfassen, wie beispielsweise den Fluß von Material und der zugehörigen Information. Wie aus Abbildung 5.2 hervorgeht, neigen Material und Information dazu, in entgegengesetzte Richtungen zu fließen und treten innerhalb sowie zwischen den einzelnen Funktionen des Distributionsprozesses auf. Darüber hinaus gibt es sie auch noch von und zu anderen Funktionen (Produktion, Marketing usw.).

Durch die Entwicklung von globalen Logistiken und Lieferketten-Partnerschaften müßte eine vollständige Systembeschreibung auch noch externe Schnittstellen zu Lieferfirmen, Kunden und Zwischenstellen wie Transportunternehmen, Lagerhäusern, Händlern und anderen Dienstleistern umfassen.

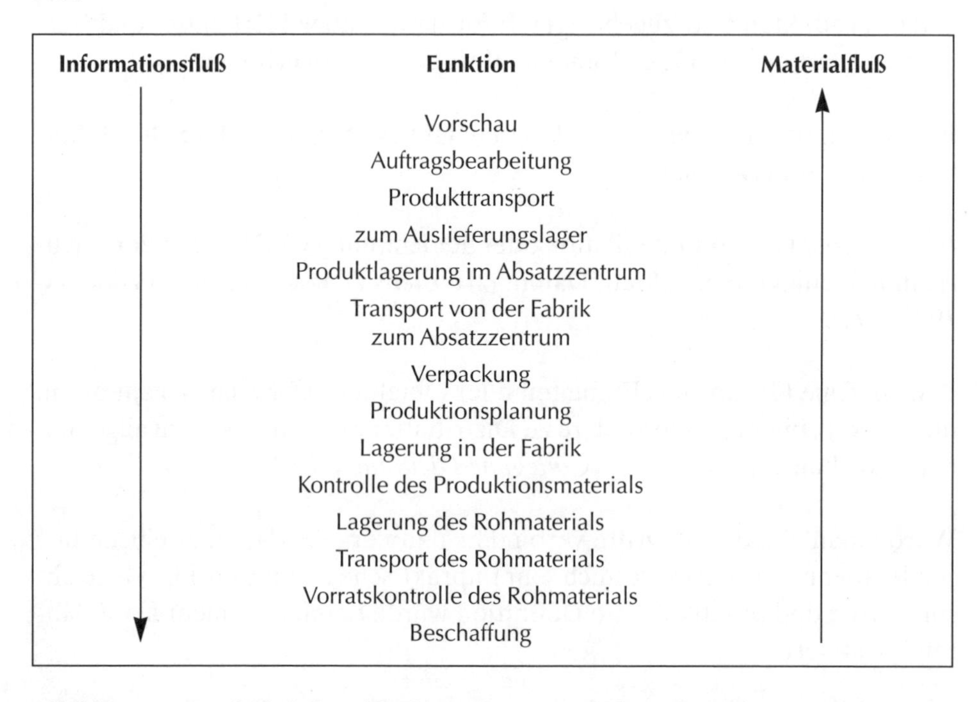

Abbildung 5.2: Der logistische Ablauf (Aus James L. Heskett, „Logistics-Essential to Strategy", Harvard Business Review, November – Dezember 1977, S. 87)

5.3.2 Entscheidungshilfen

Der Informationsfluß auf der linken Seite von Abbildung 5.2 hängt dabei ab von der Stufe in der Hierarchie, auf der die jeweiligen Entscheidungen für

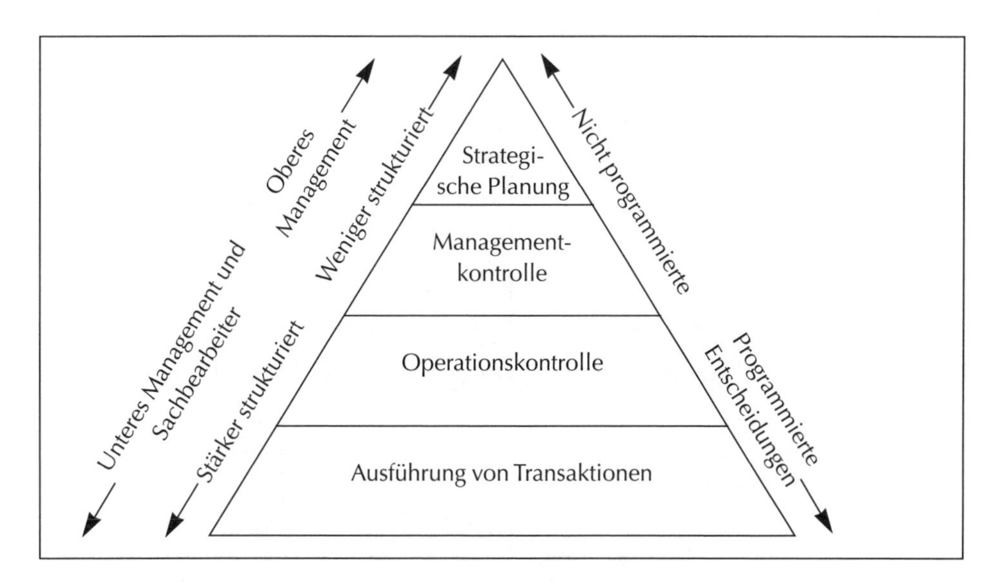

Abbildung 5.3: Die Entscheidungshierarchie: Strategische Planung – Managementkontrolle – Operationskontrolle. (Aus Gordon B. Davis, Management Information Systems: Conceptual Foundations. Structure and Development. New York: McGraw-Hill, 1974, S. 222)

die einzelnen Komponenten getroffen werden. In Abbildung 5.3 ist ein Beispiel für eine Entscheidungshierarchie dargestellt, die auf einer transaktionsorientierten Basis aufbaut. Die Taxonomie für diesen Entscheidungsprozeß mit den unterschiedlichen Sichtweisen der strategischen, der taktischen und der Betriebsplanung ist in Tabelle 5.1 wiedergegeben. Die Informationsmerkmale, die mit jeder Entscheidungsstufe verbunden sind, können auch wie in Abbildung 5.4 definiert werden. Tabelle 5.2 enthält eine vergleichende Betrachtung von Informationsmerkmalen für Planungs-, Umsetzungs- und Kontrollaktivitäten.

Es wurde auch der Vorschlag gemacht, daß ein vollständiges System aus zehn Subsystemen aufgebaut sein sollte, die in drei Kategorien gegliedert sind entsprechend ihrer zeitlichen Ausrichtung wie beispielsweise Vergangenheit, Gegenwart und Zukunft. Diese zehn Subsysteme sind

1. Vorschau
2. Planung
3. Etatbearbeitung
4. Lagerbestandsmanagement
5. Produktionsplanung und -überwachung

	Strategische Planung	Taktische Planung	Operationsplanung
Ziele	Ressourcen -akquisition	Ressourcen-nutzung	Ausführung
Zeithorizont	Lang	Mittel	Kurz
Management-Beteiligung	Stark	Mittel	Schwach
Informationsquellen	Extern und Intern	Extern und Intern	Intern
Detaillierte Information	Sehr allgemein	Allgemein	Detailliert
Unsicherheit über Datenzuverlässigkeit	Hoch	Mittel	Gering
Risikohöhe	Groß	Mittel	Klein

Tabelle 5.1: Taxonomie für den Entscheidungsprozeß

	Entscheidung		
Informationsmerkmal	Strategische Planung	Management-kontrolle	Operations-kontrolle
Genauigkeit	Wenig	←→	Sehr
Detailstufe	Allgemeiner	←→	Detailliert
Zeithorizont	Zukunft	←→	Gegenwart
Verwendungshäufigkeit	Selten	←→	Häufig
Quelle	Extern	←→	Intern
Informationsbreite	Breit	←→	Klein
Informationsart	Qualitativ	←→	Quantitativ
Informationsalter	Älter	←→	Neu

Abbildung 5.4: Informationsmerkmale nach Entscheidungsbereichen. (Aus Peter G. W. Keen und Michael S. Scott-Morton, Decision Support Systems: An Organizational Perspective. Reading, Mass.: Addison-Wessley Publishing Co. 1978, S.83)

6. Beschaffung
7. Auftragsbearbeitung und Rechnungserstellung
8. Kundendienstleistungen
9. Transportmanagement
10. Management aller Einrichtungen

In Abbildung 5.5 ist ein Beispiel für den Entscheidungsprozeß zur Umsetzung der Distributionsparameter in einen strategisch-taktischen Operationsrahmen wiedergegeben.

Entscheidungs-bereich	Entscheidungsrichtung		
	Strategisch	Taktisch	Operational
Prognose	• Langfristig • Neue Produkte • Demographische Veränderungen	• 6–12 Monate • Saisonal • Marketingeinflüsse	• 12–16 Wochen • Werbung • Trends
Netz Aufbau/Analyse	• Fabrik- und AZ-Standorte • Alternative Bezugsquellen • Eigenfertigung vs. Kauf	• Nicht eigene Lagerhäuser – Einsatz und Aufgaben	• Kundenneustrukturierung
Produktionsplanung	• Produktionsmix • Benötigte Ausrüstung • Standort der Ausrüstung	• Produktionsmix • Lagerinventar vs. Überstunden • Arbeitsgruppenplanung	• Alternativenplanung •
Materialplanung	• Alternativen für Material und Technologien	• Vorräte und Verträge • Analyse von Engpässen • Distributionspläne	• Beschaffung • Lagerung • Freigabe
Produktionsterminplanung	• Wirtschaftlichkeitsanalyse – Produktlinien vs. breitbandige Produktion	• Produktionstermine für 6–12 Monate	• Tägliche/wöchentliche Produktionstermine
Auslieferung	• Fuhrparkgröße und -aufbau	• Verträge mit Zustellfirmen/Speditionen • Ausrüstungsstandorte	• Tages-/Wochenpläne für Laden und Liefern • Versandpapiere

Abbildung 5.5: Entscheidungsrahmen für die Distribution ***(mit Genehmigung von Richard F. Powers, Präsident d. Insight Inc.)***

Merkmal	Planung	Umsetzung und Kontrolle
Fokus:		
Ressourcen	Kapitalbedarf, -art	Effizienz beim Einsatz
Organisation	Gesamtstruktur, Schnittstellenbeziehung	Detaillierte Verantwortlichkeit, Ziele
Entscheidungsprozeß:		
Aufbau, Ansatz	Ad hoc	Vorgegeben, routinemäßig
Erforderliches Urteilsvermögen	Groß	Gering
Zeit:		
Horizont	Über ein Jahr	Tag, Woche, Monat, Quartal, Jahr
Unbestimmt	Nach Bedarf	Sofort
Form:		
Format	Flexibel, angepaßt	Fest
Genauigkeit	Größenordnung	Sehr genau
Ort:		
Lage	Zentral	Dezentral
Quelle	Extern und intern	Ausschließlich intern
Vorbereitung	Weitgehend nicht automatisiert	Weitgehend automatisiert

Tabelle 5.2: Vergleich der Informationsmerkmale für Planung, Umsetzung und Kontrolle

5.4 Systementwicklung und -umsetzung

Um erfolgreiche Distributionsinformationssysteme zu entwickeln, muß verschiedenes beachtet werden. In diesem Abschnitt werden die Punkte besprochen, die für die Entwicklung und die Umsetzung am wichtigsten sind.

5.4.1 Modularer Aufbau

Die Voraussetzung für die Entwicklung eines Informationssystems, das, wie in den vorangegangenen Abschnitten beschrieben, die Distribution und die damit verbundenen Aktivitäten unterstützt, ist eine Systemstruktur, in der sowohl das gesamte Spektrum der Distributionsaktivitäten als auch alle Entscheidungsprozesse integriert sind. Ein Beispiel dafür ist in Abbildung 5.6

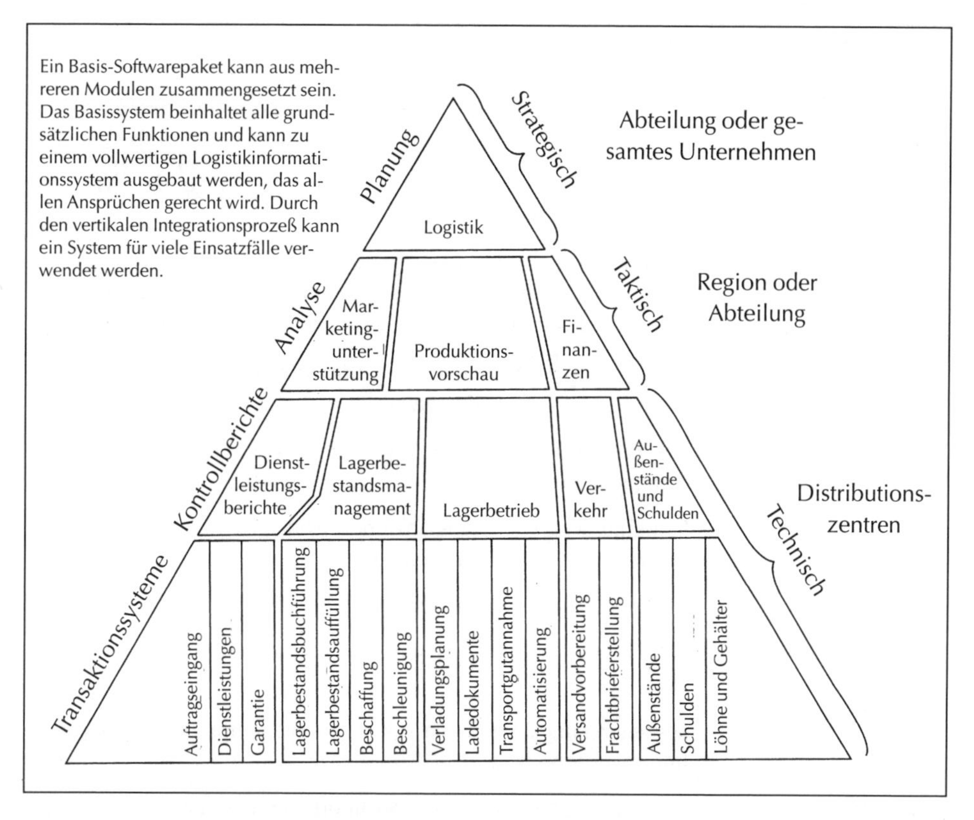

Abbildung 5.6: Modulares Logistikinformationssystem. (Aus Perry A. Turnick, „Computerization: The Road Ahead for Distribution", Handling & Shipping Management, April 1981, S. 54)

dargestellt. In diesem pyramidenartig aufgebauten System ist die Entscheidungshierarchie aus den Abbildungen 5.3 und 5.4 und Tabelle 5.1 sowie ein Großteil der Planungs-, Umsetzungs- und Kontrollmerkmale aus Tabelle 5.2 vereinigt. Auch die zehn oben aufgeführten logistischen Subsysteme sind vollständig oder teilweise enthalten und ebenso der überwiegende Teil der in Abbildung 5.5 dargestellten Strategie-, Taktik- und Operationsentscheidungen. Es ist zu beachten, daß dieses System modular aufgebaut ist. Dies bedeutet, daß eine Komponente oder mehrere gemeinsam unabhängig von den anderen entwickelt werden kann bzw. können. Das hat den Vorteil, Schwierigkeiten zu vermeiden, die häufig bei der Umsetzung unternehmensweiter Systeme durch die parallele Einführung aller wichtigen Funktionen auf allen Entscheidungsebenen auftreten.

Stufe	Phase	Beschreibung
1	Top-down	Definition des Logistikauftrags und der Logistikziele des Unternehmens
2	Top-down	*Logistikintern:* Festlegung der Schlüsselaktivitäten und der Verantwortung für diese Aktivitäten
3	Top-down	Bestimmung des Informationsbedarfs der *nicht zur Logistik gehörenden* Organisationseinheiten. Festlegung der mit diesem Datenmaterial verbundenen Schlüsselaktivitäten und Verantwortung
4	Top-down	Bestimmung der Schlüsselfragen und -punkte für ein erfolgreiches Management dieser Aktivitäten
5	Top-down	Bestimmung der für die Beantwortung der Schlüsselfragen notwendigen Information
6	Top-down	Einrichtung von Software-Anwendungen für die Aufbereitung der notwendigen Logistikinformation
7	Top-down	Bestimmung der Informationsquellen (zum Beispiel Datendateien)
8	Übergang	Einrichtung von Datenklassen zur Unterstützung von Logistikaktivitäten
9	Bottom-up	Festlegung der Datenbankstruktur zur Integration des logistischen Informationsbedarfs
10	Bottom-up	Entwicklung der Architektur des Informationssystems, um das Datenmaterial der Datenbank zu analysieren, darüber Berichte zu erstellen und es zu analysieren, beispielsweise ein System zur Entscheidungshilfe für das Management von logistischen Aktivitäten

Tabelle 5.3: Ansatz zur Definition der Anforderungen für ein Logistikinformationssystem

5.4.2 „Bottom-up- / Top-down"-Methodik

Systeme sollten aus verständlichen Gründen an die spezifischen Bedürfnisse und Anforderungen eines Unternehmens angepaßt sein. Ein Entwicklungsansatz, der beide Prozesse, „Bottom-up" und „Top-down", verbindet, ist in Tabelle 5.3 wiedergegeben. Er ist aus zehn Stufen aufgebaut und beginnt mit der Definition des Gesamtauftrags der Distribution. Mit den folgenden Stufen werden die Anforderungen an die Schlüsselinformationen für die Distribution bestimmt und in der letzten Stufe schließlich die Systemarchitektur für ein Distributionsinformationssystem entwickelt.

5.4.3 Definition des Informationsbedarfs

Da Distribution, abhängig von Branche, Unternehmen und Ausrichtung der Unternehmensführung, unterschiedliche Aufgaben und Ziele haben kann, ist es angebracht, eine Terminologie zur weiteren Klassifizierung der Distributionsaktivitäten einzuführen. Tabelle 5.4 enthält diese Terminologie.

Die Struktur berücksichtigt, daß jede Unternehmensfunktion aus mehreren Funktionsbereichen aufgebaut ist, die wiederum aus einer oder mehreren Aktivitäten und damit verbundenen Aufgaben bestehen.

Begriff	Beschreibung	Beispiele
Funktion	Größere zum Unternehmen gehörige Organisationseinheit	Finanzen Logistik Marketing
Funktionsbereich	Untereinheit einer Funktion	Buchhaltung unter Finanzen Transport unter Logistik Produktmanagement unter Marketing
Aktivität	Komponente eines Funktionsbereichs	Außenstände unter Buchhaltung Versand unter Transport Produktwerbung unter Produktmanagement
Aufgabe	Spezifisches Element einer Aktivität	Einforderung von Außenständen unter Außenstände Versanddurchführung unter Versand Wettbewerbsanalyse unter Produktwerbung

Tabelle 5.4: Terminologie für die Logistik

Um den Bedarf der einzelnen Funktionsbereiche innerhalb der Distribution zu bestimmen, müssen zuerst die Schlüsselaktivitäten innerhalb dieser Funktionsbereiche definiert werden. Anschließend werden dann die Schlüsselfragen für die einzelnen Aktivitäten formuliert und der Informationsbedarf für die Beantwortung dieser Fragen bestimmt.

Im Anhang dieses Kapitels finden Sie Beispielformulare für die Bestimmung der Aktivitäten, die Formulierung der Fragen und die Bestimmung des Informationsbedarfs für drei Funktionsbereiche der Logistik, beispielsweise Dienstleistung, Transport und Lager.

5.4.4 Datenbankstruktur

Nachdem Informationsbedarf festgelegt ist, müssen die geeigneten Software-Anwendungen und Datendateien bestimmt werden. Dann kann eine Datenbankstruktur eingerichtet und eine Systemarchitektur entwickelt werden für den Zugriff auf das Datenmaterial, die Datenanalyse und die Berichtserstellung. Dabei sollte auch eine Prioritätsliste für die Entwicklung der einzelnen Anwendungen erstellt und festgelegt werden, ob diese Komponenten selbst entwickelt, gekauft oder teilweise selbst entwickelt und gekauft werden sollten.

5.4.5 Transaktions- und Entscheidungshilfesysteme

Es ist wichtig, zwischen transaktionsorientierten Systemen für die Beobachtung von Distributionsvorgängen (beispielsweise Auftragsbearbeitung und Lagerbestandskontrolle) und entscheidungsorienten Hilfesystemen für diagnostische Analysen zur Festlegung von zukünftigen Aktionen zu differenzieren. Diese beiden Systemarten unterscheiden sich wesentlich hinsichtlich ihres Zwecks, ihrer Verwendungshäufigkeit, ihres Bedarfs an EDV-Ressourcen und Daten (Menge und Detailtiefe). Im allgemeinen arbeiten diese Systeme getrennt voneinander und verwenden unterschiedliche Ausrüstung. Beispielsweise benötigen transaktionsorientierte Systeme ein Mainframe oder einen Minicomputer, Entscheidungshilfesysteme dagegen nur Personalcomputer oder Laptops. Unabhängig von diesen Unterschieden ist es eine unabdingbare Voraussetzung, daß beide Systeme kompatibel sind, damit die entwickelte Datenbankstruktur gemeinsam verwendet werden kann.

In Abbildung 5.7 ist ein modulares Distributionsinformationssystem mit vier Datenquellen, wie Auftragsbearbeitung, Unternehmensaufzeichnungen, Geschäfts- und Managementinformation, dargestellt. Die Abbildung 5.8 und 5.9 enthalten Beispiele für den Datenbankinhalt und die Möglichkeiten der Berichtserstellung.

5.4.6 Implementierung

Der letzte Schritt, mit dem eine erfolgreiche Umsetzung des Systems sichergestellt werden soll, sind der Aufbau eines Teams und die Ausarbeitung eines Zeitplans für die Installation. Team und Zeitplan müssen von allen Managementebenen akzeptiert und unterstützt werden.

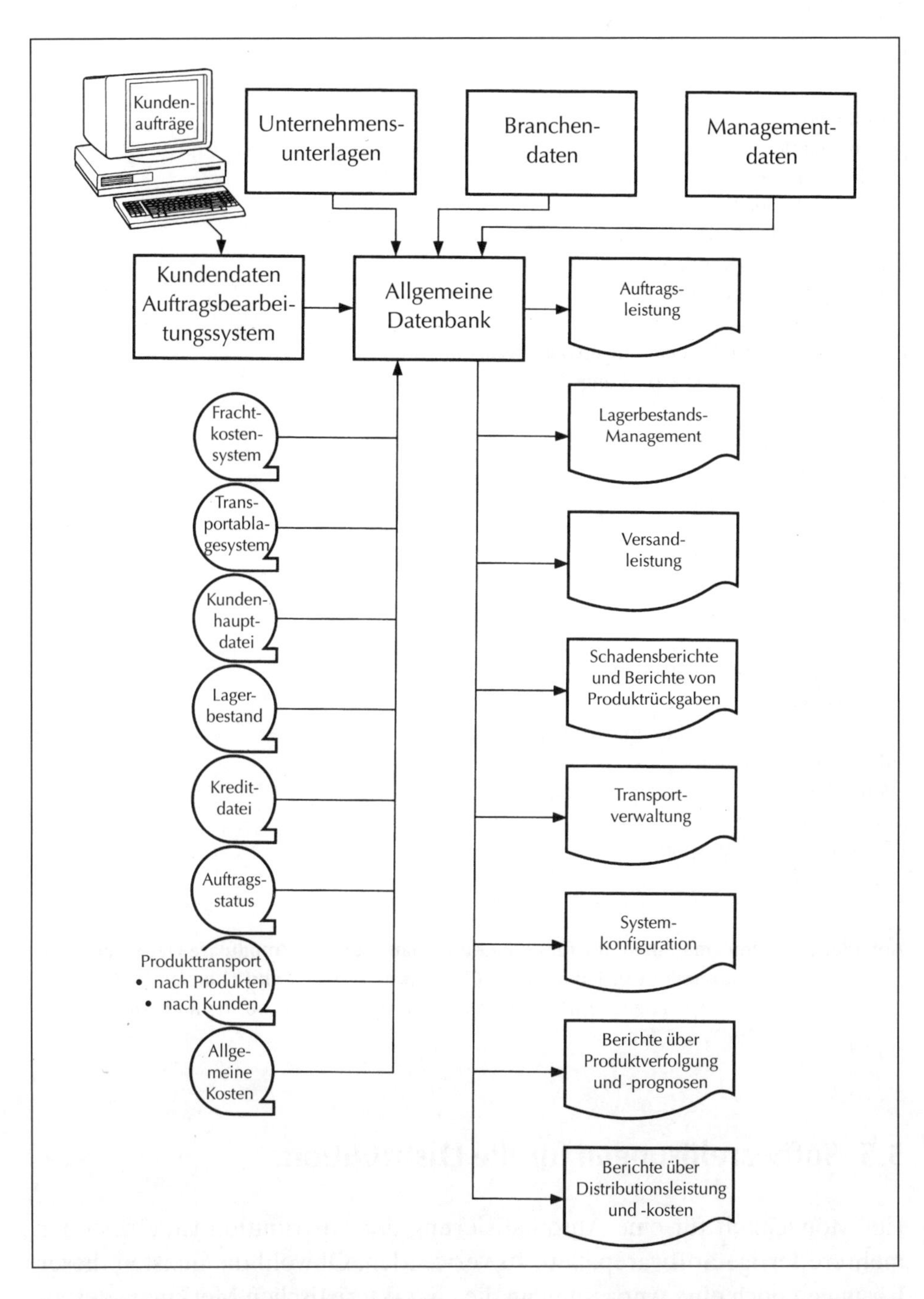

Abbildung 5.7: Distributionsinformationssystem. ***(Aus American Telephone & Telegraph Company, Business Marketing, Market Management Division, 1981, Darstellung wie in James R. Stock und Douglas M. Lambert, Strategic Logistics Management, 2. Ausg., Homewood, IL: Richard D. Irwin, 1987, S. 521)***

Daten für Kundenaufträge
Kundennummer
Kundenname
Auftragsnummer
Nummer des letzten Auftrags
Rechnungsadresse des Kunden
Lieferadresse des Kunden
Auftragserfassungsdatum
Produktreservierungsdatum
Freigabedatum für Auslieferung an das Absatzzentrum
Zusammenstellungs-/Verpackungsdatum
Versanddatum
Datum, Uhrzeit und Bearbeiter
Prioritätskode
Nummer des Verkäufers
Land
Region
Auftragsnummer für Teilrücksendung
Kreditlimit
Außenstände
Vorauszahlung/Sammelfracht
Bedingungen
Anweisungen für Versand- und Produktalternativen
Menge, Produktnummer, Preis
Verpackungs- und Versandanweisungen
Transportklassifizierung
Transportmittel/Transportfirma
Frachtbriefnummer

Abbildung 5.8: Informationen, die für einen Kundenauftrag in die modulare Datenbank aufgenommen werden können. *(Aus James R. Stock und Douglas M. Lambert, Strategic Logistics Management, 2. Ausg., Homewood, IL: Richard D. Irwin, 1987, S. 525)*

5.5 Softwarelösungen für die Distribution

Ein Möglichkeit für eine Automatisierung der Distribution ist, eines oder mehrere fertige Softwarepakete zu verwenden. Obwohl die meisten dieser Lösungen noch eine Anpassung an die charakteristischen Merkmale des jeweiligen Unternehmens erfordern, kann die Verwendung der fertigen Software eines kommerziellen Anbieters Vorteile gegenüber einer Entwicklung im eigenen Haus haben.

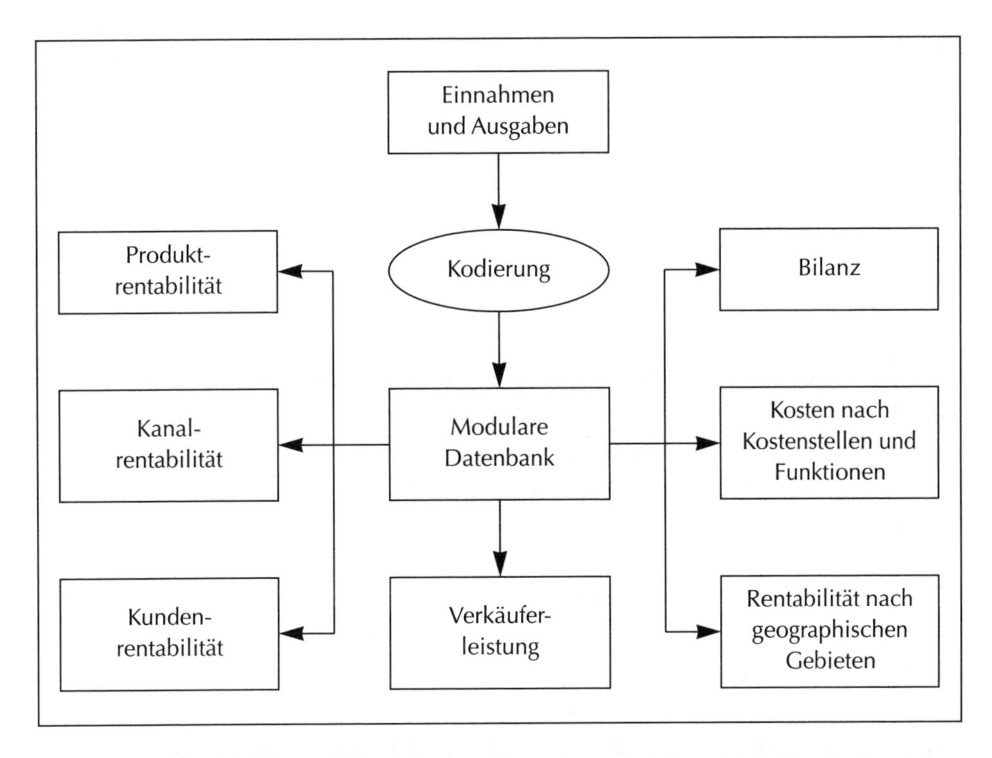

Abbildung 5.9: Fähigkeiten zur Berichtserstellung einer modularen Datenbank. ***(Aus James R. Stock und Douglas M. Lambert, Strategic Logistics Management, 2. Ausg., Homewood, IL: Richard D. Irwin, 1987, S. 528)***

Die Zahl der Distributions-Softwarelösungen hat in den letzten zehn Jahren drastisch zugenommen. Dieser Abschnitt zeigt das Profil des Softwaremarkts für den Distributionssektor.

5.5.1 Trends bei Anbietern und Softwarepaketen

Wie aus Abbildung 5.10 hervorgeht, ist die Zahl der Anbieter von Software für Logistik von 1981 bis 1989 nahezu exponentiell angestiegen, nahm aber dann 1990 und 1991 wieder um jeweils 10 Prozent ab. Dieser Rückgang ist vermutlich auf zwei Entwicklungen zurückzuführen: Einmal kam es zu einer Reihe von Fusionen/Übernahmen von Softwarehäusern und zum anderen haben Anbieter entweder ihre Hauptaktivitäten auf andere Gebiete verlagert oder sind, bedingt durch die allgemeine Wirtschaftslage, vom Markt verschwunden.

Abbildung 5.10 zeigt auch, daß die Zahl der Softwarepakete – insgesamt und für die einzelnen Plattformen (Mainframe, Minicomputer, PC) – ebenfalls bis 1990 stark zunahm. So standen 1990 über 1.000 Angebote zur Auswahl. Parallel zum Rückgang bei den Anbietern nahm aber 1991 dann die Zahl der Softwarelösungen wieder um fast 15 Prozent ab.

5.5.2 Trends beim Funktionsumfang

Logistische Software ist für eine oder mehrere Einzelfunktionen – zum Beispiel Auftragsbearbeitung, Inventarmanagement, Transport, Lager – plus die zugehörigen Managementfunktionen entwickelt. Tabelle 5.5 zeigt die Trends beim Funktionsumfang, aufgeschlüsselt nach den einzelnen logistischen Funktionen.

Bemerkenswert an dieser Entwicklung ist, daß, während die Softwarepakete ihren Schwerpunkt vor allem in der Unterstützung der traditionellen logistischen Funktionen haben (Auftragsbearbeitung, Inventarmanagement, Transport, Lager), ein erweiterter Funktionsumfang immer größere Bedeutung gewinnt, wie etwa Beschaffung, Produktwerbung oder elektronischer Datenaustausch.

Viele Pakete unterstützen, wie in Tabelle 5.6 dargestellt, eine Reihe von logistischen Funktionen. Im „Durchschnittssoftwarepaket" werden, wenn man alle Plattformen betrachtet, von den logistischen Funktionen 4,5 Funktionen (25 Prozent) unterstützt werden.

Mainframes unterstützen nahezu die gleiche Anzahl Funktionen wie durchschnittliche kombinierte Plattformen, Minicomputer unterstützen durchschnittlich eine Funktion mehr, Mikrocomputer eine weniger.

Die häufigsten Kombinationen enthalten Auftragsbearbeitung und Lagerbestands-Management-Funktionen, gefolgt von Transportfunktionen. Die meisten Softwaresysteme enthalten Funktionen auf ähnlichen Entscheidungsebenen – Strategie, Taktik, Operation (wie etwa Auftragsbearbeitung und Inventarkontrolle). Einige wenige Systeme bieten dagegen Funktionen auf unterschiedlichen Ebenen (z. B. Auftragsbearbeitung und Systemmodellierung).

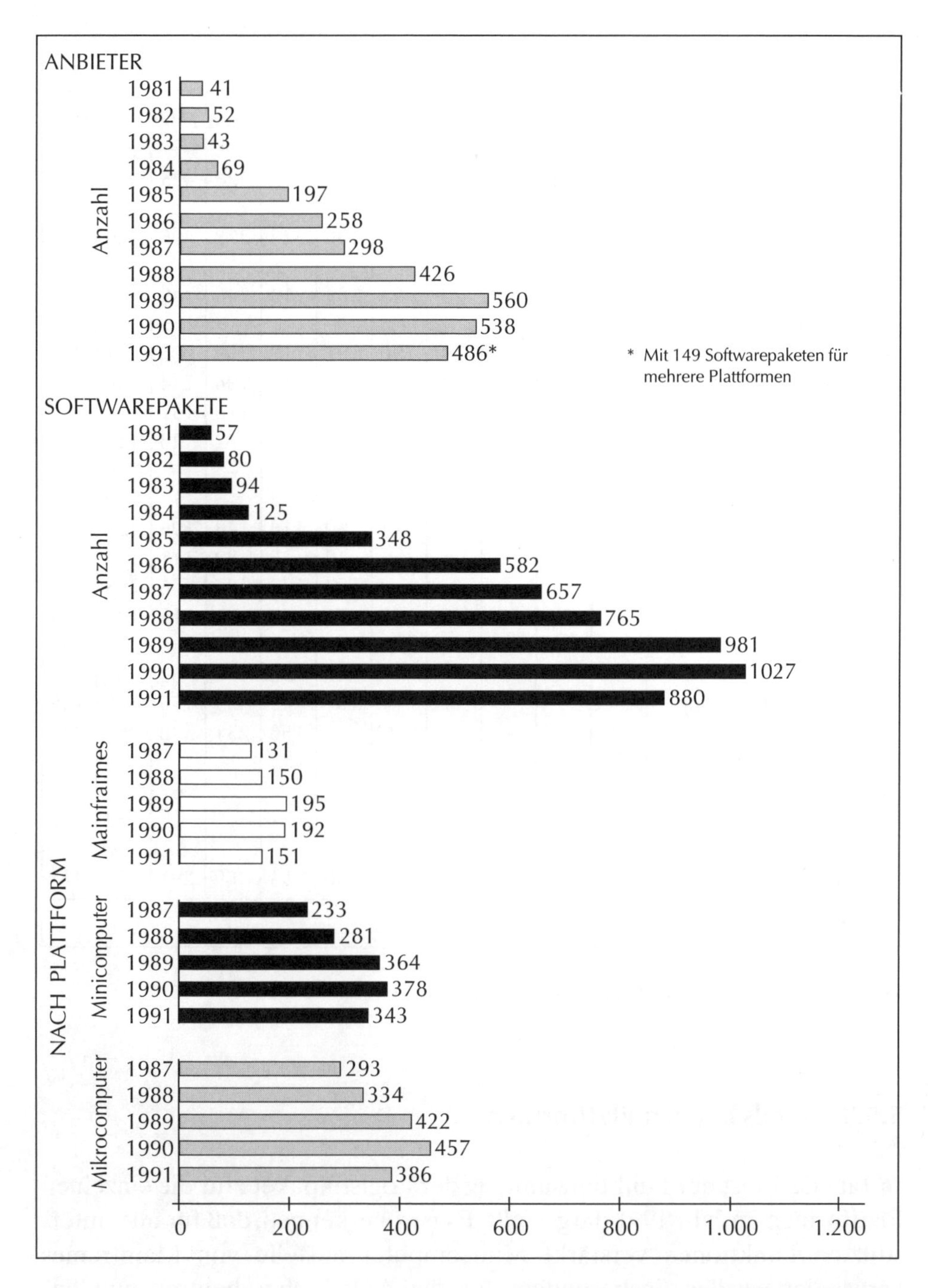

Abbildung 5.10: Logistiksoftware und Anbieter in den USA – Mainframe-, Mini- und Mikrocomputersysteme. (Von Council of Logistics Management, Chicago. „Survey of Software for Physical Distribution"; Protokolle der 18. bis 20. Jahreskonferenz

Unterstützte Funktionen	Zahl der Softwarepakete										
	1981	1982	1983	1984	1985	1986	1987	1988	1989	1990	1991
Auftragsbearbeitung	18	24	30	50	125	234	257	325	423	440	378
Lagerbestandsüberwachung	26	31	38	58	153	288	322	378	496	526	452
Lagerbestandsplanung und -vorschau	7	11	29	29	95	184	213	246	349	363	318
Verkehrsrouten und Zeitpläne	24	28	33	29	96	91	112	159	200	237	200
Transportanalyse	10	10	25	33	78	172	211	194	244	236	217
Frachtraten	10	15	19	23	52	89	106	116	152	134	137
Fahrzeuginstandhaltung	–*	–	–	–	–	42	98	82	128	136	106
Lagermanagement	–	–	–	–	–	–	–	–	–	80	132
Absatzzentrum	9	13	26	21	104	–	–	–	–	–	–
Arbeitsleistung	–	–	–	–	–	60	118	148	196	227	208
Materialhandling	–	–	–	–	–	49	45	89	111	135	123
Lagerort/Palettenort	–	–	–	–	–	104	142	184	246	293	249
Systemmodellierung	11	9	23	25	59	76	49	91	115	121	103
Distributionsbedarfsplanung	–	–	–	–	–	42	36	78	162	186	159
Materialbedarfsplanung	–	–	–	–	–	–	42	93	156	178	155
Beschaffung	–	–	–	–	–	–	156	231	340	381	329
Elektronischer Datenaustausch	–	–	–	–	–	–	–	–	67	126	179
Werbung und Verkauf	–	–	–	–	–	–	–	–	–	54	71
Spezielle Leistungen/Anderes	–	–	–	–	–	30	53	69	291	335	411

* – = Nicht zutreffend

Tabelle 5.5: Der Funktionsumfang von Logistiksoftware

5.5.3 Trends bei den Plattformen

In Tabelle 5.7 ist der Funktionsumfang der Logistikpakete für die einzelnen Plattformen im Jahr 1991 dargestellt. Es ist zu erkennen, daß für alle unterstützten Funktionen verstärkt Minicomputer anstelle von Mainframes verwendet wurden, insbesondere für die Auftragsbearbeitung und das Inventarmanagement. Mikrocomputer kommen zunehmend für Transport und Verkehrsmanagement und für Modellierungsanwendungen zum Einsatz.

Zahl der Funktionen	Computersysteme			
	Mainframe	Mini	Mikro	Insgesamt
1	34	60	124	218
2	28	27	66	121
3	20	36	52	108
4	11	27	45	83
5	12	31	18	61
6	7	39	16	62
7	7	32	18	57
8	6	24	14	44
9	7	24	13	44
10	6	15	6	27
11	4	7	5	16
12	1	9	2	12
13	2	7	2	11
14	4	1	1	6
15	1	3	1	5
16	1	1	2	4
17	0	0	0	0
18	0	1	1	2
Durchschnitt (gewichtet)	4,4	5,4	3,5	4,5

Tabelle 5.6: Funktionsumfang von Logistiksoftware – 1991

5.5.4 Zusätzliche Informationen

Eine Quelle für Informationen, die die Entwicklungstrends von Logistik-Informationssystemen aufzeigen, ist die Distribution/Computer Expo, die jährlich im Mai in Chicago stattfindet. Ein Profil der Anbieter und Systeme, die dort seit 1985 vertreten sind, zeigt Tabelle 5.8. Bemerkenswert ist, daß 1991 im Vergleich zum Vorjahr die Anzahl der Systemanwendungen um über 10 Prozent stieg, während die Zahl der Anbieter zurückging.

5.5.5 Zusammenfassung

Der Softwaremarkt für die Distribution läßt sich in folgenden fünf Punkten zusammenfassen:

Unterstützte Funktionen	Mainframe	Mini	Mikro
Auftragsbearbeitung	55	209	114
Inventarüberwachung	68	238	146
Lagerbestandsplanung und -vorschau	63	165	90
Verkehrsrouten und Zeitpläne	43	70*	87
Transportanalyse	41	55*	121
Frachtraten	28	50	59*
Fahrzeuginstandhaltung	13	43	50
Lagermanagement	24*	68*	40*
Absatzzentrum			
Arbeitsleistung	37	102	69
Materialhandling	26	57	40
Lagerort/Palettenort	42	135	72
Systemmodellierung	24	23	56
Distributionsbedarfsplanung	37	73	49
Materialbedarfsplanung	27	68	60*
Beschaffung	48	182	99
Elektronischer Datenaustausch	30*	95*	54*
Werbung und Verkauf	16*	41*	14*
Spezielle Leistungen/Anderes	65	189*	157*
* Nicht zutreffend			

Tabelle 5.7: Funktionsumfang von Logistiksoftware nach Plattform – 1991

1. Das Softwareangebot für Logistik hat enorm zugenommen.
2. Am häufigsten wird das Inventarmanagement unterstützt, gefolgt von Auftragsbearbeitung, Transport und Lager.
3. In der Vergangenheit wurden Mikrocomputer vor allem für eine einzelne Stand-alone-Anwendung verwendet. Das hat sich geändert. Heute können auf Mikrocomputern fast immer mehrere Anwendungen parallel betrieben werden. Damit brechen sie in die frühere Domäne von Minicomputern und Mainframes ein.
4. Systeme für Mikrocomputer hatten in der Vergangenheit die größten Zuwachsraten. Heute liegt die Gesamtzahl der auf Mikrocomputern betriebenen Logistik-Informationssystemen weit über der von Minicomputern. Mainframes nehmen die letzte Stelle ein.
5. Berücksichtigt man alle Logistikanwendungen und Computerplattformen, dann liegt die Zahl der Softwarepakete für ein oder mehrere Anwendungsgebiete bei weit über 1.000.

	1985	1986	1987	1988	1989	1990	1991
Anbieter insgesamt	79	97	113	133	152	148	139
Systemanwendungen							
Luftfracht	1	5	1	5	1	2	7
Kodierung mit Strichkode	–	3	5	17	9	13	12
Computer-/Sprachsteuerung	–	–	–	–	–	12	12
Consulting	–	–	–	–	–	10	17
Kostenberechnung, Wasser	2	–	2	1	1	1	1
Kostenberechnung, Straße	4	9	6	7	5	8	9
Kostenberechnung, Schiene	5	4	5	4	2	2	4
Kurierdienste	1	1	8	6	4	6	–
Distribution, Finanzen	39	28	22	32	24	22	29
Distribution, Management	25	26	39	54	59	56	67
Distribution, Bedarfsplanung	–	8	5	8	9	9	13
Elektronischer Datenaustausch	14	13	29	55	52	51	42
Frachtzusammenlegung	7	8	9	10	11	11	11
Frachtrechnungen	18	22	27	33	33	35	43
Import/Export	8	9	6	9	16	14	13
Anlieferungen	–	–	–	–	–	3	9
Lagerbestandsmanagement	11	13	7	10	8	8	11
Modellierung	14	–	–	–	–	–	–
Transportdienstleistungen	3	7	5	13	20	27	28
Handling von Aufträgen	9	8	9	11	10	9	8
Paketversand	3	3	1	3	3	2	5
Einkauf	4	5	9	12	10	7	10
Management, Schienentransport	9	18	21	34	48	56	64
Management, Straßentransport	39	38	50	58	40	35	28
Fahrzeugterminplanung	7	8	10	13	13	14	13
Lagerung	10	22	8	11	13	21	43
Sonstiges	4	6	6	1	–	–	–
Summe	302	325	360	500	471	525	582

Anmerkungen:
1. Die Zahlen geben die Anzahl der Anbieter und Systeme aus dem Messekatalog wieder. Erweiterungen und Streichungen wurden nicht berücksichtigt.
2. Da viele Anbieter mehrere Softwarepakete für ein Computerspektrum anbieten, können diese Pakete in mehreren Systemanwendungen erscheinen.

Tabelle 5.8: Distribution Computer / Expo, Anbieter und Systeme, 1985 bis 1991

5.6 Integrierte Logistiksysteme

Um den Stand von integrierten Logistiksystemen festzustellen, wurde in den USA zum ersten Mal 1985 von Industrie und Handel eine Erhebung durchgeführt. Die Ergebnisse dieser Umfrage wurden dann vom Council of Logistics Management in den *23rd Annual Conference Proceedings* veröffentlicht. Fünf Jahre später wurde diese Umfrage wiederholt, um zu sehen, welche Entwicklung in dieser Zeit bei der Umsetzung von integrierten Systemen stattgefunden hat. Die Ergebnisse dieser Umfrage wurden dann in den *28th Annual Conference Proceedings* berichtet. In Tabelle 5.9 werden die beiden Umfrageprofile miteinander verglichen.

Die Beantwortungsquote lag bei beiden Umfragen sehr hoch mit 32 Prozent im Jahr 1985 und 39 Prozent im Jahr 1990. Die Anzahl der verwendbaren Antworten (82 und 121) erlaubte eine aussagekräftige statistische Auswertung. Für einen objektiven Vergleich der Ergebnisse war zunächst notwendig und sicherzustellen, daß in beiden Fällen die gleiche Zielgruppe befragt wurde. Deshalb wurden die Befragten nach folgenden acht Merkmalen ausgewählt:

1. Branche
2. Hauptgeschäftsbereich
3. Jährliches Verkaufsvolumen
4. Logistikorganisation
5. Distributions-/Marketingorganisation
6. Prozentuale Aufwendungen für Logistik – bezogen auf den Absatz
7. Prozentualer Anteil der Logistikaufwendungen, der für Systeme verwendet wurde
8. Stellung des Befragten

	1985	1990
Zielgruppe	285	345
Beantwortete Fragebogen:		
Insgesamt	91	133
Verwendbar	82	121
Identifiziert	65	103

Tabelle 5.9: Umfrageprofile – 1985 und 1990

Jedes Merkmal wurde mit Hilfe des Chiquadrat-Tests geprüft, um mit einer 95prozentigen Wahrscheinlichkeit die Antworten aus beiden Jahren miteinander vergleichen zu können. Da der Test keine wesentlichen Abweichungen ergab, konnte der Vergleich durchgeführt werden.

Um die Trends für die integrierte Logistik in diesen fünf Jahren darzustellen, wurden folgende vier Bereiche untersucht:

1. Interpretation des „Integrierten Logistikkonzepts"
2. Erfolge bei der Umsetzung von integrierten Logistiksystemen
3. Elemente von integrierten logistischen Informationssystemen
4. Voraussetzungen für eine erfolgreiche Umsetzung

Die ersten vier Fragen wurden anhand einer Likert-Skala mit sieben Punkten beantwortet (hoch = 7, niedrig = 1, durchschnittlich = 4). Für jede Frage werden der Mittelwert berechnet und Vergleiche durchgeführt, in die alle Befragten eingeschlossen waren (82 bzw. 121), um große Probenzahlen zu erhalten. Dann wurden statistische zweiseitige Tests mit der Normalverteilung bei 95 Prozent Wahrscheinlichkeit durchgeführt, um herauszufinden, ob zwischen den Durchschnittswerten von 1985 und 1990 wesentliche Unterschiede bestehen.

5.6.1 Interpretation des „integrierten Logistikkonzepts"

Abbildung 5.11 zeigt die Unterschiede in der Interpretation des „integrierten Logistikkonzepts". Die Organisationsstruktur ist zunehmend wichtiger geworden und erreicht in ihrer Bedeutung nahezu den gleichen Wert wie die Assoziation von Informationssystemen mit Logistik.

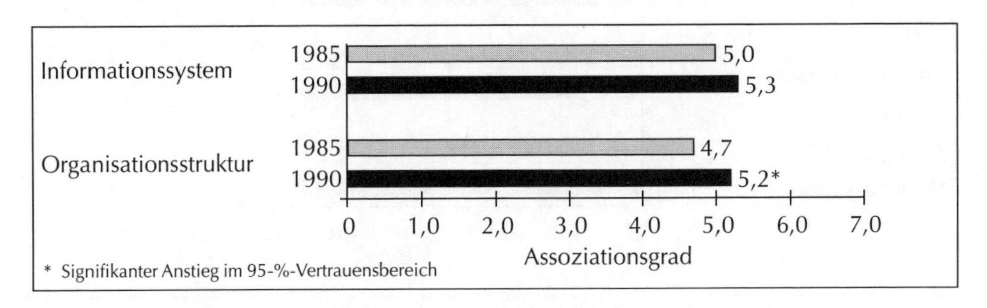

Abbildung 5.11: Interpretation des „integrierten Logistikkonzepts"

5.6.2 Erfolge bei der Umsetzung von integrierten Logistiksystemen

Die Abbildungen 5.12, 5.13 und 5.14 zeigen, welche Erfolge bei der Umsetzung von integrierten Logistiksystemen erreicht wurden.

Die drei wichtigsten Erkenntnisse sind dabei:

1. Wie aus Abbildung 5.12 hervorgeht, wurden vor allem im unteren Managementbereich Erfolge erzielt (obwohl diese nur als „durchschnittlich" empfunden werden). Die Einstellung dort hat sich aber der Einstellung des mittleren und oberen Managements stark angenähert.
2. Aus Abbildung 5.13 ist zu entnehmen, daß an keinem der drei Standorte wesentliche Unterschiede für den Umsetzungserfolg bestanden, obwohl das Empfinden bei Zweigstellen / lokalen Niederlassungen weniger positiv war als auf der Ebene der Zentralen und der Gruppen / Bereiche.

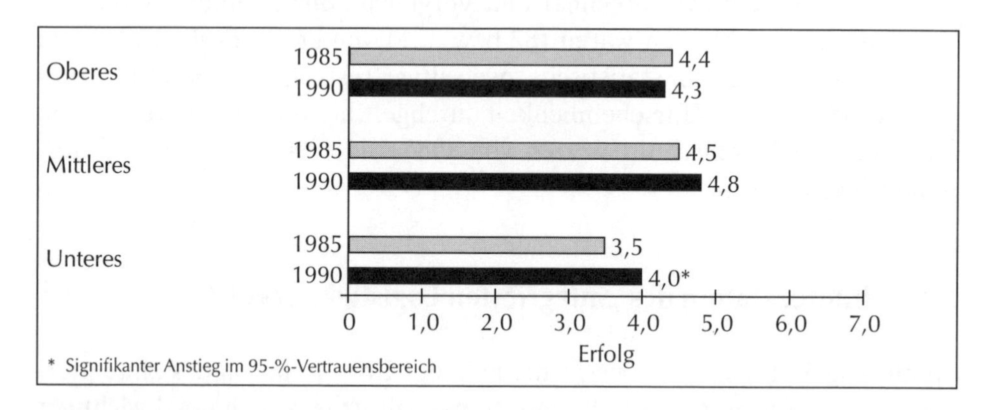

Abbildung 5.12: Managementebene

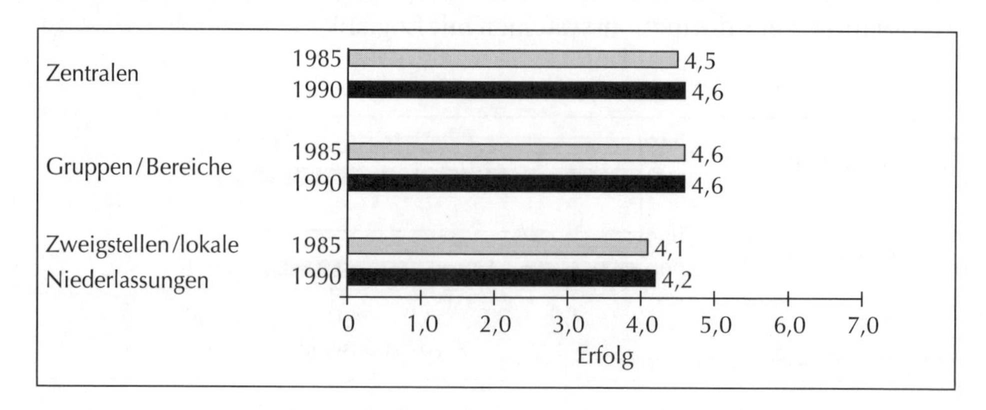

Abbildung 5.13: Managementstandort

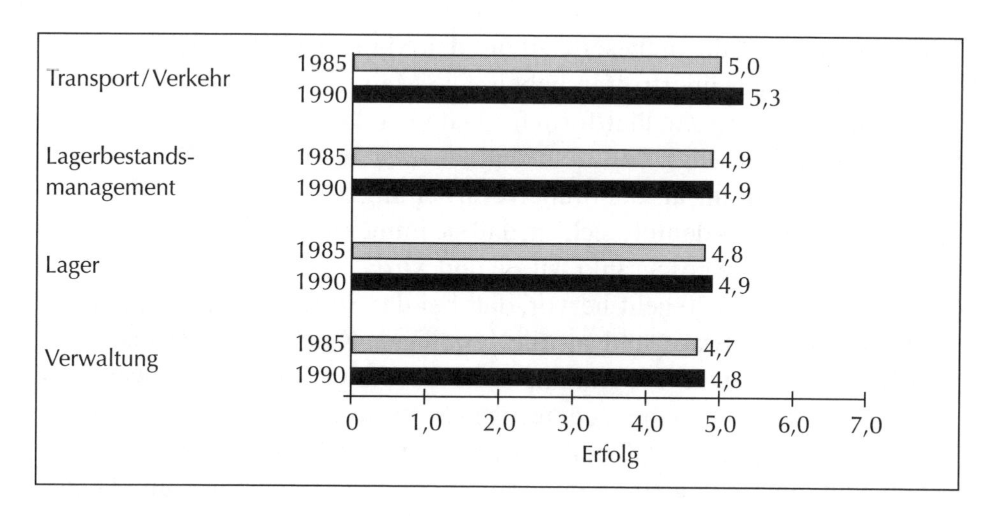

Abbildung 5.14: Logistische Funktionen

3. Abbildung 5.14 verdeutlicht, daß in diesen fünf Jahren bei allen logistischen Funktionen der Umsetzungserfolg gleich blieb. Allerdings war bei Transport/Verkehr im Vergleich zu den drei anderen Funktionen ein leichter Trend nach oben zu erkennen.

5.6.3 Elemente von integrierten Logistikinformationssystemen

Es wurden sieben Aspekte von integrierten Logistikinformationssystemen untersucht.

1. Aus Abbildung 5.15 geht hervor, daß in diesen fünf Jahren die Bedeutung von Daten im Dienstleistungs- und Lagerungsbereich zugenommen hat, in den anderen logistischen Bereichen dagegen gleich geblieben ist.
2. Abbildung 5.16 zeigt folgendes: Während durch die Verlagerung der Entscheidungsebene von der Operations- auf die Strategieebene die Bedeutung von Daten zurückging, ist die Bedeutung von strategischer Information stark angestiegen.
3. Wie aus Abbildung 5.17 zu entnehmen ist, hatten von anderen wichtigen Bereichen die Daten aus der Fertigung/Produktion die größte Bedeutung. Informationen an Einkauf/Beschaffung nahmen in diesen fünf Jahren stark an Bedeutung zu und waren schließlich genauso wichtig wie die Daten vom Marketing/Verkauf.
4. Abbildung 5.18 verdeutlicht die zunehmende Bedeutung von Mikrocom-

putern und PCs, die in dieser Zeit mit den Minicomputern gleichgezogen oder diese sogar übertroffen haben. Die Mainframes konnten aber ihre Stellung als wichtigste Plattform für Datenbanken noch halten.

5. Abbildung 5.19 zeigt, daß dem online- oder interaktiven Datenzugriff größere Bedeutung als der Stapelverarbeitung beigemessen wurde. Letztere blieb, aber es deutete sich an, daß sie immer mehr auf spezifische Anwendungsgebiete beschränkt wurde und wird.
6. Aus Abbildung 5.20 geht hervor, daß bei der Systementwicklung eigenentwickelte Software und an die jeweiligen Kundenbedürfnisse angepaßte kommerzielle Programmpakete bevorzugt wurden. Es war aber auch eine starke Zunahme bei fertigen Softwarepaketen zu verzeichnen.
7. Abbildung 5.21 zeigt, daß der bevorzugte Ansatz bei der Systementwicklung und -umsetzung eine Kooperation von Logistikpersonal und Distributions-/Marketing-/Verkaufspersonal (DMV) mit sich brachte. Externe Consultantfirmen wurden verstärkt hinzugezogen, blieben aber in ihrer Bedeutung unter dem Durchschnittswert.

5.6.4 Komponenten für eine erfolgreiche Umsetzung

Die letzte Frage bezog sich auf die Komponenten, die für eine erfolgreiche Umsetzung eines integrierten Logistiksystems erforderlich waren. Die Ant-

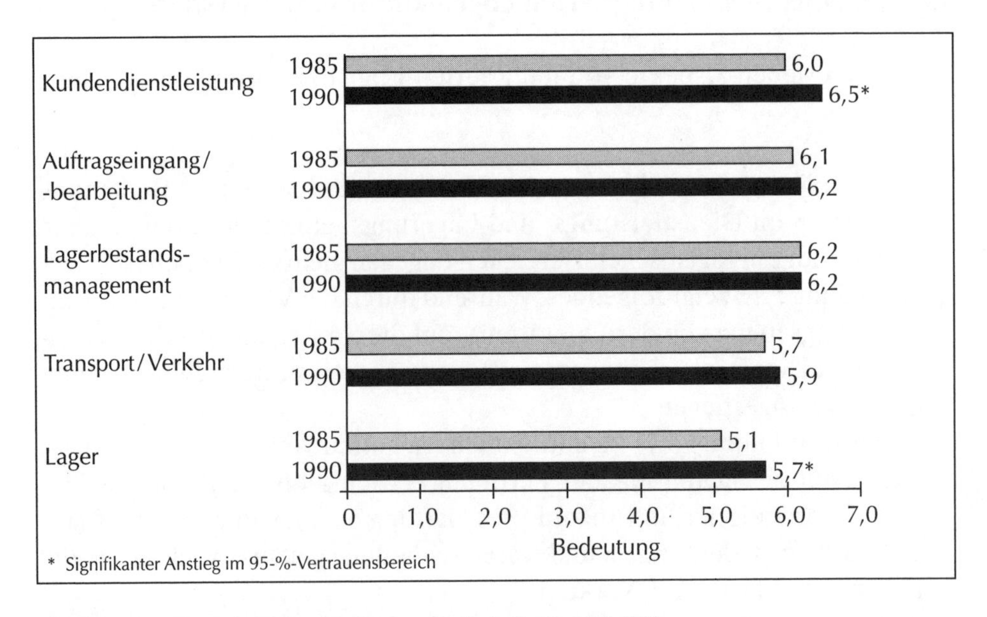

Abbildung 5.15: Bedeutung von Daten für logistische Aktivitäten

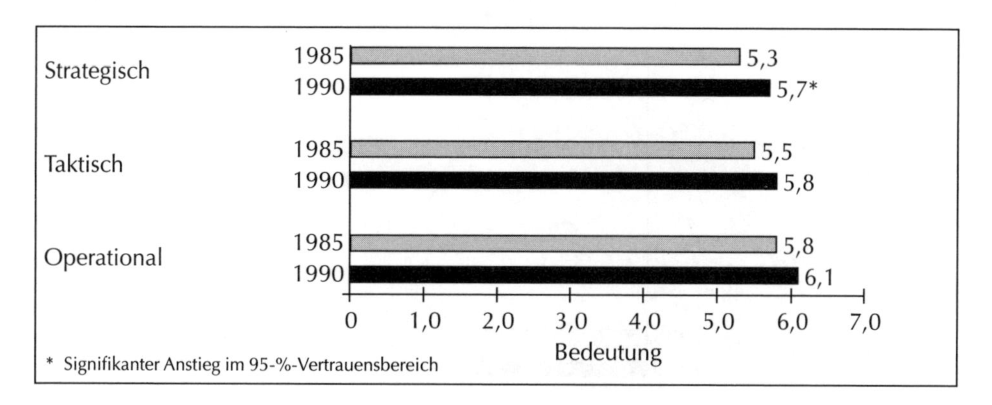

Abbildung 5.16: Bedeutung von Daten für die einzelnen Entscheidungsebenen

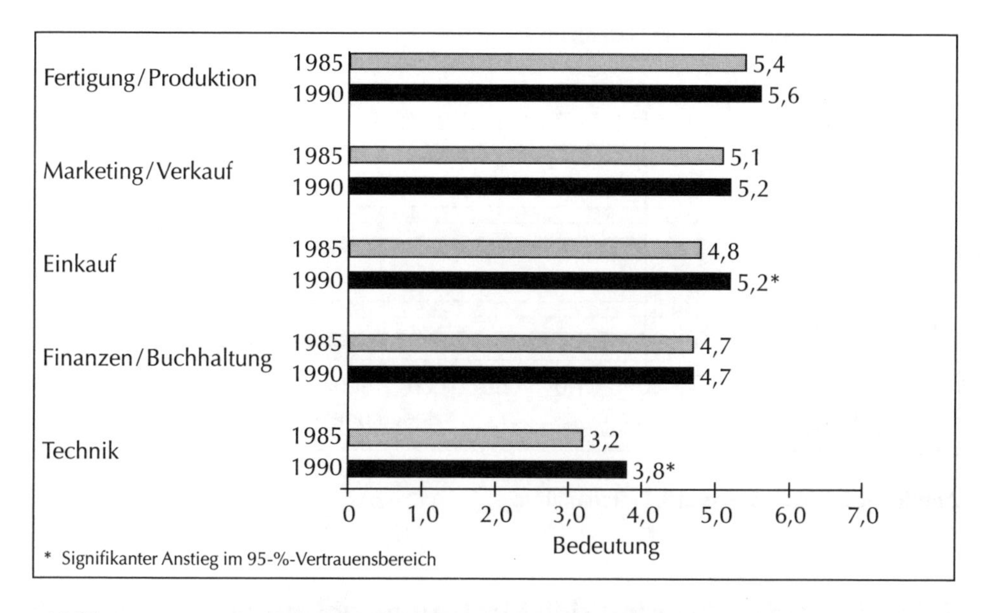

Abbildung 5.17: Bedeutung von Daten aus wichtigen Bereichen

worten sind in Tabelle 5.10 zusammengefaßt. Die Ergebnisse der ersten vier Kategorien, die mehr als drei Viertel aller Antworten repräsentierten, waren mit denen aus dem Jahr 1985 vergleichbar.

Sie zeigen deutlich, daß nahezu die Hälfte aller Befragten ein starkes Engagement von seiten des Managements als wichtigstes Element betrachteten.

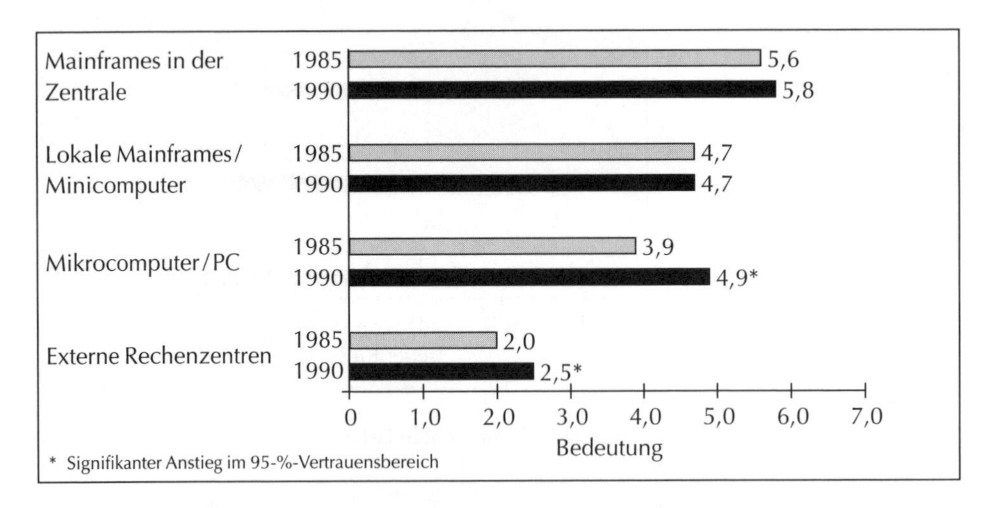

Abbildung 5.18: Standorte von Datenbanken

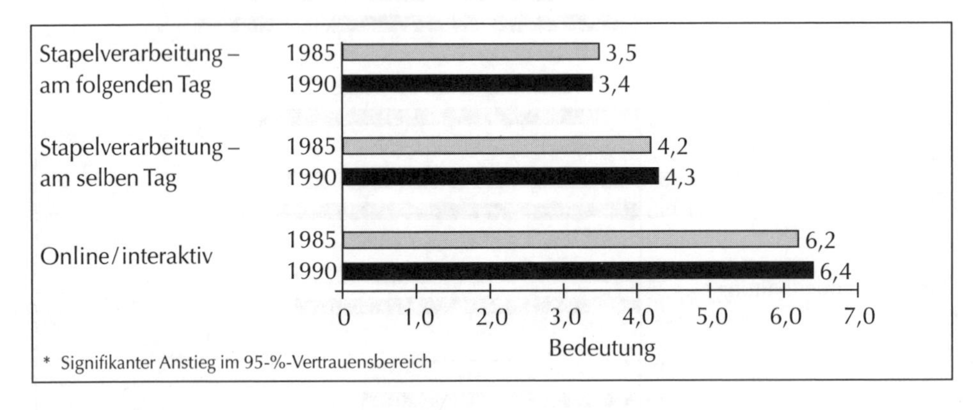

Abbildung 5.19: Datenzugriff, Datenanalyse

5.7 Zusammenfassung der Umfrageergebnisse

Im folgenden sind die Ergebnisse der Umfrage und der anschließenden Interviews mit einer ausgewählten Gruppe von Teilnehmern zusammengefaßt:

- Integrierte Systeme sollten eine Interaktion von menschlichen Ressourcen und Unternehmensinformationen zulassen. Das Informationssystem muß die Unternehmensstruktur widerspiegeln und auf Veränderungen reagieren können.
- Die besten Erfolgschancen sind dann gegeben, wenn integrierte System modular entwickelt, aufgebaut und umgesetzt werden. Die dabei gesetz-

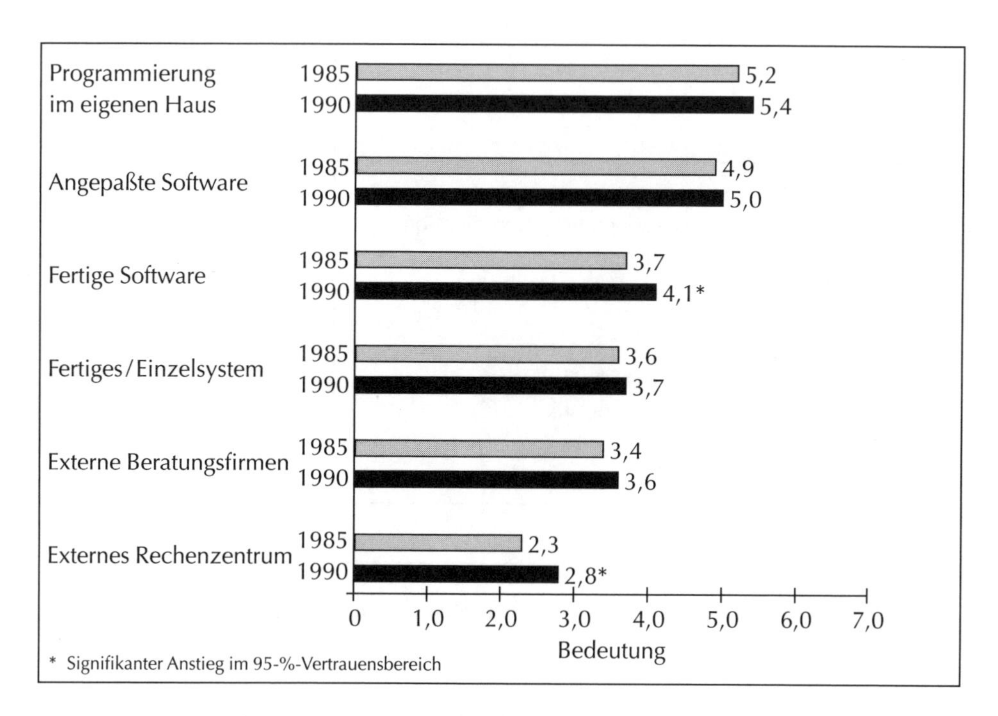

Abbildung 5.20: Ansätze für die Systementwicklung

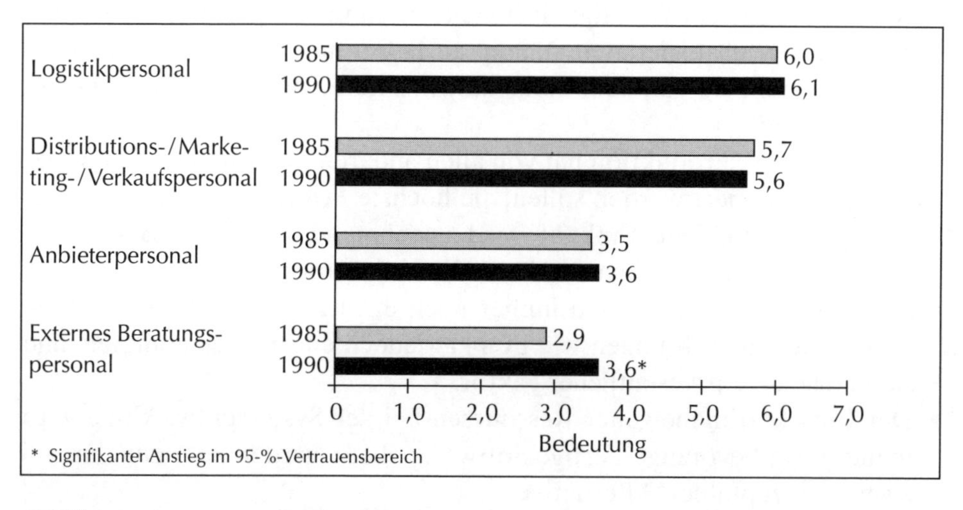

Abbildung 5.21: Ansätze für die Systemumsetzung

ten Prioritäten spiegeln die spezifischen Anforderungen der einzelnen Unternehmen wider.

- Während einzelne logistische Aktivitäten bereits große und vergleichbare

Elemente	Antworten	
	Anzahl	Prozent
Engagement/Unterstützung des Managements	54	45
Kommunikation/Teamwork/Kooperation/Koordination	21	17
Verständnis/Akzeptanz des Konzepts	11	9
Beteiligung der Anwender an der Entwicklung/Umsetzung	7	6
Ausbildung/Schulung	4	3
Ausrichtung auf Kunden	3	2
Verwendung von Lenkungsausschuß/Einsatzgruppe	2	2
Anerkennung der Bedeutung von Logistik	2	2
Verschiedenes (ein Punkt pro Antwort)	10	8
Keine Antwort	7	6
Summe	121	100

Tabelle 5.10: Elemente für eine erfolgreiche Umsetzung einer integrierten Logistik

Bedeutung haben, wurden Dienstleistungen und Lagerung zunehmend wichtiger.

- An erster Stelle der Wichtigkeit stehen noch immer Operationsdaten, wobei aber die Strategiedaten ständig an Bedeutung gewinnen. Ähnliches gilt für Daten, die von dem Personal der unteren Managementebene benutzt werden.
- Die Fertigung/Produktion hat von allen anderen Funktionen, die mit der Logistik integriert werden sollen, die höchste Priorität, gefolgt von Marketing/Verkauf. Der Einkauf wird zunehmend wichtiger. Bei Finanzen/Buchhaltung ergaben sich keine Veränderungen.
- Zentrale Datenbanken sind immer noch unverzichtbar. Die Bedeutung dezentraler Einrichtungen wie PCs hat jedoch enorm zugenommen, und sie sind heute ein wesentlicher Faktor.
- Der Einsatz firmeneigener Ressourcen bei der Systementwicklung wird immer noch bevorzugt. Fertige Softwarepakete werden aber zunehmend zu einer akzeptablen Alternative.
- Die erfolgreiche Umsetzung eines integrierten Systems erfordert eine gute Koordination von Logistik und Datenverarbeitung. Ebenso wichtig sind aber kontinuierliche Unterstützung durch die Geschäftsleitung, unternehmensweite Kommunikation/Koordination, Beteiligung und Schulung der späteren Anwender sowie ausreichend Zeit und Ressourcen (finanzielle und menschliche).

Insgesamt kann der Schluß gezogen werden, daß bei der Umsetzung von integrierten Distributionssystemen, die diese Bezeichnung auch verdienen, nur Teilfortschritte erzielt werden konnten. Dieses Ergebnis stimmt überein mit dem Ergebnis einer getrennten Erhebung von 1988, die in den USA mit 421 Distributionsfachleuten für logistische Planung gemacht wurde. Das Ergebnis dieser Umfrage war, daß „voll integrierte logistische Systeme in der Entwicklung begriffen sind. ... Der in der Praxis erreichte Stand ist bei diesem modernen System aber eher als mäßig zu bezeichnen."

5.8 Schlußfolgerung

James H. Perry hat es möglicherweise am besten formuliert:

„Für Logistikmanager ist es ein Muß, daß sie das Potential von Informationsverarbeitungs- und Kommunikationstechnologien voll ausschöpfen. Das erfordert aber eine stärkere Einbindung in die Entwicklung von Managementinformationssystemen."

Der Distributionssektor ist für die Wirtschaft eine der großen Chancen zu Verbesserungen. In diesem Kapitel wurde dargestellt, welche Herausforderungen es bei der Umsetzung von Distributionssystemen gibt und, welchen Aufwand Informationssysteme zur Unterstützung der Distribution erfordern. Weiter wurde der Begriff „Distributionsinformationssystem" definiert. Durch einen ähnlichen Entwicklungsansatz wie dem in diesem Kapitel vorgestellten ist es möglich, ein Distributionsinformationssystem zu entwickeln, das den spezifischen Anforderungen eines Unternehmens gerecht wird. Wenn dabei modular vorgegangen wird und die Anwendungen umgesetzt werden, die vom Management als diejenigen mit dem größten Gewinnpotential für das Unternehmen ausgewählt wurden, sollte das Ergebnis schließlich ein erfolgreiches Distributionssystem sein.

Der Softwaremarkt bietet eine Unmenge an Distributionssoftware zur Unterstützung von logistischen Entscheidungsprozessen an. Deshalb muß sorgfältig untersucht werden, ob eine interne Entwicklung oder der Kauf von Software vorteilhafter ist, um sicherzustellen, daß die optimale Alternative gewählt wird. Ungeachtet der Tatsache, daß die Fortschritte bei der Umsetzung von integrierten Systemen bis zum heutigen Tag etwas enttäuschend sind, wurde ein Rahmen für die zukünftige Entwicklung von verbesserten Distributionssystemen erstellt, der allen Anforderungen gewachsen sein sollte.

5.9 Anhang

Schlüsselfragen und benötigte Informationen für Kundendienstleistung, Transport und Lagerung

Schlüsselaktivität	Schlüsselfragen	Benötigte Informationen
	Kundendienstleistungsbereich	
Rollendefinition	Was ist unsere Aufgabe? Wie? Wann? Kosten?	Geschäftsplan des Unternehmens, Organisationsstruktur, Unternehmenszielbeschreibung, Arbeitsplatzbeschreibungen, Ziele, Finanzplan
Auftragserfassung	Wie sehen vorschriftsmäßige Transaktionen aus? Wie sollten sie durchgeführt werden?	Entscheidungsregeln, Kundeninformation, Produktinformation, Preis- / Werbeinformation, Methoden und Verfahren
Auftrags-bearbeitung	Welchen Umfang hat die Arbeit? Welche Ziele gibt es für das Niveau der Dienstleistung? Welche Personalrichtlinien gibt es?	Zahl der zu bearbeitenden Aufträge, Kapazitäten im Vergleich zum Arbeitsumfang, Anforderungen an den Durchsatz – Stoßzeiten / durchschnittlich / niedrige Auslastung
Rechnungs-erstellung	Was sollen wir in Rechnung stellen? Wann? Wie ausführlich? Wie dokumentieren und bearbeiten wir Korrekturen?	Versandinformationen. Zahlungseingänge, Feedback
Nachträgliche Unterstützung	Welche Unterstützung wird benötigt? Wie sieht sie in der Praxis aus?	Verfahren bei Kundenforderungen Politik für Produktrücknahme / -ersatz

Schlüsselaktivität	Schlüsselfragen	Benötigte Informationen
	Transportbereich	
Rollendefinition	Was ist unsere Aufgabe? Wie? Wann? Kosten?	Geschäftsplan des Unternehmens, Organisationsstruktur, Unternehmenszielbeschreibung, Arbeitsplatzbeschreibungen, Ziele, Finanzplan
Frachtklassifizierung	Welche Produktversandmerkmale gibt es? Sind die Frachtklassen geeignet? Sind die Frachtdokumente korrekt? Wie halten wir Vorschriften ein?	Produktgewicht, -volumen, -maße, -zerbrechlichkeit, -giftigkeit, -entflammbarkeit. Tarife
Verhandlungen über Frachtraten und Dienstleistungen	Welche Transportunternehmen sind qualifiziert? Wie sehen ihre bisherigen Kosten und Leistungen aus? Welche Punkte sollten / können wir verhandeln? Wie halten wir uns über Frachtraten und Leistungen auf dem laufenden?	Tarife, Verträge, Angaben über Verkehrsdichte und -kosten. Kostenstruktur der Transportunternehmen Alternativmöglichkeiten / -unternehmen Bisherige Leistungen
Versandrouten	Welches Transportunternehmen ist jeweils am besten geeignet?	Routenführer Leistung der Transport unternehmen
Verfolgung / Beschleunigung von Frachtaufträgen	Wie stellen wir fest, wo sich die Fracht momentan befindet?	Routenführer Versandstatus Kontaktpunkte für das Transportfahrzeug

Schlüsselaktivität	Schlüsselfragen	Benötigte Informationen
Untersuchung von Frachtrechnungen	Sind die Frachtkosten, die wir bezahlen, korrekt?	Frachtbriefe, Frachtrechnungen, zugrundeliegende Tarife / Verträge
Behandlung von Forderungen	Erhalten wir zuviel bezahlte Frachtkosten zurück? Verluste und Beschädigungen von Fracht, für die das Transportunternehmen verantwortlich ist, erstattet?	Unterschriebene Frachtbriefe, zurückverfolgbare Frachtbriefe Unterschriebene Empfangsbestätigung Inspektionsbericht Wert laut Lieferschein Materialaufstellung
Eigener Fuhrpark	Welcher Art und wie groß sollte die Transportausrüstung sein? Sollten wir sie kaufen oder leasen? Wie planen wir den Einsatz? Welche Verwendungs- und Leistungskriterien sollten wir ansetzen?	Datenmaterial über Kosten von Alternativen Eigene oder Leihalternativen. Normen für Kurzstrecken- und Abhol und Zustellaufträge Leistungsmeßsystem für den Fuhrpark
	Lagerbereich	
Rollendefinition	Was ist unsere Aufgabe? Wie? Wann? Kosten?	Geschäftsplan des Unternehmens, Organisationsstruktur, Unternehmenszielbeschreibung, Arbeitsplatzbeschreibungen, Ziele, Finanzplan
Anlieferung	Wie planen, entladen, inspizieren und überprüfen wir Menge und Zustand des angelieferten Materials?	Beschaffungsaufträge; Produktmerkmale Methoden und Verfahren Vorplanung der Arbeitsauslastung
Lagerung	Wie wird für angeliefertes Material ein Lagerplatz	System für die Lagerplatzverwaltung

Schlüsselaktivität	Schlüsselfragen	Benötigte Informationen
	bestimmt, und wie wird es dorthin gebracht?	Physikalische Merkmale von und Merkmale für die Umgang mit Produkten System für das Handling von Material
Zusammenstellung von Aufträgen	Was ist das beste Verfahren für die Planung und Zusammenstellung von Auslieferungsaufträgen?	Größe, Menge und Reihenfolge von Aufträgen, die für die Auslieferung zusammengestellt werden sollen. Zur Verfügung stehende Zeit, Arbeitskräfte und Ausrüstung Vergleich von Kundenaufträgen Unterlagen über die Zusammenstellung und den verfügbaren Lagerbestand
Verpackung	Wieviel Platz, Arbeit und Material ist erforderlich, um die Verpackung von Auftragslinien und Kundenaufträgen bei akzeptabler Durchsatzgeschwindigkeit effektiv zu vereinheitlichen?	Vorplanung der Arbeitsauslastung Normale Verpackungsgeschwindigkeiten Plan für die Zusammenstellungsreihenfolge Versandplan Verpackungsmaterialverbrauch
Versand	Wie planen, verladen und dokumentieren wir den Versand?	Versandaufträge Frachtbriefe Verfügbarkeit und Kapazität der Laderampen Informationen über das Transportfahrzeug, Unterschriften

6 Planung des Distributionsbedarfs

ANDRÉ J. MARTIN
Präsident und CEO, LogiCNet

Dieses Kapitel[1] erläutert das Verfahren der Distributions-Ressourcen-Planung (DRP) und wie diese Planung zur Lösung von Logistik-, Fertigungs- und Beschaffungsproblemen eingesetzt wird. Aus Platzgründen kann nicht auf alle Einzelheiten eingegangen werden. Wir werden uns hier auf die Grundlagen der DRP-Logik konzentrieren und sie mit dem traditionellen Nachbestellkonzept vergleichen.

6.1 Die Logik von DRP

DRP ist ein Managementverfahren, das verwendet wird, um die Anforderungen von Lagerstandorten[2] zu bestimmen und sicherzustellen, daß die Bezugsquellen in der Lage sind, die Nachfrage zu erfüllen. Dieses Ziel wird in drei Phasen erreicht. In der ersten Phase erhält die Distributions-Ressourcen-Planung Informationen aus den folgenden Quellen:

- Absatzprognosen nach Artikelpositionen und Lagerorten
- Laufende Kundenaufträge und Kundenaufträge mit späterem Liefertermin
- Verfügbarer Lagerbestand für den Verkauf nach Artikelposition und Lagerort
- Offene Einkaufsaufträge und / oder Produktionsaufträge nach gekauften und / oder gefertigten Produkten
- Vorlaufzeiten / Beschaffungszeiten von Logistik, Fertigung und Einkauf
- Verwendete Transportarten und Einsatzhäufigkeiten
- Politiken für den Mindestlagerbestand nach Artikelposition und Lagerort
- Normale Mindestproduktmenge für Einkauf, Fertigung und Distribution

[1] Übernommen aus Kapitel 3 von DRP: *Distribution Resource Planning* mit Genehmigung von Oliver Wright Limited Publications, Inc.

[2] Ein Lagerstandort kann dabei ein Lager, ein Absatzzentrum, ein regionales Absatzzentrum, ein zentrales Absatzzentrum, ein Absatzzentrum der Fertigung oder ein Lagerhaus sein, in dem Produkte für den Verkauf gelagert sind. Die Bezugsquelle kann ein Drittunternehmen, ein regionaler Distributionspunkt oder eine Fabrik sein. In diesem Kapitel wird der Begriff *Bezugsquelle* allgemein verwendet.

In der zweiten Phase wird mit DRP ein zeitlich abgestimmtes Modell für den Ressourcenbedarf zur Unterstützung der Logistikstrategie erstellt. Darin sind enthalten:

- Welches Produkt wird benötigt, welche Menge, wann und wo?
- Benötigte Transportkapazität und Transportart nach Lagerstandort
- Benötigte(r) Transportraum, Arbeitskräfte und Ausrüstungskapazität nach Lagerstandort
- Erforderliche Investitionen in den Lagerbestand nach Lagerstandort und insgesamt
- Erforderlicher Produktions- und/oder Einkaufsumfang nach Produkt und Bezugsquelle

In der dritten Phase werden mit DRP die benötigten Ressourcen mit den aktuell von den Bezugsquellen und den zukünftig verfügbaren verglichen. Dann empfiehlt die DRP, welche Aktionen unternommen werden müssen, um Einkäufe und/oder Produktionen zu beschleunigen, um Angebot und Nachfrage aufeinander abzustimmen. Diese dritte Phase erzwingt die Integration und das Feedback in das System und schließt so den Kreis aus Produktion, Einkauf, Logistik und Kunden.

6.1.1 DRP-Logik: Die Mathematik

Der Kern dieses Managementverfahrens besteht aus einer sehr einfachen, aber mächtigen Logik. Sie zieht ihre Kraft nicht aus mathematischen Gleichungen, sondern aus der Fähigkeit des gesamten Systems, zukünftige Aktionen zeitlich abzustimmen, mögliche Ergebnisse vorauszusagen, laufende Aktivitäten kritisch zu verfolgen und Aktionen zu empfehlen.

Und so sieht diese Logik aus: Nehmen wir einmal an, Sie sind Manager in einem Einzelhandelslager und werden aufgefordert, vorherzusagen, wann ein bestimmtes Produkt ausgehen wird. Aus den Unterlagen geht hervor, daß von diesem Produkt 200 Stück pro Woche verkauft werden. Im Lager befinden sich 500 Stück, 600 sind bestellt und werden nächste Woche bei Ihnen eintreffen. Auf die Frage, wie lange denn der Lagerbestand noch reichen wird, würden Sie möglicherweise antworten: „Etwa fünfeinhalb Wochen". So funktioniert, kurz gesagt, die Mathematik von DRP. *Sie versucht, zukünftige Engpässe vorauszusagen und empfiehlt dann die notwendigen Gegenmaßnahmen, um sie zu vermeiden.* In Abbildung 6.1 ist das gesamte DRP-

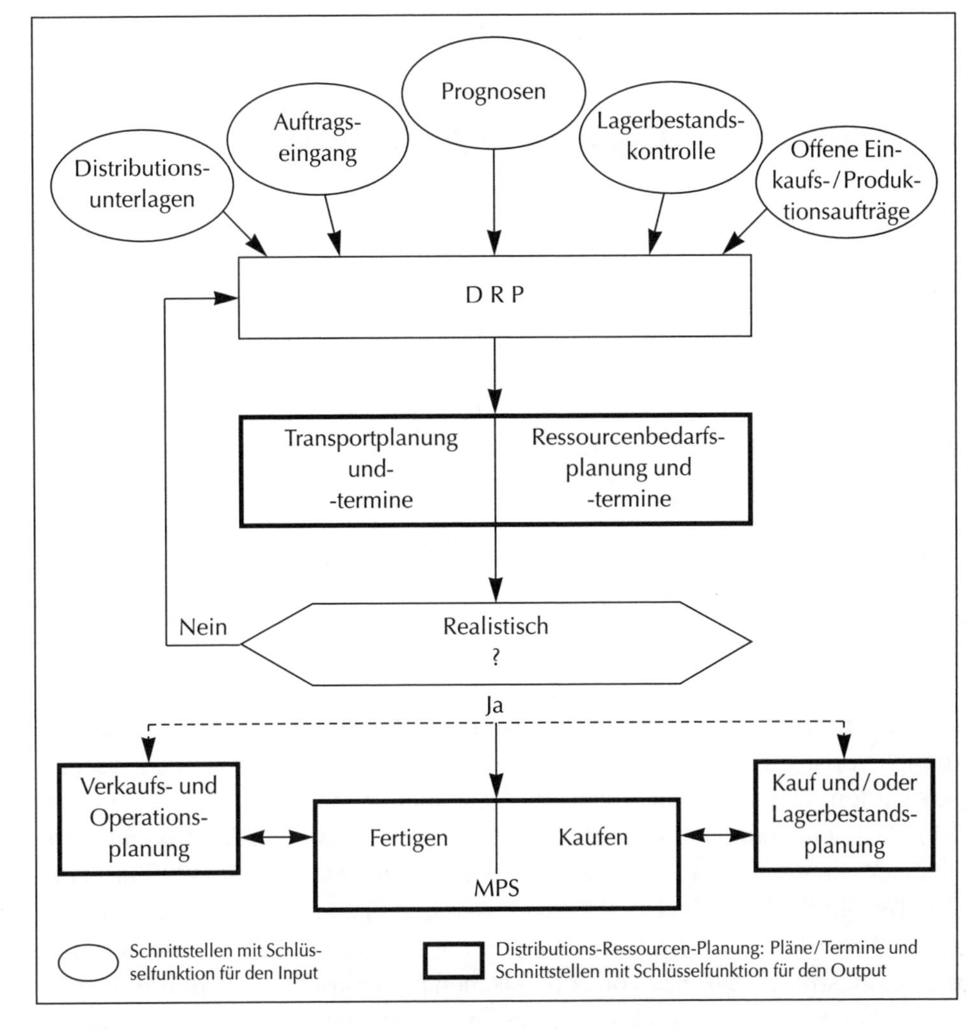

Abbildung 6.1: Verfahren für das Management der Distributions-Ressourcen-Planung

Managementverfahren dargestellt. Im folgenden werden nun die einzelnen Komponenten beschrieben.

6.2 DRP in der Praxis

Die Mathematik, die der DRP zugrundeliegt, ist sehr simpel. Betrachten wir dazu ein Beispiel, wie DRP benutzt wird, um die Lieferungen zu einem Lagerstandort zu planen und diese Planung anzupassen. Das Unternehmen in unserem Beispiel soll pharmazeutische Produkte herstellen, und es soll auch für ein Netz aus sechs Einzelhandelsunternehmen die Distribution und den Verkauf dieser Produkte durchführen. Wir wollen nun die Planung für Vitamin C-Tabletten mit einer Packungsgröße von 100 Stück pro Flasche verfolgen. Das Geschäft in Los Angeles hat insgesamt 500 Flaschen, wovon 200 die Mindestreservemenge sein sollen. Die voraussichtliche Verkaufsmenge liegt zwischen 80 und 120 Flaschen pro Woche (Abbildung 6.2).

Produktbestand insgesamt: 500 Sicherheitsbestand: 200		Woche							
	Aktuell	1	2	3	4	5	6	7	8
Absatzprognose		100	120	90	110	120	100	80	120
Laufende Bestellung									
Voraussichtlicher Bestand	500	400	280	190	80	-40			

Abbildung 6.2: Geschäft in Los Angeles – keine laufende Bestellung

Der voraussichtliche Produktbestand wird in Abbildung 6.2 auf die oben beschriebene einfache Weise berechnet. Diese einfache Logik besagt, daß sich der Produktbestand jeweils um die wöchentliche voraussichtliche Verkaufsmenge verringert. Zu Beginn der ersten Woche sind demnach 500 Flaschen vorhanden. Die voraussichtliche Verkaufsmenge für diese Woche liegt bei 100 Flaschen. Demnach werden nun 100 Flaschen von den 500 Flaschen abgezogen, und es bleibt für die zweite Woche ein Bestand von 400 Flaschen. Die Bestände aller folgenden Wochen können nach demselben Schema berechnet werden. In der dritten Woche unterschreitet der aktuelle Bestand die Mindestreservegrenze von 200 Flaschen (190 Flaschen in Abbildung 6.2). Ohne Gegenmaßnahmen ist die Restmenge in der fünften Woche aufgebraucht und das Produkt kann damit nicht mehr verkauft werden.

In dem Beispiel in Abbildung 6.2 gibt es keine laufende Nachbestellung. Wäre das der Fall, dann könnte die Bestellmenge zum voraussichtlichen Bestand in der Lieferwoche addiert werden. (Einige der folgenden Beispiele berücksichtigen diesen Punkt.)

Die in Abbildung 6.2 dargestellte Entwicklung tritt ein, wenn keine Produkte von der Bezugsquelle nachgeliefert werden. In der dritten Woche muß eine Lieferung erfolgen, um zu verhindern, daß die Mindestreserve angegriffen wird. In der fünften Woche muß der Bestand dagegen aufgestockt werden, um zu verhindern, daß das Produkt vollständig ausläuft.

Für unser Geschäft in Los Angeles soll die Beschaffungszeit für die Auffüllung des Vitamin-C-Bestandes zwei Wochen und die Liefermenge 300 Flaschen bzw. vier Kartons betragen. Deshalb müssen in der dritten Woche 300 Flaschen geliefert werden, um zu verhindern, daß der Bestand die vorgesehene Reservegrenze unterschreitet. Bei einer Beschaffungszeit von zwei Wochen muß demnach die Bestellung bereits in der ersten Woche erfolgen. In Abbildung 6.3 ist diese geplante Auffüllung (beispielsweise durch Bestellung mit späterem Liefertermin) in den Zeilen „Geplanter Ausliefertermin" und „Geplanter Anliefertermin" berücksichtigt. Zum geplanten Ausliefertermin sollte die Lieferung von der Bezugsquelle ausgeliefert werden und zum geplanten Anliefertermin im Geschäft in Los Angeles eintreffen.

Produktbestand insges.: 500 Sicherheitsbestand: 200 Beschaffungszeit: 2 Wochen Bestellmenge: 300		Woche							
	Aktuell	1	2	3	4	5	6	7	8
Absatzprognose		100	120	90	110	120	100	80	120
Laufende Bestellung									
Voraussichtlicher Bestand	500	400	280	490	380	260	160	80	–40
Geplanter Anliefertermin				300					
Geplanter Ausliefertermin		300							

Abbildung 6.3: Geschäft in Los Angeles (mit geplanter Lieferung)

Diese geplante Lieferung erhöht den Bestand so weit, daß er bis zur achten Woche reicht. Die Reservegrenze wird aber schon in der sechsten Woche erreicht. Aus diesem Grund muß die nächste Lieferung in der sechsten Woche eintreffen. Die Bestellung dafür muß bereits in der vierten Woche aufgegeben werden. Abbildung 6.4 zeigt den gesamten Ablauf für Vitamin C für das Geschäft in Los Angeles.

Nachdem wir nun wissen, wie DRP für ein einzelnes Geschäft funktioniert, können wir daran gehen, sie auf alle Geschäfte, die dieses Produkt vertreiben, auszuweiten.[3] Die folgenden Abbildungen 6.5 bis 6.10 zeigen die Pla-

[3] Das Beispiel umfaßt sechs Geschäfte. Es könnte dafür nur einen Lagerstandort geben oder 82, wie im Fall von R. J. Reynolds. Dieses Unternehmen managt und überwacht in den gesamten USA mit Hilfe von DRP die Zigarettenlagerbestände.

Produktbestand insges.: 500 Sicherheitsbestand: 200 Beschaffungszeit: 2 Wochen Bestellmenge: 300		Woche							
	Aktuell	1	2	3	4	5	6	7	8
Absatzprognose		100	120	90	110	120	100	80	120
Laufende Bestellung									
Voraussichtlicher Bestand	500	400	280	490	380	260	160	80	–40
Geplanter Anliefertermin				300			300		
Geplanter Auslieferertermin		300			300				

Abbildung 6.4: Geschäft in Los Angeles (vollständige Planung)

Produktbestand insges.: 160 Sicherheitsbestand: 75 Beschaffungszeit: 2 Wochen Bestellmenge: 150		Woche							
	Aktuell	1	2	3	4	5	6	7	8
Absatzprognose		40	50	45	50	40	45	40	50
Laufende Bestellung				150					
Voraussichtlicher Bestand	160	120	220	175	125	85	190	150	100
Geplanter Anliefertermin							150		
Geplanter Auslieferertermin					150				

Abbildung 6.5: Geschäft in Montreal – mit laufender Bestellung

nung für die anderen fünf Geschäfte. Sie ist ähnlich wie die DRP für das Geschäft in Los Angeles.

Bei dem Geschäft in Montreal (Abbildung 6.5) läuft gerade ein Auftrag über 150 Flaschen. Der Versand hat bereits begonnen, da die Beschaffungszeit zwei Wochen beträgt und die Lieferung in der zweiten Woche eintreffen soll. Der Lagermanager kann nun ablesen, welche Lieferungen unterwegs sind und wann sie eintreffen sollen.

Bei dem Geschäft in New York (Abbildung 6.6) ist der Versand der Lieferung überfällig. Die Bestellung über 300 Flaschen ist in der Spalte „Aktuell“ aufgeführt.

Für diese verspätete Bestellung könnte es verschiedene Gründe geben. Beispielsweise könnte der Verkauf über den Erwartungen gelegen haben

Produktbestand insges.: 300 Sicherheitsbestand: 100 Beschaffungszeit: 2 Wochen Bestellmenge: 300	Aktuell	Woche 1	2	3	4	5	6	7	8
Absatzprognose		120	130	115	125	140	110	125	105
Laufende Bestellung									
Voraussichtlicher Bestand	300	180	350	235	110	270	160	335	230
Geplanter Anliefertermin			300			300		300	
Geplanter Ausliefertermin	300			300		300			

Abbildung 6.6: Geschäft in New York – Auslieferung des Auftrags überfällig

und das Produkt in New York früher als geplant benötigt worden sein. Oder die Lieferung könnte nicht rechtzeitig ausgeliefert worden sein. In diesem Fall müßte der Lagermanager aufgrund der Transparenz der DRP feststellen, ob die Auslieferung termingerecht oder verspätet erfolgt ist. Er sollte sogar das Problem erkennen, weit bevor der Engpaß tatsächlich eintritt.

Die Situation in den Geschäften in Vancouver, Toronto und Chicago (Abbildungen 6.7, 6.8 und 6.9) ist ähnlich der Situation in dem Geschäft in Los Angeles. Es gibt keine laufenden Bestellungen, aber mehrere Lieferungen sind geplant. In Chicago befindet sich auch die Lieferquelle. Die Beschaffungszeit für das Produkt beträgt deshalb nur einen Tag.

Beschaffungszeit, Auftragsmenge und Sicherheitsbestand sind von Geschäft zu Geschäft verschieden. Deshalb kann auch für jedes Geschäft ein unab-

Produktbestand insges.: 140 Sicherheitsbestand: 50 Beschaffungszeit: 3 Wochen Bestellmenge: 150	Aktuell	Woche 1	2	3	4	5	6	7	8
Absatzprognose		20	25	15	20	30	25	15	30
Laufende Bestellung									
Voraussichtlicher Bestand	140	120	95	80	60	180	155	140	110
Geplanter Anliefertermin						150			
Geplanter Ausliefertermin			150						

Abbildung 6.7: Geschäft in Vancouver

Produktbestand insges.: 120 Sicherheitsbestand: 50 Beschaffungszeit: 1 Woche Bestellmenge: 150	Aktuell	Woche 1	2	3	4	5	6	7	8
Absatzprognose		25	15	20	25	25	20	25	15
Laufende Bestellung									
Voraussichtlicher Bestand	120	95	80	60	185	165	145	120	105
Geplanter Anliefertermin					150				
Geplanter Ausliefertermin				150					

Abbildung 6.8: Geschäft in Toronto

Produktbestand insges.: 400 Sicherheitsbestand: 150 Beschaffungszeit: 1 Tag Bestellmenge: 300	Aktuell	Woche 1	2	3	4	5	6	7	8
Absatzprognose		105	115	95	90	100	110	95	120
Laufende Bestellung									
Voraussichtlicher Bestand	400	295	180	385	295	195	385	290	170
Geplanter Anliefertermin				300			300		
Geplanter Ausliefertermin				300			300		

Abbildung 6.9: Geschäft in Chicago

hängiger Terminplan erstellt werden, falls das gewünscht wird. Innerhalb eines Geschäfts können diese Parameter auch für unterschiedliche Produkte verschieden sein. (Aus den Abbildungen ist das nicht zu erkennen, da nur ein einziges Produkt dargestellt ist. In jedem Geschäft wird aber jedes einzelne Produkt unabhängig geplant.) Wie wir sehen können, gibt die DRP den Benutzern vollständige Flexibilität für die Planung aller Produkte für jeden beliebigen Lagerstandort an die Hand.

Die Absatzprognosen für die beiden Geschäfte aus Abbildung 6.8 und 6.9 weisen nur geringe wöchentliche Schwankungen auf. Man könnte deshalb versucht sein, zu erwarten, daß auch die Nachfrage bei der Bezugsquelle annähernd gleich bleibt. Aber genau das Gegenteil trifft zu. Wie aus Abbildung 6.10 hervorgeht, ist die Nachfrage dort sehr ungleichmäßig. In der zwei-

	Aktuell	Woche 1	2	3	4	5	6	7	8
Los Angeles		300			300				
Montreal					150				
New York	300			300		300			
Vancouver			150						
Toronto				150					
Chicago				300			300		
Summe	300	300	150	750	450	300	300	0	0

Abbildung 6.10: Aufstellung aller geplanten Lieferungen

ten Woche beträgt sie beispielsweise nur 150 Flaschen, schnellt aber dann in der dritten auf 750 Flaschen hoch.

Nachfrageschwankungen sind einer der Gründe, weshalb es so wichtig ist, daß das Logistiksystem transparent ist. Weil die Nachfrage bei der Bezugsquelle solchen großen wöchentlichen Schwankungen unterliegt, muß ein Planer oder Einkäufer in der Lage sein, zu erkennen, welches Produkt benötigt wird und wann es ausgeliefert werden muß, um den Anforderungen von seiten der belieferten Geschäfte gerecht zu werden. Ohne DRP muß ein Einkäufer mit Durchschnittswerten arbeiten – was unausweichlich zu Problemen führt. Mit DRP sieht der Einkäufer dagegen durch das Logistiksystem den tatsächlichen Bedarf. Das verleiht dem Distributionsnetz eine enorme Transparenz und ermöglicht dem Einkäufer, den Bedarf realistisch zu planen. Je klarer er den zukünftigen Bedarf sieht, desto besser ist er in der Lage, im voraus zu planen und rechtzeitig zu bestellen und Probleme schon im Vorfeld zu lösen und nicht erst, nachdem sie schon eingetreten sind.

6.2.1 Flexibilität durch DRP

Die DRP ist in der Lage, sich an die Bedingungen jeder Geschäftsumgebung anzupassen. Oberstes Ziel dabei ist, die Realität so nachzubilden, daß ein Abbild dessen entsteht, was das Unternehmen momentan macht und welche Pläne es für die Zukunft hat.

Die Fähigkeit, die eigene Umgebung darzustellen, beruht auf der Übernahme von Informationen aus dem Distributionsunterlagenmodul in die DRP, ähnlich wie in Abbildung 6.11 gezeigt. Die Benutzer dieses Moduls definieren ihr zukünftiges Distributionsnetz, indem sie festlegen, wie viele Lagerstandorte, welche Bezugsquellen sie verwenden wollen, welche Produkte wo gelagert werden sollen, welche Beförderungsarten verwendet werden sollen, welche Auslieferungsfrequenz erforderlich ist, welche Größe die Lieferungen haben sollen usw.

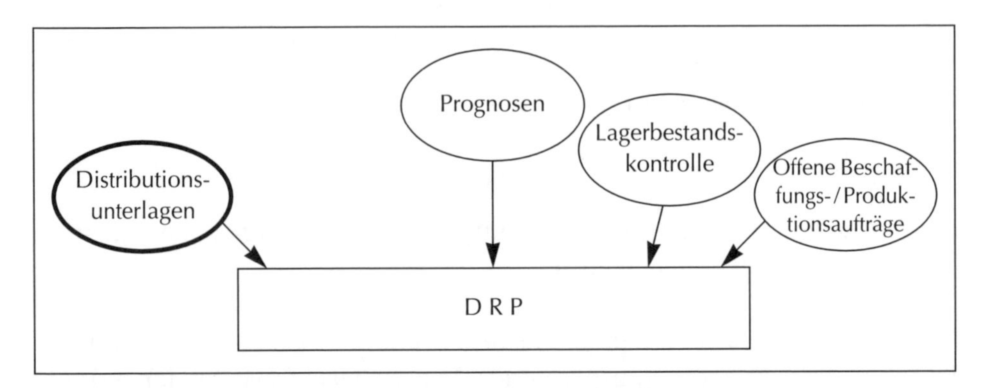

Abbildung 6.11: Typisches Distributionsunterlagenmodul

In manchen Unternehmen besteht das Distributionsnetz nur aus einem einzigen Standort (in diesem Fall ist es kein wirkliches Netz). In anderen dagegen ist es, wie in Abbildung 6.12 dargestellt, dreistufig aufgebaut. Aber ganz unabhängig von seiner Größe oder Komplexität müssen die Informationen, die die DRP von dem Modul Distributionsunterlagen bezieht, genau und aktuell sein.

Indem Sie dieses Modul in Ihr DRP-System einbinden, stellen Sie auch eine Verbindung zwischen Lieferant und Kunden her. Mit anderen Worten, jede Änderung in jedem Geschäft wird bis zur Bezugsquelle weitergeleitet und ist damit transparent.

6.3 Das Management der Veränderungen

Einer der größten Vorteile der durch DRP erreichten Transparenz ist die Fähigkeit, auf Veränderungen reagieren zu können. Wie bereits ausgeführt, ändert sich diese „Lieferpipeline" ständig. Am offensichtlichsten werden

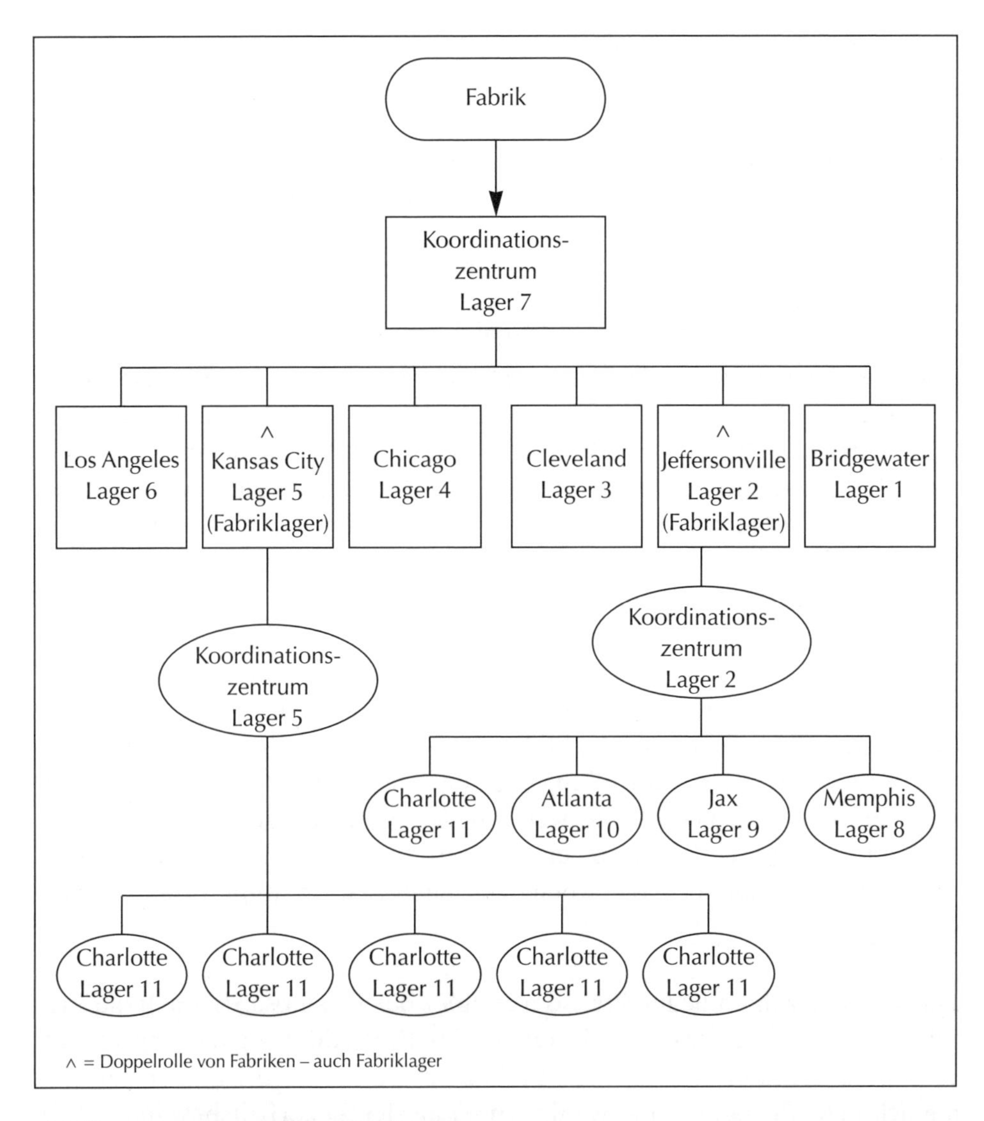

Abbildung 6.12: Mehrstufiges Distributionsnetz

diese Änderungen, wenn der tatsächliche Absatz von den Absatzprognosen abweicht. Für DRP bedeutet das kein Problem, da bei ihr nicht nur jedes Produkt für jedes Geschäft oder Absatzzentrum einzeln geplant wird, sondern weil diese Planung auch ständig aktualisiert wird. In einem DRP-System wird die Planung für jedes Produkt jedes Geschäfts mindestens einmal wöchentlich überprüft und gegebenenfalls korrigiert. In manchen Unternehmen geschieht das sogar täglich in einer Weise, daß das Personal schnell auf

Änderungen reagieren und große Produktmengen zu bestimmten Distributionspunkten leiten kann. (Unternehmen wie Coca-Cola oder R. J. Reynolds, die beide DRP verwenden, haben gar keine andere Wahl als die Planung täglich zu aktualisieren, wenn man die enormen Produktmengen bedenkt, die jeden Tag von ihren Fabriken an die Auslieferungslager transportiert werden müssen. Beide Unternehmen sind aber Ausnahmen und eine wöchentliche Aktualisierung reicht normalerweise aus.)

Um zu verstehen, welche Rolle die DRP bei diesem Änderungsmanagement spielt, wollen wir nochmals zu unserem Geschäft in Los Angeles aus Abbildung 6.2 zurückkehren. In der oberen Aufstellung von Abbildung 6.13 ist die Absatzprognose für die erste Woche 100 Flaschen. Nehmen wir nun an, daß nicht 100 Flaschen, sondern vielmehr 170 Flaschen verkauft werden. Das würde in der folgenden Woche zu einer Veränderung der DRP-Aufstellung für dieses Produkt für Los Angeles führen. Die untere Aufstellung in Abbildung 6.13 zeigt die neue Situation.

Da der aktuelle Absatz höher liegt als prognostiziert, verschieben sich die geplanten Lieferungen nach vorn. Die Bestellung über 300 Flaschen für die sechste Woche (obere Aufstellung) wandert nun nach vorne in die fünfte Woche (untere Aufstellung). In der oberen Aufstellung waren nach der vierten Woche noch keine weiteren Bestellungen geplant. Durch den höheren Verkauf wird aber nun eine weitere Lieferung in der achten Woche benötigt, die in der sechsten Woche ausgeliefert werden muß (untere Aufstellung).

Die Verkaufszahlen liegen hier so weit über der Prognose, daß sich die Liefertermine ändern. Das ist nicht immer der Fall – die Prognose muß schon sehr stark von den tatsächlichen Verkaufszahlen abweichen, oder der voraussichtliche Bestand ist nur wenig größer als der Sicherheitsbestand.

In Abbildung 6.13 hat das Geschäft in Los Angeles nun eine laufende Bestellung über 300 Flaschen (siehe Ausgangssituation Abbildung 6.4). Es ist die ursprünglich für die dritte Woche geplante Lieferung. Der Auftrag wurde ausgeliefert und befindet sich nun auf dem Weg nach Los Angeles. Er ist deshalb in der Zeile „Laufende Bestellung“ in der Anlieferungswoche eingetragen.

Die Folge der Änderungen in dem Geschäft in Los Angeles ist, daß sich auch die Nachfragezahlen bei der Bezugsquelle ändern. Abbildung 6.14 zeigt

VOR NACHFRAGEÄNDERUNG Produktbestand insges.: 500 Sicherheitsbestand: 200 Beschaffungszeit: 2 Wochen Bestellmenge: 300		Woche							
	Aktuell	1	2	3	4	5	6	7	8
Absatzprognose		100	120	90	110	120	100	80	120
Laufende Bestellung									
Voraussichtlicher Bestand	500	400	280	490	380	260	460	380	260
Geplanter Anliefertermin				300			300		
Geplanter Ausliefertermin		300			300				

NACH NACHFRAGEÄNDERUNG Produktbestand insges.: 330 Sicherheitsbestand: 200 Beschaffungszeit: 2 Wochen Bestellmenge: 300		Woche							
	Aktuell	1	2	3	4	5	6	7	8
Absatzprognose		120	90	110	120	100	80	100	80
Laufende Bestellung			300						
Voraussichtlicher Bestand	330	210	420	310	490	390	310	210	430
Geplanter Anliefertermin					300				300
Geplanter Ausliefertermin			300				300		

Abbildung 6.13: Geschäft in Los Angeles – DRP vor und nach Nachfrageänderung

die Nachfragezahlen, bevor und nachdem diese Änderungen eingetreten sind.

Für die zweite Woche steigt die Nachfrage von 150 auf 450 Flaschen, verringert sich in der vierten Woche von 450 auf 150 Flaschen und steigt dann wieder in der sechsten Woche von 300 auf 600 Flaschen. Mit dieser Information kann bei der Bezugsquelle der Lagerbestandsplaner exakt die Auswirkungen des Mehrverkaufs gegenüber dem prognostizierten Verkauf in Los Angeles und anderen Geschäften bestimmen. Er sieht die Änderung der Nachfrage in den einzelnen Wochen und Vorbereitungen treffen, um den aktualisierten Bedarf zu erfüllen. Herkömmliche Systeme für das Lagerbestandsmanagement haben diese Fähigkeit nicht, diese Änderungen genau vorherzusehen und die Pläne entsprechend Änderungen, die zwischenzeitlich eintreten, anzupassen.

VOR DEM MEHRVERKAUF		Woche							
	Aktuell	1	2	3	4	5	6	7	8
Los Angeles		300			300				
Montreal					150				
New York	300			300		300			
Vancouver			150						
Toronto				150					
Chicago				300			300		
Summe	300	300	150	750	450	300	300	0	0

NACH DEM MEHRVERKAUF		Woche					
	Aktuell	2	3	4	5	6	7	8
Los Angeles		300				300		
Montreal				150				
New York			300		300			
Vancouver		150						
Toronto			150					
Chicago			300			300		
Summe	0	450	750	150	300	600	0	0

Abbildung 6.14: Aufstellung aller geplanten Lieferungen

Diese vorwärts gerichtete Transparenz durch DRP ermöglicht es Einkäufern, Terminplanern und Planern, *vorherzusehen*, was sich in der Zukunft ändern könnte anstatt auf etwas zu *reagieren*, das bereits eingetreten ist.

In unserem Beispiel (Abbildung 6.14) trat nur eine Änderung eines Liefertermins und das nur bei einem Geschäft (Los Angeles) ein. Wäre dieses Beispiel echt, dann würden sich in dieser Woche wahrscheinlich mehrere Liefertermine in mehreren Geschäften verschieben. Es wäre sogar möglich, daß sich bei allen Geschäften ein Liefertermin ändert. Allerdings sind solche gleichzeitigen Änderungen unwahrscheinlich.

Absätze, die über oder unter den Prognosen liegen, sind aber nicht der einzige Grund für Änderungen dieser Art. Auch eine Änderung der Absatzprognosen, des Sicherheitsbestände, der Beschaffungszeiten oder der Bestellmengen können solche Änderungen bewirken. Mit anderen Worten, DRP erfaßt und berichtet alle Änderungen innerhalb des gesamten Systems.

Das ist möglich, weil DRP eine wirklichkeitsgetreue Simulation des Distributionsnetzes ist und zeigt, was in dem Logistiksystem geschieht und voraussichtlich geschehen wird.

6.4 DRP oder Nachbestellgrenze

In diesem Abschnitt werden wir den Unterschied zwischen einem System mit DRP und einem mit Nachbestellgrenze zeigen. Um beide Systeme vergleichen zu können, verwenden wir in beiden Fällen dieselben Daten. Abbildung 6.15 zeigt die Ausgangssituation. Drei Standorte, Chicago, Montreal und New York bestellen ein Produkt bei einer Bezugsquelle. Es ist eine sehr allgemeine Ausgangssituation, da sie auf nahezu jede Unternehmensart zutreffen kann. Es könnte ein Einzelhandelsunternehmen mit drei Ladengeschäften sein, die von einem Absatzzentrum beliefert werden, oder ein Großhandelsunternehmen mit drei Absatzzentren, die von einem regionalen oder zentralen Absatzzentrum beliefert werden, oder aber auch ein Hersteller mit drei Absatzzentren, die von einer Fabrik beliefert werden.

Nehmen wir für unser Beispiel an, daß es sich um einen Großhändler mit drei Absatzzentren handelt, der das Produkt von einem Hersteller (der Bezugsquelle) bezieht. Der Hersteller selbst soll wiederum mehrere Absatzzentren betreiben. In unserem Beispiel werden Chicago, Montreal und New York von einem einzigen Absatzzentrum beliefert, das Eigentum des Herstellers ist und das dieser selbst betreibt. Beide, der Großhändler und der Hersteller, verwenden die klassische Formel für die Nachbestellgrenze – *Be-*

	Chicago	**Montreal**	**New York**
Lagerbestand	225	164	350
Absatzprognose	115/Wo	47/Wo	125/Wo
Nachbestellgrenze	345	141	375
Periodische Bestellmenge	500	200	500
Beschaffungszeit	2 Wo	2 Wo	2 Wo
	Bezugsquelle AZ		
Lagerbestand		1.170	
Nachbestellgrenze		1.150	
Bestellmenge		2.200	
Vorlaufzeit (Fabrik)		3 Wo	

Abbildung 6.15: Beispiel für Nachbestellgrenzen

darf mal Beschaffungszeit plus Sicherheitsbestand –, um den Lagerbestand zu managen, zu kontrollieren und Produkte zu bestellen.

Der Großhändler verwendet ein elektronisches Kontrollsystem für den Lagerbestand, das dem neuesten Stand der Technik entspricht und sowohl die Nachbestellgrenze als auch den Sicherheitsbestand dynamisch berechnet und aktualisiert. Grundlage dafür sind die zuletzt im Vergleich zu den Absatzprognosen eingetretenen Abweichungen der Absätze. Nachbestellgrenzen und Sicherheitsbestände werden wöchentlich entsprechend angepaßt. Dabei werden die Nachbestellmengen für jedes Absatzzentrum getrennt in Form von periodischen Bestellmengen für einen Zeitraum von jeweils vier Wochen berechnet. Diese werden so gerundet, daß sich Mindestbestelleinheiten von 100 oder ein Vielfaches davon ergeben. Wenn beispielsweise Chicago in vier Wochen 460 benötigt, dann werden diese auf 500 aufgerundet.

Der Großhändler aktualisiert seine Daten und entscheidet über die notwendigen Einkäufe jeden Montag, indem er am Freitag abend den Verkauf der vergangenen Woche und den momentanen Lagerbestand bestimmt. Bevor wir fortfahren, ist wichtig, zu erwähnen, daß in unserem Beispiel unser Produkt auf spezielle Weise für diesen Großhändler abgepackt sein soll. Deshalb wird dieses Produkt nur von Chicago, Montreal und New York bestellt.

Betrachten wir nun, was geschehen würde, wenn Sie bei dieser Bezugsquelle verantwortlich wären für den Lagerbestand und die Bestellung des Produkts bei der Fabrik. Läuft alles gut oder haben Sie Probleme? Brauchen Sie irgend etwas? Alles ist in Ordnung, da Sie ja 1.170 Stück auf Lager haben und Ihre Nachbestellgrenze bei 1.150[4] liegt (siehe Abbildung 6.15). Sobald Ihr Lagerbestand auf 1.149 oder darunter absinkt, schicken Sie eine Bestellung an die Fabrik. Sie bestellen dann 2.200 Stück, denn das ist Ihr Minimum und die Vorlaufzeit der Fabrik beträgt drei Wochen.

Nun werfen wir einen Blick auf den Großhändler. Es ist Montag morgen, und der Computer hat gerade die neuesten Daten ausgedruckt. Das System

---

[4] Die Nachbestellgrenzen der drei Absatzzentren und der Bezugsquelle wurden auf die gleiche Weise berechnet:
(Bedarf x Beschaffungszeit) + Sicherheitsbestand für eine Woche
Zum Beispiel wäre die Nachbestellgrenze für die Bezugsquelle:
(287 x 3) + 287 = 1.148 (aufgerundet auf 1.150)

empfiehlt zwei Bestellungen, eine für Chicago und eine für New York. An beiden Orten ist der Bestand unter die Nachbestellgrenze gesunken. Montreal ist zu diesem Zeitpunkt in Ordnung.

Der Großhändler prüft die beiden Empfehlungen und gibt zwei Bestellungen über 500 Stück auf, eine für Chicago und eine für New York. Am Montag nachmittag werden beide Aufträge elektronisch an das Absatzzentrum weitergeleitet. Sie werden innerhalb von drei Arbeitstagen aufgenommen, geprüft, zusammengestellt, verpackt und ausgeliefert. Jetzt ist es Freitag morgen. Ihr Lagerbestand ist aktualisiert und weist einen Bestand von 170 Stück aus. Der Computer empfiehlt, 220 Stück bei der Fabrik zu bestellen. Sie prüfen diese Empfehlung, genehmigen sie und bestellen.

Am selben Nachmittag erhalten Sie eine weitere Bestellung über 200 Stück von unserem Großhändler. Diese sollen an das Absatzzentrum in Montreal geliefert werden. Erinnern Sie sich: Am Montag war der Lagerbestand in Montreal noch ausreichend. Aber nun haben die Verkaufszahlen fast den prognostizierten Wert erreicht und der Großhändler damit seine Nachbestellgrenze.

Haben Sie ein Problem? Anscheinend können Sie nicht den ganzen Auftrag ausliefern – es fehlen Ihnen 30 Einheiten! Und obwohl Sie ja 2.200 Stück bestellt haben, werden diese erst in drei Wochen verfügbar sein. Deshalb müssen Sie jetzt zwei Dinge tun: Erstens, Ihrem Kunden mitteilen, daß Sie ihm nur 170 Stück liefern können und zweitens, mit der Fabrik verhandeln, damit die Bestellung, die Sie erst vor ein paar Stunden aufgegeben haben, beschleunigt bearbeitet wird. Ihr Lagerbestand ist jetzt auf Null und wird es für die nächsten drei Wochen bleiben, außer, die Fabrik kann Ihren Auftrag beschleunigt bearbeiten.

Sie sehen, an einem Tag sieht alles großartig aus und am nächsten Tag ist Ihr Lagerbestand aufgebraucht. Die Fabrik erhält einen Auftrag mit normaler Vorlaufzeit, und ein paar Stunden später soll sie ihn beschleunigt bearbeiten! Ist das typisch? In der Tat – das geschieht immer wieder! Wo liegt dann das Problem? Es ist die Nachbestellgrenze.

Mit DRP (siehe Abbildung 6.16) haben wir Lieferungen für Chicago und New York geplant, die im Rückstand waren. Mit anderen Worten, die Nachbestellgrenze hat auf dieses Problem nie hingewiesen. Auch bei der DRP-Aufstellung entspricht der Sicherheitsbestand der prognostizierten Menge

Produktbestand insges.: 225 Sicherheitsbestand: 115 Beschaffungszeit: 2 Wochen Bestellmenge: 500	Aktuell	Woche 1	2	3	4	5	6	7	8
Absatzprognose		115	115	115	115	115	115	115	115
Laufende Bestellung									
Voraussichtlicher Bestand	225	110	495	380	265	150	535	420	305
Geplanter Anliefertermin			500				500		
Geplanter Ausliefertermin	500				500				

Produktbestand insges.: 350 Sicherheitsbestand: 125 Beschaffungszeit: 2 Wochen Bestellmenge: 500	Aktuell	Woche 1	2	3	4	5	6	7	8
Absatzprognose		125	125	125	125	125	125	125	125
Laufende Bestellung									
Voraussichtlicher Bestand	350	225	600	475	350	225	600	475	350
Geplanter Anliefertermin			500				500		
Geplanter Ausliefertermin	500				500				

Abbildung 6.16: DRP-Aufstellung, Absatzzentren Chicago (oben) und New York (unten)

einer Woche. Damit ist er gleich groß wie in unserem Beispiel mit der Nachbestellgrenze.

Werfen wir nun einen Blick auf die DRP-Aufstellung für das Absatzzentrum in Montreal. Es zeigt, daß eine geplante Bestellung noch in dieser Woche aufgegeben werden muß (siehe Abbildung 6.17). Sehen wir uns auch die DRP-Aufstellung der Bezugsquelle an (Abbildung 6.18). Der Lagerbestandsplaner dort erkennt aus der DRP-Aufstellung, daß es dringend erforderlich ist, eine Bestellung bei der Fabrik zu beschleunigen, um die 30 Stück in der ersten Woche abzudecken.

Das System mit Nachbestellgrenzen gibt keinen Hinweis auf bevorstehende Probleme bis zum Ende der ersten Woche, bis die Bezugsquelle den Auftrag aus Montreal über 200 Stück erhält und nur 170 Stück vorrätig sind. Im Gegensatz dazu würde uns die DRP schon viele Wochen vorher warnen. Die DRP würde diesen Engpaß bei der Bezugsquelle vorhergesehen haben und

Produktbestand insges.: 164 Sicherheitsbestand: 47 Beschaffungszeit: 2 Wochen Bestellmenge: 200	Aktuell	Woche 1	2	3	4	5	6	7	8
Absatzprognose		47	47	47	47	47	47	47	47
Laufende Bestellung									
Voraussichtlicher Bestand	164	117	70	223	176	129	82	235	188
Geplanter Anliefertermin				200		200		200	
Geplanter Ausliefertermin		200							

Abbildung 6.17: DRP-Aufstellung, Absatzzentrum Montreal

Produktbestand insges.: 1.170 Sicherheitsbestand: 287 Beschaffungszeit: 3 Wochen Bestellmenge: 2.200	Aktuell	Woche 1	2	3	4	5	6	7	8
Absatzprognose	1.000	200	0	0	1.000	200	0	0	0
Laufende Bestellung									
Voraussichtlicher Bestand	170	–30	–30	2.170	1.170	970	970	970	970
Geplanter Anliefertermin				2.200					
Geplanter Ausliefertermin	2.200								

Abbildung 6.18: DRP-Aufstellung, Bezugsquelle

den Lagerplaner sowie die Fabrik warnen. Um das besser zu erkennen, gehen wir nochmals vier Wochen zurück. Abbildung 6.19 zeigt die Verkaufszahlen für diese Zeit. Die Verkaufsergebnisse in dieser Zeit wurden zum Lagerbestand rückaddiert um so, wie in Abbildung 6.20 dargestellt, den neuen Lagerbestand zu erhalten. Die Absatzprognosen wurden nicht verändert, obwohl wir in diesem Punkt besser informiert sind. So können wir aber DRP einem echten Test unterziehen.

Wie wir aus Abbildung 6.20 ablesen können, hat die DRP den Distributionsbedarf vier Wochen früher geplant. In dem Beispiel hat die DRP eine Bestellung geplant, die jetzt, in der laufenden Woche, an die Fabrik in Auftrag gegeben werden muß, um den Bedarf vier Wochen später zu decken. Für die Fabrik erscheint dieser Auftrag transparent als Anforderung des Absatzzentrums mit einer normalen dreiwöchigen Vorlaufzeit. An dieser Stelle über-

Verkäufe								
Prognose wöchentlich	Absatz-zentrum	Woche						
		4	3	2	1	Summe	Akt. Bestand	Neuer Bestand
115	Chicago	60	155	100	45	360	225	585
47	New York	50	33	40	45	168	164	332
125	Montreal	100	120	110	90	420	350	77

Abbildung 6.19: Verkäufe der letzten vier Wochen nach Absatzzentrum

wacht und plant die DRP vier Wochen im voraus. Mit einer Nachbestellgrenze würde dieses Problem nicht erkannt und wenn, dann bliebe keine Zeit, um rechtzeitig einzugreifen. In Abbildung 6.21 sind die Informationen aus dem System mit Nachbestellgrenzen und der DRP aus dem vorigen Beispiel zusammengefaßt und werden miteinander verglichen.

Das Beispiel veranschaulicht die Situation vor vier Wochen. Aber auch vor drei, zwei oder einer Woche wären die Auswirkungen ziemlich ähnlich gewesen. Abbildung 6.22 zeigt, wie die Werte für diese vier Wochen berechnet wurden. Daraus wird ersichtlich, daß, wie in Abbildung 6.19 dargestellt, mit Ausnahme von Chicago in der ersten Woche, bei dem Ansatz der Nachbestellgrenzen die Abnahme des Lagerbestands durch die Verkäufe zu keiner Zeit in den vier Wochen vor dem Engpaß an keinem der Standorte zu einem Auftrag geführt hat.

Wenn die Fabrik in der Lage ist, kleinere Chargen als 2.200 Stück zu produzieren, dann hätte die Bezugsquelle möglicherweise eine kleinere Menge bestellt, da die DRP zeigt, daß lediglich 30 Stück in der fünften Woche fehlen, um alle Bestellungen abzudecken. Mit anderen Worten, die DRP sagt einen Engpaß von 30 Stück fünf Wochen vorher voraus. Das System der Nachbestellgrenzen reagiert auf den selben Engpaß, indem es den Benutzer anweist, den Produktbestand zu erhöhen.

Sehen wir uns jetzt ein anderes Beispiel für Nachbestellgrenzen an (Abbildung 6.23). Hier wurde durch eine Bestellung von Chicago bei der Bezugsquelle die Nachbestellgrenze unterschritten (1.600 – 500 = 1.100). Die anderen beiden Absatzzentren hatten einen ausreichenden Lagerbestand. Das Nachbestellgrenzen-System sagte aber vorher, daß die Bezugsquelle sofort

ABSATZZENTRUM CHICAGO
Produktbestand insgesamt 225
Sicherheitsbestand 115
Beschaffungszeit 2 Wochen
Bestellmenge 500

		Woche							
		1	2	3	4	5	6	7	8
Absatz-prognose		115	115	115	115	115	115	115	115
Laufende Bestellung									
Voraussicht-licher Bestand	585	470	355	240	125	510	295	280	165
Geplanter Anliefertmn.						500			
Geplanter Ausliefertmn.				500					

ABSATZZENTRUM NEW YORK
Produktbestand insgesamt 770
Sicherheitsbestand 125
Beschaffungszeit 2 Wochen
Bestellmenge 500

		Woche							
		1	2	3	4	5	6	7	8
Absatz-prognose		125	125	125	125	125	125	125	125
Laufende Bestellung									
Voraussicht-licher Bestand	770	645	520	395	270	145	520	395	270
Geplanter Anliefertmn.							500		
Geplanter Ausliefertmn.					500				

ABSATZZENTRUM MONTREAL
Produktbestand insgesamt 332
Sicherheitsbestand 47
Beschaffungszeit 2 Wochen
Bestellmenge 200

		Woche							
		1	2	3	4	5	6	7	8
Absatz-prognose		47	47	47	47	47	47	47	47
Laufende Bestellung									
Voraussicht-licher Bestand	332	285	238	191	144	97	50	203	156
Geplanter Anliefertmn.								200	
Geplanter Ausliefertmn.						200			

BEZUGSQUELLE
Produktbestand insgesamt 1.170
Sicherheitsbestand 287
Beschaffungszeit 3 Wochen
Bestellmenge 2.200

		Woche							
		1	2	3	4	5	6	7	8
Absatz-prognose		0	0	500	500	200	0	0	0
Laufende Bestellung									
Voraussicht-licher Bestand	1.170	1.170	1.170	670	2.370	2.170	2.170	2.170	2.170
Geplanter Anliefertmn.					2.200				
Geplanter Ausliefertmn.		2.200							

Abbildung 6.20: Neue DRP-Zusammenfassung für drei Absatzzentren und eine Bezugsquelle

Standort	Nachbestellgrenze	DRP
Chicago	Nachbestellgrenze unterschritten: Bestellung bei der Bezugsquelle	Auslieferung der geplanten Bestellung ab Bezugsquelle überfällig
New York	Nachbestellgrenze unterschritten: Bestellung bei der Bezugsquelle	Auslieferung der geplanten Bestellung ab Bezugsquelle überfällig
Montreal	Wochenanfang: Bestand über der Nachbestellgrenze, keine Bestellung. Wochenende: Nachbestellgrenze unterschritten: Bestellung bei der Bezugsquelle	Auslieferung der geplanten Bestellung ab Bezugsquelle überfällig
Bezugsquelle	Montagmorgen: Bestand über Nachbestellgrenze, kein Problem erkennbar Montagnachmittag: Bestellungen aus New York und Chicago Freitagmorgen: Auslieferung der Bestellungen aus New York und Chicago. Bestellung bei der Fabrik Freitagnachmittag: Bestellung aus Montreal, Lagerbestand reicht nicht aus. Beschleunigung der Fabrikbestellung. Lieferengpaß für Montreal für drei Wochen	Vier Wochen später: Voraussage eines Bestandsengpasses von 30 Stück für 5 Wochen und Unterschreitung des Sicherheitsbestands für 4 Wochen. Bestellung bei der Fabrik zur Bedarfsdeckung. Normale Lieferung von der Fabrik mit normaler Vorlaufzeit. Geplante Lieferungen können ausgeführt werden, keine Auftragsrückstellungen.

Abbildung 6.21: Vergleich des Nachbestell-Grenzen-Systems mit dem DRP-System

einen höheren Bestand benötigen würde. Deshalb wurden bei der Fabrik 2.200 Stück bestellt. Diese Bestellung war falsch, da sie viel zu früh erfolgte.

Mit DRP würde sich die Lage, wie in Abbildung 6.24 gezeigt, darstellen.

Sehen Sie sich den Unterschied zwischen beiden Systemen an! DRP zeigt ganz klar, daß zumindest in den nächsten vier Wochen keine zusätzlichen Produktmengen benötigt werden. Der gegenwärtige Lagerbestand reicht noch für die gesamte vierte und den größten Teil der fünften Woche. Viele Lagerbestandsplaner und Gesamtplaner würden aus der Aufstellung (Ab-

4 Wochen zurück		
Chicago	NG , 345	
	LgB , 585	
	(LgB + LfB) > NG	Keine Bestellung
Montreal	NG , 141	
	LgB , 332	
	(LgB + LfB) > NG	Keine Bestellung
New York	NG , 375	
	LgB , 770	
	(LgB + LfB) > NG	Keine Bestellung
3 Wochen zurück		
Chicago	NG , 345	
	LgB , 525	
		Keine Bestellung
Montreal	NG , 141	
	LgB , 282	
		Keine Bestellung
New York	NG , 375	
	LgB , 670	
		Keine Bestellung
2 Wochen zurück		
Chicago	NG , 345	
	LgB , 370	
		Keine Bestellung
Montreal	NG , 141	
	LgB , 249	
		Keine Bestellung
New York	NG , 375	
	LgB , 550	
		Keine Bestellung
1 Woche zurück		
Chicago	NG , 345	
	LgB , 270	
		Bestellung, aber zu spät
Montreal	NG , 141	
	LgB , 209	
		Keine Bestellung
New York	NG , 375	
	LgB , 440	
		Keine Bestellung

NG = Nachbestellgrenze   LgB = Lagerbestand   LfB = Laufende Bestellung

Abbildung 6.22: Mathematische Erklärung des Nachbestell-Grenzen-Beispiels (für die einzelnen Wochen)

	Chicago	Montreal	New York
Lagerbestand	225	330	880
Absatzprognose	115/Wo	47/Wo	125/Wo
Nachbestellgrenze	345	141	375
Periodische Bestellmenge	500	200	500
Beschaffungszeit	2 Wo	2 Wo	2 Wo
	Bezugsquelle (AZ)		
Lagerbestand		1600	
Nachbestellgrenze		1150	
Bestellmenge		2200	
Vorlaufzeit (Fabrik)		3 Wo	

Abbildung 6.23: Beispiel für Nachbestellgrenzen mit revidiertem Lagerbestand

bildung 6.24) erkennen, daß die Bestellung der Bezugsquelle über 2.200 Stück für die fünfte Woche nur zur Abdeckung eines Bedarfs von 100 Stück plus 287 Stück Sicherheitsbestand dient. Bei dieser Transparenz von DRP, muß der Lagerbestandsplaner diese Bestellung bei der Fabrik wirklich aufgeben?

Da der Gesamtplaner den wirklichen Bedarf der Bezugsquelle sehen kann, würde er im Normalfall keine solche Menge von 2.200 Stück einplanen – der größte Teil davon würde über Wochen im Lager liegen bleiben. Er würde vielmehr den Bedarf der fünften Woche abschätzen und gemeinsam mit dem Lagerbestandsplaner beschließen, an New York anstelle der 500 Stück nur 400 Stück auszuliefern. Die Aufstellung für die Bezugsquelle sieht dann wie in Abbildung 6.25 dargestellt aus. Zu diesem Zeitpunkt wird noch keine Fabrikbestellung in Auftrag gegeben. Es wird vielmehr eine Festbestellung für eine spätere Woche geplant, in der wieder ein Bedarf besteht. Wenn es also beispielsweise in der elften Woche in einem der Zentren (Chicago, New York oder Montreal) einen Bedarf gibt, dann plant der Lagerbestandsplaner eine Festbestellung in der achten Woche.

Diese starke Verbindung von Logistik und Fertigung durch DRP führt zu einer engen Verknüpfung von Angebot und Nachfrage bei Kunden und Lieferanten. Aus dieser Entwicklung ziehen dann beide Seiten ihren Nutzen. DRP sagt zukünftige Probleme vorher und stellt die Informationen bereit, die notwendig sind, um sie sofort zu lösen. Das Ergebnis ist oft, daß ein Problem bereits behoben wird, bevor es wirklich eintritt.

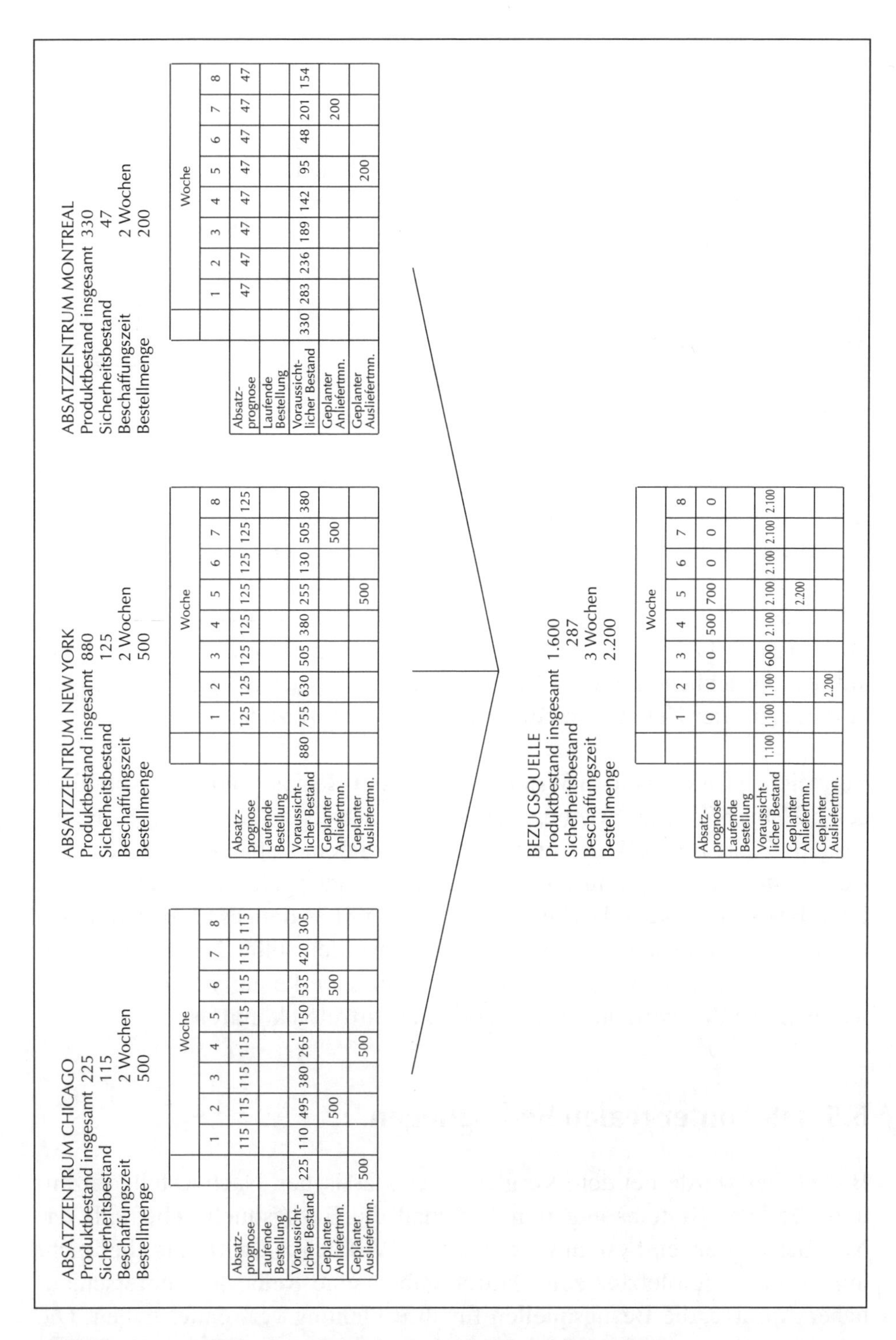

ABSATZZENTRUM CHICAGO
Produktbestand insgesamt 225
Sicherheitsbestand 115
Beschaffungszeit 2 Wochen
Bestellmenge 500

		Woche							
		1	2	3	4	5	6	7	8
Absatz-prognose		115	115	115	115	115	115	115	115
Laufende Bestellung									
Voraussicht-licher Bestand	225	110	495	380	265	150	535	420	305
Geplanter Anliefertmn.			500				500		
Geplanter Ausliefertmn.	500				500				

ABSATZZENTRUM NEW YORK
Produktbestand insgesamt 880
Sicherheitsbestand 125
Beschaffungszeit 2 Wochen
Bestellmenge 500

		Woche							
		1	2	3	4	5	6	7	8
Absatz-prognose		125	125	125	125	125	125	125	125
Laufende Bestellung									
Voraussicht-licher Bestand	880	755	630	505	380	255	130	505	380
Geplanter Anliefertmn.								500	
Geplanter Ausliefertmn.						500			

ABSATZZENTRUM MONTREAL
Produktbestand insgesamt 330
Sicherheitsbestand 47
Beschaffungszeit 2 Wochen
Bestellmenge 200

		Woche							
		1	2	3	4	5	6	7	8
Absatz-prognose		47	47	47	47	47	47	47	47
Laufende Bestellung									
Voraussicht-licher Bestand	330	283	236	189	142	95	48	201	154
Geplanter Anliefertmn.								200	
Geplanter Ausliefertmn.						200			

BEZUGSQUELLE
Produktbestand insgesamt 1.600
Sicherheitsbestand 287
Beschaffungszeit 3 Wochen
Bestellmenge 2.200

		Woche							
		1	2	3	4	5	6	7	8
Absatz-prognose		0	0	0	500	700	0	0	0
Laufende Bestellung									
Voraussicht-licher Bestand	1.100	1.100	1.100	600	2.100	2.100	2.100	2.100	2.100
Geplanter Anliefertmn.						2.200			
Geplanter Ausliefertmn.			2.200						

Abbildung 6.24: DRP für drei Absatzzentren und eine Bezugsquelle

Produktbestand insges.: 1.160 Sicherheitsbestand: 287 Beschaffungszeit: 3 Wochen Bestellmenge: 2.200	Aktuell	Woche 1	2	3	4	5	6	7	8
Absatzprognose	500	0	0	0	500	600	0	0	0
Laufende Bestellung									
Voraussichtlicher Bestand	1.100	1.100	1.100	1.100	600	0	0	0	0
Geplanter Anliefertermin									
Geplanter Ausliefertermin									

Abbildung 6.25: Aufstellung für die Bezugsquelle

Bei dem System mit Nachbestellgrenzen wird dagegen immer, wenn der Lagerbestand die Nachbestellgrenze unterschreitet, eine Bestellung in Auftrag gegeben. Es nimmt keine Rücksicht darauf, ob die Gesamtsituation das tatsächlich erfordert. In unserem Beispiel reicht der Lagerbestand völlig aus, um den Bedarf zu decken. Das Nachbestellgrenzen-System achtet aber nicht auf den tatsächlichen Bedarf. Vielmehr versucht es „blindlings", den Lagerbestand zu jeder Zeit über einer bestimmten Grenze zu halten.

Vergleichen wir die beiden Systeme anhand der Beispiele aus den Abbildungen 6.21 bis 6.25. Das Ergebnis dieses Vergleichs ist in Abbildung 6.26 dargestellt. Diese Beispiele haben den Zweck, zu demonstrieren, daß Nachbestellgrenzen eine obsolete Technik – ein nicht mehr gültiges Modell für den Lagerbestand – sind und es keinen Fall mehr gibt, in dem es für das Management von Lagerbeständen noch verwendet werden sollte. Nachbestellgrenzen bieten einfach nicht die Transparenz, um zu erkennen, ob ein Produkt wirklich benötigt wird und wann Probleme auftreten könnten.

6.5 DRP unter realen Bedingungen

Bis hierher wurde bei dem Vergleich des klassischen Nachbestellgrenzen- und des DRP-Systems angenommen, daß die Bezugsquelle ebenfalls das Nachbestellgrenzen-System verwendet. In Wirklichkeit trifft das aber nicht immer zu. In den letzten zehn Jahren gab es eine Reihe sehr unterschiedlicher Ansätze, die Bezugsquellen für ihre Planung verwendet haben. Die folgenden vier Szenarien geben die am häufigsten angetroffenen wieder.

Standort	Nachbestellgrenze	DRP
Chicago	Nachbestellgrenze unterschritten: Bestellung bei der Bezugsquelle	Geplante Bestellung überfällig zur Auslieferung von der Bezugsquelle
New York	Nachbestellgrenze nicht erreicht, keine Bestellung notwendig	Geplante Bestellung zur Auslieferung in der fünften Woche
Montreal	Nachbestellgrenze nicht erreicht, keine Bestellung notwendig	Geplante Bestellung zur Auslieferung in der fünften Woche
Bezugsquelle	Wochenanfang: Bestand über der Nachbestellgrenze, kein Problem erkennbar Wochenende: Nachbestellgrenze unterschritten: Bestellung von 2.200 Stück für die dritte Woche bei der Fabrik	Lagerbestand reicht bis zur fünften Woche. Der Gesamtplaner kann beschließen, in der folgenden Woche eine Bestellung zu machen oder New York nur 400 Stück zu liefern und auf die Bestellung verzichten

Abbildung 6.26: Vergleich des Nachbestell-Grenzen-Systems mit dem DRP-System

Einige Unternehmen planen auf einer Monatsbasis, andere auf einer Wochenbasis. Einige kaufen die Produkte, andere produzieren sie selbst. Einige planen landesweit und addieren die Lagerbestände aller Standorte, andere nicht. Welche Auswirkungen diese unterschiedlichen Ansätze haben, wird aus den folgenden Szenarien deutlich. Die ersten beiden stehen für Unternehmen ohne eigene Produktion, die folgenden beiden für Unternehmen mit eigener Produktion, für Hersteller. Obwohl die Daten in allen Szenarien gleich sind, verwenden die Unternehmen sehr unterschiedliche Ansätze, um sie zu interpretieren.

6.5.1 Szenario 1

Das erste Szenario beschreibt ein Unternehmen, das seine Produkte kauft. In diesem Beispiel werden die Lagerbestände aller Standorte, der Bezugsquelle und aller Absatzzentren addiert. Der Ausgangslagerbestand beträgt damit 1.909 Stück (Abbildung 6.27)[5]. Die Absatzprognose wurde berechnet,

[5] Die Aufstellungen in Abbildung 6.27 und 6.28 sind vereinfachte Versionen und zeigen nur die Absatzprognosen, die geplanten Einkäufe und den voraussichtlichen Bestand.

Lagerbestand 1.909 Bestellmenge: 2.200 Beschaffungszeit: 3 Wochen Sicherheitsbestand: 287 (1 Woche)	Aktuell	Woche 1	2	3	4	5	6	7	8
Absatzprognose		1.244	1.244	1.244					
Geplante Bestellungen			2.200						
Voraussichtlicher Bestand	1.909	665	1.621	377					

Anmerkung:
1. Die Lagerbestände der Bezugsquellen und der Absatzzentren sind aufaddiert.
2. Die Planung ist auf Monatsintervalle ausgelegt.
3. Die Absatzprognose ist landesweit ausgelegt.

Abbildung 6.27: Bezugsquelle kauft Produkte – Szenario 1

indem die Absatzprognosen der einzelnen Absatzzentren mit 52 multipliziert und die Ergebnisse aller Zentren dann addiert wurden. Das Endergebnis ist dann die landesweite Absatzprognose. Für die monatliche Absatzprognose wurde dieses Ergebnis dann durch 12 geteilt. Das Ziel in diesem Beispiel ist, insgesamt zu jedem Zeitpunkt einen Lagerbestand für zwei Wochen für alle Absatzzentren zu haben.

Das Unternehmen, das diesen Ansatz verwendet, hat für den zweiten Monat einen Einkauf von 2.200 Stück geplant. Aus diesem Beispiel können wir ersehen, daß Unternehmen, die diesen Ansatz verwenden, mit einem großen Problem konfrontiert werden. Erinnern Sie sich daran, daß in dem Beispiel mit der Nachbestellgrenze in Abbildung 6.15, nachdem Chicago und New York bei der Bezugsquelle bestellt hatten, nur noch 170 Stück auf Lager waren für die Bestellung aus Montreal über 200 Stück. Der Fehlbedarf von 30 Stück, der am Ende der Woche entstand, führte zu einem großen Problem. Im vorliegenden Beispiel plant die Bezugsquelle einen Einkauf erst für den zweiten Monat. Das Problem wird deshalb noch verschärft.

6.5.2 Szenario 2

Abbildung 6.28 zeigt einen anderen Ansatz, den verschiedene Unternehmen einsetzen. In diesem Beispiel wird nur der Lagerbestand verwendet, der bei der Bezugsquelle vorrätig ist. Dabei empfehlen sie, während des ersten Mo-

Lagerbestand 170 Bestellmenge: 2.200 Beschaffungszeit: 3 Wochen Sicherheitsbestand: 287 (1 Woche)	Aktuell	Woche 1	2	3	4	5	6	7	8
Absatzprognose		1.244	1.244	1.244					
Geplante Bestellungen		2.200		2.200					
Voraussichtlicher Bestand	1.170	2.126	882	1.838					

Anmerkung:
1. Nur der Lagerbestand der Bezugsquelle wird verwendet.
2. Die Planung ist auf Monatsintervalle ausgelegt.
3. Die Absatzprognose ist landesweit ausgelegt.

Abbildung 6.28: Bezugsquelle kauft Produkte – Szenario 2

nats 2.200 Stück zu kaufen und dann wieder im dritten Monat. Doch dieses Vorgehen löst leider das Problem nicht. Auf diesen Ansatz trifft man häufig, wenn die Verantwortung für die Absatzzentren in anderen Händen liegt wie für die Bezugsquelle. Beispielsweise können die Lagermanager für den Lagerbestand in ihren Lagern zuständig sein, für die Lagerbestände in den Absatzzentren jedoch das Logistik- oder Einkaufspersonal.

6.5.3 Szenario 3

Voraussetzung ist in diesem Fall, daß die Unternehmen MRP II (Manufacturing Requirement Planning II) verwenden. Die Absatzprognosen sind in Wochen angegeben. Der Lagerbestand zu Beginn ist, wie im ersten Beispiel, die Summe aller in diesem System verfügbaren Lagerbestände. Die Logik für den Produktionsgesamtplan (PGP) besagt, daß ein Produktionsauftrag in der dritten Woche für eine Auslieferung an die Absatzzentren in der sechsten Woche gegeben werden sollte, da zu diesem Zeitpunkt der voraussichtliche Lagerbestand unter den Sicherheitsbestand sinkt (siehe Abbildung 6.29)[6].

[6] Die Aufstellungen in Abbildung 6.27 und 6.28 sind vereinfachte Versionen und zeigen nur die Absatzprognosen, die offenen Produktionsaufträge (geplanter Liefertermin), den voraussichtlichen Lagerbestand, den MPS-Liefertermin und den MPS-Produktionsbeginn.

Lagerbestand: 1.909 Bestellmenge: 2.200 Beschaffungszeit: 3 Wochen Sicherheitsbestand: 287 (1 Woche)	PGP-Aufstellung Monat Aktuell	1	2	3	4	5	6	7	8
Absatzprognose		287	287	287	287	287	287	287	287
Geplante Lieferungen									
Voraussichtlicher Bestand	1.909	1.662	1.335	1.048	761	474	2.387	2.100	1.813
PGP-Lieferung							2.200		
PGP-Produktionsbeginn									

Anmerkung:
1. Produktion und Logistiklagerbestand sind zusammengezählt.
2. Die Planung ist auf Wochenintervalle ausgelegt.
3. Die Absatzprognose ist landesweit.
4. MRP II wird verwendet.

Abbildung 6.29: Bezugsquelle fertigt Produkte selbst – Szenario 3

Da die Unternehmen DRP nicht verwenden, wären sie auch nicht in der Lage, den Produktionsauftrag terminlich so zu planen, daß ein Produktengpaß vermieden würde.

6.5.4 Szenario 4

In diesem Szenario verwenden die Unternehmen MRP in der Produktion, aber nur der Lagerbestandsplan ist auf PGP-Ebene eingebunden. Aus Abbildung 6.30 geht hervor, daß dieses Szenario ein besseres Timing aufweist. Die Logik für die Materialplanung empfiehlt, daß in der ersten Woche ein Produktionsauftrag gegeben werden sollte. Obwohl das realistischer ist und das Unternehmen MRP II in der Produktion verwendet, erfolgt die Planung in Wochenintervallen und es wird nur der Lagerbestand der Fabrik einbezogen. Diese Logik empfiehlt trotzdem, daß der Auftrag in der ersten Woche gegeben wird, was aber bedeutet, daß eine Auslieferung in der dritten Woche nicht möglich ist.

Diese vier Szenarien stellen vier unterschiedliche Lösungsansätze für das gleiche Problem dar. Im ersten Szenario ist die Empfehlung, das Produkt im zweiten Monat zu kaufen. Im zweiten Szenario soll es dagegen im ersten und

Lagerbestand: 1.170 Bestellmenge: 2.200 Beschaffungszeit: 3 Wochen Sicherheitsbestand: 287 (1 Woche)	Aktuell	PGP-Aufstellung Monat 1	2	3	4	5	6	7	8
Absatzprognose		287	287	287	287	287	287	287	287
Geplante Lieferungen									
Voraussichtlicher Bestand	1.170	883	596	309	2.222	1.935	1.648	1.361	1.074
PGP-Lieferung							2.200		
PGP-Produktionsbeginn		2.200							

Anmerkung:
1. Nur der Fabriklagerbestand wird verwendet.
2. Die Planung ist auf Wochenintervalle ausgelegt.
3. Die Absatzprognose ist landesweit.
4. MRP II wird verwendet.

Abbildung 6.30: Bezugsquelle fertigt Produkte selbst – Szenario 4

dritten Monat gekauft werden. Im dritten ist der Produktionsbeginn für die dritte Woche geplant und im vierten zeigt das System an, daß die Produktion in der ersten Woche beginnen soll.

In keinem dieser vier Fälle ist das Unternehmen in der Lage, exakt vorherzusagen, wann mit der Beschaffung oder der Produktion begonnen werden muß, um ständig einen ausreichenden Lagerbestand zu haben, der die Nachfrage aller Absatzzentren abdeckt.

Vielleicht fragen Sie sich, warum diese Unternehmen nicht fähig sind, den tatsächlichen Bedarf vorherzusehen, obwohl sie doch MRP II in der Produktion, eine Wochenplanung und den geplanten Lagerbestand verwenden. Die Antwort darauf ist sehr einfach.

Denken Sie zurück an das DRP-Beispiel: Der grundsätzliche Unterschied liegt in der Absatzprognose. DRP ergibt ein Abbild der Nachfrage über den gesamten Planungshorizont. Diese Simulation zeigt den tatsächlichen Distributionsbedarf und den Zeitpunkt, zu dem dieser Bedarf tatsächlich eintritt, im Gegensatz zu einer landesweiten Absatzprognose mit wöchentlicher oder monatlicher Absatzprognose. Darin liegt der feine Unterschied zwischen diesen beiden Methoden.

Alle geplanten Aufträge, die von den Absatzzentren eingehen und von der DRP erstellt werden, ergeben zusammen selbst die Absatzprognose, die dann wieder für die Beschaffungs- und Gesamtplanung verwendet wird. Darin liegt der Schlüssel zur Lösung dieses Problems.

Für die Bezugsquellen werden die Absatzzentren plötzlich transparent, da die Prognose exakt deren tatsächlichen Bedarf widerspiegelt. Unabhängig davon, ob Sie Einzelhändler, Großhändler oder Distributor sind, die Absatzzentren, Lager usw. und die externen Bezugsquellen sind zusammengeschlossen. Wenn Sie ein produzierendes Unternehmen sind, dann sind Logistik und Produktion über die PGP vollständig integriert.

Wichtig bei MRP II ist die Tatsache, daß, obwohl Unternehmen dieses System in der Produktion einsetzen, sie ohne eine Integration von MRP II und DRP für die Lagerplanung des Distributionsnetzes nie den Erfolg haben, den sie eigentlich von MRP II erwarten. Sie haben dann große Schwierigkeiten, ein gutes PGP zu entwickeln, das den Bedarf realistisch wiedergibt, um die Logistik wirklich zu unterstützen. Darüber hinaus werden sie ständig mit Terminproblemen konfrontiert.

Unternehmen, die ausschließlich MRP II in der Produktion verwenden, sind gezwungen, bei der Bezugsquelle ziemlich große Sicherheitsbestände aufzubauen, um vor Überraschungen der oben beschriebenen Art einigermaßen sicher zu sein und eine gewisse Stabilität in den Produktionsgeneralplänen zu erreichen. Mit DRP besteht dagegen keine Notwendigkeit, große Lagerbestände aufzubauen. Auch wenn Sie kein Produktionsbetrieb sind, ist ihre Situation, was den Sicherheitsbestand betrifft, nicht viel anders. Sie haben wesentlich bessere Möglichkeiten, den kundenseitigen Bedarf mit dem Angebot der Bezugsquelle abzustimmen, und das mit einem weit geringeren Lagerbestand.

6.5.5 Die DRP-Anzeige

Im verbleibenden Teil dieses Kapitels weicht das Format der DRP-Anzeige von dem der bisher besprochenen Beispiele ab.

Die Anzeige ist standardisiert– sie ist immer gleich, egal, ob es sich um ein Produkt in einem Geschäft oder in einem Absatzzentrum handelt oder, ob ein Produkt gefertigt oder gekauft wird.

Es gibt eine Reihe von Gründen, ein Standartformat für die Produktion im Einzel-/Großhandel und für die Logistik zu verwenden. Einer davon ist, daß die Logik in beiden Fällen exakt die gleiche ist. Deshalb liegt kein Grund vor, unterschiedliche Formate zu verwenden. Ein anderer Grund ist, daß das System dadurch leichter zu verstehen ist. Wenn die Einzel-/Großhandelsproduktion die gleiche Anzeige verwendet wie die Logistik, dann können die Beteiligten einander besser verstehen und effektiver miteinander kommunizieren.

In Abbildung 6.31 ist nochmals ein Beispiel für eine DRP-Anzeige im alten Format dargestellt. Abbildung 6.32 zeigt sie im neuen Format.

Lagerbestand: 140 Sicherheitsbestand: 50 Beschaffungszeit: 3 Wochen Bestellmenge: 150				Woche					
	Aktuell	1	2	3	4	5	6	7	8
Absatzprognose		20	25	15	20	30	25	15	30
Geplante Lieferungen									
Voraussichtlicher Bestand	140	120	95	80	60	180	155	140	110
Geplanter Anliefertermin						150			
Geplanter Auslieferertermin			150						

Abbildung 6.31: DRP-Anzeige, Absatzzentrum Vancouver

Lagerbestand: 140 Sicherheitsbestand: 50 Beschaffungszeit: 3 Wochen Bestellmenge: 150				Woche					
	Aktuell	1	2	3	4	5	6	7	8
Gesamtbedarf		20	25	15	20	30	25	15	30
Geplante Lieferungen									
Voraussichtlicher Bestand	140	120	95	80	60	180	155	140	110
Geplante Bestellungen						150			

Abbildung 6.32: Genormte Anzeige, Absatzzentrum Vancouver

Die beiden Anzeigen unterscheiden sich in den folgenden vier Punkten:

1. Die „Absatzprognose" ist durch „Gesamtbedarf" ersetzt. Er steht für den gesamten Bedarf eines Produktes. Ist dieses Produkt in einem Lager oder

in einem Absatzzentrum, dann ist der Gesamtbedarf gleichzeitig die Absatzprognose. Wird das Produkt gekauft oder hergestellt, dann ist es der Bedarf, der durch die Fabrik oder die Vertriebsfirma gedeckt werden muß.

2. Die „laufende Bestellung" ist durch „geplante Anlieferungen" ersetzt. Die geplanten Anlieferungen betreffen Produkte, die zur Auffüllung des Lagers gebraucht werden. Kommt das Produkt von einem Lager oder einem Absatzzentrum, dann ist die geplante Anlieferung gleichzeitig eine laufende Bestellung bei der Bezugsquelle. Diese Bestellung muß zu diesem Zeitpunkt nicht unbedingt auf dem Transport sein. Sie kann auch gerade zusammengestellt oder verpackt werden, fällt aber dennoch unter geplante Anlieferungen. Werden die Produkte hergestellt oder gekauft, dann ist die geplante Anlieferung entweder ein Produktionsauftrag bei der Fabrik oder eine Bestellung bei einer Lieferfirma.
3. Der „geplante Auslieferungstermin" ist durch „geplante Bestellungen" ersetzt. Wie aus dem Begriff hervorgeht, sind geplante Bestellungen noch in der Planung und noch nicht in Auftrag gegeben. Sie unterscheiden sich in diesem Punkt von den geplanten Anlieferungen, die sich entweder schon auf dem Weg befinden oder für den Transport vorbereitet werden. Kommt das Produkt von einem Lager oder einem Absatzzentrum, dann sind geplante Bestellungen ein Raster für zukünftige Lieferungen von der Bezugsquelle.
4. Der „geplante Anliefertermin" ist aus der Aufstellung herausgenommen. Aus dieser Zeile konnte lediglich der Auftragsumfang zum Anliefertermin entnommen werden. Der Auftrag wird nach wie vor zum voraussichtlichen Lagerbestand hinzuaddiert, so, als ob diese Zeile noch vorhanden wäre.

6.6 Zusammenfassung

In diesem Kapitel haben wir die Grundlagen und alle wichtigen Details von DRP erklärt und gezeigt, daß die Qualität einer Planung mit DRP, unabhängig davon, ob Sie mit einem Lagerstandort oder einem komplexen vielschichtigen Netz arbeiten, immer gleich gut ist. Wir haben auch gezeigt, wie DRP auf Bedarfsänderungen reagiert und wie es hilft, mit solchen Änderungen erfolgreich umzugehen.

Wir haben DRP mit dem Nachbestellgrenzen-System verglichen und die wesentlichen Unterschiede sowie Vorteile von DRP herausgearbeitet. Schließlich betrachteten wir vier häufig verwendete Planungsansätze von Bezugsquellen in Produktions- und Nichtproduktionsumgebungen.

7 Organisatorische Trends und berufliche Laufbahnen in der Distribution

BERNARD J. LA LONDE
Professor für Transport und Logistik, Ohio State University
JAMES M. MASTERS
Assistant Professor für Logistikmanagement, Ohio State University

---

Die Veränderungen, die in den letzten 20 Jahren in den Logistikorganisationen der gesamten amerikanischen Wirtschaft stattgefunden haben, sind als dramatisch zu bezeichnen. Für die in der Logistik Beschäftigten bedeutete dies sowohl eine Herausforderung als auch eine Chance für ihre Karriereplanung. Diese Veränderungen sind auch heute noch nicht abgeschlossen. Ganz im Gegenteil scheint der Schluß nur zu logisch zu sein, daß die Geschwindigkeit, mit der sie sich vollziehen, in den nächsten 10 Jahren zunimmt. Unser Ziel in diesem Kapitel ist, die Entstehung und die Entwicklung der Logistikorganisation zu erläutern und aufzuzeigen, welche Richtung sie möglicherweise in Zukunft nehmen werden. Dabei werden wir besonders auf die Veränderungen der Rollen und Aufgaben von Logistikführungskräften eingehen. Wir zeigen, wie sich moderne, aufgeschlossene geeignete Leute darauf vorbereiten, ihr Unternehmen ins 21. Jahrhundert zu führen.

7.1 Ein kurzer Blick auf die Wirtschaftsentwicklung

Eine Diskussion über die Entwicklung von Logistikorganisationen im Zeitraum von 1970 bis heute wäre unvollkommen ohne die historischen Zusammenhänge. In vielen Fällen wurden Ungestaltungen von Logistikverfahren und -strukturen von parallel ablaufenden wirtschaftlichen Veränderungen innerhalb der USA oder der gesamten Welt stark beeinflußt.

Die Geschichte der Logistik in dieser Zeit ist vor allem eine Beschreibung der Art und Weise, wie Logistikführungskräfte mit einer langen Reihe von dramatischen Veränderungen, durch die ihre Arbeitsumgebung völlig neu gestaltet wurde, zurechtgekommen sind. Um diese Vorgänge besser zu verstehen, werfen wir einen kurzen Blick auf die wichtigsten Einflußfaktoren dieser Zeit.

Ölpreis

In den siebziger Jahren hat es das OPEC-Kartell geschafft, eine Reihe von gravierenden Preiserhöhungen durchzusetzen. Die Folge war eine weitgehende Destabilisierung der globalen Wirtschaft. Seit die Treibstoffkosten einen hohen Prozentsatz in der Kostenstruktur von Transportfahrzeugen ausmachen, ist die Aufgabe von Logistikmanagern um einiges schwieriger und komplizierter geworden. Hinzu kam, daß die Preisentwicklung nicht mehr kalkulierbar war und sich eine Unsicherheit hinsichtlich der Verfügbarkeit des Öls entwickelte. Gegenmaßnahmen wurden eingeleitet, wie zum Beispiel Einrichtung von staatlichen Ölreserven, Entwicklung von synthetischen Treibstoffen, Fahrverbote und Treibstoffrationierung. Viele Privatunternehmen bauten ebenfalls Treibstoffvorräte auf und unternahmen Schritte, um den Verbrauch ihrer Fahrzeuge zu senken. Langfristig war aber das Kartell nicht fähig, dieses hohe Preisniveau zu halten. Deshalb war 1990 der (inflationsbereinigte) Preis ab Zapfsäule wieder unter das Niveau von 1970 gefallen. Heute ist die damalige Dringlichkeit in den Hintergrund getreten. Aber es ist wichtig, sich zu erinnern, welche tiefgreifenden Turbulenzen für die Logistiksysteme diese Entwicklungen in den siebziger Jahren verursachten.

Umweltbelange

Es war auch die Zeit, in der sich das Bewußtsein für Umwelt und Ökologie immer mehr entwickelte. Das spiegelte sich in einer stärkeren Beachtung von Sicherheitsaspekten bei Transport und Lagerung von gefährlichen Gütern, Verpackung und Recycling von Produkten, die Schadstoffbelastung von Wasser, Boden und Luft durch die Industrie – bis hin zur Lärmbelastung wider. Die Logistikorganisationen standen dabei besonders im Blickfeld. Das brachte neue Herausforderungen für das Management. Unternehmen, die einst stolz ihre Fahrzeuge mit ihrem Firmenlogo versahen, versuchten nun, sie so unscheinbar und anonym wie möglich zu machen.

Fusionen und Übernahmen

In den achtziger Jahren kam es dann zu einer Welle von Zusammenschlüssen, Übernahmen und gezielten Aufkäufen von Unternehmen. Innerhalb eines Zeitraums von zehn Jahren wurden manche Firmen drei-, vier- oder sogar fünfmal gekauft und wieder verkauft. Manchmal blieb die Logistikorganisation von den Unruhen durch diese Eigentümerwechsel weitgehend verschont. Häufiger jedoch führte die Fusion zweier Unternehmen auch zu einer Zusammenlegung der beiden Logistikorganisationen. Im Normalfall war damit auch eine Freistellung von Logistik-Führungskräften und -mitarbeitern verbunden, für die in der neuen Organisationsstruktur kein Platz mehr war. Viele (nicht alle) dieser neuen Verbindungen waren aus wirtschaftlicher Sicht sinnvoll, innerhalb der Logistikorganisationen – und der Karrieren von Beschäftigten – löste dieser Prozeß jedoch große Turbulenzen aus.

Globalisierung

Im Kampf um den amerikanischen Markt nahm der Konkurrenzdruck auf die amerikanischen Unternehmen durch ausländische Unternehmen immer mehr zu. Sie selbst wiederum verstärkten ihre Anstrengungen auf den Auslandmärkten, bauten im Ausland Bezugsquellen für Rohstoffe und Produkte auf und verlagerten die Produktion in Länder mit niedrigen Lohnkosten. Mit der Zunahme dieser Praktiken veränderten sich auch die Strategien immer mehr, weg von innovativen Anstrengungen zur Absicherung von Wettbewerbsvorteilen und hin zu Taktiken, die notwendig waren, um in dieser veränderten neuen Geschäftswelt zu überleben. Logistikmanager waren gezwungen, mit diesem sich explosionsartig vergrößernden Aufgabenbereich zurechtzukommen. Während ihr Logistiknetz 1970 noch landesweit aufgebaut war, hatten sie es 1990 schon mit einem globalen Netz zu tun. In der Zwischenzeit entwickelten sie aber auch die Fähigkeit, den internationalen Transport, den Umgang mit Fremdwährungen, mit internationalem Recht und alle sonstigen komplexen Fragen und Probleme, die ein solches Netz mit sich bringt, zu beherrschen.

Informationstechnologie

Die Änderung mit den möglicherweise größten Auswirkungen auf die Geschäftswelt in dieser Zeit war das Aufblühen der Informationstechnologie. 1970 benutzten Logistikorganisationen Informationssysteme auf der Basis von Mainframecomputern, die groß, langsam, empfindlich und teuer waren. Die Verarbeitung war auf Stapelverarbeitung ausgerichtet, Daten wurden auf Magnetbändern gespeichert, die Dateneingabe geschah manuell über die Tastatur und die Datenausgabe bestand oft aus voluminösen Papierstapeln, durch die zwar Manager umfangreiches Datenmaterial, aber wenig nützliche Information erhielten. Änderungen der Systemsoftware waren teuer und zeitaufwendig, oft waren Legionen von Programmieren und Systemanalytikern damit beschäftigt. War es schon schwierig, Datenverarbeitungssysteme innerhalb der eigenen Firma aneinander anzupassen und miteinander zu verbinden, so blieb die Vernetzung mit einem Datenverarbeitungssystem einer anderen Firma die seltene Ausnahme.

Bis 1990 veränderte sich die Computerwelt total. Informationsverarbeitung fand auf Desktopgeräten statt, mit lokalen Netzwerken und möglicherweise Verbindung zu einem Mainframe. Die Geräte waren klein, robust, zuverlässig, schneller, mächtiger und um Größenordnungen billiger geworden. Die Verarbeitung geschah nun in Echtzeit, und Daten wurden auf Diskette gespeichert mit praktisch sofortiger Zugriffsmöglichkeit. Die Eingabe der Rohdaten erfolgte jetzt über automatische Scanner, und Ergebnisberichte wurden über den Bildschirm ausgegeben. Anwenderfreundliche Software und relationale Datenbanken, die es dem Manager ermöglichten, relevante Informationen auszufiltern und auf den Anwendungsfall zugeschnittene Berichte zu erstellen, waren allgemein verfügbar.

Protokolle für den elektronischen Datenaustausch per Telefon erleichterten direkte Interaktionen und maschinelle geschäftliche Transaktionen zwischen Unternehmen rund um die Welt. Bei der traditionell informationsintensiven Logistik bereiteten diese neuen Möglichkeiten und Fähigkeiten den Weg für eine vollständig neue Art, Geschäfte zu machen.

Es gab auch noch andere Faktoren, die die Entwicklung der Logistikorganisationen in den letzten zwanzig Jahren beeinflußt haben, wie beispielsweise den Trend, das mittlere Management größen- und zahlenmäßig zu verkleinern. An dieser Stelle können und wollen wir nicht alle Einflüsse dieser komplizierten Periode besprechen, vielmehr werden wir uns Erscheinungen und Entwicklungen näher betrachten, die, wie wir glauben, in der Praxis tiefgreifenden und direkten Einfluß auf die Logistik hatten. Jedes wirkliche Verständnis der Entwicklung von Logistikorganisationen kann nur auf dem Verständnis dieses Geschehens beruhen.

Einige der Einflußfaktoren, wie beispielsweise der Ölpreis oder die Umweltbelange, haben die Arbeit von Logistikmanagern sehr viel schwieriger gemacht, andere dagegen, wie zum Beispiel die neuen Informationstechnologien, brachten neue Möglichkeiten, mit denen die Leistungsfähigkeit des gesamten Logistiksystems verbessert werden konnten. Insgesamt führten diese Faktoren in den meisten Firmen zu einer größeren Transparenz der Logistik, einer Verbesserung der Stellung der Logistikabteilung innerhalb des Unternehmens und zu Veränderungen in den Logistikorganisationen selbst.

7.2 Quellen für historische Daten

In den letzten zwanzig Jahren wurde umfangreiches Material in Logistikbüchern, der Fachpresse und in Wirtschaftsblättern, die sich mit organisatorischen Fragen beschäftigen, veröffentlicht. Sie sind gute und nützliche Informationsquellen zu diesem Thema, und an den relevanten Stellen werden wir sie auch verwenden. Unsere wichtigste Quelle ist allerdings eine Umfrage mit dem Titel „Karrieremuster in der Logistik" (Career Patterns in Logistics). Sie wurde in den USA von der Fakultät für Logistik der Ohio State University durchgeführt. Es ist eine Erhebung über Führungskräfte in der Logistik. Sie erfolgt schriftlich mit Fragebögen, die per Post versandt werden. Seit 1971 findet sie jährlich statt. Jedes Jahr werden dabei 500 bis 1.000 Fragebögen verteilt an Logistik-Führungskräfte, die aus der Mitgliedsliste des *Council of Logistics* Management ausgewählt werden. Das Council wurde 1967 gegründet und hieß damals National Council of Physical Distribution Management. Es ist in den USA die größte und bekannteste Vereinigung von Fachkräften aus dem Logistikbereich und hatte 1993 über 7.500 Mitglieder, die ein weites Unternehmensspektrum aus Handel und Industrie repräsentieren. Besonders stark vertreten sind Lebensmittelindustrie, chemische Industrie, Groß- und Einzelhandel. Es sind dort Firmen aller Größen zu finden. Beispielsweise ergab die Umfrage von 1993 Umsätze der Unternehmen von 16 Millionen bis 40 Milliarden Dollar.

Der Fragebogen enthält jedes Jahr einige neue Fragen. Andere Fragen blieben dagegen über die Jahre unverändert, um Vergleiche über längere Zeiträume zu ermöglichen. Daraus haben wir eine Datenbank aufgebaut, welche die organisatorischen Veränderungen und die Änderungen in den Karrieremustern, die im Lauf der Zeit aufgetreten sind, aufzeigt. Dabei müssen die Daten allerdings sehr vorsichtig interpretiert werden. Von Jahr zu Jahr ändert sich die Zusammensetzung der Auswahlgruppe für die Befragung, entsprechend den Veränderungen in der Zusammensetzung der Mitglieder des Council of Logistics Management. Die Umfrage selbst wird anonym durchgeführt, so daß die genaue Zusammensetzung der Rückantworten nicht bekannt ist. Sicher gibt es eine zufallsbedingte Streuung bei den Ergebnissen aufgrund der Teilnehmerveränderungen, und möglicherweise ist die Zahl der Führungskräfte, die jedes Jahr an der Umfrage teilgenommen haben, sehr klein.

Die Anwortquote war gut und lag normalerweise zwischen 25 und 40 Prozent. Großen statistischen Ansprüchen würden diese Daten wohl kaum gerecht werden. Trotzdem ergibt aber jede Umfrage eine Momentaufnahme der Logistikorganisationen zu einem bestimmten Zeitpunkt und der Vergleich mit den Ergebnissen aus früheren Jahren häufig einen guten Einblick in die grundsätzlichen Entwicklungen.

Die Ergebnisse über die Karrieremuster werden dann auf der jährlichen Konferenz des Council of Logistics Management vorgestellt und ein schriftlicher Bericht dem Konferenzprotokoll beigelegt. Das statistische Material in diesem Kapitel entstammt größtenteils diesen Jahresberichten. Unsere Beobachtungen und Schlüsse beruhen weitgehend auf der Erfahrung und dem Einblick, die wir durch die Durchführung dieser Umfrage in den letzten zwanzig Jahren gewinnen konnten.

Der Aufbau dieses Kapitels

Der verbleibende Teil dieses Kapitels ist in vier Abschnitte gegliedert. Der erste Abschnitt befaßt sich mit der Frage, wie die Logistikabteilung innerhalb des Unternehmens organisiert ist und wie sich diese Organisation seit 1970 verändert hat. Der zweite Abschnitt entwickelt ein demographisches Profil für die typische Logistikführungskraft und zeigt, wie sich dieses Profil im Lauf der Zeit verändert hat. Der dritte Abschnitt befaßt sich dann mit Ausbildung und Schulung im Logistikbereich und der vierte schließlich mit Schätzungen, in welche Richtung und in welchem Ausmaß sich die Logistikorganisation in Zukunft verändern wird.

7.3 Organisatorische Trends

7.3.1 Verantwortungsbereiche

Im Normalfall werden Logistikorganisationen gebildet, indem traditionelle logistische Aufgabenbereiche – Transport, Lagerung usw. – in einer Abteilung zusammengefaßt werden. Diese trägt dann die Gesamtverantwortung für die Planung und Kontrolle aller logistischen Aktivitäten und für die Integration dieser Aktivitäten in den betrieblichen Ablauf des Unternehmens. Die Theorie der Logistik besagt, daß das Logistikmanagement unter anderem die Aufgabe hat, den Fluß von Material sowohl in das Unternehmen hinein als auch aus dem Unternehmen heraus zu steuern.

Dieses Konzept impliziert, daß ein Logistikmanagement, das in den Betriebsablauf integriert ist, durch eine Unternehmensstruktur, bei der die Zuständigkeiten für diese Aktivitäten klar verteilt sind, unterstützt wird. Tatsächlich haben die meisten Unternehmen ihre Logistikabteilungen aufgebaut, indem sie den Vertrieb ihrer fertigen Produkte in einer Abteilung zusammengefaßt haben. Weniger häufig trifft man eine vollständige Zusammenfassung der logistischen Aktivitäten an, die auch die Kontrolle über den Einkauf, das Materialmanagement und das innerbetriebliche Verkehrsmanagement umfaßt.

Dazu wurden die Befragungsteilnehmer gebeten, aus einer Liste von Aktivitäten und Verantwortlichkeiten diejenigen auszuwählen, die ihrer Meinung nach in den logistischen Aufgaben- und Verantwortungsbereich fallen. Die Umfrageergebnisse von 1972 und 1992 zu diesem Punkt sind in Abbildung 7.1 wiedergegeben. In der Tat weisen sie keine großen Unterschiede auf, wenn man bedenkt, daß zwischen den beiden Erhebungen zwanzig Jahre lagen. Während zu Beginn in den meisten Unternehmen Transport und Lagerung zur Logistik gehörten, traf das für den Einkauf oder die Verpackung nur auf die Hälfte dieser Unternehmen zu. Diese Situation hat sich in den zwanzig Jahren nur wenig verändert.

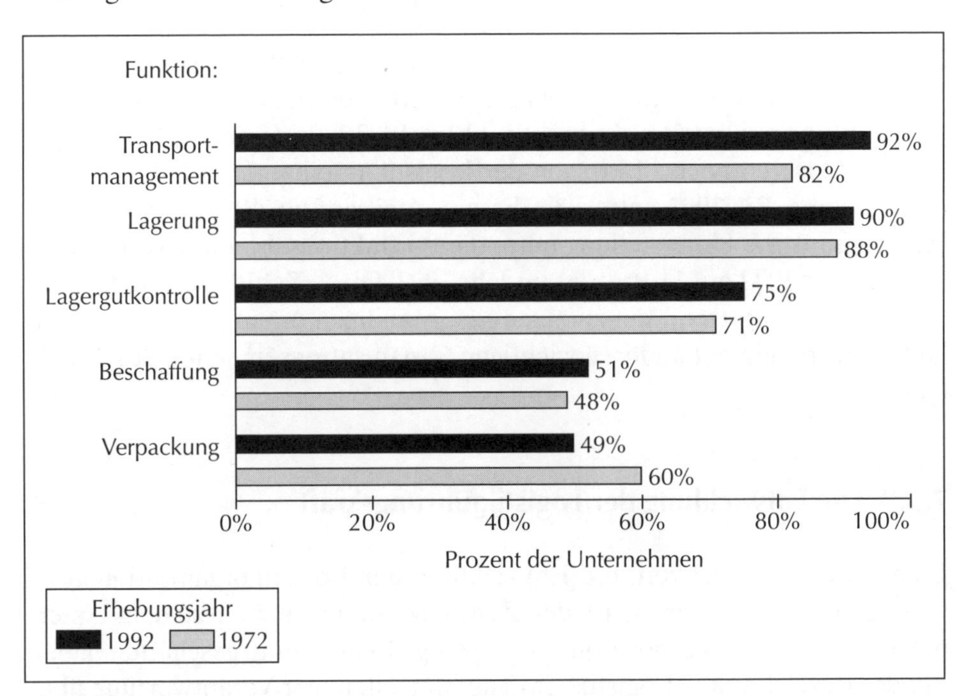

Abbildung 7.1: Breite der Verantwortungsbereiche der Logistik

7.3.2 Interne Hierarchie

Mit dem Aufkommen der Logistik als Arbeitskonzept begannen die Unternehmen, Organisationsstrukturen zu entwickeln, die funktionell gegliederten Aktivitäten wie Transportmanagement, Lagerung, Lagerbestandskontrolle und Beschaffung in eine Hand zusammenzulegen, um so die Senkung von interfunktionellen Kosten und Dienstleistungen, die den Kern eines zusammengefaßten oder integrierten logistischen Managements bilden, voranzutreiben.

Diese frühen Distributionsabteilungen waren normalerweise einem einzigen Abteilungsleiter im Rang eines Managers oder Direktors unterstellt. Die Abteilungen wiederum unterstanden über eine Zwischenebene häufig direkt der Unternehmensführung. Beispielsweise könnte der Direktor der Distributionsabteilung dem Vizepräsident der Marketingabteilung oder dem Vizepräsident der Produktionsabteilung unterstanden haben. Im Lauf der Zeit erweiterten dann viele Unternehmen die Größe und das Aufgabengebiet ihrer Distributionsabteilungen und fügten der Organisationsebene der Vizepräsidenten für Marketing, Finanzen usw. einen neuen Vizepräsidenten für Distribution hinzu.

Der Vergleich von 1972 und 1992 (Abbildung 7.2) zeigt das Ausmaß dieser Veränderungen. Während 1972 54 Prozent direkt der Unternehmensführung unterstellt waren, hatte sich diese Zahl bis 1992 bereits auf 72 Prozent erhöht. 1972 waren noch 12 Prozent der Logistikabteilungen Teil der Marketingabteilung. Bis 1992 hatte sich dieser Anteil auf ein Prozent verringert. Ähnlich sank die Unterstellung unter die Produktionsabteilung von 22 Prozent im Jahr 1972 auf 11 Prozent im Jahr 1992. Diese Zahlen zeigen deutlich den Entwicklungstrend hin zu einer eigenständigen organisatorischen Einheit, gleichrangig mit anderen wichtigen Organisationseinheiten des Unternehmens.

7.3.3 Die Entwicklung der Logistikführungskraft

Eine andere Möglichkeit, die Entwicklung der Logistikorganisationen zu verfolgen und zu bewerten, ist, den Zeitpunkt zu bestimmen, zu dem Unternehmen eine Führungsposition für ihre Logistikabteilung geschaffen haben mit der Bezeichnung „Logistik“ im Titel und alleiniger Verantwortung über Logistikfunktionen und -operationen.

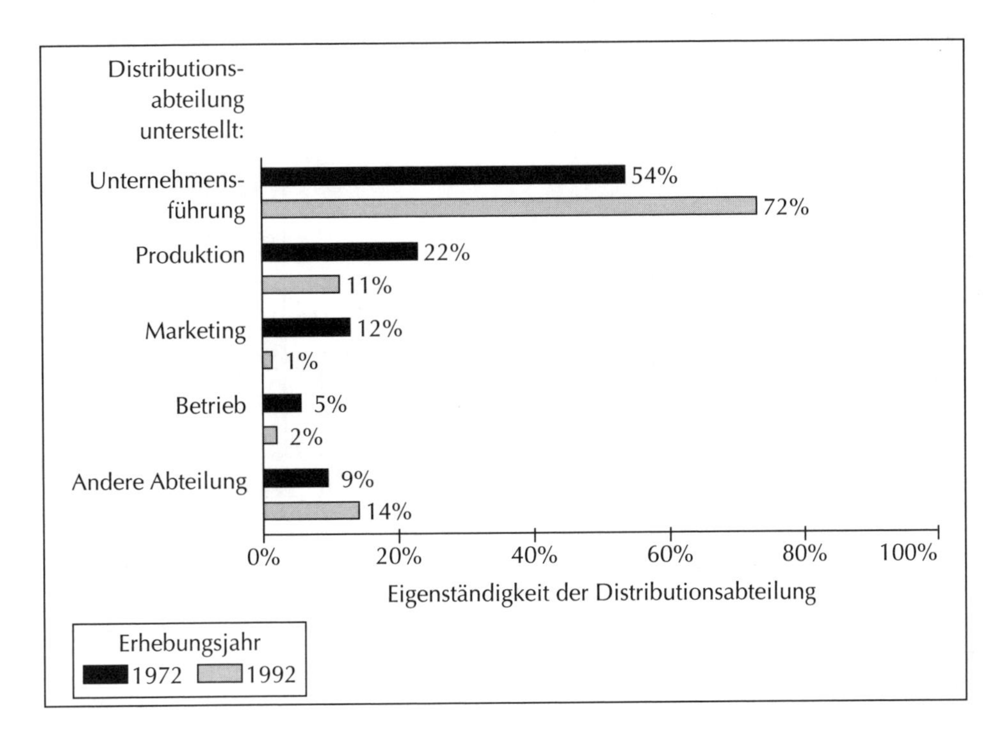

Abbildung 7.2: Interne Hierarchie

In der Erhebung von 1992 wurden die Teilnehmer gefragt, wann ihr Unternehmen erstmals eine solche Position eingerichtet hat. Die Antworten dazu sind in Abbildung 7.3 zusammengefaßt: Bis Ende der siebziger Jahre waren es nur acht Prozent. Im Verlauf der achtziger- und neunziger Jahre stieg der Anteil dann auf 49 Prozent. Volle 43 Prozent hatten dagegen immer noch keine solche Position geschaffen. Logistikabteilungen mit einer Führungsspitze sind deshalb zwar die vorherrschende Organisationsform. Es bleibt aber eine große Minderheit an Unternehmen, in denen es keine (oder noch keine) solche Position gibt, obwohl eine solche hochrangige Position eine Grundvoraussetzung für effektives Management und effektive Kontrolle der Logistik ist.

7.3.4 Logistik-Organisationsformen

Obwohl sich im Lauf der Jahre viele unterschiedliche Organisationsstrukturen herausgebildet haben, sind die folgenden vier grundlegenden Organisationsarten am weitesten verbreitet.

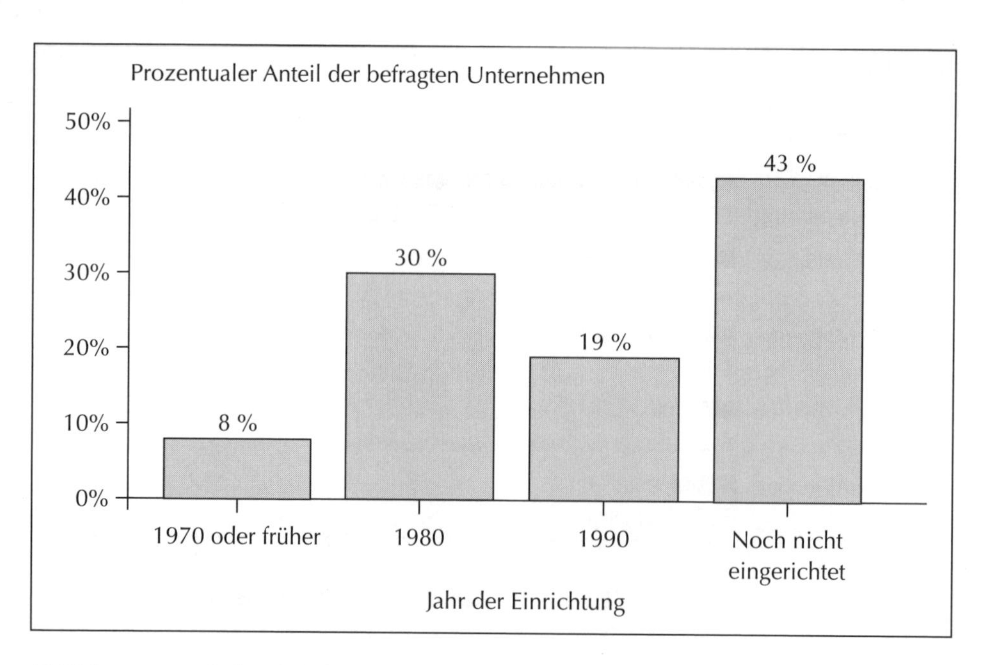

Abbildung 7.3: Zeit der Einrichtung einer Logistikführungsposition

1. Bei der *zentralisierten Form* werden alle logistischen Aufgaben und Abläufe von einer zentralen Stelle, aber unter Kontrolle von firmeneigenen Personal, für die Firma durchgeführt. Sie ist normalerweise in relativ kleinen Firmen zu finden.
2. Größere Firmen bauen mehr eine *bereichsorientierte Form* auf, bei der jeder Unternehmensbereich seine eigene Logistikorganisation entwickelt. Die Logistikabteilungen arbeiten weitgehend unabhängig voneinander.
3. Bei der dritten Organisationsform ist die gesamte Logistik des Unternehmens zu *einer Logistikabteilung* zusammengefaßt. Sie arbeitet wie eine Produktabteilung, oft mit Verantwortung für Gewinn und Verlust. Ihre Aufgabe ist, die Produktabteilungen logistisch zu unterstützen.
4. Die vierte Art ist die *kombinierte Form*, die sich aus den beiden ersten zusammensetzt. Dabei sind einige logistische Aufgaben, wie zum Beispiel die Beschaffung, zentral organisiert, andere dagegen den einzelnen Abteilungen zugeordnet, wie zum Beispiel Lagerung und Lagerbestandskontrolle.

Es gibt auch noch einige wenige Unternehmen, die ihre eigene Organisationsform entwickelt haben und sich nicht in das oben beschriebene Schema einordnen lassen.

Schätzwerte über die relative Verbreitung dieser Organisationsformen können aus der Datenbank für die Karrieremuster gewonnen werden. Jeder Umfrageteilnehmer wurde gebeten, die Logistikorganisation des eigenen Unternehmens zu kategorisieren. Die Ergebnisse der Jahre 1975 bis 1991 sind in Abbildung 7.4 zusammengefaßt. Sie zeigen, wie zu erwarten, von Jahr zu Jahr Veränderungen. Für die einzelnen Organisationsformen kann auch mit Hilfe der linearen Regression eine Trendlinie berechnet werden. Diese vier Trendlinien sind in Abbildung 7.5 dargestellt.

Die vorherrschende Organisationsform in dieser Zeit war mit über 40 Prozent die kombinierte Form. Unabhängige Logistikabteilungen, in denen alle logistischen Aufgaben des Unternehmens zusammengefaßt sind, hatten 1975 noch einen Anteil von 20 Prozent, 1991 dagegen von nur noch 10 Prozent. Der Anteil der Logistikabteilungen für jeweils einen Unternehmensbereich blieb mit 20 Prozent dagegen annähernd konstant. Die größte Veränderung trat bei der zentralisierten Organisationsform ein. Während 1975 15 Prozent aller beteiligten Firmen diese Form verwendeten, lag dieser Wert 1991 bereits bei 30 Prozent.

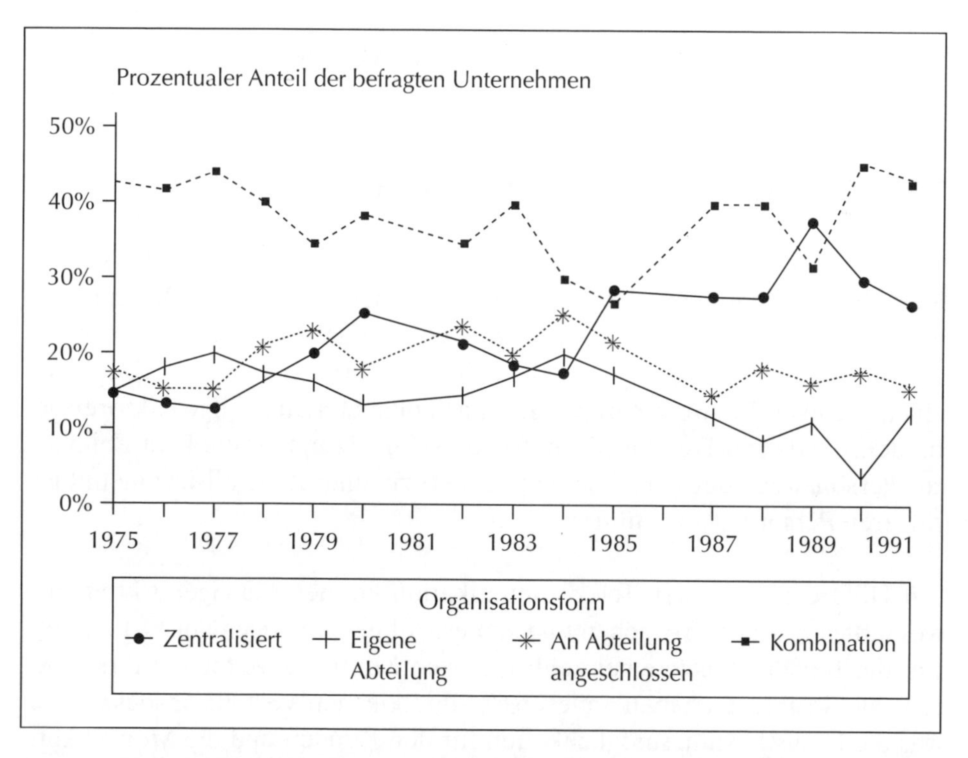

Abbildung 7.4: Veränderung der Organisationsform von 1975 bis 1991

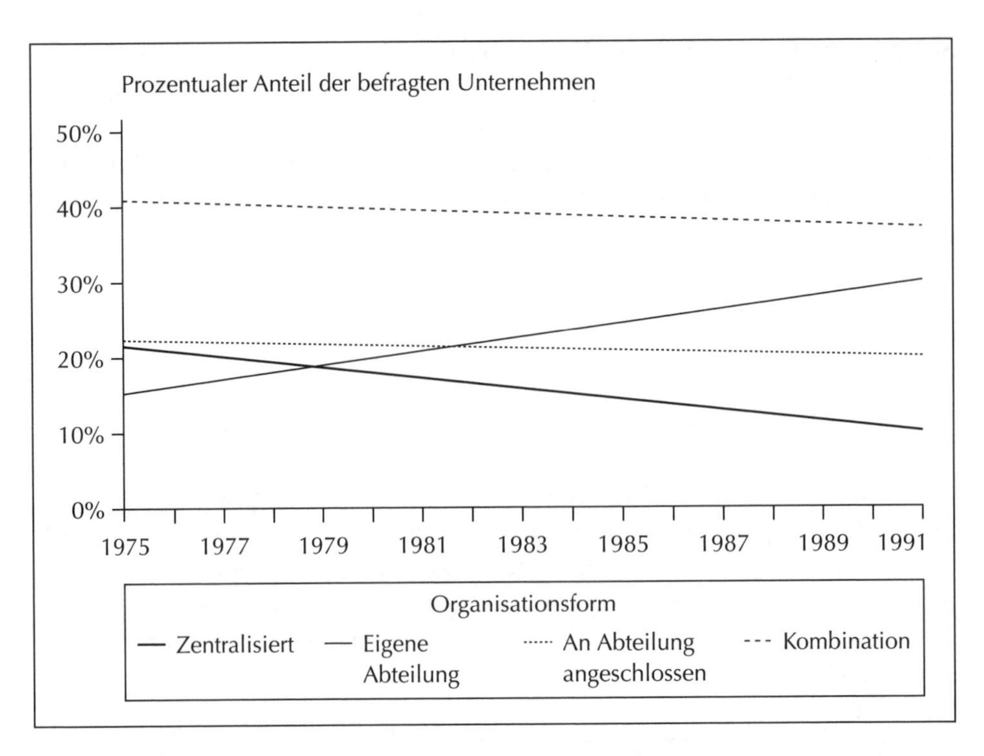

Abbildung 7.5: Trends der Organisationsformen von 1975 bis 1991

7.3.5 Zentralisierung und Dezentralisierung

Wie aus den obigen Diagrammen (Abbildung 7.4 und 7.5) für die kombinierte Form zu entnehmen ist, sind viele Unternehmen, was die Organisation ihrer Logistik betrifft, sehr flexibel. Manche Aufgaben werden zentralisiert und manche dezentralisiert. In den letzten Jahren haben viele Experten einen Trend in Richtung Zentralisierung beobachtet und einige Faktoren gefunden, die diesen Trend fördern. Als Beispiel wären hier die Bestrebungen zur Personalreduzierung zu nennen, die oft zu einer Zentralisierung mit geringeren Personalbedarf führen.

Mit Hilfe der modernen Telekommunikation können Manager Aktivitäten wesentlich besser überwachen und steuern, ohne persönlich vor Ort zu sein, was die Tendenz hin zu einer zentralisierten Kontrolle weiter verstärkt. Dezentrale Strukturen haben andererseits ihre eigenen Vorteile, insbesondere, was die Dienstleistungsmöglichkeiten für den Kunden und die Möglichkeit, stärker auf lokale Verhältnisse reagieren und eingehen zu können, anbelangt.

Diesem allgemeinen Trend in Richtung Zentralisierung der Logistik sind aber nicht alle Unternehmen gefolgt. Das machen die Umfrageergebnisse von 1991 deutlich. Die Teilnehmer sollten anhand einer Liste mit logistischen Funktionen angeben, ob ihr Unternehmen im Zeitraum von 1985 bis 1991 die einzelnen Funktionen stärker zentralisiert hat (Abbildung 7.6) und was sie diesbezüglich für die kommenden drei Jahre bis 1995 erwarten würden (Abbildung 7.7).

Aus Abbildung 7.6 geht klar hervor, daß von 1985 bis 1991 eine starke Zunahme der Zentralisierung, mit dem Transport an der Spitze, zu verzeichnen war. Wie Abbildung 7.7 zeigt, nahmen die Logistikführungskräfte an, daß sich diese Tendenz in den folgenden Jahren allgemein fortsetzt. Allerdings scheinen auch eine Reihe von Unternehmen zu planen, ihre Kundendienstleistungen und ihr Warenwirtschaftssystem in Zukunft stärker zu dezentralisieren. Diese Entwicklung kann auf die zunehmende Bedeutung von Dienstleistungen unter immer härteren Wettbewerbsbedingungen zurückgeführt werden und auf die Ansicht, daß eine Dezentralisierung verbesserte Reaktionsmöglichkeiten sowie größere Leistungsfähigkeit mit sich bringt; oder, beim Warenwirtschaftssystem, auf den Vormarsch von PCs und immer anwenderfreundlichere Software, die vielen Unternehmen ermöglicht haben, Bürokratie abzubauen, die in den siebziger Jahren durch zentrale automatische Datenverarbeitung auf Mainframes entstanden war.

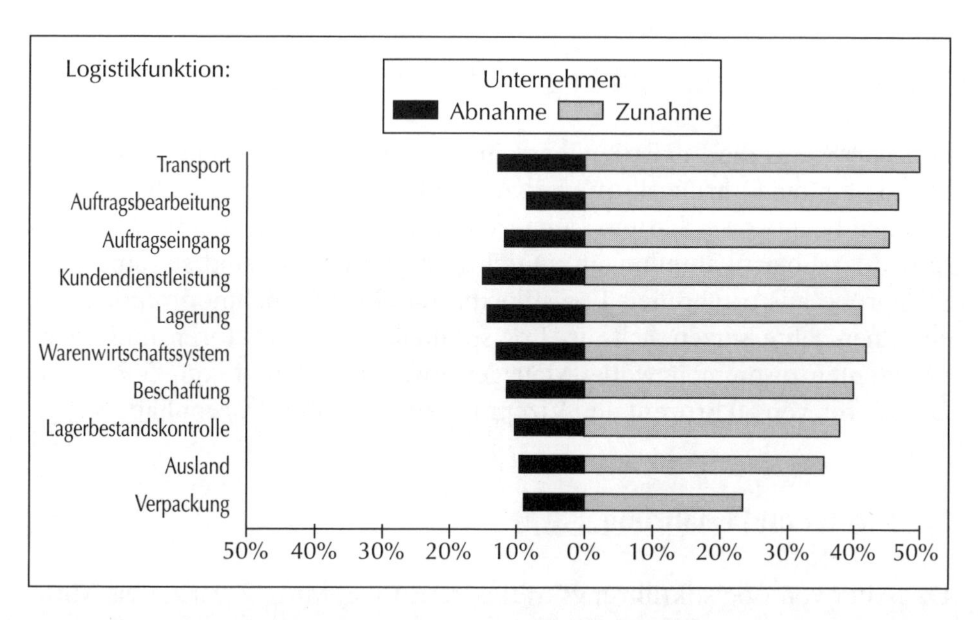

Abbildung 7.6: Einschätzung der Veränderung der Zentralisierung zwischen 1985 – 1991

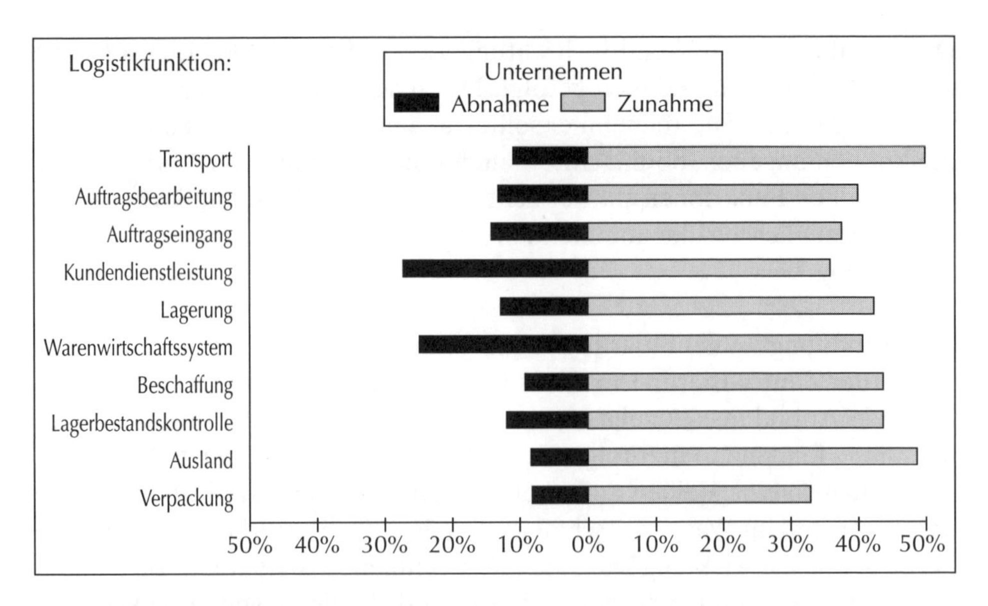

Abbildung 7.7: Erwartete Veränderung der Zentralisierung von 1992 bis 1995

Insgesamt bleibt die Frage „Zentralisierung oder Dezentralisierung“ auch weiterhin ungeklärt. Manche Unternehmen entwickeln sich in die eine, einige wiederum in die andere Richtung. Auf beiden Seiten gibt es sehr erfolgreiche Vertreter und dazwischen jede Art von Abstufung.

7.4 Karrierewege von Logistikführungskräften

Welchen Status die Logistik allgemein hat, geht aus den demographischen Daten über die Führungskräfte hervor. Umfrageteilnehmer, welche die Fragebogen beantwortet hatten, kamen vor allem aus der obersten Führungsspitze der Logistikabteilungen. Durch ihre große Zahl sind sie eine gute Stichprobe aus erfahrenen Logistikexperten. Die Teilnehmergruppen der einzelnen Jahre setzen sich aus Logistikmanagern, -direktoren und -vizepräsidenten zusammen, wobei Manager etwa einen Anteil von 25 Prozent, Direktoren von 50 Prozent und Vizepräsidenten von 25 Prozent haben.

7.4.1 Alter und Erfahrung

Das Alter von Logistikführungskräften reicht von Mitte Zwanzig bis Mitte Sechzig. Das Durchschnittsalter ist dabei 43 Jahre, und dieser Wert hat sich über einen langen Zeitraum kaum verändert. 1972 waren es beispielsweise 42,5 Jahre und zwanzig Jahre später, bei der Umfrage von 1992 dann 44,1 Jahre. Die Altersverteilung in Abbildung 7.8 hat in etwa eine Glockenform, die im großen und ganzen ebenfalls über diesen langen Zeitraum stabil geblieben ist. Abweichungen vom Mittelwert gibt es, wenn man das Durchschnittsalter von Managern, Direktoren und Vizepräsidenten vergleicht. Manager sind im Durchschnitt etwas jünger und Vizepräsidenten etwas älter. Diese Abweichungen halten sich aber mit einem bis zwei Jahren in Grenzen.

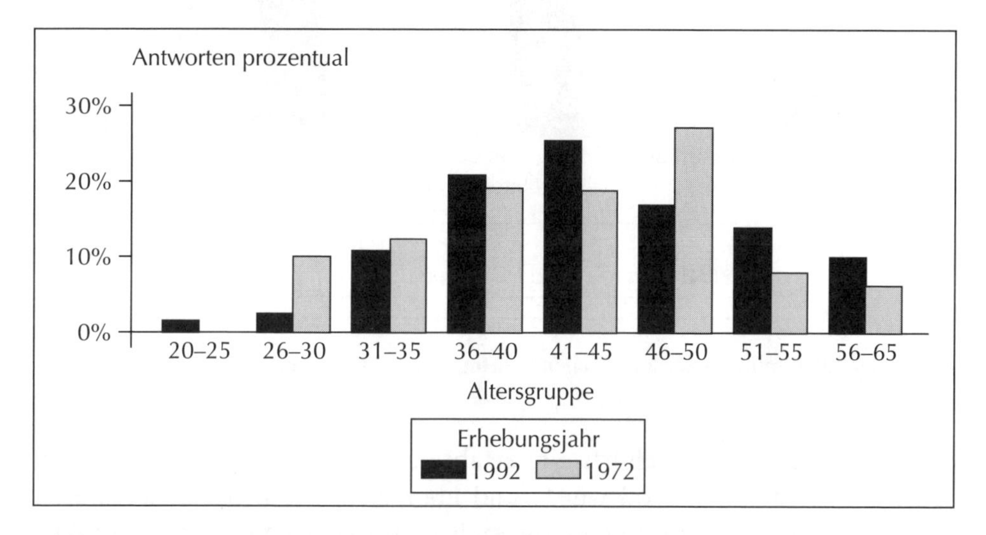

Abbildung 7.8: Altersverteilung der logistischen Führungskräfte

Diese Führungskräfte haben im allgemeinen eine „logistische Karriere" gemacht, d.h. sie haben eine Berufserfahrung in ihrem Fachgebiet, die länger zurückreicht als die Zeit, die sie in ihrer jetzigen Firma beschäftigt sind. Darüber hinaus sind sie in ihrer gegenwärtigen Firma weiter befördert worden. Aus Abbildung 7.9 geht hervor, daß der typische Umfrageteilnehmer eine logistische Berufserfahrung zwischen 10 und 19 Jahren hat, in seiner gegenwärtigen Firma zwischen 9 und 11 Jahren beschäftigt ist und die jetzige Position etwa 4 Jahre innehat. Das zeigt deutlich eine gut aufgebaute Karriereleiter in der Logistik, bei der die Führungskräfte Erfahrungen sammeln und befördert werden, indem sie sowohl bei verschiedenen Unternehmen arbeiten als auch am jeweiligen Arbeitsplatz befördert werden. Wenn auch ein Wechsel von einem peripheren Gebiet wie dem Marketing oder der Produktion in eine logistische Führungsposition möglich ist, so tritt dieser Fall doch selten ein. Viel wahrscheinlicher ist, daß eine logistische Führungskraft seit langem

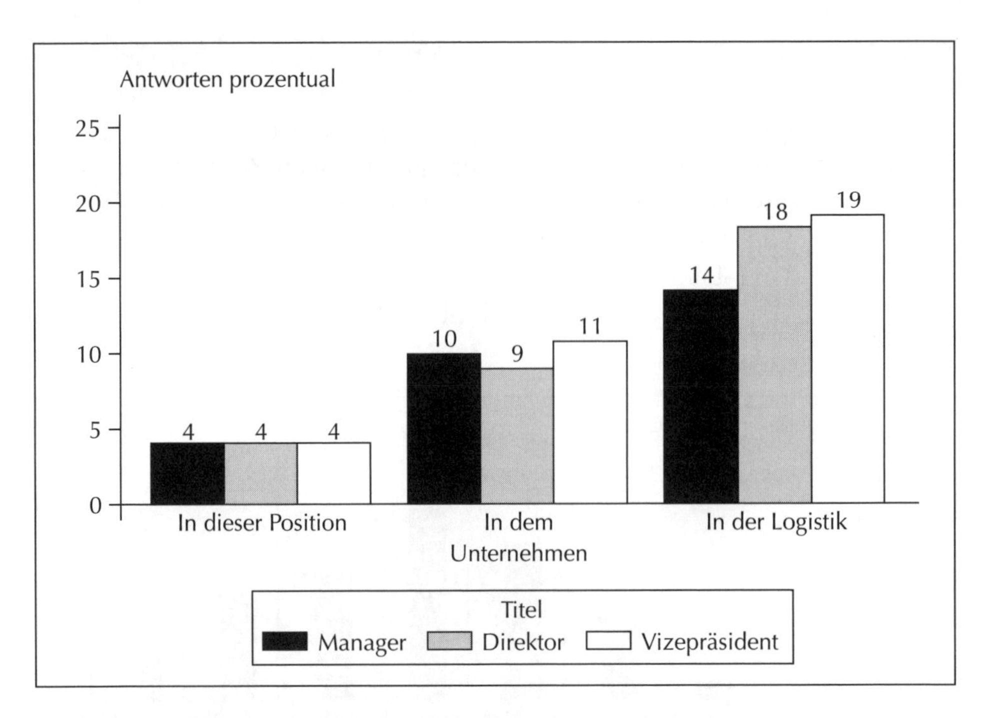

Abbildung 7.9: Erfahrung der logistischen Führungskräfte (Erhebungsjahr 1992)

dem Unternehmen angehört, ein erfahrener Logistikexperte ist, der in seinem Unternehmen groß wurde und über die einzelnen Karrierestufen aufgestiegen ist und dabei ein umfassendes, auf Erfahrung aufgebautes Wissen erworben hat.

7.4.2 Ausbildung

Die Logistikführungskräfte der meisten Unternehmen haben eine Universitätsausbildung absolviert. Das war bereits 1972 so und hat sich bis heute nicht verändert. Ein großer Teil hat einen akademischen Grad, und der Anteil steigt weiter an. Wie aus Abbildung 7.10 zu entnehmen ist, hatten 1972 etwa 63 Prozent den akademischen Grad eines FH-Abschlusses und weitere 29 Prozent waren ebenfalls graduiert. In der Umfrage von 1992 hatten dann 42 Prozent einen FH-Abschluß und weitere 52 Prozent gaben an, ebenfalls einen akademischen Grad zu besitzen.

Heute ist in den meisten Unternehmen ein FH-Abschluß eine obligatorische Mindestvoraussetzung für die Eingangsstufe von Managementpositionen,

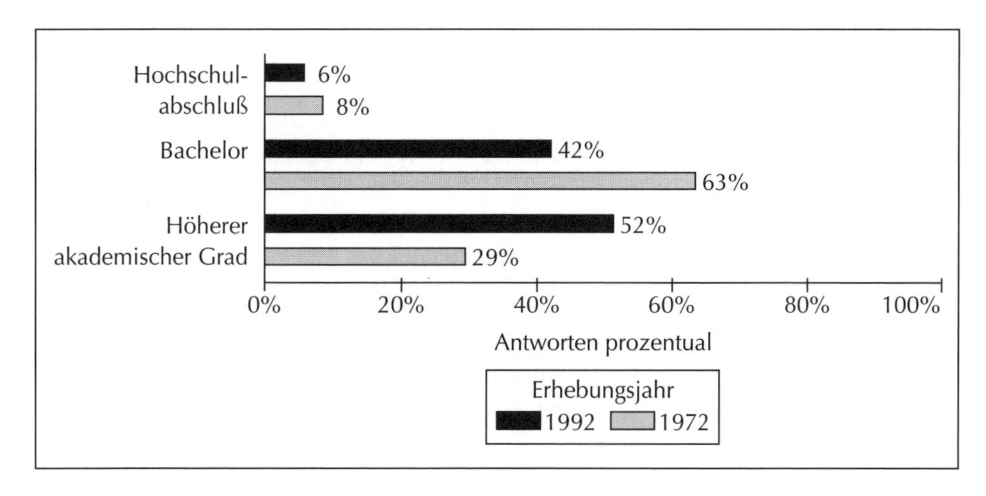

Abbildung 7.10: Akademische Ausbildung von logistischen Führungskräften (höchster erreichter akademischer Grad)

und viele Unternehmen betreiben diese Politik bereits seit Jahrzehnten. Die Studienrichtung der typischen logistischen Führungskraft hat sich dagegen in den letzten zwanzig Jahren beträchtlich verändert. 1972 kamen, wie dies Abbildung 7.11 zeigt, 49 Prozent aller Führungskräfte mit FH-Abschluß aus

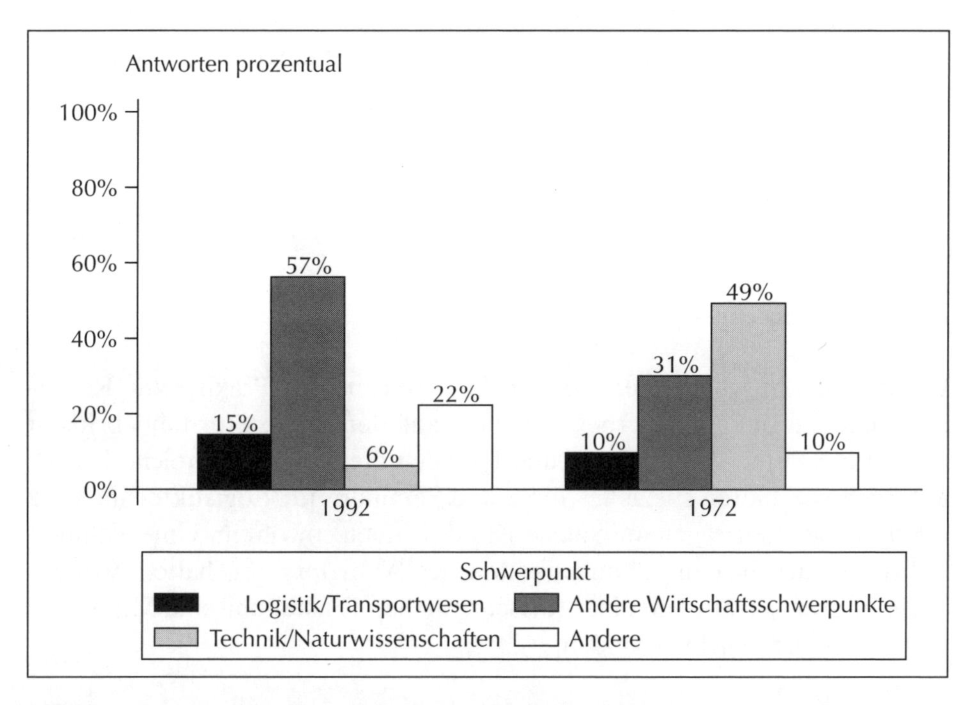

Abbildung 7.11: Studienschwerpunkt (bis zum Bachelor-Degree)

dem technischen oder naturwissenschaftlichen Bereich. Logistik oder Transportwesen hatten 10 Prozent als Studienschwerpunkt. Weitere 31 Prozent waren Studienschwerpunkte in den Bereichen Wirtschaft und Verwaltung. Die restlichen 10 Prozent hatten zum überwiegenden Teil einen geisteswissenschaftlichen akademischen Grad.

Bis 1992 hatte sich diese Aufteilung grundlegend verändert. Nur noch 6 Prozent kamen aus dem technischen oder naturwissenschaftlichen Bereich, dagegen hatten 72 Prozent einen akademischen Grad in Wirtschaftswissenschaften. Von diesen 72 Prozent kamen 15 Prozent aus dem Transportwesen oder der Logistik und 57 Prozent aus anderen Wirtschafts- oder Verwaltungsfachgebieten. Diese zunehmende Konzentration auf das Wirtschaftsstudium ist besonders bei den akademischen Graden zu erkennen. Nahezu alle angegebenen Grade waren MBAs (Masters of Business Administration). Die Popularität des MBA nimmt in der Führungsebene der Logistik ständig zu, hat aber bis jetzt noch nicht den Punkt erreicht, an dem er für die Managementebene eine Einstiegsvoraussetzung ist. Er ist aber auch schon lange kein außergewöhnliches Merkmal bei Bewerbern und mit jedem Jahr, das vergeht, steigen die Ansprüche und die Mindestanforderungen an die Ausbildung und die berufliche Vorbereitung der Bewerber weiter an. Es ist eine natürliche und gesunde Entwicklung; diese steigenden Erwartungen sind ein klares Kennzeichen einer Disziplin mit einer progressiven Entwicklung.

7.5 Ausbildung

7.5.1 Ausbildung von Führungskräften

Es gibt viele Möglichkeiten, wie ein Logistiker in der Praxis seine Kenntnisse und Fertigkeiten verbessern oder auf den neuesten Stand bringen kann. Eine Reihe von Colleges und Universitäten sowie zahlreiche Privatunternehmen bieten spezielle Kurse und Seminare für Logistiktechnologie und Managementfragen an. Solche Kurse können sowohl im Unternehmen selbst als auch in den Räumlichkeiten des Anbieters abgehalten werden. Viele Führungskräfte mit einer fortschrittlichen Einstellung sind Mitglieder von logistischen Fachverbänden.

Diese Organisationen haben es sich zur Aufgabe gemacht, ein Forum zu bieten für den Austausch von neuen Erkenntnissen auf diesem Fachgebiet sowie die Weiter- und Fortbildung ihrer Mitglieder zu fördern. Sie geben Journale, Newsletters und Forschungsberichte heraus und halten gut besuchte Jahresversammlungen ab, auf denen Logistikexperten aus Praxis und von Universitäten Präsentationen und Workshops über neue Entwicklungen und Erkenntnisse in der Logistik durchführen.

Diese Führungskräfte sind sich sehr deutlich der Notwendigkeit bewußt, ihre Kenntnisse und Fähigkeiten ständig auf dem neuesten Stand zu halten und niemals aufzuhören zu lernen. In der Umfrage wurden die Teilnehmer gefragt, welche Themen sie wählen würden, wenn sie für 90 Tage auf die Schulbank zurückkehren könnten. Aus den vielen verschiedenen Problemen, die angegeben wurden, lassen sich einige allgemeine herauskristallisieren, die den Schulungsbedarf auf wichtigen Gebieten anzeigen und möglicherweise auf Defizite hinweisen. In Abbildung 7.12 sind die Ergebnisse der Erhebungen von 1972 und 1992 zusammengefaßt. 1972 waren die am häufigsten genannten Themen „Logistik" und „Finanzen", „Allgemeines Management" und „Informationstechnologie". Die Befragten hatten allgemein das Empfinden, sie müßten die Finanzen ihres Unternehmens besser verstehen, um ihre Karriere voranzutreiben, da dies oft die Sprache der Vorstandsetage sei. „Informationstechnologie" bedeutete zur damaligen Zeit, zu lernen, wie per Hand durchgeführte logistische Prozesse und papiergestützte Datensysteme auf die Hardware eines Mainframes übertragen werden können, wenn ein solches vorhanden war.

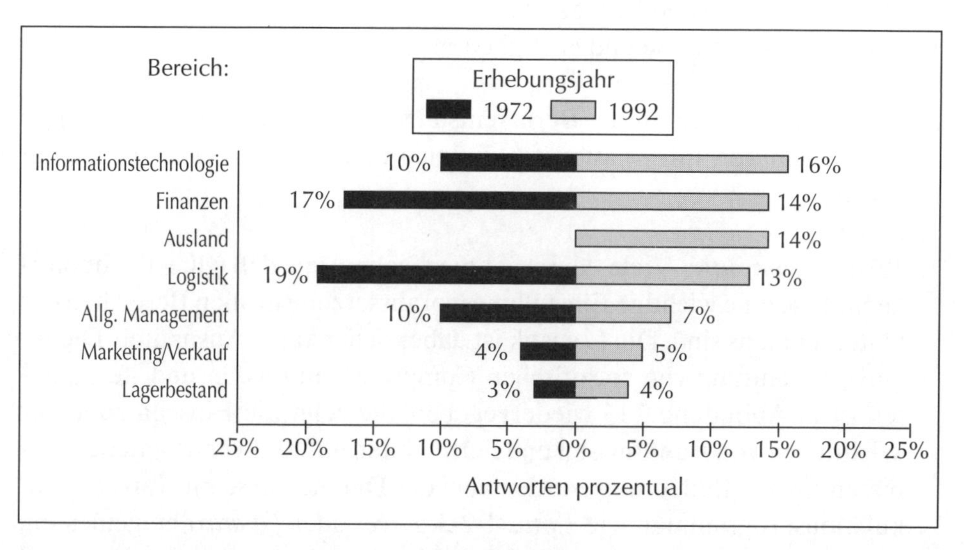

Abbildung 7.12: Ausbildungswünsche von Führungskräften

Auch 1992 wurden „Logistik“ und „Finanzen“ häufig genannt, aus weitgehend denselben Gründen. Noch häufiger wurde „Informationstechnologie“ erwähnt. Die Themenliste war insgesamt sehr lang und umfaßte beispielsweise Computer, Arbeitsblattanwendungen, Kommunikationstechnologien wie elektronischen Datenaustausch und Strichkodeverfahren, und Hilfsmittel für die Lagerbestandsüberwachung wie MRP und DRP (Manufacturing Requirement Planning und Distribution Requirement Planning). Als deutliches Zeichen für die zunehmende Bedeutung der globalen Ausdehnung von Geschäften wurden 1992 häufig „internationale“ Logistikthemen aufgeführt. Das war 1972 noch selten.

7.5.2 Einstiegsvoraussetzungen bei der Managementausbildung

Logistikführungskräfte haben eine klare Vorstellung dessen, was sie von neu eingestellten Berufsanfängern erwarten. Um ein Bild über diese Vorstellungen zu gewinnen, wurden die Umfrageteilnehmer 1992 gebeten, welche Kenntnisse und Fertigkeiten sie auf einer Reihe von Gebieten von Berufsanfängern mit MBA- oder Hochschul-Abschluß erwarten würden. Sie sollten diese Kenntnisse und Fertigkeiten anhand einer Skala von 0 bis 10 bewerten.

Es wurden erwartet:

0 – keine Kenntnise und Fertigkeiten
3 – Fachkenntnisse und Fertigkeiten
10 – gute Fachkenntnisse und Fertigkeiten

Diese Anforderungen an die Berufseinsteiger wurden für die drei Gebiete Personalcomputer, Informationstechnologie und allgemeines Management bewertet.

1. *Personalcomputer*: Viele Unternehmen geben an, daß gute Computerkenntnisse eine wichtige Einstellungsvoraussetzung in allen Bereichen des Unternehmens sind. Die Logistik ist dabei sicher keine Ausnahme. Die relative Bedeutung von spezifischen Computerkenntnissen und -fertigkeiten ist in Abbildung 7.13 wiedergegeben. Sie zeigt die Einschätzung der Wichtigkeit von Kenntnissen und Fertigkeiten auf fünf verschiedenen Gebieten. Große Bedeutung wurde dabei der Datenanalyse mit Tabellenkalkulationsprogrammen wie *Lotus* 1-2-3, *Excel* oder *Quattro* beigemessen. Mittlere Erwartungen waren bei Datenbankprogrammen wie dBase und

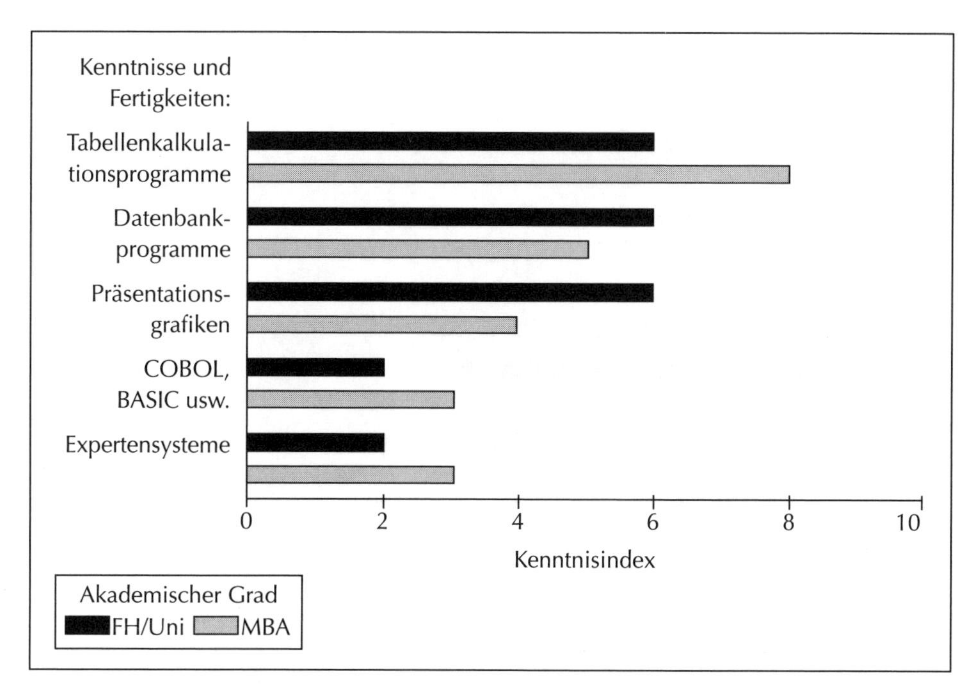

Abbildung 7.13: Ausbildungsanforderungen für die Logistik (PC-Kenntnisse für Management-Anfangsstellungen)

bei Präsentationsgrafikprogrammen wie Havard Graphics zu verzeichnen. Die traditionellen Programmiersprachen der dritten Generation, COBOL, FORTRAN, BASIC usw., wurden nicht sehr hoch eingestuft. Gleiches gilt für relativ neue und „exotische" Technologien wie Expertensysteme. Die Umfrageteilnehmer haben ebenfalls angegeben, daß PCs am Logistikarbeitsplatz weitverbreitet sind und DOS oder *Windows* das Betriebssystem von 90 Prozent aller Installationen in Logistikorganisationen sind. Die übrigen 10 Prozent sind *McIntosh*-, OS/2- und Unixsysteme.

2. *Informationstechnologien*: Führungskräfte verfolgen die zunehmende Bedeutung von neuen Hilfsmitteln und Werkzeugen auf diesem Gebiet mit besonderer Aufmerksamkeit und erwarten ein beachtlich hohes Niveau an entsprechenden Kenntnissen und Fertigkeiten auf einer Reihe von Gebieten wie MRP, DRP, elektronischem Datenaustausch und Strichkodeverfahren (siehe Abbildung 7.14). Sie erwarten ebenfalls solide Grundkenntnisse über die grundlegenden Prinzipien und Techniken in der Lagerbestandskontrolle, angefangen bei der ökonomischen Festlegung von Losgrößen und statistischem Sicherheitsbestand bis zu einer modernen, aufgeschlossenen Denkweise, die sich in *Just-in-time-* und *Quick-response*-Lagerverfahren äußert.

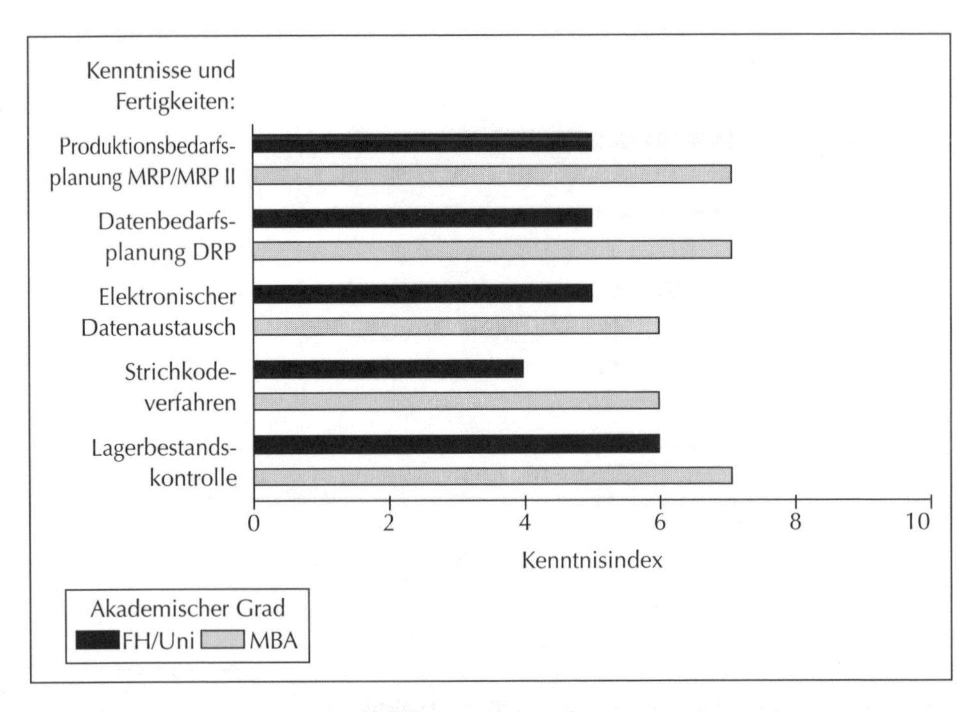

Abbildung 7.14: Ausbildungsanforderungen für die Logistik (Kenntnisse in Informationstechnologien für Management-Anfangsstellungen)

3. *Allgemeines Management*: Auch wenn die Anforderungen an Computer- und Informationstechnologie-Kenntnisse schon hoch sind, so werden sie durch die Erwartungen an die Kenntnisse über das allgemeine Management noch übertroffen. Auf diesem Gebiet wird das höchste Niveau gefordert. Insbesondere legen Führungskräfte großen Wert auf eine sehr gute sprachliche Gewandtheit und schriftliche Ausdrucksweise und auf gut entwickelte analytische Fähigkeiten. Wie aus Abbildung 7.15 hervorgeht, sind die Erwartungen in diesen drei Bereichen höher als auf allen anderen mehr technischen Gebieten. Diese Bewertung unterstreicht die große Bedeutung von guten interpersonellen Kommunikationsfähigkeiten für ein erfolgreiches logistisches Management.

7.5.3 Vorbereitung und Schulung des Personals

Während die Führungskräfte mit der Ausbildung und Karrierevorbereitung ihrer neu eingestellten graduierten Kollegen im allgemeinen zufrieden zu sein scheinen, kann das für das übrige logistische Personal nicht gesagt wer-

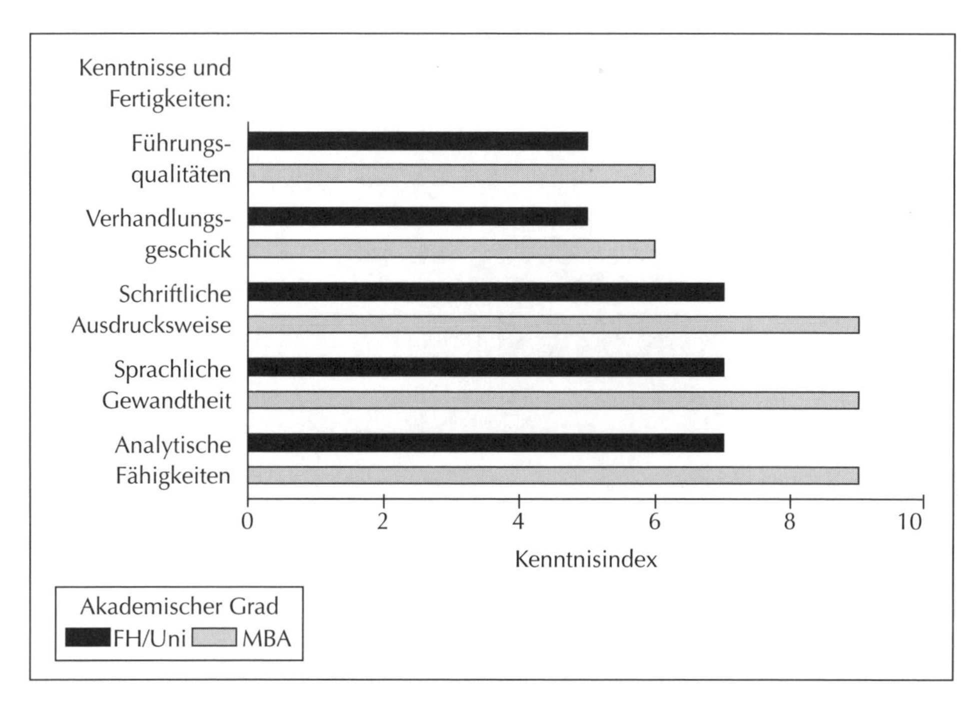

Abbildung 7.15: Ausbildungsanforderungen für die Logistik (Kenntnisse in allgemeinem Management für Management-Anfangsstellungen)

den. Das gilt für Büroangestellte ebenso wie für Lagerarbeiter und ungelernte Kräfte, die eigentlich das Rückgrad für den sehr arbeitsintensiven Logistikbetrieb bilden. Viel wurde schon geschrieben über zunehmende mangelnde Schreib- und Lesefähigkeiten am Arbeitsplatz von Schulabgängern, und wie zu erwarten zeigt diese Verschlechterung auch Auswirkungen auf die Arbeitsplätze in der Logistik. Um einen Eindruck über das Ausmaß dieses Problems zu gewinnen, haben wir im Jahr 1990 Führungskräfte dazu befragt. Die Ergebnisse sind verwirrend. Wir baten, die Grundkenntnisse, die am Arbeitsplatz benötigt werden – Schreiben, Lesen und Rechnen – zu betrachten und, wie sie das Niveau bei ihrem gegenwärtigen Personal einschätzen würden und wie gut neue Bewerber für einen logistischen Arbeitsplatz vorbereitet wären. Wir gaben eine Reihe von Aussagen vor und fragten die Teilnehmer jeweils, ob sie der Aussage zustimmen könnten oder nicht.

Die erste Aussage lautete: „Im allgemeinen bin ich zufrieden mit dem Kenntnisstand eines typischen Bewerbers um einen Einstiegsarbeitsplatz in unserem Unternehmen.“ Wie aus Abbildung 7.16 hervorgeht, bejahten 43 Prozent

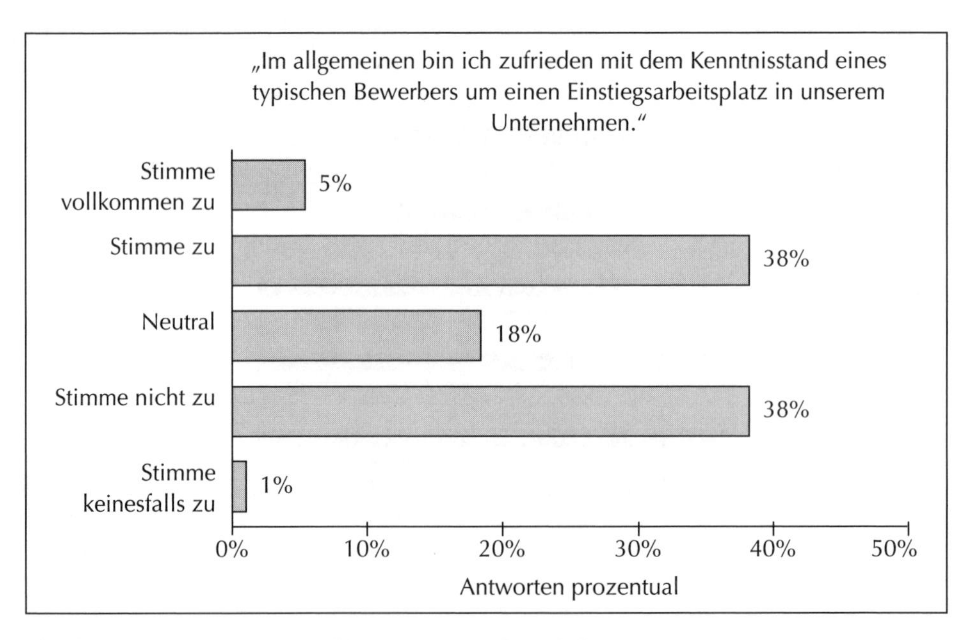

Abbildung 7.16: Angaben zur obigen Frage aus der Erhebung

der Befragten diese Aussage, 39 Prozent verneinten sie dagegen. Die meisten Führungskräfte machen wohl zum größten Teil das Schulsystem für diesen Mangel verantwortlich. Nur 21 Prozent sind überzeugt, daß das öffentliche Schulsystem seine Aufgabe, junge Menschen auf einen späteren Arbeitsplatz in der Logistik vorzubereiten, in vollem Umfang erfüllt (siehe Abbildung 7.17); 62 Prozent glauben das aber nicht. Ungeachtet der tieferen Ursachen dieses Problems (und viele wurden dafür genannt) scheint klar zu sein, daß viele Unternehmen Schwierigkeiten haben, Arbeitskräfte für die Logistik zu finden, die zumindest ein Minimum an Qualifikation haben. Viele der jetzt Beschäftigten besitzen sehr mangelhafte Grundkenntnisse, die in der Logistik zu Produktivitätsproblemen führen. Viele Unternehmen haben dieses Problem erkannt und Maßnahmen eingeleitet, um es zu beheben. Einige schicken Mitarbeiter auf Schreib- und Lesekurse für Erwachsene, andere führen eigene Schulungsprogramme durch. Einige Unternehmen mit Weitblick arbeiten partnerschaftlich mit den öffentlichen Schulen vor Ort zusammen, um langfristig das Problem an der Wurzel anzupacken und zu beheben.

Während einige Unternehmen große Anstrengungen unternehmen, machen viele andere offensichtlich nichts. 43 Prozent der Befragten glauben, daß ihr Unternehmen die richtigen Schritte unternommen hat, damit Arbeiter Förderunterricht und Förderkurse in den Mangelbereichen erhalten (siehe Ab-

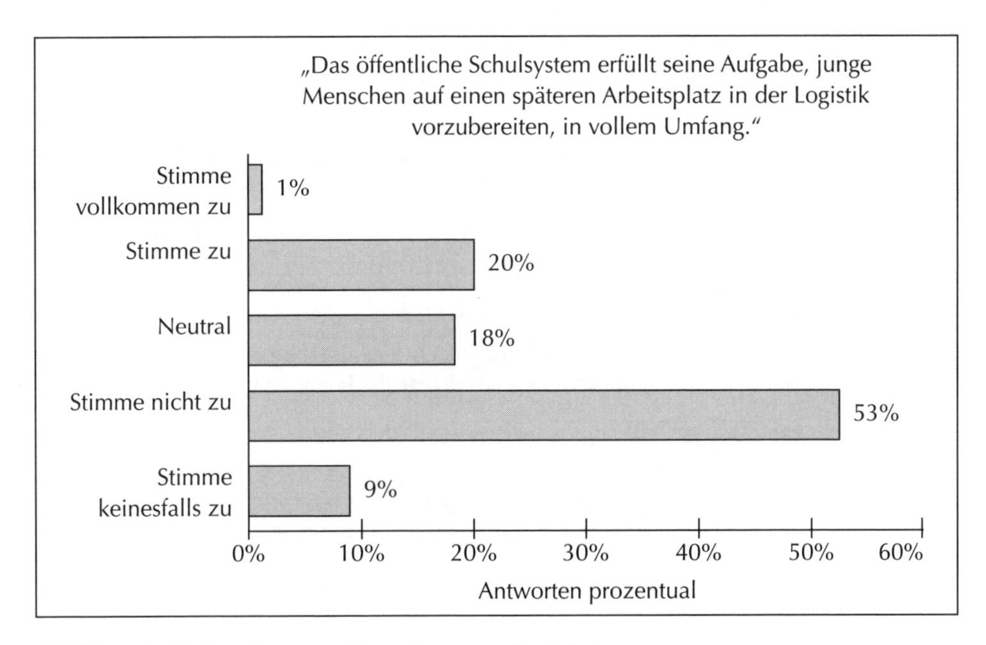

Abbildung 7.17: Angaben zur obigen Frage aus der Erhebung

bildung 7.18). Aber ein entmutigend hoher Anteil von 40 Prozent ist nicht dieser Meinung. Dabei kann weder von einem unbedeutenden oder belanglosen Problem gesprochen werden. Die Befragten hielten es für wahrschein-

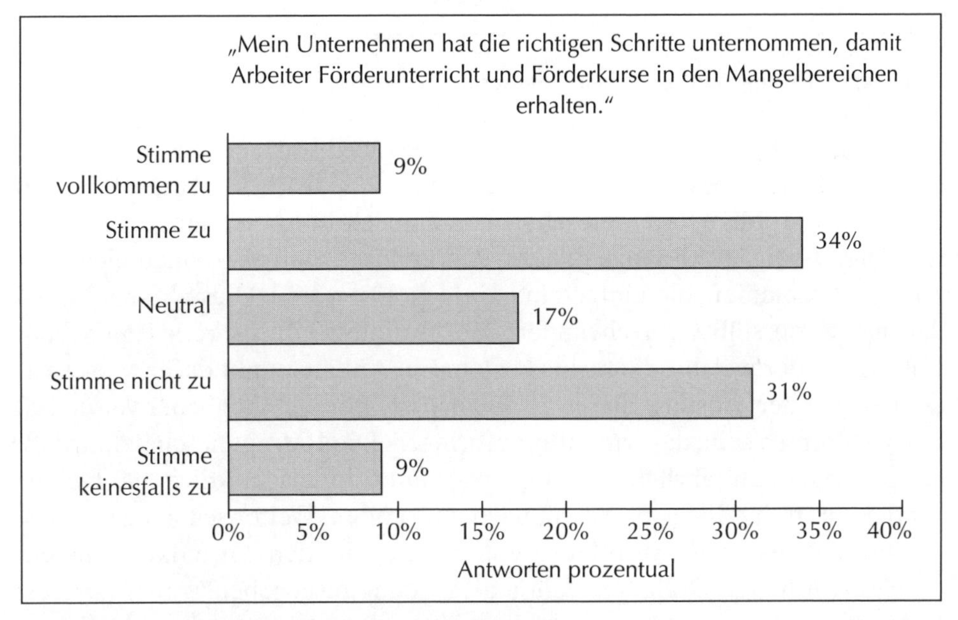

Abbildung 7.18: Angaben zur obigen Frage aus der Erhebung

lich, daß 20 Prozent all ihrer Bewerber wegen mangelhafter Grundkenntnisse abgelehnt wurden und, was noch alarmierender ist, daß 10 Prozent ihrer eigenen Arbeiter große Lücken haben und Förderunterricht benötigen. Es scheint allgemeine Übereinstimmung zu bestehen, daß hier mehr getan werden muß. Wie aus Abbildung 7.19 hervorgeht, stimmen 70 Prozent der Befragten der Aussage zu: „Mein Unternehmen sollte mehr tun, um die Grundkenntnisse und -fertigkeiten unserer Logistikarbeiter zu verbessern."

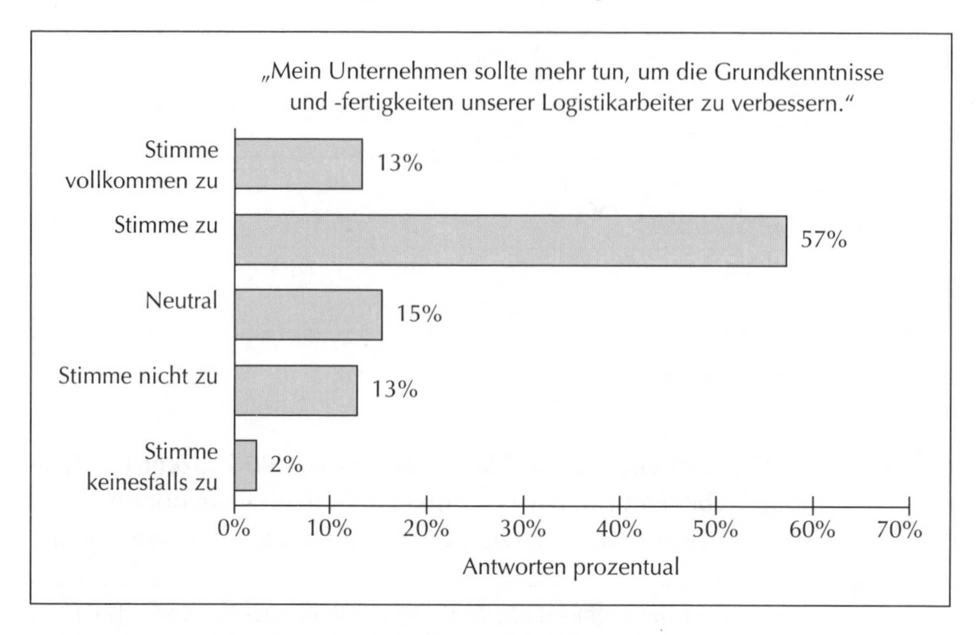

Abbildung 7.19: Angaben zur obigen Frage aus der Erhebung

Diese Abnahme von Kenntnissen und Fertigkeiten in der Belegschaft ist ein komplexes Problem, das viele Ursachen hat sich über eine lange Zeit entwickelte. Es wird auch lange dauern, dies zu lösen, und es ist auch nicht die Art von Problemen, die einfach mit Geld zu lösen sind. Diese Mängel werden nicht von selbst verschwinden und bestimmt gibt es keine einfachen Lösungen oder welche, die nichts kosten. Ein Anhaltspunkt dafür, wie ernst es uns mit der Lösung dieses Problems ist, könnte möglicherweise das Finanzvolumen sein, das wir dafür aufbringen. Die Befragten schätzten, daß ihr Unternehmen jährlich pro Logistikarbeiter durchschnittlich 500 Dollar für die unterschiedlichsten Schulungen aufwenden. Weiter schätzen sie, daß für Förderkurse zur Auffüllung von Lücken in den Grundkenntnissen durchschnittlich 25 Dollar pro Jahr und Arbeiter ausgegeben werden. Dieser Betrag scheint nicht groß zu sein – und in der Tat ist er es auch nicht. Wenn wir bedenken, daß „nur“ einer von zehn Arbeitern eine Förderung dieser Art benötigt, dann bedeutet das: für einen Arbeiter stehen 250 Dollar pro Jahr oder ein Dollar pro Arbeitstag zur Verfügung.

Dieser Rückgang der einfachen Fähigkeiten bei der Arbeiterschaft in der Logistik ist ein Problem, das gelöst werden muß. Neue Technologien am Arbeitsplatz treiben die Anforderungen an die „Kenntnisse in Wort und Schrift“ nach oben. Arbeiter müssen in der Lage sein, aus den Schulungen Nutzen zu ziehen, die für die neuen Technologien benötigt werden, welche zukünftig Bestandteil ihrer Arbeit sind. Der zunehmende globale Wettbewerb zwingt uns dazu, täglich „smarter“ zu arbeiten, und mit der Globalisierung der Unternehmensaktivitäten nimmt auch die Komplexität der logistischen Aufgaben immer mehr zu. Ein gesunder Wettbewerb zwingt uns dazu, Produktivität und Qualität unserer logistischen Operationen zu erhöhen, einfach, um zu überleben. Es wird uns nichts nützen, die Fahnen unserer Qualitätsprogramme im Wind wehen zu lassen, wenn unsere Arbeiter sie nicht lesen können.

7.6 Blick in die Zukunft

In den achtziger Jahren arbeiteten viele Unternehmen daran, effiziente eigene Logistikorganisationen aufzubauen, in denen alle Aktivitäten des Unternehmens integriert waren und die Kundendienstleistungen auf einem hohen Niveau boten. „Logistische Integration“ bedeutete in diesem Zusammenhang oft, daß die Logistik als eine Schnittstelle zwischen Produktion und Marketing diente. Jetzt, in den neunziger Jahren, weiten diese Firmen ihren logistischen Horizont immer mehr aus. Heute lautet die Herausforderung, ein nahtloses Logistiksystem aufzubauen, das alle Operationen der gesamten Lieferkette unterstützt. Firmen arbeiten sowohl mit Anbietern und Kunden als auch mit Transportunternehmen und externen Logistikanbietern zusammen, um Logistikpartnerschaften und strategische Allianzen zu bilden, die allen Mitgliedern der Lieferkette Vorteile bringen.

In diesem Zusammenhang bedeutet „logistische Integration“ die Integration und Synchronisation von logistischen Plänen und Operationen innerhalb der vielen Einheiten, mit denen das Unternehmen seine Geschäfte durchführt. Erfolg oder Versagen wird in den neunziger Jahren weitgehend von der Fähigkeit des Unternehmens bestimmt, das Management der Lieferkette integriert durchzuführen.

7.6.1 Wandel der Logistik

Es gibt viele Anzeichen, aus denen hervorgeht, wie weitreichend diese Änderungen sein werden. Ein Beispiel dafür sind Just-in-time-Verfahren, die in der Lagerhaltungspraxis immer mehr zunehmen. Obwohl Just-in-time ein nur schwer erfaßbares Konzept ist, wenn es um eine Definition geht, die genau und allgemein anerkannt sein soll, gefällt den meisten Führungskräften die Vorstellung, Lagerbestände und Kosten durch viele kleine terminlich abgestimmte Bestellungen zu senken. Die Praxis zeigt, daß dafür eine enge Zusammenarbeit zwischen Käufer und Verkäufer, eine gute Koordination und Austausch von Daten, Engagement und ein hohes Maß von Vertrauen auf beiden Seiten unbedingte Voraussetzung ist.

Just-in-time war ursprünglich für das Management von Rohstoffen und Komponenten für die Fertigung in einem Produktionssystem gedacht. Die allgemeinen Prinzipien wurden aber bald in vielen anderen Bereichen übernommen. Viele Einzelhandelsunternehmen entwickeln zum Beispiel Quickresponse-Systeme für die Lagerhaltung, die genau diese Prinzipien auf den Distributionsbereich anwenden.

Insgesamt kann beobachtet werden, daß Just-in-time ständig zunimmt. In der Umfrage von 1992 sollten die Teilnehmer schätzen, welcher Anteil ihres gesamten Transportvolumens von Lieferanten zu Kunden nach einem Just-in-time-Verfahren im Zeitraum von 1990 bis 1992 durchgeführt wurden und wie hoch ihrer Meinung nach dieser Anteil im Jahr 1995 und im Jahr 2000 sein würde. Wie Abbildung 7.20 zeigt, lag die Schätzung für 1990 bei 20 Prozent. Für das Jahr 2000 werden dagegen 60 Prozent erwartet!

Die Integration von Lieferkettenaktivitäten wird eine schnelle und genaue Erfassung und gemeinsame Nutzung von Verkaufs-, Lagerbestands-, Produktions- und Transportdaten erfordern. Um das zu erreichen, gehen Unternehmen mehr und mehr auf automatische Verfahren für die Identifizierung, zum Beispiel Strichkodes und Telekommunikationstechnologien, wie elektronischen Datenaustausch, über. Aus Abbildung 7.21 geht hervor, daß 1990 etwa 18 Prozent der Anlieferungen von ihren Lieferanten und etwa 20 Prozent ihrer Auslieferungen an Kunden mit Strichkode kodiert wurden. Weitere 10 Prozent waren innerhalb des Distributionssystems des Unternehmens für den internen Gebrauch mit Strichkode versehen. Für das Jahr 2000 erwartet die Führungsebene, daß etwa 50 Prozent des gesamten Liefervolumens und etwa 30 Prozent für den internen Gebrauch mit Strichkode kodiert

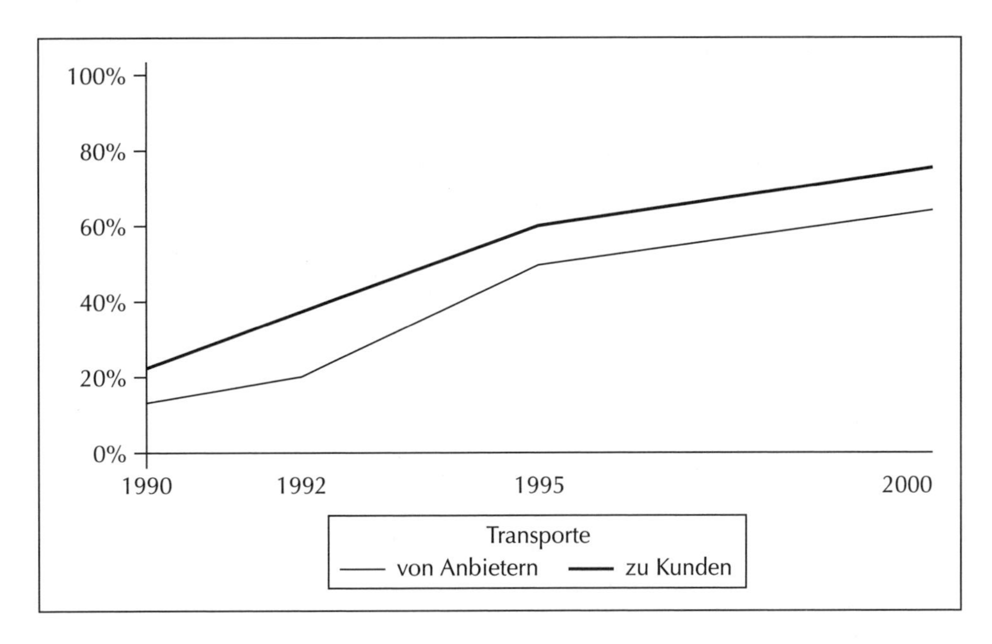

Abbildung 7.20: Verwendung von Just-in-time-Verfahren (Anteil am gesamten Liefervolumen)

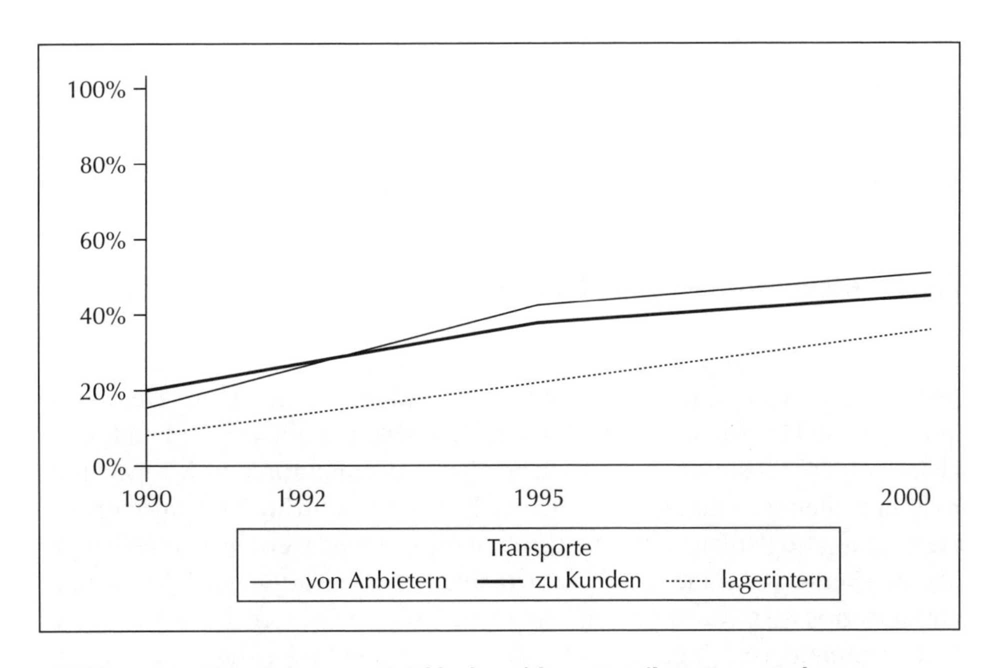

Abbildung 7.21: Verwendung von Strichkodeverfahren (Anteil am Gesamtvolumen)

sind. Es wird auch erwartet, daß der elektronische Datenaustausch weiter zunimmt. Abbildung 7.22 zeigt, daß diese Unternehmen 1990 etwa 20 Prozent ihrer Transaktionen mit Kunden und Lagern, aber nur 10 Prozent mit ihren Lieferanten und Transportunternehmen über elektronischen Datenaustausch durchführten. Für das Jahr 2000 ist dagegen geplant, den Anteil bei allen Transaktionen auf etwa 50 Prozent zu erhöhen.

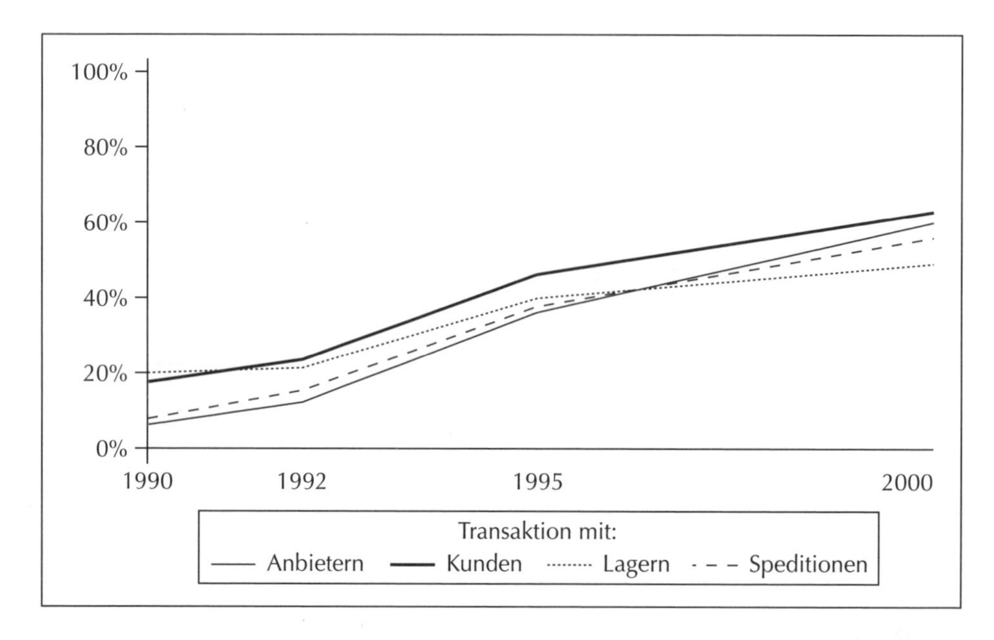

Abbildung 7.22: Verwendung von EDI (Anteil an den Gesamttransaktionen via EDI)

7.6.2 Organisatorische Implikationen

Ein erfolgreiches Management von Lieferketten erfordert aber mehr als nur den Einsatz von Just-in-time-Systemen und elektronischem Datenaustausch. Viele Unternehmen werden ihre Logistik neu überdenken und organisieren müssen, um die erforderliche enge Koordination und Kooperation zwischen allen Beteiligten zu erreichen. Es besteht kein Zweifel darüber, wie diese neuen Logistikstrukturen aussehen müssen und werden. Einige Unternehmen versuchen, eine straffe, zentral und *top-down* aufgebaute logistische Organisationsstruktur zu erreichen, in der alle relevanten Ressourcen des Unternehmens vereinigt sind, um auf koordinierte Weise die Probleme anzugehen. Die Automation von Daten sowie die neuen Telekommunikationstechnologien, einschließlich *Satelliten-Uplinks* und *-Downlinks*, ermöglichen es den Unternehmen, weltweite Operationen beinahe in Echtzeit durchzuführen. Andere Firmen entwickeln dagegen mehr dezentrale Strukturen, um die Integration der Lieferkette zu unterstützen. Sie bilden beispielsweise funktionsübergreifende Teams mit Managern aus Marketing-, Produktions- und Logistikabteilungen, die wichtige Kunden oder andere Mitglieder der Lieferkette betreuen, welche eng mit diesen wichtigen Partnern zusammenarbeiten und ihre Aktivitäten ganz auf alle Aspekte der Beziehung des Unternehmen zu diesen strategischen Partnern konzentrieren. Diese Unternehmen vertreten die Ansicht, daß dieses Konzept des „Organisierens um den Kunden herum mit diesem im Mittelpunkt" in der Zukunft der wirkliche Schlüssel zum Erfolg ist.

7.6.3 Karriere-Implikationen

Die Entwicklung in Richtung Lieferketten-Management wird auch einen höheren Bedarf an logistischen Führungskräften nach sich ziehen. Diese Führungskräfte sind dann äußerst vielseitig und müssen über gute Fachkenntnisse in vielen Bereichen verfügen. Sie werden sich nicht mehr auf ein tiefes, auf Logistik beschränktes Spezialwissen allein verlassen können; sie werden Marketing und Produktion verstehen müssen und das Geschäft ihrer Lieferanten und ihrer Kunden so gut kennen wie ihr eigenes Geschäft.

Da Lieferketten in Zukunft immer mehr globale Ausmaße haben, erfordert dieses Verständnis von Lieferanten und Kunden – und der Märkte dieser Kunden, möglicherweise sogar der eigenen Produktion – eine multikulturelle Sichtweise. Erfahrungen und Spezialwissen auf multikulturellem Gebiet sind schwierig zu erlangen, teuer und mit großem Zeitaufwand verbunden, aber es wird notwendig sein.

7.7 Zusammenfassung und Schlußfolgerungen

Logistische Führungskräfte stehen heute vor vielen Herausforderungen und Chancen. Auf der positiven Seite steht, daß das wirtschaftliche Amerika sich der Wichtigkeit und Bedeutung der Logistik für den Unternehmenserfolg bewußt ist. Die Logistik wird heute nicht mehr als „Hilfsmittel" betrachtet, sondern ist „gesellschaftsfähig" geworden. Neu entwickelte Informationstechnologien werden dazu beitragen, die Erwartungen, die wir in ein integriertes logistisches Management setzen, zu erfüllen. Neue und wachsende globale Märkte und der steigende Lebensstandard in den Entwicklungswirtschaftsgebieten eröffnen Chancen für ein reales Wachstum von Unternehmen.

Gleichzeitig sehen wir uns mit vielen ernsten Problemen konfrontiert. Globale Märkte bedeuten auch einen harten globalen Konkurrenzkampf. Das Ausbildungsproblem der Arbeiterschaft in der Logistik ist eine offene Frage. Für die neuen Technologien werden aber gut ausgebildete Arbeiter nötig sein. Die Arbeit mit dem nahtlosen Logistiksystem der Zukunft wird weder leicht noch einfach sein und wir werden auch nicht unbegrenzt Zeit haben, um dieses Puzzle zusammenzusetzen. Wenn die Logistikgeschichte der neunziger Jahre einmal geschrieben ist, dann wird sie über Erfolge von den Führungskräften handeln, die neue und kreative Möglichkeiten fanden, mit denen sie diese neuen Logistiksysteme aufgebaut und betrieben haben.

8 Internationale Logistik

PAUL S. BENDER
Präsident, Bender Management Consultants, Inc.

Dieses Kapitel ist ein Umriß der grundlegenden Konzepte und Informationen, die dem Praktiker helfen können, internationale logistische Situationen zu analysieren. Aufgrund der Kürze dieses Teiles ist es nicht möglich, und es ist auch nicht unsere Absicht, dieses Thema vollständig abzuhandeln. Unser Ziel ist vielmehr, uns auf wichtige Dinge zu konzentrieren, die möglicherweise in der bestehenden Literatur bisher nicht ausreichend und umfassend genug behandelt worden sind. Wir beabsichtigen nicht, einen vollständigen Überblick über das Thema zu geben oder Daten und Informationen wiederzugeben, die über andere Quellen leicht erhältlich sind. Eine der Vorstellungen, die einer internationalen Logistik zugrunde liegt, ist, daß die Weltwirtschaft immer mehr zu einem einzigen Wirtschaftssystem zusammenwächst und verschmilzt und damit die Unterschiede zwischen Inlands- und internationalen Aufgaben und Problemen in wirtschaftlicher Hinsicht zunehmend an Bedeutung verlieren. Das gilt auch für die Logistik. Die Standards und Normen für die meisten der logistischen Konzepte, Techniken und Praktiken gelten mehr und mehr weltweit. Trotzdem gibt es aber immer noch zahlreiche Unterschiede zwischen einzelnen Ländern und Regionen, die unterschiedliche Geschäftspraktiken zur Folge haben. Wir werden uns vor allem mit solchen spezifischen Aspekten befassen, die repräsentativ für wichtige Unterschiede sind.

Das Kapitel ist in sechs Abschnitte gegliedert. *Der erste Abschnitt* soll in das Thema einführen. *Im zweiten Abschnitt* gehen wir von der Prämisse aus, daß Logistik auf internationaler Ebene das materiell faßbare Netz für den internationalen Handel und das internationale Geschäft darstellt. Aus diesem Grund, um die internationale Logistik zu verstehen, müssen wir die tieferen Ursachen der heutigen Globalisierung der Wirtschaft kennen und verstehen. *Im dritten Abschnitt* vergleichen wir dann inländische und internationale Logistik. *Im vierten Abschnitt* diskutieren wir einige der wichtigsten Trends mit Auswirkung auf die internationale Logistik. *Im fünften Abschnitt* skizzieren wir die grundlegenden Merkmale von Logistiksystemen aus Weltwirtschaftsregionen mit großer ökonomischer Bedeutung. *Im sechsten Abschnitt* untersuchen wir schließlich die grundlegenden Konzepte und Technologien für die Entwicklung eines wettbewerbsfähigen globalen Logistiksystems.

8.1 Gründe für eine Globalisierung der Wirtschaft

Die Weltwirtschaft ist im Begriff, zu einem einzigen Markt, der unseren gesamten Planeten umspannt, zu verschmelzen. Um in dieser Umgebung zu überleben, müssen Unternehmen in globalem Maßstab denken und handeln. Für diese Entwicklungen sind vor allem strategische, taktische und operationale Gründe verantwortlich.

8.1.1 Strategische Gründe

Die wichtigsten Gründe von Unternehmen für einen globalen Geschäftsansatz sind wie folgt:

1. *Einer sinkenden Produkt- und Prozeßlebensdauer entgegenwirken*: Wir befinden uns in einer Phase der technologischen Explosion, die sich vor allem in einer informellen Revolution manifestiert. Diese Explosion bringt, je intensiver sie wird, in ständig kürzerer Folge neue Produktionsverfahren und Produkte hervor. Da sich die Investitionen von Produktionsunternehmen in Forschung und Entwicklung deshalb in immer kürzerer Zeit amortisieren müssen, versuchen die Unternehmen, neue Produkte so schnell wie möglich auf den größtmöglichen Markt zu bringen. Dies der Weltmarkt. Schon deshalb allein können wir erwarten, daß in den kommenden Jahren die Geschwindigkeit der Globalisierung der Wirtschaft noch zunimmt.

2. *Konkurrenten keine Domänen erlauben*: Unternehmen, die auf mehr Märkten tätig sind als ihre Mitwettbewerber, haben dadurch wesentliche Wettbewerbsvorteile. Die typische Verkaufsstrategie in diesen Fällen ist, auf Märkten mit schwächerer Konkurrenz mit einer großen Gewinnspanne zu verkaufen, um die kleineren Gewinnmargen der anderen Märkte zu kompensieren. Auf diese Weise, indem sie diese Märkte, ihre Domänen, beherrschen, üben sie enormen Druck auf ihre weniger flexiblen Konkurrenten aus. Auf lange Sicht werden für jedes Unternehmen, das seinen Konkurrenten solche Domänen erlaubt, die Wettbewerbsbedingungen immer schwieriger.

3. *Protektionismus und Merkantilismus umgehen*: Viele Länder, vor allem aber Entwicklungsländer, praktizieren einen staatlich gelenkten Protektionismus. Sie versuchen auf diese Weise, ihrer neu entstehenden Wirt-

schaft zu ermöglichen, einen so hohen technischen Stand und eine solche finanzielle Stärke zu erreichen, daß die eigenen Unternehmen im Wettbewerb mit ausländischen Firmen konkurrenzfähig werden oder bleiben. Um die Auswirkungen eines solchen Protektionismus zu minimieren, müssen Unternehmen auch in Betracht ziehen, Produktionen und die Distribution in wichtige geschützte Märkte zu verlegen.

4. *Streuung auf verschiedene Konjunkturzyklen erreichen*: Trotz des klaren Trends zu einer Globalisierung der Weltwirtschaft ist das Wirtschaftswachstum und der Konjunkturzyklus in den verschiedenen Wirtschaftsräumen unterschiedlich. Das ist der Grund, weshalb global arbeitende Unternehmen ihre Geschäftsergebnisse geographisch kompensieren. Sie können in Expansions- und Wachstumsgebiete investieren, ihre Gewinne dort steigern und sich in den anderen Gebieten zurückhalten, bis sich die Situation dort wieder verbessert hat. Das führt zu einer Stabilisierung des Unternehmenserfolgs in einem Umfang, daß regionale Unternehmen nicht mehr mithalten können.

5. *Vorteile aus globalen Finanzsystemen ziehen*: Eine globale Produktion und Distribution wird unterstützt von einem Finanznetz, das bereits globalisiert ist. Der Fluß von Finanzmitteln ist vor allem eine Frage der Datenübertragung geworden. Er geschieht deshalb verzögerungsfrei und unabhängig von der Entfernung auf globaler Basis.

6. *Vorteile aus der globalen Kommunikation und globalen Medien ziehen*: Mit der Ausweitung der Medien über den gesamten Planeten erfahren immer mehr Menschen in einem immer größeren Teil der Welt dieselben Nachrichten zur selben Zeit. Auch Unternehmen können deshalb eine wachsende Zahl ihrer Kunden gleichzeitig erreichen, indem sie diese Medien benutzen.

7. *Vorteile aus der Vereinheitlichung des globalen Bedarfs ziehen*. Eine der wichtigsten Folgen dieser weltweiten Kommunikation und globalen Medien ist, daß ein anwachsender Teil der Weltbevölkerung einheitliche Informationen erhält. Dies führt zu einer zunehmenden Vereinheitlichung des Bedarfs auf der gesamten Welt. Für die Unternehmen bedeutet es, daß sie zunehmend ähnliche Produkte auf ständig gleiche Weise auf einem stetig wachsenden Markt anbieten können.

8. *Vorteile aus der Wirtschaft vor Ort und deren Effizienz ziehen*: Da einzelne

Regionen und Länder sich auf unterschiedlichen Stufen ihrer wirtschaftlichen Entwicklung befinden, unterscheiden sie sich auch in ihren Wirtschaftsbedingungen. Dementsprechend sind die Kosten der Preis für alle Ressourcen wie Arbeit, Immobilien, Informationen und Kapital unterschiedlich; es gelten verschiedene Vorschriften und Gesetze, und es gibt dafür unterschiedliche Zuständigkeiten und Verfahren. Eine globale Strategie bringt langfristig Vorteile, indem lokale wirtschaftliche Gegebenheiten genutzt werden, wie etwa niedrigere Lohnkosten, Steuern oder Kapitalkosten.

9. *Möglichkeiten für symbiotische Geschäftsbeziehungen voll nutzen*: Die Beziehungen zwischen Lieferanten und Kunden eines Unternehmens ändern sich drastisch, d. h., sie passen sich an die neuen Bedingungen durch den globalen wirtschaftlichen Umbruch an. Eine der wichtigsten Änderungen findet dabei in den Geschäftsbeziehungen zwischen Verkäufer und Kunde statt. Diese reicht von der lockeren Beziehung mit nur kurze Zeit geltenden Abkommen und ständiger Überprüfung und Wiederaufnahme der Beziehung bis hin zu symbiotischen Beziehungen mit langfristigen Abkommen und enger Zusammenarbeit. Um maximale Vorteile aus einer solchen symbiotischen Geschäftsbeziehung zu ziehen, muß die Suche nach potentiellen Kunden und Lieferanten weltweit erfolgen.

10. *Frühzeitig auf Zukunftsmärkten präsent sein*: Durch die wirtschaftliche Entwicklung steigt in immer mehr Regionen die Nachfrage nach Produkten und Dienstleistungen, wobei die Qualitätsansprüche parallel zu dieser Entwicklung zunehmen. Wer frühzeitig in diese neuen Märkte eintritt und einen zeitlichen Vorsprung vor seinen Konkurrenten gewinnt, schöpft normalerweise auch später den „Rahm“ ab, wenn sich der Markt entwickelt hat. Langfristige Strategien, die das berücksichtigen, zielen darauf ab, bereits auf Märkten präsent zu sein, bei denen erwartet wird, daß sie erst nach Jahren rentabel sein werden. Die globale Lage dieses Markts spielt dabei keine Rolle.

11. *Vorteile aus der Änderung von Wirtschaftsformen ziehen*: Der Zusammenbruch der Sowjetunion und ihrer Satellitenstaaten hat zu einer Reihe von Marktwirtschaftssystemen geführt. Viele große Märkte, die bisher geschlossen oder nur schwer zugänglich waren, sind jetzt für Privatunternehmen offen. Der Großteil dieser Märkte befindet sich in Osteuropa, China, Indien oder im Raum des *Commonwealth of Independent States*.

8.1.2 Taktische Gründe

1. *Vorteile aus dem Wachstum des Welthandels ziehen*: In den vierzig Jahren zwischen 1950 und 1990 hat der Welthandel, gemessen am Export, um das Vierfache zugenommen. Die Weltwirtschaft ist im gleichen Zeitraum auf das Doppelte gewachsen. Die Komponente der Weltwirtschaft mit der größten Wachstumsrate ist demnach der internationale Handel. Unternehmen, die sich daran beteiligen, haben deshalb gute Chancen, schneller zu wachsen und höhere Gewinne „einzufahren" als ihre Konkurrenten, die sich nur auf den Binnenmarkt oder auf regionale Märkte konzentrieren.

2. *An Kompensations-Handelsgeschäften teilnehmen*: Etwa ein Drittel des internationalen Handelsvolumens wird durch Kompensationshandels-Abkommen finanziert. Es sind Tausch- oder Anrechnungsgeschäfte oder andere Handelspraktiken ohne eine finanzielle Bezahlung. Kompensationsgeschäfte gibt es vor allem in Ländern, die nicht ausreichend harte Währungen besitzen. Diese Länder weisen aber auch weltweit die größten Nachfragezuwachsraten auf. Deshalb bedeutet die Teilnahme an diesen Kompensationsgeschäften, daß Unternehmen aus einem sehr schnell wachsenden Handelsbereich Gewinn ziehen können.

3. *Unterschiedliche Konjunkturzyklen ausnutzen*: Trotz der Globalisierung der Wirtschaft sind in Ländern und Regionen die Konjunkturzyklen unterschiedlich. Einige Länder oder Regionen befinden sich in der Rezessions- andere in der Wachstumsphase. Globales Arbeiten führt daher zu einer Stabilisierung des Gesamtgeschäfts und bringt dadurch Vorteile, die für regionale Konkurrenten unerreichbar sind.

4. *Spezielle Kenntnisse und Fähigkeiten ausnutzen*: Wenn ein Unternehmen Spezialkenntnisse und -fähigkeiten in den Bereichen Marketing, Produktion oder Logistik entwickelt, dann zieht es daraus den größten Nutzen, wenn es sie auf dem größtmöglichen Markt anwendet. Letzterer ist der Weltmarkt.

5. *Gewinne durch unterschiedliche Kostenstrukturen maximieren*: Global agierende Unternehmen haben die Möglichkeit, durch ihre Flexibilität auch ihre Kosten zu beeinflussen, indem sie Produkte so über Landesgrenzen transportieren, daß auf legalem Weg Steuern und Abgaben minimiert werden.

8.1.3 Betriebliche Gründe

1. *Produktions- und Logistik-Kapazitäten ausgleichen*: Global agierende Unternehmen erwerben Produktions- und Logistikeinrichtungen in vielen Regionen. Es kommt vor, daß in einem Teil dieser Einrichtungen Überkapazitäten bestehen und andere sich gleichzeitig in einem Kapazitätsengpaß befinden. Diese Unternehmen haben dann gegenüber regionalen oder lokalen Konkurrenten den Vorteil, daß sie mit ihren Überkapazitäten entsprechende Kapazitätslücken füllen können, beispielsweise indem sie Nachfragen dynamisch dorthin umleiten, wo noch Kapazitäten frei sind.

2. *Wechselkurse und Inflationsraten ausgleichen*: Globale Unternehmen sind auf vielen Märkten mit unterschiedlichen Wechselkursen und Inflationsraten tätig. Indem sie Einkauf, Produktion, Verarbeitung, Verkauf und Finanzierung dynamisch an die jeweiligen Gegebenheiten anpassen, können sie zusätzliche finanzielle Vorteile erreichen.

3. *Den Lernprozeß beschleunigen*: Wenn das Volumen, das ein Unternehmen bearbeitet, zunimmt, dann nehmen die Kosten ab, weil die Unternehmen lernen. Wenn sich ein Unternehmen ganz auf den globalen Markt einstellt, dann kann es dieses Volumen innerhalb einer gewissen Zeit schnell auf ein Maximum steigern. Der damit verbundene Lerneffekt führt dann dazu, daß die Kosten auf ein Minimum sinken.

4. *Senkung von Break-Even-Punkten durch Automation*: Der Einsatz von Automation macht eine Senkung von *Break-Even-Punkten* möglich, beispielsweise des Mindestabsatzvolumens, das zur Deckung aller Kosten erforderlich ist. Durch vermehrte Automation können Unternehmen ihre Produktion ökonomisch diversifizieren. So können sie dann größere Gebiete abdecken, ohne Rentabilitätseinbußen hinnehmen zu müssen. Global arbeitende Betriebe können die größten Vorteile aus der Automation ziehen.

8.2 Vergleich von inländischer und internationaler Logistik

Die Unterschiede zwischen inländischer und internationaler Logistik verwischen immer mehr. Deshalb können die meisten Verfahren und Techniken, die bei der Inlandslogistik eingesetzt werden, auch auf die internationale Logistik übertragen werden. Dennoch gibt es aber einige Aspekte, in denen sich die internationale von der inländischen Logistik unterscheidet. Die internationale Logistik muß

1. *Dreidimensional arbeiten*: Für die Arbeit innerhalb eines beliebigen Landes oder Kontinents können wir die Erde zweidimensional wie eine Landkarte betrachten. Diese falsche Annahme hat keinerlei signifikanten Fehler zur Folge. Bei der internationalen Logistik spielt dagegen die Erdkrümmung eine Rolle. Entfernungen sind anders als auf einer flachen Landkarte. Weit wichtiger ist aber noch, daß die Lage von Einrichtungen dreidimensional betrachtet werden muß: Orte wie Alaska können auf einer zweidimensionalen Karte scheinbar am Rand der Welt liegen, auf einem Globus dagegen möglicherweise im Zentrum des Geschehens.

2. *Mit Regierungen zusammenarbeiten*: Binnensysteme sind nur auf ein Land und damit auf eine Regierung ausgelegt. Sämtliche Gesetze und Vorschriften gelten in gleicher oder ähnlicher Weise überall in diesem Land. Bei internationalen Aktivitäten ist dagegen unbedingte Voraussetzung, daß die jeweiligen Verhältnisse in die Überlegungen mit einbezogen werden. Das sind andere Gesetze, Vorschriften, Auflagen, Steuern, Abgaben, Währungen sowie Art und Umfang, woauf die sich diese auf die Wirtschaft des jeweiligen Landes auswirken. Häufig erstellen Regierungen Wirtschaftsentwicklungspläne für mehrere Jahre. Diese Pläne können sehr wichtig für die Aktivitäten in diesen Ländern sein. Viele Vorgänge, die in bestimmten Ländern sehr einfach durchzuführen sind, wie etwa Planung und Aufbau von Einrichtungen, können in anderen wiederum einen großen Aufwand erfordern, um die notwendigen Genehmigungen zu erhalten. Der wichtigste Konkurrent kann auch ein staatliches oder staatlich gefördertes Unternehmen sein, was die eigene Situation möglicherweise wesentlich komplizierter gestaltet.

3. *Lagerbestände effizient managen*: Bei Binnensystemen machen Lagerbestände, die sich auf dem Transport befinden, und die zugehörigen Kosten nur einen geringen Teil der Logistikgesamtkosten aus. Bei internationalen, d.h. internationalen Systemen bilden sie dagegen eine wichtige Komponente der Gesamtkosten. Deshalb ist hier auch ein effizientes Management dieser Lagerbestände viel wichtiger.

4. *Die Wechselkurse berücksichtigen*: Die Planung und die Arbeit in einem Markt mit mehr als einer Währung ist um ein Vielfaches komplexer als in

einem Binnenmarkt mit nur einer Währung. Ständige Schwankungen der Wechselkurse erschweren dem Management die Planung für einen internationalen Markt und machen sie unsicherer. Dagegen müssen geeignete Absicherungsmethoden eingesetzt werden, die bei einem Binnenmarkt unnötig sind.

5. *Unterschiedliche Inflationsraten berücksichtigen*: Verschiedene Länder haben eigene Inflationsraten, die sich ständig ändern. Die Planung für einen internationalen Markt wird dadurch wesentlich komplexer, verglichen mit einem Binnenmarkt, bei dem es nur eine einzige Inflationsrate gibt. Um das zusätzliche Risiko und die Planungsunsicherheit zu beherrschen, sind mächtigere Werkzeuge für die Analyse erforderlich als für einen Binnenmarkt.

6. *Komplexe Transportalternativen berücksichtigen*: Nahezu jeder interkontinentale Transport erfordert die Verwendung von mehreren verschiedenen Transportarten. Diese zu koordinieren und die Kosten zu berechnen, erfordert wesentlich mehr Information und einen größeren Arbeitsaufwand als die meisten Inlandstransporte.

7. *Pläne und Operationen häufiger überprüfen und überarbeiten*: Da internationale Logistikprobleme komplexer und größer sind als diejenigen eines Binnenmarkts, ist es unumgänglich, daß Strategien und Effizienz der Operationen häufiger überprüft und überarbeitet werden. Die Zahl und Standorte von Einrichtungen, ihr Auftrag, die verwendeten Transportarten sowie die jeweiligen Leistungen und Kosten sollten mindestens doppelt so häufig überprüft und überarbeitet werden als bei einem Binnenmarkt.

8. *Marketingkanäle und Logistik integrieren*: Bei einem globalen System ist die Art des verwendeten Logistiksystems und seine Merkmale eng mit Entscheidungen über Kanäle für diesen Markt verknüpft, enger als bei einem Binnenmarkt. Der Hauptgrund dafür ist, daß in einem solchen Markt die Marketingkanäle gewöhnlich schon bestehen und stabil sind. In einem internationalen Markt, produziert im typischen Fall ein Unternehmen in einigen Ländern, hat Lager in anderen und exportiert wieder in andere. Dabei kann es in den einzelnen Ländern jeweils andere Kanäle mit unterschiedlichen Anforderungen geben, die verwendet werden. Die Folge ist, daß das logistische System für internationale integrierte Systeme wesentlich komplexer ist als nur für ein Land allein. Darüber hin-

aus üben auch noch die Anforderungen der einzelnen Kanäle einen direkten Einfluß auf die Logistik aus.

9. *Mit mehreren Sprachen arbeiten*: Von der Verpackung und Kennzeichnung bis hin zur Auftragsannahme werden für internationale Operationen mehrere Sprachen benötigt. Dafür wird sowohl Personal erforderlich, das diese Sprachen beherrscht, als auch mehrsprachige Systeme.

10. *Unterschiedliche Maßsysteme verwenden*: Die meisten Länder verwenden bereits das metrische oder internationale Maßsystem. Ausnahmen sind Birma, das Sultanat von Brunei und die USA. Der Handel mit diesen Ländern erfordert deshalb Verpackungen und Größen nach dem jeweiligen Maßsystem, zusätzlich zu den normal verwendeten metrischen Maßen. Auch sämtliche Unterlagen müssen alle wichtigen Größen im jeweiligen System enthalten. Dadurch steigen die Exportkosten in diese Länder, und die exportierten Produkte werden teuerer als notwendig.

11. *Eine größere Produktpalette auf Lager halten*: Kunden in verschiedenen Ländern benötigen oder bevorzugen unterschiedliche Größen oder Farben bei dem gleichen Produkt. Deshalb muß für das internationale Geschäft normalerweise eine größere Produktpalette vorrätig gehalten werden als für einen Binnenmarkt.

8.3 Haupttrends der internationalen Logistik

Es gibt mehrere wichtige Trends, die das Wachstum der internationalen Logistik fördern und ihre Merkmale bestimmen. Es sind Trends auf dem Informationssektor, von logistischen Dienstleistungen, der Beschaffung, Produktion, der logistischen Operationen und Organisationsstrukturen. Diese Trends untersuchen wir in den folgenden Abschnitten.

8.3.1 Trends auf dem Informationssektor

Die wichtigsten Trends auf dem Informationssektor mit Auswirkungen auf das weltweite Logistikmanagement sind eine Folge des Zusammenwachsens und Verschmelzens mehrerer Technologien. Diese Fusion hat ihre Ursache wiederum in der Digitalisierung aller Arten von Geräten zur Informationsverarbeitung und ihrer Integration zu vielseitigeren Maschinen, die dann mehr als nur eine Funktion erfüllen. Durch dieses Phänomen ist eine neue Geräteart entstanden: Das *Daten-Audio-Video-Integrierte-Digitalsystem* (DAVIDS). Nun folgt der Digitalisierung der Datenverarbeitung und der Kommunikation die Digitalisierung von Rundfunk und Fernsehen. Netze sind im Entstehen, in deren Knotenpunkten Computer stehen, die über Kommunikationskanäle miteinander verbunden sind. In diesen Netzen werden alle Arten von digitalen Signalen empfangen, verarbeitet, gespeichert, geladen und übertragen. Die Kommunikation geschieht dann von zu Hause und vom Arbeitsplatz aus, mit DAVIDS, in denen Telefon, Computer, Faxgerät, Radio, MC- und CD-Spielern, Fernseher, Scanner und Kopiergerät integriert sind – ein einziges Gerät, das all diese Funktionen in sich vereinigt. Weltweit über Telefon und Satelliten verbunden, können über diese sofort und jederzeit billige Verbindungen zu anderen DAVIDS hergestellt werden.

Dieser massive Einsatz von DAVIDS, die elektronisch weltweit über Kommunikationsleitungen in Form des ISDN (*Integrated Services Digital Network*) miteinander verbunden sind, wird in Zukunft die Strukturen aller Organisationen verändern. Ganz besonders gilt das für internationale Logistikorganisationen.

Die mittlere Managementebene und hierbei vor allem die Vermittlerfunktion wird verschwinden. Strategen und Praktiker werden in diesen Organisationen weltweit über Computernetze Hand in Hand arbeiten. Die Grenzen eines dann typischen Unternehmens verschwimmen, da in diese Kooperation auch Lieferanten und Kunden eingeschlossen sind. Strategische Diskussionen werden größtenteils über direkten, persönlichen Kontakt stattfinden und die meisten Interaktionen elektronisch über elektronischen Datenaustausch, Telekonferenzen und andere Verfahren.

8.3.2 Trends bei den logistischen Dienstleistungen

Der gegenwärtige Trend, den Transport und die Lagerung auf andere Dienstleister zu verlagern, wird in Zukunft durch PILS (*Planetary Integrated Logistic System*) noch wesentlich zunehmen. Das wird – auf globalem Niveau – logistische Dienstleistungen in einem Umfang ergeben, um jedes denkbare Produkt oder anderes Transportgut von jedem Ausgangspunkt zu jedem Zielpunkt zu befördern, zu jeder Zeit, schnell und preiswert.

PILS wird

- multimodalen Transport,
- weltweite Lagerung,
- Zollabfertigung,
- Versicherung,
- Lagerbestandsmanagement,
- Auftragsbearbeitung,
- Finanzierung,
- Dokumentierung

und viele andere Funktionen, die erforderlich sind, um Speditionen ein integriertes Dienstleistungsangebot aus einer Hand anbieten zu können, in sich vereinigen.

Unter diesen Bedingungen werden immer mehr weltweit agierende Unternehmen zu der Erkenntnis kommen, daß es für sie am wirtschaftlichsten ist, wenn sie ihre Logistik nicht mehr selbst durchführen sondern sie an spezielle PILS-Anbieter übergeben.

Die Vergabe von PILS an andere Firmen ist sehr wahrscheinlich, begleitet durch eine Vergabe von DAVIDS an Subunternehmen, da mit geeigneten Anbietern die Speditionsunternehmen daraus eine Reihe von Vorteilen ziehen können:

- Einsparung von ohnehin knappen Finanzmitteln und Managementfähigkeiten, die statt dessen für das Hauptgeschäft des Unternehmens eingesetzt werden können.
- Verbesserung des Dienstleistungsangebots für die Kunden bei gleichzeitiger Senkung der Logistik- und Informationskosten durch gemeinsame Nutzung von Ressourcen.
- Senkung des Transportrisikos der Speditionen, indem diesen ein Komplettpaket aus Einrichtungen, Ausrüstungen und Dienstleistungen angeboten wird, das ihnen jederzeit und überall zur Verfügung steht.

8.3.3 Trends in der Beschaffung

Um auf einem Markt bestehen zu können, muß ein Unternehmen seine Lieferquellen überall in der Welt suchen, um so die beste Qualität zu den niedrigsten Preisen zu erhalten. Das hat zur Folge, daß die Standorte von Fabriken und Lagern zunehmend unter globalen und immer weniger von regionalen oder Landesaspekten bestimmt werden.

8.3.4 Trends in der Produktion

Durch die zunehmende Automation der meisten Produktionsverfahren sinken die Break-Even-Punkte, und es wird beispielsweise in den meisten Industriebereichen immer wirtschaftlicher, in Fabriken mit geringerer Größe zu produzieren. Diese Automation führt auch zu einer Senkung der Fixkosten, zu kürzeren Aufbauzeiten und Kosten.

Sie ermöglicht es Unternehmen, ein immer breiteres Produktspektrum bei gleichzeitig abnehmendem Lebenszyklus dieser Produkte anzubieten. Diese Entwicklung ist für eine Reihe von Branchen kennzeichnend. Die Folge ist ein Trend zu Just-in-time-Systemen und globalen Logistiknetzen mit mehr, aber kleineren Fabriken und weniger Lagern. Die größten Erwartungen in diesen Trend setzen Branchen, die große Fix- und Aufbaukosten haben, bei denen aber Produkte und Verfahren sehr beständig, die Stückkosten klein und das Risiko, daß Produkte und Verfahren veralten, niedrig ist. Dies trifft vor allem auf die Prozeß-, Landwirtschafts- und Rohstoffindustrie zu.

8.3.5 Trends bei Logistikoperationen

Um im internationalen Geschäft erfolgreich zu sein, müssen fünf Elemente beherrscht werden. Bei jedem davon soll das Ziel sein, die Häufigkeit auf Null zu senken, um die Wettbewerbsfähigkeit und das Überleben zu gewährleisten. Wir bezeichnen diese Elemente zusammen als „Die fünf Nullen". Es sind:

1. Schäden
2. Ausfälle
3. Verzögerungen
4. Lagerbestände
5. Papierunterlagen

Diese fünf Elemente haben Auswirkungen auf alle Arten von Produkten, Gütern und Dienstleistungen. Die Leistung dieser Elemente kann nicht in

Prozent gemessen werden, sondern in Tausendstel Promille oder anders, der Häufigkeit ihres Auftretens pro Milliarde Ereignisse, ausgedrückt werden. Im folgenden wollen wir uns diese Elemente näher betrachten.

1. *Null-Schäden*: Schäden an Waren und Gütern sind inakzeptabel. Qualität muß Perfektion zum Ziel haben. Kunden erwarten, daß Produkte immer die Spezifikationen einhalten und Lieferwaren in der exakt richtigen Menge und zum vereinbarten Termin geliefert werden.

2. *Null-Ausfälle*: Ausfälle von Produktionsprozessen sind inakzeptabel. Bei der Verfügbarkeit von Prozessen muß das Ziel 100 Prozent sein. Kunden erwarten, daß sie ihre Bestellungen und Dienstleistungen absolut pünktlich erhalten. Anbieter müssen deshalb durch eine rigorose vorbeugende und vorausschauende Instandhaltung sicherstellen, daß es zu keinen Unterbrechungen oder Leistungsabfällen kommt. Andernfalls gehen sie das Risiko ein, in ihre Produktion Redundanz einbauen oder die Lagerbestände erhöhen zu müssen, um die Erwartungen der Kunden zu erfüllen.

3. *Null-Verzögerungen*: Verzögerungen müssen so kurz wie möglich gehalten werden. Geschwindigkeit ist dafür die passende Waffe in der Geschäftsstrategie. Kunden erwarten, daß sie ihre Bestellungen nicht nur in der richtigen Menge und Qualität, sondern auch ohne Verzögerung erhalten. Anbieter müssen deshalb sicherstellen, daß ihre Prozeßgeschwindigkeiten so hoch wie möglich sind. Andernfalls riskieren sie, Lagerbestände führen zu müssen, um mangelnde Schnelligkeit in der Produktion ausgleichen zu können.

4. *Null-Lagerbestände*: Lagerbestände zu führen, wird zunehmend teurer. Nicht nur, weil diese Bestände selbst einen Wert darstellen, Handling und die Lagerung mit Kosten verbunden ist, sondern immer mehr, weil die gelagerten Produkte veralten. Grund dafür sind Technologien mit einer explosionsartigen Entwicklung und, daß in den meisten Branchen neue Produkte und Prozesse immer schneller verfügbar werden. Das gute Angebot von gestern hat heute schon seinen Wert verloren. Lagerbestände von veralteten Produkten müssen abgeschrieben werden und bedeuten dann nicht unbeträchtliche Verluste.

5. *Null-Bürokratie*: Unterlagen müssen elektronisch erstellt und befördert werden und nicht per Post. Papierunterlagen bedeuten Verzögerungen, Fehler, zusätzliche Arbeit und damit Zeit- und Geldverschwendung. An-

bieter müssen ihren Kunden elektronische Informationsschnittstellen auf der Basis von elektronischem Datenaustausch anbieten.

8.3.6 Trends in den Organisationsstrukturen

Die Änderungen in den Organisationsstrukturen berühren heute nicht nur Wirtschaftsunternehmen, sondern auch alle anderen Organisationen wie Regierung, Militär, Kirchen und soziale Einrichtungen. Ein neuer Organisationstypus ist dadurch im Entstehen: Die Netzorganisation.

Organisationsmerkmale

Zwei Faktoren bestimmen die Art und die Merkmale der heutigen Organisationen. Der erste ist die Geschwindigkeit, mit der sich diese Änderungen in allen menschlichen, sozialen, politischen, wirtschaftlichen, technischen, ökologischen und psychologischen Bereichen vollziehen. Der zweite ist die massive und immer stärkere Verwendung der Informationstechnologie in allen Gebieten menschlicher Aktivität, von Ausbildung und Arbeit über Unterhaltung und Freizeit bis hin zu kreativem Denken und zur Kunst.

Solange die Änderungen langsam vor sich gingen und die Welt stabil und absehbar war, waren die bestgeeignetsten Organisationen ebenfalls stabile, hierarchisch aufgebaute Strukturen von der Art, wie sie bereits vor Tausenden von Jahren durch militärische und religiöse Organisationen eingeführt worden waren. An der Spitze stand eine einzige männliche (selten weibliche) Person mit alleiniger Befehlsgewalt und einer Anzahl von direkten Untergebenen, die wiederum eine bestimmte Anzahl direkter Untergebener hatten usw.

Untergebene waren um bestimmte Funktionen gruppiert, um so ihre Arbeit und ihre Interaktionen zu erleichtern. Befehls- und Meldestrukturen waren durch Hierarchie und Kommunikationswege eindeutig bestimmt, und die spezifische Funktion jedes Einzelnen konnte durch Positionsbeschreibungen bis in alle Einzelheiten festgelegt werden. Die Kommunikation war größtenteils verbal und direkt, d.h. von Angesicht zu Angesicht. Sie wurde durch schriftliche Unterlagen wie Pläne, Berichte und Memos ergänzt. Diese Hierarchieverhältnisse setzten der Zahl der Untergebenen, die jemand unter praktischen Bedingungen haben konnte, enge Grenzen.

In unserer turbulenten Welt, die sich in einem großen Verschmelzungsprozeß befindet, in der Änderungen mit immer größerer Geschwindigkeit verlaufen und in der dadurch eine ständig größere Unsicherheit entsteht, haben sich starre, hierarchisch aufgebaute Organisationen als ineffektiv erwiesen. Ihr Hauptproblem liegt in einer mangelnden Anpassungsfähigkeit. In einer sich schnell ändernden Umgebung verändern sie sich nur träge oder überhaupt nicht.

Der erste und einzige Grund dafür ist, daß eine solche starre hierarchische Struktur mit starren Funktionswegen ganz einfach nicht erfolgreich auf die Änderungen und die damit zusammenhängende Unsicherheit und Komplexität reagieren kann. Organisationen dieser Art ermutigen ihre Mitglieder, ihren Verantwortungsbereich klar abzugrenzen. Jede Delegation von Verantwortung für Funktionsbereiche endet, wenn sie willkürlich erfolgt, in starren, ineffizienten und konfliktträchtigen Arbeitstrukturen und -leistungen.

Härte und Starrheit sind für das Überleben einer Organisationseinheit innerhalb einer solchen Organisation notwendig. Im typischen Fall führt dies zu „Grabenkämpfen“: Jede Einheit versucht, sich selbst zu schützen, indem sie die eigene Wichtigkeit herausstellt, auf Kosten der Bedeutung der anderen. Eine direkte Folge dieser Starrheit ist, daß die Leistung der Gesamtorganisation niemals das Optimum erreicht. Da die einzelnen Funktionsbereiche miteinander in Konkurrenzkampf treten, anstatt zu kooperieren, versuchen sie in Wirklichkeit, ihre eigene Leistung auf Kosten der Leistung der Gesamtorganisation zu optimieren. Darüber hinaus hat Starrheit auch eine mangelnde Anpassungsfähigkeit zur Folge. An äußere Veränderungen kann sich eine hierarchisch aufgebaute Organisation nicht anpassen, da sie damit gleichzeitig innere Veränderungen riskieren würde, die wahrscheinlich für die meisten Organisationseinheiten politisch schädlich wären.

Deshalb verlieren hierarchisch strukturierte Organisationen immer mehr den direkten Kontakt mit der Wirklichkeit und ziehen sich zurück in eine Kultur, die in Isolation und Verfall endet. Solange das Polster, das sie sich aufgebaut haben, ausreicht oder sie Zugang zu Finanzquellen haben, können sie ihren Weg der Entfremdung von der Wirklichkeit fortsetzen. Da aber Ressourcen immer begrenzt sind, kommt der Tag, an dem sie einer unerfreulichen Realität ins Auge sehen müssen und sich entweder in eine dynamische, aufgeschlossene Organisation umwandeln oder untergehen müssen. Dies wird immer mehr zu einer ganz alltäglichen Geschichte, bewiesen durch die politischen, sozialen und kulturellen Entwicklungen rund um die Welt.

Implikationen für die Zukunft

Welche Implikationen haben diese genannten Trends in der Zukunft für die Entwicklung von internationalen Organisationen? Wir versuchen, darauf eine kurze Antwort zu geben, die sich vor allem auf die Anforderungen an das internationale Geschäft bezieht. Die Prinzipien, die darin enthalten sind, gelten aber für jede Art von Organisation, überall.

Um in einem turbulenten, globalen Umfeld erfolgreich zu sein, müssen diese hierarchischen, starren Organisationen ersetzt werden durch dynamische und anpassungsfähige. Diese sollen fähig sein, den immer schneller verlaufenden Änderungen und der damit verbundenen Unsicherheit und Komplexität erfolgreich entgegenzutreten.

Eine effektive Möglichkeit, eine anpassungsfähige Organisation zu schaffen, besteht darin, die alten funktionell ausgerichteten Strukturen durch ressourcenorientierte Strukturen zu ersetzen. Arbeitsplätze mit unflexiblen Arbeitsplatzbeschreibungen werden dabei ersetzt oder ergänzt durch Teams mit unterschiedlichen Fertigkeiten, Kenntnissen und Aufträgen, die bei ihrer Arbeit von der Informationstechnologie maximalen Gebrauch machen.

In einer ressourcenorientierten, vernetzten Organisation sind Menschen die wichtigste Ressource und nicht Kapital oder Maschinen. Das wichtigste Arbeitsmittel dieser Organisationen sind Informationen und nicht Kapital oder Maschinen. Die Organisation ist erfolgreich, weil sie jedem Einzelnen maximal Gelegenheit gibt, zum Erfolg der gesamten Organisation oder des Teams beizutragen. In dieser Art von Organisation gibt es keine funktionellen Barrieren, da sie um die Notwendigkeit, die Ressourcen der Organisation zu managen, herum strukturiert ist und nicht auf die Erfüllung von Funktionen ausgerichtet ist. Da Ressourcen nicht willkürlich zu Funktionen definiert werden, gibt es keine willkürlichen Abgrenzungen, die zu einer Suboptimierung der Gesamtleistung der Organisation führen könnten. Die Wirkungsweise einer ressourcenorientierten Organisation ist in Abbildung 8.1 dargestellt.

Menschen, die Informationen benutzen, managen materielle und finanzielle Ressourcen räumlich und zeitlich. Wenn man ihre Leistungsfähigkeit unterstützt und ihr Beziehungsnetz intensiviert, durch den Einsatz von Informationstechnologie, dann bedeutet das eine erhebliche Erweiterung ihres Aktionsradius: Jeder Einzelne kann mit jedem anderen, wo immer dieser sich auch

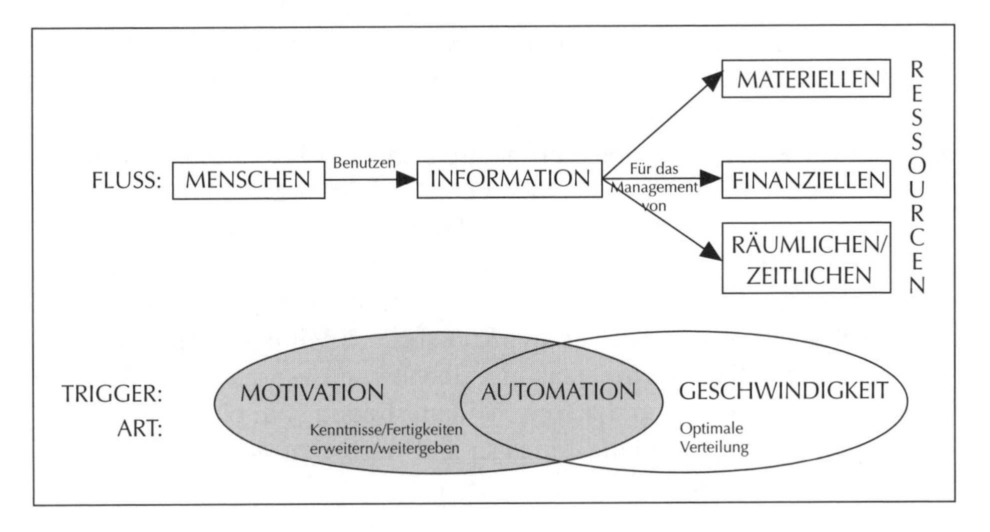

Abbildung 8.1: Das Prinzip einer ressourcenorientierten Organisation

befindet, zu jeder Zeit sofort in Kontakt treten. Auf diese Weise können Informationen und Daten in all den Formen, die mit DAVIDS möglich sind, schnell und effizient mit einer beliebigen Anzahl von Kommunikationspartnern ausgetauscht werden. So entsteht eine enorme Flexibilität und Anpassungsfähigkeit, die nicht mehr durch Zuständigkeitsgrenzen behindert wird. Dieser Ansatz gibt auch Menschen mehr Zeit zu persönlichen Kontakten und Treffen, bei denen sie wichtige Aufgaben, wie etwa die Entwicklung von Strategien, gemeinsam lösen können. Auf diese Weise nimmt sowohl die Gesamtleistung der Organisation als auch die Arbeitszufriedenheit der Mitarbeiter zu.

Grundlage dieses räumlichen/zeitlichen Managements von materiellen und finanziellen Ressourcen (wobei Raum/Zeit eine Ressource für sich selbst darstellt) muß Geschwindigkeit sein. Schnelligkeit, verbunden mit Produktqualität und Zuverlässigkeit bei Dienstleistungen sind die wichtigsten Wettbewerbswaffen in einem turbulenten Geschäftsumfeld. Geschwindigkeit wird erreicht durch Teams aus Mitarbeitern, die für ihre Transaktionen und Entscheidungen automatische Online-Datenverarbeitungs- und Kommunikationssysteme verwenden.

Der Schlüssel zum Arbeitsoptimum einer solchen Organisation liegt in der Motivation der Mitarbeiter. Deshalb ist auch eine Arbeitsumgebung, die sich motivierend auf die Mitarbeiter auswirkt, der Schlüsselfaktor für den weltweiten Erfolg einer Organisation.

Motivierte Mitarbeiter nutzen die Informationen, die sie über DAVIDS und andere Kommunikationshardware erhalten, um ihre Kenntnisse und Fertigkeiten zu erweitern und an andere weiterzugeben. Computer verstärken menschliche Kenntnisse und Fertigkeiten, indem sie eintönige Arbeiten schneller, besser und billiger als Menschen ausführen. Sie können auch zur Weitervermittlung von Kenntnisse und Fertigkeiten verwendet werden, indem den Benutzern über Schnittstellen, die einfach zu beherrschen sind, mächtige, komplexe Technologien zur Unterstützung von Entscheidungen zugänglich gemacht werden. Dadurch können auch Mitarbeiter mit begrenztem technischen Hintergrund mächtige Techniken beherrschen und nutzen und so ihre Fähigkeiten in der Entscheidungsfindung auf ein Niveau anheben, das selbst für exzellente Manager mit normalen Arbeitswerkzeugen nicht zu erreichen wäre.

Eine vernetzte Organisation verfügt auch über die Flexibilität, um die Beziehungen in ihrem Geschäftsumfeld zu intensivieren und, was noch stärker ins Gewicht fällt, ebenso die Beziehungen zu ihren Lieferanten und Kunden. In einem zunehmend unsichereren und komplexeren Umfeld bedeutet Erfolg zu haben auch, die eigenen Anstrengungen auf das Wichtige zu konzentrieren. Eine weltweit operierende Organisation muß diese Anstrengungen bündeln, um ihre Ressourcen nur für die Aktivitäten einzusetzen, die ihr Wettbewerbsvorteile bringen. Aktivitäten, die dieses Kriterium nicht erfüllen, werden normalerweise besser als Unterauftrag an einen Subunternehmer vergeben, der sich darauf spezialisiert und sie deshalb effizienter durchführen kann.

Diese Flexibilität von vernetzten Organisationen verändert die Art der Beziehungen zwischen einem Unternehmen sowie seinen Kunden und Lieferanten vollständig. Eine vernetzte Organisation steigert ihre Leistungsfähigkeit, weil sie symbiotische Geschäftsbeziehungen zu Kunden und Lieferanten aufbaut, anstelle der distanzierten Beziehungen, die so sehr kennzeichnend für hierarchisch strukturierte Organisationen sind.

Symbiotische Geschäftsbeziehungen

Symbiotische Geschäftsbeziehungen sind mehr als einfache Partnerschaften. Sie verbinden unabhängige Organisationen zu einer Partnerschaft, die nur Erfolg haben, wenn beide Partner erfolgreich sind: Es ist eine Beziehung unter dem Motto „Jede Seite soll gewinnen!“ anstelle von „Käufer: Achtung vor dem Verkäufer!“. Symbiotische Geschäftsbeziehungen sind sehr enge

Beziehungen, die fast an eine lose Form der Integration heranreichen. Ohne die eigene Identität zu verlieren, treten die Parteien in eine langfristig angelegte, exklusive oder beinahe exklusive Beziehung ein. Dem liefernden Partner ermöglicht das, in großem Umfang in seine Ressourcen zu investieren, um die Bedürfnisse seines Abnehmers zu erfüllen, sein Wissen einzubringen, ohne dabei befürchten zu müssen, von einem unfairen Geschäftspartner schamlos ausgenutzt zu werden, und mit der größtmöglichen Geschwindigkeit reagieren zu können, da er ja Teil des integrierten Planungsverfahrens ist. In Abbildung 8.2 ist eine solche vernetzte Organisation dargestellt.

Die Vollzeitmitglieder der Organisation haben direkte Verbindung zueinander, wo dies erforderlich ist. Sie arbeiten auch direkt mit den Subunternehmern zusammen, die selbst ein integraler Bestandteil des Netzes sind. Als Ergänzung kommen noch Teilzeitmitgieder oder -unternehmen hinzu, die bei Bedarf zur Unterstützung herangezogen werden. Die Personen, die sich mehr im Zentrum des Netzes befinden, sind zuständig für die Formulierung und Umsetzung von Strategien. Sie sind umgeben von Mitarbeitern und Teams für das taktische Management und taktische Operationen. Die Mitarbeiter können die Aufgabe haben, von Zeit zu Zeit oder bei Bedarf in einem Team mitzuarbeiten. Auf diese Weise sind in einer vernetzten Organisation

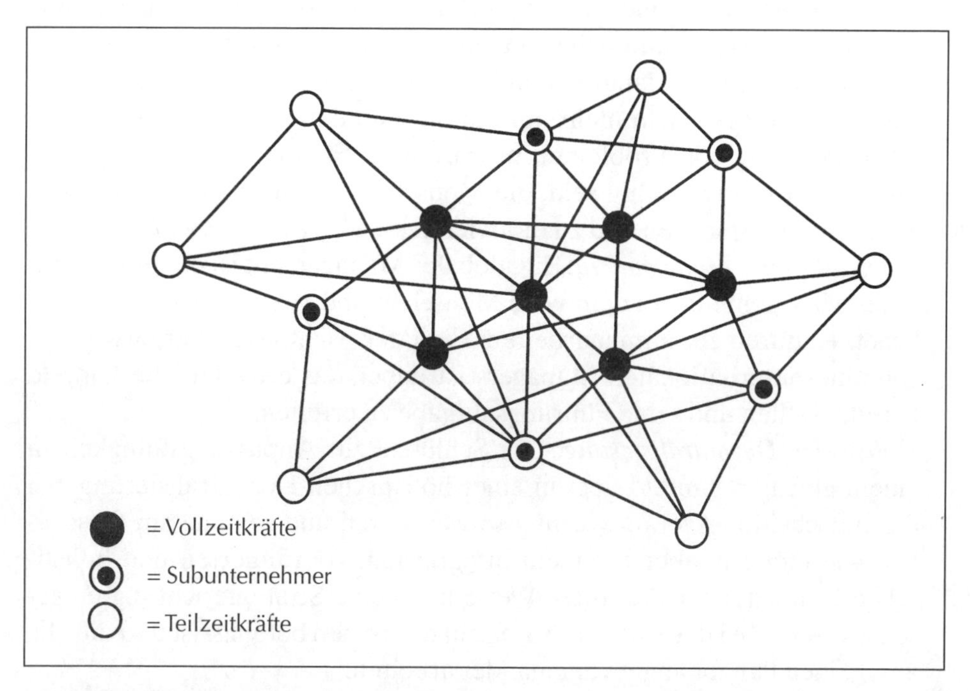

Abbildung 8.2: Die vernetzte Organisation

alle Beteiligten einbezogen, die als eine Einheit funktionieren müssen, um den Erfolg und eine ständige Anpassung an wechselnde Umfeldbedingungen sicherzustellen.

8.3.7 Konsequenzen für das Management

Die soeben skizzierten Entwicklungen haben auch tiefgreifende Implikationen für Manager ganz allgemein, besonders aber für Anbieter von Logistikdienstleistungen.

Implikationen für Manager

Die wichtigsten Management-Implikationen gehen auf die oben beschriebenen Trends zurück. Sie können wie folgt zusammengefaßt werden:

- *Globale, langfristige Sichtweise*: Sogar das Management von geschäftlichen Binnenoperationen verlangt nach einer globalen und langfristigen Sichtweise. Ein Ignorieren der Wettbewerbsentwicklungen in anderen Kontinenten kann ein Disaster für Manager bedeuten, die diese Entwicklungen unterschätzt und die Auswirkungen auf den heimischen Markt nicht vorhergesehen und sich nicht darauf vorbereitet haben.
- *Führungsqualitäten*: Manager können sich im geschäftlichen Umfeld von heute und morgen nicht mehr nur auf die Zuteilung von Ressourcen und die Verwaltung von Problemen beschränken. Sie müssen Führungsqualitäten besitzen und fähig sein, die Menschen, die mit ihnen zusammenarbeiten, zu inspirieren und zu motivieren.
- *Interkulturelles Management*: Ein globales Management ist ein interkulturelles Management, bei dem viele Menschen und Teams aus unterschiedlichen Kulturen zusammenarbeiten. Eine der wichtigsten Verantwortungen eines internationalen Managers ist dabei, das erforderliche Umfeld bereitzustellen und seine Führungsaufgabe zu erfüllen.
- *Holistische Dezentralisierung*: Der Schlüssel zur Anpassungsfähigkeit in einem globalen Umfeld liegt in einer holistischen Dezentralisierung, bei die Entscheidungsverantwortung so weit unten und so nahe am Geschehen wie möglich, aber in einem integrierten, koordinierten und holistischen Kontext, liegt. Auf diese Weise kann eine Strategierichtung umgesetzt werden, bei der eine große Anzahl Menschen beteiligt ist und die alle anscheinend unabhängig voneinander arbeiten.
- *Gute Qualität und weites Spektrum*: Qualitativ hochwertige Waren und

Dienstleistungen bilden zusammen mit einem sich ständig erweiternden Spektrum in den meisten Industriebereichen den Grundstein für den Erfolg. Diese Anforderungen lassen sich am wirtschaftlichsten in einem globalen Umfeld realisieren.

- *Extrem hoher Einsatz von Technik*: Der massive und weiter zunehmende Einsatz von Technologien, insbesondere der Informationstechnologie, auf allen Ebenen macht es für Manager zwingend notwendig, die Bedeutung dieser Technologien zu kennen und zu verstehen und die Fähigkeit zu entwickeln, ihre Macht zu nutzen, um weiterhin wettbewerbsfähig zu bleiben.
- *Sehr hohe Produktivität*: Auch mit einer stark differenzierten Strategie bedeutet eine hohe Produktivität einen zusätzlichen Wettbewerbsvorteil. Deshalb ist die fortwährende, unerbittliche Suche nach Verbesserungsmöglichkeiten in Qualität und Produktivität eine unabdingbare Voraussetzung um eine Wettbewerbsfähigkeit auf Weltniveau sicherzustellen.
- *Sehr hohe Geschwindigkeit*: Eine steigende Zahl von Unternehmen hat bereits Strategien entwickelt, die eine hohe Qualität, ein breites Spektrum und eine hohe Produktivität von Produktlinien zum Ziel haben. Das neue Feld, auf dem der Konkurrenzkampf ausgetragen wird, heißt deshalb hohe Geschwindigkeit.
- *Kundenorientierung*: Die mit großem technischem Aufwand verbundenen Produkte und Prozesse zwingen Unternehmen immer mehr zu Strategien, die mit Forschung und Entwicklung verbunden sind. Obwohl das eine gesunde Ausgangsbasis ist, können nur solche Unternehmen, die ihre strategischen Analysen voll und ganz auf die Anforderungen ihrer Kunden ausrichten, in einem globalen Umfeld auf lange Sicht erfolgreich bleiben.

Implikationen für Anbieter von Logistikdienstleistungen

Das oben diskutierte globale Umfeld beinhaltet auch viele Implikationen in Form von Chancen für die Anbieter von Logistikdienstleistungen:

- *PILS-Angebote*: Aus Sicht der Durchführung von Aktivitäten bietet das integrierte Dienstleistungspaket PILS (*Planetary Integrated Logistic System*) die größten Chancen. Unternehmen, die ein solches Paket anbieten, können auf der Basis von äußerst günstigen Bedingungen mit den hochspezialisierten Fuhr- und Lagerfirmen konkurrieren, einfach, indem sie die Vorteile, d.h. die Größe und den Leistungsumfang ihres Systems ausnutzen.
- *Streuung von Risiken*: PILS-Anbieter bieten, indem sie als Vermittler wirken, die mögliche Risiken streuen, ihren Kunden einen starken Anreiz,

ihre Logistik ohne wirtschaftliche Einbußen teilweise oder ganz an ein Subunternehmen zu delegieren.

- *Effiziente Durchführung von kleinen, aber häufigen Lieferungen*: PILS-Unternehmen bieten, indem sie selbst effiziente Strukturen für kleinere, aber häufige Sendungen entwickeln, ihren Kunden eine Dienstleistungsqualität, zu der die hochspezialisierten, lokalen Dienstleistungsunternehmen nur sehr schwer in der Lage sind.
- *Symbiotische Geschäftsbeziehungen*: Aus Marketingsicht bieten PILS-Unternehmen die besten Voraussetzungen zu einer symbiotischen Geschäftsbeziehung mit ihren Kunden. Beide Seiten erreichen dadurch eine langfristige Stabilität, die wiederum zu einer verbesserten Rentabilität führt.
- *Nutzung von DAVIDS*: Aus Managementsicht werden PILS-Unternehmen in der Lage sein, die Möglichkeiten, die in DAVIDS integrierten Computer- und Kommunikationsvarianten voll auszunutzen. Dadurch können sie Dienstleistungen mit hoher Geschwindigkeit, Qualität und Produktivität und einem breitem Spektrum anbieten, die auch noch weiterhin zunehmen: Es sind die Grundelemente für den Erfolg in einem globalen Wirtschaftssystem.

8.4 Die wichtigsten geographischen Regionen und ihre logistischen Merkmale

Der größte Teil der globalen Wirtschaftsaktivitäten und des internationalen Handels findet in drei geographischen Regionen statt:

Nordamerika, Westeuropa und Südostasien einschließlich Japan.

Diese drei Regionen bestreiten 80 Prozent der Gesamtproduktion und 75 Prozent des Gesamtexports der Welt. Deshalb ist ein internationales Logistiksystem Voraussetzung, um die Grundlagen der Wirtschafts- und Logistiksysteme der einzelnen Regionen zu verstehen.

8.4.1 Nordamerika

In Nordamerika soll die *North American Free Trade Association* (NAFTA) die Wirtschaftsgebiete Kanada, USA und Mexiko zusammenführen. Die Population und das Bruttoinlandsprodukt in diesem Wirtschaftsraum sind größer als die bzw. das der Europäischen Gemeinschaft (EG) und der *Euro-*

pean Free Trade Association (EFTA) zusammen. Südlich der NAFTA befindet sich das restliche Lateinamerika mit einem möglichen Potential von weiteren 350 Millionen Einwohnern für die NAFTA.

Die USA und Kanada verfügen gegenwärtig über die weltweit fortschrittlichsten logistischen Systeme und Infrastrukturen. Nordamerika verfügt kontinentweit über große Auswahlmöglichkeiten bei Transportunternehmen und -arten, sehr gute, preislich attraktive Lagereinrichtungen und Zusatzdienstleistungsangebote. Deshalb stellen die zur Verfügung stehenden Einrichtungen nur selten eine Beschränkung bei der Entwicklung von Strategien und logistischen Operationen dar.

In Nordamerika besteht die Möglichkeit, zwischen öffentlichen, privaten oder Auftragstransportunternehmen und Luft-, Straßen-, Schienen-, Pipeline- oder Wassertransport zu wählen. Da in den USA so gut wie alle und in Kanada größtenteils Transportunternehmen auf privater Basis arbeiten, sind die Preise in den meisten Fällen verhandlungsfähig, abhängig vom Frachttyp (wie beispielsweise Gefahrgut, Gefriergut usw.) und den Frachtmerkmalen (wie z. B. jährlichem Transportvolumen, Saisonabhängigkeit, Größe der Sendungen, Rohstoffen usw.).

Die Standardisierung von Paletten etc. und der Containertransport gehören bereits seit Jahrzehnten zum alltäglichen Geschehen auf dem Transportsektor. Die Paletten wurden innerhalb der einzelnen Industriezweige standardisiert (beispielsweise Lebensmittelindustrie). Container, vor allem mit einer Länge von 40 Fuß und darüber, einige auch mit 20 Fuß Länge, dienten als Grundlage für die Standardisierung durch die ISO (*International Standards Organisation*).

Die Pionierarbeiten für den Einsatz von elektronischem Datenaustausch (EDI, *Electronic Data Interchange*) zur Unterstützung von Logistikoperationen wurden bereits vor Jahrzehnten in Nordamerika durchgeführt. Diese Technologie wird dort auch heute noch weltweit am intensivsten verwendet.

8.4.2 Europa

Europa befindet sich in einer Phase großer politischer und wirtschaftlicher Umstrukturierung. Um geschäftlich erfolgreich sein zu können, ist ein gutes Verständnis dieses Geschehens erforderlich.

In Europa gibt es vier wichtige Regionen, von denen jede wiederum unterteilt ist in kleinere Unterregionen. Es sind die *Europäische Gemeinschaft* (EG), die *European Free Trade Association* (EFTA), die *Gemeinschaft unabhängiger Staaten* (GUS) und *Mitteleuropa* (ME).

Die EG hat 15 Mitgliederstaaten: Deutschland, Frankreich, Finnland, Großbritannien, Italien, Spanien, Schweden, Niederlande, Belgien, Luxemburg, Dänemark, Portugal, Irland, Griechenland und Österreich. Diese Region hat eine Bevölkerung von ca. 330 Millionen mit einem Bruttoregionalprodukt, das etwa dem Bruttoinlandsprodukt der USA entspricht. Das Bildungsniveau der Bevölkerung ist hoch.

Die EFTA hat folgende Mitgliederstaaten: Schweiz, Österreich, Schweden, Finnland, Norwegen und Island. Diese Region hat eine Bevölkerung von etwa 55 Millionen und das weltweit höchste Einkommen pro Kopf. Das Bildungsniveau der Bevölkerung ist hoch.

GUS und ME versuchen, den Übergang von der zentristischen zur freien Marktwirtschaft zu erreichen. Es ist zu erwarten, daß die politischen und wirtschaftlichen Verwirrungen zumindest noch bis zum Ende dieses Jahrzehnts anhalten. Die ökonomischen Probleme sind verbunden mit einer politischen Unsicherheit, durch die diese Region in ein Konklomerat von kleineren Nationalstaaten zerfällt.

Die GUS besteht aus 15 Republiken, von denen sich neun im weiteren europäischen Raum befinden: Rußland, Ukraine, Georgien, Weißrußland, Turkmenistan, Usbekistan, Tadschikistan, Kirgistan und Kasachstan. Die GUS hat eine Bevölkerung von etwa 290 Millionen mit einem Pro-Kopf-Einkommen, das weniger als halb so groß ist wie das der USA. Sie verfügt aber über enorme Reserven an natürlichen Ressourcen. Das Bildungsniveau der Bevölkerung ist gut. Rußland und die Ukraine sind das ökonomische Rückgrat der GUS und haben auch den größten Bevölkerungsanteil.

Zur mitteleuropäischen Region zählen Polen, die Tschechische Republik, Slowakische Republik, Slowenien, Ungarn, Rumänien, Bulgarien, Serbien, Kroatien, Bosnien, Albanien und die baltischen Staaten Litauen, Lettland und Estland. Die Region hat eine Bevölkerung von etwa 150 Millionen, ein niedriges Pro-Kopf-Einkommen, gute natürliche Ressourcen und ein hohes Bildungsniveau. Das Gebiet gliedert sich in zwei wirtschaftlich unterschiedliche Subregionen: Eine verhältnismäßig weit entwickelte aus Rußland,

Tschechien, Ungarn und den baltischen Staaten und eine weniger entwickelte aus den übrigen Staaten.

Im Süden von Europa ist der afrikanische, insbesondere der nordafrikanische Wirtschaftsraum, von ökonomischer Bedeutung. Das Handelsvolumen der beiden Regionen ist beträchtlich. Nordafrika ist auch der Ausgangspunkt einer starken Einwanderung nach Europa.

EG und EFTA beschlossen 1992 einen gemeinsamen Markt, der dann 1993 verwirklicht wurde. In diesem Europäischen Wirtschaftsraum leben etwa 375 Millionen Menschen, was ihn zum größten der Welt macht. Das Bruttoregionalprodukt ist ca. 20 Prozent höher als das der USA. Im folgenden bezeichnen wir diesen Wirtschaftsraum als Westeuropa.

Westeuropa ist die treibende Kraft der neunziger Jahre für die wirtschaftliche Entwicklung Europas. Bis zum Ende dieses Jahrzehnts werden die Handelsbeziehungen zu Mitteleuropa auf- und ausgebaut, und es ist wahrscheinlich, daß Länder aus diesem Raum Mitglieder der EG/EFTA werden. Die GUS ist darüber hinaus bestrebt, Handelsbeziehungen mit Nordamerika zu entwickeln bzw. bereits bestehende zu intensivieren.

Für Unternehmen, die in Westeuropa arbeiten, sind folgende Punkte von Bedeutung, die entweder bereits umgesetzt oder in Planung sind:

1. *Gemeinsame Währung*: Umstellung auf eine gemeinsame Währung, den Euro. Dadurch werden die Kosten für die Währungskonversion entfallen.
2. *Einheitliche Steuern*: Angleichung der Einkommens- und Unternehmenssteuern in der gesamten Region. Dadurch werden die Kosten für die Logistik bei Festlegung von Standorten an die erste Stelle treten.
3. *Politische Angleichung*: Vereinheitlichung von politischen Institutionen aller Mitglieder. Sie wird ebenso wie die Angleichung der Steuern Vorteile bringen.
4. *Einheitliche Normen*: Im Januar 1993 setzte die EG etwa 1.500 Normen für Sicherheit, Gesundheit, Umweltschutz und Qualität in Kraft, die im gesamten Gebiet von EG und EFTA gültig sind. Zielvorstellung sind etwa 10.000 Normen, die europaweit gelten sollen. Zuständig dafür ist das *Europäische Komitee für Standardisierung*, besser bekannt unter seinem französischen Namen, CEN und als *International Standards Organisation* (ISO).

Die Entwicklungen auf diesen Gebieten werden starke Auswirkungen auf die Wirtschaft Westeuropas haben. Insbesondere werden sie logistische Entscheidungen über Fabrik- und Lagerstandorte, deren Auftrag und das Gebiet, das sie abdecken sollen, stark beeinflussen.

Dagegen steht eines fest für die Entwicklung von optimalen Logistikstrategien in westeuropäischem Maßstab: Die optimale Zahl an Fabriken, Lagern und Standorten wird wesentlich niedriger sein als die Zahl, die erforderlich ist, um dieses logistische Gesamtnetz mit Einrichtungen in den einzelnen Ländern zu optimieren. Die Kosten liegen normalerweise bei optimalen kontinentalen Netzen größenordnungsmäßig um 15 – 20 Prozent unter den Kosten für die Netze in den einzelnen Ländern. Deshalb werden die Unternehmen, die ihr Logistiknetz vor ihren Konkurrenten an diese kontinentalen Bedingungen anpassen, enorme Wettbewerbsvorteile haben. Wenn dieser Vorsprung auch nur für wenige Jahre aufrecht erhalten werden kann, dann können sie möglicherweise für ihre Konkurrenten unüberwindbar werden.

Das Herz der Wirtschaft Westeuropas ist ein Rechteck mit den Eckpunkten London, Hamburg, Triest und Marseilles. Der größte Teil der Produktion und des Verbrauchs geschieht in diesem Gebiet. Deshalb ist es auch von höchster logistischer Bedeutung. Dies ist das Gebiet mit den größten Distributionszentren zur Versorgung von westeuropäischen Kunden oder Zweitlagern.

Auch die folgenden Überlegungen sind für die Logistik in Westeuropa von Bedeutung:

1. *Zoll- und Transitabwicklungsverfahren*: Innerhalb der EG gibt es für Mitglieder der EG keine Zoll- und Transithindernisse mehr. Der Warenverkehr unter den Mitgliedsstaaten und den Staaten der EFTA ist deshalb frei.
2. *Transportvereinfachungen*: Eine einheitliche Transportpolitik mit geringerer staatlicher Einflußnahme bedeutet eine Senkung der Transportkosten um möglicherweise 25 – 50 Prozent und eine drastische Senkung der Anzahl von Einrichtungen, die erforderlich sind, um die kundenseitigen Anforderungen wirtschaftlich erfüllen zu können.
3. *Transportarten*: Den größten Anteil am westeuropäischen Transportvolumen haben Straße und Pipeline. Dieser Anteil wird noch weiter steigen, zu Lasten von Schiene und Wasser, obwohl es Kampagnen von seiten der

Bahn in den einzelnen Ländern gibt, den Transport aus Umweltschutzgründen stärker auf die Schiene zu verlagern. Das Ergebnis wird voraussichtlich eine Steigerung des kombinierten Transports sein.

4. *Vergabe von Dienstleistungen*: Logistische Dienstleistungen werden zunehmend als Unteraufträge an Logistik-Dienstleistungsunternehmen vergeben. Da die Durchschnittsgröße bei der Fracht bei steigender Transportfrequenz auch weiterhin abnehmen wird, ist die Wahrscheinlichkeit groß, daß dieser Trend in Zukunft noch weiter zunimmt. Zusammenlegung von Fracht und Transporten bedeutet deshalb eine wesentliche Verbesserung der Wirtschaftlichkeit.
5. *Eurotunnel*: Der Eurotunnel führt langfristig zu Verbesserungen der Dienstleistungen und Senkung der Transportkosten zwischen Großbritannien und dem Kontinent. Das wird weitreichende Auswirkungen auf zukünftige Standortentscheidungen haben.
6. *Palletierung*: Für palletierte Fracht werden zunehmend die ISO-Normen für Palletengrößen verwendet:
   - 1.200 x 1.000 mm
   - 800 x 1.200 mm
   - 1.135 x 1.135 mm
   - 1.220 x 1.015 mm
   - 1.100 x 1.100 mm
7. *Umstellung auf Container*: Bei Containerfracht werden vor allem die ISO-Normen für Containergrößen verwendet:
   - Länge: 12,20 m oder 6,10 m
   - Breite: 2,44 m
   - Höhe: 2,59 m

8.4.3 Japan und Südostasien

Das japanische Distributionssystem ist das bei weitem komplexeste und ineffizienteste aller Industriestaaten! Das liegt an einer in der Geschichte begründeten staatlichen Bevorzugung von kleinen Unternehmen. Fast alle Aspekte der Verteilung von Waren unterliegen einer strengen Kontrolle von staatlicher Seite. Die Überflußsituation der vergangenen Jahre hat, zusammen mit den Klagen ausländischer Regierungen und Unternehmen, die dieses System als eine große Barriere betrachten, das den Zugang zum japanischen Markt verhindert, letztlich zu politischen Aktivitäten geführt. So wurde dann auch erreicht, daß das japanische Distributionssystem langsam freier und zugänglicher wird. Dennoch sind die Distributionskosten immer noch so hoch, daß die Verkaufspreise um den Faktor 5 – 10 über den Großhandelspreisen liegen.

Obwohl Japan ein Archipel mit mehr als 5.000 Inseln ist, lebt ein Großteil der Bevölkerung auf den vier Hauptinseln Hokkaido, Honshu, Kyushu und Shikoku. Von diesen hat wiederum Honshu die meisten Einwohner. Hier liegen auch alle größeren Städte.

Im folgenden sind einige der Hauptmerkmale japanischer Logistik aufgeführt.

1. *Transportarten*: 90 Prozent des Inlandstransports werden per Lkw durchgeführt. Es ist sehr wahrscheinlich daß sich an dieser Höhe auch in Zukunft nichts ändert. Für den Lkw-Transport ist eine Lizenz, die vom Transportministerium erteilt wird. Diese Lizenzen werden erteilt für
   - Fernverkehr, wobei der Transport zwischen den Hauptregionen, beispielsweise von den Fabriken zu den Distributionszentren, stattfindet,
   - Nahverkehr, in dem der Transport auf eine Region beschränkt ist, beispielsweise von Großhändlern zu Einzelhändlern,
   - Distriktverkehr, wobei die Transportwege nicht vorgegeben sind, der Ausgangs- und Endpunkt für den Transport aber innerhalb eines bestimmten Distrikts liegen muß und der Transport nur für einen einzigen Auftraggeber durchgeführt wird,
   - Routenverkehr, wobei die Lizenz für den Transport auf einer bestimmten Route für einen oder mehrere Auftraggeber erteilt wird.
2. *Logistisches Kernland*: Das Hauptproduktionsgebiet in Japan liegt auf der Insel Honshu im Dreieck Tokyo – Nagoya – Osaka. Die Entfernung zu Tokyo und Osaka beträgt jeweils ca. 500 km. In dieses Gebiet fällt auch noch der Großraum von Tokyo, bekannt unter dem Namen Kanto (Yokohama und Kawasaki), und der Großraum von Osaka, geführt unter dem Namen Kansai (Kobe und Kyoto).
3. *Verkehrsdichte*: Verkehrsstaus auf Straßen und Highways in diesem Dreieck sind ein großes Problem. Das gilt besonders für die großen Städte und die angrenzenden Gebiete. Die Durchschnittsgeschwindigkeit liegt dort unter 15 km/h. Für ein Just-in-time-System sind deshalb viele kleine Einrichtungen und/oder große Fahrzeugflotten aus kleinen Fahrzeugen notwendig, um die Kundenforderungen – schnell, zuverlässig, preiswert – erfüllen zu können.
4. *Distributionssysteme*: Distributionssysteme für unterschiedliche Produkte sind gewöhnlich ebenfalls sehr verschieden. Das ist auf unter-

schiedliche Handelspraktiken und -kanäle in der Vergangenheit zurückzuführen.
5. *Vertriebswege*: Nichttraditionelle Vertriebswege, besonders solche ohne Lagerung, erleben gegenwärtig einen Boom und stellen oft die beste Möglichkeit zur Einführung neuer Produkte in den japanischen Markt dar. Dazu zählen vor allem Postversand, Katalogverkauf, Direktverkauf, Teleshopping und Verkaufsautomaten.
6. *Gemeinsame Distribution*: Gemeinsame Distribution ist weit verbreitet. Konkurrenzunternehmen beliefern dabei dieselben Geschäfte und verwenden Liefereinrichtungen und Transportfahrzeuge gemeinsam.
7. *Palletisierung*: Große Unternehmen gehen mehr und mehr dazu über, Paletengrößen nach ISO-Normen zu verwenden. Da diese aber nicht zwingend vorgeschrieben sind, werden logistische Operationen durch ständig neue Größen stark erschwert.
8. *Lagerung*: Lagerhäuser, die geschäftlichen Zwecken dienen, werden durch das Transportministerium und die regionalen Transportbüros überwacht. Diese unterscheiden zwischen privaten, landwirtschaftlichen, kooperativen und öffentlichen Lagerhäusern. Letztere werden weiter eingeteilt in allgemeine, Kühlwaren-, Frischluft-, Gefahrgutlagerhäuser, Lagertanks und Schwimmlager (beispielsweise für Baumstämme). Die Behandlung durch das Transportministerium ist jeweils sehr unterschiedlich.

Die logistischen Praktiken im übrigen Südostasien weisen von Land zu Land starke Unterschiede auf. Die meisten Länder der Region haben aber die japanischen Praktiken im Blick und betrachten diese als Modell für ihre eigenen.

8.4.4 Seetransport/Lufttransport: Interkontinentale Fracht

Internationale Fracht wird per Schiff oder Flugzeug befördert. Bezüglich der Transportkosten und -zeit stellen diese beiden Transportarten Extreme dar. Luftfracht wird am schnellsten befördert, ist aber auch am teuersten. Seefracht dauert am längsten, ist jedoch unter allen Transportarten die billigste.

Die Luftfracht hat die höchsten Zuwachsraten aller Transportarten. Internationale Transporte von Fertigprodukten werden heute zum größten Teil per Luftfracht durchgeführt. Bezeichnend für diese Produkte ist, daß ihr Wert pro Kilogramm sehr hoch liegt und/oder ein sehr hohes Alterungsrisiko besteht. Beispiele dafür sind Halbleiter, Mainframes, Pharmazeutika, Modeartikel, teure Ersatzteile, Komponenten und Instrumente. In vielen Ländern hat der Lufttransport seinen Marktanteil auf Kosten des Schienen- und Straßentransports erhöht. Der Grund dafür ist einfach: Die Zollformalitäten auf einem modernen Airport sind wesentlich unkomplizierter als die an alten und ineffizienten Grenzübergängen.

Die Merkmale von Seefracht sind denen der Luftfracht entgegengesetzt. Per Schiff werden vor allem Produkte befördert, die einen niedrigen Wert pro Kilogramm und ein mittleres oder niedriges Alterungs- oder Verfallsrisiko haben. Beispiele dafür sind Getreide, Erz, Kraftfahrzeuge, Mikrocomputer und Unterhaltungselektronik.

8.5 Entwicklung von globalen Logistiksystemen

Die Globalisierung der Wirtschaft ermöglicht Unternehmen, den Aktionsradius für ihre Unternehmungen wirtschaftlich auf die ganze Welt auszudehnen. Das erfordert, um die Effizienz ihrer Logistikstrategie zu maximieren, den Aufbau von globalen integrierten Logistiksystemen.

Dabei ist die Struktur dieser weltweiten integrierten Logistiksysteme das entscheidende, grundlegende technische Problem, das die Logistiker dann lösen müssen. Sie ist das Fundament, auf dem die erforderlichen logistischen Managementsysteme und Organisationen aufgebaut werden.

Für den Aufbau und die Struktur von logistischen Netzen aller Größen gelten ähnliche Grundprinzipien. Natürlich ist ein globales Netz größer und komplexer als ein kontinentales oder inländisches Netz. Deshalb ist von höchster Bedeutung, mit welcher Methodik die in Frage kommenden Alternativen definiert und beschrieben und mit welcher Technologie sie evaluiert werden. Die Verwendung von mittelmäßigen Methoden und Technologien führt dabei unweigerlich zu minderwertigen, nicht wettbewerbsfähigen Strategien.

8.5.1 Modellierungsansätze

Die Probleme bei der Entwicklung von internationalen oder globalen Logistiksystemen sind, was ihre Größe und Komplexität betrifft, mit dem Diktum zu beschreiben: „Was nicht modelliert werden kann, kann auch nicht gemanagt werden." Deshalb ist die Frage bei der Entwicklung einer optimalen internationalen oder globalen Logistikstrategie nicht, *ob* diese modelliert werden *soll*, sondern *wie* diese auf die effektivste Weise zu modellieren *ist*.

In der Logistikliteratur sind zum Thema Modellierung eine große Zahl Beschreibungen unterschiedlicher Arten von Modellierungstechniken zu finden. Wir geben deshalb nur eine kurze Zusammenfassung des Ansatzes unter dem Blickwinkel der internationalen Logistik wieder.

Die mächtigste Technik, die heute eingesetzt wird, trägt die Bezeichnung *Mixed Integer Programming* (MIP). Mit dieser Technik kann der Anwender Fixkosten, semivariable und nichtlineare variable Kosten sowie nichtnumerische Einschränkungen (rechtliche oder technische Bedingungen) modellieren. MIP wird deshalb bevorzugt als Optimierungswerkzeug bei der Entwicklung von optimalen großangelegten Logistikstrategien eingesetzt.

Einer der potentiellen Nachteile von MIP ist, das es ausschließlich deterministische Bedingungen berücksichtigt. Beispielsweise geht es davon aus, daß alle Inputs vollkommen zweifelsfrei sind. Das trifft in der Praxis kaum zu. In Fällen, in denen die Unsicherheit über einen Wert groß ist, hat eine andere Optimierungsmethode Vorteile: *Robust Optimization* (RO).

RO ist eine mathematische Optimierungstechnik, mit der großangelegte Modelle entwickelt werden können, wobei die Wahrscheinlichkeitsnatur von Inputs berücksichtigt und auch zum Ausdruck gebracht wird. Mit RO ergeben sich optimale Strategien mit maximalen Vorteilen bei minimalen Risiken.

Die korrekte Anwendung dieser Optimierungstechniken für die Entwicklung von internationalen, großangelegten Logistikstrategien führt normalerweise zu einer Kosteneinsparung von 10 – 25 Prozent, gemessen an den Logistikgesamtkosten, die sich durch eine schwächere Technik, wie etwa die Heuristik, ergeben würden. Die Auswirkungen auf die Wettbewerbsfähigkeit sind deshalb immens.

8.5.2 Managementsysteme

Logistikmanagementsysteme für internationale oder globale Systeme bauen auf denselben Techniken auf, die auch bei der inländischen Logistik verwendet werden. Alle Techniken, die für Vorschau, Beschaffung, Produktionsplanung, Lagerbestandsmanagement, Transportmanagement usw. beschrieben wurden, sind auch hier anwendbar. Die folgenden zwei speziellen Punkte sollen aber dennoch etwas näher beleuchtet werden:

1. *Ein erheblicher Anteil der Lagerbestände kann sich gerade auf dem Transport befinden.* Inländische und kontinentale Systeme kalkulieren normalerweise damit, daß nur ein geringer Anteil der Lagerbestände auf dem Transport ist. Das ist bei interkontinentalen oder globalen Systemen anders. Die „Pipeline" für den Lagerbestand kann einen erheblichen Kostenfaktor darstellen. Deshalb ist es bei internationalen Logistiksystemen empfehlenswert, alle Lagerbestände, die sich auf dem Transport befinden, in alle entsprechenden Berechnungen als zusätzliche Kosten der Lagerhaltung aufzunehmen. Diese Kosten können für ein bestimmtes Produkt und eine bestimmte Startpunkt-Zielpunkt-Kombination nach der folgenden Formel berechnet werden:

$$C = \frac{t}{365} \cdot c \cdot V$$

   Dabei sind C = jährliche Gesamtkosten der Lagerhaltung (DM/Jahr), t = Transportzeit (Tage), c = Lagerhaltungskosten pro Einheit (DM/Tonne/Jahr), V = jährliches Transportvolumen zwischen Start- und Zielpunkt (Tonnen/Jahr).
2. *Mit MRP (Manufacturing Requirement Planning) und DRP (Distribution Requirement Planning) verbundene Probleme werden verstärkt.* MRP und DRP führen zu einer Reihe von Operationsproblemen für inländische Anwender. Diese Techniken werden durch mächtigere ersetzt, insbesondere zur optimalen Planung von Produktions-, Transport- und Lageroperationen. Diese Probleme gehen auf die mangelnde Fähigkeit von MRP und DRP zurück, auf Änderungen des Markts zu reagieren und auf die einfache Art der Berechnung von logistischen Flußmengen. Probleme dieser Art können bei internationalen Systemen noch stärker in Erscheinung treten, da die Flußzeiten länger als bei Binnensystem sind. MRP und DRP sollten deshalb bei internationalen Logistiksystemen nicht verwendet werden oder sie müssen durch bessere Planungstechniken, wie die Optimierung, ergänzt werden, um zu wettbewerbsfähigen Ergebnissen zu kommen.

9 Planung und Budgetierung

GENE R. TYNDALL
Partner und Direktor, Logistics/Distribution, Ernst & Young

Nur wenige Probleme machen den Unternehmen heute mehr Sorgen als unkontrollierbare Kosten. Sogar Unternehmen mit ausgezeichneten Produkten und Dienstleistungen können finanzielle Verluste erleiden, weil sie gute Gelegenheiten zu Kostensenkungen nicht erkennen und nutzen. Das gilt besonders für Gemeinkosten. Unternehmen verwenden oft wichtige strategische Mittel wie *Totales Qualitätsmanagement* (TQM), kundennahes oder zeitbasiertes Management, schaffen es dann aber nicht, die zugehörige Informationsstruktur für die Planung und die Budgetierung zu realisieren, um diese strategischen Ziele auch zu erreichen.

Manche Spitzenmanager sind sich nicht darüber im klaren, wie rasch in den letzten Jahren der Konkurrenzdruck zugenommen hat. Die Zahl und Komplexität der Strategien, mit denen ein Marktanteil gewonnen werden soll (darunter Innovation von Produkten und Dienstleistungen, Ausrichtung auf Qualität und Schnelligkeit sowie Überprüfung von Kostenstrukturen), ist so groß wie nie zuvor. Aber immer noch starten Unternehmen neue strategische Initiativen, ohne vorher die voraussichtliche Rentabilität zu untersuchen und zu verstehen. Andere Unternehmen geben sich mit dem Erreichten zufrieden und sehen die Wettbewerbschancen nicht, die sich ihnen bieten. Deshalb ist es nicht „erstaunlich“, daß viele davon am Ende von den erreichten Ergebnissen enttäuscht sind.

In unserer komplexen Welt werden solche operationalen Aktivitäten, welche die Funktionen von Logistik, Distribution oder Materialmanagement bilden, wieder neu entdeckt. Immer mehr Unternehmen erkennen, welchen *Wert* Funktionen haben, die Produktion und Verkauf unterstützen. Dieser Wert findet seinen Ausdruck in logistischen Dienstleistungen für interne „Kunden“ und für die externen Kunden, welche die Produkte des Unternehmens schließlich kaufen.

Damit verbunden ist die Verpflichtung des Managements, ein besseres Verständnis zu erlangen, wie sich die Kosten für die Logistik zusammensetzen und wie sich diese Kosten mit dem Umfang und der Art der Dienstleistungen verändern können (beispielsweise Auftragsgröße, spezielle Lager- und Behandlungsbedingungen, Versand- oder Lieferhäufigkeit). Studien haben ergeben, daß die Gesamtkosten für die Logistik (Akquisition, Transport, Lagerung, Bestellung, Distribution, Dienstleistungen und Vorratshaltung von Material und Produkten) 15–50 Prozent des Verkaufserlöses ausmachen. Wie hoch dieser Anteil ist, hängt ab von der Branche, den Produkten und den Unternehmen selbst. Die heutige Ausrichtung auf operationale Effizienz bei Kundenforderungen kann eine grundlegende Verbesserung bedeuten, wenn die Unternehmen ihre Logistikkosten (und -dienstleistungen) richtig planen, budgetieren und managen.

Positiv ist dabei, daß die heutigen Methoden für Planung und Budgetierung nicht nur hochentwickelt, flexibel und mächtig sind, sondern auch für jedes Unternehmen, das bereit ist, sie auszuprobieren, leicht verfügbar. Diese neuen Methoden werden unter dem Begriff *Totales Kostenmanagement* (TCM, *Total Cost Management*) zusammengefaßt.

Dieses Kapitel stellt die Elemente des TCM für die Planung und Budgetierung der Logistik vor. Im Mittelpunkt steht dabei die *aktivitätenbezogene Kostenberechnung* (ABC, *Activity-Based Costing*), da ABC die Methode ist, die führende Unternehmen für Planung, Berechnung und Überwachung der Kosten, die mit dem Management und der Überwachung der Logistik verbunden sind, bevorzugen.

9.1 Der Rahmen

Das wichtigste Werkzeug bei der Planung und Überwachung der Logistikkosten sollte das Logistikbudget sein. Da die Logistik durch die Budgetierung mit allen anderen Unternehmensaktivitäten gleichgestellt ist, erscheint es sinnvoll und äußerst effizient, mit dem Logistikbudgetplan und damit verbundenem Gesamtbudgetplan oder Gewinnplan des Unternehmens eine integrierte Operationsplanung durchzuführen.

In den letzten Jahren hat die formale Planung bei Managern und Unternehmen, die ihr Schicksal aktiv selbst bestimmen wollen und sich nicht mit passiven Reaktionen auf sich ändernde Geschäfts- und Marktbedingungen zufrieden geben, zunehmend mehr Beachtung gefunden. Die Planung, die grundlegendste und am meisten verbreitete Managementfunktion, ist ein formaler, systematischer Prozeß, durch den die zukünftige Richtung eines Unternehmens festgelegt und seine Entwicklung kontrolliert werden soll.

Deshalb muß bestimmt werden, wo sich das Unternehmen heute befindet und welche Richtung es in Zukunft einschlagen soll. Die Planung der damit verbundenen Aktionen bedeutet, im voraus zu entscheiden, *was*, *wer*, *wann* und *wie* es getan werden muß.

9.1.1 Strategische und operationale Planung

Für das Logistikmanagement sind folgende zwei Planungsarten von Bedeutung:

1. *Strategische Planung*: legt die langfristigen Ziele (drei bis fünf Jahre) für das Unternehmen fest, beispielsweise für Märkte, Produkte und Kunden. Diese Ziele bauen zum einen auf der Wettbewerbssituation des Unternehmens, einschließlich seiner speziellen Stärken und Schwächen auf, und zum anderen auf den erforderlichen Ressourcen und der Weise, wie diese eingesetzt werden sollen.
2. *Operationale Planung*: legt die kurzfristigen Ziele für einen Jahreszeitraum fest, vor allem finanzielle Ziele für das Marketing, den Verkauf, die Produktion und die anderen Unternehmensaktivitäten. Das wichtigste Element dieser Planung ist die Gesamtbudgetierung des Unternehmens.

Wichtig ist dabei, zu wissen, welche Beziehung zwischen Budgetierung und strategischer Planung besteht. Im Idealfall werden durch das Budgetplanungsverfahren Ressourcen zur Durchführung des strategischen Plans zur Verfügung gestellt. Wenn aber kein strategischer Plan existiert, dann wird das Budgetplanungsverfahren komplexer und schwieriger, da die kurz- und langfristigen Faktoren und Ziele vor der Bearbeitung erst identifiziert werden müssen.

Für die Logistik ist diese Integration von Logistik und Budgetierung sehr entscheidend. Am effektivsten ist ein Logistikbudget, wenn es mit einer Verpflichtung der Ressourcen verbunden ist, den strategischen Plan der Logistik auszuführen.

Der strategische Plan der Logistik ist der Rahmen und die Grundlage für Entscheidungen, die Logistikmanager täglich zu treffen haben. Mit dem zur Verfügung stehenden Budget sollten die Ressourcen, mit denen die logistischen Aktivitäten ausgeführt werden, rationell eingesetzt werden können. Es sollte auch dem Logistikmanagement die Möglichkeit bieten, die Leistung und die Ziele zu bewerten.

Für das erste Jahr muß der Plan deshalb den Rahmen für das laufende Budget der Logistik enthalten. Diese Wechselbeziehung ist, wenn sie wirkungsvoll in die Tat umgesetzt wird, die wichtigste Verbindung zwischen Planung und Budgetierung.

9.1.2 Funktionen und Vorteile der Budgetierung

Das Budgetierungsverfahren wird für die drei Hauptfunktionen *Planung*, *Überwachung* und *Kommunikation* durchgeführt. Die Wechselbeziehung, die zwischen diesen drei Funktionen besteht, macht die Bugdetierung zu einem mächtigen und wirkungsvollen Managementwerkzeug. Im folgenden wollen wir die Funktionen näher betrachten.

1. *Planung*: Das Budget ist der Höhepunkt des jährlichen Planungsprozesses. Es dokumentiert die finanziellen Bedingungen für den abschließenden Plan. Der Plan selbst ist ein strukturierter Ansatz, den das Unternehmen benötigt, um seine Ziele zu erreichen und der dazu beiträgt, daß alle Ressourcen und Aktivitäten des Unternehmens so genutzt werden, daß durch den gemeinsamen Einsatz diese Ziele erreicht werden.
2. *Überwachung*: Das Budget stellt eine objektive Möglichkeit dar, den Fortschritt des Unternehmens auf dem Weg nach diesen Zielen zu überwachen. Unwirtschaftliche Komponenten und andere Ursachen für Abweichungen vom Plan erkennt man, indem Budgetabweichungen untersucht werden. Korrekturmaßnahmen können dann schnell eingeleitet und problemorientiert durchgeführt werden.
3. *Kommunikation*: Das Budget ist auch eine Kommunikationsverbindung zwischen dem Management und den Stellen, die den Plan umsetzen. Wenn der Planungsprozeß abgeschlossen ist, dann stehen die Ziele, Strategien und Programme des Managements des bevorstehenden Jahrs für das gesamte Unternehmen fest. Während der Ausführung des Plans werden mit Hilfe der monatlichen Berichte die tatsächlichen Ergebnisse mit den Vorgaben des Plans verglichen. Sie sind in einer eindeutigen und knappen Form ein Maßstab für die Leistung.

Die Vorteile, die ein effektives, unternehmensweites Budgetierungsverfahren hat, gehen weit über eine Kontrolle von Kosten hinaus:

- *Gemeinsame Ziele*: Es werden gemeinsame Ziele definiert, die für das gesamte Unternehmen verbindlich sind. Deshalb kann der Zweck des

Unternehmens, die einzelnen Ziele kommuniziert und Fortschritte überwacht werden.

- *Periodische Planung*: Die Vorbereitung des Budgets verlangt von den beteiligten Managern, dafür jedes Jahr Zeit zur Verfügung zu stellen. Der Budgetplanungsprozeß ist ein formaler Rahmen für die Planung, der alle Aktivitäten des Unternehmens umfaßt.
- *Quantifizierung des Plans*: Durch das Budget werden die Aktivitäten und Programme für die nächsten 12 Monate, zusätzlich werden auch die einzelnen Projekte hinsichtlich ihrer Vorteile und Gewinnmöglichkeiten quantifiziert. Das ermöglicht dem Management, Vorschläge zu überprüfen und die vielversprechendsten davon auszuwählen.
- *Wirkungsvolle Kostenkontrolle*: Durch regelmäßige (beispielsweise monatliche) Berichte über Abweichungen können Kosten besser gemanagt und kontrolliert werden. Situationen, die nicht mehr akzeptabel sind, werden schnell und klar erkannt. Korrekturmaßnahmen können dann sofort eingeleitet werden.
- *Leistungsbeurteilung*: Die Managementleistung jeder verantwortlichen Einheit für ein Budget kann objektiv beurteilt werden. Die Manager auf allen Ebenen wissen genau, was von ihnen erwartet wird und können ihre eigenen Fortschritte verfolgen.

9.1.3 Der Gesamthaushaltsplan eines Unternehmens

Der Gesamthaushaltsplan eines Unternehmens besteht aus zwei Hauptelementen:

1. *Operativer Rahmenplan oder Gewinnplan*: Dieser Plan enthält die Budgetkomponenten Einnahmen und Ausgaben und die Nettoeinkünfte daraus für eine Budgetlaufzeit.
2. *Finanzplan*: Dieser Plan enthält die Pläne für Bargeld, Bilanzen, Investitionsausgaben und Änderungen im Finanzhaushalt.

Der Logistikbudgetplan ist ein Element des operativen Rahmenplans. Er ist mit anderen Elementen aus diesem Plan wie Verkaufsbudgetplan oder Produktionsbudgetplan verbunden. Die Annahmen, die für die Entwicklung dieser Budgetpläne verwendet wurden, sind auch gleichzeitig grundlegende Informationen, die für einen effektiven Logistikbudgetplan erforderlich sind. Diese Pläne enthalten ebenso Informationen über den ankommenden und ausgehenden Güterfluß sowie den Güterfluß zwischen Standorteinrichtungen, die eine Grundvoraussetzung für das Budgetplanungsverfahren in der Logistik sind.

9.1.4 Feste Budgets

Feste Budgets sind Ausgaben- und Kostenprojektionen für eine bestimmte Aktivitätsstufe, d.h. Aktivitäten in einem bestimmten Umfang. Der Gesamthaushalt eines Unternehmen bildet normalerweise ein festes Budget. Die Leistungsberichte für feste Budgets vergleichen die aktuelle Leistung mit einer bestimmten Aktivitätsstufe aus dem Budgetplan. Wenn die letztere von der geplanten Stufe abweicht, dann verlieren die Leistungsberichte selbstverständlich an Nutzen.

Feste Budgets berücksichtigen das Verhalten von Kosten nicht. Aufgrund der statischen Natur von festen Budgets ist es schwierig, bei der Analyse von Budgetabweichungen den Einfluß von Volumenabweichungen zu berücksichtigen. Diese Tendenz, kritische Leistungsabweichungen nicht klar aufzuzeigen, wenn das aktuelle Volumen vom Plan abweicht, ist einer der größten Mängel.

9.1.5 Flexible Budgets

Grundlage von flexiblen Budgets sind Formeln, welche die festen und variablen Kostenkomponenten widerspiegeln. Wenn sich deshalb der Aktivitätsumfang ändert, dann können diese Komponenten leicht angepaßt werden. Diese Fähigkeit ermöglicht es Managern die Frage „Wie hoch sollten unsere Kosten bei dem momentanen Volumen sein?“ auch zu beantworten.

Innovative Unternehmen verwenden für ihre logistischen Aktivitäten die Techniken für eine flexible Budgetplanung als eine optimalere Möglichkeit zur Kontrolle von Aufwendungen. Der Zusammenhang von Planung und Budgetplanung in der Logistik ist in Abbildung 9.1 dargestellt.

9.2 Planung von Logistikkosten

Ziel jedes Unternehmens muß es sein, seinen Kunden Produkte und/oder Dienstleistungen zu verkaufen, die einen Wert darstellen, und dabei Gewinn

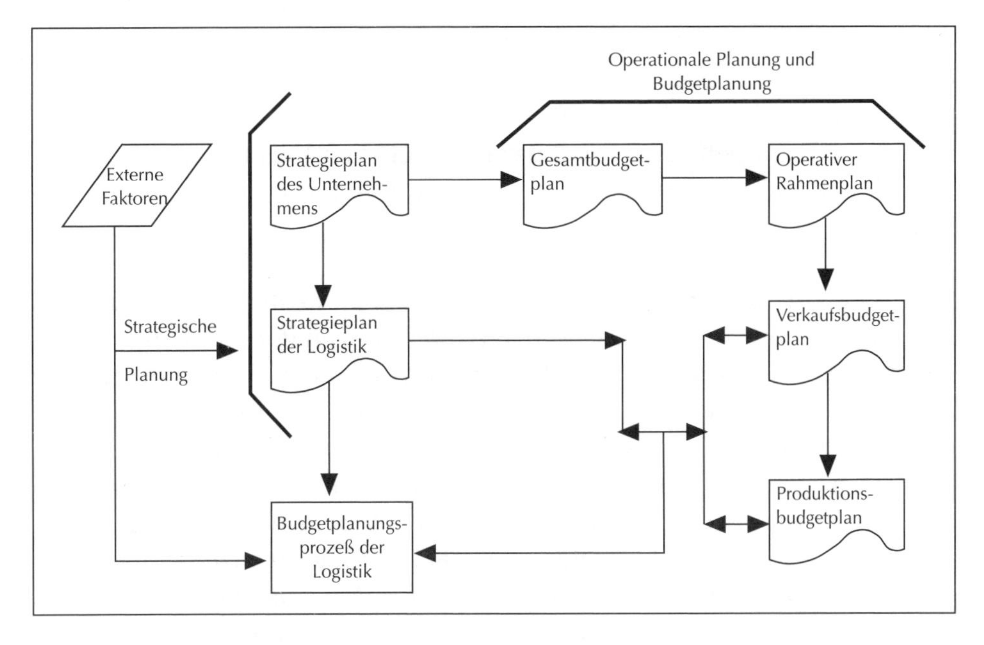

Abbildung 9.1: Rahmen für Planung und Budgetplanung – aus Sicht der Logistik

zu erwirtschaften. Der Wert ist für die Kunden eine Funktion mit drei Faktoren, die in enger Verbindung zueinander stehen: *Kosten, Qualität* und *Zeit.* Da eine Rentabilität nur erreicht werden kann, wenn das Unternehmen den „wahren" Wert seiner Produkte und Dienstleistungen kennt, liegt der Planungsschwerpunkt der Logistik auf den Kosten.

9.2.1 Fragen des Kostenmanagements

Obwohl Berichte für das Management immer dazu gedacht waren, Managern Informationen für den internen Gebrauch zu geben, versagt das traditionelle Berichtswesen dabei, ihm relevante Informationen für die Entscheidungsfindung rechtzeitig zur Verfügung zu stellen. Nur zu häufig sind die Kosten für Produkte und Dienstleistungen, die auf traditionelle Weise errechnet wurden, ungenau und irreführend. Die Folge davon sind suboptimale Entscheidungen über Produktlinien oder logistische Dienstleistungen. Traditionelle Kosten-Berechnungssysteme führen auch (zumindest indirekt) zu einem funktionsabträglichen Verhalten von einzelnen Angestellten und Abteilungen. (Beispiele dafür sind der Aufbau von übermäßigen Lagerbeständen, um die indirekten Kosten „aufzufangen", oder der Kauf von

Rohmaterial minderer Qualität, das dann eine schlechte Produktqualität zur Folge hat.) Im Gegensatz dazu sind die Produktkosten, die mit Hilfe des Kostenmanagements (durch ABC) berechnet wurden, verläßlich. Dieses hilft einem Unternehmen, seine Produkte und Dienstleistungen durch Senkung der Ausschußquote und Vermeidung von funktionsabträglichem Verhalten zu verbessern.

Ein großer Teil der Frustration durch traditionelle Kosten-Berechnungssysteme kommt durch die Tatsache, daß Abweichungen der tatsächlichen Kosten von den veranschlagten eine Information darstellen, die viel zu spät und zu gebündelt kommt, um noch für irgend jemand von Nutzen zu sein. Aktivitäten können im Gegensatz dazu direkt und kontinuierlich verfolgt und überwacht werden. Beim Kostenmanagement liegt der Schwerpunkt auf dem Management von Aktivitäten und nicht auf dem von Kosten, aus dem einfachen Grund, daß Aktivitäten gemanagt werden *können*, Kosten dagegen nicht. Letztere sind bestenfalls ein *indirekter* Maßstab für die Effizienz – mit anderen Worten, Kosten ergeben sich und sind eine Tatsache, die nicht zu ändern ist. Dagegen kann so manches getan werden, um die Art und Weise, wie eine Aktivität ausgeführt wird, zu ändern; eine Aktivität ist einfach eine Arbeit oder Zusammenstellung von Aufgaben, die Menschen oder Maschinen ausführen.

Für strategische Entscheidungen und bei der Wertanalyse von Kunden sind Kosten immer ein lebenswichtiger Faktor. Kosten werden schließlich am besten gemanagt und Aktivitäten, die Ressourcen verbrauchen. Genau das ist es, was dieses Kapitel vermitteln möchte und bei einem modernen Kostenmanagement der Schlüssel zum Erfolg ist.

Die wirtschaftlichen Gegebenheiten haben die meisten Unternehmen zu einer „lean and mean“-Philosophie gezwungen. Eine Branche nach der anderen muß heute mit einem Markt zurecht kommen, der globale Ausmaße angenommen hat. Auf diesem globalen Markt bieten weltweit Konkurrenten Güter und Dienstleistungen mit hoher Qualität zu niedrigen Preisen an. Branchen, für die bisher bestimmte rechtliche Rahmenbedingungen galten, wodurch sie alle Kosten an die Kunden weitergeben konnten, sind nun mit einer sehr veränderten Rechtsumgebung konfrontiert. Deshalb lautet jetzt die Devise in allen Branchen Straffung und Neuorganisation.

Gleichzeitig mit dieser Zunahme des Drucks zur Straffung machen Unternehmen die Erfahrung, daß sowohl neue Dienstleistungen als auch neue

Produkteigenschaften gefordert werden. Viele Firmen haben große Anstrengungen unternommen, um die Wünsche und Forderungen ihrer Kunden zu verstehen und zu erfüllen. Das hat wiederum die Fantasie und Begeisterung von Anbietern und Produktdesignern angeregt.

Diejenigen Unternehmen, die es schaffen, schnell innovative neue Produkte auf den Markt zu bringen, haben heute unter diesen Bedingungen einen großen Wettbewerbsvorsprung. Unternehmen mit einer trägeren Reakationsfähigkeit sind dagegen extrem anfällig, wenn in ihrer Branche ein Konkurrenzkampf ausbricht, bei dem die „Waffen" Innovation, Flexibilität und Variabilität sind.

Tatsache ist, daß die schrittweise Verbesserung des Einführungsprozesses für neue Produkte und Dienstleistungen in Unternehmen zu einem strategischen Ziel geworden ist.

Durch diese Ausweitung bei Produkten und Dienstleistungen wird es immer schwieriger und komplizierter, den zunehmenden Arbeitsumfang in allen beteiligten Stellen (Technik, Betrieb, Logistik, Kundendienst, Personal usw.) zu organisieren und zu bewältigen. Diese Komplexität ist einer der Hauptgründe, weshalb überall die Kosten steigen.

Schließlich verändert auch noch ein anderer Faktor die Arbeitsumgebung: die Automation. Ein großer Teil der Arbeit, die früher von Menschen ausgeführt wurde, wird nun von Maschinen erledigt. Immer mehr Mitarbeiter haben heute indirekte oder unterstützende Funktionen.

In ähnlicher Weise werden in der Verwaltung zunehmend Aufgaben mit Hilfe von elektronischen Informationssystemen durchgeführt. All diese Entwicklungen zusammen erklären, weshalb der Quotient aus indirekten zu direkten Kosten immer größer wird.

Mit diesen Herausforderungen konfrontiert, stellen sich Führungskräfte zunehmend die Frage, wie gut ihre alten Techniken für Kostenberechnung und damit Informationen sind, die von diesen Systemen geliefert werden, und ob diese Informationen ausreichen, um richtige Managemententscheidungen zu treffen.

Diese alten Techniken wurden in einer Zeit entwickelt, in der Geschäftsbedingungen herrschten, die sich drastisch von den heutigen unterschieden.

9.2.2 Die Rolle von Kosteninformationen heute

In nahezu allen Unternehmen erstellen Einheiten mit eigener Budgetverantwortlichkeit in regelmäßigen Abständen (wöchentlich, monatlich, vierteljährlich) Rechenschaftsberichte für die Unternehmensführung. Gewöhnlich bestehen diese Berichte aus den Umsatzerklärungen der einzelnen Abteilungsleiter und einer Zusammenfassung dieser Ergebnisse. Im Normalfall sind darin die geplanten Etats, der aktuelle Stand und die Differenz zwischen beiden für das laufende Berichtsintervall und laufende Berichtsjahr aufgeführt.

Unternehmen, die ein Standardsystem für die Kostenberechnung verwenden, erstellen Berichte, die die Standardkosten der produzierten Güter und durchgeführten Dienstleistungen sowie eventuelle Abweichungen ausweisen. Die Ausgangsbasis für diese Berichte sind dabei in jedem Fall die fest vorgegebenen Kosten, mit anderen Worten, der Etat im ersten Fall und die Dienstleistungsstandards im zweiten.

Der Hauptzweck dieser regelmäßigen Managementberichte sollte aber sein, Manager in die Lage zu versetzen, die Fortschritte auf dem Weg zu dem gesetzten Ziel zu überwachen, um gegebenenfalls rechtzeitig eingreifen zu können. Diese Berichte erfüllen ihren Zweck aber nur, wenn in ihnen die Kosten so berechnet und gegliedert sind, daß sie die Geschäftsdynamik realistisch widerspiegeln. Das ist aber nur zu erreichen, wenn die Berichtserstellung zeitlich auf die zugrundeliegenden Aktivitäten abgestimmt ist.

Der traditionelle Weg für den Übergang von der sehr einfachen Logistik beginnt mit einer Funktion, die am Anteil des Gesamtabsatzes gemessen wird, geht weiter mit einer Funktion, die die Kosten minimiert und schafft vielleicht noch eine integrierte Logistikfunktion zur Verbesserung der Rentabilität. Um dieses Ziel zu erreichen, ist eine gemeinsame Vorgehensweise des Managements zur Integration der Logistik in die Gesamtstrategie des Unternehmen erforderlich.

Zusätzlich benötigen immer mehr Unternehmen „spezielle logistische Dienstleistungen“ und betrachten die Logistik unter dem Blickwinkel des Wettbewerbsvorteils. Dieser Trend intensiviert alle Anstrengungen, die einzelnen Komponenten der Logistik von Grund auf zu verstehen und bessere Methoden für die Berechnung und Kontrolle der Kosten der Logistik für alle Organisationseinheiten zu finden.

Die Identifikation, Berechnung und Kontrolle der Logistikgesamtkosten sind für ein effizientes Logistikmanagement und für die geschäftlichen Operationen von fundamentaler Bedeutung. Seit die Gesamtkosten der bestimmende Faktor bei strategischen und operationalen Entscheidungen sind, ist es wichtig, die Kompensationsfaktoren in der Logistik zu verstehen (wie Transport versus Lagerhaltung) und auch Konsequenzen, die eine ausschließliche Konzentration auf eine einzige Funktion für die gesamte Produktlieferkette hat (wie eine Kürzung der Beschaffungskosten, die dazu führt, daß die Produkte erst mit Verspätung verfügbar werden). Wenn die Logistik in strategische Unternehmensziele eingebunden ist, dann können auch die Wechselbeziehungen zwischen Funktionen wie Produktionskapazität und Lagerbestandsmanagement erkannt und dadurch die Effizienz insgesamt gesteigert werden.

In Verbindung mit Logistik nimmt unter den heutigen Geschäftsbedingungen für Unternehmen die Bedeutung dieser Werte – Verbesserungen bei Zeit und Kosten – immer mehr zu. Welchen Beitrag dabei Innovationen auf dem Logistiksektor leisten können, wird bestimmt durch ihre Umsetzung, mit anderen Worten, wie sie geplant und die Kosten ermittelt werden, beeinflußt maßgeblich ihren Wert.

9.3 Aktivitätenbezogene Logistik

Eine Schlüsselkomponente von TCM ist die *aktivitätenbezogene Kostenberechnung*. Während die Analyse von Geschäftsabläufen das wichtigste Konzept für die Verbesserung des Managementberichtswesens darstellt, ist die aktivitätenbezogene Kostenberechnung (bekannter unter der Bezeichnung ABC, *Activity Based Costing*) zum Slogan geworden, um die neuen Techniken für das Management-Berichtswesen zu beschreiben.

In diesem Kapitel steht der Begriff „aktivitätenbezogene Kostenberechnung“ oder „ABC“ für spezielle Techniken zur Bestimmung der Kosten von Geschäftsabläufen und „Objekten“. Letztere können dabei Produkte, Dienstleistungen, Produktlinien, Dienstleistungslinien, Kunden, Kundensegmente oder Distributionskanäle sein.

ABC ist eine Technik, bei der die Kosten für ein bestimmtes Kostenobjekt addiert werden. Das Kostenobjekt repräsentiert dabei die gesamten und tatsächlichen wirtschaftlichen Ressourcen, die von diesem Objekt benötigt oder verbraucht werden.

Unternehmen, die Güter oder Dienstleistungen verkaufen, berechnen bereits regelmäßig die Kosten für ihre Produkte zur Bestimmung des Lagerbestandswerten oder aus rechtlichen Gründen. Aber viele Leute, die sich bei ihren Entscheidungen auf diese Kosten verlassen müssen, betrachten sie als unvollständig und verzerrt. Sie sind unvollständig, weil sie nur die Kostenkomponenten für die Beschaffung oder die Herstellung des Endprodukts enthalten. Andere Kosten, wie für Lagerung, Distribution, Verkauf oder Dienstleistungen sind darin möglicherweise nicht enthalten. Sie sind verzerrt, weil auf jedes Produkt normalerweise ein bestimmter Anteil an den Gemeinkosten entfällt, die durch aufgewendete Arbeit, Maschinenstunden, Materialkosten, Produktionseinheiten usw. entstehen.

Die Logistik, die der aktivitätenbezogenen Kostenberechnung zugrunde liegt, ist einfach: Unternehmen setzen ihre Ressourcen für die Finanzierung von Aktivitäten ein. Sie führen diese Aktivitäten zum Nutzen ihrer Produkte, Dienstleistungen oder anderer Kostenobjekte durch. Das Ziel dabei ist, die Gemeinkosten für die Ressourcen, Aktivitäten und Kostenobjekte detailliert auszuweisen. Beispielsweise fallen Kosten für Gehälter, Einrichtungen und EDV an, die alle zur Unterstützung von logistischen Planungsaktivitäten dienen. Umgekehrt unterstützt diese Planung dann wieder die einzelnen Produkte und Dienstleistungen. Bei diesem Beispiel sollte der Kostenaufwand für ein Produkt oder eine Dienstleistung die Kosten für die zugehörige logistische Planungsaktivität ausweisen.

Auf den ersten Blick mag es scheinen, daß bei ABC außerordentlich arbeitsintensive Systeme für die Datenerhebung benötigt werden. Das ist aber nicht unbedingt der Fall. Zwar sind Unternehmen bestrebt, die Gemeinkosten genauer auf die Objekte zu verteilen, sie suchen aber auch nach Wegen, wie sie die Arbeit ihrer Mitarbeiter vereinfachen können und nicht noch komplizierter gestalten. Um bei diesem Beispiel zu bleiben: Bei ABC wäre es nicht erforderlich, daß die Mitarbeiter der Logistikplanung nun beginnen, die Zeit aufzuschreiben, die sie für die Unterstützung der einzelnen Produkte oder Dienstleistungen verwenden. ABC würde vielmehr auf Daten zurückgreifen, die als natürliche Folge der Arbeit bereits vorhanden wären.

Die Entscheidungen der Logistikplanung werden untersucht und dann über ein computergestütztes Planungs- und Kontrollsystem (möglicherweise ein DRP II-System) im gesamten Unternehmen verbreitet. ABC-Daten erhält man auch, indem DRP II-Dateien gescannt werden und bestimmt wird, wie viele Transaktionen für die Logistik- oder Dienstleistungsplanung der einzelnen Produkte durchgeführt wurden. In der Tat sind große Datenbanken, die bereits vorhanden sind, genau das, was die Umsetzung von ABC sehr erleichtert.

Die Kostendaten, die im Unternehmenshauptbuch enthalten sind, werden neu gegliedert in *Aktivitätenkostenpools* und die jeweiligen Beträge daraus den Produkten/Dienstleistungen oder anderen Kostenobjekten zugeschlagen. Nachdem die Objektkostenerstellung abgeschlossen ist, werden die Kosten mit den Verkaufspreisen oder Einnahmen verglichen um die Rentabilität der einzelnen Produkte und Dienstleistungen usw. zu erhalten.

ABC zerfällt in zwei Hauptphasen: In der ersten bestimmen wir die Kosten aller wichtigen Aktivitäten. Dann weisen wir diese Aktivitätenkosten den einzelnen Produkten oder anderen „Objekten", die von Interesse sind, zu. Die erste Phase ist deshalb eine aktivitätenbezogene *Prozeßkostenberechnung*, die zweite eine *aktivitätenbezogene Produktkostenberechnung* (oder, um genauer zu sein, eine *aktivitätenbezogene Objektkostenberechnung*).

Die aktivitätenbezogene Prozeßkostenberechnung verfolgt zwei verschiedene Ziele:

Sie berechnet die Kosten von Aktivitäten, die im Prozeß des Geschäftsablaufs selbst identifiziert werden. Zweitens ist sie ein notwendiger Zwischenschritt für die Berechnung der aktivitätenbezogenen Objektkosten. Insgesamt bildet sie ein wichtiges Glied zwischen der Genauigkeitssteigerung von Kostenberechnungen und Leistungssteigerung der Logistik.

Oberstes Ziel ist aber, die Kosten so zuzuweisen, daß sie der dynamischen Natur des Unternehmensgeschäfts gerecht werden und diese auch widerspiegeln. Ein Satz, der häufig verwendet wird, um das Konzept zu beschreiben, das ABC zugrunde liegt, lautet:

„Unternehmensressourcen werden verbraucht, um Aktivitäten durchzuführen und Aktivitäten werden als Dienstleistungen für Produkte durchgeführt." Die aktivitätenbezogene Kostenberechnung versucht, dieses zweistufige Umfeld sichtbar zu machen.

Deshalb weist die aktivitätenbezogene Prozeßkostenberechnung die Kosten auf der Grundlage einer Reihe von Aktivitäten/Faktoren zu. Der Prozeß selbst besteht aus diesen Aktivitäten, die wiederum auf die Produktion einer

Gütermenge ausgerichtet sind. Die aktivitätenbezogene Prozeßkostenberechnung ist der Vorläufer der aktivitätenbezogenen Produktkostenberechnung.

Die aktivitätenbezogene Produktkostenberechnung weist Kosten einzelnen Produkten zu, indem Kostenpools innerhalb der Prozesse entwickelt werden, die Kosten repräsentieren, welche mit der jeweiligen Aktivität variieren. Ein wichtiger Unterschied ist, daß Aktivitäten Ressourcen auf der Prozeßebene verbrauchen, Produkte dagegen Aktivitäten verbrauchen. Das ermöglicht uns eine Integration von aktivitätenbezogener Prozeß- und Produktkostenberechnung. Dabei werden zuerst die Kosten der Aktivitäten ermittelt und diese Aktivitätskosten dann für die einzelnen Produkte zusammengefaßt.

Die aktivitätenbezogene Produktkostenberechnung verbessert die Verfolgung von Produktkosten, die früher willkürlich zugewiesen wurden. Alle Kosten können damit direkt auf die Produkte übertragen werden. Deshalb sollten sie aus den Kostenpools entfernt werden.

9.3.1 ABC in der Logistik

Abbildung 9.2 gibt einen Überblick über das Kostenmanagement in der Logistik. Mit Logistikkosten „außerhalb der Fabrik" in einer Höhe von

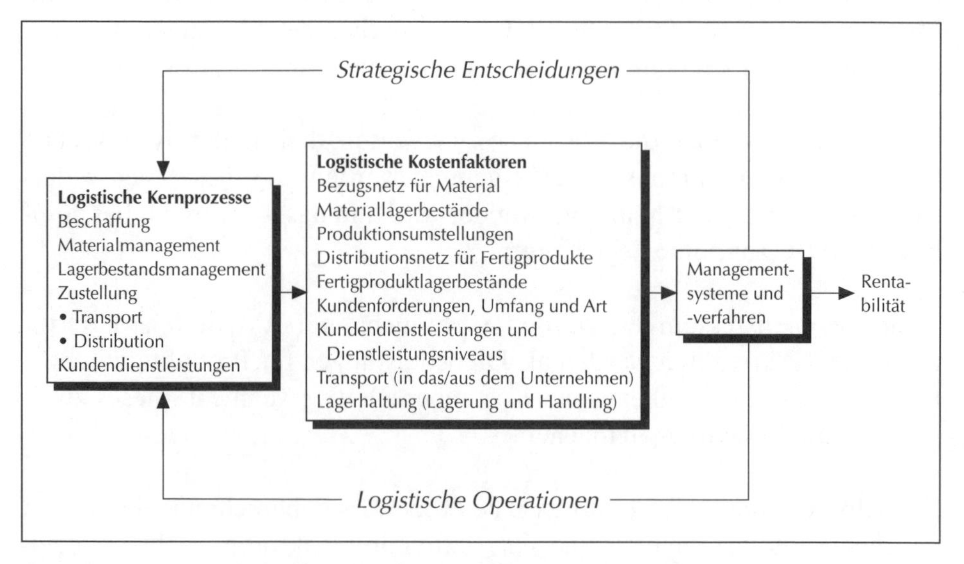

Abbildung 9.2: Überblick über das Kostenmanagement in der Logistik

40 Prozent der Bruttoeinnahmen in einigen Branchen sind Informationen über Produktkosten, in denen nicht die Kosten für alle Aktivitäten der Lieferkette vollständig enthalten sind, nur von begrenztem Wert.

Die meisten Funktionen (oder Aktivitäten) der Logistik sind für ABC geeignet. In der Tat wurden die Kosten von Logistikaktivitäten mit Techniken berechnet, die denen von ABC sehr ähnlich sind. Transport- und Lageraktivitäten – die zusammen zwischen 40 Prozent und 60 Prozent der typischen Logistikkosten ausmachen – werden als Aktivitätenkosten behandelt, da sie vor allem aus Transaktionen bestehen, die produktbezogen sind.

Nachdem ein Verständnis für die Logistikaktivitäten erreicht ist, muß ein Unternehmen die Zykluszeiten und -kosten für die Aktivitäten bestimmen. Das kann durch Beobachtung oder Analyse früherer Daten geschehen. Es sind dies:

- Die Zeit (in Stunden und Tagen), die benötigt wird, um eine Aktivität von Anfang bis Ende auszuführen.
- Die Kosten (Arbeitszeit und andere), die mit diesem Zyklus verbunden sind.

Abbildung 9.3 zeigt das Kosten- und Zykluszeitprofil für Arbeit in Verbindung mit dem Material-/Produktfluß für die Lieferung eines Auftrags durch einen bestimmten Distributionskanal bis hin zum Kunden. Beachten Sie, daß hier nur die Logistik des Unternehmens selbst dargestellt sind. Die Lieferkettenaktivitäten von Anbietern, Transportunternehmen und Kunden sind darin nicht enthalten.

Die Zeiten beinhalten auch die Kosten für die Beförderungsaktivitäten des Produkts vom Rohmaterial bis zur Anlieferung beim Kunden, wie zum Beispiel „stationäre Aktivitäten" (Lagerung, Lagerbestandshaltung, Auftragsbearbeitung oder andere zeitaufwendige Aktivitäten, die nicht direkt mit dem Fluß zusammenhängen), Verpackung und Kennzeichnung.

Ähnliche Profile für Kosten und Zykluszeiten können auch für Aktivitäten in einer Funktion entwickelt werden, beispielsweise innerhalb der Beschaffung, Auftragsbearbeitung, Lagerung, des Transports usw. Alle Kosten- und Zykluszeitprofile zusammen ergeben das ABC für Produktgruppen, Geschäftszweige, Distributionskanäle, Kunden oder andere Interessenbereiche des Kostenmanagements.

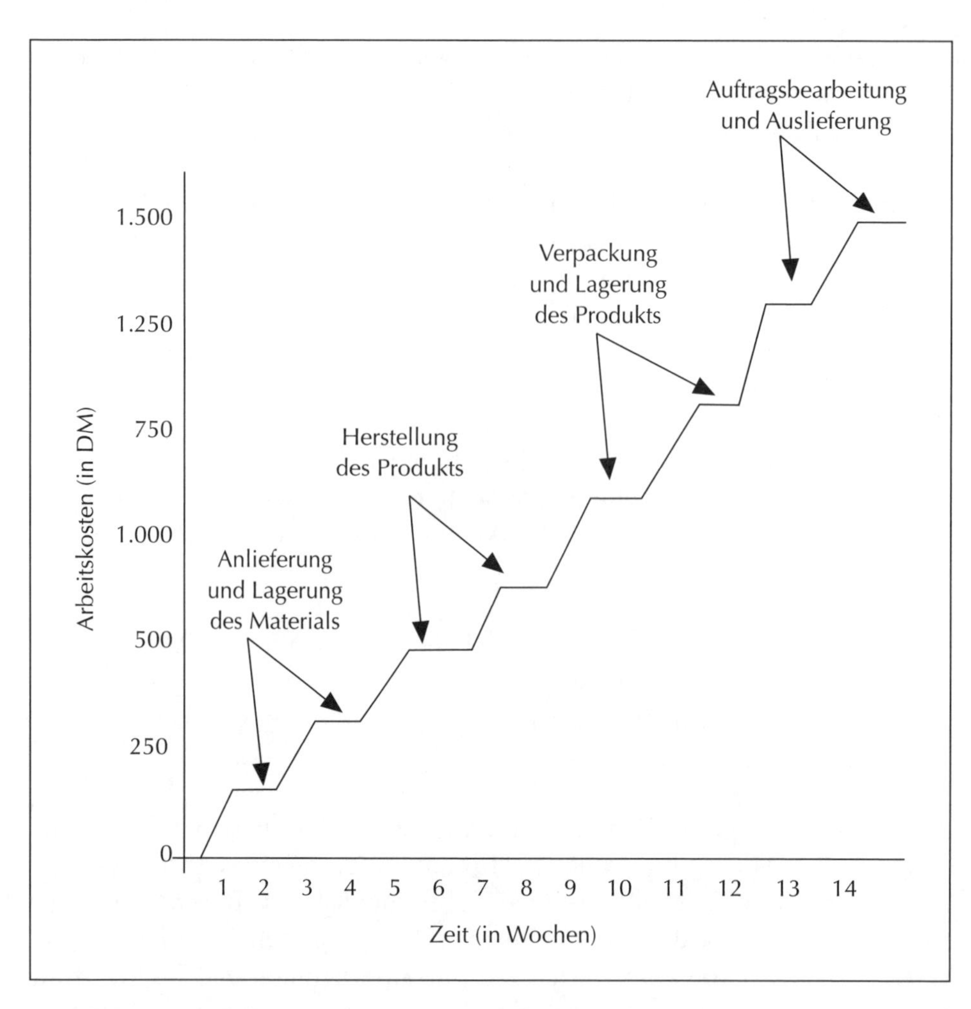

Abbildung 9.3: Beispiel für ein Kosten- und Zykluszeitprofil

Für die logistischen Aktivitäten, die kostenbestimmd sind, sollten die Cost Driver identifiziert werden. Typische *Cost Driver* für logistische Aktivitäten sind beispielsweise

- Material (Artikelzahlen und Stückzahlen)
- Liefernetz für Material (Zahl der Lieferanten und Standorte)
- Lagerbestände des Materials
- Produktionsflexibilität
- Distributionsnetz für Fertigprodukte (Standortzahl)
- Lagerbestände von Fertigprodukten
- Kundenforderungen (Umfang und Art)

- Kundendienstleistungen und Dienstleistungsumfang
- Transport (ein- und ausgehend)
- Lager (Lagerung und Handling)

Mit anderen Worten, die Logistikstrategien und Arbeitspolitiken des Unternehmens für diese wichtigen Cost Driver verursachen selbst Kosten, die der jeweiligen Aktivitätsstufe zugeschlagen werden müssen. Es ist wichtig sowohl zu verstehen, *warum* als auch *wie* und *wann* diese Kosten aufgetreten sind.

Ein guter Ansatz für die Entwicklung von ABC für die Logistik besteht darin, ein „Kostenmodell" zu entwickeln. Normalerweise geschieht das für einen Unternehmensbereich, eine Produktgruppe, einen festgelegten Zeitraum oder einen Distributionskanaltyp. In Abbildung 9.4 sind die acht Schritte dargestellt, mit denen ein Flußmodell für die Kosten erstellt werden kann. Diese Schritte sind im einzelnen:

1. *Zusammenstellung von finanziellen Daten*: Sammeln Sie die finanziellen Daten für die laufende Budgetperiode (oder die letzte).
2. *Identifizieren von Aktivitäten*: Stellen Sie die Aktivitäten für die ausgewählte Produktgruppe zusammen.
3. *Entwickeln eines Flußmodells für die Kosten*: Identifizieren Sie in einem ersten Schritt alle Kosten, die der Produktgruppe zugeordnet werden können.
4. *Identifizieren der Cost Driver*: Stellen Sie die Ereignisse zusammen, die eine Aktivität auslösen und die Kosten verursachen.
5. *Zusammenstellen von Daten für die Cost Driver*: Sammeln Sie bisherige Daten, Budgetdaten, festgestellte Daten und Schätzwerte für diese Cost Driver.
6. *Berechnen der Kosten für die Aktivitäten*: Berechnen Sie die Kosten nach Cost Driver sowie ihre Aktivitäten und stimmen Sie die Höhen mit den Gesamtkosten ab.
7. *Berechnen der Kosten von Zeiten*: Berechnen Sie die Zeitkosten für jedes Produkt und jeden Distributionskanal. Die Variablen sind dabei die Kapitalkosten des Unternehmens, multipliziert mit der Gesamtsumme der stationären Zeiten und multipliziert mit den Aktivitätsgesamtkosten.
8. *Berechnen der Produktkosten*: Berechnen Sie die Produktkosten für deren Produktgruppe auf Grundlage der entsprechenden Cost Driver und Aktivitäten. Berechnen Sie die Grenzen und vergleichen Sie dann diese Kosten mit den traditionellen Produktkosten.

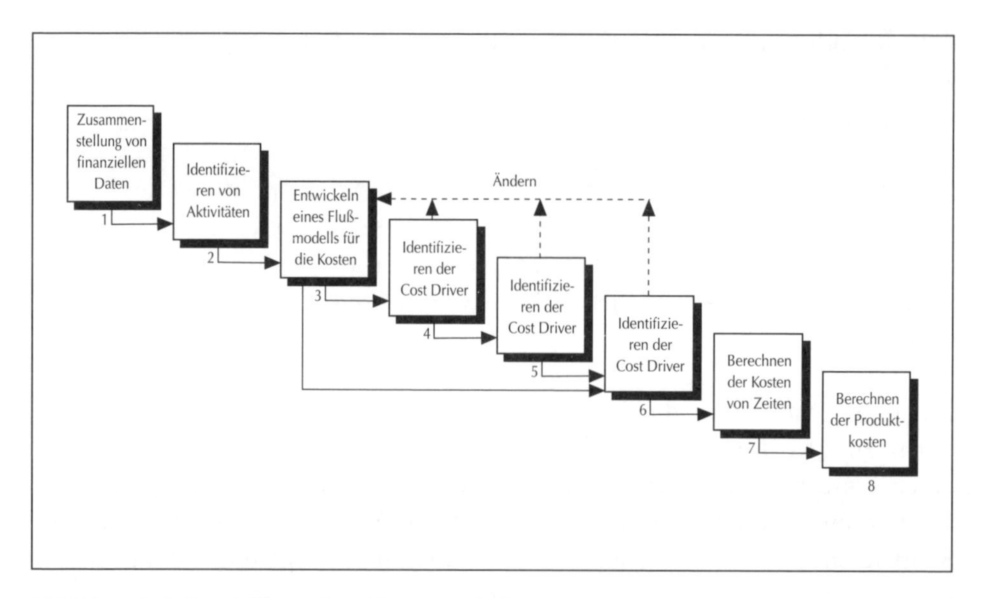

Abbildung 9.4: Entwicklung eines Kostenmodells

Das Ergebnis dieses Flußmodells kann zum einen beurteilt werden, indem es mit den Ergebnissen der bisher verwendeten Verfahren verglichen wird, zum anderen aufgrund der Fähigkeiten dieses Modells, alle Flußkosten für das Produkt in der Lieferkette genau zu berechnen und andere Werte, wie Handelsspanne, Wertschöpfungskosten und Rentabilität zu berechnen. Wenn dieser Ansatz geeignet erscheint, dann kann das gesamte Logistik-ABC-Verfahren für alle Produktgruppen und Aktivitäten entwickelt werden.

9.3.2 Kundendienstleistung

Kundendienstleistung ist der *Prozeß, durch den gewünschte Güter, Qualität und Unterstützung geliefert werden, zum Nutzen aller Aspekte des Gebrauchs von Produkten, zur rechten Zeit und zu einem wettbewerbsfähigen Preis.* Das Management versucht dabei, die Kundenerwartungen an diese Dienstleistungen zu übertreffen, dabei gleichzeitig die Gesamtkosten auf ein Minimum zu senken und die Fähigkeit aufrechtzuerhalten, flexibel auf Änderungen der Marktbedingungen reagieren zu können.

Nur wenige Unternehmen sind in der Lage, alle tatsächlichen oder vermeintlichen Forderungen von Kunden zu erfüllen, ohne dabei die eigenen Ressourcen auszuschöpfen. Das Management von Kundendienstleistungen schließt eine Reihe von Ausgleichs- und Verhandlungsmöglichkeiten ein, durch die Dienstleistungen in einem *strategisch rentablen* Umfang möglich sind. Diese Ausgleichsmöglichkeiten beruhen größtenteils auf der Verfügbarkeit von Lagerbeständen und einer einfachen Verpackungweise. Das kann aber bedeuten, daß auch Aktivitäten durchgeführt werden müssen, die normalerweise dem Kunden zufallen und die als nicht wertsteigernd betrachtet werden. Beispielsweise gehen viele Kunden immer mehr dazu über, Funktionen an externe Firmen zu vergeben, wie den Einkauf von unkritischen Komponenten oder das Management von Lagerbeständen ab Dock über Lager bis zur Produktion. Anbieter müssen darauf vorbereitet sein, diese Funktionen für ihre Kunden zu übernehmen und zu managen, wenn das erforderlich ist, um einen Wettbewerbsvorteil zu erreichen und langfristig eine strategische Partnerschaft aufzubauen. „Strategisch rentabel" bedeutet dabei auch, daß Kundendienstleistungen unter langfristigen Aspekten gesehen werden müssen.

Wie die Erfahrung zeigt, kann eine Preisgestaltung unterhalb der aktuellen Kosten dazu führen, daß das Absatzvolumen zunimmt (die Konkurrenz vom Markt verdrängt wird) und langfristig auch zu Gewinnen führt. Unter den heutigen harten Wettbewerbsbedingungen müssen sich Unternehmen darauf einstellen, die aktuellen Kostenberechnungen zu ignorieren und Dienstleistungen anzubieten, die sich erst auf lange Sicht als profitabel erweisen.

Um auf dem Dienstleistungssektor zu überleben, benötigen Firmen ausreichend Kapital. Wenn ein Unternehmen ein Bewertungssystem für Kundendienstleistungen und Leistungsmessung verwendet, dann sind die Parameter für die Anforderungen an die Kundendienstleistungen und die Ausgleichsmöglichkeiten bekannt. In Verbindung mit einem Kosten-Managementsystem ergibt sich dann ein klares Bild über die Kosten von Produktlinien (nach zuweisbaren Kosten auf der Basis von Cost Drivers und nicht zuweisbaren Kosten auf der Grundlage von Arbeit und Maschineneinsatz). Dadurch erhält das Management die Möglichkeit, schnell und optimal auf sich ändernde Bedingungen reagieren zu können.

Führende Unternehmen verwenden Strategien und ABC-Systeme, welche die wahren Kosten für den Verkauf und die Dienstleistungen eines Produktes erfassen. Es gibt mehrere Faktoren, die wichtig sind für die Bewertung, Bestimmung und Überwachung eines optimalen Kompromisses zwischen Kosten, möglichem Absatz und Kundendienstleistungen. Einige davon sind:

- *Materialkosten*: Die Kosten für das Material, das für die Herstellung eines Produkts benötigt wird.
- *Verpackungskosten*: Die Kosten der gesamten Lieferkette für die Verpackung.
- *Marketing-/Verkaufskosten*: Die Kosten, um den Kauf eines Produkts zu erreichen, Kundenanforderungen zu entwickeln und Aufträge zu bearbeiten.
- *Produktentwicklungskosten*: Die Kosten für die Entwicklung und das Design eines Produkts in Form von finanziellen Aufwendungen und Zeit.
- *Gemeinkosten*: Die Kosten, die mit der Herstellung eines Produkts verbunden sind – Werkzeuge, Kapital, Einrichtungen, Hilfsmittel usw.
- *Transportkosten*: Die Kosten, um ein Produkt vom letzten Ort des Produktionsprozesses zum Kunden zu transportieren.
- *Lager-/Lagerhaltungskosten*: Die Kosten für die Lagerung und das Handling von fertigen und nicht fertigen Gütern.
- *Dienstleistungskosten*: Die Kosten der Leistungen, die erforderlich sind, um Kundenzufriedenheit durch Dienstleistungen und Support nach dem Verkauf eines Produkts zu erreichen.
- *Indirekte Kosten*: Die Kosten für indirekte und unterstützende Funktionen mit indirekten Aufgaben wie Veränderung, Lagerung, Verpackung und Beförderung eines Produkts.

Für gewinnorientierte Wirtschaftsunternehmen ist Rentabilität eine absolutes Muß. Für ihre Existenz gibt es wenig andere Gründe. Angesichts immer höherer Erwartungen von Kunden ist heute völlig klar, daß die Dienstleistungen für sie nicht kostenlos sein können. Wenn zum Beispiel ein hoher Lagerbestand unterhalten wird, um den Kunden in allen denkbaren Situationen beliefern zu können, dann wirkt sich das auch in signifikanter und negativer Weise auf die Kosten aus. Ist der Lagerbestand dagegen zu niedrig, dann kann die Strafe dafür verlorene Geschäfte und unzufriedene Kunden sein.

Wenn Absatz und Marktanteil zunehmen, dann steigen auch die Kosten für die Aufrechterhaltung eines optimalen Dienstleistungsangebots. Die wichtigste Aufgabe dabei ist, einen guten Kompromiß zwischen Absatz und diesem Dienstleistungsangebot zu finden und aufrechtzuerhalten, d.h. zwischen den Verkaufserlösen und den Aufwendungen für die Dienstleistungen.

Ein optimales Dienstleistungsangebot kann auch bedeuten, daß mehr Kapital und Betriebskapital benötigt wird. Dem gegenüber stehen die Vorteile in

Form einer besseren Kundendienstleistung und höherem Absatz. Diese Vorteile können signifikant und ausschlaggebend sein.

In Abbildung 9.5 sind die wichtigsten Kompensationsmöglichkeiten graphisch dargestellt. Abbildung 9.6 zeigt die Methoden für die Untersuchung der Möglichkeiten und die Entscheidungsfindung.

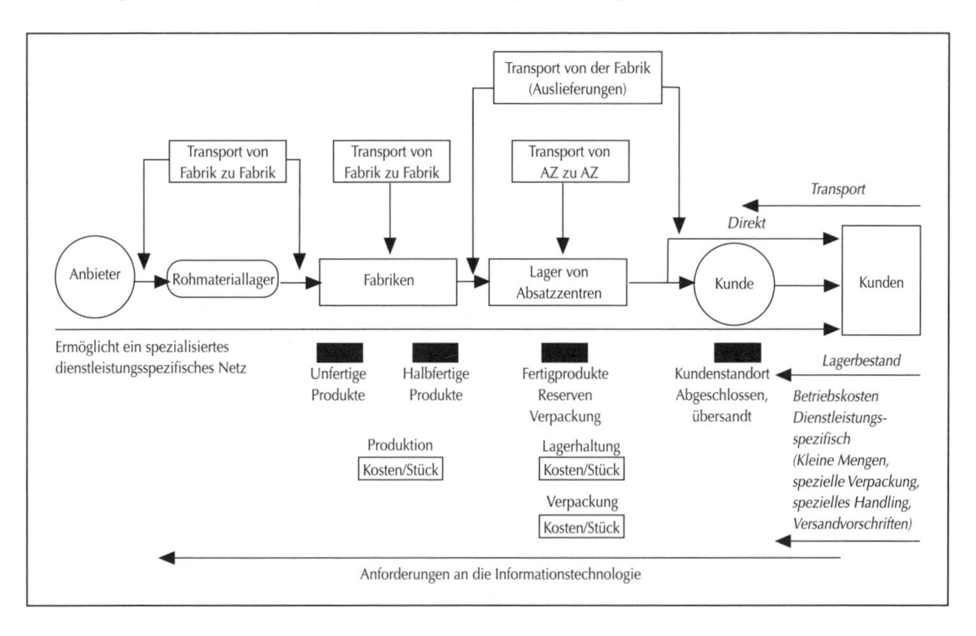

Abbildung 9.5: Wichtige Kompensationsmöglichkeiten – Untersuchungsbereiche

9.3.3 Transport

Transportkosten werden von der Gesamtstrategie der Unternehmenslogistik und deren Umsetzung bestimmt. Seit die Logistik alle Funktionen des Materialflusses in der Produktlieferkette eines Unternehmens, vom Anbieter bis zum Kunden, umfaßt (Transport, Lagerung, Distribution, Kundendienstleistungen, Lagerbestandsmanagement, Beschaffung und Materialhandling), bestimmt die Rolle der Transportfunktion innerhalb dieser gesamtlogistischen Umgebung die Transportkosten.

Es gibt viele Faktoren, die sich auf die Transportkosten auswirken. Einige davon, wenn auch längst nicht alle, sind nachfolgend aufgeführt:

- Ausgangs- und Zielort der Ladung

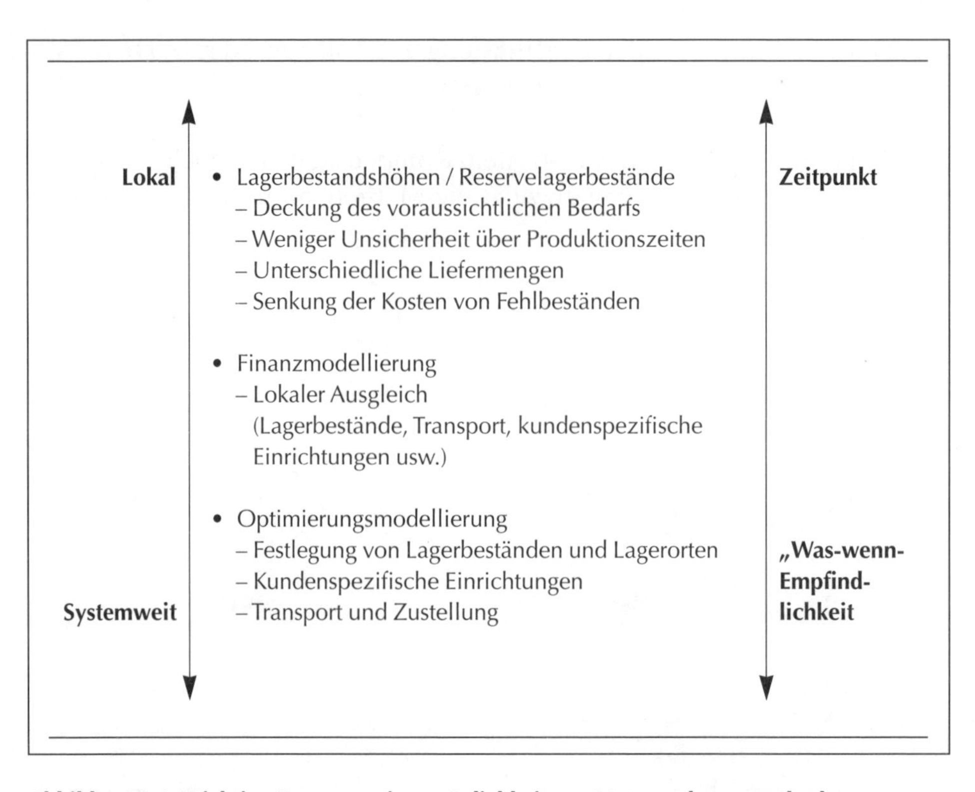

Abbildung 9.6: Wichtige Kompensationsmöglichkeiten – Untersuchungsmethoden

- das versandte Produkt (beispielsweise sein Wert und die Transportanforderungen dafür, wie etwa spezielle Behandlung, Gewicht oder Verpackung)
- die Transportart (Straße, Bahn, Luft, See, Fluß, Pipeline)
- Externe Spedition(en)
- Größe der Ladung (beispielsweise gesamte Lkw-Ladung, gesamte Wagenladung oder Lkw-Teilladung)
- Gewicht der Ladung
- Versandfrequenz
- Verpackungsart und -einheit (beispielsweise Palettenladung oder Luftfrachtcontainer)
- Transportweg und -entfernung
- Transportüberwachung
- mehrmaliges Handling von Ladung (beispielsweise Stückgut oder Sammelladung)
- Handling am Ausgangs- und am Zielort
- Zahlungsbedingungen

- erwünschte Geschwindigkeit oder Transportzeit (beispielsweise 24-Stunden-Service oder billigste Transportart)
- spezielle Dienstleistungen
- Ansprüche (Verlust oder Beschädigung)
- Gefahrguttransport (beispielsweise Auswirkungen auf den Transportweg, Gebühren für die spezielle Behandlung der Ladung oder Versicherungskosten)

Bei Miettransporten gibt es spezielle Gebühren, die beachtet werden müssen, wenn die Kosten für einen solchen Transport kalkuliert werden. Es sind Rollgebühren, Gebühren für Sonderdienstleistungen (beispielsweise Aufteilung, Wiederzusammenstellung von Ladung und Liegegelder), Bearbeitung von Ansprüchen (einschließlich Entschädigung bei Beschädigung oder Verlust) und Gemeinkosten für die Zustellung.

Unternehmen, die solche Miettransportunternehmen einsetzten, überprüfen normalerweise die Frachtbriefe, um sicherzugehen, daß alle Gebühren korrekt sind und auch in ihrer Höhe stimmen. Diese Überprüfung kann im eigenen Haus oder durch ein externes Dienstleistungsunternehmen durchgeführt werden. In beiden Fällen sollte aber das System, welches für die Überprüfung und Begleichung der Frachtkosten verwendet wird, nicht nur sicherstellen, daß die Frachtrechnung korrekt ist, sondern auch die Daten liefern, die für ein umfassendes Management der Transportkosten benötigt werden.

Wenn interne Dienstleistungen verwendet werden (beispielsweise ein eigener Fahrzeugpark), dann sollten alle für diese Dienstleistung relevanten Kosten bestimmt und einbezogen werden. Es sind die Kosten für Instandhaltung, Zustellung und Betrieb (einschließlich der Löhne und Lohnnebenkosten für die Fahrer), Kraftstoff, Zinsen, Abschreibung und Versicherungen. Durch die Dynamik der Deregulierung des Transportwesens verändern sich auch fortwährend die betriebswirtschaftlichen Bedingungen für einen eigenen Transportfuhrpark, und es sollte deshalb immer abgewogen werden, ob die Verwendung von Fremdfirmen für diese Dienstleistungen nicht günstiger wäre. Unternehmen mit einem eigenen Fuhrpark sollten deshalb in regelmäßigen Abständen das Kosten/ROI-Verhältnis für diese Option untersuchen.

Bei der Kostenberechnung für Transporte *in das Unternehmen* sollte folgendes bedacht werden:

- Die Kosten für diese Anlieferungen werden oft den Beschaffungskosten für Material zugeschlagen. Diese Kosten sollten aber von den eigentlichen Frachtkosten getrennt werden, um sie besser kontrollieren und managen zu können.
- Bei diesen Transporten wird normalerweise kein hochwertiges Material befördert. Unternehmen kaufen oft „auf Vorrat", um momentan günstige Preise auszunutzen. Es sind deshalb normalerweise große Lieferungen, die eine minimale Verpackung und kaum eine besondere Behandlung benötigen. Diese Faktoren beeinflussen die Entscheidung über den Transport (eigene Fahrzeuge oder Fremdfirma), die Anlieferpraktiken (beispielsweise Qualitätskontrolle und Lagerung) und andere Faktoren, die sich auf die Transportkosten auswirken.
- Bei der gegenwärtigen starken Betonung von Just-in-time-Lieferungen gibt es viele Unternehmen, die Spitzenfrachtraten für eine dafür größere Lieferfrequenz bei kleineren Anliefermengen bezahlen.

Im Gegensatz dazu werden bei Transporten aus dem Unternehmen höherwertige Produkte mit geringerem Volumen befördert. Das Hauptaugenmerk liegt dabei auch mehr auf den Anforderungen an die Kundendienstleistungen, wie Verlust oder Beschädigung der Ware, Verpackung oder termingerechte Lieferung. Diese Faktoren beeinflussen die Entscheidung über Transportart, Ladungsgrößen, Transportmittel (eigener Fuhrpark oder externes Transportunternehmen). Sie alle tragen zu den Gesamttransportkosten bei.

Seit die Unternehmenspolitik für die Kundendienstleistungen ein wichtiger Faktor ist, der die Transportkosten beeinflußt, müssen Entscheidungen über den Transport und die Kosten, die sich daraus ergeben, mit der Gesamtstrategie für die Kundendienstleistungen vereinbar sein und diese unterstützen.

Auf der Stufe der Einzeltransaktionen sollten Kosten direkt zugewiesen werden oder, wenn das nicht möglich ist, auf der niedrigsten Stufe (beispielsweise Aktivitäten). Zum Beispiel sollten die Frachtkosten für die einzelnen Ladungen den Produkten und Bestimmungsorten der Ladung zugeordnet und so zusammengestellt werden, wie es das Kostenberichtssystem für das Management erfordert. Für die Aufteilung, welche Kosten direkt zugeschlagen und welche allgemein verteilt werden sollten („Gemeinkosten"), ist ein gutes Urteilsvermögen erforderlich.

Transportkosten als Bestandteil der Gesamtkosten nützen oft mehr als nur einem Kostenobjekt (beispielsweise für eine Ladung aus zwei verschiedenen

Produkten). Die Zuteilung erfolgt normalerweise auf der Grundlage von Gewicht oder Volumen. Es wird aber auch die Zahl der Ladungen oder Lieferungen dafür verwendet. Diese Grundlage sollte unter praktischen Gesichtspunkten bestimmt werden und die Ressourcen widerspiegeln, die tatsächlich für die Elemente, denen die Kosten zugeschlagen werden, verbraucht werden.

Ziel bei dieser Transportkostenkalkulation ist, Daten über alle Kosten zu erhalten, die mit dem Transport verbunden sind, vorzugsweise aufgeschlüsselt nach Kostenkategorien. Funktionale Kosten können direkt den Kostenverhaltensklassen (beispielsweise kurzfristige variable Kosten, langfristige variable Kosten und Festkosten) zugeschlagen werden. Das ermöglicht eine effektive Grenzpreisberechnung, Kosten-/Gewinnanalyse, eine flexible Budgetierung und Varianzanalyse.

Zeitbezogene Kosten, wie etwa Abnutzung, werden häufig auf der Basis von Einsatzstunden berechnet und zugewiesen. Die berechnete Gesamtzeit für diese zeitbezogenen Kosten ist gleichzeitig auch die Gesamteinsatzzeit des Transportfahrzeugs (Leerfahrt plus Transportfahrt) einschließlich der Zeit für die Inspektion oder Standzeiten (Be- und Entladung). Für die Kostenberechnung werden allgemein Durchschnittszeiten verwendet. Dazu ist erforderlich, daß für die einzelnen Transportabschnitte oder -gebiete die Durchschnittsgeschwindigkeit ermittelt wird. Dieser Durchschnitt wird bestimmt, indem laufend die tatsächlichen Fahrzeiten aller Transporte aufgezeichnet und analysiert werden. Alternativ dazu kann er auch mit Hilfe der Statistik über Stichproben ermittelt werden.

Die kilometerbezogenen Kosten sollten sowohl Transportkilometer als auch Leerkilometer enthalten. Diese Kilometergebühr wird mit Hilfe von System-Durchschnittswerten oder Durchschnittswerten für die einzelnen Hauptverkehrsverbindungen bestimmt. Mit diesem Ansatz können auch andere Kosten zugewiesen werden (beispielsweise Kraftstoff, Öl, Wartung der Zugmaschine, Reifen, Unfälle und Versicherungen). Die Gesamtkosten für die Ladung werden bestimmt, indem alle zugeschlagenen Kosten addiert werden, die auf der Basis von Einsatzstunden, Zahl der Ladungen und Fahrkilometern berechnet wurden.

Die Genauigkeit der Transportkostenberechnung ist noch steigerbar, wenn Dichte- oder Volumenfaktoren in die Berechnungsgrundlage „Kosten pro Tonne und Kilometer“ mit einbezogen werden. Auf diese Weise können auch Gewicht, Entfernung und Volumen- oder Dichtefaktoren Berücksichtigung finden, wenn schwere und leichte Produkte zusammen befördert werden.

Gute Transportinformationen müssen so umfassend sein, daß alle relevanten Kosten und Ausrüstungskomponenten, die mit den Transportaktivitäten in Zusammenhang stehen, darin enthalten sind. Sie sollten alle Kosten für die Anlieferung, den Transport zwischen den einzelnen Einrichtungen, die Auslieferung, externe Transportunternehmen und den eigenen Fuhrpark umfassen.

Die Informationen sollen in allen Unternehmensbereichen einheitlich sein, um unternehmensweite Entscheidungen zu ermöglichen. Die Datenbank sollte die Buchwerte aller beteiligten Ausrüstungskomponenten (beispielsweise Lkw oder Eisenbahnwagons) sowie die zugehörigen Abschreibungsparameter enthalten.

Die Einteilung in Klassen ist notwendig, um die wichtigsten Kostenverhaltensarten widerzuspiegeln. Die Kostenvariabilität muß bestimmt werden (beispielsweise feste und variable Kosten voneinander trennen). Es sollten sowohl die traditionellen Aufwendungsklassen (z.B. Arbeit, Material, Treibstoff) als auch organisatorische Klassen der Kosten nach Verantwortungsbereichen erstellt werden.

Mit diesem Wissen über Informationsanforderungen und den Möglichkeiten der heutigen Informationstechnologien entwickeln immer mehr Unternehmen Informationssysteme für das Transportmanagement und setzen diese auch um. Diese Systeme sind in zunehmendem Umfang über elektronischen Datenaustausch mit Kunden und Lieferanten verbunden.

Ein gut aufgebautes Transport-Informationssystem bietet die Möglichkeit, wichtige Betriebs- und Finanzdaten simultan zu erfassen. Diese Daten enthalten Ausgangs- und Zielort von Ladungen, Volumen und Gewicht, Indikatoren, Dienstleistungsindikatoren (beispielsweise Zeit und Entfernung) und die Ausnutzung der Ausrüstungskapazität.

Im Idealfall sollte ein Transportsystem so aufgebaut sein, daß es über Schnittstellen mit den anderen Systemen, Logistik, Distribution, Beschaffung, Produktion und Buchhaltung, verbunden ist.

9.3.4 Lagerung

Die Lagerung und das Handling von Produkten oder Material wurden verschiedentlich als nichtwertsteigernde Aktivitäten bezeichnet und deshalb zu den kostensteigernden Schritten der Produktlieferkette gezählt. Der wahre Wert der Lagerhaltung ist dagegen, das richtige Produkt zur richtigen Zeit am richtigen Ort zu haben. Wenn diese Kriterien immer wieder neu bewertet und die Standorte, Lagerarten und Lagerbestandshöhen nach wissenschaftlichen Gesichtspunkten bestimmt werden, dann sind die Kosten für den Produktfluß (versus Lagerhaltung) einer Wertsteigerung gleichzusetzen.
Für ein effizientes Lagerhaltungsmanagement ist es enorm wichtig, diese Kosten zu identifizieren und zu managen, da diese häufig ein wichtiger Faktor bei Logistik- und Distributionsentscheidungen sind. Darüber hinaus können sich Lagerhaltungkosten stark auf Produktrentabilität, Produktionskosten und Preisgestaltung, und damit letztendlich auf die Gesamtrentabilität des Unternehmens auswirken.

Lagerhaltungskosten können auf verschiedenen Stufen der Lieferkette des Unternehmens entstehen, wie beispielsweise

1. bei der Anlieferung von Material,
2. bei Halbfabrikaten auf den verschiedenen Produktionsstufen und
3. bei auslieferungsbereiten Fertigprodukten.

Die Zusatzkosten für die Lagerhaltung, die mit Menschen und Informationen in Zusammenhang stehen, werden den Managementkosten für die Lagerhaltung zugerechnet. Die Informationen für das Management von Lagerhauskosten werden in zwei unterschiedliche, aber zusammenhängende Klassen eingeteilt:

1. Informationen, die auf der Stufe von Lagerbeständen benötigt werden und verfügbar sein müssen, und
2. Informationen über die Lagerhaltungsaktivitäten.

Die Vollständigkeit und Genauigkeit dieser Lagerhaltungsinformationen kann sich auf den Umfang der erforderlichen Lagerhaltungsaktivitäten auswirken je besser die Information ist, desto geringer ist der Umfang an Aktivitäten für die Lagerung und das Handling). Dieser Grundsatz spricht für Just-in-time-Programme, beispielsweise indem die verantwortlichen Manager informiert werden, welche Lagerbestände verfügbar sind, wie hoch der

Absatz welcher Produkte ist, welcher Support und wann dieser erforderlich ist. Am wichtigsten ist dabei, daß diese Informationen ständig aktualisiert und für Online-Anfragen verfügbar gemacht werden können.

Lagerhaltungskosten reagieren auf die verschiedenen Komponenten, aus denen die Lieferkette besteht. Zum Beispiel bestimmt das Rohmaterial für die Produktion zusammen mit den Bezugsquellen, wie groß die einzelnen Lager sein müssen und welche Kapazität sie haben sollen. Auch die physikalischen Merkmale und die Saisonabhängigkeit von Fertigprodukten können sich zeitlich und volumenmäßig auf die Lagerhaltung auswirken.

Transportkosten, ein wichtiger Faktor bei Entscheidungen über Standorte von Lagern und Anforderungen an diese Lager, beeinflussen je nach Verwendungsart, Lagertyp und Beförderungsart, die Lagerhaltungskosten und werden selbst von diesen beeinflußt. Im allgemeinen nehmen die Transporte zu (beispielsweise von der Fabrik zum Lager), wenn die Zahl der Lager größer wird und erhöhen damit die Transportkosten. Andrerseits verringern sich die Kosten für den Transport vom Lager zum Kunden mit einer größeren Zahl von Lagern wieder. Deshalb muß ein guter Kompromiß zwischen Forderungen und Gesamtkosten gefunden werden.

Auch die Lagerhaltungskosten steigen mit der Zahl der Lager an. Dieser Anstieg umfaßt die Kosten für die Lagerbestände selbst und für die Arbeit, Aktivitäten, Einrichtungen, Auftragsbearbeitung, den Produktsupport und die Kommunikation.

Da sich Dienstleistungspolitik eines Unternehmens stark auf die Lagerhaltungskosten auswirkt, ist eine der größten Herausforderungen an das Lagerhaltungsmanagement, sicherzustellen, daß die eigenen Strategien für und die Entscheidungen über die Lagerhaltung mit der Gesamtstrategie für die Kundendienstleistungen in Einklang stehen. Für diese Koordination können Programme wie Just-in-time oder Kundenselbstabholung erforderlich sein.

Soweit das praktisch durchführbar ist und die Kosten nicht vernachlässigbar klein sind, sollten die aktivitätenbezogenen Kosten identifiziert und den Produkten oder Produktgruppen zugeschlagen werden. Produktkosten enthalten auch Gemeinkosten, da sie ressourcenverbrauchende Aktivitäten erfordern, einschließlich Lagerhaltung. Für die einzelnen Produkte fallen diese Kosten aber verschieden aus, da die erforderlichen Aktivitäten, wie etwa die Lagerhaltung, auch unterschiedlich sind.

Die Klassifizierung der Kosten nach einzelnen Aktivitäten ist Grundvoraussetzung für die Berechnung der Kosten bei bestimmten Lagerhaltungspraktiken, wie zum Beispiel Durchgangsfracht, wobei die Ladung an- und wieder ausgeliefert wird, ohne Zwischenlager. Durch die Klassifizierung ist auch die Anwendung von Kontroll- bzw. Steuerungsmethoden möglich (beispielsweise das Management von Lagerhaltungsaktivitäten).

Wenn mehr als ein Kostenobjekt beteiligt ist (z.B. die Aktivitäten für die An- oder Auslieferung von zwei verschiedenen Produkten), dann können diese Kosten direkt auf die Klassen für das Kostenverhalten übertragen werden (kurzfristige variable Kosten, langfristige variable Kosten und Festkosten). Diese Verfahrensweise ermöglicht eine effektive Grenzpreisgestaltung, eine Kosten-/Gewinnanalyse, flexible Budgetierung und Varianzanalyse.

Diese Aktivitätenkosten können den der Hauptklassen der Lagerhaltungsdienstleistungen – Lagerung, Handling und Verwaltung – zugeordnet und dann den Produkten oder Produktgruppen zugeschlagen werden. Die Klassifizierung von Produkten in Gruppen beruht – wo sie erforderlich ist – auf einem detaillierten Lagerhaltungsprofil, das jede Gruppe genau definiert. Dabei spielen folgende Parameter eine Rolle:

- Art der Ladung
- Lademethode (auf Paletten, vom Boden)
- Auftragsgröße
- Produkte aus einer Produktgruppe pro Auftrag
- erlaubte Ladehöhe
- Temperaturkontrolle oder andere Kontrolle
- Gewicht und Maße der Kartons oder Einheiten
- Kartons pro Palette
- Palettengröße

Die Gruppierung von Produkten ermöglicht uns, die „Cost Driver" für jedes Produkt zu bestimmen, die zu den nichtwertsteigernden Aktivitäten beitragen.

Die Lagerhaltung ist in ihrer Organisation, ihren Zielen und der Kostenstruktur von Unternehmen zu Unternehmen sehr unterschiedlich. Deshalb unterscheiden sich auch die ABC-Methoden voneinander. Ein effizientes System für die Kostenberechnung verwendet sowohl detaillierte Kosteninformationen als auch zahlreiche Betriebsstatistiken, die mit Lagerhaltungsaktivitäten zusammenhängen. Mit einem solchen System ist es dann möglich, die Produktkosten bis zu den Aktivitäten zu verfolgen und deshalb Verzögerungen, Exzesse und Unregelmäßigkeiten in der Lieferkette aufzufinden.

Die Größe des Lagerplatzes und der Dienstleistungsumfang, die angemessen sind, hängen zum großen Teil von rechtzeitigen und genauen Informationen ab. Je besser die Informationen über den Bedarf und die Aktivitätskosten sind, desto weniger Dienstleistungen für Lagerung und Handling sind erforderlich – wenn alle anderen Faktoren gleich bleiben. Deshalb ist der Wert, den rechtzeitige und gute Informationen für ein effizientes Management der Lagerhaltungskosten haben, kaum hoch genug einzuschätzen.

Wirklich nutzbare Lagerhaltungsinformationen müssen so umfassend sein, daß alle relevanten Kosten und die gesamte Ausrüstung für die Lagerhaltung darin enthalten sind, wie die Kosten für Arbeit, Arbeitsaktivitäten, Ausrüstung, Produktlagerbestände und Einrichtungen.

Mit Hilfe dieser Informationen sollten Leistungsmessungen, Leistungsbeurteilungen und Produktivitätsverbesserungen erfolgen. Sie sollten auch eine Finanzplanung ermöglichen (beispielsweise für bauliche Maßnahmen, Leasing oder Ausmusterung von Lagereinrichtungen), indem der Platzbedarf für die Lagerung aus ihnen hervorgeht.

9.3.5 Computergestützte Informationssysteme

Durch das Wissen um diese Informationsanforderungen und die Möglichkeiten, welche die Computerhardware und Software heute bietet, steigt auch die Zahl der Unternehmen, die für ihr Lagerhaltungsmanagement computergestützte Informationssysteme entwerfen und einsetzen.

Gut aufgebaut und angewandt bietet ein solches System die Möglichkeit, wichtige Betriebs- und Finanzdaten simultan zu erfassen. Diese Daten umfassen Aktivitäten, die mit Anlieferung, Lagerung, Handling, Auslieferung, Arbeit und Nutzung der Ausrüstung in Verbindung stehen. Das System sollte Schnittstellen zu anderen logistischen Aktivitäten (beispielsweise Distribution, Beschaffung, Produktion und Buchhaltung) haben. In Abbildung 9.7 sind einige dieser Schnittstellen dargestellt.

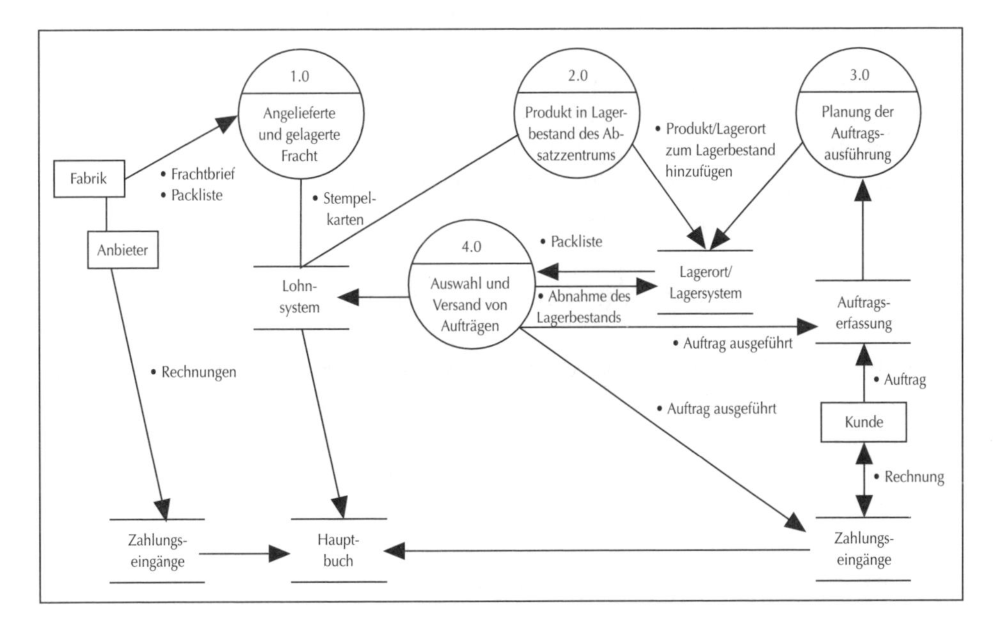

Abbildung 9.7: Beispiel für den Fluß von Daten – Absatzzentrum und Buchhaltungsaktivität

Aktivitätenbasierte Informationen über Lagerhaltungskosten sind ein Managementbeitrag zum Entscheidungsprozeß über Produkt-Mix, Produktrentabilität und Kundenrentabilität. Die Kosten von Lagerhaltungsaktivitäten – unabhängig, ob diese als wertsteigernd oder nichtwertsteigernd eingestuft werden – stellen eine Ressource dar, die für die Wettbewerbsfähigkeit der Produkte und der Gewinnspannen eines Unternehmens ausschlaggebend sein kann.

9.3.6 Weitere Logistikaktivitäten

Auch für andere logistische Funktionen gibt es einen ABC-Ansatz zur Kostenberechnung, der dem Ansatz für Frachttransport und Lagerhaltung sehr ähnlich ist. Hier sollten für jede logistische Funktion oder logistischen Prozeß die zugehörigen Aktivitäten identifiziert werden. Zum Beispiel gäbe es für die Beschaffung von Verpackungsmaterial die folgenden typischen Schritte:

Täglich:
- Beschaffungsauftrag erstellen
- Lieferungen in Empfang nehmen

In regelmäßigen Abständen:
- Verpackungsmaterialbedarf bestimmen
- Qualifizierte Anbieter suchen
- Einkaufsspezifikationen ausarbeiten
- Strategie für die Bezugsquellensuche aktualisieren und bewerten
- Angebote von Anbietern einholen
- Anbieter auswählen
- Leistung des gewählten Anbieters beurteilen

Nachdem die logistischen Aktivitäten des Unternehmens identifiziert und die einzelnen Schritte abgegrenzt sind, werden für die Aktivitäten die Grundkosten bestimmt. Anschließend kann dann für den gesamten logistischen Prozeß ein TCM-System entwickelt werden.

9.4 Planung der Logistikleistung

9.4.1 Rahmen für die Leistungsmessung

Die Messung der Logistikleistung ist ein Prozeß, bei dem ein Unternehmen die logistischen Operationen, welche den eigenen Auftrag, die eigene Strategie und die eigenen Operationen unterstützen, definiert und bewertet. Sie stellt eine Erweiterung von TCM dar, die es Managern ermöglicht, ihre Logistik zweckbezogen mit Aktivitäten und Produkten in Zusammenhang stehend, zu überwachen, zu evaluieren und zu verbessern. TCM ist dabei die Geschäftsphilosophie für das Management aller Ressourcen eines Unternehmens und der Aktivitäten, die diese Ressourcen verbrauchen.

Im Design dieses Systems zur Logistik-Leistungsmessung sollten Verantwortlichkeiten und Zuständigkeiten von der untersten Ebene (beispielsweise Logistikaktivitäten) bis hinauf in die Unternehmensspitze berücksichtigt sein. Es sollte sowohl Parameter, die unternehmensweit gelten (z.B. Gesamtkosten des Unternehmens) als auch solche, die nur für Teilbereiche gelten (Aktivitätenkosten) umfassen.

Ein wichtiger Schritt für die Entwicklung eines solchen Systems ist die Identifizierung der entscheidenden Erfolgsfaktoren auf allen Unternehmensebenen. Für den Unternehmenserfolg gibt es folgende Faktoren:

- Kosten
- Gewinne
- Zykluszeiten
- Innovation
- Qualität
- Produktivität
- Kundenzufriedenheit
- Marktanteil
- Investitionsumfang
- Gesamtkapitalrentabilität

Für die Einzelbereiche sind folgende Erfolgsfaktoren typisch:

- Aktivitätenkosten
- Zykluszeiten von Aktivitäten
- Rechtzeitige Lagerauffüllung
- Termingerechte Lieferung
- Ausführungszeiten von Aufträgen

Abbildung 9.8 zeigt einige der Schlüssel-Cost-Driver/-Leistungsindikatoren für die Logistik. Sie sind nach ihrem Wert in Klassen eingeteilt.

Es werden auch noch zahlreiche andere Finanz- und Nichtfinanz-Indikato-

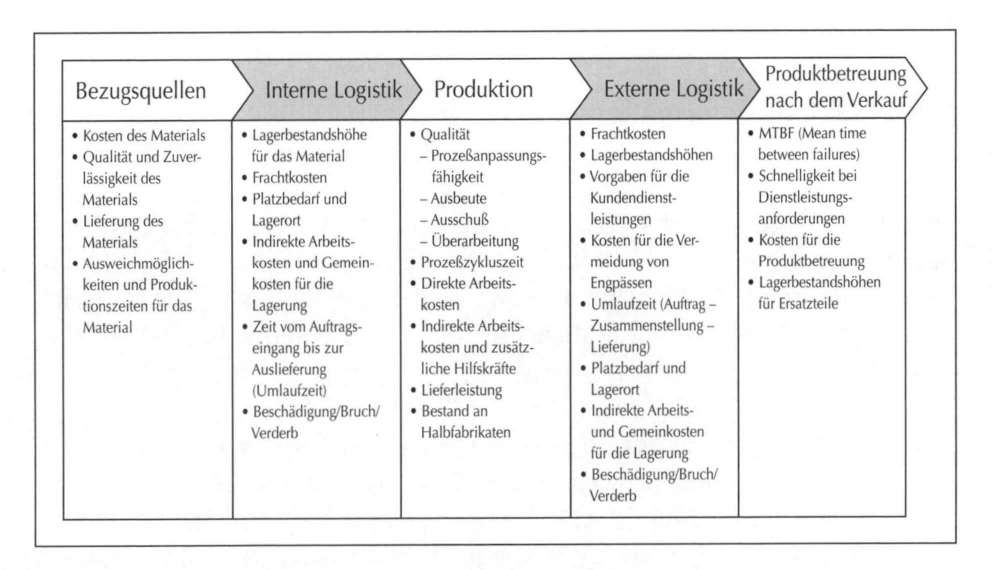

Abbildung 9.8: Schlüssel-Cost-Driver/-Leistungsindikatoren für die Logistik

ren für die Leistung verwendet. Wichtig ist dabei, die relative Bedeutung dieser Faktoren für die einzelnen Produkte (Produktgruppen) und Kunden (Kundengruppen) zu bestimmen.

Nachdem die ausschlaggebenden Erfolgsfaktoren identifiziert und ihrer relativen Bedeutung entsprechend in geeignete Klassen eingeteilt sind, kann für alle logistischen Aktivitäten der aktuelle Leistungsstand bestimmt und ein neues Leistungsziel aufgestellt werden.

Die Bewertung von Logistikleistungen muß auf Grundlage der Geschäftsstrategie und der Leistungsziele des Unternehmens erfolgen. Ein Ziel für die Gesamt-Kapitalrentabilität der Logistik müßte beispielsweise die Leistungsbewertung für Aktivitäten wie Produktivität der Transportausrüstung, Nutzungsgrad der Lagereinrichtungen usw. einbeziehen.

Diese Leistungsbewertung sollte, nachdem sie für die Aktivitäten erstellt ist, flexibel durchgeführt werden. Dazu müssen Probleme bei der Datenerfassung, bei Berichts- und Meldeverfahren sowie unterschiedliche Interpretationen verfolgt werden und Bewertungskriterien, relative Bedeutungen und Ziele entsprechend angepaßt sein. Das sollte nach dem Prinzip der kontinuierlichen Verbesserungen (japanisch: *kaizen*) geschehen – eine unerbittliche Jagd nach einer Verbesserung der eigenen Leistungen für den Kunden. Die hervorragende Logistikqualität sollte ein ständiges und nie endendes Ziel sein.

9.4.2 Leistungsinformationen

Da es in allen Bereichen der Lieferkette des Unternehmens logistische Aktivitäten gibt, wird es immer wichtiger, einen integrierten Ansatz für das Informationsmanagement zu entwickeln, der auf einer gemeinsamen Datenbank aufbaut. Führende Unternehmen verwenden diesen Ansatz bereits, weil sich eine integrierte Information auch positiv auf die Kundendienstleistungen auswirkt.

Für das Management der logistischen Gesamtkosten sind exakte, umfassende Informationen notwendig, die rechtzeitig für alle Betriebs- und Finanzmanager zur Verfügung stehen. Daten sollten in einem einzigen, konsistenten Datensatz zusammengefaßt sein – beispielsweise die Informationen über den Lagerbestandsstatus (oder die verfügbaren Lagerbestände) – und allen Mitgliedern der Lieferkette zugänglich sein, unabhängig, ob sie diese für die Auftragsbearbeitung, das Lagerbestandsmanagement, die Lagerhaltung, den Versand, die Produktionsplanung oder die Kundendienstleistungen benötigen und verwenden.

Der Einsatz von Informationstechnologie (IT) für das logistische Management nimmt in nahezu allen Branchen rapide zu. Viele dieser Anwendungen werden als „lebenswichtig" angesehen, d.h., das Unternehmen hängt bei seinen geschäftlichen Operationen in hohem Maß von diesem System ab.

Die Hauptfunktion dieser „lebenswichtigen" IT-Anwendungen in der Logistik ist die Unterstützung des Lagerbestandsmanagements – insbesondere durch einen immer härteren Konkurrenzkampf, zahlreicheren Produktlinien, immer größeren Märkten bis hin zum globalen Markt. Diese Art von Systemen, die allgemein als „Closed-Loop-Just-in-time-" oder „Quick-Response-"Management-Kontrollsystem bezeichnet wird, erfüllt folgende Aufgaben:

- Deckt alle Lieferketten des Unternehmens (oder des Unternehmensbereichs) ab
- Verfolgung von Absätzen, Kosten und Gewinnen nach Produkten oder Artikelpositionen
- Verfolgung von Aufträgen, Beschaffungsaufträgen und Lagerbestandsbewegungen
- Maximierung der Produktivität bei gleichzeitiger Minimierung der Zeiten
- Verbindung mit Geschäftspartnern über elektronischen Datenaustausch
- Integration der Funktionen innerhalb der Lieferkette
- Online-Betrieb und gemeinsame Datenbank für alle Stellen des Unternehmens in einer Arbeitsumgebung, die in viele Stellen und Standorte gegliedert ist.

Der verstärkte Einsatz der Telekommunikation hat auch zu einer verbesserten Logistik in der gesamten Produktlieferkette geführt. Bei der internen Logistik wurde die termingenaue Produktion und Lieferung (Just-in-time-Bestellung) bei Hersteller und Abnehmer gefördert. In der externen Logistik wurden durch den Einsatz von Telekommunikation und gemeinsamen Datenbanken die Zykluszeiten verkürzt. Die am weitesten entwickelten Systeme für den elektronischen Datenaustausch werden als Einheiten in Netzen verwendet, um Material, Anlieferungen und Produkte vom Produktionsort bis zum Verkaufsort oder zur Anlieferung beim Kunden zu verfolgen.

Andere Anwendungen, wie etwa Strichkodierung, erhöhen die Genauigkeit bei der Datenerfassung und erleichtern das Handling von Produkten (beispielsweise Anlieferung oder Zusammenstellung von Aufträgen). Sie verkürzen die Gesamtzykluszeiten innerhalb der Lieferkette und führen dadurch auch zu kleineren Lager- und Sicherheitsbeständen.

Für ein logistisches Kostenmanagement ist wichtig, daß ein modernes Informationssystem auch die wahren Kosten von Produkten (oder Produktgruppen) berechnen, überwachen und berichten kann. Da Unternehmen ihre traditionellen Systeme für die Kostenberechnung immer mehr in Frage stellen und verstärkt zu TCM übergehen, sollten automatische ABC-Verfahren ein unverzichtbarer Bestandteil von modernen IT-Anwendungen sein.

9.5 Zusammenfassung

Die „stille Revolution", welche die Logistik in der heutigen Geschäftswelt erfährt, bringt auch große und neue Möglichkeiten zu Verbesserungen in Bezug auf Zeit, Kosten und Dienstleistungen zutage. An erster Stelle steht dabei das Management von Lieferketten als ein strategischer Ansatz zur Steigerung der Effizienz der einzelnen Operationen, wobei die Logistik der Schlüssel zu einer wirkungsvollen Umsetzung ist.

Verbesserungen bei den logistischen Operationen sind aber nicht möglich ohne ein effizientes Kostenmanagement für die Funktionen und Aktivitäten, die den logistischen Prozeß eines Unternehmens gestalten. Obwohl Kostenberechnungen in der Logistik bereits seit einiger Zeit auf Grundlage von logistischen Aktivitäten (beispielsweise Transport, Lagerung, Auftragsbearbeitung und Kundendienstleistung) durchgeführt werden, sollten heute neuere ABC-Methoden dafür Verwendung finden. Das muß ebenso konsequent geschehen wie schon in der Produktion oder bei anderen wertsteigernden Aktivitäten.

Die Logistik (insbesondere für Transport und Lagerhaltung) wurde in diesem Kapitel so weit im Detail definiert, daß eine Kostenberechnung auch für solche Aktivitäten und Funktionen möglich ist, die bisher weitgehend ignoriert wurden. Da Lieferkettenstrategien immer mehr an Boden gewinnen und Logistik verstärkt dazu verwendet wird, um interfunktionelle Aktivitäten zu integrieren, sollte auch das Kostenmanagement in der Logistik an Wert gewinnen.

TCM ist ein hochentwickelter Satz von Ansätzen und Techniken, mit dem signifikante Änderungen und Kosteneinsparungen bei allen geschäftlichen Prozessen, einschließlich der Logistik, erreicht werden können. Für TCM gelten die folgenden sechs Grundsätze:

1. *Kosteninformationen müssen die Strategie unterstützen*: Was auch immer im Mittelpunkt der Strategie eines Unternehmens steht, Qualität, Kundennähe, Schnelligkeitswettbewerb oder etwas anderes, gute Informationen sind die Grundlage für richtige Entscheidungen. Ohne umfassende Informationen können Sie Ihre strategischen Ziele nicht erreichen. Die größte Stärke von TCM ist dabei die Erstellung von guten Informationen über die Kosten.
2. *Versuchen Sie, eine Organisation als eine Sammlung von Prozessen zu betrachten und nicht als einen Satz Organisationsdiagramme*: Bei einer solchen Prozeßsichtweise müssen alle Interaktionen zwischen den einzelnen Organisationseinheiten erfaßt und berücksichtigt werden. Dies bedeutet, daß der analytische Rahmen offener ist für Konzepte, wie Aufgaben ausgeführt werden sollten, und weniger auf das Berichten von Arbeitsstrukturen und -beziehungen ausgerichtet ist, mit denen die Aufgaben ausgeführt werden.
3. *Nachdem Sie diesen grundlegenden Schritt, Ihre Sichtweise zu ändern, gemacht haben, managen Sie Kosten, indem Sie Aktivitäten managen*: Nur, wenn Sie sich auf Aktivitäten konzentrieren, können Sie nachhaltig Änderungen in den Kostenstrukturen erreichen. TCM ermöglicht es Ihnen, Informationen so zu organisieren, daß Möglichkeiten zu Kostensenkungen offengelegt werden – ein Prozeß, der weitestgehend von der Identifizierung dieser Aktivitäten und deren Hintergründe und Ursachen abhängt. Eine Konzentration auf Aktivitäten ist die Kraft, die in allen diesen TCM-Grundsätzen steckt: Geschäftsprozeßanalyse, aktivitätenbezogene Kostenberechnung und kontinuierliche Verbesserungen.
4. *Organisieren Sie diese Informationen nach dem Wert der einzelnen Aktivitäten für Ihre Kunden*: Identifizieren Sie auch hier Verbesserungsmöglichkeiten, indem Sie Aktivitäten in für Ihre Kunden wertsteigernde und nichtwertsteigernde trennen und in solche, die unverhältnismäßig kostenintensiv sind.
5. *Die Ergebnisse der TCM-Analyse müssen nun in Aktionspläne umgesetzt werden*: Machen Sie hier nicht den Fehler, alles nur zahlenmäßig neu zu organisieren. Gehen Sie nicht in diese „Falle"!
6. *Überwachen Sie den Geschäftsverlauf, indem Sie die Leistungskriterien mit Hilfe der identifizierten entscheidenden Erfolgsfaktoren anpassen*:

Auch hier ermöglicht Ihnen die Prozeßsichtweise, Kriterien für die Bewertung und Überwachung von wichtigen Leistungselementen zu erstellen.

TCM ist kein eigenständiges Ziel. Es ist vielmehr ein Weg zur Unterstützung von Unternehmenszielen, wie immer diese auch lauten mögen. Ihr Ziel sollte dabei nicht ein neues Verständnis der Zahlen des Unternehmens sein. Versuchen Sie statt dessen, die Zahlen so zu verstehen, daß Sie eine Informationsstruktur aufbauen können, die dazu beiträgt, die strategischen Ziele des Unternehmens zu erreichen.

TCM ist, kurz gesagt, ein Mittel zum Zweck. Das Mittel dabei ist das Kostenmanagement. Der Zweck ist eine bessere Wettbewerbsfähigkeit und eine Logistik, die auch auf einem globalen Markt noch Weltklasse verkörpert.

Teil 2
Transportwesen

10 Transportarten

GERHARD MULLER
Assistenzprofessor, Internationales Transport- und Logistikmanagement, City University of New York

Bis vor wenigen Jahrzehnten beschränkte sich das Transportwesen ausschließlich auf die Beförderung und Lagerung von Frachtgut. Heute und auch in vorhersehbarer Zukunft wird dieser Wirtschaftszweig durch neue Technologien, veränderte Welthandelsstrukturen und eine Deregulierung auf nationaler und internationaler Ebene geprägt. Das Transportwesen hat sich zu einer Hauptkomponente der Wirtschaftswelt entwickelt.

Der Transport kann mittels einer, zwei oder mehrerer Methoden erfolgen, z.B. über den Wasser- bzw. Luftweg, über Bahn oder Straße. Obgleich nicht Thema dieses Kapitels, stellen auch Pipelines eine wichtige Transportmethode dar, wenn es um die Beförderung großer Mengen Flüssig- und Gasprodukte wie Öl, Wasser und Erdgas geht. Der Transfer von Waren und Gütern zwischen zwei Methoden wird *intermodaler Transfer* genannt.

Bevor eine Diskussion über das Transportwesen überhaupt begonnen werden kann, müssen bei allen Methoden gemeinsame Themen, Ausdrücke und Ansatzpunkte herausgearbeitet werden.

Stückgut, Schüttgut und kombiniertes Schüttgut: Ursprünglich wurden Frachten in zwei große Kategorien eingeteilt: Stück- und Schüttgut. In den vergangenen Jahren entstandene moderne Transportkonzepte und Fahrzeugkonstruktionen haben den Einsatz einer dritten Kategorie gefördert, des kombinierten Schüttgutes. Als Stückgut bezeichnet man Endprodukte wie Maschinen, verpackte Güter, Fahrzeuge und Geräte. Kohle, Erdöl, verschiedene Gase, Getreide, Eisen und andere nichteisenhaltige Erze zählt man zu den Schüttgütern. Der Transfer des Schüttguts von einer zu einer anderen Methode geht normalerweise einfacher und weniger aufsehenerregend vonstatten als der Transfer von Stückgut, was im ersten Fall das Aufrechterhalten eines konstanten Transportflusses einfacher und kostengünstiger gestaltet.

Kombiniertes Schüttgut, ein Begriff, der in den letzten zehn Jahren entstanden ist, bedeutet, daß Schüttgut und andere Formen homogener Frachttypen zusammen in einem Fahrzeug transportiert werden. Ölfirmen verwenden die

Einrichtungen für kombiniertes Schüttgut dazu, verschiedene Erdölerzeugnisse in einem einzigen Schiff, den sogenannten *Pakettankern*, zu transportieren. Auch die Beförderung von Autos, Bauholz, und Tiefkühlprodukten fällt unter diese Kategorie. Die Frachttrennung wird während des Ladens, des Transportes und des Abladens aufrechterhalten.

Anschlußstellen: See- und Flughäfen, Gleisanschlüsse und Pipeline-Terminals, um nur einige solcher Anschlußstellen zu nennen – sind Bestandteil des kombinierten Transportverkehrs. Der Wettbewerb beschränkt sich nicht nur auf die Transportgesellschaften, sondern erstreckt sich auch auf Häfen/Flughäfen und ganz besonders Binnenterminals, also auf Punkte, an denen ein intermodaler Übergang stattfindet. In Anbetracht der Kapitalintensität des modernen Transportwesens nimmt die einst große Anzahl von Anschlußstellen aufgrund geänderter Transportwege immer weiter ab. Mit Ausnahme bestimmer spezifischer Nischen des Transportgeschäftes wird sich dieser Prozeß vermutlich in den nächsten Jahrzehnten fortsetzen.

Staatliche Eingriffe: Die Eisenbahnmonopole des ausgehenden 19. Jahrhunderts haben das Entstehen stark ausgeprägter staatlicher Überwachungsfunktionen vorangetrieben, die jetzt als Präzedenzfälle für spätere Eingriffe in andere Transportmethoden angesehen werden. Die Geschichte des gesamten Transportwesens ist daher untrennbar mit den föderalen und staatlichen Bestimmungen und internationalen Vereinbarungen verbunden.

Mit wachsendem Bedarf und Praxis im Transportwesen, im kombinierten Transportverkehr und Logistikmanagement wurden staatliche Eingriffe immer stärker als Hindernis für die Schaffung eines leistungsstarken Transportsystems angesehen. Der Beweggrund für die in letzter Zeit in den Vereinigten Staaten, auf dem europäischen Markt und in anderen Wirtschaftsunionen rund um den Erdball ergriffenen Maßnahmen zur Deregulierung liegt zum größten Teil darin, die jeweilige Wettbewerbsposition auf dem Weltmarkt zu verbessern. Es gibt überzeugende Beweise dafür, daß Deregulierungsmaßnahmen liberalisierend auf das Transportwesen wirken.

Wirtschaftliche Auswirkungen und Tarife: Als direkte Folge der Deregulierung des Transportwesens wird die Öffnung neuer Märkte angesehen. Die Tarife und Dienstleistungen veränderten sich aufgrund der Aufhebung einstmals restriktiver Handelsbarrieren und der damit verbundenen Anpassung des Transportwesens an Angebot und Nachfrage. Diese neu gewonnene Freiheit der Transportgesellschaften, modale und intermodale Transportarten basierend auf einer Kombination von Tarifen und Dienstleistungen selektiv einzusetzen, hat den Aufstieg und auch manchmal den Fall von Transportgesellschaften und Anschlußstellen in einem kaum vorhersehbaren Maße beeinflußt.

Veränderungen der Geschäftswelt und der Einsatz moderner technischer Errungenschaften, wie zum Beispiel doppelstöckige Züge, und eine größere Einbindung modaler Spediteure in das intermodale/logistische Management werden beim Fortschreiten dieses Prozesses ähnliche Änderungen in anderen Teilen der Welt hervorrufen.

Die wachsende Bedeutung von Kommunikationssystemen: Der Deregulierung im Transportwesen auf dem Fuße folgte eine Entwicklung, die man die Kommunikationsrevolution nennen könnte. Die Deregulierung im Bereich der Kommunikationsindustrie erleichterte Lieferanten und Konsumenten von Kommunikationstechnologien den Zugriff auf genauere und schnellere Informationen in bislang unbekanntem Ausmaß.

Bedingt durch neue Kommunikationssysteme, besonders auch durch die jüngsten Entwicklungen im nationalen und internationalen Datenaustausch können Korrespondenzpartner sich immer mehr auf eine papierlose Form der Planung, Umsetzung und weltweiten Nachverfolgbarkeit von Frachtlieferungen verlassen. Es erscheint mehr als wahrscheinlich, daß sich diese Entwicklung noch beschleunigt.

Logistikmittler: Im frühen Stadium der Deregulierung wurde häufig befürchtet, daß die Rolle der Logistikmittler an Bedeutung verlieren, wenn nicht sogar ganz entfallen würde. Dies könnte tatsächlich in einigen Bereichen des Transport- und Logistikmanagements der Fall sein, und zwar besonders dort, wo Veränderungen nicht schnell genug akzeptiert wurden und notwendige Anpassungen ausblieben.

Es haben sich aber in Anbetracht der zunehmenden Globalisierung der Weltmärkte Nischenmärkte aufgetan. Diese erfordern Spezialisten, die die erforderlichen Kenntnisse und Technologien für einen effizienteren und kostengünstigeren Dienst am Kunden bereitstellen. Just-in-time (JIT) sowie andere Herstellungs- und Lieferkonzepte werden auch in Zukunft eine Fortführung und Ausweitung dieser Dienstleistungen erfordern, um die breitgefächerte Nachfrage ihrer Kunden befriedigen zu können.

Beziehung zum Vertriebsmanagement: Die Entwicklung des Transportwesens und die Beziehung zu schnelleren und besseren Kommunikationssystemen machten den intensiveren Umgang mit dem Vertriebsmanagement und die Entwicklung und den Ausbau dieser Beziehung notwendig. Dies trifft besonders deshalb zu, da auch dieser Bereich ständig Veränderungen unterliegt. Die Grundlagen des Transportweses sind und bleiben Hauptkomponenten des Vertriebsmanagements.

Vergleich zwischen den Vereinigten Staaten und anderen Ländern: Ein Großteil der in diesem Kapitel enthaltenen Informationen konzentriert sich auf die Transportsysteme in den Vereinigten Staaten. Dies geschah aufgrund von zwei Überlegungen.

Erstens gibt es in Anbetracht der Größe und der Auswirkungen auf das Transportwesen bereits zu viele Informationen über die Transportsysteme in den Vereinigten Staaten. Das Zurückgreifen auf Beispiele aus anderen Teilen der Welt würde daher die Sachverhalte nur unnötig komplizieren.

Zweitens gleichen vermutlich die jetzigen und zukünftigen Veränderungen im Transportwesen in den Vereinigten Staaten den entsprechenden Entwicklungen in anderen Teilen der Welt. Damit soll nicht behauptet werden, daß alle Entwicklungen in den USA sich anderswo in gleicher Weise auswirken werden oder sollten. Trotzdem ist es aber sehr wahrscheinlich, daß sich die Ergebnisse ungefähr gleichen werden.

Neue Transporttechnologien, unabhängig davon, ob diese im In- oder Ausland entwickelt wurden, zusammen mit den durch die globale Marktvernetzung entfesselten Kräften, werden Änderungen der Transportsysteme erforderlich machen, die sich zwangsweise in Umfang und sogar Ausmaß gleichen werden.

Außerdem ändern sich Statistiken bekannterweise von Jahr zu Jahr, manchmal sogar in drastischer Weise. Daher gelten auch für Artikel und andere, zum größten Teil von Statistiken abhängende Informationsquellen, oft nur kurzfristige Zeiträume.

Aus diesem Grund wurde der Anteil der statistischen Daten in diesem Kapitel zugunsten der großen, allgemeinen Trends sehr klein gehalten. Wir hoffen, daß der Leser trotz der Kürze dieses Kapitels einen besseren Einblick in die Situation und die Möglichkeiten des Transportwesens gewinnen kann.

10.1 Bahntransport

Im neunzehnten Jahrhundert wurden die Eisenbahnen in den USA als Eckpfeiler der Expansion angesehen. Ein Großteil jener Expansion wurde durch oligopolistischen und monopolistischen Wettbewerb erreicht. Heute dient die Eisenbahnindustrie als Beispiel dafür, was ein Industriezweig trotz einschneidender Einbußen wieder erreichen kann, wenn er die Chance erhält, erneut unter Voraussetzungen in den Wettbewerb einzutreten, die in vielerlei Hinsicht zu einer fairen Situation auf dem Spielfeld beitragen.

Obwohl das Eisenbahnnetz bis zur Zeit des amerikanischen Bürgerkrieges einen Großteil der östlichen Hälfte der Vereinigten Staaten überzog, konnte die Expansion westlich des Mississippi erst beginnen, als der Kongreß eine ganze Reihe von Gesetzen erlassen hatte. Als Anreiz für die Expansion bis zur Westküste stellten diese Gesetze den Eisenbahngesellschaften praktisch kostenlos Land zur Verfügung. Mit der Schaffung der ersten transkontinentalen Eisenbahnlinie im Jahre 1869 hatte man erreicht, daß diese Nation von Küste zu Küste durch ein Transportsystem verbunden war, das billiger und zugleich schneller war als zuvor. In der nächsten Hälfte des Jahrhunderts entwickelte sich die Eisenbahnindustrie zu einem der bedeutendsten Mitspieler in der wirtschaftlichen, sozialen und politischen Entwicklung dieser Nation.

Mit der Expansion kamen auch Wachstum und manchmal Exzesse großer Eisenbahnlinien, bedingt durch eine breitgefächerte Monopolentwicklung. Ganze Gemeinden gerieten so unter die Kontrolle dieser Monopole.

Aufgrund dieser Mißstände wurde eines der effektivsten Gesetze ins Leben gerufen, das noch bis vor zehn Jahren einen wesentlichen Einfluß auf die Transportindustrie hatte – das Gesetz zur Regulierung des Handels aus dem Jahre 1887. Dieses Gesetz sah unter anderem die Schaffung einer innerstaatlichen Wirtschaftskommission vor, die zum ersten Mal die Eisenbahnindustrie und später entstandene nationale und internationale Transportarten reglementieren sollte.

Trotz wirtschaftlicher Expansion und einiger Vor- und Nachteile der Reglementierung begann zum Jahrhundertwechsel die Eisenbahnindustrie an Bedeutung zu verlieren. Dieser Rückgang hielt an bis Mitte dieses Jahrhunderts, der Zusammenbruch der gesamten Eisenbahnindustrie drohte. Ein Großteil dieser negativen Entwicklung kann dem Entstehen und Wachsen alternativer Transportmethoden zugeschrieben werden, hauptsächlich dem Lastkraftverkehr und den Pipelines, aber auch einer Wiedergeburt des Wassertransportes. Mit Hilfe der durch ein Gesetz aus dem Jahre 1980, dem Staggers Rail Act, gewährten Anreize und der veränderten Abschreibungs- und Buchhaltungsmethoden gelang Mitte der 80er Jahre den Eisenbahnlinien ein neuer wirklicher Einstieg in den Transportwettbewerb. Besonders betroffene Bereiche waren die Containerbeförderung und andere Formen des Logistikmanagements. Mittlerweile dient die amerikanische Eisenbahnindustrie oft als Beispiel für eine gelungene Anpassung und Umsetzung der veränderten Transportmethoden in einem Zeitalter der Deregulierung und neuer technischer Errungenschaften.

10.1.1 Überblick über den Industriezweig

In den Vereinigten Staaten sind Eisenbahngesellschaften für den Frachttransport „im Privatbesitz befindliche, öffentliche Verkehrsmittel". In ihrer Eigenschaft als öffentliche Verkehrsmittel müssen sie der Allgemeinheit zugänglich sein. Mit wenigen Ausnahmen, wie z.B. der Schweiz, sind Eisenbahnunternehmen im Staatsbesitz.

Die Eisenbahnindustrie unterteilt sich in unterschiedlich große Gruppen. Die größten Bahnunternehmen sind die der ersten Kategorie, manchmal auch Linienverkehrsbetriebe genannt, die mindestens 50 Millionen US-Dollar Betriebseinnahmen aufweisen. In Gebieten, die ein Linienverkehrsbetrieb nicht direkt bedient, übernehmen vor Ort Kurzstreckenlinien das Verteilen der Bahnfrachtgüter. Obwohl Linienverkehrspediteure auch Umlade- und Abfertigungsdienste für ihre großen Kunden und andere Linienverkehrspediteure übernehmen, werden diese Dienstleistungen in Gebieten, in denen der größere Linienverkehrsbetrieb nicht tätig ist, oft von regionalen oder Kurzstreckenbetrieben übernommen.

Seit dem Bestehen des Staggers Rail Act im Jahre 1980 haben die Linienverkehrsbetriebe – von denen es heutzutage noch 10 gibt – viele unrentable regionale Eisenbahnlinien eingestellt. Daraufhin entstanden plötzlich etliche Kurzstreckenlinien, von denen ein Großteil aus dem Verkauf oder der Aufgabe von solchen Linienverkehrsbetrieben hervorgegangen waren. Die Geschäfte dieser Kurzstreckenspediteure gehen aufgrund niedrigerer Fix- und Betriebskosten meist gut. Außerdem können solche Kurzstreckenspediteure auch die Abfertigung, Wartung und Instandhaltung von Brücken und andere

Einrichtungen wie Passagier- oder Frachtstationen übernehmen, an manchen Orten sogar Fährdienste.

10.1.2 Kosten und Dienstleistungen, typische Merkmale

Trotz der wirtschaftlichen Betriebsvorteile der Eisenbahnen im Bereich des Fernverkehrs und manchmal auch im Nahbereich können die Eisenbahngesellschaften sich auch anderer Wettbewerbsvorteile erfreuen. Zu diesen Wettbewerbsvorteilen gehört das Wegerecht. Wegerechte gewähren den Eisenbahnen fast monopolistische Betriebsvorteile, die anderen Eisenbahnlinien die Benutzung der gleichen Bahnlinie untersagen. Dies trifft besonders auf Langstreckenverbindungen zu. Muß eine Konkurrenzgesellschaft Produkte auf solchen Strecken befördern, geht die entsprechende Besitzergesellschaft eine sogenannte Interline-Vereinbarung ein, gewährt also der Konkurrenzgesellschaft eine Art Benutzungsrecht, was zu Zeiten eine gute Einnahmequelle darstellen kann. Gleichzeitig ist und bleibt natürlich die Besitzergesellschaft dieses festgelegten Wegerechtes mit den hohen Kosten für Wartung und Steuern belastet. Es existiert aber derzeit keine Gesellschaft, die ein durchgängiges Streckennetz von Ost nach West oder Nord nach Süd über das gesamte Land hinweg bieten kann, obwohl es Interline-Vereinbarungen gibt, die einen solchen Service ermöglichen würden.

Nutzlast: Schüttgut und kombinierter Transportverkehr: Eine große Nutzlastkapazität macht es den Eisenbahngesellschaften möglich, große Mengen Billiggüter bei konkurrenzfähigen Preisen und Serviceleistungen abzufertigen und über lange Entfernungen zu transportieren. Diese Art von Waggonnutzlast zusammen mit verschiedenen Waggontypen ermöglicht den Eisenbahngesellschaften die Abfertigung fast jeder Warenart, besonders von Schüttgütern wie Erzen, Kohle, Getreide und mittlerweile auch von Einheitszügen mit Containern und Huckepackautos (TOFC).

Fixkosten und variable Kosten: Wie bereits erwähnt, liegt bei einem Kostenvergleich in der Eisenbahnindustrie der Anteil der Fixkosten weitaus höher als der der variablen Kosten. Fixkosten fallen unabhängig von der Größe des Verkehrsvolumens an. Dagegen verändern sich variable Kosten im Verhältnis zum beförderten Verkehrsvolumen. Zum Beispiel erfordert eine größere Frachtmenge mehr Waggons, Lokomotiven und Kraftstoff, eine geringere Nachfrage dagegen flexiblere oder variablere Betriebsabläufe.

Terminaleinrichtungen: Dazu gehören sowohl Be- und Entladeeinrichtungen für Eisenbahnwaggons, als auch Rangierbahnhöfe, an denen die Züge je nach Bestimmungsort der Fracht zusammengestellt werden. Außerdem zählen zu den Abfertigungseinrichtungen auch solche für Reparatur und Wartung, das Auftanken und für den Personalwechsel.

Arbeitskräfte: Bis vor zehn Jahren stellte der Faktor Arbeitskräfte oft mehr als die Hälfte der Betriebskosten dar. Dies traf besonders auf Fälle zu, in denen die Anzahl der Zugbesatzungsmitglieder für jeden Zug die Fähigkeit und Leistungsfähigkeit der verwendeten Technologie überstieg. Dies betraf Fahrzeuge, Lokomotiven und Kommunikationssysteme. Als Folge der Deregulierung wurden trotz heftiger Proteste der Gewerkschaften mehr als die Hälfte der Arbeitsplätze in der Eisenbahnindustrie abgeschafft. Die Eisenbahngesellschaften argumentierten damit, daß die Transportunternehmen durch flexible Arbeitsrichtlinien in die Lage versetzt worden wären, die gleichen Märkte konkurrenzfähiger mit anderen Transportarten bedienen zu können.

Treibstoff: Den zweitgrößten Posten der Betriebsausgaben nehmen die Ausgaben für Treibstoff ein. Jedoch konnten diese Kosten dank der Einführung und fortwährender Weiterentwicklung leistungsfähigerer Antriebssysteme, in der Hauptsache Diesel- und Elektrolokomotiven, abhängig vom jeweiligen Transportunternehmen beträchtlich gesenkt werden. Diese Kosten nehmen einen immer geringeren Anteil an den gesamten Betriebsausgaben ein und liegen im Durchschnitt derzeit bei ungefähr 12 Prozent.

10.1.3 Betriebsmittel

Waggontypen: Die meisten Eisenbahngesellschaften haben üblicherweise einen Fuhrpark, der sich zusammensetzt aus Güterwaggons, ausgebauten Güterwaggons (besonders modifizierte Waggons, die für Spezialgüter wie zum Beispiel Teilen für die Automobilindustrie verwendet werden), aus Autotransportern, offenen und geschlossenen Trichterwaggons, die Schüttgüter von der Unterseite des Waggons aus abladen, Flachwaggons für den Huckepackverkehr und Einfachstapelwaggons für Container, Tiefkühlwaggons für Waren, die geregelte Temperaturen brauchen, Gondelwaggons ohne Oberteil, flacher Unterseite und festen Seiten, und Tankwaggons für flüssige Frachtgüter wie Kraftstoff und Kraftstoffprodukte, Chemikalien und manchmal sogar für Wein- und andere Lebensmitteltransporte. Mit zunehmender Bedeutung des kombinierten Transportverkehrs wurden besondere Waggons zur Aufnahme von gestapelten Containern entwickelt, den sogenannten Doppelstapeln.

Lokomotiven: Wie oben beschrieben sind die heutigen Lokomotiven in Bezug auf Kraftstoffkosten und Anzahl der angehängten Waggons leistungsfähiger geworden. Die heutigen Diesel- und Elektrolokomotiven haben Dampflokomotiven fast vollständig verdrängt, die bis in die 50er Jahre als Arbeitstiere fungierten. Heutzutage findet man Dampflokomotiven eigentlich nur noch in Museen und auf Kurzstrecken für Sonderfahrten.

Einheitszüge: Der aus dem Mietkonzept für die Beförderung von Gütern entstandene Einheitszug ist auf den Transport einer einzigen Ware, normalerweise Kohle oder Getreide, vom Ursprungs- bis zum Bestimmungsort spezialisiert. Häufig ist der Transporteur Besitzer der Waggons, und der Zug wird in Wirklichkeit für eine bestimmte Zeit oder Strecke an den jeweiligen Transporteur vermietet. So könnten beim kombinierten Transportverkehr doppelstöckige Einheitszüge aus bis zu 150 Waggons mit 300 Containern verschiedener Größen bestehen. Diese Züge sind oftmals über einen Kilometer lang und bieten an Bahnübergängen ein beeindruckendes Bild.

10.1.4 Staggers Rail Act aus dem Jahre 1980 und die Deregulierung

Wie bereits erwähnt nahmen die Eisenbahngesellschaften in früheren Tagen eigentlich eine Monopolstellung im Bereich des Passagier- und Frachttransportes ein. Aufgrund dieser Tatsache förderte der Staat diesen Industriezweig solange, bis eine deutliche Änderung der öffentlichen Meinung in Hinsicht auf die Eisenbahngesellschaften erkennbar wurde. Die durch Staggers Rail Act im Jahre 1980 geschaffene Interstate Commerce Commission (ICC), eine zwischenstaatliche Wirtschaftskommission, legte zum Schutz der Eisenbahntransporteure die Mindest- und Höchsttarife fest. Das Ziel dieser zwischenstaatlichen Wirtschaftskommission lag darin, den Wettbewerb von Seiten anderer Transportarten zu fördern und dabei gleichzeitig die finanzielle Situation der Eisenbahngesellschaften zu sichern.

In den vergangenen Jahrzehnten ist der Wettbewerb von Seiten anderer Transportarten drastisch stärker geworden. Dies hatte zur Folge, daß der Anteil der Eisenbahnindustrie am Intercity Frachtmarkt in dieser Zeit auf weniger als 50 Prozent zurückging. Außerdem waren die Eisenbahngesellschaften Einschränkungen bzw. Zwängen unterworfen, die sie auf bestehende Strecken beschränkten, davon abhielten, Teile aufgrund zu hoher Betriebskosten stillzulegen, und sie konnten zur Verstärkung ihrer Wettbewerbsposition nicht Eigentümer oder Betreiber anderer Transportmethoden wie z.B. Landstraßen werden. Unter dem Strich sah es einfach so aus, daß die Eisenbahnindustrie in ihrer derzeitigen Marktsituation nicht wettbewerbsfähig war. Viele Eisenbahngesellschaften gingen in Konkurs, ganz besonders im Nordosten.

Im Geiste der Deregulierung, der auf die eine oder andere Art alle Transportmethoden betraf, wurde also im Jahre 1980 ein Gesetz, das sogenannte Staggers Rail Act, verabschiedet. Dieses versuchte, die Bedingungen des freien Marktes auf die Eisenbahnindustrie anzuwenden, wie dies in dieser Zeit der Deregulierung auch mit anderen Transportmethoden praktiziert wurde.

Staggers Rail Act deregulierte den Markt der Eisenbahngesellschaften aber nur teilweise; die zwischenstaatliche Wirtschaftskommission (ICC) hatte immer noch ausreichend Befugnisse, die Transporteure vor Wettbewerbsverletzungen zu schützen. Den Eisenbahngesellschaften wurden ausreichend Freiheiten eingeräumt, um in angemessenem Rahmen Verträge eingehen und Preise festlegen zu können. Als angemessen wurden Preise angesehen, die unter einem bestimmten Schwellenwert lagen, der aus dem Verhältnis Einkünfte und variable Kosten errechnet wurde. Außerdem verkürzte das Gesetz auch die Vorlaufzeiten für Stillegungs- und Fusionsvorgänge.

Man könnte sagen, daß den Eisenbahngesellschaften die Möglichkeit eingeräumt wurde Gewinne einzufahren, die gerade zum Überleben reichten. Der Eisenbahnsektor verzeichnete ein stetig wachsendes Niveau im Servicebereich. Dies trifft besonders auf den kombinierten Transportverkehr zu, in welchem die Einhaltung von exakten Fahrplänen dabei mithalf, das Konzept der sogenannten „Brückennetzwerke“ zu schaffen. Diese Brückennetzwerke brachten eine Verbesserung im Kundenservicebereich mit sich, besonders bei der Just-in-time-Lieferung von Containerfrachtgut. An bestimmten Handelswegen, wie zum Beispiel der Handelsstraße Pazifikgraben/Ostküste, verstärkte sich parallel dazu das Handelsverkehrsaufkommen der Westküstenhäfen zu Lasten der Häfen an der Ostküste. Aufbauend auf den Mini- und Mikro-Landbrückensystemen haben nun Westküstenhäfen wie Seattle, Tacoma, Oakland, Los Angeles und Long Beach die Funktion der Hafenumschlagplätze von den Ostküstenhäfen übernommen.

Man könnte auch so argumentieren, daß die Fracht auf der Pazifikgraben/ Europa-Straße jetzt sowohl die West- und Ostküstenhäfen durchläuft und damit die traditionellen Handelswege durch den Panama- und Suezkanal umgeht.

Service: Die Kostenstruktur der Eisenbahngesellschaften macht den Ausbau eines größeren und regelmäßigeren Verkehrsaufkommens erforderlich, um die ganze Bandbreite an Einsparungen nutzen zu können. In den vergangenen Jahren hat das Management zur Erhöhung des Verkehrsvolumens verschiedene Innovationen im Servicebereich entwickelt, wie zum Beispiel die Brückensysteme und in vermehrtem Umfang Linientransporte von Automobilen und Lastkraftwagen.

Die Idee des von den Eisenbahngesellschaften entwickelten Huckepack-Servicesystems lag darin, das Serviceangebot auf Kunden im Sektor des kombinierten Transportverkehrs auszuweiten. Das Huckepackverfahren, das sowohl Huckepackautos (Trailer-on-flatcar TOFC) als auch Huckepackcontainer (Container-on-flatcar COFC) umfaßt, ist in den letzten Jahrzehnten und besonders seit der Deregulierung so stark angewachsen, daß dieses Verfahren unter den gesamten Waggonladungen zwischenzeitlich an zweiter Stelle hinter Kohle rangiert.

Huckepackautos – TOFC: Der TOFC-Service transportiert Lkw-Anhänger auf Plattformwaggons. Dieser Service vereint die Leistungsfähigkeit des Eisenbahnlinienverkehrs mit der Flexibilität regionaler Abhol- und Zustelldienste des Straßentransports. Pünktliche Lieferungen, regelmäßige Abfahrtzeiten und Brennstoffersparnisse sind die Hauptgründe für das fortgesetzte Wachstum im TOFC-Bereich.

Es werden standardmäßig viele TOFC-Systeme angeboten, wovon jedes koordinierte und kombinierte Transportleistungen anbietet. Die Anhänger oder Traktoren könnten Eigentum der Eisenbahn- oder Transportgesellschaften sein bzw. des Spediteurs oder Auftragnehmers. Zum Beispiel befördert mit System 1 eine Eisenbahngesellschaft die Anhänger eines Transportunternehmens, wogegen der Transportunternehmer die Abwicklung von der Rampe zur Haustür an beiden Enden durchführt. Bei System 2 übernimmt die Eisenbahngesellschaft den Transport und bietet auch den Tür-zu-Tür-Service für ihre eigenen Anhänger an. Unter System 2 $^1/_2$ sorgt die Eisenbahngesellschaft für Anhänger, Plattformwaggons und den Bahntransport, wogegen der Spediteur und der Auftragnehmer die Abhol- und Zustelldienste von den Rampen übernehmen. Dieses System 2 $^1/_2$ wird am meisten eingesetzt. Einer Schätzung zufolge gibt es ungefähr 14 solcher Systeme, und ihre Anzahl steigt oder sinkt je nach vorhandenen alternativen Serviceangeboten der Eisenbahn.

Huckepackcontainer – COFC: Mit dem System der Huckepackcontainer (COFC) wird der internationale Transport von Containern abgewickelt. Diese Transportart entspricht den TOFC-Transporten im Inland. Ein Container wird nach dem Anliefern von einem Spediteur oder einem Containerschiff in einem Lager ohne Untersatz auf einen Plattformwaggon aufgesetzt. Eine weitere Möglichkeit besteht in der sogenannten doppelstöckigen Methode, bei der zwei Container aufeinander gestapelt werden.

Containertransport im Inland: Die Verwendung von Seecontainern für den Transport von Inlandsfracht basiert auf dem Konzept der Huckepackcontainer und der doppelstöckigen Methode. Der Transport im Inland wird häufig dann angewendet, wenn Container an ihren Versandort zurückgeschickt werden, zum Beispiel nach Fernost. So könnten diese Container also zur Beförderung von Fracht für Fernost verwendet werden. Der Container wird zum Beispiel an der Westküste ausgeladen. Der leere Container, falls nicht mit Exportfrachtgut beladen, wird auf der Straße zum Containerterminal gebracht, von dem aus das Schiff in Richtung Fernost ablegt.

Die Containerschiffe sind zu einem wichtigen Faktor im Bereich des Inlandstransportwesens geworden, da diese Container ausschließlich im Inland verwendet werden. Die Vorteile des Maschinenparks für die Online-Containerabfertigung für internationale Operationen stellen einen weiteren kostenwirksamen Service für Inlandspediteure dar.

10.1.5 Technologie

Elektronischer Datenaustausch: Zu den technischen Neuerungen, die auch im Eisenbahnbereich angewendet werden, gehört der elektronische Datenaustausch. Der Bedarf an schnelleren, leistungsfähigeren und kostenwirksameren Transportmethoden zur Verbesserung des Kundenservices erfordert aktuelle Informationen für Buchung, Ausstellung von Ladescheinen, für die Koordination und Recherche des Frachtgutes. Der elektronische Datenaustausch wurde ursprünglich zur Verbesserung der Koordination der Eisenbahnwaggons auf der Strecke, der Frachtgüter und auch der Betriebsmittel entwickelt. Rasche Fortschritte erweiterten diesen Servicebereich dadurch, daß sowohl Kunde als auch Eisenbahngesellschaft die Koordination jeder Sendung und aller damit zusammenhängenden Dienstleistungen effektiver gestalten können.

Neue Zugkontrollsysteme: Zur umfassenden Verbesserung der Eisenbahnleistung haben Eisenbahngesellschaften und besonders Linientransporteure neue Zugkontrollsysteme entwickelt. Diese Systeme unterstützen die Koordination von Fahrzeugen und Lokomotiven und erhöhen Sicherheitsstandards. Auf lange Sicht planen sie leistungsfähigere Betriebsabläufe, die auch saisonbedingtes Frachtaufkommen auffangen können.

Bahnhöfe: Einen weiteren stark verbesserten Sektor findet man in der Planung und dem Betrieb von Bahnhöfen. Dies betrifft das Be- und Entladen von Fracht und den kombinierten Transportverkehr, aber auch die Zusammenstellung und Auflösung von Linientransporten und Einheitszügen. Einige der Bahnhöfe neuerer Entstehungszeit werden als die besten Beispiele des modernen Eisenbahnbetriebes überhaupt angesehen.

Rollender Maschinenpark: Die gleiche Aufmerksamkeit wurde der Weiterentwicklung des rollenden Maschinenparks gewidmet, besonders im Bereich der verbesserten Wartung und der Rückführung der Unfallzahlen. Einige der technisch höherrangigen Betriebsmittel wie zum Beispiel Containerwaggons und ähnliches sind sehr kostspielig. Die Ausfallzeiten für häufige Reparaturen sind teuer und stellen eine Belastung für das Basisgeschäft dar.

10.1.6 Aktuelle Themen

Transportmultis: Die Eisenbahnindustrie ist nicht gegen die enormen Änderungen der Anzahl an Mitspielern gefeit. Als direkte Folge der Welle von Konkursen und Fusionen aufgrund der Deregulierung, hat die Zahl der Linientransporteure bis zu einem Punkt abgenommen, an dem weniger als 10 solcher Betreiber noch im Geschäft sind. Obwohl die Geschwindigkeit, mit der Konkurse und Fusionen auftraten, in den letzten Jahren etwas abgenommen hat, kann man trotzdem noch zu Recht annehmen, daß ein Kopf-an-Kopf-Wettbewerb in der Eisenbahnindustrie zur Bildung von Transportmultis führen wird, die das Geschäft von Küste zu Küste übernehmen werden. Dies könnte auch auf Eisenbahnlinien der Nord-/Südroute zutreffen. Außerdem besteht die Möglichkeit, daß im Zuge der Reorganisation des Eisenbahnwesens in Kanada auch die Kanadischen Eisenbahngesellschaften wie die CN und die CP eine stärkere Rolle in der amerikanischen Eisenbahnindustrie übernehmen könnten.

Vertikale Integration: Es muß auch der Gründung von Eisenbahnbetrieben Rechnung getragen werden, die andere Transportarten und deren Nebenleistungen umfassen. Zum Beispiel ist CSX eine Eisenbahngesellschaft, die gleichzeitig Besitzerin der Containerschifflinie SeaLand Services und anderer Serviceunternehmen einschließlich eines Lastkahnservices und eines Serviceunternehmens für den kombinierten Transportverkehr bzw. für Dritte ist. Viele Eisenbahngesellschaften haben bereits erkannt, daß zur Erreichung der Wettbewerbsfähigkeit unbedingt die Kontrolle über andere Transportarten und Nebenleistungen gehört, oder daß Dienstleistungspartnerschaften mit solchen Unternehmenszweigen eingegangen werden müssen, ganz besonders in Bereichen hochwertiger Güter.

10.2 Straßentransport

10.2.1 Überblick über den Industriezweig

Um die Jahrhundertwende hatte man damit begonnen, im Nahverkehr Lastkraftwagen einzusetzen und erst nach dem Ersten Weltkrieg „die Straße" ihre Position als Haupttransporteur für Frachtgüter im Nahverkehr ein. Bis zu diesem Zeitpunkt bestand dieser Industriezweig hauptsächlich aus kleinen Firmen und Betreibern, die auf lokale und regionale Lieferungen beschränkt waren.

Das Wachstum des Güternahverkehrs wurde durch technische Fortschritte unterstützt, wie zum Beispiel Gummireifen und Verbesserungen der Straßenverhältnisse, einem Nebenprodukt der wachsenden Anzahl von privaten Automobilen. In wirtschaftlicher Hinsicht wuchs die Lastkraftwagenindustrie aus folgenden Gründen: der Rückgang konkurrenzfähiger Eisenbahndienste, besonders nach dem Zweiten Weltkrieg; in den letzten zehn Jahren die Fertigstellung des Bundesstraßensystems mit Bundes- und Verteidigungsstraßen; gute Anbindung abgelegener Gegenden; und die Deregulierung des Transportwesens in den frühen 80er Jahren. Dieser Einfluß wird jedoch heutzutage wiederum durch das Wachstum in einem Servicebereich der Eisenbahngesellschaften für den Fernverkehr (mehr als 800 bis 1.100

km) in Frage gestellt, nämlich dem Bereich Inlandscontainer und Huckepackverkehr (TOFC).

Der Güterfernverkehr kann auf ein ausgebautes Wege- und Straßensystem zurückgreifen, das ungefähr 6 Millionen Kilometer an Wegen und Straßen in den Vereinigten Staaten umfaßt. Von dieser Menge sind ungefähr 67.000 Kilometer Teil des Bundes- und Verteidigungsstraßennetzes, dessen Planung so angelegt war, daß große Städte durch vierspurige Autobahnen mit wenigen Zufahrten miteinander verbunden waren.

10.2.2 Verschiedene Transporteure

Privater oder freier Transporteur: Der freie Transporteur berechnet eine Gebühr dafür, daß er der Öffentlichkeit seine Dienste zur Verfügung stellt. Der private Transporteur, der Gelegenheitsspediteur, stellt dem Transporteur seine Dienste zur Verfügung, dem die Fahrzeuge gehören oder der diese geliehen hat. Daher berechnet er keine Gebühr. Private Transporteure können nicht unter Tarif fallende Waren auch auf freier Basis transportieren, sind aber für die Durchführung dieses Vorganges dann eigentlich vom Tarif befreite, freie Transporteure.

Lokal- oder Nahverkehr: Freie Transporteure sind entweder lokale Betreiber oder im Nahverkehr tätig. Als lokale Transporteure übernehmen sie die Abholung und Zustellung zwischenstaatlicher Fracht innerhalb einer meist „Wirtschaftszone“ genannten Zone einer Stadt oder Region gemäß der Definition der zwischenstaatlichen Wirtschaftskommission (ICC).

Transport- oder Subunternehmen: Von Transportunternehmen wird erwartet, daß sie der allgemeinen Öffentlichkeit ihre Dienste auf Bedarf, zu angemessenen Preisen und ohne Diskriminierung zur Verfügung stellen. Subunternehmer auf der anderen Seite erbringen ihre Dienstleistungen für spezifische Speditionsfirmen, mit denen sie einen Vertrag eingehen, und sind daher nicht für den Transport von Frachtgütern für die allgemeine Öffentlichkeit zugänglich.

Tariffreie Unternehmen: Die freien Transportunternehmen wurden ganz spezifisch aus dem Aufsichts- und Einflußbereich der zwischenstaatlichen Wirtschaftskommission (ICC) herausgenommen. Diese Vorteile befreiten viele Arten von Frachtgütern (landwirtschaftliche Güter, Bauholz u.a.) vom

Einfluß regulativer Maßnahmen. Preise und Leistungen und die Anzahl der eingesetzten Fahrzeuge werden ausschließlich durch die Gesetze des Marktes geregelt.

10.2.3 Leistungen

Anschluß an das Verkehrsnetz: Da fast jede wirtschaftliche Aktivität in Gegenden mit Zugang zu den Landstraßen stattfindet, auch in den abgelegendsten Gebieten des Landes, ist es von allen Transportarten der Straßentransporteur, der den besten Anschluß an das Verkehrsnetz bieten kann. Dies trifft besonders auf Fälle zu, in denen sich die Beförderung nur auf Abhol- und Zustelldienste für andere Transportarten bezieht.

Geschwindigkeit: Bei Lieferentfernungen von weniger als 700 Kilometern kann der Lastwagen die Fracht normalerweise in kürzerer Zeit liefern als alle anderen Transportarten. Diese werden trotz eigentlich höherer Geschwindigkeit in diesem Bereich durch größere Fahrplanintervalle und ihrem begrenzten Anschluß an das Verkehrsnetz eingeschränkt.

Geringe Transportkapazität: Lastkraftwagen sind durch gesetzlich festgelegte Beschränkungen in der Zuladung (ca. 11 bis 14 Tonnen) und in Abmessungen (ca. 3 m hoch und 2,50 m breit) oft stark benachteiligt. Andererseits bietet die kleinere Transportgröße der Lastkraftwagen dem Käufer und Verkäufer die Vorteile niedriger Investitions- und Unterhaltskosten.

Sicherheit: Obwohl natürlich Verkehrsunfälle vorkommen, von denen manche auch sehr spektakulär sind und Schlagzeilen machen, hat sich die Verkehrssicherheit in den letzten zehn Jahren dank strengerer Überwachung der Gewichtsbeschränkungen, Geschwindigkeitskontrollen, Fahrzeugkontrollen und eines bundesstaatlichen Führerscheinsystems ständig verbessert. Das bedeutet weniger Schäden am Transportgut, was wiederum die Notwendigkeit übermäßiger Verpackungsanforderungen und damit verbundene Kosten reduziert.

Flexibilität: Lastkraftwagen besitzen den Vorteil, daß sie schneller als die meisten anderen Transportarten abgefertigt werden können. Zum Beispiel müssen Eisenbahn und Lastkähne größere Mengen an Fracht oder Fahrzeugen aufladen, bevor der tatsächliche Frachttransport beginnen kann. Wenn ein Speditionsunternehmen aufgrund des Wettbewerbsdrucks darauf angewiesen ist, jederzeit auf schnelle und gute Ausweichmöglichkeiten beziehungsweise Alternativen zurückgreifen zu können, bietet die Anzahl und Auswahl an Landstraßen oder Schnellstraßen hierfür die besten Möglichkeiten.

10.2.4 Kostenstruktur

Ungefähr 90 Prozent der Kosten der Lastwagen-Transportunternehmen sind variable und 10 Prozent feste Kosten. Lastwagen-Transportunternehmen können die Zahl der eingesetzten Fahrzeuge innerhalb kurzer Zeit und in kleinen Stufen erhöhen oder vermindern. Aufgrund der verhältnismäßig kurzen Aufenthaltsdauer der Fracht sind die Kosten für das Einrichten und den Unterhalt der meisten Lkw-Terminals verhältnismäßig gering. Feste Kosten beschränken sich größtenteils auf den Erwerb und Betrieb des Fuhrparks sowie, im öffentlichen Sektor, auf Investitionen im Bereich des Landstraßennetzes.

Verallgemeinernd kann man sagen, daß 94 Cent jedes Betriebsdollars für Betriebsausgaben verbraucht werden, und die restlichen sechs Cent für Zinsen und Erträge von Investoren.

Kostenersparnisse durch optimale Betriebsvergrößerung: Im Einsatz von Terminals, Managementspezialisten und seit kürzerer Zeit auch Informationssystemen liegt ein gewisses Potential an Kostenersparnissen. Dies trifft besonders auf Transporteure zu, die größere geographische Bereiche bearbeiten. Die Betriebskosten verringern sich normalerweise, wenn ganze Wagenladungen „über die Straße“ geliefert werden und natürlich besonders dann, wenn auch noch eine Rückfracht befördert werden kann. Die Gesamtkosten einer Lieferung über kürzere Entfernungen und für Stückgut werden zusätzlich durch häufigere Stops erhöht, besonders in Gebieten mit hohem Kostenniveau, also größeren urbanen Regionen.

10.2.5 Fuhrpark und Betriebseinsätze

Zu den unterschiedlichen Fahrzeugarten gehören:

Geschlossener Lkw: Standardanhänger oder einfacher Lkw, alle Seiten geschlossen.

Offene Ladefläche:	Ladefläche des Anhängers ist offen, damit die Fracht vertikal hineingehoben beziehungsweise wieder herausgehoben werden kann.
Plattform:	Anhänger mit Plattform oder gerader Auflage, keine Seitenteile und kein Oberteil.
Tanklastzug:	Befördert flüssiges Frachtgut wie Kraftstoff, flüssige Chemikalien, und flüssige Abfallprodukte.
Kühllastzug:	Fluchteinheiten, die geregelte Temperaturen und Umgebungsbedingungen bieten.
Übergröße:	Auflieger mit äußeren und inneren Abmessungen, die über den Normalwerten liegen und nur den Verkehrssicherheitsbestimmungen und gesetzlichen Einschränkungen unterliegen.
Besondere Fahrzeuge:	Spezifisch für bestimmte Frachtgüter konstruierte Lastkraftwagen, wie zum Beispiel für Automobile, für Schwerlasten wie Maschinenanlagen und bestimmte in Hochdruckbehältern transportierte Gase.

Linientransport: Lastkraftwagen für den Linientransport werden im Güterfernverkehr zwischen Verfrachtern und Empfängern eingesetzt. Das jeweilige Fahrzeug ist meist eine Kombination aus einer Zugmaschine und einem Anhänger mit drei oder mehr Achsen.

Staatliche Bestimmungen regeln die zugelassene Nutzlast und die zulässigen Abmessungen der Fahrzeuge, ein Faktor, der bei Transporteuren oft zu Frustrationen führt, wenn sie durch verschiedene Staaten transportieren wollen, in denen unterschiedliche Bestimmungen gelten. Die Einheitsgröße 40 Fuß wird langsam durch längere Anhänger mit 45, 48 und sogar schon 50 Fuß Länge ersetzt.

Stadt: Normalerweise kleiner und leichter als das Linientransportfahrzeug bestehen die Stadtlastkraftwagen aus einer unabhängigen Einheit, was bedeutet, daß das Fahrzeug und der Fahrer sich nur dann bewegen, wenn die Fracht fertig ist.

Diese Lkws sind normalerweise 20 bis 25 Fuß lang, obwohl kleine Anhänger von 20 bis 28 Fuß Länge oft zur Abholung und Zustellung von Fracht bis an Innenstadtgrenzen heran eingesetzt werden, wenn größere Lkws nicht in der Innenstadt zugelassen sind.

10.2.6 Terminals

Abholung und Zustellung: Abhol- und Zustellterminals werden hauptsächlich von Transporteuren für die Abfertigung von Stückgutfrachten dazu genutzt, Frachtgüter zusammengefaßt in größere Linientransportfahrzeuge umzuladen. Diese Einrichtungen sind oft wie Speichen um eine Nabe, ein Zentralterminal, herum angeordnet und Linientransportfahrzeuge übernehmen die Strecken zwischen den zentralen Terminals.

Relais-/Teamfahren: Nach den DOT- und ICC-Bestimmungen und -Durchführungsverordnungen dürfen Fahrer nach einer zusammenhängenden Pause von acht Stunden höchstens 10 Stunden fahren. Am Relaisterminal werden sie nach der zugelassenen Höchstfahrzeit abgelöst. (In diesem Zusammenhang wird oft der Begriff slip-seat verwendet, der diesen fliegenden Wechsel am Relaisterminal beschreibt.)

Eine Alternative dazu stellt der Einsatz eines zweiköpfigen Teams in einem Lkw mit Schlafkoje dar. Solange einer der beiden Fahrer in der Schlafkoje hinter der Fahrerkabine schläft, fährt der andere Fahrer. Dieses Fahrerteamsystem hat sich auf langen Fahrten mit vielen Lieferorten als das effektivste System erwiesen.

10.2.7 Deregulierung

Der Straßentransport unterlag speziellen Vorschriften, die in bestimmten Landesteilen so streng waren, daß diese einschneidende Wettbewerbsnachteile verglichen mit anderen Transportarten bedeuteten, wenn nicht sogar im Vergleich mit anderen Motorfrachtunternehmen, die die gleichen Bundesstaaten oder Regionen bedienten.

Als Antwort auf den stärker werdenden Ruf nach Deregulierung der Transportindustrie in den späten 70er Jahren wurde die Lastkraftwagenindustrie im Jahr 1980 dereguliert. Obwohl die Branche dem Gesetz anfänglich ablehnend gegenüberstand, weil diese niedrigere Gewinne und größeren Wettbewerb, besonders von außerhalb der Lkw-Transportbranche befürchtete, führte es dann doch zu niedrigeren Preisen bei gleichzeitig verbesserten Leistungen. Es erleichterte neuen Unternehmen den Einstieg und ermöglichte den bereits vorhandenen Transportunternehmen, ihre Leistungen auszuweiten. Dazu gehörte auch, daß endlich Verluststrecken aufgegeben werden durften, die vor der Deregulierung immer noch bedient werden mußten. Unnötig umständliche Strecken wurden durch bessere und direkte Verbindungen ersetzt, was oft auch deutliche Einsparungen im Kraftstoffverbrauch mit sich brachte.

Nun war es Transporteuren und Güterspediteuren auch gesetzlich gestattet, auf den Markt zu reagieren und Tarife entsprechend anzupassen. Dies wurde durch eine sogenannte Flexibilitätszone erreicht. Innerhalb dieser Zone können die Tarife ohne Intervention der zwischenstaatlichen Wirtschaftskommission (ICC) um 10 Prozent steigen oder fallen. Diese Zone kann dann erweitert werden, wenn die ICC feststellt, daß die Wettbewerbssituation so beschaffen ist, um ein Floaten der Tarife in einer größeren Bandbreite zum beiderseitigen Nutzen der Transporteure und des Verfrachters zuzulassen. Diese Flexibilität in der Preisgebung erstreckt sich auch darauf, dem Transporteur und Verfrachter einen Handlungsspielraum zum Aushandeln verringerter Transporttarife einzuräumen. Dies trifft jedoch hauptsächlich auf große Verfrachter zu, die das Geschäftsvolumen und auch die hohe Frequenz vorweisen können, um dem Spediteur einen aushandelbaren Tarif schmackhaft zu machen.

Eines der direkten Ergebnisse der Deregulierung besteht in der fortdauernden Expansion und der sich daraus ergebenden zahlenmäßigen Abnahme der Mitspieler. Einige der größeren nationalen und regionalen Spediteure sind vom Markt verschwunden, und ihre Plätze wurden von teilweise kleineren, flexibleren Spediteuren eingenommen. Gleichzeitig hat die Deregulierung die Bildung neuer Partnerschaften zwischen dem Sektor des Lastkraftwagentransportes und anderen Transportarten, besonders der Eisenbahn, ermöglicht.

10.2.8 Wettbewerb

Die beförderten Güter: Die Lkw-Transportbranche konzentriert sich in erster Linie auf Halb- und Fertigprodukte, die über Entfernungen von höchstens ein paar hundert Kilometern transportiert werden. Für längere Strecken ist der Einsatz des Eisenbahntransports günstiger, besonders wenn dieser als Teil des kombinierten Transportverkehrs von Aufliegern und Containern eingesetzt wird. Vieh-, Lebensmittel- und in zunehmendem Maße Transporte von Abfallprodukten zur Entsorgung werden aufgrund nicht vorhandener wettbewerbsfähiger Alternativen auf der Straße befördert.

Marktorientierung: Der größte Vorzug der Branche liegt in ihrer Flexibilität, die eine verhältnismäßig schnelle Reaktion auf den ständig wechselnden Markt zuläßt. Bedingt durch die geringe Größe der meisten Transporteure, besonders der freien Unternehmen, kann der Kunde persönlich betreut und auf seine individuellen Bedürfnisse gezielt eingegangen werden. Obwohl die unterschiedlichen Kosten- und Preisstrukturen zwischen Transportunternehmer und Verfrachter oft Anlaß zu heftigen Meinungsverschiedenheiten bieten, besonders wenn noch das Thema der Diskrepanz zwischen erwarteter und tatsächlicher Servicequalität zur Debatte steht, sind es die Verfrachter, die besonders in Gebieten mit stark ausgeprägtem Wettbewerb unter den Transporteuren langsam die Oberhand gewinnen.

Kapital: Der Kapitalbedarf im Stückgutsektor der Branche liegt deshalb höher, weil hier Investitionen für Terminals, Maschinen und Geräte für die Frachtabfertigung erforderlich sind, die normalerweise von einem Transporteur für Sammelladungen nicht benötigt werden. Weiterhin haben auch Transporteure von Sonderfrachten, wie zum Beispiel Tiefkühl- und Schwertransporte einen meist größeren Investitions- und damit Kapitalbedarf als konventionelle Frachttransporteure.

Tarifstrukturen: Seit der Deregulierung war die Tarifstruktur der Lastkraftwagenindustrie hauptsächlich den verschiedenen Kräften des Marktes überlassen, also dem Angebot, der Nachfrage und den Servicekosten. Davor wurden zwischenstaatliche und innerstaatliche Tarife durch gesetzliche und/oder behördliche Bestimmungen festgelegt. In wirtschaftlich schwierigen Zeiten eines Angebotsüberhanges sind sie meist nur ganz knapp über der Betriebskostengrenze angesiedelt. Dementsprechend bieten sie natürlich in Zeiten eines starken Nachfragemarktes eine sehr gute Rendite, meist zu Lasten des Verfrachters und des Endverbrauchers.

Stückgut: Die Tarife für Stückgut liegen normalerweise aufgrund zusätzlicher Kosten bei der Abfertigung unterschiedlicher Lieferungen an verschiedene Kunden auf dem gleichen Lkw deutlich über den Tarifen für Sammelladungen. Ein Teil dieses Tarifes wird auch für die zusätzlichen Kosten der Stückgutterminals umgelegt, an denen die einzelnen Lieferungen zusammengelegt und später zum Weitertransport an den Kunden wieder in Einzellieferungen zerlegt werden.

Wagenladung: Die Tarife für Wagenladungen reflektieren die Kosteneinsparungen in Verbindung mit einem nahezu Tür-zu-Tür-Service für den Kunden. Nach dem Beladen des Lkws ist kein zusätzlichen Aufwand zur Frachtabfertigung mehr nötig.

Vertrag: Vertragstarife werden zwischen einem oder mehreren Transporteuren mit einem oder mehreren Verfrachtern für spezifische Lieferungen ausgehandelt. Diese Spezfikationen berücksichtigen garantierte Mengen, Frequenz, Fahrpläne und andere Faktoren, die die Wettbewerbsfähigkeit der Preise beider Parteien, des Verfrachters und des Transporteurs, für eine verhältnismäßig lange Zeit, manchmal für mehrere Jahre, betreffen. Der Garantiecharakter des Vertrages ermöglicht allen Beteiligten eine bessere Planung ihrer Ausgaben und anderer variabler Geschäftsfaktoren.

10.2.9 Technologie

Bereits bestehende und neue Technologien in der Lastkraftwagenbranche haben ein neues Stadium erreicht, ein Stadium, in dem Neuerungen im Hardwarebereich nicht mehr so revolutionär sind wie die der letzten zehn Jahre. Damit sollen nicht die Verdienste geschmälert werden, die im Bereich der Betriebssicherheit und der erhöhten Kraftstoffausnutzung aufgrund verbesserter Fahrzeug- und Motorkonstruktion erzielt werden konnten.

So werden zumindest in den kommenden zehn Jahren die vermutlich längsten Schritte vorwärts in Teilbereichen der Software zur Verbesserung der Wettbewerbspositionen stattfinden.

Elektronischer Datenaustausch: Der elektronische Datenaustausch unterstützt Transporteure und Verfrachter über den gesamten Beförderungsablauf hinweg. Mit Hilfe dieses Systems können Kunden über Großrechner, PC oder sogar Funktelefone Informationen über den Lieferstatus abrufen. Obwohl der elektronische Datenaustausch immer noch in den Kinderschuhen steckt, haben bereits einige der größeren landesweiten Transportunternehmen Satellitensuchsysteme für den größten Teil ihres Fuhrparkes, wenn nicht sogar für ihren gesamten Fuhrpark eingeführt. Mit diesem System kann die Firma nicht nur den genauen Standort und vielleicht die Route jedes ihrer Fahrzeuge feststellen, sondern mit dem Satelliten-Kommunikationssystem sogar Informationen über ein Fahrzeug z.B. über Verkehrsdichte, Frachtverzeichnisse o. ä. auf schnellstem Wege an eines oder mehrere zentrale Büros übermitteln.

Ähnlich beschaffene Daten werden in Zukunft auch in Hinsicht auf die Betriebseigenschaften des Fahrzeuges selbst, also Geschwindigkeit, Motorleistung, Reifendruck usw. übermittelt werden können. Obwohl diese neuen Technologien sehr kostspielig sind, werden sich die Kosteneinsparungen bei den eigentlichen Arbeitsabläufen, die Zeitersparnis und auch die Verbesserung des Kundenservices kostengünstig auswirken.

Kompatibilität des kombinierten Transportverkehrs: Der kombinierte Transportverkehr besonders im Bereich der Transport- und Logistikmanagement-Industrie setzt immer mehr Container ausschließlich für den Inlandstransport ein und sieht sich aus diesem Grund in den nächsten zehn Jahren einem wachsendem Interesse gegenüber. Dies trifft besonders deshalb zu, da der doppelstöckige Servicebereich landesweit im Wachsen begriffen ist, und die Eisenbahngesellschaften die Abfertigungsmöglichkeiten für die höheren doppelstöckigen Züge entlang ihrer Wegerechte verbessert haben.

Gleichzeitig könnte der Huckepack- und Aufliegerverkehr (TOFC) entweder durch den doppelstöckigen Betrieb ersetzt werden oder, in Fällen in denen die Eisenbahngesellschaften keine wirtschaftlich sinnvollen Verbesserungen für den doppelstöckigen Betrieb erzielen können, könnte die verstärkte Ausnutzung der Anhängernutzlast aufgrund des kostengünstigen Elements der Eisenbahn gefördert werden.

10.2.10 Arbeiterschaft: Gewerkschaftlich organisiert oder nicht

Lokal- und Kurzstreckentransporteure unterlagen bis zur Deregulierung stark dem Einfluß der Gewerkschaften. Meist war die Lkw-Transportbranche mit hohen Ausgaben belastet, die ihre Wettbewerbsfähigkeit verglichen mit anderen Transportarten beeinträchtigten, besonders im Vergleich mit den Eisenbahngesellschaften. Seit der Deregulierung wurden aber die Verhandlungsvollmachten der Gewerkschaften stark eingeschränkt und existieren in einigen Fällen überhaupt nicht mehr.

In vorhersehbarer Zukunft wird die Frage, ob die Arbeitnehmer gewerkschaftlich organisiert sein wird oder nicht im wesentlichen davon abhängen, welchen Grad an Flexibilität die Arbeitnehmer und das Management haben müssen, um ein Transportunternehmen bei ständig wachsender Konkurrenz im Geschäft halten zu können.

10.3 Beförderung auf dem Wasserweg

Die Beförderung auf dem Wasserweg nutzt die von der Natur und den Menschen geschaffenen Wasserwege. Seit der Entdeckung der Tragfähigkeit des Wassers durch den Menschen ist der Wassertransport eines der wichtigsten Transportmittel für Fracht und Passagiere.

Die Beförderung auf dem Wasserweg hat einen wesentlichen Beitrag zur Entwicklung der Vereinigten Staaten geleistet. Der Überseetransport stellte die lebensnotwendige Verbindung der Märkte mit Europa dar. Größere Ansiedlungen entstanden an der Küste, wo ihre Hafeneinrichtungen das Tor zu vielen Gebieten im Landesinneren, einschließlich eines ausgedehnten Neulandes darstellten. In vielen Fällen war der Wassertransport auf Flüssen und Seen die einzige Verbindung zwischen Landesinnerem und den Küstenstädten.

Trotz anderer Transportmöglichkeiten wie der Eisenbahn und dem Straßentransport, steht in den Vereinigten Staaten die Beförderung auf dem Wasserweg, ganz besonders im Bereich der Schüttgutbeförderung, immer noch an erster Stelle. Auch auf internationaler Ebene stellt der Wassertransport heute die Haupttransportart dar, wobei dies mehr für Fracht als für Passagiere gilt und diese Aussage natürlich die immer populärer werdenden Kreuzfahrtschiffe aus in- und ausländischen Häfen nicht mit einbezieht. Unter dem Binnentransport auf dem Wasser versteht man alle Wassertransporte, bei denen der Abfahrts- und Ankunftshafen im gleichen Land liegen. Wenn entweder Abfahrts- oder Ankunftshafen in einem fremden Land liegen, spricht man von internationaler Schiffahrt.

10.3.1 Binnenschiffahrt

Drei verschiedenen Dienstleistungsarten sind in der Binnenschiffahrt üblich:

1. *Der Inlandswassertransport* verkehrt im Bereich der inländischen schiffbaren Wasserwege wie Mississippi, Ohio, Missouri, Tennessee, Columbia, Hudson und anderen kleineren Verkehrsadern. Leichter und Schleppschiffe werden hauptsächlich aufgrund ihres geringen Tiefganges eingesetzt. Die inländische Transportschiffahrt dominiert den Nord/Süd-Verkehr durch den mittleren Teil der Vereinigten Staaten über die Flüsse

Mississippi, Missouri und den Ohio. An der Westküste fließen die meisten schiffbaren Flüsse von Ost nach West, während an der Ostküste beide Richtungen genutzt werden können.

2. Die Küstenschiffahrt verkehrt zwischen Häfen der Atlantik- oder Pazifikküste sowie dem Golf von Mexiko. Küstenfracht zwischen Ost- und Westküstenhäfen wird meist auf der Panamakanalroute transportiert. Obwohl beide Arten seetüchtige Schiffe einsetzen, werden manchmal seegängige Leichter eingesetzt, deren Kapazität bis zu 18.000 Tonnen oder sogar mehr betragen kann. Die Mehrzahl der transportierten Fracht besteht aus Rohöl bzw. verarbeitetem Erdöl. Die Hauptverkehrswege liegen zwischen Häfen entlang der Atlantikküste und dem Golf von Mexiko. Öl von Alaska wird mit Küstenschiffen zu Raffinerien entlang der Pazifikküste gebracht.
   Die Schiffahrt an und zwischen den Küsten läßt ausschließlich Schiffe unter amerikanischer Flagge zu. Der Ursprung dieser Bestimmung geht bis zu den Anfangstagen der Landesgeschichte zurück, in denen man zum Schutz der amerikanischen Schiffahrt keine Schiffe unter ausländischer Flagge zum Fracht- und Passagiertransport zwischen rein amerikanischen Häfen zugelassen hatte. Obwohl ständig Gegenstand von Überlegungen und Diskussionen, sind die Bestimmungen des damals erlassenen Gesetzes, des Jones Act, immer noch in Kraft. (Im größten Teil des Auslands, besonders in Europa, steht der Küstenhandel allen Flaggen offen.)
   Die Küstenfrachtschiffahrt war vor Aufkommen des schnelleren Eisenbahntransportes eine der primären Formen der Fracht- und Passagierbeförderung zwischen der Ost- und Westküste. Die Route wurde über die Südspitze Südamerikas befahren und später, nach seiner Eröffnung zu Beginn dieses Jahrhunderts, dann durch den Panamakanal. Heutzutage ist die Bedeutung der Küstenfrachtschiffahrt sehr gering und wird verstärkt nur in Notfällen als Ausweichmöglichkeit eingesetzt.

3. *Die Schiffahrt auf den Great Lakes* verkehrt entlang des nordöstlichen Teils der Vereinigten Staaten und deckt den Bereich zwischen den Häfen der fünf großen Seen, die an die Staaten New York, Pennsylvania, Ohio, Michigan, Indiana, Illinois, Wisconsin und Minnesota angrenzen. Die hier eingesetzten Schiffe bleiben normalerweise auf den Seen, haben aber durch den St.-Lawrence-Seeweg Zugang zu den Häfen am Atlantik und am Golf. Der Schiffahrtsverkehr zwischen den Great Lakes, den großen Seen, und der nordamerikanischer Küste wird zur Küstenschiffahrt gezählt.

10.3.2 Internationaler Frachtverkehr

Trotz der durch die Luftfracht verursachten Markteinbrüche im Bereich der Frachtgüter mit hohem Wert und niedrigem Volumen (siehe Diskussion über Luftfracht), wird ein überwältigender Anteil des internationalen Frachtverkehrs immer noch durch den Wassertransport eingenommen. Zu den beförderten Frachtgütern gehört allgemeines Frachtgut, Schüttgut und kombiniertes Schüttgut.

Im Verlauf der letzten dreißig Jahre hat sich die Situation einschneidend verändert und dies hauptsächlich durch die Modernisierung der Schiffe und der Organisation des Frachtflusses durch Terminals. In Anbetracht der Tatsache, daß vor noch nicht allzu langer Zeit Schüttgut und direkt verladene Waren verhältnismäßig langsam be- und entladen wurden, hat der Einsatz moderner Frachtabfertigungssysteme und größerer Schiffe den internationalen Wassertransport bis zu einem Grad verändert, an dem das Schiff selbst von vielen nur noch als Teilaspekt des gesamten Transportsystems angesehen wird. Im Gegensatz dazu stand früher der Wassertransport meist als wichtigster Teil des Transportablaufesim Mittelpunkt, um den alle anderen Faktoren kreisten.

10.3.3 Überblick über die Branche

Schüttgut und kombiniertes Schüttgut: Der Hauptvorteil des Wassertransports liegt auf der Kostenseite, besonders im Bereich der nichtflüssigen Produkte. Pipelines, falls vorhanden, stellen immer noch die kostengünstigste Transportmethode für flüssige Erdölprodukte dar.

Schüttgut/Einheitsladungen: Frachtgüter werden entweder als Schüttgut oder in Einheitsladungen befördert. Lose Waren wie Flüssigkeiten (Erdöl und Erdölprodukte) nehmen den größten Prozentsatz der Gesamttonnage der Binnenwasserwirtschaft ein. Trockene Schüttgüter, die auf dem Wasserweg transportiert werden, sind Rohmaterialien wie Kohle und Koks, Sand, Kies, Steine, Eisenerz, Getreide, Baumstämme und Bauholz, Abfall und Altmaterial, Papierbrei und Papiererzeugnisse und, falls als einzelnes Schiff, auch Automobile. Auf einer Basis pro Tonne berechnet liegen die Kosten für den Transport von Schüttgut unter denen für andere Frachttypen.

Unter Einheitsladungen versteht man normalerweise halb- oder fertiggestellte Waren. Diese werden meist in kleineren Paketen geliefert, die wiederum auf Paletten gepackt und als Direktverladung transportiert werden, oder in Containern als Containerfracht. Der Transportpreis pro Tonne für Einheitsfrachtgüter liegt meist über dem für Schüttgut, obwohl die tatsächlichen Kosten entweder auf der Grundlage des Gewichts, des Volumens oder des Wertes berechnet werden.

Privater oder freier Transporteur: Wie auch bei anderen Transportmethoden teilt sich die Wassertransportindustrie abhängig vom Hauptkundenstamm in verschiedene Kategorien auf. Private Transporteure befördern Frachtgüter nur für den Eigentümer des Schiffes und der Fracht. Freie Transporteure bieten den Kunden ihre Dienste auf der Basis eines Transportunternehmens an.

Transportunternehmen: Transportunternehmen beschäftigen sich zwar größtenteils mit der Beförderung von Stückgut, manchmal transportieren sie aber auch kombiniertes Schüttgut. Die angebotenen Leistungen sind normalerweise Liniendienste, was bedeutet, daß sie auf einer festgelegten Route gemäß eines veröffentlichten Fahrplanes operieren.

Charter- oder Vertragstransporteure: Diese Transporteure bieten ihre Leistungen einer oder mehreren Partners für eine spezifische Lieferung und/ oder Zeitdauer an. Obwohl die meisten Chartertransporte für Schüttgut und kombiniertes Schüttgut stattfinden, chartern Betreiber von Linienfrachtschiffen zur Überbrückung von Auftragsspitzen andere Schiffe. Dies geschieht dann häufig, wenn die Frachtnachfrage plötzlich sprunghaft ansteigt oder wenn Schiffe zur Reparatur auf dem Trockendock liegen bzw. noch gar nicht fertiggestellt sind. Ölgesellschaften nehmen den größten Teil des Chartervolumens ein, gefolgt von Verfrachtern von Trockenschüttgut wie Getreide und Erzen.

Billigflaggen: Manchmal läßt ein Schiffseigner ein Schiff in einem Land registrieren, das im Bereich der Steuer, Besatzungs- und Sicherheitsanforderungen Vorteile bietet. Liberia und Panama sind zwei der größten bekannten Länder für die Registrierung dieser unter der „Billigflagge" fahrenden Schiffe.

Der Rückgang amerikanischer Flaggschiffe: In der heutigen Zeit umfaßt die Nutzlast einiger der größeren Containerschiffe die fünf kleinerer Schiffe für kombiniertes Schüttgut von vor zwanzig Jahren. Die modernen Tanker ersetzen die kleineren Tanker in einem Verhältnis von 1 zu 10 oder sogar noch mehr. Diese Entwicklung hat auch einen Einfluß auf die Anzahl und Konfiguration der heutigen Hafenanlagen, da die noch „aktiven" Häfen um die Abfertigung einer geringeren Anzahl von Schiffen konkurrieren.

In bezug auf die Vereinigten Staaten waren die Auswirkungen auf die Anzahl der Transportunternehmen dramatisch. Vor 30 Jahren segelten noch mindestens 25 Frachttransportunternehmen unter amerikanischer Flagge. Eine Flotte von 30 oder mehr Schiffen stellte keine Seltenheit dar. Mittlerweile ist die Anzahl der allgemeinen Frachttransportunternehmen unter amerikanischer Flagge auf weniger als 10 zusammengeschrumpft. Im Zuge der Streichung von bundesstaatlichen Subventionen, die bislang den Bau und den Betrieb dieser Schiffe unterstützt hatten (Subventionen für den internationalen Frachtverkehr wurden bereits abgeschafft), sehen sich diese amerikanischen Seefrachttransporteure einer zunehmend schwierigen Situation gegenüber. So sind die meisten Unternehmen entweder ganz vom Markt verschwunden, haben sich im Ausland registrieren lassen oder fahren unter Billigflaggen, weil sie sich die Kosten für die Erfüllung der restriktiven Sicherheitsauflagen und der gesetzlichen Anforderungen nicht länger leisten konnten. Die Zahlung von Betriebssubventionen laufen im Jahr 1997 vollständig aus.

Nationale Verteidigung: Oft wurde beklagt, daß der Niedergang der amerikanischen Handelsmarine auch Auswirkungen auf die nationale Verteidigung hätte. In Friedenszeiten konkurrieren amerikanische Frachtschiffe mit manchmal kostengünstigeren Frachtschiffen unter ausländischer Flagge. Eine der Ausnahmen liegt in Bereichen, in denen bestimmte staatliche oder humanitäre Hilfslieferungen nur unter amerikanischer Flagge transportiert werden dürfen. Dieser Wettbewerb hat jedoch auch einen großen Anteil am Rückgang amerikanischer Flaggschiffe.

In Zeiten nationaler Krisen oder anderer Notfälle wurde das Argument vorgetragen, daß eine zu geringe Zahl amerikanischer Flaggschiffe drastische Auswirkungen auf den Transport von Nachschub aus Übersee in ausreichender Menge und Häufigkeit hätte. Auf der anderen Seite wurde argumentiert, daß auch die Möglichkeit bestünde, wie im Falle der Operationen Desert Shield und Desert Storm von der U.S. Navy, ausländische Flaggschiffe zur Ergänzung der verfügbaren amerikanischen Flaggschiffe zu chartern. Das Risiko läge vielleicht darin, daß diese ausländischen Flaggschiffe möglicherweise keine Hilfsgüter in Kriegsgebiete befördern wollten und damit der verläßliche Nachschub der amerikanischen Kräfte gefährdet sei. Die Debatte ist noch nicht zu Ende.

10.3.4 Frachtschiffe

Frachtschiff-Sharing, Vereinbarungen über Betrieb und Marketing: Obwohl die Anzahl der amerikanischen Flaggschiffe in den letzten Jahrzehnten stark gefallen ist, arbeiten die restlichen unter einem Rationalisierungskonzept weiter. Frachtschiffahrtslinien wie SeaLand und American President Lines haben mit bestimmten ausländischen Frachtschiffahrtslinien Sharingverträge abgeschlossen, wobei viele dieser Unternehmen sogar eine direkte Konkurrenz auf den gleichen Handelsstraßen darstellen.

Die beiden Faktoren, Überangebot an Ladekapazität und harter Preiswettbewerb, haben normalerweise einen Rentabilitätseinbruch zur Folge. Das Sharingsystem für Frachtschiffe und andere Formen der Vereinbarungen über Ladekapazität und Marketing werden mit den beteiligten Unternehmen festgelegt. In einigen Fällen bot diese Art von Vereinbarungen ganz offensichtliche Vorzüge.

Auf der anderen Seite können manchmal Betriebsfaktoren wie zum Beispiel der Terminalbetrieb und Prioritäten, und Landtransportsysteme, wie durch Brückensysteme betroffene Eisenbahngesellschaften, unter den verschiedenen Transporteuren Fahrplankonflikte hervorrufen. Dies trifft besonders dann zu, wenn sich ein Schiff aufgrund von Wetterverhältnissen oder technischen Störungen an Bord bzw. an Land verspätet und dies einen Einfluß auf den Betriebsablauf der jeweiligen Linie hat.

Besonders kritisch wird die Situation, wenn Just-in-time-Operationen ausgesprochen geringe Toleranzen im Bereich der Fahrpläne und Leistungen zulassen.

„Schifflose": Aufgrund der Veränderungen im Containerschiffbetrieb möchten viele Frachtschiffbetreiber nichts mehr mit der kostspieligeren Abfertigung von Stückgutfrachten zu tun haben. Diese Entwicklung hat dazu geführt, daß immer mehr sogenannte „Schifflose" entstanden, also Transportunternehmen, die keine Schiffe besitzen, Stückgutfrachten zusammenlegen und in Einzelcontainer laden. Diese Container werden dann wiederum zu Container-Schiffahrtsgesellschaften transportiert, die sozusagen im Gegenzug den „Schifflosen" günstigere Tarife bzw. Mengenrabatte gewähren. Der Gewinn der „Schifflosen" liegt zwischen dem Preis, den der Schifflose dem Verfrachter berechnet, und dem Preis, den die Schiffahrtsgesellschaft dem Schifflosen berechnet.

10.3.5 Verschiedene Schiffstypen

Leichter: Als vielleicht einfachste Form des Transportes auf dem Wasser wird der Leichter entweder von starken Schleppern gezogen oder geschoben. Auf bestimmten Flüssen, wie zum Beispiel dem Mississippi und dem Ohio, kann ein Schleppvorgang manchmal bis zu 20 Leichter (1.000 bis 1.500 Tonnen Kapazität, oder das Äquivalent von 15 Eisenbahnwaggons oder 60 Lkws pro Leichter) erfordern. Ozean-Leichtersysteme sind normalerweise auf ein bis zwei Leichter beschränkt, von denen jeder einzelne mehrere tausend Tonnen Fracht tragen kann. Diese kann entweder lose oder Stückgutfracht sein wie Container oder Huckepackfracht. Normalerweise sind diese Vorgänge bei Einsatz von Schleppern mit einer Reichweite von ungefähr 10 km auf Küstenstrecken und den Inselverkehr beschränkt.

Tanker: Tanker befördern flüssiges Frachtgut wie Rohöl und Erdölprodukte. Manchmal transportieren Sondertankschiffe auch Säuren in rostbeständigen Tanks und verflüssigte natürliche Gase, wobei die letzteren an Bord normalerweise in sehr niedrig temperierten kryogenen Tanks gelagert werden.

Einige Tankerarten, besonders solche, die stark frequentierte Handelsstraßen befahren, wie zum Beispiel vom Nahen Osten nach Europa, sind so groß wie einer der Türme des World Trade Centers in New York. Diese Tankschiffe, oft als VLCCs (very large crude carriers), also Supertanker, und ULCCs (ultra large crude carriers), Ultra-Supertanker bezeichnet, können aufgrund ihres extremen Tiefgangs (die Entfernung zwischen Kiel und Wasseroberfläche), der manchmal mehr als 30 m beträgt, nur verhältnismäßig wenige Häfen anlaufen. Wenn ein Hafen kein entsprechend tiefes Becken hat, müssen diese supergroßen Tanker in kleinere Tankschiffe oder Offshore-Terminals umladen.

Frachter für Schüttgut und kombiniertes Schüttgut: Diese Frachter sind wie Tanker konstruiert, abgesehen davon, daß sie nur Trockenschüttgüter befördern. Zu den typischen Frachtarten gehören Erze, Getreide und Konstruktionsaggregate. Einige Schüttgüter, wie zum Beispiel Eisenerz, erfordern Sonderlagerräume unter Deck, um das Übergewicht dieser Frachtart ausgleichen zukönnen. Frachter für Schüttgut und kombiniertes Schüttgut sind kleiner als VLCCs und ULCCs, da die beförderten Mengen normalerweise in kleineren Lieferungen erfolgen. Außerdem wird ein direkter Zugang zu den Küstenterminals benötigt, da für die Abwicklung dieser Frachten komplexere Maschinen und Geräte erforderlich sind. Außerdem sind diese

Küsteneinrichtungen üblicherweise an eher flachen Fahrrinnen untergebracht.

Frachter für Direktverladungen: Diese Frachter transportieren allgemeines Frachtgut in kleineren Einheiten, das jeweils einzeln be- und entladen werden muß, meist auf Paletten. (Paletten sind kleine Holzplattformen von ungefähr vier auf vier Fuß, also ca. 1,20 x 1,20 m, und können mit dem Gabelstapler auf Pier und Schiff angehoben und bewegt werden.) Bis zum Aufkommen der Containerschiffe stellten Frachter für Direktverladungen die häufigste Form des Wassertransportes für allgemeines Frachtgut dar. Das Frachtgut wurde entweder unter Deck in Laderäumen oder manchmal auch auf Deck untergebracht. Speziell werden diese Frachter für die Beförderung übergroßen Frachtguts wie zum Beispiel Eisenbahnwaggons und Lokomotiven eingesetzt.

Diese Schiffe sind außerdem arbeitskräfteintensiv und benötigen meist mehr als 100 Arbeiter auf Schiff, Pier und im Terminalbereich. Die meisten Direktverladungen findet man heutzutage noch in Teilen der Welt, in denen die leistungsfähigeren Container-Abfertigungseinrichtungen noch nicht vorhanden sind.

Containerschiffe: Containerschiffe befördern Container entweder unter Deck in sogenannten „Zellen", oder auf Deck, wo sie entweder festgezurrt oder mit anderen Sicherungsmechanismen arritiert werden. Das Konzept des Transportes in Containern besteht bereits seit mehr als 200 Jahren, hat sich aber erst Mitte der 50er Jahre zur Haupttransportart auf dem Wasser entwickelt. Im Durchschnitt transportiert ein Containerschiff um die 2.000 TEUs (20-Fuß-Einheiten).

In einer Reihe aufgestellt, wären diese ca. 10 km lang. Die Nutzlast dieser 2.000 TEUs könnte bis zu 20.000 Tonnen Frachtgut betragen, also das Drei- bis Vierfache der Nutzlast eines Frachters für Direktverladungen. Aufgrund dieser größeren Nutzlastkapazitäten und der mit der Beförderung in Containerschiffen verbundenen Kostenersparnis haben die Containerschiffe auf den meisten Handelsstraßen die Schiffe für Direktverladungen fast völlig verdrängt.

Containerschiffe transportieren Container verschiedener Größe (20, 40, 45, 48 usw.). Einige Containerschiffe sind so konstruiert, daß sie unter Deck auch Huckepackfahrzeuge aufnehmen können.

Ro-Ro-Frachter: Diese Frachter ähneln großen Fähren und können Fahrzeuge befördern, die auf eigenen Rädern an und von Bord gehen. Diese Ro-Ro-Frachter werden besonders auf Handelsstraßen eingesetzt, auf welchen schwere Maschinenanlagen und große Fahrzeuge nicht durch konventionelle Schiffe, oder in einigen Fällen auch nicht durch reguläre Containerschiffe abgefertigt werden können.

Sonderfrachtschiffe: Weiterhin gibt es noch Frachtschiffe für Sondertransporte auf speziellen Handelsstraßen. Dazu zählen Passagierfähren, Autotransportschiffe mit einer Aufnahmekapazität von bis zu 5.000 kleineren Autos, Versorgungsschiffe für Bohrinseln und kabelverlegende Frachter, deren Bedeutung ständig wächst, da internationale Kommunikationssysteme sich immer mehr auf Unterwasserkabel verlassen und immer weniger auf Satellitensysteme. Sogenannte kombinierte Frachter vereinen üblicherweise verschiedene Frachtarten, wie zum Beispiel Direktverladungen und Container.

10.3.6 Leistungen

Niedrige Transportkosten: Die niedrigen Transportkosten stellen einen der Hauptvorzüge der Beförderung auf dem Wasserweg dar. Dies trifft ganz besonders auf nicht flüssige Produkte zu. (Bei flüssigen Erdölprodukten stellt die Pipeline die kostengünstigste Transportform dar, trotzdem stehen die beiden Transportformen meist nicht miteinander in Konkurrenz.)

Lange Transportzeit: Beim Wassertransport ist die Transitzeit von allen Transportmethoden für die Beförderung der meisten Waren am längsten (niedrigste Geschwindigkeit). Die Zeit wird meist in Tagen gemessen, im Straßen- und Lufttransport dagegen in Stunden. Gleichzeitig wird aber die geringe Geschwindigkeit mehr als nur ausgeglichen durch die in allen Bereichen niedrigeren Gesamttransportkosten, wobei man hier als Ausnahme natürlich die Pipeline für flüssige Güter anführen muß.

Dienstunterbrechung: Die Wintermonate, Trockenperioden mit niedrigem Wasserstand, Verschlammung von schiffbaren Kanälen und Liegeplätzen sowie blockierte Fahrrinnen aufgrund von Schiffsunfällen gehören zu den Hauptursachen für die Dienstunterbrechung und können den schiffabhängigen Transport stark verlangsamen, wenn nicht ganz unterbrechen. Besonders betroffen sind hiervon Wasserwege mit eingeschränktem Zugang.

Frachtergröße und Zugänglichkeit: Damit sie sicher an den Marineterminals eintreffen können, benötigen Frachter schiffbare Fahrrinnen von ausreichender Tiefe. Dies stellt bei einigen Häfen aufgrund geologischer Gegebenheiten (z.B. Seattle oder Tacoma) kein Problem dar. Für die Häfen von Boston, New York und Oakland dagegen müssen trotz eigentlich verhältnismäßig tiefer Zugangsfahrrinnen vom Ozean her Fahrrinnen vertieft werden, damit Frachtschiffe die weiter stromaufwärts und entlang der Piers liegenden Terminals erreichen können.

Auch die Nähe und Anschlußmöglichkeiten des Marineterminals zu Eisenbahn- und Straßentransport sind Bestandteil des Faktors Zugänglichkeit. Wenn andere Transportarten auf dem Land- und Seeweg nicht leicht durchführbar sind, müssen zusätzliche Kosten für Ausbau und Unterhalt des Terminals mit eingerechnet werden.

10.3.7 Kostenstruktur

Hohe variable Kosten: Wie beim Transport mit Lastkraftwagen und Flugzeugen sind die Seespediteure nicht Besitzer eigener Wegerechte, außer wenn der von ihnen befahrene schiffbare Kanal für ihre ausschließliche Benutzung bestimmt ist. Nur dann müssen die Spediteure die Kosten für Ausbau und Instandhaltung dieses Kanals oder der Fahrrinne tragen.

Auf der anderen Seite bezahlen die Spediteure Gebühren wie zum Beispiel Schleusengeld, Kaigebühren (eine pro Tonne oder anderer Maßeinheit einer über den Kai beförderten Fracht berechnete Gebühr) und Dockgebühren (eine für das Schiff entsprechend der Länge und anderer Schiffseigenschaften berechneten Gebühr) oder für den Gebrauch der vom Staat oder von privater Seite zur Verfügung gestellten Einrichtungen. Diese variablen Kosten sind entsprechend dem Typ und Fassungsvermögen des Schiffes unterschiedlich.

Niedrige Festkosten: Zu den Festkosten werden Abschreibung, Amortisierung und allgemeine Ausgaben gerechnet. Letztere liegen normalerweise mit einem Verhältnis von zwei zu eins über den Ausgaben für Abschreibung und Amortisierung.

Kapitalintensität: Da frachterbezogene Vorgänge – entweder auf dem Frachter selbst oder an Land – in zunehmendem Maße von Zeitfaktoren und erhöhter Leistungsfähigkeit abhängen, werden Investitionen in der Schiffahrtsbranche immer kapitalintensiver, und diese Entwicklung wird sich angesichts des zunehmenden Automationsbedarfes weiter fortsetzen. Manche der größeren modernen Containerschiffe kosten bis zu 100 Millionen US-Dollar, verglichen mit den höchstens 20 Millionen US-Dollar für frühere mittlere und größere Frachter mit Direktverladungen.

10.3.8 Häfen und Terminals

Allgemein oder Nische: Vor der Deregulierung und teilweise bedingt durch die meist standardmäßige Ausführung der Frachtertypen wie Tanker, Schüttgutfrachter und Frachter für Direktverladungen waren die meisten Hafenanlagen in der Lage, fast alle Frachttypen routinemäßig abfertigen zu können. Manche dieser Häfen haben bis heute eine gute Anbindung an das Inland, besonders über die Eisenbahn. Diese Häfen waren gegenüber den etwas eingeschränkteren Hafenanlagen deutlich im Vorteil.

In der Zwischenzeit sind viele Häfen direkt durch die Deregulierung und neue Technologien, wie den Transport in Containern, und größere, freier fließende internationale Handelsstrukturen dazu gezwungen, ihre Stärken und Schwächen in Hinsicht auf die Anbindung an den Inlandstransport zu überdenken und ihre Geschäftsstrategien auf bestimmte, ihrem mengenmäßigen Aufkommen nach eingeschränkte Handelsgüter zu spezialisieren. Häfen wie Seattle und Oakland entschieden sich zugunsten des Containertransportes und gegen die Schüttgutabfertigung. Daraufhin haben kleinere Häfen und Terminals in der Bucht von San Francisco bereits vorhandene und leicht auszubauende Einrichtungen für die Übernahme der Schüttgutabfertigungen genutzt. Miami hat sich auf Container- und Passagiertransporte spezialisiert, letzteres hauptsächlich aufgrund der günstigen geographischen Lage des Hafens für Kreuzfahrten in der Karibik.

Einige Häfen wie Los Angeles und Long Beach haben die Abfertigung und den Betrieb von Schüttgut, Direktverladungen und Containerfracht erfolgreich ausgeführt und teilweise sogar noch ausgebaut. Diese Betriebe, besonders die noch in der Planungsphase befindlichen, stellen eine schwere Belastung finanziell und für die Umwelt dar.

Auf der anderen Seite des Spektrums sind auch Häfen, die festgestellt haben, daß sie mit regionalen oder Küstenhäfen nicht mehr länger konkurrieren können. Nach tiefgehenden Analysen und Debatten entschieden sich diese Häfen dafür, den größten, wenn nicht sogar gesamten Teil ihrer Aktivitäten einzustellen. Statt dessen wandelten sie die wertvollen Ufergrundstücke in Erholungszentren, Wohngegenden und kleinere Gewerbeparks um. San Diego, ein herausragendes Beispiel für diese Entwicklung stellte zu Beginn des Containerzeitalters fest, daß die Konkurrenz von Seiten der nördlichen Nachbarn (Los Angeles und Long Beach) im gleichen Frachttypbereich zu groß war und kam zu dem Entschluß, daß es besser sei sich zu verändern als zu kämpfen. Eine Entscheidung, die für alle beteiligten Häfen die richtige war.

Bedenken hinsichtlich des Umweltschutzes: Viele Häfen billigen dem Thema Umweltschutz höchste Priorität zu. In enger Zusammenarbeit zwischen Kommunen und bundesstaatlichen, staatlichen und lokalen Umweltschutzbehörden werden Bestimmungen erlassen, die den Standort, Bau, die Erweiterung und den Betrieb jeglicher Aktivitäten im maritimen Bereich streng überwachen und einschränken. Zu diesem Bereich gehört auch der Bau und die Instandhaltung schiffbarer Kanäle, Fahrrinnen und Ankerplätze. Es gibt in diesem Zusammenhang viele Beispiele dafür, daß aufgrund dieser Einschränkungen Genehmigungen zum Ausgraben und Trockenlegen von Kanälen und Ankerplätzen nicht erteilt oder zeitlich begrenzt erteilt wurden. Aus diesem Grund waren einige Gesellschaften gezwungen, sich auf andere Häfen ohne solche Einschränkungen zu verlegen. Im Endeffekt werden die Kosten für die Erfüllung solcher Umweltschutzmaßnahmen von den Schiffahrtsgesellschaften und dem Verbraucher getragen.

Konkurrenz von anderen Kaiaktivitäten: Maritime Ufergrundstücke, in diesem Fall auch die anderer Betriebe wie Schiffsreparaturen, Schiffbau, Auftanken und Versorgung und Leistungen wie Lotsendienste und Schleppkahnbetriebe, stehen unter erheblichem Druck, ihre Produktion zu verlegen. Ein Großteil dieses Drucks kommt von Seiten potentieller und nicht zum Schiffahrtsbereich gehöriger Aktivitäten – Projekte für Erholungsbereiche, Wohngegenden und kleinere Gewerbeansiedlungen – die solche Ufergrundstücke gerne für sich hätten. Besonders die Kaianlagen sind im Gespräch, die eine Abnahme traditioneller maritimer Aktivitäten verzeichnen oder diese bereits ganz eingestellt haben.

Einige Häfen wie San Francisco und Seattle waren in dieser Disziplin des Tauziehens einigermaßen erfolgreich. Andere, z.B. Boston und Baltimore, konnten die Umstellung mit einem in vielerlei Hinsicht recht erfolgreichen

Ergebnis durchführen. Einige Hafenstädte wie Philadelphia wägen ihre Möglichkeiten immer noch ab.

Vertriebsmanagement: Besonders Nischenhäfen haben erkannt, daß in den letzten Jahren der Hafen und die angebotenen Leistungen für das Konzept des sogenannten „Systemansatzes“ für das Transport- und Logistikmanagement an Bedeutung zunehmen. Demzufolge haben einige Häfen aktiv die Möglichkeit wahrgenommen, ausgereifte elektronische Kommunikationssysteme einzuführen, die Verfrachter mit anderen hafen- und transportbezogenen Dienstleistungen verbinden, also Spediteure, Schiffahrtsgesellschaften und staatliche Behörden wie die Zollbehörden usw. Das Ziel liegt in der Optimierung von Arbeitsverhältnissen bei einem minimalen bürokratischen Aufwand.

Eine der potentiellen Lösungen dieses Problems der Informationsübertragung liegt in den elektronischen Datenaustauschsystemen (EDI). In Verbindung mit Leistungen von Dritten, z.B. Lagerhäusern, die gleichfalls gemäß den Anweisungen des Frachtbesitzers Waren für den Versand bereitstellen und zum Kunden transportieren, wird dieser Servicebereich für den Gesamtlösungsansatz im Transport- und Logostikmanagement immer bedeutender. Hafenbehörden übernehmen entweder die Rolle eines Vermittlers und Beraters oder sorgen auch direkt dafür, daß diese Dienstleistungsarten den Teilnehmern des Transport- und Logistikprozesses innerhalb des Einflußbereiches der Hafenbehörden zugänglich gemacht werden.

Regierung: Bereits vor der Regulierung der Transportarten war allgemein ein Bewußtsein entstanden, daß der Wettbewerb innerhalb oder sogar unter den Transportarten ohne äußeren Einfluß den Transportunternehmen Schaden zufügen, wenn nicht sogar diese zerstören könnte. Die daraus folgende Begründung bestand darin, daß monopolistische Tendenzen den Handelsfluß des Passagier- als auch Frachtguttransportes stören würde, wenn nicht eingegriffen wird.

Um ein bißchen Ordnung in die kritische Situation zu bringen, erließ der Kongreß verschiedene Gesetze die, wie man zwischenzeitlich gesehen hat, das Pendel der Einmischung von oben nach beiden Seiten ausschwingen ließen. Zwei der bedeutenderen Gesetze der letzten 80 Jahre in Zusammenhang mit der Beförderung auf dem Wasserwege sind die Shipping Acts, die Gesetze aus dem Jahre 1916 und 1984.

Das Gesetz aus dem Jahre 1916 begründete eine ganze Reihe von Bestimmungen zur Überwachung der internationalen Seespeditionen, einschließlich der Unternehmen unter ausländischer Flagge, die amerikanische Häfen anliefen. Außerdem regelte dieses Gesetz auch den Terminalbetrieb und andere Nebenleistungen. Es verschaffte dem Seetransportwesen kartellfeindliche Immunität (einschließlich der Terminals), ermöglichte es den Seespediteuren, offene Konferenzen zu bilden und schuf eine amerikanische Schiffahrtbehörde zur Regulierung und Förderung des Ozeanhandels. Diese wurde später in Federal Maritime Commission umbenannt und im Jahre 1961 zur unabhängigen Aufsichtsbehörde gemacht.

Das Gesetz aus dem Jahre 1984, das die zumindest auf internationalem Niveau noch zur Deregulierung anstehenden Transportarten regelte, lockerte einige der den Seespediteuren und Verfrachtern auferlegten Einschränkungen. Mit diesem Gesetz entfiel die Notwendigkeit, Preise für den kombinierten Frachtverkehr und Teile davon durch die ICC, die zwischenstaatliche Wirtschaftskommission, genehmigen zu lassen. Es erlaubte außerdem Ozean-Preiskonferenzen, damit für einen kombinierten Transport gemeinsame Tarife für den Inlandsanteil und die Beförderung auf dem Wasser eingereicht werden konnten. Dies betraf eine Menge Seespediteure auf vielen Routen. Ihnen wurde die Freiheit eingeräumt, Durchgangsverbindungen auf Ad-hoc-Basis einzurichten und diese falls notwendig täglich anzupassen.

Vom Standpunkt der Förderung des kombinierten Transportsystems aus gesehen war es sogar noch wichtiger, daß alle Beteiligten Tarif- und Serviceverträge eingehen konnten, besonders die Betreiber von Eisenbahn und Frachtschiffen. Damit wurde die Wettbewerbssituation zwischen den Häfen verschärft und erschwerte den Konkurrenten den Zugang zu Daten (alle Terminaltarife mußten von der Aufsichtsbehörde genehmigt werden).

Insgesamt hat jedoch das Gesetz aus dem Jahre 1984 die Optionen der Verfrachter vermehrt und bewirkt, daß der kombinierte Frachtverkehr zu einer echten Option wurde.

Lizenzen für die Küstenschiffahrt: Man spricht dann von Lizenzen für die Küstenschiffahrt, wenn ein Land oder eine andere souveräne Einheit das Recht der unter ausländischer Flagge fahrenden Frachtschiffe einschränkt, Frachtgut zwischen den Häfen jenes Landes zu befördern. Zum Beispiel ist es gemäß den Küstenschiffahrtsgesetzen der Vereinigten Staaten keinem ausländischen Frachtschiff erlaubt, Passagiere oder Fracht zwischen Boston und New York oder San Francisco und Seattle zu befördern. Ausländische Flaggschiffe können aber Passagiere und Fracht zwischen den gleichen Hafenstädten befördern, wenn diese Schiffe zuerst in einem ausländischen Hafen angelegt haben, zum Beispiel Bermuda oder den Bahamas an der Ostküste und Vancouver an der Westküste, bevor der zweite amerikanische Hafen angelaufen wird.

Das Thema der Küstenschiffahrtlizenzen ist und bleibt ein heikles Thema mit solch unmittelbar Beteiligten wie den Schiffahrtsvereinigungen, die entlang der gesamten amerikanischen Küstenhäfen operieren. Aufgrund des wirtschaftlichen und politischen Drucks sind die Möglichkeiten der Lockerung oder sogar vollständigen Abschaffung der Lizenzen für die Küstenschiffahrt ständig im Gespräch.

10.3.9 Wettbewerb

Bereits seit Mitte der 60er Jahre sind die Konkurrenzkämpfe im Seetransport ausgesprochen heftig. Wie bereits erwähnt, entstand ein Großteil dieses Wettbewerbs durch neue, fortschrittliche Transport- und Kommunikationstechnologien, die eine Veränderung der Handelsstrukturen und das Verbreiten des Deregulierungseinflusses zur Folge hatten. Die Prognose lautet dahingehend, daß sich der Wettbewerb in den kommenden Jahren vom nischenorientierten (Containerschiff, Schüttgut usw.) Wettbewerb zu einem Bereich hin entwickeln wird, in dem weniger Spieler in einem Kopf-an-Kopf-Rennen mitspielen werden. Das Brückensystem kann in diesem Zusammenhang als weiterer Einflußfaktor angeführt werden.

Brücken: Das Brückensystem, auf das in diesem Kapitel bereits mehrfach hingewiesen wurde, schließt auch den Einsatz der Beförderung auf dem Landweg als einen der Schlüsselfaktoren der gesamten Transportroute mit ein. Die Brückensysteme ersetzen Routen und Häfen des bisherigen Allwasser-Systems.

Zu den Haupttransportarten über Land zählt die Eisenbahn, besonders für Containerfracht und Trockenschüttgut. Dagegen bieten für flüssiges Frachtgut Pipelines meist die beste Transportlösung. Somit werden traditionelle Häfen, die entlang bestimmter Küsten vielleicht als Hauptumschlagsplätze gegolten hätten, von anderen Häfen und Küsten abgelöst, die früher nicht zur Handelsstrecke gehörten. Außerdem ist dieses Brückensystem im Vergleich zu den bisherigen Allwasser-Routen normalerweise zeit- und kostengünstiger. Es gibt drei Hauptbrückensysteme:

Landbrücke: Hier wird Containerfracht, die zum Beispiel von Tokio nach Rotterdam befördert wird, per Schiff zu einem Hafen an der Westküste, zum Beispiel Seattle, transportiert, dann per Eisenbahn an einen Hafen an der Ostküste, zum Beispiel Baltimore, gebracht und daraufhin auf ein anderes Schiff zum Weitertransport nach Rotterdam umgeladen. Dieses System Landbrücke ersetzt die herkömmliche Ozeanroute durch den Panama- oder den Suezkanal.

Minibrücke: Fracht, die zum Beispiel zwischen Tokio und Baltimore befördert wird, muß per Schiff zu einem Hafen an der Westküste, zum Beispiel Seattle, transportiert werden, dann per Bahn nach Baltimore. Während dieses Ablaufs wären also die Häfen an der Ostküste – in diesem Fall Baltimore – insofern benachteiligt, als dieses Frachtgut nicht über ihre eigenen Piere laufen würde. In diesem Fall würde einer der Westküstenhäfen in den Genuß dieses Terminalvorganges und aller damit verbundenen wirtschaftlichen Aspekte kommen.

Microbrücke: Zieht man noch einmal ein Beispiel heran, in dem Fracht von Tokio zu einer Stadt im Landesinneren wie Denver befördert werden soll, so würde diese Fracht mit einem Containerschiff nach Seattle und dann per Bahn nach Denver transportiert werden. Früher hätte die Tokio-Denver-Handelsstrecke zum Beispiel durch den Panamakanal und dann weiter nach New Orleans geführt. Dort wäre die Fracht dann auf einen Leichter, die Bahn, den Lkw oder einer Kombination von verschiedenen Transportarten nach Denver befördert worden. Wiederum, wie bereits im Falle Baltimores und der Minibrücke, werden die traditionellen Hafentore – hier ein Golfhafen in New Orleans – umfahren, was für den jeweiligen Hafen natürlich Einbußen im Bereich der Terminaltransaktionen zur Folge hat.

Alternative Transportarten und Handelsstraßen: Es gibt auch Hinweise darauf, daß einst dominierende Routen und Systeme, die zugunsten der Brükkensysteme Einbußen erlitten, wieder Objekt neuen Interesses werden. Dazu gehören die folgenden:

Luft – See: Alternative Transportmethoden und Handelsstraßen entstehen, verschwinden und erscheinen wieder und all dies als Folge rascher Änderungen in der Globalisierung von Produkten und der wachsenden Flexibilität von Transportsystemen. Hierzu könnte man als Beispiel das Ersetzen von Allwasser- oder Alluft-Routen für bestimmte Waren durch eine Kombination beider Methoden, der Luft/See-Methode anführen. Zu Frachtgütern, die per Luft/See befördert werden zählt man üblicherweise solche, die Nutzen aus den Kostenersparnissen der langsameren Allwasser-Route ziehen, aber durch einen unwesentlich höheren Preis den schnelleren Service des Alluft-Transportes in Anspruch nehmen können. Wenn zum Beispiel Fracht irgendwo an der Pazifikküste zu einem Zielpunkt entlang der amerikanischen Ostküste aufgegeben wird, wird diese Fracht per Schiff nach Seattle befördert, wo sie in ein Flugzeug nach New York umgeladen wird. Solche Frachten müssen zwar vermutlich nicht wochenlang auf Vorrat gehalten werden, könnten aber trotzdem aufgrund des Nachfragedrucks nicht auf die längere Seeroute und den späten Abfahrtstermin warten.

Ro-Ro-Schiffe und Containerleichter: Aufgrund der verbesserten Kostenstruktur des Ozean-Leichterbetriebes auf bestimmten Handelsstraßen, zum Beispiel in der Karibik, können größere und teurere allgemeine Frachtschiffe wie Container-, Direktverladungs- und Ro-Ro-Schiffe neue Märkte für Ihre Dienste erschließen.

Wiederentstehen der Hauptkanäle: Außerdem zeigt sich zunehmend Interesse an der Wiedereinrichtung der Allwasser-Route unter Einbeziehung des Suezkanals als Alternative zum Land- und Minibrückenverkehr zwischen dem Fernen Osten, Europa und den Vereinigten Staaten.

Transportmultis: Die Deregulierung hat zu einer beschleunigten Veränderung des weitgehend traditionsorientierten Seetransportes beigetragen. Ein Ergebnis dieser Entwicklung liegt darin, daß nach Fusionen, Aufkäufen und möglicherweise zu vielen Konkursen die Anzahl der Verfrachter auf einen Punkt zusammengeschrumpft ist, an dem auf jeder Haupthandelsstraße nur noch wenige Mitbewerber übriggeblieben sind. Abgesehen von den seltenen Nischentransportunternehmen (Automobilen, Bauholz und Papierprodukten o.ä.), müssen die Mitspieler in diesem neuen Wettbewerbsbereich als Mega- oder Riesenunternehmen angesehen werden, die die finanziellen und betrieblichen Mittel besitzen, um dem direkten Wettbewerb untereinander standhalten zu können. Diejenigen, die es den starken Transportmultis nicht gleichtun können, werden abgedrängt oder müssen Nischenmärkte suchen, in denen sie einen kleinen Wettbewerbsvorteil einbringen können.

Vertikal integrierte Leistungen: Vertikal integrierte Verfrachter wie CSX und

American President Lines haben entweder weitere Unternehmen und Leistungen in den anderen Transportarten aufgesogen oder sind von solchen aufgesogen worden. Man akzeptierte diese Entwicklung, da sie dem Kunden ein „nahtloses“ Transport- und Logistikmanagementsystem bot. Meist gehören diese Unternehmen zur Kategorie der sogenannten Transportmultis, weil die zur vollständigen vertikalen Integration notwendigen Mittel tiefe Taschen und ein weltweites Servicenetz erfordern.

Kombinierter Transportverkehr: Der kombinierte Transportverkehr wird üblicherweise als die Fähigkeit zum Austausch von Fracht, besonders in Containern, unter den verschiedenen Transportarten angesehen. Die Tatsache, daß Container die gleiche Größe und gemeinsame Abfertigungseigenschaften haben, ermöglicht die Umladung von Lkw auf Eisenbahn und auf Luftfracht und Frachtschiff, wobei das Frachtgut von Ursprungs- zu Bestimmungsort kein einziges Mal angetastet werden muß.

Nur Transport oder Vollservice: Der traditionelle Frachttransport, unabhängig von der beförderten Ware, des Zielortes und der verwendeten Transport- bzw. Beförderungsarten, hat sich auf die eigentliche Beförderung (den Transport) der Fracht konzentriert und darauf, wie und wo es zwischen zwei Bewegungen gelagert wurde. Die Verträge für jede einzelne Serviceart wurden üblicherweise separat ausgehandelt.

Der Transport mit Vollservice kommt jedoch einem Ansatz näher, der besser unter dem Begriff „Logistikmanagement“ bekannt ist. In diesem Fall wird der Transport und die Lagerung (Lagerung im Bedarfsfall; der Containertransport wird oft als „Lagerung auf Rädern“ bezeichnet) durch ein höheres Serviceniveau ergänzt, einmal im Bereich der Lagerkontrolle und zum anderen in der teilweisen Wertsteigerung des Produktes vor dem Transport zum Kunden. Bestimmte Verfrachter und Häfen wie APL und Seattle haben ihren Servicebereich um dieses Vollservicekonzept erweitert, besonders, weil Produktionsmethoden wie die Just-in-time-Methode ständig an Bedeutung gewinnen, da sie Kundenanforderungen wirtschaftlicher und effizienter erfüllen können.

10.3.10 Abfertigung von Waren

Fracht, ob als Stückgut oder Schüttgut, erfordert unterschiedliche Verladeeinrichtungen. Lose, nicht in Containern geladene Fracht ist meist arbeitskräfteintensiv und braucht zur Beförderung von einem zum anderen Ort Gabelstapler und Förderbänder. Dieser Vorgang kann durch Verpackung auf Paletten deutlich vereinfacht werden.

Containerfracht wird aufgrund ihrer Umwandlung in einen einzelnen Container als Einzeleinheit befördert, mit einem Gewicht von bis zu 35 Tonnen, abhängig von Containergröße und zulässigem Gesamtgewicht der betreffenden Transportmethoden. Container werden mit den unterschiedlichsten Hebevorrichtungen auf die verschiedenen Transportmittel umgeladen. Dazu gehören Containerkräne, die man normalerweise an Containerterminals findet, ebenso besondere Spediteure, die den Container zuerst wechseln und dann an einen anderen Ort befördern; und große Gabelstapler-Lkws, die großen Brüder der Lager-Gabelstapler.

Trockene Schüttgüter wie Kohle, Getreide und Erze benötigen große Schaufellader, Schüttvorrichtungen und Ladegeräte. Flüssiges Frachtgut wie Erdöl, flüssige natürliche Gase und sogar Wein und Bier werden über Pipelines be- und entladen.

Containertypen: Luft- oder Seefrachtcontainer gibt es in allen Größen, Formen und mit allen Nutzlastkapazitäten. Gemäß dem ISO-Klassifikationssystem werden Container in 20-Fuß-Längen (TEUs) gemessen und sind entweder 20 oder 40 Fuß lang. Andere Containergrößen sind 10-, 24-, 30-, 46- und seit kurzem gibt es auch 45-, 48- und 54-Fuß-Größen. Die meisten Container sind acht Fuß und sechs Inch (ca. 2,60 m) hoch, Großcontainer normalerweise neun Fuß und sechs Inch (ca. 2,90 m). Abgesehen von Sondergrößen sind fast alle Container acht Fuß breit (ca. 2,40 m). Neun von zehn Containern sind aus Stahl, die restlichen aus Aluminium oder einem anderen besonderen Material.

In zwei von drei Fällen wird der normale 20- bzw. 40-Fuß geschlossene Trockenfrachtcontainer eingesetzt. Außerdem gibt es noch Container ohne Dach, Container mit integriertem Kühlaggregat, mit Flachgestell und mit verschiedenen Plattformen. Andere sind ausschließlich für die Aufnahme von Flüssigkeiten bestimmt, wie zum Beispiel konzentrierten Fruchtsäften, Säuren und chemischen Produkten. Angesichts der mittlerweile erzielten Verbesserungen in Hinsicht auf die Minimierung von Kondensationsschäden sind einige Container auch zur Aufnahme von Gütern wie Kaffee, Rohgummi und Getreide ausgelegt.

Arbeitskräfte: Die Automation des Frachttransportes, besonders in Form von Containertransporten, ist kapitalintensiv. In den meisten Fällen reduziert die Kapitalisierung die Anzahl der eingesetzten Arbeitskräfte bei erheblichen Kosteneinsparungen.

Bei herkömmlichen Direktverladungen wurden mehrere hundert Arbeiter zum Be- und Entladen eines Schiffes eingesetzt (besonders dort, wo regionale Arbeitsgesetze den Einsatz von automatisierten Gerätschaften einschränken). Dieser Vorgang kann bis zu einer Woche in Anspruch nehmen. Heute werden aufgrund der Automatisierung im Containertransportsektor oft nur noch 10 bis 20 Prozent der Arbeitskräfte benötigt, um eine sogar drei- bis vierfache Frachtmenge im Vergleich zu einem herkömmlichen Frachtschifftransport abzufertigen und das meist in weniger als 24 Stunden.

Wo Direktverladungen noch stark auf der menschlichen Muskelkraft aufbauten, werden jetzt, abgesehen vielleicht von einigen bestimmten Vorgängen am Terminal für Containerabwicklungen besondere Fähigkeiten benötigt, die einer speziellen Ausbildung bedürfen. An dieser Stelle kann man die Containerkranführer als Beispiel anführen, die in einem Durchgang bis zu 35 Tonnen laden bzw. entladen und dies bei ca. 25 Containern pro Stunde.

10.3.11 Technologie

Veredelung: Die im Ozeantransport eingesetzten Technologien haben einen Punkt erreicht, an dem Steigerungen in Größe und Geschwindigkeit in den kommenden Jahren nur noch stufenweise vor sich gehen können. Zwar entwickeln einige Länder wie zum Beispiel Japan Schiffskörper und Antriebssysteme, von denen man erwartet, daß sie für die Strecke Tokio und Seattle statt sechs nur noch drei Tage brauchen werden, und daß diese Sonderfrachtschiffe bis zu 50 Container aufnehmen können. Trotzdem bleiben solche Frachter aber vermutlich die Ausnahme.

Dagegen erscheint wahrscheinlicher, daß es Schiffe und Frachter mit verbesserten Antriebssystemen geben wird, die leistungsfähigere Treibstoffmischungen und andere Verbesserungen im Kraftwerksbereich aufweisen. Am Terminal werden Containerfrachten, Schüttgut- und flüssige Frachten schneller auf und vom Schiff gebracht werden können, und moderne Navigationssysteme werden zu einem erhöhten Sicherheitsniveau auf dem Wasser und im Hafen beitragen.

Verbesserter Ablauf: Das größte Verbesserungspotential liegt jedoch im schnelleren und effizienteren Durchlauf des Frachtgutes durch das Terminal. Um dies zu erreichen, muß sich das Zusammenspiel der einzelnen Arbeitsschritten am Terminal und der Tätigkeiten vor und nach Ankunft des Frachtgutes noch entwickeln. Die Durchlaufzeit der Fracht soll so weit wie möglich verkürzt werden. Dies macht eine engere Zusammenarbeit zwischen Verfrachter, Transportunternehmen, Auftragsleistungen wie Frachtspediteuren, Zollagenturen o.ä. und staatlichen Einrichtungen wie zum Beispiel der Zoll- und Einwanderungsbehörde erforderlich.

Kommunikation: Der Schlüssel, sozusagen der Klebstoff, der all diese Aktivitäten zusammenhält, ist die Kommunikation. Mit dem Einsatz schnellerer, leistungsfähigerer Computer und des elektronischen Datenaustauschsystemes (EDI), wird der Informationsfluß durch das Transportsystem immer schneller, zuverlässiger und kostengünstiger. Im Vergleich zum Anfangsstadium des Containertransportes und seines heutigen Stellenwertes könnte man sagen, daß die Revolution im Kommunikationsbereich immer noch in den Kinderschuhen steckt und die meisten Beteiligten erst dabei sind, das Krabbeln zu lernen.

Arbeitskräfte: Vergleichbar mit der Situation in anderen Wirtschaftsbereichen wird der Faktor Arbeitskräfte im Transport- und Logistikmanagement am meisten von den künftigen Veränderungen betroffen werden. Eine ganz offensichtliche Auswirkung liegt darin, daß Maschinen und Automation weiterhin die meisten manuellen Aufgaben bei der Beförderung von Passagieren und Waren zu, durch und aus dem Terminal heraus ersetzen werden.

Gleichzeitig steigt die Spannung zwischen gewerkschaftlich organisierten und nicht organisierten Arbeitskräften an Bord und an Land. In den Vereinigten Staaten sind die größeren Seefrachtunternehmen und Hafenbetreiber immer noch gewerkschaftlich organisiert. Jedoch hat die Häufigkeit solcher Aktionen wie Streiks oder Arbeitsunterbrechungen seit der Akzeptanz technologischer Fortschritte in Kombination mit der Rezession der Jahre 1990 bis 1992 deutlich abgenommen. Andere Länder zeigen eine ähnliche Entwicklung, eine Ausnahme stellen nur Länder dar, in denen wirtschaftliche Aktivitäten sich immer noch im Umstellungsprozeß von einem zentral gesteuerten Wirtschaftssystem zur freien Marktwirtschaft befinden.

Kleinere Mannschaften: Dieser Automationsprozeß hat einen Punkt erreicht, an dem die Größe der Mannschaften auf dem Schiff und am Terminal nur einen Bruchteil dessen darstellt, was sie noch vor weniger als zehn Jahren war. In diesen Zusammenhang gehört ein Thema, das immer mehr Beachtung findet: die soziale Komponente geringerer menschlicher Kontakte als Folge einer verringerten Anzahl von eingesetzten Kräften, besonders auf Schiffen.

So hat ein deutscher Betreiber von Containerschiffen kürzlich Containerschiffe gebaut, die mit einer Mannschaft von nur je vier Personen gefahren werden können. Wie es sich aber später herausstellte, hatte das Unternehmen große Schwierigkeiten, qualifizierte und ausgebildete Personen zu finden die gewillt waren, unter solchen Bedingungen zu leben. Daraufhin wurde die Größe der Mannschaften auf mehr als 12 erhöht, einer Anzahl, die immer noch nur die Hälfte der durchschnittlichen Mannschaft eines herkömmlichen Containerschiffes darstellt.

Qualifiziert und ungelernt oder angelernt: Gleichzeitig, und häufig in den Medien und auf Betriebsebene zitiert, werden Arbeitsplätze für ungelernte und manchmal auch angelernte Kräfte von qualifizierten Arbeitsplätzen verdrängt. Auf einigen der moderneren Schiffe müssen heutzutage zugelassene und amtlich anerkannte Besatzungsmitglieder mit mehr moderner Technologie umgehen können als früher, was bedeutet, daß sie oft mehrere Fachgebiete beherrschen müssen.

Obwohl diese Verschiebung von Muskeln zu Gehirn eine tiefgehende Auswirkung auf die Anzahl der wegrationalisierten Arbeitsplätze hat und dies vermutlich auf Dauer, haben sich viele Unternehmen, Terminalbetreiber und Gewerkschaften zusammengeschlossen, um in gemeinsamer Anstrengung Ausbildungs- und Weiterbildungsprogramme zu entwickeln, die den heutigen technologischen Anforderungen der Branche gerecht werden und auch zukünftige Entwicklungen mit einbeziehen. Einige der Unternehmen und Terminalbetreiber, besonders in Europa und Japan haben einen weiteren Schritt getan und das Schiff- und Terminalpersonal von Anfang an in den technologischen Entwicklungsprozeß mit einbezogen.

Obwohl gesicherte Erkenntnisse noch nicht vorliegen, zeichnet sich bereits ab, daß diese Art von Zusammenarbeit zwischen Geschäftsleitung und Arbeitskräften die Zukunftsängste sowohl der Geschäftsleitung als auch der Arbeitskräfte deutlich verringert hat. Außerdem wurden im Zuge dieses Dialoges auch Beiträge geleistet, die man ohne diese Zusammenarbeit nicht erhalten hätte.

Sicherheit: Schiffkollisionen gab es zu allen Zeiten, ebenso sind schon immer Schiffe auf Grund gelaufen bzw. gesunken oder es gab Unfälle an den Umschlagplätzen. Angesichts der schneller fließenden und umfassenderen Informationen, die heutzutage zusammengetragen, analysiert und verbreitet werden, scheint es so, daß Häufigkeit, Ausmaß und Größenordnung solcher Unfälle größere Auswirkungen zeigen als vor einigen Jahrzehnten, einer Zeit in der Informationen nicht in diesem Maße zugänglich waren. So werden den Risiken für Leben, Eigentum und die Umwelt mehr Aufmerksamkeit zuteil, womit vielleicht auch ein Beitrag zur Verringerung der Unfallgefahr geleistet wird.

In diesem Zusammenhang muß besonders auf den vermehrten Einsatz exakter technischer Hilfsmittel im Bereich der Standortbestimmung, die modernen Erd- und Satellitennavigationssysteme, hingewiesen werden. Einige dieser Systeme können den Standort eines Schiffes mit einer Genauigkeit von plus/minus 100 Fuß, ungefähr 30 Metern, feststellen. Andere Verbesserungen im Sicherheitssektor sind auf Modernisierungen im Schiffbau sowie bei Maschinen und Geräten an Land, aber auch auf eine bessere Ausbildung zurückzuführen.

10.3.12 Aktuelle Themen

Drogen- und Alkoholmißbrauch: Nachforschungen über Unfälle im Seetransportbereich haben ergeben, daß immer mehr Zwischenfälle auf Alkohol- und Drogenmißbrauch zurückzuführen sind. In diesem Zusammenhang haben Bundesbehörden wie die amerikanische Küstenwache und andere im Bereich des Genußmittelmißbrauchs tätigen Behörden für solche Substanzen strenge Regeln aufgestellt und überwachen deren Einhaltung. Bei erwiesenen Verstößen wird in den meisten Fällen auf Entlassung und mögliche Verweisung aus der Transportindustrie entschieden. Außerdem haben Unternehmen und Behörden mit der Einrichtung umfassender Beratungsprojekte für Alkohol- und Drogenmißbrauch begonnen, die eher der Vorbeugung als der Bestrafung dienen sollen.

Absprachen: Absprachen für Tarif- und Leistungsvereinbarungen wurden ursprünglich durch verschiedene amerikanische Gesetze ermöglicht und geschützt, um die Tarife und den Wettbewerb auf bestimmten Handelsstraßen stabil zu halten. Dies könnte sich ändern. In den vergangenen Jahren ist der Wettbewerbsdruck an Land und auf See stärker geworden, so daß man sich schneller an Änderungen in der Transport- und Kommunikationstechnik anpassen muß. Diese neuen Bedingungen haben auch das Absprachensystem unter Reformdruck gebracht und dies könnte bedeuten, daß das System, wie wir es heute kennen, in den kommenden Jahren einer völlig neuen Orientierung bedarf oder ganz abgeschafft wird.

10.4 Lufttransport

Am 17. Dezember 1903 erhob sich Orville Wright von den Sanddünen bei Kitty Hawk in North Carolina in die Lüfte und war damit der Pilot eines Fluges, den man heute als ersten gesteuerten Motorflug bezeichnet. Dieser Flug ging über ungefähr 35 Meter.

Das Ausmaß der Fortschritte im Lufttransport kann man daran verdeutlichen, daß die Spannweite einer Boeing 747 größer ist als die Länge des damaligen Fluges. Man kann sagen, daß das erste Flugzeug nicht mehr war als ein etwas größerer Segelflieger, auf dem ein 16-PS-Motor angebracht wurde. Der erste Flug dauerte nur 12 Sekunden. Damit verglichen entwickeln moderne Düsenmaschinen viele tausend Pfund geballter Pferdestärken und können Entfernungen von mehr als 10.000 km nonstop zurücklegen.

Der Lufttransport in den Vereinigten Staaten und damals auch in vielen anderen Ländern wurde hauptsächlich durch staatliche Postdienste gefördert. Bis zu jenem Zeitpunkt hatte die Luftfahrt eher eine Art Kuriositätenstatus und wurde als Möglichkeit für bestimmte Experimentierer angesehen, ihre Ideen in Hinsicht auf die Eignung der Luftfahrt für Freizeit und Geschäft auszuprobieren. Viele der größten amerikanischen Luftlinien, zum Beispiel American und United haben auf die eine oder andere Art mit der Beförderung von Post angefangen. Andere Gesellschaften wie z.B. Delta haben ihren Weg als lokale Dienstleistungsträger für Kurierdienste und Schädlingsbekämpfung begonnen.

Anfang der 30er Jahre entstanden überall auf der Welt die ersten Luftlinien. Viele hatten noch Flugzeuge, die kaum schneller als 100 Meilen/Stunde fliegen konnten. Gleichzeitig blieben Wettbewerb und Dienstleistungen für die allgemeine Öffentlichkeit etwas hinter der Entwicklung zurück. Zur Unterstützung wurde im Jahre 1938 das Civil Aeronautics Act, das Gesetz für die zivile Luftfahrt erlassen, was neben sonstiger Unterstützung den Luftfahrtgesellschaften auch Anreize bot, den Betrieb auf andere, potentiell gewinnträchtige Bereiche auszuweiten. Die Einrichtung einer zivilen Luftfahrtbehörde, aus der später die Flugsicherungsbehörde, Civil Aeronautics Board (CAB) wurde, gilt als eine der wichtigsten durch dieses Gesetz bewirkten Änderungen, weil so die Koordination der Luftfahrtindustrie durch die Regierung und ihrer sich manchmal überschneidenden Behörden deutlich verbessert werden konnte.

Weitere Bestimmungen boten Anreize für die Beförderung von Luftpost. Fluggesellschaften, die bereits vor Entstehung dieses Gesetzes auf dem Markt waren, erhielten für die von ihnen bedienten Flugstrecken einen Befähigungsnachweis. Damit konnten die Unternehmen mit einem solchen Nachweis in einem Markt mit beschränkter Anzahl von Mitbewerbern für manche Routen tätig sein.

Das Wachstum und die Entwicklung des internationalen Lufttransportes lief nicht parallel zu den Fortschritten im amerikanischen Inlandslufttransport. Die Lufttransporteure in den Vereinigten Staaten waren Unternehmen im Privatbesitz, während ausländische Firmen größtenteils entweder ganz oder teilweise zum jeweiligen Staatsbesitz zählten. Dadurch hatten die amerikanischen Lufttransporteure gegenüber stark subventionierten ausländischen Luftgesellschaften einen starken Wettbewerbsnachteil.

Obwohl verschiedene wichtige Gesetze zur Stützung der Luftfahrtindustrie erlassen wurden, war und ist die Bermuda Vereinbarung aus dem Jahre 1946, das Bermuda Agreement, vielleicht eines der weitreichendsten und einflußreichsten Gesetze. Das Bermuda Agreement war die erste, von Großbritannien und den Vereinigten Staaten unterzeichnete bilaterale Vereinbarung über die zivile Luftfahrt und diente aufgrund ihrer Flexibilität als Modell für spätere bilaterale Vereinbarungen. Jedes Land garantierte dem jeweils anderen „Fünf Freiheiten“ in Übereinstimmung mit bestimmten allgemeinen Bedingungen: staatliche Tarifgenehmigung, unzulängliche Transportkapazität und eine Revision der derzeitigen Betriebstätigkeit der Transportgesellschaft in Übereinstimmung mit diesen Prinzipien. Die beiden Länder kamen auch überein, daß internationale Tarife und Preise den durch den Internationalen Verband für den Lufttransport eingegangenen Vereinbarungen unterliegen sollten.

Flugtransportgesellschaften wie die Pan American Airlines und Trans World Airlines, in Zusammenarbeit mit der amerikanischen Regierung, nutzten diese Vereinbarungen so weit als möglich zu ihrem Vorteil aus, um Zugang zu fremden Ländern zu erlangen und zu behalten. Bis zum Beginn der Deregulierung in den späten 70er Jahren waren diese beiden Transportunternehmen die ersten auf internationalem Gebiet operierenden Lufttransportunternehmen der Vereinigten Staaten. Andere wie Northwest Orient waren auf internationale Routen, z. B. nach Fernost, beschränkt.

Einer der drastischen Durchbrüche im Bereich des Lufttransportes bestand in der Einführung der Düsenjets in den späten 50er bis zu den späten 60er Jahren. Diese waren nicht nur schneller und hatten eine größere Reichweite als konventionelle Propellermaschinen, sondern auch eine um ein Vielfaches höhere Nutzlast pro Flug. Der Einführung des Düsenjets folgte die Erkenntnis, daß Flughafenbehörden größere Flughäfen planen und bauen mußten, um das gesteigerte Volumen und auch die erhöhte Frequenz von Passagieren und Frachten, die diese Flugzeuge aufnehmen konnten, zu bewältigen.

Die Lufttransportindustrie hat sich mit den Düsenjets fast über Nacht dramatisch verändert. Und, zum ersten Mal, wurde die Luftfracht zu einem wichtigen Ertragsfaktor für die Transportunternehmen. Obwohl die Lufttransportindustrie stark von Einkünften aus dem Passagiertransport abhängig ist, sind ungefähr 14 Prozent der durch eine Kombination von Passagier- und Frachttransporteuren erzielten Betriebserträge durch Einnahmen aus der Luftfracht erzielt worden.

Die Flugzeugindustrie als Teil der größeren Luftfahrtindustrie umfaßt alle Aktivitäten in Zusammenhang mit dem Bau und dem Fliegen von Flugzeugen.

Trotz nationaler und internationaler Störungen wie wirtschaftlichen Abschwüngen und den Auswirkungen der Operationen Desert Shield und Desert Storm auf das Transportwesen im allgemeinen gehen die Erwartungen dahin, daß die Luftfahrtindustrie weltweit zwischen vier und neun Prozent pro Jahr wächst. In den Vereinigten Staaten wird der größte Anteil am Wachstum wohl aus dem Bereich der Luftfracht kommen, da die Geschäftswelt sich immer besser informiert und moderne Konzepte des Logistikmanagements zu ihrem und zum Vorteil ihrer Kunden ausnutzt. In Europa, im Gegensatz zu dem phänomenalen zweistelligen Wachstum in Fernost und teilweise auch in Südamerika, liegt der erwartete Zuwachs in der Luftfahrtindustrie unter diesen Zahlen. Alternative, konkurrierende Transportsysteme und kürzere Entfernungen zwischen den großen Wirtschaftlichszentren sind für die Verlangsamung des Wachstumspotentials in Europa verantwortlich.

10.4.1 Transportunternehmen

Riesen: Zu den Transportriesen in den Vereinigten Staaten werden normalerweise Unternehmen gerechnet, die mehr als eine Milliarde Dollar Jahreseinnahmen erwirtschaften. Diese Transportunternehmen bieten ihre Dienste auch zwischen dicht besiedelten Gegenden und anderen Ländern an. Die meisten der größeren Betriebsstrecken sind sehr wettbewerbsempfindlich – besonders seit Inkrafttreten der Deregulierung Anfang der 80er Jahre – und verwenden meist Großraumflugzeuge für längere Routen, die sich oft über den ganzen Kontinent erstrecken. Aufgrund der Notwendigkeit den Marktanteil zu erhöhen, wenn nicht gar ganz kontrollieren zu müssen, bedienen viele solcher Luftfahrtgesellschaften auch Zentren mittlerer Größe, wie zum Beispiel Cleveland und New Orleans.

Landesweit: Landesweite Lufttransportunternehmen betreiben fahrplanmäßig kürzere Routen (Cleveland und Chicago) und bedienen andererseits auch große, regionale Gebiete (Cleveland und Washington). Viele dieser Unternehmen stellen also durch den Einsatz kleinerer Flugzeuge auf vielen Routen zwischen weniger stark und stark besiedelten Gegenden eine hohe Konkurrenz zu den großen Transportunternehmen dar. Allgemein gesprochen erwirtschaften diese Konzerne jährliche Einnahmen zwischen 75 Millionen und einer Milliarde US-Dollar.

Regional und lokal: Diese Transportunternehmen arbeiten innerhalb einer bestimmten Region, wie zum Beispiel der südwestlichen Ecke der Vereinigten Staaten oder Neu England, und verbinden weniger dicht besiedelte Gegenden mit großen Wirtschaftszentren. Sie können in zwei Kategorien eingeteilt werden: große (10 bis 75 Millionen US-Dollar) und mittlere (weniger als 10 Millionen US-Dollar). Aus Wettbewerbsgründen haben viele Transportriesen wie zum Beispiel American kleinere Lufttransportunternehmen übernommen oder sind mit diesen Vereinbarungen über Zubringerdienste eingegangen.

International: Aufgrund der Deregulierung im In- und Ausland sind viele der US-Transportunternehmen gleichzeitig auch international tätig. Sie operieren zwischen dem amerikanischen Kontinent und dem Ausland und zwischen den Vereinigten Staaten und den zugehörigen Ländern. Der Präsident der Vereinigten Staaten ist normalerweise an der Bestimmung der Lufttransportunternehmen beteiligt, denen neue oder erweiterte Routen zugestanden werden. Die Auswahl der Unternehmen wird aus wirtschaftlichen und politischen Interessen heraus getroffen, besonders für Strecken mit einem Potential an zusätzlichem Passagier- und Frachtaufkommen.

Charter: Obwohl die Charterunternehmen Flugzeuge gleichen Typs und gleicher Größe zur Passagier- und Frachtbeförderung einsetzen, arbeiten sie ohne feste Fahrpläne oder festgelegte Strecken. Sie chartern dagegen das gesamte Flugzeug für eine Gruppe oder Firma auf einer ganz bestimmten Strecke zu vereinbarten Preisen, Fahrplänen und anderen einschränkenden Bedingungen. Im Gegenzug bezahlt der Kunde einen niedrigeren Preis.

Viele der großen inländischen und internationalen Fluggesellschaften sind durch internationale Vereinbarungen auf spezifische Strecken festgelegt und eingeschränkt. Um die Vorteile gelegentlicher Charteraufträge zu nutzen, hat eine große Anzahl eben dieser Fluggesellschaften Charter-Tochtergesellschaften gegründet. Auf diese Art, und möglicherweise durch die bilateralen Einschränkungen zwischen den betroffenen Ländern etwas eingeschränkt, können die Luftransportunternehmen eine größere und differenziertere Bandbreite von Serviceleistungen anbieten, um auch im Chartermarkt eine Wettbewerbsposition zu wahren.

Päckchen und Nachtexpress: Seit der Deregulierung gehört das Geschäft mit der Beförderung von Päckchen und Expresslieferungen zu den am schnellsten wachsenden Bereichen der Luftfahrt. Firmen wie Federal Express und United Parcel Service haben sich auf einen Service spezialisiert, der in den meisten Fällen im direkten Wettbewerb mit den Postdiensten auf der ganzen Welt liegt. Diese Firmen sind deshalb erfolgreich, weil ihre Logistikabläufe an dem Punkt beginnen, an dem das Päckchen abgeholt wird (normalerweise direkt in den Betriebsräumen des Absenders oder an zentralen Abholstellen) und erst am Zustellort enden. Die Gebühr für diese Serviceart liegt normalerweise um ein Vielfaches über den Postgebühren. Dagen ist diese Art Service meist schneller (über Nacht, oder zwei bis drei Tage für internationale Lieferungen) und zuverlässiger.

10.4.2 Flugzeugtypen und Wartungseinrichtungen

Großraumjet oder Kurzstreckenflugzeug: Flugzeuge werden normalerweise anhand ihrer Größe klassifiziert (normal oder Großraum) und ob es sich um ein Kurzstrecken- oder Großraumflugzeug handelt. Der wirtschaftliche Aspekt und das Nabe- und Speichenkonzept hat die Rolle und Bedeutung der Flugzeuggröße für den Passagier- und Frachttransport stark verändert. Auf kürzere Entfernungen mit häufigeren Starts und Landungen, setzen Luftfahrtunternehmen meist kleinere Flugzeugtypen wie die Boeing 737 und die DC-9 ein. Bei transkontinentalen und Überseeflügen stehen die wirtschaftlichen Aspekte zugunsten der größeren Großraumflugzeuge. Obwohl deren Kosten anfänglich höher liegen (für jedes Flugzeug 125 Millionen US-Dollar), liegen die Betriebskosten pro Sitz- oder Frachtmeile erheblich niedriger.

Flugwerkhersteller: Die hohen Entwicklungskosten (oftmals zwei bis vier Milliarden US-Dollar) und die Zeit vom Reißbrett bis zum Kunden (fünf bis neun Jahre) haben die Anzahl der Hauptherstellter für Flugzeuge in den letzten Jahrzehnten stark reduziert. Außerdem belasten geplante Einsparungen in den Verteidigungsbudgets, die oftmals so angelegt sind, daß die Flugzeughersteller die gleiche oder angepaßte Technologien für neue Zivilflugzeugtypen verwenden können, die Rentabilität neuer Flugzeugtypentwicklungen zusätzlich. Dies trifft ganz besonders auf Flugzeuge mit absolut neuer Konstruktion und Leistung zu, wie zum Beispiel die für den Einsatz bei überlangen Flugentfernungen vorgesehenen Überschallflugzeuge.

Trotzdem sind zwei der drei größten Hersteller von Flugwerken für Verkehrsflugzeuge amerikanische Firmen (Boeing und McDonnel-Douglas). Der dritte Hersteller, AirBus ist ein Konsortium von großen Flugwerk- und Teileherstellern aus Deutschland, England, Frankreich und Spanien. Der Kampf um neue Aufträge wird immer verbissener und kippt oft in zänkische Auseinandersetzungen über politische und internationale Vereinbarungen um. Andere moderne Industrieländer wie Japan warten nur auf eine Gelegenheit, an diesem High-tech-Geschäft teilzunehmen, sofort gefolgt von Ländern wie Südkorea und Taiwan.

Einrichtungen der Bodenabfertigung: Die hohen Kosten des Lufttransportes für Passagiere und Fracht setzen andere Bereiche der Industrie unter den Druck der zwangsweisen Weiterentwicklung und gesteigerter Effizienz. Die Bodenabfertigung für Passagiere, Fracht und Flugzeuge gehört zu diesen Bereichen. Wenn solchen Abfertigungseinrichtungen auch noch hohe Betriebskosten und Ausfallzeiten zu eigen sind, kann das erhebliche Auswirkungen auf Zeitplanung und andere Serviceaktivitäten haben. Zu diesen Serviceaktivitäten gehören nicht nur die eigentliche Abfertigung von Passagieren, Gepäck und Fracht, sondern auch die Flugzeugwartung, das Auftanken, das Versorgen mit Vorräten und Routinewartungsarbeiten zwischen den Flügen.

10.4.3 Leistungen

Lufttransport: Der Lufttransport wird allgemein als Liniengeschäft auf festgelegten Strecken angesehen und daher als Transportunternehmen für Passagiere und Fracht gesehen. Diese Einteilung trifft auf fast alle Fluggesellschaften unabhängig von ihrer Größe und den Märkten zu.

Allgemeine Luftfahrt: Die allgemeinen Luftfahrtunternehmen erbringen ihre Dienstleistungen normalerweise für private Eigentümer (meist Firmen) und setzen kleinere Flugzeuge auf Abrufbasis ein. Zur allgemeinen Luftfahrt gehören auch die kleineren Freizeitflugzeuge.

Geschwindigkeit: Eine herausragende Eigenschaft der Luftfahrt ist die Geschwindigkeit. mit der im Vergleich zu alternativen Transportarten immer größere Entfernungen in immer kürzerer Zeit zurückgelegt werden können. In einer Zeit, in der Passagiere und Fracht fast über Nacht an fast alle Orte der Welt gebracht werden müssen, wird dies zu einem entscheidenden Faktor. Auf kürzere Entfernungen stellen Transportarten wie zum Beispiel Hochgeschwindigkeitszüge besonders in geographischen Gebieten mit hoher Bevölkerungsdichte (wie Europa und Japan, wo dicht besiedelte Zentren verhältnismäßig nahe beieinander liegen) eine starke Konkurrenz dar.

Flugfrequenz: Zusätzlich zum Faktor Geschwindigkeit ist die Flugfrequenz zwischen zwei Orten entscheidend. Größere Unternehmen, besonders einige Transportmultis wie American, United Airlines und Delta, haben kleinere und in einigen Fällen auch neue Fluggesellschaften praktisch dadurch aus dem Markt gedrängt, daß sie mehr Flugzeuge und Serviceleistungen einsetzen konnten.

Überfüllung: Alle Fluggesellschaften sehen sich gemeinsam dem Problem der immer stärker werdenden Überfüllung der Luftwege durch zu viele Flugzeuge in der Luft und auf dem Boden gegenüber. Dies trifft ganz besonders in und um Flughäfen in Zentren mit hoher Bevölkerungsdichte zu.

Fluggesellschaften, in Zusammenarbeit mit und manchmal erst auf Drängen von Flughafenbetreibern, haben Start- und Landepläne aufgestellt, die zur Vermeidung von möglichen Stoßzeiten festgelegte Positionen zuordnen, besonders in Spitzenbelastungszeiten. Gleichzeitig bieten insbesondere die Konkurrenzunternehmen einiger Transportmultis wo immer möglich einen Service zu anderen, alternativen Flughäfen in der gleichen Gegend an, um den Passagieren und für den Frachttransport Alternativen zu bieten. Es ist interessant zu sehen, daß eines der wohl größten Potentiale für zukünftige Fortschritte in der Luftfahrt eher auf dem Boden zu finden ist als in den technischen Fortschritten der Flugzeuge. Wenn die Problematik der Spitzenbelastung nicht zufriedenstellend gelöst werden kann, wird dadurch der Wettbewerbsvorteil der Transportgeschwindigkeit aufgehoben werden.

Zugänglichkeit: Die Luftfahrtindustrie sieht sich auch einer wachsenden Erkenntnis gegenüber, daß die Transportunternehmen unabhängig davon, ob sie große Städte wie Los Angeles oder Houston anfliegen, oder weniger dicht besiedelte Gegenden wie Salt Lake City, durch die Anzahl der verfügbaren Flughäfen eingeschränkt werden. Auf dem Boden stellt die Anbindung des kombinierten Transportverkehrs zu und vom Flughafen eine andere wachsende Herausforderung dar. Die jeweiligen Kommunen bemühen sich um eine Entschärfung dieser Situation. Flughäfen, die ihren Passagieren und Kunden eine zuverlässigen Transport zu und vom Flughafen weg bieten können, haben herausgefunden, daß ein solcher Service oft mindestens genau so wichtig sein kann wie der Flugzeugservice selbst.

Hoher Wert/wenig Volumen: Aufgrund des hohen Wertes der Luftfahrtleistungen für Passagiere und Fracht sind sie meist auf eine entsprechende Kundschaft beschränkt. Dies hat dazu geführt, daß Passagiere befördert werden, die die Transportkosten zwar als teuer einschätzen, trotzdem aber im gesamten Ablauf des Logistikmanagements den Faktor Zeit für Passagiere und Fracht als wertvoller einstufen. Dies trifft ganz besonders dann zu, wenn die Notwendigkeit, an einem bestimmten Ort anzukommen, unabdingbar mit der Durchführung wichtiger Gespräche oder zur Erfüllung von Herstellungs- und Montageplänen zusammenhängt, die auf einer engen Terminplanung basieren und wenig Raum für Abweichungen lassen.

10.4.4 Kostenstruktur

Luftfahrtunternehmen und auch Lkw-Transporteure weisen eine Kostenstruktur auf, die auf hohen variablen und niedrigen festen Kosten aufbaut. Ungefähr 80 Prozent der gesamten Betriebskosten sind variable, und 20 Prozent feste Kosten. Dies kann den staatlichen Investitionen und dem staatlichen Betreiben von Flughäfen und Fluggesellschaften zugeschrieben werden. Die Transportunternehmen bezahlen über die Landegebühren für den Gebrauch dieser Einrichtungen, wobei auch diese Gebühren variabel sind und von Größe und Gewicht des Flugzeuges, manchmal auch der Anzahl der beförderten Passagiere und der Frachtmenge abhängen.

Wartung: Zur Wartung der Flugzeuge und Einrichtungen am Boden zählt auch der Verwaltungsaufwand. Die Verwaltungskosten können bis zu 22 Prozent der gesamten Betriebsausgaben betragen und sind demzufolge auch Gegenstand einiger wirklich ernsthafter Bemühungen um Kostendämpfung von Fluggesellschaften und Flughafenbetreibern. Jedoch haben viele erkannt, daß bei gestiegenen Anforderungen an die Servicezuverlässigkeit zu starken Einschränkungen und Kürzungen im Wartungsbereich nur eine Abwanderung von Kunden zur Folge haben. So kann die Luftfahrtindustrie enorme Fortschritte darin verbuchen, daß bessere Materialien eingesetzt und Abläufe effektiver gestaltet werden und Kundenwünsche größere Beachtung finden.

Kommissionen: Kommissionen sind Gebühren, die von Fluggesellschaften an Reiseagenturen und Luftfrachtspediteure für gebuchte Flüge bezahlt werden. Reiseagenturen erhalten einen Prozentsatz des Flugpreises für die von der Fluggesellschaft ausgestellten Tickets. Diese Kommission, normalerweise unter 10 Prozent des Ticket- oder Tarifpreises, wird von dem von der Fluggesellschaft berechneten Frachtpreis abgezogen. Viele Luftfrachtgesellschaften arbeiten immer noch mit Spediteuren zusammen, besonders dann, wenn Nischenfrachtgüter und andere besondere Umstände den angebotenen Zeitaufwand und den Einsatz erfordern, und die Fluggesellschaft aufgrund ihrer höher liegender Gemeinkosten nicht in der Lage ist, dies zu erbringen.

Treibstoff- und Lohnkosten: Einer der vielleicht größten Kostenpunkte im Luftfrachtgeschäft liegt in den Treibstoff- und Lohnkosten. Für die USA trifft allgemein zu, daß jede Treibstoffpreiserhöhung um einen Cent die Gesamtkosten für die gesamte Luftfahrtindustrie auf ungefähr eine Milliarde US-Dollar vergrößert. Dies hat einen ganz besonders großen Einfluß auf die Entscheidung, welches Flugzeug einzusetzen ist. Durchschnittlich verbraucht eine Boeing 747 pro Flugstunde ungefähr 3.300 Gallonen Treibstoff, die kleinere 727 pro Flugstunde ungefähr 1.300 Gallonen. Andererseits liegen die Kosten pro Einheit (Passagier oder Frachtgewicht) beim größeren Flugzeug niedriger als beim kleineren, wenn die Auslastung wenigstens kostendeckend ist. Besonders seit der Deregulierung haben die Fluggesellschaften ihr Augenmerk verstärkt auf den Faktor Lohnkosten gerichtet. Viele der Gesellschaften haben sich aufgrund niedriger Löhne und Lohnebenkosten, wo immer möglich, für eine nicht gewerkschaftlich orientierte Arbeiterschaft entschieden.

Flugzeuggröße: Die Flugzeuggröße hängt von vielen Faktoren ab, einschließlich der zu bedienenden Strecke, der Anzahl und des Volumens der Nutzlast (Passagiere und Fracht) und des zu bedienenden Marktes. Die größten Verkehrsflugzeuge sind die MD-11 und die Boeing 747, wobei die letztere bis zu 100 Tonnen Fracht über mehr als 3.000 Meilen, also um die 5.000 km befördern kann. Sogenannte kleinere Verkehrsflugzeuge können nur die Hälfte der größeren aufnehmen und haben sich meist auf Strecken konzentriert, die wesentlich kürzer sind, aber vielleicht eine höhere Frequenz aufweisen.

Strecken: Fluggesellschaften spezialisieren sich auf solche Strecken, die am besten in ihren Tätigkeitsbereich passen. Landesweite und internationale Unternehmen sind normalerweise so eingerichtet (Flugzeuge, Flughafeneinrichtungen usw.), um Strecken bedienen zu können, die länger sind und vielleicht ein größeres Verkehrsaufkommen aufweisen. Sie verwenden sogenannte Nabe- und Speichensysteme (siehe unten), mit denen sie am besten arbeiten können. Kleinere lokale und regionale Unternehmen bedienen normalerweise kürzere und vielleicht spezialisierte Märkte wie zum Beispiel Express- und Päckchen-Kurierdienste. Aufgrund der Wettbewerbsentwicklungen in der Inlandsluftfahrt und jetzt auch auf internationaler Ebene haben viele Fluggesellschaften erkannt, daß sie ihre Streckensysteme in Zusammenarbeit mit anderen Gesellschaften rationalisieren müssen, um für den Passagier- und Frachttransport einfachere Fahrpläne und andere Dienstleistungen zu günstigeren Preisen anbieten zu können.

Auslastung: Die Fluggesellschaften sind immer darum bemüht, die Auslastung jedes Flugzeugtyps für jede von der Gesellschaft bediente Strecke zu maximieren. Die Rentabilitätsschwelle der Auslastung liegt bei ungefähr 60 bis 70 Prozent, abhängig von der jeweiligen Strecke und dem eingesetzten Flugzeugtyp. Viele Fluggesellschaften haben aber festgestellt, daß eine sogar höher liegende Auslastung auf bestimmten Strecken die Kosten nicht unbedingt abdeckt, zum Beispiel die Nordatlantik- und Kontinentalroute, weil ein Nichtbedienen dieses bestimmten Marktes einen Kundenverlust auf anderen, normalerweise rentableren Strecken mit Anbindung an die Hauptstrecke zur Folge hätte.

Ersetzen von Einrichtungen: Die Kosten für Einsätze und die Konkurrenzsituation zwingen die Fluggesellschaften oft dazu, Einrichtungen und Flugpläne bedingt durch saisonale Fluktuationen des Servicebedarfs zu ersetzen. Auf diese Art sind einige der Transportmultis durch ihre größere Auswahl an Flugzeugtypen in der Lage, die Wahl des richtigen Flugzeuges dem Markt anzupassen. Andere Gesellschaften, besonders regionale und spezialisierte Gesellschaften (für bestimmte Nischenmärkte wie zum Beispiel dem Transport von Teilen für die Automobilindustrie) haben dagegen Schwierigkeiten, flexibel genug auf den Markt zu reagieren und sind damit einem erhöhten Druck auf ihre Betriebsbudgets ausgesetzt.

10.4.5 Kommunikationssysteme

Der Kommunikationsbereich ist vermutlich der Bereich, in dem in den letzten zehn Jahren die größten Fortschritte stattgefunden haben. Die Kunden von heute verlangen schnellere und genauere Flugpläne und Informationen über Dienstleistungskosten, um ihrem eigenen, ähnlich intensiven Wettbewerbsdruck standhalten zu können. Computer und leistungsfähigere Übertragungssysteme für elektronische Daten haben die Fluggesellschaften und ihre Kunden, einschließlich Reiseagenturen und Frachtspediteuren in die Lage versetzt, die verfügbaren Dienstleistungen und damit verbundenen Kosten genau einzuschätzen und die dementsprechend günstigste Fluggesellschaft auszuwählen. Das SABRE-System der American Airlines und ähnliche Systeme anderer Gesellschaften, von denen sich einige zu diesem Zweck verbündet haben, zeigen, daß dieser Technologiesektor der Schlüssel zum rentablen Betrieb ist. Gleichzeitig sind die Fluggesellschaften, die diese modernen Kommunikationssysteme einsetzen in der Lage, das Konzept des Ertragsmanagements so anzuwenden, daß Preis und Flugplan einer einzelnen Serviceleistung kurzfristig veränderten Marktbedingungen angepaßt werden können. Kommunikationssysteme dienen nicht mehr nur der schnelleren und genaueren Durchführung von Buchungen im Passagier- und Frachttransport, sondern auch im internationalen Transport der Zollabfertigung von Frachtgut, sogar bevor das Flugzeug am Bestimmungsort aufsetzt.

10.4.6 Flughäfen

Die meisten Flughäfen werden durch öffentliche Behörden als Teil der Infrastruktur gebaut und betrieben. Die Flughäfen sind normalerweise so angelegt, daß sie für die Abwicklung und Abfertigung des Passagier- und auch Frachttransportes geeignet sind, wobei es einige wenige Flughäfen gibt, die fast ausschließlich für den Frachttransport bestimmt sind. Betriebsabläufe im Zusammenhang mit der Bodensicherheit sind durch die Richtlinien und manchmal auch Aufsicht staatlicher Behörden wie der Flugsicherungsbehörde geregelt. Andere Funktionen, wie zum Beispiel Einwanderung, Abfertigung von Lebensmitteln (besonders von importierten Lebensmitteln) und die Zollabfertigung von Passagieren und Fracht, liegen im Verantwortungsbereich anderer Behörden.

Benutzungsgebühr: Als Beitrag zum weiteren Ausbau, Betrieb und Wartung verlangen die Flughafenbetreiber üblicherweise Benutzungsgebühren. Dazu gehören Start- und Landegebühren, normalerweise auf der Basis des Gewichts (z.B. pro 1.000 lb), Gebühren für die Miete von Flugsteigen und anderen Flugrampen, an denen Passagiere und Frachtgut auf und vom Flugzeug weg gebracht werden, Miete für Wartehallen, Aufschläge auf Treibstoff- und andere Leistungen usw. Andere Benutzungsgebühren werden für Leistungen berechnet, die aufgrund der Passagiernachfrage bereitgestellt werden, wie Leihwagen, Lebensmittel- und andere Bedarfsartikelgeschäfte, Restaurants usw. Frachtbereiche, meist weit entfernt vom Terminalbereich für Passagiere, werden an Luftfrachtunternehmen und/oder Luftfrachtspediteure vermietet.

Nabe und Speichen: Vor der Deregulierung hatten die meisten Fluggesellschaften für Strecken zwischen Herkunfts- und Ankunftsflughafen Nonstop-Flüge oder Direktflüge mit nur ein oder zwei Zwischenstops angeboten. Obwohl diese Art von Direktverbindungen für Passagiere und/oder Fracht natürlich die beste Verkehrsverbindung darstellt, waren diese Flüge meist nicht kostendeckend. Außerdem stellte die Anzahl der in den USA und weltweit bestehenden Strecken durch die wachsende Überfüllung des Luftraums ein ständig wachsendes Sicherheitsrisiko dar, sowohl auf dem Boden als auch in der Luft.

Ein direkter Nutzen der Deregulierung lag in der Einrichtung und dem mittlerweile umfassenden Einsatz eines allgemeinen „Nabe-und-Speiche-Verkehrsbetriebs“. Anstatt einer großen Anzahl von Flügen, die den Kontinent kreuz und quer durchziehen, setzen Fluggesellschaften nun kleinere Passagierflugzeuge als Zubringer von verschiedenen kleineren Herkunftsflughäfen ein, die alle an einem zentralen Flughafen ankommen, an dem die Passagiere zum Weiterflug in einem oder mehreren größeren Flugzeugen zusammengefaßt werden. Im Naben-Flughafen am anderen Ende des Kontinents werden die Passagiere wieder auf kleinere Flugzeuge verteilt und an ihren jeweiligen Zielort gebracht. Daher stammt auch der Name dieses Nabe-und-Speiche-Systems, das wie das Rad eines Fahrrads aussieht, bei dem alle Speichen sich von der Mitte oder Nabe nach außen hin ausbreiten.

Zum Beispiel würden Passagiere, die mit einer kleineren Maschine wie einer DC-9 oder B-737 von Boston, Albany, Buffalo, Philadelphia, Washington, Pittsburg und Norfolk kommen, auf eine größere Maschine wie eine Boeing 747, DC-10 oder L1011 zum Weiterflug zu einem Naben-Flughafen, z.B. San Francisco, zusammengefaßt werden. In San Francisco wiederum würden die Passagiere in kleinere Flugzeuge umsteigen und ihren Flug nach Sacramento, Las Vegas, Portland und Seattle fortsetzen.

Flughafenservice: Wie oben beschrieben reicht der Flughafenservice von direktem Service und Wartung des Flugzeuges bis zu den Serviceleistungen für Passagiere und Fracht auf dem Boden. Diese Leistungen können von den Fluggesellschaften selbst oder von anderen, für diese Aufgaben unter Vertrag genommenen Fluggesellschaften oder Servicefirmen erbracht werden. Die Hauptwartungsarbeiten an den Maschinen werden an bestimmten Flugplätzen erledigt, an denen einige der Fluggesellschaften ihre Naben-Position haben. Zum Flugzeugservice gehört das Auftanken, das Einsteigen der Passagiere und Einladen des Gepäcks, der Fracht, der Vorräte (Lebensmittel) usw. Für diese Serviceleistungengibt es weitere Transportfirmen einschließlich Autoverleih und Limousinenservice, Bedarfsartikelgeschäfte und an manchen Flugplätzen Hotels und Konferenzzentren, in denen Geschäftsbesprechungen und Übernachtungen direkt am Flugplatz möglich sind.

Überfüllung: Als mit der Deregulierung besonders zwischen großen Städten die Anzahl der Flüge anstieg, wurde der Service auf diesen Strecken immer mehr überlastet, nicht nur in der Luft, sondern auch im Flughafen. Das Ergebnis davon ist, daß die Anfahrts-, die Abfertigungs- und die Zeit zum Verlassen des Flughafens so groß sein kann wie der eigentliche Flug selbst.

Expansion und die Umwelt: Besonders Flugplätze mit enormen Zuwachsraten der Passagierzahlen, des Frachtaufkommens und des Luft- und Landverkehrsaufkommens in einer verhältnismäßig kurzen Zeit von nur wenigen Jahren stellen für die Umwelt eine starke Belastung dar und sind auch Ursache allgemeiner Frustration, die durch Überbelastung und Überfüllung besonders in Hauptreisezeiten auftritt. Eine Möglichkeit zur Entschärfung dieser Situation liegt in der Expansion oder sogar des Baus neuer Flugplätze in der gleichen Region. Diese Vorgehensweise findet jedoch immer mehr

Gegner, besonders unter denen, die solche zusätzliche Lasten wie Luftverschmutzung und Lärm als zu große Belastung für die Umwelt ansehen. So mußten viele Flugplatzbetreiber ihre Expansionspläne entweder aufgeben oder so anpassen, daß sie in vielen Fällen keine Ähnlichkeit mehr mit den ursprünglichen Plänen hatten.

10.4.7 Deregulierung

Die Deregulierung der Transportindustrie begann mit einem Gesetz aus dem Jahre 1977, dem Air Cargo Act (Luftfrachtgesetz), gefolgt vom Gesetz zur Deregulierung der Flugpassagierbeförderung, dem Air Passenger Deregulation Act, im darauffolgenden Jahr. Beide Gesetze traten noch im Jahr des Erlassens in Kraft. Die Auswirkungen waren phänomenal wenn man sich die Situation der Flugtransportindustrie vor, während und nach Beginn des Deregulierungsprozesses vergegenwärtigt.

Vor Beginn der Deregulierung war die Flugtransportindustrie wie auch alle anderen Transportarten in hohem Maße reguliert, um sowohl die Transportgesellschaften als auch die Passagiere/Frachten vor unsauberem Wettbewerb und anderen Wettbewerbsverletzungen zu bewahren. Diese Einschränkungen stellten jedoch eine Belastung bei der Entwicklung neuerer Technologien und Änderungen weltweiter Handelsstrukturen dar. Nach vielen Diskussionen und starker Opposition von einigen der größeren, gut eingeführten Inlandsgesellschaften wurde letztendlich die Deregulierung in die Tat umgesetzt. Die Branche hat sich seither grundlegend verändert.

Das Deregulierungsgesetz für Luftfracht aus dem Jahre 1977: Die Deregulierung des Transportwesens in den Vereinigten Staaten begann bei der Luftfrachtindustrie, weil diese einen Bereich, wenn nicht den kleinsten, des Transportmarktes darstellte. Das Luftfrachtgesetz aus dem Jahre 1977, das eigentlich erst ein Jahr später in Kraft trat, ermöglichte neuen Fluggesellschaften den offenen Wettbewerb auf Strecken, die bis dato für Fluggesellschaften reserviert waren, denen man „Großvater“-Rechte zugestanden hatte, was bedeutete, daß sie konkurrenzlos arbeiten konnten. Dieses Gesetz ermöglichte den offenen Wettbewerb um Tarife und andere Serviceleistungen, die durch die Nachfrage auf dem Markt bestimmt werden.

Eine der größten Auswirkungen der Deregulierung in dieser Form war das Entstehen und spätere spektakuläre Wachstum der Express- und Kurierdienste wie Federal Express, DHL und Emery, um nur ein paar zu nennen. Diese Transportgesellschaften konnten im Bereich der Expresslieferungen direkt mit den Postdiensten konkurrieren und dies zu Preisen, die zwar vielleicht etwas über denen der Postdienste lagen, aber dafür eine Garantie enthielten.

Die aus diesem Akt gewonnenen Erkenntnisse ermöglichten die Deregulierung des andere Teils der Luftfahrt, gefolgt von der Deregulierung der gesamten restlichen Transportindustrie in den darauffolgenden Jahren.

Das Deregulierungsgesetz für Fluggesellschaften aus dem Jahre 1978: Das Deregulierungsgesetz für Fluggesellschaften ergänzte vorherige Gesetze, die mit der Regulierung der inländischen Flugzeugindustrie befaßt waren. Das Gesetz verließ sich zur Schaffung einer Wettbewerbssituation verstärkt auf die Kräfte des freien Marktes, indem die Betriebserlaubnis auf Gesellschaften ausgedehnt wurde, die Niedrigtarifangebote auf den Markt brachten. Außerdem wurde die Flugsicherungsbehörde (CAB) dazu verpflichtet, sich selbst am 1. Januar 1985 aus dem Geschäft zurückzuziehen. Zu dieser Zeit wurde die Regulierung der Zertifikation und der Tarife abgeschafft, und weitere Aufgabenbereiche der CAB wurden auf andere Bundesbehörden übertragen. Zu diesen Behörden gehörte das Transportministerium. Rechtliche Themen wie Fusionen und Verträge gingen in den Aufgabenbereich des Justizministeriums über. Durch das Wegfallen der Flugsicherungsbehörde entfiel auch jeglicher Schutz der Branche durch die Wettbewerbsgesetze (einen Schutz, den die Branche in der Zeit der Regulierung genoß).

Das Gesetz richtete sogenannte „Bereiche der Angemessenheit“ ein, d.h., daß innerhalb eines spezifisch definierten Bereiches die Fluggesellschaften Tarife frei und ohne die Gefahr einer möglichen Aufhebung festsetzen konnten, wenn dies nicht als rücksichtslose Preisunterbietung angesehen wurde. Das Gesetz enthielt auch neue Regelungen dahingehend, daß eine einzelne Fluggesellschaft nicht mehr wie zuvor für gleiche Entfernungen gleiche Tarife berechnen mußte. Fluggesellschaften konnten nun für kürzere Strecken tatsächlich mehr berechnen als für längere, wenn die Wettbewerbssituation und andere Faktoren eine solche Struktur erforderten. Ebenso konnten neue Strecken eröffnet oder alte Strecken aufgegeben werden, ohne wie früher einen langen und umständlichen Antragsvorgang durchlaufen zu müssen.

Internationale Deregulierung: Die Deregulierung des internationalen Flugverkehrs begann viel später und ist weltweit immer noch nicht abgeschlossen. Begonnen hat sie Mitte und Ende der 80er Jahre auf der Nordatlantik-

Strecke zwischen Europa und den Vereinigten Staaten. Obwohl die Strekken- und Tarifstrukturen immer noch bilateralen Vereinbarungen zwischen den betreffenden Ländern unterliegen, wird die Geschwindigkeit und vielleicht auch die Notwendigkeit der Deregulierung durch den wachsenden Einfluß der EG 1992 und dem Zusammenschluß von 12 westeuropäischen Ländern zu einem gemeinsamen Europäischen Markt verstärkt. Heutzutage hat die Deregulierung der internationalen Lufttransportindustrie einen Einfluß auf die bilateralen Vereinbarungen im Bereich des Pazifikgrabens, Zentral- und Osteuropas sowie Latein- und Südamerikas. Der sogenannte „nordamerikanische Block", bestehend aus Kanada, den Vereinigten Staaten und Mexiko, bedarf einer ähnlichen Deregulierung, um gegen andere Wirtschaftsblöcke konkurrenzfähig zu bleiben und um internationale Handels- und Transportabkommen neu formulieren zu können.

10.4.8 Wettbewerb

Service oder Preis: Bis vielleicht vor wenigen Jahren war der Preis das wichtigste Kriterium bei der Auswahl einer Fluggesellschaft für die Passagier- und Frachtbeförderung. Er war ausschlaggebend bei der Festlegung der Kosten für die Beförderung von Passagieren und Waren über eine bestimmte Handelsstraße. Aber im Zuge eines wachsenden Wettbewerbs, weitgehend als Folge der Auswirkungen der Deregulierung, veränderte sich die Situation und das Augenmerk wurde mehr auf den Servicebereich gerichtet: den vom Kunden verlangten Service. Das traf ganz besonders dann zu, man das gesamte Transportwesen betrachtete, einschließlich des Logistikmanagements. Zwar stellt die Beförderung in der Luft eine der teuersten Transportformen dar, vergleicht man sie aber mit anderen Faktoren, wie Inventar, JIT, Sicherheit und Kapitalkosten, wird sie zu einer echten Alternative.

Niedrige Gewinnspannen: Der offene Wettbewerb, vor allem erreicht durch die Deregulierung und durch expandierende Märkte für Serviceleistungen, die der Lufttransport am besten erbringen kann, hat die Situation der Betriebsabläufe und Kostenstrukturen zusätzlich verstärkt. Niedrige Investitionserträge, besonders für Investitionen, die dazu benötigt werden, überholte Einrichtungen und Systeme zu ersetzen, haben die Spreu vom Weizen getrennt. Die Deregulierung hat zwar den Zugang zum Lufttransportmarkt leichter, aber andererseits auch den Weg zum Scheitern schneller gemacht und in den meisten Fällen dafür gesorgt, daß die Rentabilität nicht erhalten werden konnte.

Transportmultis oder Nischen: Eine der direkten Auswirkungen der Deregulierung, besonders nach Beendigung der sogenannten „Tarifkriege", zeigte sich im Aufstieg der Transportmultis. Diese Transportunternehmen waren die Gewinner des Alles-oder-Nichts-Wettbewerbs auf den meisten stärker frequentierten transkontinentalen und internationalen Routen. Alle anderen Transportunternehmen mußten entweder fusionieren, verkaufen oder die jeweilige Route und/oder das gesamte Transportgeschäft vollständig aufgeben.

Trotzdem konnte immer noch eine gewisse Anzahl kleinerer Transportunternehmen ihre Dienste in einem wesentlich geringeren Rahmen anbieten, manchmal sogar auf der gleichen Route. Diese Unternehmen haben eine Marktnische ausgemacht und geschlossen, die die größeren Gesellschaften nicht ausfüllen konnten, weil sie durch ihr Betriebskostenniveau und andere betriebliche Anforderungen von einem Kopf-an-Kopf-Rennen mit den kleineren Nischenunternehmen ausgeschlossen waren. Diese kleineren Gesellschaften werden Nischen-Transportunternehmen genannt.

Moderne Technologien: Moderne Technologien im aeronautischen Bereich und ähnliche technische Fortschritte auf dem Boden (Passagier- und Gepäckabfertigung, schnellere und bessere Frachtabfertigung, Auftanken usw.) haben allgemein zur Senkung der Kosten der Lufttransportabläufe beigetragen. Größere Maschinen mit leistungsfähigeren Motoren haben dazu geführt, daß die Kosten pro Einheit für den Passagierverkehr auf längeren Strecken gesenkt werden konnten und daß diese Strecken in kürzerer Zeit zurückgelegt werden können. Kleinere Maschinen, besonders solche mit höherer Nutzlastkapazität und bedingt durch die Flugzeug- und Motorkonstruktion allgemein niedrigeren Betriebskosten, haben zur Kostensenkung auf kürzeren Strecken beigetragen. Moderne Technik hat die Betriebszuverlässigkeit verlängert, einschließlich der Flugzeugzeiten, und damit teure Ausfallzeiten des Flugzeuges vermindert. In einigen Fällen konnte auch der Bedarf an Rückgriffseinrichtungen und Ersatzflugzeugen zurückgeschraubt, wenn nicht sogar vollständig beseitigt werden.

In Bereichen, in denen technische Fortschritte die Mindestbestimmungen für Sicherheit nicht gefährdeten, weder durch eine Bestimmung noch durch die Fluggesellschaft selbst, wurde die Cockpitbesatzung von drei (Kapitän oder Pilot, Kopilot und Bordingenieur) auf zwei (der Bordingenieur wurde durch den Computer ersetzt) reduziert. Einige Jahrzehnte vorher geschah das gleiche mit dem Navigator, der aufgrund der steigenden Zuverlässigkeit von Leitsystemen an Bord und am Boden abgelöst wurde.

Heutzutage lassen moderne Computersysteme das Flugzeug vom Start bis zur Landung fast von alleine fliegen. Man könnte sagen, daß die Cockpitbesatzung einfach nur noch mitfliegt. Das ist natürlich nicht ernst gemeint. Die Erfahrung von qualifizierten Besatzungen wird vermutlich auch in Zukunft immer gebraucht werden bei Notfällen, bei denen menschliche Entscheidungen notwendig sind – so wie das heute der Fall ist.

Die Kommunikationssysteme an Bord und am Boden haben gleichermaßen neue Höhen der Perfektion erklommen, die sicherstellen, daß die übertragene Information zuverlässig, schneller und hilfreicher ist, wenn eine rasche Entscheidung notwendig wird.

Luft/See: Der Transfer von Fracht zwischen Luft- und Seetransporteuren, Luft/See-Fracht, ist Teil der kombinierten Transportkette, die die Vorteile der Geschwindigkeit und der Kostenrentabilität jeder Transportart ausnutzt. Solche Übergänge werden meist nicht im gleichen Mehrzweckcontainer durchgeführt, weil die Container für See- und Luftfracht nicht kompatibel sind (Seecontainer sind schwerer als Luftfrachtcontainer).

Die Frachtarten, die normalerweise per Luft/See transportiert werden, sind meist hochwertigere und kleinvolumige Artikel aus dem Konsumelektronikbereich, automatisierte Büroausstattungen und High-tech-Artikel, die weniger zeitabhängig sind als andere Luftfracht. Für 1988 wurde die mit dieser Transportart beförderte Frachtmenge auf ungefähr 133.000 Tonnen geschätzt. Innerhalb der nächsten zehn Jahre wird mit einem zweistelligen Wachstum in diesem Bereich gerechnet, abhängig von Herkunfts- und Bestimmungsorten. Derzeit finden die meisten dieser Lieferungen zwischen Fernost und Europa statt, obwohl der Südamerika/Nordamerika/Europa-Länderblock jährlich ansteigt.

Arbeitskräfte: Ein starker Wettbewerb innerhalb der Luftfahrtindustrie hat die Situation der Arbeitskräfte stark geschwächt. Seit der Deregulierung hat die amerikanische Lufttransportindustrie eigentlich Arbeitsplätze hinzugewonnen, die meisten davon im Bereich der Bodenabfertigung. Die Geschäftsleitungen waren aber gezwungen, zu Lasten der Arbeiter (von denen die meisten gewerkschaftlich organisiert waren) Kosteneinsparungen durchzuführen, da der Faktor Arbeit manchmal mehr als die Hälfte der Betriebs- und Verwaltungskosten ausmachte. In einigen Fällen, in denen Konkurse und andere Umverteilungen in Lufttransportfunktionen in massiver Form auftraten, waren die Auswirkungen von Arbeitslosigkeit und Karriereverlust und die damit verbundenen persönlichen Schicksale erschütternd. Auf der anderen Seite stellten einige der Transportmultis zusätzliches Personal für die Servicebereiche ein, die eine erweiterte Betriebstätigkeit erforderlich machten. Viele dieser neuen Arbeitsplätze wurden von nicht gewerkschaftlich organisierten Arbeitnehmern eingenommen, oder von Arbeitskräften, die man meist als „zweitklassig" bezeichnet. Das bedeutet, daß neue Arbeitnehmer zu deutlich niedrigeren Löhnen und Sozialleistungen eingestellt werden als andere, länger gediente Kollegen, die vielleicht direkt neben ihnen arbeiten. Diese Unterschiede zwischen Arbeitnehmern haben bislang nichts an Aktualität verloren.

Ausbildung: Die hochentwickelte Technik moderner Abläufe erfordert auch höhere Qualifikationen. Grundlage dafür ist natürlich die Notwendigkeit der Aus- und Weiterbildung, besonders im Zuge der immer komplizierteren Kommunikations- und Betriebsausstattungen.

10.4.9 Aktuelle Themen

Sicherheit: Ein Bereich, in dem Fluggesellschaften und Kunden keine Kompromisse in Hinsicht auf die Kosten eingehen können. Der zusätzliche Druck, eine größere Passagier- und Frachtmenge effizienter befördern zu müssen, führt oft zu Kompromissen bei der Frage, wie lange ein Ausstattungsteil eingesetzt werden kann, bevor es ausgetauscht oder gewartet werden muß. Trotz allem haben Arbeitnehmer und Geschäftsleitung erkannt, daß eine Fluggesellschaft zahlende Kunden an die Konkurrenz verliert, wenn sie in den Ruf lasch gehandhabter Sicherheitsbestimmungen gerät, von denen einige vielleicht zu Abstürzen oder anderen Arten von Unfällen am Boden führen können, sogar wenn dies für die Kunden höhere Kosten bedeutet.

Überfüllung: Die Staus in der Luft können durch die Einführung schärferer Luftverkehrskontrollen aufgelöst werden. Dazu gehören feste Zeitfenster, in denen Flugzeuge starten und landen können. Damit kann nicht nur Treibstoff gespart werden, da die Maschinen nicht mehr in Warteschleifen über überfüllten Flughäfen kreisen müssen, sondern diese Verkehrskontrollmaßnahmen entschärfen auch die Situation am Terminal, da Passagiere und Fracht in angemessenen Mengen abgefertigt werden können.

Gleichzeitig hat sich die Verkehrssituation um die Flughäfen herum verschlechtert, besonders dort, wo nur eingeschränkte Transporteinrichtungen und -systeme existieren. Flugplätze in dicht besiedelten Bereichen wie Los Angeles und New York wollen bessere und schnellere Straßen- und Eisenbahnsysteme bauen, um Passagiere und Fracht in und um den Terminalbereich herum zu lavieren. In einigen Fällen, wie zum Beispiel dem Schipol-Flugplatz in Amsterdam, versuchen die Behörden, für Stoßzeiten im Lufttransport eine Bahnverbindung für Frachtgüter als Alternative zum herkömmlichen Straßentransport zu schaffen.

Niedrige Erträge: Jede dieser Verbesserungen erhöht den Druck auf Fluggesellschaften und Flughäfen, da diese für die Verbesserungen aufkommen müssen. Diese Verbesserungen sind oft kostspielig und alle Parteien bemühen sich, die jeweils anderen dafür aufkommen zu lassen. Werden diese Kosten auf zahlende Kunden umgelegt, so werden diese ständig nach billigeren Transportalternativen Ausschau halten.

Transportmultis: Die wenigen Mitspieler, die in der Lage sind, es mit diesen neuen Kostenlasten und der Steigerung der Leistungsfähigkeit aufzunehmen, sind die Transportmultis. Die Transportmultis versuchen nicht nur, die Kosten am Flugplatz zu senken, sondern entwickeln auch innovative Wege zur Aufteilung der Kosten zusammen mit anderen Transportmultis und in einigen Fällen auch mit Nischenunternehmen. Dies erreichen sie durch Koordination von Flugplänen, Aufteilung der Marketingkosten und in einigen Fällen durch die gemeinsame Benutzung von Maschinen und Einrichtungen mit Hilfe des Rationalisierungskonzepts.

10.5 Neue Trends

Der Fortschritt im Transport- und Logistikmanagement wird durch Änderungen der Handelsstrukturen, technische Fortschritte, die Deregulierung und den weitverbreiteten Einsatz von Computer- und elektronischen Kommunikationssystemen beeinflußt. Die Geschichte des Transportwesens hat gezeigt, daß Änderungen dieser Einflußfaktoren manchmal eine recht lange Vorlaufzeit benötigen, bevor sie in wirtschaftlicher, finanzieller, rechtlicher und sozialer Hinsicht akzeptiert werden.

Neuerungen im Transportwesen und seit kurzem im Logistikmanagement haben gezeigt, daß erreichte Fortschritte oft Teil eines dynamischen, schlingernden Prozesses sind.

10.5.1 Strategische Kriterien

Es gibt viele wichtige Themen, die diesen Prozeß ausmachen. Hier nun einige der wichtigsten:

Weltwirtschaft: Rasche Änderungen in den weltweiten Handelsstrukturen, oft als Globalisierung bezeichnet, werden Transportunternehmen und Terminalbetreibern aller Transportarten Möglichkeiten eröffnen, neue Geschäftsmöglichkeiten zu entwickeln, die es vor ein paar Jahren noch nicht gab.

Häfen, die früher Hersteller im Landesinneren, wie zum Beispiel im Mittleren Westen, bedienten, haben jetzt erkannt, daß der Großteil des Frachtverkehrs sich von Schüttgut und kombiniertem Schüttgut auf halb- und fertiggestellte Produkte verlagert hat, die besser in Containern transportiert werden können. Diese Häfen müssen massive Investitionen zur Bereitstellung von Abfertigungseinrichtungen für Container tätigen, um wenigstens einen halbwegs ordentlichen Marktanteil wahren zu können.

In der Zwischenzeit müssen andere Transportzentren, die große Schwierigkeiten haben ihre zentrale Rolle im Transportwesen aufrechtzuerhalten, nach alternativen Einsatzmöglichkeiten für einst aktive modale und intermodale Einrichtungen suchen. San Diego hat dies getan. Zu Beginn des Containerzeitalters hat der Hafen von San Diego erkannt, daß veränderte Handelsstrukturen und der vermehrte Einsatz von Containern für den Frachttransport die traditionellen Wasser- und Bahntransportleistungen dieser Hafenstadt nicht mehr länger stützen würden. Eine schwere Entscheidung wurde getroffen, die im nachhinein als Erfolg angesehen werden kann. Wo einst große Terminaleinrichtungen an den Kais der Stadt verteilt waren, tragen heute die Uferregion der Stadt, die verschiedenen Erholungsbereiche, Wohnbereiche und kleine Gewerbeparks zum Wohlstand dieser Stadt bei. Andere Transportzentren und Häfen treffen nun, manchmal sehr ungern, die gleiche Entscheidung.

Soziale und demographische Komponente: Verschiebungen in Kerngebieten wirtschaftlicher Aktivität, die innerhalb von Ländern stattfinden und zwischenzeitlich auch oft zwischen Ländern, haben selbst Einfluß auf das soziale und demographische Wachstum und manchmal auch auf den Verfall von Regionen. Diese Verschiebungen belasten die bestehende Infrastruktur in hohem Maß. Haupttransportzentren wie Los Angeles und Long Beach belasten Wirtschaft, Umwelt und eingeschränkte Grundstücksverhältnisse, um das ansteigenden Frachtvolumens bewältigen zu können, das weiterhin über ihre Marine-, Eisenbahn- und Landstraßenterminals sowie über die Zufahrtsstraßen läuft. Auf der anderen Seite hat eine einst wohlhabende Hafenstadt wie Philadelphia, die den Zugang zum sozialen und industriellen Herzstück dieses Landes bildete, herausgefunden, daß viele ihre Transporteinrichtungen nicht voll ausgelastet sind.

Energie: Die Energiekosten stellen immer noch das Hauptproblem aller Transportunternehmen in allen Transportbereichen dar wenn es darum geht, für einen bestimmten Einsatz das richtige Gerät bzw. Fahrzeug auszuwählen oder neue Routen zu bestimmen.

In der Zwischenzeit liegt das Problem aber in zunehmenden Maß darin, daß eine allgemein veränderte Einstellung zur Umwelt die Transportunternehmen und Kommunen gezwungen hat, Wettbewerbsfähigkeit und Umweltschutz gegeneinander abzuwägen. Vielleicht liegt die Antwort irgendwo in der Mitte.

10.5.2 Regierungen und Deregulierung

Fast überall auf der Welt haben die Regierungen damit begonnen, viele ihrer wirtschaftlichen Tätigkeiten zu deregulieren, besonders im Bereich des Transportwesens. Unter den größeren Ländern standen die Vereinigten Staaten mit der vollständigen Deregulierung des Transportwesens an erster Stelle. Dieser Prozeß war zwar in vielen Fällen schmerzhaft, hat aber grundsätzlich die Ausnutzung neuer Technologien stark gefördert. Andere Länder, und zwischenzeitlich auch Wirtschaftsgemeinschaften wie die Europäische Gemeinschaft, haben die in Amerika gewonnenen Erkenntnisse genau unter die Lupe genommen. Diese werden die Grundlage anderer, derzeit in Lateinamerika und Fernost stattfindenden Deregulierungsversuche bilden.

An dieser Stelle sollte aber davor gewarnt werden, daß unabhängig vom bereits erzielten Fortschritt im Deregulierungsprozeß immer noch Elemente aus der Zeit der Regulierung übriggeblieben sind. Dies trifft ganz besonders auf den Faktor Sicherheit zu. Man kann sogar sagen, daß die Sicherheitsbestimmungen in der Transportindustrie heute vielleicht sogar restriktiver sind als vor zehn Jahren.

Transportriesen und Nischenunternehmen: Die Deregulierung der Transportindustrie auf nationaler und internationaler Ebene hat das Aufkommen von Transportriesen stark gefördert. Diese stehen nun untereinander in einer Kopf-an-Kopf-Konkurrenz.

Solche Kämpfe wird es in jeder Transportart geben. Dadurch werden viele Wettbewerbsbereiche entstehen, die am besten von Nischenunternehmen bedient werden können. Die Nischenunternehmen werden die Anforderungen von Kunden erfüllen, die die Transportriesen nicht erfüllen wollen oder können.

10.5.3 Arbeitskräftepotential

Alle Diskussionen über erwartete Veränderungen im Transportbereich wären unvollständig, wenn man manche „Macher“ und Manager in den verschiedenen Bereichen nicht wenigstens erwähnen würde. Bis vor kurzem hatte jeder Einsatz jedes Transportsystems seine übliche Mannschaft an ausgebildeten und angelerntem Personal für die Abwicklung. In einigen Fällen ist dies immer noch der Fall, besonders in großen vielschichtigen Unternehmen, die verschiedene Transportmethoden und Funktionen bedienen.

In der Zwischenzeit haben aber immer mehr Beteiligte erkannt, daß der Serviceansatz es in Zukunft nicht mehr zulassen wird, Spezialisten vom Rest des Unternehmens zu trennen. Im Gegensatz zum einfachen Transportverkehr ist der kombinierte Transportverkehr von Mitarbeitern abhängig, die über verschiedene Unternehmensbereiche und Operationen Bescheid wissen. Diese Flexibilität ist in allen Industriesektoren ein entscheidender Faktor, wenn rasche Veränderungen der Geschäftstätigkeiten und Geschäftsstrukturen aufgefangen werden müssen.

In einem gewissen Ausmaß versucht man, der Herausforderung, das Format der Mitarbeiter im Transport- und Logistikmanagement zu verbessern, damit zu begegnen, daß formelle Ausbildungsprogramme und Berufsfortbildungsseminare auf Universitätsniveau eingerichtet werden.

Dies ist aber nur ein Teil der Lösung. Der Mitarbeiter muß in der Anfangsphase der Ausbildung praktische Erfahrungen in allen Betriebsabläufen und -bereichen erwerben, wie dies in Europa und Japan schon seit langem praktiziert wird.

10.6 Literaturhinweise

Coyle, John J., Edward J. Bard und Joseph L. Cavinato, *Transportation*, 3. Auflage, West Publishing Company, St. Paul, MN, 1990

Coyle, John J., Edward J. Bardi und C. John Langly, Jr., *The Management of Business Logistics*, 4. Auflage, West Publishing Company, St. Paul, MN, 1988

Eno Foundation for Transportation, *Transportation in America*, 9. Auflage, Waldorf, MD, 1991

Journal of Commerce, neuere Ausgaben, Knight-Ridder, Inc.

Muller, Gerhardt, *Intermodal Freight Transportation*, 2. Auflage, Eno Foundation for Transportation, Westport, CN, 1990

Stock, James R., und Douglas M. Lambert, *Strategic Logistics Management*, 2. Auflage, Richard D. Irwin, Homeward, IL, 1987

Wells, Alexander, *Air Transportation: A Management Perspective*, 2. Auflage, Wadsworth Publishing Company, Belmont, CA, 1989

11 Das betriebseigene Fuhrunternehmen

GENE BERGOFFEN
Stellvertretender Vorsitzender
National Private Truck Council,
(Staatliche Kommission für betriebseigene Fuhrparks)
DONALD E. TEPPER
Direktor
Kommunikationssysteme
der staatlichen Kommission für betriebseigene Fuhrparks

Vor mehr als 30 Jahren wurde eine Studie durchgeführt, aus der drei Gründe ersichtlich wurden, warum sich Firmen für einen eigenen Fuhrpark entschließen:

1. Kosteneinsparungen
2. Kundenservice
3. Zweckmäßigkeit

Die Studie kam zu dem Ergebnis, daß die Entscheidung meist auf einer Kombination dieser Faktoren beruhe.[1]

Mittlerweile bestimmen diese Faktoren noch immer die Einführung und den Ausbau eines betriebseigenen Fuhrunternehmens. Andererseits können sie eine Firma auch dazu bringen, den Unterhalt eines betriebseigenen Fuhrunternehmens einzuschränken oder ganz aufzugeben.

Eine von Fuhrparkleitern durchgeführte Untersuchung der Qualitäts- und Produktivitätsmaßstäbe für betriebseigene Fuhrunternehmen (*Private Fleet Benchmarks of Quality and Productivity*)[2] hat ergeben, daß die Fuhrparkgröße durch fünf Faktoren bestimmt wird. Als Gründe für die Ausweitung ihres Fuhrparks nannten die jeweiligen Fuhrparkleiter

- Kundenanforderungen (57 Prozent),
- das Serviceleistungsniveau eigener Fuhrparks im Vergleich zu Alternativen (42 Prozent),
- Fuhrparkkosten verglichen mit Alternativen (32 Prozent),
- Verfügbarkeit von alternativen Serviceleistungen (20 Prozent) und
- die Tarife der Transportunternehmen (19 Prozent).

Auf der anderen Seite gaben aber auch die Fuhrparkleiter, deren betriebseigener Fuhrpark langsam abgebaut wurde, diese fünf Faktoren als Erklärung an, und zwar in fast gleicher Reihenfolge und mit ähnlichen Prozentzahlen.

Angenommen, das private Transportgeschäft für Vertrieb und Beförderung spielt weiterhin eine wichtige Rolle, dann liegt die Herausforderung darin, daß diese Faktoren für und nicht gegen das private Transportgeschäft arbeiten.

11.1 Was versteht man unter dem privaten Transportgeschäft?

Zuerst einmal, was genau versteht man eigentlich unter dem Begriff des privaten Transportgeschäfts? Die freien Transporteure in den USA unterstehen der Aufsicht der zwischenstaatlichen Wirtschaftskommission (ICC), die gewisse wirtschaftlich regulative Maßnahmen ergreifen kann. Ganz spezifisch erstreckt sich der Zuständigkeitsbereich nur auf Lastwagen-Transportunternehmer und Subunternehmer, definiert als Transportunternehmen, die „die Beförderung mit Lastkraftwagen (von Fracht und Passagieren) gegen Entgelt anbieten".

Schließlich wird die genaue Beschreibung des privaten Transportgeschäfts noch durch die unzähligen verschiedenen Aufgabenbereiche Transportgeschäfte erschwert, hierzu einige Beispiele:

- Private Fuhrparks transportieren ungefähr 56 Prozent der gesamten Lkw-Tonnage,
- betreiben 80 Prozent aller wirtschaftlich genutzten Lkws und
- fahren pro Jahr 48 Milliarden Meilen.[4]

Aus all dem könnte man folgendes schließen: Obwohl das private Transportgeschäft dem Speditionsgeschäft (freie Transportunternehmen) oft sehr ähnlich ist, kann es doch genauer damit beschrieben werden, daß es eine Transport- und Vertriebsfunktion einer Muttergesellschaft übernimmt beziehungsweise darstellt. Um einen betriebseigenen Fuhrpark erfolgreich zu betreiben, muß also ein Fuhrparkleiter weit über das Gebiet des konventionellen Transportgeschäftes hinausgehende Faktoren in seine Überlegungen mit einbeziehen.

11.2 Die Entscheidung für das private Transportgeschäft[5]

Sollte eine Firma einen betriebseigenen Fuhrpark betreiben? Barrett gibt dem Unternehmen daraufhin eine klare Antwort: Ein Unternehmen muß sich darüber im Klaren sein, daß der Betrieb eines eigenen Fuhrparks einen außerordentlich großen Teil der betrieblichen Mittel bindet. Wenn ein Unternehmen solche Mittel für den Betrieb eines eigenen Fuhrparkes einsetzt, stehen diese Mittel nicht mehr für andere Zwecke zur Verfügung, die vielleicht eher zu den eigentlichen Betriebsaktivitäten gehören.

Andererseits können die Mittel zum Beispiel durch Leasing von Fahrzeug und Fahrer auf einem Mindestmaß gehalten werden. Außerdem werden solche finanziellen Mittel vielleicht bereits für betriebsfremde Transportunternehmen aufgewendet, weshalb man in diesem Zusammenhang nur von einer Umverteilung sprechen kann.

Zweitens hat das Betreiben eines eigenen Fuhrunternehmens auch Auswirkungen, die über die eigentliche Transportfunktion hinausgehen und auch Entscheidungen in anderen Bereichen betreffen: Marketing, Produktion, Beschaffung, Buchhaltung, Recht, Beziehungen zwischen Arbeitgebern und Gewerkschaften sowie die Verwaltung.

Drittens hängt der Erfolg eines betriebseigenen Fuhrparks auch von der Zusammenarbeit mit anderen Abteilungen ab. Wie Barrett veranschaulicht, kann eine mangelnde aktive Teilnahme solcher Abteilungen am Betrieb dieses privaten Transportgeschäfts und eine einseitige Ausnutzung dazu führen, daß ein Großteil der Vorteile für das Gesamtunternehmen dadurch verloren gehen.

1. *Wo liegt das Problem?* Warum denkt die Firma darüber nach, ein eigenes Fuhrunternehmen einzurichten? Ist sie mit den Kosten und/oder dem Service des derzeitigen Transportmittels nicht zufrieden? Braucht die Firma zusätzliche Transportkapazitäten zur Expansion ihrer Märkte? Kurz gesagt, was stimmt nicht mit der Art, wie die Transportfunktion derzeit erfüllt wird? In diesem Zusammenhang bedeutet ein „Problem“ einfach nur jegliche Abweichung des Tatsächlichen (was heute passiert) vom idealen (was die Firma gerne sähe). Das heißt, daß die Firma ziemlich genaue Vorstellungen davon haben muß, wie sie sich die Erfüllung der Transportfunktion vorstellt.
2. *Wie sehen die Ziele aus?* Die „Transportrevision“ beginnt mit der einfa-

chen Frage: „Wenn wir in Hinsicht auf den Transportservice alles haben könnten was wir wollen, was würden wir uns wünschen?" Mit dieser „Wunschliste" beginnt die Transportrevision. Die Transportrevision sollte über den eigentlichen Transportbereich hinausgehen. Würde die Firma von der Anbringung ihres Namens und/oder Werbung auf den Transportfahrzeugen profitieren? Wie sieht es mit den Verkaufsanstrengungen aus, wenn die Waren geliefert werden? Könnten Lagerkosten durch den Transportvorgang eingespart werden? Nach dem Erstellen einer Wunschliste sollte die Firma die Mußpunkte (die unbedingten Erfordernisse) herausstellen und die verbleibenden Punkte (wünschenswert, aber nicht unbedingt erforderlich), nach ihrer Dringlichkeit einstufen. Das Ergebnis dieser Übung ergibt ein klares Bild des idealen betrieblichen Transportprozesses.

3. *Welche Alternativen gibt es?* Die Prüfung der Optionen beginnt damit, daß die derzeit genutzten Serviceleistungen genau untersucht werden. Da die Probleme bei diesem Service mit Hilfe der oben genannten Schritte bereits erkannt wurden, können jetzt Verbesserungen mit bereits vorhandenen betriebsfremden Transportunternehmen ausgehandelt werden? Wie sieht es mit anderen freien Transportunternehmen aus? Subunternehmern? Anderen Transportmethoden? Das private Transportgeschäft stellt eine andere Möglichkeit dar, sollte aber genau abgewogen werden; die Fragestellung muß breiter angelegt sein als nur „Status quo oder privates Transportgeschäft".
4. *Wie sollte man die verschiedenen Alternativen bewerten?* Die gezogenen Vergleiche müssen realistisch sein. Beim Aushandeln von Tarifen müssen tatsächliche oder realistische Fremdtarife herangezogen werden, und nicht offiziell veröffentlichte Gruppentarife. Gleichermaßen muß beim Vergleichen von Serviceniveaus das vermutlich mit Fremdtransporteuren aushandelbare Niveau einbezogen werden. Bleiben Sie in Ihren Überlegungen hinsichtlich eines privaten Transportgeschäftes realistisch und bedenken Sie die Schwierigkeiten – sowohl finanziell als auch in Hinsicht auf vorhandene Bestimmungen, in Zusammenhang mit einem privaten Fuhrunternehmen.
5. *Wie wirkt sich die Entscheidung insgesamt aus?* Jede für das Unternehmen wichtige Entscheidung hat Auswirkungen auf verschiedene Unternehmensbereiche. Die Zielsetzung ist:
   - ein zweites Mal die unterschiedlichen Auswirkungen von betriebseigenem und betriebsfremdem Fuhrpark auf die einzelnen, nicht mit dem Transport zusammenhängenden Unternehmensbereiche abwägen, und
   - solche Auswirkungen auf andere Bereiche überprüfen, die bislang noch nicht in die Überlegungen mit einbezogen wurden.

In welchem Ausmaß wären das Marketing davon betroffen, Die Produktion, Buchhaltung, rechtliche Aspekte, Mitarbeiter?

6. *Wie stellen sich die Alternativen im Vergleich dar?* Nachdem die Grundparameter jeder Alternative aufgestellt wurden, sollte der Manager so fortfahren, indem er diese sorgfältig gegeneinander abwägt. Dieser Schritt ist nicht nur im Hinblick auf die Überprüfung der Optionen wichtig, sondern auch in Hinsicht darauf, wie die Entscheidung innerhalb des Unternehmens „verkauft" werden kann.
7. *Welche Entscheidung ist zu treffen?* Auf dem Weg hierher hat sich wahrscheinlich bereits eine der möglichen Optionen verglichen mit den anderen als überlegen herauskristallisiert. Das sollte aber nicht bedeuten, daß die anderen Möglichkeiten vollständig verworfen werden. Nach Barrett gibt es für ein Unternehmen selten nur eine einzige „richtige" Transportmöglichkeit, die auf alle zu befördernden Güter zugeschneidert ist. So kann die beste Chance für das Unternehmen in einer Kombination aus zwei oder mehr der in Frage kommenden Optionen bestehen.

11.3 Vier Kerngebiete

Der National Private Truck Council, die Staatliche Kommission für betriebseigene Fuhrunternehmen, hat ein Programm für die Ausbildung eines anerkannten Fuhrparkleiters für betriebseigene Fuhrunternehmen entwickelt. Dieses Programm wurde für diesen spezifischen Bereich zur Förderung und Unterstützung einer kontinuierlichen beruflichen Ausbildung und Weiterentwicklung des Managements entwickelt. Während es zweifellos mehrere Dutzend verschiedener Arten zur Analyse und Kategorisierung der für den Leiter eines betriebseigenen Fuhrparks notwendigen Informationen und Kenntnisse gibt, bietet dieses Programm einen einzigen, klaren und bewährten Ansatz. Außerdem definiert es vier „Kerngebiete", in denen Leiter betriebseigener Fuhrparks vertiefte Kenntnisse besitzen müssen:

1. *Die Rolle des eigenen Fuhrparks:* Wert gegen Kostenüberlegungen; hier geht es um die Kenntnisse und das Verständnis von Logistikthemen in Bezug auf Kosten, Service, Gewinnbegründung und die Betriebsdynamik eines eigenen Fuhrparks.
2. *Das Umfeld der Gesetze und Bestimmungen des betriebseigenen Fuhrunternehmens von heute:* Dabei geht es um grundsätzliche Gesetze und Bestimmungen in Zusammenhang mit dem Betrieb eines eigenen Fuhrparks.

3. *Das Personalmanagement eines sicheren und leistungsstarken eigenen Fuhrunternehmens:* Hierbei handelt es sich um klare praktische Anweisungen für die Leitung eines sicheren und produktiven Fuhrparks und der dazugehörigen Mitarbeiter.
4. *Die bessere Ausnutzung der Ressourcen eines eigenen Fuhrunternehmens:* Die Vielzahl von vorhandenen Ansätzen, Hilfsmitteln, Techniken und Technologien zur Verbesserung der Fuhrparkproduktivität stehen hier im Mittelpunkt.

Die in diesem Kapitel behandelten Themen berühren einige der wirklich grundlegenden Fragen der Fuhrparkleitung. Trotzdem gibt es viele andere wichtige Probleme, die aus Kapazitätsgründen nicht behandelt werden konnten.

11.4 Wert oder Kosten

11.4.1 Benchmarking[6]

Die meisten Unternehmen versuchen mittlerweile ihren Kundenservice zu verbessern, die Produktivität zu erhöhen, dabei reduzieren sich die Kosten und andere Maßnahmen zur Verbesserung der globalen Wettbewerbsposition werden umgesetzt. Ein Teil dieser Bemühungen liegt in der sorgfältigen Überprüfung ihrer Geschäftsaktivitäten (einschließlich des eigenen Fuhrparks) und in der Suche nach besseren Wegen zum Umgang mit jeder einzelnen Funktion. Die betriebseigenen Fuhrunternehmen werden natürlich ständig mit der Lupe betrachtet, und mit dem Ausmaß der Genauigkeit dieser Betrachtungen hat sich auch die Wirkung dieser potentiellen Ergebnisse verstärkt.

Während der betriebseigene Fuhrpark zwar eine wichtige Funktion erfüllt (den Transport von Gütern und Leistungen), stellt diese Funktion aber nicht ein Grundgeschäft des Unternehmens dar. Jedoch liegen die Transportkosten oft zwischen 2 und 10 Prozent der gesamten Betriebsausgaben einer Firma und können damit die falsche Waagschale der Gewinn-Verlust Waage belasten.

Diese Faktoren machen das betriebseigene Fuhrunternehmen einerseits zu einem ausgezeichneten „Kandidaten" für Verbesserungsansätze, andererseits zu einem potentiellen Anwärter auf vollständige oder teilweise Abschaffung.

Die Entscheidung auf höchster Ebene (ob Verbesserung oder Abschaffung) könnte sehr wohl von der Fähigkeit des Fuhrparkleiters abhängen, eine Reihe von wichtigen Fragen über das Betreiben eines eigenen Fuhrunternehmens zu beantworten können. Immer mehr weisen die Verantwortlichen darauf hin, daß herausragende Kundenserviceleistungen die besten Möglichkeiten bieten, sich von anderen Unternehmen abzuheben, und damit einen Wettbewerbsvorteil zu erlangen und zu behalten. Daher lautet die meistgestellte Frage: „Wie gut ist der von unserem eigenen Fuhrunternehmen geleistete Kundenservice?“

Mit dieser Frage will die Geschäftsleitung nicht nur erfahren, wie schnell das Produkt geliefert wird, sondern auch eine ganze Reihe quantitativer und qualitativer Aspekte des Kundenservices. Wird das Produkt unbeschädigt ausgeliefert? Wurde genau das geliefert was bestellt wurde? Wie gut funktionieren Verwaltung und Rechnungsstellung?

Über diese Fragen hinausgehend möchte die Geschäftsleitung wissen, ob der eigene Fuhrpark die Kunden leistungsfähig, kostengünstig und rentabel beliefert. Die Frage wird gestellt: Wie sehen die Kosten und die Rentabilität des Fuhrparks im Vergleich zu anderen betriebseigenen Fuhrparks aus? Wie hoch sind sie verglichen mit den Kosten und der Rentabilität von Spediteuren, die der Geschäftsleitung ihre Dienste ständig aufdrängen wollen? Wie paßt der betriebseigene Fuhrpark in die Gesamtstrategie des Unternehmens?

Der Fuhrparkleiter muß Antworten parat haben, die verschiedene Informationen in konzentrierter Form enthalten. Sie müssen die eingeschränkten Kenntnisse der Geschäftsleitung im Bereich des Transportwesens und deren Auswirkungen auf die Rolle des eigenen Fuhrparks innerhalb des Unternehmens mit in Betracht ziehen. Die Beantwortung sollte klar darstellen, wie effektiv, produktiv und konkurrenzfähig der Betrieb mittlerweile läuft und welche Verbesserungen eingeführt werden, um die Konkurrenz hinter sich zu lassen. Kurz gesagt, die Informationen müssen für die Geschäftsleitung wichtig sein.

Um solche Antworten geben zu können, muß sich der Fuhrparkleiter der kritischen Punkte bewußt sein, die nachgeprüft, eingeschätzt, nachverfolgt und dokumentiert werden.

Das Benchmarking, das Setzen der Maßstäbe, definiert als *die Suche nach den besten Verfahrensweisen zur Erreichung herausragender Ergebnisse,* kann den Beitrag für diese Antworten liefern. Dieses Hilfsmittel hebt sowohl die „Besten der Besten"-Praktiken durch branchenübergreifende Aktivität hervor, und die „Besten der Besten"-Leistungsniveaus innerhalb solcher Aktivitäten.

Der Fuhrparkleiter kann das Hilfsmittel des Benchmarkings dazu einsetzen, die Praktiken und Leistung seines/ihres Fuhrparkbetriebes zu messen, und diese Ergebnisse dann mit solchen anderer Fuhrbetriebe und Spediteure zu vergleichen.

Mit Hilfe dieser Information kann der Fuhrparkleiter jede der möglichen Fragen der Geschäftsleitung über Fuhrparkleistung beantworten. Außerdem hat der Fuhrparkleiter damit ein Hilfsmittel zur Formulierung der Ziele und um, basierend auf den „Besten der Besten"-Praktiken, einen Rahmen für die Entwicklung eines Umsetzungsplanes und der entsprechenden Aktionen festzulegen.

Das Benchmarking bietet spezifische, hilfreiche und vergleichbare Informationen. Es identifiziert die von Unternehmen verwendeten Meßinstrumente zur Feststellung derzeitiger Leistungsniveaus, die zur Verbesserung spezifischer Bereiche eingesetzt werden, wie Kundenservice und Leistungsfähigkeit von Fahrer und Fahrzeug (siehe Tabelle 11.1).

Mit Hilfe dieser Information weiß der Fuhrparkleiter, was und wie gemessen werden müßte und welche Ergebnisse erzielt werden müßten. Außerdem erfährt der Fuhrparkleiter damit, welche Bereiche anderen Unternehmen die größten Erträge bieten, so daß er/sie zuerst die wichtigsten der von den „Besten der Besten"-Unternehmen eingesetzten Maßnahmen ergreifen kann, um erst danach in individuell angepaßten Schritten vorzugehen.

Der Prozeß des Benchmarking besteht aus einer Reihe wichtiger Schritte. Diese wurden von Robert C. Camp in seinem Buch, Benchmarking: *The Search for Industry Best Practices That Lead to Superior Performance* anschaulich geschildert.

Diese wichtigen Schritte wurden in fünf Teilschritten zusammengefaßt. Wenn der Fuhrparkleiter diese Punkte befolgt, kann er überragende Leistung erreichen und nebenbei Nutzen aus einer ganzen Reihe von Vorteilen

Maßnahme	Prozentsatz
Arbeitskräfte	
Meilen pro Fahrer und Jahr	71
DOT-Unfälle pro einer Million Meilen	70
Fahrerumsatz	48
DOT-Verletzungen pro Monat	46
Arbeitskräfteauslastung	37
Leistung pro Fahrt (tatsächliche Zeit gegen Vorgabe)	26
Tatsächliche gegen angesetzte Meilenzahl	22
Gesamtkosten pro Arbeitsstunde	22
Maschinenpark	
Meilen/Zugmaschine pro Jahr	83
Verhältnis Anhänger/Zugmaschine	71
Durchschnittlicher Zyklus Fahrzeugaustausch	59
Maschinenausnutzung	32
Gesamtkosten pro Maschinen-/Fahrzeugstunde	13
Wartung	
Kosten pro Gallone Dieselkraftstoff	57
Wartungskosten pro Meile (ohne Reifen)	48
Reifenkosten pro Meile	43
Prozent der pünktlich fertiggestellten PMs	38
Verhältnis Zugmaschine/Mechaniker	25
Pannen pro Million Meilen	15
Erträge	
Betriebsverhältnis	49
Ausgangseinkünfte pro Meile	32
Eingangseinkünfte pro Meile	29
Kundenservice	
Pünktlichkeit Lieferungen	71
Schadensfreiheit der Lieferungen	44
Pünktlichkeit Abholungen	31
Prozent der Lieferungen mit Versicherungsanspruch	31
Prozent der Lieferung mit 100 Prozent Genauigkeit der Verwaltungsarbeiten	29
Reaktionszeit auf Anfragen	17
Bearbeitungszeit für Versicherungsansprüche	17
QUELLE: Erschienen in Private Fleet Benchmarks of Quality and Productivity: 1991	

Tabelle 11.1: Benchmarking-Maßnahmen

des Benchmarking-Prozeß ziehen. Diese fünf Schritte, stark zusammengefaßt, sind:

1. *Planung des Benchmarkings:*
   a. Auswahl der Gebiete, in denen das Benchmarking durchgeführt werden soll
   b. Identifikation anderer Unternehmen als Benchmark-Kandidaten
   c. Identifikation zusätzlicher Informationsquellen
2. *Durchführung des Benchmarkings:*
   a. Eigenen Betrieb einordnen
   b. Benchmarking-Informationen und Daten von anderen Quellen sammeln und Betriebsbesichtigungen bei anderen Betrieben durchführen
   c. Die Lücke zwischen Betrieb und „Besten der Besten“ bestimmen
   d. Zukünftiges Leistungsniveau überschlagen
3. *Anerkennung der Benchmarking-Ergebnisse gewinnen:*
   a. Das Management kann die Anerkennung der Mitarbeiter im Bereich des eigenen Fuhrparks mit Offenheit, Wertschätzung der Ergebnisse und Kommunikationsbereitschaft gewinnen
   b. Management kann Mitarbeiter in das Benchmarkingteam aufnehmen
4. *Verbesserungen durchführen:*
   a. Klar identifizierte und definierte Ziele setzen
   b. Verbesserungen planen: spezifische, zur Erreichung der Ziele notwendige Aktionen identifizieren
   c. Umsetzung
5. *Neu kalibrieren:*
   a. Noch einmal die „Besten der Besten“ heranziehen, um die neu eingesetzten Praktiken zu erfahren
   b. Diese neuesten „Besten der Besten“-Praktiken in die Abläufe des eigenen Fuhrparks integrieren

11.4.2 Rückfrachtprogramme[7]

Das moderne Transportwesen ist so komplex, und es herrschen solch scharfe Wettbewerbsbedingungen, daß es extrem schwierig geworden ist, den Betrieb eines eigenen Fuhrparks nur mit den höheren Kosten für betriebsfremde Transportunternehmen zu begründen. Besonders im Geschäft mit Wagenladungen gibt es Zeiten, in denen der selektive Einsatz freier Transportunternehmen die kostengünstigere Alternative zum privaten Transportgeschäft darstellt.

Aufgrund dieser Überlegung haben einige Unternehmen den betriebseigenen Fuhrpark von einem „Erfolgsbereich" zu einem „Kostenbereich" umgewandelt. Mit diesem Wechsel verlagert sich der Schwerpunkt darauf, den Fuhrpark mit dem geringsten Kostenaufwand zu betreiben. Diese Kosten werden dann mit denen für den Einsatz betriebsfremder Transportunternehmen für die gleichen Leistungen verglichen. Auf diese Art müssen die Betriebskosten des Fuhrparks so gering wie möglich gehalten werden.

Um dies zu erreichen, ist ein Rückfrachtprogramm fast unabdingbar. Gemäß einer kürzlich durchgeführten Studie über eigene Fuhrparks (Profil betriebseigener Fuhrparks), besteht fast die Hälfte der Betriebstätigkeit aller betriebseigenen Fuhrparks in Arbeiten, die sich für die Einführung eines Rückfrachtprogrammes anbieten. Zum Beispiel haben 33 Prozent die Zulassung als Vertragsspediteure, 31 Prozent betätigen sich im Gebiet des entgeltlichen zwischenbetrieblichen Transports und 14 Prozent sind als allgemeine Transportunternehmen zugelassen.

Private Fleet Benchmarks hat eine ähnliche Struktur erarbeitet, hier betätigen sich 56 Prozent der Fuhrparks auch in der zwischenbetrieblichen entgeltlichen Beförderung, 41 Prozent haben die Zulassung als Vertragsspediteur und 15 Prozent sind im Besitz einer Zulassung als allgemeine Transportunternehmen.

Die praktische Umsetzung eines Rückfrachtprogrammes kann Erträge erwirtschaften, die gegen die Bruttobetriebskosten des Fuhrparks aufgerechnet werden und damit die Gesamtlieferkosten des Betriebes senken.

Angenommen, ein vollständig eingesetzter Fuhrpark hat Betriebskosten von 1,00 $/Meile. Der Fuhrparkbetreiber liefert eine Ladung an einen Kunden, der 500 Meilen von seiner Produktionsstätte entfernt sitzt. In diesem Beispiel wird die Lieferung zu einer Rundfahrt von 1.000 Meilen zu je 1,00 $/Meile bei Gesamtlieferkosten von 1.000 $.

Die eigentlichen Lieferkosten betragen 2,00 $/Meile (1.000 $/500 Meilen). Hätte dieser Fuhrunternehmer jedoch die Möglichkeit, eine Rückfrachtladung zu befördern, anstatt nur leer zurückzufahren, und die Rückfracht brächte einen Ertrag von 400 $, könnte dieser Ertrag gegen die gesamten Rundreisekosten von 1.000 $ aufgerechnet werden. Die Nettolieferkosten würden dann nur noch 600 $ oder 1,20 $/Meile betragen.

So lautet also die Frage: Hätte ein betriebsfremder Transportunternehmer die ursprüngliche, ausgehende Ladung für weniger als 600 $ oder 1,20 $/Meile befördert?

Dieses Beispiel verdeutlicht, wie ein Rückfrachtprogramm die Lieferkosten durch Verbesserung der Auslastungsquote von Arbeitskräften und Geräten vermindern kann. Rückfrachterträge können also auch unter den vollständig verteilten Betriebskosten liegen und immer noch effektiv sein. Jedoch müssen vor der Entscheidung zur Annahme eines solchen Programmes noch verschiedene Themen angesprochen werden.

11.4.3 Überlegungen hinsichtlich der Terminplanung, der Betriebsausrüstung und der Arbeitskräfte

Bevor die Entscheidung gefällt werden kann, ob ein dauerhaftes Rückfrachtprogramm eingerichtet und unterhalten wird, müssen zwei grundsätzliche Fragen geprüft und beantwortet werden:

1. Können Fahrer und Fahrzeuge lange genug aufgehalten werden, um die Abholung und Zustellung von Rückfrachtladungen abzuwickeln? Leider stehen viele Ladungen nicht immer zur Abholung bereit, wenn Fahrer und Fahrzeuge zum Einladen bereits warten. Dies könnte zu Ausfallzeiten für Fahrer und Fahrzeug führen, oder möglicherweise zu einer längeren Fahrtunterbrechung. Der Betriebsplan muß flexibel genug sein, um solche Situationen auffangen zu können, falls und wenn sie auftreten.
2. Ist die Betriebsausrüstung für die Einführung eines Rückfrachtprogrammes geeignet? Manche Betriebsausrüstung eines Fuhrparks ist hochgradig spezialisiert, um die spezifischen Anforderungen des Unternehmens befriedigen zu können. In sollch einem Fall kann es sich extrem schwierig gestalten, Waren in einem Rückfrachtprogramm zu befördern. Zu einer solch hochgradig spezialisierten Ausrüstung könnte gehören: Einachsige Zugmaschinen, Einachsige Anhänger, Anhänger mit Hängedeck, Käfig und Tanklastzüge.

Überlegungen für den Einsatz betriebsfremder Transportleistungen: Wenn ein privates Transportgeschäft den größten Teil der zurückkehrenden Fahrzeuge mit eigenen Rohmaterialien oder Teilen beladen kann, kommt vielleicht nur ein rein privates Transportgeschäft in Frage.

Dies ist jedoch nicht immer der Fall. Daher sollten stets auch Überlegungen hinsichtlich der Gründung eines allgemeinen Transportunternehmens angestellt werden, wobei dem Transporteur die Möglichkeit gegeben wird, leere Rückfrachtmeilen mit Erträgen von außerhalb zu füllen. Trotzdem treten Kosten und gesetzliche Bestimmungen in Zusammenhang mit dem Betrieb eines freien Transportunternehmens auf. Dazu gehören:

- Der Antrag auf Betriebszulassung muß bei der zwischenstaatlichen Wirtschaftskommission (ICC) eingereicht werden. Die Kosten sind unerheblich.
- In jedem Staat, in dem Geschäftstätigkeiten stattfinden, müssen dort ansässige Agenten beauftragt werden. Diese Agenten handeln in solchen Staaten als Vertreter des Transportunternehmens, wenn gesetzlich relevante Mitteilungen oder Dokumente zugestellt werden müssen. Die Gebühren für diese Dienstleistung liegen normalerweise zwischen einer Einmalgebühr von 75 $ und einer jährlichen Gebühr von 150 – 200 $.
- Die von der ICC erteilte Betriebszulassung muß in jedem Staat, in dem die Geschäftstätigkeit aufgrund der Eigenschaft als allgemeines Transportunternehmen ausgeübt wird, eingereicht werden. Diese Bundesstaaten werden daraufhin für den Registrierungsnachweis der Betriebszulassung eine Gebühr erheben.
- In Abhängigkeit von der Art der gewünschten Betriebszulassung sind bestimmte Mindestversicherungssummen erforderlich.

Abhängig vom Umfang der Geschäftstätigkeit muß ein betriebseigenes Fuhrunternehmen unter Umständen einige tausend Dollar an Gebühren für staatliche und einzelstaatliche Gebühren ausgeben, bevor die erste freie Ladung überhaupt bewegt werden kann. Es muß auch bedacht werden, daß die privaten Transportgeschäfte von allen Handelsvorschriften der ICC befreit sind – das sind freie Transportgeschäfte nicht. Wenn die Entscheidung zugunsten der Gründung eines freien Transportunternehmens fällt, sollen diese Bestimmungen und Vorschriften gründlich geprüft und vollständig verstanden worden sein.

11.4.4 Zusätzliche Anforderungen an das Management

Planung

Der Betrieb eines leistungsfähigen Vollservice-Rückfrachtprogrammes erfordert eine Anzahl zusätzlicher Managementaufgaben, die über die Aufgaben eines typischen privaten Transportgeschäftes weit hinausgehen.

Wenn eine Geschäftstätigkeit eindeutig zum Bereich des privaten Transportgeschäfts gehört und keine freie Transporttätigkeit mit einbezieht, sind die einzigen Quellen für Rückfracht bei firmeneigenen Lieferanten, Verteilern, Kunden und anderen zu finden, die an die Firma liefern. Diese Lieferungen bestehen aus Material oder Produkten, an denen die Gesellschaft Eigentumsrechte hat.

Wenn die Geschäftstätigkeit eine Kombination von privatem und freiem Transportgeschäft darstellt, können dadurch zusätzliche Rückfrachtladungen von zugelassenen Maklern und/oder nicht zum Unternehmen gehörigen Verfrachtern befördert werden.

In jedem Fall ist eine hohes Maß an Kommunikation und Koordination zwischen den Mitarbeitern des Fuhrunternehmens, der Einkaufsabteilung und allen anderen Beteiligten erforderlich.

Damit sich Rückfrachtbeförderungen erfolgreich und kostenwirksam auswirken können, müssen sie im voraus geplant und koordiniert werden, um bei gleichzeitiger Minimierung der Leermeilen eine optimale Auslastung von Fahrer und Fahrzeug zu erreichen. Ohne Vorausplanung und ohne die entsprechenden Kommunikationssysteme bzw. Koordination kann eine Rückfracht mehr kosten als sie eigentlich wert ist.

Zuständigkeiten

Zur richtigen Vorausplanung und Koordination eines effektiven Rückfrachtprogrammes müssen mehrere Zuständigkeitsbereiche festgelegt werden; zum Beispiel:

- Potentielle Frachtquellen sind zu identifizieren.
- Tarife müssen festgelegt oder ausgehandelt werden.
- Abhol- und Zustelldienst von Rückfrachtladungen sollen koordiniert werden.
- Die erforderliche Dokumentation muß erstellt und bearbeitet werden.
- Verfahren zur Rechnungsstellung und zum Inkasso werden eingeführt und aufrechterhalten.
- Abhol- und Zustellunterlagen sollen für zukünftige Nachfragen geführt werden.
- Alle eventuellen Verlust-/Schadenansprüche müssen bearbeitet und abgeschlossen werden.

Die Kosten für die Besetzung einer Abteilung für diese Aufgabenbereiche mit Personal sind in die Ausarbeitung der vollständig umgelegten Kosten für den Betrieb des Fuhrparks mit einzubeziehen werden. Wenn nicht, entsprechen die tatsächlichen Kosten nicht den angegebenen. Ein erfolgreiches Rückfrachtprogramm sollte die Einkünfte und Ersparnisse einbringen, die die Kosten der Verwaltung des Programmes mehr als nur wettmachen.

11.5 Vermögenswerte des betriebseigenen Fuhrparks

11.5.1 Rentabilitätsberechnung anhand der Entwicklungskurve[8]

Die Rentabilitätsberechnung anhand einer Entwicklungskurve ist eine Technik, die Ihnen bei der Ermittlung der Posten hilft, die durch ihre Kosten gerechtfertigt werden können, wo die eigentlichen Betriebskosten eines Gerätes/Fahrzeuges liegen und wann die Zeit gekommen ist, einen Ausrüstungsgegenstand zu ersetzen.

In den meisten Fällen wollen Fuhrparkleiter diese Rentabilitätsberechnung zur Bestimmung des Zeitpunktes nutzen, an dem ein Ausrüstungsgegenstand ausgetauscht oder neu angeschafft werden muß. Sie suchen eine einigermaßen unkomplizierte Formel oder ein Softwarepaket, das bei Eingabe einer minimalen Menge von Daten eine handfeste Antwort ausgibt.

Die Suche nach einfachen Lösungen führt manchmal zu einer Kurve mit einer absteigenden Linie für die Abschreibungen und einer aufsteigenden Linie für laufende Kosten. Der Schnittpunkt dieser beiden Linien sollte der Auslöser für eine Kaufentscheidung sein.

Es tauchen aber im Zusammenhang mit diesem Ansatz einer Rentabilitätsberechnung anhand der Entwicklungskurve mindestens vier große Probleme auf:

1. Bei diesem Szenario bleiben die Kosten des Eigentums immer konstant, wobei die steigenden laufenden Kosten durch die nach unten verlaufenden Abschreibungen und Zinskosten ausgeglichen werden.
2. Wartungsleute wissen, daß die laufenden Kosten nicht in einer geraden, noch nicht einmal kurvigen Linie verlaufen
3. Im allgemeinen taucht ein Teil der in Zusammenhang mit dem Betrieb

einer Reihe von Fahrzeugen auftretenden Kosten nicht in den laufenden Zahlen auf. Zum Beispiel brauchen ältere Fahrzeuge mehr Mechanikerstunden, eine bessere Werkstattausstattung, Platz zur Überholung und Werkzeuge.
4. Diese Variante hätte zur Folge, daß alle Kostenüberlegungen für dieses Modell dem Fahrzeug innewohnen (Buchwert und laufende Kosten). Sie tun es nicht.

Wir sollten nun einige Fragen genauer betrachten. Festkosten sind einfach zu berechnen. Der Faktor Treibstoffkosten/Ersparnis verläuft ebenfalls ziemlich geradlinig.

Die Kundendienst- oder Wartungsfähigkeit der Werkstatt ist ein gern übersehener Kostenfaktor in der Entwicklungskurve, da diese Kosten normalerweise nicht auf einem Reparaturauftrag erscheinen. Sie sind aber deshalb nicht weniger real.

Nehmen wir an, Ihre Kalkulation weist darauf hin, daß ein Austauschen alter Fahrzeuge gegen neue mit hochmodernen Motoren kostenseitig gerechtfertigt wäre. Aber haben Sie in dieser Kalkulation auch solche Posten berücksichtigt, wie:

- die 5.000 $ Kosten für Diagnosegeräte für den Motor?
- die 1.500 $ Kosten der Diagnosegeräte für Antiblockiersysteme?
- elektronische Steuerung der Klimaanlage? (1.000 $)
- elektronische Werkzeuge? (500 $)
- Weiterbildung der Mechaniker? (10.000 $)
- Anpassungen am Gebäude (neue Türmaße)? (20.000 $)

Themen technischer Bereiche sollten sehr sorgfältig geprüft werden, weil diese einschneidende Auswirkungen auf zukünftige Entwicklungskurven haben könnten. Die Wahl des richtigen Zeitpunktes für die Nutzung oder Vermeidung technischer Änderungen kann die Kosten/Ersparnis-Gleichung erheblich beeinflussen.

In der Gleichung sollten auch wirtschaftliche Prognosen mit einbezogen werden, ebenso der Bedarf für dieses Kapital im Produktionssektor, die Vorteile des Mietens verglichen mit dem Kauf, usw.

In Anbetracht all dessen könnte ein/e Fuhrparkleiter/in denken, daß er/sie niemals den richtigen Zeitpunkt für neue Anschaffungen festlegen kann. Er/sie könnte sogar recht haben.

Der Zeitpunkt für eine Entscheidung zum Verkauf sollte bereits vor dem Kauf getroffen werden. Zum Beispiel ist ein 27.0000-GVW-Diesel-Lkw, der fünf Jahre lang 40.000 Meilen/Jahr laufen soll, wenn richtig veranschlagt, ein ganz anderes „Paar Stiefel“ als einer, der acht Jahre lang 60.000 Meilen/Jahr laufen soll.

Außerdem sollten diese beiden Lkws auf verschiedene Wartungspläne gesetzt werden. Wenn Ihre Werkstattgröße, Werkzeuge und die Fähigkeiten Ihrer Mechaniker so sind, daß Sie besser nicht die Überholung der Motoren und Getriebe selbst ausführen, dann gestalten Sie Ihren Plan, daß die Fahrzeuge vor Auftreten solcher Notwendigkeiten wieder verkauft werden.

Kurz gesagt, erstellen sie einen Plan auf der Grundlage Ihrer Notwendigkeiten und Mittel, dann sollte der Plan auch eingehalten und nur unter besonderen Umständen angepaßt werden. So werden die laufenden Kostenberichte des Fahrzeugs (die Sie führen sollten) Ihnen erst einmal die Rückmeldungen liefern, anhand derer Sie erkennen können, ob alle Aspekte des Plans funktionieren oder einer Anpassung bedürfen. Wird der Plan nicht befolgt, erhalten Sie auch keine solchen Rückmeldungen. Dabei ist folgendes zu beachten:

- Legen Sie zuerst fest, wie Ihr Plan aussehen sollte.
- Die Anschaffungen sollten Ihren Anforderungen genügen und in den Plan passen.
- Führen Sie vorbeugende Wartungsarbeiten aus, um Ihre Investition über die Laufzeit des Planes hinweg vor Überraschungen und nicht vorhersehbaren Kosten zu bewahren.
- Trennen Sie sich von dem Investitionsgut, wenn der Plan (und nicht derzeitige Kosten) es verlangt.
- Überdenken Sie alle Aspekte immer wieder.

Einige Transportunternehmen für Stückgut haben gute Erfahrungen mit vier Jahren Laufzeit und 400.000 Meilen. Andere setzen die gleiche allgemeine Ausrüstung 1,5 Millionen Meilen lang ein. Wer hat recht? Beide. Beide sind erfolgreich, weil sie einen Plan haben und diesen auch befolgen.

Private Fuhrunternehmen haben einige Untersuchungen durchgeführt und festgestellt, daß die meisten Fuhrparkleiter als Kriterien für den Austausch von Fahrzeugen zuerst das Alter des Fahrzeuges und dann die gefahrenen Meilen heranziehen.

In *Private Fleet Profile* (Profil betriebseigener Fuhrunternehmen) wird der durchschnittliche Austauschzyklus für Zugmaschinen mit 5,8 Jahren angegeben, wobei manche den Austausch alle drei Jahre ausführen und andere über Laufzeiten von 17 Jahren berichteten. Diejenigen, die die gefahrenen Meilen als Richtwert festlegten, fuhren durchschnittlich 627.000 Meilen bis zum Austausch, wobei wiederum manche den Austausch schon nach 150.000 Meilen durchführten und einige die Austauschmarke erst bei 1,5 Millionen Meilen setzten.

In *Private Fleet Benchmarks* wurde ein durchschnittlicher Austausch nach 673.000 Meilen, oder 5,6 Jahren festgestellt.

Der durchschnittliche Austauschzyklus für Zugmaschinen wurde in *Private Fleet Profile* mit 7,1 Jahren oder 377.000 Meilen angegeben.

Hier eine kurze Zusammenfassung der Rentabilitätsberechnung anhand der Entwicklungskurve:

- Zahlenmaterial und Berechnungen, die länger als ein Jahr alt sind, haben keine Gültigkeit mehr.
- Für frühere Zugmaschinen errechnete Formeln und Reparaturzyklen sind nicht mehr zutreffend.
- Sogar ein Wechsel der Lieferanten von Motoröl oder ein Wechsel der Ölmarke vom gleichen Lieferanten kann einen Einfluß auf die Wartungsabschnitte haben.
- Entscheidungen zum Behalten/Verkaufen sollten niemals nur allein aufgrund der Rentabilitätsberechnung getroffen werden.
- Bereits vor dem Kauf sollte der Verkaufszeitpunkt schon feststehen.

Es gibt keine einzige perfekte Formel für die Rentabilitätsberechnung. Für die gesamte Berechnung sind noch andere Kostenüberlegungen von Bedeutung als nur der Anschaffungswert und die laufenden Kosten. Wenn Sie Ihren Blickwinkel zu sehr verengen, können Ihnen bei der Aufstellung Ihres Plans kostspielige Fehler unterlaufen. Schließlich und endlich müssen Sie diesen Plan ständig durch Ergebnisse ergänzen und entsprechend neu überdenken.

11.5.2 Outsourcing

Der Begriff Outsourcing bedeutet in einfachen Worten, daß man einen Teil oder die gesamten internen Firmenfunktionen an eine Firma von außerhalb übergibt. In den verschiedenen Permutationen könnte man dies auch ganz beliebig *Vertragslogistik, strategische Bündnisse oder Fremdlogistik* nennen. Gleich, welcher Name dafür verwendet wird, hat das Outsourcing enorm an Bedeutung gewonnen – das Volumen nimmt jährlich um 20 Prozent zu.

Tatsächlich beweist eine von Arthur D. Little, Inc. durchgeführte Studie neueren Datums, daß 43 Prozent der Firmen derzeit zwei oder mehr Funktionen nach außen vergeben. Die gleiche Studie hat ergeben, daß 31 Prozent der Betroffenen davon ausgehen, daß das Outsourcing in den nächsten drei Jahren zunimmt, nur 12 Prozent gehen davon aus, daß es in geringerem Umfang eingesetzt wird (siehe Tabelle 11.2.).

Entwicklungen im Transportwesen

Um das Wachstum im Bereich des Outsourcing verstehen zu können, müssen die Trends des Transportwesens genauer betrachtet werden. Charles Lounsbury von der Firma Leasway Transportation hat darauf hingewiesen,

Erfolgsfaktor	Veränderungen
Integriertes Logistikmanagement	Konkurrenz aus dem Ausland Große Erfolgsstorys Informationsquellen
Chancen	Fusionen & Übernahmen Umstrukturierung der Geschäfte Umlaufgeschwindigkeit des Bestandes
Entscheidungshilfen	Konzentration auf Kerngeschäft Deregulierungsdividenden Produktivitätsmaßnahmen
Aufnahmefähige Entscheidungsträger	Reorganisationen, Pensionierungen Nachderegulierungs-Manager Bereichsübergreifende Teams
QUELLE: Cass Logistics	

Tabelle 11.2: Einflußfaktoren des Outsourcings im Logistiksektor

dass die Transportfunktion immer enger mit anderen betrieblichen Funktionen, z. B. Marketing, Einkauf und der Produktion integriert wird. Informationssysteme werden immer anspruchsvoller und differenzierter, und es gibt bereits eine Entwicklung in Richtung auf eine Zentralisierung der Transportfunktionen.

Den verschiedenen Faktoren des Benchmarking wird mehr Bedeutung zugemessen, während gleichzeitig die Globalisierung der Märkte dem Zuständigkeitsbereich der Logistik neue Belastungen auferlegt.

Diese Entwicklungen, gepaart mit Wettbewerbskräften und Wirtschaftstrends, können in eine derzeitige Situation übersetzt werden, die so aussieht:

- Wirtschaftliche Auswirkungen von mit Fremdkapital finanzierten Eigenaufkäufen, Managementaufkäufe, Fusionen und Übernahmen
- Regulative Trends, wie zum Beispiel die Einführung des gewerblichen Führerscheins, Sicherheitsinspektionen und Drogentests
- Arbeitskräftemangel und eine veränderte Arbeiterschaft
- Das Verhältnis zwischen Kapital- und Betriebsbudget einer Firma
- Der Gebrauch des Transportwesens für den Lagerbestand und die Konzentration auf den Lagerumschlag.

Robert Delaney, der Vizepräsidenten der Firma Cass Logistics, meint dazu: „In Hinsicht auf die Wahrung der Chancen müssen nach jeder einzelnen Fusion oder Übernahme die Logistikabläufe neu optimiert werden. In unserem derzeitigen Umfeld der Entscheidungsfindung konzentriert sich das Management darauf, das Kerngeschäft leistungsfähiger zu gestalten und eine Entscheidung darüber zu fällen, welche Funktionen von außen wahrgenommen werden sollen.

Clevere Manager wollen ihre Kontensalden kontrollieren und sind nicht an Investitionen in Vermögenswerte und der Leitung großer Belegschaften interessiert. Dies trifft ganz besonders auf Firmen zu, die ihren Break-even-Punkt senken und eine überhöhte Schuldenlast abtragen müssen und daher den Hebel am häufigsten an den Aktivposten ansetzen."

Das Outsourcing ist keine neue Strategie und wurde bereits im Produktionssektor, der Datenverarbeitung, Buchhaltung, im technischen und im Marketingbereich angewendet. Neu ist vielleicht das Klima in Wirtschaft und Geschäftswelt. Lawrence Collett, Präsident der Firma Cass Logistics, sagte:

„Das Logistiksystem wird bald von einer neuen Welle überrollt werden. Diese Welle zieht eine Umstrukturierung der Betriebsabläufe nach sich. Hersteller und Vertreiber veräußern Vermögenswerte, um ihre Schuldenberge abzutragen und den Break-even-Punkt zu senken. Die Auswirkungen auf die Logistiksysteme sind bedeutend. Die Verfügbarkeit frühzeitiger und zuverlässiger Informationen ist ausschlaggegebend. Wir glauben, daß dieses Klima ein verstärktes Zurückgreifen auf das Outsourcing fördert."

Der Nutzen ist vielschichtig. Richtig angewendet und eingesetzt kann das Outsourcing einer Firma den Vorteil bekannter und vorhersehbarer Kosten bieten und manchmal auch die Betriebskosten insgesamt senken. Das Outsourcing kann einer Firma die Möglichkeit geben, ihre Vermögenswerte wieder einzusetzen und das Serviceniveau zu verbessern. Es kann neue Türen öffnen, indem es zum Beispiel den Zugang zu neuen Technologien bietet und Versicherungsschutz gewährleistet.

Richtig eingeführt kann Outsourcing Arbeitskosten senken und eine gewisse Pufferzone zwischen Arbeitgeber und Arbeitnehmer legen, so daß das Hin und Her um Kompetenzfragen auf ein Minimum zurückgeführt wird. Nicht richtig eingeführt, wirkt es aber genauso kontraproduktiv.

Outsourcing im Transportwesen

Outsourcing im Transportwesen wird von einer Vielzahl von Firmen angeboten: Transportmultis, Nischenspieler und Logistikmittler (Makler, Spediteure, Agenten, Serviceunternehmen für Frachtzahlungsverkehr und Informationsservice-Unternehmen). Trotzdem ist Outsourcing nicht für jeden da.

Welche Transportfunktionen werden üblicherweise nach außen vergeben?

- Frachtzahlungsverkehr
- Zollabfertigung
- Lagerhaltung
- Auswahl des Transportunternehmens
- Tarifverhandlungen
- Nachverfolgung der Fracht
- Informationssysteme
- Elektronischer Datenaustausch
- Fuhrparkmanagement
- Auftragsbearbeitung

- Lagerkontrolle
- Anwerbung von Arbeitskräften

Outsourcing für betriebseigene Fuhrunternehmen

Die an Fremdfirmen vergebenen Haupttransportfunktionen und der Prozentsatz der betriebseigenen Fuhrunternehmen, die die jeweilige Funktion einsetzen, werden in Tabelle 11.3 gezeigt.

Internationales Outsourcing

Dr. Theodore Levitt von der Harvard Universität hat festgestellt, daß 80 Prozent des Handels in den Vereinigten Staaten auf internationaler Ebene stattfinden. Durch ihre Globalität und Wettbewerbsorientierung sind die Geschäftsmethoden der Motor, der das Interesse am Outsourcing vorantreibt.

Die Vorteile des integrierten Logistikmanagements finden immer breitere Akzeptanz. Laut *Cass Logistics* sind wichtige Erfolgsstorys im Entstehen begriffen. H. J. Heinz verkaufe 40 Prozent der Produkte außerhalb der Vereinigten Staaten und hätte die Produktreihen in fünf Gruppen eingeteilt, an deren Spitze ebenso viele Vizepräsidenten für Sourcing, Herstellung, Qualität, Marketing und weltweiten Vertrieb zuständig seien.

Zu den anderen Unternehmen von Rang und Namen, die ein teilweises oder vollständiges Outsourcing-Konzept eingeführt haben, gehörten laut Lounsbury: General Motors, Wang, Toyota, Safeway, A&P, Pepsi, Sears, Xerox, Rank Xerox, Unilever, N. V. Philips, Land Rover Marks & Spencer, Whirlpool, Stone Container, McDonalds und viele andere.

Funktion		Prozent
Leasing von Fahrzeugen:	Vollservice	49
Routinewartung:	Wartungsanlagen der Leasinggesellschaft	44
Routinewartung:	Fremde Werkstatt	9
Besondere Wartung:	Wartungsanlagen der Leasinggesellschaft	44
Besondere Wartung:	Fremde Werkstatt	19
	Fahrerleasing	9

Tabelle 11.3: Ausgewählte Funktionen, für die betriebseigene Fuhrunternehmen das Outsourcing einsetzen

Erfolgsfaktoren

Wie bereits erwähnt, kann das System des Outsourcing einem Unternehmen viele Vorteile bieten. Aber Lounsbury sagt auch, daß für eine erfolgreiche Umsetzung des Outsourcingverfahrens die engagierte Beteiligung aller Organisationsebenen erforderlich ist. Das Outsourcing muß die gegenseitigen Bedürfnisse des Unternehmens und des Outsourcinglieferanten befriedigen. Organisatorische und kulturelle Kompatibilität und stark entwickelte Kommunikation zwischen den Parteien und innerhalb der Organisation sind zur erfolgreichen Umsetzung erforderlich.

Das Engagement und die Kommunikatiosnbereitschaft müssen sich in der Verteilung der Vorgaben und der Information widerspiegeln. Und wo spezifische Vorgaben und Methoden zur Messung der Effektivität notwendig sind, muß auch genügend Flexibilität und Freiraum gegeben sein, um die Positionen im Bedarfsfall neu zu überdenken.

Mißerfolgsfaktoren

Wenn nicht das ganze Potential des Outsourcingkonzepts zum Tragen kommt, können dafür einer oder mehrere Faktoren verantwortlich sein. Es kann sich um ein internes Problem handeln, wie zum Beispiel mangelnde Unterstützung durch das Management, oder ein externes Problem, wie die Wahl eines falschen Partners. Oder das Problem kann irgendwo dazwischen liegen: mangelndes gegenseitiges Vertrauen, mangelnde Kommunikation. Oder der Mißerfolg kann in der Umsetzung begründet sein, zum Beispiel in unzulänglichen Vorlaufzeiten, der Spanne zwischen kurz- und langfristiger Planung, oder einem Tauziehen zwischen Qualität und Profit.

Hinzu kommen noch verständliche Bedenken des Vertriebsleiters in Hinsicht auf den Verlust von Einfluß, Statusverlust, unbefriedigter Serviceerwartungen und des Risikos, sich auf nur eine Quelle verlassen zu müssen.

Das Outsourcing mag zwar zu den Haupttrends der 90er Jahre gehören, ist aber keine „Alles oder Nichts"-These. Die Unternehmen suchen sich die Funktionen heraus, die sie an Fremdunternehmen vergeben wollen; diese Eintscheidung wird von Faktoren beeinflußt, die so differenziert sind wie die Wirtschaftswissenschaften und Betriebskultur selbst. Für alle an Fremdunternehmen zu vergebenden Funktionen gibt es ebenso viele Anbieter solcher Serviceleistungen. Ausschlaggebend für den Erfolg wird sein, die richtige Auswahl der zum Outsourcing geeigneten Funktionen zu treffen, diese Funktionen aus den richtigen Gründen heraus zu wählen und darin, die richtigen Lieferanten zur Erfüllung dieser Funktionen auszusuchen.

11.6 Sicherheit und Arbeitskräfte

11.6.1 Arbeitsverhältnis[9]

Eine hohe Fluktuation unter den Fahrern führt zu zusätzlichen Ausbildungskosten, Sicherheitsproblemen, verlorenen Geschäften, steigenden Versicherungsraten, ungenutzten Betriebsmitteln und einer ganzen Menge anderer geschäftlicher Probleme. Bestimmte Teile der Lkw-Transportindustrie wie zum Beispiel dem Bereich der Sammelladungen, berichten von Fluktuationsraten von 100 Prozent oder mehr.

Das Upper Great Plains Transportation Institut hat Untersuchungen über die berufliche Zufriedenheit von gewerblichen Fahrern durchgeführt. In einer Studie wurden 13 Fuhrunternehmen für Sammelladungen, verteilt in den ganzen Vereinigten Staaten, untersucht. Die Auswertungsergebnisse eines 20seitigen Fragebogens, der von 3.910 Fahrern ausgefüllt wurde, die für diese Unternehmen arbeiteten, sind hierfür relevant! Die Auswahl war zwar nicht dem Zufall überlassen, hatte aber das Ziel, repräsentativ zu sein.

Die Studie zeigt einige Schlüsselergebnisse, wie in Tabelle 11.4 aufgeführt. Die wichtigste Erkenntnis liegt darin, daß kein Einzelfaktor die Fluktuation bewirkt. Genauso wenig gibt es eine einfache Lösung des Problems. So muß jeder Plan eines betriebseigenen Fuhrunternehmens umfassend und langfristig angelegt sein.

Spezifische Erkenntnisse betrafen verschiedene andere Aspekte der Arbeit als Fahrer und dessen Verhältnis zur Firma. Diese Erkenntnisse lassen darauf schließen, daß die Branche ihr größtes und wichtigstes Potential nicht voll ausschöpft:

Ihre Fahrer

- ziehen einen Großteil ihrer beruflichen Zufriedenheit aus bestimmten Aspekten ihrer Arbeit.

Kündigungsgründe	
Grund	*Prozent*
Niedriger Lohn	19
Zu lange Abwesenheit von zu Hause	17
Unvorhersehbare Dienstpläne	13
Arbeitsbedingungen	11
Keine berufliche Förderung	10
Schlechte Behandlung	9
Andere	8
Schlechte Werksleitung	6
Pensionierung	5
Gesundheitliche Gründe	3
Anforderungen	1
Was Fahrer mögen	
Grund	*Prozent*
Den Lkw fahren	91,0
Unabhängiger Lebensstil	83,3
Die Erfüllung von Sicherheitsanforderungen	75,2
Die derzeitige Firma	67,9
Die Durchführung von Drogentests	67,2
Das Verreisen	66,7
Wartung	66,0
Andere Fahrer	65,6
Was Fahrer nicht mögen	
Grund	*Prozent*
Manuelles Be- und Entladen	72,9
Fliegende Wechsel	71,9
von der Firma aufgestellte Geschwindigkeitsbegrenzungen	44,5
Gewerblicher Führerschein	43,8
Be- und Entladen von Paletten	34,5
Fahrzeuginspektionen	33,4
Verwaltungsarbeit	29,4
Autobahnpolizei	28,2
QUELLE: Upper Great Plains Transportation Institut	

Tabelle 11.4: Berufliche Zufriedenheit von gewerblichen Fahrern

- sind mit verschiedenen Elementen ihres Arbeitsumfeldes ausgesprochen unzufrieden.
- haben den stark ausgeprägten Wunsch nach voller Integration im Unternehmen und nach aktiver Mitwirkung.
- interessieren sich sehr für die Teilnahme an solchen Weiterbildungsmaßnahmen, die der besseren Ausübung ihrer Arbeit dienlich sind.
- Wünschen sich beim Austauschen von Information persönlichen Kontakt mit den Betriebsaufsehern.
- hatten zu Beginn ihrer Fahrertätigkeit von der Praxis abweichende Erwartungen.
- haben ein starkes Bedürfnis nach irgend einer Art leistungsorientierter beruflicher Förderung.

Diese Erkenntnisse verdeutlichen, daß Fahrer unabhängige, verantwortungsbewußte Menschen sind und bereit, für ihre Firma zusätzliche Verantwortung zu übernehmen und Engagement zu zeigen.

Fahrer mögen einige, für ihren Beruf charakteristische Aspekte: Das Fahren des Lkws, den unabhängigen Lebensstil, die Erfüllung der Sicherheitsanforderungen, ihre Verantwortung als Fahrer, den Umgang mit den Kunden und die Instandhaltung.

Diese Aspekte beschreiben die Arbeit selbst, für die sie eine große Neigung angeben. Sie ziehen persönliche Befriedigung aus dieser Art Arbeit. Damit ist eine feste Basis geschaffen, von welcher aus zusätzliche, wichtige und motivierende Aspekte der Arbeit entwickelt werden können und das Arbeitsumfeld selbst verbessern.

Auf der anderen Seite gibt es verschiedene zum Umfeld des Arbeitsplatzes gehörende Elemente, die für die Unzufriedenheit der Fahrer mit ihrer Arbeit verantwortlich sind. Dazu gehören: Bezahlung und Sozialleistungen, manuelles Be- und Entladen von Fracht, vom Unternehmen festgesetzte Geschwindigkeitsbeschränkungen, der Straßenzustand, die unterschiedlichen Gesetze der Einzelstaaten, unregelmäßige Arbeitszeiten und die langen Abwesenheitszeiten von zu Hause.

Obwohl diese Aspekte verbessert werden müssen, bieten Erleichterungen im Arbeitsumfeld keine großen Steigerungsmöglichkeiten für die berufliche Zufriedenheit, die zu mehr Motivation und Wachstum am Arbeitsplatz führen würde. Trotzdem müssen diese Probleme angesprochen werden, wenn private Fuhrunternehmen darauf hoffen, die motivierenden Potentiale dieses Berufs herauszustellen.

Die Fahrer haben ein starkes Bedürfnis, in bestimmten Bereichen Einfluß auf das Management nehmen zu können.

Zu diesen Bereichen gehören: Instandhaltung, Abfertigungsabläufe, Verbesserungen im Sicherheitsbereich, Verbesserung der Kundenserviceleistungen und Möglichkeiten der Kostendämpfung. Außerdem wollen die Fahrer mehr in die Bereiche Kundenbeziehungen, Kostenersparnisse, Sicherheit, Anschaffungen, Instandhaltung und Reparatur, Ausbildung, Verkauf und Anwerbung von Angestellten einbezogen werden.

Diese Interessen der Fahrer weisen darauf hin, daß sie sich mehr gleichberechtigte Integration in das Unternehmen wünschen.

Weiterbildung

Das starke Interesse an beruflicher Weiterbildung von Seiten der Fahrer zieht sich durch alle Untersuchungsbereiche. Die ausgewählten Ausbildungsbereiche würden ihnen eine bessere Ausführung ihrer Arbeit ermöglichen.

Mehr als 75 Prozent der Fahrer äußerten Interesse an Weiterbildungsmaßnahmen wie defensivem Fahren, Sicherheitsbestimmungen, Verhütung von Verletzungen, Verhalten bei Unfällen, Erste Hilfe, Unternehmensstrategie, Fahrzeug- und Geräteinspektion, Kundenservice, Hilfestellungen zur Problemlösung, Gefahrgüter und Wartungsarbeiten.

Damit hätten die Fuhrunternehmen eine ausgezeichnete Chance, leistungsorientierte Weiterbildungsprogramme zu entwickeln, die einen motivierteren und zufriedeneren Mitarbeiter hervorbrächten.

Persönlicher Kontakt

Die Fahrer suchen beim Austausch von Informationen mit dem Management den persönlichen Kontakt. Sie sehen es aber auch von der praktischen Seite: Mitteilungen auf Gehaltsbögen und Formblättern wurden unter den ersten vier von 11 möglichen Informationsmedien eingeordnet. Das Gespräch mit einem Betriebsaufseher stand für den Informationsaustausch an erster Stelle.

Einer der Hauptgründe für die Unzufriedenheit liegt in nicht erfüllten Erwartungen, also solchen Fällen, in denen die Praxis nicht den Erwartungen entspricht. Sechzig Prozent der Fahrer gaben an, daß sie mit weniger Wartezeit gerechnet hätten; 48 Prozent hatten sich eine höhere Bezahlung versprochen; 42 Prozent erwarteten bessere Sozialleistungen und weniger berufsbezogenen Streß und 40 Prozent hatten sich einen besseren Lebenstil erhofft.

Dies läßt den Schluß zu, daß viele Fahrer vor Beginn ihrer Tätigkeit als Fahrer kein genaues Berufsbild hatten. Daher müssen Fuhrunternehmen neue Bewerber besser über die Arbeitsbedingungen informieren. Außerdem lassen diese Daten den Schluß zu, daß den Fahrern in den ersten sechs bis 12 Monaten ihrer Tätigkeit mehr Unterstützung und Betreuung zuteil werden sollte, um ihnen dabei zu helfen, ihre Erwartungen der Realität anpassen zu können.

Berufliche Förderung

Die Fahrer hatten ein starkes Bedürfnis nach einem System der leistungsorientierten beruflichen Förderung. 81 Prozent der Fahrer gab an, daß für sie die Möglichkeit, beruflich weiterzukommen, wichtig oder sehr wichtig sei. 75 Prozent der Fahrer waren sehr dafür, ein Klassifikationssystem zur leistungsorientierten beruflichen Förderung einzuführen. Aber 56 Prozent aller Fahrer verliehen ihrer Meinung Ausdruck, daß die Möglichkeiten für berufliches Weiterkommen in ihrer Branche entweder schlecht oder sehr schlecht seien.

Die vier meistgenannten Definitionseigenschaften der beruflichen Förderung sind (nach ihrer Häufigkeit geordnet):

1. mehr Geld,
2. regelmäßige Arbeitszeiten,
3. weniger Abwesenheitszeiten von zu Hause, und
4. Beförderung in einem auf Leistung basierenden Klassifikationssystem.

Der Wunsch nach mehr beruflicher Förderung und Aufstiegsmöglichkeiten war überwältigend groß. Dies zeigt, daß der Fahrerjob neu definiert werden muß, um diesem Wunsch nach Erfolg, Verantwortung, Anerkennung und Belohnung mit besserer Bezahlung, regelmäßigeren Arbeitszeiten usw. gerecht werden zu können.

Schlußfolgerung

Die Quelle für Motivation, Zufriedenheit und Erfüllung in jeder Arbeit liegt in einer sehr komplexen Anordnung von Faktoren. Das scheint auch auf das Fahren zuzutreffen. Es gibt kein einfaches Mittel, Fahrer im Unternehmen zu behalten, aber es kann eine Vielzahl von Dingen unternommen werden, um die Arbeitsbedingungen zu verbessern und den Beruf des Fahrers so neu zu definieren, daß die motivierenden Elemente betont werden.

11.6.2 Fahrleitung[10]

Ein Fuhrparkleiter braucht eine „Werkzeugkiste", wie ein Mechaniker, gefüllt mit guten Werkzeugen für die ständig auftretenden scheinbar unbezwingbaren und schwierigen Probleme. Diese Werkzeugkiste enthält drei der wichtigsten Werkzeuge: Vertrauen und Offenheit, ethische Grundsätze, und ein gemeinsames Ziel/Zweck. Diese drei arbeiten zusammen.

Vertrauen

Rensis Likert hat in seinem Buch *New Futures of Management* (McGraw-Hill), etwa „Neue Wege des Managements" herausgefunden, daß die Betriebskontrolleure mit den besten Ergebnissen diejenigen sind, die ihre Aufmerksamkeit in verstärktem Maß den menschlichen Aspekten der Probleme Ihrer Untergebenen widmen und effektive Arbeitsgruppen mit hoch angesetzten Vorgaben einrichten. Diese Manager sind *mitarbeiter*bezogen im Gegensatz zu den *arbeits*bezogenen Managern. Likert nennt diese Art Manager ein „System 4", und beschreibt ihn/sie damit, daß er/sie volle Zuversicht, Offenheit und Vertrauen in allen Fragen genießt.

Diese Manager motivieren mit einem Kompensationssystem, entwickelt durch die Beteiligung und das Engagement der Gruppe bei der Festsetzung von Vorgaben, Verbesserung von Methoden und der Leistungsbeurteilung betreffend der Zielsetzungen usw. Die Kommunikation erfolgt in jeder Richtung der Hierarchie und auch unter Kollegen.

Aufgrund der sozio-psychologischen Isolation jedes Fahrers ist es für Fuhrparkleiter wichtig, offen und vertrauensvoll auf ihn zuzugehen. Fahrer kommen nach Tagen (und manchmal Wochen) auf der Straße in den Betrieb zurück und sind vom täglichen Informations- und Ideenaustausch der anderen

Angestellten ausgeschlossen. Es muß ihnen unbedingt das Gefühl der Zugehörigkeit zur Gemeinschaft und den Entscheidungsprozessen vermittelt werden.

Im Zuge stärker werdenden Vertrauens und mehr Offenheit beginnen Manager auch damit, Zuständigkeiten und Verantwortung mit den Fahrern zu teilen. Dabei geschieht Ungewöhnliches. Der Manager *gewinnt* an Autorität. Diese zusätzliche Kontrolle ist nicht das Ergebnis vertikalen Autoritätendenkens, sondern Ergebnis eines intensiveren Engagements von seiten der Fahrer für gemeinsame Vorgaben.

Ethische Grundsätze

Das zweite Werkzeug in der Werkzeugkiste des Fuhrparkleiters ist seine/ihre Überzeugung, daß der Wert aller Mitarbeiter unabhängig von ihrer Position oder ihrer beruflichen Aufgabe absolut gleich und unendlich groß ist.

Nach dem Psychiater Dr. William Schutz hat jede Person (Fahrer) mindestens zwei grundsätzliche, zwischenmenschliche Bedürfnisse: einfach dazugehören, und ein bestimmtes Maß an Kontrolle ausüben zu können.

Dazugehören: Die Isolation des Fahrerberufs macht die Aufnahme schwierig, aber wenn ein Manager sich dieses Aspektes nicht bewußt ist, zwingt dies den Fahrer in eine noch größere Isolation. Nach Dr. Schutz haben die meisten Fahrer ein Bedürfnis nach Aufmerksamkeit von anderen. Und ihre größte Angst liegt darin, ignoriert zu werden. Dies kann mit als Erklärung dafür dienen, warum Fahrer eine starke Tendenz zur Selbstgenügsamkeit zeigen.

Am meisten zu schaffen macht den Fahrern ihr geringes Selbstwertgefühl. Obwohl mittlerweile die meisten Fahrer einen höheren Schulabschluß vorweisen können und zwei oder mehr Jahre weiterführender Ausbildung, werden sie vom Management immer noch gern nach ungenauen, veralteten Klischees beurteilt.

Unternehmen greifen oft zu extremen Maßnahmen und geben Unsummen aus, um einen Gegenstand so anzupassen, daß eine Lieferung wie versprochen ausgeführt werden kann. Aber sie verwenden wenig Zeit oder Mittel darauf, aus einem schwierigen Fahrer einen guten zu machen.

Kontrolle: Der Wunsch nach Kontrolle ist allen Fahrern eigen. Sie brauchen die Kontrolle über die Straße die sie benutzen, die Anzahl ihrer Fahrtstunden, welches Fahrzeug sie fahren, die Raststätte an der sie Pause machen. Der Kontrollaspekt ihres Persönlichkeitsbilds kann und sollte positiv genutzt werden, indem ihnen mehr Kontrollmöglichkeiten zugestanden werden und sie an Entscheidungen mitwirken können.

Zum Beispiel hatte ein Fuhrparkleiter Schwierigkeiten mit seinen Fahrern, die den wöchentlichen Fahrplan nie als gerecht und ausgeglichen ansahen. Verschiedene Fahrer dachten jede Woche, daß sie durch schlechtere oder schlechter bezahlte Ladungen benachteiligt würden. Eine Möglichkeit lag darin, sie nach der Dauer ihrer Betriebszugehörigkeit einzuteilen. Dieses Verfahren begünstigte aber die länger angestellten Fahrer, und die Fahrer mit einer Betriebszugehörigkeit von zwei oder drei Jahren erlitten finanzielle Einbußen – ein Faktor, der in vielen Unternehmen in hohem Maß zur Fluktuationsrate beiträgt.

So war der Gedanke, die Fahrer selbst in die Erstellung des wöchentlichen Fahrplanes mit einzubeziehen, gereift. Nun wird jede Woche, an einem bestimmten Tag und einer bestimmten Zeit der Plan mit Hilfe von einem oder mehr Freiwilligen, Fahrern, erstellt. Sie erhalten für diese Arbeit keine gesonderte Bezahlung, beziehen aber aus der Tatsache, dem Fuhrparkbetrieb bei der Lösung eines störenden Problems behilflich sein zu können eine gewisses Vergnügen und ein Gefühl der Nützlichkeit. Die anderen Fahrer fühlen sich durch einen oder zwei ihrer Kollegen gut vertreten; aus dieser neuen Situation ergibt sich eine neue Stimmung des Vertrauens und der Offenheit sowie ein Gefühl der Gleichberechtigung im Unternehmen und untereinander.

Gemeinsame Ziele: Das dritte Werkzeug in der Werkzeugkiste des Managers sind die gemeinsamen Ziele und Vorgaben. L. Coch und J.R.P. French sind in ihrem Buch *Group Dynamics: Research and Theory (Gruppendynamik: Forschung und Theorie)* zu dem Ergebnis gekommen, daß eine Diskussion zwischen Geschäftsleitung und Angestellten über vorgeschlagene Änderungen die Produktivität erhöht und den Widerstand gegen Änderungen schwinden läßt. Diese Studie und andere kommen zu der Schlußfolgerung, daß die Einbeziehung von Fahrern in die Entscheidungsfindung sehr effektiv sein kann.

Peter Drucker's Buch *Management by Objective (Management durch Zielvorgaben)* ist ein hilfreiches Werkzeug bei der gemeinsamen Zusammenarbeit. Dies trifft besonders auf Lkw-Fahrer zu, da ihr Persönlichkeitsbild wie bereits erwähnt nach Mitverantwortung verlangt. Ziele sollten gemeinsam gestellt werden, und die Überprüfung der von den Fahrern erbrachten Leistungen bei der Erfüllung dieser Ziele ebenso gemeinsam durchgeführt werden.

Management durch Zielvorgaben ist nicht nur eine hochtrabende Idee und für Absolventen höherer wissenschaftlicher Fakultäten gedacht. Auch Fuhrparkmanager können diese Methode täglich angewenden.

Beginnen Sie damit, indem Sie einige Ziele einzeln mit einem Fahrer besprechen. Seien Sie offen und ehrlich und legen Sie gemeinsam ein einfaches, leicht erreichbares und kurzfristiges Ziel fest, wie zum Beispiel weniger Leerlaufzeiten. Bieten Sie dem Fahrer keine Gegenleistung außer der Genugtuung, seine Arbeit besser erledigen zu können, der Firma bei der Senkung der Kosten oder Verbesserung der Produktivität behilflich zu sein, und vor allem, indem Sie ihm/ihr das Gefühl einer persönlichen Befriedigung und größeren Beteiligung geben.

Bezeichnenderweise kann bei der gemeinsamen Zielsetzung und Überprüfung der Ergebnisse ein Zielsynergismus auftreten. Anders gesagt werden die Ergebnisse der kombinierten Aktionen von Fahrern und Managern eine größere Wirkung haben als die Summe der verschiedenen einzelnen Aktionen.

Zuletzt müssen noch die hemmenden Kräfte beachtet werden. Das sind Kräfte, die hemmend oder mindernd auf Ihre Bemühungen wirken. Im Arbeitsbereich eines Fuhrparkleiters könnte es sich dabei um Apathie, Feindseligkeit oder schlechte Ausstattung oder Wartung handeln. Diese negativen Kräfte sollten den Prozeß der Zielsetzung nicht aufhalten, sondern die Manager dazu veranlassen, nach passenden Kompensationsmöglichkeiten zu suchen.

11.6.3 Einstufung der Sicherheitseignung am Beispiel der USA

Abschnitt 215 des *Motor Carrier Safety Act, dem Gesetz über die Sicherheit in den Lkw-Transportunternehmen* aus dem Jahre 1984 weist den Verkehrsminister an, in Zusammenarbeit mit der zwischenstaatlichen Wirtschaftskommission (ICC) ein Verfahren zur Bestimmung der Sicherheitseignung von

Eigentümern und Betreibern gewerblicher Fahrzeuge, die im zwischenstaatlichen oder internationalen Handel tätig sind, einschließlich der privaten Fuhrunternehmen, einzuführen. Der Minister hat wiederum diesen Zuständigkeitsbereich an das Bundesstraßenamt weitergegeben.

Zur Erfüllung dieser Kriterien für die Sicherheitseignung muß ein Fuhrunternehmen der FHWA *(Federal Highway Administration)*, dem Straßenamt demonstrieren, daß adäquate und funktionierende Überwachungsfunktionen für Sicherheitsbereiche eingesetzt werden, um eine annehmbare Konformität mit den anzuwendenden Sicherheitsbestimmungen zu gewährleisten.

Gemäß den DOT-Richtlinien (DOT = *Department of Transportation, Verkehrsministerium*), stehen für die Einstufung der Transportunternehmen drei mögliche Prädikate zur Verfügung: „zufriedenstellend“, „bedingt geeignet“, oder „nicht ausreichend“. Nach neueren FHWA-Zahlen wurden ungefähr 53 Prozent der bislang eingestuften Transportunternehmen als „zufriedenstellend“ eingeschätzt, 41 Prozent wurden mit „bedingt geeignet“ bewertet und 6 Prozent mit „nicht ausreichend“.

Die Einstufungen als zufriedenstellend, bedingt geeignet und nicht ausreichend werden mittlerweile auch als Standardkriterien für die gesamte Ausbildung, Konformitätsanforderungen und Durchsetzungsaktivitäten der FHWA angewendet. Transportunternehmen mit einer Einstufung als „nicht ausreichend“ dürfen keine Fahrzeuge betreiben, die eine Kennzeichnung als Gefahrguttransport erfordern und dürfen auch nicht mehr als 15 Fahrgäste, einschließlich des Fahrers, befördern. Fuhrunternehmen mit dieser Einstufung dürfen sich nicht um die ICC-Betriebserlaubnis als freie Transportunternehmen bewerben. Außerdem haben Verfrachter und Versicherungsunternehmen in letzter Zeit damit begonnen, die Sicherheitseinstufungen dazu einzusetzen, potentielle Haftungsfälle im Straßentransport so gering wie möglich zu halten.

Das Verfahren der Sicherheitsnachprüfungen

Das FHWA-Programm zur Bewertung des Konformitätsstatus und der bislang noch nicht überprüften oder nachgeprüften Praktiken des Sicherheitsmanagements im Straßentransport wird ETA-Programm genannt (ETA = *Educational and Technical Assistance, schulische und technische Unterstützung*). Das Bewertungsverfahren wird durch die Sicherheitsrevision durchgeführt.

Das DOT oder der staatliche Sicherheitsbeauftragte verwendet ein Formular für die Sicherheitskonformität, um die Konformität eines Fuhrparks mit den Sicherheitsbestimmungen zu überprüfen.

Sicherheitsrevision: Eine Sicherheitsrevision ist eine Beurteilung vor Ort zur Feststellung, ob adäquate und funktionierende Überwachungsfunktionen für Sicherheitsbereiche eingesetzt werden, um einen annehmbaren Konformitätsgrad mit den anzuwendenden staatliche Richtlinien für die Sicherheit im Lkw-Transportwesen und, falls zutreffend den HMRs zu gewährleisten. Zur Sicherheitsrevision gehört eine Überprüfung bestimmter Unterlagen und Betriebsabläufe. Die Sicherheitsrevision wird dazu eingesetzt, Informationen zur Einstufung von bislang nicht eingestuften Transportunternehmen zu sammeln.

Transportunternehmen mit einer nicht ausreichenden oder bedingt geeigneten Sicherheitsbewertung können damit rechnen, später durch eine erneute, umfassendere Prüfung neu bewertet zu werden.

Konformitätsrevision: Eine Konformitätsrevision ist eine Überprüfung vor Ort und überprüft den Betrieb des Transportunternehmens in Bereichen wie Fahrerstunden, Fahrzeugwartung und Inspektion, Qualifikation der Fahrer, die ordnungsgemäßen gewerblichen Führerscheine, finanzielle Zuständigkeiten, Unfälle und andere Sicherheits- und Geschäftsunterlagen zur Bestimmung des Konformitätsgrades gemäß den FMCSRs oder, falls zutreffend, den HMRs.

Eine Konformitätsrevision kann aus folgenden Gründen durchgeführt werden:

1. die beantragte Überprüfung eines Lastkraftwagenbetriebs zur Neubewertung der Sicherheitseinstufung;
2. zur Nachprüfung einer Beschwerde;
3. zur Nachprüfung der durch eine Sicherheitsrevision festgestellten nicht ausreichenden oder nur bedingten Eignung; oder
4. als Teil einer Routineinspektion eines Transportunternehmens, das als zufriedenstellend eingestuft wurde. Die Konformitätsrevision kann zur Einleitung eines Durchsetzungsverfahrens führen.

Sicherheitseinstufungen: Eine zufriedenstellende Sicherheitseinstufung bedeutet, daß in diesem Transportunternehmen adäquate und funktionierende

Überwachungsfunktionen für Sicherheitsbereiche eingesetzt werden, um die Konformität mit den in Abschnitt 385.5 beschriebenen anzuwendenden Sicherheitsbestimmungen zu gewährleisten.

Eine nur bedingte Eignung bedeutet, daß ein Transportunternehmen keine adäquaten und funktionierenden Überwachungsfunktionen für Sicherheitsbereiche einsetzt, um die Konformität mit den Sicherheitsbestimmungen zu gewährleisten, was zu den in Abschnitt 385.5 (a) bis (h) aufgeführten Vorkommnissen führen könnte.

Eine nicht ausreichende Eignung bedeutet, daß ein Transportunternehmen keine adäquaten Überwachungsfunktionen für Sicherheitsbereiche einsetzt, um die Konformität mit den Sicherheitsbestimmungen zu gewährleisten, was zu den in Abschnitt 385.5 (a) bis (h) aufgeführten Vorkommnissen geführt hat.

Das Verfahren zur Feststellung der Sicherheitseignung

Die für die Transportunternehmen zuständige Dienststelle des Bundesstraßenamtes ist dabei, die Einstufung aller im zwischenstaatlichen Transportwesen tätigen Unternehmen durchzuführen. Mit dem Transport von Gefahrgut befaßte Unternehmen stehen hier an erster Stelle. Das Einstufungsverfahren baut auf der Sicherheitsrevision und der Konformitätsrevision auf.

Sicherheitsrevision: Die Sicherheitsrevision ist ein von einzelstaatlichen und staatlichen Sicherheitsspezialisten durchgeführtes Bewertungsverfahren für noch nicht bewertete Fuhrunternehmen. Sie dauert meist zwischen vier und sechs Stunden, in denen der Sicherheitsspezialist dem Management Fragen stellt und stichprobenartig die Unterlagen und Akten untersucht, die gemäß den einzelstaatlichen Sicherheitsbestimmungen und Gefahrgutbestimmungen geführt werden müssen.

Die Sicherheitsrevision besteht aus 75 Fragen, die so ausgewählt wurden, um die Konformität mit den Bestimmungen in den folgenden acht Bereichen festzustellen:

1. Allgemeine Kenntnisse
2. Mindestmaß an finanzieller Verantwortung
3. Bestimmungen über Unfallmitteilungen und Unfallberichte
4. Bestimmungen für die Qualifikation der Fahrer
5. Auf das Führen von Kraftwagen anzuwendende Bestimmungen

6. Fahrzeuginspektion, Reparatur und Wartung
7. Fahrzeiten und Unterlagen über Dienststatus
8. Bestimmungen für den Transport von Gefahrgütern

Die Fragen der Sicherheitsrevision werden vom Sicherheitsspezialisten entweder mit „Ja" oder „Nein" beantwortet, abhängig von seiner Beurteilung der Betriebsabläufe, Unterlagen, Managementkontrollen, der vom Firmenvertreter vorgelegten Informationen und der Unterlagen über meldepflichtige/vermeidbare Unfälle des Vorjahres.

Aufgrund dieser durch die Sicherheitsrevision festgelegten Informationen wird das Unternehmen als zufriedenstellend, nicht ausreichend oder bedingt geeignet eingestuft.

Konformitätsrevision: Die Konformitätsrevision ist eine tiefergehende Prüfung des Transportbetriebes und wird als Nachfaßprüfung von solchen Transportunternehmen eingesetzt, die entweder als nur bedingt oder nicht ausreichend geeignet eingestuft wurden, oder als Reaktion auf Beschwerden über ein Transportunternehmen bzw. als Reaktion auf einen Antrag des Transportunternehmens auf Neubewertung. Für die Konformitätsrevision werden die Unterlagen über die Qualifikation der Fahrer, die Fahrtenschreiber und die Wartungsunterlagen der Fahrzeuge gründlich auf ihre Konformität mit den Bestimmungen hin überprüft, außerdem werden auch Informationen über Unfälle einer Prüfung unterzogen.

Benachrichtigung: Das FHWA benachrichtigt den Transportunternehmen in schriftlicher Form über die zugewiesene Einstufung. Wenn das Transportunternehmen mit nicht ausreichend bewertet wurde, gibt diese schriftliche Benachrichtung auch die künftigen gesetzlichen Einschränkungen für die weiteren Geschäftstätigkeiten dieses Transportunternehmens an.

Jedes mit nicht ausreichend beurteilte Unternehmen erhält vom FHWA eine amtliche Aufforderung, die Beförderung von Gefahrgütern in Mengen einzustellen, die eine Kennzeichnung erfordern, und auch die Beförderung von 15 oder mehr Fahrgästen, einschließlich des Fahrers einzustellen. Dies gilt für alle gewerblichen Fahrzeugeinsätze.

Antrag auf Neuprüfung/Änderung der Sicherheitseinstufung: Es gibt zwei Arten, um eine Änderung der Einstufung als nicht ausreichend zu ändern, und damit das Verbot des Gefahrguttransportes nicht in Kraft treten zu lassen:

Erstens, wenn das Transportunternehmen der Ansicht ist, daß die Einstufung als nicht ausreichend das Ergebnis von Ungenauigkeiten, Sachfehlern oder anderen strittigen Sach- oder Verfahrensfehlern ist, kann das Transportunternehmen ein erneutes Einstufungsverfahren beantragen.

Gemäß den Bestimmungen muß dieser Antrag schriftlich erfolgen und alle strittigen Themen und Informationen zur Unterstützung des Antrages enthalten und innerhalb von 90 Tagen nach Erhalt der Einstufungsbenachrichtigung eingereicht werden.

Außerdem hat ein mit nicht ausreichend bewertetes Fuhrunternehmen die Möglichkeit, innerhalb einer Frist von 45 Tagen Maßnahmen zur Verbesserung der Einstufungsvoraussetzungen einzuleiten. Die Grundlage für den Antrag sollten Belege für die korrektiven Maßnahmen sein und auch eine umfassende Konformität mit den Bestimmungen.

Obwohl derzeit die Sanktionen für eine nicht ausreichende Eignung nur auf die Transportunternehmen von Gefahrgut und den Fahrgasttransport angewendet werden, gibt es einen wachsenden Konsens darüber, daß der Kongreß diese Sanktionen in den kommenden Jahren auch auf den Transport allgemeinen Frachtguts ausweiten wird.

Außerdem greift das FHW bei der Verhängung von Strafen für die Nichterfüllung von Bestimmungen immer härter durch, und die Fälle werden immer seltener, in denen die Strafe nach einer Verhandlung mit dem Transportunternehmen drastisch gesenkt wird. Unter dem Strich sieht es für die Transportunternehmen so aus, daß ein betriebseigenes Programm für die Konformität mit Sicherheitsbestimmungen für ein gut geführtes Unternehmen ein absolutes Muß darstellt.

ICC-Betriebserlaubnis

Wenn Ihr Fuhrpark von der zwischenstaatlichen Wirtschaftskommission eine Betriebserlaubnis als Transportunternehmen oder Subunternehmen beantragt, muß dieser Antrag auch die Sicherheitseinstufung Ihres betriebseigenen Fuhrunternehmens enthalten. Fuhrunternehmen mit nicht ausreichender Eignung (oder Antragsteller für eine neue Betriebserlaubnis, die zu Transportunternehmen gehören oder deren Kontrolle unterstehen, die als nicht ausreichend eingestuft wurden) können keine ICC-Betriebserlaubnis beantragen.

Selektives Konformitäts- und Durchsetzungsprogramm

Wenn, als Ergebnis der Sicherheitsrevision, einem Transportunternehmen eine entweder nur bedingte oder nicht ausreichende Eignung bescheinigt wurde, wird dieses Transportunternehmen dem *Selektiven Konformitäts- und Durchsetzungsprogramm* zugewiesen.

Solche diesem SCE-Programm (SCE = *Selective Compliance and Enforcement Program*), dem selektiven Konformitäts- und Durchsetzungsprogramm zugeordneten Transportunternehmen werden nach Geschäftstätigkeit eingeordnet, und zwar nach dem Grad des Risikos für die Sicherheit der Straßen und dann einer ausgedehnten „Konformitätsrevision“ unterzogen.

Diese Konformitätsrevision beinhaltet eine tiefgehende Prüfung der Geschäftstätigkeiten. Wenn eine Konformitätsrevision einen ernstzunehmenden Grad an Nichtkonformität aufdeckt, kann das FHWA eine Durchsetzungsanordnung gegen das Fuhrunternehmen erlassen.

Diese Durchsetzungsanordnung bedeutet:

- Disqualifikation aller oder einiger der Fahrer des Unternehmens;
- Ausstellung einer schriftlichen Unterlassungsverfügung gegen das Fuhrunternehmen;
- die Aufnahme folgender zivil- oder strafrechtlicher Verfolgung mit immer höheren Strafen für die Nichtkonformität; und/oder
- Intervention in einem Antragsverfahren auf ICC-Betriebserlaubnis.

Ein Fuhrunternehmen bleibt so lange im SCE-Programm, bis es als zufriedenstellend geeignet bewertet wird. Erst dann wird wird das Unternehmen in das ETA Programm (das schulische und technische Unterstützungsprogramm) übernommen.

Im ETA-Programm kann das Fuhrunternehmen davon ausgehen, einmal in fünf Jahren überprüft zu werden, wenn nicht wie bereits erwähnt, sein Name ständig auf Berichten über Lkw-Kontrollen erscheint, die darauf schließen lassen, daß sein Sicherheitsprogramm ernsthafte Mängel aufweist.

11.6.4 Wie Sie die Geschäftsleitung von der Notwendigkeit der Investitionen im Sicherheitsbereich überzeugen können

Die oberste Geschäftsleitung äußert oft ihre vollständige Zustimmung und Unterstützung aller Sicherheitsfragen, fragt aber im gleichen Moment, warum große Summen in den Sicherheitssektor investiert werden müssen.

Wie sollte ein Fuhrparkleiter darauf antworten? Es ist unwahrscheinlich, daß die Geschäftsleitung durch vage Allgemeinplätze oder „Was wäre wenn"-Szenarien überzeugt werden kann. Ein Fuhrparkleiter muß genaue Zahlen über Unfallkosten und eine quantitative Analyse vorlegen können.

Experten und Studien lassen darauf schließen, daß 90 Prozent aller Unfälle durch Fahrerfehler verursacht werden, wobei davon 20 Prozent als Ergebnis aggressiven Fahrverhaltens eingestuft werden. Daher ist es absolut erforderlich, die Gesamtkosten dieser Unfälle zu untersuchen.

Verkehrsunfälle stehen an erster Stelle als Ursache für Todesfälle am Arbeitsplatz. Sie nehmen ein Drittel aller Todesfälle am Arbeitsplatz ein – ungefähr 3.900 Menschen. Die Gesamtkosten der Verkehrsunfälle in den Vereinigten Staaten liegen bei jährlich 74 Milliarden Dollar.

Zur Erleichterung der Identifikation werden die Kosten in *drei Kategorien* eingeteilt: harte Kosten, weiche Kosten und unkalkulierbare Kosten.

Zu den harten Kosten gehören:

- Kosten für die Reparatur von Unfallschäden
- Ersatztransport
- Kosten für medizinische Leistungen
- Unfallentschädigungen
- Aushilfslöhne
- Abschleppkosten

Zu den weichen Kosten gehören:

- Zivile und strafrechtliche Verfahren
- physische und berufliche Rehabilitationsmaßnahmen
- Ausfallzeit des Mitarbeiters
- Untersuchungs- und Berichtskosten

Zu den unkalkulierbaren Kosten gehören:

- Niedrigere Produktivität
- Verlust an geschäftlichem Ansehen
- Verschlechterung des Kundenverhältnisses
- Umsatzeinbußen zugunsten der Konkurrenz

Wir werden nun näher auf jeden einzelnen dieser drei Kostenkategorien eingehen.

Harte Kosten

Die Kosten für die Reparatur von Unfallschäden liegen auf der Hand und sind verhältnismäßig leicht zu kalkulieren. Man muß aber daran denken, daß diese Kosten ständig steigen, und zwar fast expotential.

Auch die Kosten für medizinische Leistungen steigen mit rasanter Geschwindigkeit. Wie die Kosten für die Reparatur von Unfallschäden können diese Kosten verhältnismäßig leicht kalkuliert werden.

Entschädigungen für Mitarbeiter stehen auch in Zusammenhang mit dem Unfall. Sogar ein kleineres Mißgeschick könnte dazu führen, daß eine große Entschädigungszahlung vorzunehmen ist.

Die Kosten für eine zeitweise Stellvertretung eines verletzten Mitarbeiters muß auch in der gesamten Kostenkalkulation berücksichtigt werden. Im Falle eines Fahrers kann dies entweder die Kosten für einen weniger qualifizierten Ersatz bedeuten, oder die Kosten für einen Gewinnausfall, indem Ladungen an betriebsfremde Transportunternehmen vergeben werden.

Mit dem Rückgang des Personalbestands an qualifizierten Vollzeitfahrern nimmt auch die Verfügbarkeit zeitweiser Stellvertreter ab.

Die Abschleppkosten und Kosten für die Miete von Ersatzfahrzeugen können ebenso leicht identifiziert und kalkuliert werden.

Weiche Kosten

Die sogenannten „weichen" Kosten sind meist viel schwerer zu bewerten. Wenn sie jedoch übersehen werden, können solche weichen Kosten die Kalkulation der Unfallkosten stark verzerren.

Verteidigungskosten und die Anstrebung von Zivilprozessen und/oder Gerichtsverhandlungen sind sehr hoch. Unabhängig davon, ob Rechtshilfe für den Einzelfall mit einkalkuliert oder als Teil der betrieblichen Unkosten angesehen wird, die Kosten bleiben hoch.

Der Fuhrparkleiter kann sich selbst in der Rolle als Empfänger von „Störaktionen" wiederfinden, und dies nur deshalb, weil die Fahrzeuge durch das Firmenlogo leicht erkannt werden. Oft repräsentieren diese der Öffentlichkeit bekannte Produkte oder Firmen.

Die Kosten für physische und berufliche Rehabilitationsmaßnahmen müssen auch in der Kalkulation berücksichtigt werden. Diese Kosten müssen außerdem mit der unproduktiven Ausfallzeit des Mitarbeiters gekoppelt.

Weiterhin sollen offizielle Untersuchungskosten berücksichtigt werden, oder zumindest die Ausgaben für den Verwaltungsaufwand zur Erstellung der Berichte und der Unterlagen.

Unkalkulierbare Kosten

Letztendlich gibt es eine Ausgabengruppe, die unmöglich in Zahlen ausgedrückt werden kann, aber nicht weniger real ist.

Eine geringere Produktivität folgt aus allen Aspekten des Unfalls, auch wenn sie noch so unbedeutend erscheinen. Der Manager oder der für den Fuhrpark Verantwortliche muß seine oder ihre Organisation so anpassen, daß sie den Verlust an Arbeitskraft und Gerät auffängt. Das kann einen Verlust an Einnahmen bedeuten. Die Kostenplanung muß überdacht und Berichte müssen fertiggestellt werden.

Die Verfrachter müssen vielleicht Lieferpläne andern. Fahrer müssen vielleicht in ihnen unbekannten Gebieten aushelfen.

Reguläre Lieferpläne könnten unterbrochen werden, was zu einer verminderten Kundenzufriedenheit führt, abnehmendem geschäftlichen Ansehen und letztendlich auch zu Umsatzeinbußen zugunsten der Konkurrenz.

Auch müssen die negativen Auswirkungen eines auf den ersten Blick erkennbaren Fuhrparkfahrzeuges, das in einem Unfall verwickelt ist, mit bedacht werden. Denken Sie daran, daß Ihre Fahrzeuge täglich Tausende von Leuten sehen.

Eine der entscheidenden Schwierigkeiten vieler Fuhrparkleiter liegt darin, daß sie selbst kaum etwas mit diesen Kosten zu tun haben.

Die Fuhrparkleitung sollte sich der Kosten für Reparaturen, für Ersatzfahrzeuge, Abschleppkosten und Aushilfslöhne bewußt sein, wird aber meist nicht viel über die Kosten im medizinischen Bereich erfahren, noch über Entschädigungsleistungen an einem Arbeiter, Anwaltskosten, Kosten für Rehabilitationsmaßnahmen oder die Untersuchungs- und Berichtskosten, ganz zu schweigen von den als unkalkulierbar eingestuften Kosten.

Trotz verschiedener Regelungen in den einzelnen Unternehmen kann man allgemein sagen, daß man ein Verhältnis von 1 zu 5 der direkten, identifizierbaren Kosten zu den indirekten, weniger identifizierbaren Kosten annimmt. Das bedeutet also, daß sich die Gesamtkosten eines Unfall mit identifizierbaren Kosten von 2.000 Dollar wahrscheinlich auf 10.000 Dollar belaufen, wenn alle Kosten mit eingerechnet sind.

Ein anderer Gedanke in diesem Zusammenhang bezieht sich auf die selbstversicherten Unternehmen mit eigenen Wagenparks für Firmenautos, besonders solchen für Außendienstmitarbeiter. Eine schlechte Fahrbilanz oder hohe Unfallhäufigkeit eines einzelnen Mitarbeiters wird oft damit entschuldigt, daß er „der beste Mann sei!“

Denken Sie mal daran: Wenn eine selbstversicherte Firma mit einer 10-Prozent-Marge arbeitet und für einen Außendienstmitarbeiter 15.000 Dollar für sein Fahrzeug aufgewendet werden, muß dieser Mitarbeiter 150.000 Dollar Umsatz bringen, nur um die Kosten für das Fahrzeug anzugleichen. Und die eben angesprochenen Kosten sind hierin noch nicht einmal enthalten.

Wenn Sie die Geschäftsleitung von der Notwendigkeit überzeugen wollen, daß Sicherheitsprogramme eingeführt werden müssen, sollten Sie der Geschäftsleitung alle durch einen Unfall entstehenden Kosten vorlegen. Die Zahlen sind erschreckend.

11.7 Literaturhinweise

1 *Report of the Committee on Commerce, UNITED States Senate, by ist Special Study Group on Transportation Policies in the United States*, Seite 507, U.S. Government Printing Office, Washington, D.C., 1961

[2] National Private Truck Council and A.T. Kearney, Inc., *Private Fleet Benchmarks of Quality and Productivity*, S. 39, National Private Truck Council, Alexandria, VA, 1992

[3] Colin Barrett, *Practical Handbook of Private Trucking*, S. 3, The Traffic Service Corporation, Washington, D.C., 1983

[4] Ronald D. Roth, America's Private Carriers: *Who Are These Guys?* Transportation Technical Services, Fredericksburg, VA, 1991

[5] Angepaßt von Barrett, *Practical Handbook of Private Trucking*

[6] Angepaßt von *Private Fleet Benchmarks of Quality and Productivity*

[7] Angepaßt von einer Abhandlung von Joseph BenVenuta von Tompkins Industries

[8] Angepaßt von Blaine Johnson, „Life Cycle Costing: How To Compute Equipment's True Costs," The Private Carrier, S. 4–14, August 1992

[9] Angepaßt von Julia Rodriguez und Gene Griffin, „Driver Satisfaction: What Do Drivers Like and Dislike?" *The Private Carrier*, S. 4–8, November 1991

[10] Auszug aus Elden Steilstras „A Manager's Toolbox: Three Techniques For Better Driver Management," *The Private Carrier*, S. 4–9, Dezember 1991

12 Die Transportunternehmen

MICHAEL R. ARLEDGE
Präsident, Arledge and Associates

Die beiden Grundlagen eines guten Transportgeschäftes sind:

1. Kenntnis der Eigenschaften und Anforderungen des zu befördernden Produkts, damit das Produkt den Bestimmungsort ohne Wertverlust erreicht.
2. Kenntnis der alternativen Transportmöglichkeiten und die Fähigkeit, die richtige Transportmethode für jede spezifische Lieferung auszuwählen, um damit eine Optimierung des Kosten-/Leistungsverhältnisses erreichen zu können.

Die Leitung moderner Transportgeschäfte erfordert nicht nur Fachkenntnisse der vier verschiedenen Transportarten (Eisenbahn, Straßentransport, Luft und Wasser), sondern auch Kenntnisse im Bereich der:

1. Integration zweier Transportarten: intermodal
2. betriebseigene Fuhrunternehmen
3. Outsourcing

Mittlerweile verzeichnet der intermodale Transportbereich die höchsten Wachstumsraten, betriebseigene Fuhrparks nehmen dagegen den größten Anteil im Transportgeschäft ein, und das Thema Outsourcing ist ein brandaktuelles Thema für Unternehmen, die ihre Gemein- und Personalkosten senken wollen.

Ein ausschlaggebender Faktor für den Erfolg der Transportgeschäfte von heute ist der Kundenservice, wobei die Transportkosten nur noch an zweiter Stelle stehen.

Um wirklich gute Transportleistungen zu bekommen, müssen Sie unbedingt die Kommunikation mit Ihren Transporteuren suchen, sie in Ihren Entscheidungsprozeß und solche für Sie wichtigen Vorgänge mit einbeziehen. Ohne diese klare und offene Kommunikation mit Ihren Transporteuren kann ein beiderseitig profitables Verhältnis nicht aufgebaut werden, das aber zur Aufrechterhaltung ausgezeichneter Transportgeschäfte notwendig ist.

12.1 Auswahl der Transportart

Bei der Auswahl der Transportart besteht der erste Schritt darin, die Anforderungen der jeweiligen Transaktion so genau wie möglich zu definieren. Dazu müssen die folgenden sieben Faktoren berücksichtigt werden:

1. Frachtart
2. Verpackung und Abfertigung
3. Volumen
4. Verkehrswege
5. Transitzeiten
6. Zugriff auf das Produkt
7. Nachforschung

Frachtart

Es liegt auf der Hand, daß zuerst die wichtigsten der zum Transport bestimmten Produkte gekennzeichnet werden. Dazu verwendet man gewöhnlich SIC-Codes *(Standard Industrial Classification)*, die *normierten Klassifikationscodes*. Diese Codes bestehen aus vier Zahlen, von denen die ersten beiden den Industriezweig gegliedert in 10 Unterteilungen von 01–09 (z. B. Land- und Forstwirtschaft sowie Fischerei) bis 60–70 (z. B. Banken, Versicherungen und Immobilienfirmen) angeben.

Für manche Transportarten muß das Produkt genau gekennzeichnet sein. Zum Beispiel fordert die Eisenbahn für den Transport von Gefahrgut eine Spezifikation mit Hilfe eines sechsstelligen SIC-Codes. Wichtig ist dabei, daß man die SIC-Codes nicht nur einfach anwendet, sondern die Eigenschaften der zur Beförderung bestimmten Fracht wirklich kennt. Angenommen Sie arbeiten mit Lebensmitteltransporten, dann liegt es auf der Hand, daß Ihr Produkt nicht mit einem Transportunternehmen in Berührung kommen sollte, das normalerweise medizinische Abfallprodukte oder Müll von einer Mülldeponie befördert.

Verpackung und Handling

Wenn ein Produkt seinen Bestimmungsort im gleichen Zustand erreichen soll wie es verladen wurde, dann sind dafür einzig und allein Verpackung und Handling der Ladung verantwortlich. Ein ordentlich verpackter Artikel kommt auch ordentlich an seinem Bestimmungsort an. Es gibt unzählige verschiedene Verpackungsmöglichkeiten. Daher muß die beste Verpackungsart in Zusammenarbeit mit verschiedenen Transporteuren festgelegt werden. Ebenso wichtig sind die für Ihr Produkt spezifischen Anforderungen an das Handling, wobei es auch in diesem Bereich unzählige Alternativen gibt. Befördern Sie Industriegeneratoren, die mit einem Kran auf Plattformen gehoben werden müssen, oder transportieren Sie Apfelkuchen auf besonderen Tauschpaletten oder ein Produkt von Florida nach Washington, über dessen Zustand Sie zweimal täglich die neuesten Informationen brauchen?

Wie auch immer die besonderen Anforderungen an das Handling aussehen mögen, Ihre Pflicht als Leiter der Transaktionen liegt darin, dem Transporteur diese Anforderungen zu verdeutlichen. Obgleich nicht immer durchgesetzt, ist es dennoch gesetzlich verboten, einen Fahrer zum Be- und Entladen Ihrer Fracht zu zwingen, weil damit Arbeitskräfte zum Be- und Entladen eingesetzt werden, die Sie bestimmen, aber vom Transporteur bezahlt werden. Die Verantwortung des Transporteurs beginnt bei der Abholung einer Ladung, gilt für den ganzen Transport und endet mit der Zustellung im Originalzustand am Bestimmungsort. Der Transporteur ist nur dann zur Be- und Entladung Ihrer Fracht verpflichtet, wenn das im voraus ausdrücklich vereinbart wurde.

Volumen

Der Faktor „Volumen“ bezieht sich entweder auf den Preis oder auf die Häufigkeit der Bewegung. Bei einem Stückguttransport sollte Ihr Transporteur Ihnen für größere Frachtmengen auch einen größeren Rabatt gewähren. Wenn Sie mehr als eine Palette mit mindestens 500 lb Gewicht an einen bestimmten Ort liefern wollen, sollten Sie die Möglichkeiten erwägen, Ihre Fracht in einer Sammelladung transportieren zu lassen. Diese Leistungen werden von Sammelgutspediteuren oder Frachtmaklern angeboten.

Verkehrswege

Die Art und Beschaffenheit der Verkehrswege oder ihre geographische Verbreitung wird von vielen Verantwortlichen von Verkehrstransaktionen als ausschlaggebender Faktor bei der Entscheidung für eine Transportart angesehen. Mittlerweile suchen viele Versandleiter einen einzelnen Transporteur, der mit einem Ladeschein und einem Frachtbrief von Tür zu Tür liefern kann. Sind die Verkehrswege in Ihrem Gebiet von regionaler Vielfalt, arbeiten Sie am besten nur mit regionalen Transporteuren zusammen. Transportieren Sie aber Waren zwischen mehreren verschiedenen Gebieten im Land oder weltweit, sieht Ihre Entscheidung vielleicht so aus, daß Sie besser eine Zusammenarbeit mit verschiedenen großen, überregionalen Transportunternehmen suchen. Der Vorteil der Zusammenarbeit mit nur einem Transporteur liegt für Sie in der einfachen Abwicklung, nur ein Telefonanruf ist erforderlich, und die Anzahl Ihrer Ansprechpartner ist begrenzt. Ein Nachteil besteht, daß kein Transportunternehmer alle Verkehrswege wirtschaftlich bedienen kann.

Transitzeiten

Meist stehen die Transitzeiten in indirekter Verbindung mit den Kosten: je kürzer die Transitzeit, desto teurer die Transportkosten. Bei Binnentransporten von mehr als 300 Meilen stellt die Beförderung per Luftfracht meist die schnellste Transportart dar, gefolgt vom Straßentransport, Eisenbahn und an letzter Stelle dem Transport auf dem Wasser. Interessanterweise ist bei Strecken von weniger als 300 Meilen die Beförderung auf dem Wasser manchmal schneller als mit Flugzeug oder LKW. Die Versandleiter brauchen einen vollständigen Überblick darüber, welche Transitzeiten für welche Touren gefordert werden und welche Transportart die Einhaltung dieser geforderten Transitzeiten garantieren kann.

Zugriff auf das Produkt

Dieser Faktor bezieht sich darauf wie wichtig es ist, daß Sie während des Transportes Zugriff auf Ihre Fracht haben oder Ihre Fracht an einen anderen Bestimmungsort umleiten können. Obwohl eher ungewöhnliche Anforderungen, sind sie bei der Auswahl der Transportart dann ausschlaggebend, wenn diese Überlegungen bei einem ganz bestimmten Transport mit einbezogen werden müssen.

Nachforschung

Der Begriff *Nachverfolgbarkeit* bedeutet die Möglichkeit, eine Lieferung nachzuverfolgen, während sie sich noch auf dem Transportweg befindet. Die Nachforschbarkeit bezeichnet die Fähigkeit, einer Lieferung von Ursprungs- bis Zielort nachforschen zu können. Obwohl alle Transportarten nachforschbar sind, hängen Geschwindigkeit und Kosten der Nachverfolgung einer Lieferung von der jeweiligen Transportart ab.

12.1.1 Die vier Transportarten

Die folgende Abhandlung bietet einen Überblick über die vier Grundarten des Transportwesens. Wenn diese Fragen mit den Anforderungen des zu befördernden Produktes kombiniert werden, kann eine Transportart ausgewählt werden:

1. Eisenbahn
2. Straßen
3. Luft
4. Wasser

Eisenbahn

Historisch gesehen wurden Eisenbahngesellschaften auf den Transport von Waggonladungen und von schweren Frachtgütern wie Kohle, Getreide, Chemikalien, Lebensmitteln, landwirtschaftlichen Erzeugnissen, Bauholz, Papierprodukten und Kraftfahrzeugen beschränkt. Die heutige Situation ist die, daß Waggonladungen die Volumen- und Ertragslage sichtbar dominieren. Interessanterweise stehen Volumen und Erträge nicht immer in einem Abhängigkeitsverhältnis.

Ladungen	Volumen %	Einnahmen %
Kraftfahrzeug	2	11
Kohlentransporte	40	25
Landwirtschaftliche Produkte	20	10

Im Zuge der Expansionsbemühungen der Eisenbahngesellschaften, die ihre Geschäftstätigkeit nicht mehr nur auf Waggonladungen beschränken wollen, werden sie dem Thema Kundenservice gegenüber immer aufgeschlossener. In einigen Fällen entstehen bereits Vereinbarungen über eine Zusammenarbeit zwischen Eisenbahn- und LKW-Transportunternehmen.

Die Vorteile des Bahntransports liegen nach wie vor in den niedrigen Kosten und der großen Kapazität. Nachteilig wirken sich jedoch die in eingeschränktem Umfang vorhandenen Verkehrswege und die langen Transitzeiten aus. Es sieht jedoch so aus, als ob im Zuge der Bemühungen der Eisenbahngesellschaften immer mehr intermodale Vereinbarungen einzugehen sind, und aufgrund ihres verstärkten Anpassungswillens in der Zukunft viele, viele Ladungen per Bahn transportiert werden.

Straßen

Von allen Transportarten sind die LKW-Transportunternehmen die unabhängigsten. LKW-Transporteure können eine große Bandbreite von Artikeln an irgendeinen Bestimmungsort im Inland bringen, wobei sie gleichzeitig die Flexibilität bewahren, die Lieferung im Transit noch umdirigieren zu können. LKW-Transportunternehmen sind das Bindeglied zwischen Eisenbahn mit Ihrem Ladedock, Ihrem Container mit dem Schiff und zwischen Luftfracht und dem Flugzeug. Die Nachteile des LKW-Transportes liegen im mangelnden Echtzeitbezugs und der Tatsache, daß LKW-Transportgeschäfte einen Sättigungspunkt erreicht haben, was ein Ansteigen der Tarife zur Folge haben wird und damit auch eine größere Konkurrenzfähigkeit der anderen Transportarten.

Luft

Luftfracht innerhalb der Vereinigten Staaten wurde dank des Inkrafttretens des Gesetzes für Lastwagen-Transportunternehmen im Jahre 1980 zu einer rentablen Transportart. Der Vorteil der Luftfracht liegt in ihrer Befähigung, kurzfristige Expreßtransporte durchzuführen. Ganz sicher kann im Bereich der Päckchenlieferungen die Transitzeit der Luftfracht nicht von irgendeiner anderen Transportart unterboten werden. Andere Luftfrachtvorteile liegen in der garantierten Lieferung, den zuverlässigen Leistungen und einer Nachverfolgbarkeit, die fast Echtzeitniveau hat. Nachteilig sind natürlich sind die hohen Kosten.

Wasser

Die Beförderung auf dem Wasser ist der Beförderung mit der Eisenbahn recht ähnlich. Der Preis ist sehr interessant, aber die Verkehrswege eingeschränkt und Transitzeiten meist lange. Ebenso ist die Nachverfolgbarkeit bei der Beförderung auf dem Wasserwege meist nur eingeschränkt möglich.

Die Wirklichkeit der Verkehrsbetriebe sieht so aus, daß die Auswahl der Transportart sich mit der Zeit entwickelt. Der unendliche Prozeß der Transportartauswahl folgt einem Verfahren in vier Stufen. Sie müssen folgendes dabei berücksichtigen:

1. *Die Alternativen bestimmen:* Wenn Sie neue Transportabwicklungen planen, sollten Sie damit beginnen, die potentiellen Transportkandidaten zu

bestimmen. Ein Anruf bei den örtlichen Versandleitern wird Ihnen fast immer einen vorläufigen Einblick in die vorhandenen Transportalternativen gewähren. In Ihren örtlichen „gelben Seiten" finden Sie unter den entsprechenden Überschriften wie Luftfracht, LKW-Betriebe-Straßenfracht, Transportmakler, Schiffahrtlinien usw. meist auch die vorhandenen Transportgesellschaften.
Wenn Sie Ihren Standort in einem kleinen ländlichen Gebiet haben, sollten Sie die „gelben Seiten" der nächsten größeren Stadt heranziehen. Außerdem können Sie weitere regionale Informationen von Delta Nu Alpha, dem Gremium des Logistikmanagements erhalten, sowie verschiedenen Fachzeitschriften entnehmen, wie z.B. dem Chilton Distribution Magazine, Transportation Topics, Transportation and Distribution usw. Die fast einzige, umfassende Liste von LKW-Transportunternehmen ist das Verzeichnis der LKW-Transportunternehmer, das National Directory of Motor Carriers. Eine andere hilfreiche Quelle für die Suche nach potentiellen Kandidaten finden Sie in dem Unternehmen, das Sie beliefern. Geben Sie Ihrem Kunden die Option, einen Transporteur auszuwählen. Wenn Ihr Kunde die Wahl lieber Ihnen überläßt, fragen Sie nach Möglichkeiten.

2. Legen Sie Bewertungsmaßstäbe fest: Nun haben Sie viele Alternativen und müssen jetzt die Faktoren bestimmen, die für Ihre Organisation bei der Auswahl eines Transportunternehmens wichtig sind. Hier nun einige mögliche Faktoren, die für Sie wichtig sein könnten, und einige Fragen, die Sie vielleicht stellen möchten:
   a) *Derzeitige Geschäfte:* Welche anderen Artikel befördert das Transportunternehmen? Kommen diese Artikel mit unserer Fracht zusammen? Nimmt der Transporteur an einem Paletten-Austauschprogramm teil?
   b) *Finanzkraft:* Seit wann ist die Firma bereits im Geschäft? Wie stabil ist die Firma? Wie werden die Alternativen in verschiedenen Transporteurfachzeitschriften in Bezug auf Erträge, Betriebskoeffizienten usw. beurteilt?
   c) *Firmengröße:* Wie viele Angestellte arbeiten hier? Wie hoch sind Anzahl und Art der Geräte? Gibt es eine Rückgriffsausstattung für Höchstbelastungszeiten?
   d) *Nachverfolgbarkeit:* Wird die Nachverfolgung automatisch durchgeführt oder nur bei auftretenden Schwierigkeiten? Wie wird der Transporteur von einem Problem Mitteilung machen? Wie sieht die Kommunikation aus?
   e) *Berechnungsverfahren:* Wie werden die Frachttarife berechnet? Ha-

ben wir einen festen Tarif? Können wir einzelne Frachtrechnungen für ganz bestimmte Lieferungen identifizieren?

f) *Tarife:* Wie sähen die Tarife für die in Frage kommenden Bestellungen aus? Wie bauen wir eine langfristige Zusammenarbeit auf? Wie werden Tarifänderungen umgesetzt?

g) *Zuverlässigkeit:* Wie waren die Leistungen des Transporteurs bei seinen anderen Kunden? Welche vergleichbaren Erfahrungen kann der Transporteur vorweisen? Wie kundenorientiert ist die Transportfirma?

3. *Festlegen der Betriebsanweisungen:* Nachdem Sie nun die für Sie wichtigen Aspekte geklärt haben, möchten Sie schriftliche Betriebsanweisungen erstellen, mit denen Sie den Transportunternehmen Ihre Erwartungen mitteilen können. Diese Anweisungen sollten in einfacher Sprache angeben, welchen Grad an Transportservice Sie wollen, sehr genau formuliert sein.
   Zum Beispiel: Führen Sie nicht nur einfach an, daß „Termine festgelegt werden sollen", sondern erklären Sie, daß „Termine innerhalb von vier Stunden nach der Abholung der Ladung mit einem Anruf bei XXX-YYYY festgelegt werden".
4. *Auswahl des Transportunternehmens:* Nachdem Sie Ihre Anweisungen erstellt haben, legen Sie diese zusammen mit Ihren Transportanforderungen jedem Kandidaten vor. Geben Sie jedem verschiedene Ladungen, bewerten Sie die jeweilige Leistung und sprechen Sie diese Leistung mit dem Transportunternehmen durch. Wählen Sie das Unternehmen aus, das Ihre Anforderungen am dauerhaftesten und zuverlässigsten erfüllt.

12.2 Betriebseigene Fuhrunternehmen

Um einen Einblick in die derzeitigen Herausforderungen der betriebseigenen Fuhrparks zu gewinnen, lesen Sie das folgende Interview mit William Foust, dem Betriebsleiter der Dillard Transportgesellschaft. (Die Antworten sind durchaus auf europäische Verhältnisse übertragbar.)

Welche Probleme haben die privaten Fuhrunternehmen derzeit?
Ich persönlich glaube, daß die privaten Fuhrunternehmen derzeit die größten Schwierigkeiten damit haben, sich an die staatlichen Vorschriften zu halten.

Von welchen Vorschriften sprechen Sie?
Von den Vorschriften über die Fahrtzeitbeschränkung, die die Entfer-

nung einschränken, die ein Fahrer laut Gesetz fahren darf. Einschränkungen auf 60 Stunden pro Woche. Zum Beispiel kann ein Fahrer, der pro Tag 10 Stunden fahren darf, bei einer Geschwindigkeitsbeschränkung auf 55 mph (ca. 90 km/h) im gesetzlichen Rahmen nur 50 mph durchschnittlich zurücklegen. Also können wir in 24 Stunden nur 500 Meilen zurücklegen.

Der Betrieb eines eigenen LKWs kostet durchschnittlich 1,43 $ pro Meile. Halten Sie diese Zahl für genau?
Für das Jahr 1992 – ja, das ist eine gute Zahl.

Glauben Sie nicht, daß es mit fremden Transporteuren billiger wäre?
In meinem speziellen Fall sind nicht die Kosten ausschlaggebend, sondern der Service, den wir bieten. Ein privates Fuhrunternehmen kann ganz bestimmte Dienstleistungen erbringen, die ein Vertragsspediteur nicht leisten kann. Zum Beispiel haben wir sehr enge Zeitpläne – wir liefern mit nur 12 LKWs an jedem Arbeitstag noch vor 7 Uhr morgens an 25 verschiedene Lagerhäuser. Diese Stückgutlieferungen könnte kein Vertragsspediteur jemals so ausführen.

Das heißt, daß Sie trotz eines Preises von 1,43 $ pro Meile in Anbetracht der vielen Stops immer noch billiger sind als reguläre Stückguttransporteure?
Ja. Nun, ich weiß nicht, ob wir billiger sind, wir liefern einen besseren Service. Stückguttransporteure könnten keinen vergleichbaren Service bieten.

Worin sehen Sie im Vergleich mit Vertragsspediteuren die Vorteile des privaten Transportgeschäfts?
Der größte Vorteil liegt im Servicebereich, weil im privaten Fuhrunternehmen das Element der Kontrolle mitspielt, das man bei der Zusammenarbeit mit einem Vertragsspediteur nicht hat.

Worin liegen die Nachteile?
In den Kosten. Sie haben die fortlaufenden Kosten für die Instandhaltung des Fuhrparks, unabhängig vom Volumen, was bedeutet, daß die Flexibilität nicht groß ist. Wenn das Geschäftsvolumen fällt, können Sie nicht alle LKWs verkaufen und alle Fahrer entlassen. Wenn Sie einen eigenen Fuhrpark betreiben wollen müssen Sie vorher klären, ob Ihr Geschäftsvolumen die notwendigen Einnahmen zum Unterhalt des Fuhrparks einbringen kann.

Das heißt, daß Sie eine gut ausgewogene Versandabteilung brauchen?
Sie müssen sicher sein, daß Sie die Mitarbeiter haben, die Sie zum erfolgreichen Betreiben des Fuhrparkes benötigen. Wenn Sie die Fahrzeuge nicht zu einem bestimmten Prozentsatz der Zeit in Bewegung halten, können Sie die Mittel für diesen Fuhrpark nicht aufbringen. In unserem Fall, als Stückguttransporteur, können wir nicht einfach nur hingehen und zusätzliche Fracht für unsere LKWs aufladen. Also müssen wir unseren Betrieb straff führen und die Gerätekapazitäten ausreichend ausnutzen. Wenn Sie einmal anfangen, Ihre Fahrzeuge leer laufen zu lassen, dann ist das der Punkt, an dem Sie den Profit aus dem privaten Fuhrunternehmen herausnehmen.

Welches sind die derzeit schwierigsten regulativen Bedingungen, die von den Transportunternehmen erfüllt werden müssen?
Die des Staates.

Wie sehen Sie die Zukunft der privaten Fuhrunternehmen?
Ich sehe eine glänzende Zukunft. Sie werden weiterhin Wachstumsraten verzeichnen. In Anbetracht dessen, daß die Unternehmen aufgrund von Aufkäufen und Übernahmen größer werden, wird auch der Bedarf an privaten Fuhrunternehmen steigen. Wenn Sie Kosten und Service vergleichen, werden größere Unternehmen den Wert des eigenen Fuhrparks erkennen und Kapital darin investieren.

12.2.1 Das moderne private LKW-Transportunternehmen

Die betriebseigenen Fuhrunternehmen tragen ungefähr 50 Prozent der Ausgaben der LKW-Transportindustrie, im Jahr 1991 waren das ungefähr 85 Milliarden US-Dollar. Die am meisten für den Betrieb eines eigenen Fuhrunternehmens angegebenen Gründe waren die Verläßlichkeit der Serviceleistungen und die Anpassungsfähigkeit an den Kunden. Wie bereits in dem vorherigen Interview gezeigt, werden private Fuhrunternehmen nicht zu dem Zweck geführt, um die Kosten im Transportbereich zu senken.

In vielen Fällen wird aus einem privaten Transportgeschäft letztendlich ein allgemeines Transportgeschäft oder eine Vertragsspedition, wie im Beispiel von *Monfort Transportation*, einem ausgezeichneten Transportunternehmen für Kühlfracht mit Sitz in Greeley im Bundesstaat Colorado. Die Firma Monfort Transportation wurde ursprünglich nur deswegen gegründet, um für die Muttergesellschaft, *Monfort of Colorado*, einem der größten fleischverpackenden Unternehmen in den Vereinigten Staaten, einen pünktlichen, zuverlässigen Lieferservice zu erbringen. Der einzige Zweck des Unternehmens Monfort Transportation lag darin, Rindfleisch an einen Bestimmungsort zu bringen, und für die Übernahme der nächsten Fuhre so schnell wie möglich an den Herkunftsort zurückzukehren. Das führte dazu, daß die innere Straßenspur der Interstate 81 als die „Monfort-Spur" bekannt wurde. Monfort Transportation wurde dann mit dem Verabschieden des Gesetzes über den Lastwagentransport im Jahre 1980 zu einer Vertragsspedition. Heute nehmen sie in ihrer Branche die erste Stelle ein. Obwohl Monfort kein privates Fuhrunternehmen mehr ist, fordert ihre Geschäftsleitung, wie wohl die meisten Geschäftsleitungen, daß der Fuhrpark kosteneffektiv geführt wird. Trotzdem liegt der Hauptgrund für das Bestehen von privaten Fuhrunternehmen darin, Serviceleistungen zu erbringen. Letztere sind nicht nur wichtig, sie werden auch erwartet. Anpassungsfähige und gute Serviceleistungen werden von den Kunden mit der gleichen Dringlichkeit verlangt, wie sie auf Qualität der Produkte bestehen. Pünktliche Leistung ist kein Unterscheidungsmerkmal im Servicebereich sondern, eine Grundvoraussetzung.

12.3 Outsourcing

Die Globalität der Märkte führt heutzutage zur Verkleinerung vieler Organisationen. Aus manchen ehemals sehr großen, komplexen und bürokratischen Organisationen ist mittlerweile ein straff geführtes Unternehmen geworden, dessen Management sich nur noch auf das Kerngeschäft konzentriert. Der Organisation stehen Manager vor, die von jeder Abteilung, einschließlich der Transportabteilung erwarten, daß Gewinne erwirtschaftet werden. Wenn die Transportabteilung einen Gewinn aufweist, wird sie in Ruhe gelassen. Wenn nicht, hält die Geschäftsleitung Ausschau nach anderen Alternativen. Eine Alternative besteht in der Vergabe von einer oder mehreren Logistikfunktionen nach außen.

Ende der 80er Jahre und in den 90er Jahren wuchs der Logistikmarkt für die Fremdvergabe von Funktionen rasant an. Der größte Anreiz für die Fremdvergabe von Logistikleistungen liegt darin, Kosten zu halten oder zu reduzieren. Es können zwei Formen von Outsourcing unterschieden werden: das vermögens- oder laderaumbezogene, und das beraterbezogene oder nicht vermögensbezogene Outsourcing. Zu den vermögensbezogenen Firmen gehören solche, die entweder selbst im Eigentum stehen oder Vermögenswerte im Logistiksektor wie Transportgeräte und/oder Warenlager besitzen. Beide Formen haben Vor- und Nachteile, obwohl beide praktisch die gleichen Serviceleistungen anbieten. Vermögensbezogene Firmen können Vermögenswerte vorweisen und finanziell schwach oder stark sein. Der Nachteil liegt darin, daß sie Ihre Unabhängigkeit nicht beweisen können. Der Vorteil der nicht vermögensbezogenen Firmen liegt in ihrer Unabhängigkeit, weil sie keine finanziellen Mittel in Transportgeräten oder Warenlager investiert haben.

Bei der Auswahl von Fremdfirmen für Logistikaufgaben sind bestimmte Faktoren zu berücksichtigen. Zum Beispiel, welche Branche wird bereits von dem Fremdunternehmen bedient, und sind ähnliche Interessen vorhanden. Hier nur einige der verschiedenen Serviceleistungen, die für Sie von Bedeutung sein könnten: Informationssysteme, Auftragsbearbeitung, Lagerhaltung, Lagerbestandskontrolle, Regelungen für den Transport durch eigene oder Fremdfahrzeuge, Kreditwürdigkeit und Inkassotätigkeiten, technische Unterstützung, Montage von Bauteilen, Direktlieferungen, Bestellabholung, beidseitige Dockanlagen, Barcodierung, Berechnungsweise usw.

Die Güterspediteure und Frachtmakler stellen noch eine andere Form von Fremdservice-Unternehmen dar. Der größte Unterschied zwischen einem Güterspediteur und einem Makler liegt im Bereich der Lagerhaltung. Im allgemeinen betätigt sich ein Güterspediteur in vier Bereichen, die vom Makler nicht bearbeitet werden:

1. Montage
2. Zusammenlegung
3. Schüttgut
4. Vertrieb

Ein Güterspediteur verwendet eigene Ladescheine, im Gegensatz zum Makler, der das Konnossement des Verfrachters einsetzt. Aus Sicht der zwischenstaatlichen Wirtschaftskommission handelt der Makler als Vertreter des Verfrachters, im Gegensatz zum Güterspediteur, der auch Verfrachter ist. Beide Formen haben Vor- und Nachteile. Die folgenden vier Punkte müssen bei der Entscheidung zwischen Güterspediteur oder Makler berücksichtigt werden:

1. Zusammenlegung kleinerer Lieferungen in Sammelladungen, im Gegensatz zur Verwendung des eher traditionellen Stückguttransporteurs.

2. Der direkte Umgang mit einem Transporteur und die wachsende Bindung zwischen Versandleiter und Fahrer.
3. Die Zeitverzögerung bei der Berechnung, wenn ein Originalladeschein oder Lieferbeweis für die Zahlung einer Frachtrechnung vorgelegt werden muß.
4. Bearbeitung von Frachtforderungen, mit der Ausnahme der Güterspediteure. Es liegt nicht im Aufgabenbereich einer Fremdfirma, eine Frachtforderung der Speditionsgesellschaft einzufordern; die Forderung besteht zwischen Verfrachter und Versandleiter, wobei manchmal die Fremdfirmen die Bearbeitung solcher Frachtforderung als Gefälligkeit für den Versandleiter übernehmen.

12.4 Personal

Die Abwicklung von Transportgeschäften ist keine einfache Aufgabe und wird eigentlich nur von den eigenen Fachleuten verstanden. Meist wurden die Mitarbeiter im Transportgeschäft nicht speziell für die Abwicklung von Transportgeschäften ausgebildet, sondern wuchsen in ihre Aufgabe hinein. Gute Mitarbeiter in diesem Bereich müssen buchhalterische Fähigkeiten besitzen, um mit all den auftretenden Zahlen umgehen zu können (Rechnungswesen, Rechnungsprüfung und Berichtswesen), sie müssen gute Expedienten sein, um Organisation und Verteilung der minütlich neu anfallenden Aufgaben bewältigen zu können, sie brauchen Führungsqualitäten, um mit den Serviceanforderungen umgehen zu können, und sie müssen sogar ein bestimmtes Rechtswissen haben, um die komplexe Gesetzgebung im Transportbereich überblicken zu können. In vielen Unternehmen sind all diese Funktionen in einer Person vereinigt. In größeren Unternehmen werden diese Aufgaben vielleicht aufgeteilt, wobei die Aufteilungskriterien manchmal in den verschiedenen Aufgaben bestehen, manchmal in geographischen Gebieten, in Produktunterscheidungen oder einer Vielzahl anderer Kriterien. Der Expedient ist derjenige, der die Aufgaben der Transportabwicklung zuweist. Ein guter Expedient kann 40 bis 50 Ladungen pro Woche abfertigen, ein ausgezeichneter Expedient 50 bis 60. Obwohl die Leitung der Transportgeschäfte sich nicht unbedingt von der Leitung anderer Funktionen einer Organisation unterscheiden muß, ist es jedoch aufgrund der Komplexität der Transportgeschäfte und deren entscheidende Auswirkungen auf den Kundenservice von Bedeutung, daß nur solche Mitarbeiter für die Leitung der Transportgeschäfte verpflichtet werden, die wirklich fundierte Kenntnisse der firmenspezifischen Transportgeschäfte haben.

12.5 Die Auswirkungen des Transportsektors auf die Gewinne

Die meisten Geschäfte werden mit einer Hauptzielsetzung geführt: die Erwirtschaftung eines Investitionsertrags für die Eigentümer. Ich kenne kein Produkt, das nichts mit Logistikkosten zu tun hat. Zu den Logistikkosten gehören die Kosten für Transport, Lagerhaltung, Auftragsbearbeitung, Verwaltung und Inventarführung. Unter diesen Kosten nehmen die Transportkosten den größten Einzelanteil ein. Durchschnittlich verbraucht der Transport 41 Prozent der gesamten Logistikgelder. Die Lagerhaltung steht mit 25 Prozent an zweiter Stelle, gefolgt von Inventarkosten mit 22 Prozent. Die gesamten Ausgaben im Binnentransport betrugen 1990 353 Milliarden Dollar, wobei 79,3 Prozent oder 279,9 Milliarden Dollar an die LKW-Industrie gingen, 8,6 Prozent oder 30,4 Milliarden Dollar an die Eisenbahn und der verbleibende Betrag zwischen Wasser, Luft und Pipeline aufgeteilt wurde.

Nur durch effektive Ausnutzung und Bemühungen der Versandleiter ist es möglich, daß die Transportkosten auf dem gleichen Niveau gehalten werden können. Im Durchschnitt liegen die Logistikkosten im Markt der kurzlebigen Verbrauchsgüter bei acht Prozent des Umsatzes, was bedeutet, daß eine Kürzung der Transportkosten um 1 Prozent die gleichen Auswirkungen zeigt wie eine Umsatzsteigerung um ungefähr 12,5 Prozent. Es ist im Transportgeschäft unabdingbar, die Hauptaufmerksamkeit und Bemühungen auf die Transportkosten zu richten, damit unsere Firmen Gewinne maximieren können.

Teil 3
Die Lagerung

13 Der Lagerraum und die Planung der Aufteilung

JERRY D. SMITH
Geschäftsführender Vizepräsident
Tompkins Associates, Inc.
KENNETH L. NIXON
Projektmanager
Tompkins Associates, Inc.

Wovon hat man in einem Lager immer zuwenig? Man könnte diese Frage mit „Kapital“ beantworten. In Wirklichkeit können einem aber einigermaßen raffinierte Verkaufstechniken mehr von diesem und auch von anderen Ressourcen verschaffen. Die richtige Antwort lautet „Platz“. Von allen gemeinsamen Nennern im Lagergeschäft stellt der Platz die wirklich endliche Quelle dar. Viel zu oft wird bei der Planung dieser wichtige physische Faktor nicht ausreichend berücksichtigt, was später dann die Betriebsleistung des Lagers behindert. Als Beispiel können solche Produkte angeführt werden, die in öffentlichen Lagern unverzüglich nach Eröffnung der Einrichtung gelagert werden, oder auch zu lange Beförderungswege aufgrund einer schlechten Aufteilung des Lagers, oder manchmal sogar etwas so Banales wie ein Pfeiler, der mitten im Gang steht. Daher ist die richtige Planung des erforderlichen Platzbedarfs und die Berücksichtigung der Anforderungen bei der Aufteilung unabdingbar. In diesem Kapitel werden die verschiedenen Methoden und Philosophien für die richtige Platz- und Aufteilungsplanung für die Bereiche Warenannahme, Warenversand und Lager behandelt.

13.1 Planung des Raumbedarfs für Annahme und Versand

Die wichtigsten Funktionen eines Lagerhauses erscheinen an den Annahme- und Versanddocks. Dies sind die Punkte, an denen die Kontrolle über die Ware übertragen wird, sei dies beim Wareneingang oder -ausgang. Wenn diese Kontrollübertragungen nicht effizient, sicher und genau vonstatten gehen, kann die Lagerverwaltung unmöglich ihr Ziel erreichen, nämlich die Kunden zufriedenzustellen, gleichgültig ob die anderen Leistungen des Lagers ein hohes Niveau erzielen oder nicht. Daher hinken die meisten Lagerverwaltungen von Anfang an hinter ihrem Ziel her und haben Schwierigkeiten, ihre Funktionen gut zu erfüllen.

Eine gut funktionierende, sichere und genaue arbeitende Warenannahme und Versand brauchen genügend Platz. Die nachfolgenden Abschnitte geben die einzelnen Maßnahmen an, die getroffen werden müssen, um die richtigen örtlichen Gegebenheiten für den Abfertigungsbereich zu schaffen, wobei zuerst die abzufertigenden Materialien definiert werden, dann die Bestimmung der Dockanforderungen sowie der erforderlichen Rangierzugaben im Innern des Lagerhauses erfolgt. Zuletzt werden noch die Anforderungen an die Zwischenlagerung und andere Faktoren in Zusammenhang mit dem Dock berechnet. Diese Methodik sollte bei der Bestimmung des Platzbedarfes für den Abfertigungsbereich angewendet werden.

13.1.1 Definition der abzufertigenden Materialien

Der erste Schritt bei der Planung des Platzbedarfs für den Abfertigungsbereich liegt in der Definition der Ziele; das heißt, die abzufertigenden Materialien und das damit zusammenhängende Volumen müssen definiert werden. Dazu werden entsprechende Angaben über die physikalischen Eigenschaften des Produktes benötigt. Die folgenden Angaben sind entscheidend:

- Länge, Breite, Höhe pro Einheit
- Kubikmaß pro Einheit
- Gewicht pro Einheit
- Anzahl der Einheiten pro Ladung
- Länge, Breite, Höhe pro Ladung
- Gewicht pro Einheit
- auf Paletten oder Slipsheets
- Stapelbarkeit
- Klassifikation (entflammbar, korrodierend, radioaktiv usw.)

Natürlich ist es nur in den seltensten Fällen sinnvoll, diese Angaben für jede einzelne Einheit zu sammeln. Tatsächlich ist es oft ausgesprochen unpraktisch, da die meisten Lagerhäuser Tausende verschiedener Einheiten lagern. Damit wäre die Bestimmung der Abmessungen jeder einzelnen Einheit eine extrem zeitaufwendige Arbeit. Für die Planung einer neuen Einrichtung zugrunde gelegte Prognosen erfüllen sich nie. Daher ist die Planung eines Lagers auf der Basis von spezifischen Einzelanforderungen eine reine Zeitverschwendung.

Eine bessere Strategie läge darin, für Einzelteile Oberkategorien einzurichten und dann die physikalischen Eigenschaften oder die repräsentativen Einzelteile für jede Oberkategorie festzulegen. Die Einzelteile in einer vorgegebenen Oberkategorie sollten ähnliche Eigenschaften aufweisen in Hinsicht auf die Warenart und die jeweiligen Lieferladungen, die angenommen, versandt oder gelagert werden müssen. Die Entwicklung solcher Oberkategorien reduziert die Anzahl der Einträge auf eine übersichtliche Menge. Ein weiterer Vorteil liegt darin, daß die Anforderungsänderungen eines Einzelteiles weniger Gesamtauswirkungen zeigen, weil sie sich auf eine ganze Oberkategorie verteilen und nicht nur auf eine Einheit.

13.1.2 Ermittlung der Abfertigungsfrequenz

Die Häufigkeit oder Frequenz, mit der Artikel angenommen und versandt werden, sollte ermittelt werden. Dazu brauchen Sie die folgenden Angaben:

1. Warenannahme
   a. Einheiten (oder Ladungen) pro LKW
   b. Frequenz der Ausgänge
   c. Beladezeit pro LKW
   d. Gesamtanzahl der LKWs pro Tag
2. Warenausgang
   a. Einheiten (oder Ladungen) pro LKW
   b. Frequenz der Ausgänge
   c. Beladezeit pro LKW
   d. Gesamtanzahl der LKWs pro Tag

13.1.3 Bestimmung der Ladeplatzanforderungen

Nachdem die abzufertigenden Materialien bestimmt wurden, liegt der nächste Schritt darin, die Anforderungen an die Ladeplätze für Warenein- und ausgänge festzulegen. Drei Fragen müssen gestellt werden:

1. Welche Art von Fahrzeugen kommen zum Lager?
2. Wie viele Ladeplätze werden gebraucht?
3. Wie sollten die Ladeplätze aussehen?

Die Fahrzeugarten an den Ladeplätzen

Um die verschiedenen Arten von Fahrzeugen zu bestimmen, die an den Ladeplätzen be- oder entladen werden, brauchen Sie folgende Informationen:

- Typ
- Äußere/innere Länge
- Äußere/innere Breite
- Gesamthöhe des Fahrzeugs
- Höhe der Bodenfreiheit

Anzahl der Ladeplätze

Diese Antwort wird meist mit einer der folgenden drei Techniken ermittelt:

- Schätzung
- Analyse der Warteschlangen
- Simulation

Von diesen Techniken ist nur die *Simulation* eine beständig zuverlässige Methode zur Veranschlagung der richtigen Anzahl von Ladeplätzen für ein typisches Lager. Unglücklicherweise ist die am meisten verwendete Methode allerdings die *Schätzung*. Die Schätzung basiert meist auf den Erfahrungswerten des Schätzenden betreffend der Anzahl der Ladeplätze von alten Lagerhäusern oder von welchen in der gleichen Gegend. Obwohl die Schätzung natürlich zu einer richtigen Antwort führen kann, ist eine solche Antwort doch eher ein Glücksfall als das Ergebnis von Erfahrung. Außerdem wird ein auf einer Schätzung beruhender Lagerplan meist kaum der genauen Prüfung durch die obere Geschäftsführung standhalten.

Die *Analyse der Warteschlangen*, auch *Warteschlangentheorie* genannt, wird dann als richtige Methode zur Bestimmung der erforderlichen Anzahl von Ladeplätzen angesehen, wenn die Zeitspanne zwischen dem Zeitpunkt der Ankunft der LKWs und dem Zeitpunkt der Abfertigung der Fahrzeuge am Lagerhaus willkürlichen Schwankungen unterliegt. Jedoch ist dies kaum einmal der Fall. Die LKWs werden meist nach einem bestimmten Schema abgewickelt und nicht willkürlich. Zum Beispiel kann es vorkommen, daß in den ersten zwei Wochen des Monats mehr LKWs ankommen als in den letzten beiden, und es können während bestimmter Zeiten einer Woche oder eines Tages mehr Lieferungen anfallen als zu anderen Zeiten. Da die Transaktionen am Ladeplatz im allgemeinen nicht willkürlich auftreten wird auch die Analyse der Warteschlange kaum zu einer zuverlässigen Bestimmung der erforderlichen Ladeplatzanzahl führen.

Also ist die Simulation die empfohlene Vorgehensweise für Lagerhäuser, an denen Liefereingänge und Servicezeiten dem Zufall überlassen sind. Im Gegensatz zu den komplizierten statistischen Modellen und Computerprogrammen stellt die Simulation eine geradlinige, einfache Hilfestellung dar.

Ladeplatzsimulation – ein Beispiel

Die Firma XYZ baut ein Lagerhaus. Sie hat bereits eine Aufstellung zur Analyse der Lieferungseingänge und Lieferungsausgänge erstellt. Die LKW-Aktivitäten sind um 10.00 Uhr und 14.00 Uhr am höchsten, was auch für die neue Lagereinrichtung der Firma XYZ vorausgesetzt wird.

Wie viele Ladeplätze sollte die Firma XYZ bauen, und wie sieht die erwartete Leistung dieser Anzahl von Ladeplätzen aus? Basierend auf der Erfahrung örtlicher Lagerhäuser und der erwarteten Liefereingänge bei der Firma XYZ, werden die erwarteten Abstände zwischen den einzelnen ankommenden LKWs von 8 bis 10 Uhr vormittags, von 11 bis 14 Uhr und von 15 bis 17 Uhr nachmittags in Tabelle 13.1 angegeben.

Zeit zwischen den Ankunftszeiten (Std.)	Relative Frequenz	Kumulative Frequenz	Zufallszahlen-Bereich
0,25	0,02	2	0 – 1
0,50	0,07	9	2 – 8
0,75	0,22	31	9 – 30
1,00	0,30	63	31 – 60
1,25	0,27	88	61 – 87
1,50	0,07	95	88 – 95
1,75	0,04	99	95 – 98
2,00	0,01	100	99

Tabelle 13.1: Ankommende LKWs

Die erwartete Zeitspanne zwischen ankommenden LKWs zwischen 10 und 11 Uhr und zwischen 14 und 15 Uhr wird in Tabelle 16.2 angegeben.

Die Erfahrung hat auch gezeigt, daß die für die Entladung eines LKWs benötigte Zeit der in Tabelle 13.3 gezeigten Verteilung folgt.

Zeit zwischen den Ankunftszeiten (Std.)	Relative Frequenz	Kumulative Frequenz	Zufallszahlen-Bereich
0,25	0,32	32	0 – 31
0,50	0,41	73	32 – 72
0,75	0,27	100	73 – 99

Tabelle 13.2: Ankommende LKWs

Entladezeiten (Std.)	Relative Frequenz	Kumulative Frequenz	Zufallszahlen-Bereich
0,50	0,01	1	0
1,00	0,11	12	1 – 11
1,50	0,20	32	12 – 31
2,00	0,21	53	32 – 52
2,50	0,20	73	53 – 72
3,00	0,16	89	73 – 88
3,50	0,08	97	89 – 96
4,00	0,02	99	97 – 98
4,50	0,01	100	99

Tabelle 13.3: Entladezeiten

Die Angaben der relativen Frequenz der Tabellen 13.1 bis 13.3 geben den Prozentsatz der Zeit an, in der die Intervalle der ankommenden LKWs (Tabellen 13.1 und 13.2) bzw. der Entladezeit (Tabelle 13.3) den in der ersten Spalte angegebenen Werten entsprechen. Zum Beispiel sind in Tabelle 13.1 zwischen 8 und 10 Uhr vormittags die Intervalle zwischen den ankommenden LKWs 0,25 Std., 2 Prozent der Zeit. Diese relativen Frequenzen können durch die Zuweisung eines geeigneten Zahlenbereiches zwischen 0 und 99 repräsentiert werden. So würden einer relativen Frequenz von 0,02 zwei Zahlen zwischen 0 und 99 zugeordnet. Diese Zuordnung wurde in der Spalte mit dem Zufallszahlenbereich der drei Tabellen durchgeführt.

Andere Angaben, die zur Vervollständigung der Ladeplatzsimulation der Firma XYZ benötigt werden:

1. Der Ladeplatz ist für die ankommenden LKWs ab 8.00 Uhr vormittags geöffnet.
2. Die Arbeitsunterbrechungen und Mittagspausen des Ladeplatzpersonals sind wie folgt: Pause: 9.30 bis 9.45 Uhr; Mittagspause: 12.00 bis 12.30 Uhr; Pause: 2.15 bis 2.30 Uhr.

3. Ab 15.00 Uhr wird der Ladeplatz für ankommende LKWs geschlossen. Nach 15.00 Uhr ankommende LKWs müssen am nächsten Tag wiederkommen.
4. Arbeitszeiten des Ladeplatzpersonals werden nach 17.00 Uhr als Überstunden bezahlt.

Das Simulationsmodell zur Bestimmung der Eignung von verschiedenen Ladeplätzen sollte wie folgt aufgebaut werden:

1. Festlegung einer Reihe von Zufallszahlen zwischen 1 und 100 (willkürlich).
2. Übertragung dieser Zufallszahlen auf eine Reihe von LKW-Ankunftszeiten unter Verwendung der Tabellen 13.1 und 13.2, die die Ankunftszeiten angeben.
3. Festlegung einer Reihe von Zufallszahlen zwischen 1 und 100.
4. Übertragung der Zufallszahlen auf eine Reihe von LKW-Entladezeiten unter Verwendung Tabelle 16.3.
5. Legen Sie Ihrer Berechnung das Vorhandensein von drei Ladeplätzen zugrunde.
6. Zuweisung von LKWs zu Ladeplätzen, und wenn ein Ladeplatz belegt ist, zu einer Warteschlange. Entladen Sie die LKWs. Führen Sie die LKW-Transaktionen den ganzen Tag durch und führen Sie Buch darüber.
7. Stellen Sie fest, wann ein Gleichgewichtszustand herrscht. (Ein Gleichgewichtszustand ist dann erreicht, wenn die Miteinbeziehung der zusammenfassenden Statistik für die Simulation eines anderen Arbeitstages in die kumulative Statistik keine entscheidende Auswirkung auf letzeres zeigt. So hat die Schlagstatistik eines Baseball-Spielers dann einen Gleichgewichtszustand erreicht, wenn gegen Ende der Spielsaison ein „Home Run“ oder ein Schlag ins Aus nur noch wenig Auswirkung auf die Schlagstatistik für diese Saison hat.) Wenn dieser erreicht ist und dabei mehr als fünf Ladeplätze berücksichtigt wurden, beenden Sie das Modell.
8. Wenn der Gleichgewichtszustand erreicht ist, und weniger als fünf Ladeplätze in das Modell einbezogen wurden, fügen Sie einen Ladeplatz zu und kehren zu Schritt 1 zurück.
9. Wenn der Gleichgewichtszustand nicht erreicht ist, kehren Sie zu Schritt 6 zurück und simulieren einen anderen Arbeitstag.

Abbildung 13.1 stellt die Simulation der Aktivitäten eines Arbeitstages an der Lieferungsannahmestelle der Firma XYZ dar. Dieses Modell legt drei Ladeplätze zugrunde. Nach Beendigung der Simulation des Tages sollten die

LKW-Nummer	Zufallszahl	Zeit zwischen Ankunftszeiten (Std.)	Ankunftszeit	Zufallszahl	Entladezeit (Std.)
1	23	0,75	8:45	19	1,50
2	4	0,50	9:15	88	3,00
3	33	1,00	10:15	52	2,00
4	10	0,25	10:30	57	2,50
5	73	1,25	11:15	14	1,50
6	3	0,50	11:45	37	3,00
7	77	1,25	1:00	77	3,00
8	89	0,25	2:30	16	1,50
9	27	0,50	2:45	34	2,50
10	90	0,50	3:15	–	–

Tageszeit	Ladeplatz 1	Ladeplatz 2	Ladeplatz 3	Ladeplatz 4	Ladeplatz 5	Ladeplatz 6	Warteschlange
8:00							
8:15							
8:30							
8:45	8:45						
9:00							
9:15		9:15					
9:30				Pause			
9:45							
10:00							
10:15			10:15				
10:30	10:30						
10:45							
11:00							
11:15							11:15
11:30							
11:45							11:45
12:00				Mittagspause			
12:15							
12:30							
12:45			12:45				12:45
1:00		1:00					1:00
1:15							
1:30	1:30						1:30
1:45							
2:00							
2:15				Pause			
2:30			2:30				
2:45							2:45
3:00				Abbrechen der Annahme			
3:15							
3:30							
3:45							
4:00			4:00				4:00
4:15		4:15					
4:30							
4:45	4:45						
5:00							
5:15							
5:30							
5:45							
6:00							
6:15							
6:30			6:30				

Abbildung 13.1: Simulationsarbeitsblatt

statistischen Daten über die Leistungsdaten des Ladeplatzes an diesem Tag zusammengefaßt werden. Diese werden in Tabelle 13.4 dargestellt.

Die Simulation des Ladedocks mit drei Ladeplätzen wird für mehrere Arbeitstage durchgeführt, bis ein Gleichgewichtszustand erreicht werden kann. Dann wird dieser Prozeß für ein Ladedock mit vier und fünf Ladeplätzen wiederholt. Die kumulative Statistik für jede Alternative wird in Tabelle 13.5 zusammengefaßt.

Die Analyse der mit Tabelle 13.5 dargestellten Statistik gibt an, daß bei zunehmender Anzahl von Ladeplätzen die Transporteurkosten abnehmen, wohingegen die Ladedockkosten (die Kosten für den Platz und die Ladearbeiter) zunehmen, weil die Ausnutzung des Ladeplatzes abnimmt. Die Firma XYZ war Eigentümer der Transportfahrzeuge; Daher waren die Kosten für nicht ausgenutzte LKW-Kapazitäten extrem hoch. Ein Ladedock mit vier Ladeplätzen wurde als wirtschaftlicher beurteilt als eines mit drei Ladeplätzen. Ein Vergleich zwischen vier und fünf Ladeplätzen brachte jedoch hervor, daß die durch den Einsatz eines fünften Ladeplatzes erreichte Reduzierung der Transporteurkosten nicht groß genug war, um den zusätzlichen Platz- und Personalbedarf für einen fünften Ladeplatz zu rechtfertigen. Daher wurde die Entscheidung getroffen, daß die Firma XYZ ein Ladedock mit vier Ladeplätzen bauen würde.

Durchschnittliche LKW-Wartezeit (h)	0,50
Längste LKW-Wartezeit (h)	1,50
Durchschnittliche Aufenthaltszeit am Ladedock (h)	3,10
Längste Aufenthaltszeit am Ladedock (h)	4,50
Durchschnittliche Ladeplatzauslastung (%)	82

Tabelle 13.4: Zusammenfassende Statistik für ein Ladedock mit drei Ladeplätzen – erster Tag

	Anzahl an Ladeplätzen		
	3	4	5
Durchschnittliche LKW-Wartezeit (h)	0,80	0,30	0,10
Längste LKW-Wartezeit (h)	1,00	0,40	0,10
Durchschnittliche Aufenthaltszeit am Ladedock (h)	2,80	2,30	2,10
Längste Aufenthaltszeit am Ladedock (h)	3,50	2,50	2,10
Durchschnittliche Ladeplatzauslastung (%)	85	65	49

Tabelle 13.5: Statistische Ergebnisse der Simulation eines Ladedocks mit unterschiedlichen Ladeplätzen

Der Simulationsarbeitsplatz in Abbildung 13.1 stellt eine ausgezeichnete Methode dar, um die Ankunftszeiten, Be- und Entladezeiten und Zuweisung von LKWs an Ladeplätze oder Warteschlangen in einer Ladedocksimulation nachverfolgen zu können. Der obere Teil des Simulationsarbeitsplatzes hält die Zufallszahlen, die LKW-Ankunftszeiten und die Be- und Entladezeiten für die LKWs fest. Der untere Teil des Arbeitsblattes simuliert die Zuordnung von LKWs an Ladeplätze, um die Auswirkungen einer verschiedenen Anzahl von vorhandenen Ladeplätzen zu untersuchen.

Leider gibt die Simulation keine eindeutige Antwort auf die Frage nach der Anzahl der Ladeplätze. Sie gibt jedoch klar zu erkennen, wie die Ladedockleistung bei unterschiedlicher Anzahl von Ladeplätzen variiert, und diese Simulation liefert aussagekräftige Daten an, auf die das Management die Entscheidungen aufbauen kann. Die Methode der Simulation ist deutlich besser dazu geeignet, die Anzahl der erforderlichen Ladeplätze zu bestimmen.

Im Zuge der Aktivitäten am Ladedock und besonders im Bereich der Warenannahme fällt ein riesiger Müllberg an, der aus Wellpappe-Kartons, Material zum Verschnüren, zerbrochenen Paletten und Einwegpaletten, Gurten und anderen Verpackungsmaterialien besteht. Daher muß ein Abfallcontainer aufgestellt werden. Als bester Standort für diesen Container wird meist ein Platz in der Nähe einer der Ladeplatztore angesehen. Das heißt, daß Sie am besten eine zusätzliche Tür in Ihre Planung mit einbeziehen.

Der Aufbau des Ladeplatzes

Der dritte Schritt bei der Bestimmung der Ladeplatzanforderungen liegt darin, den Aufbau des Ladedocks festzulegen. Es gibt verschiedene Grundarten von Ladedocks. Zu den Grundarten gehören 90°- (ebene) Ladedocks und Fingerdocks (gestaffelt), wobei es diese beiden Arten auch in überdachter Form gibt. Dann existiert es noch das offene Dock.

Beim 90°-Dock wird der LKW senkrecht zum Gebäude positioniert. Der ideale Aufbau eines 90°-Docks ist der mit einem verhältnismäßig ebenen Fahrweg mit einer leichten Neigung zum Gebäude, wie in Abbildung 13.2 gezeigt. Die leichte Neigung hilft erstens dabei, den LKW während des Be- oder Entladevorganges an den Puffern zu halten und erleichtert außerdem die Drainage. Ein anderer Aufbau des 90°-Docks sieht so aus, daß der Fahrweg heruntergedrückt wird. Das kommt bei ebenerdiger Bauweise vor, um

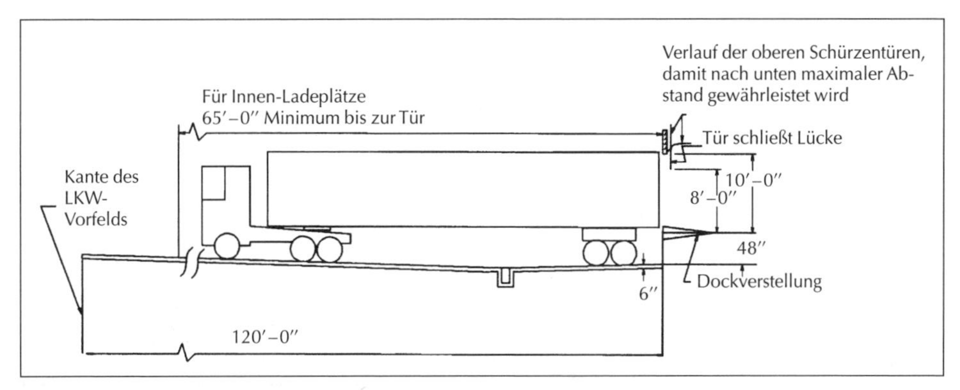

Abbildung 13.2: Ideale Konfiguration eines 90°-Docks

die richtige Dockhöhe zu bekommen. Wenn die heruntergedrückte Variante notwendig ist, muß man darauf achtgeben, daß der LKW nicht auf die Wand des Gebäudes auffährt. In jeder Art ist das 90°-Dock die beliebteste Option, weil diese Konfiguration den geringsten Bedarf an teurem Innen-Lagerraum erfordert.

Ist der Rangierbereich zwischen Dock und dem nächsten Hindernis oder der Straße sehr eingeschränkt, dann ist das Anlegen eines Fingerdocks angebrachter. Fingerdocks erfordern ein Mindestmaß an Außen-Lagerplatz, verkleinern aber sowohl den insgesamt vorhandenen Ladedockplatz, als auch den inneren Lagerplatz. Wie in Abbildung 13.3 veranschaulicht, hat ein 45°-Fingerladedock den zweifachen Platzbedarf pro Ladeposition wie ein 90°-Ladedock. Die Tabellen 13.6 und 13.7 bieten allgemeine Richtlinien für die erforderliche Ladeplatzbreite und Vorfeldtiefen für 90° beziehungsweise Fingerdocks.

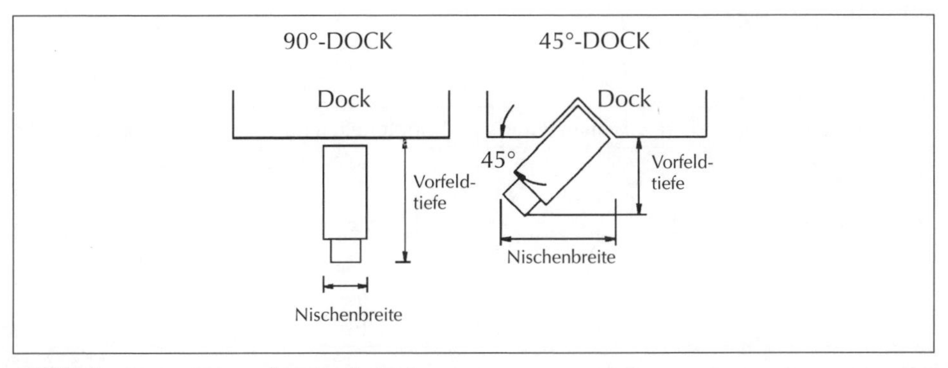

Abbildung 13.3: 90°- und 45°-Ladedocks

LKW-Länge (Fuß*)	Dockbreite (Fuß*)	Vorfeldtiefe (Fuß*)
40	12	43
	14	39
45	12	49
	14	46
50	12	57
	14	54
55	12	63
	14	58
60	12	63
	14	60

1 Fuß = 30,48 cm
HINWEIS: Die Abmessungen sind für frei zugängliche Docks. Wenn LKWs rückwärts neben andere LKWs einfahren müssen, muß zur Vorfeldtiefe die Länge des LKWs addiert werden.

Tabelle 13.6: Platzbedarf für 90°-Ladedocks

Bitte beachten Sie auch, daß die in Tabelle 13.6 und 13.7 angegebenen Vorfeldtiefen die Annahme zugrunde legen, daß die LKWs rückwärts im Uhrzeigersinn in den Ladebereich einfahren. Die Kraftfahrzeuge sollten gegen den Uhrzeigersinn in den Ladebereich einfahren, damit der LKW im Uhrzeigersinn rückwärts in die Nische einfahren kann. Das rückwärtige Fahren im Uhrzeigersinn ermöglicht dem Fahrer beim Einparken in die Ladenische klare Sicht auf die Rückseite des LKWs. Wenn er jedoch gegen den Uhrzeigersinn rückwärts in die Ladenische einfahren würde, wäre der Fahrer beim Zurücksetzen nur auf die Rückspiegel angewiesen. Auf den ersten Blick mag dieser Aspekt sich etwas banal ausnehmen; die Erfahrung hat aber gezeigt, daß das Rückwärtsfahren gegen den Uhrzeigersinn eine um 20 Fuß (ca. 6 m) tiefere Vorfeldtiefe erfordert als das Rückwärtsfahren im Uhrzeigersinn.

Dockbreite (Fuß)	Fingerwinkel (Grad)	Vorfeldtiefe (Fuß)	Nischenbreite (Fuß)
12	10	49	66
14	10	47	67
12	30	74	62
14	30	70	64
12	45	92	54
14	45	87	56

Tabelle 13.7: Platzbedarf für Fingerdocks für einen 65-Fuß-LKW

Für jede dieser bereits genannten Konfigurationen gibt es aber noch die Möglichkeit, diese zu zu umbauen. Geschlossene Ladeplätze haben offensichtliche Vorteile. Sie bieten ausgezeichneten Schutz vor Witterungseinflüssen, freien Zugang zu den LKWs und haben auch in Hinsicht auf Sicherheitsüberlegungen Vorteile. Diese geschlossenen Ladeplätze sind aber aufgrund zusätzlicher Baukosten, den Kosten für zusätzlichen Platz und die Installation von Entlüftungsanlagen kostspielig. Außerdem steigen Energiekosten für Beleuchtung und Heizung.

Das am wenigsten attraktive Dock ist das offene Dock. Wenn es jedoch die Umstände vorschreiben, sollte es eine Überdachung haben, die so groß ist, daß sie noch mindestens 1,50 m über den Arbeitsbereich hinaus reicht. Die äußere Kante der Überdachung sollte mindestens fünf Meter Abstand zur Straße haben. Das Dock sollte breit genug angelegt sein, um eine Befahrung in beide Richtungen zuzulassen. Zur Bestimmung der Breite nehmen Sie die Breite des abzufertigenden Materials, multiplizieren es mit 4 und addieren die Länge der Dockverstellung. Wenn eine Zwischenlagerung am Ladedock erforderlich ist, muß die Dockbreite entsprechend vergrößert werden.

13.1.4 Rangierzugaben im Innern des Lagerhauses

Direkt im Innern des Lagerhauses hinter den Docktoren befindet sich der Rangierplatz, der von Annahme- und Versanddocks benötigt wird. Dieser Platz besteht aus zwei Komponenten, wobei die erste Komponente der Bereich ist, der von der Einrichtung für die Dockverstellung eingenommen wird, und die zweite Komponente der Gang zwischen der Einrichtung für die Dockverstellung und der hinteren Seite des Zwischenlagerbereichs.

Der Platzbedarf einer Einrichtung zur Dockverstellung ist bei den verschiedenen Typen unterschiedlich. Meist werden zeitweilige Innen-Dockverstellungen drei bis sieben Fuß beanspruchen, gemessen von der Dockvorderseite. Die permanenten Innen-Dockverstellungen belegen zwischen vier und 10 Fuß der Innenlagerfläche.

Der Gang hinter den Dockverstellungen dient dazu, daß das Be- und Entladepersonal mit den erforderlichen Geräten frei zwischen dem entsprechenden Zwischenlagerbereich und dem LKW hin und her fahren können und auch in den LKW hinein und wieder herausfahren können. Daher sollte dieser Gang auch nur für diese Arbeitsabläufe reserviert bleiben. Das Vorhandensein anderer Bewegungen innerhalb des Dockrangierganges muß zwangsläufig zu Verletzungen von Dockpersonal und zu Störungen anderer Lageraktivitäten führen. Die erforderliche Breite des Gangs hängt von dem Typ der eingesetzten Abfertigungsausrüstung ab. Sechs bis acht Fuß werden im allgemeinen für Ausrüstungen bei manueller Abfertigung und nicht motorisierter Materialabfertigung empfohlen. Für motorisierte Abfertigungsausrüstungen reichen 10 bis 12 Fuß aus.

13.1.5 Die Anforderungen an den Zwischenlagerbereich

Die Mehrzahl der Lagerhäuser erfordern einen Zwischenlagerbereich direkt hinter dem Dockrangiergang. Dieser Abschnitt behandelt Funktionen und Größe dieses Bereichs.

Der Zwischenlagerbereich für die Warenannahme dient als unmittelbarer Abstellplatz für Material, das vom LKW abgeladen wird. So kann das Dockpersonal sich auf das Entladen des LKWs konzentrieren und den LKW schnell abfertigen. Dies ist besonders bei Firmen von großer Bedeutung, die hohe Investitionen in ihre betriebseigenen Fuhrunternehmen getätigt haben. Für Unternehmer, die allgemeine Transportunternehmen einsetzen, können durch die schnelle Entladung die Zahlung von Wagenstandsgeldern oder Beschlagnahmekosten vermieden werden. Nach der Entladung des LKWs wird dann eine gründlichere Abfertigung erfolgen.

Der Zwischenlagerbereich für den Warenversand dient als Sammelpunkt für die Waren für eine Lieferung. Verschiedene Sammelstufen können innerhalb des Zwischenlagerbereichs für den Versand eingerichtet werden. Zu den verschiedenen Arten der Sammlung gehören Einzelteile, die jeweils einen Kundenauftrag betreffen, für den eine ganze Lieferung zusammengestellt wird, oder es können Lieferungen für ein bestimmtes Gebiet gesammelt werden. Innerhalb dieses Zwischenlagerbereichs finden Arbeitsgänge statt, z. B. das Verpacken, das Zusammenstellen oder die Endabnahme der Lieferung vor dem Beladen.

Die im Zwischenlagerbereich ausgeführten Funktionen können leicht dargestellt werden. Die Bestimmung der Größe dieses Bereiches ist dagegen ein völlig anderes Thema und beeinträchtigt bei falscher Berechnung ständig die Leistungsfähigkeit des ganzen Lagerhauses. Die Auswirkungen sind dann besonders einschneidend, wenn zu wenig Raum für das Zwischenlager veranschlagt wurde, weil dieser Bereich dann überfüllt sein wird und diese Überlastung dazu führt, daß Artikel verloren gehen, Material beschädigt wird und falsche Lieferungen abgeschickt werden.

Die Bestimmung des erforderlichen Zwischenlagerplatzes hängt direkt mit dem Grad der Übersicht über die Arbeitslast des Ladedockbereiches zusammen. Je unsicherer und wechselhafter die im Verlauf eines Tages anfallende Arbeitslast an der Annahme- und Versandstelle ist, desto flexibler müssen die Zwischenlagerbereiche angelegt werden. Wenn es aber Ankunftsterminpläne gibt, die auch eingehalten werden, kann man sich bei der Auslegung des Zwischenlagerbereiches auf eine LKW-Ladung pro Ladeplatz beschränken. Jedoch erfordern sprunghaft ansteigende Transportaktivitäten auch eine Ausweitung des Zwischenlagerbereiches.

Zur Bestimmung des erforderlichen Platzbedarfs für einen Zwischenlagerbereich gibt es die gleichen Möglichkeiten wie bei der Bestimmung der Anzahl von Ladeplätzen. Das Schätzen ist die meist verwendete Möglichkeit und kann, wie bereits erwähnt, vielleicht die richtige Antwort erbringen. Jedoch ist von dieser Methode nicht zu erwarten, daß sie jeglicher Überprüfung standhält; es wäre ziemlich unsinnig, bei der Berechnung eines solch wichtigen Bereichs Risiken einzugehen. Zur Bestimmung des Platzbedarfs können auch die bisherigen statistischen Daten herangezogen und bestimmte Muster herausgearbeitet werden. Diese Methode läßt auch Spielraum für Auftragsspitzen und größere Auftragsvolumen. Die Gefahr liegt darin, daß zusätzlicher Platzbedarf mit einkalkuliert wird, der die Bau- und Betriebskosten erhöht. So wird also für Lagerhäuser, in denen LKW-Ankünfte und Abfertigungszeiten nicht zufällig sind, die Simulation als Bestimmungsmethode empfohlen.

Das vorherige Beispiel für Ladeplätze kann auch für die Bestimmung der Anzahl der Reihen herangezogen werden. Angenommen, daß die Zeit zwischen den ankommenden LKWs der Zeit entspricht, die zum Freimachen der Zwischenlagerreihe erforderlich ist, dann kann man die gleiche Methodik zur Bestimmung der Anzahl der Zwischenlagerreihen anwenden. Man bestimmt die Größe der Reihe zur Lagerung einer durchschnittlichen Ladung – entweder LKW-Ladung, Stückgutladung oder eine UPS-Lieferung. Dann ermittelt man die Zeitdauer, die zum Füllen dieses Platzes mit den erwarteten Zustell- oder Abholaktivitäten gebraucht wird, und bestimmt diese Spanne dann als die zum Füllen der Reihe erforderliche Zeit. Die Entladezeit ist die Zeit, die zum Leeren der Zwischenlagerreihe erforderlich ist. Mit diesen Angaben können die Anforderungen an die Anzahl der Zwischenlagerreihen simuliert werden. Wie bei der bereits behandelten Simulation kann auch hier die gleiche Schlußfolgerung gezogen werden: Die Simulation wird Ihnen keine eindeutige Antwort auf die Frage der Zwischenlagerreihen geben. Sie wird aber verdeutlichen, wie die Reihenausnutzung bei verschiedenen Anzahlen von Reihen variiert und Ihnen hilfreiche Daten für Ihre Entscheidungsfindung zur Hand geben.

13.1.6 Ladedockbezogener Platzbedarf

Es gibt noch verschiedene andere unterstützende Aktivitäten, die in diesem Bereich Platz beanspruchen und für die Führung eines erfolgreichen Lagerhauses unabdingbar sind. Zu diesen Aktivitäten gehören:

- Bürobereich für die Lageraufsicht/Büroräume
- Quarantänebereich
- Lager für Leerpaletten
- Fahrer-Aufenthaltsraum

Die Büros für die Annahme- und Versandabfertigung müssen sich im Ladedockbereich befinden. Ungefähr 125 Fuß im Quadrat pro Person, die sich regelmäßig in diesem Bereich aufhält, ist eine gute Daumenregel zur Berechnung. Die allgemeinen Bürofunktionen können, müssen aber nicht in diesem gleichen Bürobereich angesiedelt sein, da die ständigen Verwaltungsarbeiten oft mit anderen Aktivitäten im Lagerhaus zusammenhängen.

Ein Quarantänebereich ist für die Sammlung von Material erforderlich, das aus irgend einem Grund zurückgewiesen wurde. Dieser Bereich sollte vom Hauptzwischenlagerbereich getrennt sein und kann gelegentlich auch zur Lagerung von Material verwendet werden, das die Qualitätsprüfung nicht bestanden hat, im Transit beschädigt wurde oder ein Qualitätskontrollmuster braucht. Der erforderliche Platzbedarf ist abhängig von der Art des möglicherweise zurückgewiesenen Materials, den spezifischen Prüfungsabläufen und der Pünktlichkeit, mit der zurückgewiesene Materialien weggeschafft werden.

Ein großer Prozentsatz der Lagerhäuser verwendet für den Transport und die Lagerung von Einheitsladungen Paletten. Eingehende Waren können, müssen aber nicht auf Paletten sein, das gleiche gilt für Lieferungen. Daher soll ein Vorrat an Paletten gehalten werden. Auch für diesen Palettenvorrat muß ein bestimmter Platzbedarf berechnet und berücksichtigt werden, ob auf dem Boden oder in freischwebend über der Tür angebrachten Ablagen.

Der Fahrer-Aufenthaltsraum ist der Raum für Fahrer, wenn sie gerade nicht an ihren LKWs arbeiten. Dieser Raum sollte mit Sitzmöglichkeiten, Toiletten und einem Telefon ausgestattet sein. Im allgemeinen wird der Platzbedarf für einen normalen Fahrer-Aufenthaltsraum mit ungefähr 125 Fuß im Quadrat für den ersten Fahrer und zusätzlichen 25 Fuß im Quadrat für jeden zusätzlichen Fahrer berechnet. Der Zweck des Aufenthaltsraums liegt darin, die Fahrer während ihrer Anwesenheit im Betrieb in einem bestimmten Bereich zu halten, um damit viele Probleme in Zusammenhang mit Fahrersicherheit, großen und kleinen Diebstählen, gewerkschaftlichen Kampagnen und der allgemeinen Produktivität der Lagerangestellten zu lösen.

13.2 Die Platzbedarfsplanung für Lageraktivitäten

Die Platzbedarfsplanung für Lageraktivitäten ist besonders wichtig, weil diese Aktivitäten den größten Teil der Platzanforderungen eines Lagers einnehmen. Eine nicht adäquate Lagerplatzplanung führt leicht dazu, daß ein Lager bedeutend größer oder kleiner wird als erforderlich. Zu wenig Lagerplatz führt zu einer Unmenge von Ablaufproblemen. Dazu zählen:

- Lagergutverluste
- blockierte Gänge
- nicht zugängliches Material
- schlechte Hausführung
- Sicherheitsprobleme und
- niedrige Produktivität.

Andererseits führt ein zu großes Platzangebot zu schlechter Platzausnutzung. Jeder kennt das Problem von Hausbesitzern, die alle verfügbaren Schränke mit „wichtigem" Ramsch füllen. Ein zu großes Platzangebot führt zu hohen Platzkosten in der Form von Grundstücks-, Bau-, Energie- und Gerätekosten. Zur Vermeidung dieser Probleme muß die Platzbedarfsplanung unter Verwendung quantitativer Analysen sorgfältig durchgeführt werden. Wenn die nun beschriebene Methodik verstanden und befolgt wird, kann damit eine vertretbare Bemessung des Lagerplatzbedarfs geschaffen werden.

13.2.1 Definition der zu lagernden Materialien

Im allgemeinen werden hierfür die gleichen Informationen benötigt wie für die Warenannahme- und den Warenausgang. Die hierfür erstellten Oberkategorien sollten auch verwendet werden. Außerdem werden noch die folgenden Angaben benötigt:

- Verwendung (Einheiten) über die Zeit
- Beliebtheit (wie oft verkauft)
- Durchschnittlicher Bestand (Einheiten)
- Höchstbestand (Einheiten)
- Geplanter Bestand (Einheiten)

13.2.2 Annahme einer Lagerlehre

Die zwei Hauptlehren für das Lagerwesen sind: die Lagerung an festgelegten Lagerplätzen, und die an beliebigen Lagerplätzen. Wenn die Materialien immer an einem festgelegten Platz gelagert werden, wird jede Lagereinheit an einem ganz bestimmten Ort untergebraucht, und eine andere Lagereinheit kann diesen Ort auch dann nicht belegen, wenn er zeitweilig nicht genutzt wird. Bei einem Lagersystem, das die Lagerung an beliebigen Lagerplätzen ermöglicht, können allen Lagereinheiten spontan Lagerplätze zugewiesen werden. So könnte also bei der beliebigen Lagerplatzbelegung eine Lagereinheit mit der Nummer 1 diese Woche an Lagerplatz A und nächste Woche an Lagerplatz B zu finden sein.

Die Lagerung an festgelegten Lagerplätzen

Die einfachste der beiden Lehren ist das System der festgelegten Lagerplätze, bei dem jeder Lagereinheit einfach ein fester Lagerplatz zugewiesen wird. So muß also für eine neue Lagereinheit ein anderer Lagerplatz definiert werden. Wenn eine Lagereinheit aus dem Programm fällt, wird dieser Lagerplatz einer anderen Lagereinheit zugewiesen. So müßte also zur Erstellung eines Lageplanes bei einem solch festen Lagerplatzsystem nur eine detaillierte Zeichnung mit den Lagerplätzen und den zugeordneten Lagereinheiten erstellt werden. Nach kurzer Zeit haben die Bediener meist die Aufteilung im Kopf und können auch ohne Hilfe des Lageplans direkt zu dem jeweiligen Lagerplatz gehen. In großen Lagerhäusern mit vielen tausend verschiedener Einheiten reicht das Gedächtnis eines Lagerarbeiters nicht aus und muß durch Eintrag des Lagerplatzes in den Computer unterstützt werden, der für jede Lagereinheit den entsprechenden Platz aufführt. Damit kann der Lagerarbeiter bei seiner Arbeit den Standort der Lagereinheit entweder einem Ausdruck der Entnahmeliste oder einem Handterminal entnehmen.

Der Vorteil der Einfachheit muß gegen einen ernstzunehmenden Nachteil abgewogen werden, und zwar den der schlechten Platzausnutzung aufgrund der Anforderung, daß genügend Platz vorhanden sein muß, um die Höchstbestandsmenge jeder Lagereinheit aufnehmen zu können. Dies wiederum ist durch die beiden Komponenten der Lagerhaltung bedingt, dem Ersatzvorrat und der Bestellmenge. Der Ersatzvorrat wird „nur für den Fall" unterhalten; *nur für den Fall*, daß die eingehende Lieferung sich verspätet, *nur für den Fall*, daß das Teil zurückbeordert wird und für unzählige andere Eventualitäten. Daher stellt der Ersatzvorrat im Lagerbestand solange eine Konstante dar, bis ein Notfall eintritt.

Aus der Gesamtmenge des Ersatzvorrats und der Bestellmenge errechnet sich der Lagerbestand. Dieser erreicht seinen höchsten Punkt, wenn eine Lieferung eingeht, die erst dann insgesamt wieder entnommen wird, wenn entsprechende Aufträge dafür eingegangen sind, bis eine andere Lieferung ankommt. Daher muß man, obwohl der erwartete Lagerbestand sich insgesamt nur aus Ersatzvorrat und der Hälfte der Bestellmenge errechnet die Höchstbestände mit in die Planung einbeziehen. Daraus ist leicht ersichtlich, wie die durchschnittliche Platzausnutzung einer Lagerhaltung mit festgelegten Lagerplätzen schon vor der Einbeziehung von Verlusten durch Gänge und Zwischenlager bereits bei nur 50 Prozent liegt.

Die Lagerung an beliebigen Lagerplätzen

Wenn man an etwas denkt, das beliebig geschieht, assoziiert man damit meist etwas beinahe an Anarchie grenzendes, einen Zustand der völligen Verwirrung. Dies sollte bei der Lagerhaltung natürlich nicht der Fall sein. Ein leistungsfähiges Lagersystem mit beliebiger Lagerplatzauswahl hat ein Suchsystem, das jede Lagereinheit zusammen mit der dazugehörigen Information identifiziert; d.h. Produktionsdatum, Eingangsdatum, Losnummer usw. Mit dem Suchsystem kann eine Lagereinheit an einem beliebigen Ort innerhalb eines bezeichneten Lagerbereiches abgelegt werden. Als Beispiel hierfür dient eine Lagereinheit mit hoher Umschlagquote, die für Schüttgutlagerung in nächster Nähe zu den Versandtoren bestimmt ist. Nach Eingang der Lieferung einer solchen Lagereinheit kann diese in jeder beliebigen der freien Lagerreihen untergebracht werden, je nachdem wohin das Suchsystem die Lieferung dirigiert. Das Suchsystem findet diese Lagereinheit nach der Ablage jederzeit wieder.

Das Suchsystem ist für die Ordnung eines solchen Lagersystems zuständig. So können verschiedene Bereiche für Produkte mit unterschiedlicher Umschlagquote zugeordnet werden, wobei die mit der höchsten Umschlagquote nahe den Verladedocks sind und den Produkten mit der geringsten Umschlagquote Bereiche zugeordnet werden, die am weitesten von der Verladestelle entfernt sind. Ein ganz offensichtlicher Vorteil liegt darin, daß die Entfernungen zum Ablegen und Entnehmen der Lagereinheiten kürzer werden. Ohne Zuordnung dieser Bereiche entsteht eine umgekehrte ABC-Lagerkonfiguration, die die Entfernungen sogar verlängert.

Wenn eine Lagereinheit ankommt und ohne Berücksichtigung der Umschlagquote am ersten freien Lagerplatz abgelegt wird, werden mit der Zeit Lagereinheiten mit niedrigerer Umschlagquote immer mehr die Lagerplätze in der Nähe des Docks belegt halten. Lagereinheiten mit höherer Umschlagquote werden immer mehr vom Dock weg wandern und die zurückzulegenden Entfernungen immer länger.

Warum beliebige Lagerplätze? Der Hauptgrund liegt darin, daß diese Lagermethode eine höhere Platzausnutzung erlaubt. Da die Lagereinheiten an jedem beliebigen Platz verstaut werden (unter Beachtung besonderer Richtlinien), kann ein solches System die Höhen und Tiefen des Lagerbestandes auffangen. Hat eine Lagereinheit einen höheren Bestand, ist der einer anderen vermutlich niedriger. Das heißt, die Fähigkeit ist gefordert, Platz für Lagersysteme mit beliebigen -plätzen auf der Basis des erwarteten durchschnittlichen Lagerbestands zu planen.

Welche Alternative ist nun in Anbetracht der jeweiligen Nachteile die beste? Eine klare Entscheidung kann nicht getroffen werden. Die einzig mögliche Schlußfolgerung ist, daß die schlechte Platzausnutzung bei einem Lagersystem mit festgelegten Lagerplätzen ein sehr schwerwiegender Faktor ist. Dies hat einen durchschnittlich 65 bis 85 Prozent höheren Platzbedarf als ein System mit beliebiger Lagerplatzwahl. Die Ausgaben für die Entwicklung und den Betrieb eines Materialsuchsystems für ein Lager mit beliebiger Lagerplatzauswahl sind in Anbetracht der hohen Bau- und Grundstückskosten leicht gerechtfertigt. Jedoch kann der schnellere Zugriff auf das Material im Einzelfall so entscheidend sein, daß dieser Faktor die hohen Platzkosten begründet. Als Beispiel könnte man hier ein Lager mit extrem kleinen und wertvollen Artikeln anführen, für die eine Rechenschaftspflicht und Zugänglichkeit von höchster Bedeutung sind, wie zum Beispiel Mikrochips oder Schmuck. Die Lagerhaltung mit beliebiger Lagerplatzwahl sollte auf jeden Fall genau in die Überlegungen einbezogen werden, bevor man sich für den Einsatz eines Lagersystems mit festgelegten Lagerplätzen entscheidet.

13.2.3 Platzanforderungen für alternative Lagermethoden

Bei der Bewertung alternativer Lagergeräte müssen die entsprechenden Kosten vorliegen. Zu den für eine Lagervariante relevanten Kosten gehören die Platzkosten. Zur Festlegung letzterer für eine Lageralternative müssen die Platzanforderungen berechnet werden. Dieser Abschnitt stellt die Grundmethode für die Bestimmung dieser Lagerplatzanforderungen vor.

Die Platzanforderungen einer Lagervariante werden direkt in Beziehung zu dem Volumen des zu lagernden Materials und den Platzausnutzungseigenschaften der Variante gesetzt. Dazu gehören die Zugaben für die Wabenstruktur und die Gangzugaben. Als Zugaben für die Wabenstruktur wird der Prozentsatz des Platzes bezeichnet, der aufgrund der schlechten Kapazitätsausnutzung eines Lagerbereiches verloren geht. In anderen Worten tritt das „Wabensyndrom“ immer dann auf, wenn ein Lagerstandort nur teilweise mit Material gefüllt ist und kann sowohl horizontal als auch vertikal vorkommen.

Ein Beispiel für eine horizontale Wabenstruktur sehen Sie in Abbildung 13.4, in der drei Reihen für Schüttgutlagerung von drei verschiedenen Lagereinheiten (A, B und C) belegt werden und von jeder Lagereinheit vier Paletten gelagert werden. Das bedeutet, daß die Kapazität des Lagerstandortes 12 Paletten umfaßt, wenn man annimmt, daß die Paletten nicht gestapelt werden können. Im zweiten Teil Abbildung 13.4 wurde ein Auftrag über zwei Paletten von A und einer Palette von B ausgewählt. Keine anderen Artikel können in diese drei offenen Positionen eingesetzt werden, ohne die rückwärtigen Paletten zu blockieren. Bis die verbleibenden Paletten der Artikel in den Reihen nicht herausgenommen sind, werden diese offenen Positionen als Verluste der Wabenstruktur angesehen.

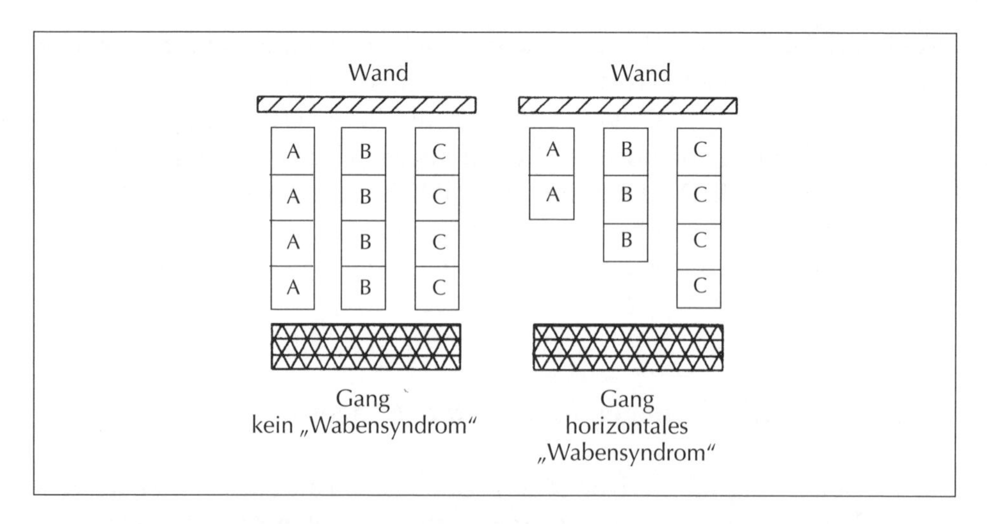

Abbildung 13.4: Horizontales „Wabensyndrom"

Auf ähnliche Weise tritt dieses Syndrom auch in vertikaler Form auf. Abbildung 13.5 zeigt eine Seitenansicht der Reihe, die von Lagereinheit A belegt ist. In diesem Beispiel wird jedoch die Annahme zugrunde gelegt, daß Paletten zweifach gestapelt werden können, und die Reihen immer noch vier Paletten tief sind. Daher belegt Lagereinheit A mit acht Paletten eine Reihe. Angenommen, ein Auftrag über fünf Paletten wird entnommen. Wie im zweiten Teil der Abbildung 13.5 gezeigt, kann kein Produkt in diese offenen Positionen eingesetzt werden, ohne die Paletten zu blockieren. Damit werden diese offenen Positionen auch als Verluste der Wabenstruktur angesehen. Dieses „Wabensyndrom" muß trotz des Versuches, die Auswirkungen so gering wie möglich zu halten, als natürlicher und zulässiger Aspekt im Lagerablauf angesehen werden. Für alle Lagervarianten sollen die voraussicht-

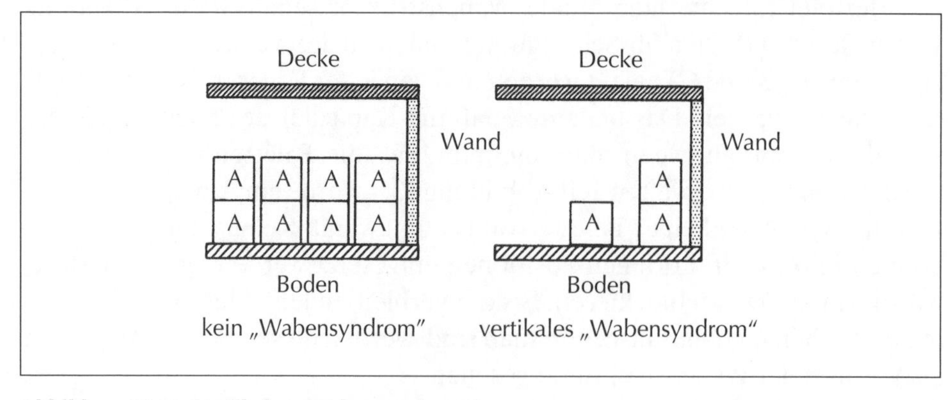

Abbildung 13.5: Vertikales „Wabensyndrom"

lichen Wabenstrukturzugaben geschätzt und auf den Lagerbestand angewendet werden.

Es wurde viel Energie darauf verwendet, Richtwerte für die Leistungsfähigkeit der Abfertigung, z. B. Arbeitsleistung und Geräteauslastung festzulegen. Der Grund dafür, den Schwerpunkt auf die Lohnkosten zu legen ist, daß diese als variable Kosten behandelt wurden, wohingegen die Platzkosten als Festkosten angesehen wurden. Darum lagen bislang die Bemühungen des Managements eher darin, die Lohnkosten zu steuern, obwohl die monatliche Belastung für das Gebäude als unvermeidlich angesehen wurde. In Wirklichkeit ist aber der Platz so wichtig für die Gesamtkostenstruktur wie der Faktor Lohnkosten, und es bedarf einiger Geschicklichkeit, die derzeitige und zukünftige Platzausnutzung zu bestimmen. Ein „Raumrichtmaß“ ist der Maßstab, der die Stellfläche pro Einheit des gelagerten Produkts definiert. Wenn dieses Maß für eine vorgegebene Klasse von Lagerartikeln unter Verwendung einer bestimmten Art von Lagerausrüstung berechnet wurde, kann bei neuen Lagereinrichtungen der gesamte Lagerraum für diese Klasse von Lagerartikeln berechnet werden. Daraufhin können auch ähnliche Berechnungen für alternative Lagermethoden angestellt und der Gesamtlagerraum für jede Variante bestimmt werden.

Zur Festlegung eines Raumrichtmaßes muß zuerst die Gesamtfläche der Lageralternative „Stellfläche“ ermittelt werden und dann die Anzahl der Einheitsladungen, die in diesem Bereich gelagert werden können. Bei einem einfach tiefen Regal lautet die Formel zur Bestimmung der Quadratmeterzahl der Stellfläche:

$$\text{Quadratmeter/Stellfläche} = \frac{A \times D}{144}$$

Die Stellfläche entspricht in diesem Fall der Nische eines einfach tiefen Regals. Damit ist A die Länge einer Regalöffnung, gemessen von der Mitte senkrecht bis zur Mitte der anderen Senkrechten, und D eine halbe Gangbreite, in Zoll, plus Tiefe einer Regalnische plus halbe Kanalfläche.

Abbildung 13.6 zeigt diese Abmessungen in graphischer Darstellung. Zur Berechnung der Quadratfußzahl pro gelagerter Einheitsladung muß die Anzahl der auf einer Stellfläche gelagerten Einheitsladungen bestimmt und dann in die Quadratfußzahl der Stellfläche unterteilt werden. Damit ergibt sich die Formel:

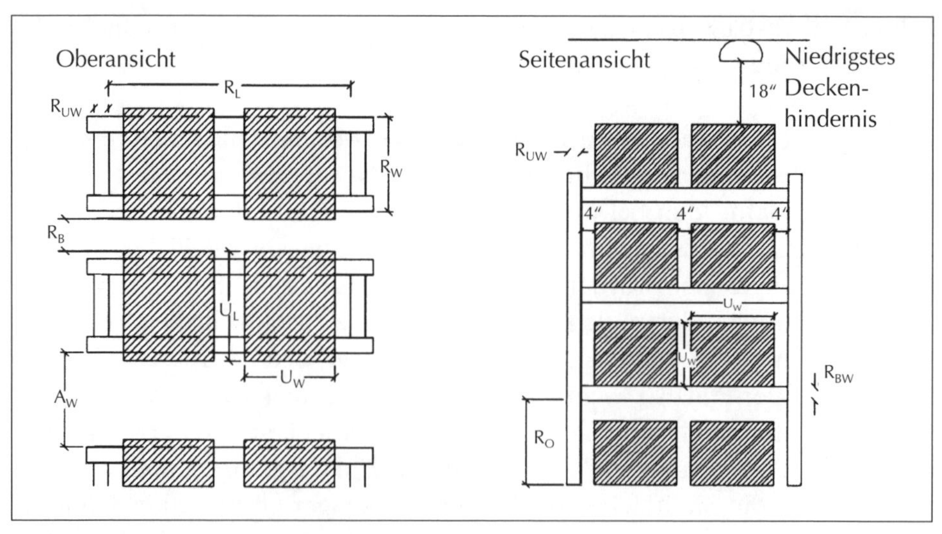

Abbildung 13.6: Regalabmessungen

$$\text{Quadratfuß/Einheitsladung} = \frac{\text{Quadratfuß pro Stellfläche}}{\text{Anzahl der auf der Stellfläche gelagerten Einheitsladungen}}$$

Angenommen, wir berechneten ein Raumrichtmaß für einen ausgeglichenen Hubkarren bei Verwendung eines einfach tiefen Regals. Die erforderlichen Parameter sind:

Abmessungen Einheitsladung:	Länge $U_L = 48$“
	Höhe $U_H = 50$“
	Breite $U_W = 40$“
	Trägerbreite $R_W = 42$“
Regalabmessungen:	Träger Länge $R_L = 92$“
	Abstände zwischen den Rückseiten $R_B = 4$“
	Senkrechte Breite $R_{UW} = 3$“
	Trägerhöhe $R_{BH} = 3$“
	Höhe Trägeröffnung $R_O = 54$“
Gebäudeabmessungen:	Lichte Höhe $C_H = 21$’
Ladungsgewicht:	2.500 lb
Breiter Stapelgang:	$A_W = 144$“

Daraus ergibt sich:

$$\text{Quadratfuß/Stellfläche} = \frac{[R_L+2(\tfrac{1}{2}R_{UW})] \text{ x } (\tfrac{1}{2}A_W+U_L+\tfrac{1}{2}R_B)}{144}$$

$$= \frac{(92+3) \text{ x } [(\tfrac{1}{2} \text{ x } 144) + 48 + (\tfrac{1}{2} \text{ x } 4)]}{144}$$

$$= \frac{95 \text{ x } 122}{144}$$

$$= 80{,}5$$

Um die Anzahl der Paletten zu bestimmen, die diese 80,5 Fuß² große Stellfläche belegen, muß die Anzahl der Ebenen des Regals berechnet werden, die in die lichte Höhe des Gebäudes paßt. Der erste Ladungsträger des einfach tiefen Regals liegt 54 Zoll von der Oberfläche des Bodens weg. Dies läßt vier Zoll zwischen der Einheitsladung und der Unterseite des Trägers zu, um die Einheitsladung anzuheben. Für jede Ebene darüber muß die Breite des Trägers addiert werden, damit ergibt sich aus 54 Zoll + 3 insgesamt 57 Zoll pro Ebene. Um die Anzahl der Ebenen zu berechnen, wird eine einfache Division der vorhandenen lichten Höhe durch die Distanz pro Ebene durchgeführt. Von der vorhandenen lichten Höhe müssen 18 Zoll aus Gründen des Feuerschutzes abgezogen werden, was eine echte lichte Höhe von 234 Zoll ergibt. Die Berechnung ist wie folgt:

$$\text{Ebenen pro Regalnische} = \frac{(C_H \text{ x } 12) - R_O - 18}{R_O + R_{BW}}$$

$$= \frac{(21 \text{ x } 12) - 54 - 18}{54 + 3}$$

$$= 3{,}16$$

Es gibt also vier Ebenen: drei Ebenen zusätzlich zu der ersten Ebene auf dem Boden. Jeder Träger hat zwei Paletten. Dies läßt vier Zoll zwischen jeder der Ladungen und der Senkrechten, wie auch vier Zoll zwischen den Ladungen zu. (die Berechnung ist: 4+40+4+40+4=92 Zoll). So kann das Raumrichtmaß für einen ausgeglichenen Hubkarren bei Verwendung eines einfach tiefen Regals wie folgt berechnet werden:

$$\text{Quadratfuß/Einheitsladung} = \frac{80{,}5 \text{ Fuß}^2\text{/Stellfläche}}{2 \text{ Paletten/Ebene x } 4 \text{ Ebenen/Stellfläche}}$$

$$= 10{,}0$$

Dann können die Auswirkungen auf den Raumbedarf bei Verwendung alternativer Methoden für die Materialabfertigung ausgerechnet werden. Ein Schubmaststapler kann in einem 8 Fuß breiten Gang arbeiten, wohingegen die ausgeglichene Hubkarre einen 12 Fuß breiten Gang braucht. So wäre bei den gleichen Berechnungen die Quadratfußzahl pro Einheitsladung 8,1. Der Platzeinsparung bei Verwendung dieser Geräteart stehen die potentiell höheren Anfangskosten und eingeschränkte Flexibilität gegenüber, weil damit keine Anhänger beladen werden können. Dieses und auch andere Typen von Geräten für die Materialabfertigung werden in weiteren Kapiteln behandelt.

Das berechnete Raumrichtmaß muß Haupt- und Quergänge hinzuzählen, bevor es genaue Zahlen für die benötigte Fläche darstellen kann. Hauptgänge können in zwei Richtungen genutzt werden und, wie der Name schon sagt, werden sie stark frequentiert. Der Quergang ermöglicht dem Abfertigungsgerät den Zugang zu einem anderen Gang, ohne an das jeweilige Ende fahren zu müssen. Sowohl Haupt- und Quergangbreiten hängen von den eingesetzten Gerätschaften ab.

13.3 Aufteilungsplanung

13.3.1 Bestimmung der Ziele einer Lagerhausaufteilung

Bevor man mit der Planung der Aufteilung beginnen kann, müssen bestimmte Ziele dieser Lagerhausaufteilung festgelegt werden. Die Zielsetzung einer Lagerhausaufteilung liegt meist darin,

1. eine hohe Raumausnutzung zu erzielen,
2. die leistungsfähigste Materialabfertigung zu ermöglichen,
3. in Hinsicht auf Ausstattungskosten, Raumausnutzung, Materialschäden und Arbeitskräfte die günstigste Lagermöglichkeit einzusetzen,
4. eine höchstmögliche Flexibilität zu erreichen, damit Fluktuationen der Lager- und Abfertigungsanforderungen aufgefangen werden können, und
5. das Lagerhaus zu einem Vorbild für gute Lagerführung zu machen.

Die Zielsetzung eines Lagerhauses selbst und der Aufteilung eines Lagerhauses sind eigentlich identisch. Das Ziel der Aufteilungsplanung liegt darin, den vorhandenen Raum, die Geräte und Arbeitskräfte des Lagerhauses zu organisieren und zu koordinieren. Eine schlechte Aufteilungsplanung kann die beste Raum-, Geräte und Arbeitskräfteplanung zunichte machen. Anders gesagt, hängt die Erreichung der gesetzten Ziele des Lagerwesens von dem Vorhandensein einer guten Aufteilung ab.

Das vierte Ziel einer Aufteilungsplanung trägt der Tatsache Rechnung, daß das Lagerwesen nicht innerhalb einer statischen, unveränderlichen Umwelt existiert, sondern in einer dynamischen, sich ständig veränderten Umwelt integriert ist. Wenn sich die Aufgabe eines Lagers ändert, sollte sich auch die Aufteilung ändern, um eine Anpassung an die neue Aufgabe zu gewährleisten.

Eine gute Lageraufteilung ist so flexibel, kleinere Veränderungen des voraussichtlichen Lagervolumens und der Produktzusammenstellung mit wenigen oder überhaupt keinen Anpassungen aufzufangen. Diese Flexibilität ermöglicht ein konstantes Funktionieren auch dann, wenn sich die Prognosen als falsch erweisen.

Das letzte Ziel des Lagerwesens ergibt sich aus dem Prinzip, daß Leistungsfähigkeit aus Ordnung entsteht. Eine gute Lagerführung ist die Grundlage einer guten Lagerführung: ein gutes Lager kann nicht ohne gute Lagerführung existieren. Aber gute Lagerführung allein sichert noch keine gute Lagerhaltung. Wenn der Raum, die Ausrüstung, das Personal und die Aufteilung nicht richtig geplant sind, können alle Lagerverwalter der Welt ein Lager nicht zum funktionieren bringen. Aber eine schlechte Lagerführung beeinträchtigt mit Sicherheit die positiven Auswirkungen guter Raum-, Geräte, Personal- und Aufteilungsplanung.

13.3.2 Eine Methodik zur Aufteilungsplanung

Die Aufteilungsplanung wird in zwei Schritten durchgeführt:

1. Erstellen von verschiedenen Aufteilungsvarianten
2. Zur Auswahl der besten Aufteilung erfolgt die Bewertung jeder Variante anhand spezifischer Kriterien

Erstellen von verschiedenen Aufteilungsvarianten

Das Schaffen verschiedener Lagerpläne ist Kunst und Wissenschaft zugleich. Die Qualität der Varianten hängt weitgehend von den Fähigkeiten und dem Einfallsreichtum des Planers ab. Für die gebräuchlichste Methode der Erstellung eines Plans ist diese entscheidend: das Jonglieren mit Schablonen. Das Wort *jonglieren* bedeutet hier die geschickte Manipulation einer Gruppe von Objekten zur Erreichung eines gewünschten Effekts. Daher bedeutet der Begriff „Jonglieren mit Schablonen“ *die geschickte Manipulation einer Gruppe von Schablonen, Modellen oder anderen Darstellungsarten für Lagerraum, Gerät und Personal, um eine Lageraufteilung zu finden, die den Vorgaben entspricht.* In anderen Worten wird mit der Methode des erwähnten Begriffes aufgezeigt, welche Anordnung und Koordination der physischen Komponente des Lagerhauses die richtige ist.

Die Qualität der durch diese Vorgehensweise geschaffenen Varianten hängt von der individuellen Kreativität des Planers ab. Leider ist es oft so, daß die Planer entweder keine Kreativität besitzen, ihrer Kreativität keinen Ausdruck verleihen. Viele gehen das Problem an, indem sie eine vorher gefaßte Vorstellung von der Lösung umzusetzen versuchen und beurteilen den Planungsprozeß dann meist danach. So wird jede Kreativität im Keim erstickt. In vielen Fällen sieht das ausgewählte Layout wieder aus wie das des alten Lagerhauses. Planvarianten entstehen durch die Kreativität der Planer, aber viele setzen diese Stärke erst gar nicht ein.

Gehen Sie bei der Erstellung von Aufteilungsvarianten für Ihr Lager anhand dieser fünf Schritte vor:

1. *Den Standort der festen Hindernisse bestimmen.* Manche Objekte in einem Lagerhaus können nur an bestimmten Orten angebracht oder aufgestellt werden und haben eine ganz spezifische Konfiguration. Diese Objekte sollten identifiziert und zuerst in den Plan integriert werden, bevor der Standort für Objekte mit größerer Flexibilität eingesetzt wird. Stützpfeiler, Treppenhäuser, Aufzugschächte, Waschräume, Steuerung von Sprinkleranlagen, Heizungs- und Klimaanlagen und manchmal auch Büroräume können solche festen Hindernisse sein. Wenn diese Faktoren nicht beachtet werden, können die Folgen verheerend sein. Das Pendant von Murphy’s Law für Lagerhäuser würde lauten: „Wenn ein Pfeiler an der falschen Stelle sein kann, dann ist er es auch.“

Sie sollten nicht der Planer sein, der ein Lagerhaus konzipiert, die Lagerausstattung und die Geräte zur Materialabfertigung einkauft, nur um dann festzustellen, daß nach Einbau der Ausstattung der Standort der Gebäudepfeiler den Gang so verengt und dann keine Abfertigungsgeräte mehr durchkommen.

2. *Den Standort der Annahme- und Versandfunktion bestimmen.* In vielen Fällen gibt die Konfiguration des Lagergeländes den Standort dieser Funktionen vor. Trifft dies aber nicht zu, ist die Entscheidung über die jeweiligen Standorte für Warenannahme und Versand eine wichtige Entscheidung. Annahme- und Versandbereiche sind die lebhaftesten Bereiche und sollten daher an einem Ort untergebracht werden, der höchste Produktivität gewährleistet, den Materialfluß verbessert und die beste Ausnutzung der Gegebenheiten darstellt. Die Lage der Zufahrtsstraßen und Bahngleise, wenn ein Eisenbahnanschluß benötigt wird, sind wichtige Überlegungen bei der Festlegung der Standorte von Annahme und Versand.

   Die Frage, ob Warenannahme und Versand zusammen oder in verschiedenen Bereichen des Lagergeländes untergebracht werden, muß angesprochen werden. Komplexe Abfertigungsstellen für Annahme und Versand können oft Einsparungen in Bezug auf gemeinsam genutzte Flächen, Geräte und Personal einbringen. Getrennte Bereiche sind aber andererseits am besten dafür geeignet, eine bessere Materialkontrolle zu gewährleisten und einen glatteren Verkehrs- und Materialfluß zu garantieren.

   Auch sind Überlegungen hinsichtlich der Energiekosten von Bedeutung. Im Falle einer Wahlmöglichkeit sollten Annahme- und Versanddocks nicht an der Nordseite des Gebäudes untergebracht werden. Die Vermeidung der Nordseite reduziert im Winter den Wärmeverlust aufgrund von eindringenden Nordwinden durch offene Türen. Die beste Lage für das Annahme- und Versanddock ist auf der Südseite des Gebäudes, gefolgt von Ost und West als zweite und dritte Wahl. Die jeweiligen Eigenheiten der Witterungsverhältnisse sollten für jedes Lagerhaus berücksichtigt und die vorherrschende Windrichtung bestimmt werden. Aufgrund dieser Erkenntnis können dann die Abfertigungsdocks an einer windgeschützten Seite geplant werden.

3. *Bestimmung der Standorte für Lagerbereiche und Lagergeräte, einschließlich der erforderlichen Gänge.* Die Art der Lagerbereiche und -geräte be-

stimmt bis zu einem gewissen Grad auch die Konfiguration der Aufteilung und die erforderlichen Gänge. Die festen Bestandteile beziehungsweise Hindernisse der Einrichtung müssen unbedingt in der Planung berücksichtigt werden. Die verschiedenen Teile des Lagerhauses sollten durch Hauptgänge verbunden sein. Ein Quergang am Ende des Lagerbereiches muß je nach eingesetzten Geräten vielleicht breiter sein als die Gänge innerhalb des Lagerbereichs. Zum Beispiel braucht ein Gabelstapler mit Seitenladung, der in sieben Fuß breiten Lagergängen arbeiten kann, vielleicht 12 Fuß breite Quergänge am Ende des Lagerbereiches, um in und aus dem Lagergang rangieren zu können.

4. *Weisen Sie das zu lagernde Material einem Lagerstandort zu.* Dieser Schritt bei der Erstellung von Aufteilungsvarianten garantiert, daß alle zu lagernden Artikel berücksichtigt wurden. Außerdem ermöglicht es die Durchführung einer mentalen Simulation der voraussichtlichen Aktivitäten innerhalb des Lagerhauses.

5. *Wiederholen Sie den Vorgang, um andere Varianten zu erstellen*: Wenn eine Aufteilungsvariante für ein Lagerhaus anhand der vier vorher genannten Schritte durchgeführt wurde, muß dieser Vorgang viele Male wiederholt werden, um zusätzliche Aufteilungsvarianten erstellen zu können. Verschiedene Plankonfigurationen, Gebäudeformen und Gerätealternativen sollten im Austausch eingesetzt werden. Die Kreativität des Planers sollte eingeschätzt werden, um sicherzustellen, daß nicht jede folgende Variante nur unwesentlich von der ersten abweicht.

Bewertung der Varianten

Es gibt eine ganze Anzahl von Philosophien darüber, wie eine gute Lageraufteilung erreicht werden kann. Jede Variante sollte gegen die spezifischen Kriterien dieser Philosophien abgewogen werden.

1. *Popularitätsphilosophie*: Der italienische Wirtschaftswissenschaftler Pareto sagte einmal, daß 85 Prozent des Wohlstandes auf der ganzen Welt von 15 Prozent der Menschen gehalten würde. Bei näherer Überprüfung trifft Pareto's Gesetz aber auch auf viele andere Bereiche zu; einer dieser Bereiche ist die Lagerhaltung. In einem typischen Warenhaus kann man oft feststellen, daß 85 Prozent des Produktdurchsatzes auf 15 Prozent der Produkte zuzuordnen sind, daß weitere 10 Prozent des Produktdurchsatzes auf 30 Prozent der Artikel zugeordnet werden können und die ver-

bleibenden fünf Prozent des Produktdurchsatzes auf 55 Prozent der Produkte. Daraus kann geschlossen werden, daß ein Lagerhaus nur eine kleine Anzahl von Artikeln mit einer hohen Umschlagquote enthält (oft A-Artikel genannt), eine etwas höhere Anzahl von Artikeln mit mäßiger Umschlagquote (B-Artikel) und eine sehr große Anzahl von Artikeln mit sehr geringer Umschlagquote (C-Artikel) enthält.

Die Philosophie der Popularität schlägt vor, daß das Lager um die kleine Anzahl von Produkten herum geplant wird, die das Kernstück des Lagerhausbetriebes darstellen. Außerdem sieht diese Methode vor, daß die Materialien mit dem größten Durchsatz in einem Bereich gelagert werden sollen, der die beste Materialabfertigung gewährleistet. Daher sollten Artikel mit hohem Durchsatz so nahe wie möglich an ihrem Verwendungsort gelagert werden. Diese Philosophie schlägt auch vor, daß die Popularität der Artikel die Bestimmung der Lagermethode unterstützt. Zum Beispiel sollten bei Schüttgutlagerung Artikel mit hoher Umschlagquote eine hohe Lagerumsatzfrequenz haben, damit Einbußen aufgrund des „Wabensyndroms" so gering wie möglich gehalten werden können. Außerdem entsteht eine ausgezeichnete Platzausnutzung immer durch Lagerung mit hoher Dichte. Artikel mit niedrigem Durchsatz an tiefen Massenlagerplätzen verursachen große Verluste aufgrund dieses Syndroms, weil keine anderen Artikel an diesem Standort untergebracht werden können, bis nicht der gesamte Artikel entfernt wurde.

2. *Gleichheitsphilosophie*: Artikel die zusammen ankommen und/oder verschickt werden, sollten zusammen gelagert werden. Denken Sie zum Beispiel an einen Verkäufer von Autoersatzteilen. Die Wahrscheinlichkeit ist gering, daß ein Kunde, der einen Zündkerzenschlüssel will, auch ein Auspuffrohr kaufen möchte. Die Wahrscheinlichkeit ist aber groß, daß ein Kunde, der einen Zündkerzenschlüssel braucht, auch Zündkerzen kauft. Da diese Artikel meist zusammen verkauft (transportiert) werden, sollten sie auch im gleichen Bereich gelagert werden. Das Auspuffrohr muuß zusammen mit den Auspufftöpfen, Trägern und Dichtungsmanschetten aufbewahrt werden. Bestimmte Artikel kommen zusammen an, vielleicht sogar vom gleichen Verkäufer; sie sollten auch zusammen gelagert werden. Ähnliche Arten von Artikeln sollten gemeinsam gelagert werden, da sie üblicherweise auch ähnlicher Lager- und Abfertigungsmethoden bedürfen, so daß ihre Zusammenlegung im gleichen Bereich zu einer besseren Platzausnutzung und auch Materialabfertigung führt. Ausnahmen zu dieser Gleichheitsphilosophie entstehen immer dann, wenn Artikel sich

so sehr ähneln, daß eine Lagerung in nächster Nähe zu Fehlentnahmen und Transportfehlern führen würde. Als Beispiel für eine zu große Ähnlichkeit könnte man zwei-, drei- und vierphasige elektrische Schalter anführen; sie sehen gleich aus, funktionieren aber unterschiedlich.

3. *Größenphilosophie*: Die Größenphilosophie schlägt vor, daß schwere, massige und schwer abzufertigende Waren nahe an ihrem Einsatzort gelagert werden sollten. Die Tatsache, daß die Kosten für die Abfertigung dieser Artikel meist höher sind als die für andere Artikel stellt einen Anreiz dar, die zurückzulegenden Entfernungen für solche Artikel so kurz wie möglich zu halten. Hat ein Lagerhaus in unterschiedlichen Räumen unterschiedlich hohe Decken, sollten solch schwere Artikel in Räumen mit niedrigerer Raumhöhe untergebracht werden, hingegen die leichteren, einfach abzufertigenden Artikel in Räumen mit höheren Decken. Die vorhandene Kubikgröße eines Lagerhauses sollte so gut wie möglich ausgenutzt werden, wobei gleichzeitig die Einschränkungen der Bodenbelastbarkeit berücksichtigt werden müssen. Leichtes Material kann innerhalb üblicher Bodenbelastbarkeit höher gestapelt werden als schwere Materialien.

   Die Größenphilosphie nimmt auch an, daß die Größe des Lagerraums der Größe des Materials angepaßt sein soll. So sollte eine Einheitsladung von drei Kubikmetern nicht an einem auf 10 Kubikmetern ausgelegten Lagerstandort untergebracht werden. Es muß eine Vielzahl von verschiedenen Lagerplatzgrößen vorhanden sein, damit verschiedene Artikel auch verschieden gelagert werden können. Außerdem muß in Anbetracht der physischen Größe eines Artikels auch die gesamte Anzahl der zu lagernden Artikel mit einbezogen werden. Die verwendeten Lagerungsmethoden und Aufteilungen werden für die Lagerung von 2-Palettenladungen eines Artikels und für 200-Palettenladungen des gleichen Materials unterscheiden.

4. *Philosophie der Produkteingenschaften*: Manche Materialien haben bestimmte Eigenschaften oder Eigenheiten, die die Verwendung bestimmter Lagermethoden und Lageraufteilungen entweder ausschließen oder diktieren. Verderbliche Waren unterscheiden sich aus Sicht der Lagerhaltung stark von nicht verderblichen Waren. Die Aufteilung des Lagers muß eine gute Lagerumschlagquote fördern, damit die Einschränkungen der Verfallsdaten erfüllt werden können. Auch werden besonders geformte und zerbrechliche Artikel, die nicht stapelbar sind, spezielle La-

germethoden und Plankonfigurationen erfordern, um trotzdem eine gute Ausnutzung des Raumangebotes zu gewährleisten. Gefährliche Stoffe wie Sprengstoffe, korrodierende Stoffe und leicht entflammbare Chemikalien müssen in Übereinstimmung mit staatlichen Vorschriften gelagert werden. Artikel mit hohem Wert, oder Artikel, die bekannterweise gerne „mitgenommen" werden, bedürfen vielleicht verstärkter Sicherheitsmaßnahmen, wie zum Beispiel isolierter Lagerung mit beschränktem Zugang. Die Aufteilung des Lagers muß dann so angepaßt werden, daß sie den erforderlichen Schutz bieten kann. Die Kompatibilität von nahe beieinander gelagerten Artikeln muß ebenfalls überprüft werden. Manche Stoffe, die für sich allein harmlos sind, können bei Kontakt zu extrem gefährlichen Reaktionen und/oder schweren Produktschäden führen. Besondere Maßnahmen müssen getroffen werden, um nicht kompatible Stoffe voneinander zu trennen. Dies wird am einfachsten durch entsprechende Aufteilung des Lagers erreicht.

5. *Philosophie der Platzausnutzung*: Diese Philosophie kann in vier Komponenten aufgeschlüsselt werden:
   a. Platzsparen
   b. Einschränkungen der Platznutzung
   c. Zugriffsmöglichkeit auf das Material
   d. Ordnung
   a) Das Prinzip des Platzsparens behauptet, daß die maximale Menge an Material auf einen Lagerbereich konzentriert, der gesamte vorhandene Raum effektiv genutzt und das „Wabensyndrom" so weit als möglich ausgeschlossen werden sollte. Leider widersprechen sich diese Vorgaben häufig. Eine verstärkte Konzentration von Material führt meist zu vermehrt auftretenden Lücken in der Wabenstruktur. Daher kann das richtige Maß an Platzbewahrung nur aus einer Kompromißlösung bestehen.
   b) *Einschränkungen der Platznutzung* müssen bereits in einem frühen Stadium des Planungsprozesses identifiziert werden. Der Platzbedarf für Stützpfeiler, Träger, Bauteile von Sprinkleranlagen und Heizungsanlagen, Feuerlöscheinrichtungen und Schläuchen sowie für Notausgänge wird ebenfalls die Eignung bestimmter Lager- und Abfertigungsmethoden und Plankonfigurationen beeinflussen. Ebenso wird die Bodenbelastbarkeit die Lagerhöhe und Lagerdichte bestimmen.
   c) Die Lageraufteilung sollte ganz bestimmte Vorgaben für die *Zugriffsmöglichkeiten auf das Material* erfüllen. Hauptgänge müssen gerade angelegt sein und auf Türen zulaufen, um die Rangierfähigkeit zu ver-

bessern und die Beförderungszeiten zu verkürzen. Die Gänge sollten breit genug geplant werden, aber nicht unnötig Platz verschwenden, damit der Betrieb reibungslos ablaufen kann. Die Gangbreiten sollten auf die verwendeten Geräte zugeschnitten sein und auf das voraussichtliche Verkehrsaufkommen.

d) Das *Ordnungsprinzip* betont die Tatsache, daß eine gute Planung der Lageraufteilung mit der Lagerführung beginnt. Die Gänge werden mit Band oder Farbe markiert; wenn nicht, drängt sich das Material immer mehr auf die Gangfläche und die Zugriffsmöglichkeit auf das Material wird schlechter. Leerflächen innerhalb eines Lagerbereiches sollten nicht vorkommen und müssen, falls vorhanden, korrigiert werden. Wenn ein Lagerbereich für die Aufnahme von fünf Paletten ausgelegt ist, und beim Einfüllen von Material in diesem Bereich eine Palette aus ihrer Reihe in die nächste Palettenreihe übersteht, entsteht daraus eine ungenutzte Fläche. Daher können in einem für fünf Palettenreihen ausgelegten Platz tatsächlich nur vier Palettenreihen gelagert werden. Der verlorene Palettenplatz kann erst dann wiedergewonnen werden, wenn der gesamte Lagerbereich geleert wurde.

Zur Bewertung der Aufteilungsalternativen sollte jede dieser Alternativen einzeln in Hinsicht auf die spezifizierten Erwartungen im Verhältnis zu den oben beschriebenen Aufteilungsphilosophien betrachtet werden. Der Planer muß dann festlegen, welche davon unter den gegebenen Umständen die wichtigsten sind und versuchen, die empfohlene Aufteilung so weit wie möglich diesen Philosophien anzupassen.

Denken Sie aber daran, daß auch die Lagerhaltung der Dynamik ihres Umfelds ausgesetzt ist; daher muß eine zum jetzigen Zeitpunkt als beste Variante bewertete Aufteilung nicht immer die beste bleiben, wenn sich die Bedingungen verändern. Das Ausmaß und der Zeitpunkt der erforderlichen zukünftigen Änderungen sollte vorausgeplant und ein Grundsatzplan entwickelt werden, der den veränderten Aufgaben des Lagers effektiv Rechnung trägt. Ihre Herausforderung liegt darin, die Hilfsmittel für die Raum- und Aufteilungsplanung zur Erstellung eines effektiven, strategischen Grundsatzplanes für Ihr Lagerhaus einzusetzen und damit mit Ihrem Lagerhaus zur Elite zu gehören, die eine optimale Ausnutzung und Auslastung von Raum, Ausrüstung und Arbeitskräften erreicht haben.

14 Systeme für Warenannahme und Versand

KENNETH B. ACKERMAN
Präsident der K. B. Ackerman Company

Will man sich mit Warenannahme- und Versandsystemen beschäftigen, so muß man die Faktoren kennen, die diese Bereiche so wichtig für den physischen Vertrieb machen. Daher werden wir uns näher mit den Zielsetzungen der Versand- und Annahmesysteme befassen. Wenn Ihre Geschäftsaktivitäten an Geschwindigkeit zunehmen, wie paßt sich Ihr Annahme- und Versandsystem an? Beide Bereiche können zu einer Katastrophe führen, wenn sie nicht akkurat ablaufen. Außerdem müssen angemessene Sicherheitsmaßnahmen getroffen werden, einschließlich von Schutzmaßnahmen gegen Diebstahl und „mysteriöses Verschwinden". Jeder will Sicherheit, aber wir schätzen erst dann den Wert eines sicheren Lagerhauses, wenn tatsächlich ein Unfall passiert.

Die physische Aufteilung des Lagerhauses wirkt sich entscheidend auf die Leistungsfähigkeit der Annahme- und Versandstelle aus.

Bevor irgendetwas versendet werden kann, muß der Auftrag herausgenommen werden. Bevor etwas nicht in vollem Umfang angenommen wurde, muß es beiseite gelegt werden. Daher werden wir uns zuerst mit den Zwischenstufen der Bestellentnahme und dem Beiseitelegen befassen.

Kein Lagerablauf ist perfekt, und leider wird im Distributionsverlauf auch Material beschädigt. Nicht alle Schäden entstehen im Lagerhaus, und ein wachsamer Manager muß Lagerschäden identifizieren und die wahrscheinliche Ursache beurteilen, sowie auch Mittel und Wege kennen, wie solche Schäden in Zukunft vermieden werden können.

Die Geschwindigkeit des Lagerumsatzes in den 90er Jahren ist im allgemeinen schneller als in den 80er Jahren, und sie scheint mit jedem Jahr zuzunehmen. Von dieser Annahme ausgehend muß der Hauptzweck eines Annahme- und Versandsystems darin liegen, sich an die steigende Geschwindigkeit anpassen zu können.

Ein anderer Hauptzweck solcher Systeme liegt in der Verbesserung von Genauigkeit und Sicherheit der Abläufe. Elektronische Identifikationssysteme haben einen großen Teil dazu beigetragen, dieses Ziel in beiden Bereichen besser erreichen zu können. Leider hat die wachsende Kriminalität neue Herausforderungen an ein gewisses Sicherheitsniveaus geschaffen. Genauigkeit und Sicherheit sind für das erfolgreiche Betreiben jedes Logistiksystems absolut unabdingbar.

Landesweite Statistiken machen deutlich, daß die gefährlichste Arbeit in einem Lagerhaus von den Be- und Entladearbeitern an einem Frachtfahrzeug verrichtet wird. Daher muß jedes Annahme- und Versandsystem der Verbesserung des Sicherheitsniveaus erste Priorität einräumen.

Da jedes dynamische Logistiksystem konstanten Veränderungen ausgesetzt ist, muß ein Teil der Zielsetzung eines Annahme- und Versandsystems darin gesehen werden, Anpassungen an solche in angemessenem Umfang vorhersehbare Veränderungen durchzuführen. Dazu könnte das Wachstum oder die Konsolidierung von Lageraktivitäten gehören, aber auch die Anpassung älterer Gebäude und die Automation.

14.1 Die Anpassung an die zunehmende Geschwindigkeit

In den vergangenen 20 Jahren war die Entwicklung im Logistikbereich geprägt durch die zunehmende Geschwindigkeit des Lagerumschlags. Zwei Dinge sind in den vergangenen zwanzig Jahren geschehen: Erstens sind die Kosten für Kapital gestiegen und die Annahme konstanter Inflationsraten ist nicht mehr zutreffend. Zweitens haben verbesserte Kommunikations- und Berechnungsmöglichkeiten einen Grad an Lagerkontrolle ermöglicht, der sich vorher nicht gerechnet hätte. Logistikmanager zeigen Ansporn und die Fähigkeit, Lagerbestände schneller als jemals zuvor umzuschlagen.

Die höchste Geschwindigkeit ist dann erreicht, wenn eine Ware zu einer Tür hereinkommt, und praktisch sofort aus einer anderen das Lager wieder verläßt. Eine solche Bewegung wird auch Durchgangsabwicklung genannt; wir werden sofort näher darauf eingehen.

Die Barcodierung ist ebenfalls eine technische Änderung, die zu einer höheren Geschwindigkeit beigetragen hat, ohne dabei Kompromisse in bezug auf die Genauigkeit eingehen zu müssen. Suchsysteme erlauben dem Lagerarbeiter schnelle Bewegungen, ohne dabei die Orientierung bzw. Kontrolle zu verlieren.

14.1.1 Durchgangsabwicklung

Die schnellstmögliche Form des Lagerumschlags ist die Durchgangsabwicklung, ein Vertriebssystem, bei welchem die Fracht in eine Verteilerzentrale hinein- und wieder herausgeht, ohne einmal dort gelagert zu werden. Die Durchgangsabwicklung erfordert die Annahme, das Sortieren, die Weiterleitung und den Versand von Produkten in kürzester Zeit. Manchmal können im Verlauf einer solchen Abwicklung noch zusätzliche Leistungen erbracht werden. Diese sind meist auf Umverpacken oder Reparaturarbeiten beschränkt.

Die Bewegung von einem Fahrzeug zum anderen ist nicht neu. Seit vielen Jahren haben Verfrachter bereits Sammel-LKWs zusammengestellt und diese an die Vertriebsorganisationen geschickt. Zur Abwicklung solcher Sammellieferungen gehörte auch des Entladen und der erneute Versand von getrennten Ladungen für verschiedene kleinere Kunden. Die verschiedenen Frachtkosten für volle Güterwaggons, Wagenladungen und kleine Lieferungen überschritten die Kosten für den Sammelvertrieb. Durchgangsabwicklungen unterscheiden sich deshalb, weil der Lagerhausbetreiber Massenlieferungen erhält und dann die kleineren Bestellungen in seinem Lagerhaus zusammenstellt. Wenn die Kosten für die Durchgangsabwicklung mit den konventionellen Lagerabläufen wie Annahme, Verstauen, Auftragsentnahme und Versand verglichen werden, zeigen sich dramatische Ergebnisse. Zum Beispiel konnte ein Vertreiber von Lebensmitteln bedeutende Einsparungen vornehmen, indem er von konventioneller Lagerhaltung zu einer Durchgangsabwicklung überging.

Die Durchgangsabwicklung funktioniert am besten, wenn sie auf eine verhältnismäßig kleine Anzahl von Lagereinheiten beschränkt wird, die am meisten gefragt sind. Diese Artikel verkaufen sich üblicherweise auf der Basis einer schnellen und präzisen Lieferung.

Das Vorliegen von Informationen ist für diesen Vorgang grundlegend notwendig. Damit die Durchgangsabwicklung gut funktionieren kann, sollten laufend Daten über Lieferankunftstermine und ausgehende Kundenaufträge vorliegen. Bis nicht zuverlässige Informationen eingehen, kann die Sortierfunktion eines Durchgangssystems nicht abgeschlossen werden.

Neue Techniken ermöglichen Durchbrüche in den Bereichen Information und Kontrolle. Ein Betreiber, der die Durchgangsabwicklung in großem

Umfang ausführt ist in der Lage, den Warenfluß durch die Lagereinrichtung durch Einsatz eines Barcodesystems und Echtzeit-Informationssystemen kontrollieren. In diesem Fall sind die Gabelstaplerfahrer mit Handterminals ausgerüstet, die entweder in der Hand gehalten oder direkt am Gabelstapler angebracht sind. Mit Einsatz von Barcode-Scannern und Handterminals wird jeder Fahrer über die erforderlichen Bewegungen für jede Einheitsladung instruiert. Bei einem solchen System funktioniert das Durchgangslagerhaus praktisch ohne Papier.

Zur Kontrolle einer Durchgangsabwicklung können auch einfachere Methoden verwendet werden. Wenn alle Nummern für eingehende Lieferungen und ausgehende Frachtbriefe festgehalten und solche Nummern am gleichen Ort aufbewahrt werden, kann ein manuelles Nachverfolgungssystem verwendet werden, um die Bewegung des Produktes durch die Durchgangseinrichtung nachvollziehen zu können.

Andere Abwicklungen erzielen auch bei einem Mindestmaß an eingesetzter Technik ähnliche Ergebnisse. Jeder ausgehende Frachtbrief vermerkt die eingehenden Liefernummern. Damit kann in den Büchern der physische Aufenthaltsort einer Ware ermittelt werden.

Eine Durchgangsabwicklung kann besondere Geräte einsetzen, obwohl für diese Abwicklungen sicherlich auch der normale Gabelstapler verwendet werden könnte. Da Stapelvorgänge bei einer Durchgangsabwicklung selten vorkommen, ist der Einsatz eines hohen Gabelstaplers reine Verschwendung, da die Stapelfähigkeiten des Fahrzeuges kaum oder gar nicht genutzt werden.

Die Durchgangsabwicklung ist ihrer Natur nach eine eher horizontale als vertikale Produktbewegung. Die idealen Fahrzeuge hierfür sind Palettenhub- oder Stehhubwagen, bei denen der Bediener bequem ein- und aussteigen kann. Förderapparate und automatisch gesteuerte Fahrzeugsysteme können manchmal effektiv für Durchgangsabwicklungen eingesetzt werden.

Die Integration der Informationsverarbeitung und der Materialabfertigungsgeräte ist entscheidend. Wenn Handterminals verwendet werden, können sie auch an den Gabelstaplern angebracht werden.

Während die meisten Durchgangsabwicklungen Teil eines sorgfältigen Planungsprozesses sind, finden andere ungeplant statt und werden nur durch eine bestimmte Reihe von Ereignissen hervorgerufen. Wenn dringend benötigte Waren mit normaler Abfertigung eingehen, verlangt ein gut geführtes Lagersystem zur Beschleunigung der Abwicklung die umgehende Durchgangsabwicklung der „heißen" Artikel, damit die Waren gar nicht erst in einen Lagerplatz oder Abholbereich befördert werden. Diese Art Durchgangsabwicklung erfolgt meist von LKW zu LKW, wobei die dringend benötigten Artikel von einem LKW direkt in einen anderen umgeladen werden.

Ein Hersteller hat festgestellt, daß fünf Lagereinheiten 25 Prozent des transportierten Dollarwertes einnehmen und diese Artikel in einem „Lager auf Rädern"-Programm abgewickelt werden. Zur Reduzierung der Lagerkosten werden diese Artikel entweder von den Fabrikationsstätten oder wenigen zentralen Vertriebszentren direkt zu den Schüttgutpunkten gebracht, wo sie dann mit den langsameren Lagereinheiten für die sofortige Lieferung an Kunden zusammengelegt werden. Diese fünf Artikel mit der größten Nachfrage werden nie in den regionalen Vertriebszentren gelagert.

Eine andere Firma für Konsumgüter hat eine ganze Gruppe von Lagern durch die Einführung von Durchgangslagern für ihre verschiedenen, beliebtesten Artikel abgeschafft. In dieser Situation wurden diese Artikel mit hoher Nachfrage gemäß eines genauen Lieferplanes direkt von der Fabrik zu der Einrichtung für die Durchgangsabwicklung transportiert. Sie kamen zu etwa der gleichen Zeit an wie ein anderer LKW mit den langsameren Artikeln des Auftrags. Die schnellen werden mit den restlichen Artikeln des Auftrags zusammengelegt, und das Lagergut wird direkt in einer Lieferung zum Kunden transportiert, die ursprünglich von einem regionalen Vertriebszentrum in der gleichen Statd ausging. In dieser Situation bietet der Hersteller praktisch identischen Service und braucht trotzdem kein Lager vor Ort.

Ein Verteiler für Lebensmittel verwendet das System der Durchgangsabwicklung hauptsächlich für Werbegeschäfte. Die Übergangsware bleibt maximal drei Tage im Vertriebszentrum und wird nie in Lagerregalen untergebracht.

Ein Verteiler für den Großhandel verwendet die Durchgangsabwicklungen zur Unterstützung des eigenen Fuhrunternehmens, indem er ausreichend zusätzliche Tonnage so befördert, um eine wirtschaftliche Wagenladung für den betriebseigenen Fuhrpark zu schaffen.

Die Durchgangsabwicklung kann auch zur Vereinfachung der Konsolidierung von eingehenden Materialien eingesetzt werden. Anstatt unter dem Durcheinander und den Ausgaben für viele kleine Lieferungen zu leiden, die an einer Annahmestelle ankommen, sind viele Käufer dazu übergegangen, eingehende Lieferungen an einem Fernterminal zusammenzulegen. Unter einem solchen Programm würden alle Verkäufer im Bereich Chicagos ihre Produkte nach einem bestimmten Lieferplan zu einem Konsolidierungsterminal transportieren, so daß die Waren erst eintreffen, kurz bevor sie gebraucht werden. Dort werden die kleinen Lieferungen zu einer einzigen Wagenladung zusammengelegt. Wenn ein Firmen-LKW eingesetzt wird, bringen die Einkäufe damit eine benötigte Rückfracht, die wiederum die Kosten des privaten Fuhrunternehmens reduzieren. Wenn kein firmeneigener LKW eingesetzt wird, kann ein normaler Transporteur den Auftrag übernehmen. In jedem Fall werden die Kosten für eingehende Transporte durch den Einsatz eines Konsolidierungsterminals verringert.

Eignet sich das System der Durchgangsabwicklung für Ihren Fall? Bedenken Sie die drei Hauptvorteile: *Erstens* sollte die Durchgangsabwicklung Ihnen die Abschaffung einiger Außenlageraktivitäten erlauben, die bis jetzt noch durchlaufen werden müssen. Indem eine Durchgangsabwicklung für ein regionales Lager eingesetzt wird, können Sie die Kosten in Zusammenhang mit dem Unterhalt dieses Lagerbetriebs eliminieren. *Zweitens* sollten Sie auch einige der Außenlagerbestände abschaffen, die früher in solchen regionalen Lagerhäusern gelagert wurden. *Drittens* führt die Abschaffung regionaler Lagerhäuser zur Vereinfachung einiger Abläufe und dazu, daß Verwaltungsaufwand und Papierarbeit in Zusammenhang mit dem Unterhalt eines Lagers nicht mehr erforderlich ist.

Neben ihren Vorzügen hat die Durchgangsabwicklung aber auch einige Nachteile. Die Abfertigungsaktivitäten müssen zeitlich so geplant werden, daß sie mit der Ankunft eingehender Ladungen und der Verfügbarkeit ausgehender LKWs zusammentreffen, was zu einer deutlichen Volumenkonzentration an Hoch- und Tiefpunkten führt. Die Bewältigung des Faktors Arbeitskräfteauslastung kann dabei zu einer entscheidenden Aufgabenstellung werden, da genügend Personal zur Abfertigung in Spitzenzeiten gleichzeitig auch eine zu geringe Auslastung dieses Personals in ruhigeren Zeiten bedeutet. Einrichtungen und Gerätschaften werden ebenfalls ungleich beansprucht. Die Anzahl der vorhandenen Paletten muß den Anforderungen von Spitzenumschlagszeiten genügen, und nicht alle werden voll ausgenutzt werden. Auch bleiben Lade- und Zwischenlagerplätze zeitweise ungenutzt.

Manche regionalen Lagerhäuser sind bereits mit Hilfe von Durchgangsabwicklungen ersetzt worden. Die Funktion der Warenlagerung wird es immer geben, weil selten ein perfektes Gleichgewicht zwischen Produktion und Konsum erreicht werden kann. Es wird immer Herstellungsprozesse geben, die saisonalen Einflüssen unterliegen, wie zum Beispiel die Weiterverarbeitung und Verpackung von frischem Gemüse nach der Ernte. Zwar konnten verbesserte Ablaufplanungsmethoden etwas ausgleichend auf die saisonalen Fluktuationen in Produktion und Konsum einwirken, können diese aber niemals ganz glätten. Daher wird immer eine Lagerung vonnöten sein, um saisonale Konsum- und Produktionsabweichungen auffangen zu können.

Auch in Zukunft wird man die Lagerung von Pufferinventar brauchen, um reibungslose Durchgangsabwicklungen zu ermöglichen. Letztere bricht mit Sicherheit zusammen, wenn nicht alle benötigten Waren zur Unterstützung der Abwicklung zur richtigen Zeit über das Dock fließen. Das bedeutet, daß keine Lagerengpässe im Hauptlagerhaus auftreten können. Obwohl das System der Durchgangsabwicklung die herkömmliche Lagerhaltung niemals ganz ablöst, wird es doch dazu führen, daß manche Lagerhäuser umgesiedelt, und andere ganz aufgelöst werden. Der Verteiler von Konsumgütern, der einmal zur Bedienung eines Inlandsmarktes 30 regionale Lagerhäuser unterhalten hatte, kann heute das gleiche Volumen mit drei Lagerhäusern abwickeln. Natürlich ist dadurch das richtige Funktionieren dieser drei Lagerhäuser wichtiger als jemals zuvor.

14.1.2 Umgekehrte Bestellungsentnahme

Ein Lagerhaus für den Lebensmittelvertrieb hat ein anderes System zur Bestellungsentnahme eingeführt, das so einfach wie wirkungsvoll ist. Das System kombiniert die Funktion der Warenannahme mit der Zusammenstellung ausgehender Kundenbestellungen. Die umgekehrte Bestellungsentnahme funktioniert nur dann, wenn fertige ausgehende Bestellungen bei Ankunft der eingehenden Lieferung bereit stehen. Das System ist so angelegt, daß die Entlademannschaft alle verfügbaren ausgehenden Bestellungen zusammenstellen kann, wenn das Produkt ankommt. Damit müssen Bestellungen nicht zweimal entnommen bzw. zwischengelagert werden. Das Lager spart Zeit und Geld.

In fast jedem großen Lagerhaus sind Warenannahme und Versand getrennt, oft sogar an entgegengesetzten Enden des Gebäudes. Die Annahmefunktion wird mit einem Mindestmaß an Zeitaufwand durchgeführt und das Ziel liegt darin, jedes Fahrzeug so schnell wie möglich zu entladen und sofort vollständig abzufertigen.

Beim System der umgekehrten Bestellungsentnahme beinhaltet eine vom Computer erstellte Übersichtsliste (Abbildung 14.1) eine senkrechte Spalte, die jeden Artikel der eingehenden Ladung enthält. Die waagerechten Zeilen listen jede ausgehende Bestellung mit der Bestellnummer und dem Namen des Kunden auf. Mit dieser Übersichtsliste von Abbildung 14.1 stellt ein Büroangestellter Entnahmescheine aus, die Kunden, Ladungsnummer und Bestellmenge angeben.

	15045	15116	17315	17354	18518
434718 Händler 1		10	200		25
434732 Händler 2	30			50	10
434744 Händler 3		25			
434740 Händler 4	40	30	400		
434745 Händler 5		15	200	25	
434729 Händler 6	40			20	10
434741 Händler 7	15	20	10		
434728 Händler 8	200	50		25	15
434728 Händler 9	10	10		100	200
434731 Händler 10		15	30	15	50

Abbildung 14.1: Eine vom Computer erstellte Übersichtsliste

Ein Entladeschein wird für jeden Lagerartikel ausgestellt. Im Beispiel Abbildung 14.2 enthält der Produktcode 17.315 Lieferungen für fünf verschiedene Abnehmer. Mit dem Entnahmeschein kann der Arbeiter in der Warenannahme bereits während des Entladens und Prüfens der Fracht diese in die fünf ausgehenden Bestellungen trennen. Sind dann diese Ausgänge auf verschiedenen Paletten verteilt, wird jede Palette mit dem Namen des Kunden und der Ladungsnummer beschriftet.

Produktcode 173/5		
Bestellung	Ladung	Kisten Menge
Händler Nr. 1	5	200
Händler Nr. 4	9	400
Händler Nr. 5	1	200
Händler Nr. 7	3	10
Händler Nr. 10	13	30
		840

Abbildung 14.2: Lagerentnahmeschein

Bevor das Produkt in den Zwischenlagerbereich kommt, werden die Entnahmescheine mit einer Kontrolliste verglichen. Damit wird sichergestellt, daß die Bestellmenge auf dem Entnahmeschein der auf der Kontrolliste entspricht. Dann wird jede Palette in einen Zwischenlagerbereich gebracht, wo sie dann jederzeit für eine ausgehende Lieferung abgeholt werden kann. Zur Gegenprobe wird der Frachtbrief vom Belader noch einmal geprüft, damit sichergestellt werden kann, daß die ganze Ladung ordnungsgemäß aufgeteilt wurde.

Manche sagen, daß diese umgekehrte Bestellentnahme den Ablauf bei der Warenannahme stark verlangsamt. Natürlich kompliziert es die Warenannahme, aber der Gesamtaufwand für Annahme und Versand wird deutlich reduziert. Das System funktioniert am besten, wenn strikte Zeitpläne für eingehende und ausgehende LKWs eingehalten werden. Es können so viele Waren angenommen werden, wie der Zwischenlagerbereich aufnehmen kann. Daher wird dieses System am besten so umgesetzt, daß der Terminplan für eingehende Waren gestreut wird, um damit so viel wie möglich Zeit für die Warenannahme zu gewinnen. Denken Sie daran, daß das Ladedock ein genügend großes Zwischenlager hat, das möglichst mit befahrbaren Palettenregalen zur Verstauung von zwischengelagerten Paletten ausgestattet ist.

Wie groß ist die Zeitersparnis? Bei einem herkömmlichen Annahme- und Versandsystem werden vier Personen benötigt: Empfänger, Verstauer, Verteiler, Versandarbeiter/Belader. Mit dem neuen System kann die gleiche Arbeit von nur zwei Personen ausgeführt werden, einem Empfänger/Verteiler und einem Belader.

Der größte Vorzug des Systems liegt in seiner Einfachheit. Die kompliziertere Gesamtliste wird im Lager nicht verwendet. Lagerarbeiter arbeiten mit einfach zu lesenden Entnahmescheinen. Werden ausgehende Bestellungen bereits zur Zeit des Empfangs zusammengestellt, werden dadurch Entnahme, Zwischenlagerung und Versand deutlich vereinfacht. Diese Variante der Warenannahme und Bestellungsentnahme trägt zur Verbesserung der Arbeitsabläufe in einem Lagerhaus bei. Nach einer gewissen Einarbeitungszeit können Entnahmefehler deutlich reduziert werden.

14.1.3 Barcodierung

Die Barcodierung war mehr als alle anderen im Lagerwesen eingesetzten technischen Hilfsmittel Thema von Diskussionen, wurde aber selten eingesetzt[1]. Ein Barcodierungssystem spart aber bei der Informationsverarbeitung Zeit. Nehmen wir als Beispiel einmal den Arbeitsablauf an der Warenannahme.

Ohne Barcodierung muß der Lagerarbeiter einen Annahmebericht ausfüllen, während er jede einzelne eingehende Lieferung entlädt. Er bringt dann den Annahmebericht und die begleitende Packliste ins Büro, damit sie dort in das Inventarsystem eingetragen werden kann. Ein Angestellter überprüft beide Papiere auf Unstimmigkeiten und trägt dann die Information auf dem Annahmebericht ein. Nach dem Eintrag könnte der Angestellte die passenden Lagerstellen für die Ware bestimmen und diese Stellen auf dem Bericht vermerken. Dieser wird an den Lagerarbeiter zum Verstauen des Lagerguts weitergegeben. Der Lagerarbeiter verstaut dann die Waren an den angegebenen Stellen.

Eine große Produktionsfirma fertigt Materialien, die jeden Tag aus vielen verschiedenen Quellen zum Verteilerzentrum gelangen, mit der Methode der Durchgangsabwicklung ab. Jede Quelle transportiert die an diesem Tag benötigte Gesamtmenge des Materials zum Verteilerzentrum. Das gleiche Material wird an mehreren Produktionsstätten verwendet, und das Verteilerzentrum beliefert all diese Produktionsstätten. Die Ankunft einer Sammellieferung an jeder Produktionsstätte ist genau vorausgeplant; jedoch wurden vorher die in konstanten Abständen eintreffenden Materialien rund um die Uhr abgefertigt. Diese Materialien mußten angenommen, wiederverpackt, zwischengelagert und weiterverschickt werden – und all dies innerhalb einer sehr kurzen Zeit. Zuverlässigkeit ist entscheidend, es bleibt kein Raum für Irrtümer. Alte Methoden mit dem damit verbundenen Hin- und Herschieben von Papierbergen hatten den Produktfluß gehemmt und einen größeren Lagerbestand erfordert, der als Pufferlager oder Sicherheitsventil diente. In diesem Fall ist die Barcodierung nicht nur erschwinglich, sonder verschafft außerdem meßbare Kosteneinsparungen.

Bei der Verwendung einer Barcodierung fängt der Ablauf der Warenannahme damit an, daß man von einem Barcodedrucker am Ladedock ein Palettenetikett ausdrucken läßt. Der Lagerarbeiter bringt das Etikett an der Palette an, liest den Barcode mit seinem Scanner ein und gibt dann über die Tastatur die Anzahl der Kartons auf der Palette ein. In weniger als zwei Sekunden sagt Ihnen das System, falls eine Diskrepanz aufgetreten ist und gibt Ihnen den entsprechenden Ort an, zu dem die Palette gebracht werden sollte.

14.1.4 Suchsysteme

Immer mehr Lagerhäuser setzen formalisierte Lagersuchsysteme auf Papier oder in Computerdateien ein. Die erste Überlegung sollte sein, ob ein solches System überhaupt erforderlich ist.

Die Notwendigkeit für Suchsysteme ergibt sich durch Aufteilung und Komplexität des Lagerguts. Ein Lager für nur eine Lagereinheit, wie z.B. ein Getreidesilo braucht offensichtlich kein System, das mitteilt wo sich das Getreide befindet. Auch ein Lager mit nur zwei oder drei verschiedenen Lagereinheiten benötigt vermutlich kein Suchsystem.

Ein System mit festgelegten Lagerplätzen kann vielleicht auch ohne Lagersuchsystem funktionieren, aber nur wenige würden behaupten, daß ein Lagersystem mit beliebigen Lagerplätzen ohne ein solches Suchsystem ordentlich funktionieren könnte. Daher ist die Diskussion über Lagersuchsysteme eigentlich meist eine Diskussion über die Lagerung mit beliebigen oder mit festgelegten Lagerplätzen. Manche Lagerhäuser verwenden eine Kombination der beiden Möglichkeiten, wobei dies meist in eine Entnahmeseite mit festgelegten Lagerplätzen und einer Überschußseite mit beliebigen Lagerplätzen aufgeteilt ist. Bei einem solchen Sachverhalt würden manche damit argumentieren, daß das Suchsystem nur für den Überschußbereich des Lagers benötigt wird.

Wenn Lagersuchsysteme eingesetzt werden, bringen diese mindestens sieben Vorteile mit sich:

1. *Ein Suchsystem hilft Platz sparen:* Wenn ein Artikel an mehr als nur einem Standort gelagert wird, müssen Sie Wege finden, um diese Standorte zusammenzulegen und eine neue Lagernische für einen neuen Artikel zu öffnen.
2. *Ein Suchsystem ist zeitsparend:* An der Warenannahme braucht ein Bediener nicht zuerst nach einem Platz für die neue Ware zu suchen – ein leerer Standort wurde bereits vor dem Verstauen des Artikels zugewiesen. Die Suchzeiten beim Versand werden eingespart, weil der Bestellentnehmer nicht zuerst das Lager aussuchen muß, bis er den benötigten Posten findet.
3. *Das Suchsystem bietet eine zusätzliche Kontrolle:* Bei manchen Bestellentnahmelisten muß der Bediener zuerst zu einem bestimmten Standort gehen, und dann den entsprechenden Artikel dort finden. Wenn Standort und Artikel nicht wie in der Bestellung angegeben übereinstimmen, muß ein falscher Standort oder ein falscher Artikel die Fehlerursache sein. Wenn jede Diskrepanz zwischen Artikel und Standort doppelt geprüft wird, gibt es weniger Versandfehler.
4. *Die Bestellentnahme wird mit einem Suchsystem beschleunigt:* Die sorgfältige Auswahl von Entnahmestellen kann einen kürzeren Weg für die Entnahme ausgehender Bestellungen bedeuten. Das heißt, daß die Geschwindigkeit der Entnahme erhöht wird.
5. *Ein Suchsystem bietet Kontrolle über einzelne Lose für mögliche Produktrückrufe:* Bei der Produktion einiger Chemikalien wird jede Partie von der Produktionsreihe als separates Los angesehen. Daher kann eine einzige Lagereinheit aus verschiedenen Losen bestehen. Wenn sich jedes Los an einem gesonderten Standort befindet und einzeln identifizierbar ist, wird die Kontrolle über diese Lose deutlich verbessert.
6. *Ein Suchsystem verbessert die Durchsetzung des Realisationsprinzips:* Durch eine Suche nach den ältesten Lagerbeständen wird die Kontrolle des Realisationsprinzips zentralisiert und verbessert.
7. *Suchsysteme können für die Produktquarantäne eingesetzt werden:* Man-

che Produkte werden für eine kurze Zeit in Quarantäne gehalten, bis eine Qualitätskontrolle durchgeführt wurde. Mit einem Suchsystem kann diese Quarantäne gesteuert werden.

Funktioniert ein Suchsystem richtig, beginnt das Verfahren mit der Platzplanung für eingehende Waren. Leere Standorte werden mit dem System sofort ausfindig gemacht. Es gibt mehr leere Standorte, weil mit dem Suchsystem teilweise gefüllte Paletten oder teilweise leere Warenreihen zusammengelegt werden. Wenn neue Wareneingänge erwartet werden, ordnet ein Platzplaner dem eingehenden Artikel einen leeren Standort zu. Die Person, die den LKW entlädt, kennt bereits den zugewiesenen Lagerplatz für den eingehenden Artikel. Dann kann die Ware direkt von der Warenannahmestelle zum leeren Lagerstandort gebracht werden.

Beim Versand von Waren enthält die Bestellentnahmeliste zuerst den Standort, dann den Artikel, der dort abgelegt ist. Wenn der Entnehmer den Artikel an diesem Ort nicht findet, wird diese Diskrepanz sofort gemeldet, damit die Fehlerquelle entdeckt und korrigiert werden kann. Der für die Platzplanung verantwortliche Mitarbeiter unternimmt regelmäßige Standortprüfungen im ganzen Lagerhaus. Der Zweck dieser Kontrollen liegt darin, leere Standorte zu finden, aufzuzeichnen und die Platzausnutzung durch Wiedereinlagerung und vielleicht Standortänderungen zu verbessern. Ein gutes Suchsystem erfordert ein gutes Kommunikationsniveau, Disziplin und eine unverzügliche Fehlerkorrektur. Oft werden zur Lösung dieser Standortprobleme Wechselsprechanlagen eingesetzt. Bei einer physischen Bestandsaufnahme bietet das Suchsystem eine zeitsparende Kontrolle über den Zählvorgang.

Viele Lagerleiter können auch ohne ein formalisiertes Suchsystem auskommen. Aber fast jede aktive Verteilerzentrale funktioniert mit einem Suchsystem weitaus besser.

14.2 Die vereinheitlichte Abwicklung

14.2.1 Die Geschichte der Palette

Manche Versuche, die Schiffsfracht zu vereinheitlichen, gehen weit in die Geschichte zurück. Aber die vereinheitlichte Abwicklung, wie wir sie heute kennen, fand ihren Anfang mit den entwickelten Logistikktechnologien für den militärischen Nachschub im Zweiten Weltkrieg. Zu dieser Zeit steckte die Entwicklung des industriell genutzten LKWs immer noch in den Kinderschuhen. Eine Holzplattform oder Palette wurde als die beste Form erkannt, damit der Industriegabelstapler eine Anzahl von kleinen Frachtstücken zusammen transportieren konnte. Die ersten Plattformen dieser Art waren Ladegestelle, die aus einer Fläche von breiten Brettern bestanden, die quer über zwei oder mehr Balken festgenagelt waren, welche die Plattform genug anhoben, damit die Gabeln von unten greifen konnten. Aufgrund der Notwendigkeit der Stabilität bei hohen Stapeln entwickelte sich dieses Ladegestell zu der heutigen Lagerpalette, bei der zur Erhöhung der Stabilität zusätzliche Bretter über die Unterseite der Balken befestigt sind. Die Paletten waren und sind einfach deshalb vielfach aus Holz, weil dies in den meisten Ländern das billigste und immer verfügbare Baumaterial ist.

Ladegestelle und Paletten gibt es in einer Vielzahl von Größen, wobei die gebräuchlichsten nur zwischen 3 x 3 Fuß und 4 x 8 Fuß liegen. Anfang der 60er Jahre führte ein Lagerhausbetreiber eine Studie über Lebensmittelketten in seinem Bereich durch, um die Möglichkeit des Austauschs von Paletten zu erforschen. Zu der Zeit hatte noch jede Lebensmittelkette ein eigenes Lagerregalsystem, das auf verschiedene Palettengrößen abgestimmt war, und eine Vereinheitlichung schien unmöglich.

14.2.2 Die Standardpalette

In den 60er Jahren nahm in den Vereinigten Staaten die Akzeptanz für Spezifikationen von Standardpaletten zu. In Europa war diese Vereinheitlichung schon viel früher eingeführt worden. Das US-Militär hatte meist eine Standardpalette eingesetzt, und riesige Mengen dieser Paletten blieben nach 1945 übrig. Die australische Regierung hatte nach dem Krieg einen besonders großen Überschuß an Geräten für die Transportabfertigung. Sie gründete einen „Commonwealth Handling and Equipment Pool“ (etwa: Zentralstelle für Abfertigung und Geräte des Australischen Bundes). Dieser Begriff wurde später als CHEP abgekürzt. CHEP übernahm eine Standardgröße von Paletten, so daß Australien vermutlich der erste Platz auf der Welt war, der als Vermächtnis des militärischen Überschusses eine praktische Normierung der Palettengrößen erreichte.

In den Vereinigten Staaten ist es das Unternehmen *General Foods*, dem die Hauptanerkennung dafür gebührt, daß es Anfang der 60er Jahre soviel

Druck für eine Standardpalette ausgeübt hatte. Dieser Standard (siehe Abbildung 14.3) spezifizierte Größe und Anordnung der Bretter auf der Ober- und Unterseite und auch das Maß der Balken oder Verstrebungen. Die General-Foods-Palette mußte aus Hartholz mit einem spezifischen Gewicht pro Einheit von ungefähr 80 lb hergestellt werden. Durch die Öffnungen an den Verstrebungen konnte die Palette von allen vier Seiten angehoben werden, obwohl sie am einfachsten von der 40 Zoll breiten Seite mit den größeren Öffnungen angehoben werden kann.

Aufgrund des Einflusses von General Foods auf Lieferanten und Kunden hatte dieses Unternehmen bereits eine größere Akzeptanz einer Standardpalette erreicht, als das Programm auf die Lebensmittelhersteller von Amerika (GMA, Grocery Manufacturers of America) übertragen wurde. Durch die Mitarbeit seiner Mitglieder konnte GMA die Einführung der General Foods Spezifikation als Industrienorm abschließen. Großhändler und Ketten paßten ihre Materialabfertigungssysteme und Lagerregalsysteme den neuen Standardpaletten an. Dann wurde das Programm einer Kommission für Lebensmittelpaletten übergeben und die Bemühungen zum Aufrechterhalten der Normen wurden brüchig. Die in der ersten von General Foods herausgegebenen Spezifikation bezeichneten Harthölzer wurden rar und teuer. Fast die Hälfte des amerikanischen Hartholzmaterials ging an die Pa-

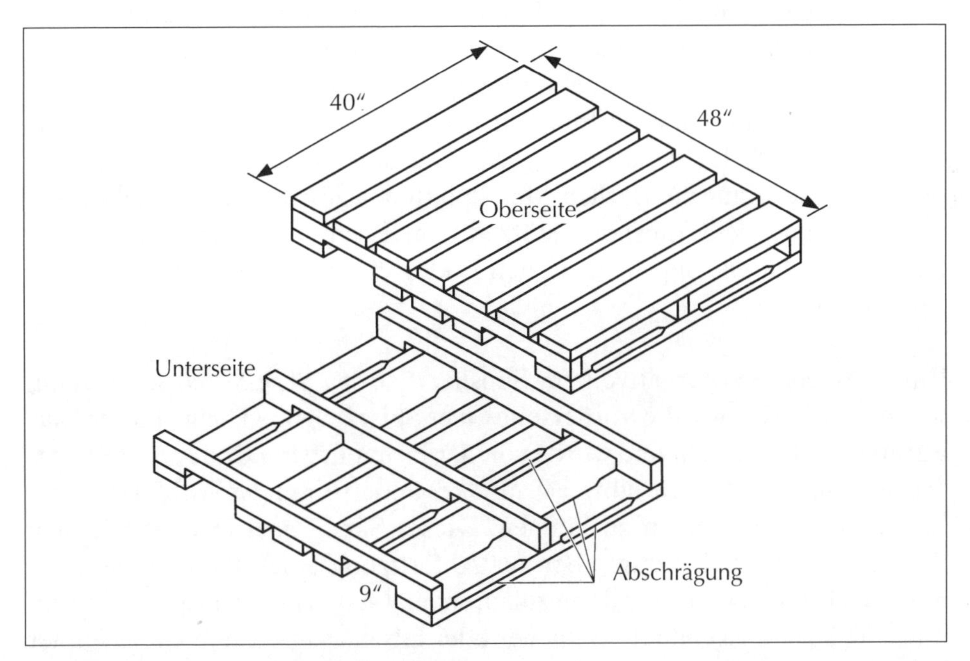

Abbildung 14.3: General Foods Standardpalette

lettenindustrie, und die Preise wurden unerschwinglich. Aus Kostengründen griffen viele Benutzer von Paletten auf billigere und weichere Holzarten zurück. Manche veränderten die Dicke und die Anordnung der Bretter, was die Paletten zwar billiger machte, gleichzeitig aber auch die Lebensdauer verkürzte. Die Kommission für Lebensmittelpaletten löste sich auf und die einzige Norm, die beibehalten wurde, ist die für die Längen- und Breitenabmessungen. Die (48 x 40)-Zoll-Palette ist immer noch die gebräuchlichste Größe und die für Lebensmittelprodukte am meisten eingesetzte Version. Die meisten Lagerregalsysteme sind für diese Einheitsladung von 48 x 40 Zoll ausgelegt.

14.2.3 Alternativen zu Paletten

Wenn auch die Verwendung einer Holzpalette die älteste und einfachste Methode für die Abfertigung von Einheitsladungen darstellt, gibt es dennoch auch andere Methoden. Die ersten Entwicklungen für einen Palettenersatz gab es bereits in den 40er Jahren, als die Hersteller von Geräten für die Materialabfertigung mit Papierunternehmen zusammenarbeiteten, um eine dünne Transportplattform aus Papier zu entwickeln, die unter dem Namen *Slipsheet* bekannt wurde. Dank des hochfesten laminierten Papiers ist diese Unterlage viel dünner als eine Holzpalette. Trotzdem kann sie ohne Probleme mit herkömmlichen Gabelstaplern angehoben werden. Die Hersteller von Geräten für die Materialabfertigung entwickelten ein besonderes Gerät, einen sogenannten Push-Pull-Aufsatz. Mit diesem Aufsatz kann die vorstehende Lasche des Slipsheets gegriffen werden und das gesamte Slipsheet mit der Ladung auf die flachen Metallplatten gezogen werden, die die Ladung während des Transports stützen. Am Bestimmungsort schiebt eine Platte das beladene Slipsheet auf den Boden eines Anhängers oder des Lagerhauses.

Eine einfachere Alternative zum Slipsheet ist das *Skee-Sheet,* so genannt, weil ein Ende sich wie die Vorderseite eines Skis nach oben biegt. Es wird aus Furnierholz hergestellt und wurde von der Firma *Elberta Crate and Box* entwickelt, die auch die Schreibweise auf *Skee* änderte, um das Wort als Warenzeichen eintragen lassen zu können. Dieses Skee-Sheet erfordert keinen Push-Pull-Aufsatz, benötigt aber zur Abfertigung einen Gabelstapler, der mit geschliffenen und ganz dünn zulaufenden Gabelzinken ausgestattet sein muß. Schlecht ausgebildete Bediener oder falsch ausgerüstete Gabelstapler können zur Beschädigung der Ladungen führen, wenn versucht wird, solche

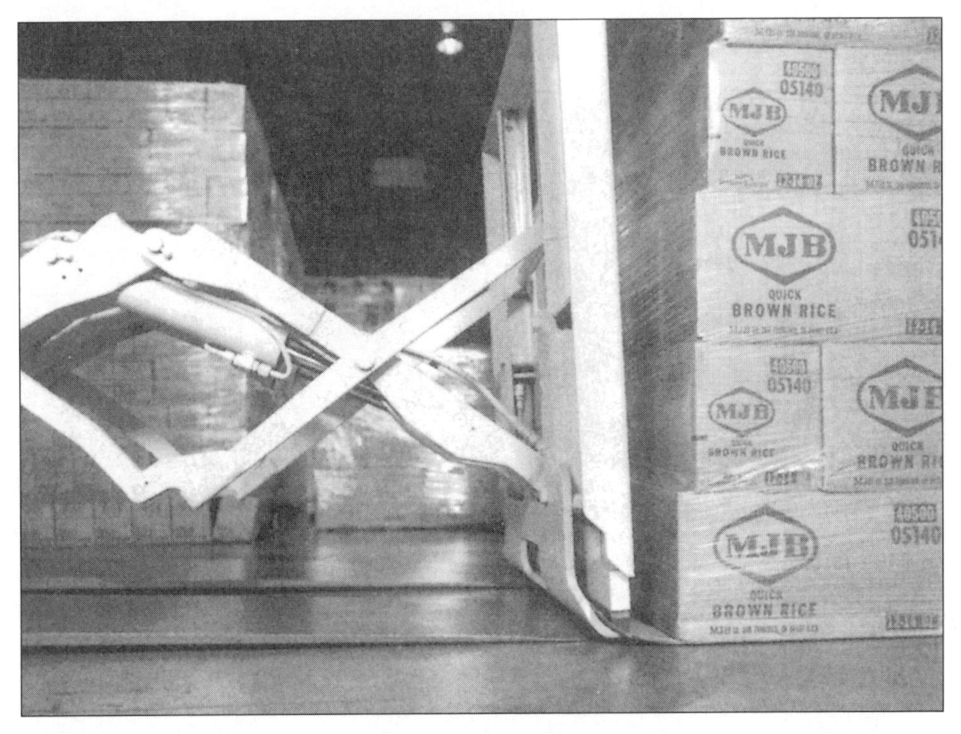

Abbildung 14.4: Slipsheet und Push-Pull-Aufsatz (Courtesy of Cascade Corporation)

Skee-Sheets mit stumpfen Zinken zu heben. Das heißt also, daß die Abfertigung eines Slipsheets oder Skee-Sheets besonderer Geräteaufsätze bedürfen und auch das Bedienerpersonal gut geschult sein muß.

Ein anderes Hilfsmittel, das in den letzten dreißig Jahren eingesetzt wurde, ist der Kartonklammervorsatz oder Greiferlader. Die Paddel dieses Fahrzeugs pressen die Seiten der Ladung so zusammen, daß sie angehoben werden kann. Dieses Gerät wurde ursprünglich für Baumwollballen und Papierrollen konstruiert, und manche Klammern sind so gestaltet, daß die Ladung gekippt oder auf die Seite gelegt werden kann. Der Klammerlader eignet sich am besten für relativ große und kompakte Pakete. Da Seitendruck erforderlich ist, um die Einheit anzuheben, kann ein falscher Druck oder eine nicht für diese Art der Abfertigung geeignete Verpackung zur Beschädigung der Ware führen.

In den Anfangstagen des Einsatzes von Klammerladern kam es zu einem riesigen Schaden an Haushaltswaschmaschinen, weil falsch eingestellte Klammern jede Einheit beim Anheben eindrückten. Dieses Abfertigungsgerät

Abbildung 14.5: Klammerlader mit Ladung (Courtesy of Cascade Corporation)

muß sorgfältig gewartet werden, da es auch durch falsche Bedienung beschädigt werden kann. Dieser Klammervorsatz wurde von manchen Lagerarbeitern schon zum Anheben der verschiedensten Artikel eingesetzt, von Fahrrädern bis zu Sicherheitsdraht, sie haben damit sowohl den Klammeraufsatz als auch die Ware beschädigt. Aufgrund seiner Funktionsweise braucht der Klammerlader keine Ladefläche. Er kann eine Ladung aufnehmen und sie von einer Ladefläche zu einer anderen bringen. Bei der Lagerung und in Frachtfahrzeugen geht etwas Raum dadurch verloren, daß ein paar Zoll an der Seite freigelassen werden müssen, damit die Arme des Klammervorsatzes hineingreifen können.

14.2.4 Die Anforderungen der Abwicklung von Einheitsladungen

Wenn Sie die verschiedenen Optionen bei der vereinheitlichten Materialabfertigung in Betracht ziehen, denken Sie am besten an die Vor- und Nachteile jeder dieser Optionen.

Die Holzpalette ist der schnellste und einfachste Weg der Abwicklung einheitlicher Ladungen. Ein Industrie-LKW mit Gabeln ist einfacher zu bedienen als alle anderen Ladeaufsätze. Die großzügig bemessenen Öffnungen der Standardpaletten erlauben ein sicheres Verstauen und Herausnehmen, auch wenn sie in hohen Stapeln abgelegt werden und der Fahrer eine Ladung in mehr als sechs Metern Höhe rangiert. Wenn aber der Einsatz einer Palette das ganze Potential an Einsparungen ausschöpfen soll, dann muß sie von Anfang bis Ende mit der Ladung transportiert werden.

Wenn das Material per Hand von einer Lagerpalette auf den Boden des LKWs gestapelt wird oder umgekehrt, benötigt der Be- oder Entladevorgang mehr als die sechsfache Zeit als mit einer Einheitsabfertigung. Eine für den Ablauf durchgeführte Zeitstudie zeigte, daß die manuelle Beladung von 22-lb-Kisten mit einer Geschwindigkeit von acht Paletten oder 480 Kisten/Arbeitsstunde abläuft. Die Beladung mit vollen Paletten kann mit einer Geschwindigkeit von 50 Paletten/Arbeitsstunde, oder 3.000 Kisten/Arbeitsstunde ablaufen.

Bei der Beladung mit vollen Paletten hat der Verfrachter die Möglichkeit, diese dem Empfänger zu überlassen, oder andere Paletten im Austausch anzunehmen. Paletten sind teuer, und die meisten Anwender wollen dem Empfänger keine Palette überlassen, deren Kosten sich zwischen 6 $ und 10 $ bewegen. Auf der anderen Seite laufen sie aber beim Palettenaustausch mit Transporteur, Verkäufer oder Lieferant Gefahr, hochwertige Paletten gegen billige einzutauschen. Wenig Lagerarbeiter würden den Unterschied zwischen der haltbaren und teuren Holzart und den billigen erkennen, oder zwischen gut abgelagertem Holz und grünem Holz unterscheiden können. Die meisten Lagerarbeiter haben weder die Zeit noch Lust nachzuprüfen, ob die richtige Dicke und Anordnung der oberen und unteren Bretter mit der Normspezifikation übereinstimmt. Daher gibt es keinen gangbaren Weg, um den Konstruktionsstandard an den Abfertigungsstellen im Lagerhaus durchzusetzen. Die Betriebe sind immer mehr über die hohen Kosten von „Schrott"-Paletten frustriert, nachdem die Bemühungen, die Einhaltung eines Normsystems durch Kontrollen zu überwachen, nicht erfolgreich waren.

Ein anderes wichtiges Problem liegt in dem Thema des Brandschutzes. Versicherungsgeber betrachten hohe Holzpalettenstapel als eine der größten Gefahren in einem Lager, da der Zwischenraum zwischen den Brettern für das Feuer wie ein Kamin wirkt, was zu einer sehr gefährlichen Situation führen kann. Aus diesem Grund verbieten die meisten Versicherungsgeber hohe Palettenstapel in einem Lager. Damit wertvoller Lagerraum nicht verschwendet wird, werden die leeren Paletten meist außen gelagert.

Die im Freien gelagerten Paletten können aber durch Verschmutzung und Verschlechterung durch Vögel und Nagetiere an Wert verlieren. Sie sind den Elementen ausgesetzt und verschlechtern sich dadurch durch den Einfluß von Regen, Schnee oder Eis. Letztendlich eignet sich Holz nicht zum Dampfstrahlen oder anderen wirkungsvollen Reinigungsmethoden.

Slipsheets oder Skee-Sheets sind kompakter und billiger als Holzpaletten. Aufgrund ihrer Kompaktheit können sie auf deutlich kleinerem Raum gelagert werden, durch ihre Konstruktion stellen sie nicht die gleiche Feuergefahr dar wie eine Holzpalette. Es gibt aber auch für diese Hilfsmittel keine Standardspezifikationen. Slipsheets können aus allen Materialien von Plastik bis Papier bestehen. Eine bekannte Brauerei verwendet Slipsheets aus Plastik und führt im eigenen Betrieb das Recyclingverfahren hierfür durch. Sowohl Skee-Sheets und Slip-Sheets erfordern besondere Geräte und Abwicklungsvorgänge. Sie können nicht mit dem herkömmlichen Gabelstapler für Paletten abgefertigt werden, der speziell für Holzpaletten gebaut wurde. Daher müssen Ladungen in diesen Einheiten wenn sie bei einer Firma ankommen, die konventionelle Gabelstapler und Tiefladegeräte einsetzt, auf normale Holzpaletten umgeladen werden.

Der Klammerlader bietet die Möglichkeit, dieses Umladen durchzuführen, da er eine Ladung heben und auf eine Plattform absetzen kann. *Procter & Gamble* entwickelte das sogenannte TOPS-System (Trucker-owned Pallet System). Bei diesem System bringt jede Transportgesellschaft, die in den Genuß der Arbeitskräfteeinsparungen einer Einheitsladung kommen will, Paletten an das Ladedock der Firma, woraufhin Klammerlader verwendet werden, um die Einheitsladungen auf die Paletten des Fuhrunternehmers aufzusetzen. Aber Klammerlader können nicht für jede Ladung eingesetzt werden. Einheitsladungen mit sehr kleinen Schachteln eignen sich zum Beispiel nicht für die Klammerbeladung, da die kleineren Kartons leicht aus der Mitte der Einheitsladung herausfallen.

14.2.5 Die Zukunft der Einheitsladungen

In den Jahren 1989 und 1990 führte die steigende Verärgerung über die von „Schrott"-Paletten verursachten Schäden zu einer intensiven Suche nach Alternativen. Die Firma *Cleveland Consulting Associates* erstellte zwei Studien für das *Joint Industry Shipping Container Comitee*, einer neuen Gruppe, die von Food Marketing Institute, Grocery Manufacturers of America (GMA) und die *National American Wholesale Grocers Association* (NAWGA) gesponsert wurde. Diese Studien ergaben, daß die Kosten des derzeitigen im Lebensmittelbereich angewandten Systems allein jährlich 1,9 Milliarden US-Dollar kosten. Umgerechnet auf eine Kiste mit Lebensmitteln beträgt dies 16 Cents, oder umgerechnet auf eine volle Palettenladung 10 Dollar. Diese Zahlen ergeben sich aus:

- den durch schlechte Paletten entstandenen Schäden,
- dem Austauschen und der Reparatur von beschädigten Paletten,
- Extrakosten für LKW-Transporteure beim Transport von Paletten,
- Produktivitätsverlust durch Sortier- und Auswahlarbeiten,
- an Arbeiter gezahlten Entschädigungen aufgrund von Unfällen mit Paletten,
- und den Kosten für den Verwaltungsaufwand.

Ein Lebensmittelgroßhändler gibt an, daß sieben von 10 Verletzungen in seinem Lager durch Paletten verursacht werden.

Auf diese von Cleveland Consulting Associates ermittelten Daten folgen zwei Reaktionen. Eine dieser Reaktionen bestand in der Ausschreibung eines Wettbewerbs durch das gemeinsame Industriegremium. Dieser Wettbewerb wurde für die Entwicklung einer Einweg-Lieferplattform ausgeschrieben, die geeignet sein mußte, um Einheitsladungen beim Transport auf etwas anderem als einer konventionellen Holzpalette zu bewegen. Ob eine akzeptable Transportplattform breite Zustimmung findet, muß abgewartet werden. Bislang gibt es noch keine Plattform, die den Anforderungen des Gremiums genügen würde.

Mindestens vier alternative Einwegpaletten wurden entwickelt. Preßspanplatten haben ungefähr die gleiche Haltbarkeitseigenschaften wie Holz und sind platzsparender, weil sie verschachtelt gelagert werden können. Sie haben keine Nägel, was Produktschäden vorbeugt. Paletten aus Wellfaserplatten sind weniger haltbar als Holz und können nicht repariert werden, könnten aber für einmalige Transporte geeignet sein. Plastikpaletten sind haltbarer als Holz. Zwar können sie nicht repariert, aber aus wiederverwertbarem Material hergestellt werden. Sie werden meist in einem geschlossenen System verwendet, in dem die Palette immer für einen erneuten Gebrauch zurückgelangt. Metallpaletten haben ähnliche Eigenschaften und die gleichen Anwendungen. Plastik und Metall können so keimfrei gemacht werden, daß sie den FDA-Auflagen für den Lebensmittelbereich entsprechen.

Die amerikanische Post hat Versuche mit der platzsparend stapelbaren Preßspanpalette und Plastikpalette durchgeführt.

Die andere Reaktion auf die von Cleveland ermittelten Daten bestand in einem Konzept, das in Australien, Neuseeland und Europa weit verbreitet ist. Im Jahr 1958 kaufte *Brambles Industries Limited* von der australischen Regierung den *„Commonwealth Handling and Equipment Pool“* (etwa: Zentralstelle für Abfertigung und Geräte des Australischen Bundes). Diese neu privatisierte Palettenzentrale bot einer Vielzahl von Industriesparten Paletten auf Mietbasis an. Nachdem sich dieses Konzept in Australien bewährt hatte, expandierte Brambles nach Neuseeland. Für die Kampagne in Europa fusionierte Brambles mit einer Britischen Firma, GKN. 1974 nahm in Großbritannien und Nordirland eine Paletten-Mietzentrale ihren Betrieb auf und breitete sich danach in ganz Europa aus. Im September 1990 lancierte GKN Brambles dieses Mietprogramm auch in den Vereinigten Staaten.

Procter & Gamble kündigte diesem Programm seine Unterstützung an, obwohl auch weiterhin noch andere Möglichkeiten, wie z.B. das bereits erwähnte „TOPS“-System angeboten werden. Das CHEP-Palettensystem scheint der ursprünglichen General Foods Spezifikation fast zu gleichen, mit nur einer Ausnahme. Die angegebene Holzart ist Kiefernholz oder Douglas-Tannenholz, was der „Hartholz“-Spezifikation der ursprünglichen Norm nicht entsprechen würde. Die CHEP-Palette hat ein durchschnittliches Gewicht von 65 lb (ca. 29 kg), verglichen mit den 80 lb (ca. 36 kg) der Spezifikation von General Foods, vielleicht weil das Holz leichter ist. Die Ladefläche bedeckt 81 Prozent der (40 x 48)-Zoll-Oberfläche, und die Unterseite bedeckt 57 Prozent der Oberfläche. CHEP-Paletten haben eine hellblaue Farbe an den seitlichen Oberflächen, womit die Paletten leicht identifizierbar sind und trennbar.

Die wirklich entscheidende Eigenschaft des CHEP-Systems liegt aber darin, daß die Paletten niemals verkauft, sondern immer nur vermietet werden. Daher muß der Palettenbesitzer und nicht der Benutzer die Paletten instandhalten. Das CHEP-Management gibt an, daß die durchschnittlichen Kosten ihrer Paletten bei 10 $ pro Einheit liegen, also wesentlich höher, als die Kosten, die durch die Studie der Cleveland Consulting Associates ermittelt wurden. Die Mietzentrale für Paletten basiert auf einer Gebühr von einem Dollar pro Palette bei Ausgabe der Palette. Eine Mietgebühr von 0,035 $ pro Tag wird für jede in Gebrauch befindliche Palette berechnet, und eine Transfergebühr von 88 Cent wird erhoben, wenn das Produkt auf der gleichen Palette zu einer anderen Partei transportiert wird.

Procter & Gamble wird seinen Kunden die CHEP-Paletten gebührenfrei liefern, solange die Palette die erste Ladung trägt. Sobald die Palette geleert wird, muß sie entweder an den Vermieter zurückgegeben oder von CHEP abgelöst werden. Eine Gebühr wird für jede verlorene Palette erhoben, aber voraussichtlich gibt es keine Möglichkeit, eine Gebühr für eine beschädigte Palette zu erheben, wenn nicht bewiesen werden kann, daß die Palette falsch eingesetzt wurde. GKN Brambles will im ganzen Land Depots einrichten, in denen die Palettenbestände gelagert, gewartet und kontrolliert werden. Die ersten Pläne sehen einen Bestand von ungefähr einer Million CHEP-Paletten in den Vereinigten Staaten vor, verglichen mit einem Bestand von acht Millionen Paletten in Australien, einem Land mit weniger als einem Zehntel der Bevölkerung der Vereinigten Staaten.

Wie vorherzusehen war, gibt es bereits einen Konkurrenten in diesem Bereich. Das Unternehmen *Libly Industries, Inc.* veröffentlichte eine Ankündigung über die Gründung ihrer neuen Tochtergesellschaft, *First National Pallet Rental, Inc.* Mit Geschäftssitz in Missouri arbeitet Libla mit anderen Palettenherstellern in weiteren Regionen zusammen. Wie CHEP wird auch First National Pallet mit der Unterscheidung durch einen bestimmten Farbcode arbeiten, aber die Paletten sind aus Hartholz (Eiche) mit einer 71 Prozent Oberflächenabdeckung. Das Preissystem unterscheidet sich ebenfalls. Ein Lebensmittelhersteller mietet die Palette zu einer Basisgebühr von vier Dollar plus einem Pfand von 3,50 $. Wenn die beladene Palette an einen Kunden geliefert wird, wird der neue Benutzer mit 3,50 $ Pfand belastet. Dieser Betrag geht dann an den ursprünglichen Hersteller.

Wenn die beiden Möglichkeiten des Mietens von Paletten oder des Verwendens von Einweg-Lieferplattformen in Betracht gezogen werden, muß der Benutzer auch die Vor- und Nachteile mit in seine Überlegungen einbeziehen. Leere Holzpaletten, ob gemietet oder gekauft, stellen bei Mengenlagerung im Inneren immer noch ein Brandrisiko dar. Wenn die Paletten außen gelagert werden, bleiben die Probleme mit der Verschmutzung und dem Verrotten. CHEP wird ein Großteil dieser Last dadurch abnehmen, daß nicht genutzte Paletten in CHEP-Depots gelagert werden, aber von jedem Lebensmittelhersteller muß trotzdem ein Vorrat für zwei Tage gehalten werden.

Die Einweg-Lieferplattform ist eigentlich nur für die Materialabwicklung und nicht für die Lagerung gedacht. Es ist unwahrscheinlich, daß eine billige Lieferplattform auch stark genug wäre, um für hoch gestapelte, freistehende Lagerstapel geeignet zu sein. Daher muß die Ladung von der Lieferplattform auf eine haltbarere Lagerpalette umgeladen werden. Ein solches Umladen ist zwar einleuchtend, bringt aber zusätzliche Ausgaben mit sich.

Eine gemietete Palette aus einem anderen Material als Holz, könnte eine attraktive Alternative darstellen, besonders wenn dieses Material eine Innenlagerung und Dampfreinigung zulassen würde. Diese Alternative gibt es aber bislang noch nicht.

Die Anforderungen von Einheitsladungen werden in den nächsten Jahren gelöst werden, einfach weil sich jedermann mit diesem Problem beschäftigt. Das mögliche Ergebnis wird wahrscheinlich viele Lagerbetriebe in den Vereinigten Staaten deutlich verändern.

14.3 Die Aufrechterhaltung genauer und sicherer Betriebsabläufe

In vielen Betrieben stellen auftretende Fehler das größte Problem für das Management dar. In manchen Branchen bedeutet ein Fehler ein verlorener Kunde; in einigen Situationen kann ein Transportfehler den Verlust eines Lebens bedeuten. Solange menschliche Wesen im Lagerhaus arbeiten, wird es auch Fehler geben. Es ist aber die Aufgabe des Managements, diese Fehler so gering wie möglich zu halten.

14.3.1 Fehlerreduzierung in der Warenannahme und Warenversand

In den verschiedenen Betrieben sind die Kosten von Fehlern stark unterschiedlich, und Sie sollten für Ihren Betrieb eine Schätzung der Kosten für Fehler erstellen. Wird der falsche Artikel geliefert, tritt ein nicht gemeldeter Lagerengpaß auf, wenn der Lagerbestand für diesen Artikel ausgeht, und gleichzeitig tritt an einer anderer Stelle ein Überschuß auf. Wenn nicht regelmäßig physische Zählungen durchgeführt werden, können solche nicht gemeldeten Lagerengpässe dazu führen, daß Sie Probleme mit Ihren Kunden bekommen, weil Sie Produkte nicht liefern können, von denen Sie dachten, daß sie vorrätig seien.

Wenn der Lieferfehler korrigiert werden muß, müssen Sie die Kosten für Rücksendungen und erneute Verschickung übernehmen. Gewöhnlich verdreifacht dies die Lieferkosten, die für eine erstmalige richtige Lieferung anfallen. In manchen Betrieben erlaubt der Verfrachter dem Empfänger, die falsch gelieferte Ware zu behalten, um zusätzliche Transportkosten zu sparen. Natürlich wird dieses Verfahren nicht auf teure Waren angewendet. Die Kosten für Rücknahme des falschen Artikels und erneute Aufnahme in das Lager betragen ein Vielfaches der Kosten für eine normaler Lagerannahme. Ein Teil dieser Kosten entsteht durch die notwendige Verwaltungsarbeit in Zusammenhang mit der Korrektur eines Lieferfehlers und der Abwicklung nur eines oder weniger Pakete.

Aber die schwerwiegendsten Kosten eines Fehlers liegen darin, daß der Kunde unzufrieden gemacht wurde.

Ihr Unternehmen kann viel unternehmen, um die Fehlermöglichkeiten zu reduzieren. Eine Fehlerursache sind Mißverständnisse, die bei einer telefonischen Bestellung auftreten können. Solche Mißverständnisse können durch einfache Wiederholung der Bestellung am Telefon auf ein Mindestmaß zurückgeführt werden. Manche Firmen rufen ihre Kunden außerdem noch einmal zurück, um die Bestellungen zu bestätigen. Denken Sie nur an das Verfahren einer bekannten Fastfoodkette für Hauslieferungen. Diese Firma fragt bei jeder telefonischen Bestellung nach der Telefonnummer. Dann ruft der Telefonist den Kunden zurück, um die Bestellung zu wiederholen. Dieser zweite Anruf verhindert einen großen Teil der Fehler.

14.3.2 Fehlerreduzierung bei der Bestellentnahme

Lagersuchsysteme wurden ursprünglich dazu entwickelt, um die Suchzeit bei einem komplexen Lagerbestand zu verkürzen. Diese Suchsysteme haben aber noch einen zweiten Vorteil – nämlich den, daß sie Lieferfehler verhindern. Der Arbeiter, der die Bestellungen zusammenträgt, wird bei einem solchen Suchsystem dazu instruiert, an einen vorgegebenen Standort zu gehen, um dort einen bestimmten Artikel herauszunehmen. Wenn der Entnehmer feststellt, daß der Artikel sich nicht an diesem Standort befindet, liegt entweder ein Fehler im Suchsystem, oder in Bezug auf den genannten Artikel vor. Wenn der Entnehmer Unstimmigkeiten zwischen Suchsystemangaben und vorhandenem Artikel überprüft, bietet dies eine zusätzliche Möglichkeit, Fehler im Entnahmesystem aufzudecken.

Eine überraschend große Zahl von Lagerfehlern werden gemacht, weil die Etiketten oder Beschriftungen auf den Paketen verwirrend oder manchmal sogar irreführend sind. Unwichtige Markierungen sollten entfernt werden, und man sollte großen Wert darauf legen, daß ein durchgängiges Markierungs- oder Etikettiersystem angewendet wird. Alle Markierungssysteme sollten zuerst den Warennamen, dann Größe, Farbe und Artikelnummer aufführen. Einige Markierungen sind auch zu klein, um bei den in Lagerhäusern üblichen Lichtverhältnissen entziffert werden zu können. Andere werden in einer Farbe angebracht, die bei manchen Lichtverhältnissen nicht sichtbar sind. Wenn Sie eine hohe Fehlerquote haben, überprüfen Sie die Möglichkeit, ob die Markierungen so geändert werden können, daß sie einfacher zu lesen wären.

Eine andere Fehlerquelle im Markierungssystem liegt in der Verwendung von Regalkisten oder Paketen in einem Paket. Angenommen, Sie haben eine Transportkiste, die wiederum Pakete enthält, wobei in jedem dieser Pakete drei Flaschen verpackt sind. Bei ungenauer Ausdrucksweise kann es für den Lagerarbeiter unklar sein, ob der Kunde eine Kiste, eine Regalkiste, oder Flasche will. Verwirrungen dieser Art können dazu führen, daß zuviel gelieferte Waren einschneidende Verluste mit sich bringen, oder daß zu wenig gelieferte Ware Ihnen einen unzufriedenen Kunden beschert. Stellen Sie sicher, daß Ihr System vollständige Klarheit darüber verschafft, wie viele Teile der Kunde wirklich will.

Da heutzutage die Papiere meist vom Computer erstellt werden, sind die Entnahmepapiere oft verwirrende und schwer lesbare Kohledurchschläge. Zur Vermeidung von Fehlern sollte das Entnahmedokument in erster Linie für die Verwendung des Einräumers gestaltet sein. Die Liste sollte so lesbar sein wie möglich, und nur so viele Buchstaben und Nummern enthalten, die zur Identifikation des Produktes notwendig sind. Es sollte alles unternommen werden, um überflüssige Angaben, die den Entnehmer nur ablenken, so weit wie möglich zu vermeiden.

Wenn auf anderen Kopien der Bestellung für den Entnehmer unwichtige Informationen sind, können diese Angaben durch schwarze Balken überdeckt werden. Die Verbesserung der Lesbarkeit einer Entnahmeliste reduziert Fehler. Dazu gehört auch, daß genügend Zeilenabstand eingehalten wird, damit die Informationen leicht lesbar sind, sowie die Verwendung von horizontalen Linien, damit der Entnehmer die Mengen nicht durcheinander bringen kann.

Ein Entnahmeschein hat oft vier Spalten. Die erste Spalte gibt den Standort des Produktes im Lager an, die zweite die Identifikationsnummern für das Produkt. Die dritte Spalte ist für einen Vermerk des Entnehmers reserviert, wenn der Artikel entnommen wurde. Die vierte Spalte gibt die zu entnehmende Menge an. Alle Änderungen in der Bestellung gehören in die dritte Spalte.

Eine überraschend große Anzahl von Lagerentnahmescheinen geben die Produkte nicht in der gleichen Reihenfolge an, in der sie an einer Entnahmereihe untergebracht sind. Also muß der Arbeiter entweder den Schein so abändern, daß die Reihenfolge stimmt, oder er ist gezwungen, die einzelnen Artikel im Zickzack durch das ganze Lager hindurch herauszunehmen. Wenn der Entnahmeschein die Artikel in der richtigen Reihenfolge der Entnahme im Lager aufführt, kann dies oft die Hälfte der Zeit einsparen.

Manchmal verleitet auch das Umfeld Ihres Lagers zu Entnahmefehlern. Der verbreitetste Fehler liegt in unzureichender Beleuchtung. Während ein Mindestmaß an Beleuchtung für Schüttgutlagerung ausreichend sein kann, muß die Beleuchtung eines Bestellentnahmebereiches eine Lichtstärke von mindestens 50 Fuß haben. Die beliebtesten und am häufigsten entnommenen Artikel sollten in einer bequemen Höhe für den Entnehmer untergebracht werden. Die Artikel mit der höchsten Umschlagsrate sollten mindestens 40 cm über dem Boden und höchstens 1,80 m hoch untergebracht werden, damit die Mühe bei der Entnahme der populärsten Artikel so gering wie möglich ist. Manche Produkte sind aufgrund ähnlicher Markierungen oder ähnlichem Aussehen besonders verwechslungsgefährdet. Versuchen Sie, solche Artikel nicht direkt nebeneinander unterzubringen.

Eine der kontroversen Personalpraktiken ist die Abschaffung von Vollzeitkontrolleuren. Viele Lagerbetriebe haben mit großem Erfolg Vollzeitkontrollpersonal abgeschafft. Andere Betreiber halten das für unmöglich. Die Entscheidung wird durch die Qualität Ihrer Arbeiterschaft sowie die Beschaffenheit und Eigenschaften der zu entnehmenden Waren beeinflußt. In vielen Fällen führt die Abschaffung von Kontrolleuren zu bewiesenen Einsparungen – Kosten für die Fehlerkorrektur sind geringer als das Gehalt des Kontrolleurs, und die Arbeiter fühlen sich stärker verantwortlich, weil sie wissen, daß der einzige Kontrolleur der Kunde ist. In anderen Fällen ist die Arbeit eines Kontrolleurs für die Aufrechterhaltung der gewünschten Qualität absolut notwendig.

14.3.3 Die Verhütung von großen und kleinen Diebstählen

Fast alle empfangenen und verschickten Produkte könnten gestohlen sein. Solche Produkte, die am ehesten gestohlen werden sind entweder sehr wertvoll, leicht zu verkaufen oder beides. Manche Waren können zwar teuer sein, aber nicht leicht verkäuflich, und andere Produkte können zwar billiger, dafür aber leichter verkäuflich sein. Für Diebe ist die Verkäuflichkeit eines Produkts im allgemeinen wichtiger als der Wert. Manche Grundlebensmittel, die zwar keinen hohen Wert haben, waren das Objekt von Massendiebstählen, weil es einen Markt für den Artikel gab. Manche Waren haben ihre Attraktivität für Diebe verändert. Es gab eine Zeit, in der Computer zwar wertvoll waren, aber schwer zu verkaufen. Heutzutage sind die Kosten pro Raummaß für Computerprodukte niedriger, aber die Vermarktungsmöglichkeiten sind gestiegen. Die zuständigen Ermittlungsbehörden können Ihnen einen guten Einblick darüber verschaffen, welche Produkte häufig zum Wiederverkauf gestohlen werden.

Viele Lagerhäuser wenden selektive Sicherheitsstandards an, wobei die höchsten Sicherheitsmaßnahmen für die Produkte ergriffen werden, die man für am meisten diebstahlgefährdet hält.

Es gibt zwei Arten von Warendiebstählen in und um Lagerhäuser. Erstens, der Massendiebstahl, der Diebstahl eines Frachtfahrzeuges oder der Einbruch in ein Lagergebäude und die Mitnahme großer Warenmengen. Die zweite Art ist das „mysteriöse Verschwinden“.

Zum mysteriösen Verschwinden kann die geheime Absprache zwischen LKW-Fahrern und Versandarbeitern gehören, die absichtlich zuviel Waren auf ein abfahrendes Fahrzeug laden. Ähnliche Absprachen mit Bediensteten an der Warenannahme kann dazu führen, daß nicht alle auf einem Fahrzeug enthaltenen Waren wirklich ankommen. Ein Teil der Waren bleibt auf dem LKW, damit diese später verkauft werden können. Ein anderer Bestandteil dieses mysteriösen Verschwindens ist das unerlaubte Einstecken beziehungsweise Mitnehmen kleinerer Warenmengen. Kleine Produkte können in Imbißbehältern oder Taschen hinaus getragen werden, oder in Abfalltonnen gesteckt werden, um diese dann in einem unbeobachteten Moment herauszuholen.

Es gibt zwei Schutzmaßnahmen gegen Diebstähle. Erstens kann die Entwicklung von physischen Abschreckungsmaßnahmen in der Einrichtung selbst den Dieben das Entfernen von Produkten schwer machen. Zweitens kann durch Einstellung der richtigen Mitarbeiter Diebstählen vorgebeugt werden, wenn solche Mitarbeiter keine großen oder kleinen Diebstähle dulden.

Auch ein ausgeklügeltes Schutzsystem kann durch einen unehrlichen Mitarbeiter außer Kraft gesetzt werden. Die einzige Art zur Eindämmung dieser Art Diebstähle ist der Versuch, nur ehrliche Arbeitskräfte einzustellen. Das wird aber immer schwerer, besonders seit die Verwendung von Lügendetektortests in Amerika gesetzlich verboten ist. In manchen Staaten ist auch eine detaillierte Bonitätsprüfung illegal.

Die Ehrlichkeit eines Bewerbers kann auch mit einer neueren Methode getestet werden, einer Analyse der Sprache, die Streßsituationen während des Gesprächs erkennt. Manche halten die Ergebnisse dieses Tests für aussagefähiger als die eines Lügendetektortests. Wenn die befragte Person versucht, mit ihrer Antwort falsche Angaben zu machen, verändert sich die Stimme so, daß dies zwar mit dem menschlichen Ohr nicht wahrnehmbar ist, aber von einem geschulten Experten mit einem besonderen Aufzeichnungsgerät gemessen werden kann. Wenn auch die meisten Gespräche im Beisein des Sprechers getätigt werden, kann ebenso ein Telefongespräch oder eine Bandaufnahme analysiert werden.

Als 1988 in den USA die Verwendung eines Lügendetektortests verboten wurde, konzentrierte sich das Interesse wieder vermehrt auf die Analyse der Handschrift, einem Hilfsmittel für Personalentscheidungen, das mehr in Europa angewendet wird als in den Vereinigten Staaten. Die Aussagekraft dieser Methode ist umstritten, aber viele behaupten, daß die Analyse der Handschrift viel über die Persönlichkeit des Schreibers aussagt.

Eine gute Art, konspirative Zusammenarbeit zu verhindern liegt darin, eine „Zweitzählung" durchzuführen. Im Idealfall wird diese zweite Zählung von einem Vorarbeiter oder Kontrolleur durchgeführt, der zur Managementebene gehört.

Es gibt mindestens drei Arten, wie Sie einen Vorarbeiter als erste Verteidigungslinie gegen konspirative Diebstähle einsetzen können:

1. Die Versiegelung und Entfernung der Versiegelung darf nur von einem Vorarbeiter in Begleitung des entsprechenden LKW-Fahrers durchgeführt werden.

2. Achten Sie darauf, daß beim Empfang einer Ladung der Vorarbeiter und der Lagerarbeiter an der Warenannahme die Ware im Zwischenlagerbereich auf ihre Richtigkeit überprüfen. In einem geschäftigen oder überfüllten Lager kann diese Überprüfung auch direkt an der Lagernische durchgeführt werden, da die Ladung vom Fahrzeug direkt an ihren Bestimmungsort gebracht wird.
3. Weil bestimmte Ladungen nur stichprobenartig geprüft werden können, sollte diese Stichprobe von einem Mitglied des Managements durchgeführt werden.

Das muß nicht bedeuten, daß ein konspirativer Ring sich nicht auch auf das Management erstrecken könnte, oder nicht mehr als zwei Personen umfassen könnte. Die Erfahrung hat aber gezeigt, daß an wenigen konspirativen Diebstählen mehr als zwei Personen beteiligt sind.

Die Personalpolitik für die Warenannahme und den Warenversand kann so beschaffen sein, daß sie die Ehrlichkeit fördert. Als Beispiel hierfür könnte man das strikte Verbot zur Annahme von Geschenken anführen. In manchen Lagerhäusern hängt ein günstiger Abladetermin von einem „Geschenk" an den Empfänger, dem Mitarbeiter an der Warenannahme, ab. Wenn diese Art der Korruption zu finden ist, dann ist auch die moralische Atmosphäre gegen Warendiebstähle nicht gefeit.

Die Einhaltung von Sicherheitsmaßnahmen muß streng überwacht werden. Wenn zum Beispiel nur Vorarbeiter Siegel brechen und anbringen dürfen, müssen Sie solche Verwaltungsvorgänge schaffen und einhalten, die bestätigen, daß nur ein bestimmter Vorarbeiter die Arbeit erledigt hat.

Jeder leere Container stellt ein potentielles Lager für gestohlene Waren dar. Ein leerer Anhänger am Ladedock könnte ein Zwischenlager für Diebesgut sein. Das gleiche trifft auf leere Güterwaggons und sogar Abfallcontainer zu. Eine Möglichkeit ist es, den Zugang zu solchen Containern streng zu kontrollieren. Leere Frachtfahrzeuge sollten entweder versiegelt werden, oder beim Verlassen des Lagers überprüft werden. Außerdem sollte die Durchführung dieser Überprüfung mit einem schriftlichen Bericht bestätigt werden.

Abholungen von Kunden stellen ein zusätzliches Diebstahlrisiko dar. Eine Art der Diebstahlverhütung in diesem Bereich besteht darin, die Waren von einem Mitarbeiter aus dem Lager holen zu lassen, die Auslieferung an den

Kunden aber durch einen anderen Arbeiter erfolgt. Auch dieses Verfahren beruht auf dem Erfahrungswert, daß meist nur zwei Personen an solch konspirativen Diebstählen beteiligt sind.

Die Rücksendungen von Kunden stellen ein ungewöhnliches Sicherheitsproblem dar – besonders wenn die Ware in großen Mengen oder in Kartons erfolgt, die nicht der normalen Verpackung entsprechen. Wenn dies in Ihrem Lager vorkommt, müssen Sie sicherstellen, daß alle Rücklieferungen von Kunden gründlich direkt bei Ankunft am Ladedock geprüft werden. Wenn Sie diese Abläufe nicht immer auf dem neuesten Stand halten, sprechen Sie förmlich eine Einladung für Diebe aus.

Die Kontrolle der Papiere kann so wichtig sein wie die Kontrolle von Fracht. Da gefälschte Paketaufkleber zur Umleitung von kleinen Lieferungen verwendet werden, ist der beste Weg zur Verhinderung solcher Vorfälle, die Ausstellung der Aufkleber zu überwachen.

Viele Lieferteams nehmen ihre Mittags- oder Kaffeepausen zur gleichen Zeit. Dann bleiben die Ladedocks oder Eingangstüren unbeaufsichtigt. Die Pausen sollten besser gestaffelt genommen werden, damit immer ein paar Mitarbeiter am Arbeitsplatz sind, um keinen unbefugten Zutritt zu ermöglichen.

Eine der ersten Maßnahmen zur Diebstahlsicherung sind elektronische Alarmanlagen, die meist zuverlässiger sind als ein Wachmann. Aber man muß sich immer darüber im klaren sein, daß ein elektronisches System auch Schwachstellen hat. Jedes von einem menschlichen Wesen entwickelte System kann durch ein anderes überwunden werden, besonders wenn zu einem raffinierten Diebesring auch ein ehemaliger Angestellter einer Firma für Alarmanlagen gehört. Außerdem beschäftigen solche Firmen für Alarmanlagen zur Installation der Anlagen auch manchmal Elektriker als Subunternehmer. Ein unehrlicher Elektriker kann fast jede Anlage ausschalten.

Aber die modernen elektronischen Systeme sind dank zunehmender technischer Raffinesse der neuen Geräte schwerer zu schlagen. Ein Beispiel hierfür ist der Einsatz einer internen Fernsehüberwachungsanlage. Diese sind am wirkungsvollsten, wenn sie mit Videogeräten kombiniert eingesetzt werden, womit man Ereignisse wiederholt betrachten kann. Manche solcher Systeme werden mit der Öffnung einer Docktür aktiviert, so daß die Kamera nur läuft, wenn eine Ladetür offen ist. Das Aufzeichnungssystem kann so eingestellt werden, daß es abends oder an Wochenenden läuft, wenn das Lager geschlossen ist. Mit Hilfe eines Schnelldurchlaufs kann das Aufsichtspersonal nach Wiederöffnung des Lagers die Bänder durchsehen.

In vielen Lagern werden interne Fernsehüberwachungssysteme hauptsächlich als psychologisches Abschreckungsmittel eingesetzt. Richtig installiert kann eine solche Anlage aber auch eine handfeste Hilfe bei der Aufdeckung von Diebstählen und der Überführung von Dieben sein.

Die Möglichkeit eines falsch ausgelösten Alarms ist einer der Nachteile jedes elektronischen Systems. Ein direkt mit einer Polizeidienststelle verbundenes System, das zu empfindlich eingestellt ist, kann so oft einen falschen Alarm auslösen, daß es zu einer echten Plage wird. Während die meisten Verantwortlichen der Polizei den Einsatz von elektronischen Systemen befürworten, wollen sie natürlich auch, daß zuverlässige Geräte eingesetzt werden.

In einem Lagerhaus sind es die empfindlichsten elektronischen Systeme, die meistens einen falschen Alarm auslösen. Ganz oben in der Liste stehen die Ultraschallsysteme, die für die Erkennung von Geräuschen oder Bewegungen konstruiert sind. Das Problem liegt darin, daß sich die meisten Lagerhäuser an oder in der Nähe von Bahnhöfen befinden, und das normale Rangieren der Frachtwaggons kann bereits ausreichen, um den Alarm auszulösen. Manche Lagerhäuser haben ein Innengleis, das für die Bahnbesatzungen zugänglich sein muß, damit sie nachts die Waggons austauschen können. Unter diesen Umständen ist die Verwendung eines Ultraschallsystems höchst schwierig, wenn nicht ausgeschlossen.

Die billigsten elektronischen Alarmanlagen für ein Lagerhaus bieten nur eine Sicherung der Türen. Ein solches System kann aber einen entschlossenen Dieb nicht aufhalten, der sich auch die Zeit nimmt, durch eine Lagerhauswand einzudringen. Die Wände der meisten modernen Lagerhäuser sind verhältnismäßig dünn, und gleich ob sie aus Beton oder Metall gebaut wurden, braucht ein Dieb nur kurze Zeit, um ein Loch in die Wand zu brechen oder zu schneiden, das groß genug ist, einen Massendiebstahl durchzuführen.

In einem solchen Fall haben die Diebe einen LKW gegen die Rückwand des Lagers geparkt. Vom Inneren des LKWs aus wurde dann ein Loch in die

Wand gebrochen und der LKW mit dem teuersten Produkt, das sich im Gebäude befand, beladen.

Aufgrund der Ungeschütztheit fast aller Lagerhauswände gehört zu den besten Alarmanlagen eine „Mauer aus Licht“ um einen Großteil der Lagerbereiche. Bei einer solchen Beleuchtung wird ein Dieb, der es schafft, eine Außenwand zu durchbrechen, immer noch einen Alarm auslösen, wenn er in den Lagerbereich kommt.

Auch durch Dachfenster und Dächer kann leicht eingebrochen werden, besonders wegen des geringen Gewichts der Baustoffe, die für die modernen Bauten verwendet werden. Das vollständige Absichern einer Dachfläche ist nicht praktikabel. Glücklicherweise ist es ebensowenig sinnvoll, eine größere Menge Fracht über ein Dach abzutransportieren.

Eine Antwort auf die notwendigen Kompromisse bei Alarmsystemen ist die Installation von Alarmanlagen in bestimmten Abschnitten. Damit kann ein gewisser Sicherheitsstandard für den größten Teil des Inventars von normalem Wert, und ein „Hochsicherheitsbereich“ für hochwertige Artikel eingerichtet werden. Sogar ein Ultraschallsystem kann in einem einzelnen, isolierten Raum praktisch sein, der für einen kleinen Teil des Inventars eingerichtet ist.

Das typische, in Lagerhäusern verwendete Alarmsystem muß als Gesamtsystem an- und ausgeschaltet werden, so daß es im Falle eines Alarms schwierig ist, den Ort des Geschehens ausfindig zu machen. Aufsichtspersonen in Lagerhäusern haben Schwierigkeiten damit, das System nachts einzuschalten, wenn eine der vielen Türen offen steht, oder ein elektronischer Strahl belegt ist. Gute Systeme haben jedoch eine Anzeigetafel, die genau die betreffenden Türen oder Strahlen sichtbar machen.

Ein solches System ermöglicht es Ihnen auch, bestimmte Türen mit der Alarmanlage zu sichern, aber andere aus dem System auszuschalten. Damit können Sie das System für Teile des Gebäudes aktivieren, die nicht täglich frequentiert werden. In einem sehr großen Gebäude oder einem mit wenig Personal kann ein solches System seine zusätzlichen Kosten rechtfertigen.

In den meisten Gemeinden sehen die Feuervorschriften viele Notausgänge für Fußgänger entlang der Wände des Lagerhauses vor, damit die Arbeiter im Falle eines Feuers das Gebäude verlassen können. Da solche Türen auch den Warendiebstahl erleichtern, sollten Sie eine normale Benutzung durch Installation von Alarmsystemen, die bei jedem Öffnen der Türen anschlagen, unterbinden.

Der beste Weg zur Verhütung von Einbrüchen in Ihr Lagergebäude liegt vielleicht darin, den Zutritt zu dem Gelände um das Lagerhaus herum einzuschränken oder ganz zu untersagen. Die Anlage des Geländes und die Zugangsmöglichkeiten zu Ihrem Lager können Diebe entweder einladen oder abschrecken. Kein aktives Lager kann den Zugang zum Gelände ganz ausschließen, da jede umfangreiche Frachtbewegung das Abstellen und Entfernen von LKWs und Güterwaggons an den Ladedocks mit sich bringt. Der Zugang zu den Ladedocks muß für alle Angestellten von Fuhrunternehmen und Eisenbahn erlaubt werden, außerdem ist auch oft der Zugang nachts oder außerhalb der Arbeitszeiten erforderlich.

Hohe Zäune und Tore sind bei der Zugangskontrolle des Geländes hilfreich. Auch Rundgänge eines ausgebildeten Wachmannes mit Wachhund sind ein ausgezeichnetes psychologisches Abschreckungsmittel. Manche Wachdienste arbeiten für mehrere Auftraggeber, wobei verschiedene Einrichtungen durch das gleiche Team geschützt werden.

Der Standort der Mitarbeiter- und Besucherparkplätze ist ebenfalls ein Faktor, der entweder eine einladende oder abschreckende Wirkung auf Diebstähle zeigt. Personen, die ein Lagerhaus betreten oder verlassen, sollten alle einen einzigen Eingang benutzen. Die anderen vorhandenen Türen dürfen nur in Notfällen benutzt werden. Das Parken von Fahrzeugen sollte niemals nahe an Wänden oder Türen des Lagerhauses erlaubt sein.

Ein Siegel ist ein dünner Metallstreifen (mit einer Seriennummer), der so befestigt wird, daß ein Entfernen oder Brechen nicht verheimlicht werden kann. Richtig eingesetzt ist dies eine gute physische Vorkehrung gegen Frachtdiebstahl. Da Diebstahl im zwischenstaatlichen Handel durch das FBI untersucht werden kann, reichte jahrelang die reine Anwesenheit eines Siegels auf einem Güterwaggon aus, um Unbefugten den Zutritt zu verwehren. In letzter Zeit haben dreiste Diebe aber die Waggons selbst angegriffen.

Wenn in einen Güterwaggon eingebrochen wird, während er auf dem Gelände des Verfrachters oder Empfängers steht, ist die Eisenbahn gesetzlich berechtigt, die Verantwortung dafür zurückzuweisen, da der Waggon nicht ihrer Kontrolle unterstand. Aus diesem Grund kann die Verwendung eines

Innengleises für Sie das einzige Mittel darstellen, sich vor Diebstählen aus einem Eisenbahnwaggon zu schützen. Ein geparkter LKW-Anhänger stellt Sie vor eine ähnliche Situation. Sie können elektronische Alarmsysteme erwerben, die auch die auf Ihrem Gelände abgestellten Anhänger absichern.

Damit die Siegel wirkungsvoll eingesetzt werden können, brauchen Sie festgelegte Verfahren, die sorgfältig befolgt werden, wie auch eine gute Kommunikation zwischen Verfrachter und Empfänger. Wenn Sie wollen, daß die Siegel ihren Zweck erfüllen, dürfen Sie es nicht zulassen, daß Siegel von nicht bevollmächtigtem Personal angebracht oder entfernt werden.

Die Verluste an stark diebstahlgefährdeten Produkten können auch dadurch begrenzt werden, indem diese Produkte in den oberen Etagen der Lagerregale gelagert werden, wo sie nur von einem ausgebildeten Gabelstapler einfach entfernt werden können. Wenn Sie den Zugang auf diese Art beschränken, tragen Sie dazu bei, daß die Lagerregale sowohl die Sicherheit als auch die Lagerproduktivität erhöhen.

Nur Mitarbeiter des Lagerhauses sollten Zugang zu den Lagerbereichen haben. Auch Bankkunden fühlen sich nicht dadurch beleidigt, daß sie nicht hinter die Schalter gehen dürfen, wo das Geld aufbewahrt wird. Also sollte sich auch kein Benutzer eines Lagerhauses persönlich beleidigt fühlen, wenn seine oder ihre Bewegungsfreiheit in der gleichen Weise eingeschränkt wird. Sogar eigene Angestellte sollten Verständnis dafür haben, daß sie nur solche Bereiche betreten dürfen, die mit ihrer Arbeit zu tun haben.

Aber viele Lagerhäuser haben keine physischen Einschränkungen, die die Bewegungsfreiheit ihrer Besucher in irgend einer Weise einschränken. Manche Lagerhäuser halten noch nicht einmal fremde LKW-Fahrer davon ab, die Lagerbereiche zu betreten oder sich darin aufzuhalten. Das Aufstellen von Schildern oder das Malen von Strichen ist vielleicht nicht ausreichend. Prüfen Sie, auf welche Art Umzäunungen, Käfige oder Schalter eingesetzt werden können, um unbefugten Personen den Zutritt zu Lagerbereichen zu verwehren.

Ein gutes Management muß aktiv gegen Diebstähle angehen und sich auf die drei Aspekte der Verteidigung konzentrieren: den physischen, personellen und verfahrenstechnischen Aspekt. Keiner der drei Aspekte wirkt ohne die anderen zwei, und eine ausschließliche Konzentration auf eine „Maginot-Linie“ kann für die Sicherheit eines Lagerhauses so tödlich sein, wie dies auch in militärischer Hinsicht der Fall war. Der größte Feind der Sicherheit ist die Selbstzufriedenheit. Eine von unabhängiger Seite durchgeführte Sicherheitsprüfung ist ein guter Schutz gegen ein selbstzufriedenes Management.

Gelegentliche Stichproben von ausgehenden Lieferungen sind vielleicht am besten dazu angetan, die Lagerhausmitarbeiter und die LKW-Fahrer von Ihrer Wachsamkeit zu überzeugen. Wenn Sie dieses Kontrollverfahren anwenden, wird vielleicht pro Monat eine ausgehende Wagenladung angehalten, zurück zum Dock gebracht und sorgfältig nachgezählt, um die Ladegenauigkeit zu kontrollieren. Die Geschäftsleitungen von Transportunternehmen arbeiten bei einem solchen Verfahren sicher mit Ihnen zusammen, wenn sie den Zweck kennen. Auf diese Art können Sie Ihren Angestellten am besten demonstrieren, daß es Ihnen ernst damit ist, alle „Irrtümer" zu entdecken, die zu „mysteriösem Verschwinden" führen könnten.

14.3.4 Das Einstellen ehrlicher Menschen

Ende 1988 wurde durch ein Bundesgesetz in den USA den meisten Geschäftszweigen verboten, Polygraphen als Hilfsmittel zur Überprüfung von Bewerbern einzusetzen. Ein Polygraph, besser bekannt unter der Bezeichnung Lügendetektor, ist ein Gerät, das Veränderungen des Blutdrucks, des Herzschlags und anderer Körperfunktionen mißt um festzustellen, ob eine Person lügt. Als Reaktion auf dieses Gesetz haben einige Lagerhäuser damit begonnen, andere Tests als Teil ihrer Überprüfungssysteme für Bewerber einzusetzen. Als Ersatz für den Lügendetektor haben viele Unternehmen damit begonnen, Ehrlichkeitstests zum Überprüfen eines Bewerbers einzusetzen.

Der beste Ehrlichkeitstest hat zwei Kategorien von Fragen: Die erste Kategorie befaßt sich hauptsächlich mit der *Einstellung* des Bewerbers zur Ehrlichkeit, indem direkte Fragen über mögliche ungesetzliche Handlungen gestellt werden. Die zweite Kategorie ist ein breiter angelegter *Persönlichkeitstest.*

Diese beiden Kategorien befassen sich mit vielen Verhaltensweisen am Arbeitsplatz. Die Auswertung der Multiple-Choice-Anworten ist dazu bestimmt, herauszufinden, ob der Beantworter die Fragen wahrheitsgemäß beantwortet hat. Die Tests versuchen potentielle Diebe und andere unehrliche Menschen durch eine Kombination von subtilen und weniger subtilen Fragen herauszufinden. Die direktesten Fragen werden dem Beantwortenden einfach danach gestellt, ob er oder sie bereits früher einmal etwas von einem Arbeitgeber gestohlen hat. Überraschenderweise erwähnen viele Befragte vergangene Diebstähle und sehen dies nicht als Geständnis an, sondern als die Beschreibung eines Verhaltens, das ihrer Ansicht nach absolut akzeptabel ist. Andere Fragen sind dazu ausgerichtet, um solche Ansichten herauszufinden, die meist bei diesen Personen angetroffen werden, die ein Potential zu Diebstahl in sich tragen. Zum Beispiel glaubt eine unehrliche Person oft, daß die ganze Welt unehrlich ist. Obwohl die unterschiedlichen Tests verschieden lang sind, dauert das Ausfüllen im Regelfall nicht länger als eine Stunde.

Die entscheidenden Eigenschaften jedes Anstellungstests sind Gültigkeit, Legalität, Durchführung und Kosten. Wird sich der Test als Vorhersage von unehrlichen Angestellten beweisen? Bei einem sehr guten Test wird jede Frage gründlich in Hinsicht auf ihre Aussagefähigkeit von internen und externen Gruppen untersucht.

Die internen, also von den Firmen selbst, durchgeführten Studien berichten von ausgezeichneter Aussagefähigkeit. Manche Akademiker haben ihren Bedenken Ausdruck verliehen, daß die Tests falsche Hinweise für jedes Individuum ergeben könnten. Andere haben herausgestellt, daß auch der Polygraph nicht perfekt war. Die Ehrlichkeitstests können vielleicht ein paar Bewerber zurückweisen, die ehrlich sind, und sie können vielleicht auch ein paar unehrliche übersehen. Trotzdem ist die Anzahl dieser falschen Aussagen ziemlich klein. Die Literatur der Testfirmen gibt an, daß die Tests zwar nicht mit Sicherheit das Verhalten jedes Bewerbers vorhersagen können, aber bei einer gewissen Menge von Bewerbern die Aussagekraft extrem hoch sei. Es wurden auch Untersuchungen durchgeführt, um festzustellen, ob Bewerber sich durch den Test durchmogeln können. Die Ergebnisse zeigen, daß die Aussagefähigkeit der Tests auch dann immer noch aufrecht erhalten werden kann, wenn Testgruppen absichtlich falsche Antworten geben.

Ein Vorteil der Ehrlichkeitstests liegt in deren verhältnismäßig niedrigen Kosten. Die Tests kosten zwischen 7 $ und 12 $ pro Bewerber, sind also billiger als Lügendetektortests, die bis zu 40 $ kosten können. Ein Arbeitgeber sagte uns, daß schon die Kosten für das ganze Testprogramm bezahlt worden seien, wenn der Test auch nur einen oder zwei unehrliche Kandidaten pro Jahr herausfiltern würde.

Die Einführung der Ehrlichkeitstests in die Bewerberauswahl ist verhältnismäßig einfach. Ein anderer Anwender legt den Test jedem Bewerber als Umfrage über Einstellungen vor und warnt davor, daß niemand eingestellt wird, der diese Umfrage nicht ausfüllt. Viele Bewerber sind sich nicht einmal bewußt, daß der Test als Hilfsmittel zu ihrer Überprüfung eingesetzt wird. Vervollständigte Tests können zur Bewertung über Telefon, Computer oder mit der Post an die Testfirma übermittelt werden. Im Bedarfsfall ist die Auswertung sofort abrufbar werden. Alle Ergebnisse werden von der Testfirma ausgewertet, um die Genauigkeit und Glaubhaftigkeit des Verfahrens zu gewährleisten. Dieses Verfahren kann in relativ kurzer Zeit abgewickelt werden und hat daher keinen großen Einfluß auf den vorgegebenen Zeitrahmen der Bewerberprüfung. Die an den Arbeitgeber zurückgeschickte Analyse zeigt, wie ein Bewerber in Hinsicht auf Ehrlichkeit, Drogengebrauch und andere Bereiche in Verbindung mit seiner Arbeit gegenüber seinen Mitbewerbern abschneidet. Manchmal kann die Rückmeldung auch vorschlagen, einen bestimmten Teil noch einmal zu überprüfen. Hat ein Bewerber zum Beispiel zugegeben, daß er von einem vorherigen Arbeitgeber Waren im Wert von 20 $ entwendet hat, kann die Rückmeldung vielleicht ein erneutes Gespräch vorschlagen, um herauszufinden, was genau gestohlen wurde.

14.4 Das Gewährleisten der Sicherheit und die Schadensverhütung

Da so viel Anheben, Schieben, Ziehen und menschliches Einwirken bei Antriebsgeräten und großen mechanischen Geräten mitwirkt, ist das Unfall- und Schadenspotential in Lagerhäusern extrem hoch. Jede einzelne aus den vielen hundert verschiedenen Aufgaben, die täglich ausgeführt werden, kann einen Zustand herbeiführen, in dem ernsthafte Unfälle oder Schadensfälle eintreten.

14.4.1 Unfälle bei Warenannahme und Versand

Die meisten verletzten Lagerarbeiter sind keine Neulinge. Eine Bundesstudie zeigt, daß die Verletzungswahrscheinlichkeit bei Arbeitern mit fünf oder mehr Jahren an Erfahrung im Lagerwesen am höchsten liegt. Bei Arbeitern mit entsprechender Berufserfahrung zwischen einem und fünf Jahren ist die Wahrscheinlichkeit am zweitgrößten, und bei Arbeitern mit weniger als einem Monat Erfahrung ist das Auftreten einer Verletzung am geringsten.

Ganz offensichtlich erzeugt Erfahrung Nachlässigkeit, die wiederum zu Verletzungen führt. Die gleiche Studie zeigt, daß extreme Müdigkeit bei den meisten Unfällen vermutlich keinen Einfluß hat. Ca. 29 Prozent der Unfälle geschehen bereits zwei bis vier Stunden nach Arbeitsbeginn, und weitere 23 Prozent geschehen nach weniger als zwei Stunden. Nur acht Prozent der Unfälle treten nach acht oder mehr Stunden am Arbeitsplatz auf.

Die gefährlichste Arbeit in einem Lagerhaus ist das Be- und Entladen von Frachtfahrzeugen. Die Lager mit den meisten Unfällen sind die von Groß- und Einzelhändlern. 68 Prozent aller Lagerhausverletzungen treten in diesen Lagerhäusern auf, verglichen mit nur acht Prozent in Lagerhäusern für den Transport und öffentliche Versorgungsbetriebe. Vermutlich sind auch öffentliche Speicher in dieser kleineren Gruppe enthalten. Weitere Ergebnisse der Studie:

- Verletzungen treten in größeren Lagerhäusern häufiger auf. Lagerhäuser mit 11 oder mehr Angestellten verzeichneten 82 Prozent der Verletzungen.
- Ältere Arbeiter sind sicherer. Vierundsiebzig Prozent der verletzten Arbeiter waren höchstens 34 Jahre alt.
- Obwohl persönliche Schutzausrüstung Verletzungen vorbeugt, trägt die Mehrheit der Lagerarbeiter keine solche Ausrüstung. Die am meisten benutzten Schutzmaßnahmen sind Handschuhe und Sicherheitsschuhe mit Stahlkappen. Schutzhelme und Schutzbrillen werden ebenfalls häufig benutzt.
- Obwohl Sicherheitstraining üblich ist, nehmen viele Arbeiter nie daran teil. Die Ausbildung im richtigen manuellen Anheben ist am bekanntesten, aber nur 28 Prozent der verletzten Arbeiter wurden darin geschult. Nur 23 Prozent haben einen Ausbildungskurs für das Bedienen des Gabelstaplers durchlaufen.

Zwei Arten von Unfällen sind Ursache für fast zwei Drittel aller Verletzungen:

1. Überanstrengung, in 38 Prozent der Verletzungen
2. Von fallenden oder fliegenden Objekten getroffen werden, in 26 Prozent der Verletzungen

Drei Arten von Verletzungen sind die Folge fast aller solcher Unfälle in Lagerhäusern:

1. Muskelzerrung oder Muskeldehnung (am häufigsten)
2. Blutergüsse oder Quetschungen
3. Schnitt, Platzwunde oder Einstich

Obwohl die Unfälle, die im Krankenhaus behandelt werden mußten, nur neun Prozent der Gesamtverletzungen einnahmen, resultierten mehr als drei von vier Verletzungen in einem gewissen Zeitverlust.

Wenn man die Arbeiter befragt, warum Unfälle vorkommen, gaben 54 Prozent an, sie glaubten nicht, daß die Bedingungen am Arbeitsplatz den Unfall verursacht hätten. Aber 22 Prozent glaubten, daß mangelnder Platz beim Arbeiten einen Faktor darstellte. Manche hatten auch das Gefühl, daß zu schnelles Arbeiten oder das Arbeiten in unnatürlicher Körperhaltung dazu beitrug.

Abbildung 14.6 zeigt, womit die Arbeiter gerade beschäftigt waren, als die Unfälle stattfanden. Metall- oder Plastikbänder, die zum Verschließen vieler Arten von Behältern verwendet werden, sind ebenfalls eine häufige Verlet-

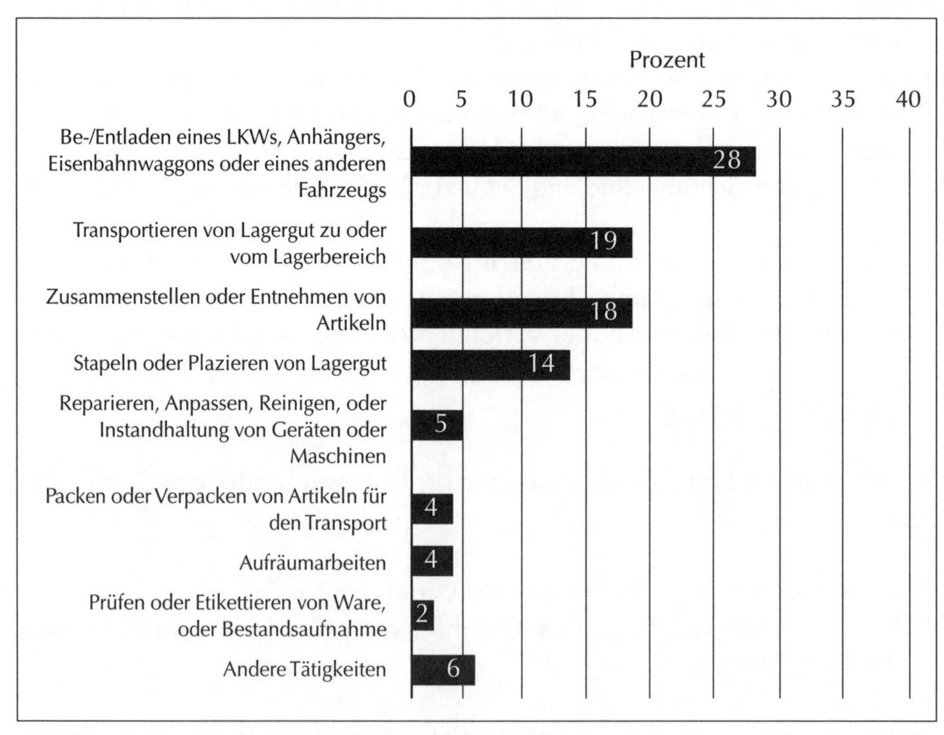

Abbildung 14.6: Arbeiten, mit denen Arbeiter beim Eintreten von Unfällen beschäftigt waren

zungsursache. Wenn diese Bänder zum Öffnen der Behälter durchschnitten werden, können sie zurückschnellen und ernsthafte Platzwunden oder Augenverletzungen verursachen. Schutzbrillen und Handschuhe sollten das verhindern können. Außerdem müssen die Mitarbeiter so instruiert werden, daß sie an der Seite des Containers, entfernt von der Bandage stehen, so daß sie nicht getroffen werden können, wenn die Bandage wegschnellt. Nachdem sie durchschnitten wurde, sollte sie weggelegt werden, um zu verhindern, daß jemand darin hängenbleibt oder sich die Bandage um das Rad eine Gabelstaplers wickeln kann.

14.4.2 Die Neugestaltung der Hebearbeiten

Die Überdehnung von Muskeln, besonders solcher des unteren Rückens, ist eine Verletzung, die 30 bis 40 Prozent aller Krankheitsanträge ausmacht, insgesamt bis zu neun Milliarden Dollar im Jahr.

In Anbetracht dieser Zahlen haben viele Arbeitgeber damit begonnen, das Verletzungsproblem ernsthaft anzugehen und sich Methoden zur Verkleinerung des Risikos ausgedacht.

Der Hauptanteil an Forschung und Anweisungen, der auf das Problem des manuellen Anhebens verwendet wurde, war bislang nicht sehr wirkungsvoll. Die Arbeitgeber schulen ihre Arbeiter in der herkömmlichen Methode des Anhebens aus der Hocke, aber Verletzungen treten weiterhin auf. Viele Arbeiter sehen diese Methode als sehr unnatürlich an, da sie mehr Anstrengung erfordert als ein natürliches Anheben. Die effektivere Methode zur Reduzierung der Verletzungen in diesem Bereich ist der verstärkte Einsatz mechanischer Hilfsmittel wie Gabelstapler, Fördergeräte und Rollwagen.

Die effektivste Art, Rückenverletzungen auszuschließen liegt darin, den Arbeitsplatz ergonomisch umzugestalten. Die Ergonomie ist ein großer Begriff für einen einfachen Vorgang – das Anpassen der Arbeit an die menschliche Bequemlichkeit.

In diesem Fall liegt das Ziel darin, für die Angestellten die Notwendigkeit des Anhebens abzuschaffen. Obwohl dies nie vollständig erreicht wird, können doch viele Aufgaben weniger anstrengend gestaltet werden. Jede Arbeit, bei der sich Mitarbeiter Rückenverletzungen zugezogen haben, sollte analysiert werden, damit bestimmt wird, wie man diesen Arbeitsablauf so verändern kann, daß die Verletzungsursache nicht mehr auftritt. Manche Lösungen sind einfach. Zum Beispiel ist die Höhe für das Abladen so verstellbar, daß der Arbeiter sich nicht mehr so weit vorbeugen oder nach oben strecken muß. Andere Lösungen sind vielschichtiger und bedürfen zur Arbeitserleichterung vielleicht mechanischer Hilfsmittel wie Fördergeräte oder Hebevorrichtungen. Diese Lösungen werden am besten bereits in der Konstruktionsphase der Einrichtung eingeführt, so daß kostspielige Umrüstungen nicht nachgeschoben werden müssen. Untersuchungen haben ergeben, daß der ergonomische Lösungsansatz ungefähr ein Drittel aller Verletzungen im Rückenbereich vermeidet.

14.4.3 Schadensverhütung

Wenn Sie die in den Abfertigungsbereichen anfallenden Schäden reduzieren wollen, kann Ihnen folgende Checkliste vielleicht einige Anregungen für Verlustvorbeugung bieten:

1. Ist ein Teil des „Lagerschadens“ tatsächlich ein nicht gemeldeter Transportschaden? Wenn ja, welche Schritte können unternommen werden, um die Annahme von beschädigter Fracht zu verhindern?
2. Wurden manche der Schäden durch gesplitterte oder beschädigte Paletten verursacht? Welche Schritte wurden unternommen, um die Qualität der Paletten zu kontrollieren?
3. Konzentrieren sich die Schäden auf bestimmte Artikel? Wenn ja, gibt es ein Verpackungsproblem bei diesen Artikeln, das korrigiert werden könnte?
4. Haben Wartungsprobleme der Hublader den Schaden verursacht, wie zum Beispiel vorstehende Gabeln, falsch eingestellte Klammervorsätze oder fehlerhafte Slipsheet-Aufsätze? Wenn ja, was kann zur Verbesserung der Wartung der Hubwagen unternommen werden?
5. Liefern die Lagerarbeiter prompte Berichte und Rückmeldungen über das Vorhandensein und die Ursache von Lagerschäden?
6. Wurde der Schaden durch enge Gänge und Überfüllung verursacht?
7. Hat sich der Prozentsatz an beschädigten Produkten seit letztem Jahr nach oben oder unten verändert?
8. Welche weiteren Änderungen in den Lagerhausabläufen könnten das Auftreten von Lagerschäden reduzieren?

Wenn einige Schäden an empfindlichen Materialien entdeckt wurden, ist es wichtig, daß die beschädigten Kisten sofort entfernt und vom guten Lagerbestand getrennt werden. Manchmal ist dieses Entfernen nicht leicht, weil dazu auch das Entladen von Paletten gehören könnte, wofür keine Arbeitskräfte vorgesehen sind. Eine Möglichkeit ist die Entwicklung einer Tropfschale, einem Stück Metallblech, das ein bißchen größer ist als eine Palette, nach oben gebogene Ecken hat und versiegelt ist, damit auslaufende Flüssigkeit aufgefangen wird. Auf diese Art wird auslaufendes Material von der beschädigten Palette in dieser Tropfschale aufgefangen und kann nicht durch das Lager sickern.

Eine andere Möglichkeit liegt im Einsatz von Leicht- oder Metallfässern als zeitweilige Aufbewahrungsbehälter für beschädigte Kisten oder Beutel. Wie die Schale fängt ein Faß auslaufende Flüssigkeiten auf und verhindert damit weitere Schäden.

Ein Lagerhaus für den Schaukasten lagert nichts anderes als Ruß, eines der empfindlichsten Produkte aus Sicht der Sekundärschäden. Dieser Ruß ist das gleiche wie das als Toner in Fotokopiermaschinen verwendete Material. Beutel mit diesem Material können in bechädigtem Zustand erhebliche Verfärbungen von in der Nähe gelagerten Waren verursachen. In diesem Lagerhaus ist jeder Gabelstapler mit einem tragbaren Vakuumiergerät, Besen und einer Kehrschaufel ausgerüstet. Wenn ein Leck entdeckt wird, haben Reinigung und Eindämmung des Lecks höhere Priorität als die Fertigstellung der Lieferung. Dieses Lagerhaus konnte dadurch, daß es den Schwerpunkt auf die Schadenskontrolle gelegt hatte, eine exzellente Lagerführung sogar mit einem schmutzigen Produkt aufrecht erhalten.

14.5 Die Planung eines neuen Baus für Warenannahme und Warenversand in der Zukunft

Immer bei der Planung eines Neubaus für Warenannahme und Versand müssen Sie sich mit der Wahrscheinlichkeit abfinden, daß das Potential der Abfertigungsbereiche lange vor dem Bau ausgeschöpft ist. Das Gebäude könnte aufgrund veränderten Volumens, veralteter Konstruktion oder verminderter Standorteignung allmählich außer Gebrauch kommen. Ändern sich Volumen und Lagerschema, für die das Gebäude ausgelegt wurde, verliert es an Wert. Neue Lagertechnologien könnten Notwendigkeiten schaffen, die im vorhandenen Gebäude nicht erfüllt werden. Sogar wenn Funktion und Konstruktion immer noch gut sind, können veränderte Marktsituationen den Standort weniger lukrativ gestalten als zuvor. Eine große Expansion oder Schrumpfung des Volumens kann zu einer Situation führen, in der das Lagerhaus für die derzeitige Verwendung entweder zu groß ist oder zu klein und keine praktikable Expansionsmöglichkeit bietet.

All diese Eventualitäten sind vermeidbar, wenn der Planer eines neuen Gebäudes die Probleme der Zukunft vorhersieht.

Welchen Einfluß hat ein zukünftiges Veralten auf die Gebäudekonstruktion? Bedenken Sie die Tatsache, daß ein Gebäude, das ganz speziell auf Ihre Verwendung zugeschnitten ist, sehr wenig potentielle Käufer finden würde, wenn es schnell auf dem Markt zum Verkauf angeboten würde. Im allgemeinen gibt es einen etwas kleineren Markt für sehr große Lagerhäuser als für solche einer etwas gebräuchlicheren Größe. Wenn Sie eine große Fläche brauchen, also von 500.000 Fuß^2 bis zu mehreren Millionen, sollten Sie überlegen, ob dieser Bedarf anstelle eines einzigen riesigen Gebäudes auch durch eine Gruppe von verschiedenen kleineren Gebäuden erfüllt wird. Einzelne Gebäude können an verschiedene Benutzer vermietet oder verkauft werden, wenn sie nicht länger gebraucht werden. Außerdem wird mit einer Gruppe von einzelnen Gebäuden auch die Brandgefahr deutlich verringert, daß es verhältnismäßig leicht ist, die Ausbreitung eines Feuers von einem Gebäude auf das andere zu verhindern. Wobei manche Lagerbetriebe ein einziges Gebäude zur Abwicklung der Warenannahme und des Warenversands brauchen, können viele andere auf eine solche Art geführt werden, die nicht alle Waren unter einem Dach benötigt. Glauben Sie nicht gleich einem Manager, der den Bau nur eines Gebäudes für grundlegend wichtig hält. Auch die sorgfältige Simulation eines Betriebes, der verschiedene Produktlinien trennt oder ruhende Lagerbestände in angrenzende und getrennte Gebäude verlegt.

Grundsätzlich ist fast jedes Lagergebäude darauf ausgelegt, daß es die Lagerung, Bestellentnahme und eine Kombination von Warenannahme und -versand aufnehmen kann. Letzteres kann in die Überlegungen mit einbezogen werden, da beides auf den gleichen Ladedocks ausgeführt wird. Lagerung und Bestellentnahme können bestimmte Anforderungen an die Gebäudekonstruktion stellen. Wenn Sie heutzutage ein neues Gebäude planen, haben Sie wahrscheinlich bereits bestimmte Spezifikationen für diese drei Grundfunktionen bedacht. Überlegen Sie die Folgen veränderter Spezifikationen für die Gebäudekonstruktion. In einigen Branchen wurde die Lagerung praktisch abgeschafft, da die Materialien schnell genug von der Warenannahme bis zum Warenversand durch das Gebäude laufen. Andere Branchen haben radikal ihre Methoden der Bestellentnahme oder die Abfertigungsmethoden geändert.

Die sechs häufigsten Funktionen des Lagerwesens sind

- die Vorratshaltung,
- die Mischung von Produkten,
- die Herstellungslogistik,
- die Zusammenlegung,
- der Vertrieb und
- der Kundenservice.

Das von Ihnen geplante Gebäude erfüllt vermutlich mindestens eine dieser Funktionen und ist darauf ausgelegt. Wie effektiv wird das Gebäude noch sein, wenn der Schwerpunkt in 10 Jahren auf einem anderen Bereich liegt? Die Konstruktion kann so flexibel gestaltet werden, daß Ihr Gebäude auch für verschiedene Funktionen tauglich wäre. Zumindest könnte in dem Fall, in dem sich die Funktion nicht ändert, das Gebäude aufgrund seiner Konstruktion auch leicht an einen anderen Anwender verkauft werden.

Auch Transportüberlegungen müssen abgewogen werden. Sie können sich für einen Gleisanschluß für Ihr Lagerhaus entschließen, auch wenn kein Eisenbahntransport geplant ist. Dies wird in Anbetracht der Tatsache getan, daß ein Gelände mit Gleisanschluß einen größeren und Wiederverkaufsmarkt hat als ein Gelände ohne Gleisanschluß. Gesetze, die den Einsatz breiterer Straßenanhänger erlaubten, haben dazu geführt, daß die Konstruktion einiger Lagergebäude veraltete, da die Annahme- und Versandtore zu nahe zusammenstanden, um die breiteren Anhänger noch unterbringen zu können. Wobei dieser Fehler korrigierbar ist, können andere Sachverhalte und Situationen entstehen, in denen solche Veränderungen die Nutzbarkeit des Gebäudes stark aus dem Gleichgewicht brachten.

14.5.1 Der Einsatz leerstehender Eisenbahnboxen

Viele Vertriebszentren mit Gleisanschluß, besonders die zwischen 1960 und 1980 gebauten, haben große Innengleisanschlüsse, die heute entweder gar nicht oder nur noch selten genutzt werden. Veränderte Geschäftsbedingungen, einschließlich der Deregulierung, haben viele Unternehmen dazu veranlaßt, den Transport per Eisenbahn weniger einzusetzen als dies zur Zeit des Bauvorhabens der Fall war. Leider sind Eisenbahndocks im Inneren eine Platzverschwendung, wenn sie nicht ihrem eigentlichen Zweck dienen, des Parkens von Eisenbahnwaggons.

Es gibt verschiedene kreative Alternativen, um diese Situation zu beheben. Die erste und gleichzeitig auch bleibende Antwort ist die, diese Eisenbahnbox mit Sand zu füllen und einen Betonboden einzuziehen. Manche Anwender haben Betonplatten einlegen lassen, die mit Haken oder Kabeln versehen sind, welche ein späteres Entfernen der Platte ermöglichen.

Eine andere Lösung liegt darin, zeitweilig eine Brücke über das Gleis zu legen. Andere haben um die Eisenbahnschienen herum einen Asphaltfußboden verlegt, der eine Lagerung über den Schienen ermöglicht. Der Zugang zu dieser Eisenbahnbox erfolgt über eine Außenrampe, indem ein Stapler durch die offene Seite in die Box hereingebracht wird.

Eine andere kreative Lösung besteht darin, Plattformwaggons zu mieten, um eine Plattform für die Lagerung von Material in der Eisenbahnbox zu schaffen. Diese Methode ist sehr flexibel, weil die Eisenbahnwaggons jederzeit entfernt werden können, wenn erhöhte Eisenbahnaktivitäten in der Zukunft eine erneute Verwendung des Docks erfordern würden.

Wenn Ihr Lagerhaus voll ist, und Sie nicht nach neuem Raum suchen wollen, sollten Sie versuchen, leerstehenden Raum einer leeren Eisenbahnbox zu nutzen. Wenn Sie diesen Weg einschlagen, sollten Sie daran denken, daß wir nicht wissen können, ob das Aufgeben beziehungsweise nicht Nutzen der Eisenbahnboxen von langer Dauer sein wird, oder nur ein kurzes Intermezzo darstellt. Gibt es eine Möglichkeit, daß Ihre derzeit leerstehende Eisenbahnbox vielleicht in der Zukunft wieder stark frequentiert werden wird? Niemand kann darauf eine sichere Antwort geben, und daher sollte sicherheitshalber ein flexibler Lösungsansatz gewählt werden.

14.5.2 Warenannahme

Die Warenannahme beginnt an Ihrem Ladedock mit der Annahme eines Fahrzeugs, das Material enthält, das für Sie bestimmt ist.[2] Sie entladen das Material, zählen und bestätigen die Menge mit Versandpapieren und überprüfen die Qualität. Die Kontrolle endet mit der Entscheidung, die Ladung anzunehmen oder zurückzuweisen. Wenn angenommen, wird die Ladung in das Lager bewegt.

Es gibt drei Arten der Materialannahme, die hier der Reihenfolge ihrer Effektivität nach aufgeführt werden:

1. Entladen von einem Transportfahrzeug und durch das Dock zum Warenausgang bringen. Dies ist die einfachste Lagermethode, da sie keinen Lagerraum benötigt.
2. Entladen von einem Transportfahrzeug und direktes Bewegen des Materials zum Lagerraum. Dies ist die zweitbeste Annahmemethode, weil sie kein erneutes Handling erfordert.
3. Entladen des Materials vom Transportfahrzeug und zeitweilige Lagerung in der Nähe des Docks. Dieser Schritt wird unternommen, wenn
   a) das Material zusätzliche Überprüfung, Kontrolle, oder Preisauszeichnung erfordert,
   b) kein Lagerraum zur Verfügung steht oder zugewiesen wurde
   c) keine Arbeitskräfte zum Verstauen des Materials frei sind.

Nummer drei ist die am wenigsten beliebteste Annahmemethode, weil damit das Material wiederholt bearbeitet werden muß. Lagerplatz am Dock ist erforderlich, um das entladene Material so lange aufzunehmen, bis es ins Lager gebracht wird. Wenn Platz rar ist, sollten Palettenregale am oder nahe an der Warenannahme untergebracht sein.

Wenn die physischen Aktivitäten an der Warenannahme nicht genau beaufsichtigt werden, kann es vorkommen, daß Ihnen Schäden belastet werden, für die Sie gar nicht verantwortlich sind. Außerdem könnten Sie, unabsichtlich oder mit unehrlichen Absichten, für Material unterschreiben, das Sie gar nicht erhalten haben. Die Schulung der Mitarbeiter an der Warenannahme und der Ladearbeiter wird oft vernachlässigt. Wie können Sie Ihre Warenannahme so anpassen, daß Sie direkt von LKW zu LKW oder von LKW zu Lager abwickeln könnten?

Der Prozeß der Warenannahme findet schrittweise statt. Sie brauchen vielleicht nicht jeden Schritt, aber lassen Sie solche nicht unbegründet aus. Hier die Arbeitsschritte bei der Warenannahme:

1. Nach einem Anruf eines Transporteurs wird ein Termin für das Entladen des LKWs erteilt.

2. Vor Ankunft des LKWs stellt der Empfänger sicher, daß ein Papier dafür vorhanden ist und dieses auf diese Ladung zutrifft. Falls nicht, wird der Verfrachter telefonisch um Zustellung der Versandpapiere oder Packliste gebeten.
3. Eine Annahmestelle wird dem Fahrer bei Ankunft zugewiesen.
4. Das Fahrzeug wird vor dem Entladen abgesichert, die erfolgte Absicherung wird durch eine Aufsichtsperson bestätigt.
5. Der LKW-Fahrer ist beim Aufbrechen des Siegels und der ersten Kontrolle anwesend.
6. Wenn angenommen, wird die Ladung vom LKW entfernt. Dies kann auf drei Arten erfolgen:
   a) Einheitsmaterial oder Material auf Paletten wird mit einem Gabelstapler entladen.
   b) Loses oder nur auf den Boden gestelltes Material wird ordentlich auf Paletten geladen und dann ins Lager gebracht.
   c) Das Material wird mit einem Fördergerät zu einem Versanddock oder einem Zwischenlagerbereich gebracht.
7. Das Material wird gezählt und konstant kontrolliert um sicherzugehen, daß Qualität und Quantität den Spezifikationen entsprichen.

Wenn Sie den Ablauf in Ihrem Lager näher betrachten, sollten Sie sich fragen, ob es möglich wäre, alle Eingänge in Einheitsladungen umzustellen, damit nicht mehr manuell auf Paletten verladen werden muß.

Die Annahmeabfertigung erfordert absolute Genauigkeit. Die Methoden, die angewendet werden, um diese Genauigkeit zu erreichen, können aus einer oder einer Kombination mehrerer Positionen der folgenden Aufstellung bestehen. In der Reihenfolge ihrer Wahrscheinlichkeit, Ihnen eine fehlerfreie Annahme zu garantieren, lauten sie wie folgt:

1. Lesestifte für Barcodes. Lesen Sie jedes Paket mit einem Handscanner ein. Der Scanner gibt die Information an einen Computer, der den Empfang registriert.
2. Blindannahme. Der Kontrolleur schreibt die eingehende Menge und Artikel auf, ohne sich auf das Versandpapier oder die Packliste zu beziehen, die die erwartete Menge aufführt.
3. Wenn der Empfänger Menge und Artikel kennt, gibt es zwei Möglichkeiten:
   a) Der Empfänger hat eine Liste der Artikel, hält aber die in Empfang genommene Menge fest.

b) Er hat eine Liste der Menge und Artikel. Der Empfang kann einfach geprüft werden.

Das Aussehen der Zählliste an der Warenannahme, dem ersten Papier, das im Lager erstellt wird, sollte nur die notwendigen Annahmeinformationen enthalten. Mit der Empfangszählliste beginnt der Prüfungsweg. Daher muß dieses Dokument die erforderliche Information enthalten und auch Ausnahmen einschließlich von Angaben über zu viel oder zu wenig gelieferten Mengen oder Artikeln und genaue Angaben über Schäden. Die Regel lautet „Immer zweimal zählen, bevor Sie einmal unterschreiben."

Die Kontrolle ist der wichtigste Faktor im Annahmeablauf, und die Annahme ist erst dann abgeschlossen, wenn:

- Die Dokumente den Versandpapieren oder der Packliste entsprechen.
- Wenn Sie Diskrepanzen entdecken und diese sorgfältig festhalten.

Der letzte Schritt der Warenannahme besteht darin, dem Material einen Lagerplatz zuzuweisen, oder es zum nächsten Bereich zur Weiterverarbeitung zu bringen. Beschädigtes Material wird in einen Bereich zur Wiederabholung gebracht, oder aber sofort zurückgewiesen und dem LKW-Fahrer wieder übergeben. Im Bereich für die Wiederabholung verfahren Sie mit dem beschädigten Material wie folgt:

- Es wird wieder an den Verkäufer zurück transportiert
- Es wird geklärt, was durch die Wiederverpackung von guten und dem Entfernen der beschädigten Artikel behoben werden kann,
- Das Material wird entsorgt.

14.5.3 Die Ausrüstung an der Warenannahme

Die an LKW-Docks verwendeten Geräte werden am stärksten beansprucht. Die am Dock eingesetzten Gabelstapler sind dadurch stark beansprucht, daß sie immer nur kurze Entfernungen zurücklegen und häufig starten, anhalten und rangieren. Dadurch wird das Fahrzeug verstärkt abgenutzt und erfordert mehr Wartung.

Stationäre Gerätschaften sind dem Zusammenprall mit LKWs und Gabelstaplern ausgesetzt. Die Gerätschaften müssen gut gerüstet und gewartet werden, um dem Einsatz am Eingangsdock standhalten zu können. Wählen Sie bei Geräten für die Warenannahme immer die Hochleistungsvarianten aus. Eine erhöhte Betriebsdauer gleicht die Mehrkosten für die Anschaffung um ein Vielfaches aus.

Bei der Auswahl der Gabelstapler für die Arbeit am Dock sollten Sie sichergehen, daß

- Sie die größten und breitesten Reifen montieren, die erhältlich sind. Breitere Reifen verhindern Schäden an Lagerhaus und im LKW-Anhänger
- Achten Sie darauf, daß die niedrige Höhe für Gabelstapleraufbauten 83 Zoll (ca. 2,10 m) nicht übersteigt. Mit dieser Höhe können auch die ältesten Anhänger befahren werden. Verlangen Sie eine senkrechte Freihebeeinrichtung für die Be- und Entladung von Anhängern. Die Freihebeeinrichtung hebt die Ladung an, ohne die gesamte niedrige Höhe der Aufbauten zu erhöhen. Damit können Sie doppelstöckige Ladungen innerhalb eines Anhängers entnehmen.
- Bestimmen Sie einen Quervorsatz, mit dem Sie Ladungen von der Wand des Anhängers hydraulisch weg bewegen können. Diese Einrichtung ermöglicht die Bewegung und Lagerung von Ladung mit weniger Schäden. Außerdem kann damit präziser gestapelt werden.

Stationäre Dockgeräte sind so wichtig wie die mobilen Geräte in Ihrer Warenannahme. Die Spezifikationen für die Gerätschaften am Dock sollten enthalten:

- Automatische Dockverstellungen, damit die Höhe für verschiedene LKW-Höhen verändert werden kann. Diese Verstellungen müssen mit Puffern ausgerüstet sein, um das Dock vor dem Auffahren des LKWs zu schützen.
- Abgrenzungen oder Überdachungen des Docks, um Innenbereiche vor den Witterungseinflüssen zu schützen, Wärmeverlust zu vermeiden und unbefugten Zutritt in das Lager abzuwehren.
- Ein Befestigungssystem für die Fahrzeuge, damit die Anhänger nicht vorzeitig vom Dock weggezogen oder vom Gabelstapler durch das ständige Auf- und Abfahren weggedrückt werden können.
- Ein ausreichendes Beleuchtungssystem zum Ausleuchten des Innenraums des Anhängers, das dabei hilft, Unfälle zu vermeiden.

Die Warenannahme bezieht sich auf die Zeit, zu welcher Sie das Material in Besitz nehmen. Sie müssen sichergehen, daß Sie

- das Material bekommen, was Sie bestellt haben
- die Menge bekommen, die Sie bestellt haben
- das Material bekommen, das Ihren Qualitätsanforderungen entspricht
- genaue Unterlagen über die Transaktion besitzen

Die Warenannahme ist eine Kombination aus Materialabwicklung und Kontrolle. Am besten funktioniert sie, wenn der Materialfluß von Transporteur ins Lager konstant bleibt.

14.6 Zusammenfassung

Da Vertriebssysteme an Umfang und Aufgaben zugenommen haben, ist die Rolle der Abfertigungssysteme an Warenannahme und Versand immer wichtiger geworden. Glücklicherweise haben es neue Technologien, wie zum Beispiel die umgekehrte Bestellentnahme und die Barcodierung zusammen mit wirtschaftlicheren Informationssystemen ermöglicht, daß die Annahme- und Versandfunktionen schneller und besser als je zuvor durchgeführt werden können. Wenn auch die Geschwindigkeit ein wichtiger Faktor ist, darf sie keine Kompromisse zu Lasten der Genauigkeit und Sicherheit eingehen.

Gesetzliche Bestimmungen und wachsende Versicherungskosten haben dazu geführt, daß das Management für Fragen der Sicherheit zugänglicher ist als je zuvor, und glücklicherweise haben wir Neues über die Unfallverhütung in den Abfertigungsbereichen erfahren.

Wir haben auch erfahren, wie unsere Vertriebsgebäude angepaßt werden, um die physischen Veränderungen auffangen zu können, die durch die beschleunigten Abfertigungsvorgänge erforderlich werden. Das Herzstück des Vorgangs ist die eigentliche Aufgabe der Annahme und deren Kehrseite, der Bestellentnahme. Schließlich müssen wir all diese Aufgaben mit einem Mindestmaß an auftretenden Schäden erfüllen, beziehungsweise bereits aufgetretene Schäden schnell und sicher beheben.

14.7 Literaturhinweise

[1] Angepaßt von Russel A., Gilmore II., „A User's View of Bar Coding," *Warehousing* Forum, Ausg. A6, Nr. 11, Ackerman Co., Columbus, OH.

[2] Aus einem Artikel von William J. Ransom, *Warehousing Forum*, Ausg. 7, Nr. 7, Ackerman Co., Columbus, OH.

15 Lagerausrüstung

JOHN B. NOFSINGER
Vizepräsident, Marketing und Administration, Material-Handhabungsindustrie

Lagerausrüstung ist für den Verteilungsprozeß das, was Straßen für den Transport sind. Eine Infrastruktur ist wesentlich und wird zu einem sehr hohem Grad das Ausmaß und den Erfolg des Distributionsbetriebs entscheiden. Lagerausrüstung, falls zur Unterstützung eingesetzt und konzequent bei den gesamten Geschäftsplanungen angewandt, ist einer unserer größten Vorzüge und tatsächlich ein Wettbewerbsvorteil. Dieses Kapitel beschreibt beides: Grund- und weiterentwickelte Lagerausrüstung/-systeme für Einsatz im Warenhaus als Element des Verteilungsablaufesiehe Es behandelt Leistungen und Charakteristika der verschiedenen Ausrüstungen, wobei der Leser an die Vorteile, die durch richtige Anwendung geleistet werden können, erinnert wird.

Lasten

Bevor mit ausrüstungspezifischen Merkmalen fortgefahren wird, ist es wichtig, die Lasten und funktionellen Charakteristika des Handhabungsprozesss, Lagerns, Prüfens und Materialschutzes eingehend zu diskutieren. Dies ist notwendig, weil die folgende Ausrüstungsdiskussion nur umrißartig die Charakteristika beschreiben wird, dies macht es jeweils leichter bei speziellen Konditionen. Beim Verteilungsprozeß haben Sie sich möglicherweise mit einigen oder allen der folgenden Last- bzw. Lagerzuständen zu befassen:

1. einheitliche Lasten
2. Containerlasten
3. lange und zufällige Längen
4. hochwertige/Sicherheits-/verzollte Materialien
5. Rücksendungen
6. gebrochenen Gepäckstücken
7. beschädigten/unspezifizierten/veralteten Materialien
8. verlorenem Material.

Die Lagerfunktion wird gefordert, beides zu unterstützen: den Endverbraucher direkt sowie die Wiederverkaufsorganisationen, und wie als solcher der

Prozeß bedient werden kann für volle Paletten, volle Kisten oder verschiedene individuelle oder kombinierte Gepäckstücke.

Der Prozeß wird abgedeckt durch Grund- und erweiterte Ausrüstungs- bzw. Systemlösungen. Die Ausrüstungen/Systeme sind vielfältig, und die Lösung wird oft eine Anwendung oder Integration von mehreren unterschiedlichen Ausrüstungen, von den vielen die in diesem Kapitel angesprochen sind, benötigen.

In der Praxis gibt es einen großen Teil, der sich überschneidet, wie sich verschiedene Typen und Stile der Lagerausrüstung/des -systems in der Steuerungsumgebung darstellen. Als Resultat will ich die Versuchung vermeiden, die ideale Anwendung dieser Technologie zu verallgemeinern, die wir ansprechen werden.

15.1 Einstellung und Vorzüge

Eigentlich jeder Posten, der in einer konventionellen Anlage hergestellt oder bearbeitet wird, „läuft" vielleicht so viel wie 95 Prozent der Zeit – Lagerung beinhaltend, oder im Transit von einer Operation zur nächsten (Abbildung 15.1). Jedoch das Managen dieses Umlaufkapitals wird oft übersehen im Bemühen, Werte in Produkte oder Leistungen oder für Aktionäre zu schaffen. Das Gewinnpotential eines ruhigen, kontinuierlichen Materialflusses ist ausführlich diskutiert und dokumentiert worden. Bei kontinuierlichem Fluß braucht man weniger Material von Hand, die Reduzierung in Inventarbei-

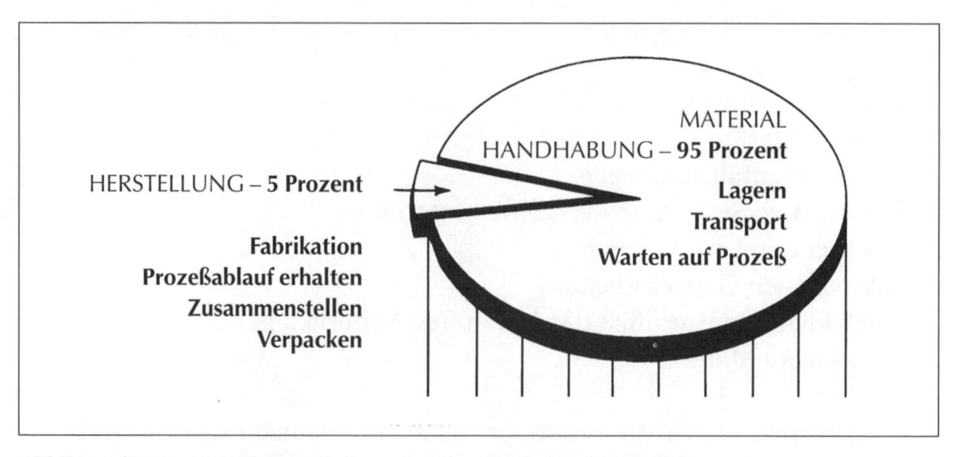

Abbildung 15.1: Materialhandhabung im Gegensatz zur Herstellung

träge führt direkt zur Profitabilität. Doch die Kosten des Bewegens, Lagerns, Schützens und Prüfens, das von Hand verbleibt, sind nicht immer leicht zu quantifizieren, da Kosten über verschiedene Produktlinien- oder Funktionen verstreut sein können. Als Resultat werden oft Materialhandhabung und Lagerkosten mit den Firmenunkosten in einen Topf geworfen. Die Bestimmung der Größe des Betrages, verursacht durch jede Geschäftsaktivität, ist wesentlich zur realistischen Aufschlüsselung der Kosten und Voraussetzung für ein effektives Kosten-Managementprogramm.

Die meisten profitablen Gesellschaften erkennen, daß zunehmende Werte durch Betriebseffizien und nicht nur durch finanzielle Manipulationen zustandekommen.

Sie erkennen, daß verbesserte Materialhandhabung ein Weg zur deutlichen Kostenreduzierung und Verringerung des investierten Kapitals ist. Dies steigert den Gewinn, während besserer Service an den Kunden vorgesehen. Einige der hauptsächlichen Gebiete, die in der Lagerausrüstung bzw. den Systemen den Wert zum Steuerungsablauf steigern können, beinhalten folgendes:

- *Platzhaltung:* Dies ist das augenfälligste und sichtbarste Ergebnis einer gutorganisierten und -geplanten Lagerhaltung. Einheitlicher Fußbodenraum ist oft zusammengedrängt durch die $^1/_2$ bis $^2/_3$-zulässige Ausdehnung innerhalb eines vorhandenen Gebäudesiehe
- *Produktivität:* Konsolidierung und Reorganisierung des Operationsflusses, bieten spürbare Vorteile im reduzierten Handling, der Bewegung und Laufzeit. Direktarbeit und Bestellvorgänge können augenfällig gesteigert werden. Gut ausgewählte Lagerausrüstung wird die Produktivität objektiv anheben.
- *Kostenvermeidung:* Ein weiteres der offensichtlichsten Resultate einer guten Anwendung der Ausrüstung, und oft das stärkste. Das effektive Nutzen der Innenfläche und des Raums kann sehr teuere Anlagenausdehnung/Bauprogramme vermeiden oder minimieren.
- *Arbeitsreduzierung:* Durch Umkonfigurieren von Operationen in ein effizienteres Arrangement bei verbesserter Kontrolle können Sie erwarten, indirektes Handling und Bewegung zu verringern und sogar die Effizienz der direkten Arbeitsvorgänge zu steigern.
- *Kosteneinsparung/Abfallbeseitigung:* Zusätzlich zur Arbeits- und Platzersparnis sind andere Direkteinsparungen erreichbar, wenn Sie bereits mit Heizung, Klimatisierung, Beleuchtung, Steuern etc. im Unkostenbereich

sind. Sie können weiter expandieren – ohne einen proportionalen Anstieg in diesen tratitionellen hohen Kostenbereichen.

- *Inventarreduzierung:* Konsolidierung und Reorganisierung bietet eine klare Möglichkeit, die Kontrolle über Inventare zu verbessern und erzeugt eine korrespondierende Reduzierung. Dieser Bereich allein kann substantielle Summen von Arbeitskapital zum produktiven Nutzen freisetzen.
- *Sicherheit:* Richtig angewandte Lagerausrüstung/-systeme führen sich selbst zur Zugangsbegrenzung des autorisierten Personals, resultierend in erhöhter Sicherheit und reduziertem Schwund.
- *Sicherheit/Haushaltung:* Die Installation sollte zu einer Reduzierung von Unordnung, Stolperverletzungen führen und bei einer großen Anzahl von Fällen der Ermüdung und Anspannung durch eine effizientere Organisation der Vorgänge versuchen, diese zu vermeiden.
- *Schadensvermeidung:* Die Reduzierung der Anzahl von Handhabungszyklen kann einen gravierenden Effekt bei internen Produktschäden-/Nacharbeitskosten haben.

Natürlich wird ein vorsichtiges Einbinden unserer Ausrüstung bzw. Systeme bei der Geschäftsplanung zusätzliche Möglichkeiten bieten, um reale Werte und Produktivität während des Steuerungsprozesses hinzuzufügen.

15.2 Industrie-Stahllagerregale

Industrie-Stahllagerregale sind Stahlkonstruktionen und entwickelt, um Lasten auf Paletten, Containern oder lange Lasten aufzunehmen und zu lagern. Die Lager- und Wiederauffindfunktion wird typischerweise durch bedienerunterstütztes, mechanisches Handhabungsgerät ausgeführt. Industrie-Lagerregale bestehen allgemein aus den drei Grundtypen:

1. stationär, oder befestigt
2. transportabel
3. beweglich/mit Mittelgang

Stationäre oder befestigte Regale können freistehend oder konstruiert sein, um den Dualzweck der Unterstützung des Dach- und Wandsystems vorzusehen (allgemein als regalunterstützte Gebäude bezeichnet). Stationäre Regale können weiter untergliedert werden in eine Serie von Typen oder Stile mit jeweils angepaßten Merkmalen an besondere Lasten oder Funktionen. Diese Typen oder Stile umfassen:

- selektive Palettenregale
- Doppel-Tiefenregale
- Einschubregale
- Einfahr-/Durchfahrregale
- Auslegerregale
- Paletten-oder Kistenfließregale

Selektive Palettenregale (Abbildung 15.2) sind mit verbundenen, horizontalen Regalträgern an senkrechten Rahmen gebaut, montiert aus Säulenpaaren mit horizontalen und diagonalen Verstrebungen. Die Verbindung der Regalträger zu den senkrechten Rahmen geschieht typischerweise mit Hilfe mechanischer Verschraubung oder durch Einsatz eines speziell konstruierten, einstellbaren schraubenlosen Verbindungselemente siehe

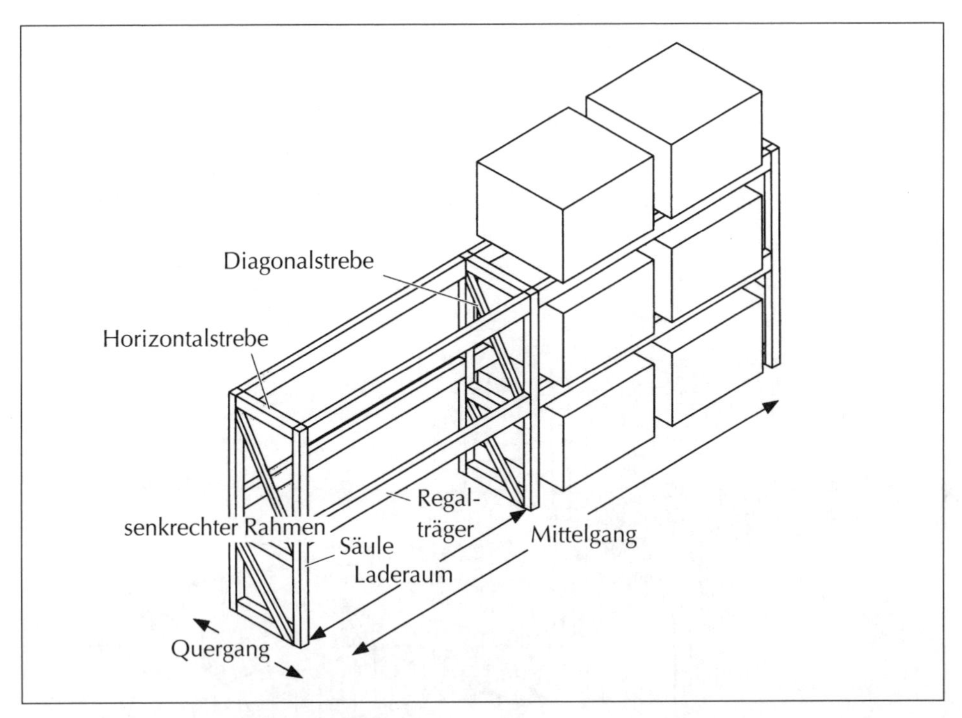

Abbildung 15.2: Selektive Palettenregale

In einigen Fällen können die Verbindungen geschweißt sein. Selektive Regale werden im allgemeinen aus warmgerollten Formstücken oder aus kaltgewalzten Sektionen hergestellt. Es gibt einen sehr hohen Grad von Anwendungsüberschneidungen, wobei jeder Konstruktionsstil eine akzeptable Lösung darstellt. Selektive Palettenregale sind allgemein entweder in Einfach- oder

Doppelreihen angeordnet. Jede Reihe besteht aus einer Anzahl von Fächern in Richtung des Mittelgangsiehe Ein Fach ist definiert als horizontaler Raum zwischen zwei senkrechten, einschließenden Paaren von Regalträgern. Die Paletten werden Seite an Seite, in Richtung Mittelgang auf jeder Ebene des Fachs gelagert. Alle Paletten sind vom Frontgang her zugänglich und ergeben Flexibilität bei der Lokalisierung oder beim technischen Inventar.

Ein Gang zwischen den Regalreihen erlaubt Zugang durch mechanische Geräte. Die Gänge können konventionell eng, oder sehr eng sein und werden im Bereich von klein, wie etwa 1,22 m, bis groß, wie etwa 4,26 m, bei selektiver Anwendung sein. Die Gangbreite wird selbst zur Funktion der Last und die Konstruktion der Rollwagen. Richtige Auswahlkriterien ziehen Durchfahrt, Raumausnutzung und Typ der Gabelstapler in Betracht.

Die Höhen von freistehenden, selektiven Regalen werden im Bereich von klein wie etwa 1,83 m (zwei Palettenhöhen), bis zu Höhen im Zugang von 24,4 m sein (dies benötigt natürlich spezielle, mechanische Geräte). Regalunterstützte Gebäude (Abbildung 15.3) tendieren zu mehr Gemeinsamkeit in größeren Anwendungen und können einige Steueranreize (Abschreibung) bieten.

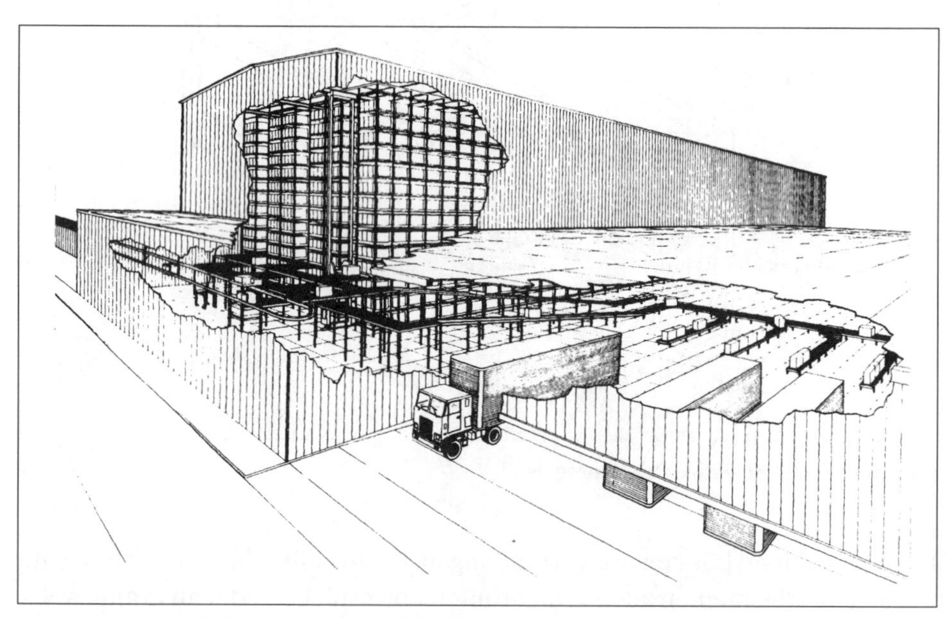

Abbildung 15.3: Regalunterstützte Gebäude

Die Einweg-Kompaktheit der selektiven Regale wird gesteigert durch Anordnung der Reihen – Rücken an Rücken, mit Regalträgern auf gleicher Etage. Dies wird Doppel-Tiefenregal genannt (Abbildung 15.4). Ein spezieller Hochregalstapler erlaubt es, zwei Paletten tief, von einem Gang aus Zugang zu haben. Der Kompromiß hierbei ist Raum zu gewinnen, gegenüber Selektivität und Ausrüstungsüberlegungen.

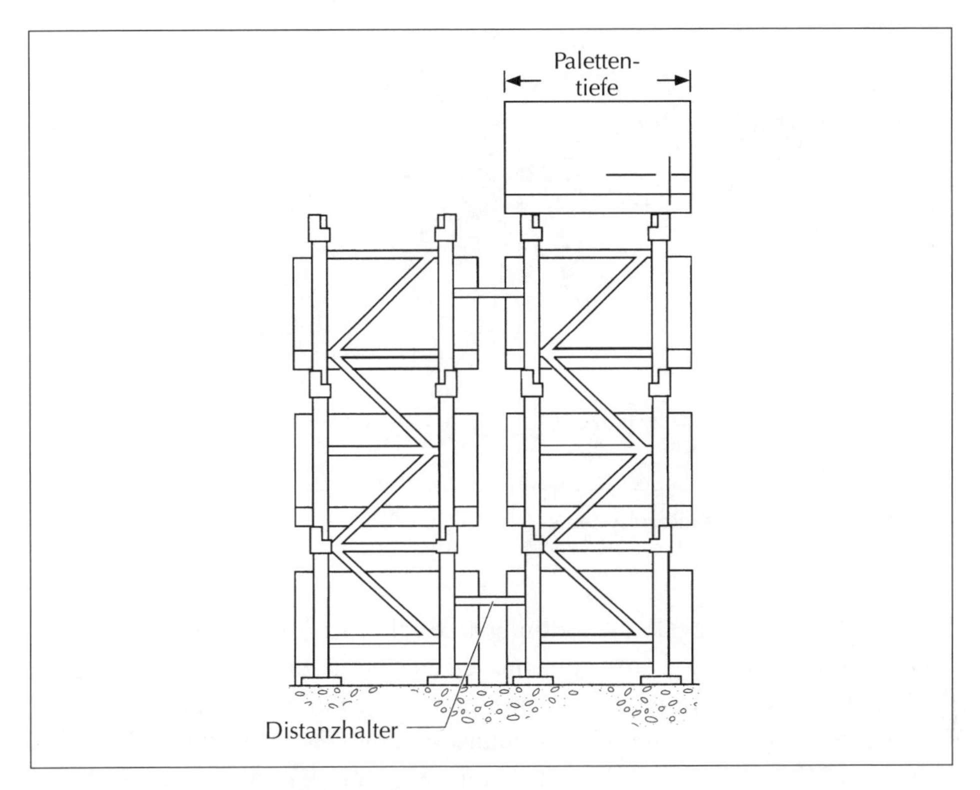

Abbildung 15.4: Doppel-Tiefenregal

Ein weiterer Weg, die Kompaktheit zu erhöhen, besteht mit Einschubregalen (Abbildung 15.5). In diesem Fall ist die Regalstruktur mit einem Einschub ausgestattet, der Zwei- oder Dreitiefen-Lagerung mit konventionellem mechanischemGerät erlaubt. Die Paletten-/Containerlasten werden in die Öffnung geschoben, bis alle Positionen voll sind. Wenn eine Last aufgenommen ist, liefert das Gewicht des Einschubs die nächste Palette. Dieses System demonstriert einige gleiche Funktionscharakteristika wie Einfahrsysteme, außer daß der Gabelstapler nicht in das Regal hineinfährt.

Abbildung 15.5: Einschub-Regalsysteme

Einfahr-/Durchfahrregale (Abbildung 15.6) sind Konstruktionen für hochkompakte Lagerung. Sie sind verschieden zu selektiven Stilen; diese Regale sind zum Lagern von mehreren Palettentiefen gebaut, die die Anzahl der Durchgänge reduziert und die Raumausnutzung (Dichte) erhöht. Der Gabelstapler fährt in das Einfahr-/Durchfahrfach und deponiert die Paletten-/Containerlast auf Lastschienen. Einfahrregale benötigen eine „last-in/first-out" *(LIFO)-Inventartechnik*, während Durchfahrsysteme (zugänglich von beiden Enden), entweder „first-in/first-out" *(FIFO) oder LIFO-Technik* gestattet. Einfahr-/Durchfahrregale sind aus Säulen, Lastschienen und verschiedenen Strukturrahmen konstruiert. Palettenfließregale (Abbildung 15.7) sind Rücken an Rücken-Regale für praktische Anwendungen, in denen geneigte Förderrollensektionen installiert sind. Lasten werden von hinten eingegeben und fließen durch das Eigengewicht zur Frontaufnahme. Dieses System ist hilfreich bei schnellbeweglichen Stücken, wobei FIFO-Techniken erwünscht sind. Die wichtigsten Vorteile sind Kompaktheit und Durchsatzmenge. Hochdichte dynamische Lagerung (Abbildung 15.8) ist ein weiterer Weg, in der sich Kompaktheit steigert.

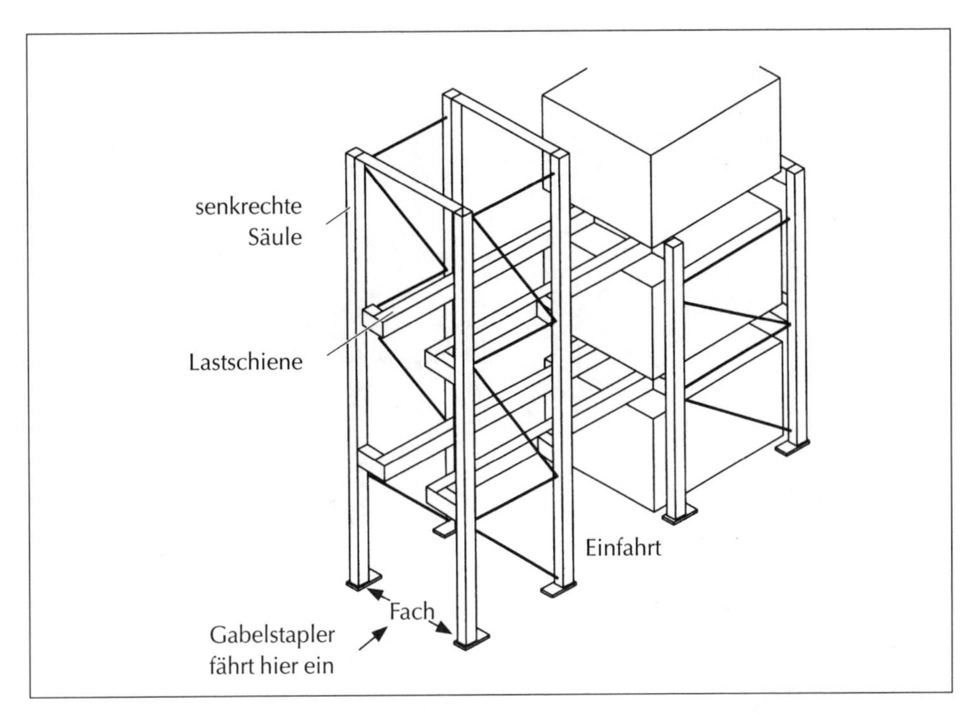

Abbildung 15.6: Einfahr-/Durchfahrregale

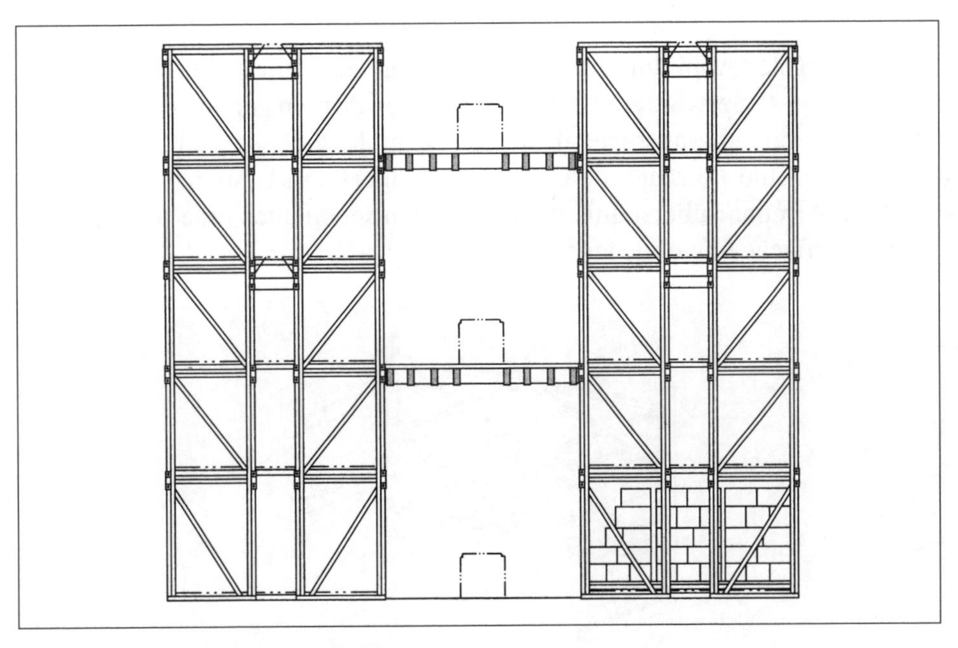

Abbildung 15.7: Palettenfließregale

Abbildung 15.8: Hochdichte dynamische Lagerung

Wobei ähnlich wie bei Palettenfließregalen in der Funktion die Last horizontal verbleibt und durch eine Serie von mechanischen oder pneumatischen Bewegungsabläufen intermittierend einrastet.

Auslegerregale (Abbildung 15.9) sind für lange oder unregelmäßige Materiallängen konstruiert. Sie sind aus lasttragenden Armen gebaut, die aus vertikalen Tragsäulen herausragen. Entweder kann Last die Arme überspannen, oder Böden sind zwischen den Armen installiert, um Lasten zu lagern, die nicht ein Armpaar überspannen kann. Böden sehen auch eine fortlaufende Lageroberfläche vor, ohne jede lästige Struktur.

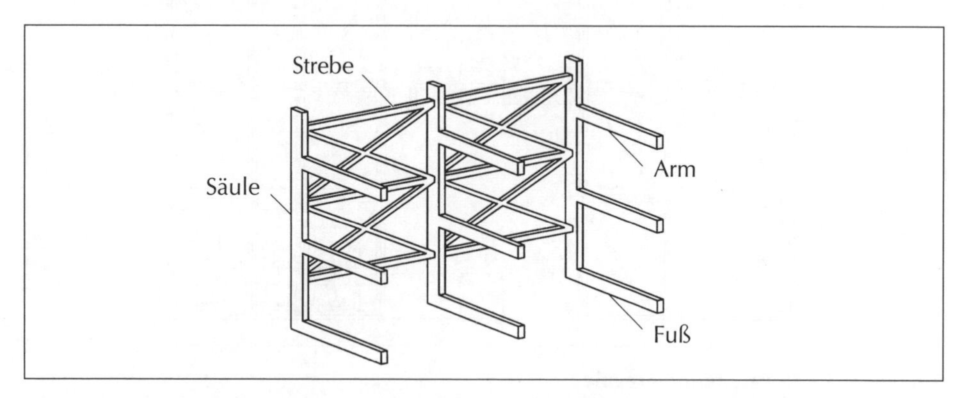

Abbildung 15.9: Auslegerregal

Die Aufnahme wird allgemein durch einen mechanischen, seitenladebaren Gabelstapler ausgeführt.

- *Kistenfließregale* (Abbildung 15.10) sind ähnlich im Konzept wie beim Palettenfluß, außer daß das Deponieren bzw. Aufnehmen bei individuellen Kisten/Kartons mit manueller Bedienerhilfe geschieht. Elektronische Codiersysteme, bekannt als Handscanner, und intelligente Aufnahmekarten haben die Bestellung von Aufnahmegeräten mit dieser traditionellen Lösung gesteigert.

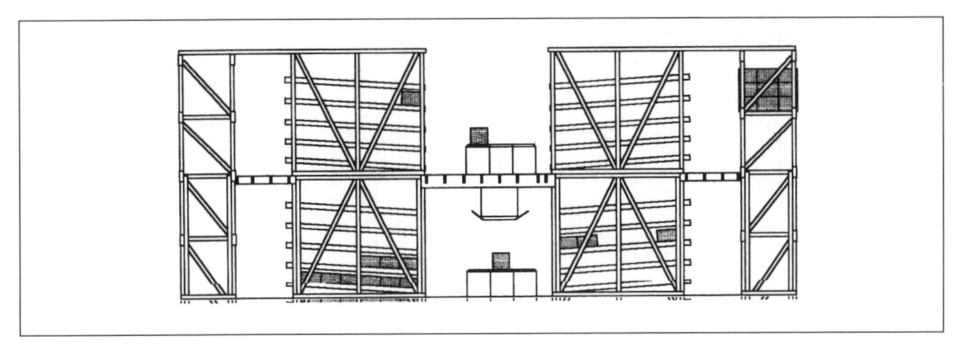

Abbildung 15.10: Kistenfließregale

- *Transportable Regale* (Abbildung 15.11) sind selbständige Einheiten, die aus Böden und Pfosten bestehen. Diese Einheiten sind zum Übereinanderstapeln gebaut und können ineinander gestellt oder abgeschlagen werden, um Platz zu sparen.
- *Der Paletten-Gestellrahmen* (Abbildung 15.12) ist üblicherweise befestigt an einer Standardpalette, wobei Lasten mehrfach gestapelt sein können. Wenn leer, können die Rahmen demontiert werden, um Platz zu sparen. Beides, transportable Regale und Paletten-Gestellrahmen sind besonders hilfreich bei Mobilität, Schutz von zerkleinerten Lasten und Bewegen durch verschiedene Prozeßabläufe.
- *Bewegliche Lagersysteme* (Abbildung 15.13) entstehen durch Installieren von Regalreihen auf einem Wagen oder einer Plattform. Der Wagen läuft auf Rollen, die größere Durchgänge und kompaktere Lagerdichte erlauben. Diese Technologie ist gut geeignet für Hochquantität-/Niedrigaktivität-Anwendungen, wo Einsparung von Fußbodenraum wünschenswert oder notwendig ist.

Eine Vielfalt von Spezialzweckregalen und Zubehör für viele Standardregale ist erhältlich für Lagertonnen, Rohrschlangen, Rollen, usw. und zur Auf-

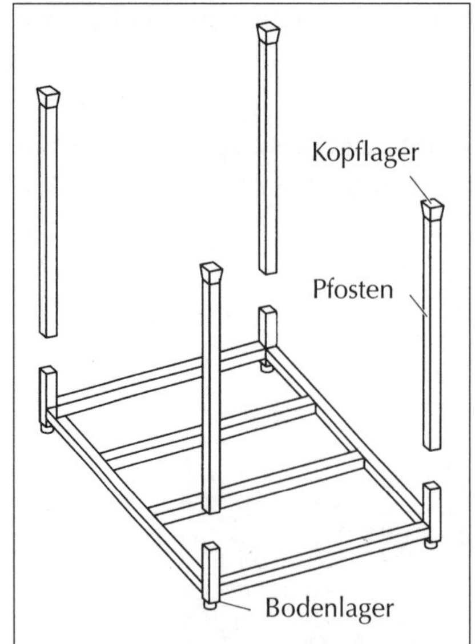

Abbildung 15.11: Transportable Regale

Abbildung 15.12: Paletten-Gestellrahmen

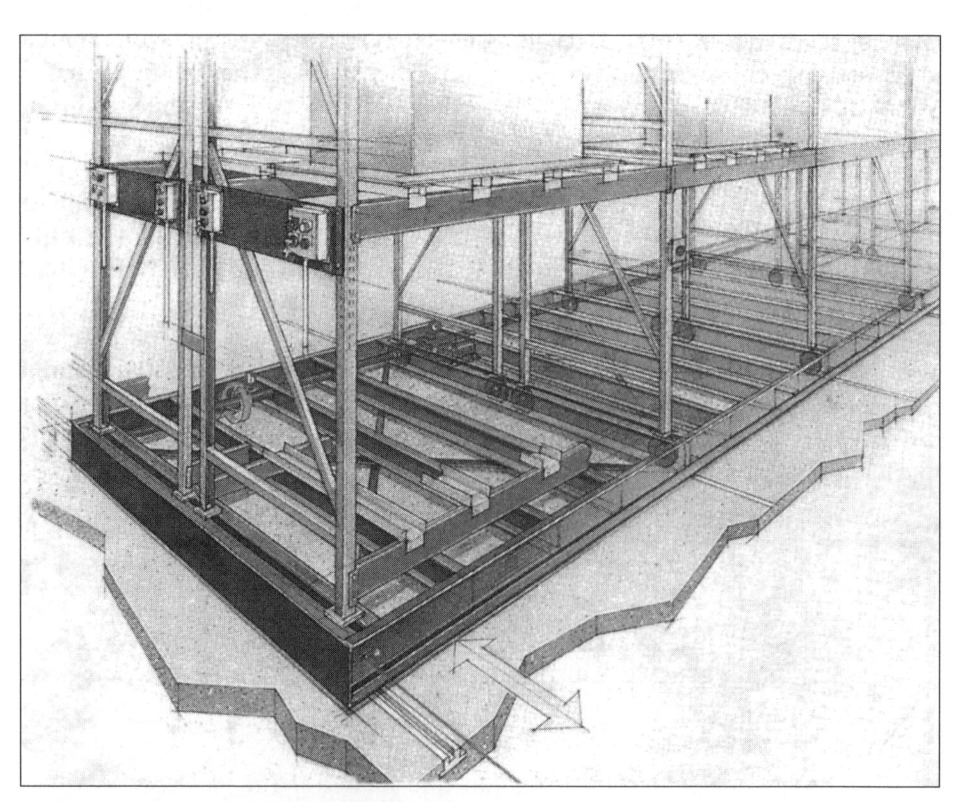

Abbildung 15.13: Bewegliche Lagersysteme

nahme von anderen Handhabungsgeräten wie Hochkrane. Ergänzendes Zubehör wie Säulenschützer und Führungswinkel für Laufgänge, sind auch erhältlich, um die Möglichkeit eines ungewollten Stoßes durch mechanische Geräte zu verringern.

15.3 Industrieregalsysteme

Industrieregalsysteme werden gebaut, um nichtpalettisierbare Lasten aufzunehmen, die gewöhnlich von Hand in diesen Systemen angeordnet werden. Die Regale (Abbildung 15.14) werden entweder im offenen, geschlossenen, Bank-, oder Kopf an Kopfstil angeboten und können in vielfältigen Konfigurationen installiert sein. Der offene Regalstil in seiner einfachsten Form besteht aus Säulen, Streben, Fächerböden und Verbindungselementen. Eine große Vielfalt von Säulenkonstruktionen wird angeboten als Funktion von Kapazität und Anwendung. Die Streben sind an den Säulen mechanisch befe-

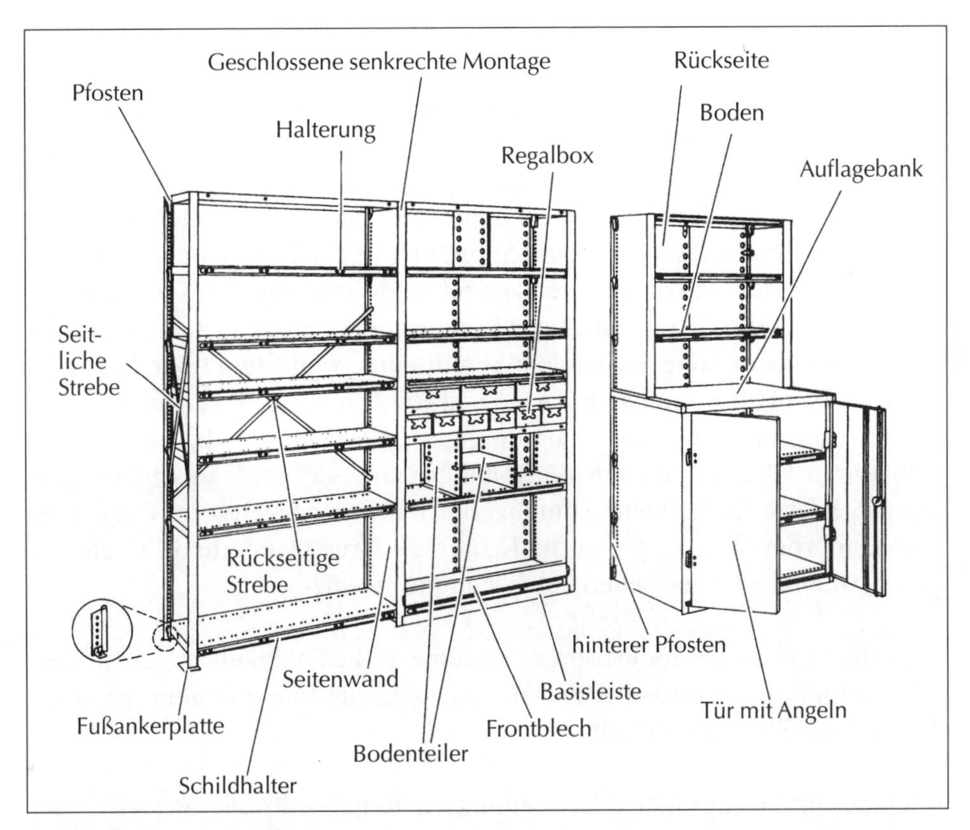

Abbildung 15.14: Regalstile

stigt, und die Regalböden werden durch eine Kombination von mechanischen Verbindungselementen zusammengehalten oder mit speziell entwickelten Verbindungsklammern, um Einheiten zu erzeugen. Geschlossene Regalsysteme bestehen aus starren Böden, senkrecht zum Verlauf der Streben. Die Böden erfüllen die Funktion der Struktursteifigkeit und umfassen als Einheit Funktionalität und Organisation. Diese Einheiten werden allgemein in Einfach- oder Doppelreihen installiert sowie in Einfach-oder Doppelbauweise.

Die Einheiten-/Regale werden im Kapazitätsbereich von Leichtlasten (allgemein 91 kg/Boden oder weniger) bis Schwerlasten von über 454 kg/Boden angeboten. Die Regallast besteht aus gleichmäßig verteilten Lasten (EDL). Hersteller-Lasttabellen gestatten eine bestimmte Durchbiegung bei angegebener Belastung (Bodenlänge ·/. 140). Bei normaler Durchbiegung wird man jedoch sicherstellen müssen, daß es hierbei nicht an der unteren Öffnungen zu Störungen kommt. Dies ist besonders wichtig, wo der verfügbare Raum voll ausgenutzt wird (Datenträger oder Archivlagerung). Erhöhte Kapazität wird üblicherweise erreicht durch eine Kombination von Baugeometrie, Material und in manchen Fällen durch Verstärkung.

Die meisten Standardregale sind 91,4 cm lange Regale. Größen über 122 cm tendieren dazu als Großspannweitenregale bezeichnet zu werden und zeigen viele Charakteristika der Stahl-Lagerregale, außer bei leichter, handbeladener Anwendung. Die Einheiten können als Zweiebenen- oder Multiebenen-Anwendungen installiert sein (Abbildung 15.15) durch Übereinanderlegen der Einheiten und dazwischenliegender Servicegänge. Dies bietet nahezu besondere Vorteile bei vertikaler Raumausnutzung. Jedoch braucht man 4,58 m oder mehr freie Gebäudehöhe um eine zweite funktionelle Ebene einzufügen. Regalsysteme können auch in Hochbau-Ausführungen konstruiert sein (allgemein über 3,05 m und weniger als 9,15 m). Bei diesen Konfigurationen wird das Aufnehmen mit Rolleitern und/oder mechanischen Lagerfahrzeugen zwecks Aufnahme durchgeführt. Einsparungen beim Raum sind eine Kompromißlösung gegen die Kosten der Ausrüstung und Durchsatzmenge, wenn man diese beliebte Anwendung einsetzt.

Einer der Vorteile der Industrieregalsysteme ist die Fähigkeit, mit einer Vielfalt von Optionen ausrüstbar zu sein, um spezielle Funktionalität zu erreichen. Dieser Zubehör umfaßt:

- *Bodenteile:* Gestattet die Unterteilung der Regale entweder in starre oder variable Abteile.

Abbildung 15.15: Multiebenen-Regale

- *Schildhalter:* Stahl oder Plastikstreifen, befestigt an der Regalbodenfront, um Indentifizierschilder, Strichcodes usw. einzustecken.
- *Regalboxen:* Aus Stahl gegossene oder gewellte offene Boxen mit Schildhalter, Handgriffen und Unterteilern zum Sortieren kleiner Teile.
- *Frontleisten:* Stahl oder gegossene Leiste, befestigt an der Front des Regals, um die Regallast aufzunehmen.
- *Türen:* Mit Angeln und Schiebetüren, um den Einheiten Sicherheit und Sauberkeit zu geben.
- *Modulschubfächer:* Voll ausziehbar, Ganzbreiten-Modulschubfächer, gebaut um kleine Teile hochräumig zu sortieren, Vereinheitlichung und bei höherer Sicherheitssituation.

- *Bewegliche Basisplatte:* Erlaubt größere Durchgänge und erhöhte Kompaktheit. Kann entweder mechanisch oder mit Kraftantrieb bewegt werden.
- *Bank- oder Ablageoberflächen.* Ermöglicht eine Arbeitsfläche an der Frontseite des Regalsiehe

Bei Anwendung von Industrieregalen mit irgendeiner Lagerausrüstung, muß eine Anzahl von Punkten geklärt werden, um die effektivste und kostengünstigste Lösung zu erreichen. Diese Punkte sind:

- Volumen
- Dimension
- Quantität (Aktivität wird sie bestimmen)
- Konfiguration
- Zubehör

Seitdem Regalsysteme zum Beladen von Hand gebaut werden, will man hochaktive Stücke so ablegen, daß das Heben und Herausholen minimiert wird. Einheiten, die die aktivsten Stücke enthalten, sollten nahe am Ausgang des Systems gelagert werden. Gangbreite und Verkehrsmuster sollten Zugriffsaktivitäten gestatten und Gebäudesäulen sowie andere Störfaktoren vermeiden. Im Falle einer Multiebenenanwendung muß eine Anzahl von zusätzlichen Variablen geklärt werden. Dies beinhaltet Eingang bzw. Ausgang, Beleuchtungs- und Feuersicherheitsüberlegungen, Zuteilung für Paletten-Ablageflächen, Durchgänge für Förderbänder, Lifte usw.

Bei der Wartung des Regals ist es wichtig, den kontinuierlich guten Zustand des Systems sicherzustellen. Manche Dinge sind nachzusehen: ob Teile verloren gingen, fehlen, oder falsch gelagert wurden, durch Stoß beschädigt oder überladen. Spätschäden sind besonders zu beachten; sobald das Teil/die Teile notiert sind, sollten sie sofort entnommen und vor dem Einlagern repariert werden.

Das Umkippen ist eine Gefahr, deren man sich bewußt sein muß (Abbildung 15.16). Dies kann durch eine Anzahl von verschiedenen Faktoren herrühren, einschließlich ungleichmäßiger Belastung, schlechter Installation und Stoß. Allgemeine Wege dies zu verhindern, sind das Verankern und Befestigen der Regaleinheiten quer über die Durchgänge, so daß sie miteinander verbunden sind.

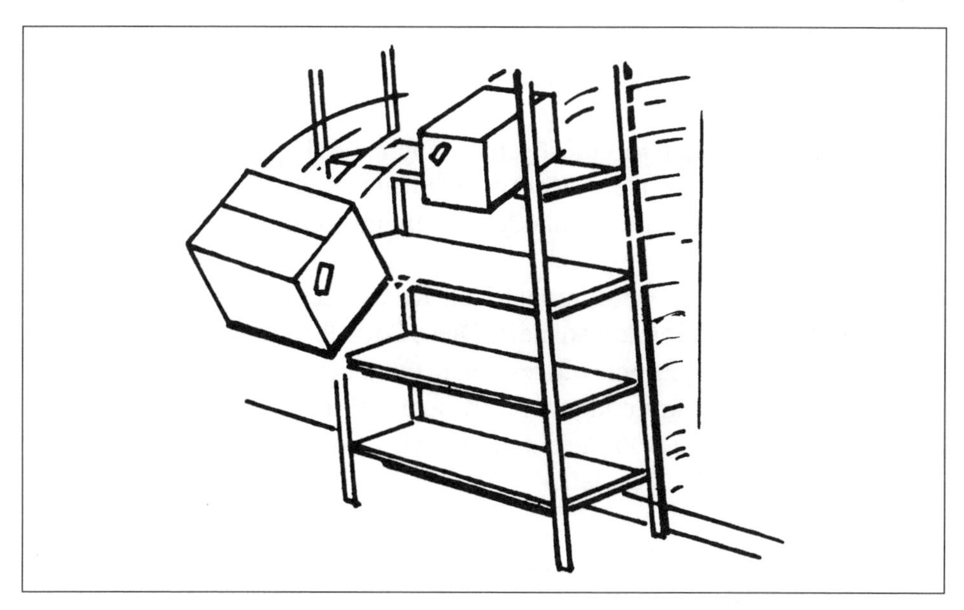

Abbildung 15.16: Umkippen

15.4 Bühnen

Bühnen sind in vielen Formaten erhältlich, abhängig vom beabsichtigten Einsatzzweck. Besondere Aufmerksamkeit sollte beim Konzept des Projekts dem Systemtyp gelten, der am besten für den „akuten" Einsatz geeignet ist. Die Flexibilität der Konstruktion muß alle Aspekte des beabsichtigten Einsatzes der Struktur umfassen. Wird es zum Lagern, für Büros, Herstellung, Förderband- oder Ausrüstungsunterstützung, usw. eingesetzt, oder in einer Kombination von Einsatzzwecken? Ist die Lastanforderung gleichmäßig oder konzentiert? Gibt es Behinderungen oder feste Gebäudemerkmale, die bei der Konstruktion beachtet werden müssen? Kurz, gibt es irgendwelche Konditionen, deren sich der Konstrukteur bewußt sein muß, um eine richtige Einschätzung für die korrekte Konstruktion zu geben? Die meisten Anwendungen können einheitlich mit den Hersteller-Standardkonstruktionen ausgeführt werden, mit wenigen oder gar keinen Änderungen. Es gibt jedoch Situationen, in denen es für die Bühne vorteilhaft ist, vom Kunden konstruiert zu werden. Eventuelle zukünftige Anforderungen können gleich zu einem freistehenden oder unterstützten System führen – durch ein anderes Produkt, wie Industrieracks oder Fächerregale. Rack- und. facherunterstützte Bühnen hängen von Rahmenaufstellung oder Regalpfosten für die Deckenabstützung ab.

Freistehende Bühnen (Abbildung 15.17) sind in zwei Ausführungen erhältlich: modular und kundenseitig. Modulare Bühnen sind üblicherweise standardisierte, vorgefertigte Module unterschiedlicher Größen, die in vielen Bühnenkonfigurationen montiert sein können, durch den Einsatz verschiedener Modulkombinationen. Modulausführungen werden oft eingesetzt, wenn es keine unüblichen Lasten oder Konfigurationsanforderungen gibt.

Kundenseitige Bühnen werden nach den Kundenspezifikationen für Belastung und Konfiguration konstruiert. Diese Ausführung erlaubt komplette Freiheit beim Konstruieren, vom Säulenabstand bis zu unüblichen Lastwerten. Der Kunde wird mit endgültigen Konstruktionsunterlagen unterstützt, nach Festlegung wie die Bühne eingesetzt wird, im Zusammenhang mit den Anforderungen des Nützer siehe

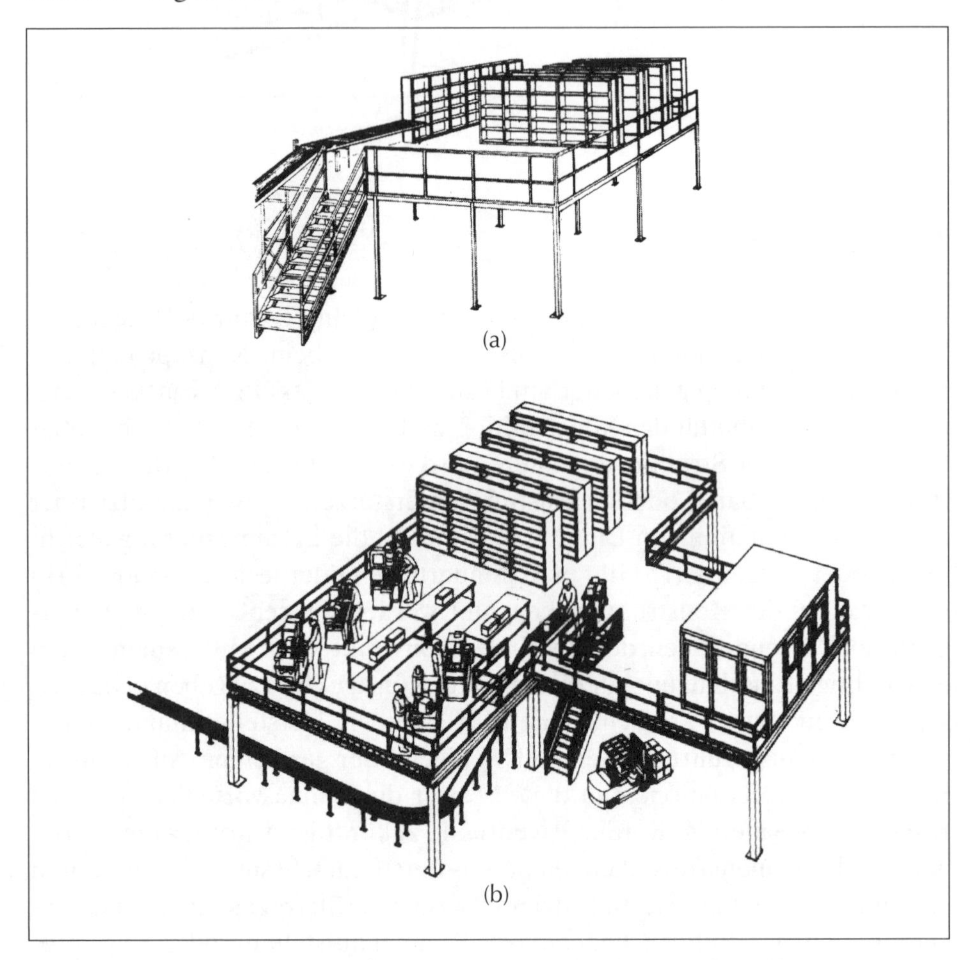

Abbildung 15.17: Freistehende Bühnen – (a) modulare und (b) kundenseitige

Es gibt viele potentielle Vorteile, die mit Bühnen einhergehen. Wenn Sie eine Bühne haben, sind Sie in der Lage, folgendes zu erreichen:

- überschaubaren, doppeltverfügbaren Fußbodenraum, durch effektiven Einsatz des vorhandenen Raums in der Anlage
- erhöhte Produktivität
- vermeiden oder minimieren von Bewegungsabläufen
- minimaler Ausfall der Produktion während der Installation
- vermeiden von zusätzlichen Miet-, Gebäude- oder Kaufräumen
- vermeiden oder minimieren von zusätzlichen Steuern
- einen optimalen Einsatz der vorhandenen Heizung, Ventilation und Klimatisierung
- demontierbar und wiederaufbaubar (in den meisten Fällen)
- Ausdehnungsmöglichkeit.
- Steuervorteil durch erhöhte Abschreibung.
- Einsparung von fremden Ingenieurkosten durch vorgeplante Bühnen.
- Zeiteinsparung.

Es gibt sechs technische Grundüberlegungen, unabhängig vom Bühnentyp. Diese sind:

1. Lastanforderungen
2. Säulenabstand
3. Flexibilität der Konstruktion
4. Durchbiegung
5. Seismologische Betrachtungen bei der Projektlage
6. Unterstützung des Unterbaus (Bodenplatten oder Pfeiler)

Die Festlegung der Größe und Form der Bühne ist das erste. Falls an allen vier Seiten durch Abteilungen oder andere Ausrüstung mit Wänden umgeben, ist die verfügbare Fläche einfach zu erkennen. Normalerweise erlaubt der verfügbare Raum jedoch Optionen in der Größe. Es kann ökonomisch klug sein, die Bühnenfläche zu maximieren, wie es die Maße bei Konstruktion, Herstellungs- und Installationsablauf bewirken. Die Höhe wird festgelegt durch die Wichtigkeit von Durchgangshöhen und Auflagen. Ist der Abstand vom Boden bis zum Bühnendeck oder die Durchgangshöhe der Bühne wichtiger? Die Kopfhöhe über Deck der Bühne sollte ebenfalls berücksichtigt werden. Die behördlichen Auflagen schreiben hier ein Minimum vor. Welcher Typ von Last wird auf der Bühnenfläche eingesetzt? Wird sie relativ gleichmäßig sein, oder wird es konzentrierte Lasten geben oder vielleicht einige spezifische Schwerlastflächen? Einschätzung der erwarteten Werte und Lage von zusätzlichen und/oder konzentrierten Lasten für die Kostruktionunterlagen. Die Deckoberflächen können vielfältiger Art sein, von Sperrholz bis zu speziellen Auflagen. Die Decken sind ein sehr wichtiger Teil jeder Bühne und sollten sorgfältig ausgewählt werden, wobei geforderte Belastung und beabsichtigter Einsatz zu betrachten sind. Der Hersteller wird gewöhnlich mehrere Decken als Option anbieten, oder Sie wünschen einen anderen Typ eines speziellen Bodensystems.

Überlegen Sie, ob die Bühnensäulen potentielle Unfallstellen für Verkehr und Materialfluß sind. Falls dies nicht von Belang ist, spezifizieren Sie die kostengünstigste Konstruktion. Falls Säulenabstände wichtig sind, kann der Hersteller möglicherweise Rat und Hilfe anbieten, um die effektivsten Säulenabstände festzulegen. Wenn die Bühne mit Schnittstellen für andere Ausrüstung, wie Förderbänder, Racks, Regale, Büros, Vertikalaufzüge usw. auszurüsten ist, wird der Hersteller einen detailierten Entwurf des vorhandenen oder empfohlenen Plans benötigen, um die Kompatibilität zu gewährleisten. Falls die zukünftige Möglichkeit einer vertikalen oder horizontalen Ausdehnung der Bühne vorhersehbar ist, muß der Hersteller rechtzeitig zu seinem Ausgangsvorschlag informiert werden. Das System wird dann so konstruiert, daß es eine Ausdehnung zuläßt, um teuere spätere Umbauten zu verhindern.

Auch Treppen und Geländeranordnungen sollten in Bezug auf die Sicherheit der Benutzer festgelegt werden. Anforderungen durch Auflagen und Materialeffizienz sowie Verkehrsfluß sind weitere wichtige Überlegungen.

15.5 Industriecontainer/-paletten

Industriecontainer kommen in den unterschiedlichsten Fertigungsstätten und Verteilerzentren erfolgreich zum Einsatz, denn sie machen es möglich, Artikel von unterschiedlicher Größe, Gewicht oder Form zu einheitlichen Ladungen zusammenzufassen. Die Industrie hat den Wert von Containern und deren Beitrag zur Erhöhung der Produktivität und besseren Raumausnutzung schon vor langer Zeit erkannt.

Heute tragen Industriecontainer in Verteilerzentren wesentlich zur effizienten Raumausnutzung bei. Zu den zahlreichen Vorteilen einer effizienten Raumausnutzung zählen z.B. geringerer Arbeits- und Handhabungsaufwand, geringer Beleuchtungsaufwand, bessere Organisation von Lagermaterial sowie die Möglichkeit, Produktion und Vertrieb auf Bereiche auszudehnen, in denen zuvor Material unorganisiert gelagert wurde. Der Lagerbestand wird übersichtlich, zugänglich und leicht versetzbar.

Container eignen sich hervorragend für alle modernen innerbetrieblichen Transportsysteme. Viele der heutigen Lagerungssysteme sind sogar spezifisch für den Einsatz von Industriecontainern ausgelegt. Zu den gängigsten gehören Paletten, Schleppkästen, Frachtbehälter und Transportkästen. Dem Format der containerisierten, bzw. vereinheitlichten, Ladungen kommt besondere Aufmerksamkeit zu, da es entscheidenden Einfluß auf die Lagerausrüstung und das innerbetriebliche Transportwesen sowie auf den Umschlag des Verteilerzentrums haben kann. Ebenso unterschiedlich wie die Formate sind die Werkstoffe, zu denen Stahl, Kunststoff und Wellpappe zählen. Stahlcontainer für große, vereinheitlichte Ladungen lassen sich weiter in Wellblech- und geschweißte Stahldrahtcontainer unterteilen. Letztere (Abbildung 15.18) sind aufgrund ihres geringen Gewichtes im Verhältnis zur Tragfähigkeit universell einsetzbar und äußerst robust. Geschweißte Stahldrahtcontainer bieten die folgenden Vorteile:

- Ihr Gewicht ist im Verhältnis zur Tragfähigkeit gering.
- Der Inhalt ist sichtbar und wird belüftet.
- Ihre Selbstreinigungseigenschaften fördern die Sauberkeit der Produkte und eine gute Lagerhaltung.
- Sie sind stapelbar – in der Regel bis zu vier Stück übereinander – bei bester Ausnutzung des Lagerraumsiehe
- Sie gewährleisten einheitliche Leergewichte.
- Sie lassen sich mit allen Containern nach ANSI-Norm mit gleicher Abmessung übereinanderstapeln.

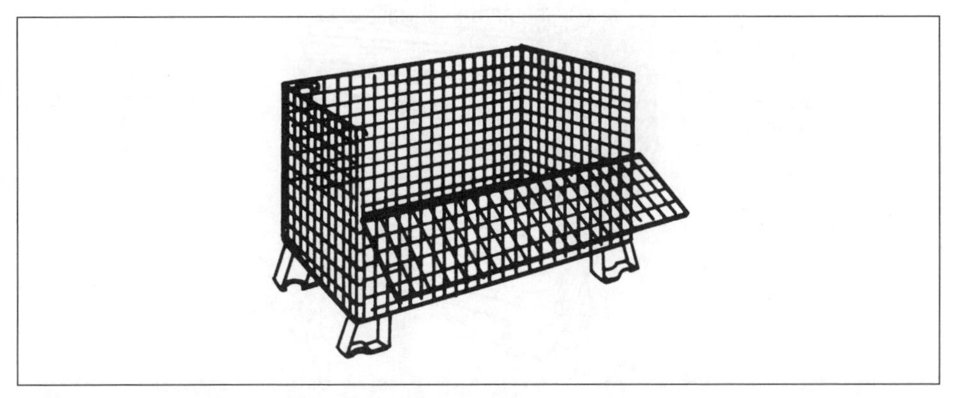

Abbildung 15.18: Geschweißter Stahldrahtcontainer

Geschweißte Drahtbehälter sind in vielfältigen Ausführungen, einschließlich faltbar oder starr, erhältlich. Der Standardbehälter besteht aus gerippten Seitenteilen, die mit dem gerippten Boden verschweißt werden. Die Stapelmöglichkeiten dieses Standardbehälters lassen sich sehr vielfältig gestalten. Gerippte Metallbehälter sind biegesteif und widerstandsfähig gegen unsachgemäße Behandlung. Die Behälter können mit einer Vielzahl von Extras geliefert werden. Einige Beispiele dafür sind:

- Entleerung durch den Boden
- Rollbar
- Lastösen
- Gleitboden
- Drahtgeflechteinsätze
- Schiebetüren
- schwere geschmiedete Ausführung

Kunststoffbehälter aus Integralschaumstoff (Abbildung 15.20) für große Mengen einheitlicher Güter sind ebenfalls sehr gebräuchlich. Kunststoffbehälter haben zum großen Teil die gleichen Eigenschaften und Merkmale wie Stahlbehälter. Folgende Punkte sollten im Zusammenhang mit Kunststoffbehältern genannt werden:

- Die Behälter wurden konstruiert, um von Hand oder automatisch beladen zu werden. Sie sind vorrangig für den Transport mit Maschinen vorgesehen. Die Behälter lassen sich sehr leicht mit Hilfe von Flüssigkeiten oder Dampf reinigen.

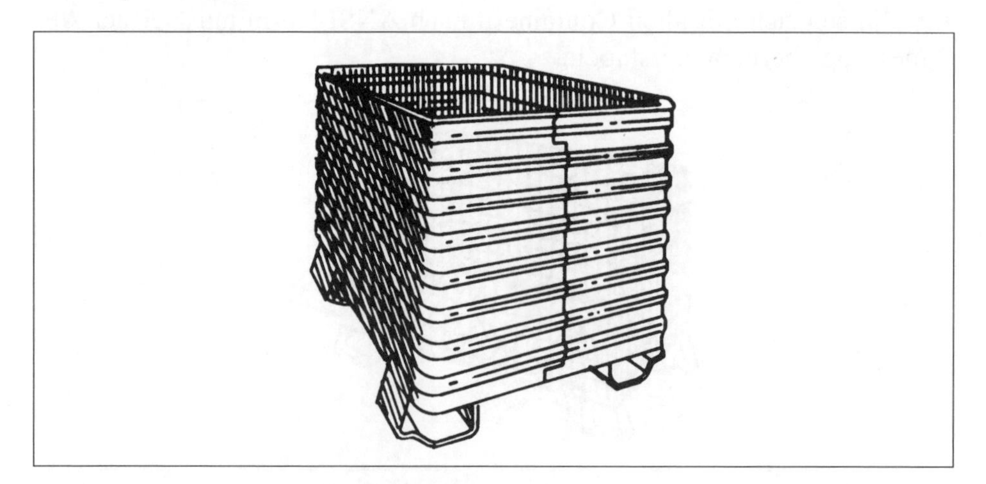

Abbildung 15.19: Gerippte Metallbehälter

Abbildung 15.20: Kunststoffbehälter (Integralschaumstoff)

- Sie sind ideal für den Einsatz während des Produktionsprozesses, für die Lagerung sowie für den Versand.
- Behälter für den Einsatz von kleinen Materialien bestehen grundsätzlich aus gegossenem Polymer oder aus Wellpappe.
- Die Materialbandbreite reicht von gegossenem Polymer über leitende Werkstoffe bis hin zu antistatischen Werkstoffen für Elektronikbauteile. Des weiteren ist schwer entflammbares Polymer verfügbar.
- Die Kunststoffbehälter haben folgende Eigeschaften: sie sind stapelbar, teilbar, können zusammengesetzt oder ineinandergeschoben werden und sind langlebig.

Die Behälter wurden so konstruiert, daß sie in bestehende Lagerhaltungs- und Transportsysteme integriert werden können. Als effektiver und kostensparender Bestandteil einer Infrastruktur beseitigen sie Lagerhaltungs- und Transportprobleme.

Paletten, die für den Materialtransport und die Lagerung verwendet werden, sind in der Regel aus Holz, Integralschaumstoff, verstärktem gegossenem Polymer oder Stahl. Bei der Auswahl von Paletten sollten folgende Fragen in Betracht gezogen werden: Bleibt die Palette innerhalb des Lagerbereiches? Sollte es eine Einweg- oder Mehrwegpalette sein? Abhängig von diesen Gegebenheiten bieten sich verschiedenen Systeme mit entsprechender Kostenstruktur an.

Die folgenden Fragen werden Ihnen helfen, das beste Behälter-/Paletten-System auszuwählen, das Ihren Anforderungen entspricht.

1. Wie wird der Container/die Palette gelagert bzw. gefördert? Dies wird die Fuß- und Basiskonstruktion zusammen mit der Struktur beeinflußen, falls der Transport anders als basisunterstützt ist.
2. Was ist zu lagern? Größe? Gewicht? Menge? Dies wird Material, Struktur und Form vorgeben.
3. Wird der Container/die Palette in einem automatisierten System eingesetzt? Sehr früh im Planungsstadium sollten die Lieferanten Ihres Automatensystems die Überlegung einbringen, wie Art der Beförderung und Container/Palettenhersteller in einer gemeinsamen Planungskommunikation eingebunden werden, um teuere Konstruktionsänderungen zu vermeiden, die auftreten, wenn die Kommunikation ausbleibt.
4. Ist dies ein fremder Container bzw. eine Palette? Wird er in der Anlage verbleiben? Besteht die Absicht, diese(n) Container/Palette im Straßentransport einzusetzen, sollte Stoßlast bei der Konstruktion vorgesehen sein. Raum- gegenüber Gewichtsverhältnis in Ihrem LkW oder anderen Transportmitteln sollten auch beachtet werden, da Luftfracht und Zoll teuer sind. Leere Rückfrachten erfordern Überlegungen zu faltbaren Containern.
5. Wie wird der Container/die Palette benutzt? „Mißhandelt"? Gibt es ungewöhnliche Beschädigungen, wie durch extreme Temperaturen, chemische Aussetzung oder stoßartige Beschädigung, die beachtet werden müssen?
6. Haben die Personen, die Container/Paletten kaufen, Kenntnisse von speziellen Zuständen in Satellitenanlagen oder Kundenbetrieben? Hier noch einmal: die Anpassung des Spezialtransports, Lagersystems und andere

Anwendungen müßen überlegt werden. Es ist sehr wichtig bei der Wahl von Paletten oder Containern, das ganze Verteilersystem innerhalb und außerhalb zu betrachten. Die Palette oder der Container haben korrekt zu arbeiten, und zwar mit dem internen Transport- und Lagersystem. Sie müssen ökonomischen Transport beim Standardversand bieten und sollen zulässig in ihrem Anwendungsfall sein, welcher eine Kundenanlage, ein Warenhaus oder ihr eigener Betrieb sein kann; totale Überdeckung ist der Schlüssel hierzu.

7. Was beinhaltet die Zukunft? Gibt es eine Möglichkeit oder einige der folgenden?
   a) Modifikation des Regalsystems?
   b) Ein gravierender Wandel im Produktenmix?
   c) Die Hinzufügung von Satellitenfunktionen, die den Einsatz von Containern/Paletten für Verschiffung und Annahme erfordern würde?
   d) Die Änderung der Arbeitsstations-Automation, die den Einsatz von Containern/Paletten in Arbeitsständen erzwingen würde?

Eine zusätzliche Überlegung ist die Vorkehrung durchLagerraum für gestapelte Lagerung von umlaufenden Containern oder Paletten. Die Auswahl der Plazierung kann kritisch sein beim Einsatz von Holz- oder Plastikmaterial; leichter Zugang ist also wichtig.

15.6 Automatisches Lagern und Rückholen (AS/R-Systeme)

Automatisches Lagern und Rückholen wird schon lange erfolgreich in der Verteilerumgebung eingesetzt. AS/R-Systeme beinhalten viel von den in diesem Kapitel besprochenen Lagerausrüstungen und fügen zusätzliche Elemente der Integration und Kontrolle hinzu. AS/R-Systeme bieten besondere Vorteile auf den Gebieten der Raumersparnis, Arbeitssicherheit, Kontrollmöglichkeit, Inventarreduzierung und Produktivitätssteigerung. Echtzeitkontrolle wird erbracht durch automatische Materialhandling-Technologie: Minicomputer sprechen mit Mikroprozessoren zu Handhabungsmaschinen, befehlen ihnen sich zu bewegen, zu lagern oder manipulieren Material, während sie gleichzeitig ihren Status an den Computer zurückmelden.

Oder ein Computer kann direkt Geräte bedienen und braucht die Kontrolle über die komplette Einheit. In diesem Abschnitt werden wir eingehend die Stile und Hauptcharakteristika von automatischen Lager- und Rückholsystemen beprechen, die sich in drei große Gebiete, parallel mit den Beschreibungen der Industrietechnologien gliedert:

1. Automatische Lager und Rückholsysteme (AS/RS)
2. Vertikale Lager und Rückholsysteme (VAS/RS)
3. Karussell-Lager und Rückholsysteme

In allen Fällen unterstützen diese Technologien eine aktive Bestellannahme-Ausführungsstrategie. Automatische Lager- und Rückholsysteme (AS/RS) integrieren die Lagerstruktur, Lager-/Rückholmaschinerie und vereinheitlichte/containisierte Last unter variierenden Zuständen der Computerkontrolle. Ein typisches System besteht aus Reihen von Lagerregalen, zugänglich durch eine am Boden laufende, kopfgeführte Lager-/Rückholmaschine, die in die Durchgänge greift. Die L/R-Maschine bewegt sich horizontal und vertikal (gleichzeitig) in und zwischen den Regalreihen. Die Lasten werden zugeliefert und aufgenommen von einer Aufnahme- und Beschickungsstation (A und B) unter Computerkontrolle und automatisch gelagert und herausgeholt.

Die Systeme können generell in zwei Hauptkategorien unterteilt werden: für große palettisierte/containisierte Lasten (üblich Einheitslast AS/R-Systeme genannt) und für kleinere containisierte Lasten zu handhaben (üblich Minilast AS/R-Systeme genannt). Einheitslast-AS/R-Systeme (Abbildung 15.21) handhaben allgemein palettisierte Lasten (oder ähnlichliches Format), die 454 kg übersteigen.

Es sind gewöhnlich große Strukturen, wobei effektiv in Höhen von mehr als 30 m gearbeitet wird, ohne daß ein Bediener direkt eingreifen muß. Einheitslast-AS/R-Systeme werden als freistehende (alleinstehende) Strukturen und als regalunterstützte Gebäude konstruiert.

Minilast-AS/R-Systeme handhaben generell kleinere und leichtere Lasten in der Größenordnung von 340 kg oder weniger. Die Produkte bzw. Teile sind in Containern plaziert (gewöhnlich aus Stahl oder Guß), die allgemein 30,5 bis 61 cm breit und 61 bis 122 cm tief sind, bei unterschiedlichen Höhen.

Die Container werden üblicherweise in das Verteilerzentrum aufgenommen. Sie sind oft unterteilt, um das Lagern vielfältiger Teile zu ermöglichen, dabei sachlich nach Gruppen bzw. Durchsatzrate. Mikrolastsysteme (Abbildung 15.22) werden im allgemeinen für kleinere und leichtere Lasten unter 113 kg eingesetzt. Die Produkte bzw. Teile sind in kleinen Lagercontainern plaziert,

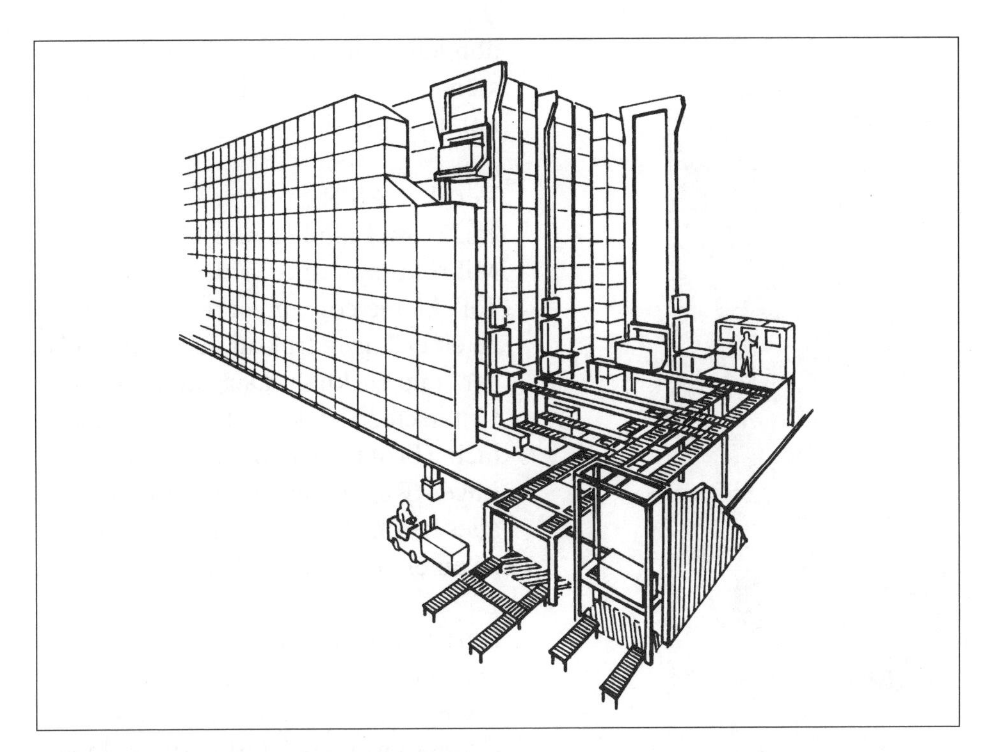

Abbildung 15.21: Einheitslast-AS/R-Systeme

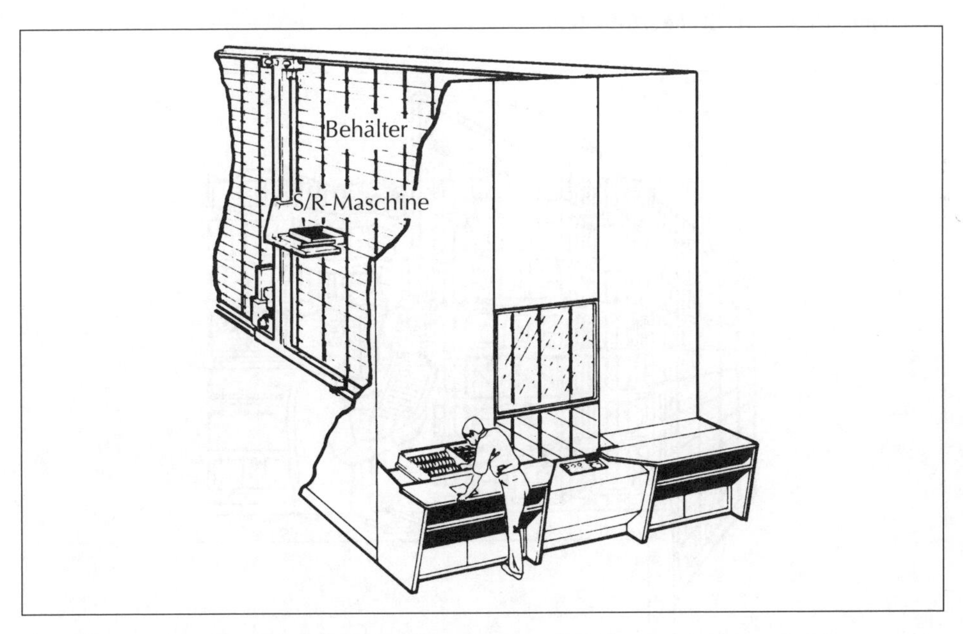

Abbildung 15.22: Minilast/Mikrolastsysteme

Abbildung 15.23: Vertikal AS/R-Systeme

ähnlich denen der Minilast-AS/R-Systeme, obwohl sie normalerweise kleiner als diese sind.

Vertikal-AS/R-Systeme (Abbildung 15.23) sind ähnlich wie Minilast- und Mikrolastsysteme, in denen ein L/R-Teil, kleine containisierte Lasten von/zu einer Lagerstruktur automatisch lagert und rückholt. Der hauptsächliche Unterschied ist der, daß jedes Vertikalfach (Frontfach) mit einem eigenen Lager-/Rückholteil ausgestattet ist, der alles beschickt und aufnimmt von bzw. zu einer Bediener-Kontrollstation.

Karussell-Lager/Rückholsysteme werden gewöhnlich in zwei Formen vorgefunden – horizontal und vertikal. Horizontalkarusselle (Abbildung 15.24) bestehen aus einem motorisierten

Abbildung 15.24: Horizontalkarussell

Abbildung 15.25: Vertikalkarussell

drehbaren Rahmen, der vertikal rotiert, mit darin befestigten Lagerböden, in denen Teile/Lasten gelagert und wieder entnommen werden können. Alle Lagerplätze werden unter voll- oder halbautomatischer Kontrolle zu einer Bedienungsstation gedreht. Vertikalkarusselle (Abbildung 15.25) drehen Fächer oder Wagen entlang einer vertikal umlaufenden Schleife.Auf den Flächen befinden sich gelagerte Container (Tachen oder Schüsseln), die unter voll- oder halbautomatischer Kontrolle die Bedienungsstation beschicken.

Es ist typisch für die AS/R-Technologie, entweder unabhängig oder als Teil einer integrierten Umgebung, im Verteilerzentrum eingesetzt zu werden.

15.7 Modulares Schubladenlager

Modulare Schubladenlager (Abbildung 15.26) bestehen aus Schubladen, die entweder in Schränke oder Regale eingebaut sind. Schränke können fest positioniert, mit Rollen oder Gabelstaplern bewegbar sein. Schubläden müssen, um einen großen Bereich von Unterteilungen erreichen zu können, möglichst weit zu öffnen sein und werden deshalb in Aufhängevorrichtungen montiert. Die Tragfähigkeit jeder Schublade liegt allgemein im Bereich von ca. 181 kg. Eine Vielzahl von Größen und Unterteilungsmöglichkeiten machen modulare Schubläden zu einer effektiven und produktiven, hochkompakten Lagerlösung für kleine und hochwertigere Teile. Modulare Schubladeneinheiten sind mit hoher Flexibilität für die Anwendung in ebenerdiger oder mehrgeschossiger Ausführung entworfen worden. Ihre wesentlichen Vorteile sind Platzersparnis, Arbeitsersparnis, Sicherheit, Sauberkeit und Flexibilität.

Abbildung 15.26: Modulares Schubladenlager

15.8 Zusammenfassung

Verteilung, Warenhauslagerung und logistische Funktionen werden ausgeführt, um die Firmenstrategie bei Wettbewerbsvorteilen zu unterstützen, ausnahmslos um einen meßbaren Beitrag zur Profitabilität zu leisten. Entsprechend sind die erfolgreichsten Lageranwendungen jene, die konstruiert und gebaut werden, um Betriebsstrategien zu unterstützen.

Die Firmen werden den größten Wert ihrer Lagerausrüstung und Systeminstallation durch das Herausfinden und Abschließen von Verträgen mit erfahrenen Partnern und/oder Lagerausrüstungsanbietern erkennen. Diese Personen bringen in die Partnerschaft erhebliche realistische Lagererfahrung ein, die es sonst nirgends gibt.

Die Lagerfunktion ist eindeutig kein statisches Element des Verteilerprozesses. Sie ist in der Tat eine sehr dynamische Infrastruktur, da sie zu einem sehr großen Anteil die Eigenschaft der Operationen aufdiktiert bekommt, um eine dauernd wechselnde Aufgabe zu erfüllen. Als solche verdienen die Höchsten und Ältesten unsere Achtung und Respekt.

16 Material – Handling – Equipment

DAVID R. OLSON
Regional General Manager
Tompkins Associates, Inc.

Im weitesten Sinne gehören zu *Material Handling Equipment* alle Geräte, die verwendet werden, um Rohmaterialien, Materialien bei der Herstellung, gekaufte Komponenten oder Fertigerzeugnisse zu bewegen, positionieren, wiegen, heben, transportieren oder deren Fluß zu kontrollieren. Gemäß Definition der *Material Handling und Management Society* wird dieses breite Feld folgendermaßen unterteilt.

1. Förderer
2. Krane, Hebewerke und Hebezeuge
3. Positionierungs-, Wiege- und Steuergeräte
4. Flurförderzeuge
5. Motorfahrzeuge
6. Eisenbahnwagen
7. Seetransportschiffe
8. Flugzeuge
9. Container und Supports

Diese Unterteilung ist mit Sicherheit umfassend, aber nicht völlig relevant im Zusammenhang mit der Verteilung von Fertigerzeugnissen. Das *Material Handling Institute of America* hat Material Handling als „das Bewegen, Transportieren, Kontrollieren und den Schutz von Materialien und Produkten während der Herstellung und dem Vertrieb" definiert. Für die Zwecke dieses Handbuches wird die folgende vereinfachte Einteilung verwendet:

- *Flurförderzeuge:* Alle Geräte, die nicht für Landstraßen und Autobahnen bestimmt sind, und für das unterbrochene Bewegen innerhalb eines weiten Gebietes verwendet werden.
- *Förderer:* Alle Geräte, die für das ununterbrochene Bewegen von Material zwischen festen Punkten verwendet werden.
- *Gehängeförderer:* Alle Geräte für das unterbrochene Bewegen von Material zwischen Punkten innerhalb eines begrenzten Bereichs, der durch die Weite des Gerätes definiert ist (Abbildung 16.1).

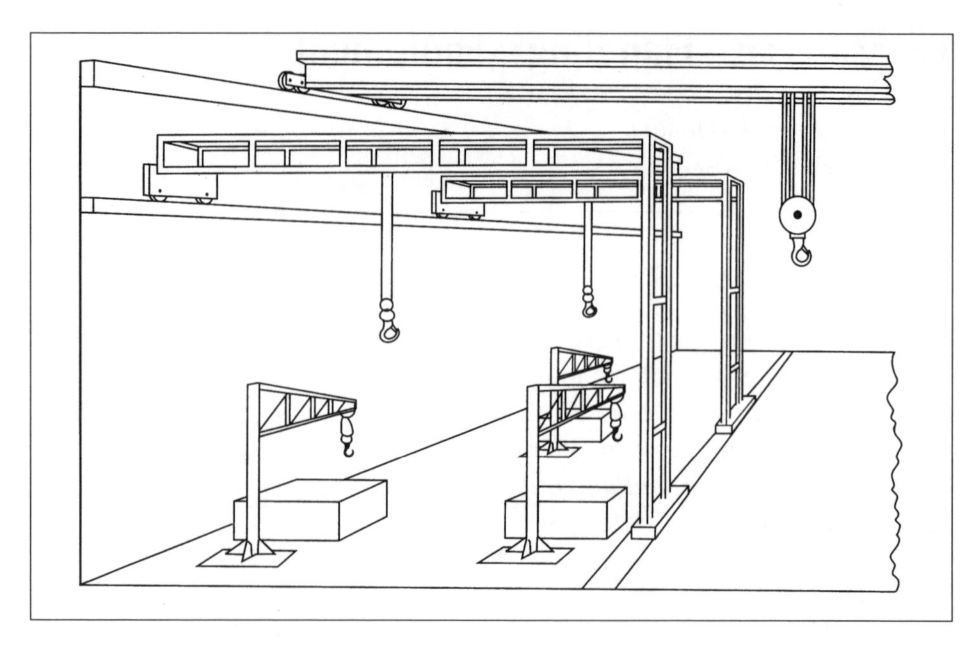

Abbildung 16.1: Gehängeförderer

Dieses Kapitel enthält einen Überblick über Flurförderzeuge und Förderer, da sie die vorherrschenden Geräte beim Vertrieb sind. Der Schwerpunkt liegt bei der Vielzahl von Alternativen, die verfügbar sind und bei ihren Eigenschaften die, wenn sie den Lagerhausbedürfnissen angepaßt werden, zu erfolgreichen Anwendungen führen. Tabelle 16.1 enthält einen Überblick über die drei Klassifizierungen.

16.1 Flurförderzeuge

Die Flurförderzeuge haben viele Klassifizierungen, wobei die Art des Antriebs (manuell, elektrisch, Verbrennungsmotor), der Verlademethode (Plattform, Gabeln, Klemmbacken), Betriebsverfahren (manuell angetrieben, automatisch), der Steuermethode (bedienergesteuert, computergesteuert) berücksichtigt wird. Die wichtigsten Flurförderzeuge sind Handwagen, Motorförderzeuge und automatisierte gelenkte Fahrzeugsysteme.

Ungeachtet dessen, ob die Förderzeuge manuell, durch einen Elektro- oder Verbrennungsmotor angetrieben, durch einen Bediener oder automatisch gelenkt werden, gibt es gemeinsame Merkmale, die die Flurförderzeug-Type definieren.

Merkmal	Flurförderzeuge	Förderer	Gehängeförderer
Material:			
Volumen	Niedrig-Hoch	Hoch	Niedrig-Hoch
Form	Regelmäßig, einheitl.	Alle	Unregelmäßig
Größe	Gemischt, einheitlich	Einheitlich	Gemischt, variable
Gewicht	Mittel, schwer	Niedrig-schwer	Schwer
Bewegung:			
Distanz	Mäßig	Unbegrenzt	Mäßig (Bereich)
Klasse,	Variabel	Einheitlich, variabel	Unregelmäßig, variabel
Geschwindigkeit			
Häufigkeit	Unterbrochen	Fortlaufend	Unterbrochen
Ursprung, Ziel	Variabel	Fest	Variabel
Vorgesehener Bereich	Variabel	Punkt zu Punkt	Definiert
Folge	Variabel	Fest	Variabel
Weg	Definiert	Fest	Keine
Route	Variabel	Fest	Variabel
Umleitung	Ja	Nein	Ja
Primärfunktion	Stapeln, befördern	Transport, Lagerung	Heben, befördern, positionieren
Methoden:			
Lademethode	Palette, Kiste, Container	Karton, Teilebrett Palette	Haken, Schlinge, Kette
Beladen/Entladen	Entlang des Pfads	Bestimmte Stellen	Beliebige Stelle
Bedienereinwirkung	Wenn nicht automatisiert	An festen Punkten	Normalerweise
Gebäude:			
Raumkosten	Mittel-hoch	Niedrig-mittel	Hoch
Lichte Höhe	Niedrig-hoch	Niedrig-hoch	Hoch
Bodenbelastung	Mittel-hoch	Niedrig-hoch	Niedrig-hoch
Lauffläche	Ausreichend-sehr gut	Nicht zutreffend	Nicht zutreffend
Gang	Notwendig	Nicht zutreffend	Nicht zutreffend
Betriebsfähigkeit, Staubereiche	Nicht wünschenswert	Ausreichend	Gut

Tabelle 16.1: Vergleichende Merkmale

- Pritschenwagen haben eine breite Oberfläche für Lasten (üblicherweise Ladeplatten, Kartons und Teilebretter), während Gabelstapler zwei schmale Flächen haben, welche die Ladung tragen, (gewöhnlich Paletten oder Paletten-Container).
- Niederhubwagen heben eine Last um vier bis sechs Zoll, um den Boden für den Transport freizumachen, während die Hochhubwagen die Last heben, um Lasten zu stapeln und für den Transport vorzubereiten.
- Flurfördezeuge mit Gehlenkung werden von einem Bediener gesteuert, der vor dem Wagen hergeht oder ihm folgt, während Sitzhubwagen von einem Bediener entweder stehend oder sitzend gesteuert werden.

16.1.1 Handwagen

Ein Handwagen ist ein Gerät mit Rädern, mit dem eine Ladung befördert werden kann, indem der Wagen mit der Hand gezogen wird. Ein zweirädriger Handwagen ist das einfachste Gerät, das für das Bewegen von Waren in Kisten von einer Stelle zur anderen in einem Lager verwendet werden kann. Eine typische Anwendung ist von Lager- zu Anlegebereichen und Fahrzeugen. Eine spezielle Anwendung ist die Faßkarre, die speziell so konstruiert ist, daß die obere Kante eines Fasses gesichert ist, während der untere Rand gehalten wird.

Abbildung 16.2: Palettenheber

Ein Palettenheber (Abbildung 16.2) wird verwandt, um eine Palette zu heben oder auf den Boden gleiten zu lassen und sie horizontal zu bewegen. Er ist vielseitig und wird über kurze Entfernungen in einem relativ begrenzten Raum verwendet. Ein weiterer üblicher Handwagen ist der Pritschenwagen (Abbildung 16.3). Dieser hat üblicherweise zwei feste Räder und zwei Scharwenzelrollen zum Zweck einer besseren Manövrierfähigkeit. Ein Karren ist ein Pritschenwagen mit mehreren Fächern.

Abbildung 16.3: Pritschenwagen

Abbildung 16.4: Handhubwagen

Eine Rollpritsche ist ein niedriger Plattformwagen mit drei oder vier Schwenkrädern und einer Pritsche, die entweder geöffnet oder geschlossen sein kann. Die vielseitigste Type eines Handwagens ist der Handhubwagen (Abbildung 16.4). Mit diesem Gerät können Lasten über der normalen Ladehöhe durch Hydraulik, die mit einer Fußpumpe betätigt wird, gehoben werden. Handwagen sind normalerweise kostengünstig, wartungsfrei und relativ sicher zu bedienen. Sie werden für den horizontalen Transport verwandt, wo Lasten leicht und Entfernungen kurz sind, die Leistung gering und der Manövrierraum begrenzt ist.

16.1.2 Kraftbetriebene Flurförderzeuge

Die *Industrial Truck Association* hat sieben Hauptklassen von Flurförderzeugen festgelegt. Diese Klassifizierungen geben dem Anwender eine Reihe von Auswahlmöglichkeiten. Eine ist Elektroantrieb versus Verbrennungsmotor.

Förderzeuge der Klasse I, IV und V

Als traditionelle Wahl für den Einsatz im Lager sind Förderzeuge mit Verbrennungsmotor gewöhnlich billiger in den Anschaffungskosten, haben aber höhere Kraftstoff- und Wartungskosten das ganze Jahr über aufgrund der

Natur des Verbrennungsmotors. Elektro-Förderzeuge bieten Vorteile im Hinblick auf die Umwelt, weil sie leise sind und keine potentiell schädlichen Abgase freisetzen. Es hat in der Industrie einen deutlichen Wechsel hin zu Elektro-Förderzeugen für die Verwendung in Innenräumen gegeben, während Förderzeuge mit Verbrennungsmotoren aus Sicherheitsgründen eindeutig Anwendungen im Freien gewählt werden.

Die Wahl der Reifen basiert auf den Bedingungen der Oberfläche, auf der das Förderzeug Anwendung findet. Hochelastische Reifen sind gut für glatte, trockene Oberflächen geeignet oder dort, wo das Risiko von Einstichen groß ist. Wo Wasser oder Öl ein Faktor oder die Oberfläche unregelmäßig ist, sind Luftreifen griffiger.

Förderzeuge der Klasse 1, 4 und 5 werden als *G*egengewichtsförderzeuge (Abbildung 16.5) bezeichnet. Ihre Ausführung ist die eines Teeter-Totters: die Ladung hängt an den Gabeln, die Räder hinter den Gabeln sind die Hebelstütze, das Gewicht des Fahrgestells, Motor, Kraftstoff (Batterie) und Ballast halten die Räder auf dem Boden und die Last in der Luft. Gegengewichts-Förderzeuge werden oft als Breitgang-Förderzeuge bezeichnet, weil sie üblicherweise einen 10- bis 15-Fuß-Gang für rechtwinkliges Stapeln im Regal oder auf dem Boden benötigen. Die tatsächliche Dimension ist eine Funktion des Wenderadius des Förderzeugs und der Länge der Ladung. Sie sind als Sitz- und Stehversionen lieferbar. Die Stehversion benötigt einen kleineren Gang, weil das Förderzeug kürzer ist. Dies ist eine gute Wahl, wenn der Bediener während der Schicht oft auf- und absteigen muß. Die Sitzversion ist bei horizontalem Transport über lange Entfernungen und seltene Abbrüche vorzuziehen. Diese Förderzeuge werden üblicherweise für das Be- und Entladen von Anhängern über der Straße und die Massenlagerung im Betrieb verwendet, weil der Raum, der für die Gänge verloren geht, gering ist in bezug auf die Lagertiefe.

Klasse 2, Elektromotor-, Förderzeuge für schmale Gänge

Dies sind üblicherweise Stehförderzeuge, die ein kürzeres Fahrgestell haben, das den erforderlichen rechtwinkligen Stapelflügel reduziert.

Torstapler (Abbildung 16.6) haben Abstützfüße auf Rädern, die sich vor dem Mast auf jeder Seite der Gabeln befinden. Die Ladung wird zwischen diesen Abstützfüßen getragen. Um Paletten vom Boden aufzuheben, müssen die Abstützfüße die Ladung „spreizen“, es sei denn, sie wird auf eine Unter-

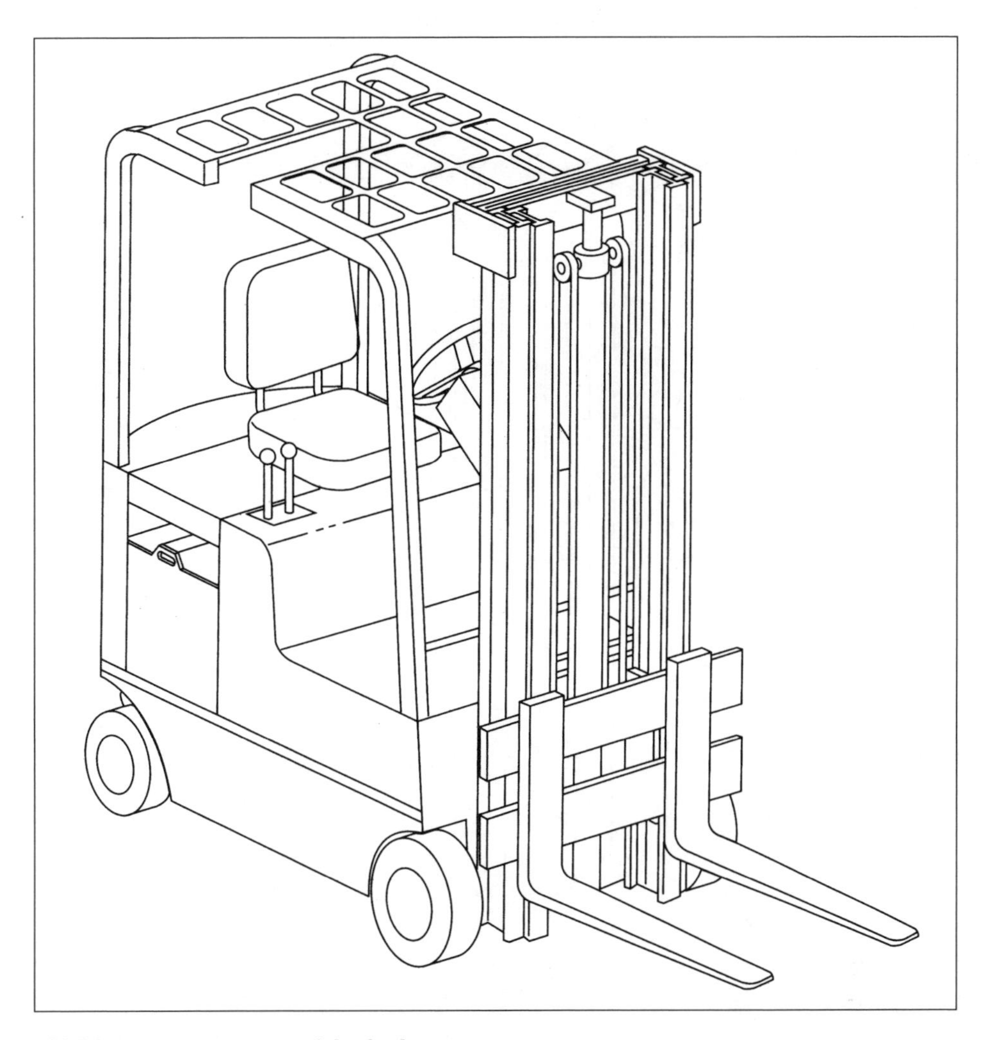

Abbildung 16.5: Gegengewichtsförderzeuge

lage plaziert, die den Abstützfüßen freien Platz darunter ermöglicht. Üblicherweise wird aus diesem Grunde zur Erleichterung der Arbeit ein Palettenregal auf ein Paar Balken gelegt.

Sammelhubwagen sind eine besondere Art Torstapler (Abbildung 16.7). Sie haben eine Plattform zwischen dem Mast und den Gabeln, die es dem Bediener erlaubt, den Förderwagen zu steuern, während die Ladung angehoben ist und Waren mit der Hand im Regal zu lagern und wiederzufinden. Wegen der rechtwinkligen Stapelbewegungen im Lager werden keine Gänge gemacht, Kabel- oder Schienenführung kann erfolgen, um die Seitenabstände auf 4 bis

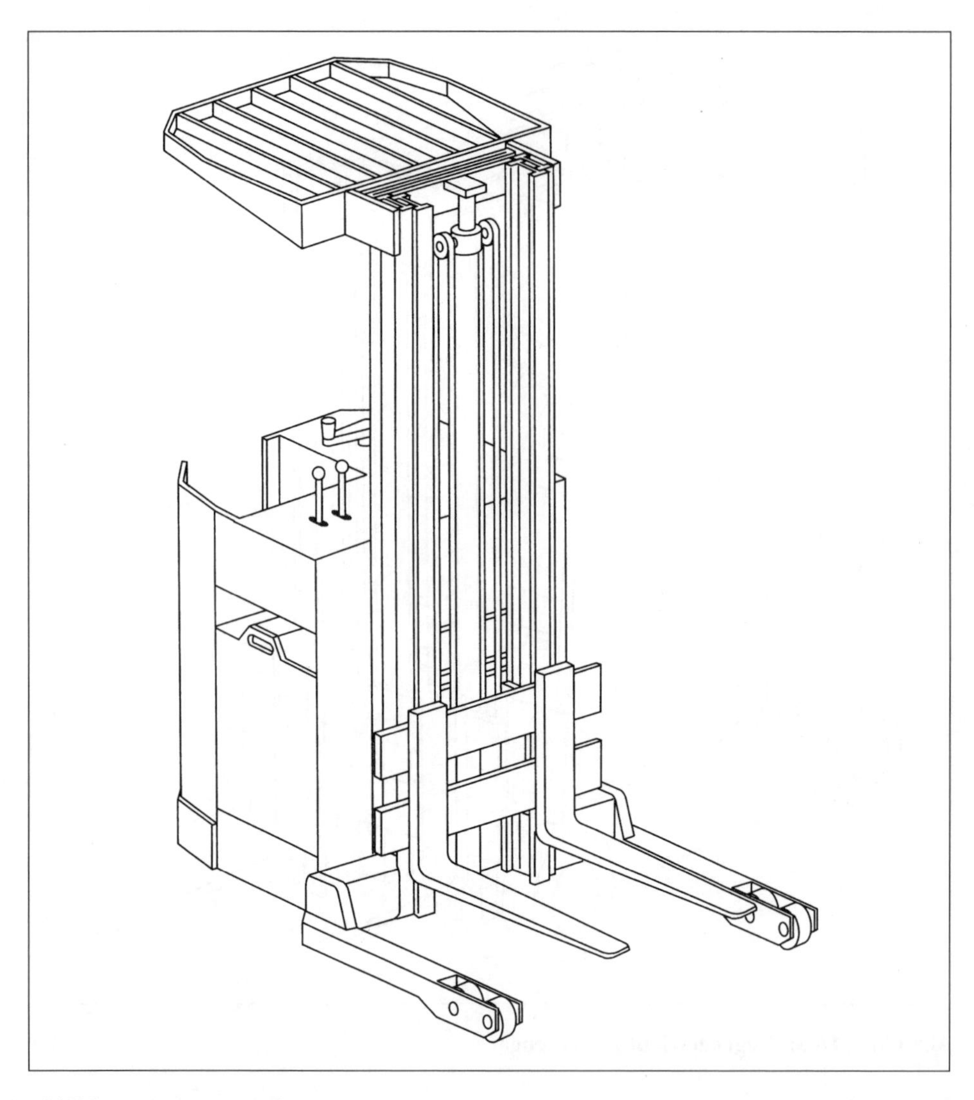

Abbildung 16.6: Torstapler

6 Zoll zu reduzieren. Diese Wagen dürfen nie zum Stapeln oder Lagern von Paletten verwendet werden.

Gabelschubstapler (Abbildung 16.8) machen das Paar Balken für das Palettenregal überflüssig, indem entweder ein Pantograph-Mechanismus zwischen dem Mast des Staplers und dem Gegenständer für die Last oder den Teleskopgabeln eingebaut wird. Damit kann der Bediener auch eine Ladung heben, die zu breit ist, um zwischen die Abstützfüße zu passen, weil er über

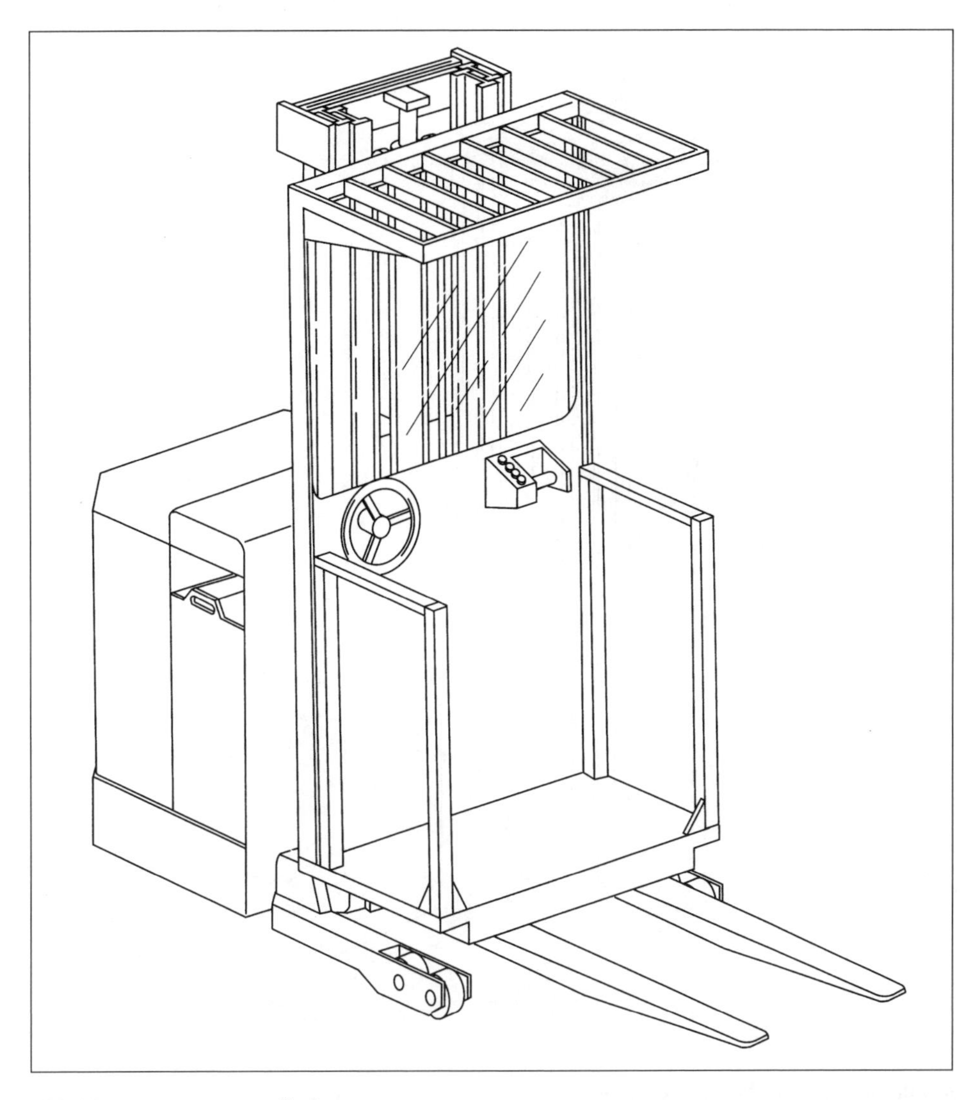

Abbildung 16.7: Sammelhubwagen

die Abstützfüße hinausreichen kann, um eine Last aufzunehmen oder abzusetzen.

Der Gabelschub-Doppelstapler hat eine zweite Pantograph-Verlängerung, durch die mit dem Stapler Ladungen zwei Paletten tief in ein Palettenregal gestellt werden können. Gewöhnlich steht der unterste Teil eines Palettenregals auf einem Paar Balken (wie beim Torstapler). Die vordere Ladung wird mit dem Gabelschubstapler abgesetzt. Bei der hinteren Ladung ist Platz für

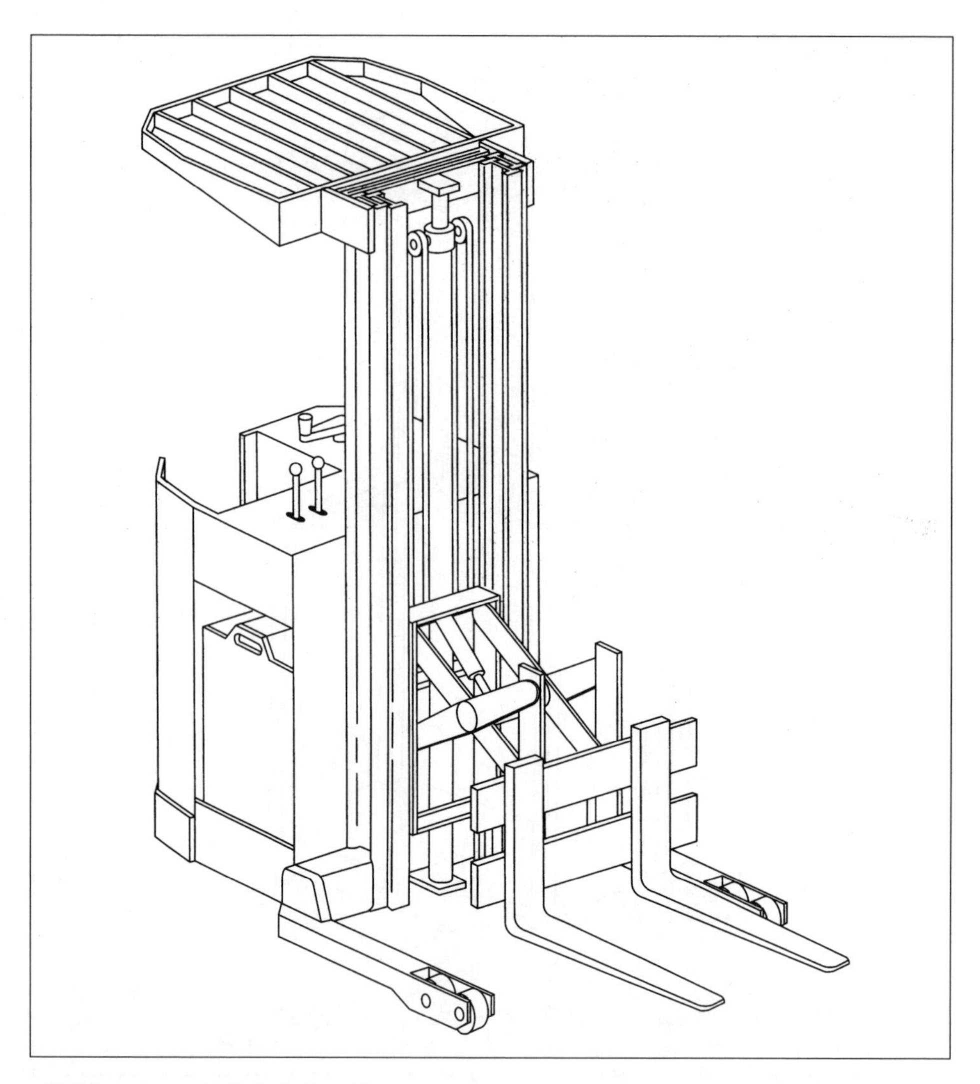

Abbildung 16.8: Gabelschubstapler

die Abstützfüße unter den Balken erforderlich, und eventuell auch ein zweites „Anbeißen" der Palette.

Der erste Schritt besteht darin, daß die Palette aufgrund der maximalen Ausdehnung des Schubmechanismus so tief wie möglich im Regal abgesetzt wird.

Der zweite Schritt besteht darin, daß der Schubmechanismus mehrere Zoll zurückgezogen und dann die Ladung teilweise angehoben und in Position geschoben wird. Wenn ein Gabelschub-Doppelstapler spezifziert wird, ist es wichtig sicher zu sein, daß die Regalöffnung groß genug ist, um Platz für den Pantograph-Mechanismus zu haben, wenn die Ladung im hinteren Bereich abgesetzt wird.

Zur Klasse 2 gehören auch Stapler, die man als Stapler für sehr schmale Gänge bezeichnen kann. Sie reduzieren die Breite der Gänge, weil ihre Konstruktion dergestalt ist, daß keine rechtwinkligen Bewegungen innerhalb des Lagergangs ausgeführt werden müssen, wie es bei den Staplern mit breiten und schmalen Flügeln der Fall ist. Ein Sammelhubwagen kann als Gerät mit sehr schmalen Flügeln bezeichnet werden. Diese Stapler arbeiten mit minimalen Abständen, wenn sie durch einen Draht oder eine Schiene geführt werden.

Die Kabelführung funktioniert durch das Abfühlen des elektromagnetischen Feldes, das von einem Draht abströmt, der in den Boden eingelassen ist und durch den ein elektrischer Strom fließt. Der Strom entsteht durch einen („Linientreiber") und wird durch ein Gerät abgefühlt, das unter dem Stapler montiert ist und Steuersignale an das Steuersystem übermittelt. Die Drahtführung ist durch hohe bordseitige Fahrzeugkosten und niedrige Flügelführungskosten sowie eine saubere Umgebung charakterisiert. Die Schienenführung ist rein mechanisch. Winkelband wird auf beiden Seiten des Gangs auf den Boden angebracht. Stahlgußstücke werden auf jede der vier Ecken des Fahrgestells geschweißt. Die Schienenführung ist durch niedrige Fahrzeugkosten und höhere Flügelführungskosten sowie eine hohe Zuverlässigkeit charakterisiert.

Schwenkmaststapler (Abbildung 16.9) werden mit einem speziellen Mast gebaut, der sich 90° nach rechts dreht und sich seitlich verschieben läßt, um eine Ladung in einem Regal abzusetzen. Diese Stapler arbeiten mit einem Gang, dessen Breite eine Funktion der breitesten Dimension des Staplers oder der Ladung ist, plus Arbeitsabstand auf jeder Seite. Jedoch ist durch das zusätzliche Gewicht des Drehmastes ein wesentlich schwererer Stapler erforderlich, um dieselbe Tragfähigkeit wie bei einem Gegengewichtsstapler zu erreichen. Und da sich diese Stapler nur 90° nach rechts drehen können, muß der Bediener berücksichtigen, auf welcher Seite des Gangs die Ladung abgesetzt oder aufgenommen werden soll, bevor er in den Gang hineinfährt.

Stapler mit Aufbau (Abbildung 16.10) können Ladungen absetzen, ohne daß im Gang eine Wendung erfolgen muß, weil Gabeln und Stütze so konstruiert

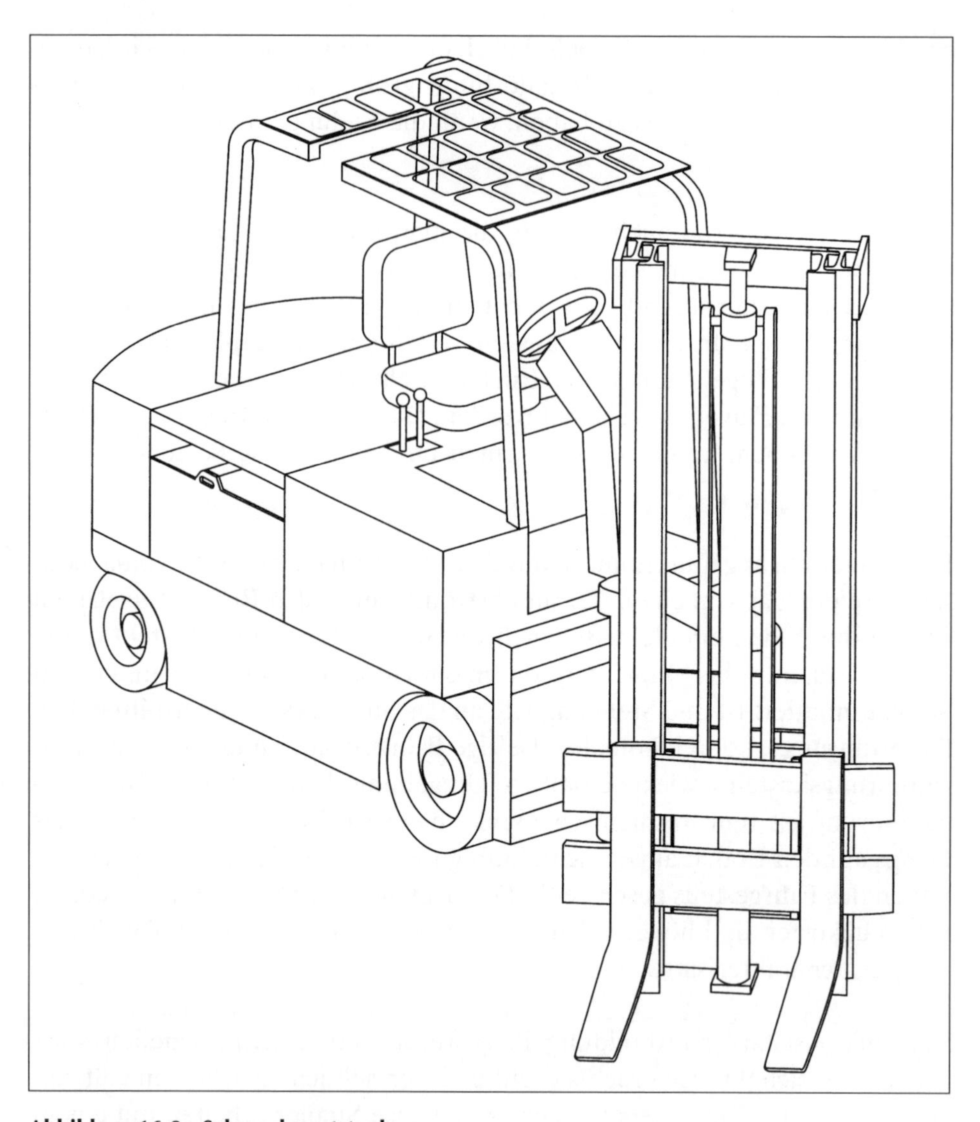

Abbildung 16.9: Schwenkmaststapler

sind, daß die Ladung senkrecht zum Gang links oder rechts abgesetzt werden kann. Nach der Drehung drehen sich Gabeln und Stütze seitlich zum Regal, um die Ladung abzusetzen. Mann-oben- und Mann-unten-Versionen sind lieferbar. Die Mann-oben-Version hat den Vorteil, daß der Bediener in der Nähe der Ladung sein kann, um besser steuern zu können. Sie kann auch für das Zusammenstellen von Bestellungen aus Palettenregalen verwendet werden. Die Mann-unten-Konstruktion erfordert eine regalhohe Auswahlvorrichtung oder die Kalibrierung des Staplermasts für die höchsten Regale,

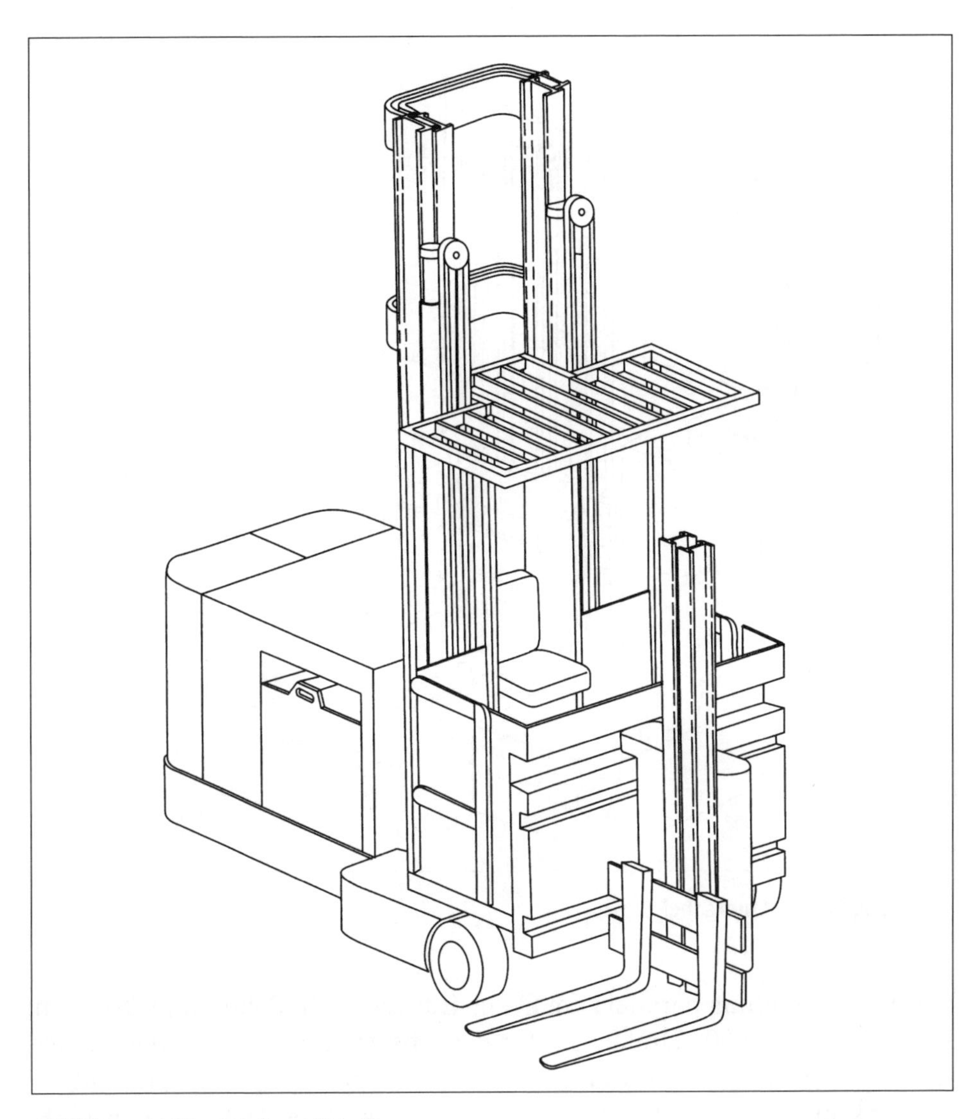

Abbildung 16.10: Stapler mit Aufbau

hat aber den Vorteil der schnelleren Betriebsgeschwindigkeit. Deshalb wird der Mann-unten-Stapler für niedrige Lager und der Mann-oben-Staper für Regalhöhen von mehr als 20 bis 25 Fuß verwendet.

Quergabelstapler (Abbildung 16.11) sind für das Bewegen von langen, schweren Materialien gedacht, die schwer auf Paletten zu packen sind. Sie werden üblicherweise in Verbindung mit freitragenden Regalen in geführten Gängen gedacht. Sie bewegen sich im Gang mit der langen Achse des Stap-

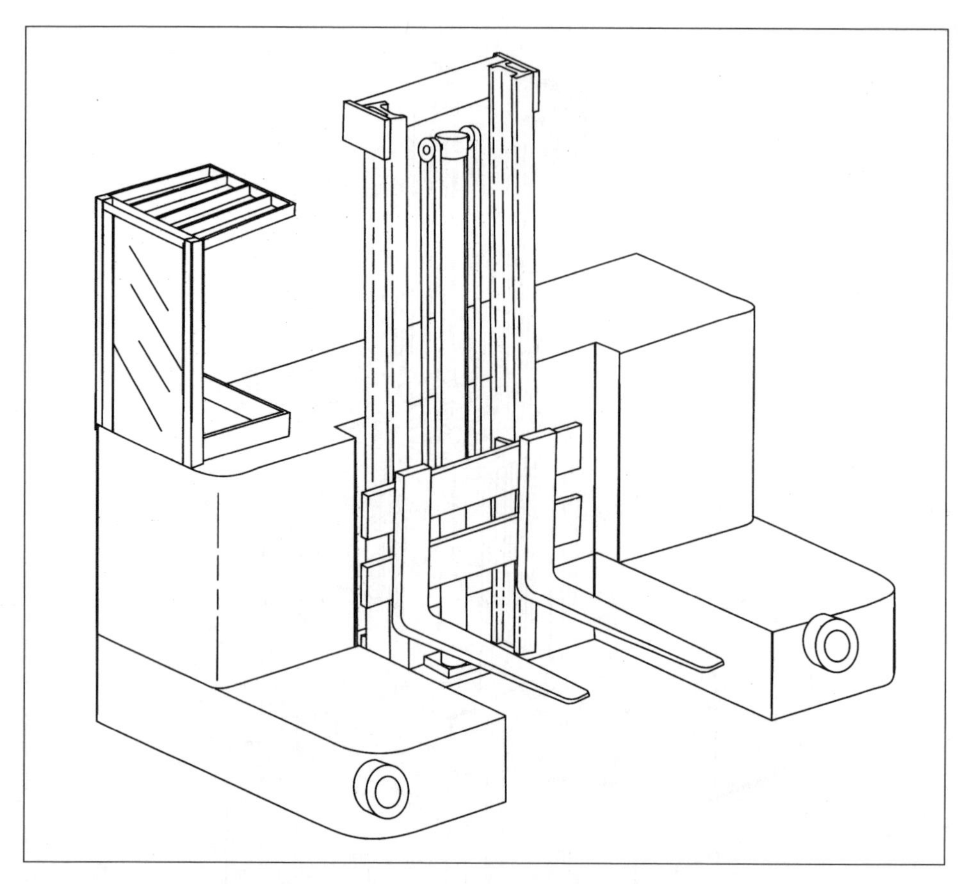

Abbildung 16.11: Quergabelstapler

lers und der Ladung parallel zum Gang. Entweder ein Pantograph oder ein Rollmast machen 90°-Drehungen für das Absetzen oder Aufnehmen einer Ladung überflüssig. Diese können entweder Mann-oben- oder Mann-unten-Stapler sein.

Vier-Richtungen-Stapler funktionieren ähnlich wie der Quergabelstapler. Sie haben den zusätzlichen Vorteil, daß sie sich ohne Drehung den Gang entlang bewegen und dann zur Lagerstelle gelangen. Dieses Charakteristikum ist hilfreich, wenn lange Ladungen in tiefen Gängen gestapelt werden.

Zur Klasse 2 gehören auch die Niederhub- und Sitzhubwagen (Abbildung 16.12) und Sitzhubwagen. Diese sind relativ kostengünstig und werden allgemein für das Be- und Entladen von Anhängern mit palettierten Waren verwandt, die nicht gestapelt werden müssen. Manche sind so konstruiert, daß

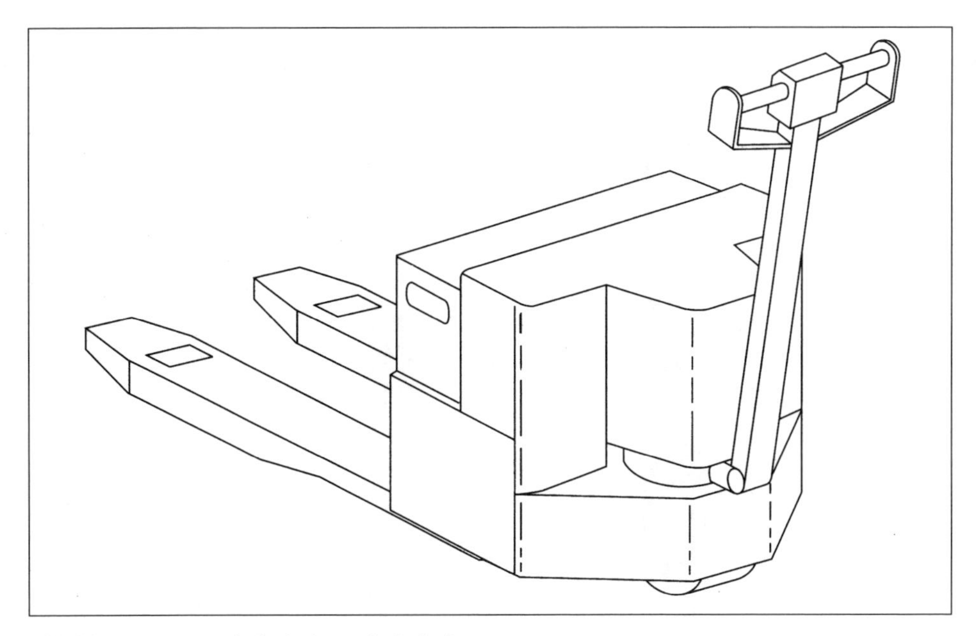

Abbildung 16.12: Niederhub- und Sitzhubwagen

sie vier Ladungen auf einmal tragen (zwei hoch, zwei tief). Beide sind kostengünstige und hochproduktive Transportgeräte.

Festmast-Lagergeräte (Abbildung 16.13) kombinieren die Eigenschaften eines Gabelstaplers und von Lagergeräten. Wenn sie in einem Gang betrieben werden, erhalten sie von einem obenliegenden Anschluß und von Batterien außerhalb dieser Gänge den Strom. Der Mast geht bis zu einer Führungsschiene oben in jedem Gang. Hohe Betriebsgeschwindigkeiten und simultane horizontale und vertikale Bewegungen reduzieren die Zykluszeit und erhöhen die Produktivität. Eine Mann-oben-Ausführung ist üblich wie beim Pendeltisch für das Lagern und Wiederauffinden von Paletten im Regal, ähnlich wie bei der Lagermaschine. Die Gangbreite ist bezogen auf die Breite der Ladung oder des Staplers minimal, je nachdem, was größer ist, plus minimale Abstände an jeder Seite. Einige Ausführungen können Lagerhöhen bis zu 60 Fuß bewältigen. Doch sie sind vielseitiger als AS/R-Maschinen für bestimmte Gänge.

Elektrohandwagen der Klasse 3

Wagen der Klasse 3 (Abbildung 16.14) haben einen Schwenksteuerarm, der dem Bediener erlaubt, den Stapler zu steuern, während er vor oder hinter

Abbildung 16.13: Festmast-Lagergeräte

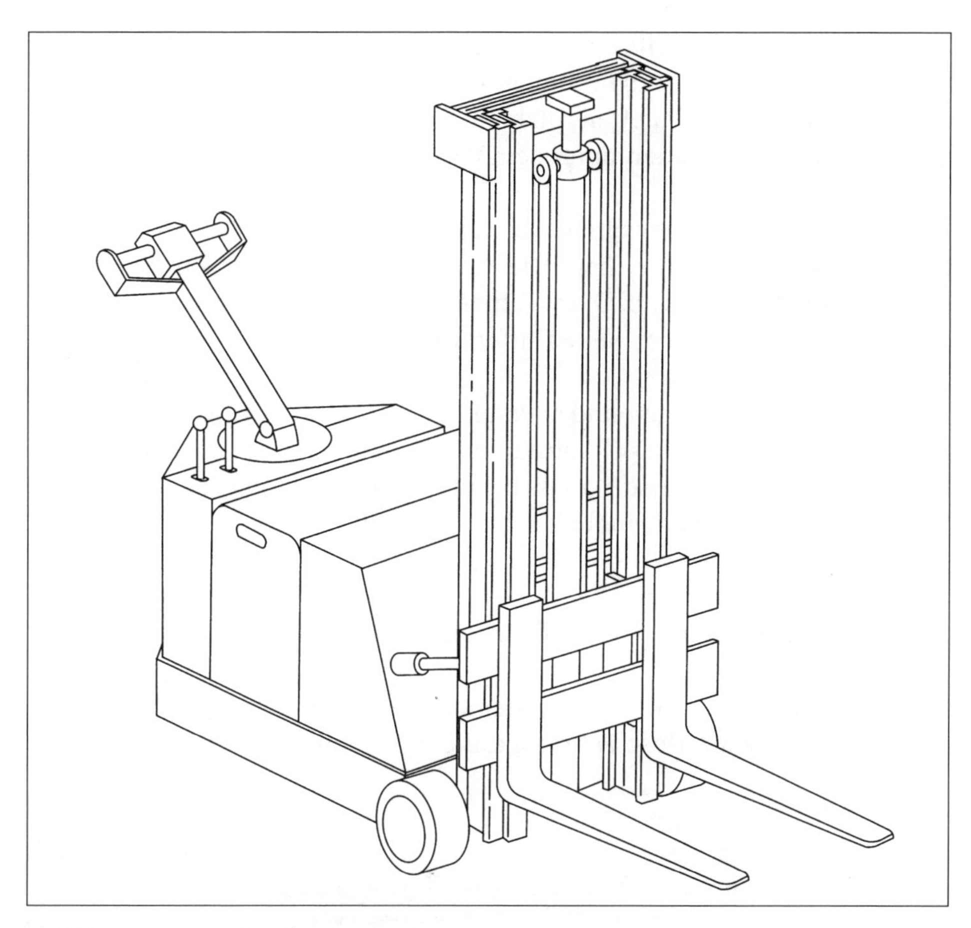

Abbildung 16.14: Elektrohandwagen

dem Stapler hergeht oder im Fall eines „Walkie“ oder während er geht oder fährt im Fall eines „Walkie/Rider“. Dieser Steuerarm ist mit den Funktionen vorwärts, rückwärts, heben, senken und Geschwindigkeit sowie einer Sicherheitsbremse ausgestattet, die aktiviert wird, wenn der Arm gelöst ist, womit er in seine normale vertikale Stellung gebracht werden kann. Die Richtungssteuerung erfolgt durch eine horizontale Drehung. Es gibt eine Funktion, die den Wagen stoppt, wenn der Arm einen Widerstand spürt, falls er rückwärts fährt.

Niederhub-Pritschenwagen werden primär für den Transport von Rollen und Behältern verwendet. Die Mindesthöhe der Pritsche im gesenkten Zustand ist gewöhnlich 6 Zoll. Zwei Adaptionen sind üblich. Die Pritsche dieser vielseitigen Stapler wird oft für spezifische Einheitsladungen wie Stahlspulen, Draht- und Kabelrollen, Garnballen, Papierbögen oder andere Einheiten mit spezifischen Konfigurationen verwandt. Ein Niederhub-Walkie-Palettenwagen ist einem Paletten-Sitzhubwagen ähnlich, mit dem Unterschied, daß der Bediener vor oder hinter dem Wagen zu Fuß gehen muß.

Zugfahrzeuge werden gewöhnlich dazu verwendet, einen Zug bis fünf Waggons oder Anhänger zu ziehen. Die Anzahl hängt von der Zugstangenleistung des Zugfahrzeugs ab. Diese Fahrzeuge sind für den Transport von Lasten großer Volumen über weite Entfernungen gedacht.

Elektromotor-Handwagen sind ebenfalls als Torhubwagen, Schubgabelstapler und Gegengewichts-Hochhubstapler lieferbar. Sie sind in der Konstruktion den Wagen der Klasse 2 ähnlich, mit dem Unterschied, daß sie Walkie-Stapler und die üblichen Hubhöhen bis zu 15 Fuß sind.

16.1.3 Automatisch geführte Fahrzeugsysteme

Automatisiert geführte Fahrzeugsysteme (AGF – Abbildung 16.15) sind batteriebetriebene, fahrerlose Fahrzeuge, die im Hinblick auf die Aufgabenzu-

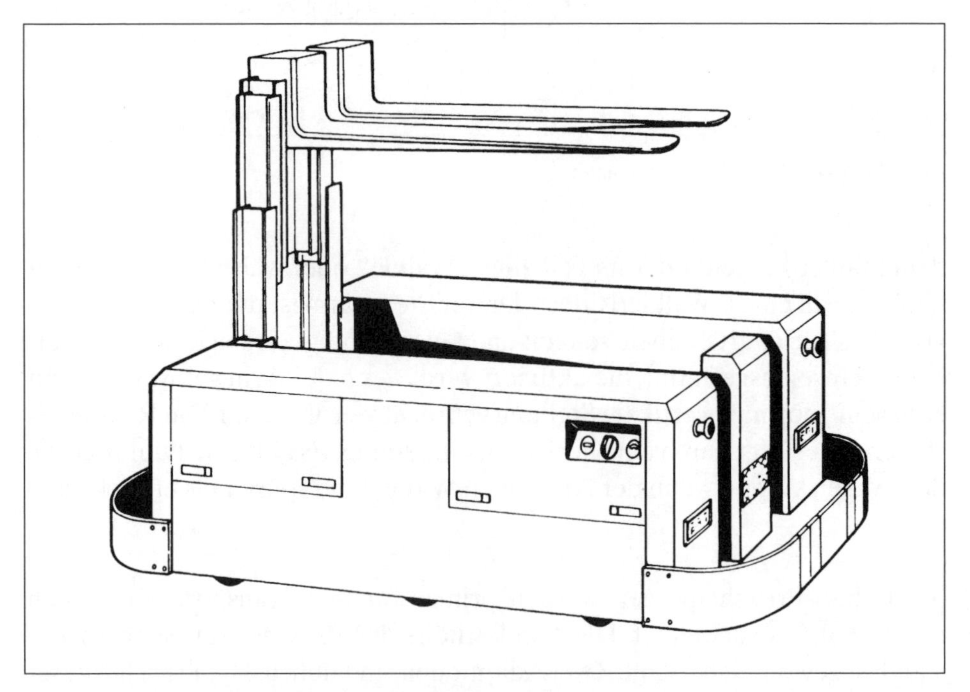

Abbildung 16.15: Automatisiert geführte Fahrzeugsysteme

weisung, Wegewahl und Positionierung durch Computer gesteuert werden. Das übliche AGF-System hat vier Komponenten: eines oder mehrerer Fahrzeuge, Abhol-/Liefer-Stellen, ein Führungssystem und das Steuersystem. Weil sie keinen Bediener benötigen, sind die Betriebskosten im Vergleich zu kraftbetriebenen Flurförderzeugen niedrig, besonders bei Mehrschicht-, Vierundzwanzig-Stunden-Betrieb. Jedoch sind sie bei Geschwindigkeiten von 150 bis 250 Fuß/min (1,7 bis 2,7 Meilen/h) langsamer als das gewöhnliche Flurförderzeug, das drei bis fünf Meilen/h zurücklegen kann. Die wirtschaftliche Rechtfertigung ist gewöhnlich Ausgleich zwischen niedrigeren Betriebskosten und höherer Investition. Sie bieten ein höheres Maß an Disziplin beim Betrieb. Sie erfordern auch ein höheres Maß an Fertigkeit und Wissen im Vergleich zu Flurförderzeugen, aber der Unterschied wird geringer, da elektrisch angetriebene Flurförderzeuge mit immer fortschrittlicheren elektronischen Steuerungen ausgestattet sind.

AGF-Systeme sind bei den meisten automatisierten Verteilungssystemen mit hohem Durchsatz und hoher Ausnutzung, oft in Verbindung mit automatisierten Lagersystemen (AS/RS) oder für den repetitiven Transport über weite Entfernungen anzutreffen. Sie werden auch für das Lagern hochwertiger Waren, die bei bedienergesteuertem Equipment leicht beschädigt werden, eingesetzt.

16.1.4 Fahrzeuge und Abhol-/Liefer-(A/L)-Stationen

Es gibt fünf Fahrzeugtypen: Zugfahrzeuge, Palettenfahrzeuge, Unit Load Carrier, Gabelfahrzeuge und Kleinlasttransporter. Die Abhol- und Lieferstation hängt vom Fahrzeug ab und wird zusammen mit dem Fahrzeug beschrieben.

Zugmaschinen, die Anhänger ziehen, waren die früheste Anwendung der AGF-Technologie. Bei der einfachsten Ausführung werden Flachbett-Anhänger, die durch Gabelstapler oder mit der Hand beladen werden, benutzt. Anhänger mit nicht angetriebenen Rollenwagen können mit festen nichtangetriebenen Fördersystemen genutzt werden, wobei die Ladung manuell umgeladen wird. Anhänger mit angetriebenen Rollenwagen werden weniger häufig bei Systemen mit fest angetriebenen Rollenfördersystemen für eine automatische Umladung angewandt. Das Be- und Entladen kann von jeder Seite geschehen. Jeder Anhänger kann so konstruiert sein, daß er zwei Ladungen faßt.

Palettenfahrzeuge sind den Industrie-Palettenhubwagen ähnlich. Sie werden üblicherweise wie ein Palettenhubwagen beladen, aber sie bewegen und entladen sich automatisch. Nach dem Beladen wird der Wagen für das entsprechende Ziel programmiert und auf den Führungsweg gebracht. Die Paletten-Förderstationen befinden sich auf Stichbahnen abseits des Hauptführungswegs. Wenn ein Wagen in eine Stichbahn einfährt, wird er langsamer bis auf Schrittgeschwindigkeit und hält an einer vorher festgelegten Stelle. Der Wagen senkt die Ladung automatisch und stellt die Paletten auf den Boden. Der Wagen startet erneut, zieht sich aus den Paletten heraus und fährt weiter zum nächsten Ziel. Pritschenwagen sind Palettenhubwagen ähnlich, dabei sind die Gabeln aber durch eine solide Pritsche für den Transport von Spulen ersetzt.

Unit Load Carriers sind so ausgelegt, daß sie eine oder zwei Ladungen gleichzeitig transportieren können. Die Ladung wird über dem Fahrzeug transportiert. Sie sind kompakt und sowohl vorwärts als auch rückwärts hochmanövrierbar, können sich um 180° in der eigenen Länge drehen und sind als Roller-Top oder Lift-and-Carry-Fahrzeuge lieferbar. Der Roller-Top AGF hat angetriebene Rollen, durch die eine Einheitsladung zu oder von einem Rollenförderer-A/L-Stand befördert werden können, der dieselbe Rollenhöhe hat. Der Strom für die Rollen wird von einer AGF-Batterie geliefert, und die A/L-Rollen werden durch einen Reibungsantrieb angetrieben. Bei den Lift-and-Carry-Fahrzeugen muß die Ladung auf Gestelle plaziert werden, damit das Fahrzeug darunter fahren kann, um die Ladung aufzunehmen. Wenn das Fahrzeug in Position ist, hebt sich die Ladungsauflage, um die Ladung vom Gestell abzunehmen und zu ihrem Ziel zu transportieren. Das Abladen erfolgt in umgekehrter Reihenfolge.

Mit Gabelstaplern können Ladungen aufgenommen und an A/L-Stationen ohne Regale auf dem Boden abgesetzt werden. Portalstapler, Gegengewichtsstapler und Quergabelstapler sind lieferbar. Sie können auch Ladungen für Boden, Förderanlagen und Regalgestelle handhaben. Die Portal- und Gegengewichtsstapler lagern und entladen in Verbindung mit rechtwinkligen Drehungen. Dieses Manöver erfordert eine erhebliche Gangbreite. Der Quergabelstapler eignet sich für sehr schmale Gänge, da die rechtwinklige Drehung nicht erforderlich ist. Jedoch muß der Stapler aus einem Gang heraus- und dann wieder hineinfahren, um ein Abladen auf einer Seite mit einer Aufnahme auf der anderen zu kombinieren, es sei denn der Gang ist so groß, daß 180°-Drehungen durchgeführt werden können.

Kleinlasttransporter sind Fahrzeuge, die üblicherweise per Hand be- und entladen werden. Die Ladungen können Teilebretter, Kartons oder lose Gegenstände sein.

Systemsteuerung

Ein AGF-Steuersystem beinhaltet eine Schnittstelle zu einem Hostcomputer, einem lokalen Material-Handling-System-Steuercomputer, Steuer-Software, Bord-Prozessoren, ein Leitsystem und ein Kommunikationsmittel zwischen dem lokalen Computer und den einzeln Staplern. Bei der grundlegendsten AGF-Steuerstrategie gibt ein Bediener einen Zielcode an einem Bord-Terminal ein und startet den Stapler. Das Fahrzeug fährt zum vorgesehenen Ziel und wartet auf weitere Anweisungen. Bei den frühen AGF-Schleppern wurde dieses System angewandt; bei den frühen ABFs ein zentralisiertes Steuer-System. Der Material-Handling-Steuer-Computer kontrollierte die Fahrzeug-Funktionen, Streckenverlauf und Verkehr. Die Leit- und Sicherheitsfunktionen erfolgen auf Maschinenebene. Diese Fahrzeuge wurden als „dumm" betrachtet. In Befolgung der Philosophie des Distributed Processing verwenden viele Lieferer Fahrzeuge, die die Bord-Intelligenz haben, um Informationen zu empfangen, speichern und zu verarbeiten. Jene, die Streckenverlaufs- und Verkehrsmanagement-Funktionen haben, und deshalb unabhängig fahren, werden „intelligente" Fahrzeuge genannt. Alle AGF-Steuersysteme müssen Leit-, Kommunikations- (einschließlich Positionssteuerung und Verteilung), Streckenverlaufs- und Verkehrssteuerung haben.

Führung

Es gibt fünf Methoden, die angewandt werden können, um ein Fahrzeug zu führen.

1. Induktionskabel-Führung ist die am häufigsten angewandte Methode für Schwerlast AGFs. Ähnlich der Kabelführung bei Flurförderzeugen für schmale Gänge dient ein Kabel, das in einen Schlitz im Boden eingelassen ist, als Mittellinie des Fahrwegs. Ein Strom im Kabel sorgt für ein elektromagnetisches Feld. Ein Bord-Sensor mißt die Stärke des Felds und stellt den Steuermechanismus ein, um das Fahrzeug in der Mitte über dem Kabel zu halten. Wegen der Zuverlässigkeit sollte der Boden glatt und der Draht fortlaufend sein. Es werden immer häufiger Drehungen mit rechtwinkligen Kabeln konfiguriert. Das Fahrzeug folgt dem Kabel zu einem

vorher bestimmten Punkt, verläßt das Kabel, führt eine spezifische Radiusdrehung unter der Kontrolle eines Bord-Prozessors durch und fährt wieder zum Kabel, bis es die Drehung vollendet. Bei diesem Konzept werden die Installationskosten reduziert.

2. Bei der optischen Führung wird Band oder Farbe verwendet, um die Mittellinie des Weges zu kennzeichnen. Photozellen fühlen das Licht, so daß es reflektiert wird, wenn eine Bord-Lichtquelle den reflekierenden Weg beleuchtet. In die Steuerkontrolle eingegebenen Signale zeigen den Reflexionsgrad, der maximiert wird, wenn das Fahrzeug über dem Weg zentriert ist. Optische Wege haben den Vorteil der Flexiblität: sie können kostengünstig geändert werden. Jedoch sind sie durch ihre begrenzte Haltbarkeit nur für saubere industrielle Bereiche, Büros und Laboratorien geeignet.
3. Bei der chemischen Führung wird eine phosphorartige Farbe verwendet, die für das Auge unsichtbar ist. Wenn diese durch ein ultraviolettes Licht angestrahlt wird, glühen die fluoreszierenden Partikel und identifizieren hiermit den Weg für das Fahrzeug.
4. Bei einem der neuesten Fahrzeuge, als „Self-Guided Vehicles" (SGVs) bekannt, wird eine Kombination von moderner Koppelnavigation für die allgemeine Steuerung in Verbindung mit Dreiecknavigation zur Vornahme von Korrekturen angewandt. Bei der Dreicksnavigation werden Infrarot-Laser und reflektive Barcodes oder retroflektive Ziele eingesetzt, um den tatsächlichen Standort des Fahrzeugs festzustellen, mit dem geplanten Ziel zu vergleichen und dann entsprechende Anpassungen vorzunehmen.
5. Sichtsysteme sind die neueste Innovation bei der AGF-Führung. Eine Bord-Kamera zeichnet den Blick nach vorn auf und vergleicht diesen mit einem Bild, das im Speicher programmiert und gespeichert ist. Üblicherweise besteht dieses Bild aus den Markierungslinien auf jeder Seite eines Flügels.

Kommunikation

Der lokalen Steuercomputer und die Fahrzeuge benötigen ein Kommunikationsmittel zur Abstimmung von Ort, Aufgabenübertragung, Aufgabenausführung, Streckenverlauf und Verkehrsbedingungen. Vier Kommunikationsmethoden stehen zur Verfügung:

1. Induktionskabel
2. Bodengeräte

3. Funkfrequenzübertragung
4. Optisches Infrarot

Das Induktionskabel verläuft genau wie die Führung. Außer wenn kabelloser Betrieb erfolgt, ist die Kommunikation kontinuierlich. Zu den Bodengeräten können Magnete, Funkfrequenz-Transponder und zusätzliche Induktiosschleifen neben dem Führungsweg in spezifischen Mustern und an spezifischen Stellen gehören. Da sie erfordern, daß das Fahrzeug nahe genug ist, um das Signal zu empfangen, ist die Kommunikation intermittierend. Dieses Konzept wird für die Bestimmung der Fahrzeugposition angewandt. Die Funkfrequenz-Übertragung zwischen den Fahrzeugen und der Systemsteuerung erlaubt eine ununterbrochene Kommunikation, wenn keine toten Stellen im Betrieb vorhanden sind. Die Verwendung von Funkfrequenz-Identifizierungskennzeichen bietet eine intermittierende Kommunikation. Diese können verwendet werden, um das Fahrzeug zu identifizieren und Daten an A/L-Stationen zu empfangen. Optische Lösungen verlangen gewöhnlich eine Sichtlinie und sind deshalb intermittierend.

Verkehrssteuerung

Der Zweck der Verkehrssteuerung ist, Kollisionen zwischen Fahrzeugen zu verhindern. Es werden Entscheidungen getroffen, zu halten, verlangsamen oder gemäß den Fahrzeugstellen und der Warteschlange der ausstehenden Materialbewegungen fortzufahren. AGFs, die „dumme“ oder „halbintelligente“ Fahrzeuge verwenden, lokalisieren diese Intelligenz auf der Systemebene. „Intelligente“ Fahrzeuge sind in der Lage festzustellen, wo sich andere Fahrzeuge befinden, um zu entscheiden, ob gehalten oder weitergefahren werden soll.

16.2 Förderer für Einheitsladung

Ein Förderer wird von der *Conveyor Equipment Manufacturers Association* definiert als:

Ein horizontales, geneigtes oder vertikales Gerät für das Transportieren von Schüttgut oder Gegenständen in einer Bahn, bestimmt durch die Konstruktion des Geräts mit festen oder wahlweisen Be- und Endladestellen hat.

Die Definition wird fortgeführt, um Beispiele zu definieren und enthält eine Liste von 109 spezifischen Förderertypen. Die Definition gibt zwei breite Kategorien vor: Schüttgutförderung und Förderung von Gegenständen. Zu den Schüttgut-Förderern gehören Eimerkettenförderer, pneumatische Förderer, Schneckenförderer, Trogbandförderer und Vibrationsförderer. Diese werden beim Vertrieb selten verwendet. Dabei handelt es sich meistens um verpackte Fertigerzeugnisse. Die Verpackung kann ein Sack, ein Karton, eine Palette oder ein Faß sein. Manchmal werden lose Gegenstände mit einem Teilebrett oder einem Hänger gefördert.

In diesem Kapitel wird der Begriff Einheitsladung angewandt, um die Verschiedenheit von separaten zu fördernden Gegenständen zu beschreiben. Die häufigsten Fördererarten, die bei der Vertriebslagerhaltung angewendet werden, um Einheitsladung zu transportieren, fallen in eine der folgenden Klassifizierungen.

1. Schwerkraftförderer
   a) Rutsche
   b) Kugelbahnförderer
   c) Rad (Rollrad)
2. Kraftbetriebenee Förderzeuge
   a) Bandförderer
   b) Rollenbahnförderer
   c) Kettenförderer
3. Sonderausführungen
   a) Akkumulationsförderer
   b) Gestellwagen
   c) Sortiersysteme

16.2.1 Schwerkraftförderer

Rutschen

Eine Rutsche (Abbildung 16.16) wird verwendet, um die Elevation und Position einer Einheitsladung durch Nutzung der Schwerkraft zur Überwindung der Reibung zu verändern. Sie besteht aus einer glatten Metallwanne, die von der Form her gerade, gekrümmt oder spiralförmig sein kann. Rutschen sind eine Alternative für kurze Entfernungen und stabile Ladungen. Rutschenförderer sind oft Teil eines Sortiersystems.

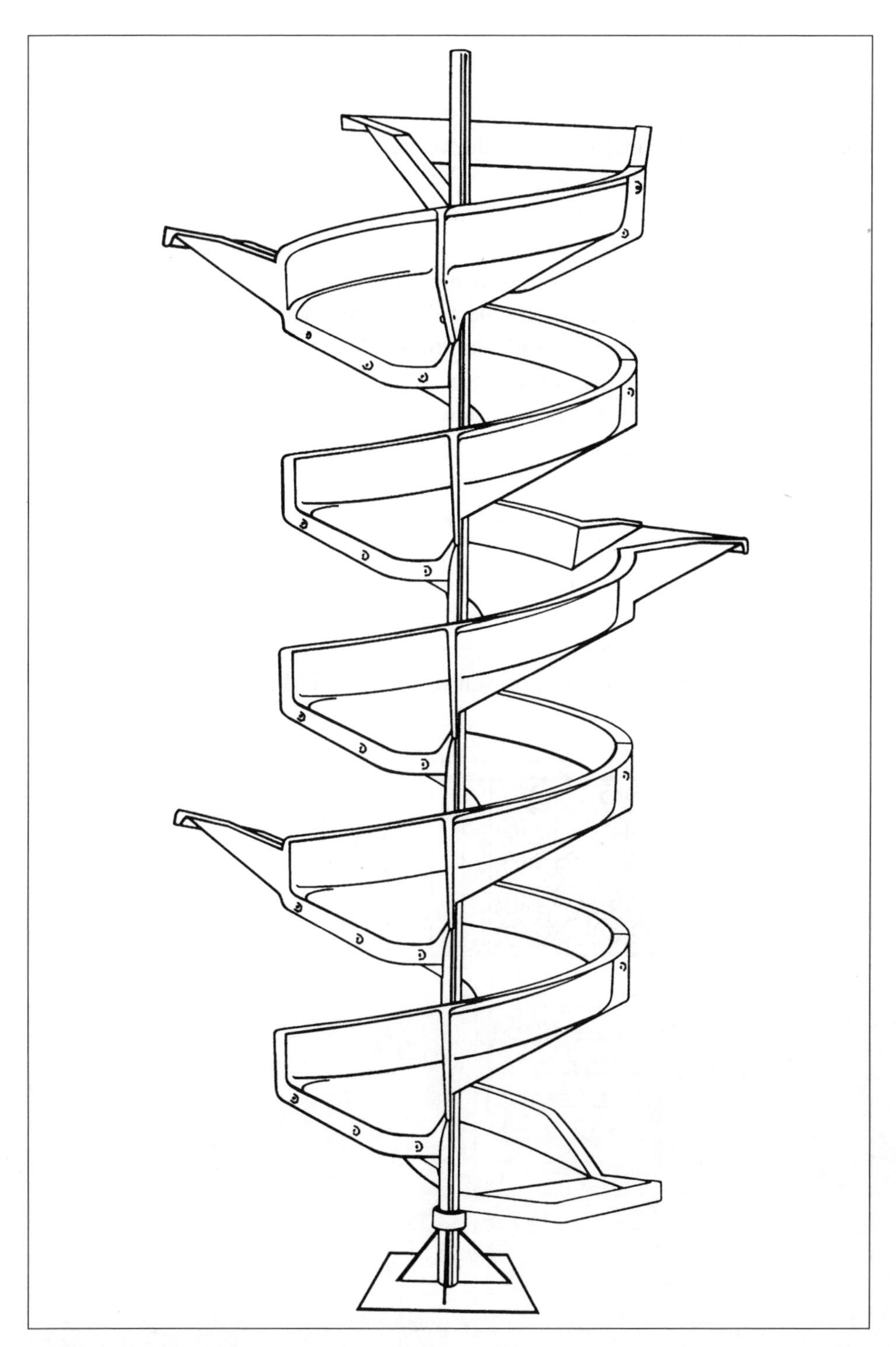

Abbildung 16.16: Rutsche

Kugelbahnförderer

Ein Kugelbahnförderer(Abbildung 16.17) ist der Teil eines Förderers, der aus angeordneten Kugeln besteht, die von einem Blech über einem Bett von vielen weiteren kleineren Kugeln gehalten werden. Er wird als manuelle Hilfe für die Zwecke der Richtungsänderung der Einheitsladung innerhalb einer Schwerkraftförderer-Konfiguration verwendet. Kugelbahnen werden üblicherweise bei In-line-Wiegestationen wie bei einem Paket-Manifest-System eingesetzt. Da die Lagerfläche relativ klein ist, können Kugelbahnen die Oberfläche von weichen Materialien wie Messung sowie hochpoliertem Stahl zerkratzen. Sie dürfen nicht für weiche oder Ladungen mit unregelmäßigem Boden, wie feuchte Kartons, Säcke, Paletten, Fässer, Körbe oder Kisten verwendet werden.

Radförderer

Ein Radförderer oder Gleitradförderer (Abbildung 16.18) wird verwendet, um die Auftriebskraft, die erforderlich ist, um eine Ladung unter manueller Kraft oder Schwerkraft zu transportieren. Er besteht aus kleinen Rädern, die auf Achsen montiert sind. Die Achsen sind in einen Metallrahmen, senkrecht

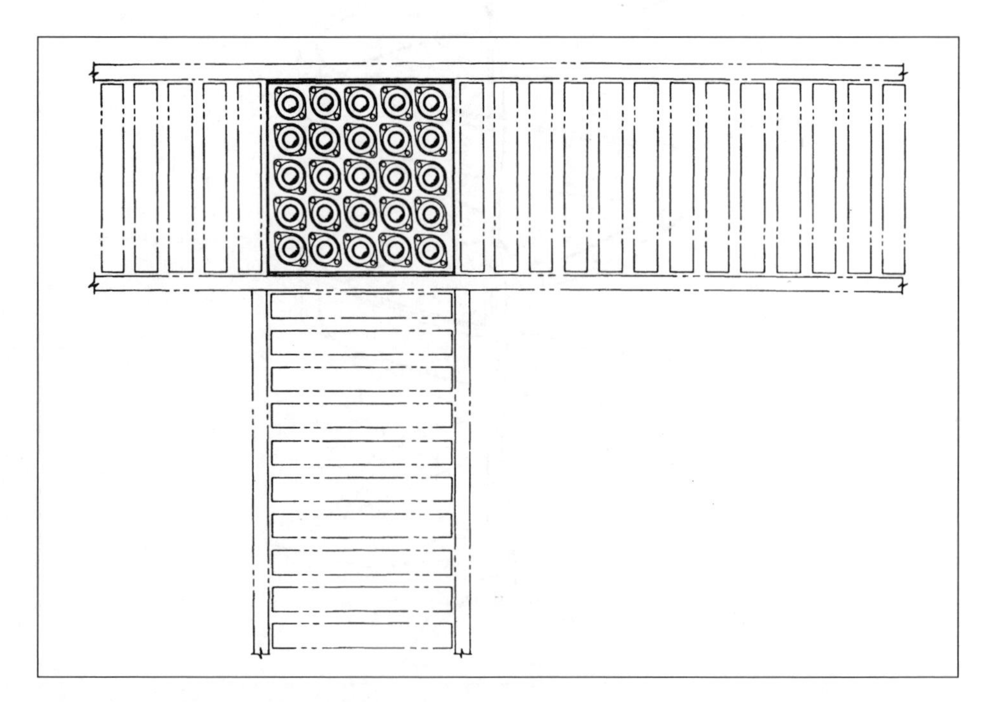

Abbildung 16.17: Kugelbahnförderer

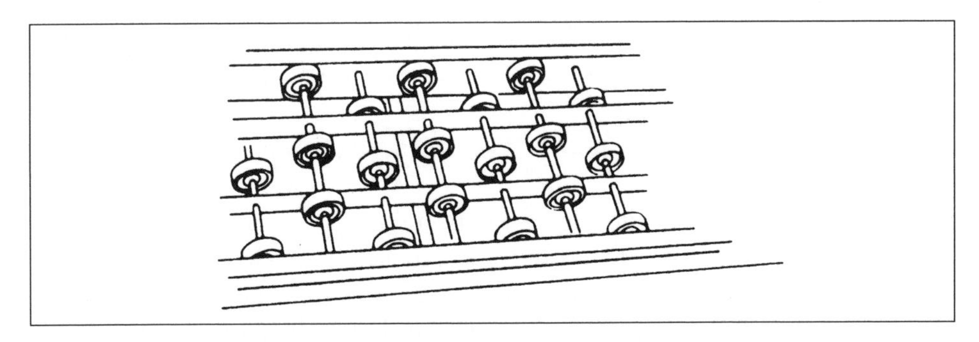

Abbildung 16.18: Rad- oder Gleitradförderer

zum Fluß der Ladung, befestigt. Er ist lieferbar in geraden und krummen Abschnitten, als erweiterungsfähige, ausziehbare- und tragbare Ausführung. Ein Radförderer ist für Ladungen mit einer glatten und abnutzungsfesten Oberfläche geeignet. Ladungen mit einem hohen Gewicht-Härte-Verhältnis rollen möglicherweise nicht leicht. Schwerkraft-Radförderer werden zur Unterstützung eines („Pick To")-Containers bei der Auftragszusammenstellung benutzt und für das Be- und Entladen von Anhängern, die vom Boden aus be- und entladen werden.

Rollenförderer

Ein Schwerkraft-Rollenförderer wird für dieselben Zwecke wie ein Schwerkraft-Radförderer verwendet, wo das Gewicht oder die Bodenfläche der Ladung ein Rollen erschweren würde. Er besteht aus Rollen, die auf Achsen zwischen Tragrahmen und gehen über die ganze Breite des Förderers. Der Schwerkraft-Rollenförderer ist in geraden, krummen und spiralförmigen Ausführungen erhältlich. Er wird gerade und geneigt installiert.

16.2.2 Kraftbetriebene Förderzeuge

Bandförderer

Ein Bandförderer ist ein endloses Gewebe (Gummi, Kunststoff, Leder, Metallnetz), das auf eine Antriebs- und Tragrolle montiert ist und entweder von einem Blechbett (Gleitbett) oder Rollen getragen wird. Als horizontales Transportgerät wird es zum Neigen, kontrollierte Abstände und die genaue Positionierung von Ladungen verwendet. Er wird auch für Ladungen mit weichen und unregelmäßigen Oberflächen verwendet. Er ist lieferbar mit geraden, krummen, Drehtisch- und spiralförmigen Abschnitten.

Rollenbahnförderer

Rollenbahnförderer (Abbildung 16.19) bestehen aus einer Reihe von Rollen, die auf Nuten montiert sind und mechanisch angetrieben werden. Der Antriebsmechanismus beschreibt die Art des Rollenförderers. Kleinlasten (die manuell gehoben werden können) werden üblicherweise durch ein Band oder „O"-Ringe angetrieben. Ein bandangetriebener Rollenbahnförderer nutzt die Reibung eines schmalen Bands, das unter den angetriebenen Rollen und zwischen einer Antriebs- und einer Aufwickelvorrichtung montiert ist. Bei einem Transmissionswellen-Förderer werden einzelne „O"-Ringe verwendet, welche die Rollen und eine Antriebswelle umspannen. Sie haben den Vorteil von relativ niedrigen Kosten (aufgrund der Tatsache, daß sie weniger Antriebe benötigen) und ein gewisses Maß an Akkumulation (das Rutschen der Rollen wird durch Abnahme einiger Ringe von der Welle begünstigt. Bandangetriebene und Transmissionswellenförderer sind in gerader und krummer Ausführung lieferbar. Bei ihnen werden Transfers verwendet, um die Ladung von einem Förderer zu einem anderen mit einer Veränderung der Bewegungsachse zu transportieren.

Abbildung 16.19: Rollenbahnförderer

Dies können Pop-Up-Rollen, Schieberollen oder Zieherrollen sein. Sie haben Divertoren, die die Ladung von einem Förderer zum anderen transportieren, ohne daß eine Veränderung der Bewegungsachse erfolgt. Dies können Ausführungen mit Schwenkarm, angetriebenem Band, Kette oder einem schrägen/steuerbaren Rad sein.

Schwerlasten werden auf einem mit Ketten angetriebenen Rollenbahnförderer gefördert. Jede Rolle hat ein Getriebe, und die Ketten können von Rolle zu Rolle gehen oder über mehrere Rollen. Mit Ketten angetriebene Rollenbahnförderer sind in geraden Abschnitten lieferbar. Änderung von Richtung und Bewegungsachse werden üblicherweise von rechtwinkligen Transfers oder Drehtischen durchgeführt. Bei Energieabschnitt-zu-Energieabschnitt-Transfers wird ein Pop-Up-Kettenförderer verwendet, der zwischen den Förderrollen montiert ist. Energie-zu-Schwerkraft-Transfers können einen Pop-Up-Neigungs-Schwerkraft-Abschnitt verwenden, ebenfalls zwischen den Förderrollen montiert. Richtungsänderungen ohne eine Veränderung der Bewegungsachse werden mittels eines Drehtisches ausgeführt. Der Förderer belädt den Drehtisch, und die Vorwärtsbewegung wird gestoppt, bis die 90°-Drehung abgeschlossen ist. Mit Ketten angetriebene Rollenbahnförderer werden verwandt, um Palettenladungen zu transportieren, wenn der Durchsatz zwischen festgelegten Punkten hoch ist.

16.2.3 Kettenförderer

Die Kettenförderer (Abbildung 16.20) haben zwei oder mehr fortlaufende Kettenstränge, die zwischen eine Antriebs- und einer Tragrolle montiert sind und werden durch eine fortlaufende Fläche mit geringer Reibung gehalten. Hierzu gehören Gleit-, Roll-, Schiebe- und vertikale Ausführungen. Kettenförderer werden verwendet, um Ladungen zu transportieren, die mit vertikalen Rollen befördert werden müssen. Sie werden auch für Schwerlasten, wie z.B. große Gußteile, Stapel, Stahlplatten oder Stahlspulen verwendet. Beim Verteilen ist der häufigste Kettenförderer der Gleitkettenförderer, bei welchen die Kette auf einer Lauffläche gezogen wird, wobei die Ladung direkt auf der Kette befördert wird. Wegen der höheren Reibung bei dieser Ausführung, wird sie üblicherweise für relativ leichte Ladungen und kürzere Distanzen (z.B. rechtwinkliger Transfer) verwendet. Rollketten haben eine Rolle an jeder Laufbuchse oder Walze, um die Reibung gegen die Auflagefläche zu reduzieren und können deshalb für schwerere Lasten und längere Förderer verwendet werden. Ein Schiebeketten-Förderer hat in spezifischen

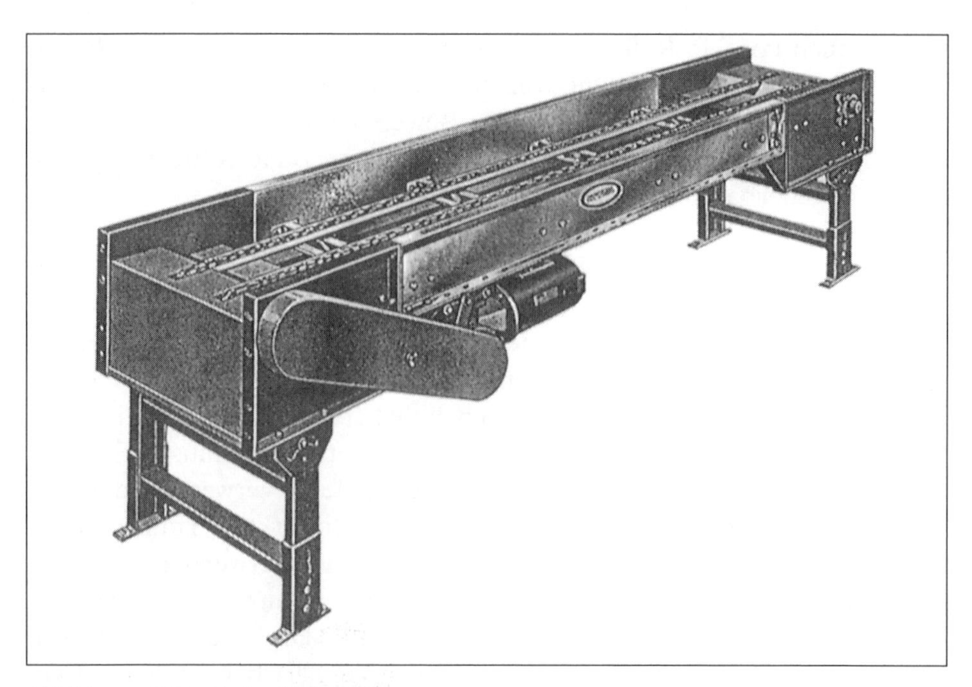

Abbildung 16.20: Kettenförderer

Abständen Stäbe zwischen zwei Kettensträngen, die die Ladung das Gleitbett entlang schieben. Ein Rollen-Streifen-Förderer ist eine fortlaufende Kette, die aus Rollen besteht, die über die ganze Breite des Förderers hinweggehen. Die Ladung können auf dem Streifen gefördert oder auf den Rollen akkumuliert werden. Bei der Streifenförderer-Ausführung werden Vorrichtungen oder andere spezielle Mechanismen zur Positionierung oder Förderung der Ladung an den Streifen montiert. Vertikale Kettenförderer sind entweder Ausführungen, die sich hin- und herbewegen oder kontinuierlich arbeiten. Erstere werden verwendet, um Ladungen zwischen Stockwerken in Betrieben mit mehreren Stockwerken hin- und herzutransportieren. Die fortlaufenden Kettenförderer sind eine Variation der Rollen-Streifen-Ausführung, wo Lücken zwischen den Streifenabschnitten für Abstand zwischen den Ladungen sorgen.

16.2.4 Sonderausführungen

Akkumulationsförderer

Die Zwecke der Fähigkeit bei einem Fördersystem zu akkumulieren sind:

- unregelmäßige Zufuhrmengen puffern
- fortgesetzte Funktion während eines unterbrochenen Flusses
- verwandte oder ähnliche Ladungen konsolidieren, wo diese getrennt sind

Bei der Verteilung wird die Akkumulation als Teil eines Fördersystems verwandt, das entweder Produkte ins Lager fördert oder Ladungen handelt, die während des Auftragsbearbeitungsprozesses zusammengestellt werden, einschließlich Entnahme, Verpackung und Vorbereitung für den Versand. Typische Standorte im Kontext des Fördersystems sind:

- vor der Kreuzung von zwei Linien
- in einer Zone vor einer Sortiermaschine
- vor dem Eingang in eine Sortiermaschine
- nach einer Sortierzone
- immer, wenn ein reibungsloser dosierter Fluß erforderlich ist

Im allgemeinen soll die Akkumulation nur in geraden Abschnitten erfolgen, Länge und Steigung der Schwerkraftlinien müssen nach dem Gewicht der Ladung geplant werden.

Während viele elektromechanische Ausführungen für Akkumulationsförderer vorhanden sind, gibt es funktionell zwei: Zone oder Null/Mindestdruck und fortlaufende Akkumulation. Die Mindestdruckbemessung teilt den Förderer in Zonen ein. Jede Zone hat einen Lastsensor, der, wenn er aktiviert wird, den Antrieb in dieser Zone abschaltet. Die Zone am Ende der Akkumulationslinie wird vom Systemkontroller gesteuert. Eine feststehende Last in der letzten Zone schaltet den Antrieb der nächsten Zone ab usw. bis zum Anfang der Linie. Die Freigabe von einer Zonen-Akkumulation kann einzeln oder in einer Mehrzahl von Ladungen geschehen. Kistendichtungsstoffe, Streckverpackungs-Equipment und Schrumpfverpackungsmaschinen erfordern eine individuelle Freigabe, während Palettisierer gemäß den Kisten pro Schicht bemessene Mengen benötigen. Abweichungen in Liniendruck und Blockfreigaben sind aufgrund der Varianten in der Ladungsgröße im Verhältnis zur Zonenlänge typisch.

Die fortlaufende Akkumulation kann am Schwerkraft- oder Rollenbahnförderer stattfinden. Die erste Ladung in der Linie wird entweder mechanisch oder durch Abstellen des Antriebs im Bemessungsabschnitt gestoppt. Die Rollenbahnausführung wird kontinuierlich angetrieben, aber wenn der Block die kritische Länge erreicht, wird die Antriebskraft entweder durch Abstellen des Antriebs an der Linie oder durch mechanische Einstellung reduziert. Letztere verringert die Reibung zwischen der Antriebsquelle und der Rolle bis zu dem Punkt, daß sich die Rolle unter dem Block nicht bewegt.

Der Schlüsselparameter beim Akkumulationsförderer ist der Liniendruck. Das Zerdrücken oder Knicken des Blocks kann vorkommen, wenn der Liniendruck zu hoch ist. Bei dessen Bestimmung müssen drei Faktoren berücksichtigt werden.

1. Unversehrtheit der Ladung selbst
2. Länge des Blocks
3. Reibungskoeffizient des Förderers

Der Bemessungsabschnitt des Förderers ist so ausgelegt, daß er jeweils eine einzige Ladung freigibt. Die Freigabe der Linie kann durch einen Sensor oder mechanische Stopps erfolgen. Oft wird ein Beschleunigungsabschnitt verwandt, um eine konstante Lücke an der Übergabestelle zu schaffen.

Gestellwagen

Ein Gestellwagen (Abbildung 16.21) besteht aus einem kurzen Fördererabschnitt, der auf einen Rahmen mit Rädern montiert ist. Die Räder sind üblicherweise so konstruiert, daß sie auf einem Paar Schienen fahren. Gestellwagen werden verwendet, um Ladungen von vielen Ankunfts- zu vielen Ab-

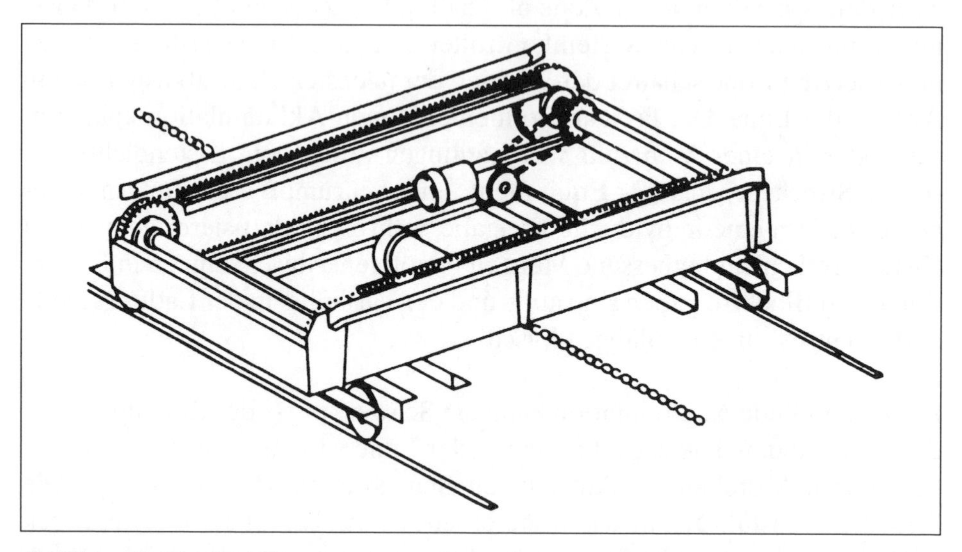

Abbildung 16.21: Gestellwagen

fahrtslinien zu befördern, wenn der Durchsatz gering ist. Der Wagen wird beladen, er bewegt sich vertikal zur beabsichtigten Fahrtrichtung, um sich mit der vorgesehenen Abfahrtlinie auszurichten, und die Ladung wird entladen. Der Zyklus ist abgeschlossen, wenn der Wagen zur nächsten Linie fährt, um eine Ladung aufzunehmen. Der Gestellwagen kann entweder manuell oder mit Antrieb betrieben werden.

Sortiersysteme

Die Sortiersysteme werden kurz in diesem Kapitel erörtert. Sortiersysteme werden in Verteilungszentren eingesetzt, um die gemischten Produkte zu organisieren, die

- zu spezifischen Lagerzonen befördert
- in spezifischen Einheitsladungs-Konfigurationen palettisiert
- zu spezifischen Docktüren zum Versand geleitet

werden sollen.

Wo der Durchsatz mäßig ist, kann die Sortierung mit kraftbetriebenen Förderern mit Transfer- und Divertor-Zufuhr, bestehend aus Schwerkraftförderern und Rutschen erfolgen. Hochgeschwindikeits-Sortiersysteme bearbeiten Kartons und haben vier Untersysteme:

1. mischen
2. zuführen
3. sortieren und
4. wegnehmen.

Das Mischsystem erhält Produkte von verschiedenen Quellen im Verteilzentrum und gibt die Kartons kontrolliert frei zur nachgeschalteten Sortier-Zufuhranlage. Die spezifische Konstruktion des Mischsystems hängt von der Anzahl der Zufuhrförderer und den gewünschten Durchsatzmengen ab. Im allgemeinen gibt es zwei Typen: parallele und vertikale.

Das Zufuhrflußsteuergerät reguliert den Fluß der Kartons zum Mischbett, wo Kartons in zwei oder mehr Spalten eines Zusammenführsystems geführt werden. Das Ergebnis ist, daß eine einzige Spalte mit Kartons in das Zufuhruntersystem zugeführt wird.

Das Zufuhruntersystem schafft Abstand zwischen den Kartons und identifiziert sie im einzelnen. Geringe Mengen (10 bis 40 Kartons/min) werden von einem Bediener bearbeitet, der den Karton visuell identifiziert und eine Identifizierung in das Bedienpult eingibt. Mäßige Mengen (40 bis 80 Kartons/min.) werden durch Zugabe manueller Tasteneingabe-Zufuhr-Staionen oder durch Laser-Scanning-Barcode-Etiketten.

Mehrfach-Zufuhrstationen erfordern üblicherweise eine weitere Mischung zwischen Zufuhr und Sortierung. Kippboden-Sortiersysteme sind Systeme für mäßige Mengen. Hohe Mengen (80 bis 200 Kartons/min) werden von einem hochentwickelten System bearbeitet. Ein bis vier Indizierungsbänder mit Folgeregelantrieb geben jeweils einen Karton zu einer Mischvorrichtung mit einem präzisen Abstand.

Eine zweite Reihe Indizierungs-Bandförderer optimieren die Lücke und führen die Ladungen einem Rundscanner zur Identifzierung zu.

Das Sortier-Untersystem teilt den Fluß der Kartons mittels eines Divertors nach dem jeweiligen Ziel in separate Reihen. Nach der Identifzierung wird der Karton verfolgt, bis er den Umleitungspunkt erreicht hat, wo der System-Controller den Divertor aktiviert. Die Art des Divertors hängt von Geschwindigkeit und Gewicht des Kartons ab. Zu den Vorrichtungen für niedrige Mengen gehören Schrankenbäume, Pop-Up-Transfers und Schieber. Zu den Vorrichtungen für mäßige Mengen gehören Pop-Up-Schrägräder und lenkbare Rollen.

Große Mengen werden mit Gleitschuh- und Kippboden-Divertern bearbeitet. Sie sind beide schnell und funktionieren in zwei Richtungen. Gleitschuh-Divertor sind üblicherweise Plattenband-Diverter mit „Schuhen“, die zwischen den Platten gleiten, um die Ladung von der Linie zu ziehen oder zu schieben. Kippböden „schütten“ das Produkt zu einer beliebigen Seite der Linie. Im allgemeinen eignen sie sich für weiche Waren sowie Kartons.

Einige Ausführungen haben eine Parabol-Trajektorie, die zerbrechliche Produkte ohne Beschädigung handhaben kann. Ein Kippboden-System kann eine große Anzahl von Umleitungsvorrichtungen betätigen.

Die Takeaway-Förderer müssen umgeleitete Materialien aufnehmen, ohne daß der Sortierer beeinflußt wird. Die Art des Förderers hängt von Betriebsmenge, Produktmix, Produktgewicht und Produkthaltbarkeit ab. Kraftbetriebene Takeaway sind entweder Rollenbahnförderer oder Bandförderer. Sie laufen üblicherweise schneller als der Sortierförderer, so daß sie die Kartons wegziehen können.

Der Schwerkraft-Radförderer ist dem Rollenförderer aufgrund seiner geringeren Inertia vorzuziehen. Er wird mit positiver Sortierung verwendet, wie z.B. der Gleitschuhdivertor, da seine Geschwindigkeit bis zu 350 Fuß/min eine signifikante Bewegungsgröße ist. Er wird auch ab langsamen Systemen verwendet. Rutschenförderer werden oft mit Kippboden-Systemen verwendet, wo die Ausrichtung nicht von Bedeutung ist.

17 Projektierung und Instandhaltung von Anlagen

E. RALPH SIMS, JR.
Vorsitzender
The Sims Consulting Group, Inc.

Die Rolle und Konfiguration der Distributionsanlage oder des Lagerhauses wird bei einem modernen physischen Verteilungsablauf durch die Marketing- und Materialverwaltungspolitik des Unternehmens definiert. Die Projektierung des Verteilungssystems ist die physische Manifestation der Marketingpolitik, und das Gebäude ist der Wetterschutz für das System. Die Konstruktion des Gebäudes darf den Betrieb der Anlage nicht dominieren.

Das Gebäude sollte zum Optimieren der Betriebsabläufe und Rentabilität der Kapitalinvestitionen um das System herum errichtet werden. Das System muß den internen Materialfluß, die Lagerhaltung, Zusammenstellung von Aufträgen, Verpackung und den Transport nach außen bequem gestalten.

Nur in seltenen Fällen ist es wünschenswert, ein Verteilungssystem in ein vorhandenes Gebäude zu „stopfen“; die Umstände erfordern jedoch zuweilen die Anpassung des Systems an eine Betriebsstätte. Materialverteilungssysteme können gewöhnlich so projektiert werden, daß sie mit den bestehenden Bauparametern zusammenpassen.

Die Koordinierung des Materialverteilungs- und -lagerungssystems mit der funktionellen Projektierung und der geplanten Wartungsfreundlichkeit gewährleistet eine effiziente Unterstützung der physischen Verteilungsabläufe.

17.1 Definition der Systemkonfiguration

Der erste Schritt bei der Projektierung einer Distributionsanlage ist die Definition qualitativer und quantitativer Charakteristika der Arbeitsabläufe zur Gewährleistung der gewünschten physischen Verteilungsfunktionen. Es ist unbedingt erforderlich, den Produktmix, die Produktverteilungscharakteristika, Lagerbestands- und Transaktionsprofile, saisonale und periodische Änderungen der Tätigkeiten, Auftragscharakteristika, Versand- und Wareneingangsvolumen und -schemata, die zeitliche Planung von An- und Auslieferungen sowie den Lagerflächenbedarf zu definieren.

Diese Daten sollten auf statistischer Basis stichprobenartig über einen Zeitraum von mindestens 12 Monaten vor Projektierungsbeginn gesammelt werden, um saisonale Änderungen und konjunkturelle Trends festhalten zu können. Bei der Projektierung einer neuen Anlage „auf der grünen Wiese" ohne Betriebsvergangenheit, müssen diese Faktoren aus dem Geschäftsplan des Managements abgeleitet werden.

Die gesammelten Daten bilden dann die Grundlage für die Festlegung der erforderlichen Betriebsparameter der geplanten Distributionsanlage. Zusätzlich ist es notwendig, eine Markt- und Aktivitätsprognose sowie Managementplanungskriterien einzuführen, um die Daten in eine Fünf- bis Zehn-Jahresprognose (normalerweise aus einem Zeitraum von 12 Monaten) zu extrapolieren. Eine gute Faustregel ist, ein „Planungszieljahr" festzulegen, das fünf Jahre nach dem geplanten Datum der Inbetriebnahme der Anlage liegt. Außerdem sollten die nötigen Vorkehrungen in bezug auf die Größe und Einteilung des Baugeländes getroffen werden, so daß die Anlage nach 10 Jahren auf die doppelte Größe erweitert werden kann. Durch Änderungen der Markt- und Lagerhaltungspolitik kann diese Planung zwar limitiert oder erweitert werden, doch ist eine „Kapazitätsreserve" in der Regel kostengünstiger als eine spätere Standortverlagerung und/oder der Bau mehrerer Anlagen. Ein solches Vorgehen ermöglicht zudem die Analyse und Bewertung bestehender Anlagen im Rahmen eines Modernisierungsprogramms.

Sobald die Parameter für das „Planungszieljahr" definiert worden sind, muß der Systemplaner den Betriebsablauf analysieren, alternative Konfigurationen für die Materialverteilungs- und -lagerungssysteme bestimmen und den Ausrüstungsgütermarkt im Hinblick auf die besten Hardware-Anwendungen untersuchen. Die Definition möglicher Konfigurationsalternativen muß einen wachsenden Platzbedarf für die einzelnen Arbeitsbereiche berücksichtigen. Mit einzubeziehen ist außerdem eine allgemeine Studie des Materialflußschemas, die Planung bezüglich Anzahl, Standort und Typ der Lastwagen- und Eisenbahnrampen, die Auswahl der Gerätealternativen für die Materialverteilung- und -lagerung und die Definition des Reifegrades der Betriebsabläufe. Diese Projektierungsvorarbeit muß außerdem umweltbezogene Fragen berücksichtigen, wie die kontrollierte Sicherheit von Substanzen, die Lagerung von gefährlichen/leicht entzündlichen Materialien, Kühlapparate, Kühllagerung, Gesamtsicherheit, Brandschutz, Servicebereiche für das Personal (Personalverwaltung, Toiletten, Duschen, Schließfächer, Erste Hilfe usw.) sowie Büros für die Führungskräfte.

Ein solcher erster Analyseansatz sollte für jede alternative Systemkonfiguration die folgenden Punkte beinhalten jedoch nicht ausschließlich darauf beschränkt sein:

1. Vorläufige Systemflußdiagramme mit Darstellung der einzelnen Schritte, Stufen im Betriebsablauf, der Material- und/oder Unitloadmengen, die in jeder Stufe fließen, und der Kontrollpunkte bzw. EDV-Schnittstellen, die die Materialien durchlaufen.
2. Vorläufige Entwurfszeichnungen des Materialverteilungs- und -lagerungssystems sowie Situationspläne, die die Art der einzusetzenden Material-Verteilungseinrichtungen darstellen, die in den einzelnen Segmenten zu erwartenden Verteilmengen und/oder -geschwindigkeiten, den Bedarf an Lagerfläche und die Arten der zu verwendenden Lagerungssysteme (AS/RS, Palettenregale, Blocklagerung usw.) mit dem jeweiligen Flächenbedarf, dem Standort und der Anzahl von Lastwagen- und Eisenbahnrampen sowie dem Bedarf an Servicefläche.
3. Einen vorläufigen allgemeinen Bau- und Lageplan für die jeweiligen vorläufigen Systemalternativen.
4. Eine vorläufige Betriebsbeschreibung, welche die Abläufe und Funktionen der einzelnen Systemelemete darstellt mit den für das „Planungszieljahr“ erwarteten Transaktionsmengen und Lagerbeständen.

Diese Dokumente sollten hinreichend detailliert sein, damit Gerätelieferanten und/oder Systemplaner vorläufige Budgetangebote bzw. Kostenvoranschläge für das System und die erforderliche Geräteausstattung erstellen können. Diese Budgetschätzungen werden dann zusammen mit den geschätzten Arbeits- und Betriebskosten verknüpft, um die Wirtschaftlichkeit der Systemalternativen zu vergleichen und zu bewerten. Die sich hieraus ergebenden, besten Alternativen sind dann eingehender zu untersuchen.

17.2 Die Systemkonzeption

Die Konzeption einer Distributionsanlage erfordert einen Einsatzplan sowohl in bezug auf die Betriebsanlagen als auch auf das Gebäude. Nur in seltenen Fällen ist es zweckmäßig, Materialverteilungs- und Lagerungsanlagen auf der Basis von Spezialmaschinen zu konzipieren. Meistens ist das System eine Mischkonstruktion bestehend aus vielzähligen Gerätekomponenten von unterschiedlichen Spezziallieferanten. Aufgabe des Systemplaners ist es, die Gesamtkonfiguration des Systems sowie die Beziehungen zwischen den einzelnen Komponenten zu definieren. Der Systemplaner erstellt eine Betriebsspezifikation, die auf die Anwenderbedürfnisse und Betriebsplanung abgestimmt ist. Die Gerätelieferanten passen die aktuelle Hardware und Kontrollsysteme an die Anforderungen der vom Systemplaner erstellten Betriebsspezifikation an.

Sobald die Gesamtkonfiguration des Systems definiert und der vorläufige Kostenvoranschlag für das ausgewählte System erstellt worden ist, gilt es, den Markt für Materialverteilungs- und -lagerungsgeräte genauestens zu untersuchen, um die passendsten Geräte und zuverlässigsten, qualifiziertesten Lieferanten ausfindig zu machen.

Es ist unbedingt erforderlich, sich mit der Komplexität und Segmentierung des Marktes für Materialverteilung- und -lagerung vertraut zu machen. Der Systemplaner, ganz gleich ob es sich um einen innerbetrieblichen Ingenieur oder einen unabhängigen Fachberater handelt, kann nicht immer auf dem neuesten Stand sein, was die – ständigen Veränderungen unterworfene – Vielfalt von Geräte- und Systemkomponenten auf dem Markt betrifft. Daher gilt es, den Markt zu untersuchen und die vielfältigen Komponentenvarianten sowie deren Kompatibilität mit dem Gesamtsystem zu beurteilen. Es sollten auf jeden Fall Lieferanten gewählt werden, die bei der Planung und Einführung des Systems zusammenarbeiten.

Jedes Hardware-Element des Systems ist anhand von Auswahlkriterien, die seine Kompatibilität mit dem Gesamtsystem messen, sorgfältig zu beurteilen. Zu diesen Kriterien zählen unter anderem:

1. Besitzt die Geräteeinheit die Abmessungen und die Leistung, um den/die erforderlichen Ablauf/Abläufe durchzuführen (z.B. Breite und Geschwindigkeit der Transportanlage, Leistung des Elektrohubwagens und Hubhöhe, Palettenabmessungen, Fassungsvermögen und Abmessungen des Palettenregals usw.)?
2. Ist die Gerätekonfiguration wirklich die günstigste für die an dieser Stelle des Systems erforderliche Funktion (z.B. Förderband gegenüber angetriebener Rollenbahn, Gegengewichtsgabelstapler gegenüber Schubmast- oder Turmdrehgabelstapler, Palettenregale gegenüber AS/RS-Maschinen, durchfahrbare gegenüber konventionellen Regalen, manueller gegenüber automatisiertem Betrieb usw.)?
3. Sind die Geräte gut konstruiert (z.B. massive Konstruktion und angemessene Konstruktionssicherheitsfaktoren, Erfüllung der OSHA-Normen

oder besser, Failsafe- Konstruktion, Wartungsfreundlichkeit, leichter Einbau usw.)?

4. Sind Leistungsbedarf und Leistungsregelung kompatibel mit einem zentralen Systemmanagement (z.B. Motorspannungen, Motorsteuerungen, Wechselstrom gegenüber Gleichstrom, EDV-Schnittstellen, Drehzahlstellbarkeit und Stabilität usw.)?
5. Sind die gekauften Komponenten Standardkomponenten und austauschbar und/oder kompatibel im Hinblick auf Wartung und Minimierung des Ersatzteillagers (z.B. Motoren, Bänder, Lager, Verbindungen, Steuerungen, Reifen, Batterien, Kraftmaschinen usw.)?
6. Sind die Gewährleistungen und der Service der Händler bzw. Hersteller zufriedenstellend und verfügbar (z.B. Kundendienstmechaniker, Reparaturwerkstätten, Ersatzteile, Leihgeräte usw.)?

Nach dem Filtern der Gerätelieferanten werden üblicherweise detailliertere Angebote mit technischen Spezifikationen von zwei oder drei wettbewerbsfähigen Lieferanten eingeholt. Diese Angebote sind nicht endgültig, jedoch präziser als die oben erwähnten Kostenvoranschläge, und die darin enthaltenen technischen Daten ermöglichen eine endgültige Auswahl der Bezugsquellen. Anhand dieser Preisangebote und Gerätespezifikationen kann der Systemplaner dann detaillierte Layoutpläne und Aufrisse erstellen sowie einen Situationsplan, Zeichnungen der Gebäudehülle und endgültige Betriebsspezifikationen. Diese Unterlagen werden zu einem „Ausschreibungspaket“ zusammengestellt und an die ausgewählten Lieferanten geschickt mit der Aufforderung, endgültige Angebote abzugeben. Der Lieferant, der den Auftrag erhält, erstellt üblicherweise die endgültigen Konstruktionszeichnungen und Installationspläne und legt sie dem Eigentümer bzw. dem Berater des Eigentümers zur Genehmigung vor, bevor das System gefertigt und installiert wird.

In den meisten Fällen definiert der Systemplaner die Gebäudehülle bzw. die funktionelle Konzeption (Abmessungen, Form, Anordnung der Laderampen, Standort der Büros, Bauplan etc.) und erstellt eine Übersichtszeichnung.

Der tatsächliche Entwurf des Gebäudes, was das System beherbergen soll, basiert auf einer Kombination von betrieblichen Erfordernissen und architektonischer Ästhetik. Aus rein zweckmäßigen Gesichtspunkten kann ein Distributionszentrum genauso effizient in einem vorgefertigten wie in einem stilisierten Gebäude funktionieren. Der Gebäudeplaner muß die Systemkonfiguration unterbringen und ihre funktionellen Bedürfnisse berücksichtigen. Die Gebäudeplanung sollte folgende Kriterien beachten:

- künftige Expansion,
- Unterbringung der Systemkonfiguration,
- Gemeinkosten,
- bauliche Haltbarkeit,
- leichte Instandhaltung,
- Wiederverkaufswert,
- Einhaltung von Bauvorschriften,
- Baukostenkontrolle,
- Akzeptanz der Gemeinde, und
- Unternehmensimage.

Auch hier ist der komplexe Markt für Baustoffe und Konstruktion wieder sorgfältig zu prüfen, bevor sich der Eigentümer für eine endgültige Konstruktion entscheidet.

17.3 Die Planung des Gebäudes

Vom Standpunkt des physischen Verteilungsmanagements aus sind die kritischen Punkte bei der Planung des Gebäudes die Definition der Gebäudehülle, die Dimensionierung des Gebäudes, die Festlegung der erforderlichen Durchfahrtshöhe und Pfeilerabstände, die Bodenfläche, der Standort, Anordnung und Anzahl der Lastwagen- und Eisenbahnrampen, die internen Regelsysteme für Umgebungsbedingungen, Dimensionierung und Lage der Büros und sanitären Anlagen, Aufenthaltsräume etc. für das Personal, Sicherheit der Betriebsstätte sowie die Gesamtanordnung auf dem Baugelände. Nachstehend folgen Erläuterungen zu den einzelnen Punkten:

17.3.1 Dimensionierung des Gebäudes

Die Gebäudegröße hängt sowohl von der gewählten Systemkonfiguration als auch von der Lagerhaltungs-/Servicepolitik des Managements ab. Um die Mengen und Charakteristika der zu lagernden und zu verteilenden Güter in dem vorgeschlagenen Auslieferungslager sicher bestimmen zu können, müssen die Zusammensetzung des Lagerbestands sowie die Absatzziele unbedingt definiert werden. Diese Managementparameter bilden die Grundlage für die Festlegung des zu verwendenden Lagersystems.

Die Wahl des Lagersystems bestimmt die erforderliche lichte Höhe, Bodenbelastung, Gangabmessungen und Kriterien für das Brandschutzsystem. Diese technischen Parameter, gekoppelt mit den voraussichtlichen Lagerbestandsmengen und dem Lagerbestandsprofil, bestimmen das Layout des Lagersystems und dieses wiederum die Fläche und Höhe der Lagerbereiches des Gebäudes. Die Abmessungen der Gebäudehülle werden gewöhnlich durch diesen Flächen- und Höhenbedarf vorgegeben und bilden dann wiederum die Grundlage für die Auswahl der richtigen Gebäudestruktur.

Der nächste Schritt im Anschluß an die Festlegung der Abmessungen für die Gebäudehülle besteht darin, die allgemeine Gestalt und Einteilung des Gebäudes festzulegen. Hierbei dominieren die Systemkonfiguration und der Materialfluß die Auslegung, d.h. das Gebäude „umhüllt" das System. Bei der Konstruktion der „Hülle" muß der Konstrukteur die Wirtschaftlichkeit der Konstruktion berücksichtigen, Arbeits- und Wartungsbereiche, Büros und Einrichtungen für das Personal, Zugang zu Transportwagen und Schienen, Vorfelder für Lastkraftwagen, Parkflächen, Expansionsbedarf und Expansionsrichtung und die allgmeine Anordnung auf dem Baugelände.

17.3.2 Gebäudehülle

Die konstruktive Hülle des Gebäudes umfaßt

- die lichte Höhe,
- Größe der Pfeiler und Abstände, Anzahl,
- Standort und Konfiguration von Lastwagen- und Eisenbahnrampen,
- Dach- und Bodenkonstruktion,
- Brandschutzsystem
- und das Umfeld.

Jedes dieser Elemente der Gebäudehülle muß auf die Auslegung und Zielsetzung des Betriebssystems abgestimmt sein. Dennoch gibt es einige praktische Gesichtspunkte, die die Konstruktionsmerkmale der Gebäudehülle vorgeben können.

In einigen Bezirken werden die Höhe, der Rücksprung, das äußere Erscheinungsbild, der Brandschutz, die Baustruktur und die Anordnung des Gebäudes auf dem Baugelände durch Bauvorschriften bestimmt. Die meisten Gemeinden richten sich nach den Nationalen Bauvorschriften und den OSHA-Richtlinien. Einige haben jedoch auch strengere Vorschriften für die Errichtung gewerblicher Gebäude, plus der Vorschriften bezüglich des an lokale Verhältnisse angepaßten Erscheinungsbildes der Gebäude und Umweltauflagen. Diese beschränkenden Faktoren sind bei der Konstruktion des Gebäudes zu berücksichtigen. In einigen Fällen ist es möglich, daß Bezirksregierungen oder Kreisverwaltungen aufgrund kommerzieller oder wirtschaftlicher Faktoren auf derartige Verordnungen verzichten. Diese Möglichkeit sollte untersucht werden.

Ein weiterer, regierungsbezogener Faktor bei der Planung eines Warenlagers ist der mögliche Steuervorteil, der sich mit einem Regallager erzielen läßt. Häufig läßt sich ein mit Regalen ausgestattetes Gebäude schneller amortisieren, indem es als Maschinenpark und nicht als Gebäude abgeschrieben wird. Der somit erzielbare, deutliche Steuervorteil kann bei der Planung des Gebäudes und Systems eine entscheidende Rolle spielen. Die Vorschriften bezüglich der Gebäudehöhe, die Brandschutzverordnungen und Grundstückskosten fließen ebenfalls mit in den Entscheidungsprozeß ein, wenn konventionelle Lager mit Regallagern verglichen werden.

Die Wahl des „gemeinsamen Nenners“ (Palette, Transportbehälter, Unitload usw.) für das System und die Wahl des Verteilungs- und Lagerungssystems haben direkten Einfluß auf die Dimensionierung der Gebäudestruktur. So gibt die Größe der Palette beispielsweise die Abmessungen von Palettenregalen bzw. die vollautomatischen Einlagerungs-/Entnahmemaschinen und die Größe und Leistung der Materialtransportfahrzeuge vor. Diese wiederum haben direkten Einfluß auf die Abstände zwischen den Pfeilern, die Dimensionierung von Gängen und Türen und die erforderliche Tragfähigkeit des Bodens. Die Wahl des Lagerungssystems dient als Grundlage für die Festlegung der „lichten Höhe“ (Höhe unterhalb aller Deckenhindernisse) des Gebäudes. Die Kombination von Lagersystemgestaltung, Lagerbestandsprofil (Losgröße und Produktmix) und Spitzenlagermenge führt zur Festlegung des Platzbedarfs für das Warenlager.

Sobald der Abstand zwischen den Pfeilern, die lichte Höhe, die Bodenbelastung und der „Umriß“ der Lagerstruktur definiert worden sind, gilt es, die Kommissionier- und Versandabläufe festzulegen. Hierfür ist in einigen Fällen ein hohes Gebäude erforderlich in anderen nicht. Die Abläufe können mit oder ohne Einsatz von Fahrzeugen und vollautomatischen Geräten erfolgen. Aus Gründen der Gebäudewirtschaftlichkeit, der Flexibilität des Layouts und dem künftigen Wiederverkaufswert zieht der Eigentümer möglicherweise eine konstante Dachhöhe vor und opfert dafür die nicht nutzbaren „Freiräume" über den Kommissionier-, Warenversand-, und Wareneingangsbereichen. In vielen Fällen lassen sich die Büros und Personalräume zur besseren Raumausnutzung auf einem Zwischengeschoß über dem Versandbereich unterbringen. Gemäß den derzeit gültigen Bauvorschriften und EEOC/ADA-Richtlinien erfordert ein solches Zwischengeschoß den Einbau eines Fahrstuhls für Behinderte, und die meisten Brandschutzvorschriften verlangen mindestens zwei Feuerleitern.

Nach Definition dieser Betriebsmerkmale, der Prognose über eine künftige Expansion und Schätzung der Gebäudegröße kann die allgemeine Anordnung oder Form der Einrichtung konzipiert werden. In diesem Stadium ist das Materialflußschema festzulegen, der Standort und die Größe der Personaleinrichtungen, die Wartungs- und Werkstattbereiche, Büros, Versand- und Wareneingangsrampen und Eingänge für Fußgänger.

In den meisten Fällen ergibt sich die Anordnung der Lastwagen- und Eisenbahnrampen, der Eingänge für Fußgänger sowie der Parkplätze auch aus dem Lageplan, aus der Baugeländekonfiguration, der Bahn- und Straßenanbindung, den Bau- und Rücksprungvorschriften und der Ästhetik der Einrichtung.

Demzufolge besteht die betrieblich effizienteste, ästhetischste „bauliche Hülle" aus einem vorläufig dimensionierten Gebäudeentwurf, einem vorläufigen Bauplan, Expansionsplan und einem Plan für die Unterbringung der erforderlichen Systemkonfiguration.

17.3.3 Überlegungen zur Gebäudekonstruktion

Hierzu zählen solche Dinge wie die Wahl des Grundgerüstes bzw. der Grundstruktur, die Auswahl der Baustoffe für die Wände, Sicherheit und Brandschutz, Bodenkonstruktion und die interne, bauliche Flexibilität. Es gibt mehrere, philosophisch unterschiedliche Ansätze in bezug auf die Planung von Gebäuden. Bei der Planung von Warenlagern sind in der Regel die folgenden Ansätze wichtig:

- Das System entwerfen und es so kostengünstig wie möglich überdachen.
- Die Anlage so kostengünstig wie möglich bauen, die Mindestfläche bereitstellen und das System „hineinstopfen".
- Die Kapitalkosten für System und Gebäude minimieren.
- Das optimale System entwerfen, das Flexibilität und Expansionsmöglichkeiten bietet und es im kostengünstigsten „Wetterschutz" unterbringen.
- Das optimale System entwerfen, das Flexibilität und Expansionsmöglichkeiten bietet und das optimale Gebäude um das System herum bauen.

In diesem Kapitel werden nur die beiden letzten Möglichkeiten betrachtet, da die anderen offensichtlich sind. Bei Durchführung einer professionellen Konstruktionsstudie werden Systemkonfiguration sowie Größe und Gestalt der erforderlichen Struktur klar definiert. Viele Manager und Ingenieure untersuchen dann das Gebäude unter „zweckmäßigen" oder „kostengünstigen" Gesichtspunkten und entwerfen einen „Wetterschutz", der das System schützen soll. Am gebräuchlichsten ist hier eine Stahlrahmenkonstruktion mit einem flachen, aufgesetzten Pfannendach, Seitenwänden aus Isolierplatten und einem guten Betonboden. Ein solches Gebäude ist funktionell, kostengünstig, erweiterbar, wiederverkaufbar und weist eine mehr oder weniger wartungsfreie Lebensdauer von 25 Jahren oder mehr auf. Die Kosten hierfür schwanken je nach Wahl der Baustoffe für das Dach und die Wandplatten sowie nach der Dicke und Ebenheit des Bodens.

Das Gebäude erfordert jedoch möglicherweise weitere konstruktive Überlegungen auf der Grundlage von Funktionen und Vorschriften. So kann die Geschäftsführung beispielsweise eine künftige Erweiterung planen, so daß die Struktur und das Wandplattensystem spätere Änderungen und Erweiterungen ermöglichen. Das Baugelände sollte Platz für eine Expansion bieten und die Kanalisation, Stromversorgung sowie andere Energieversorgungseinrichtungen sollten schon vorweg im Hinblick auf eine künftige Erweiterung ausgelegt sein. Falls innenliegende Büros oder Zwischengeschosse geplant sind, sollte eine zukünftige Standortverlegung mit in die Konstruktionsüberlegungen aufgenommen werden. Außerdem müssen Vorkehrungen für zusätzliche Lastwagen- und Eisenbahnrampen getroffen werden. Demzufolge sind dann größere Vorfelder und umgestaltete bzw. vergrößerte Parkflächen erforderlich.

Werden High-rise-Fahrzeugsysteme verwendet, müssen die Böden im Lagerbereich absolut eben sein. Die Tragfähigkeit der Böden sollte für derartige, schwere Fahrzeuge ausreichen. Wird eine Kombination aus Block- und

Regallagern verwendet, ist die Konstruktion gemäß den IRS Richtlinien zu behandeln, damit der steuerliche Vorteil für Regallager ausgeschöpft werden kann. Bei sehr hohen Gebäuden und Flachdachkonstruktionen sind die vorherrschenden Winde und die Vorhersage von starken Stürmen zu beachten.

Für den Bau von großen und hohen Lagergebäuden werden Brandschutzsysteme in den Nationalen Bauvorschriften und OSHA-Richtlinien spezifiziert. Diese Systeme beinhalten leistungsstarke Mehrebenen-Regalsprinkleranlagen, Bodenabläufe und Wanddrainageöffnungen, die in Auffangbecken münden (zur Trennung der mit dem Löschwasser angesammelten Schmutzstoffe), zusätzlich zur öffentlichen Wasserversorgung eine separate Wasserversorgung vor Ort, Brandschutzvorhänge oder Brandschutzwände und mehrere, gut markierte Fluchtwege für das Personal. In vielen Fällen läßt sich die Verwendung einer Stahlrahmen- und Wandplattenkonstruktion nicht mit den Vorschriften oder Bedürfnissen vereinbaren. So ist z.B. eine Spannbetonrahmenkonstruktion mit Betonfertigwänden oder liegend hergestellten Betonwänden und einem Betonpfannendach die vernünftigste Konstruktion aufgrund von Wetterbedingungen, Brandschutz, Sicherheit oder in manchen Gebieten auch aus Kostengründen. Diese Art der Konstruktion bietet zudem die besten ästhetischen Möglichkeiten und sichert normalerweise die bauliche Flexibilität, die für eine Erweiterung erforderlich ist.

Die Verwendung von Betonwandplatten mit einem Stahlrahmen oder einem Betonfertigrahmen ist möglicherweise genauso feuerfest und kostengünstiger. In manchen Gegenden, wie z. B. im Nordwesten der Vereinigten Staaten werden laminierte und behandelte Rotholzrahmen bevorzugt. Diese Konstruktion ist feuerfest und in diesen Gegenden häufig die kostengünstige. In jedem Fall ist nicht zu vergessen, daß einmal vergossener Beton schwer zu entfernen ist, und der Konstrukteur sollte stets um flexible, erweiterbare Konstruktionen bemüht sein.

17.4 Heizung, Belüftung und Klimatisierung

Die Regelung der internen Umgebungsbedingungen ist ein weiterer Faktor, der bei der Planung des Lagergebäudes zu berücksichtigen ist. Dies beinhaltet die richtige Auslegung hinsichtlich Heizen, Klimatisieren und Lüften (HKL-Anlagen), zur Schaffung eines angenehmen Raumklimas für das Personal. Auch ist dies bei der Lagerung von Kühl- bzw. Tiefkühlprodukten, gefährlichen und brennbaren Materialien und kontrollierten Substanzen zu berücksichtigen. Zusätzlich muß bei der Planung des Systems die allgemeine Sicherheit der Einrichtung mit einbezogen werden. Sicherheitsvorkehrungen gegen Diebstahl müssen getroffen und hochwertige Waren geschützt werden. Diese Erfordernisse variieren je nach den Bedürfnissen des Unternehmens und dem Standort der Anlage.

Betriebsstätten in warmen Regionen haben natürlich einen geringeren Heizbedarf als solche in kalten Regionen und hier ist der Wunsch nach Klimaanlagen groß. Bei der Auslegung von HKL-Anlagen sind die Investitions- und Betriebskosten, das Wohlbefinden des Personals sowie die Produktanforderungen mit zu berücksichtigen. Benötigt das Produkt geregelte Umgebungsbedingungen, steht dieser Faktor im Vordergrund, und das Personal wird demzufolge entweder davon profitieren oder sich beeinträchtigt fühlen.

Im allgemeinen sind Temperaturen von 10 bis 24 °C angenehm für Arbeiten in einem Lager und Temperaturen von 20 bis 24 °C für Bürotätigkeiten akzeptabel. Es ist allgemein bekannt, daß hohe Temperaturen am Arbeitsplatz die Produktivität verringern und daß sich eine Klimaanlage über eine Produktivitätssteigerung im Sommer amortisieren kann. Die Höhe der Amortisation hängt vom Klima und von der Größe der Belegschaft ab. Umgekehrt, kann – außer unter extrem kalten klimatischen Bedingungen – die Bereitstellung von warmer Kleidung für die Lagerarbeiter den Heizbedarf in den Lagerbereichen verringern. (Dies ist beim Kommissionieren normalerweise nicht der Fall.) Türheizkörper (häufig über Kopf angebrachte Heizstrahler) sind an den Empfangs- und Versandrampen in der Regel wünschenswert. Um gute Arbeitsleistungen zu erzielen, sollten die Büros stets auf 20 bis 23°C geheizt werden.

Was die Auslegung von Heizsystemen für Warenlager betrifft, gibt es verschiedene Auffassungen. Einige Konstrukteure bevorzugen Fußbodenheizungen mittels Strom, Dampf oder Heißwasser. Diese Methode ist theoretisch einwandfrei, doch ist der Einbau kostspielig und das Risiko der Beschädigung aufgrund des starken Gabelstaplerverkehrs groß. Eine weitere Art der Flächenheizung ist die Deckenheizung mittels Gas, Dampf oder elektrischen Heizkörpern über den Gängen und Arbeitsbereichen. Die Vorteile dieses Systems liegen darin, daß die Beheizung lokal erfolgt, die Heizkörper jederzeit umgesetzt werden können und der Betrieb häufig wirtschaftlicher ist. Nachteilig ist jedoch, die Temperaturschichtung, die zu hohen Temperaturen in Kopfhöhe und zu niedrigen im Fußbereich führen kann, was zu Unzufriedenheit führt. Flächenheizungen sind auf das Heizen begrenzt, und zum Kühlen und/oder Klimatisieren werden zusätzliche Systeme benötigt.

Die gebräuchlichste Methode für das Heizen und Belüften eines Warenlagers besteht im Einsatz von Konvektionsheizungen. Es gibt unterschiedliche Konvektionssysteme, wobei die Doppelzwecksysteme sowohl das Heizen als auch das Klimatisieren ermöglichen. Die Doppelzwecksysteme sind normalerweise entweder an mehreren Stellen am Boden installierte zentrale Einheiten mit großen Gebläsen zur Luftzirkulation oder an der Decke befestigte Einheiten. Manchmal sind an diese zentralen Einheiten Verteilungsleitungen angeschlossen, die die Luft in die verschiedenen Bereiche des Gebäudes befördern. Meistens ist dies bei den Deckensystemen der Fall. Viele dieser Einheiten sind mit Heißwasser- oder Dampfschlangen ausgestattet, die die Wärme von einem zentralen Boiler erhalten. Es gibt aber auch einzeln gasgefeuerte oder elektrisch geheizte Systeme. Die Wahl des Systems hängt von den lokalen Energiepreisen ab sowie von den Finanzierungskosten und Brandschutzüberlegungen. Werden Doppelzwecksysteme eingesetzt, ist das Klimagerät im System enthalten und dieselben Gebläse und Leitungen werden zum Kühlen benutzt.

Eine andere Beheizungsmethode für Warenlager basiert auf dem Einsatz zahlreicher, einzelner gas- oder dampfbeheizter Raumheizkörper. Diese werden in der Regel an der Decke über Gängen und Arbeitsbereichen montiert. Sie sind mit Gebläsen ausgestattet, können jedoch nicht zum Kühlen der Luft eingesetzt werden. Raumheizkörper lassen sich in zwei grundlegende Kategorien unterteilen. Der typische Raumheizkörper ist ein „Kasten“ mit einem Brenner bzw. einer Dampfheizschlange oder elektrischen Heizschlange vor einem Gebläse. Das Gerät ist mit regulierbaren Lamellen versehen, um die warme Luft auf den Boden zu richten. Die Temperatur wird über ein Thermostat auf der Arbeitsebene geregelt.

Die andere Art von Raumheizkörpern besteht in einem Mengenflußaggregat. Dieses ist in der Regel rund mit einem langsamen Gebläse versehen, das die Luft durch die Lamellen gerade nach unten bläst. Auch hier sind wieder verschiedene Wärmequellen möglich und die Temperaturen sind in der Regel beständiger.

Bei allen Konvektionssystemen wird Rückstromluft von außen eingesetzt, um einen erhöhten Umgebungsdruck zu gewährleisten, Verbrennungsluft in den Gasaggregaten bereitzustellen und die Zugluft zu reduzieren. Die Abluft der Gasaggregate wird ins Freie gelenkt. Aufgrund dieser Eigenschaften können derartige Geräte im Sommer auch Luftzirkulation ermöglichen, ohne daß geheizt oder klimatisiert wird.

Eine weitere Art von Heizsystemen besteht in der „Luftschleuse", die zwischen Gebäuden eingesetzt oder für Außentüren und Lastwagen- und Eisenbahnrampen verwendet werden kann. Diese Systeme, die in Kaufhäusern und Hoteleingangsbereichen üblich sind, erzeugen einen Saugzug-Luftvorhang an der Tür, um die Wärme im Winter und die klimatisierte Raumluft im Sommer abzuriegeln. Sie sind sehr effizient und im allgemeinen wirtschaftlich. Erfordert das Lagergut spezielle Umgebungsbedingungen, werden die Systeme normalerweise für diesen spezifischen Anwendungsfall ausgelegt. Die Kühllagerung läßt sich in der Regel in zwei Kategorien unterteilen. Gefrieranlagen arbeiten häufig bei -24 °C und Kühlanlagen bei 0 bis 10 °C, je nach Art der zu lagernden Ware. Derartige Einrichtungen werden häufig in Form von großen, nach außen isolierten Kühlräumen konstruiert, die sich im Hauptgebäude befinden oder aber als separates, für diesen Zweck errichtetes Gebäude. Sie sind stark isoliert, mit Spezialtüren und Sicherheitsvorrichtungen ausgestattet und üblicherweise mit Regalen versehen. Die Kühlanlagen arbeiten unabhängig von den HKL-Anlagen des restlichen Warenlagers.

Ein weiteres Spezialsegment einer Lagerstätte ist beispielsweise eine „Kühlanlage" für Agrarerzeugnisse oder Süßwaren. Diese wird in der Regel über ein separates Aggregat auf ca. 12 °C klimatisiert, ist mit einer Isolierung versehen und innerhalb der Lagerstätte untergebracht. In den meisten Fällen sind solche Anlagen mittels Isolierplatten und Dachisolierung vom Hauptwarenlager abgetrennt.

17.5 Beleuchtung

Der Beleuchtungsbedarf eines Warendistributionslagers variiert je nach den auszuübenden Tätigkeiten und den installierten Distributions- und Lagersystemen. Unbedingt erforderlich ist eine gute und wirtschaftliche Grundbeleuchtung, doch stellen die einzelnen Arbeitsplätze häufig spezielle Anforderungen. In konventionellen Warenlagern ist es üblich, flutlichtähnliche Lampen (Quecksilber-Halogen oder Hochdruck-Natrium) oder fluoreszierende Leuchtstoffröhren an der Decke zu montieren. Hierdurch erzielt man eine Lichtstärke von ca. 215 Lux auf der Arbeitsebene. Normalerweise ist dies ausreichend für sicheres Gehen und Fahren, Brandbekämpfung und Sicherheit. Die allgemeine Beleuchtung wird in stark befahreren Bereichen und an Arbeitsplätzen, an denen Dokumente zu lesen sind, durch zusätzliche Beleuchtungskörper ergänzt. Die Arbeitsplätze sind speziell nach den jeweiligen Anforderungen ausgestattet.

Teilweise wird jedoch auch die Meinung vertreten, daß in einem voll automatisierten Lager überhaupt keine Beleuchtung notwendig sei. Vom Standpunkt der Sicherheit und Wartung aus gesehen, ist dies normalerweise nicht zweckmäßig, und eine Notbeleuchtung ist generell vorgeschrieben.

Im Kommissionier-, Versand- und Wareneingangsbereich und in der Qualitätskontrolle, wo Dokumente und Aufkleber gelesen werden müssen, ist eine Lichtstärke von 753 bis 1.076 Lux in der Arbeitsebene erforderlich. Wenn für das manuelle Kommissionieren tiefe Regale (8 m und 12 m) benutzt werden, ist eine durchgängige Gangbeleuchtung erforderlich, damit alle Lagerplätze ausreichend beleuchtet sind. In solchen Fällen (meistens bei Etagen-Regalsystemen) werden Leuchtstoffröhren am oberen Ende der Regale zu beiden Seiten des Kommissionierganges installiert.

In Schmalgang-Hochregallagern, die mit Turmdreh-Gabelstaplern bedient werden, ist eine entsprechende Beleuchtung notwendig, damit die Paletten sicher gefaßt werden können. Gleichzeitig muß jedoch gewährleistet sein, daß die lichtstarke Deckenbeleuchtung in den kritischen oberen Bereichen beim Positionieren der Gabel nicht blendet. In diesen Fällen können an den lichtstarken Beleuchtungskörpern Blenden installiert oder gangzentrierte Leuchtstoffröhren angebracht werden.

In allen Fällen, in denen Regale oder andere Lagereinrichtungen benutzt werden, sollte die Beleuchtung zur Erzielung der höchsten Effizienz in einer Fluchtlinie mit den Gängen ausgerichtet sein. Die Beleuchtung sollte dem Layout entsprechend angeordnet und den spezifischen Anforderungen aller Lagertätigkeiten gerecht werden. Die Beleuchtungskörper können an Schienen montiert und somit bei Layoutänderungen leicht versetzt werden. Zur Ergänzung der Grundbeleuchtung ist auch häufig individuelle Beleuchtung notwendig. Beispiele hierfür sind Lampen, die an Dreharmen montiert, bei Entlade- oder Ladevorgängen das Innere des Containers ausleuchten; die automobilähnlichen Scheinwerfer, die meistens an den Gabelstaplern montiert sind, um die Sicht im Hochregal oder in tiefen Regalen zu verbessern sowie die Scheinwerfer an Kommissionierfahrzeugen für hohe Kommissioniermengen.

Ein weiterer Faktor, den es zu berücksichtigen gilt, ist die Steuerung der Beleuchtung in einem Lager. Die Verkabelung der Beleuchtung sollte in überlappenden Segmenten durchgeführt werden, um eine variable Ausbreitung und Lichtstärke sicherzustellen und Kosten sowie Wartungsprobleme, z.B. einer flexiblen Lichtstärkenregelung, zu vermeiden. In den meisten Warenlagern gibt es große Flächen, die nur wenig befahren werden, so daß eine starke Beleuchtung nur bei der Ein- und Auslagerung sowie beim Umsetzen der Waren zur Konsolidierung der Lagerflächen benötigt wird. In diesen Fällen kann eine Sicherheitsbeleuchtung mit geringer Lichtstärke installiert werden, die separat verkabelt ist und für Tätigkeiten, die mehr Licht erfordern, durch eine ferngesteuerte Zonenbeleuchtung ergänzt wird. Das Umschalten erfolgt von den Lagerfahrzeugen aus per Datenfunk, Infrarot oder Ultraschall. Ein garagentorähnlicher Schalter an jedem Gabelstapler kann mit einer Zeituhr oder einem Sensor, der das Verlassen des Lagerbereiches registriert, gekoppelt werden. Bewegungsmelder oder Infrarot-Detektoren können auch eingesetzt werden, um die Scheinwerfer für Videokamera-Überwachungssysteme zu steuern.

Die Außenbeleuchtung ist ein weiterer wesentlicher Teil des Systems. Bei Nachtarbeit müssen die Frachthöfe und Parkbereiche beleuchtet sein, zur Sicherheit des Personals und des Verkehrs. Eine Sicherheitsbeleuchtung auf dem Gelände und an den Gebäuden ist ein guter Schutz gegen Einbrüche und Vandalismus, insbesondere zusammen mit Infrarot-Bewegungsmeldern und Video-Überwachung. Die Systeme für Außenanlagen bestehen normalerweise aus flutlichtähnlichen Scheinwerfern, die an Masten oder Dächern montiert sind. Zusätzlich werden häufig dekorative Beleuchtungskörper angebracht, die nicht nur schön aussehen sondern auch die Sicherheit erhöhen.

17.6 Brandschutz

Der Brandschutz ist ein wesentlicher Faktor bei der Projektierung eines Warendistributionslagers. Im allgemeinen sind Sprinkleranlagen erforderlich, und Hochregallager müssen bestimmte Bedingungen erfüllen. Hochregallager mit über vier Metern Höhe mit brennbarer Handelsware oder Verpackungsmaterial benötigen beispielsweise Regalsprinkleranlagen. Für Blocklager mit ähnlichem Lagergut und einer Lagerhöhe von mehr als fünf Metern werden leistungsstarke, an der Decke montierte Sprinkleranlagen gefordert. Für schmale Gänge, leicht entzündliche Güter und große Lagerflächen sind wiederum andere Richtlinien zu beachten. Weiterhin gibt es spezifische Richtlinien für die Wasserversorgung und die Ventilsteuerung der Sprinkleranlagen, für Fluchtwege und deren Markierungen, für die Evakuierung über das Dach, für Brandschutzvorhänge, Brandschutzwände, usw. Alle diese Richtlinien sind bei der Konstruktion der Anlage zu berücksichtigen. Am besten ist es, einen Brandschutzfachmann zu Rate zu ziehen, um sicherzustellen, daß alle Richtlinien beachtet werden.

Ein weiterer Brandschutzfaktor ist die Auswahl der entsprechenden Gebäudestruktur. Eine reine Stahlkonstruktion hat bei einem Brand keine guten Überlebenschancen. Bei einem starken Brand schmilzt die Stahlkonstruktion, bricht über dem Lagerraum und dem Lagergut zusammen und setzt damit meistens die Sprinkleranlage außer Kraft. Spannbetonkonstruktionen sind am feuerbeständigsten. Die Betonkonstruktion nimmt zwar die Hitze auf, bricht jedoch nicht zusammen. Diese Konstruktion ist ebenfalls ein guter Schutz gegen Sabotage, Einbruch und mutwillige Beschädigungen.

Wie vorstehend erwähnt, sind richtig behandelte Holzkonstruktionen ebenfalls relativ widerstandsfähig gegen Feuer. Wenn diese Konstruktion mit einer guten Sprinkleranlage ausgerüstet ist, wird sie zwar verkohlen, aber mit hoher Wahrscheinlichkeit nicht wie eine Stahlkonstruktion zusammenbrechen. In allen Fällen ist bei Anlagen ohne Sprinkleranlage eine Katastrophe vorprogrammiert. In den meisten Gemeindeverordnungen ist festgelegt, daß eine geeignete, ausreichende Wasserversorgung durch eine flächendeckende Hydrantenverfügbarkeit sichergestellt ist. Ist dies nicht möglich, fordern Versicherungsgesellschaften und die Brandvorschriften Wassertürme, Bodentanks und Pumpen oder Brandschutzteiche mit Pumpen. Die Größe dieser Aggregate hängt von der Gebäudegröße, den lokalen Verordnungen und den Auflagen der Versicherungsgesellschaften ab. In kalten Regionen ist ebenfalls Gefrierschutz gefordert.

17.7 Lastwagenrampen und Vorfelder

Lastwagenrampen, Lastwagenvorfelder, Eisenbahnrampen und Bahnabstellgleise sind die Schnittstellen des Warenumschlags von Warendistributionszentren zur Außenwelt. Diese Bereiche sind häufig die lebhaftesten und innerhalb des Gesamtablaufs am schwierigsten zu handhaben. Auf den meisten Lastwagen- oder Eisenbahnrampen gibt es regen Verkehr mit Gabelstaplern und anderen Fahrzeugen, mit wahllos kreuzenden Fußgängern und dem schwer zu terminierenden An- und Abrollen der Speditionsfahrzeuge.

In Fällen, in denen die Waren mittels automatisch gelenkten Fahrzeugsystemen (AGVS) oder Schleppleinen auf die Laderampe befördert werden, ist das Materialflußschema aufgrund der festgelegten Konfiguration des Systems und dem von der Maschine vorgegeben Arbeitstempo klar festgelegt. Eine primäre Rolle bei der Terminierung von Versandaktivitäten spielt jedoch, nach welchem Muster der Kunde Aufträge abruft und ob der Spediteur in der Lage ist, die Ankunft und Beladung der Lastwagen genau zu terminieren. Aufgrund dieser Situation steht bei der Projektierung von Laderampen für Lastwagen und Schienenfahrzeuge sowie von Lastwagenvorfeldern und Abstellgleisen die Flexibilität an höchster Stelle. Bei der Projektierung von Warenannahmestellen tauchen dieselben Fragen in umgekehrter Form auf. Hier werden der Arbeitsplan und das Materialflußschema dadurch vorgegeben, in welchen Abständen die Fahrzeuge ankommen. Ein weiterer Faktor, der eine flexible Konstruktion von Versand- und Annahmerampen fordert, ist die stets variierende Größe der ankommenden Lastwagen, Hänger und Schienenwagen. Herkömmliche Lastkraftwagen variieren in Länge und Breite mit Dachhöhen von 24 bis 60 Inch (ca. 0,6 – 1,5 m). Sattelschlepper variieren in der Breite von 96 bis 102 Inch (ca. 2,4 – 2,6 m), in der Länge von 20 bis 45 Fuß (ca. 6 – 13,5 m) und in der Dachhöhe von 36 bis 60 Inch (ca. 0,9 – 1,5 m) oder höher bei Tiefladern für den Containertransport. Die Lastwagenrampen müssen entweder speziell für einen bestimmten Fahrzeugtyp ausgelegt werden oder in ihrer Bauweise so flexibel sein, daß sie für die meisten Fahrzeugtypen geeignet sind.

Was die Eisenbahnrampen betrifft, so variieren die Güterwaggons in der Länge von 40 bis 90 Fuß (ca.12 – 27 m) und in der Anordnung der Türen. Gefederte Wagen erweisen sich als instabil, wenn sie mit Gabelstaplern befahren werden. Aus diesem Grund ist es fast nicht möglich, eine universell kompatible Türanordnung zu finden. Bei Außentüren sind Abstände von 50 Fuß (ca. 15 m) üblich, so daß der Zug bei Be- und Entladen bewegt werden muß. In Neubauten und kalten Regionen werden die Rampen zweckmäßigerweise im Gebäude untergebracht. Bei innenliegenden Abstellgleisen werden an den Schienen montierte Rampen oder bewegliche Brückenplatten eingesetzt. Abbildung 17.1 zeigt den Schnitt durch eine solche Eisenbahnrampe.

Bei der Auslegung von Lastwagenrampen können die unterschiedlichen Wagenhöhen durch eine Vielzahl von Konstruktionen ausgeglichen werden. So können die Hinterräder von sehr niedrigen Fahrzeugen beispielsweise durch Rampen oder Böcke oder eine hydraulische Hebevorrichtung erhöht werden. Rampen sind normalerweise keine besonders gute Lösung und werden

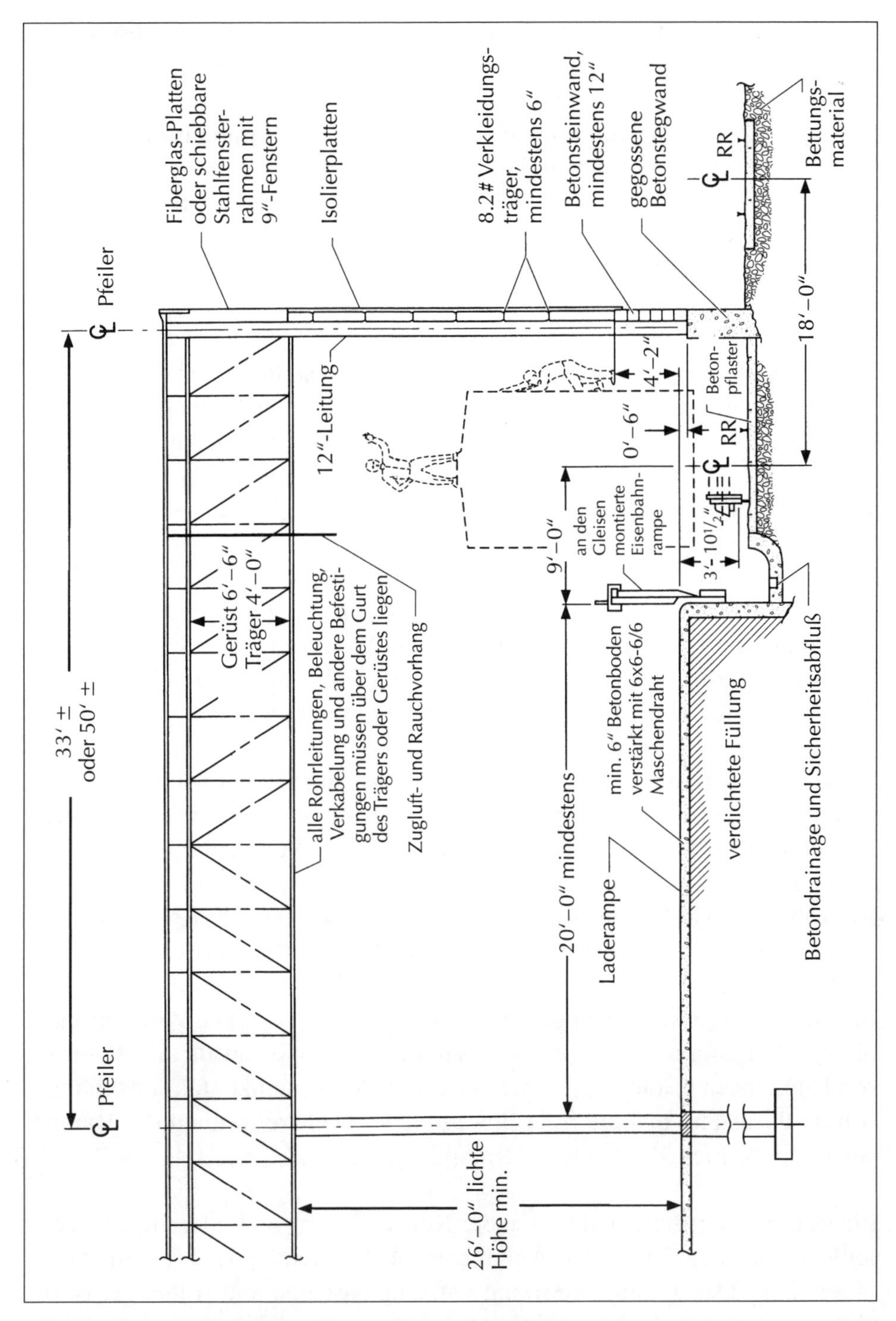

Abbildung 17.1: Ein typisches, innenliegendes Abstellgleis mit beweglicher Rampe und Sicherheitsgraben

nur dann eingesetzt, wenn die Fahrzeugtypen kontinuierlich wechseln. Hydraulische Hebevorrichtungen bieten eine größere Flexibilität. In den meisten Fällen liegen die Dachhöhen bei Sattelschleppern zwischen 48 bis 60 Inch (ca. 1,2 – 1,5 m) und können durch fest an der Rampe installierte Niveau-Ausgleichsvorrichtungen kompensiert werden. Falls ein großer Anteil der Lastwagen niedrige Dachhöhen von 36 Inch (ca. 0,9 m) aufweist, können einige Rampen mit erhöhten Außenrampen versehen werden, damit die Dachhöhe des LKW's an den Boden des Lagerhauses an die Niveau-Ausgleichsvorrichtung angepaßt wird.

In den meisten Fällen entspricht die mittlere Einstellung der Niveau-Ausgleichvorrichtung von Rampen einer Rampenhöhe von 51 Inch (ca. 1,4 m). Die meisten Niveau-Ausgleichsvorrichtungen variieren von 9 in unter bis 12 Inch (ca. 0,2–0,3 m) über Bodenniveau des Warenlagers. Wird die Rampe mit einer Höhe von 48 Inch (ca. 1,2 m) ausgelegt und eine Ausgleichsvorrichtung wie in Abbildung 17.2 eingesetzt, kann die gesamte Palette an beweglichen, zweiachsigen Hängern und LKWs mit einem geneigten Vorfeld bedient werden. Ein richtig situierter Regenwasserabfluß minimiert die Eisbildung und Überflutung. Außerdem kann ein Wetterschutz bzw. Dach installiert werden, zum Schutz von Personal und Ware und um den Verlust von Wärme oder Kühlluft aus dem Warenlager zu minimieren.

Moderne Laderampen verfügen normalerweise über Vorrichtungen zum Niveauausgleich mit Gegengewichten und Sperren, die eine sichere Be- und Entladung durch Gabelstapler ermöglichen. Diese Vorrichtungen enthalten in der Regel auch eingebaute Sicherheitseinrichtungen, die bei einem unkontrollierten Entfernen des Fahrzeugs ein Absenken der Rampe verhindern. Während des Befahrens beim Be- und Entladen durch den Gabelstapler, hakt sich die Rampensicherung beim Anhänger an die Stoßfänger (ICC Bumper) ein, damit der Hänger in Position gehalten wird. Die Vorrichtungen für den Niveauausgleich werden zusammen mit Sperren für das Kreuzen von Fahrzeugen installiert. Sie gewährleisten den Bodenkontakt unabhängig vom Ladezustand und die freie Bewegung von Fahrzeugen auf der Rampe, auch wenn keine LKW's auf der Rampe stehen.

Ein weiterer, kritischer Faktor bei der Konstruktion von Laderampen ist der seitliche Platzbearf. Moderne Anhänger sind bis zu ca. 2,55 m breit und bis zu 14,8 m lang. Das gesamte Gespann von Zugmaschine und Anhänger ist oft bis zu 22 m lang und kann in Zukunft bei Bedarf noch länger werden. Diese Abmessungen, verbunden mit der Tatsache, daß Lastkraftwagen oder Hän-

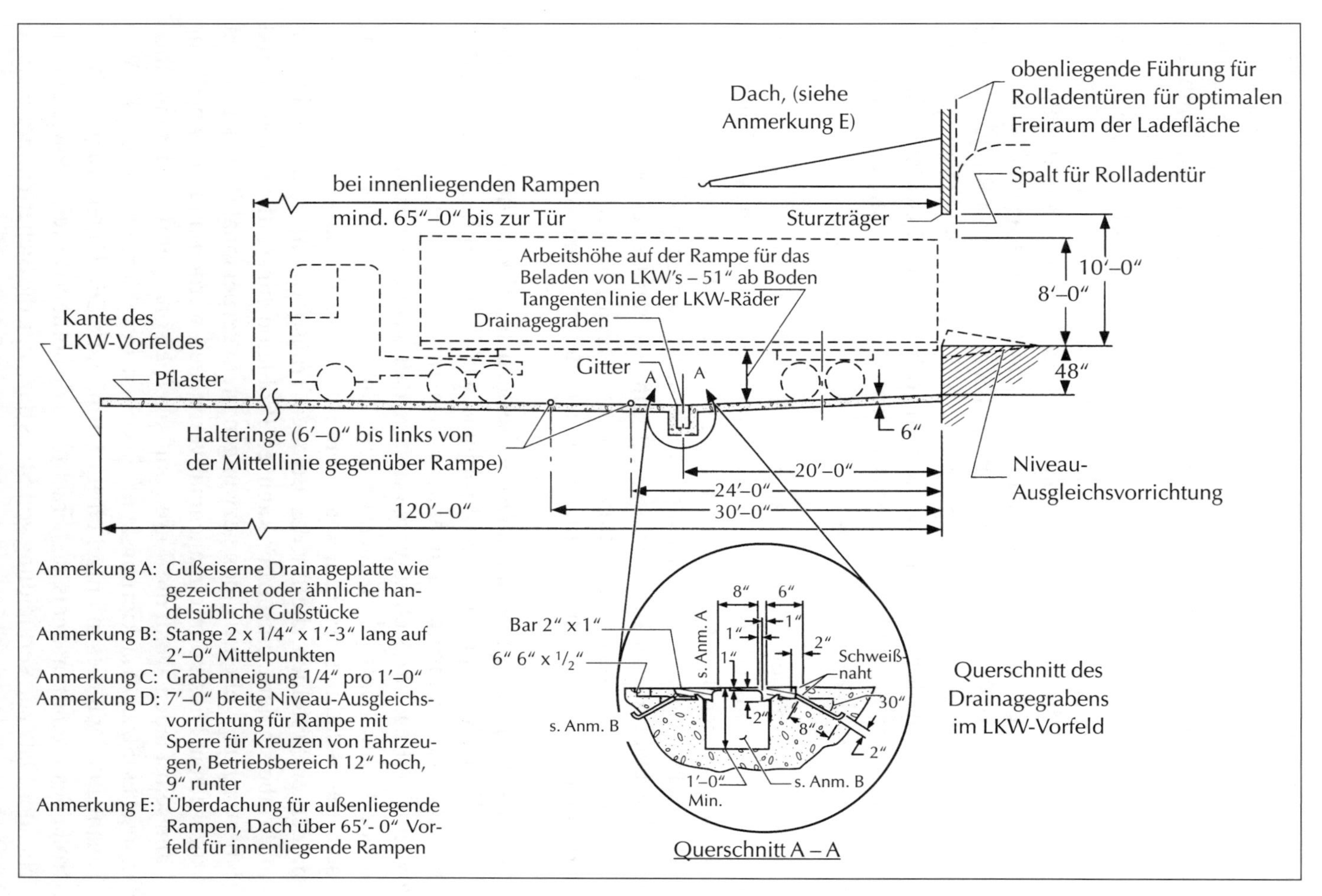

Abbildung 17.2: Eine Universalrampenkonstruktion für bewegliche, zweiachsige Sattelschlepper und andere Lastkraftwagen

ger beim Rangieren bis zu zwei Metern ausscheren, führen bei zu geringer Platzdimensionierung zu gefährlichen und arbeits- bzw. zeitaufwendigen Rangiermanövern. Zusätzlich besteht Platzbedarf zwischen den Laderampen für die Inspektion, für Reservepaletten und häufig auch für Computer-Terminals oder Lesestationen für die Strichmarkierungen (Barcode). Wenn Transportbänder in Kombination mit Gabelstaplern zum Beladen Verwendung finden, entsteht zusätzlicher Platzbedarf zwischen den Rampen für das Personal und die Gabelstapler. Abhängig vom Ladegut, kann der Platzbedarf von Rampe zu Rampe ca. fünf Meter und mehr betragen. Dies ermöglicht bessere Arbeitsbedingungen auf der Rampe, leichteres Rangieren und leichteres Öffnen der Ladeklappen der Anhänger. Falls erforderlich, ist dann auch Platz für Treppen und Leitern vorhanden und zwischen den Laderampen eine Luke für die Fahrer, um Prüfungen der Ladungen, Frachtpapiere oder Sonderlieferungen abzuwickeln.

Das Vorfeld vor dem Fahrzeug ist ein weiteres Element, das beim Entwurf von Ladesystem und Gebäude zu beachten ist. Der Abstand zwischen Laderampe und nächster Begrenzung sollte mindestens 40 m betragen, damit es keine Schwierigkeiten beim Einschwenken, Auffahren und Kreuzen gibt. Die Vorfelder sollten auch so ausgelegt sein, daß der Fahrer beim gezielten Zurücksetzen in einer Linkskurve eine gute Sicht behält. Abbildung 17.3 zeigt eine gute räumliche Planung für eine Laderampe mit Vorfeld.

Die Sicherheit von Laderampen ist ein zusätzlicher Faktor, der bedacht sein muß. An Laderampen können Probleme wie Fehllieferungen, Diebstähle bei der Warenannahme und andere Sicherheitsprobleme auftreten. Die wichtigste Regel ist, sich zu vergewissern, daß das Lagerpersonal die abgehende Fracht kontrolliert und vor dem Unterschreiben des Lieferscheins oder der Beladung des Fahrzeugs eine sorgfältige Prüfung vornimmt. Bei modernen Systemen, die für das Beladen Transportbänder in Verbindung mit Gabelstaplern einsetzen, kann es Probleme hinsichtlich Kosten und Überwachung geben, da man gezwungen ist, Lagerpersonal für das Beladen einzusetzen. Dies könnte manchmal vermieden werden und der Spediteur kann selbst laden, wenn die Ware vom Lagerpersonal geprüft oder ein automatisches Strich-Markierungskontrollsystem installiert wird. Für die Warenannahme gilt dies in umgekehrter Form. In beiden Fällen trägt die Kontrolle des Fremdpersonals, der Fracht und des Frachtverkehrs sowie ausreichender Platz zur Vermeidung von Staus dazu bei, die Sicherheit der Rampe zu wahren.

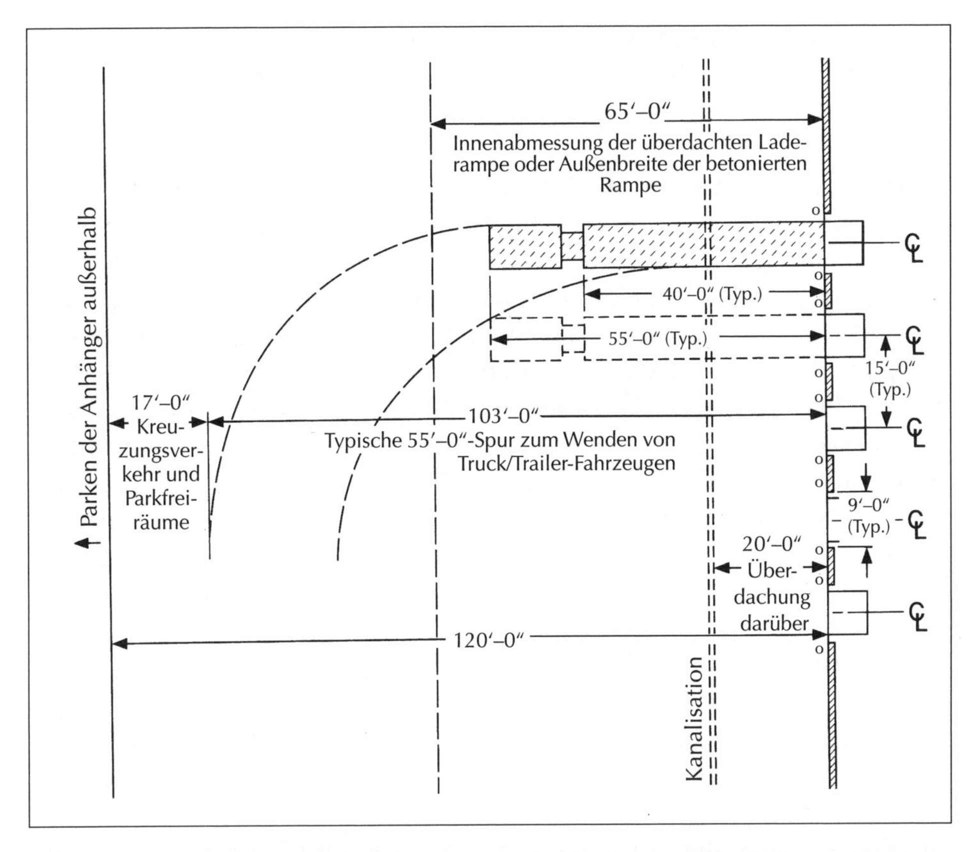

Abbildung 17.3: Layout einer flexiblen LKW-Fahrbahn mit ausreichend Platz an der Laderampe und entsprechendem Freiraum für das Abstellen einer Zugmaschine mit einseitig schwenkbarem Anhänger. *(Mit freundlicher Genehmigung der Sims Consulting Group, Inc.)*

17.8 Parken

Das Parken ist zu einem der wichtigsten Punkte des Bebauungsplans bei der Projektierung von Lagerhäusern, Industrieanlagen, Einkaufszentren und Wohngebieten geworden. In den meisten Gemeinden und Industrieparks wird das Parken weg von der Straße gefordert. In einigen Situationen, bei begrenzter Baugrundverfügbarkeit oder hohen Grundstückskosten, sahen sich Firmen veranlaßt, Parkhäuser für ihre Mitarbeiter zu bauen. Zusätzlich benötigen Industrieanlagen Parkplätze für Fernlastzüge und wartende Lastkraftwagen. Im einigen Fällen werden die Parkhäuser über dem LKW-Ladedock gebaut, um Luftrechte zu nutzen und Boden zu erhalten. Es gibt einige Faustregeln, die auf die Definition des Parkplatzbedarfs angewendet werden können; das Problem wird jedoch am besten durch Anwendung des gesunden Menschenverstands im Verkehrsbau und die Übereinstimmung mit den örtlichen Bauvorschriften gelöst.

Ganz gleich, ob ein neues Werk (oder eine modernisierte Industrieanlage) für den Ein-, Zwei- oder Dreischichtbetrieb geplant wird, die Formel zur Berechnung der Mindestzahl von Mitarbeiterparkplätzen sollte mehr konservativ als vorausschauend sein. Im Falle eines Mehrschichtbetriebs mit überlappenden Zeiten von Schichtbeginn und Schichtende müssen Mitarbeiterparkplätze für zwei Schichten zur Verfügung stehen. Die erforderliche Anzahl von Plätzen soll auf der Basis der prognostizierten Gesamtmitarbeiterzahl bei voller Besetzung aller Stellen bestimmt werden. Die endgültig definierte Parkplatzkapazität muß eine Funktion der Belegschaftszahl, Schichtpläne, Verfügbarkeit von öffentlichen Verkehrmitteln, der demographischen Daten des Gebiets, in dem das Werk liegt, sowie der von der örtlichen Regierung und/oder der Industrieparkleitung in Kraft gesetzten Bauregeln oder -gesetze sein. Der Platz pro Fahrzeug, die Straßenbreiten, Anbindungen an Fernstrassen, Abstände von Gebäuden und benachbarten Landstraßen und Verkehrkontrollmethoden sind häufig in den örtlichen Baugesetzen oder Vorschriften des Industrieparks festgelegt. In einigen Fällen ist auch die zulässige Sichtbarkeit der Parkfläche von der Straße aus spezifiziert.

Die Konfiguration des Hofs oder der Parkfläche für LKWs wurde in einem vorhergehenden Paragraphen beschrieben. Die Beziehung zwischen der PKW-Parkfläche zur Einfahrt und Ausfahrt des LKW-Hofs ist jedoch ein kritischer Punkt der Verkehrssicherheit. Wenn die Fabrik an einer stark befahrenen innerstädtischen oder Fernstraße liegt, ist es wichtig, eine Abbremsspur sowohl für PKW's als auch für LKWs, die auf das Werksgelände fahren, vorzusehen. Es ist auch wünschenswert, eine Verkehrsregelung in Form einer Ampel auf jeder Seite für die Nutzung während der Schichtwechselzeiten anzubringen. Die LKW-Einfahrt sollte „stromaufwärts" von der LKW-Ausfahrt liegen, die Einfahrts- und Ausfahrts-Kurvenschnitte für LKW sollten so weit wie möglich „stromabwärts" von den Ein- und Ausfahrten für PKW entfernt sein, damit man beim Einfahren auf den PKW-Parkplatz oder den LKW-Hof nicht an einem LWK vorbeifahren muß.

Aus Sicherheits- und Brandschutzgründen sollten die Wagen der Mitarbeiter nicht näher als 50 Fuß zu Mauern von Gebäuden oder Einfahrten geparkt werden. Dies wird dazu beitragen, Diebstähle zu verhindern und sichert gleichzeitig entsprechende Feuerwehrzufahrten. Die Mitarbeiterparkplätze sollten auch innerhalb der Sicherheitsumzäunung des Werksgeländes liegen. Besucherparkplätze können auf einer begrenzten Fläche in der Nähe des Gebäudeeingangs entstehen, jedoch auch wegen der gleichen Sicherheitsgründe und der Feuerwehrzufahrten weit genug entfernt von diesem.

17.9 Büros

Büros sind ein integraler Bestandteil jeder Lagerhaus- und physischen Verteileranlage.Wenn dieser Arbeitsschritt Teil einer Produktionsanlage ist, sind die Büroanforderungen in der Regel auf die Unterstützung der Überwachung und die Dokumentation der Arbeitsgänge der Lagerhaltung begrenzt. Handelt es sich um eine freistehende Verteileranlage oder den Betrieb eines öffentlichen Lagerhauses, werden sich die Anforderungen erweitern und die Gesamtleitung, Personalverwaltung, Buchführung, den Vertrieb und andere leitungsunterstützende Funktionen einschließen. Dies beinhaltet die Dokumentation der Empfangs- und Inspektionstätigkeiten, die Bearbeitung von Bestandsaufzeichnungen Aufträgen, die Dokumentation des Versands, das Verkehrsmanagement, die Sicherheit, die Laborkontrolle und das Management der Wartung und Instandhaltung.

Die Büroanforderungen für diese Tätigkeiten unterscheiden sich deutlich, wenn man manuelle und computergestützte Betriebsabläufe vergleicht. Da Tischcomputer und andere Kleincomputer überwiegend eingesetzt werden, gehen wir hier davon aus, daß diese Arbeitsgänge computergestützt ausgeführt werden, und alle Betrachtungen zum Platzbedarf beruhen auf dieser Annahme. Manuelle Arbeitsgänge erfordern in der Regel viel mehr Platz.

Die Projektierung der Lagerhausleitung und der Verwaltungsbüros bei computergestütztem Betrieb hängen vom Typ des Lagerhauses und der Anzahl der Transaktionen des Systems ab. Obwohl ein Trend zu „papierlosen" Transaktionen besteht und die Dateneingabe über Strichcode die Betätigung von Tasten am Computer ausschließt, ist es in der Regel doch noch erforderlich, Frachtbriefe und andere Papierdokumente bei Empfangs- und Versandarbeitsgängen in den Computer einzugeben. Die Strichcode-Stationen an den Empfangs- und Versanddocks können auch genutzt werden, um Strichcodes von Verpackungen und Dokumenten zu entfernen und direkte Dateneingaben in das EDV-System vorzunehmen. Diese Stationen sind in der Regel mit einem Computerterminal und einem Drucker ausgestattet, um Dokumente und Dateien auf den Bildschirm zu bringen sowie Arbeitsdokumente, Frachtbriefe und Empfangsbestätigungn zu erstellen. Es ist auch dann, wenn das System hochmechanisiert ist, notwendig, für Tätigkeiten der Zusamenstellung von Aufträgen mit Papier zu arbeiten. Wenn die Arbeitsauslastung die Leistungsfähigkeit eines Großrechners mit mehreren Terminals erfordert, um die Erstellung von Empfangsdokumenten und die Verwaltung der Bestandsdaten zu bewältigen, wird das Büro wahrscheinlich in der Art eines „Bullenlaufstalls" konzipiert. Sind nur relativ wenig Transaktionen involviert, so kann ein einziger Hochleistungstischrechner ausreichen. Der Platzbedarf der Büros ist daher eine Funktion der Anzahl der Transaktionen und der Anzahl der Arbeitsplätze, die für die Dokumentebearbeitung benötigt werden. Der Platzbedarf für die Arbeitsplätze variiert zwischen 36 bis 100 Fuß^2 pro Person in Abhängigkeit von ihrer Anordnung und den Typ der verwendeten Möbel und Ausrüstungen.

In mechanisierten Lagerhäusern besteht auch Bedarf für ein zentrales computergestütztes Prozeßleitsystem. Eine solche Anlage kann eine oder mehrere automatisierte Lager-/Entnahmemaschinen, ein Förderbandnetzwerk, AGVS-Arbeitsgänge, das Zusammenstellen von Aufträgen und den Informationsfluß durch das System steuern. Die gleiche Leitzentrale hat auch Platz für einen Dispatcher sowie die Basisstation einer Duplex-Funkanlage für die Leitung des Gabelstaplerverkehrs und die Überwachungskommunikation und zusätzlich ein Lautsprechersystem zum Dirigieren der LKWs im Hof und an den Rampen. Der Dispatcher sollte durch ein Fenster einen direkten visuellen Zugang zum LKW-Umschlagplatz plus Fernsehüberwachung sowohl des LKW-Umschlagplatzes als auch der Arbeitsabläufe im Lagerhaus, mit geschlossenen Kreis, haben. Diese Arbeitsfläche kann auch die Leitzentrale für das Sicherheitssystem sein. In vielen Fällen werden diese Anlagen in einem Zwischengeschoß über dem Versanddock, mit Fenstern zum LKW-Umschlagplatz und in das Innere des Lagerhauses angeordnet.

Zusätzlich zu den Dokumentationsflächen werden die meisten Lagerhäuser mindestens ein Privatbüro für den Lagerhausmanager und oft noch mehrere für Vorarbeiter oder Aufsichtspersonal besitzen. Es ist auch erforderlich, daß die LKW-Fahrer Zugang zum Büropersonal über ein Rundfenster für die Aushändigung der Transportdokumente haben. In vielen Fällen gibt es einen Kontrollraum für die Sicherheitsüberwachung mit Fernsehmonitoren am Verladedock oder im Pförtnerhaus. Das Layout eines typischen Lagerhausbüros am Ladedock ist in Abbildung 17.4 gezeigt.

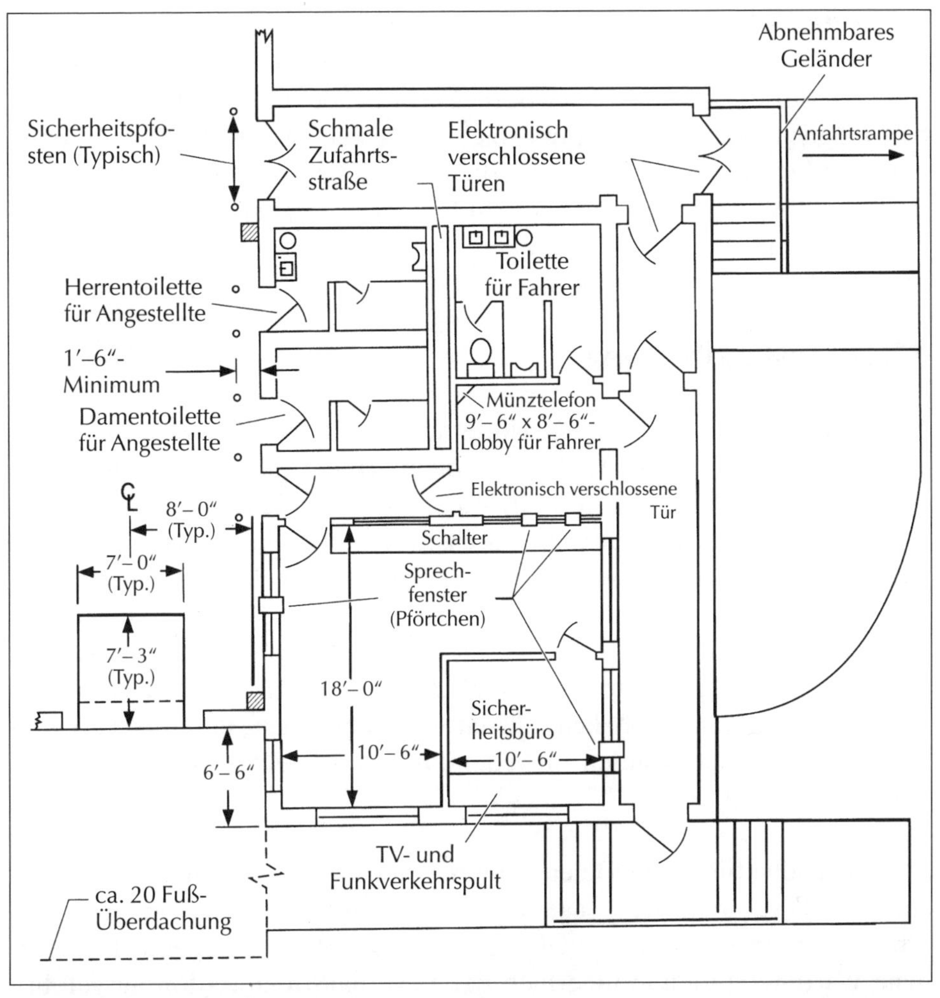

Abbildung17.4: Typische Anordnung eines Lagerhausbüros mit kontrollierten Zugang für Fahrer und Sicherheitsüberwachung *(Mit freundlicher Genehmigung der Sims Consulting Group, Inc.)*

In Situationen, in denen ein großer Bedarf an Büroarbeitsplätzen besteht oder in einem freistehenden Lagerhaus, in dem noch andere Büros für Führungskräfte benötigt werden, ist es übliche Praxis, ein Zwischengeschoß über dem LKW-Ladedock anzuordnen. Wie bereits oben gesagt, können das Computercenter und der Dispatcher im Zwischengeschoß untergebracht werden. Es ist auch ein guter Standort für das Büro des Lagerhausleiters und Dienstleistungsräume für das Personal, wie z.B. Pausenräume, Umkleideräume, Duschen und Konferenz- oder Schulungsräume.

Die lichten Höhen unter dem Zwischengeschoß können ohne Behinderung der Arbeitsabläufe beim Versand- und beim Beladen der LKWs bis auf ca. 15 Fuß reduziert werden. Unter Berücksichtigung der Gesetze für gleiche Arbeitsmöglichkeiten erfordert ein solches Büro einen Lift für Körperbehinderte, und die meisten Brandschutzbestimmungen fordern zwei Ausgangstreppenhäuser zum Hauptgeschoß. In Übereinstimmung mit den Baugesetzen sind auch Toiletten vorgesehen.

17.10 Instandhaltung

Die Instandhaltung ist einer der Hauptfaktoren bei der Projektierung eines Lagerhauses. Das Gebäude sollte so projektiert sein, daß es ein Minimum an Aufwand für die Instandhaltung erfordert. Obwohl alle Bauteile Sorgfalt erfordern, sind die Fußböden die kritischste Komponente des Gebäudes. Bei den meisten der Lagerhäuser wird die Instandhaltung des Gebäudes entweder durch eine für alle Anlagen der Firma zuständige Bau- und Instandhaltungsabteilung oder durch eine Fremdfirma auf Vertragsbasis ausgeführt. Die Instandhaltung der Fußböden umfaßt das periodische Scheuern, Versiegeln und Abziehen. Zusätzlich müssen Risse überwacht und repariert werden. Pförtnerdienste können entweder durch Angestellte oder auf Vertragsbasis geleistet werden.

Die Instandhaltung von Beleuchtungs-, Heizungs- Klimaanlagen, Gabelstaplern, Förderbändern, Lager-/Entnahmemaschinen oder anderen Maschinen für die Materialhandhabung wird in der Regel durch eine firmeneigene Wartungsabteilung innerhalb der Lagerhausorganisation ausgeführt. Diese Regelung erfordert eine Werkstattfläche und, wenn elektrisch betriebene Fahrzeuge eingesetzt werden, eine Batterieladestation. Diese muß richtig belüftet und in Übereinstimmung mit den OSHA-Vorschriften ausgelegt sein. Sind Ausrüstungen mit Verbrennungsmotoren im Einsatz, so wird auch eine. Treibstoff-Servicestation benötigt. Dies erfordert die Außenlagerung von Propan und/oder Benzin.

Die Ausweitung der Wartung/Instandhaltung ist Gegenstand der Leitungspolitik. Die umfassende interne Instandhaltung von mechanischen und elektrischen Ausrüstungen erfordert gut ausgebildetes Personal, umfangreiche Werkstattanlagen und Ersatzteillager. Eine solche Tätigkeit ist nicht generell kompatibel mit einem freistehenden Lagerhaus oder dem physischen Verteilungsprozess. Dies kann eine gute Praxis für ein Lagerhaus sein, das Teil eines Produktionsbetriebes ist, in dem schon umfangreiche Instandhaltungskapazitäten vorhanden sind.

In einem freistehenden Lagerhaus ist der Instandhaltungsbetrieb in der Regel auf eine „Erste Hilfe“-Wartung begrenzt. Diese umfaßt die Kraftstoffversorgung, Ölwechsel, das Laden von Batterien, prophylaktische Wartungsarbeiten, Störungsbeseitigung, Reifendienst, Wartung von Förderbändern und Durchführung von Umweltschutzmaßnahmen. Alle Generalreparaturen, Überholungen, Betriebsstörungen oder Änderungen an Ausrüstungen würden normalerweise von einer Fremdfirma auf Vertragsbasis durchgeführt, die benötigten Maschinen entweder beigestellt oder von der Vertragsfirma geleast.

Es ist in jedem Fall wünschenswert, ein solides und strikt durchgesetztes präventives Wartungsprogramm aufzustellen. Die Bediener von Fahrzeugen und Ausrüstungen müssen so ausgebildet sein, daß sie jede Fehlfunktion ihrer Ausrüstung oder ein beliebiges Bauproblem erkennen, darauf reagieren und melden. Diese Schulung sollte Teil eines festen Sicherheitsschulungsprogramms sein. Zusätzlich sollen regelmässige Inspektionen das Ersetzen von Teilen vor ihrem Ausfall und Serviceaufzeichnungen genutzt werden, um Ausfälle vorauszusehen und sie zu verhüten. Dies ist zwar eine teure Form der Betriebssicherung, sie kann aber in einigen Fällen gerechfertigt sein, in denen lange Standzeiten zum Problem werden, wenn Ersatzteile beschafft oder Serviceleistungen benötigt werden.

17.11 Zusammenfassung

Das Lagerhaus oder die physische Verteileranlage ist die physische Manifestation der Marketing- und Verteilerpolitik. Sie sind die physische Antwort auf die Lagerhaltungspolitik und die Marketingpraktiken der Leitung eines Unternehmens oder einer Institution. Ihre Projektierung und Systemkonfiguration müssen die Ziele und die Politik der Leitung widerspiegeln. Sie müssen auch mit den Vorschriften der Regierung und den Einschränkungen, die von der Gemeinde vorgegeben werden, im Einklang stehen. Die Planung der Anlage soll die Bedürfnisse des Vertriebs- und Versandsystems in einer Weise erfüllen, daß Kunden zufriedengestellt und die Betriebskosten minimiert werden. Diese Betriebskosten schließen die Amortisation der Investitionen, die Instandhaltung der Anlage, den Betrieb der Ausrüstungen und die Nutzung von Arbeitskräften ein. Die zufriedenstellende Leistung und

Langlebigkeit der Anlage, ihr Standort und ihre Anordnung auf dem Gelände, ihre Ausrüstung und Wartung und ihr Einfluß auf die Arbeitmoral und die Leistung der Mitarbeiter – all dies sind Faktoren für eine gewinnbringende Geschäftstätigkeit.

Das Betreiben des Lagerhauses und die Verteilung sind kostenwirksame Leistungen. Alle Einsparungen sind eine direkte Verbesserung des Gewinns ohne Auswirkung auf die Produktfertigung oder die Produktionskosten. Ungeeignete Anlagen können jedoch unproduktive Kosten und einen ungünstigen Einfluß auf den Kundenservice und die Effektivität des Marketing verursachen. Die Verteileranlage ist ein Schüsselfaktor für die erfolgreiche Geschäftstätigkeit des Unternehmens!

18 Personalplanung

ALEXANDER KEENEY JR.
Manager, Industrial Engineering
Random House, Inc.

18.1 Arbeitsnormen

In der Personalplanung eines Distributionszentrums ist es notwendig, Standards für die durchzuführenden Aufgaben und den für jede Aufgabe erforderlichen Zeitaufwand zu identifizieren und festzulegen. Dies schließt alle Funktionen ein, von der Warenannahme bis hin zum Versand. Wenn die Aktivitäten in der Größe zunehmen, können die Standards einer Abteilung oder eine Aktivität vervielfältigt bzw. komplexer werden, jedoch bilden bestimmte Standards die Grundlagen für alle Aktivitäten des Zentrums.

Das Distributionszentrum kann jede der allgemeinen Funktionen erfüllen, zum Beispiel: ein einzelnes Produkt an viele Verkaufsstellen verteilen; viele unterschiedliche Produkte handhaben, die an Verkaufsstellen zu befördern sind; Produkte in neue Verkaufspakete für Endkunden zusammenstellen und direkte Kundenaufträge bearbeiten.

Um diesen Zweck zu erfüllen, gibt es 11 Grundfunktionen, die in einem Distributionszentrum durchgeführt werden müssen, um eine zufriedenstellende Kontrolle durch das Management zu erzielen. Diese identifizierten Funktionen lauten wie folgt:

1. Warenannahme
2. Inspektion
3. Kontrolle des Inventars
4. Lagerung
5. Wiederauffüllen
6. Bearbeiten
7. Kommissionierung
8. Überprüfen
9. Verpacken und Markieren
10. Bereitstellen und Zusammenstellen
11. Versand

Bei der Diskussion der notwendigen Aufzeichnungen in einem Distributionszentrum werden in diesem Kapitel die Funktionen für ein manuelles System behandelt. Der Leser sollte beachten, daß die Aufnahme, Aufzeichnung und Übertragung von Daten auch unter Verwendung einer elektronischen Tastatur sowie durch feste oder Handscanner geschehen kann.

Wenn die Lieferanten, die Waren an das Distributionszentrum senden, keine Barcode-Daten mitliefern, sind diese im Annahmebereich herzustellen und an den Behältern oder Waren anzubringen. Dieses Vorgehen bei der Annahme stellt sicher, daß die Waren, die durch das Distributionszentrum gehen bzw. herausgehen, intern identifiziert und quantifiziert werden können. Im folgenden werden die Pflichten der Angestellten für jede der 11 Grundfunktionen erörtert.

18.1.1 Funktionen des Distributionszentrums

Warenannahme

Die Hauptaufgabe des Annahmepersonals ist es, das ankommende Material abzuladen, zu zählen und jegliche Mengenüberschreitung, Fehlmengen oder Beschädigungen auf dem Wareneingangsschein sowie auf der Kopie des Frachtbriefs für den Fahrer zu vermerken. Des weiteren hat das Personal der Warenannahme auf einem Annahmeformular den Namen und die Anschrift des Lieferanten, das Datum, den Namen des erhaltenen Artikels, die Teilenummer, die erhaltene Menge, den Auftrag, Diskrepanzen bei der Menge und/oder Aufzeichnung eines eventuellen Schadens zu vermerken. Einkaufs- und Inventarkontrolle erhalten Dokumente dieser Wareneingänge.

Beim aktuellen Stand der Technik in der Warenannahme werden einscannbare Etiketten mit Barcode-Daten (wie in Abbildung 18.1 gezeigt) für eingehende Produkte verwendet. Wenn sich noch kein Etikett auf dem Produkt befindet, so ist dieses im Annahmebereich herzustellen, damit der Behälter oder die Palette beim Transport innerhalb des Distributionszentrums gescannt werden kann.

Inspektion

Das Ziel der Inspektion ist es, zu bestimmen, ob das Produkt den Spezifikationen und den Anforderungen gemäß den Zeichnungen laut Auftrag entspricht. Es werden vom Überprüfer Dokumente vorbereitet, um die Einkaufs- und Inventarkontrolle vom Zustand des Materials zu benachrichtigen. Einige Unternehmen haben die Inspektion beim Eingang ins Lager durch eine Außenabnahme ersetzt. Jedoch sollte eine Stichprobe des Inventars immer noch bei der Auftragserfüllung durchgeführt werden, um interne Schäden aufzudecken.

Das Ausmaß der Inspektion hängt von den Methoden und der Häufigkeit der Handhabung der Waren im Distributionszentrum ab. Ein weiteres Kriterium dafür, wo und wie oft eine Inspektion durchzuführen ist, stellt die Eingangsinformation des Kundendiensts dar.

Die Inspektion sollte nur stichprobenmäßig die Aktivität des Distributionszentrums überprüfen. Wenn häufigere und umfassendere Inspektionen notwendig werden, muß das Management neue Lieferanten und/oder die für die Defekte verantwortliche Aktivität bzw. den verantwortlichen Angestellten ausfindig machen.

Inventarkontrolle

Die Waren werden vom Inspektionsbereich zu einer der beiden folgenden Stellen transportiert: 1. dem Kommissionsort oder 2. einem Lagerort (d. h. Lagerfach oder Regal). Um den Ort und die Mengen der vorhandenen Artikel zu kontrollieren, ist es wichtig, daß die Verantwortlichkeit für den Transport der Artikel zu den geeigneten Stellen geklärt wird. Dies geschieht normalerweise vom Büro aus. Manuell wird dies mit Formular und Stift durchgeführt. In modernen Absatzzentren werden die Produktetiketten jedoch gescannt und die Daten durch Datenfunk an den Computer übertragen.

Lagerung

Der physische Vorgang des Transports der Artikel vom Inspektions- zum Lagerbereich wird normalerweise durch einen Hubwagenfahrer durchgeführt. Bei sehr kleinen Vorgängen kann ein manueller Hubwagen für die horizontale Bewegung verwendet werden, wobei das Produkt dann per Hand von der Palette in das Lagerregal transportiert wird.

Beim neuesten Stand der Technik wird zuerst das Produkt, danach wird der Barcode des Lagerorts eingescannt, und das System bestätigt, daß die Lagerfunktion durchgeführt wurde.

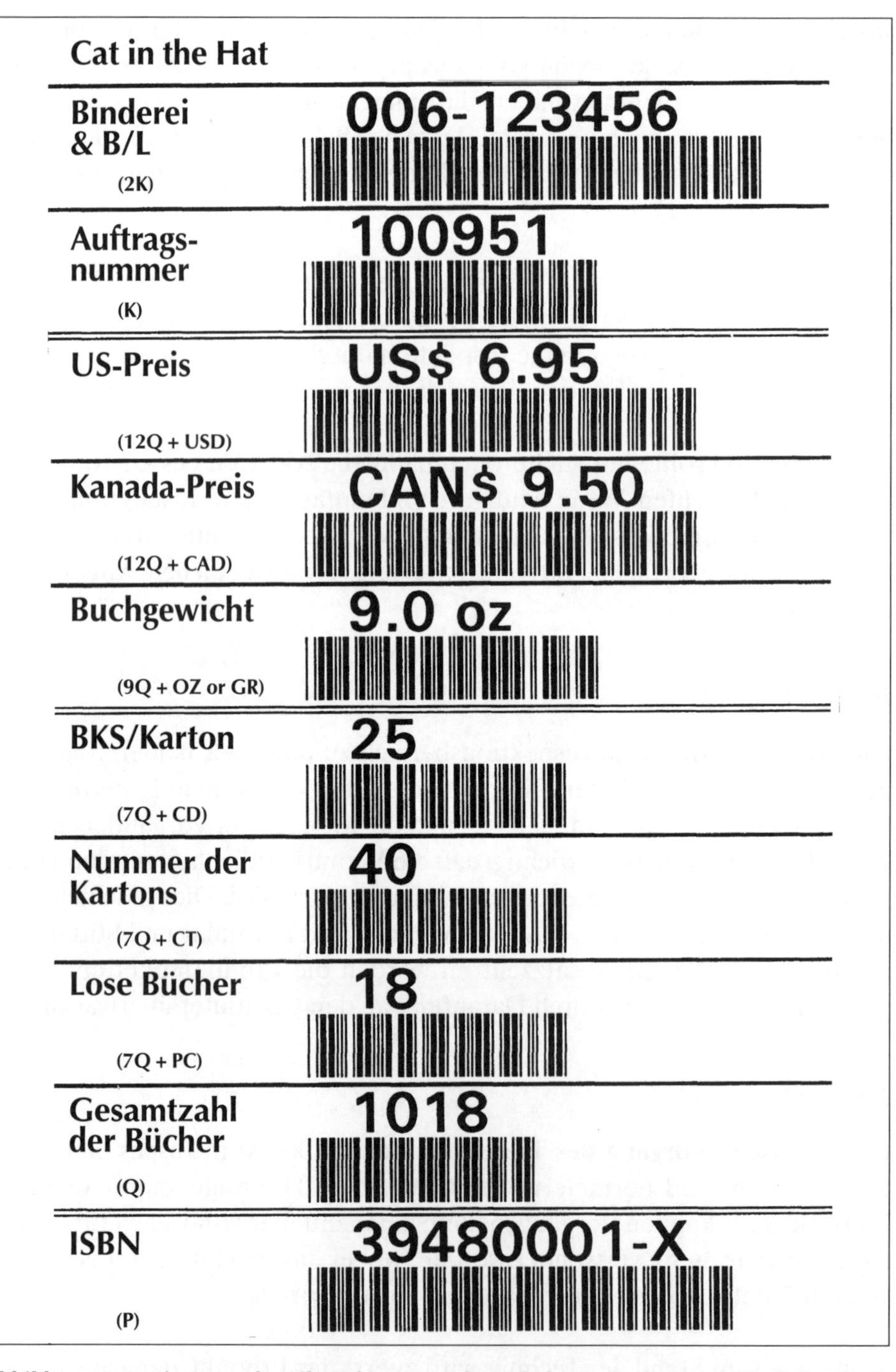

Abbildung 18.1: Ein Barcode-Etikett für eine Palettenladung, die in einem Buchdistributionszentrum verwendet wird. Das Etikett wird durch den Buchbinderlieferanten angebracht.

Auffüllen

Wenn das Vertriebsmanagement ein bestimmtes Gebiet für das Zusammenstellen von Inventar zuweist, ist es notwendig, den Bestand in Kartons vom allgemeinen Lagerbereich ins hauptsächliche Kommissioniergebiet zu verlegen. Dies ist die Auffüllfunktion.

Bearbeitung

In einigen Fällen muß das Distributionszentrum das von einem Lieferanten erhaltene Produkt noch weiterbearbeiten. Beim Handel mit Zigaretten und Spirituosen soll ein Stempel für die Steuer an jeder Einzelhandelseinheit angebracht werden. In anderen Fällen müssen für den Verkauf zwei oder mehrere Artikel von verschiedenen Lieferanten in eine Verkaufseinheit verpackt werden.

Kommisionierung

Die Person, die für die Entnahme von Bestellungen zuständig ist, wählt die Artikel gemäß Rechnung oder Auftragsschein in der gewünschten Menge aus und faßt sie in einem Container, einer Palette oder einer Station zusammen. Der kritischste Pfad dieser Funktion ist das Dokument, auf dem die Bestellung vermerkt ist. Bei dem Dokument muß es sich um eine leserliche Kopie handeln, vorzugsweise ein maschinenschriftliches Original mit ausreichendem Zeilenabstand und genügender Schriftgröße, um bei der im Distributionszentrum herrschenden Beleuchtung in ausreichender Weise sehen zu können.

Andere Mittel zur Entnahme von Aufträgen sind vorwiegend elektronischer Natur. Eine Auftragsnummer wird in ein Kontrollsystem eingetippt oder eingescannt und die für die Entnahme verantwortliche Person wird durch eine elektronische Stimme (Kopfhörer und Mikrofon) oder eine LCD-Anzeige zum gewünschten SKU (Lagerhaltungseinheit)-Lagerfach dirigiert. Das Display zeigt die zu entnehmende Menge an.

Diese papierlosen Kommissioniersysteme sind mindestens 50 Prozent effektiver als ein typischer „einarmiger" Entnehmer (eine Hand entnimmt den Artikel, während die andere Hand nichts tut, außer die Dokumente zu halten). Diese Systeme haben eine Auswirkung auf die Größenordnung des Entnahmepersonals. Sie geben dem Arbeitgeber außerdem die Möglichkeit, eine invalide oder behinderte Person zu beschäftigen, die nur eine Hand gebrauchen kann.

Überprüfen

Jeder Auftrag sollte auf Richtigkeit des Artikels, der Menge und des Zustands überprüft werden. Wenn die Erfahrung dies anrät, kann ein Plan zur Stichprobenentnahme durchgeführt werden. Das Ausmaß hiervon wird durch die Größe der Schäden oder Fehler, die im Haus gefunden oder von den Kunden angegeben werden, bestimmt. Im letzten Fall ist ein Transitschaden durch fehlerhafte Handhabung ausgeschlossen. Es wird vorausgesetzt, daß die Produktverpackung die *nationalen Testverfahren für sichere Handhabung (National Safe Transit Test)* bestanden hat.

Verpackung und Kennzeichnung

Produktmengen, die weniger als einen vollen Karton ausmachen, müssen für den Versand verpackt werden. Bei einigen Vertriebsoperationen wird die Handhabung von halbvollen Kisten dadurch vermieden, daß eine volle Kiste versandt wird, wenn ein Auftrag für 50 Prozent oder mehr eines Kartons vorliegt oder eine Kiste zuwenig versandt wird, wenn die Bestellung weniger als 50 Prozent eines Kartons ausmacht. Diese Technik wird normalerweise innerhalb der gleichen Firma praktiziert, wenn ein zentraler Verteiler Waren an ein regionales Distributionszentrum schickt.

Die Kennzeichnung oder die Etikettierung eines Behälters muß den Absender, den Empfänger, die Rechnungsnummer, den Auftrag, die Kontonummer, die Menge und die Beschreibung enthalten.

Es gibt Variationen dieser Daten, wie Barcode-Etikettierung, industrielle Kennzeichnungspraktiken, Kennzeichnungsanforderungen durch die Regierung und internationale Symbole.

Bereitstellen und Zusammenstellen

Diese Funktion ist notwendig, um verschiedene Aufträge für einen einzigen Kunden zu gruppieren. Die Aufträge können zu verschiedenen Zeiten in den Zyklus gelangt sein oder, wenn sie als Gruppe in den Zyklus gelangten, aus verschiedenen legitimen Gründen aufgehalten worden sein. Aufträge werden auch durch Frachtführer zusammengestellt, die unterschiedliche

Regionen des durch das Unternehmen belieferten Vertriebsbereiches bedienen.

Die tatsächliche Bereitstellung wird durch verschiedene Methoden durchgeführt. In einigen Distributionszentren werden Kisten zu einer Sammellinie gebracht und dann in Palettierstationen zusammengestellt. Bei Kleinaufträgen gelangen die Kisten oder Kartons in eine Sortierschleife und werden zu verschiedenen Palettierstationen transportiert.

Je nach Perfektion des Systems kann das Sortieren entweder sehr arbeitsintensiv sein oder ein einziger Angestellter überwacht den automatischen Sortierer und die automatische Palettiermaschine.

Versand

Das tatsächliche Aufladen des Frachtführers geschieht im allgemeinen durch eine von vier Methoden oder eine Kombination derselben: Mit Wagen für Handpalettenwagen, Gabelstapler, mobile Behälter, wie sie in Lebensmittelgeschäften oder Drugstores verwendet werden und dem „Mauerbau“, d. h. dem Stauen von Kartons per Hand in einen Anhänger oder Lastwagen in vergleichbaren Weise, als wenn man Ziegelsteine beim Bau einer Mauer übereinanderlegt.

18.1.2 Definition der täglichen Routineaufgaben

Nachdem die 11 grundlegenden Funktionen des Distributionszentrums verstanden wurden, ist der nächste Schritt bei der Festlegung von Standards, daß die durchzuführenden Aufgaben innerhalb einer vorgegebenen Funktion festgelegt werden.

Einige werden ziemlich häufig während eines Zeitraums von einer Woche oder einer Schicht durchgeführt, andere dagegen nur ein paarmal pro Tag oder pro Woche. Bei der Festlegung von Arbeitsstandards für eine bestimmte Funktion sollte den häufig durchgeführten Aufgaben ein Zeitwert zugeteilt werden, der als Zeit pro Einheit, Zyklus oder eine Anzahl von Einheiten pro Stunde angegeben wird. Die weniger häufig ausgeführten Aufgaben können mit einer Gesamtzeit pro Tag oder pro Woche zusammengefaßt werden. Solche Aufgaben, die in einem Lager nicht zur Routine gehören, könnten sein:

- Beschaffung von Material, wie zum Beispiel Kartonklebeband
- Zusammenzählen von Warenannahmeberichten
- Abfassen von Inspektionszusammenfassungen
- Ersetzen von fehlenden oder beschädigten Artikeln

Wie in Tabelle 18.1 aufgeführt, versetzt die Identifikation der Routine- und Nichtroutineaufgaben einer jeden Abteilung die Vorgesetzten der Abteilungen und das Management des Distributionszentrums in die Lage, die ungefähre Größe der Mannschaft bzw. die Personalanforderungen für jede Vertriebsfunktion zu bestimmen.

Nach der Durchführung einer solchen grundlegenden Zusammenfassung kann Personal und Zeit besser gemanagt und die Auswirkung von Veränderungen bei Verfahren oder Arbeitszuteilung besser bewertet werden. Wenn Sie sich in einer Situation befinden, in der die Angestellten je nach Erfordernis den Abteilungen zugeteilt werden können, sieht man zum Beispiel folgendes: wenn eine Funktion von zwei Angestellten durchgeführt wird, kann

Wöchentliche Funktionen	
1. Annahme von 800 Paletten à 0,05 Stck./Palette	40,00
2. Annahme von Betriebsmaterial à 1,0 Stck./Tag	5,00
3. Transport von 800 Paletten zur Inspektionsabteilung à 0,02. Stck./Palette	16,00
4. Lieferung von Betriebsmaterial à 1,0 Stck./Tag	5,00
5. Transport der Rechnungen von der Annahme zum Büro à 0,25 Stck./Tag	1,25
6. Reinigung der Arbeitsbereiche à 0,25 Stck./Tag	1,25
7. Transport des Hubwagens zur Wartungsabteilung	1,25
8. Beschaffung von Betriebsmaterialien à 0,50 Stck./Woche	50,00
Gesamt	70,25
Normale Kalkulationen	
$\frac{\text{Arbeitsbelastung von 70,25 Stck. pro Woche}}{\text{40 Stunden/Woche/Angestellter}}$	= 1,75 Angestellte erforderlich
Empfohlene Kalkulation	
$\frac{\text{Arbeitsbelastung von 70,25 Stck. pro Woche}}{\text{37,5 Stunden/Woche/Angestellter}}$	= 1,88 Angestellte erforderlich
* Siehe nachfolgenden Punkt „Dokumentation von nichtproduktiven Aktivitäten"	

Tabelle 18.1: Routine und Nichtroutineaufgaben

einer für 9,75 Stunden (normal) während der Wochen in einem anderen Gebiet arbeiten. Jegliche Veränderung beim Verfahren soll identifiziert und die Auswirkung vermerkt werden. Wenn die Frachtbriefe häufiger ins Büro gebracht werden müssen, wird die Verfügbarkeit eines Angestellten für eine andere Abteilung verringert. Dauert die Beschaffung von Betriebsmaterialien länger, kann es notwendig werden, nach dem Grund zu forschen und beispielsweise den Weg zum Materialzentrum neu zu panen.

18.1.3 Dokumentation von nichtproduktiven Aktivitäten

Zusätzlich zur Festlegung von Standards, welche die Aufgaben bei der Aktivität jedes Angestellten und die für die Durchführung benötigte Zeit festlegen, ist es auch wichtig, die Aktivität der Angestellten, die nicht betriebsorientiert ist, zu kennen und zu überwachen. Es ist erstaunlich, was eine Analyse über normale, gerechtfertigte Maßnahmen, die täglich vorkommen, aussagt. Vorgesetzte sind für eine bestimmte Anzahl von Angestellten verantwortlich. Die Geschäftsleitung erwartet, daß diese Angestellten während 40 Wochenstunden produktiv sind, abzüglich angemessener Zeiten für Ermüdung, Pausen und unkontrollierbare Verzögerungen beim Arbeitsablauf. Es gibt jedoch berechtigte tägliche Vorkommnisse, die die Anzahl der Stunden, in denen der Angestellte für produktive Arbeit zur Verfügung steht, reduzieren. Bei der Festlegung von Arbeitsstandards verwenden einige Geschäftsleitungen 7,5-Stunden-Schichten pro Arbeitnehmer. Dies geht vom in Amerika so beliebten System mit zwei Kaffeepausen aus, genauso wie von einer „Anlaufzeit" für die Schicht und einer Reinigungszeit. Die erwartete Produktivität wird dann mit den 7,5 Stunden „produktiver Zeit" pro Angestellten verglichen und die Größe der Mannschaft für den erwarteten Arbeitsaufwand dementsprechend festgelegt. Ein häufiger Fehler des Managements ist es, 800 Stunden durchzuführender Arbeit mit einer Rate von 8 Stunden/Angestellten und Tag zu kalkulieren. Dies würde ein Ergebnis von 100 Angestellten zur Folge haben, was jedoch kein realistischer Ansatz bei der Personalplanung für eine Operation ist. Ein korrekterer Ansatz von 800 Stunden Arbeit à 7,5 Stunden pro Angestellten ergibt dagegen, daß 107 Angestellte benötigt werden. Dies spiegelt die tatsächliche Situation besser wider.

Tabelle 18.2 zeigt eine typische Situation, die in der Industrie vorkommt. Es wäre für Aufsicht und Geschäftsleitung von Vorteil, eine genaue Analyse davon zu erstellen, wie die Angestellten während ihrer Arbeitsschicht begründeterweise nicht produktiv sind. Beim Beispiel gibt es 10 Angestellte. Jeder

Tabelle 18.2: Index für die Nutzung von Arbeitskräften

Angestellter	Bezahlte Stunden (1).	Erlaubte nichtproduktive Zeit (2).	Besuche auf der Krankenstation (3).	Abwesenheit durch Programme der Personalabteilung (4).	Gewerkschaftstätigkeit (5).	Tätigkeit außerhalb der Abteilung (6).	Nichtgemessene Arbeit pro Tag außerhalb der üblichen Pflichten (7).	Zeitverlust (8).	Gesamtwert der Spalten 2–8 (9).	Standard der zugeteilten Arbeiten in Stunden (10).	Stunden der tatsächlichen Verfügbarkeit (11).
Adams	40	2,5	0,6						3,1	40,0	36,9
Brown	40	2,5				12,0			14,5	28,0	25,5
Carter	36	2,5	1,5	1,2			5,5		10,5	22,0	25,5
Davis	40	2,5			2,7				5,2	31,0	34,8
Ewell	40	2,5		0,8					3,3	35,0	36,7
Fox	40	2,5	0,2					0,7	3,4	38,0	36,6
Grey	40	2,5	0,2			4,0	2,0		8,7	31,5	31,3
Howe	40	2,5			0,4				2,9	38,0	37,1
Inn	40	2,5						3,1	5,6	35,0	34,4
Joy	40	2,5	0,5						3,0	40,0	37,0
Zusammenfassung	396,0	24,8	3,0	2,0	3,1	16,0	7,5	3,8	60,2	338,5	335,8

Bruttoeffektivität: Spalte 10 + Spalte 1 = 85,4 Prozent
Nettoeffektivität: Spalte 10 + Spalte 11 = 100,8 Prozent

wird für 40 Stunden während der untersuchten Woche bezahlt, mit Ausnahme von Carter, der sich an einem Tag während der Arbeitszeit krank meldete (36 Stunden). Es ist wichtig, zu beachten, daß der Vorgesetzte die Angestellten nicht für die ganzen 396 Stunden des Beispiels zur Verfügung hat.

In Spalte 1 werden die Stunden gemäß Stechuhr angegeben, die die Anzahl der Stunden darstellen, die normalerweise für die Durchführung einer zugeteilten Arbeit zur Verfügung stehen. Es ist die Anzahl von Stunden, für die ein Angestellter bezahlt wird (mit Ausnahme des Krankengelds). In Spalte 2 findet man die bei jeder 40-Stundenwoche verlorene Zeit durch eine zehnminütige Anlaufphase, zwei zehnminütige Kaffeepausen und eine Zeit von 10 Minuten für die Reinigung. Die unproduktive Zeit variiert je nach den örtlichen Gegebenheiten.

Spalte 3 stellt die Zeit dar, die ein Angestellter von dem Zeitpunkt, an dem die Arbeit unterbrochen wird benötigt, bis zu dem Zeitpunkt, an dem sie wieder aufgenommen wird; ob es sich nun um einen Schnitt im Finger, Kopfschmerzen, Schwindel, eine Augenuntersuchung des Hubwagenfahrers oder eine von der Firma verlangte körperliche Untersuchung handelt.

In Spalte 4 wird der Zeitverlust infolge von Besuchen oder Programmen des Personals dargestellt. Spalte 5 behandelt die Gewerkschaftstätigkeit, die je nach Praxis des Unternehmens auch während der Arbeitszeit durchgeführt wird. Spalte 6 zeigt die Zeit, für die Angestellte vorübergehend an eine andere Abteilung ausgeliehen werden und Spalte 7 dokumentiert nicht gemessene Zeit für eine Arbeitszuteilung außerhalb der üblichen Aufgaben eines Arbeitnehmers.

Spalte 8 führt die unverschuldete Stillstandszeit auf, während derer ein oder mehrere Gruppenmitglieder keine produktiven Funktionen ausüben, ohne daß ein Verschulden ihrerseits vorliegt, wie zum Beispiel durch eine Maschinenstörung oder Schulungszeiten des Vorgesetzten. In Spalte 9 werden die Gesamtwerte von Spalte 2 bis 8 aufgeführt. Spalte 10 gibt den Gesamtaufwand von Arbeit an, die theoretisch gesehen diesem Beispiel zugeordnet wird.

In Spalte 11 wird die Nettozeit der Arbeitnehmer aufgeführt, die für die Durchführung der Arbeiten zur Verfügung steht. Wenn man die Gesamtaktivität der Gruppe zusammenfassend beurteilen will, wird die Bruttoeffektivität durch Teilung von Spalte 10 durch Spalte 1 erzielt. Hierbei wird angezeigt, daß die Gruppe nur eine Effektivität von 85,6 Prozent hatte. Die prozentuale Effektivität im Verhältnis zur Verfügbarkeit erhält man, indem man Spalte 10 durch Spalte 11 teilt. Dies ergibt einen Wert von 100,8 Prozent Effektivität für die Gruppe.

Wenn Manager und Vorgesetzter keine Aufzeichnungen führen und Normen erstellen, um ihre Leistung damit zu vergleichen, ist es sehr einfach, sich bei der Beurteilung der Leistungen der Angestellten zu irren. Außerdem wird es, wenn die nichtproduktiven Aktivitäten nicht aufgezeichnet werden, schwierig sein, Tendenzen bei unfall- oder krankheitsbedingten Vorfällen, übermäßiger Konversation bei begründeten Besuchen in anderen Bereichen oder ähnlichen Situationen, die die tatsächliche Nutzung der Arbeitskräfte des Distributionszentrums beeinträchtigen, zu erkennen.

18.1.4 Festlegung von Arbeitsnormen

Arbeitsnormen sind wichtig, wenn man die Kontrolle über eine Operation haben will. Es wurde einmal gesagt, daß man messen muß, um managen zu können. Dies bedeutet, daß man Kriterien haben muß, um festzustellen, ob Fortschritte gemacht wurden und ob die Fortschritte in einem akzeptablen Ausmaß vor sich gehen. Das Kriterium soll in einer gültigen Messung zu Referenzzwecken bestehen. Arbeitsnormen sind solche Kriterien. Sie werden auf der Grundlage einer vorgegebenen Folge von Abläufen festgelegt. Zuerst muß die Geschäftsleitung die grundlegenden Funktionen der Aktivität des Distributionszentrums bestimmen. Für jede Funktion muß die Leitung die durchzuführenden Aufgaben festlegen sowie die Art der Durchführung. Dies beinhaltet solche Charakteristika wie:

1. Häufigkeit einer Handlung, wie z.B. einmal pro Lagerhaltungseinheit (SKU) oder einmal pro drei SKUs oder zweimal pro SKU.
2. Grad der Einzelheiten für die Durchführung einer bestimmten Aufgabe: dies kann von der Verteilung von SKUs in Förderkästen bis hin zum genauen Lagerort der SKU in Zelle Nr. 1 im Förderkasten oder – bei Schreibarbeiten – bis hin zum Vermerk „Bitte in Blockbuchstaben schreiben“ gehen.
3. Das Qualitätsbewußtsein ist zu berücksichtigen. Die Warenannahmefunktionen erfordern Wachsamkeit in bezug auf beschädigte eingehende Ware. Die Norm eines Verpackers kann auch eine flüchtige Untersuchung der für den Versand der zu verpackenden Ware beinhalten.
4. Zwänge bei der Handhabung von schweren Artikeln und Gewichtsbe-

schränkungen für Artikel, die von einer Person oder einer Maschine zu handhaben sind. Dies kann Beschränkungen hinsichtlich des Volumens und der Masse beinhalten. Bei vielen Vertriebsaktivitäten gibt es Lagerhaltungseinheiten (SKUs), die innerhalb der vorgeschriebenen Gewichtsbeschränkungen für eine Person liegen, wo die Masse des SKUs jedoch erfordert, daß entweder zwei oder mehrere Angestellte oder eine elektrische Ausrüstung für das sichere Anheben dieses Artikels notwendig sind. So kann zum Beispiel ein Artikel mit einem Gewicht von ca. 16 kg in einem Karton mit den Ausmaßen von 75 x 75 x 5 Zoll verpackt sein. Dies wäre in der Tat nur schwer von einem einzigen Angestellten zu handhaben.

Ergonomische Erwägungen sind in den Vordergrund gerückt. Der Nationale Sicherheitsrat und OSHA (amerikanische Organisation zur Einhaltung von Arbeitsschutzbestimmungen) werfen jetzt einen genaueren Blick auf Form, Gewicht und Entfernung eines Lastentransports und die Körperhaltungen der Angestellten bei der Handhabung eines Artikels, ob es sich nun um eine SKU oder um einen Versandbehälter handelt. Um einen optimalen Personaleinsatz zu gewährleisten, sind auch ergonomische Erkenntnisse notwendig.

Nachdem die Aufgabe zur Zufriedenheit der Geschäftsleitung beschrieben worden ist, müssen die obengenannten Charakteristika in Zeiteinheiten gemessen werden, um als Arbeitsnorm definiert zu werden.

18.2 Zeiterfassung

Zeiterfassungen können ein ausgezeichnetes Werkzeug für die Kontrolle der Vertriebskosten sein. Die Studie soll jedoch akzeptabel und genau sein, und die Verwaltung des Zeiterfassungsprogramms muß akzeptablen Kostenbeschränkungen unterliegen. Bevor wir weitere Kommentare über die Zeiterfassung im Vertriebsbereich abgeben, wollen wir zuerst die Umgebung des Arbeitsbereichen im Zusammenhang mit Zeiterfassungen anschauen.

Zeiterfassungen begannen im Umfeld der wiederholbaren Produktion. Folglich wurde Wert auf sehr genaue Zeiterfassungen für oft wiederholte Aufgaben oder Tätigkeiten gelegt. Die Aufgaben mußten für die Aktivitätseinheiten, bei denen eine Zeiterfassung durchgeführt wurde, identisch sein, wenn dieselben Zeitwerte gelten sollten. Die Betriebstechniker, die als Zeiterfassungsbeoachter fungieren, würden eine grundlegende Zeit in Frage stellen, wenn es eine Abweichung von mehr als drei Prozent vom Mittelwert gibt. Es ist sehr schwierig, eine solche Präzision bei der Lagerhaltungsaktivität zu erzielen, und aus diesen Gründen vermeiden die ‚Puristen‘ des Industrial Engineering die Lager- und Vertriebszentren als Ort für Zeiterfassungen.

Da das Konzept der Zeiterfassungen im Montagebereich Wichtigkeit erlangte, wurde es allein als Management-Werkzeug für den Produktionsbereich abgestempelt und sowohl Gewerkschaft als auch Management wandten dieses Werkzeug nicht in anderen Bereichen an. Die Ausbildung in Betriebswirtschaft, Volkswirtschaft, Handel, Buchhaltung und Betriebstechnik (Industrial Engineering) konzentrierten die Aufmerksamkeit der Studenten auf die Lösung von Produktionsproblemen und die Kontrolle von direkten Kosten (Arbeitskräfte und Material); indirekte Kosten wie Lagerhaltungs- und Vertriebszentren wurden nicht als Bereiche angesehen, in denen traditionelle Managementtechniken wie *Industrial Engineering* angewandt werden konnten.

18.2.1 Messung der Vertriebsproduktivität

Eine vom Autor durchgeführte Studie ergab, daß das Management der Distributionszentren mehrere Methoden zur Messung der Produktivität verwendet. Die verbreitetsten Methoden sind:

1. Kisten pro Arbeitsstunde
2. Linien pro Arbeitsstunde
3. Versandte Artikel in Pfund
4. Linien pro Tag
5. Aufträge pro Tag
6. Dollarvolumen pro Tag
7. Einheiten pro Tag
8. Tatsächliche Stunden im Vergleich zu den Normstunden

Die ersten sieben Mittel zur Messung sind nicht sehr zuverlässig, da zu viele variable Faktoren die Leistung eines Angestellten beeinflussen. Das Gewicht, die Größe und die Form von Kisten und die Veränderlichkeit dieser physischen Eigenschaften (1) haben einen erheblichen Einfluß auf die Produktivität des Arbeitnehmers. Die bevorstehende Veränderung hin zu einer strengeren Durchsetzung der ergonomischen Aspekte der Materialhandhabung wird entweder die Verwendung von zusätzlichen Arbeitskräften zur Hilfe bei der Handhabung von Kisten steigern oder zu einem Personalabbau durch den Einsatz von mechanisierten oder automatischen Einrichtungen führen. Das Kriterium „Linien pro Arbeitsstunde" (2) gibt das Volumen pro Arbeitsstunde (3), welches einen signifikanten Faktor darstellt, nicht an. Zum Beispiel kann ein Artikel mit einem Gewicht von 45 kg mit einem Gabelstapler schnell und leicht transportiert werden. Wenn jedoch 45 kg Federn zu transportieren sind, kann dies eine zeitraubende, umfangreiche Aufgabe sein. Linien pro Tag (4) und Aufträge pro Tag (5) berücksichtigen die physischen Variablen ebenfalls nicht. Dollars pro Tag (6) stehen in keiner Beziehung zu den eingesetzten physischen Energien. Jede Preisveränderung würde eine mathematische Analyse erfordern, um die Aktivität in der Vergangenheit und in der Gegenwart aufzuzeichnen und zu vergleichen und eine Leistungsnorm festzulegen. Einheiten pro Stunde (7) ist mit Punkt (2) vergleichbar, wo die Variablen bei der Aufgabe nicht berücksichtigt werden.

Die konstanteste Möglichkeit zur Messung der Leistung von Arbeitskräften wird durch Festsetzen einer Zeitnorm für jede Lagerhaltungseinheit (SKU) erzielt. Die SKU ist das, was ein Angestellter berührt, transportiert, handhabt, inspiziert, verpackt und versendet. Wenn sich die physikalische und chemische Zusammensetzung ändert, sollte sich auch die Arbeitsnorm ändern. Die Arbeitsnorm sollte auch angepaßt werden, wenn es eine Veränderung der Arbeitsmethode oder des Umfelds, in dem die Aufgaben durchgeführt werden, gibt.

Das System mit tatsächlichen Stunden gegenüber den Normstunden ist die effektivste Möglichkeit zur Messung von Arbeit in Lagern. Die Zeitwerte werden für die verschiedenen allgemeinen Elemente der Aufgaben festgelegt, und es wird ein Gesamtwert für jede Rechnung oder für eine Laufkarte zugeordnet. Bei der Festsetzung von Zeitwerten sind keine puristischen Vorstellungen von Industrial Engineering gefragt. Obwohl jede Entnahme einer Kiste mit Bleistiften, Kugelschreibern oder Filzmarkern einen leicht unterschiedlichen Wert hat, sollte der Betriebstechniker die praktische und realistische Entscheidung treffen, einen Wert für alle drei Posten festzulegen. Der Wert könnte auf dem Durchschnittsgewicht oder dem Ereignis, welches am häufigsten vorkommt, beruhen. Die praktische Erfahrung in einer bestimmten Umgebung sollte den Ausschlag für die angemessene Vorgehensweise geben. Zeiterfassungen von verschiedenen Aktivitätsfunktionen sind zeitraubend und können teuer sein, aber die Kontrolle durch die Geschäftsleitung, die sich daraus ergibt und die Einsparungen sind es wert. Durch genaue Meßtechniken kann die Geschäftsleitung mit einem hohen Grad an Genauigkeit:

1. Die Personalausstattung für eine bestimmtc Aktivität festlegen
2. Personalveränderungen schon lange planen, bevor sie notwendig werden;
3. die Lohnkosten realistisch und genau veranschlagen und Verallgemeinerungen für das Budget von Distributionszentren vermeiden;
4. langfristige Prognosen für die Arbeitskräfte von Distributionszentren entwickeln, die auf langfristigen Produktions- und Absatzprognosen basieren;
5. Zeiterfassungen für die Modellsimulation für die Analyse, die Veränderung oder die Expansion der Aktivität erstellen.

18.2.2 Quellen von Zeiterfassungssystemen

Das US-amerikanische Landwirtschaftsministerium und das Verteidigungsministerium haben beide grundlegende Normen für Lagerhaltung aufgestellt sowie Schritte zur Erstellung von Kostensystemen für Lagerhaltungsnormen festgelegt. Infolge der Ähnlichkeiten bei Funktion, Umgebung, Ausrüstung und Aufgaben können diese Regierungsstandards für das Distributionszentrum verwendet werden. Diese Daten schließen grundlegende Beschreibungen, Zeitwerte und Toleranzen ein. Sie können zusammen mit anderen nützlichen Tabellen, Formeln und analytischen Formularen in einer Broschüre mit dem Titel *Digest of Warehouse Cost Calculations and Handling Standards* [1] erworben werden.

Für diejenigen, die daran interessiert sind, ihre eigenen Standards zu entwickeln oder Grundkenntnisse über die Anwendung von Zeiterfassungen für Vertriebsaktivitäten zu erwerben, gibt es eine umfassende Dissertation im *Handbook of Industrial Engineering* [2]. Des weiteren existieren auch verschiedene Beratungsfirmen, die Firmenangestellte als Praktikanten für zwei- oder dreiwöchige Crashkurse akzeptieren oder ihr Personal vor Ort entsenden, um ein Programm über Zeiterfassungsanalyse und Entwicklung von Arbeitsnormen durchzuführen.

18.2.3 Vorteile der Zeiterfassung

Wenn Zeiterfassungen eingeführt werden, hat dies mehrere Vorteile:

- Sowohl Arbeitnehmer als auch Leiter sollten eine klare Vorstellung davon haben, wie lange eine Aufgabe dauert.

- Vorfälle, die zu einer Verzögerung bei der Erfüllung der Norm führen, werden vermerkt, isoliert und korrigiert.
- Die Personalanforderungen können leicht bestimmt werden, wenn Arbeitsstunden mit Produktaktivität in Beziehung stehen.
- Die Erstellung von Analysen ist einfacher, wenn die Arbeit in Stunden pro Einheit oder Stunden pro 1.000 Einheiten oder Einheiten pro Stunde gemessen wird.
- Die Geschäftsleitung kann die Auswirkungen von Veränderungen bei Inventur, Software, Methoden oder Auslegung mit einer angemessenen Genauigkeit vorhersagen.

Jedoch Vorsicht! Die Verwendung von Arbeitszeitmessungen allein reicht nicht aus, um Veränderungen bei den Betriebsabläufen zu beurteilen. Saisonbedingte Hochs und Tiefs müssen auch als legitime und sehr bedeutende Faktoren für die Planung und Bewertung erkannt werden. In einigen Fällen muß sich die Geschäftsleitung darüber klar sein, wo ein Produkt in seinem Lebenszyklus steht, um die Volumenaktivität bestimmen zu können. Eine physisch gesehen kleine SKU mag keine Auswirkung auf die Raumanforderungen haben, wenn sie sich am Anfang oder Ende des Produktlebenszyklus befindet. Andererseits können Fernseher mit riesigen Bildschirmen oder SKUs mit ähnlichen Abmessungen eine erhebliche Auswirkung auf die Raumanforderungen und die Handhabung haben.

Die Arbeitsnormen sollten außerdem von der Geschäftsleitung und insbesondere von den Vorgesetzten vor Ort vorsichtig angewandt werden. Zeiterfassungen geben Anhaltspunkte dafür, was vernünftigerweise als durchgehende tägliche Anstrengung erwartet werden kann. Es muß jedoch beachtet werden, daß das Arbeitsumfeld und die psychische Verfassung der Angestellten die festgelegten Normen beeinflussen können. Gute Angestellte haben auch einmal schlechte Tage, wo sie unter die festgelegten Normen fallen. Auch werden Angestellte die Herausforderung annehmen und die Normen öfters übertreffen. Die Vorgesetzten müssen lernen zu erkennen, einen vorübergehenden Rückgang von einem tendenziellen Rückgang zu unterscheiden. Die Arbeitsnorm darf nie zu einem Mittel werden, wodurch der Vorgesetzte ständig höhere Leistung durchsetzt, um die Anerkennung der Geschäftsleitung zu gewinnen. Die Produktivität wird dadurch gesteigert und die Anerkennung wird dadurch gewonnen, daß die Methode verbessert, das Verfahren vereinfacht oder die Auslegung verändert wird. Das Klischee „cleverer arbeiten statt härter arbeiten" findet hier Anwendung. Die Geschäftsleitung muß die Angestellten auf eine intelligente Weise dazu bringen, die Produktivität zu erhöhen, statt zu drohen, einzuschüchtern oder zu täuschen, um bessere Ergebnisse zu erzielen.

18.2.4 Aufrechterhaltung der Arbeitsnormen

Um ein nützliches Instrument zu sein, müssen die Arbeitszeitwerte auf einem aktuellen Level gehalten werden. Bei der dynamischen Natur der täglichen Routine und dem Streß der Dringlichkeit der laufenden Geschäfte wird die Aufrechterhaltung von Zeitwerten häufig vergessen. Wenn sich die Arbeitsbedingungen verändern, so daß es schwierig wird, die Norm zu erfüllen, wird die Aufrechterhaltung der Arbeitsnormen Probleme bereiten; Beschwerden sind dann die Folge. Jedoch können schleichende Veränderungen vor sich gehen, die nicht bemerkt und aufgeführt werden. Das System zur Arbeitszeitmessung wird dann wertlos und kann auch teuer sein.

Bei einem tatsächlichen Fall wurde eine Norm in ihrer Gesamtheit während eines Zeitraums von 25 Jahren nicht überprüft. Die Zeitwerte für verschiedene Baugruppen wurden individuell geändert, da die Methoden und die Ausrüstung verbessert wurden. Jedoch wurde die Formel für einige wichtigere Bestandteile ignoriert. Dies führte dazu, daß die Firma für mehr Produkte zahlte, als die Werkstatt tatsächlich produzierte.

18.2.5 Verwaltung der Zeitmessungssysteme

Die Verwaltungskosten für ein System zur Zeitmessung sind der zweite Grund dafür, daß bei Absatzzentren die Zeitmessungen eine geringe Rolle spielten. Manchmal ist es einfach unpraktisch, ein Programm durchzuführen, dessen Verwaltungskosten die Vorteile übertreffen. Die Operationen sind häufig so unterschiedlich, daß eine große Anzahl von Bürokräften notwendig wäre, um die Zeitwerte für jeden Auftrag oder jede Rechnung anzuwenden. Jedoch wurden einige manuelle Systeme entwickelt, wo Aufträge oder Rechnungen in Gebiete mit vergleichbarer Aktivität eingeteilt werden und wo ein Zeitwert pro Häufigkeit des Auftretens in einem bestimmten Gebiet angewandt wird. Dies hilft dabei, die Büroverwaltungsarbeiten zu reduzieren. Ein Beispiel:

- Wert A gilt für die Entnahme aller 24er Kartons von Trockengetreide (Zeitwert x Anzahl von Kartons).

- Wert B gilt für die Entnahme von 24er Kartons von Nr. 303 Obst-, Gemüse und Suppenkonserven (Zeitwert x Anzahl von Kartons).

Computergestützte Verwaltung von Normen

Der Einsatz von Computern und durch Computer hergestellte Rechnungen oder Entnahmedokumente hat die Möglichkeit eröffnet, Zeitwerte für Entnahmedokumente anzuwenden. Dies kann in Sekundenbruchteilen durch einen Computer erledigt werden. Dadurch wird das Problem des übermäßigen Einsatzes von Bürokräften für ein manuelles Zeitwertprogramm beseitigt. Ein computergestütztes Programm mit Zeitvorgaben erfordert eine genaue Studie des Entnahmeprogramms, damit der Betriebstechniker jede grundlegende Entnahmefunktion kennt. Dann müssen die elementaren Daten in eine natürliche und logische Ordnung gebracht und so einfach wie möglich gehalten werden. Verschiedene Elemente gleicher Art sollten kombiniert werden, um eine möglichst einfache Programmformel zu erhalten. Hier muß sich der Theoretiker des Industrial Engineering an die Realität anpassen, um ein arbeitsfähiges und einfach zu handhabendes Programm zu erzielen. Es ist eine ausreichende Zahl von Beobachtungen notwendig, um sicherzustellen, daß das, was beobachtet wird, repräsentativ für die Arbeit für einen längeren Zeitraum ist.

Um Zeitvorgaben auf Rechner umzustellen, soll eine detaillierte Aufschlüsselung der Zeitvorgaben durchgeführt werden, jedoch besteht der wichtigste Punkt darin, wie der Computer spezifische Produkte identifiziert. Die Computerlogik muß genau verständlich sein, um Arbeitszeitmessungen zu organisieren und Datentabellen für Normen zu erstellen. Wenn der Computer keine Möglichkeit hat, ein Faß mit Nägeln zu erkennen oder einen Unterschied zwischen einem Faß Nägeln und einer Kiste mit Teppichreißzwecken festzustellen, führt dies zu erheblichen Problemen. Die Computererkennung von Waren muß in Kategorien eingeteilt werden, damit grundlegende Normen für ähnliche Posten entwickelt werden können. In einem Fall können die Probleme beim Gewicht pro zu handhabender Lagerhaltungseinheit liegen oder beim Volumen oder der Schnelligkeit, mit der sowohl Gewicht und Volumen zu handhaben sind. Wenn Gewicht und Rauminhalt variieren, verändert sich auch die Zeitvorgabe pro Kategorie. Es gibt viele Wege, um die Produkte bei Computern in Kategorien einzuteilen. Es muß sichergestellt werden, daß jede Kategorie oder Aktivitätsbereich logisch organisiert und identifiziert wird, damit die programmierten Zeitvorgaben angemessen indiziert und für das Entnahmedokument angewandt werden.

In einem speziellen Fall von computergenerierten Arbeitsnormen paßte der Computer die Entnahmenormen für jede erstellte Rechnung an. Es gab vier grundlegende Konzepte für die Entnahme von Bestellungen. Während jede Rechnung erstellt wurde, rechnete der Computer die Aufträge nach jedem Entnahmekonzept zusammen und speicherte diese vier Summen. Die Kriterien des „Entnahmekonzepts pro Kategorie" wurden durch die Gesamtzahl von Artikeln pro Bestellung und das Gesamtgewicht bestimmt. Nachdem das Volumen und das Gewicht ermittelt waren, wurde der korrekte Standard aus dem Speicher gewählt und auf der Rechnung ausgedruckt. Eine solche Technik spart viele Bürostunden, ist relativ einfach aufrechtzuerhalten und führt zu einem spezifischen Standard für jede Rechnung.

18.2.6 Zeitplanung in kurzen Intervallen

Zusätzlich zur Festlegung von Arbeitsnormen für traditionell indirekte Aktivitäten, – Lagerhaltung, Distributionszentren, Lagerräume, Warenannahme und -versand – sind zwei zusätzliche Werkzeuge notwendig, um die Arbeit effektiv messen zu können. Die Arbeit sollte festgelegt, und die gesamte Zeit muß während der Schicht festgehalten werden.

Kurzintervall-Zeitplanung (SIS) oder eine Abart dieser Zeitplanungstechnik sollte verwendet werden, um eine genaue Kontrolle durch die Aufsicht zu ermöglichen. Zwanzigminütige Segmente zugeteilter Arbeit für jeden Entnehmer von Bestellungen halten den Vorgesetzte auf dem laufenden mit den entnommenen Bestellungen und den dabei auftretenden Problemen oder Verzögerungen. Das Problem kann beim Personal, bei den Dokumenten, Fehlbeständen oder der Ausrüstung liegen. Wenn diese Probleme wie auch die Leistungen von jedem Arbeiter in Intervallen von 20 Minuten gemeldet werden, wird der Vorgesetzte einen besseren Überblick über die Situation haben als die meisten seiner Kollegen bei anderen Betrieben. Sollen Zeitmessungen eine Bedeutung haben, muß die Geschäftsleitung auf Einflüsse durch die Arbeit reagieren.

18.2.7 Computerüberwachung

Moderne Distributionszentren und Warenlager sind mit Datenfunksystemen, Bordcomputern in Gabelstaplern, Kommissionierungswagen und sogar elektrischen Flurförderzeugen mit Gehlenkung ausgestattet. Die gesamte Annahme, Inspektion, Lagerung, Entnahme, Verpackung und der Versand werden durch mobile und feste Terminals in Verbindung mit Barcode-Produkten, Aktivitätsdiagrammen und Angestelltenausweisen mit Barcodierung unterstützt und überwacht.

Die Angestellten stempeln Beginn und Ende der Aufgaben sowie das Betreten und das Verlassen der Abteilung durch ihre Ausweise mit Strichcodierung ab. Ein permanentes Diagramm der barcodierten Aktivitäten wird eingescannt, um „Beginn der Entnahme", „Fertigstellung" und „Versand" anzuzeigen. Die Jobs werden durch das Scannen von Barcodes auf den Rechnungen in den Aktivitätsbereichen verfolgt.

In einigen Distributionszentren arbeiten die Angestellten in einem vollständig papierlosen Umfeld. Ein computerbetriebenes System beleuchtet die zu entnehmenden SKU-Reihen oder Fächer und LCD-Zahlen geben die Menge an. Es gibt auch Sprachsysteme auf dem Markt. Der Angestellte trägt eine Kopfhörergarnitur, die aus einem Kopfhörer und einem Mikrofon besteht, und unterhält sich mit dem Computer.

18.2.8 Aufsicht

Der Vorgesetzte stellt den wichtigsten Kontakt der Geschäftsleitung mit den Arbeitern dar. Im allgemeinen geschieht dies auf einer Ebene, wo es eine vorgegebene Verhaltensweise bezüglich der Einstellung der Angestellten hinsichtlich der Produktion und der Firma gibt. Die Persönlichkeit des Vorgesetzten, Führungsqualitäten, technische Kompetenz, die Haltung gegenüber den Angestellten, das Verständnis von sich ändernden sozialen Bedingungen, das Bewußtsein für die gegenwärtige Lage und ein stets auf die zukünftigen Entwicklungen gerichteter Blick werden für seinen oder ihren Erfolg ausschlaggebend sein. Die Aufsicht in Distributionszentren ist im wesentlichen vergleichbar mit der in einer Montage- oder Produktionsabteilung. Die wichtigste Funktion ist der richtige Einsatz des Personals. Dies wird durch den Vorgesetzten erledigt, der die Meinungen, Einstellungen und das Verhalten der Arbeiter beeinflussen kann, um eine optimale Produktivität zu erzielen. Die einzigen beiden Bereiche, in denen sich die Aufsicht in Distributionszentren von der Aufsicht in Produktionsabteilungen unterscheidet, sind die besonderen technischen Kenntnisse im Distributionszentrum und die Möglichkeit, Angestellte zu überwachen, die häufig außer Sicht des Vorgesetzten sind (über verschiedene Lager- und Kommssionierungsgänge verteilt).

Distributionszentren unterscheiden sich in der physischen Größe und in der Größe des Personals. Da dieses Handbuch alle Distributionszentren abhandeln möchte, sollte der Leser diesen Punkt berücksichtigen, wenn er an die Größe seiner eigenen Organisation und den Grad der Entwicklung denkt. Größere Unternehmen verfügen im allgemeinen über Humanressourcen oder eine Personalabteilung, die bei der Schulung und Entwicklung von Vorgesetzten helfen kann und Unterstützung und Rat beim komplexen Gebiet von Beziehungen zwischen Arbeitgeber und Arbeitnehmer, beim Verhalten von Personen und dem Verständnis für diese sowie der Einhaltung der verschiedenen Beschäftigungsgesetze und -regelungen geben kann.

Der gegenwärtige technische Stand von Distributionszentren geht von einem vollständig manuellen Umfeld bis hin zu ausgeklügelten papierlosen System unter Verwendung von Barcodes, Laserscannern, Echtzeitkontrolle durch Datenfunk und hochwertigen Softwareprogrammen. Der Grad der Mechanisierung und/oder Automatisierung hat einen entscheidenden Einfluß auf die Größe des Personalbestands. Es beeinflußt außerdem das Ausmaß von Wissen und Kontrolle, welches dem Vorgesetzten zur Verfügung steht.

Die dynamische Veränderung der Aufsichtsfunktion

Die Position des Vorgesetzten hat sich im zwanzigsten Jahrhundert drastisch verändert. Das Zeitalter des autoritären Vorgesetzten ist vorbei. Moderne Vorgesetzte müssen ihre Aufgabe durch gute Menschenführung erledigen. Diejenigen, die als Vorgesetzte ausgewählt werden, müssen ihre Führungsqualitäten weiterentwickeln. Wenn man eine führende Position innehat, verleiht einem dies Autorität, macht einen jedoch noch nicht zu einer Führungspersönlichkeit. Führungsqualitäten müssen erlernt und entwickelt werden, und die Entwicklungsphase hört nie auf. Die dynamischen Aspekte der Belegschaft erfordern eine veränderte Einstellung der Geschäftsleitung. Die Vorgesetzten sollten von Programmen im Bereich Arbeitgeber-Arbeitnehmer-Beziehung, zwischenmenschliche Beziehungen, Industriepsychologie und ähnlichen Programmen profitieren, die von der Firma, der Gemeinde, Universitäten, Industrie- oder anderen Vereinigungen angeboten werden. Selbst Vorgesetzte mit einer abgeschlossenen Ausbildung sollten an den vorgenannten Kursen teilnehmen, um die Konzepte und Trends auf diesen Gebieten zu vertiefen und auf dem neuesten Stand zu bleiben. Die Beziehung, die sich zwischen der Aufsicht und der Belegschaft entwickelt, ist von ganz besonderer Wichtigkeit. Diese Beziehung entscheidet häufig darüber, ob es eine von Konfrontation geprägte „Wir-Sie“-Haltung oder eine harmonische

„Wir sind eins“-Einstellung gibt. Arbeitnehmer und Firma hängen voneinander ab. Die Firma kann nicht ohne die Angestellten existieren, und die Angestellten können ihre wirtschaftlichen Ziele nicht ohne einen Arbeitgeber umsetzen. Das allgemeine Ziel eines Vorgesetzten muß es sein, für eine Zusammenarbeit in harmonischer Atmosphäre zu sorgen.

Eine gute Aufsichtsführung ist eine zu erlernende Fertigkeit. Das Thema ist sehr umfassend und weitreichend. Wenn ein Vorgesetzter in der Geschäftsleitung vorankommen will, ist der Ausbau der Führungsqualitäten von großer Bedeutung. Je weiter man in der mittleren Unternehmensführung vorankommt, desto wichtiger wird das Wissen darüber, wie man Unternehmensziele durch Menschenführung erreicht.

Die Aufgaben der Vorgesetzten

Ein Vorgesetzter ist dafür verantwortlich, daß er eine Reihe von Aufgaben, Situationen und Problemen kennt, versteht und angeht. Es folgt eine Aufstellung der Pflichten Aufgaben und Probleme, denen sich ein Vorgesetzter entweder täglich oder in weniger häufigeren Abständen gegenübersieht.

- *Planung:* Dies schließt die Festlegung von gegenwärtigen und zukünftigen Zielen und den für die Umsetzung notwendigen Verfahren und Vorgehensweisen ein. In einigen Organisationen wird das tägliche Produktionsziel von der Produktionskontrolle festgelegt; in anderen Organisationen muß der Vorgesetzte diese Funktion übernehmen.
- *Organisation:* Dies bedeutet, daß den Arbeitern Aufgaben zugeteilt werden. Es müssen Entscheidungen getroffen werden, wie man individuelle Fähigkeiten am besten einsetzt, um die Ziele der Gruppe, der Abteilung und der Firma durchzusetzen. Wenn es keinen Produktionsstandard vor Ort gibt, muß der Vorgesetzte die Größe der Mannschaft für jede durchzuführende Funktion bestimmen.
- *Personalausstattung:* Die schließt die Auswahl und Ausbildung von Arbeitern ein. Einige Unternehmen verfügen über eine *Abteilung für Human Relations* zur Hilfe bei der Einstellung, Auswahl und Schulung von Arbeitern. Bei weniger strukturierten Organisationen kann ein Vorgesetzter für die Einstellung von Arbeitern verantwortlich sein. Dies stellt ein Gebiet dar, bei dem der verantwortliche Vorgesetzte alle Gesetze und Regelungen kennen muß, die für den Arbeitgeber gelten. Der Wortlaut einer Stellenanzeige kann einen Verstoß gegen die gesetzlichen Bestimmungen bezüglich der Diskriminierung durch Alter, Geschlecht und/oder körperli-

che Fähigkeit beinhalten. Das Bewerbungsformular der Firma kann gegen das Gesetz verstoßen. Zum Beispiel ist die Rubrik „Geburtsdatum" eine legitime Information, nachdem die Person eingestellt worden ist. Jedoch kann dies auf einem Bewerbungsformular als eine Diskriminierung wegen Alters angesehen werden, wenn es nicht einen guten Grund für diese Frage gibt, z.B. wenn die Firma Zweifel an der Volljährigkeit des Bewerbers im Hinblick auf die Gesetze zur Beschäftigung von minderjährigen Personen oder die Versicherungsregelungen hat.

- *Leiten:* Dies schließt die tägliche Aufsicht von Angestellten ein, genauso wie die Sicherstellung der notwendigen Schulung von Einzelpersonen oder Gruppen.
- *Controlling:* Dies beinhaltet die Festlegung der Prioritäten bei den Aufgaben zum Erreichen der Ziele.
- *Technische Kompetenz:* Hiermit ist die Fähigkeit gemeint, die Maschinen zu bedienen und die Operationen und Vorgänge der Abteilung zu verstehen.
- *Entwicklung von Loyalität der Angestellten:* Dies bedeutet, daß eine Atmosphäre des Vertrauens zwischen den Arbeitnehmern und dem Unternehmen geschaffen wird. Es ist also eine „Wir sind eins"-Einstellung zu erreichen. Die Achtung und die Zustimmung der Angestellten ist dadurch zu gewinnen, daß man fest aber fair auftritt, das entgegengebrachte Vertrauen rechtfertigt und ihnen hilft, genauso wie man ihnen erlaubt, einem selbst zu helfen.
- *Lob einer guten Arbeit:* Konstruktive Kritik von Fehlern. Lob ist eine öffentliche Verkündigung; Kritik ist persönlich und privat.
- *Möglichkeiten bieten:* Den Angestellten muß die Chance gegeben werden, mit einem Minimum an Aufsicht zu arbeiten. Man muß jedoch in der Lage sein, diejenigen, die Unterstützung brauchen und suchen, zu erkennen und ihnen zu helfen.
- *Aufbau der Moral:* Die Einstellung und Geisteshaltung der Angestellten ist im Hinblick auf die Aufgabe oder die Firma zu entwickeln.
- *Disziplin:* Man sollte fair und fest auftreten und ein Verzeichnis von disziplinarischen Maßnahmen führen, welches vom Angestellten oder eventuell vom Betriebsrat zu unterschreiben ist.
- *Drogen und Alkohol:* Seien Sie in der Lage, das Problem zu identifizieren und es im Einklang mit der Unternehmenspolitik zu lösen.
- *Gewerkschaften:* Wenn Angestellte unter Vertrag stehen, ist sicher zu stellen, daß der Vertrag bekannt ist und verstanden wird. Es ist zu überprüfen und sicherzustellen, daß der Vertrag auf die gleiche Weise ausgelegt wird wie von anderen Mitgliedern der Unternehmensführung.

- *Motivation:* Es muß verstanden werden, was die Angestellten zur Produktion motiviert und wie sich die Motivationsfaktoren verändern.
- *Auswirkungen von privaten Angelegenheiten auf die Arbeit:* Der Vorgesetzte muß in der Lage sein, private Faktoren zu identifizieren, zu verstehen und zu handhaben, die die Produktion beeinflussen, wie Probleme des Angestellten, seien es finanzielle oder gesundheitliche Probleme, Heirat, Krankheit von anderen Familienmitgliedern, das Wohlergehen und Verhalten der Kinder und andere vergleichbare Angelegenheiten, die Leute beunruhigen. Es wird von Ihnen nicht erwartet, daß Sie in solchen Dingen Rat geben, jedoch sollten Sie auf jeden Fall in der Lage sein, zu erkennen, daß solche Faktoren die Haltung und die Leistung der Angestellten beeinflussen können, und Sie sollten bereit sein, zu empfehlen, daß das Human-Relations-Personal ein Gespräch mit diesen Angestellten führt.
- *Fehlen am Arbeitsplatz:* Finden Sie die Gründe dafür und die zu treffenden Abhilfemaßnahmen heraus.
- *Anpassung an eine sich verändernde Belegschaft:* Die Belegschaft verändert sich aus vielen Gründen, und der Vorgesetzte muß sich dieser Veränderungen bewußt sein und dementsprechend reagieren. Gesetze und Vorschriften wie auch die Mobilität der Bevölkerung und Immigration können Einfluß auf die Belegschaft haben. Wenn sich die Zusammensetzung des Personals ändert, muß der Vorgesetzte die Bedürfnisse, Wünsche und die gesellschaftlichen Eigenschaften der sich bildenden Mehrheit von Arbeitern verstehen lernen, um die notwendigen Führungseigenschaften aufrechtzuerhalten. Die Belegschaft kann sich hinsichtlich Alter, Geschlecht, Rasse, ethnischem Ursprung und Ausbildung ändern.
- *Handhabung von Beschwerden:* Unabhängig davon, ob es sich um ein gewerkschaftspflichtiges oder gewerkschaftsfreies Unternehmen handelt, muß der Vorgesetzte lernen, wie eine Beschwerde eines Arbeitnehmers zu handhaben ist. Die Beschwerde kann dergestalt sein, daß das Problem auf einer höheren Ebene gelöst werden muß. Entscheidungen bezüglich Beschwerden sollten genauso wie Disziplinarentscheidungen nur getroffen werden, nachdem der Vorgesetzte genügend Zeit hatte, um über die Angelegenheit nachzudenken und sich von der emotionalen Seite der Angelegenheit freizumachen.
- *Budgetierung:* Seien Sie sich der Betriebskosten und ihren Funktionen innerhalb der festgesetzten Kostengrenzen bewußt, bewahren Sie Aufzeichnungen darüber auf und leiten Sie diejenigen, bei denen Probleme mit der Kostendämmung bestehen, an die Geschäftsführung weiter.
- *Qualität:* Die für die Aufgabe festgelegten Leistungsstandards sind zu erfüllen.

- *Unfallverhütung und Sicherheit:* Praktiken und Zustände, die zu Unfällen führen könnten, sind zu identifizieren. Untersuchen Sie die Ursachen aller Umstände gründlich, zeichnen Sie die Fakten und nicht Vermutungen auf. Legen Sie ein beispielhaftes Sicherheitsbewußtsein an den Tag.
- *Kündigung:* Eine angemessen gehandhabte Kündigung kann sowohl dem Arbeitgeber wie auch dem Angestellten zugute kommen. Es sollte eine Erklärung der Kündigungsgründe gegeben werden, jedoch erst, nachdem die Emotionen abgeklungen sind und die Situation gründlich durchgedacht worden ist.
- *Vorbeugung von Diebstahl:* Das Umfeld des Distributionszentrums mit seiner Verfügbarkeit von fertigen Waren macht es zu einem bevorzugten Gebiet für Diebstahl. Der Vorgesetzte muß sich des Diebstahlproblems hier mehr bewußt sein als in anderen Bereichen, wo das Produkt keinen oder nur geringen Wert für potentielle Diebe hat.
- *Kommunikation:* Häufig wird die Kunst des Zuhörens und das Verständnis der Körpersprache betont, um die Kommunikationsfähigkeit zu verbessern. Jedoch findet Kommunikation häufig am Telefon und/oder durch Mitteilungen statt. Die Person, von der die Kommunikation ausgeht, kennt das Problem und die näheren Umstände schon. Die Schwierigkeit liegt darin, dieses Wissen einer anderen Partei zu vermitteln, wobei man fähig sein muß, eine andere Person in die Lage zu versetzen, daß diese das, was Sie schon wissen, versteht und visualisiert. Die Verwendung der geeigneten Fachsprache und detaillierte Beschreibungen können bei der Kommunikation helfen.

Anforderungen an Grundkenntnisse

Vorgesetzte, die nicht über einen persönlichen Stab verfügen, sollten ihre Kenntnisse auch im Bereich der Methodenanalyse, Arbeitsvereinfachung, architektonische Gestaltung, Techniken zur Bewertung von Ausrüstung, Analyse der Raumausnutzung und Grundsätze des Materialtransports erweitern.

Die heutigen Vorgesetzten benötigen ein sehr breites Wissen, um alle Aufgaben der Position bewältigen zu können.

Eine ständige Fortbildung in verschiedenen Kategorien der Aufsichtspflichten und -tätigkeiten ist erforderlich, um die Qualifikation auf dem laufenden zu halten.

Personal

Die Personal- oder Human-Relations-Abteilung ist eine hochentwickelte Stabsfunktion, die viele Facetten des Distributionszentrums wie auch andere Tätigkeiten handhabt. Dieser Abschnitt behandelt nur die Themen, die speziell für Distributionszentren zutreffen.

- *Sicherheit*: Ein Sicherheitsprogramm sollte eingerichtet werden, und die Personalabteilung solle das Programm anführen bzw. aktiv überwachen und die Geschäftsleitung des Distributionszentrums in diesem Bereich beraten.
- *Ausbildung von Hubwagenfahrern*: Durch die OSHA-Bestimmungen wird nur ausgebildeten und ermächtigten Bedienern erlaubt, industrielle Kraftfahrzeuge zu betreiben. Hierzu ist Quellenmaterial von den veröffentlichten OSHA-Bestimmungen und ANSI B56.1 3 erhältlich. Ein vollständiges Trainings- und Testprogramm einschließlich Dias, Aufbau eines Testkurses und Referenzmaterialien können bei der „Materials Handling and Management Society“ (MHMS) bezogen werden[4]. Auch Hersteller von Hubwagen haben solche Programme erstellt. Die Ausbildung von Hubwagenfahrern ist wichtig. Es wird daran erinnert, daß der Besitz eines Kfz-Führerscheins einen Angestellten nicht als Hubwagenfahrer qualifiziert. Die Ausbildungsverantwortlichen der Personalabteilung sollte dieses Programm koordinieren.
- *Ärztliche Untersuchungen*: Die Personalabteilung sollte außerdem eine ärztliche Untersuchung von Hubwagenfahren und Kranführern in regelmäßigen Abständen veranlassen. Eine optimales natürliches oder korrigiertes Sehvermögen sowie eine gute räumliche Wahrnehmung sind von Bedeutung. Auch ein ausgeprägtes Gehör ist erforderlich, insbesondere für Kranführer, die ein System benutzen, welches eine akustische Kommunikation mit visuellen Signalen kombiniert.
- *Schulung*: Die Personalabteilung ist für die Schulung der Angestellten verantwortlich. Zum Beispiel werden die Angestellten eine Schulung benötigen, wenn eine Umstellung von einem manuellen System mit Stift und Papier auf ein Online- oder Computersystem zur Aufzeichnung oder eine Umstellung von einem Betrieb mit mechanischen Hubwagen zu solchen mit eingebauten Mikroprozessoren vorgenommen wird.
- *Tests*: Hubwagenfahrer müssen in der Lage sein, Lade- und Laufkarten sowie Regal- und Palettenstandorte zu lesen. Sie müssen das Adressensystem, welches in einem Distributionszentrum verwendet wird, lesen und verstehen können. Die Personalabteilung sollte eine Reihe von Tests erstellen, um Kandidaten für Positionen im Distributionszentrum zu bewerten.

18.2.9 Gewerkschaften

Die Leute sind sich der Gewerkschaften und ihrer Aktivitäten sehr bewußt, jedoch sind erstaunlicherweise nur 15 bis 20 Prozent der Industriearbeiter in den Vereinigten Staaten gewerkschaftlich organisiert. Die Einstellung der Angestellten zu Gewerkschaften variiert sowohl geographisch als auch demographisch (z.B. Städter im Vergleich zu Landbewohnern, qualifizierten gegenüber unqualifizierten Arbeitnehmern). Der wichtigste Punkt bei der Einstellung zu den Gewerkschaften ist wohl, ob die Angestellten eine „Wir sind eins"-Haltung gegenüber dem Arbeitgeber oder eine „Wir und sie"-Haltung einnehmen.

Maßnahmen während der Organisation einer Gewerkschaft

Wenn der Arbeitsplatz gewerkschaftsfrei ist und es Anzeichen dafür gibt, daß Gewerkschaftsaktivitäten vor sich gehen, sollte die Geschäftsleitung unverzüglich die Dienste eines Spezialisten oder Anwalts für Arbeitsrecht bemühen, um diesbezüglich Rat einzuholen. Es gibt Gesetze und Regelungen, die sich speziell mit den erlaubten und den nicht erlaubten Aktivitäten der Geschäftsleitung, der Angestellten und der Gewerkschaft während der Organisationsphase befassen. Die Vorgesetzten und die Geschäftsleitung sollten sich jeglicher Kommentare und Stellungnahmen über Gewerkschaften und deren Organisationsaktivität enthalten, bis das Unternehmen den Rat eines Spezialisten eingeholt hat. Das „National Labor Relations Bord" (unabhängige Regierungsstelle zur Überwachung der Arbeitnehmerrechte und -pflichten) hat sehr genaue Richtlinien darüber erstellt, worüber und wie Vertreter des Unternehmens, Manager und Vorgesetzte Kommentare abgeben dürfen und ob sie Fragen von Angestellten beantworten sollen.

Arbeitsrecht ist ein sehr kompliziertes Thema, und Verhandlungen sollten nie von Nicht-Fachleuten geführt werden. Eine Geschäftsleitung, die eine angemessene Beratung erhalten hat, sollte in der Lage sein, Fragen der Angestellten bezüglich einer Organisationskampagne zu beantworten. Es ist von entscheidender Bedeutung, bei einer solch kritischen Frage eine professionelle Beratung zu haben, und zwar möglichst früh.

Wenn für das Distributionszentrum ein Tarifvertrag besteht, ist es wichtig für die Geschäftsleitung, sich daran zu erinnern, daß alle Rechte und Vorgehensweisen der Geschäftsleitung sowie die Einschränkungen im Vertrag aufgeführt werden. Maßnahmen und Erwartungen werden von einem spezifischen Vertrag behandelt. Die Beziehungen zwischen Arbeitnehmern und Arbeitgebern in anderen Unternehmen mögen beachtenswert sein, jedoch sind die Rechte und die Verpflichtungen jedes Unternehmens im eigenen Vertrag festgelegt. Was gemäß einem Arbeitsvertrag gilt, kann für eine andere Situation vollkommen unangebracht sein.

Disziplin in einem Gewerkschaftsumfeld

Die Geschäftsleitung – in erster Linie die unmittelbaren Vorgesetzten – sollten geschult werden. Diese Schulung bei Disziplinarmaßnahmen sollte häufig überprüft werden. Handlungen wie Kämpfe, Trinken, Drogengenuß, Spielen, Diebstahl und Weigerung, eine berechtigte Anweisung auszuführen, erfordern unverzügliche Maßnahmen der Vorgesetzten. Es ist wichtig, daß diese Maßnahmen schnell und korrekt sind, aber es ist auch genauso wichtig, keine Überreaktion an den Tag zu legen. Sofern dies möglich ist, sollte der Vorgesetzte warten, bis sich die Aufregung gelegt hat, bevor er eine Disziplinarmaßnahme ergreift. Dies kann zum Beispiel so aussehen, daß der Vorgesetzte zum Leiter der Personalabteilung oder zur nächsten Leitungsebene geht, um die Situation und die beabsichtigte Disziplinarmaßnahme zu diskutieren. Ein zu rasches Vorgehen kann die Moral der Abteilung beeinträchtigen, wenn es eine „Wir-Sie"-Einstellung gibt, und der Vorgesetzte sollte eine impulsive Entscheidung zurücknehmen. Solche Vorfälle tragen zur Polarisierung von Einstellungen bei.

Die häufigste Situation, mit der ein Vorgesetzter konfrontiert wird, ist eine Beschwerde. Es gibt mehrere Schritte oder Ebenen, die eine Beschwerde durchlaufen kann und es gibt die Möglichkeit, die Beschwerde auf einer dieser Ebenen aus der Welt zu schaffen. Der erste Schritt besteht darin, daß ein informelles Gespräch stattfindet, in dem ein Arbeitnehmervertreter dem Vorgesetzten eine Beschwerde darüber vorbringt, was er als eine Verletzung eines existierenden Arbeitsvertrags ansieht. Der Vorgesetzte erklärt dem Arbeitnehmer seine Auffassung über die Anwendung des Vertrags. Wenn keine Übereinstimmung erzielt werden kann, wird das im Vertrag festgelegte Verfahren in Gang gesetzt, wodurch verschiedene Ebenen der Geschäftsleitung und Gewerkschaftsvertreter die Angelegenheit lösen sollen. Der Vertrag sieht häufig vor, daß, wenn eine Angelegenheit nicht von den Vertragsparteien geklärt werden kann, sie an eine dritte Partei zur Schlichtung der Frage weitergegeben wird.

Eine Schlichtung ist kostenaufwendig, und beide Parteien teilen sich die Kosten für das Schlichterhonorar. Hier wird die Meinung eines Außenstehenden über etwas eingeholt, was eigentlich die beiden Parteien angeht. Präzedenzfälle haben geringen Einfluß auf die Entscheidung eines Schlichters. Jeder Fall wird unabhängig auf der Grundlage des Vertrags und der dazugehörigen Vereinbarungen bewertet. Selbst wenn ein Fall eine große Ähnlichkeit mit einem früheren Fall aufweist, kann die Entscheidung unterschiedlich ausfallen.

Arbeitsrecht ist ein Feld für sich und unterscheidet sich von anderen Rechtsgebieten. Strafrecht beruht auf einem Verschulden ohne berechtigten Zweifel. Das Deliktrecht beruht auf dem überwiegenden Ergebnis der Beweisaufnahme. Das Arbeitsrecht beruht auf dem Vertrag und der Absicht der Parteien.

Die Geschäftsleitung und die Vorgesetzten sollten jede Möglichkeit nutzen, ihre Kenntnisse und ihr Verständnis hinsichtlich Gewerkschaften und Beziehung zwischen Arbeitgebern und Arbeitnehmern zu erweitern. Wie schon gesagt, benötigt die Geschäftsleitung Arbeitnehmer, die die wirtschaftliche Aktivität durchführen und die Arbeitnehmer brauchen die Unternehmer, um ihre monetären Ziele zu erreichen. Wir sollten uns bemühen, eine Atmosphäre zu schaffen, in der beide Parteien ihre Ziele zum gegenseitigen Nutzen erreichen können.

18.2.10 Anreizsysteme

Anreizsysteme können in Distributionszentren effektiv genutzt werden, wenn sie an die Bedingungen des Umfelds eines Distributionszentrums angepaßt werden. Ein Anreizsystem ist eine Möglichkeit, eine verbesserte Fertigkeit und größere Anstrengung durch eine bessere Vergütung zu belohnen. Traditionell beruhte das Anreizsystem ausschließlich auf den Fertigkeiten und den Anstrengungen der Angestellten. Um die Leistungszulage zu erhalten, muß der Angestellte mehr Energie für die Erfüllung der Aufgabe aufbringen, eine größere Geschicklichkeit an den Tag legen, seine Zeit während der Schicht besser ausnutzen und bessere persönliche Methoden entwickeln (Arbeitnehmer haben im allgemeinen das Recht, von den Vorteilen ihrer eigenen Verbesserungen von Methoden zu profitieren, es sei denn, daß dies durch ein Vorschlagssystem geregelt wird).

Bei der Produktion trägt die Tatsache, daß sich die Arbeit immer wiederholt, zur Rechtfertigung von Anreizsystemen für das Personal bei. Die Implementierung und die Verwaltung von individuellen Anreizprogrammen haben sich als nützlich erwiesen. Jedoch macht die Diversifikation der Arbeit, die breite Basis für die Festsetzung von Normen in einem Distributionszentrum sowie die Kosten für die Durchführung eines solchen Programms ein individuelles Anreizprogramm sehr schwierig. In einer solchen Situation ist ein Gruppenanreiz ein praxisgerechterer Ansatz.

Bevor ein Anreizprogramm in Gang gesetzt wird, sollte es eine feste Verpflichtung seitens der Geschäftsführung geben, den Plan zu unterstützen und die Verwirklichung durchsetzen. Der Plan muß den Arbeitnehmern gründlich erklärt werden, mit allen Vorteilen, die dies sowohl für die Geschäftsleitung als auch für die Arbeitnehmer mit sich bringt. Die Erklärung sollte die Auswirkung auf das System abdecken, wenn neue Methoden, eine neue Ausrüstung und/oder neue Produkte eingeführt werden.

Dies unterscheidet sich von einer durch die Geschäftsleitung ausgeführten Arbeitsvereinfachung, dem Erwerb von technisch fortschrittlicheren Maschinen, Veränderungen beim Produktentwurf, baulichen Veränderungen der Werkstatt oder des Arbeitsplatzes und Veränderungen bei den Werkzeugen, die das Potential für Produktivität betreffen. In diesen Fällen kommen die Vorteile in der Regel dem Arbeitgeber zugute und stellen einen Wechsel der Methode dar.

Wenn eine neue Ebene der Produktivität erreicht worden ist, erwartet man, daß diese aufrechterhalten wird und die Vorteile ständig auf Angestellte und Arbeitgeber aufgeteilt werden. Seit Beginn dieses Jahrhunderts gab es etwa 10 populäre Anreizprogramme, die auf individuelle Fertigkeiten und Anstrengungen beruhten. Diese Programme sind immer noch wirksam. Die drei beliebtesten Produktivitätspläne sind der *Scanlon-Plan*, der *Rucher-Plan* und *IMPROSHARE (Improved PROductivity through SHARing = verbesserte Produktivität durch Teilen)*[5]. Diese Programme sehen einen Anreiz vor, um die Produktivität zu verbessern, was sowohl zum Vorteil der Angestellten wie auch des Arbeitgebers ist. Statt die Ergebnisse der individuellen Fertigkeiten und Anstrengungen zu messen, wird das Personal als ein Ganzes bewertet. Die Verbesserungen werden mehr durch ständige Verbesserungen der Gruppe als durch fluktuierende Verbesserungen der individuellen Fertigkeiten und Anstrengungen erzielt. Daher ist die Erhöhung der Produktivität konstanter.

Die Entwicklung eines Anreizsystems für ein bestimmtes Distributionszentrum sollte von Leuten durchgeführt werden, die über Erfahrung auf diesem Gebiet verfügen. Es ist notwendig, den Betrieb und die Einstellung der Angestellten zu analysieren und dann ein Verfahren zu entwickeln, welches sich am besten für die betreffende Situation eignet.

Zugleich mit einem Produktivitätsprogramm müssen sich Manager und Vorgesetzter der Produktqualität, der Einhaltung der Fristen für jede Lieferung und der Kontrolle der Kosten bewußt sein, wenn sie das Ziel der Zufriedenheit von den Kunden des Distributionszentrums erreichen wollen. Der Rahmen eines Systems zur Messung der Produktivität eines Distributionszentrums sollte Faktoren beinhalten, um die Rechtzeitigkeit der durchgeführten Bestellung, den Prozentsatz der bearbeiteten Aufträge, den Anteil der Schäden bei der Handhabung gegenüber den Versandschäden zu bewerten und ob diese Ziele mit akzeptablen Kosten erreicht werden. Es ist einfach, in einem Gebiet auf Kosten von anderen Zielen hervorragende Ergebnisse zu erreichen.

Im modernen Distributionszentrum muß das Personal ist der Lage sein, auf die Nachfrage nach einer schnellen Kommissionierung und einer schnellen Nachbestellung zu reagieren, und dies innerhalb der Anforderungen, die von einem erfolgreichen Unternehmen an Zeit, Qualität und Kostenbeschränkung zu stellen sind.

18.3 Literaturhinweise

[1] Vergriffen, jedoch sind Kopien bei Leslie Harps, Silver Spring, MD, 301-585-0730 erhältlich.

[2] Gavriel Salvendy, Herausgeber, *Handbook of Industrial Engineering*, zweite Auflage, John Wiley, New York, 1992.

[3] American National Standards Institute, 345 East 47th Street, New York, NY 10017.

[4] Materials Handling and Management Society, 8720 Red Oak Blvd. Suite 224, Charlotte, NC 28217.

[5] IMPROSHARE wurde von Mitchell Fein, New Rochelle, NY, entwickelt. Für weitere Informationen setzen Sie sich in Verbindung mit: Industrial Engineering and Management Press, Institute of Industrial Engineers, 25 Technolgy Park, Norcross, GA 30092

19 Lageraktivitäten

EDWARD H. FRAZELLE
Leiter des Logistics Institute,
Georgia Institute of Technology
JAMES M. APPLE, JR.
Leiter des Distribution Design Institute

Eine der jährlich abgehaltenen Konferenzen des Rates für Warenlagerausbildung und -forschung hatte den Titel: „Die Erfüllung von steigenden Anforderungen“. Dies ist kein Wunder! Die Just-in-time-Philosophie hat sich von der Herstellung zum Vertrieb hin weiterentwickelt. Wo es früher ausreichend war, 100 Einheiten eines Produkts am Montag zu versenden, um eine Wochenlieferung durchzuführen, müssen wir heute 20 Einheiten an jedem Wochentag versenden. Die Menge des versandten Materials bleibt gleich, jedoch sind es fünfmal so viele Vorgänge.

Programme für eine schnelle Reaktion haben die Zeit, auf Kundenwünsche zu reagieren, reduziert. Der Standard für den Bestellrhythmus hat sich sehr schnell auf den Versand noch am gleichen Tag oder über Nacht verkürzt. Die reduzierten Fristen begrenzen die verfügbaren Strategien für Produktivitätsverbesserung und führen dazu, daß die Funktionalität und Kapazität von Kontroll- und Materialhandhabungssystemen von Warenlagern immer wichtiger werden.

Die Bemühungen um bessere Qualität griffen ebenfalls von der Produktion auf die Lagerhaltung und den Vertrieb über. Als Ergebnis davon verbesserten sich die Normen für die Genauigkeit drastisch. Heute liegt die durchschnittliche Genauigkeit beim Versand in US-Lagern bei ungefähr 99 Prozent. Der japanische Standard von einem Fehler pro 10.000 Sendungen setzt sich jedoch schnell als akzeptabler Standard durch.

Eine erneute Betonung des Kundendienstes erhöht die Anzahl und Verschiedenheit der Mehrwertdienste im Lager. Die zusätzlichen Dienste können die Bereitstellung, besondere Verpackung, Anbringung von Etiketten etc. beinhalten. Zum Beispiel zählt und verpackt ein großer Händler von Feinpapier individuelle Papierbögen für den Versand am nächsten Tag. Ein großer Discounthändler verlangt von seinen Großhändlern, daß sie Zwischenlagekartons zwischen jeder Schicht Kisten auf einer Palette anbringen, um die interne Verteilung zu erleichtern.

Eine größere Betonung des Kundendienstes und sich entwickelnde Kundenanforderungen in den Vereinigten Staaten haben auch die Anzahl der Einzelposten in einem typischen Warenlager oder Distributionszentrum erhöht. Das Resultat, die *Erhöhung der Lagerhaltungseinheiten (SKU)*, wird vielleicht am besten durch die Entwicklung in der Getränkeindustrie veranschaulicht. Noch vor wenigen Jahren bestand die Getränkeabteilung in einem typischen Lebensmittelladen aus zwei oder drei Geschmacksrichtungen in 0,3 Flaschen in Sechserpackungen. Heute bietet eine typische Getränkeabteilung Cola (normale und Diätcola, koffeinhaltig und koffeinfrei), Mineralwasser und Getränke mit Fruchtgeschmack in 6er-, 12er- und 24er-Packungen von Glas- und Plastikflaschen, Dosen und 1-, 2- sowie 3-Liter-Flaschen.

Schließlich haben ein verstärktes Umweltbewußtsein, die Bemühung um den Erhalt von natürlichen Ressourcen und Sicherheit des Personals zu strikteren Vorschriften für den Entwurf und die Durchführung von Warenlageraktivitäten geführt.

Die traditionelle Antwort auf die steigende Nachfrage besteht darin, daß zusätzliche Ressourcen vorgesehen sind. In der Lagerhaltung bestehen diese Ressourcen aus Personal, Ausrüstung und Platz. Leider ist es schwierig, diese Ressourcen zu erhalten und aufrechtzuerhalten. Vor der letzten Rezession sahen Wirtschaftsprognosen einen Mangel an Arbeitskräften voraus. In dem Maße, wie sich die Wirtschaft erholt, bekommen wir die Auswirkungen des Mangels an Arbeitskräften zu spüren. Außerdem werden wir uns an ein Personal anpassen müssen, das durch höheres Alter, verstärktes Auftreten von nicht englisch sprechenden Minderheiten und zurückgehenden technischen Fertigkeiten gekennzeichnet ist. Des weiteren erschweren verstärkte Sicherheitsnormen von OSHA (Organisation zur Festlegung und Durchsetzung von Arbeitsschutzbestimmungen) und durch das amerikanische Invalidengesetz die Leitung von großen Belegschaften immer mehr. Neue Normen zur Sicherheit und Zusammensetzung von Arbeitskräften durch OSHA und das amerikanische Invalidengesetz machen es außerdem schwierig, sich auf eine größere Belegschaft als Weg zur Erfüllung der gestiegenen Anforderungen bei Lagerhaltungsaktivitäten zu verlassen.

Wenn Arbeitskräfte nicht die Antwort darstellen, wenden wir uns traditionell der Mechanisierung und Automatisierung zu, um gestiegenen Anforderungen zu genügen. Leider war die Erfahrung mit der Anwendung von High-Tech bei Warenlageraktivitäten als Ersatz für Arbeitskräfte nicht herausragend. In vielen Fällen haben wir uns zu sehr auf High-Tech als Ersatz für Arbeitskraftprobleme verlassen. Außerdem ist eine fortschrittliche Technologie schwieriger zu rechtfertigen, wenn das Kapital knapp wird, eine Betriebsverkleinerung wichtiger wird und Unternehmenszusammenschlüsse sowie das Auftauchen von neuen Konkurrenten es zunehmend erschweren, die Zukunft vorherzusagen.

Angesichts der schnell steigenden Anforderungen an die Lagerverwaltung und ohne die Verfügbarkeit von zusätzlichen Ressourcen ist die Planung und Leitung einer Lagerverwaltung heute sehr schwierig. Um die Aufgabe zu erfüllen, müssen wir nach Vereinfachung und Verfahrensverbesserung bei Warenlagern und Distributionszentren streben. Hierfür dient dieses Kapitel als Richtlinie für Verbesserungen der Lagerhaltung durch die Anwendung der besten verfügbaren Verfahren und Material-Handhabungssysteme für Lagerhaltung. Wir beginnen mit einer Einführung in die Aufgaben eines Warenlagers. Ein Weg, die Lagerhaltungsaktivitäten neu zu gestalten, liegt darin, jede Lagerfunktion und jeden Handhabungsschritt im Hinblick auf die Aufgabe des Warenlagers zu rechtfertigen. Wenn eine Funktion nicht klar der Aufgabe der Lagerhaltung dient, sollte sie abgeschafft werden. Desgleichen kann es sein, daß eine oder mehrere Funktionen hinzugefügt werden müssen, um sicherzustellen, daß die Lagerhaltungsaktivitäten der Aufgabe eines Warenlagers besser entsprechen. Zum Beispiel kann es zur Verbesserung der Reaktionszeit innerhalb des Lagers notwendig sein, eine Crossdocking-Funktion einzurichten. Wir wenden unsere Aufmerksamkeit dann den individuellen Funktionen und Aktivitäten innerhalb des Warenlagers zu. In der Einführung stellen wir jede Funktion vor und beschreiben deren Zielsetzung. Danach wird jede Funktion detailliert beschrieben, und die am besten anwendbaren Grundsätze und Systeme zur Durchführung derselben festgelegt. Wir schließen mit einem Ausblick auf das Warenlager der nächsten Generation.

Eine umfassende Abhandlung des Themas der Lagerhaltungsaktivitäten dürfte ganze Bücher füllen und tut dies auch. Notwendigerweise dient dieses Kapitel als Überblick für Lageraktivitäten.

19.1 Warenlager

19.1.1 Aufgaben eines Warenlagers

In einem Vertriebsnetz erfüllt ein Warenlager mindestens eine der folgenden Anforderungen:

1. Es kann Inventar beherbergen, das verwendet wird, um den Unterschied zwischen Produktionsplänen und der Nachfrage abzufedern und auszugleichen. Zu diesem Zweck befindet sich das Lager normalerweise in der Nähe der Herstellung und ist durch den Strom von vollständigen Paletten herein und heraus charakterisiert, wobei vorausgesetzt wird, daß die Größe und das Volumen des Produktes eine Palettisierung ermöglichen. Ein Lager, welches nur diese Funktion erfüllt, hat mitunter eine Nachfrage, die von einer monatlichen bis zu einer vierteljährlichen Auffüllung des Bestands zur nächsten Vertriebsebene reichen.
2. Ein Warenlager wird verwendet, um Produkte von verschiedenen Herstellungsorten einer gemeinsamen Firma oder von verschiedenen Firmen zum kombinierten Versand an gemeinsame Kunden zu sammeln und zusammenzustellen. Ein solches Warenlager kann entweder zentral an den Produktionsstätten oder an der Kundenbasis lokalisiert sein. Der Transport des Produkts ist durch volle Paletten herein und heraus gekennzeichnet. Normalerweise reagiert die Einrichtung auf regelmäßige wöchentliche oder monatliche Aufträge.
3. Warenlager sind im Distributionsbereich verteilt, um die Transportentfernungen zu verringern und somit eine schnelle Antwort auf Kundennachfragen zu erlauben. Häufig werden einzelne Artikel entnommen, und der gleiche Artikel kann jeden Tag an den Kunden versandt werden.

Abbildung 19.1 zeigt Warenlager, die diese Funktionen in einem vollständigen Verteilernetz erfüllen. Unglücklicherweise wird in vielen der heutigen Netze ein einziger Artikel in das Lager und wieder aus ihm heraus gelangen, wobei er jede dieser Funktionen zwischen dem Herstellungsort und dem Kunden erfüllt. Wenn möglich, sollten zwei oder mehr Aufgaben bei der gleichen Lageraktivität kombiniert werden. Ständige Veränderungen bei den Optionen der Verfügbarkeit und den Transportkosten machen eine Kombination für viele Produkte möglich. Bei besonderen kleinen und hochwertigen Artikeln, bei denen die Nachfrage nicht vorausgesagt werden kann, wird die Ware entsprechend der Nachfrage häufig weltweit von einer

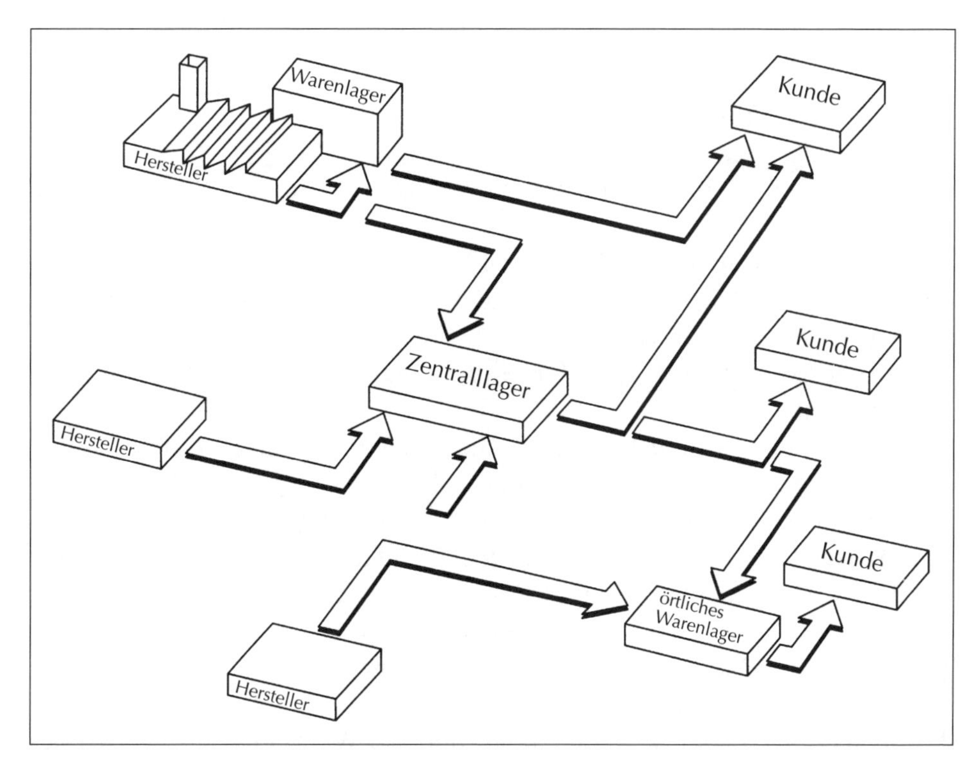

Abbildung 19.1: Rollen des Warenlagers innerhalb des Vertriebsnetzes

einzigen Quelle unter Verwendung von Rollfuhr- und Lieferdiensten verschifft.

19.1.2 Funktionen innerhalb des Warenlagers

Obwohl es leicht ist, sich ein Warenlager als eine Einrichtung vorzustellen, die durch die Lagerung von Produkten beherrscht wird, gibt es viele Aktivitäten, die als Teil des Prozesses vorgenommen werden, Material in das Warenlager hinein und aus dem Lager hinaus zu transportieren. Die meisten Lager weisen folgende Aktivitäten auf:

1. Warenannahme
2. Vorverpackung (Option)
3. Einlagerung
4. Lagerung
5. Kommissionierung

6. Verpackung und/oder Preisauszeichnung (Option)
7. Sortieren und/oder Zusammenstellen
8. Packen und Versand

Diese Funktionen können wie folgt kurz definiert werden:

1. Die *Warenannahme* besteht aus den Tätigkeiten, die dazu dienen, daß
   a) alle in das Warenlager gelangenden Materialien ordnungsgemäß entgegengenommen werden,
   b) sichergestellt wird, daß Menge und Qualität der Bestellung entsprechen und
   c) Materialien an die Lagerung oder andere Organisationsfunktionen, die sie benötigen, weitergeleitet werden.
2. *Vorverpackung* wird in einem Warenlager durchgeführt, wenn die Produkte ein Lieferant als Massengut erhält und diese dann einzeln in marktgängige Mengen oder zusammen mit anderen Teilen verpackt werden, um Sätze oder Sortimente zu bekommen. Dies geschieht, wenn die Verpackung die Raumanforderungen für Lagerungen stark erhöht oder ein Teil Bestandteil mehrerer Sätze bzw. Sortimente ist.
3. *Einlagerung* ist der Vorgang, durch den die Ware an den Lagerort gebracht wird. Er beinhaltet sowohl eine Transport- als auch eine Standortkomponente.
4. *Lagerung* ist die physische Aufbewahrung einer Ware, während diese auf eine Bestellung wartet. Die Form der Lagerung hängt von Größe und Menge der Artikel und den Handhabungseigenschaften des Produkts oder des Behälters ab.
5. *Kommissionierung* ist der Vorgang, durch den Artikel vom Lagerort entnommen werden, um einer spezifische Nachfrage zu entsprechen. Es stellt die grundlegende Dienstleistung des Warenlagers für seine Kunden dar und ist die Funktion, auf der die meisten Entwürfe von Warenlagern beruhen.
6. *Verpacken und/oder Preisauszeichnung* kann als optionaler Schritt nach der Entnahme geschehen. Wie bei der Vorverpackungsfunktion werden individuelle Artikel für die einfachere Verwendung verpackt. Wenn man bis nach der Entnahme wartet, um diese Funktionen durchzuführen, hat dies den Vorteil, daß es zu mehr Flexibilität bei der Verwendung des Lagerbestandes führt. Individuelle Artikel stehen für die Verwendung in einer der Verpackungskonfigurationen bis zu der Zeit, wo sie gebraucht werden, zur Verfügung. Die Preisauszeichnung geschieht normalerweise beim Verkauf. Vorher, bei Herstellung oder im Lager ist dies zwecklos

und führt in einem gewissen Ausmaß zu Doppelarbeit, da sich die Preislisten ändern, während sich die Ware im Lager befindet. Entnahmekarten und Preisschilder werden manchmal in einem einzigen Dokument kombiniert.

7. Das *Sortieren* von Stapel-Kommissionierungen (batch picks) in einzelne Bestellungen und die Zusammenstellung von verschiedenen Entnahmen zu Aufträgen ist dann vorzunehmen, wenn ein Auftrag mehr als einen Posten umfaßt und die Zusammenstellung nicht bei der Entnahme geschieht.
8. *Verpackung und Versand* können folgende Aufgaben beinhalten:
   - Überprüfung der Bestellungen auf Vollständigkeit
   - Verpackung der Ware in einem angemessenen Versandbehälter
   - Vorbereitung der Versandpapiere, einschließlich der Packliste, des Adressenaufklebers und des Frachtbriefs
   - Wiegen der Bestellung zur Bestimmung der Versandgebühren
   - Zusammenstellung von Bestellungen durch einen herausfahrenden Frachtführer
   - Beladen der Lastwagen (fällt häufig unter die Verantwortung des Frachtführers)

Für dieses kurze Kapitel fügen wir bei der Kommissionierung diejenigen Aktivitäten hinzu, die zuvor als Annahme, Vorverpackung und Einlagerung beschrieben wurden; bei der Kommissionierung die Aktivitäten, die vorher als Kommissionierung, Verpackung und Sortieren/Zusammenstellung beschrieben werden; beim Versand diejenigen Aktivitäten, die bei Verpackung und Versand beschrieben werden.

19.2 Warenannahme

Die Hauptziele eines Annahmesystems sind

1. das sichere und effektive Entladen der Transportfahrzeuge der Frachtführer,
2. die unverzügliche und korrekte Bearbeitung von Lagerzugängen,
3. eine angemessene Aufbewahrung von Dokumenten und Aufzeichnung von Aktivitäten und
4. eine schnelle Weiterleitung von Wareneingängen an die geeigneten Stellen zur späteren Verwendung und schnellstmöglichen Zugang zum Material zur Auftragsbearbeitung.

Wir führen nun die wichtigsten Funktionen eines typischen Warenannahmesystems auf. Wenn man sich auf ein wirksames Verfahren zur Erfüllung aller Funktionen konzentriert, führt dies zum Erreichen der Ziele eines Annahmesystems.

1. Analyse der Dokumente zu Planungszwecken, einschließlich:
   - Bestimmung von ungefähren Ankunftsdaten bezüglich Typ und Menge des Materials
   - Planung der Ankünfte der Frachtführer soweit möglich
   - Frachtführer oder Wareneingangs-Controller erhält genaue Informationen
   - Zeitweilige Lagerorte für die Vorausplanung
2. Abladen der Transportfahrzeuge der Frachtführer und Abzeichnung des Frachtbriefs oder Vermerk
3. Waren soweit wie nötig auspacken
4. Waren identifizieren und sortieren
5. Ankommende Ware mit Packzetteln vergleichen
6. Aufzeichnungen kennzeichnen, um die Aufmerksamkeit auf ungewöhnliche zu treffende Maßnahmen zu lenken.
7. Aufzeichnung von ankommender Ware auf Wareneingangsscheinen oder vergleichbaren Dokumenten
8. Feststellen von Mengenüberschreitungen, Fehlmengen und beschädigten Waren
9. Bereitstellung der eingegangenen Waren an die geeignete Stelle für die nachfolgende Verwendung
10. Aufrechterhalten von angemessenen und genauen Aufzeichnungen aller Annahmeaktivitäten

19.2.1 Grundsätze der Warenannahme

Die wirksame Erfüllung der obenstehenden Aufgaben hängt von der erfolgreichen Anwendung der folgenden Betriebsgrundsätze ab. Die Grundsätze sind als Richtlinien für die Rationalisierung von Warenannahme-Vorgängen gedacht. Sie sollen den Materialfluß durch den Annahmeprozeß vereinfachen und sicherstellen, daß dies mit minimalem Arbeitsaufwand geschieht. In der Reihenfolge der Wichtigkeit lauten sie wie folgt:

1. *Nicht annehmen:* Bei einigen Materialien ist die beste Warenannahme keine Annahme. Häufig kann die Direktlieferung – d.h. der Händler führt

direkt den Versand an den Kunden durch – Zeit und Geld sparen, die mit der Annahme und dem Versand verbunden sind. Große sperrige Artikel bieten sich für die Direktlieferung an. Ein Beispiel ist ein großes Versandhaus für Camping und Sportartikel, welches Direktlieferung für Kanus und große Zelte durchführt.

2. *Vorannahme:* Der Grund für die Bereitstellung an der Annahmestelle, die Funktion, die den größten Zeit- und Raumaufwand bei der Annahme erfordert, ist häufig die Notwendigkeit, das Material zur Zuteilung eines Lagerorts, zur Produktidentifikation usw. aufzubewahren. Diese Information kann oft vorzeitig vorliegen, indem man sie sich vom Händler zur Zeit des Versands durch EDI-Link oder Faxmitteilung besorgt. In einigen Fällen kann die Information zur Beschreibung der eingehenden Ladung auf einer Chipkarte erfaßt werden, was eine unverzügliche Eingabe der Information an der Annahmestelle ermöglicht, oder sie wird auf RF-Etiketten mitgeteilt, welche durch Transponder gelesen werden, wie dies bei einem großen Textilfabrikanten geschieht.

3. *Crossdocking:* Da es letztendlich das Ziel der Annahmeaktivität ist, Material für den Versand von Bestellungen vorzubereiten, besteht der schnellste, produktivste Warenannahmeprozeß darin, den Versand direkt an der Annahmestelle vorzunehmen („Crossdocking"). Auf Paletten geladenes Material mit einer einzigen Lagerhaltungseinheit pro Palette, auf dem Boden gestaute lose Kisten und Retouren eignen sich hervorragend hierfür.

4. *Einlagerung direkt in Haupt- oder Reservelagerorte:* Wenn das Material nicht direkt an der Annahmestelle versandt wird, können die Schritte zur Materialhandhabung dadurch verringert werden, daß die Bereitstellung umgangen und das Material direkt an die hauptsächlichen Entnahmeorte transportiert wird, wobei diese Lagerorte durch die Annahme wieder aufgefüllt werden. Wenn es keine großen Anforderungen bei der Produktrotation gibt, ist dies sicherlich ein gangbarer Weg. Ansonsten sollte das Material direkt in die Reservelagerorte eingelagert werden. In Direkteinlagerungssystemen fallen die Bereitstellungs- und Inspektionsaktivitäten weg. Dadurch wird auch der damit zusammenhängende Zeit-, Raum- und Arbeitsaufwand eingespart. In allen Fällen erleichtern Fahrzeuge, die den doppelten Zweck des Abladens von den Lastwagen und der Produkteinlagerung erfüllen, eine Direkteinlagerung. Zum Beispiel können Gegengewichtgabelstapler mit Waagen, Vorrichtungen zur Raumhinhaltsmessung und online-Datenfunkterminals ausgerüstet werden, um das Abla-

den und die Einlagerung zu modernisieren. Die modernsten Logistikoperationen zeichnen sich durch automatisierte Direkteinlagerung aus und werden später beschrieben. Zur Materialhandhabungstechnologie, die eine Direkteinlagerung erleichtert, gehören auch Rollenwagen und Teleskopgurtförderer. Zusätzlich zur Vorannahme helfen Händler, die Notwendigkeit zur Bereitstellung bei der Annahme zu eliminieren.

5. *Bereitstellung in Lagerorten:* Wenn das Material bereitgestellt werden muß, kann der Bodenraum, der dafür erforderlich ist, dadurch reduziert werden, daß Lagerorte für die Bereitstellung bei der Annahme zur Verfügung gestellt werden. Häufig können Lagerorte aus mobilen Lagerplätzen bestehen, wobei diese blockiert werden, bis die Einheit offiziell angenommen ist. Manchmal wird Raum über den Docktüren geschaffen.

6. *Beenden aller notwendigen Schritte für eine effektive Zerlegung der Ladung und Transport bei der Annahme:* Es steht nie mehr Zeit zur Vorbereitung des Produkts für den Versand zur Verfügung als bei der Annahme. Wenn einmal die Anfrage nach dem Produkt eingegangen ist, hat man nur noch wenig Zeit für eine Vorbereitung des Materials vor dem Versand. Daher sollte jegliche Bearbeitung des Materials, die vorzeitig vorgenommen werden kann, durchgeführt werden. Zu diesen Aktivitäten gehört:
   a) Vorverpackung in Entnahmegrößen. Bei einem großen Händler mit Bürobedarf werden bei der Annahme Viertel- und Halbpaletten gebildet, unter Vorwegnahme der Bestellungen, die in solchen Mengen eingehen. Die Kunden werden durch Mengenrabatte ermutigt, in solchen Mengen zu bestellen. Ein Großhändler von Automobil-Anschluß-Marktteilen führte eine intensive Analyse von wahrscheinlichen Bestellmengen durch. Auf der Grundlage dieser Analyse führt die Gesellschaft jetzt eine Vorverpackung in diesen beliebten Bestellgrößen durch.
   b) Anbringen der notwendigen Etiketten und Auszeichnungen
   c) Rauminhaltsmessen und Wiegen zur Lagerung und Transportplanung

7. *Sortieren der hereinkommenden Materialien für eine effektive Einlagerung:* Genau wie die Kommissionierung nach Zonen und das Sequenzieren der Lagerorte wirksame Strategien für die Verbesserung der Produktivität darstellen, können hereinkommende Materialien für die Einlagerung nach Lagergebiet und Lagerortsequenz sortiert werden. Bei der Logistikabteilung des nordamerikanischen Verteidigungsministeriums werden die Lagerzugänge auf einer Karussellanlage bereitgestellt und nach

Warenlagergängen und Lagerorten innerhalb des Gangs sortiert, um die Einlagerung zu rationalisieren. Automatisierte Fahrzeuge bringen die zusammengestellten Ladungen dann zum richtigen Gang für die Einlagerung.

8. *Wenn möglich, sollten Einlagerung und Entnahme im Doppelspiel miteinander verbunden werden:* Um den Einlagerungs- und Entnahmeprozeß weiter zu rationalisieren, können Einlagerungs- und Entnahmevorgänge zusammen vorgenommen werden. Dabei verringert sich gleichzeitig die Anzahl von Leerfahrten für die Fahrzeuge. Diese Technik bietet sich besonders für die Lagerung und Entnahme von Paletten an. Wieder sind Gegengewichtgabelstapler, die entladen, einlagern, entnehmen und aufladen, eine flexible Möglichkeit, um mehrere Vorgänge zusammen erledigen zu können.

9. *Die Verwendung von Ressourcen bei der Annahme ist durch die Terminplanung der Frachtführer und die Verlegung von zeitraubenden Wareneingängen auf Uhrzeiten außerhalb der Spitzenbelastungszeit auszugleichen.* Durch Online-Computerverbindungen und Faxgeräte haben die Gesellschaften ihren Zugang zu Informationen über eingehende und herausgehende Ladungen verbessert. Diese Informationen können verwendet werden, um die Terminplanung der Wareneingänge zu beeinflussen.

10. *Minimieren oder Eliminieren der Wege durch Vorbeileiten hereinkommenden Materials an den Verarbeitungsstationen:* Eine effektive Strategie zur Steigerung der Produktivität der Kommissionierung, besonders, wenn eine Reihe von Aufgaben in Verbindung mit dem entnommenen Material (d. h. Verpacken, Zählen, Etikettieren) zu erledigen sind, ist es, das Inventar zu festen Stationen zur Kommissionierung zu bringen, die mit den notwendigen Hilfen und Informationen ausgestattet sind, um die erforderlichen Aufgaben durchzuführen. Die gleiche Strategie sollte für Wareneingänge angewandt werden, die von Natur aus eine besondere Handhabung erfordern. In dem Vorzeige-Distributionszentrum eines großen Einzelhändlers werden Wareneingänge auf hereinkommenden Wagen über einen Förderer an einer stationären Annahme, die über ein Terminal mit einem Kontaktbildschirm verfügt, vorbeigeführt. An der Annahmestation werden hereinkommende Kisten gewogen, der Rauminhalt wird gemessen und die Kisten mit einem Barcode-Etikett ausgezeichnet, das alle notwendigen Produkt- und Lagerortinformationen beschreibt. Zusätzlich, wenn das Material für eine herausgehende Be-

stellung benötigt wird, leitet ein Annahmebediener die hereinkommende Kiste auf eine separate Förderlinie für ein „Crossdocking“.

19.3 Kommissionierung

Eine kürzlich bei Warenlagerfachleuten durchgeführte Umfrage ergab, daß diese die Kommissionierung als die Aktivität mit der höchsten Priorität im Warenlager für Verbesserungen der Produktivität ansahen. Es gibt mehrere Gründe dafür. Einmal ist die Kommissionierung die kostenaufwendigste Aktivität in einem durchschnittlichen Warenlager. Eine kürzlich in Großbritannien durchgeführte Studie ergab, daß 63 Prozent aller Betriebskosten in einem typischen Lager auf die Kommissionierung zurückgeführt werden können.

Zweitens ist die Kommissionierung eine Aktivität, die immer schwieriger durchzuführen ist. Die Schwierigkeit kommt durch die Einführung von neuen Betriebsprogrammen wie Just-in-time (JIT), Reduzierung der Taktzeit, schnelle Reaktion und neue Vermarktungsstrategien wie Mikromarketing und Megamarken-Strategien.

Diese Programme machen es notwendig, daß 1. kleinere Bestellungen öfter und genauer an Kunden des Lagerhauses geliefert werden und 2. mehr Lagerhaltungseinheiten (SKU) in das System zur Kommissionierung aufgenommen werden. Als Ergebnis sind die Anforderungen an Durchsatz, Lagerung und Genauigkeit dramatisch gestiegen. Drittens hat die Tatsache, erneut mehr Wert auf Qualitätsverbesserungen und Kundendienst zu legen, dazu geführt, daß die Manager der Warenlager die Kommissionierung erneut untersuchen, wobei Punkte wie Minimierung von Produktschäden, Reduzierung von Transaktionszeiten und die weitere Verbesserung der Genauigkeit von Entnahmen eine Rolle spielen. Schließlich wurden die konventionellen Antworten auf gestiegene Anforderungen, nämlich mehr Leute einzustellen oder mehr in automatisierte Ausrüstung zu investieren, durch Arbeitskräftemangel und hohe, investitionshemmende Zinsraten infolge einer unsicheren Wirtschaftslage zunichte gemacht. Glücklicherweise gibt es eine Reihe von Wegen, um die Produktivität bei der Kommissionierung zu verbessern, ohne den Personalbestand zu erhöhen oder größere Investitionen in hochautomatisierte Ausrüstung zu tätigen. Wir werden jetzt zwölf Wege zur Verbesserungen der Produktivität bei der Kommissionierung im Licht der gestiegenen Anforderungen beschreiben.

19.3.1 Grundsätze der Kommissionierung

1. *Es sollten die Kunden für Bestellungen von vollen Paletten im Gegensatz zur Kommissionierung von losen und vollen Kisten im Gegensatz zur Kommissionierung von halbvollen Kisten ermutigt werden.* Indem die Kunden ermutigt werden, ganze Paletten zu bestellen oder Viertel- oder halbe Palettenladungen zusammenzustellen, kann ein Gutteil des Zählens und der manuellen Handhabung der Kisten sowohl in Ihrem Lager als auch im Lager des Kunden vermieden werden. Desgleichen wird bei Bestellungen in Mengen von ganzen Kisten, ein großer Teil des Zählens und des zusätzlichen Packens, der durch die Entnahme von Mengen, die kleiner sind als eine ganze Kiste, vermieden. Das Profil einer Kommissionierlinie, welche die Distribution eines Teils einer vollen Palette oder Kiste zum Kunden zeigt, sollte eine Gelegenheit dafür bieten, den Anteil der Kommissionierung von Teilpaletten und/oder von Teilkisten im Lager zu reduzieren.

2. *Entnahme aus dem Lager:* Da ein Großteil der Zeit ein typischer Kommissionierer damit verbringt, sich zu den Entnahmeorten zu begeben und/oder diese Orte zu suchen, ist es eins der wirksamsten Mittel zur Verbesserung der Kommissionier-Produktivität und -Genauigkeit, die Lagerorte zum Kommissionierer zu bringen, vorzugsweise Reservelagerorte. Ein Großhändler für Arzneimittel und ein großer Diskounthändler haben kürzlich Systeme installiert, die die Reservelagerorte zu den Entnahmestationen zur Stapelkommissionierung von Mengen bringen, die weniger als eine Kiste ausmachen. Dadurch fiel die Wegezeit für Kommissionierung praktisch weg. Außerdem kann daßelbe System Lagerplätze von/zur Annahme, Vorverpackung und Inspektion transportieren, wobei der Weg durch das Warenlager entfällt. Obwohl dieses System teuer ist, kann es durch eine vermehrte Produktivität und Genauigkeit gerechtfertigt sein.

3. *Aufgaben zur Kommissionierung sind nach Möglichkeit zu eliminieren oder zu kombinieren:* Die Elemente menschlicher Arbeit, die bei der Kommissionierung anfallen, können folgendes umfassen:

   - Wege zu, von und zwischen Entnahmeorten
   - Herausnahme der Artikel von Lagerorten
   - Sich-Strecken und Bücken, um an die Lagerorte zu gelangen
   - Dokumentieren von Entnahmevorgängen
   - Sortieren von Artikeln in Bestellungen

- Verpackung von Artikeln
- Suche nach Entnahmeorten

Eine typische Verteilung der Zeit des Kommissionierers wird in Abbildung 19.2 gezeigt. Die Möglichkeiten zur Eliminierung von Arbeitselementen werden in Tabelle 19.1 aufgeführt. Wenn die Arbeitselemente nicht eliminiert werden können, ist es oft möglich, sie zu kombinieren, um die Produktivität der Kommissionierung zu steigern. Einige wirksame Kombinationen von Arbeitselementen werden im folgenden beschrieben.

a) *Zurückgelegte Wege und Entnahme von Artikeln:* Stock-to-picker (STP)-Systeme („Ware zum Mann") wie das Karussell und das automatische Einlagerungs-/Entnahmesystem für Minilasten sind so ausgelegt, daß die Kommissionierer die Bestellungen herausnehmen, während ein Gerät sich zu den Lagerstandorten, von ihnen weg und zwischen ihnen bewegt und die Entnahmeorte zum Kommissionierer bringt. Dies führt als Ergebnis zu einem Problem der Balance zwischen Mensch und Maschine. Wenn die ursprüngliche Planung des Systems nicht genau genug war, kann es sein, daß der Kommissionierer einen bedeutenden Anteil seiner Zeit damit verbringt, darauf zu warten, daß die Maschine die Entnahmeorte zum Kommissionierer bringt.

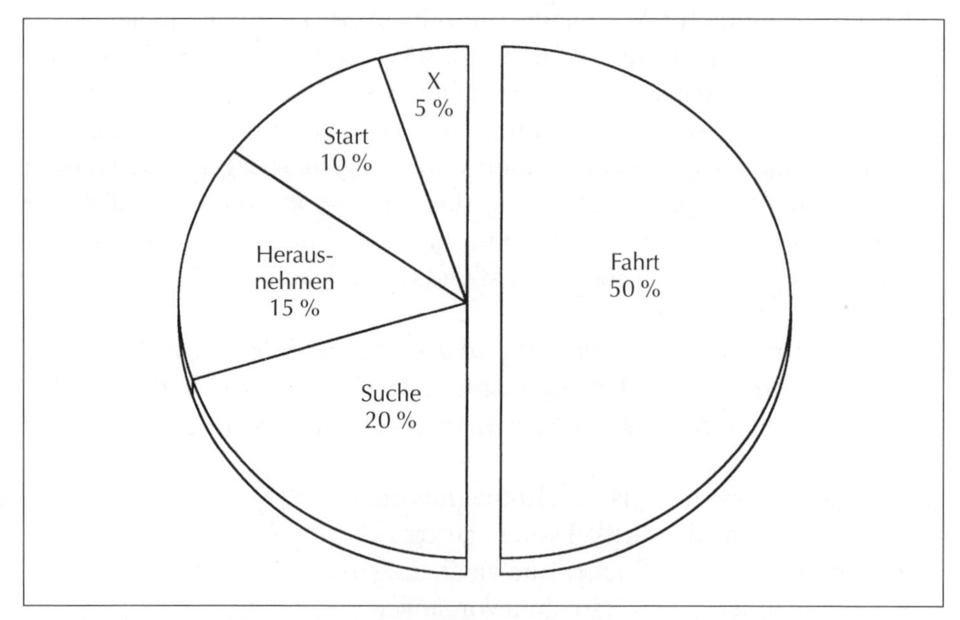

Abbildung 19.2: Zeitverteilung eines Kommissionierers (1)

Arbeitselement	Möglichkeit zur Beseitigung	benötigte Ausrüstung
Zurückgelegte Wege	die Entnahmeorte zum Kommissionierer bringen	Ware-zum-Mann-System automatisches Einlagerungs-/ Entnahmesystem(AS/RS) für Minilasten horizontales Karussell vertikales Karussell
Dokumentieren	Automatischer Informationsfluß	Computergestützte Entnahme Automat. Identifiz.systeme
Sich nach den Produkten strecken	die Artikel in Hüfthöhe anordnen	Vertikale Karussells AS/RS mit Person an Bord AS/RS für Minilasten
Sortieren	Einen Kommissionierer pro Auftrag und eine Bestellung pro Tour	
Suchen	die Entnahmeorte zu den Kommissionierern bringen die Entnahmeorte beleuchten	Ware-zum-Mann-System AS/RS mit Person an Bord „Pick-to-light-"System
Herausnahme	automatische Ausgabe.	Automatische Artikelentnahme Roboter zur Artikelentnahme
Zählen	Zählen durch Wiegen Vorverpackung in festgelegten Größen	Waagen auf Entnahmefahrzeugen

Tabelle 19.1: Arbeitselemente der Kommissionierung und Möglichkeiten zur Beseitigung

b) *Wege und Dokumentation:* Da eine Einlagerung-/Entnahme(S/R)-Maschine mit einer Person an Bord programmiert ist, den Kommissionierer automatisch zwischen den sukzessiven Entnahmeorten zu transportieren, kann der Kommissionierer während der Fahrtzeit der S/R-Maschine die Entnahmen dokumentieren, Material sortieren oder verpacken.

c) *Entnehmen und Sortieren:* Wenn ein Kommissionierer mehr als eine

Bestellung während einer Entnahmefahrt erledigt, dienen dazu Entnahmewagen mit Sortiervorrichtungen oder Transportbehälter, die es dem Kommissionierer erlauben, Material gleichzeitig in verschiedene Bestellungen zu sortieren.

d) *Entnahme, Sortieren und Verpacken*: Wenn der durch eine abgeschlossene Bestellung ausgefüllte Rauminhalt klein ist, z.B. kleiner als ein Schuhkarton, kann der Kommissionierer die Bestellung direkt zur Verpackung oder zum Versandbehälter sortieren. Der Pack- oder Versandbehälter muß vorzeitig aufgebaut und auf Entnahmewagen, die mit Verteilern und/oder Förderkästen ausgerüstet sind, plaziert werden.

4. *Stapelkomissionierung (batch picking) zur Reduzierung der gesamten Fahrtzeit*: Durch Erhöhung der Anzahl der Bestellungen (und damit auch der Artikel) die von einem Kommissionierer während einer Entnahmetour aus dem Lager genommen werden, kann die Wegezeit pro Entnahme verringert werden. Wenn zum Beispiel ein Kommissionierer eine Bestellung mit zwei Artikeln entnimmt und dafür eine Entfernung von 100 Fuß zurücklegt, so liegt die zurückgelegte Entfernung pro Entnahme bei 50 Fuß. Wenn der Kommissionierer zwei Bestellungen mit vier Artikeln entnommen hat, reduziert sich die zurückgelegte Entfernung pro Entnahme auf 25 Fuß.
Eine natürliche Gruppe von Bestellungen, die gestapelt werden können, sind Einlinienbestellungen. Solche Bestellungen können in kleinen Bereichen im Warenlagen gestapelt werden, um die Zeit für die zurückzulegenden Wege weiter zu reduzieren. Andere Stapelungsstrategien werden in Abbildung 19.3 aufgeführt. Beachten Sie: Wenn eine Bestellung mehr als einem Kommissionierer zugeteilt wird, ist der Aufwand für die Sicherstellung der Vollständigkeit der Bestellung bedeutend größer. Die zusätzlichen Kosten für die Sortierung müssen mit den Einsparungen durch die Stapelkommissionierung verglichen werden.

a) *Einzelkommissionierung (strict order picking):* Beim „strict order picking" beendet ein Kommissionierer eine Bestellung auf einmal. Für Picker-to-Part-Systeme kann man dies mit einer Person vergleichen, die durch einen Supermarkt geht und die Posten auf den Einkaufslisten in den Wagen zusammenstellt. Als Folge davon ist die Zeit für die zurückgelegten Wege hoch. Jedoch kann diese Methode für größere Bestellungen (d.h. mit mehr als 10 Linienartikel) eine wirksame Entnahmestrategie darstellen.

b) *Stapelkommissionierung:* Eine zweite Vorgehensweise zur Entnahme

besteht in der Stapelkommissionierung. Statt einem Verfahren, wo ein Kommissionierer nur an einer Bestellung gleichzeitig arbeitet, werden Bestellungen gestapelt, und jeder Kommissionierer ist für einen Stapel von Bestellungen zuständig. Wenn man den Vergleich mit dem Lebensmittelladen trifft, so kann man sich die Stapelkommissionierung so denken, als ob man mit seiner Einkaufsliste und mit denen von einigen Nachbarn durch den Laden geht. Bei einer Durchquerung des Supermarkte haben Sie mehrere Bestellungen erledigt. Das Resultat ist, daß die Zeit für die zurückgelegten Wege pro Entnahme eines Artikels ungefähr um die Anzahl der Bestellungen reduziert wird. Der Hauptvorteil der Stapelkommissionierung ist die Verringerung der Zeit für die zurückgelegten Wege pro Linienartikel.
Der größte Nachteil der Stapelkommissionierung ist der Verlust der Vollständigkeit einer Bestellung, woraus sich die Kosten für das Sortieren von Linienartikeln in verschiedene Kundenbestellungen und das Potential für Entnahmefehler ergeben.
Bestellungen können in ein oder zwei Wege sortiert werden. Der Kommissionierer kann verschiedene Behälter verwenden, um die Artikel von verschiedenen Bestellungen zu sortieren, währen er oder sie

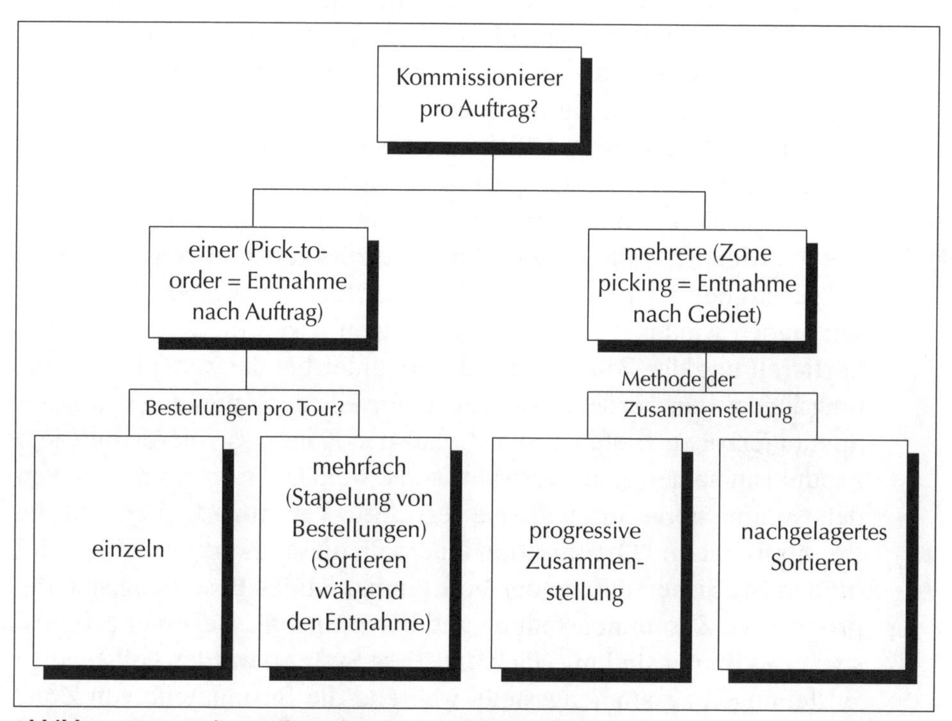

Abbildung 19.3: Zeitverteilung des Kommissionierers (2)

das Warenlager durchquert. Spezielle Entnahmewagen und Behälter stehen zur Verfügung, um eine solche Vorgehensweise zu erleichtern. Eine andere Möglichkeit ist es, die Linienartikel und die Mengen von verschiedenen Bestellungen zusammenzulegen, um sie dann später zu sortieren. Die Kosten dieses Sortierverfahrens, die bei der Einzelkommissionierung nicht anfallen, sind ausschlaggebend, ob die Stapelkommissionierung ein kostenwirksames Verfahren darstellt. Sie kann auch bei einem Part-to-Picker-System angewandt werden. In diesem Fall werden alle in der Stapelbestellung verlangten Artikel von jedem Ort entnommen und zum Kommissionierer gebracht. Wiederum müssen die Vorteile der reduzierten Zeit für die zurückgelegten Wege gegen die Kosten für das Sortieren und das Potential für die Irrtümer bei der Auftragsabwicklung abgewogen werden. Eine Stapelkommissionierung ist besonders effektiv für kleine Bestellungen (eins bis fünf Linienartikel)

c) *Kommissionierung pro Zone:* Bei der Kommissionierung pro Zone ist ein Kommissionierer damit beschäftigt, die Artikel in seiner zugeteilten Zone – entweder eine Bestellung auf einmal oder in Stapeln zu entnehmen. Wenn man auf den Vergleich mit dem Lebensmittelgeschäft zurückkommt, bedeutet dies, daß eine Person für einen Gang im Lebensmittelladen zugeteilt wird. Diese Person wäre für die Entnahme aller Artikel zuständig, die in diesem Gang angefordert würden, unabhängig vom Auftrag, der zu dieser Anforderung führte. Ein Vorteil der Zuteilung von Pickzonen besteht darin, daß Zeit für die zurückgelegten Wege eingespart wird. Da das Zugriffsgebiet für jeden Kommissionierer vom gesamten Lager auf ein kleineres Gebiet reduziert worden ist, sollte die Zeit für die zurückgelegten Wege pro Artikel gegenüber der Einzel-Kommissionierung zurückgehen. Hier müssen jedoch wieder diese Zeiteinsparungen gegen die Kosten für das Sortieren und das Potential für die Irrtümer bei der Auftragsabwicklung abgewogen werden. Zusätzliche Vorteile der Zuteilung von Kommissionierzonen bestehen darin, daß der Kommissionierer mit dem Produkt in seiner Zone vertraut ist, es weniger Störungen zwischen den Kommissionierern und eine verstärkte Verantwortlichkeit für die Produktivität und Organisation innerhalb dieser Zone gibt. Zwei Methoden zur Sicherstellung der Vollständigkeit der Bestellung sind die progressive Zusammenstellung und Wave-Picking. Bei einer progressiven Zusammenstellung (Pick-and-Pass-System) werden vollständige Bestellungen zusammengestellt, während die Bestandteile von Zone zu Zone in Förderkästen oder Kartons auf einem Förderer oder in einem Wagen transportiert werden. Beim Wave-picking arbeitet ein Kommissionierer in der Tat im Entnahmemodus, d.h. er bringt ein Barcode-Etikett an jeder entnommenen Einheit an. Die etikettierten Einheiten werden dann einzeln oder in Stapeln auf einen Förderer zur Weiterleitung an ein System zum Sortieren bzw. Zusammenstellen gelegt. Wie schon bei den vorigen Systemen müssen die Produktivitätsgewinne bei der Kommissionierung mit den Investitionen in ein System zum Sortieren bzw. Zusammenstellen verglichen werden.

5. *Einrichtung von separaten vorgezogenen und Reserve-Pickzonen*: Da eine kleine Anzahl von Artikeln in einem typischen Lager einen Großteil der Kommissionieraufträge verursachen, sollte eine spezielle Pickzone eingerichtet werden, die einige der meist gefragtesten Artikel beinhaltet. Je kleiner die Anzahl des Lagerbestandes in dieser vorgelagerten Zone (in Lagerhaltungseinheiten und ihrer Zuordnung), desto kleiner ist die vorgelagerte Zone; ebenso verringer sich die vorgelagerte Kommissionierzone, die Wegezeit und Entnahmeproduktivität. Je kleiner jedoch die Zone, desto häufiger werden Fahrten zur Wiederauffüllung zwischen der vorgezogenen und der Reservezone notwendig und desto größer sind dic Personalanforderungen für die interne Wiederauffüllung.
   Einige typische Ansätze für die Entscheidung über eine vorgezogene Zone bzw. Reserve sehen wie folgt aus: 1. Zuordnung eines gleichen Zeitwerts für alle Lagerhaltungseinheiten (SKUs) in der vorgezogenen Zone oder 2. Zuordnung einer gleichen Anzahl von Einheiten von allen SKUs in der vorgezogenen Zone.
   Jedoch wurde kürzlich eine fast optimale Lösung für das Probleme des Verhältnisses zwischen der vorgelagerten Zone und dem Reservegebiet gefunden. Dieses Verfahren verwendet mathematische Programmiertechniken, um für jede SKU zu entscheiden, ob sie in der vorgezogenen Zone oder nicht gelagert werden sollte und falls ja, an welchem Ort. Die jährlichen Einsparungen für Kommissionier- und Wiederauffüllungskosten liegen in der Größenordnung von 40 Prozent.
   In einem vereinfachten Ansatz für die Konfiguration eines Systems mit vorgezogener Zone und Reservezone sollten folgende Schritte unternommen werden:
   a) *Entscheiden Sie, welche Artikel in der vorgelagerten Pickzone enthalten sein sollen:* Da in den meisten Lagerbeständen Artikel mit einer geringen Umschlagshäufigkeit enthalten sind, die einen relativ geringen Raum einnehmen, sollte eine vorgezogene Kommissionierzone die gesamten Artikel mit geringer Umschlagsgeschwindigkeit und nur

eine repräsentative Menge der Artikel mit großer Umschlagsgeschwindigkeit enthalten. Alternativ können Artikel mit sehr geringer Geschwindigkeit in einem weniger zugänglichen Bereich mit größerer Lagerdichte gelagert werden, um die schnellstmögliche Entnahme zu ermöglichen.

b) *Bestimmen Sie die Menge jedes Artikels, der in der vorgezogenen Pickzone gelagert werden soll:* Wie schon erwähnt, wird das gesamte Inventar mit Langsamdreherteilen in der vorgezogenen Zone untergebracht. Der Lagerort für andere Teile kann entweder durch eine willkürliche Zuordnung von Platz in einer Kiste bzw. einem Regal oder durch Raum für eine Menge, die genügt, um die erwartete wöchentliche oder monatliche Nachfrage zu befriedigen, zugeordnet werden. (Es ist üblich, große Mengen aus der Reserve und kleinere Mengen aus der vorgelagerten Zone zu wählen.)

c) *Bestimmen Sie die gesamten Anforderungen an Lagerraum für die Artikel in der vorgezogenen Pickzone:* Der für jeden Artikel vorgesehene Platz muß der erwarteten Menge von Wareneingängen und/oder Wiederauffüllungen Rechnung tragen, nicht nur dem durchschnittlichen Bestand vor Ort.

d) *Identifizieren Sie die alternativen Lagermethoden, die für den gesamten Raum für die vorgezogene Pickzone angemessen sind und den erforderlichen Durchsatz gewährleisten.*

e) *Bestimmen Sie die Betriebsmethoden für jede Lagerungsalternative, um die Anforderungen an Personal zu überschlagen:* Die Beschreibung einer Methode muß die Zuteilung des Lagerorts (d. h., nach dem Zufallsprinzip, festgelegt bzw. nach Zonen oder eine Kombination dieser Prinzipien) berücksichtigen, da dies erhebliche Auswirkung auf die Kommissionierproduktivität hat. Es ist ebenfalls notwendig, die Möglichkeit für Stapelkommissionierung (Kommissionierung mehrerer Bestellungen gleichzeitig) zu untersuchen.

f) *Schätzen Sie die Kosten und Einsparungen für jede der beschriebenen Methoden.*

6. *Zuteilung der meistgefragten Artikel zu den am einfachsten erreichbaren Lagerorten*: Nachdem die Artikel den Lagermethoden zugeteilt worden sind und Platz für die Lagerung in der vorgelagerten und der Reservezone bestimmt wurde, kann die formelle Zuteilung von Artikeln zu Lagerorten beginnen. In einem typischen Lager verursacht eine kleine Anzahl von Artikeln einen Großteil der Kommissionieraktivität. Dieses Phänomen kann genutzt werden, um die Zeit für die zurückgelegten

Wege und die Entnahme aus den Regalen zu reduzieren. Wenn zum Beispiel die Artikel mit der größten Nachfrage der Vorderseite des Lagers zugeteilt werden, kann die Wegezeit eines Kommissionierers oder einer Kommissioniermaschine erheblich reduziert werden. Bei automatisierten Lager/Entnahme-Systemen kann die durchschnittliche Zeit für diese beiden Vorgänge bei Lagerung nach dem Zufallsprinzip (random storage) in einer Größenordnung von 70 Prozent verringert werden. Bei automatisierten Systemen von Lagerung/Entnahme-Systemen für Minilasten und Karussellsystemen kann die Kommissionierproduktivität bis zu 50 Prozent verbessert werden, was von der Anzahl der Kommissionierungen pro Entnahme aus einem Lagerfach und den anderen Aufgaben, die einem Kommissionieren zugeteilt werden (z.B. Verpacken, Zählen, Wiegen usw.) abhängt.
Hierdurch wird auch das Bücken und die sich daraus ergebende Ermüdung reduziert und die Genauigkeit der Entnahme verbessert. Die Artikel mit der größten Nachfrage sollten einfach etwa in Hüfthöhe gelagert werden. Bei einem Kommissioniervorgang von kleinen Fläschchen von Pharmazeutika wurde ein Plan zur Zuweisung von Lagerorten so erstellt, daß 70 Prozent der Zugriffe an Ort in Hüfthöhe oder in der Nähe derselben konzentriert wurden.
Der am häufigsten gemachte Fehler bei der Anwendung dieses Prinzips zur Zuteilung von Lagerorten besteht darin, daß die Größe des Produkts übersehen wird. Das Ziel bei der Anwendung des Prinzips ist, soviel Entnahmeaktivität wie möglich an den leicht zugänglichen Lagerorten vorzunehmen. Unglücklicherweise gibt es nur eine begrenzte Anzahl von Lagerorten, die leicht zugänglich sind – diejenigen im vorderen Bereich des Systems und/oder in Hüfthöhe. Folglich ist der von einem Artikel eingenommene Platz bei der Festlegung der Reihenfolge der Artikel für die Platzzuordnung zu berücksichtigen. Eine einfache Reihenfolge von Artikeln nach dem Verhältnis der Entnahmehäufigkeit zum versandten Rauminhalt (die Nachfrage nach Produkt und Rauminhalt der Einheit) ist eine gute Voraussetzung für die Zuteilung von Artikeln.

7. *Verteilung der Kommissionieraktivität über die Kommissionierplätze zur Reduzierung von Stockungen*: Wenn Artikel mit hoher Nachfrage in konzentrierten Gebieten nach dem Prinzip „Mann zu Ware“ zugeteilt werden, können Stockungen potentielle Produktivitätsgewinne reduzieren. Es muß darauf geachtet werden, daß die Kommisionieraktivität über Bereiche verteilt wird, die groß genug sind, um Stockungen zu reduzieren; jedoch darf das Gebiet nicht so groß sein, daß die Zeiten für die zurückge-

legten Wege erheblich verlängert werden. Dies wird oft durch eine hufeisenförmige Anordnung von „Walk-and-Pick-Systemen" erreicht. Eine typische Picktour erfordert, daß der Kommissionierer das ganze Hufeisen abläuft. Die Artikel mit der größten Nachfrage werden jedoch Orten zugeteilt, die sich auf oder in der Nähe des Hufeisens befinden. Bei Systemen nach dem Prinzip „Ware zum Kommissionierer" sollten die Personen, die für den Entwurf dieses Systems zuständig sind, darauf achten, daß eine Karusselleinheit oder ein Minilast-Lagergang nicht überlastet wird. Ausgewogene Systeme sind effektiver.

8. *Teilen Sie Artikel, die meist zusammen angefordert werden, gleichen oder nahe beieinanderliegenden Orten zu:* Genauso wie eine geringe Anzahl von Artikeln in einem Lager einen Großteil der Entnahmehäufigkeit ausmachen, gibt es solche, die meist zusammen angefordert werden. Beispiele sind Artikel von Instandsetzungssätzen vom gleichen Lieferanten, Artikel der gleichen Untergruppe, der gleichen Größe usw. Zusammenhänge sind durch Auftragsprofile zu identifizieren und können dadurch umgesetzt werden, daß solche zusammenhängenden Artikel am gleichen oder nahe beieinanderliegenden Orten gelagert werden. Die Wegezeit wird reduziert, da die Entfernung zwischen Entnahmeorten für eine Bestellung verringert wird. Bei einem Karussell oder einem Minilast-System zur automatischen Einlagerung/Entnahme (AS/RS), führt die Einlagerung von Artikeln, die wahrscheinlich zusammen angefordert werden, am gleichen Ort oder in der Nähe dazu, daß die Anzahl der Fahrten zur Fertigstellung eines Auftrags verringert wird und dadurch die ungenutzte Zeit des Kommissionierers sowie die Abnutzung des Systems reduziert wird.
   Bei einem größeren Versandhaus von Kleidungsstücken können fast 70 Prozent aller Bestellungen mit einer einzigen Größe (z.B. klein, mittel, groß und extragroß) unabhängig vom verlangten Artikeltyp (z.B. Hemden, Hosen, Gürtel etc.) erledigt werden. Bei einem großen Händler mit medizinischen Produkten fällt ein Großteil der Bestellungen bei einem einzigen Verkäufer an. Da das Material auch in dieser Weise eingeht, verbessert die zusammenhängende Lagerung beim Verkäufer die Produktivität im Zugriff und in der Einlagerung.
   Ein computergestütztes Verfahren zur gemeinsamen Berücksichtigung der Größe der Nachfrage und der Zusammengehörigkeit für die Entwicklung eines intelligenten Plans zur Zuordnung von Inventar wurde vor kurzem entwickelt. In diesem Beispiel wurde die Kommissionierproduktivität um fast 80 Prozent gesteigert. Das Verfahren sieht vor, daß die

Artikel in Artikelfamilien gegliedert werden, bei denen eine Wahrscheinlichkeit der gemeinsamen Bestellung gegeben ist, wobei diesen Artikelfamilien ein Lagerort auf der Grundlage der Entnahmehäufigkeit und des beanspruchten Raums zugeteilt wird.

9. *Sequenzieren von Zugriffen auf Kommissionierorte zur Reduzierung der Wegezeit:* Sowohl bei Systemen nach dem Prinzip „Mann zur Ware" (picker-to-stock) als auch bei Systemen nach dem Prinzip von „Ware zum Kommissionierer" (stock-to-picker) kann die Sequenzierung von Zugriffen an Lagerorten die Wegezeit drastisch verringern. Die Wegezeit zur Entnahme für eine AS/PS-Tour mit einer Person an Bord kann um 50 Prozent reduziert werden, indem das Gestell einfach in obere und untere Hälften geteilt wird und auf die Entnahmeorte in der unteren Hälfte in zunehmender Entfernung von der Vorderseite bei der Herausfahrt und in abnehmender Entfernung in der oberen Hälfte des Regals während der Hereinfahrt zugegriffen wird. Die Zugriffe könnten auch in „Walk-and-Pick"-Systeme sequenziert werden. Bei der Kommissionierung von Kisten, wobei eine Bestellung aus einer oder mehreren Paletten besteht, sollte die Entnahmetour so sequenziert werden, daß der Kommissionierer eine stabile Last aufbauen und die Wegezeit reduzieren kann. Ein Großhändler von Fotomaterialien verwendet für die Lösung dieses komplexen Problems ein Expertensystem.

10. *Organisieren der Kommissionierdokumente und Anzeige zur Reduzierung der Suchzeit und Fehler:* Die Mehrzahl der Kommissionierfehler ist das Ergebnis von irreführenden und/oder unleserlichen Dokumenten oder Anzeigen. Es können große Blockbuchstaben, Farbcodierung, Anzeigen auf Augenhöhe und Flurmarkierungen verwendet werden, um Verwechslungen zu minimieren. Zusätzlich sollten alle Anstrengungen unternommen werden, um ähnliche Farben und/oder Lagernummern bei nebeneinanderliegenden Entnahmeorten zu vermeiden. Ein Großhändler von Kosmetika verwendet Körperteile statt alphanumerischen Kennzeichen zur Bezeichnung von Entnahmeorten in Lagerfacheinheiten. Ein Großhändler von Büromaschinen und -material versieht alle Einlagerungsetiketten mit einer Farbcodierung, um die Produktidentifizierung zu erleichtern.

11. *Entwurf der Kommissionierfahrzeuge, um Sortierzeit und -fehler zu vermeiden und den Komfort des Kommissionierers zu erhöhen:* Das Kommisionierfahrzeug ist die Arbeitsstation des Kommissionierers. Genau

wie der Entwurf einer Arbeitsstation von kritischer Bedeutung für die Produktivität und den Komfort der Montage- und Büroarbeiter ist, so ist die Gestaltung des Kommissionierfahrzeugs von entscheidender Bedeutung für die Produktivität und die Einstellung des Kommissionierers. Das Fahrzeug sollte auf die Anforderungen der Aufgaben zugeschnitten sein. Wenn Sortieren erforderlich ist, sollte das Fahrzeug über Verteiler oder Förderkästen verfügen. Wenn der Zugriff oberhalb einer komfortablen Höhe zum Zugreifen erfolgt, sollte das Fahrzeug über eine Leiter verfügen. Wenn der Kommissionierer Dokumente bei der Entnahmetour mitnimmt, sollte das Fahrzeug dem Kommissionierer bei der Organisation der Schreibarbeiten helfen. Unglücklicherweise wird die Gestaltung des Kommissionierfahrzeugs häufig als von zweitrangiger Bedeutung angesehen, jedoch ist es an dieser Arbeitsstation, wo die Kommissionierung wirklich stattfindet. Eine bedeutender Großhändler hat kürzlich Kommissionierfahrzeuge eingesetzt, die über Dachschienen zwischen den Lagergängen angetrieben und geführt werden. Das Fahrzeug bringt den Kommissionierer automatisch an den richtigen Entnahmeort und gibt mit bordeigener CRT-Technik den richtigen Entnahmeort, die Menge und die Bestellung oder den Behälter an, wohin die entnommene Menge gebracht werden muß. Das Fahrzeug kann mehrere Behälter aufnehmen, um eine Stapelkommissionierung zu erlauben und ist mit Bordwaagen zum Online-Zählen nach Gewicht und Überprüfen der Entnahmegenauigkeit ausgestattet.

12. *Eliminieren der Schreibarbeiten bei der Kommissionieraktivität*: Schreibarbeiten sind eine Hauptquelle für Ungenauigkeiten und Produktivitätsverluste beim Kommissionieren. Leuchtsysteme für die richtige Entnahme, Datenfunk und Stimmeingabe/-ausgabe sind existierende Technologien, die erfolgreich angewandt worden sind, um die Schreibarbeiten beim Kommissionieren zu eliminieren.

19.4 Kommissioniersysteme

Es folgt eine detaillierte Übersicht über Kommissioniersysteme. Dieser Überblick enthält eine Beschreibung der Funktionsweise sowie die Vor- und Nachteile eines jeden Systemtyps. Diese Darstellung beschreibt sowohl Systeme zur Entnahme von ganzen Kisten als auch Systeme zur Entnahme von unvollständigen Mengen.

Systeme zur Entnahme von Kisten können dadurch unterschieden und eingeteilt werden, ob die Paletten zur Kommissionierseite gebracht werden oder nicht. Die Systeme, bei denen die Paletten zum Kommissionierseite transportiert werden, sind gewöhnlicherweise mit einem geringeren Kostenaufwand, dafür jedoch mit einem größeren Arbeitsaufwand verbunden als Systeme, bei denen die Palettisierung dem Kommissionierort nachgelagert ist.

19.4.1 Systeme mit Transport von Paletten zum Kommissionierort

Entnahme mit manuellen oder hydraulischen Palettenhubwagen

Bei der Entnahme mit manuellen oder hydraulischen Palettenhubwagen ziehen die Kommissionierer Handpalettenhubwagen oder fahren hydraulische Palettenhubwagen und kommissionieren Kisten auf den Fahrzeugen zu Paletten. Kommissionierer stellen üblicherweise jeweils einen Auftrag zusammen, und da sie keine Entnahmen oberhalb des Fußbodens oder dem ersten oder zweiten Level des Palettenregals durchzuführen haben, beträgt die Produktivität zwischen 100 und 250 Kisten pro Stunde. Die Produktivität kann dadurch gesteigert werden, daß mehr als eine Bestellung auf einmal entnommen wird. Diese Stapelkommissionierung wird manchmal dadurch erleichtert, daß ein Doppelpalettenhubwagen verwendet wird, der zwei Paletten gleichzeitig transportieren kann. Handpalettenhubwagen kosten um die 1.000 $. Hydraulische Palettenhubwagen kosten um 10.000 $.

Hochregalflurförderzeuge

Hochregalflurförderzeuge erlauben dem Kommissionierer einen Zugriff auf Entnahmeorte, die deutlich über dem Bodenniveau liegen. Dadurch wird die Entnahmeproduktivität auf einen Wert zwischen 50 und 100 Kisten pro Stunde reduziert. Die Produktivität kann durch die Minimierung von vertikalen Wegen, durch eine Lagerung auf der Grundlage der Höhe der Nachfrage und/oder eine intelligente Zusammenstellung der Entnahmetour verbessert werden. Übliche Hochregal-Flurförderzeuge kosten ungefähr 30.000 $.

Entnahme zum Rollenförderer

Leere Paletten werden auf einen Palettenrollenförderer am Anfang der Linie zur Kommissionierung der Kisten angebracht. Paletten werden zu den

Kommissionierern gebracht, die in Zonen entlang der Kommissionierlinie stationiert sind. Dadurch fällt die Wegezeit für den Picker fast vollständig weg. Zusätzlich sind die Kommissionierer in der Hauptsache mit dem Palettieren und der Sicherstellung der Vollständigkeit der Bestellung beschäftigt. Die Produktivität dieser Vorgänge reicht von 175 bis 350 Kisten pro Stunde. Die Anschaffungskosten für das System liegen bei 1.000 $ pro Fuß Länge des Palettenrollenförderers.

19.4.2 Automatische Entnahme von Kisten

Entnahme zum Gurtförderer

Bei Systemen mit einer *Entnahme zum Gurtförderer (Wave Picking System)* werden Kommissionierer in kleine Bereiche entlang der Linie zur Kommissionierung von Kisten stationiert. Diese Linie besteht normalerweise aus Positionen auf dem Palettenboden, einem einreihigen Palettenregal oder Palettentransportgängen. Ein angetriebener Gurt- oder Rollenförderer läuft entlang der Entnahmeorte.

Während einer Kommissionierwelle, die normalerweise zwischen 20 bis 60 Minuten dauert, geht ein Kommissionierer an den Lagerorten in seiner Zone entlang und entnimmt Kisten von Orten an der Kommissionierlinie und plaziert diese direkt auf dem Gurt- oder Rollenförderer. Da die Wege begrenzt sind und die Picker keine Kenntnis von der Auftragszusammensetzung haben, kann die Produktivität von 250 bis 400 Kisten pro Stunde betragen. Bitte beachten Sie, daß die Kommissionierer keine Kenntnis von der Zusammensetzung der Bestellung haben, aber die Vollständigkeit derselben nach der Entnahme sichergestellt werden muß. Dies wird normalerweise durch eines der vielen nachstehend beschriebenen mechanisierten Sortiersysteme besorgt.

Automatisches Einlagerungs-/Entnahmesystem (AS/RS) am Ende der Lagergänge

Entnahmesysteme am Ende eines Lagerganges bestehen normalerweise aus einem Einheitslast-AS/RS für die Lagerung und die Entnahme von Paletten und einem Förderliefersystem zum Transport von Paletten an entfernte Kommissionierstationen für Kisten. Die Kommissionierer befinden sich an einem festen Ort an den entfernten Kommissionierorten, die von einem Palettenrollenförderer bedient werden. Die Paletten gelangen zu den Kommissionierern, welche die richtige Anzahl von Kisten entnehmen und die Palette zum AS/RS zur Einlagerung zurückschicken. Der Hauptvorteil eines solchen Systems am Ende eines Lagerganges ist die hervorragende Bodenraumausnutzung, die durch das hochreichende AS/RS-System gewährleistet ist und das Fortfallen der Wege für die Kommissionierer. Die Kommissionierzahlen reichen von 200 bis 300 Kisten in der Stunde. Die Systemkosten setzen sich aus den Kosten für das AS/RS (250.000 $ bis 400.000 $ pro Maschine zur Einlagerung/Entnahme) und den Kosten für den Palettenförderer (1.000 $ pro Fuß) zusammen.

Automatische Entnahme

Systeme zur automatischen Entnahme von Kisten bestehen aus einem Durchlaufregal für die Einlagerung von Kisten und einer automatischen Vorrichtung zur Einlagerung/Entnahme von Kisten. Diese automatischen Vorrichtungen laufen auf Führungsschienen am Boden und an der Decke und sind mit Teleskopförderern für den Transport zur/von der Einlagerungs-/Entnahmeseite ausgerüstet. Während eine Vorrichtung die Kisten in die Rückseite des Kistendurchlaufregals stellt, entnimmt die andere diese von der Vorderseite des Durchlaufregals. Jede Maschine arbeitet mit einer Geschwindigkeit von ungefähr 500 bis 800 Kisten pro Stunde und verursacht Kosten zwischen 150.000 $ und 200.000 $.

Schichtentkommissionierung

Wenn die übliche Anzahl von bestellten Kisten für einen Artikel mindestens eine Palettenschicht ausmacht, kann die Produktivität der Entnahme durch die Auswahl der Schichtmengen von der Palette (im Gegensatz zu einzelnen Kisten) gesteigert werden. Eine Methode für die Schichtentnahme besteht darin, daß Paletten zu einer Vorrichtung transportiert werden, die die obere Schicht auf die Palette befestigt und die Kisten auf einen Förderer zum Weitertransport bringt. Diese Vorrichtung wird manchmal auch als „Depalettiermaschine“ bezeichnet. Die Depalettiermaschine arbeitet mit einer Geschwindigkeit von zwischen 1.000 und 1.500 Kisten pro Stunde und kostet um die 150.000 $. In Kostenvergleichen müssen bei den Kosten für das System auch die für den Palettenförderer zur Beschickung der Depalettiermaschine und den Transport der Paletten zurück zur Einlagerung mit einbezogen werden.

19.4.3 Kommissioniersysteme für Mengen, die keine vollen Kisten ausmachen

Das wichtigste Unterscheidungsmerkmal der Kommissioniersysteme für diese Mengen besteht darin, ob sich der Picker zum Kommissionierort begibt. Die Systeme, bei denen sich der Kommissionierer an dieser Stelle befindet, werden als „picker-to-location" (Kommissionierer zum Kommissionierort) oder „picker-to-stock" (= PTS) (Kommissionierer zur Ware)-Systeme bezeichnet.

Bei PTS-Systemen ist die Wahl des Einlagerungsmodus im allgemeinen vom Entnahmemechanismus getrennt. Der Kommissionierer führt oder fährt ein Fahrzeug zum Kommissionierungsort. Die vier wichtigsten Ausrüstungsgruppen, die unter picker-to-part oder Lagergangsysteme fallen, sind Fachbodenregale, Modullagerfächer/-schränke, Durchlaufregale und AS/RS mit einer Person an Bord. Das Hauptmerkmal, welches die drei ersten hier aufgeführten Systeme vom AS/RS-System unterscheidet, ist die Art, wie der Picker sich fortbewegt. Bei den ersten drei Systemen geht der Kommissionierer normalerweise zum Kommissionierort und verwendet einen Wagen für die Zusammenstellung, das Sortieren und/oder Packen von Bestellungen (d.h. Wagenkommissionierung). Bei der AS/RS fährt der Kommissionierer auf einer AS/RS-Maschine zum Kommissionierungsort.

Fachbodenregale

Sie gehören zu den ältesten und immer noch beliebtesten Systemen für Kleinteile (hinsichtlich Absatzvolumen in Dollar und Anzahl der benutzten Systeme). Ihre geringen Anschaffungskosten (100 $ bis 150 $ pro Einheit), die einfache Neukonfiguration und Installation sowie die niedrigen Wartungsanforderungen sind der Hauptgrund für die Beliebtheit.

Es ist wichtig, daran zu erinnern, daß die Alternative mit den niedrigsten Anschaffungskosten nicht unbedingt auch die kostengünstigste Alternative sein muß oder die Lösung, die die wichtigsten Bedürfnisse des Warenlagers erfüllt. Bei Fachbodenregalsystemen stehen den Einsparungen für Anschaffungskosten und Wartung erhöhte Anforderungen an Raum und Arbeitskraft gegenüber.

Der Raum wird bei Fachbodenregalen häufig nicht völlig ausgenutzt, da die vollen Innenmaße aller Einheiten selten genutzt werden können. Außerdem, weil Personen die Artikel herausnehmen, wird die Höhe der Regalfächer durch die Höhe, in die eine Person reichen kann, beschränkt. Als Resultat kann auch der verfügbare Platz des Gebäude nicht voll ausgenutzt werden.

Die Konsequenzen der niedrigen Raumnutzung sind zweifach. Zuerst einmal bedeutet niedrige Raumnutzung, daß eine große Länge in Quadratfuß notwendig ist, um die Produkte zu lagern. Je teurer es ist, den Raum zu besitzen und zu bedienen, desto teuerer wird die niedrige Raumausnutzung. Zweitens, je größer die Länge in Quadratfuß, desto größer das Gebiet, in dem sich die Kommissionierer bewegen müssen, d. h. um so größer die Anforderungen an Arbeitskraft und Kosten.

Zwei zusätzliche Nachteile dieses Systems sind die Probleme der Aufsicht und der Artikelsicherheit. Die Aufsichtsprobleme ergeben sich durch die Schwierigkeit, Leute durch ein Labyrinth von Fachbodeneinheiten zu überwachen. Probleme hinsichtlich der Sicherheit und des Schutzes von Artikeln entstehen dadurch, daß dieses System ein offenes System ist (d. h. daß die Artikel gegenüber den Kommissioniergängen exponiert und zugänglich sind).

Wie bei allen Systemarten ist es notwendig, diese Nachteile zu bewerten und mit den Vorteilen der geringen Anschaffungskosten und niedrigen Wartungsanforderungen zu vergleichen, um das richtige System zu wählen.

Modullagerschubladen/-schränke

Modullagerschubladen/-schränke werden „modular“ genannt, da jeder Lagerschrank Modullagerschubladen beinhaltet, die in Modullagerfächer unterteilt werden. Die Schubladen reichen von drei bis 24 Zoll, und jede Schublade kann bis zu ungefähr 180 Kilo Material aufnehmen. Die Lagerschränke können als Einheiten aufgefaßt werden, die Lagerschubladen beherbergen.

Der Hauptvorteil dieses Systems gegenüber Fachbodenregalen besteht aus der großen Anzahl von SKUs, die gelagert werden und dem Picker in einem kleinen Gebiet vorliegen. Die Lieferanten solcher Schubladen und Schränke geben an, daß eine Schublade zwischen einer und 100 Lagerhaltungseinheiten (SKU) (je nach Größe, Form und Inventarmenge der Artikel) aufnehmen kann und ein durchschnittlicher Lagerschrank genauso viel Material wie zwei bis vier Lagerfächer aufnimmt. Diese Lagerdichte beruht in erster Linie auf der Fähigkeit, Konfigurationen in einer Schublade vorzunehmen, die den Raumanforderungen jeder SKU genau angepaßt sind. Außerdem, da die Schubfächer in den Gang herausgezogen werden, muß nicht oberhalb jeder SKU Platz für Hand und Unterarm des Pickers zur Verfügung stehen. Dieser Platz muß bei den Fachbodenregalen vorhanden sein, da sonst Artikel, die sich tief innerhalb der Einheit befinden, nicht zugänglich sind.

Es gibt mehrere Vorteile, die sich aus der Fähigkeit zur kompakten Lagerung von Schubladensystemen ergeben. Zuerst ist es offensichtlich, daß die Raumanforderungen um so geringer sind, je mehr Material in ein kleineres Gebiet untergebracht werden kann. Dadurch werden Platzkosten eingespart.

Wenn jeder Zentimeter Platz viel Geld kostet, wie bei Raumschiffen, Flugzeugen oder dem Herstellungsbereich, kann die Verringerung der Raumanforderungen allein die Verwendung von Schubladen und Schränken rechtfertigen. Ein zweiter Vorteil, der sich aus der Verringerung der Länge in Quadratfuß ergibt, ist die daraus resultierende Reduktion der Wegezeit und folglich der Arbeitszeit für die Kommissionierung.

Zusätzliche Vorteile durch die Verwendung von Lagerschubladen sind eine verbesserte Pickgenauigkeit und Schutz der Artikel von der Umgebung. Die Pickgenauigkeit wird gegenüber den Lagerfächern dadurch verbessert, daß die Sicht des Kommissionierers auf die Artikel besser und die Menge des Lichts, das auf die herauszunehmenden Artikel fällt, größer ist. Bei Lagerfächern kann die physische Entnahme der Artikel überall zwischen dem Boden und einer Höhe von sieben Fuß über dem Boden stattfinden, während der Picker in die Regaleinheit selbst greifen muß, um die Entnahme vorzunehmen. Bei Lagerschubläden wird die Schublade in den Lagergang zur Entnahme des Produkts herausgezogen. Der Kommissionierer schaut auf den Inhalt der Schublade herunter, welche vom Licht des Lagergangs beleuchtet wird. (Die Tatsache, daß der Kommissionierer nach unten auf die Schublade schauen können muß, hat zur Folge, daß die Lagerschränke eine Höhe von weniger als fünf Fuß haben.) Sicherheit und Schutz der Artikel sind gewährleistet, da die Schubladen geschlossen und abgeschlossen werden können, wenn keine Artikel entnommen werden müssen.

Wie zu erwarten war, gibt es solche Vorteile nicht umsonst. Lagerschränke mit Schubladen variieren im Preis von 1.000 $ bis $ 1.500 pro Einheit. Der Preis hängt in erster Linie von der Anzahl der Schubladen und der Menge des für den Schrank verwendeten Blechs ab.

Durchlaufregal (gravity flow rack)

Ein Durchlaufregal ist eine andere beliebte Alternative für picker-to-part. Durchlaufregale verwendet man üblicherweise für Artikel, die in Kartons von einer ziemlich einheitlichen Größe und Form gelagert werden. Die Kartons werden im hinteren Bereich des Regals vom Wiederauffüllungsgang abgestellt und in dem Maße vorwärts transportiert/gerollt, in dem die Kartons von vorn entnommen werden. Dieser Transport von hinten nach vorne stellt einen Fifo-Umsatz des Materials sicher.

Im Grunde genommen ist ein Durchlaufregal ein Fachbodenregal, das sich rechtwinklig zum Entnahmegang befindet, mit Rollen auf den Fächern. Je größer der Durchmesser, desto größer ist der Anteil des Lagerraums, der für die Lagerung zur Verfügung steht, im Gegensatz zum Platz für die Lagergänge. Weitere Verbesserungen der Raumnutzung können dadurch erzielt werden, daß der Raum oberhalb des Durchlaufregals für die Lagerung von ganzen Paletten genutzt wird.

Der Preis von Durchlaufregalen schwankt zwischen drei bis 10 $ pro gelagertem Karton, je nach Länge und Fähigkeit zur Gewichtaufnahme der Regale. Wie bei Fachbodenregalen müssen Durchlaufregale kaum gewartet werden und sind bei einer Reihe von Lieferanten in einer breiten Palette von Standarddurchmessern und Ganggrößen erhältlich.

Die Tatsache, daß sich nur ein Karton jedes Artikels auf der Entnahmeseite befindet, bedeutet daß eine große Anzahl von SKUs für den Picker über ein kleines Gebiet zugänglich sind. Daher können die zurückgelegten Wege und die dafür notwendige Arbeitszeit durch eine effiziente Raumgestaltung verringert werden.

Zwischengeschoß

Fachbodenregale, Modullagerschränke, Durchlaufregale und sogar Karussells können auf einem Zwischengeschoß angebracht werden. Der offensichtliche Vorteil bei der Verwendung eines Zwischengeschosses besteht darin, daß fast zweimal soviel Material ohne größere Kosten auf der gleichen Fläche (10 bis 20 $ pro Quadratfuß) gelagert werden können. Die wichtigsten Punkte bei der Einrichtung eines Zwischengeschosses bestehen in der Auswahl der richtigen Höhe für die Ladung, die Gestaltung des Materialtransportsystems zur Beschickung der oberen Levels des Zwischengeschosses und die Verwendung der zur Verfügung stehenden Höhe. Mindestens 14 Fuß lichte Höhe sollten zur Verfügung stehen, damit die Einrichtung eines Zwischengeschosses erwogen werden kann.

Mobile Lagerausrüstung

Fachbodenregale, Modullagerschränke, und Durchlaufregale können alle „mobilisiert" werden. Die beliebteste Methode der Mobilisierung besteht in der „train-track"-Methode. Parallele Bahnen werden auf dem Boden eingerichtet, und am Boden der Lagerausrüstung werden Räder angebracht, um eine „mobilisierte" Ausrüstung zu erhalten. Die Raumersparnisse ergeben sich aus der Tatsache, daß nur ein Gang zwischen allen Reihen von Lagerausrüstung benötigt wird. Der Gang wird dadurch geschaffen, daß zwei nebeneinanderliegende Reihen von Ausrüstung getrennt werden. Als Ergebnis „fließt" der Gang in der Konfiguration zwischen den aneinandergrenzenden Reihen mit Lagerausrüstung.

Die Lagerausrüstung wird bewegt, indem sie einfach der Bahn entlang geschoben wird, durch das Drehen einer Kurbel, die sich am Ende aller Lagerreihen befindet oder durch den Einsatz von Elektromotoren, die die Antriebskraft zur Verfügung stellen.

Der Nachteil dieses Ansatzes besteht darin, daß mehr Zeit notwendig ist, um zu den Artikeln zu gelangen. Jedesmal, wenn ein Zugriff auf einen Artikel notwendig ist, muß ein entsprechender Lagergang geschaffen werden.

19.4.4. Sammler-zum-Teil-Systeme/Wiederauffindesysteme

Entnahme in Wagen

Es stehen vielfältige Sammelwagen zur Verfügung, um das Sammeln, Sortieren und/oder Verpacken von Aufträgen während der Runde eines Sammelwagens zu erleichtern. Die Wagen sind so konstruiert, daß ein Auftragssammler während einer Rundfahrt mehrere Aufträge zusammenstellen kann, damit wird, insbesondere bei kleinen Bestellungen, die Produktivität im Vergleich zu strikten Einzelaufträgen dramatisch erhöht. Die konventionellsten haben Trennfächer zum Sortieren der Aufträge, einen Platz für die Aufnahme der erforderlichen Papiere und Markierungsinstrumente und eine Treppenleiter für den Zugang zu Flächen, die sich geringfügig über der

Griffhöhe befinden. Zusätzliche Verbesserungen, jedoch auch höhere Kosten bringen motorgetriebene Wagen, lichtunterstütztes Sortieren, Computerterminals und Wägevorrichtungen an Bord des Wagens.

Entnahme auf Träger

Bei Systemen mit Entnahme auf Träger werden Förderbänder zum Transport der Sammelbehälter zu aufeinanderfolgenden Sammelzonen verwendet, um die Zusammenstellung von Aufträgen zu ermöglichen. Die Sammelbehälter benutzt man, um die komplette Zusammenstellung eines Auftrags zu gewährleisten, Warensammlung und Ablage in Behälter zu ermöglichen. Die Auftragssammler können durch eine einzige Sammelzone einen oder mehrere Träger abfahren, teilweise mehrere Aufträge gleichzeitig abwickeln, oder ein Auftragssammler kann einen oder mehrere Träger durch alle Sammelzonen hindurch abfahren und so einen oder mehrere Aufträge bei jedem Durchgang durch die Entnahmezonen ausführen.

Mann-an-Bord AS/RS

Das automatisierte „Mann-an-Bord"-Lager- und Entnahmesystem (AS/RS) ist, wie der Name sagt, ein automatisiertes Lager- und Entnahmesystem, bei dem der Sammler an Bord einer Lager-/Entnahmemaschine zu den Entnahmeorten fährt. Die Entnahmeorte können mit Regaleinheiten, Stapelbehältern, mit Lagerschränken und/oder Palettenrack ausgestattet sein. Die Lager-/Entnahmemaschine kann spurgebunden oder freifahrend sein.

Der Sammler startet gewöhnlich von der Stirnseite des Systems in Bodenhöhe und fährt genug Lagerorte ab, um einen oder mehrere Aufträge, je nach Größe des Auftrags, auszuführen. Die Sortierung kann an Bord erfolgen, wenn an der Lager-/Entnahmemaschine (S/R-Maschine) genügend Container vorgesehen sind.

Das automatisierte „Mann-an-Bord"- Lager- und Entnahmesystem (AS/RS) bietet bedeutende Quadratfuß-Fläche und Verkürzungen der Sammelzeit im Vergleich zu den zuvor beschrieben Sammler-zum-Teil-Systemen. Verminderungen der Quadratfuß-Fläche sind möglich, weil die Lagerungshöhen nicht mehr durch die Griffhöhe des Auftragssammlers begrenzt sind. Regale oder Lagerschränke können so hoch gestapelt werden, wie es die Bodenbelastung, Tragfähigkeit, Durchsatzanforderungen und/oder die Deckenhöhen gestatten. Die Zeiten für die Auftragszusammenstellung werden verkürzt, weil die Fahrt automatisiert ist und der Bediener während der Fahrt produktive Arbeit leisten kann. Die Suchzeit wird enenfalls verkürzt, weil das Sammelfahrzeug automatisch zum richtigen Entnahmeort befördert wird.

Wie zu erwarten, ziehen Verminderungen der Quadratfußflächen und Verkürzungen der Sammelzeiten eine Preiserhöhung nach sich. Automatisierte „Mann-an-Bord“-Lager- und Entnahmesysteme sind die bei weitem teuerste Alternative einer Sammler-zum-Teil-Ausrüstung. Ganggebundene Lager-/ Entnahmesysteme, die Höhen bis zu 40 Fuß erreichen, kosten ca. 100.000 $.

Roboter-Entnahmesysteme

In seltenen Fällen werden Roboter-Entnahmesystene eingesetzt. Jedes Roboter-Entnahmefahrzeug ist mit einem kleinen Karussell ausgerüstet, das die Sortierung, Sammlung und Ablage von Bestellungen in Behälter möglich macht. Das Karussell fährt an einem Mast am Roboter nach oben und unten, während der Roboter den/die Entnahmegang/-gänge durchfährt. Eine Lagerschublade wird aus einem Lagerort auf das Entnahmefahrzeug gezogen.

19.4.5 Bestand-zum-Sammler-Systeme

Der Hauptunterschied zwischen *Bestand-zum-Sammler-Systemen* und *Sammler-zum-Bestand-Systemen* ist die Anwort auf die Frage: „Muß der Sammler zum Entnahmeort fahren, oder kommt der Entnahmeort zum Sammler?“ Wenn der Entnahmeort zum Sammler „fährt“, wird das System als *Teil-zum-Sammler-System* bezeichnet.

In Bestand-zu-Sammler-Systemen wird die Fahrtzeitkomponente der Gesamtbearbeitungszeit eines Auftrags vom Sammler auf eine Vorrichtung übertragen, die die Entnahmeorte zum Sammler bringt. Auch die Suchzeitkomponente der Gesamtbearbeitungszeit eines Auftrags ist deutlich reduziert, da der richtige Entnahmeort dem Auftragssammler automatisch dargeboten wird. Für gut projektierte Systeme ist das Ergebnis eine bedeutende Erhöhung der Entnahmekapazität des Auftragssammelsystems. In schlecht projektierten Systemen können die potentiellen Verbesserungen schnell zunichte gemacht werden, wenn der Bediener warten muß, bis die Vorrichtung ihn oder sie mit Teilen versorgt.

Die zwei populärsten Klassen von Teil-zum-Sammler-Systemen sind Karussells und das automatisierte Kleinlast-Lager- und -Entnahmesystem. Eine dritte, weniger populäre Klasse ist das automatisierte Einzelposten-Entnahmegerät. Jede Klasse wird nachfolgend beschrieben.

Karusselle

Karusselle sind, wie der Name sagt, mechanische Vorrichtungen, in denen Gegenstände für das Zusammenstellen von Aufträgen untergebracht sind und rotieren. Zur Zeit stehen drei Klassen von Karussellen für Anwendungen zur Auftragszusammenstellung zur Verfügung: horizontale, vertikale und unabhängig rotierende Gerüste.

Horizontalkarusselle

Ein horizontales Karussell ist eine verbundene Serie von rotierenden Behältern einstellbarer Regale, oben oder unten angetrieben von einem Antriebsmotor. Die Rotation erfolgt über eine Achse, die senkrecht zum Boden angebracht ist, mit ca. 80 Fuß/min.

Die Artikel werden mit Auftragssammlern, die fest an der Stirnseite des Karussells (der Karusselle) positioniert sind, entnommen. Die Auftragssammler können auch für die Steuerung der Rotation des Karussells verantwortlich sein. Die manuelle Steuerung erfolgt über eine Tastatur, die dem Karussell vorgibt, welcher Behälterort nach vorn gedreht werden soll und über ein Fußpedal, das die Rotation des Karussells in Gang setzt. Die Karusselle können auch computergesteuert sein, in diesem Fall ist die Reihenfolge der Entnahmeorte im Computer und diese werden automatisch nach vorn gebracht.

Eine Option für das Management von Karussellsystemen ist die Zuordnung von Auftragssammlern zu Karussellen. Wenn ein Auftragssammler einer Karusselleinheit zugeordnet ist, muß er oder sie warten, bis sich das Karussell in die richtige Stellung zwischen den Entnahmen gedreht hat. Ist ein Auftragssammler zwei oder mehreren Karussellen zugeordnet, so kann er oder sie aus dem einen Karussell entnehmen, während sich das andere zum nächsten Entnahmeort dreht. Denken Sie daran, das Ziel von Teil-zum-Sammler-Systemen ist, den Sammler beim Entnehmen zu halten. Menschen sind ausgezeichnete „Herauszieher“; die Biegsamkeit unserer Gliedmaßen und Muskeln stattet uns mit dieser Fähigkeit aus. Wir sind keine effizienten Sucher, Geher oder Warter.

Horizontale Karusselle variieren in einer Länge von 15 bis 100 Fuß und einer Höhe von sechs bis 25 Fuß. Die Länge und Höhe der Einheiten werden durch die Anforderungen hinsichtlich der Entnahmerate und Beschränkungen des Gebäudes diktiert. Je länger das Karussell ist, um so mehr Zeit wird durchschnittlich benötigt, um es zu dem gewünschten Lagerort zu drehen. Je höher das Karussell ist, desto mehr Zeit wird gebraucht, um die Artikel zu erreichen. Höhen über sechs Fuß erfordern die Verwendung von Leitern oder Roboterarmen an vertikalen Masten, um zu den Artikeln zu gelangen.

Zusätzlich zur Gewährleistung eine hohen Entnahmeleistung nutzen Horizontalkarusselle den verfügbaren Lagerungsraum gut aus. Zwischen benachbarten Karussellen wird nur sehr wenig Platz benötigt und der einzige verlorene Raum ist der zwischen der parallelen Sektion von Behältern auf der gleichen Karusselleinheit.

Ein wichtiger Nachteil von Horizontalkarussellen ist, daß die Regale und Behälter offen sind. Folglich können Sicherheit und Schutz der Artikel problematisch sein. Der Preis einer Karusselleinheit beginnt bei 5.000 $ und erhöht sich mit der Anzahl der Behälter und der Tragfähigkeit.

Ein „Zwillings-Behälter"-Horizontalkarussell wurde kürzlich im Materialhandhabungsmarkt eingeführt. Beim Zwillingsbehälter-Horizontalkarussell ist der traditionelle Karusselltträger vertikal zur Hälfte unterteilt und um 90° gedreht. Dies erlaubt flachere Träger, und die Lagerungsdichte für Kleinteile wird dadurch verbessert.

Vertikalkarusselle

Ein Vertikalkarussell ist ein horizontales Karussell, das am Ende gedreht und in Stahlblech eingeschlossen ist. Wie bei Horizontalkarussellen bedient ein Auftragssammler ein oder mehrere Karusselle. Die Karusselle sind automatisch, über Computersteuerung, indiziert oder manuell, wobei der Auftragssammler eine Tastatur an der Bedienerfläche des Karussells betätigt.

Die Höhe von Vertikalkarussellen liegt im Bereich von acht bis 35 Fuß (wie die Längen bei Horizontalkarussellen) und wird durch die Durchsatzanforderungen und Gebäudebeschränkungen diktiert. Je höher das System ist, umso länger dauert es durchschnittlich, den gewünschten Behälterort zur Entnahmestation zu drehen.

Die Auftragssammelzeiten sind theoretisch kürzer als die für Horizontalkarusselle. Diese Verkürzung resultiert daraus, daß die Artikel immer in Taillenhöhe des Auftragssammlers dargeboten werden. Dies schließt das Recken und Erreichen, was mit Horizontalkarussellen verbunden ist, aus, verkürzt außerdem die Suchzeit und fördert eine ordnungsgemäße Entnahme. Einige der Gewinne bei der Entnahmezeit von Artikeln werden durch die niedrigere Drehgeschwindigkeit des Karussells aufgezehrt. Denken Sie daran, daß die Rotationsrichtung entgegengesetzt zur Schwerkraft ist.

Zusätzliche Vorteile, die das Vertikalkarussell bietet, sind der ausgezeichnete Schutz und die Sicherheit der Artikel. Im vertikalen Karussell ist nur ein Regal mit Artikel offen, und der gesamte Inhalt des Karussells kann verschlossen werden.

Der Preis eines Vertikalkarussells beginnt bei 10.000 $ und erhöht sich mit der Anzahl der Regale und der Tragfähigkeit. Die zusätzlichen Kosten von Vertikal- im Vergleich zu Horizontalkarussellen entstehen durch das Stahlgehäuse und die zusätzliche Kraft, die erforderlich ist, um es gegen die Schwerkraft zu drehen.

Unabhängig rotierende Gerüstkarusselle

Frei rotierende Gerüstkarusselle sind wie mehrfache Einebenen-Horizontalekarusselle, die übereinander gestapelt sind. Wie der Name sagt, rotiert jede Ebene unabhängig. Als Ergebnis sind zu jeder Zeit mehrere Entnahmeorte für den Auftragssammler zugänglich. Demzufolge ist der Sammler ohne Unterbrechung mit dem Entnehmen beschäftigt.

Es ist klar, daß jede Ebene, da sie unabhängig in Betrieb ist, ihren eigenen Antrieb und ihre eigene Kommunikation haben muß. Diese Forderungen erhöhen den Preis eines unanbhängig rotierenden Gerüstkarussells weit über den von vertikalen und horizontalen Karussellen hinaus. Eine spezifische Preisschätzungsinformation ist unzureichend und unzuverlässig, da es relativ wenig installierte Systeme dieses Typs gibt.

Automatisierte Minilast-Lagerungs-und Entnahmesysteme

In dem automatisierten Minilast-Lagerungs-und Entnahmesystem fährt eine Lagerungs-/Entnahmemaschine (S/R) gleichzeitig horizontal und vertikal in einem Lagergang uns transportiert Lagercontainer hin zu einer Entnahmestation, die an einem Ende des Systems angeordnet ist, und wieder zurück. Die Auftragssammelstation hat typischerweise zwei Entnahmepositionen. Während der Auftragssammler aus dem Container der linken Position Teile entnimmt, bringt die S/R-Maschine den Container von der rechten Entnahmeposition zu seinem Standort im Gestell und kommt mit dem nächsten Container zurück. Im Ergebnis pendelt der Auftragssammler zwischen der rechten und der linken Entnahmeposition hin und her.

Die Reihenfolge der zu bearbeitenden Container wird vom Auftragssammler manuell bestimmt, indem er auf der Tastatur die gewünschten Linien-Artikelnummen eingibt, oder die Reihenfolge wird automatisch durch Computersteuerung festgelegt und ausgeführt.

Die Höhe der Minilast-Systeme variiert von acht bis 50 Fuß und die Länge von 40 bis 200 Fuß. Wie im Fall der Karusselle werden Länge und Höhe des Systems durch die Durchsatzanforderungen und Beschränkungen des Gebäudes diktiert. Je länger und höher das System, umso länger ist die bis zum Zugriff auf die Container benötigte Zeit. Jedoch müssen unter diesen Bedingungen, je weniger Gänge benötigt werden umso weniger S/R-Maschinen gekauft werden. Bei 150.000 $ und 300.000 $ pro Gang wird die Festlegung der richtigen Länge und Höhe des Systems und der Anzahl der Gänge, die benötigt werden, um die Entnahmerate, die Lagerung und die Forderung der ökonomischen Umsetzung für das Lagerhaus kritisch.

Die Transaktionskapazität eines Minilast-Systems wird durch die Fähigkeit der S/R-Maschine (die horizontal mit einer Geschwindigkeit von ca. 500 Fuß/min und vertikal mit 120 Fuß/min fährt), den Auftragssammler kontinuierlich mit unbearbeiteten Lagercontainern zu versorgen, bestimmt. Diese Fähigkeit, verbunden mit den Vorzügen des menschlichen Faktors, dem Sammler die Container in Taillenhöhe in einer gut beleuchteten Fläche zuliefern, kann zu eindrucksvollen Sammelgeschwindigkeiten führen.

Der Platzbedarf für Minilast-Systeme wird durch die Möglichkeit, Material bis zu einer Höhe von 50 Fuß zu lagern, die Größe und Form der Lagercontainer und der Unterteilungen sehr genau an die Anforderungen hinsichtlich des Lagervolumens jeder SKU anzupassen und eine Gangbreite, die allein durch die Breite der Lagercontainern bestimmt wird, reduziert.

Die Nachteile des Minilast-Systems sind warscheinlich schon offensichtlich.

Als die komplizierteste aller bisher beschriebenen Alternativen ist es nicht überraschend, daß dieses System auch die teuerste aller Alternativen für Sammelsysteme ist. Ein anderes Ergebnis seiner Kompliziertheit ist der bedeutende höhere Aufwand an Ingenieur- und Projektierungsarbeiten, die jedes System begleiten. Die Folge dieses Aufwands ist eine Lieferzeit von vier bis zu 18 Monaten. Schließlich führt größere Kompliziertheit auch zu höheren Anforderungen an die Wartung. Nur durch ein diszipliniertes Wartungsprogramm können Minilast-Systeme Auslastungen zwischen 97 Prozent und 99,5 Prozent erreichen.

Automatisierte Verteilung

Automatisierte Artikel-Entnahmevorrichtungen arbeiten weitgehend wie Verkaufsautomaten für kleine Artikel von gleicher Größe und Form. Jeder Artikel befindet sich in einem vertikalen Verteiler mit einer Breite von zwei bis sechs Fuß und einer Höhe von drei bis fünf Fuß (Die Breite jedes Verteilers kann leicht justiert werden, um ihn an unterschiedliche Produktgrößen anzupassen.) Der Verteilermechanismus stößt die Produkteinheit am Boden des Verteilers auf einen Förderer aus, das zwischen zwei Reihen von Verteilern als A-Rahmen über einem Förderband läuft. Ein winziger Vakuumförderer oder ein Finger an einem Kettenförderer werden zum Verteilen der Artikel genutzt.

Virtuelle Auftragzonen beginnen an einem Ende des Förderers und führen an jedem Verteiler vorbei. Wenn ein Artikel in der Auftragszone benötigt wird, wird er auf den Förderer gelegt. Die Artikel werden am Ende des Förderbandes in einem Ablagebehälter oder einem Karton gesammelt. Ein einzelner Verteiler kann mit einer Geschwindigkeit von bis zu sechs Einheiten/s verteilen. Automatisierte Artikelsammler finden in der Industrie breite Anwendung mit hohem Durchsatz bei kleinen Artikeln von gleicher Größe und Form. Kosmetika, Drogen für den Großhandel, CDs, Videobänder, Presseerzeugnisse und in Polyester verpackte Kleidungsstücke sind einige Beispiele.

Das Auffüllen erfolgt manuell von der Rückseite des Systems aus. Dieser Arbeitsgang des manuellen Auffüllens greift bedeutend in die Einsparungen von Zeit für Entnahmearbeitsgänge, die mit Entnahmegeschwindigkeit in der Größenordnung von 1.500 Entnahmen/h und Entnahmekopf liegen, ein.

Eine neue Konstruktion von automatisierten Verteilermaschinen ist ein umgekehrter A-Rahmen, der die Wiederauffüllung der automatisierten Verteiler ausgleicht und ablegedicht längs der Entnahmelinie erhöht. Damit wurde der Preis der Verteiler von fast 650 $ pro Verteiler auf ca. 250 $ gesenkt. Eine weitere Neukonstruktion ermöglicht die automatisierte Verteilung von polyesterverpackter Kleidung.

19.5 Sortiersysteme

Sortiersysteme werden eingesetzt, um Material (d. h. Schachteln, Artikel, Bekleidung usw.) mit ähnlicher Charakteristik (Bestimmungsort, Kunde, Lager usw.) durch korrekte Identifizierung der Art des Artikels zu sammeln und zum gleichen Lagerort zur transportieren. Die Komponenten eines Sortiersystems umfassen Transportsysteme, Lenkvorrichtungen, Induktionssysteme, Identifkikations-/Kommunikationssysteme und Sammelvorrichtungen.

Transportsysteme

Förderbandsysteme sind die am weitesten verbreiteten Mechanismen zum Transportieren von Waren durch eine Reihe von Lenkvorrichtungen. Sowohl Band- und Rollenförderer als auch Träger auf Kettenförderern werden eingesetzt. Die Anwendung jedes Types von Förderer wird klar in unserer Beschreibung der Lenkvorrichtungen erklärt.

Lenkvorrichtungen

In der breiten Vielfalt von Lenkvorrichtungen, die zum mechanisierten Sortieren zur Verfügung steht, spiegel sich die variablen Anforderungen an den Durchsatz, die Größe und das Gewicht wider, die mit alternativen Sortiersystemen erfüllt werden können. Die Lenkvorrichtungen können in vier Hauptkategorien unterteilt werden:

- Oberflächensortierer,
- Aufspringsortierer,
- Kippsortierer und
- Trägersortierer.

Oberflächensortierer

Oberflächensortierer unterscheiden sich von anderen Typen der Sortiervorrichtungen dadurch, daß das zu sortierende Material längs der Oberfläche eines Band- oder Rollenförderers gelenkt wird. Oberflächensortierer sind in vier Typen unterteilt:

- Deflektoren,
- Stoßablenker,
- Rechen-Zugsortierer oder
- Sortierer mit beweglichem Stab.

Deflektoren bestehen aus feststehenden oder beweglichen Armen, die den Produktstrom über einen Band- oder Rollenförderer zum gewünschten Platz lenken. Sie müssen in Position gebracht sein, bevor der zu sortierende Gegenstand den Entladepunkt erreicht. Feststehende Arme bleiben in einer festgestellten Position und bilden eine Sperre für Gegenstände, die mit ihnen in Kontakt kommen. Mit dem feststehenden Armdeflektor werden alle Gegenstände in die gleiche Richtung gelenkt. Paddeldeflektoren mit beweglichem Arm oder mit Schwenkzapfen werden durch den zu sortierenden Gegenstand auf die gleiche Weise angestoßen wie der Deflektor mit feststehendem Arm. Es kommt jedoch noch das Bewegungselement hinzu. Mit dem Deflektor mit beweglichem Arm (d.h. mit dem Paddel) werden die Gegenstände selektiv gelenkt. Schwenkzapfendeflektoren können mit einem Förderbandbeschleuniger an der Oberfläche des Deflektors (einer Kraftfläche) ausgestattet sein, um die Ablenkung zu beschleunigen und zu steuern.

Paddelablenksysteme werden zuweilen als *Stahlbandsortierer* bezeichnet, weil manchmal Stahlbänder verwendet wurden, um die Reibung beim Lenken von Produkten über den Förderer zu vermindern. Deflektoren können einen mittleren Durchsatz (1.200 bis 2.000 Kartons/h) mit Gewichten bis zu 75 Pfund leisten.

Stoß-Lenkvorrichtungen sind Deflektoren ähnlich, weil sie die Beförderungsfläche nicht berühren, sondern darüberpeitschen, um das Produkt von der Gegenseite wegzustoßen. Stoß-Lenkvorrichtungen (pneumatisch oder elektrisch angetriben) werden neben oder über der Förderfläche (Paddel-Stoßvorrichtungen) montiert und sind in der Lage, Gegenstände schneller und mit besserer Steuerung zu bewegen als ein Deflektor. Overhead-Stoßlenkvorrichtungen sind in der Lage, Produkte zu jeder Seite der Förderfläche zu bewegen, während seitlich montierte die beförderten Gegenstände in einer Richtung, nur zur gegenüberliegenden Seite bewegen. Stoßlenkvorrichtungen haben eine Leistung von 3.600 Kartons/h für Gewichte bis zu 100 Pfund.

Der *Rechen-Zugsortierer* wird am besten dann eingesetzt, wenn die zu sortierenden Gegenstände schwer und haltbar sind. Die Zacken des Rechen-Zugsortierers passen in die Schlitze zwischen angetriebenen und nicht angetriebenen Rollenförderern. Auf Befehl springen eine Positionierungs-Bremvorrichtung und die Zacken von unterhalb Oberfläche des Rollenförderers nach oben heraus und halten den Karton an. Die Zacken ziehen den Karton über den Förderer, fallen dann wieder unter die Oberfläche des Förderers und kehren sofort wieder in die Ausgangsposition zurück. Während des Rückzugs kann der nächste Karton in Position gebracht werden.

Der *Sortierer mit beweglicher Führung* unterscheidet sich von den anderen Oberflächensortierern dadurch, daß die Ablenkung „inline" längs des Rollenförderers erfolgt.

Aufspring-Sortierer

Bei *Aufspring-Sortierern* springt am Ablenkpunkt ein Rad, ein Band, eine Kette oder eine Rolle nach oben und lenkt die Produkte in die richtige Sortierungsbahn. *Abgeschrägte Aufspringräder* sind in der Lage, Artikel mit flachem Boden zu sortieren. Die Vorrichtung mit den abgeschrägten Rädern springt zwischen den Rollen eines angetriebenen Rollenförderers oder zwischen den Segmenten eines Bandförderers nach oben und lenkt die sortierten Artikel auf eine angetriebene Abnahmebahn. Es können Geschwindigkeiten zwischen 5.000 und 6.000 Schachteln/h erreicht werden.

Sortierer mit Aufspringband oder -kette sind denen mit Aufspringrädern ähnlich, da sie ebenfalls zwischen den Rollen eines angetriebenen Rollenförderers nach oben springen,um den Produktfluß zu ändern. Band- und Kettensortiervorrichtungen sind in der Lage, schwerere Artikel zu handhaben als Vorrichtungen mit Rädern.

Aufspringrollen springen zwischen den Ketten oder Rollen von Ketten- oder Rollenförderern nach oben, um den Produktsfluß zu ändern. Aufspringrollen sind ein relativ billiges Mittel zum Sortieren von schweren Gütern bei Geschwindigkeiten von 1.000 bis 2.000 Kästen/h.

Kippsortierer

Sie unterscheiden sich von anderen Sortierern durch die Tatsache, daß das Förderband oder die Führungen, welche die Last und die einzelnen Träger abstützen, längs des Förderers nicht unterschieden werden.

In einem Kippsortierer belegt das Produkt die Anzahl von Führungen, die benötigt werden, um seine Länge aufzunehmen. Die Sortierung erfolgt durch Abkippen der belegten Führungen. Daher werden Kippsortierer am besten dort angewendet, wo eine Vielzahl von Produktlängen behandelt wird. Die Kippführung ist in der Lage, nach jeder beliebigen Richtung abzukippen. Die Führungen können in einer durchlaufenden oben- und unten-Konfiguration angeordnet werden.

Trägersortierer

Diese Sortierer unterscheiden sich von anderen dadurch, daß jeder einzelne Artikel in einem zugewiesenen Träger transportiert und verteilt wird. Diese Träger sind in der Regel Kippboden- oder Kreuzbandsortierer.

Durchlaufende Ketten von *Kippböden* werden genutzt, um eine große Vielfalt von leichten Handelswaren zu sortieren. Die Böden können manuell oder mit einem der vielen Typen von verfügbaren Einsspeisvorrichtungen bestückt werden. Kippbodensysteme können nach jeder Seite der Maschine sortieren; unterscheiden nicht nach der Form des zu sortierenden Produktes. Tüten, Schachteln, Umschläge, Dokumente, Software usw. sind alle untergebracht. Der Kippbodensortiere ist nicht geeignet für lange Gegenstände. Die Leistung des Kippbodensortierers, definiert in Stücken oder Sorten pro Stunde, wird ausgedrückt durch das Verhältnis der Sortiergeschwindigkeit zur Menge oder Länge eines individuellen Bodens. Es können Leistungen von 10.000 bis zu 15.000 Artikeln/h erreicht werden.

Kreuzband-Sortierer werden so genannt, weil jeder Artikel auf einem Träger verbleibt, der mit einer separat angetriebenen Sektion des Förderers, die orthogonal zur Richtung des Materialtransports arbeitet, ausgerüstet ist. Dadurch wird die Sortierkapazität erhöht und die Breite der Sammelrinnen kann reduziert werden.

19.5.1 Induktionssysteme

Die einfachste Induktion ist eine Schwerkraft-Rollförderersektion, die neben dem Sortierer aufgestellt wird. Ein Bediener codiert jeden Artikel, wenn dieser die Sektion durchläuft, und stößt ihn dann auf den sich bewegenden Sortierförderer. Dieser Typ der Induktion ist für Oberflächen-, Aufspring- und Kippsortierer geeignet.

Wenn die Verteilersysteme für leichte Artikel genutzt werden, stellt der Codierer jeden Artikel einfach mit einer Hand auf den Sortierer, während er mit der anderen den Sortierungscode auf der Tastatur eingibt. Ein Lichtbalken, der sich synchron mit dem Sortierförderband bewegt, zeigt die richtige Stelle für den aufzulegenden Artikel an. Dieser Typ der Induktion von Hand ist typisch für Kippboden-Sortiersysteme.

In einigen Situationen ist es möglich, die Induktion von Artikeln „im Flug" vorzunehmen. Ein Bandförderer trägt die Artikel zu einem Codierungsarbeiter (mit einer Geschwindigkeit, bei der die Codierung erkennen kann), und transportiert sie dann direkt auf den Sortierer. Der Durchsatz kann durch den Einsatz eines zweiten Codierarbeiters erhöht werden, die beiden Arbeiter codieren dann die Artikel abwechselnd, während sich diese vorbei bewegen.

Automatisierte Induktionssysteme nehmen Artikel an, leiten sie weiter und legen sie auf den Sortierer ohne, daß dabei die richtige Orientierung verloren geht. Die physische Induktion wird in der Regel mit einem Bandförderer vorgenommen, der unter einem Winkel von 45 Grad zur Richtung des Sortieres arbeitet.

Die grundlegende Steuerungsanforderung beim Sortieren ist die Fähigkeit ein Produkt, seinen Bestimmungsort und den Platz auf dem Sortierer zu identifizieren. Die Produktidentifikation kann manuell erfolgen, durch Arbeiter, welche die auf das Produkt und die Typen bezogenen Etiketten lesen. Die Identifikation kann automatisiert werden, mit Strichcodes oder optischer Erkennung von Etiketten, die auf die Verpackung aufgebracht oder in diese integriert sind. Die Produktions-Identifikation wird dann manuell (mit Eingabe in die Tastatur), mündlich (mit Spracheingabe) oder automatisiert (mit Strichcode-Scannern oder Sichtsystemen) übertragen.

19.5.2 Sammelgassen und Gleitbahnen

Die letzte Hauptkomponente in einem Sortiersystem ist der Mechanismus, der genutzt wird, um die Waren an einem Entladepunkt zu sammeln. In Abhängkeit vom Gewicht und den Abmessugen der Güter und der Anzahl der Umlenkpunkte ist der Bereich der Optionen für Gassen und Gleitbahnen sehr weit. Für Oberflächen- und Aufpringsortierer bestehen die Gassen in der Regel aus einigen Typen von Rad- oder Rollenförderern, beginnend bei einem einfachen Schwerkraftförderer oder Schrägradförderer bis zum

Schwerlastrollenförderer für Paletten. Für Kipp- und Trägerförder-Sortierer steht eine noch größere Auswahl an Gleitbahnkonstruktionen zur Verfügung. Die Gleitbahnen haben eine große Variationsbreite der Konfiguration (d. h. mit einer Gasse, mit zwei Gassen, Falltür usw.) und der Werkstoffe (z. B. Metall, Holz oder Gewebe).

19.6 Versandarbeitsabläufe

Der Versand umfaßt in der Regel das Sortieren, Sammeln, Zusammenführen, Verpacken, die Zwischenlagerung und das Verladen von externen Trailern. Der Versand ist eine weitere platz- und arbeitsintensive Funktion in einem Verteilerzentrum. Durch die Direktverladung auf Fremdfahrzeuge werden jedoch die Zwischenlagerung und der damit verbundene Platz-, Arbeits- und Zeitaufwand eliminiert. Der Arbeitsaufwand für die verbleibenden Versandaktivitäten, das Beladen von Trailern kann ebenfalls durch den Einsatz von automatisierten Gabelstaplern und Förderern, die bis zu den Anhängern von Fremdfirmen reichen, auf ein Minimum reduziert werden. Ist die Zwischenlagerung nicht zu vermeiden, so kann durch Gestellsysteme der Platzbedarf minimiert werden.

Viele der Prinzipien, die sich für die Annahme von Gütern am besten in der Praxis bewährt haben, gelten in umgekehrter Reihenfolge auch für den Versand, einschließlich der Direktverladung (Umkehrung des direkten Entladens), der Vorbereitung, der Vorausavisierung des Versands (der Vorausavisierung für den Empfang) und die Zwischenlagerung in Gestellen. Zusätzlich zu jenen Grundsätzen haben wir noch einige ausgewählt, um die besten praxiserprobten Prinzipien für die Zusammenfassung von Versandeinheiten und die Sicherung der Ladungen, das automatische Verladen und die Leitung der Ladedocks vorzustellen.

1. Wählen Sie kosten- und platzwirksame Handhabungseinheiten aus:
   a) *Für lose Schachteln:* Die Optionen für die Zusammenfassung loser Schachteln zu Versandposten umfassen Paletten aus Holz (verfügbar, rückgabefähig und rentabel), aus Kunststoff, aus Metall, zusammenlegbare Paletten. Die Vorzüge von Kunstoffpaletten im Vergleich zu Holzpaletten sind Dauerhaftigkeit, Sauberkeit, und die Möglichkeit, sie farbig zu gestalten. Die Japaner machen ausgezeichneten Gebrauch von farbigen Kunststoffpaletten und Trägern und schaffen damit ein attraktives Arbeitsmilieu in ihren Fabriken und Lagerhäusern.

Metallpaletten werden vorwiegend für Dauerhaftigkeit und Tragfähigkeit konstruiert. Zusammenlegbare Paletten bieten zwar eine gute Platzausnutzung während ihrer Lagerung und Rückgabe, sie sind aber nicht sehr dauerhaft und haben eine begrenzte Tragfähigkeit. Andere Optionen für die Zusammenfassung von losen Schachteln sind Zwischenböden und Rollenkarren. Zwischenböden verbessern die Platzausnutzung in Lagersystemen und Anhängern, erfordern jedoch spezielle Befestigung zum Verladen auf LKWs. Rollenkarren erleichtern die Einordnung von verschiedenartigen Gütern in Container und deren Handhabung während der Verladeprozesse von der Auftragszusammenstellung über die Prüfung bis zur Beladung auf Anhänger. Die Auswahlfaktoren für die Zusammemfassung von Versandeinheiten umfassen

- die Anschaffungskosten,
- die Kosten und Anforderungen für die Instandhaltung,
- die leichte Handhabung,
- den Einfluß auf die Umwelt,
- die Haltbarkeit und den Produktschutz.

b) *Für lose Artikel:* Die Optionen für die Zusammenstellung loser Artikel zu Versandeinheiten umfassen Träger (zusammenlegbar und faltbar) und Pappcontainer. Ebenso wie im Fall der Zusammenfassung loser Schachteln schließen die Auswahlfaktoren Auswirkungen auf die Umwelt, die Erstanschaffungskosten, die Kosten während der Nutzungsdauer, die Sauberkeit und den Produktschutz ein. Lesen Sie bitte, um einen optimalen Überblick und Vergleich der Ausführung mit Pappe und mit Trägern zu bekommen, den unter Nr. 22 aufgeführten Artikel über Referenzen am Ende dieses Kapitels.

2. *Zur Reduzierung von Beschädigungen der Produkte auf ein Minimum:*
   a) Fassen Sie zusammen und schützen Sie lose Artikel in Kartons oder Trägern. Sorgen Sie zusätzlich für eine Versandeinheit, die die Handhabung erleichtert, außerdem muß ein Mittel zum Schutz des Materials in der Versandeinheit vorgesehen sein. Für lose Artikel in Trägern oder Kartons sind solche Mittel wie Schaum, Erdnüsse, Popcorn, Blasenfolie, Zeitungspapier und Luftverpackungen. Die Auswahlfaktoren schließen die Erstanschaffung, und die Kosten während der Nutzungsdauer, den Einfluß auf die Umwelt, den Produktschutz und die Wiederverwendbarkeit ein. Ein ausgezeichneter Überblick über alternative Verpackungsmethoden ist in dem soeben erwähnten Artikel gegeben.
   b) *Fassen Sie lose Kisten auf Paletten zusammen und sichern Sie sie:* Ob-

wohl die am weitesten verbreitete Alternative Schrumpfverpackung ist, gewinnen Velcro-Gurte und das Tackern mit Klebeband immer mehr an Bedeutung als umweltverträgliche Mittel zur Sicherung von losen Kisten auf Paletten.

c) *Zusammenfassung und Sicherung von Paletten auf externen Trailern:* Die am weitesten verbreiteten Methoden sind Schaumpolster und Sperrholz.

3. *Vermeiden der Zwischenlagerung und und Direktbeladung von externen Trailern:*
Wie es schon bei der Warenannahme der Fall war, ist die platz-und arbeitsintensivste Aktivität auch beim Versand die Zwischenlagerung. Palettenhebezeuge und Gabelstapler mit Gegengewicht können als Entnahme und Ladefahrzeuge genutzt werden, um die Direktverladung von Paletten auf Fremdtrailer unter Umgehen der Zwischenlagerung zu erleichtern. Wenn man einen Schritt weiter gehen will, kann die automatisierte Palettenverladung mit einem Palettenförderer mit einer speziell dafür konstruierten Anpassungsplattform an die Ladeflächen der Trailer durchgeführt werden, damit die Paletten automatisch auf die Trailer befördert werden. Es können aber auch automatisierte Gabelstapler und/oder automatisch gesteuerte Fahrzeuge eingesetzt werden. Die automatisierte Direktverladung von losen Kisten erfolgt mit Hilfe eines verlängerbaren Förderers.

4. *Nutzen Sie Lagergerüste, um den Platzbedarf für die Zwischenlagerung auf ein Minimum zu reduzieren:* Wenn eine Zwischenlagerung erforderlich ist, kann der Platzbedarf durch die Zwischenlagerung in Lagergerüsten auf ein Minimum reduziert werden. Ein großer Zulieferer in der Autoindustrie stellt Gerüste entlang der Mauer des Versandgebäudes und über den Türen des Docks auf, um dieses Ziel zu erreichen.

5. *Durchschleusen der Fahrer durch den Betrieb mit einem Mininmum an Papierund Zeit*: Es gibt jetzt eine Vielzahl von Systemen zur Verbesserung der Führung der Versand- und Empfangsdocks sowie der Fahrer von Trailern. In einer Brauerei nutzen die Trailerfahrer eine Chipkarte, um Zugang zum Verteilerzentrum zu erhalten, die Bearbeitung auf dem Firmengelände durchzuführen und die Verladegenauigkeit zusichern. In einer anderen Brauerei sind Terminalstände auf dem gesamten Werksgelände so ausgestattet, daß die Fahrer Online-Zugang zum Beladestatus und zu den Zeitplänen der Docks haben.

19.7 Integration von Material- und Informationsfluß

Die oben beschriebenen Prinzipien und Systeme sind projektiert, um die Arbeitsabläufe der einzelnen funktionellen Flächen innerhalb des Lagerhauses in Einklang zu bringen.

Unser Material- und Informationsfluß muß gut integriert sein, wenn wir das Ziel, einer reibungslosen Abwicklung aller Arbeitsgänge im Lagerhaus bei minimalem Arbeitsaufwand erreichen wollen. Die in diesem Kapitel kurz beschriebenen Prinzipien und Systeme sind dazu bestimmt, dem Leser dabei zu helfen, die Integration von Material- und Informationsfluß bei den Arbeitsabläufen in einem Lagerhaus zu verstehen.

Die Integration des physischen Materiaflusses bei Arbeitsprozessen im Lager wird erreicht mit einer Vielzahl von Materialhandhabungstechniken, einschließlich Förderern (Band-, Rollen-Sammelförderer, Sortierer, Schlepplinie, Trolleys und spurgebundene Wagen) sowie Industriefahrzeuge.

19.7.1 Automatisierte, papierfreie Kommunikationssysteme

Die automatisierte Statussteuerung des Materials erfordert, daß die Echtzeit-Bewußtheit des Lagerorts, der Menge, des Bestimmungsorts und Zeitplans für das Material automatisch erreicht werden kann. Dieses Ziel ist tatsächlich die Funktion der automatisierten Identifikationstechniken, Techniken, die eine nahezu lückenlose Datenerfassung in Echtzeit erlauben. Beispiele für automatische Identifikationstechniken umfassen

- ein Sichtsystem zum Lesen von Strichcode-Etiketten zur Identifizierung des richtigen Bestimmungsorts für einen Karton, der einen Sortierförderer durchläuft (für die vollständige Besprechung);
- einen Laserscanner, um die Bestände eines Kleinteilelagers über Funkfrequenz (RF) in einen Computer einzugeben;
- ein Spracherkennungssystem zur Identifizierung von Teilen, die im Annahmedock in Empfang genommen wurden;
- eine Funkfrequenz oder eine akustische Oberflächenwelle (SAW) für tags, die zurpermanenten Identifizierung eines Trägerbehälters dient;
- eine Karte mit Magnetstreifen, die mit eine Beladungseinheit mitfährt, um den Weg durch die Verteilungskanäle zu identifizieren.

Funkfrequenz-Datenübertragung

Obwohl sie technisch nicht zur Systemfamilie der automatischen Identifikation gehören, haben Handgeräte oder am Gabelstapler montierte Funk-Datenterminals (RDTs) sich schnell als zuverlässige Instrumente sowohl für die Bestands- als auch für die Fahrzeug/Fahrerführung erwiesen. RDTs enthalten ein Display mit vielen Zeichen, ein komplettes Keyboard und spezielle Funktionstasten. Sie übertragen und empfangen Mitteilungen auf einer vorgeschriebenen Frequenz über strategisch angeordnete Antennen und ein Interface zum Zentralrechner. Außer der Grundfunktion einer engeren Bestandssteuerung wird zur Rechtfertigung dieser Geräte oft die verbesserte Nutzung von Ressourcen angeführt. Darüber hinaus gestattet die ständig wachsende Verfügbarkeit über Software-Pakete, die die Einbindung der RDT in ein bestehendes Prozeßleitsystem einer Anlage oder eines Lagerhauses möglich machen, ihre Inbetriebnahme. Die meisten der in der Anlage installierten RDTs nutzen Handgeräte oder Scanner für die Dateneingabe, Produktidentifikation und Verifizirung vor Ort. Diese Verknüpfung von Technologien garantiert höhere Ebenen der Geschwindigkeiten, der Genauigkeit und Produktivität, als sie mit einer Technik allein erreicht werden können. Im Jahre 1989 hatten Erstinstallationen von RDTs und Stimmen-Dateineingabegeräte gleichermassen vielversprechende Ergebnisse.

Licht-und computergestützte Auftragserfüllung

Die Ziele der licht- oder computergestützten Auftragserfüllung (CAOP) sind die Verminderung der Suchzeit, Entnahmezeit und Dokumentationsanteile der Gesamtzeit der Auftragserfüllung sowie der Erhöhung ihrer Genauigkeit. Die Suchzeit wird verkürzt, indem man einen Computer hat, der eine Lampe an dem Entnahmeort (den -orten) einschaltet, den dem (denen) die nächste Entnahme erfolgen muß. Die Entnahmezeit wird durch Anzeigen der zu entnehmenden Anzahl auf dem Display am Entnahmeort verkürzt. Die Dokumentationszeit wird dadurch kürzer, daß der Auftragssammler am Entnahmeort einen Drucktaster betätigen kann, um den Computerüüber die beendete Entnahme zu informieren. Das Ergebnis ist eine exakte Auftragserfüllung bei einer Sammelrate mit bis zu 600 Entnahmen/Mann/Stunde. CAOP-Systeme dieses Typs gibt es für Behälterregale, Gerüstregale und Karussellsysteme, sie kosten ca. 100 $ pro Lagerort.

Systeme dieses Typs stehen auch für Minilast AS/RS zur Verfügung. Diese Systeme haben ein Computerdisplay über jeder Entnahmestation. Auf dem

Display befindet sich ein Schaubild der Konfiguration des Lagercontainers in dieser Entnahmestation. Die Sektion des Containers, aus dem die Entnahme erfolgen soll, ist beleuchtet, und die zu entnehmende Menge wird auf dem Computerbildschirm angezeigt.

Der grundlegende Annäherungsweg von CAOP-Systemen ist, das Ausdenken der Auftragserfüllung zu übernehmen. Als Folge davon entsteht eine ungewöhnliche Herausforderung des menschlichen Faktors. Die Arbeit wird zu leicht, daraus resultieren Langeweile und sogar bei vielen Personen eine Abnahme der geistigen Leistungsfähigkeit.

Stimmeingabe/-ausgabe

Die Stimmenerkennung (VR) ist ein computergestützes System, das gesprochene Worte ohne spezielle Codes in Computerdaten übersetzt. VR-Systeme sind attraktiv, wenn die Hände und Augen eines Arbeiters für produktive Arbbeitsgänge freigemacht werden müssen. Obwohl VR-Systeme noch in den Kinderschuhen stecken, erkennen einige von ihnen bereits bis zu 1.000 Worte und sind bis zu 99,5 Prozent genau. VR-Systeme sind noch relativ teuer und müssen einem Arbeiter zur einer Zeit zugeordnet werden.

Chipkarten

Chipkarten (vorwiegend Kreditkarten) werden jetzt verwendet, um Informationen zu erfassen, die von der Identifikation eines Mitarbeiters über die Inhalte eines mit Material beladenen Trailers bis zur Zusammenstellung einer Auftragserfüllungsrunde reichen. Bei großen Verteilerzentren für Kosmetika, werden die Auftragserfüllungsrunden auf Chipkarten heruntergeladen. Die Karten werden wiederum an jedem Entnahmewagen in ein intelligentes Kartenlesegerät geschoben. Wenn dies getan wird, leuchtet der Entnahmeweg auf einer elektronischen Karte des Lagerhauses auf, die an der Stirnseite des Wagens erscheint.

19.7.2 Automatisierte Prozeßleitsysteme

Die Effizienz und die Genauigkeit eines Lagerhauses ist weitestgehend eine Funktion des Leitsystems, das zum Führen und Verfolgen einer Tätigkeit angewendet wird. Die Prinzipien und Anforderungen des Prozeßleitsystems werden nachfolgend, nach Funktionsgebieten untergliedert, beschrieben.

Steuerung des Wareneingangs

Die Empfangsfunktion ist primär eine Funktion der Informationsverarbeitung, nicht einer physischen Bearbeitung. Folglich ist es wünschenswert, die informationsbezogenen Aufgaben in so wenig Schritten, wie nur möglich, zu planen und zu konzentrieren. Das Erreichen dieses Ziels erfordert die Online-Zugänglichkeit zum Erhalten von Informationen und die Echtzeit-Wechselwirkung mit der Datenbank.

Die Aufgaben bei Empfang von Waren könnte man sich als eine Reihe von Fragen vorstellen, die für jeden Artikel, der die Laderampe überquert, zu beantworten sind. Die grundlegenden Fragen, die in ein Prozeßleitsystem für jeden Empfang eingebaut werden müssen, sind nachfolgend aufgelistet. „Ja"-Antworten zeigen geradlinigen Durchfluß mit wenigen Gründen für eine Zeitverzögerung an. Eine „Nein"-Antwort erfordert eine Lösung oder Ausnahmebearbeitung und in der Regel eine Unterbrechung des Flusses. Es wird offensichtlich, daß Verbesserungen der Arbeitsgänge beim Warenempfang ein direktes Ergebnis zeigen müssen, um sicherzustellen, daß alle Fragen mit „JA" beantwortet werden.

- Erwarte ich eine Lieferung von dieser Firma bei oder vor diesem Datum?
- Stimmen die Kartons/Paletten mit dem Frachtbrief überein?
- Scheint die Ware unbeschädigt zu sein?
- Sind die Positionen und Mengen auf dem Beipackzettel in noch offenen Bestellungen enthalten?
- Stimmen die Posten und Mengen in der Lieferung mit der Packliste überein?
- Ist die Ware in gutem Zustand, und erfüllen die Teile die Einkaufsspezifikationen?
- Wird die emfangene Ware jetzt von der Produktion oder einem Kunden gebraucht, und welche sind die Bestimmungsnorte?
- Wenn die Ware nicht sofort gebraucht wird, wo soll ich sie lagern?

Die Anforderungen der Informationsverarbeitung werden genutzt, um ein physisches Handhabungssystem zu entwickeln. Jeder der Entscheidungspunkte muß geprüft werden, um zu bestimmen, welche an einer Einzelstation ausgeführt werden können. Die Konsolidierung der Aufgaben der Informationsbearbeitung in Gruppen sollte auf folgenden drei Prinzipen beruhen:

1. Vereinfache den Arbeitsplatz!
2. Setze das Personal ein!
3. Senke Materialbewegungen auf ein Minimum!

Die effektivsten Materialannahmesysteme beruhen auf einem Layout und einer Handhabungsausrüstung, den Materialfluß durch oder hinter eine Annahmestation zu leiten. An diesem Punkt sollten so viele Aufgaben wie nur möglich, die Datenverarbeitung ausgenommen, gleichzeitig erledigt werden.

Für diesen Typ müssen zwei Ziele erreicht werden, damit ein zügiger Durchfluß der Annahme möglich wird:

1. Sofortige Verfügbarkeit von Informationen
2. Kapazitäten, um Anforderungem in Spitzenzeiten erfüllen zu können.

Durch Lösen des ersten Problems wird der Prozeß in der Regel so beschleunigt, daß die Kapazität nicht länger ein Problem darstellt. Wenn die Information sofort zur Verfügung steht, wird die Zeit eingespart, die dem Personal sonst durch Suchen nach Information verloren geht. Die meisten Verzögerungen des Annahmeprozesses enstehen durch nicht korrigierte oder nicht adäquate Information. Der leichte Zugang zu Informtionen wird auch den Bedarf an Zwischenlagerplatz reduzieren.

Computergestützte Datenbanken mit Online-Terminals wären eine logische Lösung. Die sind es auch in der Tat, wenn der Rechner auf dem letzten Stand, die Antwortzeit kurz und alle Daten vorhanden sind. Viele Jahre lang haben zentrale Großrechner uns gezwungen, die Daten in Stapeln und bei langen Ansprechzeiten zu verarbeiten, wobei die Reaktion auf einen Befehl bis zu einer Minute oder sogar noch mehr betrug. Die Designer von Datenverarbeitungssystemen fühlten sich erfolgreich, wenn sie in der Lage waren, auf die Dauer innerhalb von drei Sekunden auf einen Befehl zu antworten. Studien in der letzten Zeit haben gezeigt, daß Reaktionszeiten unter einer Sekunde zu einer dramatischen Steigerung der Produktivität der Arbeitsgänge am Computerterminal führen.

Mit dem jetzigen Fallen der Computerkosten werden die Probleme der Verfügbarkeit und der Ansprechzeit, oder sogar die gesamten Funktionen der Warenannahme, häufig mit nur einem Rechner, welcher dem Lagerhaus zugeordnet wird, gelöst. Die Vollständigkeit der Daten und ihre Genauigkeit ergeben sich aus einem wirklich integrierten Design des Systems, welches fordert, daß die relevanten Daten schon an ihrem Platz in der Datei sind, bevor die Bestellungen ausgelöst werden.

Die Arbeit im Verbund mit Computern und automatisierten Identifikationssystemen spielt auch eine lebenswichtige Rolle bei der Beschleunigung der Dateneingabe, der Erhaltung der Integrität des Systems, und sie erleichtert automatisierte Arbeitsabläufe.

Steuerung der Lagerorte

Es gibt eine Anzahl von Wegen, den Platz, der in Gerüsten, Regalen, Behältern und Schubladen vorgesehen ist, der Lagerung von Werkstoffen zuzuordnen. Jedes Zuordnungssystem bietet eine bestimmte Kombination der Kubikmeternutzung, des Durchsatzes oder der Produktivität und der Prozeßsteuerung. Für die Planung der Lagerorte gelten folgende Ziele:

1. Gute Platzausnutzung
2. Erleichterung der Anordnung im Lager
3. Erleichterung einer effizienten und exakten Auftragszusammenstellung
4. Erfüllen der vollen Leistungsfähigkeit des Prozeßleitsystems
5. Flexibilität hinsichtlich der Akzeptanz von Änderungen

In vielen Fällen, in denen die Leistung des Prozeßleitsystems begrenzt ist, oder wenn eine absolute Einfachheit von Steuerungen erforderlich ist, können die Waren nach der Reihenfolge der Teilenummer, gruppiert nach der Produktlinie oder nach dem Hersteller, eingelagert werden. Dieses System ist leicht einzuführen und zu lernen; wenn es strikt angewendet wird, stellt es eine Kompromißlösung zwischen Raumausnutzung und Produktivität dar. Es ist in der Regel schwierig, Teilenummern hinzuzufügen oder den Bestand der ausgewählten Positionen zu vergrößern.

Wenn eine individuelle Teilenummer in einer beliebigen Lagerzelle abgelegt werden kann, unterliegt sie der Zufallszuordnung. Die Lagerzellen werden nach der Größe klassifiziert, so daß eine nähere Übereinstimmung zwischen dem Volumen des zu lagernden Postens und den verfügbaren Lagerorten hergestellt werden kann.

Es gibt zwei Typen von Zufallslagerung: 1. die wirklich zufällige, bei der alle Zellen die Chance haben, daß das Produkt in ihnen gelagert ist und 2. die nächstverfügbare Zelle (CAS). Ausgehende Positionen können automatisch auf der Basis „first in – first out“ (FIFO) entnommen werden, oder nach der Möglichkeit, den Auftrag aus einem einzigen Lagerort zusammenzustellen, ausgewählt werden. Eine noch weitere Option ist, nur teilweise gefüllte Zellen vollständig zu leeren, um Platz für die Lagerung neuer Posten auszuwählen. Der CAS-Typ der Zufallslagerung ist in der Industriewelt unserer Zeit am weitesten verbreitetet.

Wenn die Lagerebenen weitgehend konstant bleiben und ein hoher Nutzungsgrad gegeben ist, besteht kaum ein Unterschied zwischen zwei Typen der zufälligen Lagerung. Ist jedoch die Ausnutzung niedrig und variieren die Bestandsmengen, wird die CAS-Methode der zufälligen Lagerung den Durchsatz im System steigern.

Die zugeordnete Lagerung, auf Basis der Aktivitäten wird den Durchsatz zu Lasten der Lagerflächenausnutzung maximieren. Umgekehrt wird die Zufallslagerung den Lagerraum optimieren, den Durchsatz des Systems jedoch reduzieren. Studien haben gezeigt, daß die zugewiesene Lagerung Einsparungen im erhöhten Durchsatz von 15 bis 50 Prozent gegenüber der reinen oder echten Zufallslagerung erbringen kann. Die Studien haben darüber hinaus gezeigt, daß die zugeordnete Lagerung bis zu 20 bis 60 Prozent mehr Lagerzellen erforder, als für die zufällige Lagerung benötigt werden.

Die Auswahl der am besten geeigneten Methode des optimalen Lagerorts hängt daher von der Bedeutung ab, die man dem Platz im Vergleich zu den Durchsatzhöhen beimißt.

Wenn Artikel oft zusammen verwendet oder verkauft werden, können sie zusammen gelagert werden, um die Produktivität der Auftragszusammenstellung zu erhöhen. In automatisierten Behälter-Lagersystemen werden mehrere Entnahmen mit einer Behältersuchnummer ausgeführt. Mit Ausnahme der gemeinsamen Lagerung ist die Lagerzuordnung in automatisierten Systemen viel häufiger zufällig, um die Platzausnutzung des teuren Lagervolumens auf ein Maximum zu erhöhen.

Schnelle horizontale Fahrten, kombiniert mit relativ langsamen Bewegungen bei der Positionierung und beim Transfer von Lasten ergeben die Gesamtzeit eines Zyklus, und folglich hängt der Durchsatz in geringerem Maße von der optimierten Lagerortzuweisung ab. Die Prozeß-Steuerungssysteme, die in der Regel mit automatisierter Lagerung verbunden sind, können zufällige Lagerplätze leicht mit einbeziehen.

Steuerung der Auftragszusammenstellung und des Versands

Die meisten der im Kapitel über die Steuerung der Warenannahme diskutierten allgemeinen Fragen gelten ebenso für die Steuerung der Ausführung von Aufträgen und des Versands. Von ganz besonderer Wichtigkeit sind die Konzepte, die sich darauf beziehen, so viele Aufgaben wie nur möglich von einer Station aus durchzuführen. Dies ist anwendbar, wenn die Entnahme am Ende eines Gangs erfolgt, wie es z. B. bei Minilast- oder Karussellsystemen der Fall ist, oder bei der Überprüfung auf Vollständigkeit, beim Verpacken oder Versenden.

Da Systeme der zufälligen Lagerung immer breitere Anwendung finden, um Platz zu sparen, ist es obligatorisch, den Lagerort zusammen mit dem Artikel und der zu entnehmenden Menge in die Bestandsdatei aufzunehmen. Da der gleiche Artikel an verschiedenen Orten gelagert sein kann, ist eine Logikfunktion in das System aufzunehmen, die, falls erforderlich, die Produktbewegung „first in – first out" (FIFO) berücksichtigt, oder die Entnahme möglich macht, indem sie den Bediener zu einem Lagerort mit einer ausreichenden Menge zur Erfüllung das Auftrags führt. Eine andere Logik könnte versuchen, nur teilweise belegt Orte ausfindig zu machen, um Platz für neue Waren zu schaffen.

Die Annahme von Aufträgen und die Platzzuweisung in Echtzeit ist heute bereits ein Allgemeinplatz, und bei vielen Betriebsabläufen werden heute eingegangene Bestellungen bereits am selben Tag ausgeliefert.

Das Ausdrucken von Auftragsanweisungen in der gleichen Reihenfolge, in der die Güter im Lagersystem aufgeführt sind, verbessert die Auftragsausführung „im Gang". Entnahmen für mehrere Aufträge können vom Bediener entweder zusammen oder separat vorgenommen werden (so wie die Entnahmen durchgeführt werden), damit dies bei einer Tour durch den Gang für mehrere Aufträge ausreicht.

Kartons mit den Produkten, Entnahmelisten und Sammelboxen werden mit den gleichen Strichcodes identifiziert, um die Rückverfolgung, das Sortieren, das Sammeln und die Dateneingabe zu erleichtern.

Es stehen zahlreiche Software-Pakete für die Steuerung von Arbeitsabläufen in Lagerhäusern zur Verfügung. Die Auswahl des richtigen Pakets erfordert die genaue Analyse der spezifischen Bedürfnisse eines besonderen physischen und betriebstechnischen Designs mit Besonderheiten in alternativen Paketen. Sehr oft müssen einige Modifikationen vorgenommen werden; oder es sind Eingabe-Ausgabemodule, an die man sich gewöhnt hat, zu entwickeln, um das Paket wie maßgeschneidert anzupassen.

Je weniger Anpassungen, umso besser. Auf diese Weise bleiben die Kosten niedrig und die Verlässlichkeit des Paketes hoch.

19.8 Die nächste Lagerhausgeneration Betriebsabläufe

Bevor man über die nächste Generation der Betriebsabläufe in Lagerhäusern spricht, müssen wir über die *Anforderungen* an die nächste Generation spekulieren. Wenn wir dies tun, können wir uns nur vorstellen, daß

1. die Standards für die Reaktionszeit und die Genauigkeit noch enger werden Versand über Nacht und nahezu perfekte Geauigkeit werden die Norm sein;
2. die Betonung weiterhin auf dem Kundenservice liegen wird, wobei maßgeschneiderte Serviceleistungen und Verpackung die Norm sind und die Flexibilität in der Planung und der Betriebsführung vorrangigen Platz einnehmen wird;
3. Die Arbeitsverminderung (der Qualität, nicht der Quantität) solchen Firmen einen Wettbewerbsvorteil verschaffen wird, die qualitativ hochwertige Arbeit leisten;
4. die daraus resultierenden ergonomischen und Sicherheitsanforderungen für die Menschen besonders betont werden müssen. Schnell sinkende Kosten und Risiken bei automatisierten Material-Umschlagssystemen (die bereits von einigen japanischen Lieferanten von Material-Umschlagssystemen erreicht worden sind) werden solche Systeme zu den immer mehr dominierenden machen;
5. besonderer Nachdruck wird auf der Erhaltung von natürlichem Boden liegen und die Landflächen für die industrielle Nutzung immer knapper werden lassen. Der daraus resultierende Einstiegspreis wird damit die Ausnutzung des Lagerplatzes zum kritischen Faktor bei der Projektierung eines neuen Lagerhauses oder Verteilerzentrums machen;
6. sich schnell weiterentwickelnde Möglicheiten der IdenTifizierung, der Kommunikation und der Prozeßleitsysteme werden allen Bedarf an „Papierarbeit" und Eingaben über die Tastatur eliminieren.

Mit diesen Forderungen im Gedächtnis wollen wir nun jede der Funktionsflächen innerhalb eines Lagerhauses erneut betrachten und darüber spekulieren, wie die Betriebsabläufe in der nächsten Generation aussehen könnten.

Lassen Sie uns zunächst in Erinnerung bringen, daß der traditionelle Prozeß der Entladung von internen Trailern, die Zwischenlagerung von internen Werkstoffen und das Ablegen in Reservelagerorten einschließt. In direkten Ablegesystemen sind die Arbeitsgänge der Zwischenlagerung und der Inspektion eliminiert. Damit sind auch die Zeit, der Platzbedarf und die Arbeit, die mit diesen Betriebsabläufen verbunden sind, eliminiert. Folglich wird die nächste Generation der Annahmestationen durch das automatisierte, direkte Ablegen in das Lager charakterisiert sein. Es wird Technologien des Materialumschlages geben, die Rollenlager-Lagerflächen und verlängerbare Förderer an den Trailern geben.

Mit der neuen Forderung, gleichzeitig Bodenflächen enzusparen und die Durchsatzleistung zu erhöhen, müssen Lagersysteme mit der Tradition der Verknüpfung der Lagerungsdichte mit der guten Zugänglichkeit brechen. Eine Vielzahl von Systemen ist bereits angewendet worden, um den Durchbruch zu schaffen, einschliesslich automatisierte Zwillings-AS/RS-Systeme-AS/RS-Gänge mit mehreren Kranarmen, Drehgestell-Karusselle und Hochgeschwindigkeits Ein- und Ausgabesysteme für AS/RS. All diese Systeme werden die kommende Generation von Lagerhäusern bevölkern.

Erinnern Sie sich daran, daß die Auftragsausführung die Materialentnahme aus den Lagerorten zur Erfüllung von Kundenaufträgen und das Wiederauffüllen der leeren Plätze einschließt. Dies ist die arbeitsaufwendigste, fehleranfälligste und zeitkritischste Aktivität in einem typischen Lagerhaus oder Verteilerzentrum. Sie ist auch der Brennpunkt für den Einsatz einer großen Vielfalt von automatisierten Systemen, einschließlich Schwerlastfahrzeugen, leichten Hilfsmitteln, intelligenten Entnahmefahrzeugen, der Stapelentnahme für die direkte Eingabe in den Sortierer, und die Konfiguration einer dynamischen Entnahmelinie. In der nächsten Generation werden diese Techniken die Norm sein.

Der Versand schließt in der Regel die Sortierung, das Sammeln, Verpacken Zwischenlagern und Aufladen auf externe Trailer ein. Der Versand ist eine weitere platz- und arbeitsintensive Funktion in einem Verteilerzentrum. Durch Direktverladung auf externe Trailer wird die Tätigkeit der Zwischenlagerung und der damit verbunde Platz-, Arbeits- und Zeitberdarf eliminiert. Der noch verbleibende Arbeitsinhalt umfaßt dann nur noch den Versand, das Beladen der Trailer und kann durch den Einsatz von automatisierten Gabelstaplern und Förderern, der auch die externen Trailer umfaßt, auf ein Minimum reduziert werden. Wenn die Zwischenlagerung nicht eliminiert wirde, ist ihr Platzbedarf durch Gerüstsysteme minimiert.

Das Design der Materialtransport- und Sortiersysteme wird durch die Anforderungen an den Durchsatz und an hohe Präzision mit automatisierten Systemen im gesamten Verteilerzentrum bestimmt. Automatisch gesteuerte Fahrzeuge, automatisierte Einschienensysteme mit Elektroantrieb, spurgebundene Förderwagen, Kreuzband und Surfersortierer sowie Sortier- und Transferfahrzeuge werden alle diese Anforderungen erfüllen.

Teil 4
Distributionsmanagement

20 Vertrieb – Netzwerk – Überwachung

HERBERT W. DAVIS
Präsident, Herbert W. Davis und Company

Man kann nicht managen, was man nicht messen kann. Dieser alte Gedanke ist immer noch aktuell – vielleicht sogar mehr denn je aufgrund der heutigen komplexen, anspruchsvollen Vertriebsnetzwerke. Die Überwachung hat sich deshalb als ein lebenswichtiger Bereich herausgestellt. Die heutigen Managementziele verlangen drei Dinge von einem Vertriebsnetzwerk und seinen Managern.

1. *Das Netzwerk muß die Kunden mit Waren versorgen – wann, wo und wie sie es wünschen.* Der Kundendienst ist deshalb eine Schlüsselaufgabe des Netzwerks. Eine ausgezeichnete Serviceleistung hilft, das wettbewerbsmäßige Überleben sicherzustellen.
2. *Netzwerke müssen mit weit weniger Lagerbeständen arbeiten als in der Vergangenheit.* Planung, Produktion und Vertrieb müssen auf verringerte Zykluszeiten umgestellt werden. Das heißt, Lagerbestände durch Information zu ersetzen, und diese Information fast augenblicklich zu verarbeiten.
3. *Der kostengünstige Vertrieb ist eine Wettbewerbsnotwendigkeit; deshalb muß das Netzwerk mit einer hohen Produktivität arbeiten.* Sorgfalt und Genauigkeit in der Durchführung sind die Kennzeichen der besten Vertriebsnetzwerke von heute.

Deshalb ist eine einwandfreie Überwachung des Vertriebsnetzwerks entscheidend für das Logistikmanagement. Das Überwachungssystem muß so aufgebaut sein, daß es die Leistungsfähigkeit in den drei beschriebenen entscheidenden Bereichen mißt: Zufriedenheit des Kunden mit dem Service, Verfügbarkeit von Lagerbeständen und Kostenkontrolle. In diesem Beitrag werden die Überwachungssysteme für jeden Bereich getrennt besprochen.

20.1 Zwei Überwachungskonzepte

Ein Hauptproblem der Überwachungssysteme in heutigen Unternehmen leitet sich direkt von dem Übermaß an Daten ab, die zur Verfügung stehen. Die heutigen Abtast- und automatischen Aufzeichnungssysteme (Strichcodeleser, Registrierkassen, elektronischer Datenaustausch, Hochfrequenzübertragungen etc.) ermöglichen es, riesige Datenmengen zu sammeln. Computer erlauben eine genaue und schnelle Verarbeitung dieser Daten. Der Manager kann unglücklicherweise in Unmengen von Information ertrinken, wenn nicht Überwachungssysteme eingerichtet werden, um die wichtigen von den allenfalls interessanten Informationen zu trennen.

Somit ist das erste Konzept der Netzwerküberwachung, sich auf *die wichtigen Tatsachen zu konzentrieren.* Verschwenden Sie keine Zeit damit, belanglose Einzeldaten zu sichten. Das Wesentliche der Überwachung ist *Konzentration.* Konzentrieren Sie sich auf die Indikatoren, die Ihnen sagen, wie gut das Netzwerk funktioniert und wo sich Probleme entwickeln. Später helfen einige der interessanten Hintergrundeinzeldaten, Probleme, die vom Überwachungssystem aufgedeckt wurden, zu isolieren und dann zu korrigieren.

Messen Sie zum Beispiel im Kundendienst die Serviceelemente, die den größten Eindruck auf den Kunden gemacht haben, nämlich die Anzahl an fehlerfrei ausgelieferten Bestellungen, die Gesamtumlaufzeit der Bestellung, wie sie vom Kunden gesehen wird, die Prozentzahl der vollständig erfüllten Bestellungen und Artikel, vergebliche Telefonanrufe etc. Bei der Lagerhaltung konzentrieren Sie sich auf die Ausnutzung und Effizienz von Arbeitsleistung und Geräten, zum Beispiel, wie viele Artikel pro Arbeitsstunde bewegt werden.

Das zweite wichtige Konzept, das bei der Überwachung zu beachten ist, ist, den *Berichtszeitraum richtig festzulegen.* Was bedeutet „richtig“? Idealerweise muß der Zeitraum oder die Berichtshäufigkeit auf der Basis der kontrollierten Aktivitäten festgelegt werden.

Wenn das System Kosten in öffentlich zugänglichen Lagern oder von anderen externen Logistiklieferanten überwachen soll, ist der richtige Überwachungszeitraum wahrscheinlich 30 Tage, da auf einer Echtzeitbasis nicht viel bei den Kosten zu machen ist.

Um die Arbeitsnutzung in einem firmeneigenen Vertriebszentrum zu überwachen und zu kontrollieren, werden auf der anderen Seite stündliche oder tägliche Ergebnisse benötigt. Ein monatlicher Bericht würde die Probleme nicht früh genug aufdecken, um die Durchsatzeffizienz zu verbessern. Nachstehend sind einige Vorschläge für Zeiträume und Häufigkeiten angegeben:

Kundendienst:

1. Kundenzufriedenheit:	monatlich jährliche Erhebungen
2. Erfüllungsquote von Bestellungen und Artikeln:	wöchentliche Messung monatlicher Bericht
3. Gesamtumlaufzeit der Bestellung:	monatlich
4. Ansprechbarkeit am Telefon:	täglich monatlicher Bericht

Lagerbestand:

1. Menge nach Lagerbestandseinheiten, Posten und Standort sollten in Echtzeit kontrolliert werden.
2. Berichte nach Artikeln zum Vergleich mit Budgets sollten die gleiche Häufigkeit aufweisen wie das Wiederauffüllsystem – täglich, wöchentlich oder (gelegentlich) monatlich.

Nutzung der Arbeitskräfte:

1. Die Überwachung im Lager kann in Echtzeit als Teil eines computerisierten Lagermanagementsystems durchgeführt werden. Die Berichte sollten die Ergebnisse nach Betriebseinheit und Abteilung täglich, wöchentlich, monatlich und jährlich zusammenfassen.
2. In manuell kontrollierten Lagern sollten die Aufzeichnungen wenigstens täglich, und bei Managementberichten monatlich, durchgeführt werden.

Sorgfalt:

1. Die Lagerbestandsmengen und die Standortgenauigkeit werden am besten durch zyklische Zählungen kontrolliert, die kontinuierlich gemacht werden. Die Kontrollhäufigkeit für die Artikel ist eine Funktion der A, B, C-Klassifikation, das heißt, die hochwertigen oder sich schnell bewegenden Artikel werden häufiger gezählt als die sich langsam bewegenden.
2. Die Sorgfalt bei der Bearbeitung von Bestellungen sollte in das System unter Verwendung von Scannern und Barcodes eingebaut sein. Die Überwachungshäufigkeit wird somit in Echtzeit durchgeführt, während das Berichtswesen am besten täglich und wöchentlich – mit monatlichen Zusammenfassungen – kontrolliert wird.

Dies sind nur Beispiele, um das Konzept der Überwachung und der Berichtszeiträume zu veranschaulichen. Die richtige Antwort für jedes gemessene Element hängt von dem Element und dem verwendeten Kontrollsystem ab. Genauere Einzelheiten werden in den Abschnitten gegeben, die jedes überwachte Element abdecken.

Um den Hauptpunkt zu wiederholen: Bei der Erstellung eines Vertriebsnetzwerk-Überwachungssystems müssen unbedingt die zwei Hauptregeln befolgt werden:

1. Konzentration auf die wichtigen Tatsachen
2. Einrichtung der geeigneten Überwachungszeiträume

20.2 Überwachung des Kundendienstes

Die Logistikabteilung trägt in einem Unternehmen die Hauptverantwortung für die Elemente (Lagerhaltung, Beförderung etc.) eines erfolgreichen Vertriebsnetzwerks: Auslieferung des Produkts wann und wo es der Kunde wünscht. Die Zielsetzung des Auslieferungsservices ist die Zufriedenheit des Kunden. Das Überwachungssystem des Kundendienstes muß deshalb zwei breitgefächerte Variablen messen:

1. *Die Zufriedenheit des Kunden mit dem Auslieferungsverfahren des Produkts:* Dies ist im wesentlichen ein Bereich von weichen Daten – ungenau und ein wenig subjektiv, aber trotzdem lebenswichtig.
2. *Eine Reihe von internen Messungen auf der Basis von statistischen Daten, die das Niveau der Variablen zeigen, die die Kundenzufriedenheit am meisten beeinflussen*: Die Liste der Variablen verändert sich mit der Zeit und nach dem Industriezweig. Die bekanntesten Kundensorgen sind Produktverfügbarkeit, Auslieferungzeit und schnelle Ansprechbarkeit des Informations- und Kommunikationssystems. Hierfür kann das Leistungsniveau gemessen werden. Es ist jedoch wichtig, daß sich jeder Industriezweig manchmal auf andere Bereiche konzentriert, die genauso von Bedeutung sind. Momentan ist zum Beispiel die Auswirkung von Verpackungsmaterial auf die Umwelt besorgniserregend.

Das Überwachungssystem, das das Niveau des Kundendienstes mißt, ist ziemlich komplex. Die nachfolgenden fünf Schritte sollten befolgt werden, um den richtigen Entwurf und die richtige Installation sicherzustellen:

1. *Führen Sie eine Kundenbefragung durch.* Eine Befragung kann dabei helfen, die Kundenbedürfnisse, die Möglichkeiten der Konkurrenz, das Lei-

stungsniveau und den ökonomischen Gewinn (oder Verlust), der sich aus Veränderungen des gegenwärtigen Service ergibt, zu bestimmen.

2. *Führen Sie ein internes Audit durch.* Ein Audit hilft, das momentane Serviceniveau festzustellen sowie die Kosten zu bestimmen, die aufgebracht werden müssen, um diese Niveaus zu erreichen, die Serviceproblembereiche herauszufiltern, die instandgesetzt werden müssen, und die Auswirkungen auf die Kosten für einen besseren (oder schlechteren) Service zu ermitteln.
3. *Setzen Sie Serviceziele fest.* Vom Unternehmen sollten die Ziele für jedes gemessene Merkmal auf der Basis der Kundenbedürfnisse, der Konkurrenzangebote, der internen Möglichkeiten und der Wirtschaftlichkeit festgelegt werden.
4. *Entwerfen Sie ein Überwachungssystem, um jede Servicevariable zu messen.* Die Messungen werden normalerweise in Echtzeit durch Akkumulieren von Statistiken durchgeführt, die aus dem Verarbeitungssystem für die Abwicklungen geholt werden. In einigen Fällen ist es notwendig, Informationen von externen Logistikpartnern zu holen. Gute Beispiele für Berichte von Externen sind die Auslieferungszeit durch Spediteure und der Bearbeitungszeitraum für Bestellungen durch öffentlich zugängliche Lager.
5. *Entwerfen Sie ein Berichtssystem.* Die Messungen eines jeden Serviceelements werden akkumuliert und in einem regelmäßigen Managementbericht vorgelegt. Berichte werden normalerweise monatlich gemacht und verteilt, während die verantwortliche Abteilung die genauen Ergebnisse täglich oder wöchentlich überprüfen kann. Ein typischer Bericht einer internen Servicemessung wird in Abbildung 20.1 gezeigt. Vier Service-Hauptmerkmale werden gemessen, und ein zusammenfassendes Ergebnis wird berechnet.

20.2.1 Befragung zum Kundendienst

Es gibt drei Hauptpunkte, die bei der Befragung von Kunden anzusprechen sind, um ihre Wahrnehmung vom Niveau des Service und ihre Zufriedenheit mit dem Service zu bestimmen:

1. Welches Kontaktverfahren wird verwendet?

2. Welche spezifischen Servicebereiche müssen untersucht werden?

3. Wie viele Kunden sind zu kontaktieren?

<table>
<tr><td></td><td colspan="6">Lager</td></tr>
<tr><td></td><td colspan="2">Ost</td><td colspan="2">West</td><td colspan="2">Gesamt</td></tr>
<tr><td>Erfüllungsrate von Bestellungen (50 %)</td><td>Nr.</td><td>%</td><td>Nr.</td><td>%</td><td>Nr.</td><td>%</td></tr>
<tr><td>Vollständig erfüllte Aufträge
Ziel</td><td colspan="2"></td><td colspan="2"></td><td colspan="2"></td></tr>
<tr><td>Durchführung (%)</td><td colspan="2"></td><td colspan="2"></td><td colspan="2"></td></tr>
<tr><td colspan="7"></td></tr>
<tr><td></td><td colspan="5">Anzahl in ( ) Tagen</td><td>Anzahl innerhalb Standard</td></tr>
<tr><td>Bearbeitungszeit von Bestellungen (30 %)</td><td>1 – 7</td><td>8 – 14</td><td>15 – 21</td><td>22 – 28</td><td>+ 28</td><td></td></tr>
<tr><td>Nordost</td><td></td><td></td><td></td><td></td><td></td><td></td></tr>
<tr><td>Südost</td><td></td><td></td><td></td><td></td><td></td><td></td></tr>
<tr><td>Mittlerer Westen</td><td></td><td></td><td></td><td></td><td></td><td></td></tr>
<tr><td>Südwesten</td><td></td><td></td><td></td><td></td><td></td><td></td></tr>
<tr><td>Westküste</td><td></td><td></td><td></td><td></td><td></td><td></td></tr>
<tr><td>Gesamt</td><td></td><td></td><td></td><td></td><td></td><td></td></tr>
<tr><td>% rechtzeitig</td><td></td><td></td><td></td><td></td><td></td><td></td></tr>
<tr><td colspan="7"></td></tr>
<tr><td>Fehlerraten (10 %)</td><td>Nr.</td><td>%</td><td>Nr.</td><td>%</td><td>Nr.</td><td>%</td></tr>
<tr><td>Bestellungseingang</td><td colspan="2"></td><td colspan="2"></td><td colspan="2"></td></tr>
<tr><td>Lager</td><td colspan="2"></td><td colspan="2"></td><td colspan="2"></td></tr>
<tr><td>Transport</td><td colspan="2"></td><td colspan="2"></td><td colspan="2"></td></tr>
<tr><td>Rechnungserstellung</td><td colspan="2"></td><td colspan="2"></td><td colspan="2"></td></tr>
<tr><td>Andere</td><td colspan="2"></td><td colspan="2"></td><td colspan="2"></td></tr>
<tr><td>Gesamt</td><td colspan="2"></td><td colspan="2"></td><td colspan="2"></td></tr>
<tr><td>Ziel</td><td colspan="2"></td><td colspan="2"></td><td colspan="2"></td></tr>
<tr><td colspan="7"></td></tr>
<tr><td>Reklamationen (10 %)</td><td colspan="2"></td><td colspan="2"></td><td colspan="2"></td></tr>
<tr><td>Anzahl erhalten</td><td colspan="2"></td><td colspan="2"></td><td colspan="2"></td></tr>
<tr><td>% von Rechnungen</td><td colspan="2"></td><td colspan="2"></td><td colspan="2"></td></tr>
<tr><td colspan="7"></td></tr>
<tr><td>Gesamtzahl der bearbeiteten Bestellungen</td><td colspan="2"></td><td colspan="2"></td><td colspan="2"></td></tr>
<tr><td>Gesamtzahl der bearbeiteten Aufträge</td><td colspan="2"></td><td colspan="2"></td><td colspan="2"></td></tr>
<tr><td>Gesamtzahl der Rechnungen</td><td colspan="2"></td><td colspan="2"></td><td colspan="2"></td></tr>
<tr><td>Gesamtdurchführung (%)</td><td colspan="2"></td><td colspan="2"></td><td colspan="2"></td></tr>
</table>

Abbildung 20.1: Kundendienst-Bewertungsbericht – intern

Kontaktverfahren

Die Befragung von Kunden nach ihrer Zufriedenheit ist eine Ableitungstechnik, die aus der Marktforschung stammt. Der Forschungsbereich verwendet einen weiten Bereich von Näherungsverfahren bei der Kundenbefragung, aber im Vertrieb sind die vier am häufigsten verwendeten Methoden die folgenden:

1. *Gruppentreffen:* Eine Gruppe aus vier oder fünf Personen, die Verkauf/Marketing/Bestellungseingang/Kundendienst, Arbeitsablauf im Vertriebszentrum, Versand und Computerservice repräsentieren, trifft sich mit einer Gegengruppe von den wichtigsten Geschäftspartnern. Üblicherweise werden nur die vier oder fünf größten Geschäftspartner auf diese Art besucht. Es gibt eine Menge Vorbereitung, einige Präsentationen und einen Moderator. Der Gruppenleiter erstellt einen schriftlichen Bericht über den Besuch, und es werden nachfolgende Sitzungen abgehalten, um ein Eingehen auf die Bedürfnisse des Kunden sicherzustellen.
2. *Persönliche Interviews*: Ein trainierter Interviewer besucht einen oder mehrere Einkäufer oder Vertreter der Kunden. Es wird eine im voraus bestimmte Reihe von Fragen gestellt, teilweise um numerische Daten zu ermitteln, aber hauptsächlich, um die Meinung des Kunden von Service-Hauptpunkten und Besorgnissen zu erhalten. Als wichtiges Nebenprodukt erhält man einen Maßstab der Möglichkeiten und Leistungsfähigkeit der Konkurrenz.
3. *Telefon-Interviews*: Viele Kunden widersetzen sich einem persönlichen Interview (zu zeitraubend), somit dient das Telefon als Hilfsmittel. Die Ergebnisse sind normalerweise quantitativer Art, und es werden weniger Hintergrundinformation gegeben. Das Verfahren ist jedoch viel billiger.
4. *Fragebögen per Post:* Dies ist das Verfahren, das am meisten von den Vertriebsabteilungen verwendet wird. Ein Fragebogen mit einem frankierten Rückumschlag wird dem Personal eines Hauptkunden geschickt. Die gesuchte Information ist prinzipiell quantitativer Art, und es können nur begrenzte Kommentare und Auffassungen von Kunden erwartet werden. Ein allgemeiner Vergleich mit der Konkurrenz ist dadurch zwar möglich, aber Einzelheiten sind bei einem Kontakt per Post schwierig zu bekommen.

Aufbau eines Fragebogens

Der Aufbau der Erhebung wird normalerweise entwickelt, indem die Fragen oder Punkte, die angesprochen werden sollen, skizziert werden. Es gibt zwei Hauptfaktoren: 1. wie wichtig ist Service und 2. welche Elemente, zusammengenommen, tragen zur Beurteilung des Lieferanten durch den Kunden bezüglich seiner Zufriedenheit bei. Der Fragebogenaufbau enthält eine bis fünf offene Fragen über den Stellenwert des Service, die Gesamtzufriedenheit und über Bereiche, die verbessert werden müssen. Der Großteil des Fragebogens besteht jedoch aus einer Auflistung der Serviceelemente (Produktverfügbarkeit, Bearbeitungszeit, Beschädigungen etc.). Das Muster eines Fragebogens, das in Abbildung 20.2 gezeigt wird, führt viele dieser Serviceelemente auf. Dann sind drei Fragen zu stellen:

1. Wie wichtig ist das Element?
2. Wie zufrieden sind Sie mit unserer Leistung?
3. Ist die Leistungsfähigkeit der Konkurrenz besser, gleich oder schlechter als unsere?

Die Antworten der Kunden sind der Hauptmaßstab für das momentane Zufriedenheitsniveau.

Probengröße

Die erforderliche Anzahl von Kundeninterviews oder ausgefüllten Fragebögen kann statistisch bestimmt werden. Normalerweise wird die Kundenliste in drei Kategorien auf der Basis der Verkaufsvolumina eingeteilt (sehr groß, die besten 100 oder 200, alle anderen). Die sehr großen Kunden werden durch Treffen von Aktionsgruppen behandelt. Die besten 100 Kunden werden unter Verwendung von sowohl persönlichen wie auch Telefoninterviews erprobt, wenn eine 50prozentige oder größere Probe gewünscht ist. Die anderen Kunden können per Telefon oder Post befragt werden. Normalerweise werden Fragebögen an etwa 1.000 Kunden geschickt, wobei Rückläufe von 20 bis 40 Prozent von den kontaktierten Kunden zu erwarten sind. Zahlreiche Techniken werden verwendet, um die Rücklauf-Prozentzahlen zu verbessern.

Durch statistische Tests werden die Zuverlässigkeit und Genauigkeit der Ergebnisse bestimmt. In der Regel werden genügend Untersuchungen durchgeführt, um mit 90prozentiger Zuverlässigkeit sicherzustellen, daß das Ergebnis der Kundensegmentprobe die Meinung der Population wiedergibt, mit einer Genauigkeit von plus oder minus 10 bis 20 Prozent.

Abstände der Kundendienstüberwachung

Es ist wichtig die Zufriedenheit der Kunden kontinuierlich zu überwachen. Dies kann durch zwei unterschiedlichen Näherungsverfahren erreicht werden.

Bitte beurteilen Sie folgende Merkmale nach ihrer Wichtigkeit: Servicequalität, unsere momentane Leistung und unser Niveau im Vergleich mit unserer Konkurrenz

MERKMALE	WICHTIGKEIT DER SERVICEQUALITÄT (bitte einkreisen)			MOMENTANE LEISTUNG (bitte einkreisen)			LEISTUNG DER KONKURRENZ (bitte ankreuzen)		
	unwichtig	geringfügig wichtig	unbedingt wichtig	Erfüllt nicht unsere Anforderungen	Erfüllt manchmal unsere Anforderungen	Erfüllt alle unsere Anforderungen	Schlechter	Gleich	Besser
1. Gesamtbearbeitungszeit der Bestellung (Schnelligkeit der Auslieferung)	1 2	3 4 5	6 7	1 2	3 4 5	6 7	____	____	____
2. Produktverfügbarkeit	1 2	3 4 5	6 7	1 2	3 4 5	6 7	____	____	____
3. Einhaltung des geforderten Lieferdatums	1 2	3 4 5	6 7	1 2	3 4 5	6 7	____	____	____
4. Verfügbarkeit von Informationen über Lagerbestände, offene Bestellungen, Lieferzeiten etc.	1 2	3 4 5	6 7	1 2	3 4 5	6 7	____	____	____
5. Verfahren bei der Bestellungseingabe	1 2	3 4 5	6 7	1 2	3 4 5	6 7	____	____	____
6. Verfahren bei der Korrektur von Fehlern	1 2	3 4 5	6 7	1 2	3 4 5	6 7	____	____	____
7. Verfahren bei Mängelrügen	1 2	3 4 5	6 7	1 2	3 4 5	6 7	____	____	____
8. Außendienstmitarbeiter (Hilfsbereitschaft, Besuchshäufigkeit)	1 2	3 4 5	6 7	1 2	3 4 5	6 7	____	____	____
9. Kundendienstmitarbeiter (Verhalten, Hilfsbereitschaft)	1 2	3 4 5	6 7	1 2	3 4 5	6 7	____	____	____
10. Richtigkeit von Rechnungen	1 2	3 4 5	6 7	1 2	3 4 5	6 7	____	____	____
11. Genauigkeit von Warensendungen	1 2	3 4 5	6 7	1 2	3 4 5	6 7	____	____	____
12. Reaktion auf Eilanfragen	1 2	3 4 5	6 7	1 2	3 4 5	6 7	____	____	____
13. Verfahren bei Rücksendungen	1 2	3 4 5	6 7	1 2	3 4 5	6 7	____	____	____
14. Zustand der Produkte bei Empfang/Verpackung	1 2	3 4 5	6 7	1 2	3 4 5	6 7	____	____	____
15. Korrekte Kennzeichnung (Etiketten, Kennzeichnung)	1 2	3 4 5	6 7	1 2	3 4 5	6 7	____	____	____
16. Liefernähe von Beständen (nahegelegenes Lager, das Sie beliefert)	1 2	3 4 5	6 7	1 2	3 4 5	6 7	____	____	____

Weitere Kommentare: ____________________

Abbildung 20.2: Muster eines Fragebogens über den Kundendienst

1. Wiederholung der Kundendiensterhebung alle ein oder zwei Jahre, wobei die Probe und die Fragebögen bereinigt, aber mehrere Schlüssel- und Langzeitmaßstäbe beibehalten werden, die ein kontinuierliches Maß für die erzielten Leistungen zur Verfügung stellen.
2. Befolgen Sie das Beispiel einiger Firmen und führen Sie jedes Quartal eine Erhebung per Post und Telefon durch, wobei 25 der besten 100 Kunden kontaktiert werden. Hierdurch wird das Überwachungssystem mit dreimonatlichen Daten versorgt, die mit den internen statistischen Maßzahlen verglichen werden. Ein konzeptioneller Probenbericht wird in Abbildung 20.3 gezeigt.

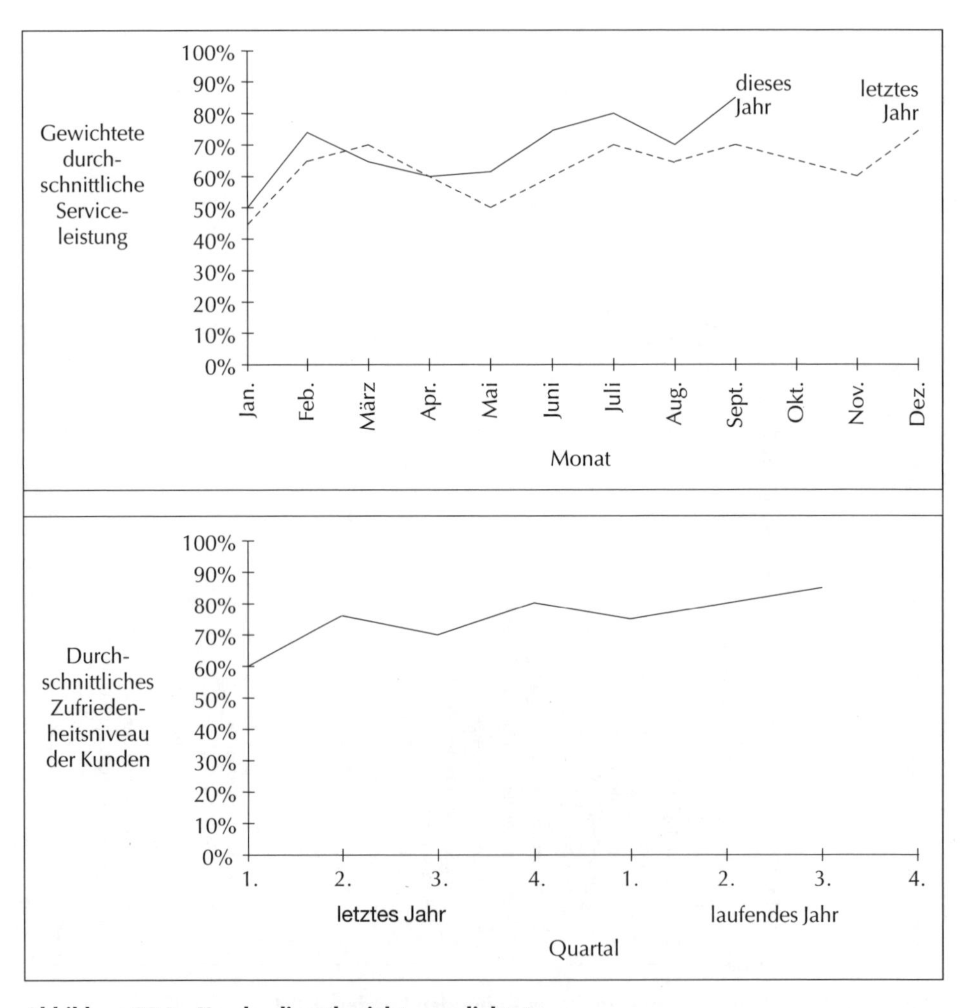

Abbildung 20.3: Kundendienstbericht – verdichtet

20.3 Überwachungskosten und Produktivität

Aus einer historischen Perspektive betrachtet sind die heutigen Vertriebskosten in den USA verhältnismäßig niedrig. Obwohl der physische Vertrieb als Konzept – dem Produkt einen Zeit- und Ortsnutzen zu geben – sehr alt ist, entwickelte die Industrie die ersten organisationsmäßigen Strukturen dafür erst in den frühen 60er Jahren. Die Veröffentlichung von Peter Drucker „*The Dark Continent*" und die Gründung des National Council of Physical Distribution Management (durch William Beckmann in 1963) sind die frühen Meilensteine.

Fundierte, genaue Informationen über Vertriebskosten sind seit dieser Zeit erhältlich. Abbildung 20.4 zeigt die Vertriebskosten als Prozent der Verkaufseinnahmen pro Jahr seit 1961. Abbildung 20.5 zeigt dieselbe Information für die drei Hauptkomponenten: Versand, Lagerhaltung und Lagerbestände.

Historisch gesehen waren die Kosten niedrig, da die Industrie den Vertriebskosten sehr viel Aufmerksamkeit schenkt. Sie sind direkte Kosten von Geschäftsvorgängen und mit etwa acht Prozent vom Verkauf so hoch wie der Firmengewinn eines durchschnittlichen Produzenten. Tabelle 20.1 zeigt die Kosten entsprechend den Hauptvertriebsaktivitäten. Die drei Hauptgründe für die verhältnismäßig geringen Kosten sind:

1. *die Aufhebung der Kontrolle des Transportsystems*: Der Trend zur Freigabe vieler Geschäftsbereiche begann mit den Fluglinien und den Spedi-

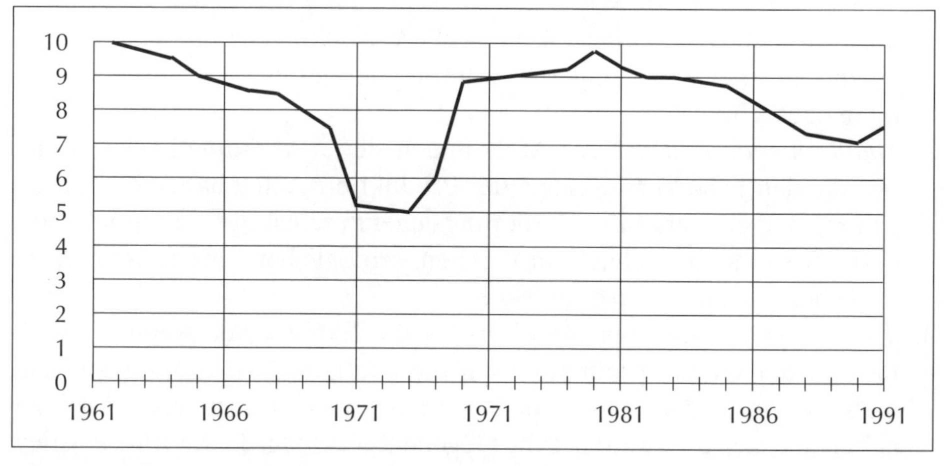

Abbildung 20.4: Vertriebskosten (Prozent des Umsatzes)

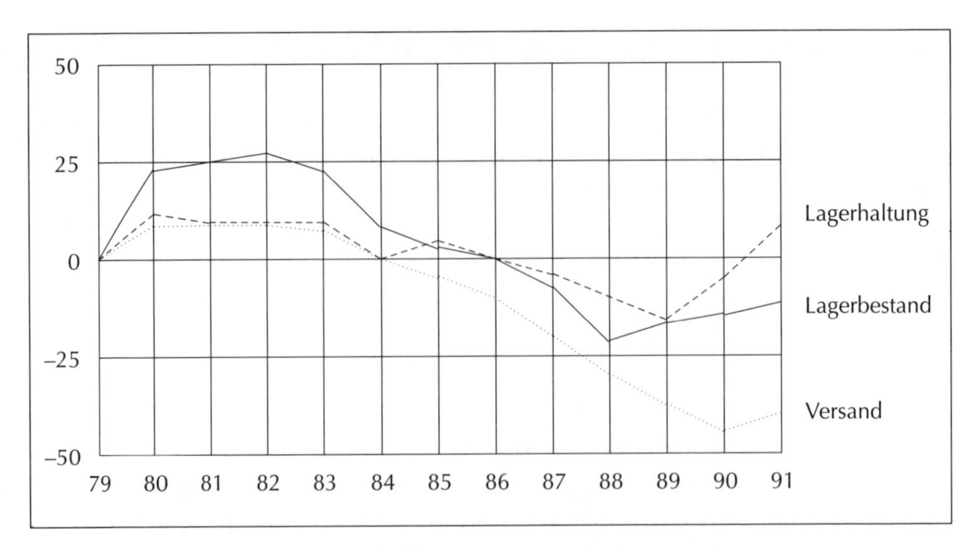

Abbildung 20.5: Vertriebs-Bestandteilkosten (Prozent des Umsatzes)

	Vertriebskosten in	
	Prozent des Umsatzes	$/CWT
Versand	3,31	$ 11,73
Lagerhaltung	2,03	10,96
Kundendienst	0,56	4,04
Verwaltung	0,39	2,13
Lagerbestand	1,82	9,86
Gesamtvertriebskosten	8,11	$ 38,72

Tabelle 20.1: Vertriebskosten – 1991

tionen in den späten 70ern. Eine größere Konkurrenz und eine höhere Speditionseffiziens verringerten während der gesamten 80er die Frachtraten deutlich.

2. *Managementtechniken*: Das Aufkommen der *Just-in-time*-Lagerhaltung und die deutliche Verringerung der Produktionszeiten haben die Lagerhaltung und die Verkaufsanforderung enger miteinander verkoppelt. Moderne Systeme, die schnell ansprechen, ermöglichen eine bessere Kontrolle der gesamten Versorgungskette.
3. *die weltweite Konkurrenzfähigkeit*: Als die Exporte von weniger als 10 Prozent der Gesamtproduktion auf die heutigen 30 Prozent anstiegen, mußten amerikanische Firmen die Kosten verringern, um ihre Märkte zu halten und sie auszuweiten. Eine Gegenentwicklung, der enorme Anstieg von Importen, begünstigte weiterhin die Tendenz der Kostenreduzierung.

Die Überwachung der Vertriebskosten ist somit eine lebenswichtige Aktivität für die Vertriebsabteilung. Diese Diskussion der Überwachung fokussiert auf zwei Kontrollebenen:

1. Gesamtvertriebskosten, aufgeteilt nach Betriebseinheit oder Produkt und nach Hauptfunktionen (Versand, Lagerhaltung etc.).
2. Produktivität, vor allem in Input-/Output-Verhältnissen angegeben, die die Effektivität einer Tätigkeit, Person oder Maschine beschreibt.

20.3.1 Überwachung der Vertriebskosten

Das übliche Kostenüberwachungssystem eines Unternehmens basiert auf der Zuteilung der Kosten zu einem bestimmten Konto. Die Kosten können im allgemeinen mit einem Produkt oder einem Zeitraum in Verbindung gebracht werden. Normalerweise werden die Kosten für Arbeit oder Material einem bestimmten Produkt oder einer Bestellung ohne weiteres zugeordnet. Einige Kosten, wie Miete oder Abschreibung, sind zeitabhängig. Diese Kosten können einem Produktfluß zugeordnet werden, der gleichzeitig abläuft.

Im Kostensystem werden diese zwei Unkostenkategorien tabellarisch nach Funktionsaktivität und nach Betriebseinheiten aufgeführt und als Kosten der Abteilung für einen Rechnungszeitraum vorgelegt, üblicherweise jeden Monat.

Die Kosten des Vertriebsnetzwerkes können dann aus den Ursprungskosten, die in den monatlichen Angaben für jede gemanagte Betriebseinheit gezeigt werden, entwickelt werden. Die Vertriebsabteilung kennt deshalb die Vertriebskosten nach Aktivität, Betriebseinheit und Kostenzentrum. Jeder Kostenfaktor wird üblicherweise pro Monat und pro Jahr analysiert und jeder wird mit dem jährlichen Betriebsplan oder Budget und mit dem gleichen Zeitraum vergangener Jahre verglichen.

Zu einer normalen Aufgliederung dieser Kosten des Vertriebszentrums gehören:

- Aufsicht
- Arbeitskräfte
- Nebenleistungen
- Miete (oder Gebäudeabschreibung)

- Licht, Heizung, Elektrizität
- Telefon
- Steuern: Personal, Gebäude
- Produktionsmaterialien
- Miete oder Abschreibung für Ausrüstungsgegenstände
- Verschiedenes
- Betriebseinheit gesamt

Die Versandkosten können der Betriebseinheit unter einer dieser drei Kategorien in Rechnung gestellt werden:

1. eingehend
2. ausgehend
3. innerbetrieblich

Die Frachtkosten, die von anderen bezahlt werden, können subtrahiert werden. Jede Firma hat dabei ihre eigenen Gepflogenheiten, wie die Frachtkosten zugeordnet werden. Wegen der Wichtigkeit der Frachtkosten ist die Gesamtsumme jedoch immer erhältlich.

Während die Aufgliederung aller dieser Kosten einige interessante Informationen liefern kann, sind zur Überwachung oder Kontrolle der Kosten weitere Analysen erforderlich.

Üblicherweise hat es der Vertriebsmanager mit Kostenverhältnissen zu tun, um die Kontrolle zu vereinfachen. Absolutzahlen sind wegen der täglichen, wöchentlichen und saisonalen Volumenunterschiede schwierig auszuwerten. Die zwei am häufigsten verwendeten Relationen sind:

1. *Kosten als Prozent der Einnahmen:* Die meisten Unternehmensbudgets sind im Verhältnis zum Umsatz eingerichtet. Der Lagerfunktion wird somit ein Betrag zugeordnet, der auf der historischen Beziehung von Frachtkosten zu Umsatz basiert. Der Betrag ist beträchtlich, und es kann erwartet werden, daß er insgesamt etwa zwei Prozent des Umsatzes beträgt.
2. *Kosten pro Gewichtseinheit*: Diese Relation wird meistens verwendet, wenn Lager von Dritten oder öffentlich zugängliche Lager eingebunden sind, um Lagerung und Versand abzuwickeln. Ähnliche Relationen können auf der Anzahl der bestellten Artikel, der Kundenbestellungen, der verschickten Pakete etc. basieren.

Sehr ähnliche Systeme werden verwendet, um andere Vertriebskosten zu überwachen, wie Bestellungseingang und Kundendienst oder das Management des Vertriebszentrums. Schließlich werden die Transportkosten für den Berechnungszeitraum zusammengefaßt und durch die bearbeiteten Gewichtseinheiten und durch die Verkaufseinnahmen des gleichen Zeitraums dividiert.

Diese und andere nützliche Relationen bilden die grundlegendsten Vertriebskosten-Überwachungssysteme. Häufig wird eine Menge Daten verarbeitet, die normalerweise ein Computer-Spreadsheet-Programm erforderlich machen.

20.3.2 Überwachung der Vertriebsproduktivität

Kostenüberwachungen unter Verwendung der beschriebenen Verfahren werden seit vielen Jahren von Vertriebsmanagern angewandt. Die Verfahren sind flexibel, und das System kann viele Betriebseinheiten und Produktströme überwachen. Eine Kostenkontrolle benötigt jedoch genauere Verhältnisse und eine Überwachung, die enger an der Zeit orientiert ist, zu der die Kosten entstehen. Dies wird *Produktivitätsüberwachung* genannt.

Technisch gesehen macht jede Produktivitätsüberwachung die Entwicklung einer Relation erforderlich, die zeigt, wie viele Ausgangseinheiten für eine gegebene Eingangseinheit oder Zeit erreicht wurden. Bei der Überwachung von Lagern sind zum Beispiel die Verhältnisse von Kosten als Prozent der Einnahmen oder pro verschickter Gewichtseinheit nützlich, hauptsächlich im Vergleich zu früheren Leistungen und zur Konkurrenz. Es werden genauere Informationen benötigt, um die Produktivität zu bewerten und um Probleme, für die ein Handlungsbedarf besteht, zu isolieren.

Bei der Lagerhaltung sind die folgenden Ausgangsfaktoren üblich:

- Bestellungen
- bestellte Artikel
- Pakete
- Gewichte
- Einheiten
- Paletten

Die Eingangsmaßfaktoren sind:

- Arbeitsstunden oder -minuten
- Arbeitskosten

Diese Maßfaktoren können normiert werden, um die Vergleichbarkeit zu verbessern. In einem Möbellager kann die Einheit zum Beispiel ein Stück oder Stuhl sein. Ein Sofa könnte gleichwertig mit drei Stühlen bewertet werden, so daß der Versand von zwei Stühlen und einem Sofa einen Ausgang von fünf gleichwertigen Arbeitseinheiten zur Folge hat. Ähnlich kann der Arbeits-Input in gleichwertig bezahlten Stunden bewertet werden, um die Auswirkung von unterschiedlichen Lohngruppen, Überstunden oder Schichtunterschieden auszugleichen.

Unter Verwendung dieser Methoden wollen wir ein Beispiel veranschaulichen:

Nehmen wir an, ein Lager bearbeitet in diesem Monat 2.000 Bestellungen. Der durchschnittliche Bestellungsumfang ist fünf Artikel pro Bestellung. Somit verschickte das Lager insgesamt 10.000 Artikel. Dies ist der Output.

Das normale Input-Maß sind die Arbeitsstunden. Angenommen das Lager hat 16 Angestellte. Wenn alle einen Durchschnittsmonat (168 Stunden) arbeiten, so ist der Gesamtoutput 2.688 Stunden.

Die Produktivität für den Monat kann dann auf verschiedene Arten ausgedrückt werden:

- 0,74 Bestellungen/Arbeitsstunde
- 3,72 Artikel/Arbeitsstunde
- 1,34 Stunden/Bestellung
- 0,26 Stunden/Artikel

20.3.3 Produktivitätsmessungen

Ähnliche Daten könnten für die Kundendienstabteilung entwickelt werden. Die Messungen sollten in allen Lagerabteilungen aufbewahrt werden, um Vergleichsmöglichkeiten zu schaffen. Das Meßsystem muß – um ein wirklich nützliches Meßinstrument zu sein – aufgegliedert werden, damit für jede einzelne und für verschiedene Arbeitsgruppen, wie Zusammenstellung, Verpacken, Verladung etc., ein Bericht über die Produktivität vorliegt. Viele Firmen machen folgendes: Sie führen beispielsweise die Produktivität von Einzelpersonen, Funktionen und der Gesamtheit tabellarisch auf, und bringen diese Information gut sichtbar in ihren Firmenlagern an.

Ein einfaches Verfahren zur Aufstellung eines Produktivitätsmeßsystems sieht folgendermaßen aus:

1. *Erstellen Sie eine Liste aller Arbeiten, die in dem Lager gemacht werden.* Diese Liste kann bei einem allgemeinen Treffen von Abteilungsleitern oder nach einer genauen Arbeitsmessungsstudie entwickelt werden. Eine Ausgangsliste, die für eine Betriebseinrichtung vorgeschlagen wird, sieht folgendermaßen aus:

   - Annahme
   - Einlagerung
   - Wiederauffüllung der Entnahme
   - Entnahme nach Bestellung
   - Zusammenstellung der Bestellung und Verpackung
   - Versand und Verladung
   - Bearbeitung von Rücksendungen

   Vorsicht ist geboten, um sicherzustellen, daß die Liste nicht zu lang oder zu detailliert wird, da jede Kategorie genügend Arbeitsleistung enthalten muß, damit eine statistische Gewichtung über die Zeit und zwischen Mitarbeitern gemacht werden kann.

2. *Analysieren Sie jede Tätigkeit, um das Arbeitsgrundgehalt zu bestimmen und einen Maßstab für die Leistung zu erstellen.* Die Analyse kann wiederum eine detaillierte Arbeitsstudie sein oder nur ein Treffen von Abteilungsleitern, um die Tätigkeit zu diskutieren. Erstellen Sie für jede Tätigkeit eine Liste der Schlüsseltätigkeiten und den besten Maßstab für die Leistung. Zum Beispiel können folgende Punkte für die Tätigkeit der Entnahme nach Bestellung angemessen sein:

   - Tätigkeit: Entnahme nach Bestellung
   - Tätigkeitsinhalt:
     - Suchen Sie die Bestellung aus dem Korb.
     - Holen Sie Gabelstapler und Palette.

- Machen Sie die Runden zu den Entnahmebehältern, wählen Sie die Anzahl an Kartons und Stücken aus, die für jeden Artikel der Bestellung erforderlich sind.
- Bringen Sie die ausgeführte Bestellung in den Verpackungsbereich.

• Maßstab:
  - entnommene Artikel oder
  - Anzahl der entnommenen Bestellungen plus Anzahl der entnommenen Artikel

3. *Zählen Sie die Stunden zusammen: Produktion und Produktivität – täglich und wöchentlich.* Der Kontrollangestellte für die Produktivität sollte ein Computer-Spreadsheet ausfüllen, das alle Tätigkeitsfunktionen für die Woche wiedergibt. Die Berechnungen zur Bestimmung der Produktivität einer jeden Person und der Durchschnitt der gesamten Belegschaft können unter Verwendung der Spreadsheet-Software erstellt werden.

4. *Bestimmen Sie die Arbeitsstandards.* Schließlich muß noch die Frage der Arbeitsstandards angesprochen werden. Dies geht über die Produktivitätsmessung hinaus, ist aber ein wichtiger Schritt bei der Kontrolle der Personalkosten. Standards können auf vielfältige Art aufgestellt werden.
   a. Akkumulieren Sie Daten für einen Zeitraum und vergleiche das momentane Leistungsniveau mit dem der Vergangenheit. Führen Sie zum Beispiel tabellarisch auf, wie viele Stunden für Entladung eingehender Transporte angesetzt sind, und ebenso tabellarisch die Anzahl der bearbeiteten eingehenden Artikel. Dann berechnen Sie eine individuelle und eine durchschnittliche Leistung für die Wareneingangsgruppe. Üblicherweise wird der Standard berechnet, indem alle individuellen Ergebnisse entfernt werden, die niedriger als der Durchschnitt sind; dann berechnen Sie erneut den Durchschnitt. Dies sind *historische* Standards.
   b. Vergleichen Sie die Produktivität zwischen den Betriebseinheiten. Die Anzahl der pro Mann-Stunde von Transporteinheiten entladenen Artikel kann mit dem Durchschnitt aller Betriebseinheiten verglichen werden, der als Standard verwendet wird. Dies sind *vergleichende* Standards.
   c. Führen Sie Zeitstudien durch, um jeder Aktivität ein angemessenes Leistungsniveau zuzuordnen. Verwenden Sie eine Stoppuhr und messen Sie den besten Gabelstaplerfahrer. Verwenden Sie dies als Standard für die Entladung von Transporteinheiten. Dies ist ein *technischer* Standard.

d. Verwenden Sie vorbestimmte oder Standardzeiten. Definieren Sie die Schritte bei der Entladung eines Lkw. Schauen Sie in einem Buch für Standards nach, wie lange es dauern würde, jede dieser Aufgaben einzeln zu erledigen. Dann addieren Sie die Einzelzeiten zusammen und berechnen einen Standard für jede Tätigkeit. Dies ist eine andere Art des *technischen* Standards.

Die letzte Methode wird heute von den meisten Vertriebsabteilungen bevorzugt. Im wesentlichen muß der Analytiker für die Methode

1. die Aufgabe, für die ein Standard gewünscht wird, in eine Reihe von Einzelaktivitäten oder Bewegungen unterteilen, die einen ziemlich einheitlichen Inhalt haben.
2. die angemessene Zeit für jede Einzelbewegung in einer Datenbank für Standardzeiten nachschlagen.
3. die Zeiten für jedes Element oder jede Bewegung zu einer Gesamtzeit für die Gesamttätigkeit akkumulieren.
4. Pufferfaktoren hinzufügen, um persönliche Zeiten, Ermüdung und unvorhergesehene Unterbrechungen oder Verzögerungszeiten zu berücksichtigen (kurz PEV genannt).

Ein Beispiel auf der Basis einer einfachen Gabelstaplertätigkeit ist in Tabelle 20.2 zu sehen. Der Arbeitsstandard, zu dem man dabei gelangt ist, sollte verwendet werden, um die Leistung eines Gabelstaplerfahrers an einem Tag zu beurteilen, wie in Tabelle 20.3 gezeigt wird.

Ein Überwachungsbericht kann das Leistungsniveau einer Anzahl von Fahrern vergleichen, um zu bestimmen, wie effektiv jede Person ist, und um die Gesamtleistung der Gruppe zu bestimmen.

Element	Einzelzeit in Minuten
Palette anfahren	0,10 Min./Palette
Gabel einfahren	0,05
Gabel hochheben	0,10
30 m zum Stapelplatz fahren	0,40
Palette absetzen	0,15
Rückfahrt zur Ausgangsposition	0,40
Zwischensumme	1,20
PEV	0,18
Gesamt	1,38 Min./Palette

Tabelle 20.2: Muster für Arbeitsstandards

Anzahl der bewegten Paletten gearbeitet Zeit minus 2 Pausen zu je 10 Min. gewonnene Zeit (1,38 Min. x 250) Leistung (345 : 490)	250 510 Min. (20) 490 Min. 345 Min. 0,70 Prozent

Tabelle 20.3: Muster für Leistungsbewertung

Es ist praktisch machbar, Produktivitätsstandards für die meisten Aktivitäten in einem Lager zu entwickeln, und die Gesamtleistung oder Produktivität der Belegschaft zu bestimmen. Wenn die Berechnung dieser Standards gut gemacht wird, können diese verwendet werden, um:

- die richtige Mitarbeiterzahl für die Betriebseinrichtung für jede anfallende Arbeit festzusetzen.
- die tägliche Leistung mit Zielvorgaben zu vergleichen, die speziell für eine Betriebseinrichtung aufgestellt wurden, anstatt z.B. mit anderen Betriebseinrichtungen.
- die Produktivität zu erhöhen, indem jeder Arbeiter ausgelastet wird.

20.4 Überwachung von öffentlichen und Vertragslagern

Konzeptionell ist die Überwachung von Vertragsaußentätigkeiten sehr ähnlich den Systemen, die bei firmeneigenen Betriebseinrichtungen verwendet werden. Die meisten Vertriebsabteilungen überwachen die Kosten der Vertragsunternehmen auf der Basis von Einnahmen und Durchsatz – das heißt, Kosten als Prozent der bearbeiteten Umsatzmenge oder der verschickten Gewichtseinheiten.

Diese Gesamtzahlen können erweitert werden, so daß sie die zu handhabenden Grundeinheiten, die in dem Vertrag spezifiziert sind (normalerweise Pakete, Stücke, Bestellungen oder Artikel), einschließen.

1. Kosten für den Zeitraum:

Handhabung	$ ________
Lagerung	________
Zusätzliches	________
besonderer Service	________
Gesamt	$ ________

2. Output-Meßfaktoren, wie Bestellungen, Artikel, Pakete oder Gewichte:
   eingehend
   ausgehend
   gelagert
3. Input-/Output-Verhältnisse

Häufig spezifizieren Verträge mit Dritten auch das Serviceniveau und die Produktivitätsziele, ähnlich wie für firmeneigene Betriebseinrichtungen. Da die tägliche und stündliche Kontrolle dem Vertragsunternehmer übergeben wurde, ist die Vertriebsabteilung bei der kurzzeitigen Kostenkontrolle behindert. Die Langzeitkontrolle wird durch die Vertragsbedingungen und durch Konkurrenzangebote gesichert.

20.5 Überwachung des Transportnetzwerks

Die Transportkosten vom Herstellungsort zum Kunden sind hoch, und liegen bei einem typischen Produktvertriebssystem im Durchschnitt gerade unterhalb von vier Prozent der Verkaufseinnahmen. Deshalb ist es wichtig, die Unkosten zu minimieren, wobei gleichzeitig den Kunden ein angemessener Service geliefert werden muß. Das Überwachungssystem hat es normalerweise mit privaten Lkw-Unternehmen oder Mietspediteuren zu tun. Es kann auch zwei oder mehr Ebenen in dem System geben:

1. *Voll- oder Großladungen, die benutzt werden, um Material zwischen Betriebseinrichtungen und zu Großabnehmern zu transportieren:* Diese Ladungen können aus verpacktem oder palettisiertem Frachtgut bestehen, oder in Form von trockenem oder flüssigem Massengut vorliegen. Der Transportweg kann Schiene, Autobahn, Wasser oder Luft sein.
2. *Kleinere Ladungen, die von Vertriebszentren zum Kunden verschickt werden:* Es sind wiederum alle Arten und Produktformen möglich.

Das Überwachungssystem muß über die verschickten Produkte, die erreichten Kundendienstniveaus und die entstandenen Kosten auf dem laufenden bleiben. Dies erfolgt durch zwei in Beziehung stehenden, aber separaten Systemen:

1. *Produkt-Tracking:* Moderne, servicesensitive Vertriebsnetzwerke müssen Informationen in Echtzeit über den Ort und den Status von Materialien und Warensendungen zur Verfügung stellen. Die Information wird vom

Wartungs- und Verkaufspersonal und vom Kunden benötigt, um eine effiziente Tätigkeit sicherzustellen. Moderne Produkt-Trackingsysteme sind kostspielig, stellen wegen der Serviceverbesserungen für den Versender aber einen beträchtlichen Konkurrenzvorteil dar.

2. *Frachtrechnungs-Audit und Bezahlung:* Mietspediteure erstellen die Rechnungen für ihren Service auf der Basis von vertragsmäßig entwickelten Raten. Die Rate zieht die Ausgangs- und Bestimmungsorte, die Frachtklassifizierung, das Gewicht oder Volumen der Sendung, die Auslieferungsentfernung in Kilometern, das Verpackungsformat und das geographische Gebiet in Betracht. Rechnungen müssen auditiert und dann bezahlt werden. Das Betriebssystem, entweder ein Eigensystem oder vertraglich an einen anderen Betreiber vergeben, führt normalerweise die Empfangsbestätigung, das Audit und die Bezahlung der Rechnungen durch und liefert genaue Daten für das Kontrollsystem.

Diese beiden voneinander getrennten Systeme können entweder manuell oder computerisiert sein. Die meisten verlassen sich heute auf Strichcode und andere Scannersysteme und hochentwickelte Verarbeitungssoftware.

Die typische Vertriebsabteilung hat für diese Dienste einen Vertrag mit einem oder mehreren Fremdbetreibern.

In vielen Unternehmen gibt es drei getrennte Gruppen von solchen Fremdbetreibern:

1. Ein oder mehrere Netzwerk-Transportunternehmen holen die Sendung vom Vertriebszentrum ab und liefern das Produkt an den Empfänger. Das Hauptfrachtunternehmen stellt dann eine Frachtrechnung aus, die an eine Servicegesellschaft zur Bezahlung von Frachtbriefen geschickt wird.
2. Eine Verkehrsservicegesellschaft auditiert die Frachtrechnung, indem sie diese mit dem Versendevorschlag des Versenders und mit den verhandelten Tarifen vergleicht. Die Servicegesellschaft kann dann die korrigierte Rechnung im Auftrag des Versenders bezahlen oder den auditierten Vorgang an einen Dritten zur Bezahlung schicken.
3. Ein Tracking-Netzwerk berichtet über die Bewegung und Auslieferung von Materialien. Dieses Netzwerk weist einen elektronischen Datenaustausch (EDI) auf und kann von einer der Organisationen in der Versorgungskette betrieben werden: Versender, Empfänger, Transportunternehmen, Betreiber des Vertriebszentrums oder externer Netzwerkbetreiber.

20.6 Überwachung des Lagerbestandes

Die Kosten, um Fertigwaren zu lagern und zu schützen, sind eine Hauptüberlegung beim Entwurf eines Vertriebsnetzwerks. Zwei Faktoren sind involviert:

1. Der Lagerbestand, ein Großteil des investierten Kapitals eines Unternehmens: Im Durchschnitt erreichen amerikanische Hersteller jährlich etwa vier Ein- und Ausgänge. Die Kosten des Lagerbestandes betragen im Durchschnitt etwa 50 Prozent des Verkaufswertes. Eine Firma kann somit 12,5 Millionen Dollar für je 100 Millionen Dollar Umsatz in Lagerbeständen investiert haben.
2. Die Kosten, diesen Lagerbestand zu unterhalten, können sehr hoch sein. Die Zinsen allein stellen in unserem Beispiel bei einem Zinssatz von acht Prozent Kosten von einer Million Dollar dar. Andere Kosten entstehen durch Überalterung, Bruch, Versicherung, Steuern etc. Das Durchschnittsunternehmen schätzt die Gesamtkosten für den Lagerbestand auf etwa 18 Prozent des Wertes oder 2,25 Millionen Dollar einschließlich Zinsen.

Das meiste von diesem Lagerbestand ist im Vertriebsnetzwerk. Der Vertrieb bestellt häufig Produkte von den Fabrikationsbetrieben und von externen Quellen auf der Basis von Verkaufsvorhersagen und Vertriebsanforderungen. Eine Überwachung dieser Investitionen und der Schutz der Materialien sind Hauptfunktionen des Netzwerks.

Die Anforderungen an das Überwachungssystem leiten sich ziemlich einfach von der Funktion selbst ab. Es ist wichtig zu wissen, wie viele Lagerbestandseinheiten genau eingelagert sind und wo sie sich momentan befinden.

In kleineren, älteren Lagern wurde der Gesamtlagerbestand in einer zentralen Lagerbestandskartei aufgeführt. Der Standort der Lagergüter in einem Lager war in einer anderen Kartei direkt im Lager zu finden. Die moderne Praxis vereinigt beide Funktionen (Menge und Standort) unter Verwendung von einfachen oder komplexen Lager-Managementsystemen.

Die Lagerbestandsinformation wird entweder in Echtzeit auf den neuesten Stand gebracht (gleichzeitig mit der Abwicklungsaufzeichnung) oder nach einem Batch-Verfahren stündlich oder täglich. Die neuesten Systeme verbessern die Genauigkeit der Lagerbestandsaufzeichnungen durch die Verwendung von Strichcodes und Scanning sowohl vom Produkt als auch vom Standort.

Trotzdem kommen Fehler vor. Um die Probleme zu minimieren, ist die beste gegenwärtige Methode die regelmäßige Zykluszählung. Bei diesem Überwachungsverfahren macht eine Person oder ein Team eine Blindzählung eines Produkts und eines Standortes, wobei die Information an ein Computerterminal gegeben wird. Die Terminalsoftware vergleicht die Information mit den Aufzeichnungen und meldet das Ergebnis. Das Computersystem kann die zu zählenden Posten angeben, häufig auf der Basis von einem Null- oder niedrigen Lagerbestandsniveau oder dem Produktwert. In anderen Systemen zählen die Lagerbestandszähler nur und berichten in regelmäßigem Wechsel über alle Standorte.

Über die Genauigkeit des Lagerbestands wird als Teil des Netzwerk-Qualitätssicherungsprogramms berichtet, üblicherweise monatlich. In Lagern, in denen nicht mit Hilfe von Barcodes kontrolliert wird, liegen die Ergebnisse typischerweise bei 95 bis 98 Prozent. Das heißt, daß jede Zählung zwei Fehlermöglichkeiten hat (Menge und Standort), und bei Gesamtgüterzählungen sollten nicht weniger als 95 Prozent des Lagerbestandes am Zählort sein. Bei Barcodesystemen sind Genauigkeiten von über 99 Prozent üblich. Wenn Fehler gefunden werden, so sind sie meistens systembedingt und keine Lagerhausprobleme, außer bei Diebstahl und/oder Bruch.

20.7 Zusammenfassung

In diesem Kapitel wurden die Konzepte und die vorgeschlagenen spezifischen Messungen beschrieben, die benötigt werden, um das Vertriebsnetzwerk zu überwachen. Die Schlüsselfeststellung, die sofort am Anfang gemacht wurde, verdient wiederholt zu werden: Man kann nicht managen, was man nicht messen kann.

Die Messungen leiten sich von ihrem Zweck ab – sie sollten sich auf die Aufzeichnung der Leistung des Vertriebsnetzwerks im Vergleich zur Zielsetzung des Netzwerks konzentrieren. Normalerweise ist das Ziel, ein hohes Serviceniveau zu erreichen, während gleichzeitig die Kosten gering gehalten werden.

Viele Unternehmen verlieren dies aus den Augen, wenn sie ihr Überwachungssystem entwerfen. Es werden zu viele Messungen veröffentlicht, die nur die Leistungen der Abteilung oder der Tätigkeit nachspüren, hauptsächlich um den eigenen Bereich zu schützen oder um Verantwortung abzuschieben.

Ein geeignetes Überwachungssystem mißt und legt Daten von drei Bereichen vor: Kundenzufriedenheit, Lagerbestände und Kosten/Produktivität. Es ist wichtig, daß die Berichte über das momentan herrschende Leistungsniveau Informationen des Monats, des Vorjahres und noch frühere Informationen enthalten, und daß all diese mit den Zielen verglichen werden.

Das typische System, das in Großunternehmen verwendet wird, ist komplex. Die aktuellen Daten werden normalerweise in einen PC oder einen Großrechner eingegeben. Es werden in regelmäßigen Abständen und/oder auf Anfrage mehrseitige Berichte erstellt. Die interessantesten Überwachungssysteme, die jetzt in Gebrauch kommen, gehen von Echtzeit-Datenbanken aus. Informationen werden im Vertriebszentrum eingescannt. Mit Hilfe dieser Systeme können Überwachungsberichte erstellt werden, die bis zum Zeitpunkt des Druckes aktuell sind. Sie unterstützen die Bemühungen des Unternehmens, eine größere Kundenzufriedenheit bei ständig geringer werdendem Lagerbestand und Betriebskosten zu erreichen – eindeutig ein Gesamtziel des Vertriebsnetzwerks.

21 Internationale Gütertransportwirtschaft am Beispiel der USA

PHILIPP WILLIAMS
President, Phil Williams and Associates, Inc.

Der internationale Markt ist eine riesige Chance, manchmal sogar die einzige Möglichkeit zur Erhaltung oder auch Wiederherstellung der Wettbewerbsfähigkeit europäischer Unternehmen. Eine der schwierigsten Aufgaben hierbei ist die internationale Distributionslogistik. Gerade die interessantesten Märkte (wie der nordamerikanische) sind für den Distributionsmanager aus Europa nach wie vor oft eine „Black Box". So sind international operierende Unternehmen öfters angewiesen auf die Dienste lokaler Transportunternehmen, ohne daß die entstehenden Kosten wirklich transparent werden. Dies sind entscheidende Hindernisse auf dem Weg zur internationalen Wettbewerbsfähigkeit. Die Aufgabe der Distribution in den USA ist aber zu bewältigen. Wie bewertet man Transportunternehmen, worauf gibt es welchen Rabatt, an wen wendet man sich? Dieses Kapitel verschafft einen Überblick über die Randbedingungen der Distribution im interessanten und typischen Zielmarkt USA. Vielleicht nimmt es dem einen oder anderen Unternehmen tatsächlich die Hemmungen, endlich international zu agieren.

Die alten Regeln der Gütertransportwirtschaft haben der Welt der Deregulierung Platz gemacht, die allen frei zugänglich ist. Viele Versender sind sich jedoch der „neuen" Grundlagen der Verkehrswirtschaft noch nicht bewußt. Das Hauptziel dieses Kapitels besteht darin, die Veränderungen deutlich zu machen und die Gelegenheit zu bieten, das System für Sie zum Arbeiten zu bringen.

Es ist immer noch die Frage: Hat die Öffentlichkeit wirklich von der Deregulierung profitiert? Bedenken Sie die Tatsache, daß die Fernmeldeindustrie zur selben Zeit dereguliert wurde wie die Verkehrswirtschaft. Bei all der Anzeigenwerbung – wie sicher fühlen Sie sich, wenn Sie heute einen Telefondienst für Ferngespräche auswählen? Finden Sie es wirklich leichter, Ihre monatlichen Telefonrechnungen zu verstehen?

Eine Herausforderung derselben Art gibt es in der Verkehrsindustrie. Zugegeben, mit der Deregulierung hatten Versender die Möglichkeit, Kosten zu senken und ihr Leistungsniveau zu verbessern. Aber da bleibt auf der Kehrseite der Medaille die gefürchtete Möglichkeit, wegen eines Tarifs oder eines Vertragsmangels der einen oder anderen Art verklagt zu werden – selbst mit den durchschaubarsten Logistikmöglichkeiten.

Gerade, wenn wir denken, daß die Gütertransportwirtschaft jetzt entspannter und leichter zu verstehen ist, stellen wir fest, daß sie statt dessen sehr viel komplizierter ist. Vieles, was wir lernen, ist nur teilweise das Ergebnis von Änderungen der Regeln und Vorschriften der Bundesverkehrsbehörde. Vielmehr ist es das Ergebnis von Gerichtsentscheidungen und der Bestätigung der Doktrin der gemeldeten Tarife durch des oberste Bundesgericht der Vereinigten Staaten.

Viele, die das alte Vorschriftensystem kannten und verstanden, haben sich zur Ruhe gesetzt oder sind zu Opfern der „Verkleinerung" geworden, als sich die amerikanische Industrie umstrukturierte. Die Fähigkeit, einen Tarif zu lesen und zu verstehen, ist praktisch verschwunden. Außerdem vertrauen mehr und mehr Versender auf Verträge und „Fremdfirmen", um Beförderungsleistungen für sich zu erwerben.

Andere, die für die Beschaffung von Transportleistungen verantwortlich zeichnen, sind immer noch verwirrt und stellen nicht die richtigen Fragen, um ihr Unternehmen zu schützen und um den Preis und die Leistung wirklich zu verstehen, die er/sie gekauft haben. Es ist wichtig zu wissen, daß Preisnachlässe in den folgenden Situationen möglicherweise nicht für Sendungen gelten:

Frachtkosten für Einzelsendungen	Verbundsendungen
Nahverkehrsgebiet	Mindestfrachtgebühren
Kraftstoff- oder Versicherungszuschläge	über 10.000 oder 20.000 lb
Sendungen nach Kanada oder Mexiko	Ballungsgebiete
Fremdfirmenabrechnung	auf das Gebiet eines Bundesstaates beschränkte Sendungen
Tarife für Fracht aller Art	Einzelfrachttarife
Sendungen von außergewöhnlichem Wert	Regierungssendungen

Es ist auch wichtig zu wissen, daß praktisch alles verhandlungsfähig ist – die Tarifhöhe, der Rabatt, die Mindestgebühr, Zahlungsfristen, Haftungsgrenzen, Einzelsendungskosten, alles!

Die Beförderungsunternehmen haben eine ganze Reihe von ertragsfördernden Regeln und Gebühren eingeführt. Nachstehend folgen einige Punkte, auf die zu achten ist.

1. *Anrechnung des Rabatts:* Die Beförderungsunternehmen rechnen normalerweise den Rabatt nur auf Direkt- oder Einstreckensendungen. Die im Fernverkehr oder landesweit tätigen Beförderungsunternehmen beschränken den Rabatt auch auf ihre sogenannten „Marktgebiete". Normalerweise ist damit ein Gebiet mit einem Radius von 500 Meilen um den Versandort ausgeschlossen.
2. *National Motor Freight Classification (Klasseneinstufung):* Alles LKW-Stückgut unterliegt dem Tarif „nach Klasseneinstufung", der dabei hilft, den richtigen Frachtsatz festzulegen. Die Beförderungsunternehmen scheinen Änderungen an diesem System vorzunehmen, um ihren Gewinn zu steigern.
3. *Einzelsendungsgebühren:* Beförderungsunternehmen können eine Einzelsendungsgebühr für Sendungen berechnen, die weniger als 500 lb wiegen. Sie erscheinen als getrennte Zeilenposition und belaufen sich normalerweise auf ca. 16,50 $. Rabatte gelten nicht für diese Gebühr.
4. *Fremdfirmensendungen:* Die Regeln für Fremdfirmensendungen ändern sich. Der Frachtbrief für solche Sendungen muß ordnungsgemäß vorbereitet werden. Der Lieferant ist als „Versender" aufgeführt. Die Bedingungen lauten „frachtfrei" mit dem Vermerk „Frachtrechnung senden an", gefolgt vom vollständigen Namen und der Anschrift des Zahlers. Abschnitt 7 des Frachtbriefs *sollte nicht* unterzeichnet werden.
5. *Mindestgebühren:* Es gibt eine absolute Mindestgebühr, die schwanken kann. Ein bedeutendes Beförderungsunternehmen berechnet zum Beispiel 46,95 $ als absolutes Minimum, bei anderen Beförderungsunternehmen liegt es um die 45 $.
6. *Versandgewicht:* Das tatsächliche Gewicht der Sendung hat direkte Auswirkungen auf die Berechnung der Gebühren des Beförderungsunternehmens. Dabei wurden neue Regeln vorgeschlagen, um die Verpackung oder die Palette als Teil des Versandgewichts einzubeziehen.
7. *Fracht nicht am Fahrzeug:* Es gibt eine Gebühr von 45 $ (Minimum) bis 475 $ (Maximum), wenn das zu ladende Material nicht ohne weiteres verfügbar ist *oder* wenn der Entladeplatz nicht unmittelbar dort liegt, wo das Beförderungsunternehmen zum Laden/Entladen steht.
8. *Gleichzeitig angelieferte Sendungen:* Es gibt eine zusätzliche Gebühr, wenn die gesamte Sendung nicht gleichzeitig am selben Bestimmungsort angeliefert werden kann.

9. *Sendungen mit Benachrichtigung:* Höchstnachlässe gelten nicht, wenn das Beförderungsunternehmen eine Partei im voraus anrufen oder benachrichtigen muß, oder wenn die Lieferung zu einer anderen Zeit als während der normalen Arbeitszeit erfolgen soll.
10. *Auf einen Bundesstaat beschränkte, lokale und „Nichtmarkt"-Bereiche:* Für Sendungen im Nahverkehr oder solche, die auf einen Bundesstaat beschränkt sind, gilt der Rabatt möglicherweise nicht.
11. *Nachnahmesendungen:* Alle Nachnahmesendungen sind normalerweise von einem Rabatt ausgeschlossen.
12. *Verbundsendungen:* Normalerweise sind zwei oder mehr Beförderungsunternehmen erforderlich, um die Sendung vom Abgangsort zum Bestimmungsort zu bewegen. Wegen des Verbunds gilt der Rabatt möglicherweise nicht, oder kann zumindest geringer sein.
13. *Kraftstoffzuschlag:* Ein Kraftstoffzuschlag wird von den Beförderungsunternehmen berechnet, wenn der Preis des Kraftstoffs ungefähr 1,10 $ je Gallone erreicht. Dieser Zuschlag erscheint als getrennte Zeilenposition auf der Frachtrechnung und wird bei der Gewährung eines Preisnachlasses nicht berücksichtigt. Ein Versender kann in der Lage sein, das Beförderungsunternehmen davon zu überzeugen, eine standardisierte Staffelung für die Berechnung des Kraftstoffzuschlags zu verwenden. Die Methode, um dies zu erreichen, ist später in diesem Kapitel beschrieben. Aber die Faustregel besteht darin, einen Prozentfaktor anzulegen, wenn das Beförderungsunternehmen einen Ertrag von 1 $ je Meile oder weniger erzielt. Legen Sie also den Zuschlag in Cent je Meile an, wenn der Ertrag je Meile mehr als 1,01 $ beträgt. Diese Methode ist am meisten im Interesse des Versenders.
14. *Versicherungszuschlag:* Auch ein Versicherungszuschlag kann zum Tragen kommen, wenn die Versicherungstarife drastisch steigen.
15. *Raumfracht und Dichteregel:* Beförderungsunternehmen haben Regeln aufgestellt, die im allgemeinen darauf ausgelegt sind, die Rentabilität zu sichern, wenn z. B. leichte Sendungen beim Laden auf einen Aufhänger einen großen Raumbedarf haben. Diese Regeln schwanken je nach Beförderungsunternehmen. Yellow Freights wendet die Regel zum Beispiel auf Sendungen über 2.000 lb an, die mehr als einen laufenden Fuß Fahrzeugbodenfläche für ein Versandgewicht von jeweils 350 lb einnehmen. Solche Sendungen unterliegen einer Mindestgebühr auf der Grundlage der Tarife der Klasse 77.5, multipliziert mit dem berechneten Gewicht. Dieses wird festgestellt, indem man die eingenommene Bodenfläche in laufenden Fuß mit (x-mal) 350 lb für jeden laufenden Fuß oder einen Teil davon multipliziert. Für diese Gebühr gilt *kein* Nachlaß.

21.1 Das Durcheinander

Mit dem Beginn der Deregulierung wurden die Geschäftspraktiken lockerer. Viele der ICC-Anforderungen an die Tarifanmeldung wurden ignoriert, denn die Beförderungsunternehmen versäumten es, Nachlaßpreisvereinbarungen zu veröffentlichen (oder ordnungsgemäß zu veröffentlichen). Die Versender unterließen es wiederum, einen Veröffentlichungsnachweis zu verlangen, oder sie verstanden die Bestimmungen der ihnen gezeigten Tarifpositionen einfach nicht. Einigen Versendern wurden Dokumente übergeben, die den Eindruck vermittelten, die Nachlaßpreise wären tatsächlich gesetzmäßig in Kraft, obwohl dies nicht der Fall war.

Wie geht man also vor, um sich konkurrenzfähige Gütertransportleistungen zu beschaffen? Was muß ein Unternehmen wissen? Die folgenden Informationen sollen als eine Art Leitfaden für die „neuen Grundlagen" dienen, wenn man Gütertransportleistungen erwerben möchte. Man muß über ein grundlegendes Verständnis verfügen, wenn man sich durch die neuen Regeln kämpfen will, um die richtigen Beförderungsunternehmen zu wählen und dabei im Kampf ums Überleben die gesetzlichen Bestimmungen immer noch zu beachten.

Die Deregulierung des Gütertransportwesens ist gegenwärtig ein Mythos! Was wirklich geschehen ist, müßte man richtiger als „Neuregulierung" bezeichnen. Außerdem üben 42 Staaten immer noch in irgendeiner Form eine wirtschaftliche Kontrolle über das bundesstaatsübergreifende Transportwesen aus. Die Deregulierung hat zwar den Wettbewerb gefördert, aber dies geschah auf Kosten einer Konzentration im Lastwagen- und Luftverkehrstransport. Weniger Beförderungsunternehmen jagen jetzt nach derselben Fracht. In Texas werden 90 Prozent der Fracht von nur zwei Beförderungsunternehmen transportiert. Landesweit sind heute noch acht der führenden 50 Beförderungsunternehmen aus dem Jahre 1965 tätig.

Die wichtigsten Veränderungen auf Grund der Deregulierung gab es in zwei Bereichen: Preisbildung und Service. Preisbildung bedeutet mehr als einfach nur die Höhe des Rabatts. Der ganze Ansatz der Preisbildung hat sich geändert, als Beförderungsunternehmen die „Rate Bureau Systems" aufgaben und ihre eigenen privaten Tarife einführten – die jetzt den Weg für Verträge frei machen. Service betrifft den Bereich der Betriebserlaubnis und eine ganze Reihe kundendienstorientierter Liefer- und Informationssysteme.

Vor 1980 konnte ein Beförderungsunternehmen nur eine Art einer ICC-Betriebserlaubnis innehaben. Heute kann es sich dabei um einen gewöhnlichen oder Vertragsfrachtführer, einen Makler oder sogar einen Frachtspediteur handeln – alles gleichzeitig. Der Trick besteht darin zu wissen, mit wem Sie es zu tun haben, und auf welcher Grundlage.

Wir müssen auch die Bedeutung der Tarifregeln des Beförderungsunternehmens erkennen, die für die Anwendung von Tarifen und Zuschlägen gelten. Wann haben Sie zuletzt ein Exemplar der Tarifregeln angefordert oder auch nur einen Blick darauf geworfen? Fragen Sie den nächsten Vertreter, der durch die Tür kommt, wann er zum letzten Mal eine Anfrage nach einem Exemplar der Regeln des Beförderungsunternehmens erhalten hat. Oder seien Sie *richtig* verwegen und fragen Sie den Vertreter, ob *er/sie* sie jemals gelesen hat!

Unsere Bemerkungen hier beziehen sich weitgehend auf den LKW-Stückgutverkehr sowie die Veränderungen, die die Preisbildung und den Kundendienst betreffen, wie sie angeboten werden. Die landesweit tätigen LKW-Stückgutunternehmen (d.h. Yellow, Roadway, Consolidated Freightways usw.) werden als *gewöhnliche Beförderungsunternehmen auf regelmäßigen Strecken* bezeichnet. Sie betreiben regelmäßige Strecken mit einem Netz aus Terminals und Sammelladezentren.

Im Gegensatz dazu werden die landesweit tätigen LKW-Ladungsunternehmen als *Beförderungsunternehmen auf unregelmäßigen Strecken* bezeichnet.

Die Beförderungsunternehmen sowohl auf regelmäßigen als auch auf unregelmäßigen Strecken sind üblicherweise gewöhnliche Beförderungsunternehmen, die ihre Tarife veröffentlichen, oder Vertragsfrachtführer, die ihre Tarife über Verträge anbieten. Tarife müssen von Gesetzes wegen bei der „Interstate Commerce Commission" eingereicht sein. Diese Anforderung gilt nicht für einen Vertragsfrachtführer, aber der Vertrag muß in den Akten des Beförderungsunternehmens aufbewahrt werden.

Ein Frachtmakler ist ein gesetzliches Unternehmen des Transportwesens, ist aber kein Beförderungsunternehmen. Der Frachtmakler arrangiert den Versand gegen eine Gebühr und hilft dabei, den vereinbarten Preis festzulegen. Nur ein paar Worte über die Inanspruchnahme eines Frachtmaklers. Eines der Schlüsselelemente besteht hier darin, die Vertretungsbeziehung zwischen dem Frachtmakler und dem Beförderungsunternehmen klar festzulegen. Ihr Maklervertrag muß angeben, daß der Makler der Vertreter des Beförderungsunternehmens und daher in der Lage ist, im Namen dieses Unternehmens Rechnungen auszustellen und Zahlungen entgegenzunehmen. Eine Zahlung an den Frachtmakler ist dasselbe wie eine Zahlung an das Beförderungsunternehmen. Der Frachtmakler muß auch für die Eignungsprüfung des Beförderungsunternehmens (Genehmigung, Versicherung usw.) und dafür verantwortlich sein, daß ein rechtsgültiger Vertrag mit Vertragsfrachtführern bestehen bleibt.

Ein Frachtspediteur ist als Beförderungsunternehmen anerkannt und sorgt für die Sendung auf dieselbe Weise wie ein Frachtmakler.

Zugegeben sind dies stark vereinfachende Definitionen, und über jede dieser Dienstleistungen könnte viel geschrieben werden. Aber wir beschränken unsere Ausführungen auf den Bereich des gewöhnlichen LKW-Stückgutverkehrs.

Die Beförderungskosten weisen sechs Grundbestandteile auf:

1. Der zugrundeliegendeTarif oder die Tariftabelle.
2. Die Anwendung von Klassentarifen entsprechen de NMFC (National Motor Freight Classification) und den Regeln, die für das zu versendende Material gelten.
3. Das Gewicht und/oder der Rauminhalt der Sendung.
4. Der Abgangs- und der Bestimmungsort der Sendung.
5. Die Anwendung der Tarifregeln des Beförderungsunternehmens.
6. Die Preisvereinbarung zwischen Versender und Beförderungsunternehmen.

Laut Abschnitt 10706 des *Interstate Commerce Act* (49 U.S.C. 10706) ist es der ICC gestattet, Tarifbüros von Beförderungsunternehmen anzuerkennen. Den Mitgliedern der Büros (den Beförderungsunternehmen) wird eine begrenzte Antitrustimmunität zugestanden, damit sie die Tarife gemeinsam festlegen können.

Sämtliche Preise des Büros sind im wesentlichen dieselben für alle Beförderungsunternehmen, die Mitglied sind. Der Hauptunterschied besteht in der Höhe des Nachlasses und in dem angebotenen Service. Heute bedient sich eine zurückgehende Anzahl lokaler oder regionaler Beförderungsunternehmen des Bürosystems.

An Stelle des Bürosystems haben die Beförderungsunternehmen die Anwendung ihrer eigenen Privattarife eingeführt. Diese Tarife wurden auf den alten Bürotarifen aufgebaut, aber so geändert, daß sie auch eine drei- oder fünfstellige Kennung der Postleitzahl umfassen.

Ein 1991 erschienener Artikel, der von Jace A. Baker von der University of California mit dem Titel „Emergent Pricing Structures in LTL Transportation" verfaßt wurde, enthielt Tabellen, in denen die konkurrierenden Frachttarife für Sendungen der Klasse 100 auf vierundsechzig Schlüsselmärkten miteinander verglichen wurden. Die Tarifschwankung reichte von den niedrigsten 0,59 Prozent (zwischen Seattle und San Francisco) bis zu den höchsten 60,01 Prozent (zwischen St. Louis und St. Francisco).

Bei der Beurteilung der Preise eines Beförderungsunternehmens muß mehr berücksichtigt werden als nur die Höhe des Rabatts. Und da wir uns weiter von dem Bürotarifsystem entfernen, werden diese Preisunterschiede möglicherweise noch ausgeprägter.

Tariferhöhungen

Wenn ein Beförderungsunternehmen eine Tariferhöhung bekanntgibt (zum Beispiel um 5,5 Prozent), bedeutet dies nicht, daß sämtliche Tarife im selben Umfang gestiegen sind. Es zeigt, daß die Tarife im Durchschnitt im angegebenen Umfang erhöht wurden.

Tatsächlich haben Beförderungsunternehmen spezielle Routen (Städtepaare), bestimmte Gewichtsstufen und/oder Klassentarife für Tariferhöhungen oder -senkungen ausgewählt, die dann zusammengenommen die Erhöhung „im Durchschnitt" ergeben. Wiederum muß man fragen: „Worauf gibt es Rabatt?"

Klassifizierung

Die *National Motor Freight Classification (NMFC)* ist ein Tarif, der dazu verwendet wird, den Klassentarif festzulegen, und sie gibt Versandregeln, Bestimmungen und Bedingungen für Frachtbriefe, Versicherungsansprüche und Verpackungsspezifikationen vor.

Ein *Klassentarif* ist ein Tarif, der für eine Gruppe von Gütern gilt, die ähnliche Versandeigenschaften aufweisen. Faktoren, wie zum Beispiel Transportrisiko, Gewicht, Volumen und Wert dienen dazu, einer Ware eine bestimmte Tarifklasse zuzuweisen.

Klassentarife werden durch das National Motor Freight Classification Committee zugewiesen, das aus Vertretern der meisten bedeutenden LKW-Stückgutspeditionen besteht. Wenn das Komitee Änderungen der Tarife für Ihr Produkt vorschlägt, würden Sie es erfahren? Gegen eine Jahresgebühr können Sie eine Kopie des Verzeichnisses erhalten, das alle vorgeschlagenen Änderungen detailliert aufführt. Sie haben auch das Recht, vor dem Komitee zu erscheinen und gegen vorgeschlagene Änderungen zu argumentieren, die Ihr Unternehmen betreffen; oder Sie können an das Komitee einen Antrag stellen, einen günstigeren Klassentarif für neue oder bestehende Produkte festzulegen.

Was ist zu tun?

Eine Schlüsselstrategie für die Kontrolle über die Beförderungskosten besteht darin, „den Einfluß des Unternehmens zu stärken", indem man die Anzahl zugelassener Beförderungsunternehmen verkleinert. Wenn man weniger Beförderungsunternehmen einsetzt, werden die Kosten bei jedem Transport eines größeren Geschäftsvolumens gesenkt.

Eine zweite Strategie bestand darin, über die Eingangsfracht (und ihr Volumen) Kontrolle zu gewinnen, indem man FOB Abgangsort oder mit Frachtnachnahme kauft und den Einsatz bestimmter Beförderungsunternehmen vorschreibt.

Man muß die neuen Grundlagen der Gütertransportwirtschaft beherrschen, um genau zu verstehen, was Sie kaufen und mit wem Sie umgehen, und dabei im Rahmen des Gesetzes zu bleiben.

21.2 Wie Sie anfangen

Jetzt beginnt die Arbeit. Überlegen Sie, was ist es eigentlich, das Sie erreichen wollen? Natürlich die Kosten zu senken oder unter Kontrolle zu bringen und gleichzeitig das Leistungsniveau verbessern. Aber wo fangen Sie an?

Abbildung 21.1 skizziert die spezifischen Fragen, die ein Beförderungsunter-

1. Name und Titel der Kontaktperson beim Kunden: ____________________________
2. Handelt es sich bei dem Kunden um ein verbundenes Unternehmen oder eine Tochtergesellschaft? (J/N) ___Wenn ja, wie lautet das Konzern-/landesweite Konto)? ______
3. Wenn es ein landesweites Konto gibt, ist dann eine Abstimmung mit der Konzernleitung des Kunden erforderlich? (J/N) ______Wenn ja, ist die Abstimmung erfolgt? _____
4. Steuert dieser Standort Routenverläufe? (J/N) ____ Nur an diesem Standort? ____ An anderen Standorten? _____
5. Geben Sie in genauem Wortlaut das wieder, was verlangt wird ________________
6. Ist dies eine Angebotssituation? (J/N) ____Wenn ja, legen Sie eine Kopie bei. Wann ist die Antwort fällig? ____
7. Betrifft diese Anfrage abgehende oder eingehende Fracht oder beides? ___________
8. Führen Sie sämtliche Nachlässe, Rückvergütungen und Abzüge auf, die gegenwärtig in Kraft sind:
   Tarif _______ Position _______
   Tarif _______ Position _______
   Tarif _______ Position _______
9. Abgangs- und/oder Bestimmungsorte (angeben, wenn nicht in dem Angebotspaket enthalten):
   (A) Abgehend nach ____
   (B) Eingehend von
   ____
10. Soweit nicht anderslautend vorgeschrieben, gelten Nachlässe für abgehende Fracht nur für frachtfreie Sendungen. Ist eine Anwendung auf Sendungen mit Frachtnachnahme erforderlich? (J/N) ____ Weshalb? ____________________
11. Was sind der Gesamtertrag oder das monatliche Potential für das Gebiet, das von uns bedient wird?
    Insgesamt _______ Abgehend _______ Eingehend _______
12. Abgangsfrachtkosten: Frachtfrei _______ % Frachtnachnahme _______ %

    Eingangsfrachtkosten: Frachtfrei _______ % Frachtnachnahme _______ %
13. Werden sich die Zahlen ändern? (J/N) ____Wenn ja, bitte erläutern: ____________
14. Ist diese Anfrage für einen Vergleich mit den Preisen eines Konkurrenten vorgesehen? (J/N) ____
15. Nennen Sie die drei wichtigsten Beförderungsunternehmen, die das Geschäft dieses Kunden gegenwärtig handhaben, und ihren Prozentsatz (%) am Gesamtertrag.
    (A) ______________________________ ____ %
    (B) ______________________________ ____ %
    (C) ______________________________ ____ %

16. Geben Sie, falls verfügbar, die Tarifnummer und die Positionsnummer der Konkurrenten an:
    Konkurrent ____ Tarifnr. ____ Positionsnr. ________________
    Konkurrent ____ Tarifnr. ____ Positionsnr. ________________
    Konkurrent ____ Tarifnr. ____ Positionsnr. ________________
17. Wird unser Geschäftsvolumen zunehmen (Z) oder konstant bleiben (K), wenn diese Anfrage Erfolg hat? (Z/K) ____ Wenn es zunimmt, geben Sie bitte an, um wieviel: ____
    Von ____ % auf ____ % des Verkehrs im bedienten Gebiet.
    Geschätztes entgangenes Geschäft, wenn das Angebot nicht angenommen oder konkurrenzfähig ist? ____ %
18. NMFC-Positionsnummern und/oder -Beschreibungen der beteiligten Waren:
    Abgehend ________________
    Eingehend ________________
19. Durchschnittsertrag je Rechnung? Abgehend ____ Eingehend ... ____
20. Durchschnittsgewicht je Sendung? Abgehend ____ Eingehend ____
21. Abgangsrechnungen je Tag? ____ Je Woche? ____
22. Eingangsrechnungen je Tag? ____ Je Woche? ____
23. Durchschnittliche Anzahl der Sendungen je Abholung? ____
24. Durchschnittliche Anzahl der Frachtstücke je Sendung? ____
25. Was sind die Hauptverkehrsrouten? Abgehend ____ Eingehend ________
26. Einheitsladungen? Abgehend (J/N) ____ Eingehend (J/N) ____
27. Palettiert? Abgehend (J/N) ____ Eingehend (J/N) ____
28. Dichte (Pound je Kubikfuß)? Abgehend ____ Eingehend ____
29. Wenn eine Anhängerlast dieser Art des Verkehrs auf einmal vorliegen würde, wieviel könnte auf einen 28-Fuß-Anhänger geladen werden? ____ Einen 45-Fuß-Anhänger? ______
30. Beschreiben Sie alle besonderen Eigenschaften oder Merkmale des Verkehrs: ______
31. Beschreiben Sie alle zusätzlichen Kosten oder Arbeitszeiten, die (wie zum Beispiel Sortieren und Trennen) an der Abholung, dem Transport und der Anlieferung beteiligt sind: ________________
32. Haben Sie eine Verpflichtungserklärung des Kunden? (J/N) ____ Wenn ja, in welcher Form? Mündlich ____ Streckenführung ____ Sonstiges ____
33. Wenn an dieser Anfrage ein Abschlag für Laden/Entladen beteiligt ist, nimmt der Kunde das Laden/Entladen tatsächlich vor? (J/N) ________

Abbildung 21.1: Was das Beförderungsunternehmen wissen muß

nehmen entweder in einer Angebotssituation oder bei dem Versuch stellen wird, mit Ihnen allein einen Vertrag auszuhandeln.

Die Quellendokumente für diese Informationen sind bei abgehender Fracht die Frachtbriefe und die Frachtrechnungen der Beförderungsunternehmen sowie bei eingehender Fracht Eingangsmeldungen und Frachtrechnungen.

Übersehen Sie nicht die Beförderungsunternehmen selbst. Zögern Sie nicht, einen Vertreter zu bestellen. Die meisten Beförderungsunternehmen führen Versandberichte und -akten über ihre Kunden.

Aber Sie müssen die richtigen Fragen stellen. Was ist der zeitliche Rahmen der Informationen? Reflektieren die Informationen das Volumen, das von Ihrem Betrieb ab- und bei diesen eingeht? Sind die eingehenden frachtfreien Sendungen und die ausgehenden Sendungen mit Frachtnachnahme dargestellt? Was sind der Durchschnittsertrag je Rechnung und das Durchschnittsgewicht je Sendung? Welche Abgangs- oder Bestimmungsorte versenden beziehungsweise erhalten das größte Volumen?

Viele Vertreter von Beförderungsunternehmen sind sich der Tatsache nicht bewußt, daß ihre Hauptverwaltung möglicherweise in der Lage ist, den durchschnittlichen Klassentarif anzugeben. Wenn sie Informationen dieser Art zusammenfassen, die von einer Reihe von Beförderungsunternehmen beschafft wurden, können Sie ein ziemlich vollständiges Bild dessen entwickeln, was tatsächlich geschieht.

21.2.1 Das Angebot

Wenn Sie sich dazu entschließen, ein Angebotspaket zu entwickeln, haben wir zu diesem Zweck in Abbildung 21.2 ein Beispiel aufgenommen. Wie zuvor besprochen, müssen Sie über die Möglichkeit verfügen, den effektiven Tarif zu bewerten (Grundtarif abzüglich Nachlaß).

Die Erfahrung hat gezeigt, daß die Beförderungsunternehmen mit einer repräsentativen Auswahl von spezifischen Versandinformationen das Bewertungsverfahren vereinfachen werden.

ANGEBOTSPAKET EINES BEFÖRDERUNGSUNTERNEHMENS

(Name des Unternehmens)
____

(Kontaktperson)
____

(Titel)
____

(Anschrift)
____

____

(Telefon-/Faxnr.)
____

BETREFF: Angebotspaket eines Beförderungsunternehmens.
Anforderung zur Abgabe von Angeboten Nr. ______________

DAS UNTERNEHMEN A BC NIMMT ANGEBOT ENTGEGEN BIS __________ (DATUM/ UHRZEIT) __________ .

Gütertransportunternehmen sollen ihre Leistungs- und Preisangebote innerhalb des Rahmens und der Grenzen ihrer versicherten Transportgenehmigung vorlegen.

NAME DES BEFÖRDERUNGSUNTERNEHMENS: __________ DATUM: __________

NAME DES VERTRETERS: __________ TELEFON: __________

ANMERKUNGEN: 1) Auf Grund der anhängigen Beschwerde der ICC gg. TRANSCON im neunten Gerichtsbezirk verlangen wir, daß alle gegenwärtigen und zukünftigen Nachlaßpositionen mit ihrem Namen und nicht nur einer „Codenummer veröffentlicht werden).

2) Weiterhin ist es unsere Absicht, uns schließlich von Beförderungsunternehmen, die entsprechend ihrer gewöhnlichen Transportgenehmigung tätig sind, auf Verträge umzustellen, um der beanstandeten Tarifdoktrin ganz und gar zu entgehen.

1. Beschreiben Sie Ihre Leistungen (alles Zutreffende ankreuzen):

______ LKW-Stückgut ______ LKW-Ladungen ______ Vertragsfrachtführer

______ Landesweit ______ Regional ______ Innerhalb von Missouri

______ Frachtmakler ______ Frachtspediteur

2. Legen Sie eine Liste der bedienten Bundesstaaten bei. Geben Sie alle an, die nur teilweise bedient werden. Geben Sie die Anzahl der Terminals in jedem Bundesstaat an.

3. Was ist Ihr gegenwärtiges Preisniveau (fügen Sie einen Nachweis der Veröffentlichung bei)?

4. Welchen Nachlaß schlagen Sie vor? ______________

5. Gilt der Nachlaß für Mindestsendungen/-gebühren? ______________________

6. Gibt es eine Ladeflächen- oder eine absolute Mindestgebühr?

7. Wir verlangen, daß der Nachlaß gleichermaßen für eingehende und abgehende Sendungen gilt. Bitte erläutern Sie Ihr Angebot:

BEDINGUNGEN	JA	NEIN
EINGANGSFRACHT FRACHTFREI	______	______
ABGANGSFRACHT MIT FRACHTNACHNAHME	______	______
ABGANGSFRACHT FRACHTFREI	______	______
FREMDFIRMENZAHLUNG (AN A B C BERECHNET)	______	______
ANSCHLUSSUNTERNEHMEN (VERBUNDSENDUNGEN)	______	______
AM ABGANGSORT	______	______

8. Die beigefügte Frachtsatz- und Lieferleistungsmatrix ist dazu bestimmt, uns bei der Bewertung Ihres Angebots zu helfen. Bitte legen Sie spezifische Informationen vor, die die Tarife betreffen.
   ANMERKUNG: Die angebotenen Frachtsätze müssen demselben Tarif entnommen sein, der zur Anwendung durch Ihr Unternehmen zur Bewertung von Sendungen angeboten wird.
   TARIFBEZEICHNUNG: ______________________ NR. ______________
   TARIFTABELLE: ____
   Dies ist ein: PRIVATTARIF ____________ BÜROTARIF: ______________
   Diese Tarife traten in Kraft am: ________________________________
   Die letzte Erhöhung erfolgte am: ____________________ Prozent: ________
   Spiegelt sich die letzte Erhöhung in den angebotenen Tarifen wider: __________
   Eine Erhöhung um __________% ist für den __________ vorgesehen.
   Ist diese Erhöhung in den angebotenen Tarifen enthalten? __________
   Ein Kraftstoffzuschlag von _________% wurde oder wird am _________ eingeführt.

9. ABC verlangt, daß das Tarifniveau 1 (ein) Jahr lang aufrechterhalten bleibt. Wären Sie bereit, auf Erhöhungen zu verzichten und die Höhe des Nachlasses zum Ausgleich anzupassen?
   (eine Möglichkeit einkreisen) JA NEIN
   ERLÄUTERN: ____

10. Verzichten Sie auf die Anwendung von Einzelsendungsgebühren?
    (eine Möglichkeit einkreisen) JA NEIN

11. Ein Verzeichnis unserer Einrichtungen ist zur Prüfung durch Sie beigefügt. Die wichtigsten Empfangsstandorte sind gekennzeichnet.

Gelten für eine dieser Einrichtungen Zuschläge in Ihrem Ermessen? Wenn ja, welche? Würden Sie wiederum auf diese Gebühren verzichten?

Bitte geben Sie eventuelle Einrichtungen an, die von Ihrem Unternehmen nicht direkt bedient werden.

Werden diese Einrichtungen im Verbund angefahren? Wenn ja, nennen Sie bitte den Namen des Beförderungsunternehmens, und geben Sie an, ob der Nachlaß geschützt ist.

12. Sind Sie damit einverstanden, auf die Bewertung der Gebühren nach sogenannten Regeln der Dichte oder der linearen Ladefläche zu verzichten? ______________________

13. Legen Sie eine Kopie aller aktuellen oder beabsichtigten Regeln vor, die die normale Zahlungsfrist von 15 (fünfzehn) Tagen ändern oder beeinflussen.

    Haben Sie Regeln, die den Nachlaß verfallen lassen, wenn die Frachtkosten nicht innerhalb eines bestimmten Zeitraums bezahlt sind?

14. Legen Sie eine Kopie aller Regeln vor, die eine Haftung bei einem Verlust und/oder einer Beschädigung begrenzen oder einschränken könnten. Dazu gehört auch die Anwendung sogenannter Freistellungswerttarife.

    Enthält Ihr Tarif eine Klausel über unbeabsichtigte Handlungen? Wenn ja, legen Sie bitte eine Kopie vor, und erläutern Sie wiederum die Anwendung.

15. Legen Sie Einzelheiten vor, die Ihre Möglichkeiten im Bereich des elektronischen Datenaustauschs betreffen. A B C ist an Tarifsystemen nach Postleitzahlen, elektronischer Nachverfolgung, Benachrichtigung vor Lieferung und Transportwirtschaftsberichten interessiert.

16. Leben Sie die Erfolgskennziffern Ihres Unternehmens (ICC-Methode) für die letzten achtzehn Monate vor.

17. Was war die Schadensquote Ihres Unternehmens in den letzten achtzehn Monaten?

18. Legen Sie alle zusätzlichen Informationen vor, von denen Sie glauben, daß wir Sie über Ihr Unternehmen oder seine Leistungen haben sollten.

19. Die nachsehende Tarif-/Leistungsmatrix muß ausgefüllt und mit Ihrer Antwort auf die Fragen zurückgereicht werden. Achten Sie darauf, den angebotenen Nachlaß bei der Berechnung der Kosten ordnungsgemäß zu bewerten, zu erweitern und abzuziehen.

ANMERKUNGEN:

A Wenn ein Tarif die Anrechnung zusätzlicher Gebühren, d.h. solcher in Ihrem Ermessen usw. verlangt, müssen diese in die Spalte „Berechnete Kosten“ aufgenommen werden.

B Stellen Sie sicher, daß die durchschnittliche Verweilzeit im Verteilsystem (Leistung), die wir erwarten können, angegeben wird.

C Wenn Sie keine Genehmigung für den Transport von Gütern innerhalb eines einzigen Bundesstaats haben, dann füllen Sie das Formular für den innerstaatlichen Verkehr nicht aus.
D Wenn Sie regionale Sendungen transportieren, dann füllen Sie den Teil der Tariftabelle aus, für den Sie Ihre Leistung und den Schutz des Nachlasses anbieten.

20. Bitte zurücksenden an: Name ____________________

Anschrift ____________________

____

Abbildung 21.2: Angebotspaket eines Beförderungsunternehmens

Hier ist der Punkt erreicht, sowohl die vorliegenden Grundtarife als auch die Verweilzeiten im Verteilsystem in einer kontrollierten, meßbaren Umgebung zu prüfen.

Der Versender sollte die wichtigsten Faktoren erkennen und die Reaktionszeiten und Fähigkeiten des Beförderungsunternehmens systematisch bewerten. Abbildung 21.3, „Arbeitsblatt zur Bewertung von Beförderungsunternehmen", beschreibt eine Reihe von Preis- und Leistungsfaktoren mit den vorgeschlagenen Punktwerten, die die Reaktionszeiten und Fähigkeiten des Beförderungsunternehmens objektiv bewerten.

Das Beförderungsunternehmen kann in einem Bereich stark und in einem anderen eher schwach sein. Mit dieser Methode wird das Beförderungsunternehmen ausgewählt, das „per Saldo" am besten ist.

Es scheint so, daß die folgenden Informationen auf Bewertungsfaktoren begrenzt wurden. Das ist Absicht. Der Versuch, alles zu bewerten, würde bald zur Entmutigung führen.

Außerdem haben Sie den Preis bereits bewertet und ihm zugestimmt; jetzt müssen Sie sich mit den Einzelheiten vertraut machen und mit der Feinabstimmung beginnen, die Sie zu einem Verständnis dessen führt, was zu erwerben Sie vereinbart haben.

INNERHALB EINES BUNDESSTAATES

Anmerkung: Geben Sie die Tarife für Städtepaare nur an, wenn Sie sie direkt bedienen und/oder wenn Sie im Verbund den Nachlaß schützen.

Abgangsort	Postleitzahl	Gewicht	Klasse	Bestimmungsort	Postleitzahl	Tarif oder M/C	Nachlaß in %	Kostenberechnung – Tarif x Gewicht abzüglich Nachlaß	Durchschnittliche Verweilzeit im Verweilsystem	Geben Sie an, ob direkte Andienung oder Verbund
Doraville, GA	30360	255	55	Whittier, CA	90601	______	______	______	______	______
Houston, TX	77043	243	77,5	Birmingham, AL	35233	______	______	______	______	______
Clifton Hts., PA	19018	180	77,5	Duluth, MN	55806	______	______	______	______	______
Pittsburg, CA	94565	500	50	Greeley, CO	80631	______	______	______	______	______
Atchison, KS	66002	164	55	San Diego, CA	92102	______	______	______	______	______
LaGrange, GA	30240	623	70	Bloomsburg, PA	17815	______	______	______	______	______
Highland, IL	62249	520	77,5	Long Beach, CA	90804	______	______	______	______	______
Rockville, CT	06066	3541	85	Warrensburg, MO	64093	______	______	______	______	______
Norcross, GA	30071	375	55	Univ. City, MO	63130	______	______	______	______	______
Pacolet Mills, SC	29373	112	70	Univ. City, MO	63130	______	______	______	______	______
LaGrange, GA	30240	769	70	Kansas City, MO	64108	______	______	______	______	______
Chicoper, MA	01020	500	70	Warrensburg, MO	64093	______	______	______	______	______
Winnsborn, SC	29180	500	100	Warrensburg, MO	64093	______	______	______	______	______
E. Rutherford, NJ	07073	1125	70	Warrensburg, MO	64093	______	______	______	______	______
Kalamazoo, MI	49009	1000	77,5	Warrensburg, MO	64093	______	______	______	______	______
Altamahaw, NC	27202	286	100	Kansas City, MO	64108	______	______	______	______	______
Warrensburg, MO	64093	6513	100	Atlanta, GA	30336	______	______	______	______	______
Warrensburg, MO	64093	2644	77,5	Atlanta, GA	30336	______	______	______	______	______
S. Plainfield, NJ	07980	1120	100	Kansas, City, MO	64108	______	______	______	______	______
Warrensburg, MO	64093	2700	70	Costa Mesa, CA	92667	______	______	______	______	______
New Bedford, MA	02741	296	100	Warrensburg, MO	64093	______	______	______	______	______

Fortsetzung von Abbildung 21.2

LANDESWEIT										
Anmerkung: Geben Sie die Tarife für Städtepaare nur an, wenn Sie sie direkt bedienen und/oder wenn Sie im Verbund den Nachlaß schützen.										
Abgangsort	Postleitzahl	Gewicht	Klasse	Bestimmungsort	Postleitzahl	Tarif oder M/C	Nachlaß in %	Kostenberechnung – Tarif x Gewicht abzüglich Nachlaß	Durchschnittliche Verweilzeit im Verweilsystem	Geben Sie an, ob direkte Andienung oder Verbund
				Missouri	____	____	____	____	____	____
N. Kansas City, MO	64116	186	55	University City	____	____	____	____	____	____
				California	____	____	____	____	____	____
Pico River, CA	90660	3996	55	Long Beach, CA	____	____	____	____	____	____
Lamirada, CA	90638	1100	55	Union City, CA	____	____	____	____	____	____
Industry, CA	91748	991	100	Milpitas, CA	____	____	____	____	____	____
Montebello, CA	90640	195	77,5	Union City, CA	____	____	____	____	____	____
				Illinois	____	____	____	____	____	____
Sycamore, IL	60178	1440	70	Schaumburg, IL	____	____	____	____	____	____
				Texas	____	____	____	____	____	____
Dallas, TX	75229	338	100	Harris, TX	____	____	____	____	____	____
				Georgia	____	____	____	____	____	____
Atlanta, GA	30336	2200	100	Bremen, GA	____	____	____	____	____	____

Fortsetzung von Abbildung 21.2

REGIONAL

Anmerkung: Geben Sie die Tarife für Städtepaare nur an, wenn Sie sie direkt bedienen und/oder wenn Sie im Verbund den Nachlaß schützen.

Abgangsort	Postleitzahl	Gewicht	Klasse	Bestimmungsort	Postleitzahl	Tarif oder M/C	Nachlaß in %	Kostenberechnung – Tarif x Gewicht abzüglich Nachlaß	Durchschnittliche Verweilzeit im Verweilsystem	Geben Sie an, ob direkte Andienung oder Verbund
Mt. Airy, NC	27030	736	100	Atlanta, GA	30336	______	______	______	______	______
Collierville, TN	38017	1000	70	Warrensburg, MO	64093	______	______	______	______	______
Star City, AR	71667	2568	100	Kansas City, MO	64141	______	______	______	______	______
Dallas, TX	75229	383	70	Thornton, CO	80229	______	______	______	______	______
Neely, MS	39461	370	100	Atlanta, GA	30336	______	______	______	______	______
Muscatine, IA	52761	275	92,5	Ft. Smith, AR	72914	______	______	______	______	______
Philadelphia, PA	19154	1000	70	Charlotte, NC	28217	______	______	______	______	______
Galesburg, IL	61401	1338	100	Kansas City, MO	64141	______	______	______	______	______
Sycamore, IL	60178	1190	125	Gleenwood, IA	51534	______	______	______	______	______
Birmingham, AL	35233	400	70	Rome, GA	31061	______	______	______	______	______

Fortsetzung von Abbildung 21.2

21.2.2 Prüfung der Tarife und Regeln eines Beförderungsunternehmens

Nachdem er die Benachrichtigung erhalten hat, daß ihm der Zuschlag erteilt wurde, wird das Beförderungsunternehmen die Veröffentlichung des Rabatts einleiten.

Sobald das Beförderungsunternehmen meldet, daß der Nachlaß veröffentlicht wurde und in Kraft ist, muß der Versender eine Kopie des Nachweises der Veröffentlichung der Tarifposition verlangen, die durch die Stempelmarke der ICC auf der Tarifseite belegt ist.

Ohne diesen „Nachweis der Veröffentlichung" vertraut der Versender einfach nur auf das Wort des Beförderungsunternehmens. Angesichts der Bestätigung der angefochtenen Tarifdoktrin durch das Oberste Bundesgericht müssen Sie angemessene Schritte unternehmen, um Ihr Unternehmen zu schützen.

Faktor		Wert in %
1. Preise		40
a. Grundtarif abzüglich Nachlaß	15	
b. Mindestgebühr	10	
c. Ausnahmeklassentarif	10	
d. Eingangs- und Abgangsnachlaß	5	
2. Leistung		40
a) Anzahl der angedienten Bundesstaaten	10	
b) Anzahl der Terminals	10	
c) Verweilzeit im Verteilsystem	10	
d) Direktanlieferung ohne Verbund	10	
3. Verwaltungsfähigkeiten		15
a) Tarifdiskette nach Postleitzahlen	5	
b) Computergestützte Manifste/Nachverfolgung	5	
c) Monatliche Wirtschaftsberichte	5	
4. Rentabilität/Schäden		5
a) Erfolgskennziffer	2.5	
b) Schadensquote	2,5	
Insgesamt		100

Abbildung 21.3: Arbeitsblatt zur Bewertung eines Beförderungsunternehmens

Es ist auch wichtig, ein Exemplar der Tarifregeln des Beförderungsunternehmens zu verlangen. Der Versender muß den „Nachweis der Veröffentlichung" prüfen und sich vergewissern, daß er *alle* Bestimmungen und insbesondere alle Verweise auf andere Tarife, Tarifpositionen und/oder Fußnoten versteht.

Hier sind einige spezifische Einzelheiten, auf die zu achten ist:

1. Die veröffentlichte Position muß mit dem vollständigen Firmennamen des Unternehmens gekennzeichnet sein, das von der Anwendung des ausgehandelten Rabatts profitiert. Wenn ein Nachlaß für eine Tochterfirma gilt, muß sie ebenfalls mit ihrem Namen angegeben sein. Seien Sie sich dessen bewußt, daß die Gesetzmäßigkeit codierter Tarife bedroht ist, wenn der Rabatt mit einer Kontonummer (an Stelle des Namens des Versenders) veröffentlicht ist. Zumindest muß der Tarif eine Angabe enthalten, die die Codenummer mit dem *Namen* des Versenders verknüpft oder ihn in anderer Weise kennzeichnet.

2. Der Tarif muß auch den Standort aller Einrichtungen des Versenders angeben. Wenn ein vollständiges Verzeichnis der Einrichtungen unsicher ist oder einer regelmäßigen Änderung unterliegt, sollte die Position die Angabe „alle Einrichtungen von A B C Mfg." oder einen ähnlichen Wortlaut enthalten.

3. Der Begünstigte eines Rabatts darf auf dem Frachtbrief des Beförderungsunternehmens weder als Absender noch als Empfänger aufgeführt sein. Der Begünstigte, mit einer Haftung für die Frachtkosten als „Fremdfirma", will immer noch den Rabatt erhalten. Die Tarifposition muß die Anrechnung des Nachlasses auf Fremdfirmenzahler zulassen.

   Achten Sie darauf, die Tarifregeln des Beförderungsunternehmens zu kontrollieren. Wie zuvor gesagt, besteht eine übliche Einschränkung darin, daß der Frachtbrief des Versenders die Sendung als „frachtfrei, Fremdfirmenrechnung an:" mit dem vollständigen Namen und der Anschrift der Partei ausweist, die für die Zahlung verantwortlich ist.

   Kürzlich haben Beförderungsunternehmen eine neue Regel eingeführt, die besagt, daß bei Fremdfirmensendungen der Versender den Abschnitt 7 (die sogenannte „Regreßausschlußklausel") auf dem Frachtbrief *nicht* unterzeichnen darf.

4. Achten Sie auf jede Position, bei der versucht wird, die Produkte zu nennen, für die der Rabatt gilt. Wenn das Beförderungsunternehmen auf dieser Methode besteht, dann sollte er die Produkte durch die Positionsnummer der National Motor Freight Classification kennzeichnen. Aber das ist immer noch eine schlechte Methode. Es wird unbedingt empfohlen, daß der Nachlaß ausdrücklich für „Fracht aller Art (FAK)“ gilt. Damit wird jeder Streit über Waren vermieden, die irgendwie übersehen werden oder in anderer Weise nicht durch einen spezifischen Verweis gekennzeichnet sind.

5. Vergewissern Sie sich, ob der Tarif die vereinbarte Höhe des Rabatts und seine Anwendung auf frachtfreie abgehende Sendungen, abgehende Sendungen mit Frachtnachnahme und eingehende Sendungen mit Frachtnachname angibt und ob der Tarif eine Fremdfirmenzahlung der Frachtkosten zuläßt. Wenn der Rabatt gleichermaßen derselbe ist für abgehende und eingehende Sendungen, sollte er „zwischen den Einrichtungen von A B C Mfg. und allen Stellen, die das Beförderungsunternehmen bedient, von und zu den Einrichtungen von A B C Mfg.“ oder „für die Rechnung von“ ausweisen.

6. Bitte beachten Sie, daß der Rabatt im allgemeinen nur für Direktsendungen gilt. Wenn der Vertrag für Verbundverkehr gilt, dann muß die Position des Rabattbetrags und alle eventuellen Anwendungsgrenzen ausweisen, d.h., bestimmte Bundesstaaten, eingehende Sendungen mit Frachtnachnahme, wenn ... das ursprüngliche Beförderungsunternehmen ist, oder frachtfreie abgehende Sendungen, wenn ... das anliefernde Beförderungsunternehmen ist, oder eventuelle andere Einschränkungen dieser Art.
   Anmerkung: Verlangen Sie von dem Beförderungsunternehmen, das den Rabatt einräumt, eine Kopie des Mitwirkungsvertrags, der zwischen den Verbundbeförderungsunternehmen geschlossen wurde, die jetzt zu Parteien des ausgehandelten Rabatts werden.

7. Einige Beförderungsunternehmen können bestimmte Bedingungen an die Einräumung des Rabatts, wie zum Beispiel eine „Verpflichtungserklärung“ oder eine andere partizipatorische Anforderung wie bestimmte Frachtbrief-„Referenzen“, die durch den Versender zu veranlassen sind. Auch verlangen einige Beförderungsunternehmen möglicherweise die Festlegung auf einen bestimmten Brutto- oder Nettobetrag des Verkehrsaufkommens im Monat oder im Jahr, damit der Nachlaß wirksam wird. Solche Beschränkungen sind oft eine „Falle“, die der Versender möglichst vermeiden sollte.

8. Die meisten Rabatte sind als Rabatte „auf der Rechnung“ ausgewiesen, und die Tarifposition sollte bestätigen, daß dies der Fall ist. Wenn der Rabatt ganz oder teilweise als „zusätzlicher Rabatt“ oder als nicht auf der Rechnung erscheinender Rabatt in Form einer Rückerstattung anzurechnen ist, muß die Tarifposition angeben, ob die Rückerstattung automatisch (ohne daß sie von dem Beförderungsunternehmen verlangt wird) oder nur gegen Vorlage einer wöchentlichen oder monatlichen Rechnung durch den Versender erfolgt.

   Außerdem muß für einen nicht auf der Rechnung erscheinenden Rabatt angegeben werden, wie die Rückerstattung festzulegen ist, d.h., von den „Brutto“- oder den „Netto“-Frachtkosten. Tabelle 21.1 zeigt deutlich den Unterschied zwischen Brutto- und Nettoberechnungen bei einem geteilten Nachlaß von 50 Prozent.

	Netto	**Brutto**
Gesamtfrachtkosten	100,00 $	100,00 $
Nachlaß auf der Rechnung (25%)	- 25,00	- 25,00
Nettokosten	75,00 $	75,00 $
Rückerstattung in Prozent (25%)	- 18,75(25% vom Netto)	- 25,00 (25% vom Brutto)
	56,25 $	50,00 $

Tabelle 21.1: Unterschied zwischen Brutto- und Nettoberechnung

   Offensichtlich ist die Berechnung auf Bruttogrundlage besser, aber Netto ist häufiger, denn dies bringt den Beförderungsunternehmen einen höheren Gewinn.

   Der Rabattarif kann auch eine Bestimmung enthalten, der den zeitlichen Rahmen für die Zahlung einschränkt, oder eine zeitliche Beschränkung für die Vorlage der Rückerstattungsrechnung festlegen. Das Beförderungsunternehmen kann auch eine Zahlung ablehnen, bis eine bestimmter Mindestbetrag erreicht ist. In diesem Fall müssen ordnungsgemäße Verfahren für eine Aufzeichnung und Verbuchung eingeführt werden, um eine rechtzeitige und genaue Abrechnung zu gewährleisten.

9. Die meisten Tarifregeln von Beförderungsunternehmen enthalten ein Verzeichnis von Nebenkosten. Einige dieser Kosten hängen mit Leistun-

gen, wie zum Beispiel Benachrichtigung bei Ankunft, Einzelsendung, Umleitung, Abholung/Anlieferung im Innenbereich usw. zusammen. Wenn das Beförderungsunternehmen bereit ist, auf diese Kosten zu verzichten oder Sie in anderer Weise davon zu befreien, muß dies in dem ausgehandelten Tarif deutlich angegeben sein.

10. Beförderungsunternehmen müssen auch eine Fracht-, Haftpflicht- und Sachschadenversicherung unterhalten, die voll in Kraft ist. Das Beförderungsunternehmen sollte nachweisen, daß es diese Bestimmungen einhält. Der Versender kann auch verlangen, ausdrücklich als Versicherungsnehmer genannt zu sein, und sich eine Kopie des Versicherungszertifikats aushändigen lassen. Das Zertifikat muß die Deckungsumme und die Deckungsgrenzen, den Namen des Beförderungsunternehmens, des Versicherungsvertreters, der Versicherungsgesellschaft und die Gültigkeitsdaten enthalten.

21.2.3 Haftungsgrenzen

Seit einiger Zeit versuchen die Beförderungsunternehmen, ihre Haftung für einen Verlust und eine Beschädigung auf den Versender abzuwälzen.

Die ICC hat verfügt, daß LKW-Spediteure Grenzen ihrer Haftung über Tarifbestimmungen festlegen können. Zum Beispiel begrenzt Yellow Freight ihre Haftung auf der Grundlage der Definition eines „außergewöhnlichen Werts“. Artikel gelten als außergewöhnlich wertvoll, wenn der Rechnungswert des Versenders 50 $/lb oder mehr beträgt. Yellow liegt bei der Festlegung der Kosten weder höher als andere, noch ist sie allein. Was für Yellow gilt, gilt gleichermaßen für Roadway und Consolidated Freightways.

Wenn es der Versender unterläßt, den außergewöhnlichen Wert zum Zeitpunkt des Versands auf dem Frachtbrief zu deklarieren, ist die Haftung automatisch auf 50 $/lb begrenzt.

Wenn der Wert angegeben ist und die Grenze von 50 $/lb/Frachtstück überschreitet, kann der Versender eine zusätzliche Deckung verlangen, die mit 25 Cent je 100 $ des Werts angesetzt wird.

Wenn Artikel von außergewöhnlichem Wert versehentlich ohne die zusätzliche Deckung akzeptiert werden, wird bei solchen Sendungen davon ausgegangen, daß sie der Versender mit 50 $/lb/Frachtstück freigegeben hat. Einige speziellere Punkte:

1. Die ausgehandelten Tarifbestimmungen müssen die anwendbare Staffel und das Datum des Inkrafttretens der Tarife nennen, die für die Sendung gelten. Wenn sie vereinbart wurden, müssen auch die Bestimmungen angegeben werden, mit denen die anwendbare Tarifstaffel für einen bestimmten Zeitraum, z. B. sechs Monate, ein Jahr usw., „eingefroren" wird. Die genannten ausgehandelten Positionen müssen auch angeben, was eine Mindestgebühr darstellt.

2. Eine Analyse der Tarife des Beförderungsunternehmens sollte durchgeführt werden, um festzustellen, ob sie „preistreibende" Bestimmungen enthalten, die die Anrechnung des Nachlasses auf ein Mindestgewicht von bis zu 10.000 lb oder bis zu 20.000 lb als Stückgutfracht und höhere Gewichte als eine LKW-Ladung zulassen, was immer billiger ist.

   Wir sind kürzlich auf eine Reihe restriktiver Regeln gestoßen, die nicht üblich sind. Die erste besagt, daß der Nachlaß nicht zum Tragen kommt, wenn sich das Beförderungsunternehmen dazu entschließt, die Sendung an ein anderes weiterzugeben (und zwar selbst dann, wenn es den Bestimmungsort gewöhnlich selbst andient).

   Die zweite vergleicht die Anrechnung des Volumen- oder des LKW-Ladungstarifs gegenüber den Stückgutfrachtkosten *vor* dem Nachlaß anstatt nach den normalen Stückgutkosten mit Nachlaß. Daher gilt der höhere Volumentarif, und der Ertrag des Beförderungsunternehmens steigt.

   Gehen Sie *nicht* davon aus, daß alle Beförderungsunternehmen dieselben preistreibenden Bestimmungen haben. Das ist nicht so, und die Art und Weise, wie diese Regeln gelten, haben starke Auswirkungen auf die Kosten.

3. Viele Beförderungsunternehmen bieten das an, was als „Spotpreis"-Vereinbarungen oder -Verträge bezeichnet wird. Diese Vereinbarungen gelten im allgemeinen entweder für eine bestimmte Sendung oder für einen bestimmten Zeitraum, d. h., dreißig Tage. Versendern werden niedrigere Tarife angeboten, so daß die Beförderungsunternehmen ihre Ausrüstung auf bestimmte Strecken umverlagern können.

Seien Sie davor gewarnt, daß einige Behörden das Gefühl haben, diese Vereinbarungen könnten Verstöße gegen Richtlinien aufweisen, so daß der Versender dann höhere Tarife akzeptieren muß, wenn die Vereinbarung für ungesetzlich oder in anderer Weise für ungültig erklärt werden sollte.

4. Sorgfältig geprüft werden sollten die Regeln des Beförderungsunternehmens, die Sendungen betreffen, die der Definition einer voll sichtbaren Kapazität, eines Rauminhalts, einer Dichte, einer linearen Bodenfläche, einer ausschließlichen Verwendung usw. entsprechen. Solche Bestimmungen schließen gewöhnlich die Anrechnung eines Nachlasses aus und erhöhen tatsächlich die Kosten der Sendung. Außerdem kann der Tarif auch höhere Gebühren vorsehen, wenn das Beförderungsunternehmen Kopien der Frachtbriefe oder Empfangsbestätigungen zusammen mit den Frachtrechnungen vorlegen muß.

   Wenn Einfuhr-/Ausfuhrsendungen aus den Rabattbestimmungen ausgeschlossen sein sollen, muß dies in dem Tarif deutlich angegeben sein.

5. Der *Code of Federal Regulations, 49 CFR* 1320(3) (C) verlangt die Zahlung der ursprünglichen Frachtrechnung innerhalb von dreißig Tagen nach Vorlage. Die Tarife des Beförderungsunternehmens sollten daraufhin geprüft werden, ob es Regeln gibt, die eine genannte geldliche Vertragsstrafe bei verspäteter Zahlung vorgeben oder sogar unter bestimmten Bedingungen den Verlust des Rabatts vorsehen.

6. Die Beförderungsunternehmen rechnen auch Kraftstoff- und Versicherungszuschläge an, wie dies in den Tarifen vorgesehen ist. Diese Bestimmungen müssen klar und deutlich die Formel und/oder die Methode aufführen, mit denen diese Zuschläge festzulegen sind. Der Versender kann auch in der Lage sein, seine eigene Kraftstoffzuschlagstabelle zu erstellen. Abbildung 21.4 ist ein Beispiel für die Bemühungen eines Versenders, die Kontrolle über Kraftstoffzuschläge zu behalten.

7. Es ist sinnvoll und unbedingt empfehlenswert, wenn der Versender eine Angabe der Erfolgskennziffer, der Schadensquote und der Sicherheitseinstufung des Beförderungsunternehmens verlangt, wie diese bei der Interstate Commerce Commission verzeichnet sind.

Betreff: Kraftstoffzuschlag für LKW-Ladungen

Sehr geehrter ...,

obwohl dies unpopulär ist, erkennt die ABC-Corporation an, daß von Beförderungsunternehmen nicht erwartet werden kann, drastische und unvorhergesehene Dieselkraftstoffpreise aufzufangen, ohne die Bruttogewinne auszuhöhlen. Wir sehen daher ein, daß Kraftstoffzuschläge notwendig sind.

Um einen Kraftstoffzuschlag tatsächlich anrechnen zu können, müssen wir darauf bestehen, daß sich unsere LKW-Spediteure nach einer Tabelle richten, damit wir wissen, ob wir uns innerhalb unserer Kostenrechnung bewegen.

Nach Prüfung der Angebote mehrere Beförderungsunternehmen haben wir unsere Kraftstoff-Tabelle wie folgt auf der Grundlage des nationalen Kraftstoffpreisindex der ICC entwickelt:

Kraftstoffpreis	Zuschlag	(Cent/Gallone)	(Cent/Gallone)
112,9 – 115,8	1,0	157,9 – 160,8	8,5
115,9 – 118,8	1,5	160,9 – 163,8	9,0
118,9 – 121,8	2,0	163,9 – 166,8	9,5
121,9 – 124,8	2,5	166,9 – 169,8	10,0
124,9 – 127,8	3,0	169,9 – 172,8	10,5
127,9 – 130,8	3,5	172,9 – 175,8	11,0
130,9 – 133,8	4,0	175,9 – 178,8	11,5
133,9 – 136,8	4,5	178,9 – 181,8	12,0
136,9 – 142,8	4,5	181,9 – 184,8	12,5
142,9 – 145,8	5,5	184,9 – 187,8	13,0
145,9 – 148,8	6,5	187,9 – 190,8	13,5
148,9 – 151,8	7,0	190,9 – 193,8	14,0
151,9 – 154,8	7,5	193,9 – 196,8	14,5
154,9 – 157,8	8,0	196,9 – 199,8	15,0

Formel: (aktueller Preis minus Grundpreis 106,9) geteilt durch 6 Meilen/Gallone = Kraftstoffzuschlag (in Cent/Meile)

Der Zuschlag wird auf alle Sendungen angerechnet, die an dem Tag erfolgen, an denen der Kraftstoffzuschlag in Kraft tritt, und er bleibt bis zum folgenden Dienstag in Kraft; zu diesem Zeitpunkt kann der ICC-Preis nach oben oder unten angepaßt werden oder gleich bleiben.

Bitte bestätigen Sie den Erhalt unserer Kraftstoffmatrix, indem Sie wie unten vorgesehen unterzeichnen, und faxen Sie eine Kopie an uns zurück.

Vielen Dank für Ihre Bemühungen.

Mit freundlichen Grüßen

Akzeptiert von: ________________ (Beförderungsunternehmen) ____________________

Titel: ____

Datum: ____

Abbildung 21.4: Schreiben des Versenders zum Kraftstoffzuschlag

21.3 Umgang mit eingehenden Sendungen

Wann immer dies möglich ist, sollte eingehendes Material auf der Grundlage von FOB Abgangsort mit Frachtnachnahme erworben werden. Die Unterstellung ist, daß Ihre ausgehandelten Tarife besser sind als die des Lieferanten (Versenders).

Aber wie können Sie das wirklich wissen? Abbildung 21.5 enthält ein Beispielformular, mit dem Versandinformationen angefordert werden, die es Ihnen erlauben, die Versandkosten des Lieferanten mit Ihren eigenen zu vergleichen. Dies erlaubt es Ihnen festzustellen, bei welcher Methode (Frachtnachnahme oder frachtfrei) die „niedrigsten Anlieferungskosten" zum Tragen kommen. Abbildung 21.6 ist ein Beispiel für Versandanweisungen zu einem Auftrag.

Versandanweisungen an einen Lieferanten

Versand mit Frachtnachnahme, FOB Abgangsort, über ... (Beförderungsunternehmen) oder Kontaktperson (Name) unter (Telefonnummer), wenn Ihr (Lieferant) Versandort und unser aufgeführter Bestimmungsort nicht direkt (Versand- und Bestimmungsort) von diesem Beförderungsunternehmen angedient werden. Rufen Sie auch an, wenn Ihr Versandort sich gegenüber (Versandort) ändert. Der Lieferant übernimmt die Verantwortung für jeden entgangenen Rabatt der sich der Inanspruchnahme eines anderen Beförderungsunternehmens als dessen ergibt, das oben genannt ist. Die zusätzlichen Kosten sowie eine Bearbeitungsgebühr von 25,00 $ werden Ihrem Unternehmen ebenfalls berechnet.

Abbildung 21.5: Versandanweisungen zu einem Auftrag

(Name der Einrichtung) behält sich das Recht vor, das Beförderungsunternehmen zu bestimmen, wenn gewöhnliche Beförderungsunternehmen eingesetzt werden.

1. Erfolgen Lieferungen durch:
   A Lieferanteneigene Ausrüstungen Ja ________ Nein ________
   B Gewöhnliche Beförderungsunternehmen Ja ________ Nein ________

2. Wenn die Lieferung durch gewöhnliche Beförderungsunternehmen erfolgt, sind Sie dann damit einverstanden, Beförderungsunternehmen in Anspruch zu nehmen, die von (Name der Institution) bestimmt werden? Ja ________ Nein ________

Der *Versandort* und das *Versandgewicht* MÜSSEN für *jede angebotene Zeilenposition* angegeben werden, um es (Name der Institution) zu ermöglichen, das niedrigste Angebot zu erkennen und das entsprechende Beförderungsunternehmen zu bestimmen. Wenn diese Informationen nicht aufgenommen werden, könnte dies zu einem Ausschluß aus dem Verfahren führen.

1. FOB-Preis angeliefert am Bestimmungsort $ ________
   (Kosten einschließlich Fracht)

2. FOB-Bestimmungsort mit Frachtnachnahme $ ________
   (Kosten ausschließlich Fracht)
   Frachtzuschlag (Nr. 1 – Nr. 2) $ ________

   Quelle (Versandort):
   Ort ________ Bundesstaat ________ PLZ ________

   (NMFC)-Warenklasse (50 – 500) ________ Klassentarif

   Versandinformationen (je einzelner Zeilenposition):

Position	Gewicht	Klassentarif
________	________	________
________	________	________
________	________	________

   Gesamtversandgewicht ________ lb

Geben Sie an, ob das Material einer besonderen Handhabung bedarf Ja ____ Nein ____
von außergewöhnlichem Wert ist Ja ____ Nein ____
und/oder eine Bewertung nach Dichte erfordert Ja ____ Nein ____

Abbildung 21.6: Lieferantenanfrage nach Frachtinformationen

22 Lagerwirtschaft

MICHAEL F. MILLER
Technischer Leiter
Tompkins Associates, Inc.

Der Zweck dieses Kapitels besteht darin, dem Leser kritische Informationen über taktische Schlüsselaspekte der Lagerwirtschaft in einer Vertriebsumgebung zu liefern. Zwei große Bereiche wurden als Grundlage für ein taktisches Verständnis besprochen:

1. Bestandspflege durch periodische Bestandsaufnahme und körperliche Bestandsaufnahme
2. Lagerplanungsmodelle und die Auswirkung externer und interner Kräfte auf ihre Anwendung

Die in jedem Bereich vorgestellten Informationen reichen aus, um ein Verständnis für Diskussionen des alltäglichen Betriebs zu gewinnen. Einer Implementierung von Programmen in diesem Bereich sollten eine Sammlung sehr viel detaillierterer Informationen und eine thematische Unterweisung vorausgehen. Bevor wir die wichtigsten Themenbereiche besprechen, ist es notwendig, die Rolle der Lagerwirtschaft in der Vertriebsumgebung im Zusammenhang zu sehen.

Kunden verlangen Leistung, weil sie die Rechnung bezahlen. Dies gilt sowohl für externe als auch interne Kunden eines Distributionszentrums. Wie dieses Verlangen nach Leistung mit effizienten betrieblichen Prozessen ins Gleichgewicht gebracht wird, bestimmt, ob Zahlungen zu Gewinnen führen. Alle Unternehmen sind im Geschäft, um Geld zu machen, und nicht, um es zu sparen. Die Fähigkeit der Vertriebsleitung, sich des Bestands zu bedienen, um Geld zu machen und gleichzeitig die Kosten in Schranken zu halten bestimmt den Erfolg.

Bedauerlicherweise ist der externe Kunde nicht der einzige, der Forderungen erhebt. Die Vertriebsleitung ist ständig in ein Tauziehen mit anderen internen Bereichen verstrickt. Wie Abbildung 22.1 zeigt, werden viele widersprüchliche Forderungen erhoben. Wie wir wissen, hat jeder interne Bereich seine eigene Vorstellung von der besten Art und Weise, wie der Vertrieb zu handhaben ist. Die wichtigste Waffe, die Sie haben, um allen Anforderungen

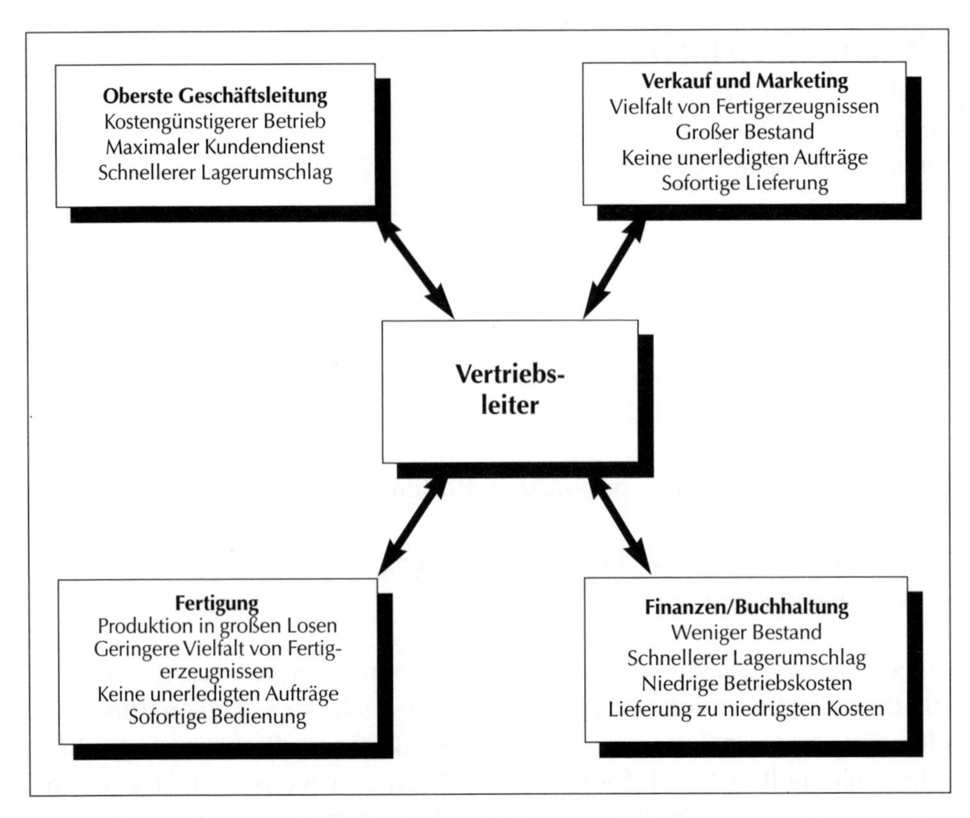

Abbildung 22.1: Forderungen an die Vertriebsleitung

an Sie und denen des außenstehenden Kunden zu begegnen, ist der Warenbestand. Ihre Fähigkeit, mit dieser Waffe umzugehen, ist entscheidend für den Erfolg. Der grundlegende Prozeß der Lagerhaltung ist unkompliziert.

Eingang → Unterbringung → Entnahme → Versand → Auffüllen

Wie kann die Lagerwirtschaft angesichts dieses einfachen Prozesses eine schwierige Aufgabe sein? Einige der Hauptgründe sind Vorhersagegenauigkeit (oder -ungenauigkeit), Produktvorlaufzeiten und Lieferanforderungen. Dadurch ist die Lagerwirtschaft alles andere als einfach. Jeder dieser Faktoren wird im Laufe dieses Beitrags behandelt.

Für jeden gegebenen Kunden besteht der Wert des Bestands letztendlich in *Zeit* und *Ort*. Ihre Fähigkeit, den Bestand *zur rechten Zeit* und *am richtigen Ort* anzuliefern, das ist Ihr Wert.

22.1 Bestandspflege

Die Fähigkeit der Lagerwirtschaft, genaue Aufzeichnungen zu führen, ist ihre wichtigste Funktion. Alle anderen Ziele können ohne genaue Bestandsaufzeichnungen nicht erreicht werden. Genaue Bestandsaufzeichnungen zu führen, stellt eine bedeutende Herausforderung dar.

Die Bestandsgenauigkeit leidet aus einer Reihe von Gründen. Sich häufig wiederholende Tätigkeiten führen zu Fehlern. Es kommt zu einer Überalterung sowohl durch Ausschuß als auch durch überholte Modelle. Eine Beschädigung erfordert ein zusätzliches verkaufsfähiges Produkt. Direkter Diebstahl und Klauerei verringern den Bestand; und dann, selbst wenn kein Bestand auf Grund all dessen verloren geht, wird etwas verlegt oder falsch aufgezeichnet und ist nicht verfügbar, wenn es benötigt wird. Diese spezifischen Herausforderungen verlangen Lösungen, um die Bestandsgenauigkeit zu verbessern und das Niveau der Genauigkeit aufrechtzuerhalten. Die beiden üblichsten Techniken sind die physische und die periodische Bestandsaufnahme. Nur die periodische Bestandsaufnahme erweist sich letztlich als erfolgreich.

22.1.1 Verbessern der Bestandsgenauigkeit

Im Vertriebszentrum wird eine große Materialmenge häufig immer auf die gleiche Art und Weise verarbeitet. Diese Wiederholung und die große Menge führen zu ungenauen Zählungen, Dateneingabefehlern und übersehenen Gegenständen. Die Probleme, die von diesen Faktoren hervorgerufen werden, können durch den Einsatz von automatischen bzw. optischen Erkennungssystemen und Gewichtskontrollen behoben werden.

Automatische Erkennungssysteme unterstützen die Dateneingabe durch das Lesen von Strichcodes oder von Zeichen. Diese Systeme zählen Materialien nicht falsch. Eine fehlerhafte Ablesung wird von dem System nicht verarbeitet. Eine manuelle Tastatureingabe von Daten ist nicht erforderlich, und dadurch gibt es auch die Möglichkeit von Dateneingabefehlern nicht mehr.

Dies ist der Vorteil der automatischen Erkennungstechnik. Die Belastung des Vertriebspersonals durch sich wiederholende Arbeitsgänge wird reduziert, die Qualität der Arbeit dadurch verbessert.

Optische und Wägesysteme bedienen sich ähnlicher automatischer Erkennungsmethoden, indem sie das Produkt für uns „sehen“. Sie können Zählungen an Materialien durchführen, die sowohl innerhalb als auch außerhalb des Vertriebszentrums verarbeitet werden. Diese Informationen werden dann zur Abstimmung mit aufgezeichneten Daten benutzt, um Fehler zu erkennen.

Veraltete Materialien sind der schwierigste Teil eines zu pflegenden Bestands. Mit nur einer geringfügigen direkten Anstrengung seitens der Vertriebsleitung kann diese Veralterung verringert werden. Eine gute FIFO-Steuerung und eine verbesserte JIT-Lieferung können dazu beitragen, die Zeit zu verkürzen, während das Material im Bestand gehalten wird, und damit Veralterung verringern. Indirekte Anstrengungen, die von anderen Teilen des Unternehmens unternommen werden, helfen am meisten. Zu diesen Bemühungen gehören technische Produktverbesserungen, „schlichte“, allgemein gehaltene Produkte, eine verbesserte Vorhersage und besondere Marketingbemühungen. Technische Verbesserungen der physikalischen Produkt- oder Lagerbedingungen können die Haltbarkeit verlängern. Die Entwicklung von allgemein gehaltenen Modellen, die kurz vor Versand kundenspezifisch angepaßt werden, verringern die Anzahl der Bauteile, die veralten. Eine verbesserte Vorhersage trägt dazu bei, den Umfang des gehaltenen Bestands zu verkleinern und die Lagerdauer zu verkürzen. Wenn die Marketing- oder die Verkaufsabteilungen erkennen, daß etwas bald aus der Mode kommt oder verdirbt, können Programme eingeleitet werden, um das gegenwärtige Absatzvolumen durch Sonderangebote zu steigern.

Mit Hilfe eines verbesserten Materialtransports, einer besseren Verpackung und einer JIT-Lieferung geht weniger Bestand durch Beschädigung verloren. Verbesserte Materialtransportsysteme und/oder ein optimeler Einsatz dieser Systeme verringern eine Beschädigung von Produkten direkt. Eine bessere Verpackungsgestaltung führt zu weniger Beschädigungen im Vertriebszentrum und weniger Beschädigungen während des Transports zum Kunden. Die Fähigkeit der JIT-Lieferung, den Lagerumschlag zu erhöhen, verkürzt die Aufenthaltsdauer von Materialien im Vertriebszentrum, und die Möglichkeit einer Beschädigung ist dadurch geringer.

Diebstahl und Klauerei beeinflussen die Bestandsgenauigkeit direkt. Eine erhöhte Sicherheit, Prüfungen und JIT-Lieferungen reduzieren diese Faktoren. Sicherheit ist eine unkomplizierte Sache und wird allzu oft übersehen. Prüfungen eingehender und abgehender Sendungen stellen auch eine zusätzliche Sicherheitsmaßnahme dar. JIT-Lieferungen verkürzen wiederum die Aufenthaltsdauer, und damit ist die Möglichkeit zum Diebstahl geringer.

Sehr oft haben Sie das Material, das Sie benötigen, können es aber nicht finden. Material ist an einer falschen Stelle untergebracht, oder es wurde falsch aufgezeichnet. Techniken der Lagerhaussteuerung können zusammen mit einer automatischen Erkennung die Bestandspflege drastisch verbessern. Das Endergebnis besteht vom Standpunkt der Bestandspflege aus darin, daß die Unterbringung eines Materials zu einem Lagerort *gelenkt* und daß es an dieser Stelle *überprüft* wird. Diese gelenkte Unterbringung gewährleistet, daß sich das richtige Material an der richtigen Stelle befindet. Die Entnahme von Material wird dann zum richtigen Lagerort *zurückgelenkt* und an dieser Stelle *überprüft*. Diese Überprüfung im geschlossenen Kreislauf durch moderne Lagerhaus-Steuerungssysteme ist von wesentlicher Bedeutung, wenn man die Bestandsgenauigkeit verbessern und erhalten will.

22.1.2 Erhalten der Bestandsgenauigkeit

Jede Bemühung, die Bestandsgenauigkeit zu verbessern, wird sich als nutzlos erweisen, wenn es kein geplantes Programm gibt, um das festgelegte Niveau zu erhalten. Viele Jahre lang bestand das formale System in physischen Bestandsaufnahmen, die entweder periodisch wie zum Beispiel jährlich oder in einem festen Zeitabstand durchgeführt wurden. In einigen Vertriebszentren gibt es zwar immer noch physische Bestandsaufnahmen, aber die periodische Bestandsaufnahme hat sich als die beste Methode durchgesetzt. Um zu verstehen, weshalb dies so ist, ist es notwendig zu verstehen, wie die beiden Methoden funktionieren. In einigen sehr speziellen Fällen kann auch eine körperliche Bestandsaufnahme erforderlich sein.

Physische Bestandsaufnahmen

Kaum weniger als die Worte „Sie sind gefeuert“ ruft „physische Bestandsaufnahme“ bei Vertriebsleitern eine schmerzhafte Reaktion hervor. Eine physische Bestandsaufnahme ist der Prozeß, dessen man sich bedient, um von Hand die Stückzahl und den Lagerort aller Gegenstände aufzunehmen, die sich gegenwärtig im Bestand befinden. Dieser Prozeß bringt fast immer einen vollständigen Stillstand des Betriebs während der Zählung mit sich. Ein typischer zeitlicher Rahmen für eine physische Bestandsaufnahme ist einmal im Jahr. In den meisten Fällen haben Vertriebseinrichtungen nicht die Wahl, eine körperliche Bestandsaufnahme durchzuführen oder nicht. Die Wirtschaftsprüfer von Unternehmen verlangen oft diesen Prozeß, um den Bestandswert für die Abschlüsse festzustellen.

Angesichts des Zeit- und Kostenaufwands, um eine physische Bestandsaufnahme vollständig durchzuführen, sollte sie gut geplant und vollzogen werden.

Die Maßnahme muß das ganze Jahr über greifen, um das Team zu koordinieren, Vorbereitungen zu treffen und sicherzustellen, daß die Zeitpläne ordnungsgemäß eingehalten werden. Ein hohes Niveau der Integrität in dem Prozeß macht es erforderlich, daß die richtigen Techniken eingesetzt werden. Schließlich müssen Werkzeuge, Ausrüstungen und Mitarbeiter in ausreichendem Umfang für die Maßnahme vorgesehen werden.

Die Leitung der physischen Bestandsaufnahme verlangt möglicherweise nach einem Koordinator, der sich das ganze Jahr über als Vollzeitkraft damit befaßt. Dieser Mitarbeiter muß mit allen externen Stellen zusammenarbeiten, um sicherzustellen, daß der geplante Prozeß allen Anforderungen entspricht.

Die Erledigung eventueller Vorbereitungen wie zum Beispiel Etikettierung, Vorzählungen usw. gehört ebenfalls zu dieser Führungsaufgabe. Die Fähigkeit, soviel Arbeit wie möglich im voraus zu erledigen, ist direkt proportional zu der Leistungsfähigkeit, die während des eigentlichen Prozesses der physischen Bestandsaufnahme erreicht wird. Die Leitung des Prozesses muß auch das Ereignis als solches und die Bedienung von Kunden bis zu einem letzten Termin sowie unmittelbar im Anschluß an die physische Bestandsaufnahme einplanen: Die Zeitplanung muß während der physischen Bestandsaufnahme genügend Zeit für jedes Zählteam, unabhängige Prüfer und eine mögliche Abstimmung vorsehen.

Die grundlegende Technik erfordert für eine erfolgreiche physische Bestandsaufnahme mindestens zwei Zählungen für jeden Lagerort. Um die Integrität und die Geschwindigkeit zu erhöhen, wird das Vertriebszentrum in typischer Weise in Zählbereiche unterteilt. Jeder Zählbereich besteht aus Lagerorten, die derselben Werkzeugtypen bedürfen, um die Zählung durchzuführen. Zählbereiche werden nach Größe festgelegt, so daß die Mitglieder des Teams eine begrenzte Arbeit haben, die in der geplanten Zeit geleistet werden kann. Bei den Mitarbeitern, die Zählbereichen zugeteilt werden, sollte es sich um die handeln, die die Arbeit in diesem Bereich unterstützen.

Über die zweite Gruppe hinaus, die damit beauftragt ist, in einem Bereich zu zählen, sorgt auch eine bereichsübergreifende Gruppe von unabhängigen Prüfern für eine Integrität des Prozesses auf höchstem Niveau.

Der Prozeß einer physischen Bestandsaufnahme bedarf der richtigen Werkzeuge, Ausrüstungen und Mitarbeiter. Zu Werkzeugen für das Zählpersonal gehören Taschenrechner sowie Strichcodeleser, wenn sie verfügbar sind. Etiketten sollten so gestaltet werden, daß sie von Scannern automatisch gelesen werden können. Wenn die Materialien von der entsprechenden Art sind, sollten Waagen verwendet werden, um sie durch Wiegen anstatt von Hand zu zählen. Schließlich wird eine leistungsfähige Zähl- und Prüfgruppe den Prozeß nicht rechtzeitig abschließen können, wenn kein Dateneingabepersonal für die Eingabe von Etiketten in ausreichender Zahl zur Verfügung steht.

Obwohl der Prozeß einer physischen Bestandsaufnahme für eine wirksame Aufrechterhaltung der Bestandsgenauigkeit nicht gerade wünschenswert ist, wird er immer noch häufig eingesetzt. Bis zu dem Zeitpunkt, da dieser Prozeß einmal keine Rolle mehr spielt, sollte er so effizient wie möglich gehandhabt werden, um die Kosten und die Auswirkungen auf Kunden zu minimieren.

Periodische Bestandsaufnahme

Die Empfehlung ist immer dieselbe: Schaffen Sie die jährlichen physischen Bestandsaufnahmen ab, und führen Sie die periodische Bestandsaufnahme ein. Dennoch gibt es immer noch zahlreiche Vertriebszentren, die mit einer jährlichen physischen Bestandsaufnahme vor sich hin stolpern. Das ist nicht intelligent. Es gibt keine Möglichkeit, heute eine Vertriebseinrichtung zu leiten und zufriedene Kunden zu erreichen, ohne eine periodische Bestandsaufnahme einzuführen. Lassen Sie mich ganz deutlich werden; eine physische Bestandsaufnahme ist

1. eine Vergeudung von Zeit, Mühe und Geld
2. eine Ursache für Bestandsfehler
3. für Wirtschaftsprüfer, Buchhalter und Steuersachbearbeiter nicht erforderlich
4. eine Quelle der Frustration für das Vertriebspersonal
5. eine Unterbrechung der Vertriebstätigkeit

Wenn Sie die periodische Bestandsaufnahme bereits eingeführt haben, ständig eine Bestandsgenauigkeit von 98 Prozent oder mehr erreichen und der

Geschäftsleitung das Bewußtsein vermittelt haben, daß Bestandsgenauigkeit eine Vorbedingung für einen Qualitätsvertrieb ist, müssen Sie den Rest dieses Abschnitts nicht lesen. Lesen Sie ansonsten weiter; dieser Abschnitt könnte eine bedeutende Wirkung auf Ihre Fähigkeit haben, die Bestandsgenauigkeit zu handhaben.

Die Bestandsgenauigkeit ist notwendig für die Zufriedenheit von Kunden, zur rechtzeitigen Auffüllung und zur Erkennung von überschüssigem Bestand. Niemand kennt die tatsächlichen Kosten einer Bestandsungenauigkeit. Wenn wir jedoch erkennen, daß sich der Wert von Lagerbeständen in den Vereinigten Staaten auf ungefähr zehn Prozent des Bruttoinlandsprodukts beläuft, kann die Auswirkung einer Bestandsungenauigkeit von nur einem Prozent als sehr bedeutsam angesehen werden. Bedenken Sie, was eine Bestandsungenauigkeit Ihr Unternehmen kostet. Beziehen Sie die Kosten für entgangene Verkäufe, nicht eingehaltene Lieferpläne, Frachttarifzuschläge, vergeudete Arbeitszeit im Vertrieb, unglückliche Kunden und Überraschungen mit ein.

Ein kritischer Bereich der Tätigkeit jedes Leiters eines Vertriebszentrums ist Bestandsgenauigkeit. Die beste Möglichkeit, Bestandsgenauigkeit zu erreichen, besteht darin, einen kleinen Prozentsatz des Bestands auf einer regelmäßigen periodischen Grundlage zu zählen. Dieser Teil des Gesamtbestands kann leicht mit den Bestandsaufzeichnungen verglichen werden. Wenn Sie kontinuierlich zählen, haben Sie eine ausgezeichnete Gelegenheit, die Ursache eines Fehlers festzustellen und eine Korrekturmaßnahme zu ergreifen, sobald Fehler erkannt werden. Dieser Prozeß, regelmäßige periodische Zählungen durchzuführen, sie mit den Bestandsaufzeichnungen zu vergleichen und Fehler zu erkennen und zu beheben, heißt *periodische Bestandsaufnahme.*

Es ist wichtig zu erkennen, daß das Ziel der periodischen Bestandsaufnahme nicht der genaue Bestand ist: Das Ziel von periodischen Bestandsaufnahmen ist das Erkennen und Beheben von Fehlern. Ein Nebenprodukt des Erkennens und Behebens von Fehlern ist ein genauer Bestand.

Die erste Frage lautet: „Was ist zu zählen?“ Um diese Frage zu beantworten, müssen wir erkennen, daß es sich eigentlich um zwei Fragen in einer handelt: 1. „Wie oft sollte ein Gegenstand gezählt werden?“ und 2. „Wann sollte jeder bestimmte Gegenstand gezählt werden?“ Die Antwort auf die erste Frage liegt in Paretos Gesetz. Paretos Gesetz oder „das ABC-Konzept“ hat viele verschiedene Anwendungen. Die Auswirkungen einer ABC-Klassifikation auf die periodische Bestandsaufnahme in Ihrem Vertriebszentrum sind in Abbildung 22.2 dargestellt. Bei der Anwendung auf die periodische Bestandsaufnahme ist es offensichtlich, daß A-Gegenstände sehr viel häufiger als B-Gegenstände und B-Gegenstände sehr viel häufiger als C-Gegenstände gezählt werden sollten. An einem typischen Szenario wäre zum Beispiel das Zählen von sechs Prozent Ihrer A-Gegenstände, vier Prozent ihrer B-Gegenstände und zwei Prozent Ihrer C-Gegenstände in jeder Woche beteiligt.

Klassifikation	Prozent in Dollar	Prozent in Lagereinheiten
A	80	10
B	15	40
C	5	50

Abbildung 22.2: Die Auswirkungen der ABC-Methode (Paretos Gesetz) auf die periodische Bestandsaufnahme

Die Frage Nummer zwei: „Wann sollte jeder bestimmte Gegenstand gezählt werden?" ist relativ leicht zu beantworten. Ein Gegenstand sollte gezählt werden, wenn es am leichtesten und am billigsten ist, die genaueste Zählung zu erhalten. Wann ist das?

1. Wenn ein Gegenstand nachbestellt wurde und die Auffüllung abgeschlossen ist.
2. Wenn der Bestand Null beträgt oder ein Negativbestand vorliegt (bis Null zählen ist etwas, das jeder leicht kann).
3. Wenn ein Auftrag an der Laderampe eingeht.
4. Wenn der Bestand gering ist.
5. Wenn sich jemand an dem Lagerort befindet und freie Zeit dafür hat.

All diese Zeitpunkte sind dazu geeignet, eine Zählung einer Lagereinheit oder eines Lagerorts mit dem geringsten Aufwand, den niedrigsten Kosten und der geringsten Betriebsunterbrechung durchzuführen. Somit lautet die Antwort auf die Frage „Was ist zu zählen?" also, daß Sie auf der Grundlage einer ABC-Analyse und dann zählen sollten, wenn es am leichtesten ist.

Wie legen Sie fest, wer zählen sollte? Die Anzahl der Leute, die periodische Bestandsaufnahmen durchführen sollten, hängt von der Anzahl der Gegenstände im Bestand, der gewünschten Zählfrequenz, der Anzahl der Lagerorte für jeden Gegenstand und dem Umfang von Unregelmäßigkeiten bei der Zählung wie zum Beispiel Nachzählungen, der Zugänglichkeit von Gegenständen und den physikalischen Eigenschaften der Gegenstände ab. Ein realistischer Standard lautet, daß ein mit der periodischen Bestandsaufnahme beauftragter Mitarbeiter vierzig Gegenstände am Tag zählen kann. Der damit beauftragte Mitarbeiter sollte mit dem Lagerortsystem, dem Aufbau des Vertriebszentrums und den zu zählenden Gegenständen sehr vertraut sein.

Mit einer periodischen Bestandsaufnahme beauftragte Mitarbeiter sollten auf ständiger Grundlage dieser Aufgabe zugewiesen sein. Dies bedeutet nicht notwendigerweise, daß die periodische Bestandsaufnahme ein Vollzeitjob ist, sondern nur, daß es sich bei jeder Person, die der periodischen Bestandsaufnahme zugeteilt ist, um ein ständiges Mitglied des Teams handeln und sie diese Funktion nicht nur einmal durchlaufen sollte. In vielen Vertriebssteuerungssystemen können die Tätigkeiten der periodischen Bestandsaufnahme mit den laufenden Vertriebsarbeiten verschachtelt werden. Wenn ein Auftragsbearbeiter zum Beispiel keine Aufträge hat, für die etwas zu entnehmen ist, weist das Steuerungssystem dem Auftragsbearbeiter automatisch Aufgaben der periodischen Bestandsaufnahme zu, bis wieder Aufträge verfügbar sind. Wenn man die Verweilzeiten von Auftragsbearbeitern in dieser Weise ausnutzt, führt dies dazu, daß die periodische Bestandsaufnahme kostenfrei erfolgt.

Mit der periodischen Bestandsaufnahme beauftragte Mitarbeiter müssen die Wahrscheinlichkeit von Überkreuzungen erkennen. Ein gut eingerichtetes Verfahren dafür umfaßt auch Kontrollen der Gegenstände, bei denen es wahrscheinlich ist, daß sie falsch versandt wurden. Wenn daher bei einer periodischen Bestandsaufnahme eine Mehrmenge bei einem Gegenstand festgestellt wird, folgt darauf eine sofortige Kontrolle der Gegenstände, die normalerweise mit dem verwechselt werden könnten, dessen Bestand nicht stimmt.

Obwohl sich einige Wirtschaftsprüfer über die „richtigen Kontrollen und Bestandszahlen" innerhalb eines Vertriebszentrums Sorgen machen und daher glauben, daß nur Vollzeitkräfte von außerhalb des Vertriebszentrums mit der periodischen Bestandsaufnahme befaßt sein sollten, hat sich dies nicht als stichhaltig erwiesen. Es wurde im Gegenteil gezeigt, daß eine echte Lagerwirtschaft dann beginnt, sobald die Geschäftsleitung erkennt, daß es nicht die Aufgabe von Buchhaltern und Wirtschaftsprüfern ist, einen genauen Bestand zu erhalten, sondern die des Vertriebspersonals und des Leiters des Vertriebszentrums. Somit ist die ganze Diskussion um „Kontrollen und Bestandszahlen“ irrelevant.

Wenn festgelegt ist, was gezählt werden und wer die Zählung durchführen soll, bleibt noch die Frage: „Was sind die Verfahren für die periodische Bestandsaufnahme?“ Eine kritische Entscheidung über die Verfahren für die periodische Bestandsaufnahme besteht in der Festlegung einer vernünftigen zeitlichen Abgrenzung. Da die periodische Bestandsaufnahme stattfinden sollte, ohne den Normalbetrieb zu beeinträchtigen, muß eine sehr sorgfältige Koordination der Zählung und der Transaktionsbearbeitung geplant werden.

Jede Transaktion, die stattfindet, nachdem die Bestandszahl gemeldet und die tatsächliche Zählung durchgeführt wurde, muß isoliert werden, so daß eine genaue Bestandsabstimmung erfolgen kann. Dafür gibt es vier Möglichkeiten:

1. die Aufzeichnung aller Bestandstransaktionen und periodischen Bestandsaufnahmen in Echtzeit
2. die Aufzeichnung des Zeitpunkts, zu dem jeder Lagerort gezählt wird, und die Meldung von Transaktionszeiten
3. die Koordination von Transaktionen mit dem Zählvorgang, so daß Zählungen stattfinden, wenn keine Transaktionen erfolgen
4. *keine* Bearbeitung von Transaktionen für Gegenstände, deren Zählung geplant ist, bis die Gegenstände gezählt sind

Nachdem die Frage der zeitlichen Abgrenzung einmal gelöst ist, muß als nächstes die Frage der Dokumentation der Zählung angesprochen werden.

Die Informationen, die anfänglich auf dem Dokument der periodischen Bestandsaufnahme oder auf dem tragbaren Terminal aufgezeichnet werden sollten, sind in Abbildung 22.3 dargestellt. Die Transaktion der periodischen Bestandsaufnahme sollte dann an einen Mitarbeiter weitergeleitet werden, der mit der Abstimmung beauftragt ist. Mit der Zählung befaßte Mitarbeiter sollten ihre eigenen Zählungen nicht abstimmen. Die mit der Abstimmung beauftragten Mitarbeiter sollten die periodische Zählung mit der Bestandsaufzeichnung vergleichen und feststellen, ob die Zählung in Ordnung war. Um festzustellen, ob eine Zählung in Ordnung war, müssen sie eine Toleranzgrenze für die periodische Bestandsaufnahme festgelegt haben.

Transaktion einer periodischen Bestandsaufnahme	
Lagerort: Maßeinheit: Teilenummer: Teilebeschreibung:	A43D9 Fuß 12345 Kupferdraht
Stückzahl: Name des Zählers: Datum/Uhrzeit:	
Abstimmung: (OK) Datum/Uhrzeit:	

Abbildung 22.3: Transaktionsschein für eine periodische Bestandsaufnahme

Toleranzgrenzen für eine periodische Bestandsaufnahme sollten auf dem Wert der Gegenstände basieren, die gezählt werden. Wenn zum Beispiel ein Gegenstand im Wert von 1.500 $ gezählt wird und die Zählung eine Stückzahl von 490 im Vergleich zu einer Bestandsaufzeichnung von 500 ergibt, ist es klar, daß diese Zählung nicht in Ordnung ist. Wenn dagegen ein Gegenstand im Wert von zwei Cent gezählt wird und die Zählung eine Stückzahl von 490 im Vergleich zu einer Bestandsaufzeichnung von 500 ergibt, ist es klar, daß diese Zählung in Ordnung ist. Eine typische Toleranzgrenze für die periodische Bestandsaufnahme wären zum Beispiel 50 $. Das heißt, wenn die periodische Bestandsaufnahme innerhalb von 50 $ der Bestandsaufnahme liegt, gilt die Zählung als in Ordnung. Wenn die periodische Bestandsaufnahme eine Diskrepanz von 50 $ oder mehr ergibt, gilt die Zählung als nicht in Ordnung. Die Toleranz für die periodische Bestandsaufnahme einzelner Gegenstände sollte auch die Auswirkungen des geplanten Sicherheitsbestands für jeden Gegenstand widerspiegeln. Falsche Zählungen, die über zwanzig Prozent des geplanten Sicherheitsbestands hinausgehen, sollten abgestimmt werden.

Wenn eine Zählung nicht in Ordnung ist, wird der Gegenstand nachgezählt. Mit der Nachzählung wird überprüft, ob die ursprüngliche Zählung wirklich nicht in Ordnung war oder ob ein Fehler gemacht wurde und die Zählung des Gegenstands innerhalb der Toleranzgrenze liegt. Ob die Abweichung der Nachzählung nun innerhalb der Toleranzgrenze liegt oder nicht, der mit der Abstimmung beauftragte Mitarbeiter sollte eine Maßnahme einleiten, um die Bestandsaufzeichnung so anzupassen, daß sie mit der überprüften Nachzählung übereinstimmt. Wenn die Abweichung der Nachzählung außerhalb der Toleranzgrenzen liegt, sind weitere Ermittlungen erforderlich, um festzustellen, weshalb die Bestandsaufzeichnung falsch ist. Wenn die gezählte Menge sich nach der Überprüfung kleiner als die Bestandsaufzeichnung erweist, gibt es zwei relativ leicht zu kontrollierende Möglichkeiten:

1. Eine unerledigte Zuweisung dieses Gegenstands wurde möglicherweise ausgefüllt, ohne die Transaktion aufzuzeichnen, oder
2. ein kürzlich erledigter Verkaufs- oder Fertigungsauftrag wurde falsch von dem Bestand abgezogen.

Wenn die Abweichung darin besteht, daß die gezählte Menge die Bestandsaufzeichnung übersteigt, sollten Auffüllungsaufträge überprüft werden, um zu erkennen, ob etwas von dem Produkt eingegangen ist und nicht ordnungsgemäß aufgezeichnet wurde, und kürzlich erledigte Verkaufs- oder Fertigungsaufträge sollten auf ein falsches Abziehen von den Bestandsaufzeichnungen kontrolliert werden. Es ist wichtig, sich daran zu erinnern, daß das Ziel der periodischen Bestandsaufnahme im Erkennen und Beheben von Fehlern besteht. Somit ist ein Prozeß der Untersuchung von Fehlern von ausschlaggebender Bedeutung für die Durchführbarkeit einer periodischen Bestandsaufnahme.

Am Ende jedes Monats sollte eine graphische Darstellung der Genauigkeit der periodischen Bestandsaufnahme der Geschäftsleitung übergeben werden. Eine einfache Gleichung zur Feststellung der Genauigkeit der periodischen Bestandsaufnahme ist folgende:

$$\frac{\text{Zählungen, die in Ordnung sind}}{\text{Gesamtzählungen}} = \text{Genauigkeit der periodischen Bestandsaufnahme}$$

Abbildung 22.4 stellt eine Graphik dar, die den typischen Fortschritt demonstriert, sobald einmal eine periodische Bestandsaufnahme eingeführt ist. Wenn ein Problem auftritt, wie dies in Abbildung 22.5 gezeigt wird, ist es von ausschlaggebender Bedeutung, daß durch die Untersuchung des Fehlers das Problem erkannt und daß eine Maßnahme getroffen wird, um das Problem zu lösen, oder daß die Häufigkeit der periodischen Bestandsaufnahmen vergrößert wird, bis die Fehler erkannt und behoben werden können.

Die Einführung von Programmen zur periodischen Bestandsaufnahme ist für erfolgreiche Lagerhausgenerationen zwingend geboten. Die Einführung sollte in zwei Phasen und drei Schritten erfolgen. An der ersten Phase sind drei Schritte beteiligt:

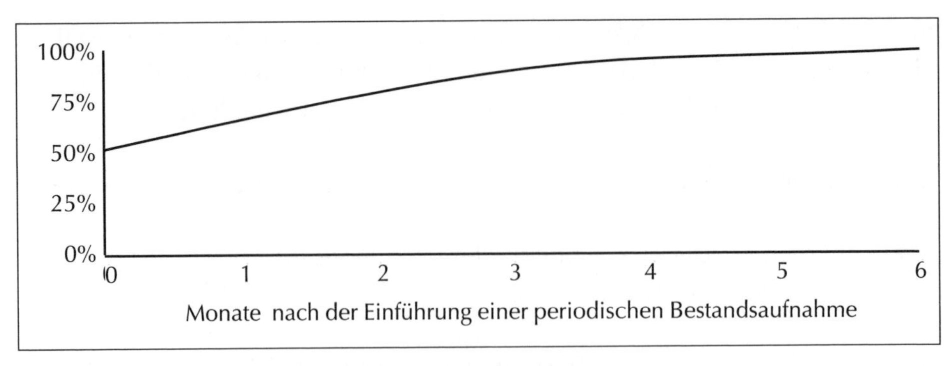

Abbildung 22.4: Bestandsgenauigkeit im Laufe der Zeit

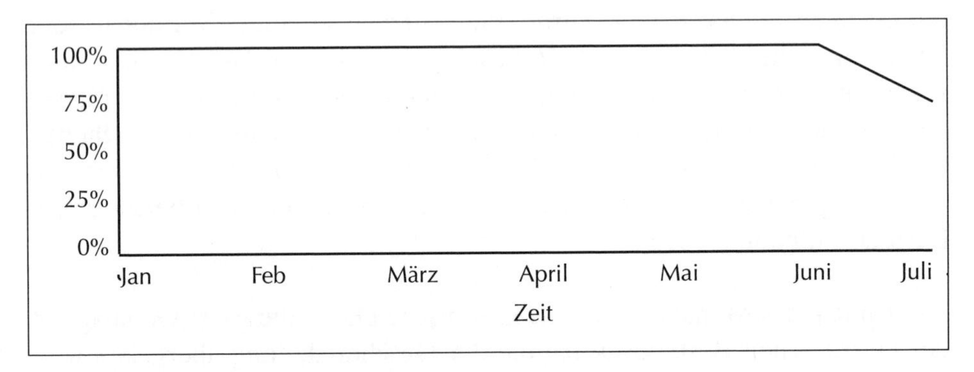

Abbildung 22.5: Ein Problem, das einer Korrekturmaßnahme bedarf

1. Legen Sie ungefähr hundert Gegenstände fest. Dabei sollte es sich um A-, B- und C-Gegenstände handeln.
2. Führen Sie wiederholte Zählungen dieser Gegenstände durch; die Häufigkeit der Zählung sollte immer davon abhängig sein, was notwendig ist,um Fehler zu erkennen.
3. Beheben Sie die Fehler.

Sobald die erste Phase einmal mehrere Wochen lang zu einer 100%igen Genauigkeit geführt hat, sollte die Phase zwei eingeleitet werden, das vollständige System der periodischen Bestandsaufnahme. Selbst nach dessen Einführung sollten die hundert Gegenstände mindestens noch zwei Monate lang weitergezählt werden. Die besonderen Zählungen dieser hundert Gegenstände sollten fortgesetzt werden, bis das vollständige System insgesamt eine Bestandsgenauigkeit von 98 Prozent oder mehr erreicht hat.

Einige haben gefragt, weshalb Wirtschaftsprüfer, die für Audits verantwortlich sind, eine periodische Bestandsaufnahme akzeptieren. Tatsache ist, daß die periodische Bestandsaufnahme wegen häufiger Probleme mit der Genauigkeit jährlicher körperlicher Bestandsaufnahmen entwickelt wurde. Als die periodische Bestandsaufnahme herangereift war, haben Wirtschaftsprüfer erkannt, daß dieses Verfahren der herkömmlichen physischen Bestandsaufnahme gewöhnlich bei weitem überlegen ist. Solange ein System der periodischen Bestandsaufnahme mit den Wirtschaftsprüfern abgesprochen ist, wird diese als ein überlegenes Mittel zur Kontrolle des Bestands anerkannt.

Eine periodische Bestandsaufnahme führt zu einer genauen Bewirtschaftung des Bestands. Sie ermöglicht das rechtzeitige Erkennen von Fehlern. Sie kann auf vielfältige Weise gestaltet werden, und dieser Abschnitt hat eine Methode beschrieben. Die Schlüssel zu Ihrer erfolgreichen Einführung der periodischen Bestandsaufnahme bestehen darin:

1. festzulegen, was zu zählen ist
2. festzulegen, wann zu zählen ist
3. zu entscheiden, wer zählen sollte
4. zeitliche Abgrenzungen vorzunehmen
5. die Dokumentation der Zählung festzulegen
6. eine Toleranzgrenze für die Zählung festzulegen
7. Phase eins einzuleiten
8. Phase zwei, das vollständige System der periodischen Bestandsaufnahme, einzuleiten
9. Verbesserungen auf aggressive Weise zu betreiben
10. die Bestandsgenauigkeit zu verwalten

Die periodische Bestandsaufnahme ist zu einem Industriestandard geworden, um die Bestandsgenauigkeit aufrechtzuerhalten. Ein Programm zur Einführung der periodischen Bestandsaufnahme ist die einzige Möglichkeit, sich darüber hinaus zu bewegen, zu wissen, wie schlimm die Dinge stehen, und die Dinge besser zu machen.

22.2 Lagerplanungsmodelle

Es gibt Lagerplanungsmodelle als einen Versuch, Ihren Gewinn zu maximieren. Dieser Abschnitt bietet Antworten auf die folgenden Fragen, die als Grundlage für alle Probleme mit der Lagerplanung dienen.

1. Welche Probleme versuchen die Lagerplanungsmodelle zu lösen?
2. Welche Ziele werden erreicht, wenn die Antworten des Modells in die Tat umgesetzt werden?
3. Welche Bestandsarten sollen geplant werden?
4. Welche Modelle sollten auf der Grundlage des Planungsproblems verwendet werden?
5. Welche Strategien über die Modelle hinaus werden die Wirksamkeit des Bestandsplans maximieren?
6. Was ist das Endergebnis bei Lagerplanungsproblemen in der Vertriebsumgebung?

Das Problem

Wenn der Bestand die Waffe ist, die Sie haben, um Gewinn zu machen, müssen Sie feststellen, wieviel Sie zu welchem Zeitpunkt haben müssen. In der Distribution gibt es einen dritten Faktor: wo Sie ihn haben müssen. Daher sind Bestandsmodelle erforderlich, die Antworten auf drei grundlegende Fragen geben.

Nur drei Antworten, und Sie haben alles, was Sie für eine erfolgreiche Lagerplanung in der Betriebsumgebung brauchen. Die drei Fragen können leicht beantwortet werden:

Drei grundlegende Fragen	*Drei einfache Antworten*
1. Wieviel Bestand brauchen wir?	1. Genug, um den höchsten projektierten Bedarf zu decken.
2. Wann brauchen wir diesen Bestand?	2. Oft genug, um die Stückzahl auf der Grundlage der höchsten projektierten Bedarfsfrequenz auf eins zu halten. Bestellen Sie frühzeitig!
3. Wo brauchen wir diesen Bestand?	3. An all unseren Lagerorten die Menge in Nummer eins, wenn Nummer zwei es verlangt.

Hier werden keine Bestandsmodelle benötigt, nur drei Fragen und drei leichte Antworten. Bedauerlicherweise werden Sie nicht in der Lage sein, Ihren Gewinn mit Hilfe von drei leichten Antworten zu maximieren. Das Problem besteht also darin, wieviel, wann und wo?

Ziele von Bestandsmodellen

Wir haben dieses Kapitel mit der Prämisse begonnen, daß sie den Gewinn in Ihrer Vertriebsumgebung maximieren wollen. Die verschiedenen Lagerplanungssysteme, die versuchen, die drei Fragen zu beantworten, arbeiten auf maximale Gewinne hin. Jedes geht sie jedoch mit einer unterschiedlichen Zielsetzung an. Verschiedene Bestandsmodelle gehen Zielsetzungen in jeden Bereich an.

Arbeitskosten basieren auf einer Stabilisierung des Arbeitsflusses, um die Gesamtarbeitskosten zu minimieren, die benötigt werden, um Anforderungen zu erfüllen. Im Betrieb beeinflussen Saisonabhängigkeit, Produktionswirtschaft und Beschäftigungsstabilität die Arbeitskosten. Modelle, die jeden dieser Faktoren bewerten, arbeiten auf die niedrigsten Gesamtarbeitskosten hin.

Materialkosten im Vertrieb basieren auf Einkaufspreis, Auftragskosten und Transportkosten. Der Einkaufspreis ist die direkte Belastung je Bestandseinheit an der Laderampe des Lagerhauses. Die Auftragskosten spiegeln den Betrag wider, der je Auftrag ungeachtet des Auftragsumfangs aufgewendet wird. Mit jedem Auftrag sind die direkten Kosten der Bearbeitung sämtlicher Transaktionen von der Feststellung des Bedarfs bis zur Ankunft an der Laderampe jedes Kunden verbunden. Transportkosten sind die, die erforderlich sind, um das Material zu einer Laderampe zu bewegen.

Kundendienstkosten sind nicht leicht zu definieren oder zu berechnen. Verschiedene Modelle versuchen, sowohl negative als auch positive Kosten dem Prozeß des Kundendienstes zuzuweisen. Positive Kosten sind Geldbeträge, die indirekt durch entgangene Verkäufe, falsche Aufträge, unerledigte Aufträge, Eilsendungen usw. verlorengehen. Negative Kosten sind am besten als die positiven Ergebnisse einer größeren Zufriedenheit von Kunden zu sehen. Mehr Aufträge, mehr Kunden und niedrigere Kosten von Transaktionen sind Beispiele dafür.

Wie wir sehen werden, geht jede Gruppe von Bestandsmodellen diese Ziele in einem oder mehreren der obengenannten Kostenbereiche an.

Bestandsarten

Bevor wir die Modelle im einzelnen besprechen, gibt es ein weiteres Thema, das behandelt werden muß. Bestand kann auf viele verschiedene Arten und

Weisen definiert werden. Es ist wichtig, ein gemeinsames Verständnis der Bestandsarten sicherzustellen. Die fünf grundlegenden Arten sind:

1. Auftragsvorlaufzeit (auf Lager)
2. Sicherheitsbestand
3. Einkaufswirtschaft
4. Fertigungswirtschaft
5. Im Verteilsystem (Rohrleitung)

Auftragsvorlaufzeitbestand oder *Bestand auf Lager* ist der, der erforderlich ist, den geplanten Bedarf bis zum nächsten Auffüllungszeitraum zu decken. Wenn sich die Vorlaufzeit ändert, sollte dies auch der Auftragsbestand tun, um Verfügbarkeit zu gewährleisten. Den Auftragsvorlaufzeitbestand denkt man sich am besten als *Bedarf.* Dieser Kundenbedarf muß bis zu dem Zeitpunkt gedeckt werden, da ein neuer Auftrag eingehen kann.

Die zweite Bestandsart ist der *Sicherheitsbestand.* Der Sicherheitsbestand ist die Menge über den geplanten Bedarf hinaus, die Sie benötigen, um den Kundenbedarf zu decken, wenn sich eine Auffüllung verzögert. Je größer die Schwankung des Bedarfs ist, desto größer muß der Sicherheitsbestand sein.

Während der Vorlaufzeitbestand das ist, was Sie benötigen sollten, um den Bedarf zu decken, beschaffen wir oft eine größere Menge. Die dritte und die vierte Art, *Einkaufswirtschaft* und *Fertigungswirtschaft*, spiegeln diese Menge wider. Die Einkaufswirtschaft entspricht der zu den geringsten Kosten beschafften Menge angesichts eines gewissen Anreizes zur Beschaffung einer Menge über den eigentlichen Bedarf hinaus. Wenn ein Fertigungsbetrieb den Vertrieb unterstützt, spiegeln versandte Mengen die Bemühung wider, Fertigungskosten gegenüber Gesamtkosten ins Gleichgewicht zu bringen. Dazu gehören auch für Einrichtarbeiten, Loswirtschaft und Saisonabhängigkeit vorgesehene Mengen.

Die letzte Bestandsart, die im Vertrieb am häufigsten ist, ist der Bestand *im Verteilsystem.* Sehr oft, wenn wir mehr Material benötigen, als der Bestand hergibt, ist das Material „in der Post“. Das Material wurde versandt, ist aber noch nicht angekommen. Das Material befindet sich irgendwo im Transportzyklus zwischen dem Werk und dem Vertriebszentrum. Dieser Bestand im Verteilsystem muß eng überwacht werden, denn dies ist die erste Menge, die uns im Anschluß an einen Fehlbestand zur Verfügung steht.

22.2.1 Die Modelle

Im Zusammenhang dieses Kapitels wollen wir auf der taktischen Ebene drei große Modelltypen oder -bereiche besprechen:

1. Optimale Bestellmenge und Nachbestellungspunkt
2. Gesamtkostenmodell
3. Vertriebsbedarfsplanung, Fertigungsbedarfsplanung und Just-in-time (JIT).

Es gibt noch zahlreiche spezielle Fallmodelle, die auf dem Gebiet der Lagerplanung verwendet werden, die aber den Rahmen dieser Diskussion sprengen. Diese drei werden am häufigsten verwendet.

Optimale Bestellmenge und Nachbestellpunkt

Optimale Bestellmenge und Nachbestellpunkt sind zwei Begriffe, die zusammenwirken, um ein Bestandsmodell zu bilden. Der Nachbestellpunkt betrifft den Zeitpunkt, zu dem eine Auffüllungstransaktion stattfinden sollte, während die optimale Bestellmenge festzulegen versucht, welche Menge durch einen Auftrag zu beschaffen ist. Der Nachbestellpunkt basiert auf zwei Alternativen: variables und festes Bestellintervall.

Bei der ersten Alternative ist der Nachbestellpunkt eine gewisse Bestandsmenge, die, wenn sie erreicht ist, dazu führt, daß ein Auftrag zur Auffüllung erzeugt wird. Sehr oft wird diese Alternative als „Zwei-Behälter"-System beschrieben. Einige Vertriebseinrichtungen speichern tatsächlich einen „zweiten" oder reservierten Lagerort, der einer Lagergröße entspricht, bei der eine Nachbestellung erforderlich ist. Die Lagergröße muß den „verfügbaren" Lagerbestand darstellen, der der nachstehenden Gleichung entspricht:

Verfügbarer Bestand = (am Lager + bestellt) – (unerledigte Aufträge)

Zu einem gewissen Zeitpunkt kann dies bedeuten, daß Sie einen verfügbaren Bestand ohne Bestand am Lager haben, sondern nur bestellt. Dies würde bedeuten, daß Kundenaufträge darauf warten müßten, daß Material ankommt. Wenn dies der Fall ist, leidet darunter sehr oft der Kundendienst.

Die Lagergröße am „Nachbestellpunkt" bedarf einer ehrlichen Berechnung der Vorlaufzeit und des geplanten Bedarfs über Vorlaufeinheiten hinweg, entweder Tage oder Wochen. Bedauerlicherweise sind der Bedarf im Laufe der Zeit oder die Abgangsrate selten konstant. Angesichts moderner Techniken der Vorhersage und Fehlerannäherungen können Sie in der Lage sein, eine gewisse Lagergröße als Nachbestellpunkt festzulegen, der für den Bedarf Ihrer Kunden geeignet ist.

Die zweite Alternative des Nachbestellpunkts basiert auf einer Prüfung in festen Zeitabständen. Häufig werden für viele Teile der unteren Preisklasse feste Zeitabstände für eine Prüfung von Lagergrößen festgelegt. Um eine Nachbestellmenge zu bestimmen, wird die Lagergröße gemessen und mit dem geplanten Bedarf über den nächsten Prüfzeitraum verglichen. Vor der modernen Lagerwirtschaftstechnik bestand die kostengünstigste Verfahrensweise zu einer Prüfung des Bestands in festen Zeitabständen. Auf Grund der gegenwärtigen Computersysteme mit einer ständigen Kontrolle von Bestand am Lager, bestelltem Bestand und Bedarf sind feste Bestellintervalle weniger attraktiv.

In beiden der obigen Alternativen wird eine gewisse Bestandsmenge bestellt. Diese Menge wird traditionell nach dem Modell der optimalen Bestellmenge berechnet.

$$\text{Optimale Bestellmenge} = \frac{\sqrt{2AS}}{iC}$$

Die optimale Bestellmenge bedeutet die Menge, die in einer einzigen Transaktion zu bestellen ist. Sie wird festgelegt, indem man errechnet, ob die Kosten des Bestellens oder des Bestandsführens niedriger sind. Diese vier Variablen sind:

A	=	Wert des Bedarfs (jährlicher Lagerabgang)
S	=	Kosten je Auftrag (Einrichtungskosten)
i	=	Kosten je Einheit (Stückkosten)
C	=	Lagerhaltungskosten (Kosten je Einheit und Jahr)

Die erste Variable A, der Wert des Bedarfs, geht davon aus, daß Sie mit einem hohen Grad an Gewißheit den gesamten jährlichen Lagerabgang eines bestimmten Teils prognostizieren können. Die Einrichtungskosten gehen von bekannten Kosten aus, um einen Auftrag von der Festlegung des Bedarf bis zur Notwendigkeit zu bearbeiten und den Bestand aufzufüllen; sie sind für alle Aufträge konstant. Stückkosten sind die Standardkosten einer einzelnen Bestandseinheit. Lagerhaltungskosten sind sämtliche Kosten in Verbindung mit der Bereitstellung von körperlichem Raum für eine einzelne Bestandseinheit im Laufe eines Jahres. Dazu gehören Raumkosten, Versicherungen, Strom und Wasser usw.

Wenn man dieses Modell versteht, ist dies die Grundlage für das Verständnis dessen, was jedes numerische Modell zu erreichen versucht. Indem wir die *Gesamtkosten* des Bestands senken, können wir einen maximalen Gewinn erzielen. Die Kosten in Verbindung mit allen Auftragsmodellen eines Bestands sind die *Auftragskosten* und *Lagerhaltungskosten*. Wenn der *Auftragsumfang* zunimmt, sinken die *Auftragskosten*, denn es werden in dem System weniger Aufträge erteilt, und damit gehen die Auftragskosten zurück. Dies sind nicht die Kosten je Auftrag, sondern die Kosten aller erteilten Aufträge. Wenn der Auftragsumfang zunimmt, steigen die durchschnittlichen Kosten des Bestands, die Lagerhaltungskosten. Die Gesamtsumme dieser beiden Kostenkurven, Auftragskosten und Lagerhaltungskosten, erzeugen eine *Gesamtkostenkurve*, die an ihrer tiefsten Stelle der kostenoptimalen Eindeckung entspricht. Ein Auftragsumfang wird deshalb so festgelegt, daß er dem Ziel der niedrigsten Kosten entspricht.

Die erste Variable, jährlicher Bedarf, ist die Kenntnis, die der Marketing- und Verkaufsexperte vom Kundenbedarf hat, d.h. eine genau festgelegte Zahl. Zweitens wird die Fertigungsabteilung in der Lage sein, die Einrichtungskosten je Gegenstand mit einer Genauigkeit von drei Dezimalstellen anzugeben. Die dritte Variable ist immer genau bekannt: Stückkosten. Lagerhaltungskosten sind der Prozentsatz von Kosten, die auf einzelne Einheiten entfallen; von allen Einheiten zusammengenommen würden sie allen indirekten (Auftrags-) Kosten entsprechen. Zu den Lagerhaltungskosten würden zum Beispiel Miete, Versicherung, sonstige Gemeinkosten usw. zählen.

Wenn der Ton hier sarkastisch erscheint, so ist dies auch so. Kein Unternehmen kann diese Variablen genau bestimmen. Der Jahresbedarf ist im besten Fall eine Schätzung. Einrichtungskosten sind gewöhnlich eine wissenschaftlich berechnete Schätzung. Stückkosten sind die präzise Schätzung der Buchhaltung, und Lagerhaltungskosten sind die bestmögliche Schätzung der Geschäftsleitung. Wie sieht also die Formel der optimalen Bestellmenge wirklich aus?

$$\text{Optimale Bestellmenge} = \sqrt{\frac{2 \text{ x Schätzung x wissenschaftliche Schätzung}}{\text{präzise Schätzung x Schätzung der Geschäftsleitung}}}$$

Offensichtlich läßt sich die optimale Bestellmenge nicht präzise festlegen. Der Zahlen, die sich aus dieser Gleichung ergeben, sollten Sie sich nur als Richtlinie für eine Bestellung auf der Grundlage Ihres Vertrauens in die Variablen bedienen.

Gesamtkostenmodell

Das Gesamtkostenmodell basiert auf einem erweiterten Verständnis oder einer erweiterten Interpretation der Gesamtkostenkurve. Dieses Modell versucht, das Niveau des Kundendienstes – den Lieferbarkeitsgrad – auf der Grundlage der Kosten auszugleichen, um einen Bestand zu führen. Dies ist in Abbildung 22.6 dargestellt.

Wenn man „Verkauf und Service" ein Kostenniveau für jeden Lieferbarkeitsgrad zuweist und damit die „Lagerhaltungskosten" verbindet, die erforderlich sind, um diesen Grad zu erreichen, erhält man eine „Gesamtkostenkurve". Es kann so argumentiert werden, daß der Lieferbarkeitsgrad immer zunehmen sollte und die zusätzlichen Kosten dies wert sind. Aus der Berechnung ist jedoch ersichtlich, daß die Gesamtkosten steigen, um höhere Lieferbarkeitsgrade zu erreichen. Das ist es nicht wert. Ihr Gewinn geht zurück. Dies geschieht, wenn Sie nicht feststellen, daß die Kosten für „Verkauf und

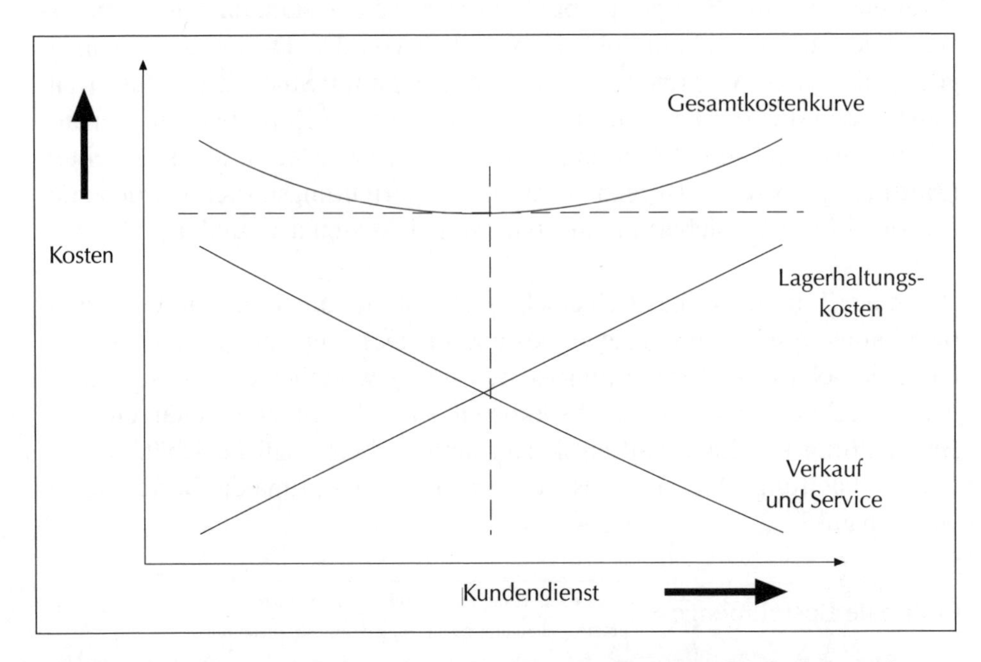

Abbildung 22.6: Die optimale Bestellmenge auf der Grundlage des Lieferbarkeitsgrads

Service" zunehmen, zu denen Firmenwert, direkte Verluste, unerledigte Aufträge, Eilsendungen usw. gehören. Wenn man davon ausgeht, daß dies wahr ist, bewegt sich der tiefste Gesamtkostenpunkt auf einen höheren Lieferbarkeitsgrad (siehe Abbildung 22.7).

Vertriebsbedarfsplanung, Fertigungsbedarfsplanung und JIT

In diesem Abschnitt soll versucht werden, die Grundbegriffe gegenwärtiger Bestandsmodelle und ihre Entwicklung zu erläutern. Mit dem Aufkommen von Hochleistungscomputern zu günstigen Preisen sind neue Lagerwirtschaftsmodelle wie zum Beispiel Materialbedarfsplanung eingeführt worden. Die Weiterentwicklung der Materialbedarfsplanung in der Vertriebsumgebung führte zur Vertriebsbedarfsplanung. Die Untersuchung japanischer Managementtechniken hat dazu geführt, Just-in-time anzustreben. Die Vertriebsbedarfsplanung ist die Technik für die gegenwärtige vertriebsgestützte Lagerwirtschaft. Aber erst muß die Entwicklung der Vertriebsbedarfsplanung aus Materialbedarfsplanung und JIT verstanden werden.

Die Materialbedarfsplanung ist ein Konzept, das in den siebziger Jahren entwickelt wurde, um Hochgeschwindigkeitscomputer einzusetzen, den Materialbedarf von Fertigungsbetrieben zu modellieren. Das Modell der Material-

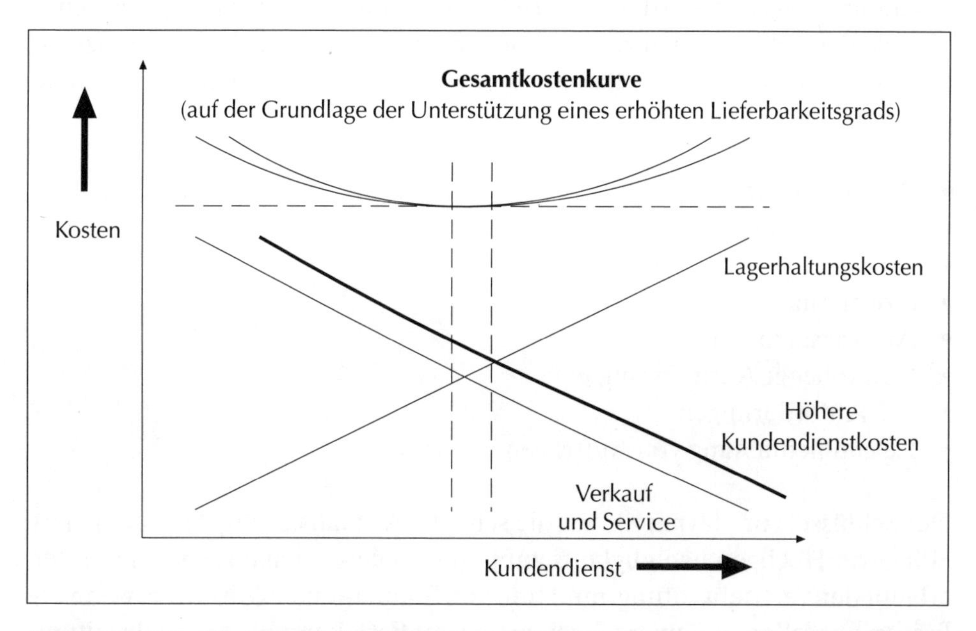

Abbildung 22.7: Die optimale Bestellmenge auf der Grundlage angepaßter Gesamtkosten des Lieferbarkeitsgrads

bedarfsplanung verwendet Informationen darüber, wie sich Produkte zusammensetzen (Stücklisten), und über Merkmale von Komponenten (Bestandsstammdatei), um die geschätzte Notwendigkeit für Materialbestellungen im Laufe der Zeit zu berechnen. Die Materialbedarfsplanung wird auf der Grundlage des Fortschritts der Produktion, des Kundenbedarfs und der Materiallieferungen ständig aktualisiert, um das Fertigungsunternehmen zu betreiben.

Just-in-time ist ein Konzept, das als ein System, ein Modell und/oder ein Retter der Fertigung und des Vertriebs bezeichnet worden ist. JIT ist vor allem eine Philosophie, die von sich aus nichts dazu beiträgt, Ihren Bestand zu planen oder zu verwalten. Der Schwerpunkt von JIT liegt auf der systematischen Verringerung von Materialabfall und Unwirtschaftlichkeiten in betrieblichen Prozessen, um die Gesamtleistung zu verbessern. Ein Endergebnis ist oft die Lieferung von Produkten genau an der richtigen Stelle, genau in der richtigen Menge und genau zur richtigen Zeit. Wo, wieviel und wann – dieselben Fragen, mit denen sich Bestandsmodelle befassen, werden auch von JIT angegangen.

Vertriebsbedarfsplanung ist die Anwendung der Prinzipien von Materialbedarfsplanung auf die Vertriebsumgebung, indem spezielle Bedürfnisse des Vertriebs integriert werden. Vertriebsbedarfsplanung ist ein dynamisches Modell, das sich auf einen zeitlich koordinierten Plan stützt, dessen einzelne Punkte den Bestand beeinflussen. Zu diesen Punkten können z. B. folgende gehören:

- Wareneingang
- Warenausgang
- Versand
- Stornierung
- Auftragsplanung
- tatsächlicher Auftragseingang
- JIT-Anforderungen
- Zusammenfassung von Aufträgen

Der Schlüssel zur „Dynamik“ ist die schnelle Aktualisierung der Punkte mit Hilfe von Hochgeschwindigkeitscomputern. Dieser dynamische Charakter erlaubt der Vertriebsleitung, mit Hilfe von Simulationen „Was wäre, wenn?“-Fragen zu stellen. Indem sie Ereignisse simuliert, kann die Vertriebsleitung die besten oder die wahrscheinlichsten Wege zum Gewinn auswählen. Die

Besonderheiten des Prozesses der Vertriebsbedarfsplanung erlauben der Vertriebsleitung, die Erfordernisse von Lagerorten zu bestimmen und zu gewährleisten, so daß Bezugsquellen in der Lage sind, den Bedarf zu decken. Die Vertriebsbedarfsplanung bedient sich ausgewählter Inputs, um Outputs zu erzeugen, die zu Maßnahmen führen. Abbildung 22.8 zeigt eine Zusammenfassung des Prozesses.

Die Vertriebsbedarfsplanung ist Ihr wichtigstes Lagerwerkzeug, um den Bedarf Ihrer Kunden aus Ihren Werken und/oder Zulieferungen zu decken und gleichzeitig Gewinne durch den optimalen Einsatz Ihrer begrenzten Ressourcen zu maximieren.

22.3 Schlußfolgerungen

Lagerwirtschaft in einer Vertriebsumgebung ist *nicht* einfach. Wie wir gesehen haben, beeinflussen zahlreiche interne und externe Kräfte Ihre Fähigkeit, den Bestand zu kontrollieren und zu planen, um Gewinn zu machen. Der Schlüssel zur Kontrolle ist die ständige Einhaltung der Genauigkeit durch ein Programm periodischer Bestandsaufnahmen. Der Schlüssel zur Lagerplanung ist die Vertriebsbedarfsplanung, ein umfassendes, dynamische Modell, das einen optimalen Einsatz verfügbarer Ressourcen ermöglicht, um den Kundenbedarf zu decken. Denken Sie daran, daß Ihr Werkzeug zur Maximierung von Gewinnen der erfolgreiche Einsatz des Bestands ist, und verwenden Sie periodische Bestandsaufnahmen, um ihn zu kontrollieren, und die Vertriebsbedarfsplanung, um ihn zu planen.

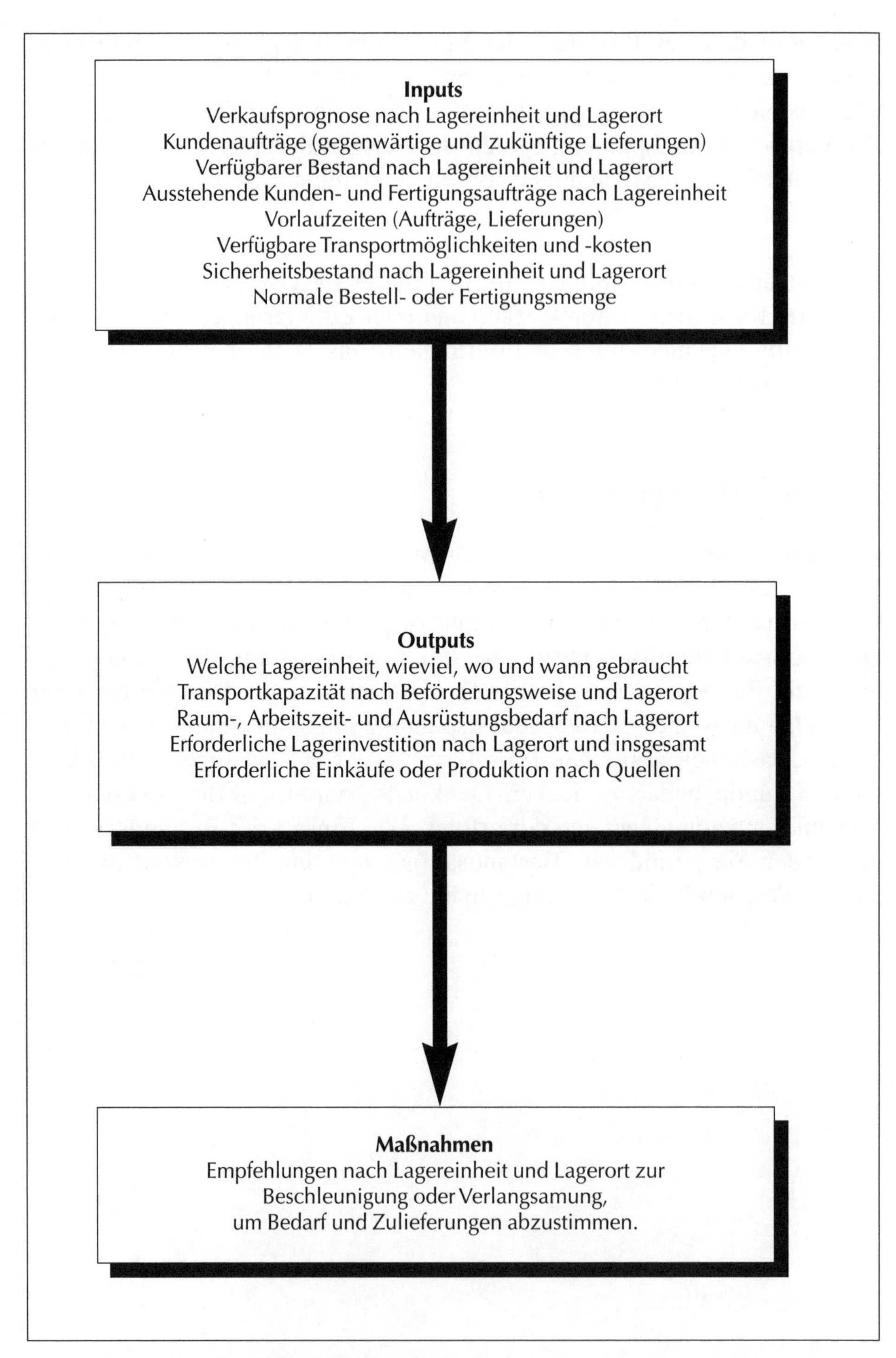

Abbildung 22.8: Der Prozeß der Vertriebsbedarfsplanung

23 Personalführung in der Distribution

FRANK E. DALY
Gebietsleiter,
Tompkins Associates, Inc.

Wenn wir über Distribution diskutieren, beginnen wir oft damit, über gewöhnliche Beförderungsunternehmen, Strichcodierung, Sortiersystem, elektronischen Datenaustausch usw. zu reden. Unser Ziel besteht darin, den Einsatz unserer Ressourcen zu maximieren und gleichzeitig die Anforderungen der Kunden zu erfüllen. Eine unserer wichtigsten Ressourcen wird oft als selbstverständlich vorausgesetzt – Menschen. Menschen sind unsere stärkste Waffe im Wettbewerb. Was ist leichter zu ersetzen – ein Vertriebszentrum, das vier Millionen Dollar gekostet hat, oder hundert gute Mitarbeiter?

Vertrieb ist kein Geschäft mit Paletten oder Lastwagen, sondern ein Geschäft mit Menschen. Tatsächlich haben gute Mitarbeiter im Betrieb die folgenden Eigenschaften. Sie sind

- rechtschaffen,
- initiativ,
- gute Teamarbeiter,
- hoch motiviert und sie
- mögen Abwechslung,
- übernehmen Verantwortung.

Man könnte sagen, daß ein Mitarbeiter im Vertrieb noch besser geschult und ausgebildet sein sollte als ein typischer Mitarbeiter in der Fertigung. In der Fertigung erfüllen Mitarbeiter eine Reihe vorab festgelegter Aufgaben, oft im Rahmen eines engen Tätigkeitsbereichs. Beaufsichtigung in der Fertigung beruht in hohem Maße auf dem Sehen und spielt sich in der Nähe ab. Andererseits ist ein Vertriebszentrum ein ausgezeichnetes Versteck. Die Arbeit ist dynamisch. Ein Mitarbeiter muß über persönliche Integrität verfügen, um die nächste Aufgabe zu finden, die er zu erledigen hat.

Somit besteht das Ziel dieser Diskussion darin zu prüfen, wie wir diese wichtigste Ressource besser verstehen und mit ihr umgehen können. Auf diese Weise können wir unsere betrieblichen Prozesse verbessern und unsere Tätigkeit als Vertriebsleiter/Vorgesetzter lohnenswerter machen.

Insbesondere wollen wir über folgendes reden:

- die organisatorische Rolle der Beaufsichtigung
- Führungsverhalten
- Planen/Organisieren
- Delegierung
- Motivation
- Kommunikation
- Teamaufbau

23.1 Die organisatorische Rolle der Beaufsichtigung

Der Vorgesetzte ist das Bindeglied zwischen der Geschäftsleitung und der Belegschaft. Der Vorgesetzte bildet die Grenzlinie, ist aber ein Teil der Geschäftsleitung. Bedauerlicherweise werden Vorgesetzte oft nicht als Teil der Geschäftsleitung behandelt. Viele Vorgesetzte wurden aus dem Vertriebspersonal befördert. Tatsächlich werden viele ohne den Vorteil einer formellen Schulung in guten Managementpraktiken befördert. In typischer Weise erhalten der beste Staplerfahrer oder der schnellste Auftragsbearbeiter die Beförderung. Dies sind zwar bewundernswerte Züge, sie implizieren aber nicht notwendigerweise, daß aus diesem Mitarbeiter ein guter Vorgesetzter wird. Infolgedessen überarbeiten sich viele Vorgesetzte und werden für ihre Anstrengungen unterbezahlt.

Von einem Vorgesetzten wird erwartet, daß er den Mitarbeiter motiviert und anleitet, um Ziele der Geschäftsleitung zu erreichen. Dies ist die Rolle des Managers. An der Stelle der Umsetzung einer Absicht in die Durchführung ist der Vorgesetzte das wichtigste Bindeglied in der Managementkette.

Dazu müssen wir Mitarbeiter als Vorgesetzte trainieren. Mitarbeiter sind Menschen. Mitarbeiter sind keine Gabelstapler. Wir verstehen, wie Gabelstapler funktionieren. Es stehen Betriebsanleitungen und Schulungsprogramme zur Verfügung. Wenn es ein Problem mit unseren Gabelstaplern gibt, rufen wir einen Mechaniker, um es zu beheben. Wir haben ein vorbeugendes Wartungsprogramm, um diese Ausrüstungen zu pflegen. Wir nehmen kein neues Fahrzeug in Betrieb, ohne seine Fähigkeiten zu verstehen.

Andererseits verstehen wir oft unsere Mitarbeiter und die Art und Weise nicht, wie sie arbeiten. Wenn ein Problem auftaucht, bedienen wir uns gewöhnlich aufs Geratewohl irgendeiner Methode, um es anzusprechen. Wir versuchen nicht, einen Mitarbeiter zu pflegen, so daß kein Problem auftritt. Im allgemeinen leisten wir schlechte Arbeit im Umgang mit Menschen. Wir lassen keine Unzulänglichkeiten bei Ausrüstungen zu, aber bei Menschen schon.

Was können wir lernen, da wir jetzt wissen, daß Mitarbeiter keine Gabelstapler sind? Zuerst müssen wir, bevor wir lernen können, Mitarbeiter studieren. Wenn wir halb so viel über Menschen wüßten wie über Maschinen, könnten wir unsere Produktivität verdoppeln.

Zweitens müssen wir wissen, wie menschliche Probleme zu lösen sind. Wir müssen unsere Mitarbeiter als Einzelmensch kennen, um zu verstehen, weshalb es zu bestimmten Handlungen kommt, und wie Probleme zu erkennen sind.

Drittens müssen wir eine vorbeugende Wartung für Menschen durchführen. Wir müssen lernen, was wir als Vorgesetzte tun können, damit Menschen kooperativ, motiviert und produktiv bleiben. Wir sollten Probleme nicht ignorieren und darauf hoffen, daß sie sich von selbst lösen.

Schließlich müssen wir neuen Mitarbeitern beträchtliche Zeit widmen. Es ist interessant festzustellen, daß mit Ausnahme des ersten Einstellungsgesprächs viele Mitarbeiter im Vertrieb mit nur einer geringen formalen Schulung direkt in die Belegschaft einbezogen werden. Naiv nennen wir diese Methode Ausbildung am Arbeitsplatz. Oft sind neue Mitarbeiter gegenüber den wenigen Menschen in der Belegschaft, die ihnen zu überleben geholfen haben, loyaler als gegenüber dem Vorgesetzten. Das ist falsch. Ein Vorgesetzter muß Zeit mit neuen Mitarbeitern verbringen. Es ist wichtig, ein Verständnis für die Ziele des neuen Mitarbeiters zu gewinnen, um ihm dabei zu helfen, sie zu erreichen. Wir müssen Leistungsziele für den neuen Mitarbeiter festlegen. Wir müssen ihn allmählich weiterentwickeln, um es ihm/ihr zu erlauben, Erfolg zu haben.

Auf der anderen Seite befindet sich das obere Management. Als Vorgesetzter lernen wir es, erfolgreich mit dieser Gruppe zusammenzuarbeiten. Wir alle arbeiten als Teil eines größeren Unternehmens. Wir werden zu einem Rechteck auf dem Organigramm. Dieses Diagramm stellt klar definiert Beziehungen und „Hackordnungen" dar. Bedauerlicherweise spiegeln diese Diagramme die Wirklichkeit nicht genau wider. Beziehungen sind unscharf und überschneiden sich. In Wirklichkeit haben wir oft mehrere Vorgesetzte.

Um erfolgreich mit dem oberen Management umzugehen, müssen Sie zunächst den Job des Vorgesetzten einschließlich seiner Ziele und Verantwortlichkeiten verstehen. Wie können Sie den Vorgesetzten besser aussehen lassen, damit Sie besser aussehen?

Halten Sie zweitens Ihren Vorgesetzten immer auf dem laufenden, wenn Sie Anweisungen direkt von der obersten Geschäftsleitung erhalten haben. Was geschieht, wenn der Generaldirektor Ihnen bestimmte Anweisungen erteilt? Setzen Sie sich an die Stelle Ihres Vorgesetzten. Sie müssen kommunizieren, damit jeder die Richtung kennt, in die Sie sich bewegen.

Sagen Sie es Ihrem Vorgesetzten immer bei der ersten Gelegenheit, wenn Sie in einem Notfall über seinen Kopf hinweg handeln müssen. Das geschieht bestimmt. Sobald ihr Vorgesetzter in Urlaub ist, geht der Gabelstapler kaputt und eine höhere Instanz ist erforderlich, um die Reparatur einzuleiten. Der Vorgesetzte muß bei seiner Rückkehr verstehen, was geschehen ist.

Denken Sie Ihre Probleme durch, so daß Sie Lösungen vorschlagen, bevor Sie um Rat fragen. Damit erreichen Sie zwei Ziele. Erstens kann der Vorgesetzte oft leichter und schneller eine Entscheidung treffen, wenn Sie eine alternative Lösung vorlegen. Zweitens demonstriert es Ihre berufliche Kompetenz.

Übernehmen Sie neue Verantwortungen, und werden Sie zu einem zuverlässigen Assistenten, auf den man zählen kann, der jede Aufgabe erfolgreich erledigt. Auf diese Weise können Sie Selbstvertrauen und Ihre Bereitschaft zeigen und entwickeln, neue Verantwortungen zu übernehmen. Gleichzeitig müssen Sie Ihre Mitarbeiter ermutigen, sich nach dieser Philosophie zu richten. Sie müssen Ihre Mitarbeiter weiterentwickeln, so daß Sie potentielle Kandidaten erkennen, die Ihren Platz einnehmen können. Viele Vorgesetzte tun dies nicht. Sie fürchten, Ihren Job zu verlieren, wenn Sie sich nicht als unersetzlich hinstellen. Das ist ein Fehler. Wenn die Geschäftsleitung einen Vorgesetzten für eine Beförderung in Betracht zieht, ist ihr Ersatz immer ein Problem. Wenn es bereits einen wahrscheinlichen Kandidaten gibt, kann der Vorgang reibungslos ablaufen.

Viele glauben, daß das, was Mitarbeiter wirklich wollen, ein Vorgesetzter ist, der sie faulenzen läßt, für ihre regelmäßige Bezahlung sorgt und ihnen jederzeit freigibt. Das ist einfach nicht wahr. Mehr Menschen klagen darüber, daß sie nicht genug zu tun haben und nicht aufgefordert werden, ihr Potential auszuschöpfen. Das amerikanische Arbeitsministerium hat eine landesweite

Erhebung durchgeführt, um die Eigenschaften eines erfolgreichen Vorgesetzten festzustellen (die Ergebnisse sind in der Reihenfolge ihrer Bedeutung aufgeführt). Der erfolgreiche Vorgesetzte

1. stellt sicher, daß jeder versteht, was erwartet wird;
2. befolgt Regeln und Verfahrensweisen auf konsistente Weise;
3. hört zu und versucht zu verstehen;
4. läßt jedermann an Entscheidungen teilhaben;
5. lobt, wenn Lob verdient ist;
6. ist bereit, Kompromisse zu schließen;
7. ist fair;
8. ist entschlossen und entscheidungsfreudig;
9. gibt Fehler zu;
10. hält seinen Ärger unter Kontrolle;
11. ist kreativ – eine Quelle neuer und interessanter Ideen – und offen,
12. ist freundlich und umgänglich.

Sie sollten sich auf die beiden ersten Eigenschaften konzentrieren. Sicherzustellen, daß jeder versteht, was erwartet wird, und konsistent zu sein, ist von ausschlaggebender Bedeutung, um ein erfolgreicher Vorgesetzter zu sein. Das ist es, was Ihre Mitarbeiter wollen. Diese Eigenschaften erlauben es Ihren Mitarbeitern, die richtigen Aufgaben in einer sicheren Umgebung zu erfüllen. Die schlechtesten Vorgesetzten verletzten diese beiden Prinzipien immer.

Bisher haben wir einen Blick auf die organisatorische Rolle des Vorgesetzten geworfen und die Eigenschaften eines guten Vorgesetzten erkannt. Wir wollen jetzt Fragen ansprechen, die Ihnen dabei helfen werden, Ihre Fähigkeiten als Vorgesetzter zu verbessern.

23.2 Führungsverhalten

„Die leistungsfähigste Waffe auf der Erde ist eine glühende menschliche Seele.“

Marschall Ferdinand Foch

Große Führungspersönlichkeiten wissen, wie man andere inspiriert, um sie zu zusätzlichen Anstrengungen zu veranlassen. Gewöhnliche Menschen werden für eine gute Führungspersönlichkeit außergewöhnliche Dinge leisten. Ein Führungsverhalten braucht jedoch Überlegung, Praxis und ständige Aufmerksamkeit, wenn es sich weiterentwickeln soll. Das ist etwas anderes als Management. Durch Management steuern wir Ressourcen. Durch Führungsverhalten leiten wir Menschen an und motivieren sie. Wir können Führungspersönlichkeiten in vier allgemeine Stereotype einteilen:

1. *Autokratisch/herrisch:* Diese Menschen bedienen sich einer Hochdruckmethode, um ihre Ziele zu erreichen. Sie neigen dazu, eine Umgebung zu dominieren. Ihre grundlegende Philosophie lautet „Ich bin OK, Sie sind nicht OK". Sie treffen ihre Entscheidungen einsam und kritisieren Menschen an Stelle von Problemen. Wenn diese Menschen abwesend sind, werden keine Entscheidungen getroffen, und alles bleibt stehen.
2. *Demokratisch/erwachsen:* Dies sind selbstbewußte Menschen mit einer reifen Perspektive. Ihre grundlegende Philosophie lautet „Ich bin OK, Sie sind OK." Diese Menschen hören zu, legen Ziele fest und messen Leistung.
3. *Laissez-faire/Kind:* Dies sind unsichere Menschen, die Angst davor haben, Entscheidungen zu treffen. Sie streben nach der Anerkennung durch andere. Ihre grundlegende Philosophie lautet „Ich bin nicht OK, Sie sind OK." Sie ziehen sich aus ihrer Position zurück und operieren mit einer „Nichteinmischungspolitik".
4. *Veräußerer/Störenfried:* Dies sind völlig negative Menschen, die sich weniger um die Umstände kümmern, in denen sie sich befinden. Ihre grundlegende Philosophie lautet „Ich bin nicht OK, Sie sind nicht OK." Sie finden sich selten in einer Führungsposition.

Diese Stereotype beleuchten verschiedene Methoden, die für ein Führungsverhalten sowohl gut als auch schlecht sind.

Führungsverhalten zeigt sich in der Praxis in vier grundlegenden Stil- oder Verhaltensweisen:

1. *Leiten:* Die Führungspersönlichkeit trifft alle Entscheidungen und leitet alle Aktivitäten. Sie überwacht Leistung genau.
2. *Unterweisen:* Die Führungspersönlichkeit leitet immer noch ziemlich viel selbst, erläutert aber Entscheidungen.
3. *Unterstützen:* Die Führungspersönlichkeit beginnt, Entscheidungen zu delegieren und Verantwortung zu teilen.
4. *Delegieren:* Die Führungspersönlichkeit gibt einen Teil ihrer Verantwortung an unterstellte Mitarbeiter weiter und bezieht sie in die Problemlösung ein.

Wenn man diese grundlegenden Stilweisen betrachtet, ist es wichtig zu verstehen, daß Führungsverhalten eine *dynamische* Tätigkeit ist. Der praktizierte Stil des Führungsverhaltens hängt von der Person, der Aufgabe oder der Situation ab. Gute Führungspersönlichkeiten passen ihren Stil dementsprechend an.

Das beste Beispiel dafür bietet die Mitarbeiterfortbildung. Der Fortbildungsstand wird anhand der Kompetenz von Mitarbeitern (ihrer Fähigkeit, ihre Arbeit zu erledigen) sowie ihres Engagements und ihrer Motivation gemessen. Tabelle 23.1 illustriert verschiedene Ebenen des Mitarbeiterfortbildungstands und die Stile des Führungsverhaltens, die dabei Anwendung finden sollten.

Ebene	Merkmal	Kompetenz	Engagement	Führungsverhalten
1	• macht Fehler • will Erfolg haben	gering	stark	Leiten (Fehler verhindern)
2	• entmutigt • mangelndes Selbstvertrauen	zunehmend	zurückgehend	Unterweisen (erläutern und loben)
3	• Selbstvertrauen nimmt zu	gut	zunehmend	Unterstützen (dem Mitarbeiter zunehmende Verantwortung übertragen)
4	• gute Leistung • selbstbewußt	hoch	hoch	Delegation (voll entwickelt)

Tabelle 23.1: Die Ebenen des Fortbildungsstands von Mitarbeitern

Wir können damit schließen, daß Führungsverhalten keine statische Aktivität ist. Wenn es gut praktiziert werden soll, muß die Führungspersönlichkeit ihre Mitarbeiter verstehen. Jedermann gleich zu behandeln, ist nicht effektiv. Eine Führungspersönlichkeit sollte feststellen, auf welcher Ebene des Fortbildungsstands sich ein Mitarbeiter befindet, und sich auf dieser Grundlage für diesen Mitarbeiter entscheiden.

Was sind einige der Indikatoren eines guten Führungsverhaltens? Eine gute Führungspersönlichkeit

- gestattet es dem Personal, in einer demokratischen Atmosphäre zu arbeiten, die die Leistungsfähigkeit fördert;
- bedient sich der Methode des „Was denken Sie?“;
- gibt erreichbare Ziele vor, die eine Herausforderung darstellen und an denen jedermann ein Interesse hat;
- hält Mitarbeiter darüber auf dem laufenden, wie jede Tätigkeit zum Erfolg des ganzen Unternehmens beiträgt;
- kennt die Mitarbeiter;
- fördert Vertrauen und Selbstvertrauen;
- ist positiv und optimistisch;
- ist vernünftig und tolerant;
- gibt ein gutes Beispiel;
- zeigt den Weg.

Umgekehrt sind dies Indikatoren eines schlechten Führungsverhaltens:

- unbestimmte oder vage Anweisungen;
- schlechte Aufgabenverteilung;
- schlechte Schulung für Ersatzleute;
- Belohnungen oder Bestrafungen an der falschen Stelle;
- schlechte Übermittlung von Grundsätzen;
- Temperamentsausbrüche, Launenhaftigkeit und Reizbarkeit;
- versucht, die ganze Arbeit zu machen;
- versucht, mit dazuzugehören;
- trifft die meisten Entscheidungen selbst.

Kurz gesagt, eine Führungspersönlichkeit bringt Menschen zum Handeln, macht Gefolgsleute zu Führungspersönlichkeiten und verwandelt andere in Träger einer Veränderung. Die Tätigkeit einer Führungspersönlichkeit besteht darin, eine Aufgabe festzulegen und ihre Ziele zu definieren. Sie muß an die Mission eines Unternehmens glauben und Vertrauen auf sie setzen.

23.2.1 Planen und Organisieren

Die Hauptverantwortung eines Vorgesetzten besteht im Planen und Organisieren. Es ist interessant festzustellen, wie wenig viele Vorgesetzte planen. Die am meisten wiederholte Entschuldigung lautet, daß sie nicht genug Zeit haben. Sie deuten auf alle Brände, die sie ständig bekämpfen. Aber eine nähere Untersuchung enthüllt, daß ein Vorgesetzer weniger Brände zu bekämpfen hätte, wenn er sich die Zeit zum Planen genommen hätte. Wir wollen Planen und Organisieren von zwei Perspektiven aus untersuchen: der des Mitarbeiters und der des Vorgesetzten. Wenn man die Tätigkeit von Mitarbeitern plant und organisiert, sollte man sich einer einfachen Methode in drei Schritten bedienen:

1. Ziele definieren.
2. Verfahren entwickeln, um diese Ziele zu erreichen.
3. Schritte dieser Verfahren einzelnen Personen oder Unternehmenseinheiten zuweisen.

Das Definieren der Ziele legt im wesentlichen die Mission für das Unternehmen fest. Beim Definieren von Zielen muß man Vorsicht walten lassen, denn die Ziele sollten nicht zu hoch oder zu niedrig angesetzt werden. Wenn das Ziel zu hoch gesteckt ist, kann es niemals erreicht werden, und das ist frustrierend. Wenn das Ziel andererseits zu niedrig gesteckt ist, hat das Erreichen des Ziels nur einen geringen Wert.

Es ist wichtig, präzise zu sein, wenn man Ziele definiert. Zum Beispiel ist das Festlegen des Ziels „Verbesserung der Bestandsgenauigkeit“ bewundernswert, aber es ist zu vage. Eher sollten wir das Ziel vorgeben, die Bestandsgenauigkeit um zehn Prozent zu verbessern. Wir haben jetzt die genaue Angabe, im Vergleich zu der wir messen und für Rückmeldungen sorgen können.

In dieser Hinsicht ist es oft klug, die Mitarbeiter einzubeziehen und sie ihre eigenen Ziele setzen zu lassen. Oft stecken sich Mitarbeiter höhere Ziele, als wir es tun würden. Wenn die Mitarbeiter einbezogen werden, entwickelt sich ein Engagement, um das Ziel zu erreichen, und das Verständnis dafür wird gefördert. Außerdem ist es besser, Gruppenziele festzulegen als Einzelziele. Gruppenziele fördern die Teamarbeit.

Sobald die Ziele einmal festgelegt sind, müssen wir Verfahren entwickeln, um diese Ziele zu erreichen. Es ist wichtig, Alternativen zu untersuchen. Wir sollten einen engen Horizont vermeiden. Wiederum kann die Einbeziehung unserer Mitarbeiter sowohl erzieherisch als auch produktiv wirken. Für jede Alternative sollten wir die Folgen bewerten. Wir sollten Kosten, Zeit, Sicherheit, Qualität und Realisierbarkeit bewerten. Wir müssen den gesamten Prozeß durchdenken. Dann können wir einen Maßnahmenplan entwickeln. Wir sollten spezifizieren, wer, was, wo, weshalb und wann. Wir sollten uns ständig der Einzelheiten bewußt sein. Nach der Verwirklichung ist es hilfreich, die Ergebnisse zu überprüfen. Auf diese Weise können wir unseren Erfolg messen oder aus unseren Fehlern lernen.

Sobald ein Maßnahmenplan einmal entwickelt ist, können wir die Schritte dieser Verfahren einzelnen Personen oder Unternehmenseinheiten zuweisen. Hier ist eine Teilcheckliste für gute Planung und Organisation:

1. Haben Sie die Ihrer Abteilung zugewiesene Arbeit geplant und organisiert?
2. Haben Sie die Mitarbeiter richtig zugewiesen?
3. Wird der Arbeitsplan rechtzeitig erledigt?
4. Unternehmen Sie ernsthafte und ständige Bemühungen, gegenüber allen Mitarbeitern fair zu sein?
5. Haben Sie sichergestellt, daß die richtigen Ausrüstungen, Formulare, Dokumente usw. verfügbar sind?
6. Haben die Mitarbeiter die notwendige Schulung erhalten und die erforderliche Sachkenntnis bewiesen, um die ihnen zugeteilte Arbeit zu erledigen?
7. Überprüfen Sie Aufgaben, um eine angemessene Kontrolle sicherzustellen, ohne zu sehr zu überwachen?
8. Halten Sie die Mitarbeiter darüber auf dem laufenden, wie sie sich machen?
9. Planen Sie im voraus unerwartete Bedingungen oder Notfälle ein, so daß die Arbeit reibungslos abläuft?

Während viele Vorgesetzte die Tätigkeit ihrer Mitarbeiter auf angemessene Weise planen und organisieren, vernachlässigen sie oft ihre eigene. Entweder betreibt ein Vorgesetzter eine Tätigkeit, oder der Vorgesetzte läßt sich von der Tätigkeit treiben. Stellen Sie sich die folgenden Fragen, um festzustellen, ob Sie sich von Ihrer Tätigkeit treiben lassen:

1. Habe ich zuviel zu tun?
2. Mache ich oft Überstunden, um etwas aufzuholen?
3. Verbringe ich zuviel Zeit an meinem Schreibtisch?
4. Entdecke ich mich dabei, daß ich Schätzungen mache, weil ich keine genauen Daten zur Hand habe?

Wenn diese Symptome vertraut klingen, dann sind Sie entweder wirklich überarbeitet, oder Sie sind schlecht organisiert. Nachstehend folgt ein einfaches Verfahren in acht Schritten, um dabei zu helfen, die Kontrolle zurückzugewinnen.

1. *Erstellen Sie eine Liste aller Dinge, die Sie tun.* Erstellen Sie innerhalb eines Monats eine laufende Liste von allem, was Sie tun. Sie hilft dabei, präzise und umfassend zu sein.
2. *Beziffern Sie die Zeit, die Sie jetzt für jede Aufgabe benötigen.* Überwachen Sie die Zeit, die Sie für jede Aufgabe benötigen, die Sie im ersten Schritt erkannt haben. Sie sollten die Zeit überwachen, die sie sowohl für geplante als auch für ungeplante Tätigkeiten benötigen. Aber seien Sie bei Ihren Schätzungen realistisch.
3. *Teilen Sie alle Dinge, die Sie tun, entsprechend ihrer Bedeutung ein.* Die folgenden Einstufungen sind nützlich:

   - jeden Tag wesentlich
   - in festen Zeitabständen wesentlich
   - in unvorhersehbaren Zeitabständen wesentlich
   - ratsam und wichtig
   - Notfälle
   - Planungstätigkeiten
   - unwichtig
   - gesellschaftlich

4. *Streichen Sie doppelte oder unnötige Arbeiten.* Es ist oft überraschend, wenn wir bei der Prüfung unserer Liste von Tätigkeiten Wiederholungen feststellen. Wir wollen dieselbe Aufgabe nicht zweimal erledigen.
5. *Delegieren Sie geeignete Aufgaben.* Einige Tätigkeiten können leicht an Ihnen unterstellte Mitarbeiter delegiert werden.
6. *Passen Sie Ihre Schätzung der Zeit an, die erforderlich ist, um die Tätigkeiten der verbesserten Liste auszuführen.* Fassen Sie, nachdem Sie einige Aufgaben gestrichen und andere delegiert haben, die Zeit zusammen, die erforderlich ist, um die verbliebenen Aufgaben zu erledigen. Wenn diese immer noch 40 Stunden in der Woche überschreitet, sind Sie vielleicht wirklich überarbeitet. Zu diesem Zeitpunkt ist es hilfreich, Ihren Vorgesetzten aufzusuchen und Ihre verbesserte Liste von Tätigkeiten vorzulegen, die Aufgabenliste weiter zusammenzustreichen oder zusätzlich Hilfe zu bekommen.
7. *Entwickeln Sie einen realistischen Fahrplan.* Sie können jetzt einen persönlichen Arbeitsplan erstellen. Sie sollten daran denken, nicht hundert Prozent des Tages zu verplanen. Sie sollten Zeit für unvorhersehbare Er-

eignisse einkalkulieren, zu denen es im allgemeinen kommt. Sie sollten auch sicherstellen, daß Sie jeden Tag Zeit in der Werkstatt einplanen.

8. *Setzen Sie den Plan in Bewegung, und aktualisieren Sie ihn wie erforderlich.* Es dauert im allgemeinen vier bis sechs Wochen, um diese Methodik in die Tat umzusetzen; die meisten jedoch, die dies getan haben, haben ihre persönliche Produktivität deutlich verbessert. Es ist auch wichtig zu erkennen, daß sich Ihre Tätigkeit im Laufe der Zeit verändert. Es ist klug, den Plan gelegentlich zu überprüfen, so daß Sie ihn sich ändernden Bedingungen anpassen können.

Die folgenden Tips tragen dazu bei, Ihre Tätigkeit unter Kontrolle zu bringen:

1. *Achten Sie auf Einzelheiten.* Wenn Sie die Einzelheiten heute vergessen, haben Sie später mehr Arbeit.
2. *Legen Sie Tagesziele fest.* Es funktioniert gut, wenn man eine Liste zu erledigender Dinge erstellt. Im Laufe des Tages sollten wir die Positionen durchstreichen, die wir erledigt haben. Am Ende des Tages können wir unsere persönliche Leistung messen, indem wir die Anzahl der Positionen überprüfen, die wir erledigt haben.
3. *Vermeiden Sie Unterbrechungen, oder reduzieren Sie sie zumindest auf ein Minimum.* Wenn Sie Zeit zugewiesen haben, um eine Aufgabe zu erledigen, sollten Sie Unterbrechungen möglichst vermeiden. Sie sollten Telefonanrufe einer Auswahl unterziehen und einen Verabredungskalender erstellen, um Besprechungen zu planen.
4. *Bestätigen Sie mündliche Mitteilungen, wenn dies zweckmäßig ist, und lassen Sie sie sich bestätigen.* Die Bestätigung stellt sicher, daß beide Parteien übereinstimmen.
5. *Führen Sie Besprechungen im Stehen, wann immer dies möglich ist.* Stehen Sie auf, wenn jemand ihr Büro betritt. Dies zwingt Ihren Besucher auf natürliche Weise dazu, ebenfalls stehen zu bleiben, bis Sie sich entscheiden können, daß Sie sich setzen müssen und eine Besprechung zu führen. Häufig setzen sich Ihre Besucher sofort hin, nachdem sie Ihr Büro betreten haben. Wenn dies geschieht, neigen Sie eher dazu, einer Vielzahl von Dingen ihren Lauf zu lassen, anstatt die Besprechung zu beenden. Besprechungen im Stehen dienen dazu, themenkonzentriert zu sein.
6. *Seien Sie kein Perfektionist.* Dies führt gewöhnlich dazu, daß nichts vollendet wird.
7. *Vermeiden Sie Durcheinander auf Ihrem Schreibtisch.* Viele Vorgesetzte im Vertrieb haben Schreibtische, die so aussehen, als wäre kürzlich ein Tornado gelandet. Sie mühen sich ab, die Dokumente und Berichte zu fin-

den, die sie benötigen. Bevor Sie gehen, sollten Sie jeden Tag als letztes Ihren Schreibtisch aufräumen.

8. *Machen Sie es das erste Mal richtig.* Es ist immer wahr, daß es Zeit kostet, etwas noch einmal zu machen, wenn wir das erste Mal einen Fehler gemacht haben.
9. *Nehmen Sie Papier nur einmal in die Hand.* Viele von uns erkennen nicht, wie oft wir dasselbe Stück Papier noch einmal in die Hand nehmen, während es durch die Stapel auf unserem Schreibtisch wandert. Damit wird wertvolle Zeit vergeudet. Es wirkt erzieherisch, wenn wir in der Ecke eines Stücks Papier jedesmal dann einen kleinen roten Punkt anbringen, wenn wir es in die Hand nehmen. Einige Papiere werden bald so aussehen, als würden sie sich zu Tode bluten.
10. *Erledigen Sie Dinge jetzt.* Wenn Sie sie verschleppen, erhöht dies nur den Druck.

23.2.2 Delegierung

Der wesentliche Bestandteil von Führung ist Delegieren. Dabei handelt sich um den Prozeß der Zuweisung von Projekten oder Aufgaben und die Verantwortung dafür an unterstellte Mitarbeiter, um Ziele zu erreichen. Delegierung ist eine leistungsfähige Strategie der Zeitplanung. Machen Sie nicht selbst, was andere für Sie machen können. Dies erlaubt es Ihnen, ein Manager und nicht einfach ein „Macher" zu sein. Die, die glauben, „daß man alles selbst machen muß, um es richtig zu machen", haben nicht gelernt, wie man etwas richtig delegiert.

Delegierung bedeutet nicht, unerwünschte Arbeit loszuwerden. Es gibt eine Reihe von Gründen, um etwas zu delegieren. Delegierung gewährleistet eine Schulung durch Beteiligung. Sie bietet eine Gelegenheit, die Fähigkeiten und die Kompetenz jedes Mitarbeiters zu bewerten. Delegierung ist die beste Möglichkeit, um für Wachstum und Entwicklung zu sorgen. Selbstvertrauen entwickelt sich sowohl bei dem, der delegiert, als auch bei dem, an den delegiert wird. Delegierung vergrößert die Verantwortlichkeit, ermutigt zu Innovation und Veränderung. Sie ist eine Möglichkeit, den stetigen Arbeitsfluß aufrechtzuerhalten. Delegierung ist kostengünstig. Personal, an das etwas delegiert wird, ist gewöhnlich hoch motiviert.

Delegierung kann bei beiden Parteien Besorgnis hervorrufen. Der Schlüssel dazu, das Potential eines Versagens auf ein Minimum zu reduzieren, besteht darin, den Prozeß methodisch anzugehen. Im ersten Schritt muß festgelegt werden, was zu delegieren ist. Einige Fragen, die gestellt werden müssen, wenn Sie überlegen, welche Aufgaben delegiert werden sollen, sind folgende:

- Ist dies eine Tätigkeit, die jemand anderes ebenso gut wie Sie oder besser ausführen könnte?
- Kann ich es mir leisten, sie zu delegieren?
- Habe ich jemanden, der die Aufgabe kompetent erledigen könnte?

Als nächstes sollten wir überlegen, an wen wir etwas delegieren wollen. Es ist wichtig, daß wir Aufgaben verteilen und keine „Favoriten" schaffen. Denken Sie daran, langsam zu delegieren, damit sich Ihre Mitarbeiter entwickeln können.

Definieren Sie klar, welche Aufgaben Sie delegieren, sobald ein Mitarbeiter ausgewählt ist. Erläutern Sie, was Sie und weshalb Sie es getan haben wollen. Vergessen Sie nicht, bestimmte Ergebnisse festzulegen, die Sie erwarten. Vereinbaren Sie einen Endtermin. Denken Sie daran, daß Sie dem Mitarbeiter eine gewisse Entscheidungsbefugnis erteilen müssen, wenn Sie etwas delegieren. Ein Hinweis darauf, daß Sie sich nicht deutlich ausgedrückt haben, besteht darin, wenn der Mitarbeiter ständig fragt: „Was mache ich jetzt?" oder wenn er Entscheidungen außerhalb des Rahmens der ihm erteilten Befugnis trifft.

Teilen Sie anderen mit, wenn Sie etwas an jemanden delegieren, so daß der Mitarbeiter seine Aufgabe erfüllen kann. Erläutern Sie dabei auch jede Verschiebung der Autorität, so daß es keine Verwirrung im Hinblick auf Rollen gibt.

Delegieren Sie wegen der Ergebnisse. Dies ist Ihr Ziel. Bewerten Sie Ergebnisse höher als Methoden. Denken Sie daran, daß es immer alternative Ansätze gibt, um eine Aufgabe zu erfüllen. Fassen Sie sorgfältig nach, indem Sie Rückmeldungen über den Fortschritt verlangen. Führen Sie regelmäßige Besprechungen durch, aber versuchen Sie, kein „Nörgler" zu sein, denn sonst verliert der Mitarbeiter sein Selbstvertrauen.

Kurz gesagt, Delegieren ist ein wichtiges Managementwerkzeug. Wenn es richtig eingesetzt wird, kann sich daraus ein Szenario ergeben, bei dem alle Parteien gewinnen.

23.3 Motivation – weshalb Menschen arbeiten

Weshalb arbeiten Sie an Ihrem Arbeitsplatz? Weshalb arbeiten Ihre Mitarbeiter für Sie? Diese Fragen können ziemlich verblüffend sein. In derselben Erhebung des amerikanischen Arbeitsministeriums, die sich mit den Eigenschaften des Vorgesetzten befaßte, hat auch diese Fragen gestellt. Die Antworten sind in der Reihenfolge ihrer Bedeutung nachstehend aufgeführt:

1. Anerkennung für gute Arbeit
2. „Sich beteiligt zu fühlen"
3. mitfühlende Hilfe bei persönlichen Problemen
4. Sicherheit des Arbeitsplatzes
5. gute Löhne
6. interessante Arbeit
7. Gelegenheit zur Beförderung
8. der Vorgesetzte tritt für die Mitarbeiter ein
9. gute Arbeitsbedingungen
10. nützlicher Arbeitsbereich

Es ist ein wenig überraschend, daß die Sicherheit des Arbeitsplatzes und gute Löhne im Mittelfeld angesiedelt sind; dies illustriert jedoch vielleicht den Unterschied, wenn man nur zur Arbeit geht und „sich durch den Tag schindet", gegenüber echter Arbeitsfreude. Ja, Menschen brauchen Arbeitsplätze und Löhne, um für sich und ihre Familien zu sorgen, aber sie motivieren Menschen nicht dazu, ihre Leistungen über bloße Mindestanforderungen hinaus zu verbessern.

Betrachten wir andererseits die beiden häufigsten Antworten. Anerkennung für eine gute Arbeit ist in der Tat ein guter Motivator. Dies bedeutet nicht, daß wir einen Aufmarsch für einen Mitarbeiter veranstalten sollten, der rechtzeitig zur Arbeit kommt. Wir alle erinnern uns jedoch an manches mündliche „So ist's recht", die Anerkennungsschreiben und Belohnungen, die wir im Laufe der Jahre erhielten. Kurze Worte der Ermutigung gegenüber unseren Mitarbeitern können Wunder wirken. Bedauerlicherweise neigen wir dazu, das Negative zu betonen. Wir erinnern uns immer der Dinge, die ein Mitarbeiter falsch gemacht hat, nehmen aber das als gegeben hin, was richtig gemacht wurde.

Wir müssen Anstrengungen unternehmen, um die guten Dinge zu erkennen, die geschehen. „Sich beteiligt zu fühlen" hebt den gesellschaftlichen Charakter unserer Spezies hervor. Wir möchten Teil der Gruppe oder „Familie" sein. Wenn wir in unserer Arbeitsumgebung ein Umfeld dieser Art schaffen, können wir Teamgeist fördern.

Diese Erhebung spricht zwar einige wichtige Motivationsfragen an, aber es ist von ausschlaggebender Bedeutung, daß wir erkennen, ob die Motivation eines Menschen von innen kommt. Alles, was wir tun können, ist die Schaffung einer Umgebung, die Motivation fördert. In Wahrheit wird es Menschen geben, die wir nicht motivieren können. Wir können einfach ihren besonderen „Motivationsknopf" nicht finden. Oft liegt dies daran, daß der Schlüssel zu den persönlichen Zielen dieses Menschen in der Arbeitsumgebung nicht zu finden ist. Infolgedessen „schleppt er sich durch" und unternimmt so wenige Anstrengungen wie möglich. Vielleicht wäre es besser, diesen Menschen dabei zu helfen, eine andere Stellung zu finden. Eine, an der sie möglicherweise Spaß haben, anstatt die Motivation unserer Gruppe zu zerstören.

Es hat zahlreiche Motivationsstudien gegeben. Die erste war ein Zufall. Er ereignete sich 1927 im Werk Hawthorne von Western Electric (Chicago), wo Relais von großen Mitarbeitergruppen zusammengebaut wurden. Das ursprüngliche Ziel der Studie bestand darin, die Produktion durch eine Verbesserung der Beleuchtung an den Montagebänken zu erhöhen. Um die Studie durchzuführen, wurde eine bestimmte Gruppe von Mitarbeitern ausgewählt, um in einer besonderen Arbeitsumgebung, die geändert wurde, getestet zu werden. Die Ingenieure verbesserten die Beleuchtung, und die Produktion der Gruppe nahm zu. Um den Zusammenhang mit der Beleuchtung zu testen, dämpften die Ingenieure die Beleuchtung bis unter normale Werte. Sie waren verblüfft, als sie feststellten, daß die Produktion ungeachtet dessen, was getan wurde anstieg. Dies wurde als der „Hawthorne-Effekt" bekannt und illustriert die Motivationskraft dessen, sich beteiligt zu fühlen. Der Hawthorne-Effekt bedeutet, daß Mitarbeiter besser arbeiten, wenn Sie sich beteiligt fühlen. Als sie befragt wurden, erklärten die Mitarbeiter in der Testgruppe, daß sie sich als Teil einer „besonderen Gruppe" fühlten und daher härter arbeiteten.

Die vielleicht berühmteste Motivationstheorie entwickelte Douglas McGregor vom M.I.T. im Jahre 1954. Er entwickelte die Theorien „X" und „Y". Der Theorie X zugeordnete Mitarbeiter mögen die Arbeit nicht und meiden sie. Sie ziehen es vor, angeleitet zu werden und wollen Verantwortlichkeiten umgehen. Sie haben wenig Ehrgeiz, und sie bedienen sich ihrer geistigen Fähigkeiten nur teilweise. Der Theorie Y zugeordnete Mitarbeiter mögen im Gegensatz dazu die Arbeit und freuen sich über Belohnungen, die ihre Bedürfnis nach Selbstachtung befriedigen. Sie mögen Verantwortung, und sie setzen ihre geistigen Fähigkeiten voll ein. Kurz gesagt, McGregor versuchte, Motivation als einen inhärenten Charakterzug eines Menschen zu definieren.

Die Hertzbergsche Zwei-Faktoren-Theorie versuchte jedoch als erste, Motivation bezogen auf die Umgebung zu definieren. Hertzberg definierte *Motivations-* und *Erhaltungs*faktoren. Motivationsfaktoren bringen Mitarbeiter dazu, motiviert zu sein. Dazu gehören Leistung, Anerkennung, Beteiligung und Entwicklung. Erhaltungsfaktoren sind die Grundlage von Motivation. Mit anderen Worten: Erhaltungsfaktoren müssen erst erfüllt sein, bevor ein Mensch motiviert sein kann. Dazu gehören körperliche Bedingungen, Sicherheit, wirtschaftliche und gesellschaftliche Faktoren.

A. G. Maslows Ansatz ähnelte dem von Hertzberg. Maslow entwickelte eine Hierarchie von Bedürfnissen, in der jeder Mitarbeiter Grundbedürfnisse hat, die in einer Hierarchie angeordnet werden können. Jedes Bedürfnis wird in Abhängigkeit von der Erfüllung vorheriger Bedürfnisse erfüllt. Maslows Bedürfnisse sind in der Reihenfolge ihrer Hierarchie folgende:

1. physiologisch
2. Sicherheit
3. gesellschaftlich
4. Wertschätzung
5. Selbstverwirklichung

Wie diese Studien beweisen, ist die Verwirrung über Motivation immer noch sehr groß. Diese Studien, die Erhebung und die praktische Erfahren wurden verwendet, um die nachstehende Liste von Motivationsfaktoren zu entwickeln, die durch Beaufsichtigung angestoßen werden können:

1. *Anerkennung:* Wie die Erhebung bewiesen hat, ist dies der wirkungsvollste Motivator. Programme wie zum Beispiel „Auftragsbearbeiter des Monats“ funktionieren. In einem Lagerhaus erhielt jeder einen Truthahn, wenn das Ziel der Bestandsgenauigkeit überschritten wurde. Es ist entscheidend, daß das von Ihnen entwickelte Programm echt und nicht vorgetäuscht ist. Ihre Mitarbeiter können immer sagen, wenn von ihnen verlangt wird, eine Anstrengung nur zum Schein zu unternehmen.
2. *Partizipatorisches Management:* Hier kommt erneut der Hawthorne-Effekt zum Tragen. Menschen mögen es, einbezogen zu werden. Außerdem

wissen Mitarbeiter viel über den Betrieb. Machen Sie sich dieses Wissen durch Beteiligung zunutze.

3. *Klar definierte Ziele und Zielvorstellungen:* Wie im Hinblick auf Führungsverhalten besprochen, erbringen Menschen die beste Leistung, wenn sie wissen, was von ihnen erwartet wird. Rückmeldungen über Fortschritte sind wichtig.
4. *Adäquate Schulung:* Dies ist besonders wichtig, wenn der Betrieb wie zum Beispiel bei der Einführung eines neuen Computersystems einer Änderung unterzogen wird.
5. *Vertrauen und Selbstvertrauen:* Wir müssen gegenüber unseren Leuten eine andere Haltung auf der Grundlage von Vertrauen entwickeln. Wenn Vertrauen vorhanden ist, haben Mitarbeiter und Manager Respekt voreinander. Aus dem Respekt ergibt sich ein aufrichtiger Wunsch, zuzuhören. Zuhören führt zum Verständnis der Perspektive des anderen. Verständnis führt zu einem Interesse für das Wohlergehen des Partners. Interesse wächst zu einem partizipativen Stil, der es dem Management und den Mitarbeitern erlaubt, Ziele und Richtungen offen zu diskutieren. Dies führt zu Erfolg, und dieser gibt einer positiven Bekräftigung Raum. Positive Bekräftigung macht Mitarbeiter glücklich, und sie sind motiviert, um für eine weitere positive Bekräftigung zu arbeiten.
6. *Unterstützung durch den Vorgesetzten:* Mitarbeiter schätzen einen Vorgesetzten, der mit ihnen zusammenarbeitet, um schwierige Fragen zu lösen. Zu der Belegschaft gehören zum Beispiel viele alleinerziehende Elternteile, die Unterstützung und Verständnis brauchen, wenn ein Kind krank ist.
7. *Konsistente Beaufsichtigung:* Dies bezieht sich wiederum auf die Erhebung über die Eigenschaften eines guten Vorgesetzten. Menschen möchten wissen, was sie zu erwarten haben. Überraschungen erzeugen Angst.
8. *Mobilität nach oben:* Das Vertriebszentrum kann oft zu einer Einbahnstraße werden, die ins Nirgendwo führt. Wir müssen unseren Mitarbeitern, die sich weiterentwickeln wollen, einen Weg bieten. Das wird anschließend detaillierter besprochen.
9. *Übernahme konstruktiver Vorschläge:* Dies beweist, daß wir zuhören.

Ein Motivationsbereich, der von den meisten Unternehmen nicht beachtet wird, ist Mobilität nach oben. Warenhauspersonal paßt auch an andere Stellen in unseren Unternehmen. Es kann einen Beitrag zur Fertigungssteuerung, zur Bestandskontrolle, zur Qualitätskontrolle, dem Einkauf, dem Verkehr und dem Kundendienst leisten. Mobilität nach oben baut Moral auf, wenn Sie folgendes tun:

1. *Auf der Grundlage von Qualifikationen befördern.* Dies ist in einer gewerkschaftlich orientierten Umgebung oft schwieriger. Bedauerlicherweise ist der ältere Mitarbeiter nicht notwendigerweise der am besten qualifizierte.
2. *Nach den Fähigkeiten von Mitarbeitern suchen und sie weiterentwickeln.* Viele Mitarbeiter verfügen über Fähigkeiten, deren Sie sich nicht bewußt waren, die aber bei ihrer Tätigkeit konstruktiv eingesetzt werden könnten. In jedem Fall sollten Sie für eine ständige Weiterentwicklung Ihrer Mitarbeiter sorgen.
3. *Haben Sie den Mut, dem beliebten, aber unqualifizierten Mitarbeiter einen Korb zu geben.* Viele machen den Fehler, daß sie dies nicht tun, und bedauern es schon bald.
4. *Söhnen Sie sich mit den Enttäuschten aus, und erhalten Sie sich ihre Kooperation.* Oft gibt es mehrere Kandidaten für eine offene Stelle. Obwohl wir den besten Kandidaten für die Beförderung ausgewählt haben, müssen wir Anstrengungen unternehmen, um uns mit den Unterlegenen auszusöhnen und ihnen zu versichern, daß sie für die nächste freie Stelle in Betracht kommen.
5. *Erklären Sie, weshalb, wenn Sie es für notwendig halten, außerhalb Ihrer Abteilung nach qualifizierten Mitarbeitern zu suchen.* In der Lagerhaltung werden Vorgesetzte oft außerhalb des Lagerhauses ausgewählt. Das stiftet Verwirrung. Manchmal sind qualifizierte Kandidaten wirklich nicht verfügbar. Dies sollte der Belegschaft erklärt werden, damit sie nicht denkt, die Tür wäre prinzipiell verschlossen.

Ein weiterer bedeutender Bereich ist die Auswirkung einer positiven Disziplin auf Motivation. Die Welt ist nicht vollkommen. Mitarbeiter werden unsere Auslegung von Regeln testen. Andere werden testen, wie weit sie gehen können, bevor es zu einer Reaktion kommt. Früher oder später ist Disziplin erforderlich. Um wirkungsvoll zu sein, sollte dies nicht Bestrafung bedeuten. Das Ziel besteht darin, ein Verhalten zu ändern, und nicht, sich zu rächen. Wenn Sie es auf diese Weise angehen, können Sie eine positive Disziplin erreichen. Das bedeutet Lehren, Korrigieren, Bestärken und Formen.

Positive Disziplin basiert auf Regeln, die leicht zu verstehen und leicht durchzusetzen sind. Die fünf Regeln der positiven Disziplin sind:

1. Seien Sie rational und plausibel.
2. Halten Sie sich aus dem Privatleben heraus.
3. Statuieren Sie kein Exempel.

4. Halten Sie die Persönlichkeit aus der Disziplin heraus.
5. Wenn es vorbei ist, ist es vorbei – vergessen Sie es.

Die zehn Schritte zu einer positiven Disziplin sind:

1. Beschaffen Sie sich die Fakten. Gehen Sie nicht nach dem Hörensagen vor. Dokumentieren Sie die Pflichtverletzung sorgfältig.
2. Gehen Sie gegen Pflichtverletzungen vor, wenn es dazu kommt. Eine Disziplinierung kann nur wirksam sein, wenn sie kurz nach dem unerwünschten Verhalten erfolgt.
3. Rügen Sie jemanden im Privaten. Dies gewährleistet, daß Sie die volle Aufmerksamkeit des Mitarbeiters besitzen. Wenn Sie jemanden in der Öffentlichkeit rügen, wälzt er sich in Verlegenheit und kann Sie nicht verstehen.
4. Bleiben Sie ruhig und objektiv. Zügeln Sie Ihr Temperament, und bedienen Sie sich einer ruhigen Stimme. Brüllen erreicht nichts.
5. Sprechen Sie klipp und klar. Sprechen Sie das Problem an, und kommen Sie zum Punkt.
6. Vermeiden Sie Drohungen. Drohungen werden zu leeren Versprechungen.
7. Seien Sie fair und entschlossen. Spielen Sie keine Favoriten aus. Seien Sie bei der Disziplin konsistent.
8. Disziplinieren Sie jeweils nur einen Verstoß. Dies gewährleistet wiederum das Verständnis.
9. Kritisieren Sie die Arbeit, nicht die Person. Sie wollen das Verhalten ändern, nicht den Menschen.
10. Sprechen Sie Worte der Ermutigung aus. Denken Sie daran, es gibt immer etwas Positives, das über jeden gesagt werden kann.

Denken Sie an die nachstehenden sieben Punkte, wenn es Zeit ist, mit einem Mitarbeiter über eine Disziplinarmaßnahme zu sprechen:

1. Sprechen Sie im Privaten und auf Ihrem eigenen Gelände. In Ihrem Büro ist der beste Ort, um das Gespräch zu führen.
2. Übernehmen Sie nicht das Problem von jemand anderem. Viele Leute versuchen, die Frage zu verwirren und die Schuld abzuwälzen.
3. Machen Sie Ihre Hausaufgaben, und haben Sie die Dokumentation zur Hand. Seien Sie bereit, das zu stützen, was Sie sagen.
4. Bleiben Sie bei dem Problem. Lassen Sie nicht zu, daß der Mitarbeiter das Thema wechselt.

5. Machen Sie Mitarbeiter für ihre Handlungen verantwortlich. Stellen Sie sicher, daß jeder Mitarbeiter seine Verantwortlichkeit versteht.
6. Erheben Sie präzise Anschuldigungen – was war die Pflichtverletzung, und wann ist es dazu gekommen. Dies fördert die Klarheit der Kommunikation.
7. Prüfen Sie nach. Überwachen Sie das spätere Verhalten, um sicherzustellen, daß Änderungen vorgenommen wurden.

Kurz gesagt, Disziplin ist der harte Teil der Führung. Wenn man sie vermeidet, wird die Situation nur schlimmer. Konsistenz ist entscheidend für die Wirkung von Disziplin. Denken Sie daran, sich auf das Verhalten und nicht auf den Mitarbeiter zu konzentrieren. Wenn Mitarbeiter das Gefühl haben, fair und mit Respekt behandelt zu werden und konstruktive Belehrung anstatt einer beleidigenden Kritik zu erhalten, dann ist Disziplin positiv.

23.4 Kommunikation

Wie zuvor gesagt, ist der Vorgesetzte das Bindeglied zwischen der Geschäftsleitung und dem Personal. Deshalb ist Kommunikation ein entscheidender Prozeß, durch den Gedanken und Gefühle einer Person einer anderen Person mitgeteilt werden. Sie ist das Hilfsmittel, mit dem die Führung stattfindet.

Das wichtigste Element der Kommunikation ist nicht Sprechen, Lesen oder Schreiben, sondern Zuhören. Um ausgezeichnet kommunizieren zu können, müssen wir lernen, zuzuhören. Zuhören ist die Grundlage einer guten Kommunikation. Unterbrechen Sie deshalb niemals einen aufgeregten Mitarbeiter, und argumentieren Sie nicht mit ihm. Dies verschlimmert im allgemeinen die Lage. Lassen Sie dem Mitarbeiter den Vorteil dieser Gelegenheit, seinen aufgestauten Ärger abzulassen.

Versuchen Sie ihr Bestes, um zu zeigen, daß Sie ehrlich besorgt sind. Stellen Sie Blickkontakt her, und sorgen Sie dafür, daß keine Ablenkungen vorhanden sind. Wenn der Mitarbeiter fühlt, daß Sie nicht wirklich betroffen sind, verschlimmern Sie die Lage und vergrößern den Abstand zwischen sich und dem Mitarbeiter. Abstand ist eine Schranke, die sehr schwer zu überwinden ist.

Haben Sie Geduld, wenn der Mitarbeiter Schwierigkeiten hat, seine Gefühle in Worte zu fassen. Denken Sie nicht über eine Antwort nach; unterdrücken

Sie den Drang, Ihre Sicht der Geschichte zu erzählen. Widmen Sie dem Mitarbeiter Ihre ungeteilte Aufmerksamkeit. Nehmen Sie keinen Telefonanruf entgegen. Seien Sie vorsichtig mit dem Abgeben eines Urteils. Wenn man eine Diskussion mit vorgefaßten Gedanken beginnt, schafft dies eine Blockade gegenüber dem Zuhörer.

Wenn Sie den Wunsch haben, gut zu kommunizieren, sollten Sie:

1. häufig kommunizieren;
2. Anweisungen in kleinen Portionen erteilen;
3. Mitarbeiter ständig bestärken;
4. erläutern, warum Maßnahmen getroffen werden;
5. wahrheitsgetreu in ihren Bemerkungen sein und danach handeln, was Sie sagen;
6. das Positive betonen;
7. präzise sein;
8. um Bemerkungen, Fragen und Rückmeldungen bitten;
9. ein sinnvolles Lob aussprechen;
10. Anweisungen wiederholen;
11. Überraschungen vermeiden;
12. Zeit in der Werkstatt verbringen;
13. mit den Regeln und Vorteilen des Unternehmens vertraut sein;
14. bereit sein, Mißverständnisse aufzuklären;
15. Allgemeinplätze vermeiden und sich einer einfachen, direkten Sprache bedienen;
16. ihre schriftlichen Mitteilungen und Aktennotizen einfach halten;
17. ebensoviel Aufmerksamkeit der Art und Weise schenken, in der Sie Dinge sagen, wie den Worten, deren Sie sich bedienen;
18. Ihre Besprechungen zwanglos abhalten und zu einer Diskussion ermutigen.

Manchmal wird eine Kommunikation entstellt, oder es kommt zu einer Verfälschung. Dies führt gewöhnlich zu Gerüchten. Die Wahrheit ist, daß jeder pikanten Klatsch mag. Gerüchte treten in kleinen Unternehmen ebenso auf wie in großen. Als Vorgesetzte sollten wir so handeln, daß wir Gerüchte im Zaum halten.

Denken Sie dementsprechend daran, daß das Wort eines Vorgesetzten Gewicht hat; wägen Sie Ihre Worte sorgfältig ab. Seien Sie taktvoll, wenn Sie mit einem Mitarbeiter über einen anderen sprechen. Dies ist oft so ähnlich, wie russisches Roulette zu spielen. Lassen Sie sich geplante Kritik oder Disziplinieren nicht vorzeitig entgleiten, und behalten Sie persönliche Informationen für sich. Wiederholen Sie als Vorgesetzter niemals wissentlich ein Gerücht.

Halten Sie die Gerüchteküche unter Kontrolle, bis eine offizielle Stellungnahme des Unternehmens vorliegt. Schränken Sie Spekulationen ein, indem Sie Mitarbeiter auf dem laufenden halten. Wenn ein bösartiges Gerücht auftritt, kann dies ein Anzeichen für Unzufriedenheit und Angst innerhalb des Unternehmens sein. Richten Sie einen „Gerüchtekasten" ein, um es Mitarbeitern zu ermöglichen, einem weitverbreiteten Gerücht zu widersprechen.

Eine andere Art von Kommunikation, mit der ein Vorgesetzter umgehen muß, sind Beschwerden. Sie sind unvermeidlich. Es ist wichtig, wie wir Beschwerden ansprechen. Wenn wir sie von Anfang als erledigt betrachten, dann hören wir nicht zu und kommunizieren demnach nicht. Wenn eine Beschwerde vorgebracht wird, sollten wir diese sorgfältig anhören. Wir sollten nicht sarkastisch sein, sondern erkennen, daß eine Beschwerde symptomatisch für größere Sorgen sein kann.

Entscheiden Sie zunächst, nachdem Sie die Beschwerde angehört haben, was das Ziel des Mitarbeiters ist. Erläutern Sie dem Mitarbeiter dann, welche Maßnahmen Sie treffen wollen, um die Beschwerde zu prüfen. Beschaffen Sie sich dann die betreffenden Tatsachen. Treffen Sie eine Maßnahme, um die Situation zu beheben, wenn die Beschwerde begründet ist, und fassen Sie dann mit dem Mitarbeiter zusammen nach. Geben Sie dem Mitarbeiter eine Erklärung, wenn die Beschwerde unbegründet ist.

Bedenken Sie auch die Quelle und die Art der Beschwerde. Oft sind es unsere schärfsten Kritiker, die die beste Leistung erbringen. Sie beschweren sich darüber, daß sie nicht die richtigen Werkzeuge haben, oder über unproduktive Tätigkeiten. Die, die wenig leisten, beschweren sich darüber, daß sie nicht genug Zeit zum Mittagessen haben.

23.5 Teamaufbau

Eine Erhebung berichtet, daß 23 Prozent der amerikanischen Mitarbeiter behaupten, nicht entsprechend ihrem Potential zu arbeiten. Viele Mitarbeiter fühlen sich von ihren Unternehmen „auf Eis gelegt".

Traditionell können organisatorische Prinzipien folgendermaßen zusammengefaßt werden:

- Spezialisierung von Arbeit
- In Abteilungen gegliederte Unternehmen auf der Grundlage der Funktion
- Trennung der Planungs-, Kontroll- und Verbesserungsfunktionen von den betrieblichen Prozessen
- Informationssysteme, um die oberste Geschäftsleitung zu unterstützen
- Entscheidungsfindung von oben nach unten

Bedauerlicherweise sind die Merkmale von Unternehmen, die sich auf traditionelle Prinzipien stützen, folgende:

- geringe Flexibilität
- organisatorische Trägheit
- Mangel an einer Identifizierung mit dem Produkt
- große Bestände
- höhere Betriebskosten
- ein Gefühl, daß Verbesserung die Aufgabe eines anderen ist

Tatsächlich fühlt sich der einzelne Mitarbeiter in einem traditionellen Unternehmen nicht mehr in der Lage, sich richtig zu orientieren. Er kann nicht verstehen, wohin das Unternehmen steuert.

Teamarbeit und Menschen sind die Schlüsselelemente, um unsere Produktivität zu verbessern, denn an allen Verbesserungen sind Menschen beteiligt, die eine Änderung an einem System vornehmen. Ein System ist die Kombination gesellschaftlicher und technischer Systeme. Traditionelle Unternehmen haben versucht, die technischen Systeme zu maximieren. Das Maximieren von technischen Systemen führt zu schlechten gesellschaftlichen Systemen und wenig Verbesserung. Andererseits haben viele entdeckt, daß bessere gesellschaftliche Systeme selbst auf Kosten der technischen Systeme bessere Ergebnisse erzielen. Der Grund dafür ist einfach und kann mit Hilfe folgender Aussagen dargestellt werden:

- Ohne Menschen kommt es zu keiner bedeutungsvollen Änderung.
- Menschen sind der größte Wettbewerbsvorteil, über den unser Unternehmen verfügt.
- Menschen tun Dinge, die sie für sinnvoll halten.

Dies impliziert, daß wir sowohl die gesellschaftlichen als auch die technischen Systeme optimieren müssen. Wenn dies geschieht, wurde von Produktivitätssteigerungen um fünfzehn, dreißig und fünfzig Prozent berichtet.

Das optimale gesellschaftliche System ist das Konzept der teilautonomen Gruppe. Unternehmen, die sich dieser Methode bedienen, entwickeln eine Reihe von Arbeitsgruppen, sowohl auf der Ebene des Lagerhauses als auch in Verwaltungsbereichen. Eine teilautonome Gruppe hat in typischer Weise fünf bis zwölf Mitglieder, deren Tätigkeiten rotieren und die mit einem Minimum an Beaufsichtigung ein ganzes Produkt herstellen oder eine ganze Leistung erbringen. Das Team übernimmt sämtliche Verantwortlichkeiten und trifft alle Entscheidungen, die sein Produkt oder seine Leistungen betreffen.

Teilautonome Gruppen waren äußerst effektiv, denn sie fordern alle Mitarbeiter heraus, sich geistig zu beteiligen, nicht nur gedankenlos Richtlinien auszuführen. Mitarbeiter beginnen damit, eher ihre geistigen Kräfte als Pferdestärken zu gebrauchen. Eine sinnvolle Beteiligung von Mitarbeitern hat immer eine positive Wirkung auf die Produktivität, niemals eine negative oder neutrale.

Infolgedessen breiten sich teilautonome Gruppen rasch aus: in Kraftfahrzeug-, Luftfahrt-, Elektronik-, Nahrungsmittel-, Papier-, Stahl- und Holzbetrieben und sogar in Kreditinstituten. Einige Beispiele großer Unternehmen, in denen solche Arbeitsgruppen zum Einsatz kommen, sind zum Beispiel folgende:

- Boeing
- Caterpillar
- Champion International
- Cummins Engine
- Digital Equipment
- Ford
- General Electric
- General Motors
- LTV Steel
- Procter & Gamble
- A. O. Smith
- Tektronix
- AT&T Credit Corporation
- Miller Brewing Company

Während die Vorteile von teilautonomen Gruppen klar sind, ist ihre Verwirklichung keine Kleinigkeit. Sie bringt oft das Auslöschen ganzer Ebenen des Managements und die Beseitigung abteilungsinterner Bürokratien mit sich, um eine sinnvolle Autorität in die Hände der Teams zu legen, so daß sie schnell entscheiden können (siehe Abbildung 23.1). Widerstand gegen teilautonome Gruppen ist immer noch weit verbreitet. Vorgesetzte fühlen sich bedroht. Gleichzeitig wünschen sich manche Mitarbeiter nicht mehr Verantwortlichkeit und systematischen Aufgabenwechsel. Die Umschlaghäufigkeit im Werk Salisbury von General Electric stieg auf vierzehn Prozent, als es sich auf ein Teamkonzept umstellte.

23.5.1 Was ist ein Team?

Ein Team ist eine Gruppe tatkräftiger Menschen, die dem Erreichen gemeinsamer Ziele verpflichtet sind und gut zusammenarbeiten. Den Mitgliedern macht es Spaß, mit den anderen Teammitgliedern zusammenzuarbeiten, um hochwertige Ergebnisse zu erzielen. Die grundlegenden Aufgaben eines Teams sind folgende:

- sein Ziel zu erreichen
- sich selbst zu erhalten
- sich ständig zu verbessern

Zwar teilen alle Teams diese gemeinsamen Aufgaben, aber es gibt viele Arten von Teams. Bedenken Sie zum Beispiel ein Tennisteam im Vergleich zu einem Basketballteam. Sie alle wollen ihr Ziel erreichen, sich selbst erhalten und sich ständig verbessern, aber die Art und Weise, wie die verschiedenen Mitglieder des Teams zusammenwirken, um diese Aufgaben zu erfüllen, ist völlig verschieden. Natürlich wirken die Mitglieder eines Basketballteams enger zusammen als die Mitglieder eines Tennisteams.

Einige Arten von Teams gibt es nur zeitweilig. Sie werden gebildet, um ein bestimmtes Ziel zu erreichen. Wahlkämpfer, die für jemanden tätig sind, der in ein Amt gewählt werden will, sind ein Beispiel dafür. Andere Teams gibt es auf Dauer oder laufend.

In der Industrie gibt es drei Grundtypen von Teams: problemlösende, auf einen bestimmten Zweck ausgerichtete und teilautonome Gruppen. Ein Vergleich ist in Tabelle 23.2 enthalten.

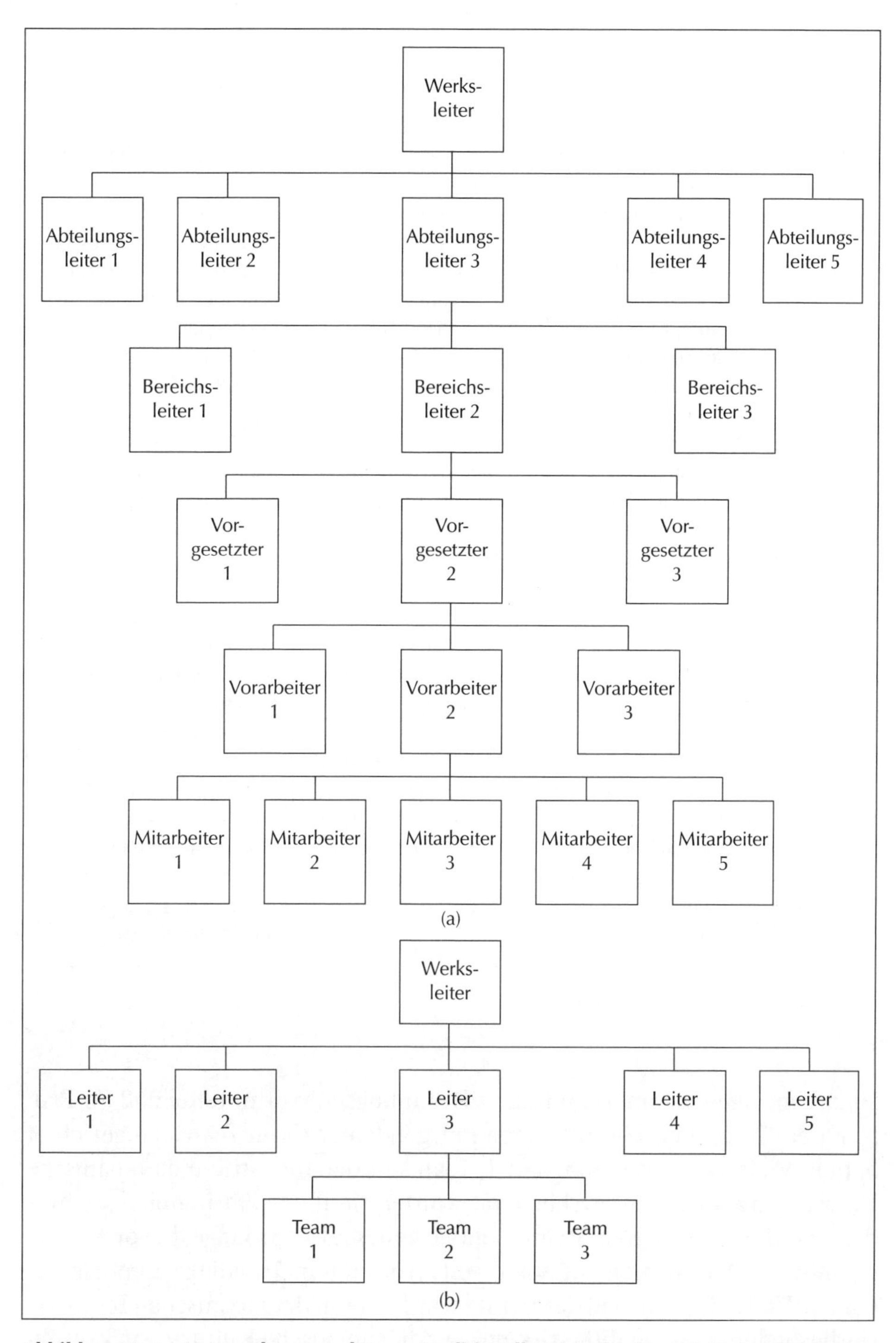

Abbildung 23.1: Unternehmenstrukturen: traditionelle Organisation (a), Teamorganisation (b)

	Problemlösende Gruppe	**Auf einen bestimmten Zweck ausgerichtete Gruppe**	**Teilautonome Gruppe**
Aufbau und Funktion	Fünf bis zwölf Freiwillige aus verschiedenen Bereichen der Abteilung treffen sich ein bis zwei Stunden in der Woche; identifizieren Möglichkeiten, Produktivität, Qualität und Arbeitsumgebung zu verbessern; keine Befugnis, Ideen umzusetzen.	Kann Umgestaltungen der Entwicklungsarbeit, neue Technologien, Beziehungen zwischen Lieferant und Kunden ansprechen.	Fünf bis zehn Mitarbeiter, die ein ganzes Produkt herstellen oder eine ganze Leistung erbringen. Mitglieder erlernen alle Aufgaben und tauschen ihre Stellen. Teams übernehmen Managementpflichten.
Ergebnisse	Kann Kosten senken und die Qualität verbessern, organisiert aber die Arbeit nicht wirkungsvoller. Neigt zum Verschwinden.	Beteiligt Mitarbeiter an Entscheidungen auf einer höheren Ebene und schafft eine Atmosphäre für Verbesserungen. Schafft die Grundlage für teilautonome Gruppen.	Kann die Produktivität um dreißig Prozent steigern und die Qualität drastisch verbessern. Verändert die Arbeitsorganisation grundlegend und übergibt die Kontrolle den Mitarbeitern. Schafft Unternehmen mit größerer Leitungsspanne.
Entwicklung	Anfängliche Bemühungen in den zwanziger und dreißiger Jahren. In den späten siebziger Jahren als Qualitätszirkel weit verbreitet.	Entwickelte sich aus einem problemlösenden Ansatz in den achtziger Jahren. Breitet sich noch aus.	In den sechziger und siebziger Jahren von wenigen Unternehmen eingesetzt. Schnelle Ausbreitung in den späten achtziger Jahren. Welle der Zukunft.

Tabelle 23.2: Teams in der Industrie

Eine Umfrage des amerikanischen Rechnungshofs ermittelte, daß 70 Prozent der 476 großen Unternehmen in irgendeiner Form Teams eingerichtet hatten. Viele von uns glauben, daß Teams in der Industrie eine japanische Entwicklung waren. In Wirklichkeit wurden sie in Großbritannien, Schweden und den Vereinigten Staaten entwickelt, und zwar lange, bevor sie von japanischen Autofirmen auf einer weitverbreiteten Grundlage zum Einsatz kamen. Viele glauben, daß der Erfolg von Teams in der japanischen Industrie (insbesondere von Qualitätszirkeln) auf die japanische Kultur zurückzuführen ist. Auch das ist nicht wahr. In japanischen Autowerken, die in die Vereinigten Staaten „verpflanzt“ wurden, sind Qualität und Produktivität ebenso hoch wie in Japan. Honda stellt jetzt in Werken in den Vereinigten Staaten Motorräder und Autos her, um sie nach Japan zu exportieren.

Heute kann argumentiert werden, daß in amerikanischen Unternehmen teilautonome Gruppen mehr zum Einsatz kommen als in japanischen. Wenn wir das erfolgreichste Beispiel von Teams in der japanischen Industrie prüfen, wie Qualitätszirkel, stellen wir fest, daß es sich bei diesen Teams nur um „Offline“-Diskussionsgruppen handelt, die Empfehlungen für eine Verbesserung abgeben, aber kaum eine Befugnis haben, ihre Empfehlungen in die Tat umzusetzen. Teilautonome Gruppen weichen von dem japanischen Ansatz ab. Mitarbeiter wirken den ganzen Arbeitstag lang als Team zusammen. Sie sind befugt, die Kontrolle zu übernehmen und Entscheidungen zu treffen, nicht nur, Verbesserungen zu empfehlen. In mancher Hinsicht wird die teilautonome Gruppe zu einem kleinen, konzentrierten Unternehmen.

Die vier Hauptmerkmale von teilautonomen Gruppen sind diese:

1. *Aufgabenunabhängigkeit und Wechselwirkung:* Die Teammitglieder erledigen eine Reihe von Aufgaben in Abhängigkeit voneinander. Mit anderen Worten, die von dem Team ausgeübte Funktion erfordert ein Team, um die Funktion zu erfüllen.
2. *Vorgegebener Zweck:* Das Team hat einen besonderen Grund für seine Existenz, der in Visions-/Missionsbeschreibung definiert werden kann.
3. *Offene Kommunikation:* Der Schlüssel und der inhärente Vorteil von teilautonomen Gruppen ist ihre Fähigkeit, untereinander schnell und häufig kommunizieren zu können, ohne mit einer Bürokratie fertig werden zu müssen.
4. *Empowerment:* Dies ist das wichtigste Merkmal, das die teilautonome Gruppe mit Energie versorgt. Empowerment impliziert nicht, daß das Team über unbegrenzte Befugnisse verfügt. Eher impliziert Empowerment, daß Verantwortung für die Gruppenziele und für Einzelbeiträge zu diesen Zielen übernommen wird. Das Ziel besteht darin, die Fähigkeit, Entscheidungen zu teilen, beizutragen und zu treffen, organisatorisch von den oberen Ebenen des Managements in die Werkstatt zu verschieben.

Leistungsfähige Teams erreichen Ergebnisse, die Einzelpersonen, die allein arbeiten, in der Regel nicht möglich sind. Sie haben erkennbar Aufgaben mit einem starken persönlichen Engagement seitens der Teammitglieder. Die

Mitglieder zeigen hohe Energie und Engagement. Die Mitglieder verstehen und handhaben Fragen der Macht, der Kontrolle, des Führungsverhaltens, des Konflikts und der Teamrollen. Die Mitglieder vertrauen einander, sind dem Ziel verpflichtet, zufriedene Kunden zu schaffen, und trachten danach, sich ständig zu verbessern.

Es ist interessant festzustellen, daß sich Teammitglieder nicht mögen müssen, um ein leistungsfähiges Team zu bilden. Es gibt zahlreiche Beispiele für professionelle Sportmannschaften, die mit Erfolg Wettkämpfe bestritten, obwohl die Beziehung zwischen den Teammitgliedern sogar eher als Konflikt bezeichnet werden kann. Die Fußball-Bundesliga liefert hierfür die bekannten Beispiele.

Die Auswirkungen und die Erfolge der Einführung von teilautonomen Gruppen sind dramatisch. Zuerst erhöht der Einsatz von teilautonomen Gruppen die Flexibilität des Unternehmens. Teammitglieder lernen eine Reihe von Tätigkeiten, die das Team ausführt, und können auf die Krankheit eines Mitarbeiters oder betriebliche Veränderungen reagieren. Teammitglieder können einander helfen und die individuelle Auslastung vergrößern. Dies führt zu einer schlankeren Belegschaft und einer verbesserten Produktivität. Das Team übernimmt Verantwortung für seine eigenen Tätigkeiten. Diese Verantwortlichkeit führt zu einer verbesserten Qualität. Teilautonome Gruppen verbessern die Qualität des Arbeitslebens, und die Fluktuation ist wegen der größeren Zufriedenheit von Mitarbeitern geringer. Die individuelle Verantwortlichkeit nimmt zu, und es wird eine bessere Weiterentwicklung der Mitarbeiter erreicht. Dies führt zu einer größeren Selbstachtung. Da schließlich die Belegschaft schlanker und der Fortbildungsgrad des einzelnen Mitarbeiters höher ist, sind auch die Arbeitsplätze sicherer. Unternehmen können es sich einfach nicht leisten, ein Teammitglied zu verlieren.

23.5.2 Die Entwicklung einer teamgestützten Kultur

Während die Vorteile von teilautonomen Gruppen klar sind, ist ihre Verwirklichung nicht einfach. Der gesamte Charakter eines Unternehmens muß einer Veränderung unterzogen werden. Das gesamte Unternehmen wird buchstäblich auf den Kopf gestellt. Dies macht Veränderungen erforderlich, und Menschen fürchten Veränderungen. Darin sind auch die Änderung und die Beseitigung von Paradigmen beteiligt. Die beste Diskussionsgrundlage für das Verstehen und Beseitigen von Paradigmen ist ein Video von Joel Barker mit dem Titel „Discovering The Future: The Business of Paradigms".*

Viele traditionelle Paradigmen müssen beseitigt werden, wenn teilautonome Gruppen eingeführt werden sollen.

Die gesamte Kultur des Unternehmens muß sich ändern. Die Kultur eines Unternehmens ist seine Persönlichkeit. Sie ist die Grundlage, auf der sich ein Großteil der Entscheidungsfindung abspielt. Die traditionelle Unternehmenskultur wird von oben aus betrieben. Eine teamgestützte Kultur wird von unten aus betrieben. Das Management gibt die Richtlinien vor, aber die betriebliche Entscheidungsfindung erfolgt auf den untersten Ebenen.

Damit dies geschehen kann, muß jeder im Unternehmen die Vision dessen verstehen, wohin sich das Unternehmen bewegt. Der kritischste Fehler, den zahlreiche Unternehmen machen, ist fraglos eine Visionslosigkeit. Aber Vision alleine ist nicht genug. Vision alleine kann nicht auf adäquate Weise beschreiben, wie man in einem unternehmerischen Streben erfolgreich ist. Erfolgreiche Unternehmen haben sich entsprechend einem Erfolgsmodell entwickelt. Wie zu erkennen ist, umfaßt dieses Modell vier Grundbestandteile in einer geschichteten Form.

An erster Stelle steht natürlich die Vision. Einfach gesagt ist die Vision eine Beschreibung dessen, wohin das Unternehmen steuert. Sie ist das Schwarze der Zielscheibe. Die Mission definiert, wie die Vision zu verwirklichen ist. Die Erfolgsgrundlagen sind die Werte, die uns leiten sollen, um unsere Mission zu erfüllen. Sie stellen die ethischen Regeln dar, auf die sich ein Unternehmen stützt, um Entscheidungen zu treffen. Schließlich ist das Ermöglichen von Konzepten das Mittel, dessen wir uns bedienen, um unsere Mission zu erfüllen. Nicht in Abbildung 23.2 dargestellt, aber immer noch ein Teil des Erfolgsmodells ist die Notwendigkeit eines Erfolgsnachweises. Anforderungen an den Erfolg sind im wesentlichen Straßenmarkierungen, die dem Unternehmen Rückmeldungen in bezug auf seine Leistung liefern.

Um teilautonome Gruppen einzuführen, ist ein Übergangsplan erforderlich. Dieser Plan vergleicht die gegenwärtige Realität mit dem gewünschten Zustand einer teamgestützten Kultur. Die gegenwärtige Realität ist der aktuelle Zustand des Teamaufbaus in dem Unternehmen. Der gewünschte Zustand

* Charthouse Learning Corp., 221 River Ridge Circle, Burnsville, MN 55337; 1-800-890-1800.

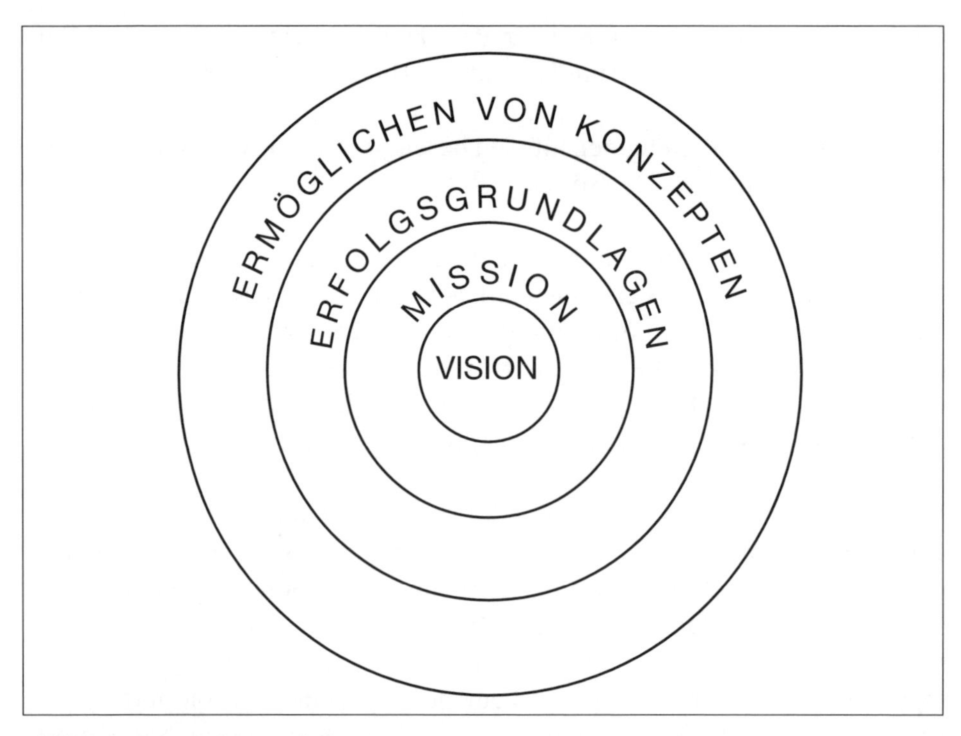

Abbildung 23.2: Erfolgsmodell

ist ein Unternehmen, das der Zufriedenheit von Kunden verpflichtet ist, das eine klare Mission, eine klare Struktur und klare Rollen hat, das Teamarbeit einsetzt, das Ermächtigung praktiziert und das sich einer ständigen Verbesserung widmet. Teamaufbau ist ein ständiger Prozeß der Bewertung des gegenwärtigen Zustands und der Klärung des gewünschten Zustands. Auf diese Weise entwickelt sich das Unternehmen weiter.

Die Einführung von teilautonomen Gruppen erfordert zuerst und vor allem ein totales Engagement der obersten Geschäftsleitung. Das Management muß den Weg weisen und der Belegschaft das Konzept vorlegen. Die Belegschaft wiederum muß dann das Teamkonzept bestätigen und sich ihm verpflichten. Tatsächlich muß das Management das Konzept verkaufen. Teams können nicht einfach gebildet werden und zu arbeiten beginnen. Alle Mitarbeiter müssen eine *umfassende* Schulung erhalten, bevor Teams leistungsfähig arbeiten können. Teams erhalten die Verantwortung, betriebliche Entscheidungen zu treffen. Um diese Entscheidungen zu treffen, müssen sie Finanzinformationen und/oder Leistungsstatistiken erarbeiten, oder sie müssen sie erhalten. Teammitglieder müssen erst darin geschult werden, wie diese

Informationen zu verstehen und zu verwenden sind. Eine Schulung muß darin erfolgen, wie eine Besprechung zu leiten ist und wie man als Gruppe eine Entscheidung trifft. Die Geschäftsleitung muß die Zeit und das Geld investieren, um diese Schulung auch durchzuführen.

Schließlich muß das Management bereit sein, auf einen Teil der Entscheidungsfindung zu verzichten. Eine Grundlage des Vertrauens muß aufgebaut werden. Dies ist vielleicht der schwierigste Teil.

All dies braucht Zeit. Es läßt sich nicht an einem Wochenende oder in einem Monat machen. Die Entwicklung einer teamgstützten Kultur braucht Jahre. Einige weisen darauf hin, daß große Unternehmen bis zu fünf Jahre benötigen können, um sich dieser Veränderung zu unterziehen. Dies impliziert ein langfristiges Engagement aller Parteien.

23.6 Schlußfolgerungen

In Wahrheit ist der erfolgreiche Umgang mit Menschen ganz einfach schwierig. Er braucht Geduld, und es muß auf das Detail geachtet werden. Wir müssen ein besseres Verständnis unserer Mitarbeiter entwickeln. Wir müssen in unseren Handlungen konsistent sein und sicherstellen, daß jedermann versteht, was erwartet wird. Wir müssen eher Führungsverhalten als Management praktizieren, wenn wir mit unseren Mitarbeitern zusammenarbeiten. Wir müssen delegieren, um Ergebnisse zu erzielen. Wir sollten daran denken, daß Anerkennung ein starker Motivator und daß der wichtigste Teil der Kommunikation das Zuhören ist. Schließlich müssen wir ein Unternehmen verwirklichen, das dem Mitarbeiter erlaubt, sowohl seinen Kopf als auch seine Muskeln zu gebrauchen. Die Konzepte des Teamaufbaus und der teilautonomen Gruppen finden breitere Anerkennung. Distribution und Vertrieb ist schließlich ein Geschäft mit Menschen.

24 Lagerhausverwaltungssysteme

J. ERIC PETERS
Gebietsleiter
Tompkins Associates, Inc.

Die Ziele der Lagerhaltung bestehen darin, die Verwendung von Lagerhausressourcen zu optimieren und gleichzeitig den Anforderungen von Kunden zu entsprechen. Der Schlüssel, um Ressourcen zu maximieren, ist Steuerung. Der Schlüssel, um einen Kundendienst auf höchstem Niveau zu erreichen, ist Steuerung. Das Werkzeug, um eine Steuerung zu schaffen, ist ein Lagerhausverwaltungssystem.

Ein Verwaltungssystem ist ein Hilfsmittel, ein Mechanismus oder ein Verfahren, mit dem wir unsere betrieblichen Prozesse verwalten. Die grundlegenden Ziele eines Verwaltungssystems, ob es nun manuell oder computergestützt ist, bestehen darin,

- die Arbeit, die getan werden muß, zu erkennen und zu koordinieren;
- die Erledigung der Arbeit so zu lenken, daß die Leistung maximiert wird (Produktivität der Ressourcen des Lagerhauses und Anforderungen an die Zufriedenheit des Kunden);
- über die Arbeit zu berichten, die getan werden muß (oder getan wurde).

In einem manuellen System werden Papier und manuelle Techniken eingesetzt, um die betrieblichen Prozesse eines Lagerhauses zu optimieren. Ein computergestütztes Lagerhausverwaltungssystem besteht in der Integration von Strichcodetechnik, Ausrüstungen zur Datenübertragung über Funkwellen, Hardware und lagerhausorientierter Software. Diese Software dient dazu, das Lagerhaus und lagerhausbezogene Vorgänge zu optimieren. Während der Grad der Perfektion von manuellen Systemen nicht sehr hoch ist, kann er bei Lagerhausverwaltungssystemen von einfachen Methoden der Lagerortskontrolle bis zu Systemen reichen, die Platz, Arbeitszeit und Ausrüstungen in einem Lagerhaus tatsächlich optimieren.

Es ist an dieser Stelle wichtig zu beachten, daß man die Technologie der Lagerhausverwaltungssysteme nicht mit Geschäftssystemanwendungen verwechseln sollte, die einen Einfluß auf das Lagerhaus haben. Eine Lagerwirtschaftsanwendung auf einem Mainframe ist kein Lagerhaussystem. Ein

Lagerwirtschaftspaket auf einem Mainframe betrifft hauptsächlich die wirtschaftlichen Aspekte eines Lagerbestands. Ein Material-Bedarfsplanungssystem ist kein Lagerhaussystem. Die Materialbedarfsplanung befaßt sich mit betrieblichen Prozessen in der Fertigung. Wie wir später kurz besprechen werden, ist ein Lagerhaussystem eine Anwendung, deren Lösung auf den Bedürfnissen betrieblicher Prozesse in der Lagerhaltung basiert.

Vier kritische Bereiche bilden die Grundlage für eine Diskussion der Technologie von Lagerhausverwaltungssystemen: Strichcodierung, Drucken, Datenerfassung und Funktechnik. Das Verständnis dieser Techniken macht eine Besprechung der Funktionalität, Rechtfertigung und Methoden einer Einrichtung eines Lagerhausverwaltungssystems möglich. Die folgenden Abschnitte sprechen diese Fragen an.

24.1 Strichcodierung

Die Strichcodierung und die dazugehörigen Techniken wurden in den dreißiger Jahren erstmals entdeckt und patentiert. Bis zu den sechziger Jahren war die Anwendung der Strichcodierung hauptsächlich auf die direkte Maschinenkontrolle konzentriert. In den frühen sechziger Jahren begann die Eisenbahnindustrie damit, die Strichcodetechnik für eine automatische Erkennung von Eisenbahnwagen zu verwenden. Der Zweck dieses Experiments bestand darin, die Ausnutzung der Flotte durch die Sichtbarmachung von Wagenstandorten zu verbessern. Kurze Zeit später wurde die neue Technik in der Lebensmittelindustrie angewandt. Heute ist die Strichcodierung für den Vorgang des Vertriebs so wichtig wie ein Werfer für ein großes Baseballteam. Die Strichcodierung wird uns erhalten bleiben.

Wenn man es stark vereinfacht ausdrückt, funktioniert ein Strichcode ganz ähnlich wie der Morsecode. Während für den Morsecode Punkte und Striche verwendet werden, um alphabetische und numerische Zeichen wiederzugeben, werden für den Strichcode parallel verlaufende dunkle Balken und Zwischenräume verwendet, um dieselben Zeichen darzustellen. Die Methode mag zwar von Code zu Code unterschiedlich sein, doch das Prinzip bleibt dasselbe. Licht wird von einer hellen Fläche reflektiert und von einer dunklen absorbiert. Dunkle Balken absorbieren Licht; weiße Zwischenräume reflektieren Licht. Der Strichcode wird beleuchtet, und ein Lichtfühler „erkennt" den Unterschied in der Reflexion zwischen den Balken und

Zwischenräumen und erzeugt ein entsprechendes elektronisches Signal, das durch das System decodiert wird.

24.1.1 Überlegungen zur Strichcodierung

Ein Verständnis der folgenden Faktoren kann die Wirksamkeit eines Projekts zur Strichcodierung beeinflussen. Sie sollten bewertet werden, wenn man eine Strichcodeanwendung entwickelt.

1. *Codierung an der Quelle:* Die Codierung/Etikettierung von Gegenständen sollte möglichst am Anfang des Prozesses erfolgen. Dies erlaubt eine maximale Ausnutzung des Strichcodes und eine entsprechende automatische Erkennungstechnik.
2. *Numerierungssystem:* Je mehr Zeichen ein Strichcode hat, desto schwieriger ist er zu lesen. Prüfen Sie sorgfältig ihr gegenwärtiges Numerierungssystem dahingehend, ob es vereinfacht werden kann, um die Etikettengröße zu verkleinern, die Etikettendruckzeit zu verkürzen und das Scannen weniger komplex zu gestalten. Wenn die herkömmliche Numerierung nicht geändert werden kann, können Sie die Verwendung von kürzeren Kennschildern in Betracht ziehen, mit denen die entsprechenden Daten über das Verzeichnis eines Computersystems verknüpft werden.
3. *Symbole:* Bewerten Sie die verfügbaren Symbolgruppen auf der Grundlage ihrer Fähigkeit, wie sie gegenwärtige und zukünftige Anforderungen an die Kennzeichnung von Gegenständen erfüllen, ihres potentiellen Wertes außerhalb Ihres Werks sowohl für Speditionen als auch Kunden, der Leichtigkeit des Drucks oder der Erzeugung und Unterstützung von Händlern (Drucker und Lesegeräte). Wählen Sie keine Symbole, die keine breite Unterstützung genießen.
4. *Codedichte:* Codedichte bezieht sich auf die Anzahl der Zeichen je Zoll in dem Strichcode. Strichcodes mit einer niedrigen Dichte haben weniger Zeichen je Zoll als Strichcodes mit einer mittleren oder hohen Dichte. Einige Anwendungen erfordern zwar auf Grund des beschränkten Platzes eine Codierung mit hoher Dichte, doch größere Balken und Zwischenräume sind leichter zu lesen und weniger anfällig für eine Verschmutzung. Verwenden Sie Codes mit einer niedrigen Dichte, wann immer dies möglich ist.
5. *Gesichtsfeld des Scanners/Codedichte:* Eine Faustregel besagt, daß ein 10 ml (0,010 Zoll) breiter Balken aus einem Abstand von 10 Zoll gelesen werden kann. Die Feldtiefe wird normalerweise den halben Bereich um-

fassen, d.h. 10 ml schmale Balken könnten aus 5 bis 10 Zoll gelesen werden. Zwar kann man erweiterte Bereiche erreichen, indem man die Höhe des Felds herabsetzt oder sich Techniken einer automatischen Scharfeinstellung bedient, aber diese Methoden sollten nur eingesetzt werden, wenn andere Alternativen erschöpft sind.

6. *Verhältnis von 3:1 zwischen breit und schmal:* Das Verhältnis zwischen breit und schmal bezieht sich auf das Verhältnis zwischen Balken und Zwischenräumen. Die meisten Codes lassen Verhältnisse von 2 oder 3:1 zwischen schmalen Balken und Zwischenräumen zu. Um die Auswirkungen von Unregelmäßigkeiten beim Drucken, Schmutzflecke usw. auf ein Minimum zu reduzieren, sollten Sie ein Verhältnis von 3:1 verwenden oder eines, das diesem so nahe wie möglich kommt.
7. *Seitenverhältnis/Totzonen:* Die Gesamthöhe sollte beim Scannen von Hand mindestens 15 Prozent der Codelänge und beim automatischen Scannen 25 bis 100 Prozent betragen, um Schwankungen auf Grund des Bedieners oder der Etikettenform zu berücksichtigen. Die Totzonen vor und hinter dem Strichcode sollten 0,5 Zoll oder das Zehnfache der Größe des schmalsten Balkens betragen, welcher Wert auch immer größer ist.
8. *Scannerauflösung:* Passen Sie die Scannerauflösung (d.h., die Größe des Lichtpunkts, der den Scanner verläßt) anhand des erforderlichen Sichtfelds im Verhältnis zur Dichte des Codes an. Die Größe des Lichtpunkts sollte der Breite des schmalsten Balkens entsprechen oder geringfügig kleiner sein.
9. *Undurchlässigkeit des Trägermaterials:* Die Auswahl des Materials für Strichcodeetiketten muß Überlegungen zur Haltbarkeit einbeziehen, so daß eine Hintergrundverfärbung oder -alterung den Kontrast zwischen Balken und Zwischenräumen nicht herabsetzt. Das Etikettenmaterial sollte ausreichend undurchlässig sein, um einen dunklen Hintergrund abzudecken, der, wenn das Etikett durchsichtig wäre, Zwischenräume zu Balken machen könnte.

24.1.2 Strichcodesymbole

Es gibt auf dem Markt zahlreiche Strichcode-Symbolgruppen. Dementsprechend spielen bei der Auswahl des für Ihre Tätigkeit geeigneten Strichcodes mehrere Faktoren eine Rolle. Nachstehend sind die zu berücksichtigenden Faktoren beschrieben, wenn Sie Ihre Strichcodesymbole auswählen.

Die meisten Branchen haben Strichcodenormen für ihre eigene Branche oder den Sektor festgelegt. Diese Normen werden in typischer Weise durch eine der beiden folgenden Methoden definiert.

Die übliche Methode, derer sich ein Unternehmen bedient, um seine Strichcodestrategie festzulegen, ist die über Benutzergruppen. Letztere können die Branchenspezifikation diktieren. In die Ausarbeitung der Spezifikation wird gewöhnlich folgendes einbezogen:

- wie jedermann in der Branche das Symbol verwenden kann
- zu codierende Daten
- Datenfelder
- Detaillierte Spezifikationen der Qualitätskontrolle, um Allgemeingültigkeit zu gewährleisten
- Lage und Größe des Codes auf dem Gegenstand

Beispiele für eine branchenspezifische Definition sind die der *Automobile Industry Action Group (AIAG)* und der *U.S. Grocery Industry (UPC).*

Eine zweite Methode, derer Sie sich bedienen können, um Ihre Anforderungen an einen Strichcode festzustellen, besteht in einem Blick auf die Erfordernisse Ihrer Kunden. In zahlreichen Branchen, insbesondere im Einzelhandelssektor, werden die Strichcodesymbole und -methoden von den größten Unternehmen des jeweiligen Sektors diktiert. Dieser Trend wird sich wahrscheinlich fortsetzen, wenn große Einzelhandelsunternehmen und Kunden die Erfüllung ihrer Anforderungen durchsetzen.

Und schließlich spielt die Frage der Kosten bei der Auswahl eines Strichcodes durch ein Unternehmen eine Rolle. Es gibt zwei Methoden der Strichcodeerzeugung: vorgedruckte und bedarfsbezogene Etiketten. Vorgedruckte Etiketten sind Strichcodes, die gewöhnlich andernorts in großen Mengen gedruckt werden. Bei diesen Strichcodes handelt es sich im allgemeinen um sequentielle einmalige Strichcode-Kennschilder, die außer der aktuellen Strichcodenummer keine Informationen enthalten. Kennschilder sind einmalige Kennzeichnungen jeder einzelnen Einheit, jedes Kartons oder Gegenstands.

Typische Anwendungen für einen vorgedruckten Strichcode sind Massenartikel, sequentielle Anwendungen und vorgedruckte Schachteln. Die Vorteile vorgedruckter Strichcodes bestehen darin, daß sie billig sind und eine bessere, beständige Druckqualität aufweisen. Der Nachteil eines vorgedruckten

Strichcodes ist seine geringe Flexibilität. Gewöhnlich ist diese jedoch nicht erforderlich, denn die meisten Strichcodeanwendungen dienen nur internen Zwecken.

Die zweite Art eines Strichcodes ist das bedarfsbezogene Etikett. Dieser Strichcode ist genau das, was sein Name besagt. Der Strichcode wird bei Bedarf gedruckt, wie er benötigt wird. Bedarfsbezogene Strichcodes werden verwendet, wenn man Anwendungen mit zufälligen, spezifischen Teilenummern oder den Wunsch hat, Kundeninformationen in den Strichcode einzubeziehen. Bedarfsbezogene Strichcodes sind äußerst flexibel. Die beiden negativen Aspekte im Vergleich zum vorgedruckten Etikett sind die höheren Kosten (insbesondere für Hardware) und die Druckqualität, die genau überwacht werden muß.

Die beiden Strichcodes, die heute in der Lagerhaltung und im Vertrieb am häufigsten verwendet werden, sind der Drei-aus-Neun- und der Zwei-aus-Fünf-Code. Andere Strichcode-Symbolgruppen gewinnen zunehmend an Popularität, und auch diese Symbole werden im Detail besprochen.

Der Drei-aus-Neun-Code ist ein alphanumerischer Strichcode, der sowohl Großbuchstaben als auch Ziffern zuläßt. Der Drei-aus-Neun-Code ist ein binär codierter Strichcode, für den breite und schmale Balken und Zwischenräume verwendet werden, um die alphanumerischen Zeichen darzustellen (siehe Abbildung 24.1). Drei aus neun Bits werden verwendet, um ein Zeichen darzustellen. Der Drei-aus-Neun-Code kann von variabler Länge und auch bidirektional sein. Sowohl wegen seiner alphanumerischen Fähigkeiten und auch deswegen, weil er der primäre Code des Verteidigungsministeriums ist, wird der Drei-aus-Neun-Code in der Lagerhaltung allgemein angewendet.

Der zweite in der Lagerhaltung populäre Strichcode ist der Zwei-aus-Fünf-Code. Der Zwei-aus-Fünf-Code ist ein bidirektionaler, ausschließlich numerischer Strichcode. Zu einer Verschachtelung kommt es, wenn die ungeraden Stellen zu Balken und die geraden Stellen zu Zwischenräumen codiert werden. Eine Verschachtelung ermöglicht es, daß sich die Zeichen überlappen und ein Code von höherer Dichte entsteht. Der Zwei-aus-Fünf-Code ist kompakter als der Drei-aus-Neun-Code. Dies ist sofort erkennbar, wenn Sie Abbildung 24.1 und 24.2 vergleichen, die denselben Code (3852) darstellen. Es sollte beachtet werden, daß der Zwei-aus-Fünf-Code keine Prüfzeichen im Strichcode zuläßt.

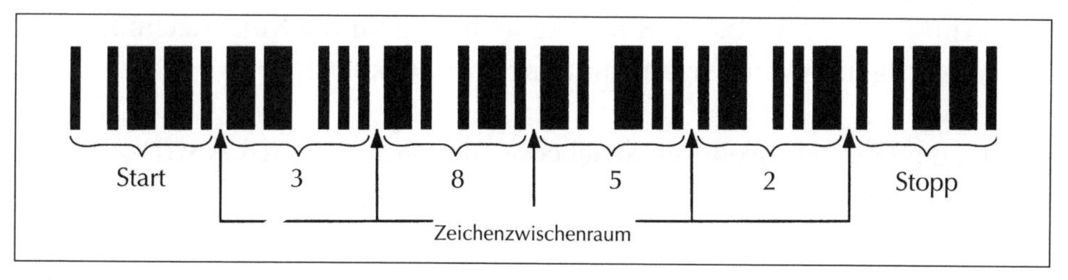

Abbildung 24.1: Drei-aus-Neun-Strichcode

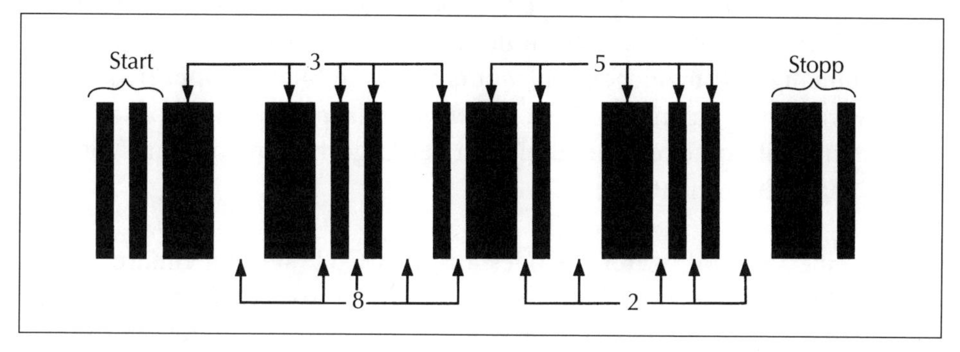

Abbildung 24.2: Zwei-aus-Fünf-Code (verschachtelt)

Ein spezieller Typ des Zwei-aus-Fünf-Codes ist der UPC-Code. Der UPC-Strichcode ist ein populärer Standard, der in zahlreichen Einzelhandelsanwendungen zum Einsatz kommt. Der UPC-Code wurde für elektronische Kassenterminals in Lebensmittelsupermärkten entwickelt. Wie die Lebensmittelindustrie bestätigen wird, ist der UPC-Code am besten nur für eine Codierung eines einmaligen Herstellers und einer Artikelkennzeichnung geeignet. Der UPC-Code, bei dem es sich um einen Zwei-aus-Fünf-Code in einem festen Format handelt, besteht aus zwölf Stellen. Die erste Stelle entspricht der Produktkategorie, die nächsten fünf Stellen entsprechen der Lieferantenkennung, die folgenden fünf Stellen der Teilenummer, und die letzte Stelle ist die Prüfziffer. Es gibt zahlreiche Varianten des UPC-Codes, abhängig von der spezifischen Anwendung.

Bei dem Code 128 handelt es sich um Strichcodesymbole, die kürzlich an Popularität gewonnen haben. Der Code 128 ermöglicht eine hochdichte Codierung des vollständigen ASCII-Teilvorrats aus 128 Zeichen. Wie der Drei-aus-Neun-Code ist der Code 128 auch ein Strichcode mit variabler Länge. Einer der Hauptvorteile des Codes 128 besteht darin, daß er eine durchdachte Integritätskontrolle Zeichen für Zeichen und der vollständigen Symbole ermöglicht. Der Code 128 wird heute häufig für die Kennzeichnung und Zurückverfolgung von Versandcontainern verwendet.

Der Code 93 ist ein weiterer Strichcode, der sich aller 128 ASCII-Zeichen bedient. Der Code 93 kann die höchste alphanumerische Datendichte liefern. Zwei Prüfzeichen werden im Code 93 verwendet, um die Datenintegrität zu gewährleisten.

Ein fünfter beachtenswerter Strichcode ist Codabar; er war einer der ersten Strichcodes. Dabei handelt es sich um einen numerischen Zeichensatz mit sechs einmaligen Prüfzeichen und vier einmaligen Start-/Stoppzeichen. Codabar wird häufig woanders als in Lebensmittelsupermärkten, z. B. in Blutbanken und Bibliotheken verwendet. In der Lagerhaltung oder im Vertrieb ist Codabar selten anzutreffen.

Es gibt eine Vielzahl weiterer Codes; u.a. den Code 49, den Binärcode für Dezimalziffern (BCD), den Bilevelcode, den Bull's-Eye-Code, den Dezimalcode und den geometrischen Code. Wie zuvor in diesem Kapitel erwähnt, ist der richtige Strichcode einer, der zu Ihrer Anwendung paßt.

Eine weitere erwähnenswerte Art der Codierung ist die *Technik der optischen Zeichenerkennung (OCR)*. Für OCR wird ein vom Menschen lesbarer Code verwendet, um Produkt und Materialien zu kennzeichnen. OCR ist der Reservekenncode des Verteidigungsministeriums für den Drei-aus-Neun-Code. Typisch für die OCR-Technik ist die Beschränkung auf das Lesen von Belegen. Eine Herausforderung in Verbindung mit der OCR-Technik besteht darin, daß ein kontaktnahes Lesegerät benötigt wird, um den Code zu lesen. Tintenflecke und Leerstellen können Zeichen leicht verändern oder undeutlich machen. Eben aus diesen Gründen ist die OCR-Technik nur auf das Beleglesen beschränkt.

24.1.3 Vorteile der Strichcodierung

1. *Niedrigere Arbeitskosten:* Die Strichcodierung bringt niedrigere Arbeitskosten mit sich, weil weniger Zeit benötigt wird, um Ladungen und Standorte zu kennzeichnen. Dies trägt dazu bei, Transaktionen in Echtzeit per Funk übermitteln zu können. Arbeitsintensive Tastenanschläge werden durch das praktisch sofortige Scannen von Etiketten ersetzt.

2. *Genauigkeit der Datenerfassung:* An der Übermittlung von Transaktionen per Funk oder auf anderem Wege sind eine Reihe von Ladungs- und Standortkennungen beteiligt. Diese Kennungen sind von ausschlaggebender Bedeutung für den Betrieb des Systems; wesentlich ist daher die Genauigkeit der Datenerfassung. Die Dateneingabe über eine Tastatur ist bei einer typischen Fehlerrate von einem auf dreihundert Tastenbetätigungen sowohl zeitaufwendig als auch fehleranfällig. Die Dateneingabe über Strichcodes ist mit einer typischen Fehlerrate von einem auf ein bis zwei Millionen Scanvorgängen sowohl schnell als auch äußerst genau. Bei der Anzahl von Transaktionen, zu denen es kommt, ist die Dateneingabe über Strichcodes wichtig für die Datenübermittlung per Funk in Echtzeit.

Der bedeutendste Vorteil, der sich aus dem Einsatz der Strichcodierung ergibt, besteht in der wirksamen Unterstützung der Datenerfassung und der Datenübermittlung per Funk in Echtzeit. Ohne die Strichcodierung sind die Datenerfassung und die Datenübertragung in Echtzeit mit Hilfe von Tastatureingaben ein „Hemmschuh" für die Produktivität und voller Fehler. Die Datenerfassung über Strichcodes stellt ein schnelles und genaues Hilfsmittel dar, mit dem eine Datenübertragung in Echtzeit ihren Gipfel erreichen kann.

24.2 Verschiedene Kennzeichnungstechniken

Es gibt zur Strichcodierung mehrere Alternativen einer Kennzeichnung. Die erste Technik, die zu besprechen ist, ist die *Hochfrequenzkennzeichnung* (RFID). Die RFID-Technik kann man sich als ein geschütztes Tag vorstellen, das die Kennung des Gegenstands an einen HF-Leser zurückmeldet.

Die drei Bestandteile eines RFID-Tags sind Transponder, Antenne und Lesegerät. Das Transpondertag ist eine kleine Leiterplatte, die eine Empfangs- und Sendeantenne, eine geringe Anzahl diskreter Komponenten und eine gedruckte Schaltung (IC) für die Datenspeicherung umfaßt; sie sind in einem Hochleistungsgehäuse für Industriezwecke untergebracht. Die Größe des Transponders hängt von der Antennengröße ab, und diese wiederum von der erforderlichen Reichweite und der Geschwindigkeit. Die zwei grundlegenden Tagtypen sind passive und aktive (batteriebetriebene) Tags. Passive Tags werden durch ein externes HF-Signal aktiviert und reagieren mit einem einmaligen, im Werk vorprogrammierten Signal aus mehreren Zeichen. Aktive Tags aktivieren sich selbst. Da es sich bei einem RFID-Tag um ein geschütztes und eingeschlossenes Tag handelt, wird die RFID-Technik vor allem in rauhen Umgebungen eingesetzt, wo eine Strichcodierung nicht realisierbar ist.

Eine zweite Kennzeichnungstechnik ist der *Magnetstreifen.* Die Technik der Kennzeichnung mit Hilfe eines Magnetstreifens ist entspricht dem, was Sie auf der Rückseite Ihrer Kredit- oder Bankkarte sehen. Bei einem Magnetstreifen handelt es sich um einen ferromagnetischen Streifen, der mit binärem Code „beschrieben“ ist. Der Nachteil dieser Technik besteht darin, daß sie durch den Leseabstand (kontaktnah) beschränkt ist.

Die letzte Technik, die besprochen werden soll, ist die *Spracherkennung.* Spracherkennungssysteme leisten eine diskrete Worterkennung auf der Grundlage eines Vokabulars aus fünfzig bis tausend Worten. Der Hauptvorteil eines Spracherkennungssystems besteht darin, daß es dem Bediener die Hände vollständig frei läßt. Der Nachteil dieser Technik besteht darin, daß der Tonfall und die Aussprache die Genauigkeit beeinflussen können, und es ist fraglich, ob die Spracherkennung schneller ist als herkömmliche Datenerfassungsmethoden. Der Einsatz der Spracherkennungstechnik ist im allgemeinen auf Anwendungen beschränkt, die nicht mit dem Lagerhaus zu tun haben.

24.3 Druckertechnik

Es gibt mehrere verschiedene Drucker, um Strichcode-Etiketten zu drucken. Anschließend folgt eine Diskussion dieser Drucker. In jedem Fall werden die Anforderungen Ihres Strichcodes die Auswahl Ihres Druckers bestimmen.

Der erste Druckertyp ist ein *Nadeldrucker.* Dieser Drucker wurde ursprünglich für das seitenweise Drucken von Daten entwickelt. Der Druckkopf eines Nadeldruckers verfügt über zahlreiche Nadeln, die in regelmäßigen Abständen angeordnet sind, und er bewegt sich auf einem Wagen hin und her. Diese Nadeln erzeugen das Abbild eines Strichcodes. Es wird empfohlen, daß sich der Druck überlappt, um die beste Dichte zu erreichen. Im allgemeinen ist die Qualität eines Strichcodes mit einem Nadeldrucker mittelmäßig. Aus diesem Grund werden die meisten Strichcodeanwendungen nicht auf einem Nadeldrucker ausgeführt.

Der zweite Typ ist ein *Thermodrucker:* Für einen Thermodrucker findet ein helles Trägermaterial Anwendung, das mit einer klaren Beschichtung getränkt ist. Letztere wandelt sich zu einer dunklen Farbe, wenn Wärme auf sie trifft. Im Druckknopf befinden sich kleine Heizgeräte, um diese Veränderung hervorzurufen. Ein Thermodrucker hat eine typische Geschwindigkeit von $^1/_2$ bis 5 Zoll/Sekunde und wird auf Grund von Temperaturbeschränkungen im allgemeinen im Innenbereich verwendet. Mit einem Thermodrucker hergestellte Strichcodes werden von ultraviolettem Licht beeinflußt.

Ein *Thermotransferdrucker* ist so ähnlich wie ein Thermodrucker, nur daß er Normalpapier an Stelle von speziell getränktem Papier verwendet. Ein Thermotransferdrucker verfügt auch über ein spezielles Farbband, das mit dem Thermodruckkopf reagiert, um den Strichcode einzudunkeln. Thermodrucker und Thermotransferdrucker werden am häufigsten zum Drucken von Strichcodes verwendet.

24.4 Datenerfassungsmethoden

Datenerfassungsgeräte sind Geräte, die Informationen erfassen, welche elektronisch in ein Computersystem eingegeben werden sollen. Diese Geräte verfügen über einen kleinen Bildschirm und eine alphanumerische Tastatur mit Funktionstasten. Datenerfassungsgeräte können fest mit dem Computersystem verdrahtet sein oder nicht. Bei unverdrahteten Datenerfassungsgeräten handelt es sich entweder um Stapelleser oder um Echtzeit-Hochfrequenz-(HF-)Leser. HF-Geräte werden später in diesem Kapitel besprochen.

Stapelerfassungsgeräte (Stapelleser) sind Geräte, die stapelweise (oder nicht in Echtzeit) arbeiten. Die meisten Stapelleser sind Handgeräte und sind in der Regel über eine Dockingstation mit dem Computersystem verbunden. Eine Dockingstation ist ein Gerät, das eine Schnittstelle zu dem Computersystem bildet, um Daten zwischen den Stapellesern und dem Computersystem zu übertragen. Von Stapellesern werden Informationen regelmäßig über die Dockingstation in das Computersystem geladen. Der Bediener führt dann eine Reihe von Aufgaben aus, die in den Stapelleser geladen wurden. Die meisten Stapelleser können eine beachtliche Informationsmenge aufnehmen.

Bei Datenerfassungsgeräten, ob es sich nun um HF- oder andere Geräte handelt, ist gewöhnlich eine Art von Datenleser mit dem Datenerfassungsgerät verbunden. Es gibt zwei Haupttypen, nämlich *Kontakt-* und *kontakt-*

lose Lesegeräte. Nachstehend folgt eine Besprechung dieser beiden verschiedenen Techniken.

Kontaktleser werden manchmal als *Lichtstifte* oder *-griffel* bezeichnet. Ein Kontaktleser muß den Code physisch berühren. Bei Lichtstiften kann es sich entweder um ortsfeste Geräte, die mit einem Monitor verbunden sind, oder um tragbare Geräte handeln, die mit einem Stapelleser verbunden sind. In beiden Fällen werden bei einem Kontaktleser in der Regel Leuchtdioden (LEDs) angewendet. Es handelt sich um billige Datenleser.

Wenn man einen Kontaktleser auswählt, muß man mehrere Faktoren in Betracht ziehen. Zunächst soll die Zeichendichte berücksichtigt werden. Die Art des zu wählenden Kontaktlesers hängt von der Art des verwendeten Strichcodes, der relativen Größe des breitesten Balkens oder Zwischenraums im Vergleich zum kleinsten Balken oder Zwischenraum sowie der geringsten Breite eines Balkens oder Zwischenraums ab. Der zweite Faktor ist die Größe der Öffnung des Kontaktlesers. Die Größe der Öffnung muß zur Codedichte des Strichcodes passen. Ein Handleser mit einer hohen Auflösung, der für einen Code mit niedriger Auflösung verwendet wird, kann manchmal versehentlich einen Schmutzfleck als Balken lesen. Der dritte zu berücksichtigende Faktor ist der Lesewinkel. Er kann die Lesegeschwindigkeit beim ersten Durchgang beeinflussen. Schließlich muß die Geschwindigkeit des Durchgangs berücksichtigt werden, denn auch sie kann die Lesegeschwindigkeit beim ersten Durchlauf beeinflussen.

Der zweite Typ eines Lesergerätes ist ein kontaktloser Leser. Dabei kann es sich entweder um einen *Feststrahlleser* oder einen *Bewegstrahlleser* handeln. Kontaktlose Bewegtstrahlleser werden manchmal als *Scanner* bezeichnet. Scanner können sowohl mit HF- als auch mit anderen Geräten verbunden werden. Die meisten HF-Geräte bedienen sich eines Scanners. Nachstehend folgt eine Diskussion dieser beiden Arten von Lesegeräten.

Ein kontaktloser Feststrahlleser verfügt über einen ortsfesten Strahl, durch den der Strichcode läuft. Der Strichcode ist fest auf dem Gegenstand angebracht. Ein Feststrahlleser ist ein Scanner, der einen Lesevorgang je Durchgang ausführt. Für Feststrahlleser finden in typischer Weise LEDs, Glüh- oder Leuchtstofflampen Verwendung, um den Strichcode zu lesen. Feststrahlscanner werden normalerweise bei Anwendungen eingesetzt, bei denen sich das Produkt in einem konstanten Abstand gegenüber dem Leser am Scanner vorbeibewegt.

Die zweite Art eines kontaktlosen Lesers ist ein Bewegtstrahlscanner. Dieser bedient sich eines Lichtpunkts, um einen winkligen Weg in Querrichtung zurückzulegen und nach einem Strichcode auf dem Gegenstand zu suchen. Bewegtstrahlscanner können mit einer Geschwindigkeit von bis zu 1400 Durchgängen je Sekunde lesen. Dies ermöglicht ein Mehrfachlesen. Mehrfachlesevorgänge gewährleisten die Genauigkeit auf einem hohen Niveau.

Bei der Auswahl eines Bewegtstrahlscanners sind mehrere Kriterien zu berücksichtigen. Die erste Überlegung besteht darin, ob der Scanner fest angebracht werden soll oder nicht. Wenn es sich um einen fest angebrachten Scanner handelt, muß man sich entscheiden, ob der Scanner, oben, auf der Seite oder unten angebracht werden soll. Die zweite Überlegung betrifft die Symbolgeschwindigkeit. Ein fest angebrachter Scanner ist unbeweglich, somit beeinflußt die Geschwindigkeit des Gegenstands die Abtastgeschwindigkeit des Scanners. Tragbare Handscanner werden von der Symbolgeschwindigkeit nicht beeinflußt, denn das Produkt, das abgetastet wird, ist in in der Regel ortsfest. Der dritte Faktor, der berücksichtigt werden muß, ist die Feldtiefe. Eine Kamera kann nicht aus jedem beliebigen Abstand ein scharfes Bild aufnehmen, und ein Scanner kann nicht aus jedem beliebigen Abstand lesen. Bei einem Bewegtstrahlscanner gibt es einen kleinsten und einen größten Abstand, zwischen denen das Symbol zu lesen ist. Der vierte zu berücksichtigende Faktor sind Lage und Ausrichtung des Symbols. Besonders bei fest angebrachten Scannern ist dies von ausschlaggebender Bedeutung, wenn man ein erfolgreiches Lesen im ersten Durchgang erreichen will.

Hochfrequenz-Datenübertragung in Echtzeit

Die HF-Datenerfassung ist die zweite Methode, die Datenübertagung mit dem Hostcomputer zusammenzuschließen. Während ein Stapelleser die Informationen über eine Dockingstation übertragen muß, kommuniziert ein HF-Gerät über Funkwellen mit einer HF-Basisstation. Die HF-Basisstation kommuniziert dann in typischer Weise mit dem Computersystem. Die Datenübertragung erfolgt praktisch augenblicklich. Die Hauptvorteile, die sich aus einer HF-Datenübertragung in Echtzeit ergeben, können folgendermaßen eingestuft werden:

1. *Verfügbarkeit von Informationen:* Statusaktualisierungen von Empfangsbestätigungen, Fertigungsanforderungen und Kundenaufträgen in Echtzeit verleihen einer Lagerhausverwaltung die Reaktionsfähigkeit, um laufende Aktivitäten zu verwalten, wie sie auftreten. Diese Verfügbarkeit der Infor-

mationen erlaubt es dem Lagerhaus, auf sich ändernde Bedürfnisse zu reagieren und befähigt die Verwaltung, ihre Ressourcen in Form von Arbeitskräften, Ausrüstungen und Platz so einzusetzen, wie dies für maximale Leistungen erforderlich ist. Jede Transaktion führt zur Aktualisierung eines Datensatzes im System, der abgefragt werden kann, um den Status festzustellen und die Maßnahme festzulegen, die als nächstes zu treffen ist.

2. *Beschleunigung der Arbeit:* Eine Echtzeitkommunikation ermöglicht es dem System, den Bediener von einer zugewiesenen Aufgabe direkt zur nächsten zu führen. Der Bediener muß nicht mehr nach jeder Aufgabe zu einem zentralen Standort zurückkehren, um die nächste Anweisung zu holen. Das System kann die nächste Aufgabe für einen Bediener auf der Grundlage dessen auswählen, was *jetzt* getan werden muß und wozu der Bediener fähig ist. Das Ergebnis ist eine Verwaltung der Arbeitsbelastung, die die Erledigung von Aufgaben maximiert und die ungenutzte Zeit auf ein Minimum reduziert.

3. *Rückverfolgung von Material:* Echtzeitkommunikation ermöglicht auch die Überprüfung aller Transaktionen, die den Standort eines Materials beeinflussen. Durch diese Überprüfung werden Statusdatensätze aktualisiert, die für künftige Transaktionen zu verwenden sind. Die meisten, den Standort eines Materials betreffenden Fehler werden vermieden, und es werden sofortige Anweisungen erteilt, die erkannten Fehler zu beheben. Echtzeitkommunikation setzt voraus, das Lagerhaus bei einer stärkeren Auslastung leistungsfähiger zu betreiben, denn das System erkennt entstehende leere Lagerorte sofort und kann sie der Unterbringung von Ladungen umehend zuweisen, ohne daß das Regal manuell gesucht werden muß.

Zwei verschiedene HF-Geräte werden in der Lagerhaltung verwendet: Handgeräte und auf einem Transportwagen installierte Geräte. Der Hauptunterschied zwischen auf einem Transportwagen installierten HF-Geräten und Handgeräten besteht darin, daß die auf einem Transportwagen installierten Geräte robuster sind und eine größere Tastatur sowie einen größeren Bildschirm haben. Staplerfahrer müssen darauf achten, was sie tun, und können nicht mit einem Handgerät hantieren.

Es gibt mehrere Fragen, die man zu berücksichtigen hat, wenn man ein HF-System auswählt und installiert. Zunächst muß eine Standortuntersuchung durchgeführt werden. Die Frage der Reichweite ist von ausschlaggebender Bedeutung. Ein HF-System, das keine 100%ige Reichweite ermöglicht, ist uneffektiv. Fragen, die bedacht werden müssen, sind zum Beispiel die physische Umgebung, Funkübertragungstechniken, die Stärke des gesendeten Signals und die Empfindlichkeit des Empfängers.

Diese Fragen sollten durch den Händler geklärt werden, für den Sie sich entschieden haben, um das System installieren zu lassen.

Es gibt hauptsächlich zwei HF-Techniken, die in der Lagerhaltung Anwendung finden: Schmalband-Primärfrequenzen und Spread-Spectrum-Frequenzen. Schmalbandfrequenzen werden von der FCC zugeteilt, während Spread-Spectrum-Frequenzen keiner Genehmigung bedürfen.

Spread-Spectrum-Systeme sind eine neuere Entwicklung bei der HF-Kommunikation in Lagerhausverwaltungssystemen. Die Spread-Spectrum-Technik wurde in den vierziger Jahren als eine Methode des störungsfreien Funkverkehrs entwickelt. Anfangs handelte es sich um eine militärische Anwendung. Vereinfacht gesagt ist eine Spread-Spectrum-Frequenz über einen breiteren Frequenzbereich verteilt als eine Primärfrequenz, die auf ein schmales Band beschränkt ist.

Die Vorteile von Spread-Spectrum-Systemen bestehen darin, daß sie weniger Strom verbrauchen, keiner FCC-Genehmigung bedürfen und beständig gegen Funkstörungen sind. Die Spread-Spectrum-Technik ermöglicht auch hohe Daten-Übertragungsgeschwindigkeiten.

Die Vorteile von Schmalbandfrequenzen bestehen darin, daß sie FCC-geschützt sind und einen größeren Sendebereich haben. Auf Grund des kleineren Sendebereichs benötigen Spread-Spectrum-Systeme manchmal mehr Basisstationen und Zwischenverstärker.

Die HF-Kommunikation in Echtzeit ist eine betriebliche Verbesserung, die sehr wohl der Mühe wert ist. Die Möglichkeiten, die geboten werden, um die Genauigkeit der Angaben über Lagerorte, die Verwaltung der Arbeitskräfte und die Fähigkeit zur Reaktion auf Anforderungen der Fertigung zu verbessern, führen zu spürbaren Kosteneinsparungen. HF-technische Anlagen gibt es in zahlreichen Lagerhäusern; die Technik ist bewährt. Entsprechende auf Transportwagen installierte Handgeräte sind relativ billig, und die meisten modernen Lagerhausverwaltungssysteme unterstützen die HF-Kommunikation.

24.5 Funktionen eines Lagerhausverwaltungssystems

Im allgemeinen erfüllt ein Lagerhaus vier Grundfunktionen:

1. es empfängt das Produkt,
2. lagert das Produkt,
3. nimmt das Produkt wieder auf und
4. versendet das Produkt.

Diese Funktionen können folgendermaßen weiter unterteilt werden:

1. Wareneingang
   a) Gekaufte Artikel
   b) Fertigerzeugnisse von Fremdfirmen
   c) Kundenrücksendungen
2. Produktlagerung
   b) Qualitätskontrolle
   c) Unterbringung
   d) Standort- und Loskontrolle
3. Entnahme von Produkten
   c) Entnahme von Rohstoffen
   d) Entnahme von unfertigen Erzeugnissen
   e) Entnahme von Fertigerzeugnissen
4. Produktversand
   d) Interne Kundensendungen
   e) Externe Sendungen

Unterstützt werden diese Funktionen von Auftragseingabe, Auftragsplanung, Bestandsberichten und verschiedenen anderen Tätigkeiten.

24.6 Auftragseingang

Die Aufgabe der Auftragseingabe besteht darin, Aufträge schnell und genau in das Lagerhaussystem einzugeben. Ein Lagerhausverwaltungssystem erfüllt diese Aufgabe, wenn es den nachstehenden Anforderungen entspricht.

1. Das Lagerhausverwaltungssystem muß in der Lage sein, *besondere Anforderungen von Kunden aufzuzeichnen.* Anforderungen an eine spezielle Verpackung, Palettierung, Etikettierung und/oder Dokumentation soll-

ten in dem Lagerhausverwaltungssystem ebenso aufgezeichnet werden wie alle zusätzlichen Kundeninformationen.

2. Das Lagerhausverwaltungssystem muß *den Bestand so nahe wie möglich an der Echtzeit zur Nutzung bereitstellen.* Eine augenblickliche Verfügbarkeit des Bestands ermöglicht es der Kundendienstabteilung, das Produkt zum sofortigen Verkauf bereitzustellen, ebenso den Planern eingehende Produkte zur sofortigen Verwendung in der Fertigung bereitzustellen. Schließlich werden Vorlaufzeiten bedeutend kürzer, wenn man die Zeit verkürzt, die benötigt wird, bis der Bestand zur Verwendung in der Fertigung verfügbar ist.
3. Das Lagerhausverwaltungssystem muß *für eine Vorabzuweisung des Bestands sorgen.* Letztere ermöglicht es der Auftragseingabe, eingehende Waren für einen bestimmten Kunden oder einen ausgewählten Fertigungslauf zurückzuhalten.
4. Das Lagerhausverwaltungssystem sollte *ein vorgesehenes Versanddatum für einen Kundenauftrag aufzeichnen.* Dies erleichtert es dem Lagerhaus, Abholzeiten produktiv zu planen.

Auftragsplanung

Die Aufgabe der Auftragsplanung besteht darin, die Aktivitäten des Tages zu planen. Der Prozeß der Entscheidungsfindung bei der Auftragsplanung sieht folgendermaßen aus.

1. Das Lagerhausverwaltungssystem muß in der Lage sein, *die Arbeitskräfte der Schicht den Aktivitäten des Tages zuzuweisen.* Ein Lagerhausverwaltungssystem kann entweder die Tätigkeiten der Arbeitskräfte an einem Tag automatisch planen, oder ein Vorgesetzter kann einbezogen werden, um die empfohlene Zuweisung zu ändern. Die Zuweisung von Arbeitskräften muß die Materialtransportmethode berücksichtigen, derer sich jeder Mitarbeiter bedient, und sicherstellen, daß die Ausrüstung auf der Grundlage der Aufgaben ordnungsgemäß bereitgestellt wird.
2. Ein Lagerhausverwaltungssystem muß in der Lage sein, *die Arbeitsbelastung auf der Grundlage der Arbeitskräfte- und Ausrüstungszuweisung zu planen.* Das Lagerhausverwaltungssystem muß die unerledigten Arbeiten, die Arbeiten in der Warteschlange, die gerade ablaufenden Arbeiten und die erledigten Arbeiten verwalten. Gleichzeitig soll es eine Auftragserzeugung im Notfall handhaben und die Planung der Arbeitsbelastung ändern, um diesen Notfallaufträgen zu entsprechen.
3. Die Verschachtelung von zu erledigenden Aufgaben ist *die Fähigkeit, Ar-*

beitskräfte- und Ausrüstungszuweisungen auf der Grundlage von Aufgaben in der Warteschlange zu optimieren. Verschachtelung bezieht sich auf die Tatsache, daß das System über die Fähigkeit verfügen muß, die nächste Aufgabe aus einer Warteschlange aller unerledigten Tätigkeiten auszuwählen und nicht nur aus einem Modul oder einer Teilgruppe von Arbeiten. Verschachtelung erweitert den Aufgabenbereich eines Mitarbeiters und verkürzt dadurch zurückzulegende Wege. Letzteres führt zu einem direkten Anstieg der Produktivität von Arbeitskräften. Das Lagerhausverwaltungssystem muß über mehrere andere Fähigkeiten verfügen, um eine Aufgabenverschachtelung zu ermöglichen. Das System muß Aufgaben in der Warteschlange mit einer Datum- und Zeitangabe versehen und sie verwalten, eine Methodik der zurückzulegenden Wege enthalten und im Echtzeitbetrieb arbeiten. Wenn diese und andere Anforderungen erfüllt sind, ist eine Aufgabenverschachtelung möglich. Ohne eine Verschachtelung wird die Produktivität der Arbeitskräfte immer noch optimiert, aber nicht auf dem erforderlichen Niveau.

Wareneingangsfunktionen

Die richtige Kennzeichnung und Weiterleitung beim Wareneingang legt den Grundstein für einen effizienten, genauen Lagerhausbetrieb. Eine mangelhafte Kontrolle beim Wareneingang bedeutet einen schlechten, schwer zu verwaltenden Betrieb. Im allgemeinen bestehen beim Wareneingang die folgenden Notwendigkeiten.

1. Die Notwendigkeit, *über genaue Eingangsinformationen zu verfügen;* erwartete Wareneingänge müssen dabei im voraus bekannt sein, um eine schnelle und genaue Bearbeitung beim Empfang zu erleichtern. Bei einem elektronischen Herunterladen von detaillierten Versanddaten aus dem Hostsystem in ein Lagerhausverwaltungssystem müssen diese schnell und genau in verwendbare Informationen umgewandelt werden.
2. Ein Lagerhausverwaltungssystem muß in der Lage sein, *eine Empfangsbestätigung eingehender Waren vorzunehmen.* Es sollte eingehende Materialien elektronisch validieren. Die Validierung sollte in Echtzeit erfolgen, um die sofortige Korrektur von Diskrepanzen zu unterstützen.
3. Das Lagerhausverwaltungssystem sollte *schnell eine Empfangsbestätigung an das Mainframesystem liefern.* Die Bestätigung ist notwendig, damit die eingehenden Materialien schnell zur Verwendung bereitgestellt werden können.
4. Die Notwendigkeit, *die Zeit zu verkürzen, die ein Produkt in der Zwi-*

schenlagerung verbringt. Nachdem der Frachtbrief eines eingehenden Materials kontrolliert ist, muß das Lagerhaus manchmal warten, bis die Qualitätskontrolle abgeschlossen ist, der Einkauf oder die Planung Diskrepanzen beheben, Arbeitskräfte verfügbar sind oder Platz gefunden wird, um die Materialien zu lagern. Diese Szenarien machen es in Verbindung mit der Tatsache, daß die meisten Lagerhäuser an einem chronischen Mangel an Zwischenlagerplatz leiden, erforderlich, daß sich ein Produkt schnell und richtig durch das Zwischenlagerstadium bewegt. Ein Lagerhausverwaltungssystem reduziert die Zeit, die ein Produkt in der Zwischenlagerung verbringt, auf Grund einer bedienergesteuerten Unterbringung und systemgewählten Lagerorten auf ein Mininimum. Das geschieht, indem es die Zeiten überwacht, die ein Produkt in der Zwischenlagerung verbringt, und indem es für einen kontinuierlichen Materialfluß im Zwischenlagerbereich sorgt. Kurz gesagt, ein Lagerhausverwaltungssystem überwacht die Zwischenlagerung, um die Gesamtzeit zu verkürzen, die Produkte im Zwischenlager verbringen.

5. Ein Lagerhausverwaltungssystem muß *über die Fähigkeit verfügen, Diskrepanzen zu handhaben.* Es sollte in der Lage sein, Mehrmengen, Mindermengen, falsche Artikel und fehlende Artikel zu handhaben. Es sollte fähig sein, einen Diskrepanzbericht zu drucken, der den Einkauf über Diskrepanzen auf dem eingegangenen Lieferschein unterrichtet.

Prüfung und Qualitätskontrolle

Zahlreiche Vorgänge im Lagerhaus erfordern eine Prüfung zwischen dem Wareneingang und der Lagerung.

Ein Lagerhausverwaltungssystem unterstützt den Prüfungsprozeß wie folgt:

1. *Es meldet dem Bedienter, wenn eingehende Materialien geprüft werden müssen.* Diese Meldung ermöglicht die sofortige Weiterleitung von Waren zur Prüfung oder die sofortige Benachrichtigung eines Kontrolleurs, damit er zum Wareneingangsbereich kommt.
2. Das System kann *eine Prüfungsbestätigung und -freigabe erteilen.* Ein Produkt kann im Lagerhaus gelagert, und der Lagerort vor einer Entnahme geschützt werden. Nach Abschluß des Prüfungsprozesses wird der Lagerort freigegeben, und das Material steht jetzt zur Entnahme zur Verfügung. Ein Lagerhausverwaltungssystem sollte die Notwendigkeit der physischen Trennung von Materialien vermeiden.

Lagerfunktionen

Zu den funktionellen Notwendigkeiten im Hinblick auf die Produktlagerung gehören folgende:

1. Die Notwendigkeit, über *eine eindeutige Kennzeichnung und Rückverfolgung von Ladungen* zu verfügen, die im Wareneingang erledigt und bereit zur Unterbringung sind. Diese Rückverfolgung umfaßt auch die Notwendigkeit, eine Palette zu kennzeichnen, ob sie zur Verwendung verfügbar ist oder nicht.
2. Die Notwendigkeit, über *eine automatische Auswahl von Lagerorten* für Palettenladungen auf der Grundlage von Parametern zu verfügen, die dazu bestimmt sind, die Platzausnutzung und die Entnahmeleistung zu maximieren und die Arbeiten zur Unterbringung auf ein Minimum zu reduzieren. Dieser Prozeß zur Auswahl von Lagerorten sollte versuchen, sich einer ABC-Lagerphilosophie zu bedienen, ein Produkt, wenn möglich, umzulagern und die Losintegrität zu gewährleisten.
3. Die Notwendigkeit eines *Lagerortsystems, das die Identität und die Menge jeder Paletteneinheit anhand eines einmaligen Lagerorts kennzeichnet.* Dieses Merkmal ist notwendig, um die Nachverfolgbarkeit eines Produkts bis zum Kunden zu gewährleisten.
4. Die Fähigkeit, *eine periodische Bestandszählung nach Lagerorten* vorzunehmen, anstatt den ganzen Bestand körperlich von Hand zu zählen. Das Lagerhaus muß auch in der Lage sein, auftretende Diskrepanzen zu beheben. Ein Lagerhausverwaltungssystem verwendet durch gesteuerte Entnahme und Unterbringung von sich aus periodische Zähltechniken.
5. Die *Echtzeitaktualisierung von Bestands-, Los- und Lagerortdaten*, um für eine rechtzeitige Information zu sorgen, auf deren Grundlage Entscheidungen über den anschließend zurückzulegenden Weg, die Entnahme und die Fertigung getroffen werden können. Je mehr die Aktualisierung in Echtzeit erfolgt, desto kürzer wird die Vorlaufzeit für die Informationen.

Der größte Mangel in vielen Lagerhäusern ist heutzutage das Fehlen eines formalen Lagerortsystems. Nicht nur zu wissen, *was/wieviel* sich in dem Lagerhaus befindet, sondern auch, *wo* es sich befindet, ist von wesentlicher Bedeutung für den Erfolg des Betriebs. Viele der Probleme, auf die wir in einem Lagerhaus stoßen, sind durch das Fehlen eines leistungsfähigen Lagerortsystems bedingt. Mit einem solchen System können Ladungen vorbehaltlich praktischer Parameter nach Belieben an jedem freien Platz gelagert werden.

Das Ergebnis ist eine bedeutende Zunahme der Auslastung von Lagerplätzen.

Wenn man weiß, wo ein Produkt gelagert ist, hat dies auch von sich aus eine positive Wirkung auf die Leistungsfähigkeit der Produktentnahme, aber die Leistungsfähigkeit der Unterbringung wird nicht notwendigerweise gesteigert. Tatsächlich ist es für die Unterbringung oft wichtiger zu wissen, wo das Produkt *nicht* ist. Indem man das System den besten Lagerort auf der Grundlage von Parametern, wie zum Beispiel Rauminhalt, Produkttyp, Auftragsfrequenz usw. wählen läßt und das mit der Unterbringung beauftragte Personal über den zugewiesenen Lagerort informiert, können beträchtliche Produktivitätsgewinne bei Personal und Lagerplatz erzielt werden. Hat das mit der Unterbringung beauftragte Personal den zugewiesenen Lagerort zur Hand, muß es nicht durch das Lagerhaus wandern, um nach einem leeren Lagerort zu suchen. Die für zurückzulegende Wege benötigte Zeit wird insbesondere dann verkürzt, wenn das Lagerhaus voller wird. Außerdem wird die Möglichkeit, daß Ladungen falschen freien Lagerorten zugewiesen werden, auf ein Minimum reduziert und die Gesamtauslastung des verfügbaren Rauminhalts wird steigen. Schließlich verbessert sich auch noch die Möglichkeit, Teilpaletten an größeren Lagerorten zusammenzufassen. Auch diese Umlagerung trägt dazu bei, die Gesamtraumauslastung zu verbessern.

Das Fehlen eines Lagerortsystems macht es in der Regel erforderlich, daß die Genauigkeit des Lagerhausbestandes durch eine vollständige Bestandszahlung eine Paletteneinheit von Hand bestätigt wird: Die erste Herausforderung besteht darin, sie alle zu finden. Die zweite Herausforderung besteht darin, die Zählung rechtzeitig abzuschließen, so daß die Auftragsbearbeitung nicht behindert wird und eine Abstimmung von während der Zählung abgeschlossenen Transaktionen nicht allzu mühselig ist. Ein Lagerhaussystem bietet die Möglichkeit, periodisch nach Lagerort zu zählen. Die Genauigkeit von Aufzeichnungen kann nach Lagerort überprüft werden; es besteht keine Notwendigkeit, die Bearbeitung von Transaktionen einzuschränken oder Transaktionen und Gesamtzählungen von Hand abzustimmen. Das Ergebnis ist ein drastischer Rückgang der Zeit und des Arbeitsaufwands, um Bestandsaufzeichnungen zu führen, und eine deutliche Zunahme der Bestandsgenauigkeit.

Ein Lagerortsystem ist von wesentlicher Bedeutung. Die Möglichkeiten einer gesteuerten Unterbringung führen zu bedeutenden Einsparungen bei Arbeitskräften und Platz.

Entnahmefunktionen

Zu den typischen funktionellen Notwendigkeiten der Entnahme in einem Lagerhaus gehören folgende:

1. Die Fähigkeit, *die Entnahmewege zu optimieren und die Bearbeitung von Kundenaufträgen in der Reihenfolge der Lagerorte vorauszuplanen*, um die Wege auf ein Minimum zu verkürzen, die das mit der Entnahme beauftragte Personal zurücklegen muß.
2. Die Notwendigkeit, *spezifische Lagerorte für die Entnahme auf der Grundlage von Parametern, wie zum Beispiel Losnummer, Bestandsrotation, primärer Entnahmeort und Auftragsmenge im Vergleich zu Lagerortmenge* auszuwählen. Das System muß auch flexibel sein, um Schwankungen bei FIFO-Anforderungen und bei der Lagerortauswahl zuzulassen.
3. Das Lagerhausverwaltungssystem muß *über die Fähigkeit verfügen, den Bestand auf der Lagerhausebene zu verwalten.* Es muß den verfügbaren Bestand, den zugewiesenen, den gesperrten sowie den entnommenen und/oder versandten Bestand aufzeichnen.
4. Die Notwendigkeit, *volle Schachteln und weniger als volle Schachteln entnehmen zu können.*

Wie bereits gesagt, schafft das Lagerortsystem die Grundlage für eine leistungsfähige Entnahme zur Auftragsbearbeitung. Die Entnahmefunktionen, die ein Lagerhausverwaltungssystem bereitstellt, sind darauf ausgelegt, das Bestehen des Lagerortsystems auszunutzen, um die Leistungsfähigkeit der Entnahme noch weiter zu steigern. Die funktionellen Möglichkeiten eines Verwaltungssystems sind darauf ausgelegt, die von dem Entnahmepersonal zwischen Entnahmen zurückgelegten Wege auf ein Minimum zu reduzieren und die tatsächliche Zeit zu maximieren, die mit der Entnahme verbracht wird. Eine bereichsweise Entnahme ermöglicht es dem Entnahmepersonal, sich auf bestimmte Arten von Lager- oder Transportausrüstungen, Produkttypen oder Entnahmeeinheiten (volle Palette gegenüber voller Schachtel und gegenüber angebrochener Schachtel) zu spezialisieren. Die Standortauswahlparameter sind wichtig, um eine Überalterung von Produkten zu vermeiden und die Anzahl der Lageorte auf ein Minimum zu reduzieren, so daß die Entnahme für einen Auftrag durchgeführt wird. Wenn man auf einer Entnahmeliste den für verschiedene Gegenstände zurückzulegenden Weg vorab festlegt, vermeidet man insbesondere bei Entnahmelisten, die zahlreiche Zeilenpositionen aufweisen, doppelte Wege zurückzulegen. Eine stapelweise Bearbeitung ermöglicht es insbesondere bei der Entnahme einer vollen Schachtel oder einer angebrochenen Schachtel in einem primären oder Vorwärtsentnahmebereich, getrennte Aufträge zusammenzufassen, um die Entnahmezeit zu maximieren, indem man die zwischen Entnahmeorten zurückgelegten Wege auf ein Minimum reduziert.

Versandfunktionen

Die Versandfunktionen sind darauf ausgelegt, die Steuerung von Aufträgen beim Durchlaufen der Stadien der Verpackung, der Kontrolle und des Ladens zu maximieren. Außerdem sind die Erstellung einer Packliste und eines Frachtbriefs sowie die Aktualisierung der Kundenauftragsdatei dazu bestimmt, die manuell zu erledigenden Aufgaben des Personals auf ein Minimum zu reduzieren, dadurch den Arbeitsaufwand zu verringern und die Genauigkeit zu verbessern. Zu den Notwendigkeiten der Versandfunktionen eines Lagerhauses gehören in typischer Weise folgende:

1. Weiterleitung entnommener Waren in bestimmte Zwischenlagerbereiche zur Auftragskontrolle. Das Lagerhausverwaltungssystem weist einen Auftrag einem Zwischenlagerbereich zu, um ein richtiges Ablegen des Auftrags bei der Zwischenlagerung zu gewährleisten. Diese Verwaltung des Zwischenlagerbereichs verringert die Zeit, die das Produkt mit der Zwischenlagerung verbringt. Diese Zeit verringert auch den Umfang des Zwischenlagerplatzes, der erforderlich ist, um den Versandvorgang effizient zu handhaben.
2. Automatische Frachtbrieferstellung nach der abgeschlossenen Entnahme des Auftrags. Dies gewährleistet, daß der Frachtbrief genau die Waren widerspiegelt, die versandt werden.
3. Automatische Aktualisierung von Kundenauftragsdateien während des ganzen Tages. Kunden können den Status ihres Auftrags abfragen. Die Verwaltung kann die Anzahl der Aufträge überprüfen, die noch nicht erledigt sind. Das Lagerverwaltungssystem kann auch eine sofortige Versandbestätigung an das Auftragseingabesystem liefern. Diese sofortige Bestätigung kann die Vorlaufzeit verkürzen, die erforderlich ist, um dem Kunden die Rechnung zu stellen.
4. Bereitstellung von Gewichts- und Rauminhaltsberechnungen für abgehende Sendungen. Diese Berechnungen helfen dabei, die Tätigkeiten der Entnahme und ihre Reihenfolge an einem Tag zu planen. Ein Lagerhausverwaltungssystem kann auch eine Speditionsplanung bereitstellen und jede besondere Anforderung an die Verpackung oder Palettierung vorgeben.

Periodische Zählung

Es gibt zwei verschiedene Szenarien einer periodischen Zählung. Das erste ist die Vornahme einer periodischen Zählung immer dann, wenn während der Unterbringung oder der Entnahme eine Unregelmäßigkeit festgestellt wird. Das zweite ist die routinemäßige periodische Zählung nach Produkt, Bereich oder Lagerort im Einklang mit einem Plan, den das Lagerhaus oder die Finanzabteilung erstellt haben.

Das erste Szenario greift dann, wenn sich ein Mitarbeiter zu einem Lagerort begibt, und dieser ist entweder bei einer Unterbringung voll, enthält das falsche Produkt für eine Entnahme, enthält die falsche Menge für eine Entnahme oder ist bei einer Entnahme leer. Unter allen vier Umständen muß der Mitarbeiter dann eine periodische Zählung vornehmen. Das System fordert den Mitarbeiter auf, zu überprüfen, was sich an diesem Lagerort befindet, um die Bestandsaufzeichnungen zu aktualisieren. Am Ende des Tages kann der Lagerhausleiter einen Bericht ausdrucken, der alle Bestandsdiskrepanzen aufführt, die an diesem Tag gemeldet wurden.

Das zweite Szenario einer periodischen Zählung liegt vor, wenn ein Mitarbeiter aufgefordert wird, eine periodische Zählung als Teil seiner normalen alltäglichen Routine durchzuführen. Dieser Mitarbeiter würde mindestens die Anzahl der periodischen Zählungen vornehmen, wie dies das Lagerhaus und seine Wirtschaftsprüfer festlegen.

In beiden Szenarien einer periodischen Zählung sollte das Lagerhausverwaltungssystem über die Fähigkeit verfügen, festzulegen, wie oft ein Gegenstand im Jahr gezählt werden sollte. Die Häufigkeit dieser Zählungen basiert auf der Beliebtheit dieses Gegenstands. Die meisten Lagerhausverwaltungssysteme legen nicht nur die Häufigkeit fest, mit der ein Gegenstand im Jahr gezählt wird, sondern ändern sie auch auf der Grundlage seiner Beliebtheit.

Bestandsanpassungen

Das Lagerhausverwaltungssystem muß genehmigte Bestandsanpassungen zulassen. Zu genehmigten Anpassungen gehören Kundenrücksendungen, Anpassungen bei periodischen Zählungen usw. Das Lagerhausverwaltungssystem muß in der Lage sein, diese Gegenstände in den Bestand aufzunehmen. Ein Bildschirm ist manchmal vorgesehen, um den Bestand nach Teilenummer und dem Grund für die Anpassung anzugleichen.

Bestandsumlagerung und Bestandsrotation

Das Lagerhausverwaltungssystem muß in der Lage sein, Aufgaben der Bestandszusammenlegung und Bestandsrotation nach Strichcode zu erfüllen. Es ist notwendig, ähnliche Paletteneinheiten zusammenzulegen, um die Auslastung des Lagerplatzes in dem Lagerhaus zu maximieren. Das Lagerhausverwaltungssystem muß die Notwendigkeit erkennen, den Bestand aufzufüllen und den ältesten Bestand an der nahegelegensten Stelle für seinen Versand zu lagern.

Leistungsberichte

Leistungsberichte sind vielleicht der größte Einzelvorteil den ein Lagerhausverwaltungssystem einem Lagerhausleiter bieten kann. Da es eine nachprüfbare Spur aller Aktivitäten im Lagerhaus aufzeichnet, ist der Lagerhausleiter in der Lage, Berichte zu erstellen, die dabei helfen, den Betrieb zu verwalten. Nachstehend folgt eine kurze Liste typischer Leistungsberichte. Diese stehen über die zahlreichen Berichte hinaus zur Verfügung und können durch eine Abfrage der nachprüfbaren Spur erstellt werden, die durch das Lagerhausverwaltungssystem aufgezeichnet wird.

1. Es werden u. a. Kundendienstberichte erzeugt, die die Anzahl der ausgeführten Aufträge, Versandfehler, Kundentendenzen usw. hervorheben.
2. Es können Bestandsgenauigkeitsberichte gedruckt werden, die nicht nur die wertmäßige Genauigkeit des Bestandes dokumentieren, sondern auch die Genauigkeit der Zählung messen. Darin spiegelt sich am deutlichsten wider, wie gut ein Lagerhaus seinen Bestand verwaltet.
3. Es werden Auftragsgenauigkeitsberichte erstellt, die den Prozentsatz der korrekt versandten Aufträge hervorheben.
4. Es können Platzauslastungsberichte gedruckt werden, die den freien Platz im Lagerhaus und den Prozentsatz der Füllung jedes Lagerortes dokumentieren. Platzauslastungsberichte werden dazu verwendet, Trends in der Lagerung zu melden.
5. Arbeitsproduktivitätsberichte dokumentieren das Niveau der Aktivität oder Leistung einzelner Mitarbeiter und des Lagerhauspersonals als Ganzem. Diese Berichte können aktivitäts- oder leistungsgestützt sein.
6. Es können Artikelbewegungsberichte erstellt werden. Sie weisen die Geschichte der Bewegungen und der Verwendung jedes Artikels aus. Diese Protokolle werden benutzt, um die Ursachen von Beschädigung und Verlust sowie von Versand-, Eingangs- und Lagerfehlern zu erkennen.

Alle obengenannten Notwendigkeiten sind wertschöpfende Funktionen und würden mit den Zielen der körperlichen betrieblichen Prozesse der meisten Lagerhäuser im Einklang stehen. Die obigen Funktionen dienen dazu, den echten Grund für die Einrichtung eines Lagerhausverwaltungssystems hervorzuheben: Ihre betrieblichen Prozesse zu steuern.

Materialtransportschnittstellen

Über die Anleitung des Lagerhauspersonals hinaus, bestimmte Aufgaben im Lagerhaus zu erfüllen, kann ein Lagerhausverwaltungssystem auch verschiedene Arten von Materialtransport- und Lagersystemen steuern und/oder mit ihnen zusammengeschaltet werden. Zu Ausrüstungen dieser Art gehören horizontale Karussellwagen, automatisierte Lager- und Entnahmesysteme, automatisch gelenkte Fahrzeug- und Fördersysteme. Lagerhausverwaltungssysteme können auch mit Manifesterstellungssystemen, Portosystemen, fertigungsbegleitenden Waagen und Frachttarifsystemen zusammengeschaltet werden.

Rechtfertigungen des Systems

In einem intelligenten Lagerhaus sind Computersysteme, Materiatransportsysteme, Lagerausrüstungen und Menschen zu einer einzigen zusammenhängenden Arbeitseinheit integriert. Die Qualität von Informationen wird in hohem Maße verbessert. Verbesserte Informationen führen wiederum zu weniger Fehlern, ebenso zu einer Minimierung unproduktiver Arbeitsstunden. Das Minimieren von Fehlern und die Verbesserung der Produktivität der Arbeit führt zu einem besseren Kundendienst und damit zu höheren Verkaufszahlen. Letzere fördern das Wachstum.

Nachdem die Qualität der Informationen erreicht ist, muß die Vorlaufzeit von Informationen verkürzt werden, dies führt zu einer schnelleren Reaktion auf Kundenwünsche. Eine schnellere Reaktion auf Kundenwünsche sichert die Zufriedenheit der Kunden und das Wachstum noch mehr. Sobald einmal Fehler ausgeräumt und die Vorlaufzeiten von Informationen minimiert sind, ist die Zufriedenheit der Kunden garantiert. Das Lagerhaus hat sein Kundenziel erreicht und ist zu einer wahrhaft leistungsfähigen Einheit geworden, die die Zufriedenheit der Kunden maximiert. Der letzte Schritt besteht dann darin, diese Informationen dazu zu verwenden, die Nutzung von Platz, Ausrüstung und Arbeitskräften zu optimieren. Abbildung 24.3 ist eine Darstellung der Vorteile eines intelligenten Lagerhausverwaltungssystems.

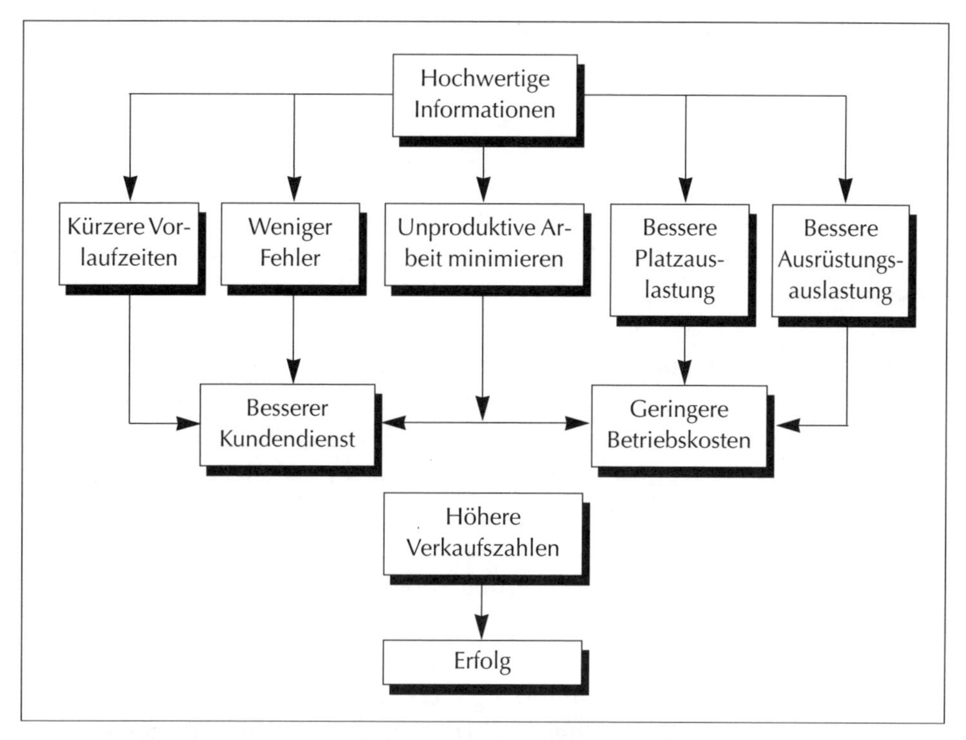

Abbildung 24.3: Die Vorteile eines Lagerhausverwaltungssystems

Das erste Merkmal eines intelligenten Systems besteht in null Informationsfehlern. Es gibt zwei Arten von Fehlern:

1. Fehler, die den Kundendienst betreffen und
2. Fehler, die den Betrieb des Lagerhauses betreffen.

Fehler, von denen Kunden betroffen sind, müssen ausgeräumt werden.

Es ist eine wohlbekannte Tatsache, daß schlechte Informationen zu einem ungenauen Bestand führen. Was nicht immer verstanden wird, ist die weitreichende Wirkung, die ein ungenauer Bestand auf einen Betrieb haben kann. Zu den Kosten eines ungenauen Bestands gehören folgende:

1. Entgangene Verkäufe
2. Unerledigte Aufträge
3. Überbestände
4. Übermäßige Sicherheitsbestände
5. Nicht eingehaltene Zeitpläne

6. Niedrige Produktivität der Arbeitskräfte
7. Übermäßige Terminhetze
8. Überschüssiger Versand
9. Hoher Veralterungsgrad

Hundertprozentig genaue Bestandsaufzeichnungen haben eine drastische Wirkung nicht nur auf den Betrieb des Lagerhauses, sondern auch auf das Gesamtgeschäft.

Die erste Methode, mit der ein intelligentes Lagerhaus null Fehler erreicht, ist eine hundertprozentige Überprüfung von Informationen. Ein Lagerhaus erhält, lagert, entnimmt und versendet Waren. Wenn ein Produkt erstmals eingeht, wird es überprüft und bekommt einen Strichcode, um dann in das Verwaltungssystem eingegeben zu werden. Alle zukünftigen Bewegungen werden entsprechend diesem Strichcode verfolgt. Das Produkt ist jetzt unzweideutig gekennzeichnet. Eine große Möglichkeit für Nachverfolgungsfehler ist jetzt nicht mehr vorhanden.

Die zweite Methode, mit der ein intelligentes Lagerhaus null Fehler im Kundendienst erreicht, sind systemgesteuerte betriebliche Prozesse. Jeder Vorgang des Wareneingangs, der Unterbringung, der Entnahme und des Versands ist systemgesteuert. Das Produkt bewegt sich nur dann, wenn das System dies vorgibt, und der Mitarbeiter kann die Bewegung nur abschließen und mit dem nächsten Vorgang weitermachen, wenn der vorherige Vorgang als richtig überprüft ist. Bedienerfehler auf Grund von verlegtem Bestand oder der Sorglosigkeit eines Mitarbeiters gibt es jetzt nicht mehr.

Die dritte Methode, mit der ein intelligentes Lagerhaus null Fehler im Kundendienst erreicht, besteht in einer ständigen periodischen Zählung. Da jeder Vorgang in einem intelligenten Lagerhaus systemgesteuert ist, kennt das System den Status jedes Lagerorts. Wenn das System eine Palette zu einem Lagerort leitet und dieser Lagerort nicht leer ist, verlangt das System eine Korrektur des Bestandes dieses Lagerorts. Bestandsfehler werden bei der ersten Gelegenheit erkannt. Infolgedessen gibt es praktisch keine unerledigten Aufträge mehr auf Grund von Bestandsdiskrepanzen und auch nicht mehr die Notwendigkeit, jedes Jahr teure physische Bestandsaufnahmen durchzuführen.

Tatsächlich werden alle Probleme in Verbindung mit einem ungenauen Bestand durch null Informationsfehler auf ein Minimum reduziert. Zu diesen

Einsparungen kommt es über Einsparungen hinaus, die in anderen Bereichen zu erkennen sind; dazu gehören weniger übergroße Fertigungsläufe und niedrigere Kosten auf Grund von Fertigungsunterbrechungen wegen nicht verfügbaren Materials. Genaue Informationen haben eine bedeutende Wirkung auf alle Aspekte Ihres Betriebs.

Null Informationsvorlaufzeiten

Eine vollständige Informationskontrolle führt zu hochwertigen Informationen. Sobald diese einmal erreicht sind, muß die Vorlaufzeit für Informationen verkürzt werden. Allmählich wird sich die Informationsvorlaufzeit Null annähern. Wenn dies geschieht, ist die Informationsseite der Gleichung des intelligenten Lagerhauses vollständig.

Es gibt zwei Arten von Informationsvorlaufzeiten: kundenorientierte und lagerhausorientierte. Kundenorientierte Vorlaufzeiten beziehen sich auf die Zeit, die es dauert, um Kundenauftragsdaten an das Lagerhaus zu übermitteln und zurückzuerhalten. Kundenorientierte Daten, die an das Lagerhaus gehen, bedeuten im allgemeinen Informationen, die entweder manuell oder durch elektronischen Datenaustausch in das Dateneingabesystem des Unternehmens gelangen. Diese Informationen werden dann entweder auf Papier oder elektronisch an das Lagerhaus weitergeleitet. Um kundenorientierte Informationsvorlaufzeiten gleich Null zu erreichen, müssen diese Informationen elektronisch weitergeleitet werden, wie sie im System des Unternehmens empfangen werden.

Kundenorientierte Informationen, die das Lagerhaus verlassen, bedeuten Versanddaten, die auf Papier oder elektronisch dem Kunden übermittelt werden. Frachtbriefe und Packlisten werden nicht vorgedruckt. Man gibt sie in Druck, wenn der Auftrag vollständig ist, um eine genaue Zählung des versandten Materials wiederzugeben. Diese Informationen werden dann elektronisch dem Kunden übermittelt, so daß der Kunde für einen vorgesehenen Empfang planen kann.

Die zweite Art von Informationen ist lagerhaus-betriebsbezogen. Dabei handelt es sich um Daten, die dazu verwendet werden, das intelligente System zu leiten. Diese Informationen sind transaktionsgestützt und liefern Angaben darüber, was entnommen oder untergebracht wurde. Durch das Aufzeichnen der Transaktion und die Verbindung mit den kundenorientierten Daten kann eine Vielzahl von Berechnungen durchgeführt werden.

Dazu gehören u. a. Ladepläne für Lastwagen, Frachttarife, Personalbedarf und andere Prioritäten. Die Vorlaufzeit der Lagerhausdaten muß gleich null sein, um diese Aufgaben zu optimieren.

Zu diesem Zeitpunkt ist die Qualität der Informationen hoch. Die Vorlaufzeit der Informationen ist kurz. Der Kundendienst hat sich gebessert. Der nächste Schritt besteht darin, die betrieblichen Prozesse besser zu gestalten.

24.7 Verbesserung der betrieblichen Prozesse des Lagerhauses

Der erste Schritt, der zu tun ist, um die betrieblichen Prozesse eines Lagerhauses zu verbessern, besteht darin, die Produktivität der Arbeit zu steigern. Die Zunahme der Verarbeitungsgeschwindigkeit von Computern ermöglicht die Entwicklung von Algorithmen, die die Produktivität der Arbeit maximieren, weil sie es ermöglichen, mehr Entscheidungen zu bewerten, bevor die nächste Aufgabe zugewiesen wird. Es wurde bereits festgestellt, daß systemgesteuerte betriebliche Prozesse erforderlich sind, um Fehler zu verringern. Gesteuerte betriebliche Prozesse verbessern auch die Produktivität der Arbeit. Die Mitarbeiter müssen nicht mehr über den nächsten Vorgang nachdenken, denn das System erledigt das Denken. Auf je mehr unerledigte Aufgaben das System zurückgreifen kann, um eine Entscheidung zu treffen, desto optimaler ist diese Entscheidung. Intelligente Lagerhausverwaltungssysteme verwenden Techniken der Verschachtelung von Arbeitsaufgaben, um die Produktivität der Arbeit zu maximieren.

Es gibt fünf Faktoren, die berücksichtigt werden müssen, um die Arbeit zu optimieren:

- Standort des Mitarbeiters,
- Verfügbarkeit der Ausrüstung,
- das Setzen von Prioritäten bei Aufgaben,
- Warteschlangenzeiten und
- Kritizität von Aufgaben.

Ein intelligentes Lagerhaus muß diese Faktoren ansprechen und optimieren. Die Methode, mit der ein intelligentes Lagerhaus die Arbeit optimiert, ist die Verschachtelung von Arbeitsaufgaben und damit die Fähigkeit, Zuweisungen von Arbeiten und Ausrüstungen auf der Grundlage von Arbeitsaufgaben in einer Warteschlange zu optimieren. Verschachtelung bezieht sich auf die Tatsache, daß das System über die Fähigkeit verfügen muß, die nächste Arbeitsaufgabe aus einer Warteschlange mit allen unerledigten Tätigkeiten auszuwählen, nicht nur aus einem Modul oder einer Teilgruppe von Arbeiten. Verschachtelung erweitert den Aufgabenbereich, der einem Mitarbeiter zur Verfügung steht, und verkürzt dadurch zurückzulegende Wege. Wenn zurückzulegende Wege verkürzt werden, führt dies zu einem direkten Anstieg der Produktivität von Arbeitskräften. Das Lagerhausverwaltungssystem muß über vielfältige Fähigkeiten verfügen, um eine Aufgabenverschachtelung zu ermöglichen. Das System muß Aufgaben in der Warteschlange mit einer Datum- und Zeitangabe versehen und sie verwalten, eine Methodik der zurückzulegenden Wege enthalten und im Echtzeitbetrieb arbeiten. Wenn diese und andere Anforderungen erfüllt sind, ist eine Aufgabenverschachtelung möglich. Ohne eine Verschachtelung ist die Optimierung der Arbeit marginal.

Das Nettoergebnis eines Lagerhausverwaltungssystems bedeutet eine Steigerung der Produktivität von Fahrern auf Grund der nachstehenden Punkte:

1. Verringerung der Fahrzeit auf Grund der kürzeren Zeit, die ein Fahrer damit verbringt, nach einem Produkt zu suchen.
2. Optimierung der zurückgelegten Entfernungen und Wege.
3. Weniger Umlagerung.
4. Vergeudete Fahrerzeit auf Grund des Mangels an einer ABC-Lagerphilosophie.

Diese Einsparungen der Arbeitszeit entstehen durch verkürzte Dateneingabe aufgrund weniger Eingabezeit über Tastatur und durch Rückgang von Dateneingabefehlern.

Ein zusätzlicher Vorteil bei besserer Auslastung der Arbeitskräfte besteht in einem Zuwachs der Auslastung von Ausrüstungen. Verbesserungen der Auslastung von Ausrüstungen können in Zukunft zu niedrigeren Investitionsausgaben und niedrigeren Wartungskosten führen.

Das vierte Merkmal eines intelligenten Lagerhausverwaltungssystems ist eine verbesserte Platzausnutzung. Da der Bestand genauer ist, stehen mehr Lagerorte für die Unterbringung und Lagerung zur Verfügung. Verbesserte Bestandsgenauigkeit und systemgesteuerte betriebliche Prozesse ermöglichen höhere Lagerdichten. Das traditionelle Problem, daß die Produktivität der Arbeiter darunter leidet, wenn die Lagerauslastung zunimmt, ist nicht mehr so groß. Die Aspekte des Jagens und Suchens bei Entnahme und Unterbringung sind beseitigt.

Über die Verbesserung der Platzausnutzung hinaus wird auch der Zwischenlagerbedarf verringert. Das Produkt muß nicht mehr so lange zwischengelagert werden. Sobald eine Palette mit einem Strichcode versehen und überprüft ist, kann sie untergebracht werden. Dieser schnellere Umschlag führt zu einem geringeren Zwischenlagerbedarf.

Intelligente Systeme verwenden auch Techniken der direkten Weiterleitung, um den Transport- und Lagerbedarf herabzusetzen. Zur direkten Weiterleitung bestimmtes Material geht ein, wird zwischengelagert und versandt, ohne erst in die Lagerung einbezogen zu werden. Da das Produkt nicht wirklich untergebracht wird, verringert sich der Lagerplatzbedarf. Nur ein intelligentes System, das über die Fähigkeit verfügt, Wareneingänge, Kundenaufträge und Materialbewegungen vorauszusehen, kann die Möglichkeiten einer direkten Weiterleitung optimieren.

Schließlich verringert ein intelligentes Lagerhaus den Lager- und Transportbedarf durch Umlagerung. Wenn die Gesamtauslastung des Lagers auf Grund einer Wabenbildung unter einen akzeptablen Wert fällt, implementiert das System ein Umlagerungsprogramm. Teilweise belegte Lagerorte werden zusammengefaßt, und Materialien werden entsprechend ihrer richtigen Gassentiefe neu angeordnet. Eine Wabenbildung wird auf ein Minimum reduziert. Infolgedessen bessert sich die Platzausnutzung.

Die letzte Rechtfertigung eines Lagerhausverwaltungssystems besteht in einer besseren Kontrolle durch die Unternehmensleitung. Dadurch, daß Daten und betriebliche Prozesse der Unternehmensleitung besser sichtbar gemacht werden, kann sie den Betrieb effizienter leiten und hat eine direkte Auswirkung auf das Endergebnis.

Die Realisierung eines intelligenten Lagerhausverwaltungssystems

Die erste Maßnahme in Richtung Realisierung besteht darin, Ihre Bedürfnisse zu dokumentieren. Dazu gehören betriebliche Verfahren, Transaktionsstufen sowie Platz-, Ausrüstungs- und Arbeitskräftebedarf. Eine Dokumentation Ihrer Bedürfnisse macht ein umfassendes Verständnis der Methoden erforderlich, mit denen das Lagerhaus betrieben wird. Wenn Sie

Ihre Bedürfnisse dokumentieren, sollten Sie versuchen, nicht nur die Gegenwart zu definieren, sondern auch danach streben, die betrieblichen Prozesse ungeachtet bestehender Beschränkungen zu optimieren. Sie dürfen Ihre Paradigmen nicht das Potential ihrer betrieblichen Prozesse einschränken lassen. Nur deshalb, weil Sie es schon immer so gemacht haben, oder weil jedermann in der Branche so vorgeht, bedeutet nicht, daß Sie die Regeln nicht ändern können. Die Dokumentation Ihrer Bedürfnisse muß ein Denken widerspiegeln, das ungezwungen ist. Wenn Sie ein Denken dieser Art nicht leisten können, sollten Sie es ins Auge fassen, einen unabhängigen Berater heranzuziehen, der Ihnen dabei hilft zu definieren, welche Möglichkeiten Sie haben.

Der zweite Schritt besteht darin, Ihre Bedürfnisse in eine funktionelle Angebotsspezifikation umzusetzen. Eine Angebotsspezifikation definiert klar und deutlich Ihre Bedürfnisse in einem Format, das es Lieferanten ermöglicht, ein Angebot für Ihr System abzugeben. Die Spezifikation muß knapp, darf aber nicht restriktiv sein.

Die funktionelle Angebotsspezifikation wird sich als der Scheideweg des Projekts erweisen. Eine schlecht geschriebene Spezifikation führt zu Zweideutigkeit und manchmal zu einer Katastrophe. Zwei vollständig unterschiedliche Interpretationen können einer einzigen Illustration entnommen werden. Diese Probleme werden vermieden, wenn Sie Ihre Bedürfnisse klar verstehen und dokumentieren, bevor Sie eine formelle Verpflichtung eingehen.

Der dritte Schritt ist, einen Lieferanten auszuwählen. Wenn Sie die Merkmale eines intelligenten Verwaltungssystems verstanden haben, Ihre Bedürfnisse dokumentiert und eine knappe funktionelle Angebotsspezifikation geschrieben haben, ist dies ein leichter Teil. Der Lieferant versteht Ihre Erwartungen, und hoffentlich wird er dabei helfen, Ihre Systeme Wirklichkeit werden zu lassen.

Häufige Fallgruben

In den neunziger Jahren spielt Software eine immer bedeutendere Rolle im Betrieb unseres Lagerhauses. Ein Großteil der Ausrüstung, die wir erwerben, wird eine Schnittstelle zu einem Computersystem benötigen. Diese Anforderungen stellen Ihre Fähigkeiten auf eine harte Probe. Sie werden Vorgaben für die Anforderungen an Ihr System festlegen müssen und dabei helfen, das System zu implementieren. Sie werden mit dem System leben müssen.

Schlechte und hastig getroffene Entscheidungen haben eine drastische Auswirkung auf Ihren Betrieb. Es gibt Dutzende von belegten Erfolgsgeschichten, die erzählen, wie die Umstellung eines Lagerhauses auf Computerbetrieb funktioniert. Erfolgsgeschichten erzählen nichts von dem Kampf, der daran beteiligt ist, zu einer erfolgreichen Fallstudie zu werden. Letztere bereiten den Lagerhausleiter gewiß nicht auf die Herausforderungen vor, die vor ihm liegen und dann noch sehr viel schwieriger zu meistern sind, wenn man auf eine unerwartete Fallgrube trifft. Was wir also mit Ihnen teilen möchten, sind einige der Fehlerquellen, die mit der Implementierung von Software in einem Lagerhaus vom Blickpunkt des Lagerhausleiters aus verbunden sind.

Wenn man die Vorteile eines Lagerhausverwaltungssystems falsch versteht

Ein Lagerhausverwaltungssystem ist kein Bestandssuchsystem. Ein Suchsystem sucht nach einem Bestand, lokalisiert und verwaltet ihn. Ein Lagerhausverwaltungssystem ist ein integriertes Paket, das aus HF-Datenübertragungsgeräten, dedizierter lokaler Computerhardware, automatischer Erkennungsausrüstung und der notwendigen Anwendersoftware besteht. Es funktioniert so, daß die Kosten in Verbindung mit Platz, Ausrüstungen und Arbeitskräften auf ein Minimum reduziert werden, und in Echtzeit steuert und verwaltet es Arbeitskräfte, maximiert die Auslastung von Ausrüstungen und lokalisiert und kontrolliert den Bestand.

Ziemlich oft wird ein Bestandssuchsystem mit einem Lagerhausverwaltungssystem verwechselt. Der bedeutende Unterschied zwischen den beiden besteht darin, daß das Suchsystem die Arbeitskräfte nicht verwaltet. Es ist zwar richtig, daß ein Suchsystem die für eine Entnahme notwendigen Wege minimieren kann, aber es ist nicht in der Lage, die gesamte Arbeit zu optimieren, indem es die Unterbringung, die Entnahme und andere Aufgaben im Lagerhaus steuert. Mehr als fünfzig Prozent der Zeit eines Staplerfahrers kann damit verbracht werden, daß er leer fährt. Ein Lagerhausverwaltungssystem kann dabei helfen, einen Teil dieser Zeit zu nutzen, indem es Unterbringungs- und Entnahmeaufgaben in einer Echtzeitumgebung miteinander verbindet. Ein Suchsystem kann dies nicht.

Wenn Sie es versäumen, Ihre Bedürfnisse zu erkennen

Wenn Sie es versäumen, Ihre Bedürfnisse zu dokumentieren, wie wollen Sie dann wissen, was von dem System verlangt wird? Wenn Sie einen neuen Lieferwagen für Ihr Geschäft kaufen wollen, und Sie haben kein Budget im Kopf und sich nicht im voraus gründlich informiert, wie wollen Sie diesen Wagen dann kaufen? Sie werden diesen Lieferwagen wahrscheinlich aus einem Impuls heraus und nicht auf der Grundlage von Wert oder Notwendigkeit kaufen. Der Lieferwagenverkäufer hat ihr Bedürfnis diktiert. Bedauerlicherweise kaufen viele von uns auf diese Weise Lagerhausverwaltungssysteme.

Viele Firmen nehmen Kontakt zu Lieferanten von Lagerhausverwaltungssystemen auf, bevor sie ihre Bedürfnisse verstehen. Dieser Ansatz macht sowohl dem Käufer als auch dem Verkäufer Probleme. Der Lieferant muß beträchtliche Zeit damit verbringen, bei der Definition Ihrer Bedürfnisse zu helfen, und das kostet Zeit und Geld. Wenn dem Lieferanten eine vage oder schlecht definierte Spezifikation vorgelegt wird, wird er ein Angebot ausarbeiten müssen, das auf Spekulation basiert. Dieses spekulative Angebot enthält einen „Sicherheitsfaktor", um der Unsicherheit in der Definition des Systems Rechnung zu tragen. Der Lieferant wendet beträchtliche Zeit und auch Geld auf, um eine Angebotsspezifikation zusammenzustellen, und jemand muß dafür bezahlen. Sie ziehen Nutzen daraus, wenn Sie dem Lieferanten die Arbeit erleichtern, Ihnen ein Angebot vorzulegen.

Probleme entstehen auch dadurch, wenn man einen einzigen Lieferanten auswählt, der Ihnen dabei helfen soll, Ihre Bedürfnisse zu erkennen. Wenn Sie sich auf eine einzige Quelle festlegen, um ein Lagerhausverwaltungssystem auszuwählen, wird die zu einer Darstellung Ihrer Bedürfnisse und Anforderungen führen, die zu den Parametern der besonderen Lösung dieses Lieferanten paßt, einer Lösung, die für Sie möglicherweise nicht die beste oder kostengünstigste ist. Die Lösung des Lieferanten ist die beste, die in den Rahmen der Parameter des Lieferanten paßt, aber nicht notwendigerweise ihrer Parameter. Wenn Sie sich dabei nicht wohl fühlen, ihre Bedürfnisse festzustellen, sollten Sie eine neutrale Partei heranziehen, um Ihnen dabei zu helfen. Schränken Sie Ihre Optionen nicht ein, und unterlassen Sie die Lösung Ihrer Probleme nicht, indem Sie die Ausarbeitung der Definition Ihrer Bedürfnisse beschneiden.

Funktion gegenüber Entwurf

Der Wunsch, eine Entwurfsangebotsspezifikation im Gegensatz zu einer funktionellen Angebotsspezifikation zu entwickeln, kann sich verheerend auswirken. Wer ist der Experte in den Funktionen Ihres Betriebes? Sie sind es. Wer ist der Experte im Entwurf des Lagerhausverwaltungssystems? Der Lieferant ist es. Weshalb sollten Sie dem Lieferanten sagen, wie er die Software entwerfen soll? Weshalb sollte Ihnen der Lieferant sagen, wie Ihre betrieblichen Prozesse funktionieren sollten? Sagen Sie dem Lieferanten, was Ihre funktionellen Anforderungen sind. Aus der Erfahrung und dem Softwarepaket des Lieferanten wird sich ergeben, wie Ihren Funktionen zu entsprechen ist. Wenn dem Lieferanten ein gewisser Ermessensspielraum eingeräumt wird, wird der Umfang der kundenspezifischen Anpassung minimiert. Durch eine Minimierung der kundenspezifischen Anpassung werden die Software-Entwicklungskosten niedrig gehalten. Dies kann wieder zu bedeutenden Einsparungen für Sie, den Käufer, führen, und daraus kann sich seinerseits ein besseres System für Sie, den Endbenutzer, ergeben.

Das zweite Problem bei einer Entwurfsangebotsspezifikation besteht darin, daß die Last jetzt auf dem Käufer ruht, zu spezifizieren, wie die Bedürfnisse erfüllt werden sollen. Sie haben dem Lieferanten gesagt, was Sie wollen und wie Sie wollen, daß es der Lieferant erledigt. Der Lieferant wird Ihnen dann ein System vorlegen, das diesen Anforderungen entspricht. Aber wird dieses System Ihre Lösungen optimieren? Wahrscheinlich nicht. Werden Sie auf Grund einer funktionellen Angebotsspezifikation, die dem Lieferanten einen gewissen Ermessensspielraum beim Entwurf einräumt, ein System erhalten, das die erforderlichen Funktionen ausübt? Wenn Sie den richtigen Lieferanten ausgewählt haben, lautet die Antwort ja. Aber denken Sie daran, wer der Experte auf welchem Gebiet ist.

Wenn Sie vergessen, wer der Boß ist

Ein Verständnis der Rolle des Lagerhauses und der Informationssystemabteilung ist der erste Schlüssel zu einer erfolgreichen Implementierung. Die Informationssystemabteilung unterstützt die wertschöpfenden Funktionen der Lagerhaltung und der Fertigung. Jedes Produkt hat drei Werte: einen funktionellen Wert, einen zeitlichen Wert und einen örtlichen Wert. Die Fertigung schafft den funktionellen Wert, indem Sie ein Produkt herstellt, das den Bedürfnissen des Kunden entspricht. Die Lagerhaltung sorgt für einen zeitlichen und örtlichen Wert, indem Sie das Produkt zur richtigen Zeit an die richtige Stelle bringt. Die Informationssystemabteilung liefert Informationen, die die betrieblichen Prozesse unterstützen, die den Wert schaffen. Sie können ein Lagerhaus oder eine Fertigungseinrichtung ohne Informationssystemabteilung betreiben und immer noch über ein Produkt verfügen und einen Wert schaffen. Sie können eine Informationssystemabteilung betreiben, aber ohne den Betrieb eines Lagerhauses oder einer Fertigungseinrichtung gibt es kein Produkt und keinen Produktwert.

Das Produkt ist es, das dem Unternehmen Gewinn bringt. Wir dürfen diese Tatsache nicht aus dem Auge verlieren. Information ist etwas, das nicht von wenigen bewahrt, sondern das von vielen geteilt werden soll, gleichzeitig soll sie die Gruppen unterstützen und nicht isolieren, die den größten Nutzen aus dieser Information ziehen. Lassen Sie sich nicht auf einen Weg zwingen, den Sie später möglicherweise bedauern. Wenn jemand versucht, Sie davon zu überzeugen, ein System zu verwenden, das nicht Ihren Bedürfnissen entspricht, dann tun Sie es nicht. Denken Sie daran, Sie müssen mit dem System leben.

Unrealistische Zeitplanung

Eine ehrgeizige Zeitplanung eines Projekts mag auf Papier gut aussehen, kann aber zu einer schmerzvollen Mahnung werden, wenn diese Planung nicht eingehalten wird. Erwartungen, betriebliche Entscheidungen und zukünftige Verkaufsstrategien, sie alle hängen von Ihrem geplanten Fertigstellungstermin ab. Es ist wichtig, daß Sie die Leute nicht irreführen, die an diesen Entscheidungen und Strategien beteiligt sind. Eine ehrgeizige Zeitplanung kann sehr viel mehr Leute betreffen, als im Lagerhaus arbeiten.

Ein Zeitplan mit einem fernen, sicheren und unrealistischen Fertigstellungstermin ist jedoch gleichermaßen gefährlich. Wenn es sich bei dem Projekt um ein Neun-Monate-Projekt handelt, dann *sagen* Sie es. Ein Sechs-Monate-Projekt kann möglicherweise zu einer Betriebsunterbrechung führen, wenn das Ziel nicht erreicht wird, aber ein Fünfzehn-Monate-Projekt kann das Projekt zum Scheitern verdammen, bevor es nur genehmigt ist. Lassen Sie sich nicht in die eine oder andere Richtung zu einer unrealistischen Einschätzung der geplanten Zykluszeit drängen.

Kundenspezifische Anpassung des Üblichen

„Mann, wäre es nicht großartig, wenn das Lagerhausverwaltungssystem wichtige Sendungen je nach dem Sicherheitsstandard des Spediteurs planen könnte?“ Ja, das *wäre* großartig, aber wäre es auch kostengünstig? Es ist toll, wenn Sie Ihren Kopf in den Wolken haben, während Sie die Anforderungen an Ihr Lagerhausverwaltungssystem dokumentieren, aber nur dann, wenn Sie mit den Füßen auf dem Boden bleiben, während Sie die Funktionsmerkmale des Systems festlegen. Der Wunsch, ein kundenspezifisches Softwarepaket zu verwenden, kann sich ruinös auswirken. Wenn es möglich ist, die Funktionsmerkmale Ihres Systems zu ändern, um Ihr Problem mit einer bewährten Lösung zu beheben, dann sollte ein Versuch gemacht werden, die Funktionsmerkmale mit dieser bewährten Lösung anzusprechen. Automatisieren Sie Ihre Lösung nicht, und bauen Sie keine Luftschlösser. Sobald ein kundenspezifisches Paket einmal begonnen hat auseinanderzufallen, ist es sehr zeitaufwendig, den Prozeß umzukehren. Die Software ist einmalig, das Problem ebenfalls, und für die Lösung des Problems gibt es nur eine einmalige Lösung.

Testen

„Wenn wir in die Nähe des Abschlusses des Projekts gelangen, legen wir den Zeitplan für das Testen fest.“ Wenn Sie gern blind mit dem Finger auf etwas deuten, dann ist dies der Ansatz, den Sie wählen sollten. Wenn Sie andererseits wollen, daß das Projekt ohne Überraschung endet, dann sollten Sie die Parameter für die Abnahmeprüfungen zu Beginn des Projekts vereinbaren. Software ist eine inexakte Wissenschaft. Es ist wahrscheinlicher, als dies nicht der Fall ist, daß die Software Fehler oder Merkwürdigkeiten aufweist, die behoben werden müssen. Lassen Sie das Ende des Projekts nicht herankommen, und die Prüfkriterien sind immer noch ein Diskussionsgegenstand. Verknüpfen Sie die abschließenden Zahlungen mit dem Testplan. Damit stellen Sie sicher, daß der Lieferant zu fünfundneunzig Prozent fertig ist und nicht aufhört, bevor er ganz fertig ist. Die Prüfkriterien sind Ihre letzte Schutzmaßnahme. Seien Sie kein Narr, und setzen Sie diese Sicherheit nicht aufs Spiel.

Verkaufen

Lagerhausleiter sehen sich nicht gern als Verkäufer. Aber Tatsache ist, daß Sie das System verkaufen müssen, wenn Sie das System wollen. Es wird Widerstand gegen Ihre Vorstellungen geben. Andere Leute denken vielleicht, daß sie wissen, was am besten für Sie ist. Stellen Sie sicher, daß das, was Sie als das Beste für sich *halten*, auch am besten für Sie *ist.* Wenn Sie Ihre Bedürfnisse definieren, sind Sie in einer starken Position, Ihre Bedürfnisse zu verkaufen. Wenn Sie sich in eine starke Position dafür bringen, erhöhen Sie Ihre Chancen, das System zu bekommen, was Sie wirklich benötigen. Lassen Sie sich von den Bits und Bytes nicht unterkriegen. Um Immobilienmakler zu paraphrasieren, das Wichtigste bei einem Lagerhausverwaltungssystem ist Funktion, Funktion, Funktion. Um Ihre Funktionen zu verkaufen, müssen Sie erst Ihre Bedürfnisse kennen.

Inflexibilität des Systementwurfs

„Die Software muß bei der Softwarefirma 123 EZ gekauft werden, und die Software muß auf eine ACME-Computerplattform laufen." Viele Leute werden in dieser Aussage Humor oder vielleicht auch Angst finden. Die Lösungen wurden vorgeschrieben, bevor die Bedürfnisse definiert sind. Eine der größten Herausforderungen, denen das Lagerhaus begegnen muß, wenn es ein Lagerhausverwaltungssystem einführen will, besteht darin, daß die Informationssystemabteilung dem Lagerhaus eine Hardwareplattform und ein Softwaresystem aufzwingt. Sie müssen als Lagerhausleiter erst Ihre Bedürfnisse feststellen, bevor Sie eine Lösung finden können, um diesen Bedürfnissen zu entsprechen. Wenn zwei und zwei vier und zweimal zwei vier ist, bedeutet dies, daß dreimal drei sechs ist? Natürlich nicht. Jede Lösung für eine Anwendung muß festgelegt werden. Wenn Sie Ihre Bedürfnisse erkennen, ist es schon richtig, daß sich einige Lösungen ähneln können, aber in den meisten Fällen werden unsere Probleme wie Additions- und Multiplikationstabellen aussehen. Alle Bedürfnisse müssen erkannt und verstanden sein, bevor eine Hardwareplattform und ein Softwaresystem festgelegt werden können.

25 Versorgungskettenwirtschaft

JAMES D. HALL
Inhaber,
A. T. Kearney, Inc.

Versorgungskettenwirtschaft ist eine Methode, den physikalischen Fluß von Produkten von der Quelle bis zur Verwendungsstelle zu steuern, indem man die Möglichkeiten von Lieferanten, Herstellern, Absatzkanalpartnern und Kunden aufeinander ausrichtet. Versorgungskettenwirtschaft ist auch ein Werkzeug, um einen anhaltenden Wettbewerbsvorteil zu erreichen. Sie unterstützt sowohl differenzierungsgestützte als auch kostengestützte Strategien. Die Methode der Versorgungskettenwirtschaft trägt zu einer Weltklasseleistung bei, indem sie über die funktionelle Vortrefflichkeit und die kreuzfunktionelle Integration hinausgeht. Sie konzentriert sich auf die Praktiken, deren sich verschiedene Geschäftszweige bedienen, um zusammen das Produkt zu erzeugen und den Kundendienst zu leisten. Sie integriert alle Mitglieder der wertschöpfenden Kette, um eine Leistung auf einem höheren Niveau zu erzeugen, als sie individuell erreicht werden kann. Praktiken der Versorgungskettenwirtschaft schaffen eine Integration der Versorgungskette, die zu einer überragenden geschäftlichen Leistung führt.

Die Integration der Versorgungskette bedient sich einer Vielzahl von Geschäftspraktiken, wie zum Beispiel der bedarfssynchronen Fertigung, der schnellen Reaktion sowie der laufenden Auffüllung. Die Kunst der Versorgungskettenwirtschaft besteht darin, die entsprechenden Praktiken in einer Weise zu mischen, in der auf allen Stufen der Tätigkeitskette von der Quelle bis zur Lieferung die Produktivität gesteigert und der Wert erhöht wird. Die Integration der Versorgungskette bietet Kunden einen höheren Wert, indem Tätigkeiten koordiniert werden, um die Kosten für alle Beteiligten zu senken und um Wert zu schaffen, indem doppelte oder nicht wertschöpfende Funktionen beseitigt werden. Die Versorgungskettenmethode erkennt, daß Kunden Lieferanten nicht einfach nur auf der Grundlage von Produktattributen und -verfügbarkeit bewerten. Wert erstreckt sich über den Preis hinaus und beinhaltet auch Gesamtkosten und Service. Innovation kann neue Märkte schaffen, Qualität erlaubt eine langfristige Präsenz, aber eine Unterscheidung von der Konkurrenz kann nur mit einer Fähigkeit erreicht werden, die den Wert gegenüber Kunden erhöht und Gewinnspannen schützt.

Fortschritt und Erfolg einer Versorgungskettenwirtschaft sollten im Vergleich zu Zielen gemessen werden. Die Integration einer Versorgungskette soll vergleichsweise zu folgenden Zielen bewertet werden:

- *Service:* Erhalten Kunden das, was Sie bestellt haben, dann, wenn sie es wollen, und in der Art und Weise, wie sie es wollen?
- *Kosten:* Ist der Nettopreis bei Anlieferung für den Endabnehmer im Hinblick auf Service und Zeitbedarf optimiert?
- *Werte:* Gibt es innerhalb der Versorgungskette einen Bestand, um nur der Unbeständigkeit des Bedarfs von Kunden zu begegnen oder Wirtschaftlichkeit zu schaffen?
- *Zeit:* Ist die Zykluszeit von der Quelle bis zur Lieferung nur durch physikalische Zwänge begrenzt?

Die Integration der Versorgungskette wird in einer Vielzahl von Wirtschaftszweigen praktiziert. Die gegenwärtigen Techniken und Praktiken können zwar auf spezifische Probleme und Geschäftsmerkmale des Lieferanten, Herstellers, Absatzkanalpartners und Kunden zugeschnitten werden, aber die Vorteile einer Integration der Versorgungskette stehen allen zur Verfügung.

25.1 Die Versorgungskettenwirtschaft in der Praxis

In der Automobilindustrie integrieren Hersteller und Lieferanten Bauteilmontage und Endmontage, um zu einer fertigungssynchronen Lieferung von Bauteilen zu gelangen. Das Endmontagewerk erhält nur die Bauteile, die für den spezifischen Fertigungsplan benötigt werden, so daß Pufferbestände, Verlagerungen und ein zusätzlicher Transport vermieden werden. Der Endmontagestandort übermittelt den detaillierten Fertigungsplan erst Stunden vor der Montage an die Lieferanten. Der Bauteilelieferant schließt die Montage entsprechend den Modellen ab, die herzustellen sind, stellt die Bauteile dann in der Reihenfolge des Fertigungsplans zusammen, so daß die Bauteile direkt an die Verwendungsstelle geliefert werden können. Der Produktfluß zwischen dem Lieferanten und dem Hersteller ist integriert, während gleichzeitig der Service für die Fertigung aufrechterhalten bleibt.

Hersteller und Einzelhändler im Bereich von Konsumgütern praktizieren die Integration der Versorgungskette, um besser auf die Verbrauchernachfrage zu reagieren, ohne doppelt in den Bestand an Fertigerzeugnissen investieren zu müssen. Führende Unternehmen haben Programme für ein ständiges Auffüllen der Absatzzentren von Einzelhändlern aufgestellt, um für einen besseren Lagerservice zu niedrigeren Kosten zu sorgen. Einzelhändler melden tägliche Verkaufsdaten sowie die Werte von Lageraufträgen und Beständen an Hersteller, die dann die richtige Auffüllmenge festlegen, um sowohl einen hochwertigen Service als auch einen schnellen Lagerumschlag zu erreichen. In diesem Beispiel einer Integration der Versorgungskette übernimmt der Hersteller die Verantwortung dafür, die Auftragsmenge festzulegen. Praktiker berichten von drastischen Zuwächsen des Lagerumschlags und bedeutenden Gewinnen aus dem Verkauf.

Praktiken der Integration der Versorgungskette können auf einmalige Branchensituationen abgestimmt werden. Ein führender Händler für Krankenhausmaterial bietet ein Programm an, um Produkte für das Krankenhaus unter Umgehung einer Lagerung und eines Transports innerhalb des Krankenhauses direkt an die Pflegestation zu liefern. Aufträge werden auf der Grundlage des Verbrauchs der Pflegestation erteilt, und die Auffüllung erfolgt direkt aus dem Bestand des Händlers. Rechtzeitigkeit und Genauigkeit sind entscheidend, und dennoch ist damit ein ganzer Schritt des traditionellen Produktflusses nicht mehr erforderlich, so daß Betriebskosten und Investitionen gesenkt werden.

Diese Beispiele einer Integration der Versorgungskette aus verschiedenen Bereichen illustrieren die universelle Anwendbarkeit der Methode der Versorgungskettenwirtschaft auf den Produktfluß von der Quelle bis zur Anlieferung beim Kunden. Eine Konzentration auf Service, Kosten, Werte und Zeit bringt, wenn sie mit kreativem Denken verknüpft werden, neue Ansätze für traditionelle Geschäftspraktiken hervor. In den zitierten Beispielen wird die Verantwortung für einige Prozesse zwischen Absatzkanalpartnern verschoben: Lieferanten von Kraftfahrzeugteilen stellen Aufträge in der Reihenfolge der Produktion zusammen, Hersteller von Konsumgütern legen die Mengen fest, die in den Absatzzentren von Einzelhändlern aufgefüllt werden müssen, und Händler im Bereich von Gesundheitspflegeprodukten halten ihre Bestand und ihre Vertriebsmöglichkeiten für Kunden bereit. Die Vorteile dieser Veränderungen sind nicht nur in der Vermeidung struktureller Kosten und in Verbesserungen der Produktivität zu sehen, sondern auch in der Schaffung stärkerer Partnerschaften zwischen denen, die die Versorgungskette bilden. Die Beziehungen können sich von einer auf den Preis konzentrierten gegnerischen Wechselwirkung zwischen Käufer und Verkäufer zu einer Beziehung wechselseitiger Abhängigkeit und wechselseitigen

Gewinns wandeln. Denn am Ende strebt die Integration der Versorgungskette danach, ein gewinnträchtiges Wachstum für alle zu schaffen, die die Kette bilden.

25.2 Prozesse der Versorgungskette

Die Integration der Versorgungskette verknüpft Lieferanten, Hersteller, Absatzkanalpartner und Kunden mit Hilfe von Prozessen, die von der Auftragserstellung bis zur Belieferung des Kunden eingesetzt werden. Jeder Partner in der Versorgungskette sollte die anderen unterstützen, um höhere Produktivität, Werte und Zufriedenheit beim Kunden zu schaffen. Prozesse, die gut aufeinander ausgerichtet sind, führen zu besserem Service, niedrigeren Fertigungskosten, geringeren Vertriebskosten und höherer Qualität. Die Schlüsselprozesse der Versorgungskette sind in Abbildung. 25.1 dargestellt.

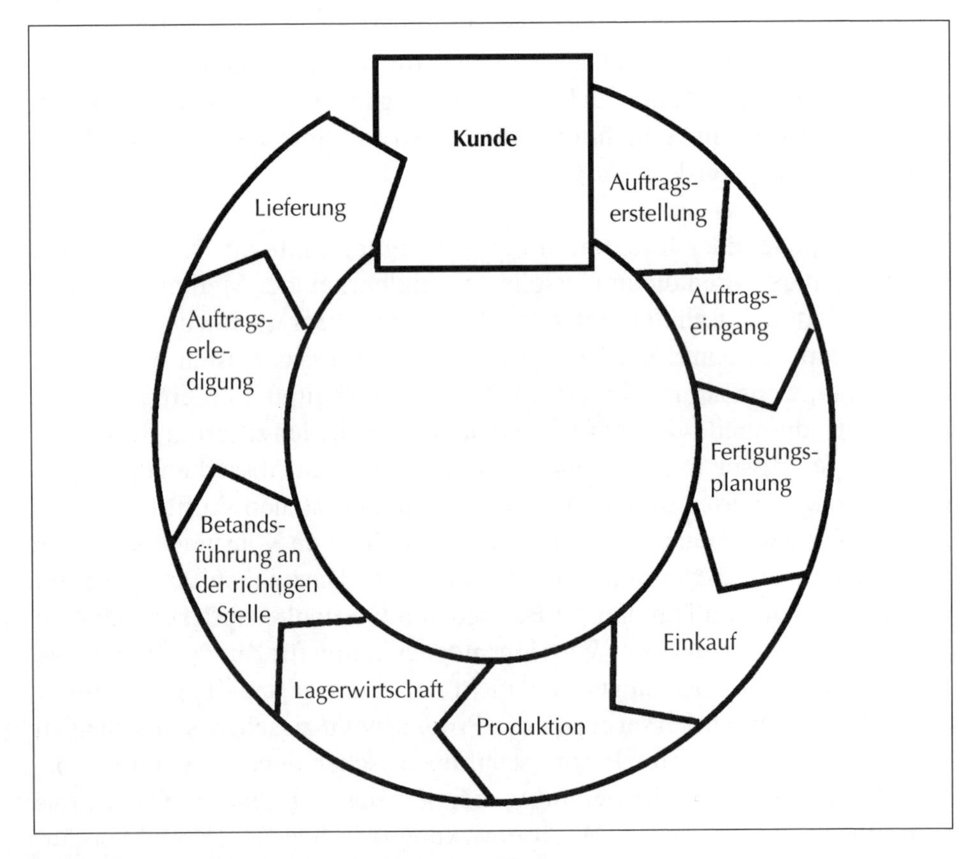

Abbildung. 25.1: Die Prozesse der Versorgungskette

Jeder dieser Prozesse hat einen eindeutigen Output und das Potential zur Folge, zur Integration der Versorgungskette beizutragen.

Die Auftragserstellung führt zur Entscheidung des Kunden über Menge, Häufigkeit und Zusammensetzung eines Auftrags. Die Möglichkeit, Preisstrukturen und Anreize zu steuern, schafft das Potential, diese Beziehungen aufzubauen, in denen der Kunde Produkte in einer Weise erhält, die seine geschäftlichen Ziele unterstützt, während der Lieferant Aufträge in einer Weise erhält, die seine geschäftlichen Ziele unterstützt. Einige Kunden haben möglicherweise den Wunsch, große Mengen einzelner Artikel direkt am Fertigungsstandort abzuholen. Andere benötigen vielleicht kleinere Mengen zahlreicher Produkte in geringen Zeitabständen. Einige akzeptieren eventuell lange Vorlaufzeiten, während andere eine Lieferung am nächsten Tag benötigen. Eine Integration der Versorgungskette mit Hilfe des Prozesses der Auftragserstellung erfordert ein tiefgreifendes Verständnis der Marketingstrategie, der Fähigkeiten der Konkurrenz und der Kostenstrukturen. Führende Unternehmen richten in diesem Bereich betriebliche Möglichkeiten ein, die ihren Kunden Alternativen bei der Auftragserstellung gestatten. Aber diese Möglichkeiten sind mit Service, Zeit und Kosten verknüpft, die gesteuert werden, um einen gegenseitigen Vorteil zu erlauben.

Der Prozeß des Auftragseingangs ermöglicht es, auf die Wünsche eines Kunden einzugehen. Die Gelegenheit, die Methode des Auftragseingangs zu steuern, schafft das Potential, Marketingstrategien zu festigen, Absatzmöglichkeiten zu schaffen und Beziehungen aufzubauen. Eine Integration der Versorgungskette mit Hilfe des Prozesses des Auftragseingangs erfordert eine gründliche Kenntnis der Anforderungen von Kunden, ihrer Geschäftspraktiken und der Technologie. In der Integration der Versorgungskette führende Unternehmen stellen eine Vielzahl von Methoden des Auftragseingangs bereit, so daß Kunden ihren Auftrag in der Art und Weise erteilen können, die sie wünschen. Elektronischer Datenaustausch von Computer zu Computer und Sprachausgabe erweitern traditionelle, aber oft wirksame Methoden, wie zum Beispiel Telefon oder Post.

Die Fertigungsplanung legt den Standort, die Menge und den Zeitplan für die Produktherstellung fest. Die Möglichkeit, Verbrauch und Fertigung zu koordinieren, schafft das Potential, Investitionen in Fertigerzeugnisse, Lagerraum und Transportkosten auf ein Minimum zu reduzieren. Eine Fertigung näher an der Bedarfsstelle minimiert das Risiko einer Veralterung oder Nachbearbeitung. Für Hersteller von Modeartikeln reduziert sie die Kosten von Preisnachlässen auf ein Minimum. Für Hersteller von Produkten mit einer kurzen Haltbarkeit trägt zu sie hochwertigeren Produkten für den Verbraucher bei. Eine Integration der Versorgungskette erfordert Verknüpfungen zwischen Einkauf, Fertigung und Kunden, um die zahlreichen Ziele jedes von ihnen in einer Weise ins Gleichgewicht zu bringen, daß Gesamtziele erreicht werden. In der Integration der Versorgungskette führende Unternehmen haben die Fertigungsverfahren und die analytischen, aber schnellen Planungswerkzeuge eingeführt, die eine Hebelwirkung auf die Flexibilität der Fertigung haben, um Kundenziele zu erreichen und gleichzeitig die Produktivität aufrechtzuerhalten.

Der Prozeß des Einkaufs führt zu Entscheidungen über die Beschaffungsquelle, die gekaufte Menge, die Häufigkeit des Einkaufs und die Zusammensetzung des Auftrags. Richtige Entscheidungen maximieren die Verfügbarkeit und minimieren Kosten. Um richtige Entscheidungen zu treffen, sind eine detaillierte Kenntnis von Anforderungen an die Fertigung sowie ein gründliches Verständnis jeder der geschäftlichen Antriebskräfte des Lieferanten erforderlich. Eine Integration der Versorgungskette wandelt den Beschaffungsprozeß von einer gegnerischen Beziehung, die vor allem auf dem Preis basiert, in eine partnerschaftliche Beziehung auf der Grundlage der Gesamtkosten um. In der Integration der Versorgungskette führende Unternehmen legen kundenspezifische Auftragsmengen und -frequenzen auf der Grundlage eines gegenseitigen Verständnisses der Tätigkeiten, die erforderlich sind, um das Material auf der Seite des Lieferanten herzustellen, und des Prozesses fest, durch den das Material in der Fertigung eingesetzt wird. Kundenspezifische Transportprogramme werden oft durch den Lieferanten und den Hersteller gemeinsam entwickelt, um die Gesamtkosten zu steuern und Produktivität auf beiden Seiten zu schaffen.

Der Prozeß der Fertigung erzeugt das Produkt. Eine Integration der Versorgungskette wird durch einen Fertigungsprozeß gestärkt, der über Flexibilität und Reaktionsbereitschaft verfügt. Die Vorteile einer Koordination zwischen dem Kunden und dem Hersteller gehen verloren, wenn der Fertigungsprozeß nicht in der Lage ist, routinemäßig mit Qualitätserzeugnissen zu reagieren.

Der Prozeß der Lagerwirtschaft legt die verfügbaren Produkte fest, um auf den Kundenbedarf zu reagieren. Eine Unternehmensstrategie der Produktion auf Lager oder der auftragsbezogenen Produktion schafft unterschiedliche Probleme, aber das Ziel bleibt dasselbe. Die Möglichkeit, Einzelbestandsinvestitionen zwischen dem Lieferanten und dem Hersteller oder dem

Hersteller und dem Kunden festzulegen, schafft durch die Integration dieses Prozesses einen potentiellen Vorteil in Form eines geringeren Kapitaleinsatzes. Ein Ziel, das sich darauf beschränkt, auf die Unbeständigkeit des Kundenbedarfs zu achten oder für Wirtschaftlichkeit in der Fertigung oder für eine Beschaffung zu sorgen, die die Nettokosten bei Anlieferung senkt, stellt ein eingeengtes Ziel dar. In der Integration der Versorgungskette führende Unternehmen sorgen für eine gemeinsame Nutzung von Bedarfs- und Bestandsdaten durch die Partner. Eine Übertragung der Verantwortung für den Bestand auf den Hersteller mit klar festgelegten Leistungszielen erlaubt es jeder Partei, Nutzen daraus zu ziehen und sich gemeinsam einer Partnerschaft für Leistung verpflichtet zu fühlen.

Bestandsführung an der richtigen Stelle legt den Standort der Produkte fest, die auf einen Auftrag warten. Entscheidungen über eine Bestandsführung an der richtigen Stelle haben einen großen Einfluß auf die Kundendienstparameter Auftragszykluszeit und Auftragserledigung. Eine Bestandsführung an der richtigen Stelle bietet eine Gelegenheit, durch Reaktionsbereitschaft und Servicequalität einen Wettbewerbsvorteil zu schaffen. Die Investition eines Herstellers in einen Bestand kann durch ihre Hebelwirkung zu einem wertschöpfenden Angebot werden, das an die Stelle der Investition des Kunden tritt. In der Integration der Versorgungskette führende Unternehmen führen ihren Bestand an der richtigen Stelle, um nicht nur Zykluszeiten einzuhalten und Verfügbarkeitsziele zu erreichen, sondern auch, um es mehreren Parteien in der Versorgungskette zu ermöglichen, Nutzen aus einer Investition zu ziehen.

Auftragserledigung führt zur Zusammenstellung von Produkten, die den Wünschen des Kunden entsprechen. Die Möglichkeit, einen Auftrag kundenspezifisch zusammenzustellen, bietet das Potential, zusätzlichen Wert zu schaffen, indem doppelte Bemühungen und Umladungen vermieden werden. Eine Integration der Versorgungskette mit Hilfe der Auftragserledigung erfordert ein detailliertes Verständnis der Anforderungen des Kunden, Flexibilität bei der Auftragsauswahl und leistungsfähige Prozesse, die einen gegenseitigen Vorteil ermöglichen. Führende Unternehmen schaffen die Möglichkeiten, um auf eine breite Palette von verlangten Auftragszusammenstellungen zu reagieren, und die Flexibilität, daß jede Methode routinemäßig eingesetzt werden kann. In fortgeschrittenen Beispielen erübrigt der Prozeß der Auftragserledigung durch den Hersteller oder Händler die Notwendigkeit eines solchen beim Kunden, und das Produkt wird einsatzbereit an die Verwendungsstelle geliefert.

Der Prozeß der Lieferung führt zu Zykluszeit, Liefergenauigkeit und Ankunftsqualität des Kundenauftrags. Die Gelegenheit, Sendungen und Beförderungsunternehmen zu steuern, sorgt für die zusätzliche Möglichkeit, den Zyklusbestand auf ein Minimum zu reduzieren, Pufferbestände zu verkleinern und Produktivität zu schaffen. Eine Integration der Versorgungskette mit Hilfe des Prozesses der Lieferung erfordert eine sorgfältige Überwachung der Transportwirtschaft, eine Bindung an langfristige Geschäftsbeziehungen und eine Bereitschaft, in einer Partnerschaft mit anderen zu handeln. In der Integration der Versorgungskette führende Unternehmen bedienen sich fast ausschließlicher Beziehungen zu Beförderungsunternehmen, die ihrerseits in die Ausrüstung, die Technologie und das Managementwissen investieren, mit denen sie sowohl den Hersteller als auch seine Kunden besser unterstützen.

Die Prozesse innerhalb der Versorgungskette können auf eine breite Palette von Geschäftszweigen angewendet werden. Indem sie sich auf die Prozeßoutputs konzentrieren, entwickeln fortschrittliche Unternehmen neue Geschäftspraktiken, die bessere Ergebnisse erzielen. Ohne eine ergebnisorientierte Prozeßmethode sind Versuche, einen echten Durchbruch bei Partnern in der Versorgungskette zu erreichen, möglicherweise nicht erfolgreich. Die Aufmerksamkeit kann sich auf funktionelle Leistung konzentrieren, und Tradeoffs zwischen Funktionen und Absatzkanalpartnern sind möglicherweise nicht zu erreichen. Eine Integration der Versorgungskette muß daher anhand der Leistung und nicht anhand der Technik beurteilt werden. Erhält der Endkunde, was er bestellt hat, zu dem Zeitpunkt, wenn er es will, und in der Art und Weise, wie er es will? Sind die Nettokosten bei Anlieferung beim Endverbraucher im Hinblick auf Anforderungen an Service und Zeit optimiert? Gibt es innerhalb der Versorgungskette einen Bestand, um nur der Unbeständigkeit des Bedarfs von Kunden zu begegnen oder Wirtschaftlichkeit zu schaffen? Ist die Zykluszeit von der Quelle bis zur Lieferung nur durch physikalische Zwänge begrenzt?

25.3 Die Integration der Versorgungskette

Die Einführung einer Versorgungskettenwirtschaft erfordert die Einbeziehung der obersten Geschäftsleitung. Eine Integration der Versorgungskette kann zu grundlegenden Veränderungen in den Beziehungen zwischen Absatzkanalpartnern führen. Derartige Veränderungen bedürfen der uneingeschränkten Unterstützung und des Engagements der obersten Führungskräfte. Außerdem verlangt die Methode der Versorgungskettenwirtschaft eine kulturelle Veränderung innerhalb eines Unternehmens. Verbleibende Schranken zwischen Funktionen müssen weggeräumt werden. Eine Integration mit Lieferanten oder Kunden erfordert eine neue Denkweise, die durch die entsprechende Organisation, Anreize und Leistungsmessungen unterstützt werden muß. Sobald das Engagement für eine Integration der Versorgungskette einmal erreicht ist, können spezifische Maßnahmen eingeleitet werden, um Gelegenheiten einer Versorgungskettenwirtschaft zu erkennen.

Das Erkennen von Gelegenheiten für eine Integration der Versorgungskette erfordert eine tiefgreifende Kenntnis der auf die Zufriedenheit von Kunden gerichteten Ziele, eine Dokumentation der bestehenden Versorgungskettenwirtschaft und ein Verständnis der Praktiken, die in anderen Geschäfts- und Industriezweigen eingesetzt werden. Auf dieser Grundlage wird eine durchdachte Analyse Lücken in Praktiken oder Lücken in ihrer Ausführung enthüllen und kann so zu einem Maßnahmenplan führen, der Prioritäten setzt. Dieser Ansatz ist in Abbildung 25.2 dargestellt.

Das Festlegen der Ziele, die auf eine Zufriedenheit von Kunden gerichtet sind, erfordert eine quantitative Analyse der Anforderungen von Kunden und eine Analyse ihrer betrieblichen Probleme. Die Anforderungen von Kunden an zahlreiche Kriterien, wie zum Beispiel Auftragszykluszeit, Liefergenauigkeit, Artikelverfügbarkeit und Auftragsabwicklungsrate können

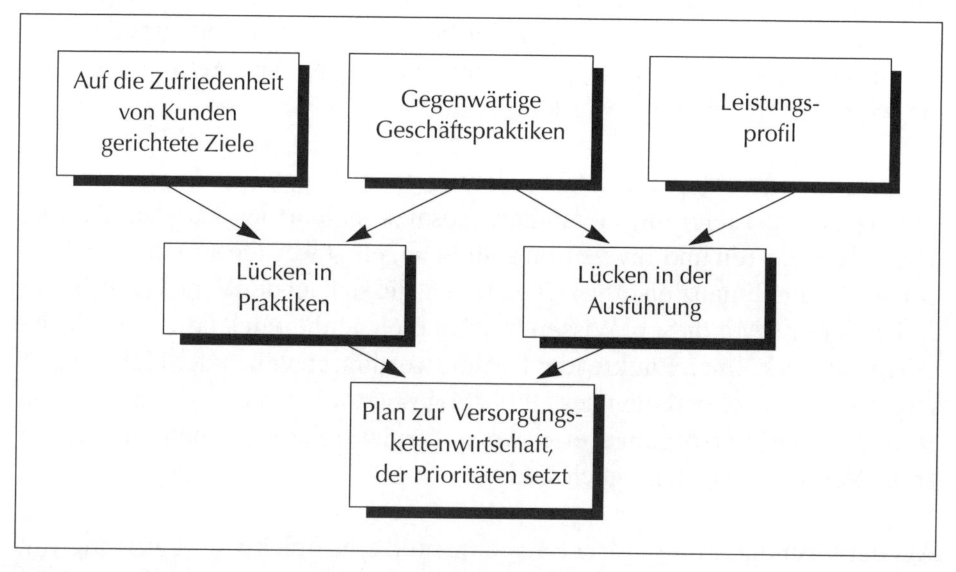

Abbildung 25.2: Die Integration der Versorgungskette

mit einer Vielzahl von Erhebungsmethoden festgestellt werden. Das Verständnis der echten betrieblichen Probleme des Kunden ist jedoch gewöhnlich eine größere Herausforderung, erbringt aber mehr potentielle Gelegenheiten, die an die Oberfläche treten, um sie die Versorgungskette entlang zu integrieren. Es ist bei dieser Analyse wichtig, Unternehmensstragien, Differenzierungen, Servicestrategien, Infrastruktur und Organisationsstruktur zu verstehen. Wissen, das in dieser Untersuchung gewonnen wird, hat das Potential, Gelegenheiten für einen gegenseitigen Vorteil durch eine Integration der Versorgungskette zu enthüllen.

Das Verstehen der gegenwärtigen Geschäftspraktiken erfordert eine Fähigkeit, nicht nur zu erklären, wie geschäftliche Schlüsselprozesse ablaufen, sondern auch, was diesen Prozeß antreibt. Wenn man sich eines Rahmens auf der Grundlage von geschäftlichen Prozessen bedient, trägt dies dazu bei, sich in Richtung auf eine Integration der Versorgungskette zu bewegen, denn Prozesse bringen Ergebnisse hervor. Damit verfügt eine Reihe von Funktionsmanagern und Mitgliedern der Versorgungskette über ein Hilfsmittel, ihre Wirkung und ihren Beitrag zum Geschäftsergebnis zu beschreiben. Große Beachtung muß dem Erkennen der Regeln, Anschauungen, Werte und Prinzipien geschenkt werden, die in einen geschäftlichen Prozeß einbezogen sind. Sobald geschäftliche Schlüsselprozesse einmal verstanden werden, ist es möglich, diese Prozesse im Vergleich zu anderen Unternehmen in einer Vielzahl von Wirtschaftszweigen zu bewerten, um am besten zu verstehen, wie Prozesse angesprochen werden. Ein Vollzug dieser Schritte gewährleistet die Analyse einer Integration der Versorgungskette und birgt das Verständnis bestehender Geschäftspraktiken und alternativer Methoden in sich, die von anderen eingesetzt werden.

Das Leistungsprofil quantifiziert Leistung über die gesamte Länge der Versorgungskette: Lieferant, Hersteller, Absatzkanalpartner und Kunde. Die Maße Zeit, Kosten und Investition sollten angelegt werden, um die Service-, Qualitäts- und Finanzleistung zu verstehen, die sich an der Versorgungskette entlang ergibt. Mit diesem Wissen werden Gelegenheiten an die Oberfläche treten, und es können Punkte identifiziert werden, an denen der Hebel anzusetzen ist. Punkte, an denen der Hebel angesetzt werden kann, bedeuten die Stellen in der Versorgungskette, wo mit einer relativ kleinen Investition große Verbesserungen möglich sind.

Auf der Grundlage dieser drei Bausteine muß eine objektive Bewertung von Lücken in Praktiken und Lücken in ihrer Ausführung erfolgen. Potentielle

Verbesserungsmöglichkeiten können enthüllt, und ihnen können Prioritäten zugewiesen werden, so daß Bemühungen, die für eine Integration der Versorgungskette eingeleitet wurden, wesentliche Vorteile erbringen.

25.4 Zusammenfassung

Eine Versorgungskettenwirtschaft trägt dazu bei, finanziellen Erfolg und Erfolg auf dem Markt zu erreichen. Die integrierte Beförderung von Materialien über die Versorgungskette kann Zufriedenheit beim Kunden aufbauen und die Leistung verbessern. Eine Versorgungskettenwirtschaft bedarf keines gewaltigen Maßstabs und keines riesigen Umfangs. Sie erfordert ein einsichtiges Nachdenken über die Prozesse, deren man sich bedient, um Produkte herzustellen, zu bewegen und zu verkaufen. Funktionelle Vortrefflichkeit wird von Unternehmen heute erwartet. Eine Versorgungskettenwirtschaft geht darüber hinaus, indem sie die Fähigkeiten von Lieferanten, Herstellern, Absatzkanalpartnern und Kunden besser aufeinander ausrichtet, um die Zufriedenheit des Kunden zu steigern und eine bessere Leistung zu erzielen. Ein Wettbewerbsvorteil wird weitgehend Maßnahmen entspringen, die sich auf den Service konzentrieren – das Ergebnis einer intelligenten Leistung gegenüber Lieferanten und Kunden. Die Versorgungskettenwirtschaft stellt eine Methode bereit, um dieses Ziel Wirklichkeit werden zu lassen.

26 Logistik durch Fremdfirmen

RUSSELL A. GILMORE, III
President,
The Focus Group, Inc.

In den achtziger Jahren zog die Logistik durch Fremdfirmen in Großbritannien mehr Aufmerksamkeit auf sich als in den Vereinigten Staaten. Eine Lagerhaltung durch Fremdfirmen war weit verbreitet, und der Aufbau von Logistikpartnerschaften diente schon seit langem dazu, einen Wettbewerbsvorteil zu erlangen.

In den Vereinigten Staaten dachte das höhere Management an Logistik als eine stützende Tätigkeit, die in einem Einkaufs- oder Marketingbudget versteckt war, und sie erhielt selten die Aufmerksamkeit der obersten Geschäftsleitung. In diesem Jahrzehnt gelangen den Unternehmen jedoch bedeutende Durchbrüche im Hinblick auf einen vortrefflichen Kundendienst und die Entwicklung echter Qualitätssysteme, um den Produktwert zu erhöhen und Abfall zu vermeiden. Programme für die Fertigungssynchron und die Direktlieferung gewannen Interesse, wenn diese Programme in ihrem Anfangsstadium vielleicht auch nicht mehr getan haben, als den Bestand im integrierten Logistikkanal umzuordnen.

Dieselben Unternehmen begannen zu prüfen, ob es richtig war, Vertrauen in die Vorstellung zu setzen, daß der Konzern alle Schritte von der Rohstoffbeschaffung bis zur Lieferung von Fertigerzeugnissen an den Endkunden mit gleicher Fertigkeit und Kostenwirksamkeit erledigen konnte. In den späten achtziger Jahren begann eine Bewegung, den Konzern „neu zu erfinden", um ihn sich auf seine Kernkompetenz konzentrieren und intern erledigen zu lassen, was er am besten kann, während man nach Fremdfirmen suchte, um andere Tätigkeitsbereiche zu unterstützen.

Gleichzeitig war die Informationstechnik längst auf ihrem Weg. Die Kosten je Transaktion gingen für die Computertechnik schnell zurück, und es wurde Software entwickelt, um die Kosten der Logistik genau von anderen zu trennen, so daß man Tätigkeiten im Bereich der Logistik wirkungsvoll unterstützen und den Güterstrom im Logistikkanal steuern konnte. Der starke Nachdruck darauf, Bestand durch Informationen zu ersetzen, eröffnete Fremdfirmen im Bereich Logistik Möglichkeiten einer Wertschöpfung zu erschwinglichen Kosten für Firmen, die versuchten, ihre Konkurrenzfähigkeit zu verbessern.

Der Zweck dieses Kapitels besteht darin, dem Leser dabei zu helfen, Verständnis für die Logistik durch Fremdfirmen zu gewinnen, ihre Effektivität für die Firma zu bewerten und Kriterien dafür zu entwickeln, eine Fremdfirma als Partner auszuwählen.

26.1 Das Verstehen einer neuen Fremdfirmenumgebung

Im letzten Jahrzehnt hat sich das Interesse von Firmen, die Teilbereiche der Logistik abdecken, dahingehend erweitert, daß sie zusätzliche Logistikleistungen anbieten. Im Laufe der letzten drei Jahre nahm jedoch die Anzahl der Logistikfirmen mit einem umfassenden Serviceangebot drastisch zu. Eine Reihe von Faktoren hat zu diesem Zuwachs beigetragen. Bedenken Sie einige Antworten auf die beiden nachstehenden Fragen:

1. Welche Katalysatoren haben den Weg für Bewertungen einer Logistik durch Fremdfirmen geebnet?

- Gesteigertes Bewußtsein von der Bedeutung der Logistik für die oberste Geschäftsleitung
- Rückkehr zur Kernkompetenz – Fertigungsunternehmen lernen, wie Dinge *nicht* gemacht werden dürfen
- Aktueller Trend, Tätigkeiten an Fremdfirmen zu vergeben, die Unternehmenskapital zweckentfremden
- Nachdruck auf zurückgehende Personalbestände

2. Welche Vorteile bringen diese Fremdfirmen mit sich?[1]

- Sie bieten betriebliche Flexibilitäten mit flexiblen Ressourcen, um sich ändernden Bedürfnissen ohne Veralterung zu begegnen.
- Sie verbessern die wirtschaftlichen Daten der Bilanz, weil sie Kapitalinvestitionen in Lagerhäuser, Material-Transportausrüstungen und private Flotten unnötig machen.
- Sie werten das Personal auf, das Fachwissen über Systeme, Logistik und Marketing ohne die Investition gewinnt, die erforderlich wäre, um die Fähigkeiten der eigenen Mitarbeiter auf dem neuesten Stand zu halten.
- Sie entwickeln eine Strategie. Eine Logistik durch Fremdfirmen zwingt

zur Entscheidungsfindung und neigt dazu, interne Blockaden in der Kommunikation aufzubrechen. Um erfolgreiche Erfahrungen mit Fremdfirmen zu machen, muß ein Unternehmen erst seine Erwartungen und Anforderungen definieren, bevor es eine Beziehung mit einer Fremdfirma eingeht.
- Sie sind ein Katalysator für Veränderung. Durch Erfahrungen über andere Wirtschaftszweige hinweg können Fremdfirmen ihre Erfahrung in der Logistik bewerten und maximieren. Wenn man sich außerhalb der eigenen Branche nach Bewertungsdaten umsieht, rückt dies ganz andere Bewertungsergebnisse in den Blickpunkt und kann in vielen Fällen dazu führen, daß die logistische Leistung die Erwartungen übertrifft.

Wie das Feld der Logistik ständig erweitert wird, um zusätzliche geschäftliche Prozesse einzubeziehen, ist dies auch mit der Liste der Leistungen der Fall, die von Logistikfirmen angeboten werden. Abbildung 26.1 illustriert die vielen verschiedenen Leistungen, die an Fremdfirmen vergeben werden können. Jahrelang war die Beteiligung von Fremdfirmen an der Logistik auf Frachtzahlungsprogramme für bestimmte Lager- oder Transporttätigkeiten beschränkt. Jetzt hat sich die Liste verbreitert, so daß sie auch Tätigkeiten enthält, die früher für eine Vergabe an Fremdfirmen nie in Betracht gezogen wurden.

Die Anzahl der Unternehmen, die als Fremdfirmen Logistikleistungen erbringen, hat sich bedeutend vergrößert. Viele Mitspieler, die über eine Abdeckung von Teilbereichen einer integrierten Logistik schon frühzeitig der Branche angehörten, sind zum Beispiel LKW-Speditionen, Luftfrachtspeditionen, Bahnfrachtführer und nationale Lagerhausketten. Jetzt spielen einige dieser Unternehmen die Hauptrolle in der Branche und sind durch den Erwerb vieler kleinerer Firmen gewachsen. Außerdem haben Auslandsinvestitionen Mittel für eine noch weitere Konsolidierung großer integrierter Logistikunternehmen bereitgestellt. Darüber hinaus haben Unternehmen, die sich traditionell nur einem Segment der integrierten Logistik, wie zum Beispiel dem LKW-Ferntransport gewidmet haben, bedeutende Investitionen in Einrichtungen, Mitarbeiter und Systeme getätigt, um als Unternehmen zu gelten, das Leistungen aus einer Quelle anbietet.

Einige dieser Unternehmen haben die Definition der integrierten Logistik so weit getrieben, daß sie über Partnerschaften in dedizierten Allianzen mit anderen Fachbetrieben, die Experten in einem bestimmten Teil des Logistikprozesses sind, Gesamtpakete anbieten. Dies ermöglicht es einem finan-

Was können Sie an Fremdfirmen vergeben?

Hier ist eine Zusammenstellung von Leistungen, die von zahlreichen Fremdfirmen erhältlich sind. Betrachten Sie dies als Ausgangspunkt für eine Untersuchung. Bewerten Sie Ihre Bedürfnisse, und sprechen Sie dann mit den Dienstleistungsunternehmen, wie diesen Bedürfnissen am besten entsprochen werden kann.

1. *Verwaltung von Anlagegütern*
   - Kapitalanlagen vermeiden
   - Flexible Ressourcen
   - Konjunkturzyklische Hochs und Tiefs abflachen
2. *Marketing*
   - Märkte anpeilen oder testen
   - Märkte erobern – im Inland oder weltweit
   - Nebenbereiche bedienen
   - In Zonen aufgeteilter Verkauf
   - Mehrfachstrategien für den Kundendienst
3. *Beschaffung*
   - Lieferantenterminierung
   - Unterschiedliche Leistungen aus einer Quelle
   - Verwaltung des gesamten Verteilungssystems
4. *Verpackung/Etikettierung*
   - Differenzierung der Verpackung für den Inlands- oder für internationale Märkte
   - Umverpackung
   - Außenverpackung
   - Wertverpackung
   - Schrumpfverpackung
   - Etikettierung
   - Preisauszeichnung
   - Auszeichnung für bestimmte Regionen oder Märkte
   - Zusammenstellung von Display-Palettenpackungen
   - Displays für Verkaufsstellen
5. *Transport*
   - Verwaltung zeitempfindlicher Leistungen und beschleunigter Transporte
   - Garantierte Liefertermine
   - Reihenfolgeplanung
   - Routen- und Ladungsplanung
   - Datenverwaltung in Echtzeit
   - Nachverfolgung und Überwachung
   - Frachtzusammenlegung
   - Poolbildung für kleine Unternehmen, um die Hebelwirkung zu verstärken
6. *Vertrieb*
   - Lagerhausverwaltung an Ort und Stelle
   - Verwaltung Ihrer oder der eigenen Bestandssysteme
   - Verwaltung von Ausführungsprogrammen
   - Serielle oder Terminkontrolle (Kategorisieren von Verfallsterminen und Verwalten von Rückrufmöglichkeiten mit Hilfe des elektronischen Datenaustauschs)
   - Zeitplanung und Auffüllung
   - Übergreifende Verladung
   - Montage
   - Teilmontage
   - Verpackungsstraßen
   - Barcodierung
   - Kontrolle/Tests
   - Auftragseingang – Annahme und Bearbeitung von Kundenaufträgen mit Hilfe des elektronischen Datenaustauschs
7. *Installation, Einrichten und Schulung*
   - Innenlieferungen
   - Schulungssitzungen mit Videobändern
   - Versand und Zusammenstellungen für Hauszustellungen, auch nach Geschäftsschluß
8. *Rücksendungen*
   - Reparaturen
   - Auseinanderbau und Verschrotten von Produkten
   - Verwaltung von Rücksendungen
9. *Weltweit / Import / Export*
   - Schaffung eines nahtlosen weltweiten Betriebs, Unterstützung bei Import/Export, Bearbeitung von Dokumenten
   - Zollabfertigung
   - Dienstleistungen für gebietsfremde Importeure
   - Unterstützung in Außenhandelszonen
10. *Personal*
    - Sieben Ihrer oder der eigenen Mitarbeiter
    - Zeitarbeit
    - Verwaltung der Produktivität

Abbildung 26.1: Leistungen, die von Logistikunternehmen angeboten werden (Aus Transportation and Distribution, Abgedruckt mit freundlicher Genehmigung der Focus Group, Inc., Dayton, OH)

ziell gut ausgestatteten großen Unternehmen, nahtlose Logistikleistungen anzubieten, ohne bedeutende finanzielle Verpflichtungen einzugehen, gleichzeitig aber tatsächlich Leistungen anzubieten, die von Experten erbracht werden.

In der Diskussion über die Logistik hat sich ein erheblicher Streit über die Vor- und Nachteile ergeben, Logistikleistungen von Fremdfirmen erbringen zu lassen.[2] Die Befürworter einer Inanspruchnahme von Fremdfirmen behaupten, daß dies Unternehmen ermöglicht, sich auf ihren Hauptgeschäftsbereich zu konzentrieren, während sie andere ihre Logistik erledigen lassen. Andere warnen davor, daß der Einsatz von Fremdfirmen zu einem Verlust an Kontrolle, einem weniger direkten Kontakt mit Kunden und zu wesentlichen Kosten in Verbindung mit abschließenden internen Arbeiten führt.

Um die gegenwärtige Perspektive des Einsatzes von Fremdfirmen für die Logistik in der Industrie zu beleuchten, hat die Zeitschrift *Fortune* 1992 die Leiter der Logistikabteilung der fünfhundert größten Hersteller in den Vereinigten Staaten befragt. Sechsundzwanzig Prozent der Befragten lieferten eine Antwort ab, und von denen, die geantwortet haben, wiesen siebenunddreißig Prozent darauf hin, daß ihre Unternehmen Logistikleistungen von Fremdfirmen in Anspruch nahmen. Neun von zehn Führungskräften, die geantwortet haben, gaben an, daß die Inanspruchnahme von Fremdfirmen für die Logistik eine positive Entwicklung für ihr Unternehmen darstellte, wenn man alle Faktoren in Betracht zog.[3] Tabelle 26.1 illustriert, welche Logistikleistungen am häufigsten in Anspruch genommen werden.

Logistikprozeß	Prozentsatz der Befragten, die Fremdfirmen für diese Logistikleistung einsetzen
Lagerhausverwaltung	45
Zusammenstellung von Sendungen	45
Logistikinformationssysteme	32
Flottenverwaltung	28
Auftragserledigung	26
Auswahl der Spedition	21
Aushandlung von Frachtsätzen	21
Auftragsbearbeitung	6
Fertigungsmontage	6
Produktrücksendungen	2

Tabelle 26.1: Die am häufigsten in Anspruch genommenen Logistikleistungen

Die Ergebnisse der Umfrage deuten darauf hin, daß ein bedeutender Teil der größten Fertigungsunternehmen in den Vereinigten Staaten Fremdfirmen in der Logistik als eine akzeptable Möglichkeit der Geschäftstätigkeit einsetzt. Das Interesse von Unternehmen an dem Prozeß als eine Methode, die Produktivität zu steigern, den Kundendienst zu verbessern und die Gesamtkosten der Logistik zu senken, scheint zuzunehmen. Wenige Logistikfirmen können eine vollständige Palette von Logistikleistungen anbieten und durch ihre Erfahrung untermauern; es gibt jedoch zahlreiche Firmen, die auf angemessene Weise mehrere Leistungen erbringen können, wie sie in Abbildung 26.1 aufgeführt sind. Wenn man auf der Grundlage des positiven Feedbacks urteilt, das *Fortune* von den Befragten erhalten hat, scheint es einen wachsenden Markt für Logistikleistungen durch Fremdfirmen zu geben. Die Leistungsangebote von Logistikunternehmen werden in den nächsten paar Jahren wahrscheinlich zunehmen.

26.2 Definition der Logistik durch Fremdfirmen

Der Begriff *Logistik durch Fremdfirmen* hat verschiedene Bedeutungen angenommen, während er im Laufe des letzten Jahrzehnts größere Aufmerksamkeit fand. Außerdem behaupte ich, daß seine Definition weiter verfeinert wird, wenn der Prozeß im Laufe der neunziger Jahre noch mehr Aufmerksamkeit gewinnt. Wenn wir eine derartige Definition versuchen, müssen wir dies dementsprechend mit einem Blick in Richtung auf die ständige Veränderung und die laufende Verbesserung tun, die das Wachstum der Logistik gefördert haben. Ich mag zufällig die Definition, die Lt. General William „Gus“ Pagonis in dem Buch gab, das er über die bemerkenswerte Unternehmung seiner Truppe im Golfkrieg geschrieben hat:

> Die sorgfältige Integration von Transport, Versorgung, Lagerhaltung, Wartung, Beschaffung, Vertragsvergabe und Automatisierung zu einem kohärenten Funktionsbereich in einer Weise, die eine Suboptimierung einer dieser Tätigkeiten verhindert, und in einer Weise, die das Erreichen eines gegebenen Ziels oder das Erfüllen einer bestimmten Mission erlaubt und fördert.[4]

Um den Begriff der Fremdfirma in diese Definition einzubeziehen, können wir einfach mit „Indem wir andere in Anspruch nehmen, um ...“ beginnen. Die Zeit, die man mit dem Lesen von Pagonis Buch *Moving Mountains* verbringt, wird die Bedeutung des Logistikprozesses für Regierung und Industrie unterstreichen. Lektionen, die aus diesen gewaltigen Unternehmen gelernt wurden, können der privaten Industrie in großem Maße dabei helfen, logistische Praktiken zu verfeinern und auf Experten zu vertrauen, um logistische Ziele zu erreichen. Dieses Buch zu lesen ist ein Muß für jeden Logistiker.

26.3 Die Auswahl einer Fremdfirma für die Logistik

Zahlreiche Unternehmen haben darum gekämpft, Zustimmung zu dem Konzept einer Logistik durch Fremdfirmen zu gewinnen, nur um dann zu erkennen, daß die Auswahl einer Fremdfirma so etwas sein kann, wie in einen langen dunklen Tunnel zu blicken. Lange vor der Suche nach annehmbaren Kandidaten für eine Logistikpartnerschaft hat das Unternehmen mehrere hohe Hürden zu überspringen. Es muß folgendes tun:

1. *Einen präzisen Aufgabenbereich entwickeln:* Verstehen Sie im Detail, was Sie mit dem risikoreichen Unternehmen erreichen wollen, und setzen Sie niemals etwas voraus. Der Logistiker, der Dinge voraussetzt, geht schnell den Bach hinunter.[5] Wenn man mit anderen außerhalb des eigenen Unternehmens zusammenarbeitet, ist es sogar noch wichtiger, alles genau auszusprechen, was erreicht werden soll und wie das Erreichen dieser angegebenen Ziele jeden Funktionsbereich innerhalb des Unternehmens beeinflußt. Es gibt eine falsche Auffassung, daß eine interne Gruppe ihre Pläne wirksam erstellen kann, während das Projekt fortschreitet. Dies mag unter einigen Umständen zwar möglich sein, aber einer Fremdfirma ist es praktisch unmöglich, mit einem solchen Mangel an Planung zu arbeiten. Der Aufgabenbereich beschreibt die physikalischen Merkmale aller vertriebenen Artikel, den gesamten Transportbedarf, die Bewegungsmuster, den Informationsfluß und jedes Detail des Logistikprozesses.
2. *Ziele und Auswahlkriterien festlegen:* Legen Sie fest, was mit der Beziehung erreicht werden soll, um es dem, der sie in Anspruch nimmt, zu ermöglichen, den vollsten Nutzen aus einer Beziehung zu einer Fremdfirma für Logistik zu erkennen.[6] Wenn Sie solche Ziele oder Zielvorstellungen entwickeln und sich dabei auf ein präzises Verständnis der Auswahlkriterien stützen, können Unternehmen erfolgreicher festlegen, welche Fremdfirma ihren Anforderungen an die Logistik und den Prozessen des Unternehmens am besten entspricht, um aus der Beziehung Nutzen zu ziehen. Der Prozeß der Festlegung von Auswahlkriterien und Zielvorstellungen sollte so ausgelegt sein, daß alle Unternehmensprozesse einbezogen sind,

die von der Entscheidung über die Inanspruchnahme einer Fremdfirma betroffen sind. Das klingt gut auf Papier, geschieht aber in der Praxis gewöhnlich nicht, was zu einer Unterauslastung des Fremdfirmenpartners und gelegentlich zu einem Mißerfolg des Logistikprojekts mit der Fremdfirma führt.

3. *Qualifizierte Fremdfirmen erkennen:* Die Logistik durch Fremdfirmen hat ein enormes Wachstum zu verzeichnen, und häufig wird in geschätzten Wirtschaftszeitschriften darüber geschrieben. Dadurch ist die Anzahl derer gestiegen, die sich einer Fremdfirma für die Logistik bedienen, und die Anzahl der Unternehmen hat bedeutend zugenommen, die anzeigen, daß sie als Fremdfirmen Logistikleistungen erbringen. Qualifizierte Fremdfirmen erkennen zu wollen, ohne zuerst Zeit mit den Auswahlkriterien zu verbringen, ist so ähnlich wie ein Marsch durch ein Minenfeld ohne Karte. Manche Firmen, die neu in der Branche sind, scheinen zu denken, daß „tiefe Taschen" oder die Beherrschung einer Facette der Logistik sie zu Experten auf dem Gebiet der Integration des Logistikprozesses als Fremdfirma macht. Dies mag für das Unternehmen funktionieren oder auch nicht, das danach trachtet, seinen Logistikprozeß an eine Fremdfirma zu vergeben.
   Zahlreiche Ressourcen stehen zur Verfügung, um das Potential von Fremdfirmen als potentielle Partner in der Logistik zu erkennen. Verbände, wie zum Beispiel das *Warehousing Education & Research Council (WERC)* und das *Council of Logistics Management (CLM)* sind gute Informationsquellen über Logistik durch Fremdfirmen. Viele ihrer Mitglieder erbringen diesen Dienst oder nehmen ihn in Anspruch; dies schafft Möglichkeiten einer Vernetzung, um die Fremdfirmen auszuwählen, die den Anforderungen eines Unternehmens am ehesten entsprechen. Außerdem veröffentlichen Fachzeitschriften, zum Beispiel *Traffic Management, Distribution* und *Transportation & Distribution* oft Artikel, Erfolgsstories und Darstellungen ihrer Ansichten über die führenden Logistikfirmen.
4. *Angebote einholen:* Bei der Ausarbeitung einer Aufforderung zur Abgabe von Angeboten ist die Entwurfsphase von ausschlaggebender Bedeutung. Die besten Aufforderungen zur Abgabe von Angeboten sind detailliert genug, um das Geschäft und die Zielvorstellungen des Unternehmens sowie die Einzelheiten des Logistikprojekts zu erläutern. Die Aufforderung zur Abgabe von Angeboten sollte in der Annahme entworfen werden, daß der potentielle Partner wenig über das Unternehmen weiß: Produktlinien, Versandvolumen, Wachstumsvorhersagen und bediente Wirtschaftszweige sind alle wichtig.[6] Vor diesem Hintergrund können die Bie-

ter die spezifischen Informationen setzen, um die Kosten eines Logistikprojekts zu einer richtigen Perspektive zu entwickeln. Ohne daß dies eine Beschränkung darstellen würde, sollten spezifische Informationen zum Beispiel folgendes umfassen:

- Spezifischer Aufgabenbereich
- Anforderungen der Endkunden
- Anforderungen an die Informationstechnik
- Erforderliche wertschöpfende Leistungen
- Anforderungen in bezug auf Standort(e) und Spezialausrüstungen/-einrichtungen

5. *Die Angebote bewerten:* Die Angebote und die Bieter zu bewerten ist komplizierter als nur den niedrigsten Preis oder mehr Leistungen herauszusuchen, die ein gegenwärtiger Partner bietet. Da diese Beziehungen gewöhnlich auf mehrere Jahre ausgelegt sind, muß darauf geachtet werden, die Logistikfirma auszuwählen, die den Bedürfnissen des Unternehmens am besten entspricht, das die Auswahl trifft, und die ihre Kultur ergänzt. Denken Sie daran:
   a) Sehen Sie sich den Kundendienst an – lernen Sie die Person kennen, die Ihr Konto bearbeitet.
   b) Verstehen Sie die geographische Lage – inspizieren Sie die Einrichtungen/Ausrüstungen, verstehen Sie die gegenwärtigen Leistungen eines Beförderungsunternehmens, suchen Sie nach der besten Möglichkeit.
   c) Machen Sie sich ein genaues Bild von den Kosten – beziehen Sie die Kosten des Transports, der Zusammenstellung, der Lagerung, der wertschöpfenden Leistungen, die Laufzeit von Frachttarifen, den Tarifvertrag und die Vorgeschichte mit ein. Prüfen Sie auch Kostenmodelle von Frachttarifen, und verstehen Sie, wie man Rentabilität mißt.
   d) Kontrollieren Sie Kundenreferenzen – verstehen Sie den Hintergrund und die Erfahrung des Kunden, beziehen Sie seine Erfahrung auf Ihre Ziele, die Gefahr von Rechtsstreitigkeiten, das Engagement der obersten Geschäftsleitung und die Zugänglichkeit.
   e) Bewerten Sie die Fähigkeiten in der Informationstechnik – Fähigkeiten und Erfahrungen mit elektronischem Datenaustausch, Funk und Barcodierung, Programmierfähigkeiten und ihre Reichweite, die Leichtigkeit, mit der sich die Firma der Informationstechnik im eigenen Geschäftsbetrieb bedient.
   f) Bewerten Sie Stärken und Schwächen – lernen Sie etwas über die größten Stärken der Firma und darüber, wo sie versucht, besser zu werden.
   g) Bewerten Sie langfristige Pläne – sehen Sie sich ihren langfristigen

Planungsprozeß an, um zu erkennen, wie ihre Pläne zu den Plänen des Unternehmens passen, das die Fremdfirma als Partner auswählt.

h) Bewerten Sie die finanzielle Stabilität – beschaffen Sie sich Jahresabschlüsse, und lassen Sie ihre Kreditwürdigkeit prüfen. Bewerten Sie die finanzielle Stärke auf lange Sicht. Prüfen Sie neue Produktangebote, und vergleichen Sie ihre Auswirkungen auf die Logistikpartnerschaft.

i) Bewerten Sie Flexibilität – stellen Sie die Fähigkeit der Logistikfirma fest, auf Veränderungen des Konjunkturzyklus zu reagieren. Stellen Sie die Auswirkungen auf die Logistikpartnerschaft fest, wenn sich der Aufgabenbereich bedeutend ändert.[8]

26.4 Ausarbeitung eines Vertrags für die Logistik durch Fremdfirmen

Die Gründe für den Entschluß, eine Beziehung mit einer Fremdfirma für Logistik einzugehen, haben gewöhnlich mit Anlagen, knappem Kapital, Wachstum auf lange Sicht, globalen Märkten und anderen Interessen zu tun, die das Risiko vom Benutzer auf die Fremdfirma umleiten. Wenn Unternehmen ihren Logistikprozeß an eine Fremdfirma vergeben, wird diese manchmal aufgefordert, Anlagen zu erwerben, Mitarbeiter langfristig einzustellen und Einrichtungen in Miete zu übernehmen. Diese Verpflichtungen der Fremdfirma für Logistik sind oft teuer und können wesentliche Auswirkungen auf ihre Bilanz haben. Die Fremdfirma wird auf einem langfristigen Vertrag bestehen, um sich vor diesem Risiko zu schützen. Umgekehrt muß das Unternehmen, das seine Logistik an eine Fremdfirma vergeben will, die Gewißheit haben, daß der Vertrag zugunsten einer anderen Alternative gekündigt werden kann, wenn die Fremdfirma nicht die erwarteten Leistungen erbringt.

Zwei Prinzipien müssen Bestandteil jedes Logistikvertrages sein:

1. Amortisation der Investitionen der Fremdfirma
2. Optionen zur unbegründeten Kündigung durch den Kunden

Zwar scheinen die Prinzipien einer sofortigen Kündigung und einer vollständigen Amortisation der Investitionen zusammenzupassen wie Öl und Wasser, aber eine Prüfung des folgenden Vertrages wird zeigen, wie die beiden Konzepte zusammengebracht werden können. Dieser Mustervertrag ist einer, der in der Praxis tatsächlich geschlossen wurde, und er konzentriert sich hauptsächlich auf lagerhausbezogene Leistungen. Natürlich können Abschnitte hinzugefügt oder weggelassen werden, damit er zu einer bestimmten Situation paßt; dennoch werden viele Stunden juristischen und praktischen Fachwissens damit verbracht, einen Servicevertrag zwischen zwei Parteien zu entwerfen, und wenn Sie sich des folgenden Musters in Umrissen bedienen, kann dies viel Zeit und Aufwand sparen, um zu einem geeigneten Vertrag zu gelangen:

DIESER VERTRAG tritt am ... in Kraft und wird geschlossen in Ort, Land, zwischen Third Party, Inc., einer ... Gesellschaft, nachstehend als „Fremdfirma" bezeichnet, und ..., nachstehend als „Kunde" bezeichnet;
IN ANBETRACHT DER TATSACHE, daß die Fremdfirma den Wunsch hat, bestimmte Logistik- und Bestandsverwaltungsleistungen zu erbringen, und
IN ANBETRACHT DER TATSACHE, daß der Kunde den Wunsch hat, daß die Fremdfirma diese Leistungen auf der Grundlage der hierin enthaltenen Bestimmungen und Bedingungen für ihn erbringt;
DAHER NUN vereinbaren die Parteien wie folgt:
1. LEISTUNGEN, ZAHLUNG UND LAUFZEIT.
Die Fremdfirma hat die im Aufgabenbereich beschriebenen Leistungen für die Zahlungen zu erbringen, die für diese Leistungen erfolgen, wie sie in Anlage A beschrieben sind. In dem Fall, daß das Dollarvolumen der gemäß diesem Vertrag in einem beliebigen Monat erbrachten Logistikleistungen die monatlichen Mindestbeträge unterschreitet, wie sie in Anlage A ausgeführt sind, hat der Kunde die Mindestgebühr und nicht weniger zu zahlen. Über die Gebühren für die Logistikleistungen hinaus hat der Kunde der Fremdfirma für gemäß diesem Vertrag erbrachte Lagerleistungen eine monatliche Gebühr von ... (... $) zu zahlen. Die Laufzeit dieses Vertrages beträgt 3 (drei) Jahre vom ... an („ursprüngliche Laufzeit"), und sie verlängert sich automatisch um darauffolgende Zeiträume von 1 (einem) Jahre („Verlängerungen der Laufzeit"), wenn ihn nicht eine der beiden Parteien im Einklang mit Abschnitt 8 (a) dieses Vertrages schriftlich kündigt. 60 (sechzig) Tage vor Ablauf der ursprünglichen Laufzeit oder jeder Verlängerung der Laufzeit haben die Parteien neue Gebühren für Logistik- und Lagerleistungen auszuhandeln, die für die nächstfolgende Laufzeit gelten sollen.

Das Schlüsselelement dieses Abschnitts ist der Verweis auf den Leistungsumfang. Wie zuvor in diesem Kapitel erwähnt, wird in vielen Beziehungen mit Fremdfirmen die Bedeutung dieses Dokuments übersehen. Der Leistungsumfang ist besonders wichtig, wenn die Dienste einer Logistikfirma erstmals in Anspruch genommen werden sollen. Ohne ihn verfügt die Fremdfirma möglicherweise über keine genaue Definition dessen, was sie angeboten hat, und der sie in Anspruch nimmt, weiß vielleicht nicht ganz genau, wofür er zahlt. Dennoch ist der Leistungsumfang der Teil der Beziehung, der am häufigsten übersehen wird. Dieser beschreibt die physischen Eigenschaften der vertriebenen Artikel, sämtliche Notwendigkeiten des Transports, die Bewegungsmuster, den Informationsfluß und jede Einzelheit des Logistikprozesses. Dieser Leistungsumfang sollte durch den Kunden und die Logistikfirma gemeinsam ausgearbeitet werden, und Vertreter aus Funktionsbereichen auf beiden Seiten der Beziehung darin einbezogen sein. Was zum Beispiel den Abschnitt des Leistungsumfangs zur Verpackung betrifft, so sollten sowohl der Kunde als auch die Logistikfirma diesen Teil des Aufgabenbereichs von ihren Verpackungsexperten ausarbeiten lassen. Spezifische Leistungsziele sind ein weiteres Beispiel dafür, was im Leistungsumfang behandelt sein sollte:

2. VERSAND
(a) Güter, die mit der Fremdfirma als angegebenem Empfänger versandt werden *Der Kunde verpflichtet sich, keine Güter mit der Fremdfirma als angegebenem Empfänger zu versenden. Die Fremdfirma hat das Recht, nach alleinigem Gutdünken Güter abzulehnen oder zu akzeptieren, bei denen die Fremdfirma als Empfänger angegeben ist. Wenn die Fremdfirma Waren akzeptiert, bei denen sie als Empfänger angegeben ist, hat der Kunde unmittelbar nach Erhalt das Beförderungsunternehmen mit einer Kopie an die Fremdfirma davon zu unterrichten, daß sie keinen Anspruch und kein Nutzungsrecht auf diesen Besitz hat.*
(b) Nichtübereinstimmende Güter *Der Kunde verpflichtet sich, keine Güter an die Fremdfirma zu übersenden, die mit folgendem nicht übereinstimmen:*
I der Beschreibung der Güter im Manifest, wie es in Abschnitt 3 dieses Vertrages definiert ist, und
II der Beschreibung der Güter auf dem Packzettel jeder derartigen Sendung. Die Fremdfirma hat das Recht, nach ihrem alleinigen Gutdünken derartige nichtübereinstimmende Güter abzulehnen oder zu akzeptieren. Wenn die Fremdfirma derartige nichtübereinstimmende Güter akzeptiert, hat der Kunde der Fremdfirma den Tarif, der dafür in Anhang A festgelegt ist, oder einen angemessenen Tarif zu zahlen, wenn im Anhang kein derartiger Tarif festgelegt ist. Die Fremdfirma versucht, den Kunden unmittelbar nach Anlieferung derartiger nichtübereinstimmender Güter bei der Fremdfirma zu benachrichtigen, um Anweisungen einzuholen, jedoch unter dem Vorbehalt,

daß die Fremdfirma nicht für Mißverständnisse auf Grund mündlicher Mitteilungen haftet.

Im Laufe einer erfolgreichen Beziehung zwischen dem Kunden und der Logistikfirma beginnen oft andere aus dem Unternehmen des Kunden damit, sich der Fremdfirma in einer Weise zu bedienen, die in der Entwurfsphase nicht behandelt wurde. Der Aufgabenbereich sollte auf diesen Eventualfall verweisen und ein Mittel vorschlagen, um unerwartete Materialien zu handhaben. Die Logistikfirma sollte gewöhnlich die Möglichkeit bekommen, eingegange Materialien zu akzeptieren oder abzulehnen, die im Aufgabenbereich nicht aufgeführt sind, die aber eine Gesamtwirkung auf die Logistikleistung haben könnten. Der Erhalt von gefährlichen Materialien, die nicht geplant waren, würde sich zum Beispiel verheerend auf jedes Vertriebszentrum oder jeden Beförderungskanal auswirken:

3. <u>ANGEBOT ZUR LAGERUNG</u>
Alle durch die Fremdfirma zu verteilenden Güter sind ordnungsgemäß für die Verteilung gekennzeichnet und verpackt im Lagerhaus anzuliefern. Es wird bestätigt, daß der Kunde eine Liste von Gütern erstellt hat, die an die Fremdfirma zu liefern sind, wie dies im Aufgabenbereich dargelegt ist. Die Parteien können vereinbaren, daß die Fremdfirma andere Güter zu einem gegenseitig vereinbarten Preis unter der Voraussetzung lagert und handhabt, daß diese Vereinbarung schriftlich erfolgen muß. Die Liste von Gütern, die im Aufgabenbereich dargelegt ist, und alle weiteren Gegenstände, die dieser Liste in Zukunft möglicherweise hinzugefügt werden, bezeichnet man hierin zusammen als das „Manifest". Bei allen Gütern, die an die Fremdfirma geliefert werden, muß es sich um Güter handeln, die im Manifest beschrieben sind.

4. <u>ANFORDERUNGEN AN DIE LIEFERUNG</u>
a) Keine Güter dürfen geliefert oder übergeben werden, wenn die Fremdfirma nicht vollständige Anweisungen erhalten hat, die durch den Kunden ordnungsgemäß unterzeichnet sind. Güter können jedoch auf Grund telefonischer Anweisungen geliefert werden, aber die Fremdfirma haftet nicht für Mißverständnisse infolge mündlicher Mitteilungen.

Eine schwierige Angelegenheit, die zwischen zwei Parteien auszugleichen ist, die einen neuen Vertrag ausarbeiten, ist die fehlende Haftung der Fremdfirma. In typischer Weise haben sich Unternehmen, die sich auf eine Logistik durch Fremdfirmen umstellen, daran gewöhnt, Versand- und Lieferanweisungen mündlich zu erteilen. Das ist vorzuziehen, wenn solche Mitteilungen durch elektronischen Datenaustausch oder schriftlich erfolgen. Wenn mündliche Mitteilungen die übliche Praxis darstellen, muß die Verantwortung für den richtigen Erhalt und die Durchführung dieser Anweisungen im voraus ausgehandelt werden:

b) Wenn durch den Kunden Waren aus dem Lagerhaus bestellt werden, ist der Fremdfirma eine angemessene Zeit einzuräumen, Anweisungen auszuführen, falls sie dazu auf Grund von höherer Gewalt, eines Feindstaates, einer Pfändung im Gerichtsverfahren, Streiks, Aussperrungen und/oder inneren Unruhen oder einem anderen Grund, der außerhalb der Kontrolle der Fremdfirma liegt, oder wegen des Verlustes bzw. der Zerstörung von Gütern, für die die Fremdfirma nicht haftbar ist, oder wegen eines anderen Rechtfertigungsgrunds, den das Gesetz vorsieht, nicht in der Lage ist, haftet die Fremdfirma nicht für die Unterlassung, diese Anweisungen auszuführen. Wenn es zu einem der vorstehenden Ereignisse oder zu einer der vorstehenden Schwierigkeiten kommt, haben der Kunde und die Fremdfirma eine angemessene Fristverlängerung für die Erfüllung zu vereinbaren.

5. ZUSÄTZLICHE LEISTUNGEN (SONDERLEISTUNGEN)

a) Arbeiten der Fremdfirma, die für andere Leistungen als die gewöhnliche Logistik erforderlich sind (d. h., die Logistikleistungen, die im Aufgabenbereich beschrieben sind), unterliegen einer angemessenen zusätzlichen Berechnung zu den normalen Tarifen der Fremdfirma.

b) Sonderleistungen, die der Kunde verlangt, einschließlich, ohne jedoch darauf beschränkt zu sein, der Erstellung besonderer Bestandsmeldungen, der Meldung von Gewichtsangaben, laufenden Nummern oder anderen Daten von Packstücken, der körperlichen Kontrolle von Gütern und der Erstellung von Transit-Konnossementen unterliegen einer angemessenen zusätzlichen Berechnung zu den normalen Tarifen der Fremdfirma.

c) Stau- und Verpackungsmaterial sowie andere Spezialmaterialien können für den Kunden mit einer angemessenen Berechnung zu den normalen Tarifen der Fremdfirma bereitgestellt werden.

d) Auf Grund einer vorherigen Vereinbarung können Güter zu anderen als den gewöhnlichen Geschäftszeiten entgegengenommen werden, jedoch vorbehaltlich einer angemessenen zusätzlichen Berechnung zu den normalen Tarifen der Fremdfirma.

e) Kosten einer Datenübermittlung einschließlich Porto, Fernschreib-, Telegramm- oder Telefongebühren werden dem Kunden berechnet, wenn sie mehr als die normale Bestandsmeldung betreffen oder wenn die Daten-

übermittlung auf Verlangen des Kunden anders als durch gewöhnliche Post erfolgt.
f) Es wird auch bestätigt, daß es zeitweise für die Fremdfirma wünschenswert oder notwendig sein kann, daß ihr „ungewöhnliche" Kosten ohne vorherige schriftliche Zustimmung des Kunden entstehen, und der Kunde verpflichtet sich hiermit, der Fremdfirma alle sinnvollen und angemessenen Aufwendungen zu erstatten, die sich daraus ergeben; wann immer dies jedoch in angemessener Weise möglich ist, hat die Fremdfirma die Zustimmung des Kunden einzuholen, bevor sie sich auf solche Aufwendungen einläßt, und jede derartige Zustimmung kann unter der Voraussetzung mündlich erfolgen, daß die Fremdfirma nicht für Mißverständnisse infolge mündlicher Mitteilungen haftet.

Das wichtige Problem, das in dem obigen Abschnitt erkannt werden muß, besteht darin, daß die Logistikfirma zusätzlich Pflichten erfüllen oder mindestens im Namen des Kunden handeln muß, um die Aufgaben des Fremdfirmenvertrages selbst unter nachteiligen Betriebsbedingungen zu erledigen. In vielen Fällen ergibt sich daraus ein Grund für eine zusätzliche Berechnung. Manche Verträge legen Grenzen oder Benachrichtigungszeiträume für die Leistung zusätzlicher Arbeiten fest:

6. HAFTUNG UND HAFTUNGSBESCHRÄNKUNG
a) Haftung für Verlust *Der Kunde als Hinterleger hat der Fremdfirma als Verwahrer die beweglichen Sachen, die hierin angegeben sind, zu liefern, und die Fremdfirma verpflichtet sich als Verwahrer, die beweglichen Sachen wie folgt entgegenzunehmen: Die Fremdfirma haftet nicht für den Verlust oder die Beschädigung von gelagerten Gütern, wenn sich dieser Verlust oder diese Beschädigung nicht daraus ergeben hat, daß die Fremdfirma keine gebührende Sorgfalt walten ließ. Die Gegenstände, für die eine Empfangsbestätigung gilt, werden durch die Fremdfirma zugunsten des Kunden nicht gegen Feuer oder ein anderes unabwendbares Ereignis versichert, und der Kunde verpflichtet sich, diese Gegenstände gegen einen Verlust oder eine Beschädigung durch Feuer oder ein anderes unabwendbares Ereignis mit einem Verzicht auf Eintritt in die Rechte der Fremdfirma zu versichern.*
b) Versicherung *Güter werden durch die Fremdfirma nicht gegen einen Verlust oder eine Beschädigung versichert, wie immer diese verursacht werden. Die Fremdfirma verpflichtet sich jedoch, ihre gegenwärtige Versicherungspolice in Kraft zu halten, die angibt, daß die Versicherungsgesellschaft (vorbehaltlich der Grenzen der Police) im Namen der Fremdfirma sämtliche Beträge bezahlt, zu deren Zahlung die Fremdfirma auf Grund einer*

Haftung gesetzlich verpflichtet ist, der der Versicherungsnehmer als Verwahrer für den Verlust oder die Zerstörung oder die Beschädigung von beweglichen Gütern anderer unterliegt, die sich in dem Lagerhaus befinden, in dem dieser Vertrag während der Laufzeit dieses Vertrages oder einer Verlängerung davon zu erfüllen ist. Vorbehaltlich der Ausschlüsse, die in dieser Police enthalten sind, muß die genannte Police während der Laufzeit dieses Vertrages einschließlich ihrer Verlängerungen in Kraft und Wirkung bleiben. Eine Kopie dieser Police ist dem Kunden auf Verlangen vorzulegen.

Die Diskussion darüber, wer für die Versicherung sorgt, ist immer eine schwierige Hürde, die bei der Aushandlung eines Logistikvertrages mit einer Fremdfirma zu überqueren ist. Der Kunde verfügt im allgemeinen über eine Versicherung für die durch den Logistikkanal zu transportierenden Materialien in Form einer Art Pauschalversicherung des Unternehmens oder einer Mobilienpolice, die einer Selbstbeteiligung unterliegen kann. Wenn eine Logistikfirma eine Mobilienpolice für eine Deckung in einer Lagerhausumgebung oder eine Transportpolice für eine Deckung in einer Transportumgebung abschließt, kann dies zu einer doppelten Deckung und zu doppelten Kosten führen. Da im Schadenfall letztendlich nur eine Versicherungsgesellschaft zahlen wird, ist die zusätzliche Deckung möglicherweise überflüssig. Wenn die Logistikfirma außerdem die Versicherung in die Tarife für erbrachte Leistungen einbeziehen muß, zahlt der Kunde vielleicht zu viel für die Leistungen, die er erworben hat. Eine kostengünstigere Art und Weise, diese Situation in einer Lagerhausumgebung zu handhaben, besteht darin, darauf zu bestehen, daß die Logistikfirma für eine Deckung durch die gesetzliche Haftpflicht des Lagerhalters sorgt. Diese Deckung ermöglicht es der Versicherung des Kunden, in Fällen in die Rechte des Kunden einzutreten, wenn der Kunde fahrlässig gehandelt hat. Auf diese Weise wird es vermieden, für eine Mobilienversicherung zweimal zu zahlen, wenn sich der Bestand in der Obhut der Fremdfirma befindet:

c) Berechnung von Schäden *Falls die Haftung der Fremdfirma für einen Verlust oder eine Beschädigung der Güter des Kunden greift, denn sind diese Güter zu den Zwecken der Berechnung dieses Schadens zu den Lagerhaltungskosten des Verkaufswerts zu bewerten.*
d) Laden und Entladen *Die Fremdfirma haftet für Liegegelder, die von Verzögerungen beim Entladen eingehender Sendungen oder Verzögerungen beim Laden ausgehender Sendungen verursacht werden. Die Fremdfirma hat alle Anstrengungen zu unternehmen, damit die in diesem Vertrag vorgesehenen Leistungen auf rechtzeitige Weise erbracht werden.*

d) Folgeschäden *Die Fremdfirma haftet gegenüber dem Kunden für keine Folgeschäden, die sich aus einer Handlung oder Unterlassung der Fremdfirma ergeben.*

Folgeschäden werden manchmal entweder zu einem unversicherbaren Risiko oder zu einem Hindernis für einen Vertragsabschluß. Vom Blickpunkt des Kunden aus kann ein Vorfall, der zu einem entgangenen Verkauf oder einer unterbliebenen Lieferung führt, so daß eine Fertigungsstraße stillgelegt und die Arbeiter für einen Tag nach Hause geschickt werden müssen, sehr teuer sein. Der Kunde möchte den Schaden wieder von der Logistikfirma einholen. Umgekehrt ist die Logistikfirma möglicherweise nicht in der Lage, sich gegen einen solchen Eventualfall zu versichern, oder die Kosten dieser Versicherung verbieten dies. Wenn man diese zusätzlichen Kosten zu dem Transaktionstarif einer Fremdfirma hinzurechnet, kann dies zu einer Beziehung führen, deren Versicherung sich aus Kostengründen verbietet, ein Fall, für den in erster Linie der Kunde verantwortlich wäre, wenn es zu dem Vorfall kommt, ohne daß es eine Beziehung zu einer Fremdfirma gäbe:

7. VERANTWORTLICHKEITEN
Die Fremdfirma ist verantwortlich für Überwachung, Angestellte, Arbeiter, Hausmeister, Logistikausrüstungen, Büromöbel, normale Sicherheit (einschließlich der Verriegelung von Türen am Ende von Arbeitsschichten und der Aktivierung von elektronischen Sicherheitssystemen), Paletten, Verpackungs- und Bandmaterial (das durch die Fremdfirma zu beschaffen und dem Kunden zu berechnen ist) sowie die Pflege der Räumlichkeiten, in denen dieser Vertrag zu erfüllen ist.

8. RISIKOAUSGLEICH
Die vertragschließenden Parteien erkennen an, daß die Fremdfirma gewisse Verpflichtungen eingeht und Investitionsausgaben zu tätigen hat, um diesen Vertrag zu erfüllen. Dementsprechend vereinbaren die vertragschließenden Parteien wie folgt:
a) Kündigung *Ungeachtet jeder gegenteiligen Bestimmung in diesem Vertrag kann dieser Vertrag durch eine der beiden Parteien unbegründet mit einer Frist von 90 (neunzig) Tagen durch eine schriftliche Benachrichtigung der kündigenden Partei an die nichtkündigende Partei gekündigt werden, wobei diese Benachrichtigung das Kündigungsdatum enthalten muß. Im Falle einer solchen Kündigung aus welchem Grund auch immer, ob diese Kündigung nun durch den Kunden oder durch die Fremdfirma, von Gesetzes wegen oder in anderer Weise erfolgt, verpflichtet sich der Kunde, der*

Fremdfirma den vollen noch nicht amortisierten Teil aller Darlehen oder Mietverträge ohne Gewinnaufschlag, aber einschließlich aller Vorfälligkeitsgebühren, Zinsen und Hauptsummen zu erstatten, die der Fremdfirma im Hinblick auf sämtliche Vermögensgegenstände entstanden sind, die von der Fremdfirma in Verbindung mit diesem Vertrag erworben oder gemietet wurden, und zwar einschließlich, ohne jedoch darauf beschränkt zu sein, der in Abschnitt 12a) dieses Vertrages beschriebenen Räumlichkeiten und aller Einbauten in Verbindung damit. Sämtliche Vermögensgegenstände, die von der Fremdfirma in Verbindung mit diesem Vertrag einschließlich der Räumlichkeiten und der Einbauten in Verbindung damit erworben oder gemietet wurden, werden nachstehend als „Vermögensgegenstände" bezeichnet. Der Kunde verpflichtet sich ausdrücklich, daß der Kunde bei einer Kündigung aus welchem Grund auch immer den bestimmten Mietvertrag zwischen … als Vermieter und der Fremdfirma als Mieter vom … 199. übernimmt, der vom … 199. an für die Anmietung der Räumlichkeiten läuft, die in Anhang G zu diesem Vertrag beschrieben sind (der „Mietvertrag"), und der Kunde ist danach allein verantwortlich für alle Verpflichtungen des Mieters auf Grund des Mietvertrags, und zwar einschließlich, ohne jedoch darauf beschränkt zu sein, der Verpflichtungen, Miete oder einen anderen Betrag zu zahlen.
Es ist die Absicht dieses Abschnitt 8a), daß im Falle einer Kündigung dieses Vertrages durch eine der beiden Parteien, von Gesetzes wegen oder aus irgendeinem anderen Grund die Fremdfirma vollständig entschädigt wird, und zwar mit der Folge, daß die Fremdfirma infolge dieser Kündigung keinen finanziellen Verlust erleidet und von allen Verbindlichkeiten befreit wird, die sie möglicherweise gegenüber Banken oder einem anderen Darlehensgeber, gegenüber Vermietern von beweglichen Sachen und Immobilien, gegenüber dem Vermieter auf Grund des Mietvertrages oder gegenüber einer anderen Partei hat.

Kündigung ist vielleicht der wichtigste Abschnitt des Vertrages. Wenn zwei Parteien einen Fremdfirmenvertrag schließen, wird eine (die Logistikfirma) wahrscheinlich bedeutende Investitionen tätigen, und eine (der Kunde) wird sich Sorgen darum machen, wie mit dem wahrgenommenen Verlust an Kontrolle und der Einhaltung von Leistungsstandards umzugehen ist. Eine Möglichkeit, diese Situation zu handhaben, besteht darin, es dem Kunden zu gestatten, mit einer relativ kurzen Frist aus einem beliebigen Grund zu kündigen. Wenn der Kunde wünscht, sich dieser Kündigungsoption zu bedienen, muß er sich verpflichten, für noch nicht getilgte Darlehen und erworbene (nicht gemietete) Vermögensgegenstände zu zahlen sowie Mietverträge zu übernehmen, die an dem Fremdfirmenprojekt beteiligt sind. Damit hat der Kunde das beruhigende Wissen, daß er mit oder ohne Grund kündigen kann, wenn sich später Umstände in der Beziehung ergeben, die eine solche Maßnahme rechtfertigen. In Anbetracht des „Sicherheitsventils" kann die Fremdfirma Investitionen in das Projekt tätigen, falls eine Bezahlung der Vermögenswerte im Einklang mit einem festgelegten Plan zuvor vereinbart wurde. Die Fremdfirma muß alle Vermögenswerte zu Beginn der Beziehung einzeln aufführen und den Kunden von allen Vermögenswerten unterrichten, die im Laufe der Beziehung erworben werden:

Über die Erstattungsbestimmungen hinaus, die hierin festgelegt sind, werden das Eigentumsrecht an den Vermögenswert ausschließlich der Einbauten in gemietete Räume sowie ihr Besitz bei Kündigung dieses Vertrages auf folgende Weise festgelegt:
(I) Wenn die Fremdfirma diesen Vertrag zu irgendeinem Zeitpunkt während der 3 (drei) Jahre der ursprünglichen Laufzeit dieses Vertrags kündigt, gehen das Eigentumsrecht an Vermögenswerten sowie ihr Besitz auf den Kunden über, nachdem der Kunde all seine finanziellen Verpflichtungen erfüllt hat, die in Artikel 8 dieses Vertrages dargelegt sind.
(II) Wenn der Kunde diesen Vertrag zu irgendeinem Zeitpunkt während der ersten 18 (achtzehn) Monate der ursprünglichen Laufzeit kündigt (oder wenn er von Gesetzes wegen oder aus anderen Gründen gekündigt wird, daß ihn die Fremdfirma im Laufe während der ersten 18 (achtzehn) Monate kündigt), gehen das Eigentumsrecht an Vermögenswerten sowie ihr Besitz auf den Kunden über, nachdem der Kunde all seine finanziellen Verpflichtungen erfüllt hat, die in Artikel 8 dieses Vertrages dargelegt sind.
(III) Wenn der Kunde diesen Vertrag zu irgendeinem Zeitpunkt während des restlichen Teils der ursprünglichen Laufzeit oder danach kündigt (oder wenn er von Gesetzes wegen oder aus anderen Gründen gekündigt wird, daß ihn die Fremdfirma im Laufe während der ersten 18 (achtzehn) Monate kündigt), und nachdem der Kunde all seine finanziellen Verpflichtungen erfüllt hat, die in Artikel 8 dieses Vertrages dargelegt sind, dann hat der Kunde die folgenden Wahlmöglichkeiten:
1. Das Eigentumsrecht an den Vermögenswerten und ihr Besitz gehen auf den Kunden über, nachdem der Kunde … $ an die Fremdfirma bezahlt hat; oder
2. das Eigentumsrecht an den Vermögenswerten und ihr Besitz gehen auf die Fremdfirma über, und der Kunde ist nicht verpflichtet, … $ an die Fremdfirma zu zahlen.
Der Kunde hat die Fremdfirma spätestens zum Kündigungstermin gegebe-

nenfalls davon zu unterrichten, für welche der obigen Möglichkeiten (1) oder (2) er sich entschieden hat.
Sämtliche Erstattungszahlungen, die in diesem Abschnitt von dem Kunden an die Fremdfirma vorgesehen sind, müssen spätestens zum Kündigungstermin erfolgen, der in dem Kündigungsschreiben angegeben ist.
Falls diese Erstattungszahlungen nicht bis zum Kündigungstermin erfolgen, verpflichtet sich der Kunde, bis alle Erstattungszahlungen abschließend erfolgt sind, sämtlichen Darlehensgebern und Vermietern von beweglichen Sachen die Zahlungen rechtzeitig zu leisten, die die Fremdfirma diesen Darlehensgebern und Vermietern von beweglichen Sachen schuldet, um jeden Verzug im Hinblick auf die Darlehen oder die gemieteten beweglichen Sachen der Fremdfirma zu vermeiden. Es gilt weiterhin als vereinbart, daß die genannten Darlehensgeber und Vermieter das Recht haben, die Zahlung sämtlicher Beträge, die ihnen auf Grund der genannten Darlehens- und Mietverträge geschuldet werden, gegen den Kunden durchzusetzen, und zu diesem Zweck gelten die genannten Darlehensgeber oder Vermieter als Drittbegünstigte dieses Vertrages.
Die Zahlungen oder Verpflichtungen, die durch den Kunden zu leisten beziehungsweise zu erfüllen sind, wie dies hierin und in Abschnitt 12a) dieses Vertrages dargelegt ist, sind die einzigen Rechtsbehelfe der Fremdfirma im Falle einer Kündigung, jedoch unter dem Vorbehalt, daß die Fremdfirma auch das Recht hat, von dem Kunden jeden Betrag beizutreiben, den die Fremdfirma vor dieser Kündigung verdient hat.

Wenn ein beschleunigter Abschreibungsplan oder ein Vertrag mit einer relativ kurzen Laufzeit vorliegen, wird eine Frage oft gestellt: „Wer bekommt die Vermögensgegenstände, wenn wir kündigen?“ Eine Möglichkeit, dieses Dilemma zu lösen, könnte darin bestehen, es dem Kunden zu erlauben, das Eigentumsrecht an den Vermögenswerten während der ersten Hälfte der Laufzeit des Vertrages automatisch zu übernehmen. Wenn die Logistikfirma den Restwert der eigenen Vermögenswerte als Faktor in die Preisstellung für ihre Leistung eingerechnet hat, könnte sie Anspruch auf eine zusätzliche Zahlung im Falle einer Kündigung während der letzten Hälfte der Laufzeit des Vertrages haben:

b) Lohnsätze *Es wird von den vertragschließenden Parteien bestätigt, daß die Preise, die in Anhang A für die Leistungen genannt sind, und die Mindestgebühren für die Logistik- und Lagerleistungen, die in Abschnitt 1 und in Anhang A zu diesem Vertrag enthalten sind, auf bestimmten Lohnsätzen basieren, von denen die Fremdfirma berechtigterweise glaubt, daß sie auf die Leistungen anzuwenden sind, die gemäß diesem Vertrag zu erbringen sind. Falls die tatsächlichen Lohnsätze über den gegenwärtigen Annahmen der Fremdfirma liegen, die in Anhang A enthalten sind, haben die vertragschließenden Parteien die Vergütung und die monatliche Mindestvergütung anzupassen, die an die Fremdfirma zu zahlen sind, so daß der Kunde der Fremdfirma einen zusätzlichen Betrag zahlt, um die darüberliegenden Arbeitskosten der Fremdfirma zu decken.*

In der Anlaufphase wird eine Logistikfirma oft aufgefordert, den Preis für ihre Leistungen auf der Grundlage des Lohnsatzes anzubieten, von dem es sich gezeigt hat, daß er in diesem bestimmten Bereich gelten würde. Zwischen der Aufforderung zur Abgabe eines Angebots und den Anlaufterminen können jedoch oft sechs Monate oder sogar ein Jahr vergehen. Sollten sich die örtlichen Bedingungen während dieses Zeitraums ändern, muß der Logistikfirma möglicherweise Gelegenheit geboten werden, eine einmalige Anpassung des Lohnsatzes vorzunehmen:

9. STATUS DER PARTEIEN

a) Die Parteien gehen gemeinsam davon aus, daß die Fremdfirma nicht im Geschäft der Lagerung von Gütern gegen Gebühr tätig und daß sie nicht als „Lagerhalter" nach den Gesetzen des Bundesstaates ..., des Bundesstaates ... oder eines anderen Bundesstaates anzusehen ist, und die Fremdfirma verpflichtet sich ausdrücklich für alle Zeiten, keinen Anspruch, kein Pfandrecht, kein Vorrecht, kein Kompensationsrecht und so weiter auf die Güter zu erheben, mit denen die Fremdfirma gemäß diesem Vertrag umgeht, und daß das uneingeschränkte, alleinige und unbestrittene Eigentumsrecht an den Gütern beim Kunden verbleibt.

b) Ungeachtet jeder gegenteiligen Bestimmung in diesem Vertrag gilt hiermit als vereinbart, daß die Fremdfirma im Hinblick auf die Güter, die Gegenstand dieses Vertrages sein sollen, ein Verwahrer ist und daß es sich bei der Beziehung zwischen der Fremdfirma und dem Kunden um die Beziehung zwischen einem Verwahrer und einem Hinterleger handelt. Es gilt weiterhin als gegenseitig vereinbart, daß die Fremdfirma die alleinige und vollständige Kontrolle darüber hat und es in ihrem Ermessen liegt, wie sie ihre Verpflichtungen auf Grund dieses Vertrages erfüllt und daß sie kein Vertreter oder Mitarbeiter des Kunden ist. Um es der Fremdfirma zu ermöglichen, ihre Verpflichtungen als Verwahrer zu erfüllen, die ihr dieser Vertrag auferlegt, räumt der Kunde der Fremdfirma vorbehaltlich des Rechts des Kunden die Güter und Räumlichkeiten zu jedem angemessenen Zeitpunkt zu kontrollieren, die ausschließliche Kontrolle ein.

In typischer Weise hat der Begriff *Lagerhalter* gemäß dem Uniform Commercial Code der meisten Bundesstaaten eine gesetzliche Definition, die es dem Lieferanten erlaubt, im Falle einer unbezahlten Rechnung oder aus anderen Gründen ein Pfandrecht auf die Güter des Kunden auszuüben. Dementsprechend hindert eine Beziehung zwischen Verwahrer und Hinterleger die Logistikfirma daran, automatisch ein Pfandrecht auszuüben. Eine umfassendere rechtliche Stellungnahme sollte von einem Berater eingeholt werden, um zu erfahren, welche Bedingung am besten zu der Situation der Vergabe der Logistik an eine Fremdfirma paßt:

10. <u>ANMELDEN EINES ANSPRUCHS UND ERHEBUNG EINER KLAGE</u>
a) Sämtliche Ansprüche auf Grund dieses Vertrages müssen schriftlich angemeldet werden, bevor eine entsprechende gerichtliche Maßnahme eingeleitet wird.
b) Weder durch den Kunden noch durch die Fremdfirma kann eine Klage erhoben werden, wenn der Anspruch nicht schriftlich angemeldet wurde und diese Klage nicht innerhalb von 1 (einem) Jahr nach dem Ereignis, der Handlung oder der Unterlassung erhoben wird, auf die sich diese Klage bezieht.
c) Diese Bestimmung überdauert die Kündigung oder das Auslaufen dieses Vertrages, wie immer sie sich auch ergeben.

11. <u>MÜNDLICHE MITTEILUNGEN</u>
Die Abschnitte 2b), 4a) und 5f) weisen die Verantwortung für Mißverständnisse infolge mündlicher Mitteilungen dem Kunden zu. Ungeachtet all dessen, was in den genannten Abschnitten Gegenteiliges gesagt ist, verpflichtet sich der Kunde jedoch hiermit, sämtliche mündlichen Mitteilungen innerhalb von 24 (vierundzwanzig) Stunden schriftlich zu bestätigen, nachdem diese mündliche Mitteilung erfolgt ist. Nach Erhalt dieser schriftlichen Bestätigung hat die Fremdfirma nicht mehr das Recht, auf ihr Verständnis der mündlichen Mitteilung zu vertrauen, sondern hat sich nach der schriftlichen Bestätigung zu richten, jedoch unter dem Vorbehalt, daß die Fremdfirma in keinem Fall für eine Maßnahme haftet, die sie im Vertrauen auf mündliche Mitteilungen vor dem Zeitpunkt trifft, da die Fremdfirma die schriftliche Bestätigung erhält.

12. <u>LAGERHAUS</u>
a) <u>Räumlichkeiten und die Wirkung einer Kündigung</u> *Das Lagerhaus, das für die Erbringung der Leistungen gemäß diesem Vertrag verwendet wer-*

den soll, befindet sich in bestimmten Räumlichkeiten in … („Räumlichkeiten“), die die Fremdfirma von … für eine Laufzeit von … (…) Jahren gemietet hat, die am … 199. beginnt; diese Räumlichkeiten sind in dem beigefügten Anhang C („Mietvertrag“) näher beschrieben. Im Falle einer Kündigung dieses Vertrages aus welchem Grund auch immer hat der Kunde den Mietvertrag bei Kündigung zu übernehmen, und danach ist der Kunde allein verantwortlich für alle Verpflichtungen des Mieters gemäß dem Mietvertrag, und die Fremdfirma ist von diesem Zeitpunkt an von all diesen Verpflichtungen einschließlich, ohne jedoch darauf beschränkt zu sein, der Verpflichtungen befreit, Miete oder einen anderen Betrag zu zahlen. Bei Kündigung hat die Fremdfirma ihren Anspruch auf sämtliche Einbauten in die gemieteten Räume auf den Kunden zu übertragen.

13. <u>ÜBERTRAGUNG</u>

Die Fremdfirma darf diesen Vertrag oder einen Teil davon oder Rechte, die ihr demgemäß zustehen, ohne ausdrückliche schriftliche Zustimmung des Kunden nicht abtreten, übertragen, verpfänden oder in anderer Weise veräußern, und die genannte Zustimmung darf nicht unbegründet vorenthalten werden.

Nichts, was in dieser Übertragungsklausel enthalten ist, hindert die Fremdfirma jedoch daran, ihre Ansprüche auf Grund dieses Vertrages auf eine Kapitalgesellschaft zu übertragen, deren Stammkapital im Besitz des Hauptaktionärs der Fremdfirma ist oder von diesem kontrolliert wird, und für diese Übertragung oder Abtretung ist die Zustimmung des Kunden nicht erforderlich.

14. <u>BEFUGNIS</u>

Die unterzeichneten leitenden Angestellten, Vertreter oder Mitarbeiter erklären und garantieren, daß alle notwendigen Maßnahmen getroffen wurden und daß sie die Befugnis besitzen, ihre jeweiligen Unternehmen zu binden.

15. <u>VERTRAGSVERLETZUNG</u>

Folgendes gilt als Fall einer Vertragsverletzung durch die Fremdfirma:

a) Wenn die Fremdfirma eine der Bestimmungen oder Bedingungen dieses Vertrags nicht erfüllt oder einhält; oder

b) wenn die Fremdfirma einen freiwilligen Antrag auf Konkurs stellt oder sie für in Konkurs oder zahlungsunfähig erklärt wird, oder wenn sie eine Gesamtabtretung zugunsten ihrer Gläubiger vornimmt, oder wenn sie um Zustimmung zu der Ernennung eines Zwangsverwalters oder Liquidators

der Fremdfirma über all ihre oder im wesentlichen all ihre Vermögenswerte nachsucht.
Wenn eine solche Vertragsverletzung für einen Zeitraum von 30 (dreißig) Tagen andauert, nachdem die Fremdfirma eine schriftliche Benachrichtigung von dieser Vertragsverletzung erhalten hat, dann und in diesem Fall hat der Kunde das Recht, vorbehaltlich der Bestimmungen über eine Zahlung der Kündigungsgebühr, die in Abschnitt 8a) genannt ist, diesen Vertrag zu kündigen. Ungeachtet dessen hat die Fremdfirma eine Frist von 30 (Tagen) nach dem Zeitpunkt dieser Benachrichtigung, um dieser Vertragsverletzung abzuhelfen.

„Wieviel Zeit sollte der Logistikfirma eingeräumt werden, um den Zustand ihrer Vertragsverletzung zu beheben?" Dies ist ein häufiger Diskussionsgegenstand unter Parteien, die einen Vertrag aushandeln. Der Kunde will in der Lage sein, einzuschreiten und einen ungehinderten Güterstrom zu seinen Kunden sicherstellen, während die Fremdfirma Zeit benötigt, um ihrer Vertragsverletzung abzuhelfen. Der Schlüssel besteht in Zeitabstimmung und in der Schwierigkeit der Situation. Im Falle einer Vertragsverletzung sollte der Kunde einen Vertreter an Ort und Stelle haben, um die Situation zu überwachen, die Logistikfirma aber nicht daran hindern, den Zustand zu beheben, der zu der Vertragsverletzung geführt hat. Der in dem Mustervertrag vorgeschlagene Zeitraum von dreißig Tagen kann in bestimmten Situationen angemessen sein und in anderen nicht. Sollte es dennoch zu einer Vertragsverletzung kommen und dieser nicht auf rechtzeitige Weise abgeholfen werden, dann führt dies zu eine Kündigung und einer Zahlung für die Kündigung vorbehaltlich der Bestimmungen und Bedingungen der Kündigungsklausel dieses Vertrages:

16. RECHTSNACHFOLGER UND ÜBERNEHMER

Dieser Vertrag ist bindend für die Rechtsnachfolger und Übernehmer der vertragschließenden Parteien.

17. ÜBERSCHRIFTEN

Die Überschriften dienen nur Verweiszwecken, und sie sollen den tatsächlichen Wortlaut der Bestimmungen dieses Vertrages nicht erweitern oder einschränken.

18. GELTENDES RECHT

Für diesen Vertrag gelten die Gesetze des Bundesstaates …, und er ist dementsprechend auszulegen.

Die „kleinere“ der beiden Vertragsparteien möchte sich wohl dazu entschließen, den Vertrag nach den Gesetzen seines Heimatstaates auszulegen, um die Auswirkungen wahrscheinlicher Gerichtskosten auf ein Minimum zu reduzieren. Der Grund dafür besteht darin, daß Anwälte im allgemeinen mit der Gesetzespraxis in einem einzelnen Staat am vertrautesten sind. Wenn man den Gerichtsstand für einen Vertrag in einem anderen Bundesstaat wählt, kann dies entweder zu höheren Gerichtskosten oder dazu führen, daß man sich an einen Anwalt außerhalb des eigenen Bundesstaates wenden muß, der mit dem Unternehmen nicht vertraut ist. Auf der anderen Seite haben „größere“ Parteien im allgemeinen eine gesetzliche Vertretung in vielen Bundesstaaten, und eine gesetzliche Vertretung außerhalb des eigenen Bundesstaates ist dann möglicherweise kein Problem.

19. ÄNDERUNGEN – ENDGÜLTIGER UND VOLLSTÄNDIGER VERTRAG

Außer in der Weise, wie dies hierin vorgesehen ist, und außer durch ein Schriftstück, das von beiden vertragschließenden Parteien unterzeichnet ist, kann dieser Vertrag mündlich oder in anderer Weise nicht geändert, aufgehoben, aufgegeben oder gekündigt werden. Dieses Schriftstück enthält die gesamte Vereinbarung zwischen den Parteien, und es sind keine weiteren mündlichen oder schriftlichen Erklärungen abgegeben worden. Alle früheren mündlichen oder schriftlichen Verhandlungen der beiden Parteien sind in diesen Vertrag eingegangen und werden hierdurch ersetzt.

ZUR BEURKUNDUNG DESSEN haben die vertragschließenden Parteien ihre eigenhändigen Unterschriften an dem Tag und in dem Jahr angebracht, die unter ihren Namen stehen, aber dieser Vertrag tritt an dem Tag und in dem Jahr in Kraft, die anfangs angegeben sind.

Gelernte Lektionen

Das Werben, das zwischen zwei Unternehmen stattfindet, führt oft zu einer langfristigen zufriedenstellenden Beziehung. Die Ausarbeitung des Leistungsumfangs und des Vertrages hat in vielen Fällen Monate gedauert, und darin waren zahlreiche Teilnehmer aus mehreren Funktionsbereichen beider Unternehmen einbezogen. Häufig waren auch andere stark an dem Prozeß beteiligt, so zum Beispiel Anwälte, Ausrüstungslieferanten, Gläubiger und Finanzexperten. Im Laufe dieses Entwicklungsprozesses gab es eine starke Versuchung, die Sache abzukürzen und schnell zur Ausführung zu kommen, weil man glaubte, daß die Vertragsakte, die jetzt dick und teuer geworden ist, doch nur in einem Aktenschrank endet, um niemals geöffnet zu werden. Es wäre erfreulich, wenn dies immer so wäre.

Erfahrungen erfolgreicher Anwender von Logistikleistungen einer Fremdfirma und derer, die sie erbracht haben, lassen darauf schließen, daß einige Beziehungen und Verträge auslaufen; daß die Vereinbarung einer ordnungsgemäßen Art und Weise, wie ein Vertrag zu kündigen ist, eine absolute Notwendigkeit darstellt, und daß ein starker, gut geschriebener Vertrag oft einer gesunden Beziehung zwischen Käufer und Verkäufer förderlich ist.

Wir haben oft gehört, wie man sagte, daß der wichtigste Bestandteil einer Fremdfirmenbeziehung darin besteht, daß auf beiden Seiten der Beziehung ein „Champion" mit großer Autorität vorhanden ist. Bedauerlicherweise werden diese Champions während der Laufzeit des Vertrages oft befördert, oder sie wechseln den Job; dies bringt ihre Ersatzleute in die Position, daß sie ihre eigene Interpretation davon durchsetzen, wie die Beziehung zwischen Käufer und Verkäufer aussehen sollte. Wenn in dieser Lage kein starker Vertrag vorhanden ist, was nur all zu oft der Fall ist, bedeutet dies fast immer eine Katastrophe.

26.5 Zusammenfassung

Niemals zuvor in der Geschichte der Logistikbranche hat die Zukunft so glänzend ausgesehen. An Universitäten machen mehr Studenten ihren Abschluß, die eine Ausbildung in Logistik erhalten haben und die erpicht darauf sind, im praktischen Einsatz Karriere zu machen. Erfahrene Logistiker werden von bedeutenden Kapitalgesellschaften gesucht, die Logistikleistungen in Anspruch nehmen oder erbringen. Investitionen in Unternehmen, die als Fremdfirmen Logistikleistungen erbringen, haben drastisch zugenommen. Die *Harvard Business Review* und andere hochangesehende Publikationen haben die Logistik und Teile des Logistikprozesses in einem Umfang wie nie zuvor und gründlich behandelt. Schließlich haben die Operationen *Desert Shield, Desert Storm* und *Desert Farewell* weltweite Aufmerksamkeit auf eine praktische Anwendung der Logistik gelenkt, bei der die Fähigkeiten der militärischen und der außenstehenden Logistiker in einer enorm erfolgreichen Unternehmung zusammenwirkten, die jahrelang in Fallstudien untersucht werden wird.

Das Gebiet der Logistik ist zu einem neuen Grenzland geworden, das für beträchtliche Investitionsvorteile und Möglichkeiten zur Kostensenkung für Kunden und Anbieter im Prozeß der Logistik durch Fremdfirmen sorgt.

26.6 Literaturhinweise

[1] Helen Richardson, „Outsourcing: The Power Worksource," *Transportation & Distribution*, Juli 1992.

[2] Robert Lieb, „The Use of Third-Party Logistics Services By Large American Manufacturers," *Journal of Business Logistics*, CLM, Vol. 13, Nr. 2, 1992.

[3] Ibid.

[4] Lt. General William G. Pagonis, *Moving Mountains*, Harvard Business School Press, Cambridge, 1992.

[5] Ibid.

[6] James Potochick and Mark Richards, „How to choose a third-party company," *Traffic Management*, Juli 1992.

[7] Ibid.

[8] Richardson, op. cit.

Stichwortverzeichnis

L

M

V

W

Z